# 爱因斯坦全集

第十三卷：柏林时期

## The Collected Papers of Albert Einstein

## 1922年1月—1923年3月

国家出版基金项目

Volume 13: The Berlin Years:
Writings & Correspondence, January 1922 - March 1923

[美] 阿耳伯特·爱因斯坦——著
Diana Kormos Buchwald, József Illy, Ze'ev Rosenkranz, Tilman Sauer——主编
方在庆　何　钧——主译
方在庆　何　钧　施　岷　朱慧涓　陈　蜜　雷　煜　孙　贺　文　恒　黄　佳　等——译
方在庆——校

湖南科学技术出版社

# THE COLLECTED PAPERS OF

# Albert Einstein

## VOLUME 13

### THE BERLIN YEARS: WRITINGS & CORRESPONDENCE JANUARY 1922–MARCH 1923

Diana Kormos Buchwald, József Illy, Ze'ev Rosenkranz, and Tilman Sauer
EDITORS

Jeroen van Dongen, Daniel Kennefick, A. J. Kox, Dennis Lehmkuhl, Osik Moses, and Issachar Unna
ASSOCIATE EDITORS

Rudy Hirschmann, Jennifer Nollar James, Rosy Meiron, and Emily de Araujo
EDITORIAL ASSISTANTS

Princeton University Press
2012

## 主办者

耶路撒冷希伯来大学
加州理工学院
普林斯顿大学出版社

## 执行委员会

| | |
|---|---|
| Yemima Ben Menahem | John L. Heilbron |
| Daniel J. Kevles | John D. Norton |
| Barbara Oberg | Fritz Stern |
| Joseph H. Taylor | Kip S. Thorne |
| Sean Wilentz | |

## 谨 以 此 卷 纪 念

Herbert S. Bailey, Jr.

(1921—2011)

Martin J. Klein

(1924—2009)

和

Harold W. McGraw, Jr.

(1918—2010)

## 捐赠者

Harold W. McGraw, Jr.

Virgle L. Hedgcoth & Susan Alexander 基金会

加州理工学院

## 资助者

《爱因斯坦全集》之得以付梓，端赖下列资助者对编辑工作的慷慨资助，耶路撒冷希伯来大学以及美国普林斯顿大学出版社谨对他们表示感谢。

美国加利福尼亚州帕萨迪纳加州理工学院
美国华盛顿特区国家人文基金会
美国弗吉尼亚州阿灵顿国家科学基金会
英国阿卡迪亚基金会

# 本 卷 要 目

中文版出版说明 ... 3
正文目录 ... 5
插图目录 ... 27
第十三卷序 ... 31
关于全集的编辑方法 ... 83
致　　谢 ... 93
关于英译本的说明 ... 97
缩写符号表 ... 99
文献所在机构简称表 ... 101
文献种类说明符号表 ... 105
**正　　文** ... 1
正文字顺目录 ... 661
年　　表 ... 685
未刊文献摘要一览表 ... 697
附　　录 ... 757
引用文献 ... 803
名词索引 ... 845
人名索引 ... 865
引文索引 ... 907
译后记 ... 919

# 中文版出版说明

　　阿耳伯特·爱因斯坦不仅是 20 世纪最杰出的物理学家，而且是一位富有哲学探索精神的思想家，同时又是一位具有高度社会责任感的真正意义上的知识分子。对他的科学成就、科学思想、政治言论及生平的深入研究，势必成为科学史界普遍关注的话题。美国普林斯顿大学出版社自 1987 年出版《爱因斯坦全集》(The Collected Papers of Albert Einstein)第一卷以来，已陆续出版多卷，随着资料不断地收集，全集出齐将超过 25 卷。

　　全集不仅包括爱因斯坦的全部学术论文，还涉及有关和平、宗教、犹太人问题等社会政治言论，还有他与家人及朋友的往来书信，各种听课、备课笔记以及其他有关他个人的全部材料。这些材料是目前研究爱因斯坦最为权威、最为全面的资料。其中许多材料是首次公开发表。《爱因斯坦全集》的编辑出版，是国际科学史界的一项重大工程，它不仅可以填补科学史上的一些空白，而且可以澄清一些广为流传的讹误，其学术价值和文化积累意义是不言而喻的。我社聘请国内科学史界和物理学界资深专家教授及年轻学者翻译出版《爱因斯坦全集》，这对我国学术界来说无疑是一件幸事。读者将最大限度地追踪爱因斯坦的思想、生活及科学活动，从中领略到科学和文化在现代社会中的深远影响。

　　《爱因斯坦全集》中文版是根据普林斯顿大学出版社出版的 The Collected Papers of Albert Einstein 文献版(Documentary Edition)翻译的。由于爱因斯坦主要用德语写作，也被称为德文版。正文文献除了德文外，也有少量的英文、法文、意大利文以及日文等文献，导读、介绍和注释均为英文。与此书配套的平装英译版，又名"补充版"(Supplementary Edition)，选译了文献版中的大部分正文内容，但还有一些内容没有翻译，因而最终还是以文献版为准。

为了便于前后各卷的统一，全集中除爱因斯坦、居里夫人、罗曼·罗兰等少数人以外，人名均未翻译。但有两个例外。一是含外国人名的科学术语，比如"马赫原理""布朗运动"等，还是按约定俗成的翻译，不译成"Mach 原理"和"Brownian 运动"。其次，用罗马字母表示的日本人名，很容易造成误解。经多方查找，将之还原为汉字。没有汉字的日本人名，还是用罗马字母表示。地名及专有名词在正文中第一次出现时附注了原文。各卷的边码均为文献版的页码，以利于读者核对原文。全集各卷注释及索引中的页码除特别指明外，均指文献版的页码即中文版的边码。中文版将原版索引拆分为二，一是名词索引，包括社会政治经济和文化机构名称、地名和地址以及科学技术词汇。以人名命名的科技术语也在其中。二是人名索引。此外尚有引文索引。名词索引按汉语拼音顺序排，人名索引及引文索引按拉丁文字母顺序排列。

《爱因斯坦全集》的翻译出版工作浩大而繁杂，尽管我们花了很大气力，但限于学识水平，难免会留下某些遗憾。恳请海内外读书界、著译界和出版界的朋友、同仁提出宝贵意见和建议，以利改进工作，促使此项翻译出版工程圆满完成。

湖南科学技术出版社

2019 年 12 月

# 正　文　目　录

在此目录中，粗体的序号代表著作。

| | | |
|---|---|---|
| 第三卷 | **10a.** "论玻尔兹曼原理及由此得出的一些直接后果"，1910年11月2日 | 3 |
| | "Über das Boltzmannsche Prinzip und einige unmittelbar aus demselben fliessende Folgerungen" | |
| 第五卷 | 315a. Heinrich Zangger 来信，1911年11月28日以后 | 10 |
| 第五卷 | 505a. 致 Paul Langevin，1914年1月19日 | 12 |
| 第八卷 | 86a. Heinrich Zangger 来信，1915年5月28日以后 | 13 |
| 第八卷 | 95a. Heinrich Zangger 来信，1915年7月9日 | 14 |
| 第八卷 | 95b. Heinrich Zangger 来信，1915年7月12日 | 15 |
| 第八卷 | 113a. Elsa Einstein 的来信，1915年8月31日 | 16 |
| 第八卷 | 113b. Elsa Einstein 的来信，1915年9月1日 | 16 |
| 第八卷 | 113c. Elsa Einstein 的来信，1915年9月4日 | 17 |
| 第八卷 | 113d. Elsa Einstein 的来信，1915年9月5日 | 18 |
| 第八卷 | 113e. Pauline Einstein 的来信，1915年9月7日 | 19 |
| 第八卷 | 113f. Elsa Einstein 的来信，1915年9月7日 | 20 |
| 第八卷 | 113g. Elsa Einstein 的来信，1915年9月7日 | 21 |
| 第八卷 | 116a. Elsa Einstein 的来信，1915年9月12日 | 21 |
| 第八卷 | 177a. Paul Ehrenfest 的来信，1916年1月1日 | 22 |
| 第八卷 | 493a 致 Heinrich Zangger，1918年3月26日之后 | 25 |
| 第八卷 | 510a. Heinrich Zangger 的来信，1918年4月16日之后 | 26 |

| | | |
|---|---|---|
| 第九卷 | **35a.** 致 Luise Karr-Krüsi,1919 年 5 月 6 日 | 27 |
| 第九卷 | **140a.** 致 Albert Karr-Krüsi,1919 年 10 月 17 日 | 27 |
| 第七卷 | **33a.** 关于希伯来大学的声明,1920 年 2 月 18 日 | 28 |
| 第七卷 | **39a.** "部分离解气体中声波的传播"清样,1920 年 4 月 29 日前<br>"Schallausbreitung in teilweise dissoziierten Gasen" | 29 |
| 第十卷 | **80a.** Mileva Einstein-Marić 的来信,1920 年 7 月 23 日前 | 31 |
| 第七卷 | **45a.** 对 Jakob Grommer 教科书计划的意见,1920 年 10 月 11 日之前<br>"Gutachten von Professor A. Einstein über das mathematisch-physikalische Unterrichtswerk von Dr. J. Grommer" | 32 |
| 第七卷 | **50a.** 关于理论物理学的现状,1921 年 1 月 14 日 | 33 |
| 第七卷 | **52a.** 关于 Eggeling 和 Richter 项目的意见,1921 年 2 月 3 日 | 34 |
| 第七卷 | **56a.** "科学中的国际关系",1921 年 4 月 2 日至 8 月 10 日<br>"Internationale Beziehungen in der Wissenschaft" | 34 |
| 第七卷 | **56b.** 爱因斯坦教授论耶路撒冷希伯来大学的提议,1921 年 4 月 3 日之前 | 35 |
| 第七卷 | **60a.** 关于制冷机的计算,1921 年 7 月至 1922 年 3 月 | 36 |
| 第七卷 | **65a.** 关于 Heinrich Löwy 建议的专家意见,1921 年 10 月 12 日 | 38 |

1.致 Charlotte Weigert,1922 年初　　　　　　　　　　　　　　38

2.Bertrand Russell,《政治理想》"序言",1922 年　　　　　　　39
　"Vorwort,"Bertrand Russell. *Politische Ideale*. Berlin:
　Deutsche Verlagsgesellschaft für Politik und Geschichte,1922

3."科学的国际性",1922 年 1 月 1 日之前　　　　　　　　　　42

4.Max Born 和 James Franck 的来信,1922 年 1 月 1 日　　　　43

## 正文目录

5. Hermann Weyl 的来信,1922 年 1 月 3 日 　　　　　　　　44
6. 致 Max Born,1922 年 1 月 6 日 　　　　　　　　　　　　45
7. Hedwig Born 的来信,1922 年 1 月 7 日 　　　　　　　　45
8. Paul Ehrenfest 的来信,1922 年 1 月 8 日 　　　　　　　46
9. 致 Hermann Anschütz-Kaempfe,1922 年 1 月 9 日 　　47
10. 致菲韦格父子出版社,1922 年 1 月 9 日 　　　　　　　48
11. Richard B. Haldane 的来信,1922 年 1 月 9 日 　　　　48
**12.** "Kaluza 场论中不存在处处规则的中心对称场的证明",
    1922 年 1 月 10 日 　　　　　　　　　　　　　　　　　50
13. 致 Paul Ehrenfest,1922 年 1 月 11 日 　　　　　　　　62
14. Arnold Sommerfeld 的来信,1922 年 1 月 11 日 　　　　63
15. Felix Ehrenhaft 的来信,1922 年 1 月 12 日 　　　　　65
16. 致 Maurice Solovine,1922 年 1 月 14 日 　　　　　　　66
17. Eberhard Zschimmer 的来信,1922 年 1 月 14 日 　　　67
**18.** 对于 Goldschmidt 专利的专家意见,1922 年 1 月 14 日之后 　69
19. Richard Courant 的来信,1922 年 1 月 15 日 　　　　　70
20. Michael Polányi 的来信,1922 年 1 月 15 日 　　　　　71
21. 山本实彦的来信,1922 年 1 月 15 日 　　　　　　　　71
22. 山本实彦的来信,1922 年 1 月 15 日 　　　　　　　　72
**23.** "致柏林通用电气公司,对 Sannig 先生提供的专家意见的
    评论",1922 年 1 月 16 日 　　　　　　　　　　　　　73
    "An die allgemeine Elektrizitäts-Gesellschaft Berlin. Bemerkung
    zu einem Herren Sannig gelieferten Gutachten"
24. Paul Ehrenfest 的来信,1922 年 1 月 17 日 　　　　　74
25. 致 Max Born 和 James Franck,1922 年 1 月 18 日 　　75
26. 致 David Hilbert,1922 年 1 月 18 日 　　　　　　　　76
27. 致 Arnold Sommerfeld,1922 年 1 月 18 日或之后 　　77
**28.** "对 Hans Wolff 关于 Anschütz & Co 与 Kreiselbau 法律争议

的专家意见的回复",1922 年 1 月 18 日    78

**29.** "关于一个与波动理论矛盾的光学实验结果",1922 年
1 月 19 日左右    80
"Über ein optisches Experiment, dessen Ergebnis mit der
Undulationstheorie unvereinbar ist"

30. Paul Ehrenfest 的来信,1922 年 1 月 19 日    87

31. 致 Paul Ehrenfest,1922 年 1 月 19 日至 22 日    89

32. Chaim Weizmann 的来信,1922 年 1 月 21 日    91

33. Charlotte Weigert 的来信,1922 年 1 月 22 日    92

34. Heinrich Zangger 的来信,1922 年 1 月 23 日以后    94

35. 室伏高信的来信,1922 年 1 月 26 日前后    95

36. 致 Emile Berliner,1922 年 1 月 26 日    96

37. 致 Paul Ehrenfest,1922 年 1 月 26 日    96

38. 致 Paul Hausmeister,1922 年 1 月 26 日    97

39. Paul Ehrenfest 的来信,1922 年 1 月 26 日    98

40. 石原纯的来信,1922 年 1 月 26 日    99

41. 致 Arnold Sommerfeld,1922 年 1 月 28 日    100

42. Gregory Breit 的来信,1922 年 1 月 31 日    102

**43.** "论色散介质中的光传播理论",1922 年 2 月 2 日    103
"Zur Theorie der Lichtfortpflanzung in dispergierenden Medien"
*Preußische Akademie der Wissenschaften*(*Berlin*).
*Physikalisch-mathematische Klasse. Sitzungsberichte*(1922)

44. Hermann Anschütz-Kaempfe 的来信,1922 年 2 月 3 日    108

45. Paul Ehrenfest 的来信,1922 年 2 月 4 日    109

46. Joan Voûte 的来信,1922 年 2 月 11 日    110

47. 致 Paul Ehrenfest,1922 年 2 月 12 日    111

48. 致 Hans Albert 和 Eduard Einstein,1922 年 2 月 12 日    112

49. Hans Albert Einstein 的来信,1922 年 2 月 12 日至 3 月

4 日 113

50. Eduard Einstein 的来信,1922 年 2 月 12 日至 3 月 4 日　114

51. 致 Madeleine Rolland,1922 年 2 月 15 日　114

52. Emil Warburg 的来信,1922 年 2 月 15 日　115

**53.** "对一名物理学通讯院士的提名建议"[Niels Bohr],1922 年 2 月 16 日之前　116

　　"Antrag auf Ernennung eines korrespondierenden Mitgliedes aus dem Gebiete der Physik"

54. Paul Ehrenfest 的来信,1922 年 2 月 16 日　117

55. Wolfgang Hallgarten 的来信,1922 年 2 月 16 日　119

56. Paul Langevin 的来信,1922 年 2 月 18 日　120

57. 致 Paul Ehrenfest,1922 年 2 月 20 日　122

58. 致 Oswald Veblen,1922 年 2 月 20 日　122

59. 致 Franz Selety,1922 年 2 月 22 日　123

60. 致 Juliusz Wolfsohn,1922 年 2 月 22 日　123

61. Theodor von Kármán 的来信,1922 年 2 月 22 日　124

**62.** 评 Wolfgang Pauli 的《相对论》,1922 年 2 月 24 日　125

63. 致 Paul Langevin,1922 年 2 月 27 日　128

64. Thomas Barclay 的来信,1922 年 3 月 3 日　129

65. Erich Marx 的来信,1922 年 3 月 3 日　130

66. 致 Erich Marx,1922 年 3 月 3 日之后　131

67. 致 Hans Albert 和 Eduard Einstein,1922 年 3 月 4 日　131

68. Edith Einstein 的来信,1922 年 3 月 5 日　133

69. 致 Paul Langevin,1922 年 3 月 6 日　135

70. Paul Langevin 的来信,1922 年 3 月 8 日　136

71. 致 Paul Langevin,1922 年 3 月 8 日至 13 日　137

72. 致 Bernardo Dessau,1922 年 3 月 9 日　138

73. Richard B. Haldane 的来信,1922 年 3 月 9 日　139

74. 致法国人权联盟，1922 年 3 月 10 日 …… 139

75. Lipmann Halpern 的来信，1922 年 3 月 10 日 …… 140

**76.** "关于金属超导性的理论评论"，1922 年 3 月 11 日 …… 141
"Theoretische Bemerkungen zur Supraleitung der Metalle"
*Het Natuurkundig Laboratorium der Rijksuniversiteit te Leiden in de jaren* 1904 – 1922. *Gedenkboek aangeboden aan H. Kamerlingh Onnes, directeur van het Laboratorium bij gelegenheid van zijn veertigjarig professoraat op* 11 *November* 1922. *Leyden*：IJdo，1922

77. Paul Ehrenfest 的来信，1922 年 3 月 11 日 …… 146

78. Heinrich Zangger 的来信，1922 年 3 月 11 日之后 …… 147

79. 致 Paul Ehrenfest，1922 年 3 月 11 日至 13 日 …… 148

80. Michele Besso 的来信，1922 年 3 月 12 日 …… 149

81. 致普鲁士科学院，1922 年 3 月 13 日 …… 151

82. Paul Ehrenfest 的来信，1922 年 3 月 13 日 …… 153

83. Paul Winteler 的来信，1922 年 3 月 13 日 …… 155

84. 致 Thomas Barclay，1922 年 3 月 14 日 …… 156

85. 致 Maurice Solovine，1922 年 3 月 14 日 …… 156

86. Michael Polányi 的来信，1922 年 3 月 14 日 …… 157

87. 致 Paul Ehrenfest，1922 年 3 月 15 日 …… 157

88. Maurice Croiset 的来信，1922 年 3 月 15 日 …… 159

89. 致 Max Hirschfeld，1922 年 3 月 17 日 …… 160

90. 致 Paul Winteler 与 Maja Winteler-Einstein，1922 年 3 月 17 日 …… 161

91. 致 Arnold Berliner，1922 年 3 月 17 日当天或之后 …… 161

92. 致 Maurice Croiset，1922 年 3 月 18 日 …… 162

93. 致 Gustav 和 Regina Maier-Friedländer，1922 年 3 月 18 日 …… 162

94. Hermann Anschütz-Kaempfe 的来信，1922 年 3 月 18 日 …… 163

95. 致 Michele Besso，1922 年 3 月 20 日 …… 164

| | |
|---|---|
| 96. 致 Robert A. Millikan, Paul Epstein 和 Richard C. Tolman, 1922 年 3 月 20 日 | 165 |
| 97. Thomas Barclay 的来信, 1922 年 3 月 20 日 | 165 |
| 98. Leo Jolowicz 的来信, 1922 年 3 月 20 日 | 166 |
| 99. Paul Langevin 的来信, 1922 年 3 月 20 日 | 167 |
| 100. Mileva Einstein-Marić 的来信, 1922 年 3 月 21 日前后 | 167 |
| 101. 朱家骅的来信, 1922 年 3 月 21 日 | 169 |
| 102. Paul Winteler 的来信, 1922 年 3 月 21 日 | 170 |
| 103. 致 Maurice Solovine, 1922 年 3 月 22 日 | 170 |
| 104. 致 Joan Voûte, 1922 年 3 月 22 日 | 171 |
| 105. Paul Langevin 的来信, 1922 年 3 月 22 日 | 171 |
| 106. Paul Winteler 的来信, 1922 年 3 月 22 日 | 172 |
| 107. 致 Paul Ehrenfest, 1922 年 3 月 23 日 | 172 |
| 108. 致 Paul Langevin, 1922 年 3 月 23 日 | 174 |
| 109. Erwin Finlay Freundlich 的来信, 1922 年 3 月 24 日 | 175 |
| 110. 致 Thomas Barclay, 1922 年 3 月 25 日 | 176 |
| 111. 致朱家骅, 1922 年 3 月 25 日 | 177 |
| 112. 致 Leo Jolowicz, 1922 年 3 月 25 日 | 178 |
| 113. 致 Arthur Nussbaum, 1922 年 3 月 26 日 | 178 |
| 114. Paul Ehrenfest 的来信, 1922 年 3 月 26 日 | 179 |
| 115. 长冈半太郎的来信, 1922 年 3 月 26 日 | 179 |
| 116. 致 Hermann Anschütz-Kaempfe, 1922 年 3 月 27 日 | 181 |
| 117. 致 Viktor Engelhardt, 1922 年 3 月 27 日 | 182 |
| 118. 致石原纯, 1922 年 3 月 27 日 | 182 |
| 119. 致 Hans Reichenbach, 1922 年 3 月 27 日 | 183 |
| 120. 致 Charles Nordmann, 1922 年 3 月 28 日之前 | 185 |
| 121. Wilhelm Mayer-Kaufbeuren 的来信, 1922 年 3 月 28 日 | 185 |
| 122. 致 Elsa Einstein, 1922 年 3 月 29 日 | 186 |

| | | |
|---|---|---|
| | 123. 致 Elsa Einstein，1922 年 3 月 31 日 | 187 |
| | 124. Peter Debye 的来信，1922 年 3 月 31 日 | 188 |
| | 125. Beatrice Jahn-Rusconi Besso 的来信，1922 年 3 月 31 日 | 189 |
| | 126. 致 Paul Langevin，1922 年 4 月 1 日 | 191 |
| | 127. Hermann Anschütz-Kaempfe 的来信，1922 年 4 月 2 日 | 191 |
| | 128. Emile Berliner 的来信，1922 年 4 月 2 日 | 192 |
| | 129. Ludwig Hopf 和 Theodor von Kármán 的来信，1922 年 4 月 3 日 | 193 |
| xix | 130. Paul Block 的来信，1922 年 4 月 4 日 | 193 |
| | **131.** "相对论"法国哲学学会会议讨论记录，1922 年 4 月 6 日<br>"La Théorie de la Relativité"<br>*Société française de Philosophie. Bulletin* 22（1922） | 195 |
| | 132. Oswald Veblen 的来信，1922 年 4 月 6 日 | 211 |
| | 133. Paul Winteler 的来信，1922 年 4 月 6 日 | 212 |
| | 134. 致 Elsa Einstein，1922 年 4 月 9[8]日 | 213 |
| | 135. 魏宸组的来信，1922 年 4 月 8 日 | 214 |
| | 136. Gustave Le Bon 的来信，1922 年 4 月 9 日 | 215 |
| | 137. Georg Maschke 的来信，1922 年 4 月 9 日 | 215 |
| | 138. Paul Oppenheim 的来信，1922 年 4 月 9 日 | 216 |
| | 139. 致 Lucien Chavan，1922 年 4 月 10 日 | 218 |
| | 140. Paul Langevin 的来信，1922 年 4 月 10 日 | 218 |
| | 141. 致 Ilse Einstein，1922 年 4 月 11 日 | 219 |
| | 142. Hans Albert Einstein 的来信，1922 年 4 月 12 日 | 219 |
| | 143. Peter Debye 的来信，1922 年 4 月 14 日 | 220 |
| | 144. Paul G. Tomlinson 的来信，1922 年 4 月 14 日 | 221 |
| | 145. 致 Georg Maschke，1922 年 4 月 15 日 | 222 |
| | 146. 致 Paul Oppenheim，1922 年 4 月 15 日 | 222 |
| | 147. Jacques Hadamard 的来信，1922 年 4 月 16 日 | 223 |

| | |
|---|---|
| 148. 致 Heinrich J. Goldschmidt, 1922 年 4 月 17 日 | 224 |
| 149. Paul Ehrenfest 的来信, 1922 年 4 月 17 日 | 224 |
| 150. 致 Peter Debye, 1922 年 4 月 18 日 | 227 |
| 151. 致 Charles-Eugène Guye, 1922 年 4 月 18 日 | 227 |
| 152. 致罗曼·罗兰, 1922 年 4 月 19 日 | 228 |
| 153. 致 Paul Block, 1922 年 4 月 20 日 | 229 |
| 154. 致 Maurice Solovine, 1922 年 4 月 20 日 | 229 |
| 155. Peter Debye 的来信, 1922 年 4 月 20 日 | 230 |
| 156. Maja Winteler-Einstein 的来信, 1922 年 4 月 20 日 | 232 |
| 157. 致 Paul Ehrenfest, 1922 年 4 月 21 日 | 233 |
| 158. 罗曼·罗兰的来信, 1922 年 4 月 21 日 | 233 |
| 159. Paul Colin 的来信, 1922 年 4 月 22 日 | 234 |
| 160. Paul Ehrenfest 的来信, 1922 年 4 月 22 日 | 235 |
| 161. 致 Maja Winteler-Einstein, 1922 年 4 月 23 日 | 237 |
| 162. Sebastian Kornprobst 的来信, 1922 年 4 月 23 日 | 237 |
| 163. 致 Paul Ehrenfest, 1922 年 4 月 24 日 | 238 |
| 164. 致 Sebastian Kornprobst, 1922 年 4 月 24 日 | 239 |
| 165. 致 Otto Soehring, 1922 年 4 月 24 日 | 239 |
| 166. Paul Block 的来信, 1922 年 4 月 24 日 | 240 |
| 167. Paul Langevin 的来信, 1922 年 4 月 25 日 | 241 |
| 168. Maurice Solovine 的来信, 1922 年 4 月 27 日 | 242 |
| 169. 致 Emile Borel, 1922 年 4 月 28 日 | 244 |
| 170. 致 Hans Delbrück, 1922 年 4 月 28 日 | 245 |
| 171. 致 Jacques Hadamard, 1922 年 4 月 28 日 | 245 |
| 172. 致 Moritz Schlick, 1922 年 4 月 28 日 | 246 |
| 173. 致 Mario Viscardini, 1922 年 4 月 28 日 | 247 |
| 174. 致 Elsa Einstein, 1922 年 4 月 29 日 | 247 |
| 175. Max Born 的来信, 1922 年 4 月 30 日 | 248 |

| | |
|---|---|
| 176. Paul Painlevé 的来信, 1922 年 4 月 30 日 | 250 |
| 177. 致魏宸组, 1922 年 5 月 3 日 | 251 |
| 178. 致 Elsa Einstein, 1922 年 5 月 4 日 | 252 |
| 179. 致 Hans Albert Einstein, 1922 年 5 月 5 日 | 253 |
| 180. Edgar Zilsel 的来信, 1922 年 5 月 5 日 | 254 |
| **181. 两句格言**, 1922 年 5 月 8 日 | 256 |
| 182. 致 Paul Painlevé, 1922 年 5 月 8 日 | 256 |
| 183. Henri Barbusse 的来信, 1922 年 5 月 8 日 | 257 |
| 184. Paul Ehrenfest 致 Niels Bohr, 1922 年 5 月 8 日 | 258 |
| 185. David Hilbert 的来信, 1922 年 5 月 9 日 | 259 |
| 186. 致 Elsa Einstein, 1922 年 5 月 10 日 | 259 |
| 187. Edward H. Synge 的来信, 1922 年 5 月 10 日 | 260 |
| 188. 致 Paul Langevin, 1922 年 5 月 12 日 | 261 |
| 189. Emile Borel 的来信, 1922 年 5 月 13 日 | 261 |
| 190. 致 Max Born, 1922 年 5 月 14 日或之后 | 262 |
| 191. Paul Ehrenfest 的来信, 1922 年 5 月 16 日 | 263 |
| 192. Eric Drummond 的来信, 1922 年 5 月 17 日 | 265 |
| 193. 致 Paul Ehrenfest, 1922 年 5 月 18 日 | 266 |
| **194. 推荐 Paul Hertz**, 1922 年 5 月 18 日 | 267 |
| 195. 致 Gustave Le Bon, 1922 年 5 月 19 日 | 268 |
| 196. 致 Felix Rosenblüth, 1922 年 5 月 19 日 | 268 |
| 197. 致 Oskar Heimann, 1922 年 5 月 20 日 | 269 |
| 198. 致长冈半太郎, 1922 年 5 月 20 日 | 270 |
| 199. Robert A. Millikan 的来信, 1922 年 5 月 22 日 | 270 |
| 200. 致 Paul Ehrenfest, 1922 年 5 月 23 日 | 271 |
| 201. 致 Robert A. Millikan, 1922 年 5 月 25 日 | 272 |
| 202. 致 Robert A. Millikan, 1922 年 5 月 25 日 | 272 |
| 203. 致 Erwin Finlay Freundlich, 1922 年 5 月 26 日 | 273 |

| | |
|---|---|
| 204. Marx Planck 的来信,1922 年 5 月 26 日 | 274 |
| 205. 居里夫人的来信,1922 年 5 月 27 日 | 274 |
| 206. 土井不昙的来信,1922 年 5 月 27 日 | 275 |
| 207. 致居里夫人,1922 年 5 月 30 日 | 277 |
| 208. 致 Eric Drummond,1922 年 5 月 30 日 | 277 |
| 209. Hermann Weyl 的来信,1922 年 5 月 31 日 | 278 |
| 210. Maja Winteler-Einstein 的来信,1922 年 5 月 31 日 | 278 |
| 211. 致 Friedrich Heilbron,1922 年 6 月 1 日 | 280 |
| 212. 致洪堡电影公司,1922 年 6 月 1 日 | 281 |
| **213.** 关于"爱因斯坦影片",1922 年 6 月 2 日发表 | 281 |
| 214. Leopold Koppel 的来信,1922 年 6 月 2 日 | 282 |
| 215. Chaim Weizmann 的来信,1922 年 6 月 2 日 | 283 |
| 216. 致 Friedrich Vieweg,1922 年 6 月 3 日 | 284 |
| 217. Aurel Stodola 的来信,1922 年 6 月 5 日 | 285 |
| 218. 致 Hellmut von Gerlach,1922 年 6 月 6 日 | 286 |
| 219. 致 Hermann Weyl,1922 年 6 月 6 日 | 286 |
| **220.** 对 Ernest Bovet 向 Paul Langevin 提问的回应,1922 年 6 月 7 日 | 287 |
| 221. Hans Delbrück 的来信,1922 年 6 月 7 日 | 290 |
| 222. Henry S. Hatfield 的来信,1922 年 6 月 7 日 | 292 |
| 223. Gustave Le Bon 的来信,1922 年 6 月 7 日 | 293 |
| 224. Heinrich Zangger 的来信,1922 年 6 月 8 日至 18 日 | 294 |
| 225. Hermann Anschütz-Kaempfe 的来信,1922 年 6 月 9 日 | 295 |
| **226.** "对航海仪器公司诉安许茨公司一案的第二份补充专家意见",1922 年 6 月 9 日至 7 月 10 日 "Zweites Nachtrags-Gutachten in Sachen Gesellschaft für nautische Instrumente gegen Anschütz & Co." | 296 |
| 227. George Jaffé 的来信,1922 年 6 月 10 日 | 297 |

228. 在德法和平大会上的讲话,1922 年 6 月 11 日 ... 298
Die Brücke über den Abgrund. Für die Verständigung zwischen Deutschland und Frankreich. Bericht über den Besuch der "Französischen Liga für Menschenrechte" in Berlin und im Ruhrgebiet. Otto Lehmann-Russbüldt, ed. Berlin: Bund Neues Vaterland, 1922

229. 阿劳州立中学 1897 届毕业班的来信,1922 年 6 月 11 日 ... 302
230. Wilhelm Westphal 的来信,1922 年 6 月 12 日 ... 303
231. "作为研究者的 Emil Warburg",1922 年 6 月 13 日 ... 304
"Emil Warburg als Forscher," Die Naturwissenschaften 10 (1922)

232. 致 Aurel Stodola,1922 年 6 月 13 日 ... 315
233. 致 Thorstein G. Wereide,1922 年 6 月 13 日 ... 316
234. 给 Hans Thirring 的《相对论思想》写的序论,1922 年 6 月 14 日或之前 ... 316
Hans Thirring. L'Idée de la théorie de la relativité. Maurice Solovine, trans. Paris: Gauthier-Villars, 1923

235. Emile Borel 的来信,1922 年 6 月 14 日 ... 318
236. Max Born 的来信,1922 年 6 月 16 日 ... 318
237. 致 Max Born,1922 年 6 月 16 日或之后 ... 319
238. Paul Ehrenfest 的来信,1922 年 6 月 17 日 ... 320
239. 致 Hermann Anschütz-Kaempfe,1922 年 6 月 18 日 ... 321
240. 致 Gustave Le Bon,1922 年 6 月 18 日 ... 322
241. 致 Heinrich Zangger,1922 年 6 月 18 日 ... 322
242. Eduard Einstein 的来信,1922 年 6 月 18 日 ... 323
243. Hans Albert Einstein 的来信,1922 年 6 月 21 日 ... 324
244. Max(?) Kreutzer 的来信,1922 年 6 月 23 日 ... 325
245. 致 Mathilde Rathenau,1922 年 6 月 24 日之后 ... 326

| | |
|---|---|
| 246. Hans Albert Einstein 的来信,1922 年 6 月 24 日之后 | 327 |
| 247. Eduard Einstein 的来信,1922 年 6 月 24 日之后 | 327 |
| 248. Mileva Einstein-Marić的来信,1922 年 6 月 24 日之后 | 328 |
| 249. Mathilde Rathenau 的来信,1922 年 6 月 24 日之后 | 329 |
| 250. Hermann Anschütz-Kaempfe 的来信,1922 年 6 月 25 日 | 329 |
| 251. Paul Epstein 的来信,1922 年 6 月 26 日 | 330 |
| 252. Gustave Le Bon 的来信,1922 年 6 月 27 日 | 332 |
| 253. Friedrich Sternthal 的来信,1922 年 6 月 28 日 | 333 |
| 254. Emile Borel 的来信,1922 年 6 月 2[9]日 | 333 |
| 255. 致 Gustave Le Bon,1922 年 6 月 30 日 | 334 |
| 256. Chaim Weizmann 的来信,1922 年 6 月 30 日 | 334 |
| 257. 致 Hermann Anschütz-Kaempfe,1922 年 7 月 1 日 | 335 |
| 258. 致 Walther Nernst,1922 年 7 月 1 日 | 336 |
| 259. Otto Gradenwitz 的来信,1922 年 7 月 1 日 | 337 |
| 260. Hermann Anschütz-Kaempfe 的来信,1922 年 7 月 2 日 | 338 |
| 261. 致 Richard B. Haldane,1922 年 7 月 3 日 | 339 |
| 262. 致居里夫人,1922 年 7 月 4 日 | 340 |
| 263. 致 Eric Drummond,1922 年 7 月 4 日 | 341 |
| 264. 致 Henry S. Hatfield,1922 年 6 月[7 月]4 日 | 341 |
| 265. Sigmund Einstein 的来信,1922 年 7 月 4 日 | 342 |
| 266. 致 Max Planck,1922 年 7 月 6 日 | 344 |
| 267. Raymond de Rienzi 的来信,1922 年 7 月 6 日 | 345 |
| 268. 居里夫人的来信,1922 年 7 月 7 日 | 346 |
| 269. Gustave Le Bon 的来信,1922 年 7 月 7 日 | 347 |
| 270. George Jaffé 的来信,1922 年 7 月 8 日 | 347 |
| 271. Max von Laue 的来信,1922 年 7 月 8 日 | 349 |
| 272. Max Planck 的来信,1922 年 7 月 8 日 | 349 |
| 273. Gilbert Murray 的来信,1922 年 7 月 10 日 | 350 |

| | |
|---|---|
| 274. 致 Henri Barbusse, 1922 年 7 月 11 日 | 351 |
| 275. 致居里夫人, 1922 年 7 月 11 日 | 352 |
| 276. 致 Hermann Anschütz-Kaempfe, 1922 年 7 月 12 日 | 353 |
| 277. 致 Debendra Nath Bannerjea, 1922 年 7 月 12 日 | 354 |
| 278. 致 Max von Laue, 1922 年 7 月 12 日 | 354 |
| 279. 致 Max Planck, 1922 年 7 月 12 日 | 355 |
| 280. 致普鲁士科学院, 1922 年 7 月 12 日 | 356 |
| 281. 致 Pierre Comert, 1922 年 7 月 12 日到 19 日 | 356 |
| 282. Bernado Attolico 的来信, 1922 年 7 月 12 日 | 357 |
| 283. 山本实彦的来信, 1922 年 7 月 12 日至 8 月 8 日之间 | 358 |
| 284. 致 Otto Gradenwitz, 1922 年 7 月 13 日 | 359 |
| 285. 致 Gustave Le Bon, 1922 年 7 月 13 日 | 359 |
| 286. 致 Gilbert Murray, 1922 年 7 月 13 日 | 360 |
| 287. Richard B. Haldane 的来信, 1922 年 7 月 14 日 | 360 |
| 288. Gerhard Kowalewski 的来信, 1922 年 7 月 14 日 | 361 |
| 289. 致 George Jaffé, 1922 年 7 月 15 日 | 362 |
| 290. Hermann Anschütz-Kaempfe 的来信, 1922 年 7 月 15 日 | 363 |
| 291. Heinrich Zangger 的来信, 1922 年 7 月 15 日至 25 日 | 364 |
| 292. 致 Hermann Anschütz-Kaempfe, 1922 年 7 月 16 日 | 366 |
| 293. 致 Maurice Solovine, 1922 年 7 月 16 日 | 367 |
| 294. 致 Chaim Weizmann, 1922 年 7 月 17 日 | 368 |
| 295. George Jaffé 的来信, 1922 年 7 月 17 日 | 368 |
| 296. Gilbert Murray 的来信, 1922 年 7 月 17 日 | 370 |
| 297. Richard Eisenmann 的来信, 1922 年 7 月 18 日 | 370 |
| 298. Hermann Anschütz-Kaempfe 的来信, 1922 年 7 月 19 日 | 372 |
| 299. Gustave Le Bon 的来信, 1922 年 7 月 19 日 | 373 |
| 300. Peter Pringsheim 的来信, 1922 年 7 月 19 日 | 374 |
| 301. Hermann Struck 的来信, 1922 年 7 月 19 日 | 376 |

| | |
|---|---|
| 302. 致 George Jaffé,1922 年 7 月 22 日 | 377 |
| 303. 致 Erich Marx-Weinbaum,1922 年 7 月 22 日 | 379 |
| 304. 致 Wolfgang Ostwald,1922 年 7 月 22 日 | 380 |
| 305. 魏宸组的来信,1922 年 7 月 22 日 | 381 |
| 306. 致 Hermann Anschütz-Kaempfe,1922 年 7 月 25 日 | 381 |
| 307. 致 Sigmund Einstein,1922 年 7 月 25 日 | 382 |
| 308. 致 Gerhard Kowalewski,1922 年 7 月 25 日 | 383 |
| 309. 致 Gilbert Murray,1922 年 7 月 25 日 | 384 |
| 310. George Jaffé 的来信,1922 年 7 月 26 日 | 385 |
| 311. 致 Richard Eisenmann,1922 年 7 月 27 日 | 386 |
| 312. 致 Hendrik K. de Haas,1922 年 7 月 27 日 | 387 |
| 313. Chaim Weizmann 的来信,1922 年 7 月 27 日 | 388 |
| 314. 致 Eric Drummond,1922 年 7 月 29 日 | 388 |
| **315.** "对斯特恩-盖拉赫实验的量子论评论",1922 年 7 月 30 日之前<br>"Quantentheoretische Bemerkungen zum Experiment von Stern und Gerlach"<br>*Zeitschrift der Physik* 11（1922） | 389 |
| 316. Paul Ehrenfest 的来信,1922 年 7 月 30 日 | 393 |
| **317.** "纪念 Walther Rathenau",1922 年 8 月<br>*Neue Rundschau* 33（1922） | 395 |
| **318.** "论理论物理学的当前危机",1922 年 8 月<br>"über die gegenwärtige Krise der theoretischen Physik,"<br>*Kaizo* 4,no. 12（December 1922） | 396 |
| 319. 长冈半太郎的来信,1922 年 8 月 2 日 | 401 |
| 320. Max Born 的来信,1922 年 8 月 6 日 | 402 |
| 321. Heinrich Zangger 的来信,1922 年 8 月 6 日至 28 日 | 403 |
| 322. Michele Besso 的来信,1922 年 8 月 8 日 | 404 |

323. Henry N. Brailsford 的来信，1922 年 8 月 10 日 ... 406
324. Moritz Schlick 的来信，1922 年 8 月 13 日 ... 407
325. 致 Jacques Loeb，1922 年 8 月 14 日 ... 408
326. Helene Stöcker 的来信，1922 年 8 月 14 日 ... 409
327. David Hilbert 的来信，1922 年 8 月 15 日 ... 410
328. Hermann Anschütz-Kaempfe 的来信，1922 年 8 月 20 日 ... 411
329. 致 Paul Ehrenfest，1922 年 8 月 21 日或之后 ... 413
330. Maja Winteler-Einstein 的来信，1922 年 8 月 25 日 ... 414
331. 致 Maximilian Pfister，1922 年 8 月 28 日 ... 415
332. Paul Dienes 的来信，1922 年 8 月 28 日 ... 416
333. Paul Ehrenfest 的来信，1922 年 8 月 29 日 ... 417
334. 致 Richard B. Haldane，1922 年 8 月 30 日 ... 418
335. 致 Paul Painlevé，1922 年 8 月 30 日 ... 419
336. Richard B. Haldane 的来信，1922 年 8 月 30 日后 ... 419
337. 致 Carl Speyer，1922 年 8 月 31 日 ... 420
338. 致 Paul Dienes，1922 年 8 月 31 日或之后 ... 421
**339.** "论热流气体中的非各向同性压力"，1922 年 9 月 ... 421
**340.** "对 A. Friedmann 的论文：'论空间曲率'的评论"，1922 年 9 月ᅠ424
 "Bemerkung zu der Arbeit von A. Friedmann "Über die Krümmung des Raumes""
 *Zeitschrift für Physik* 11（1922）
341. 致 Chaim Weizmann，1922 年 9 月 2 日之后 ... 427
342. Fritz Haber 的来信，1922 年 9 月 3 日 ... 427
343. Henry N. Brailsford 的来信，1922 年 9 月 4 日 ... 428
344. Jacques Loeb 的来信，1922 年 9 月 4 日 ... 429
345. Albert Karr-Krüsi 的来信，1922 年 9 月 6 日 ... 430
346. Helene Stöcker 的来信，1922 年 9 月 7 日 ... 431
**347.** "德国文明的危险"，1922 年 9 月 11 日 ... 432

| | |
|---|---|
| 348. 致 Henry N. Brailsford,1922 年 9 月 11 日 | 436 |
| 349. 致 Richard B. Haldane,1922 年 9 月 11 日 | 438 |
| 350. Franz Selety 的来信,1922 年 9 月 11 日 | 439 |
| 351. 致 Max Wertheimer,1922 年 9 月 12 日 | 439 |
| 352. 致 Alfred L. Berthoud,1922 年 9 月 14 日 | 440 |
| 353. 致 Thorvald Madsen,1922 年 9 月 14 日 | 441 |
| 354. 秋田忠义的来信,1922 年 9 月 15 日 | 442 |
| 355. Raymond de Rienzi 的来信,1922 年 9 月 15 日 | 442 |
| 356. 致秋田忠义,1922 年 9 月 15 日或以后 | 443 |
| 357. 致 Tullio Levi-Civita,1922 年 9 月 15 日或之后 | 444 |
| 358. 致 Arnold Sommerfeld,1922 年 9 月 16 日 | 444 |
| 359. Svante Arrhenius 的来信,1922 年 9 月 17 日或之后 | 446 |
| 360. Max Wertheimer 的来信,1922 年 9 月 17 日 | 447 |
| 361. 致瑞士驻柏林大使馆,1922 年 9 月 18 日 | 448 |
| 362. 致 Max Wertheimer,1922 年 9 月 18 日 | 448 |
| 363. Max von Laue 的来信,1922 年 9 月 18 日 | 449 |
| 364. Max Wertheimer 的来信,1922 年 9 月 19 日 | 450 |
| 365. 致 Svante Arrhenius,1922 年 9 月 20 日 | 450 |
| 366. 致 Hans Reichenbach,1922 年 9 月 20 日 | 451 |
| 367. 致 Carl Beck,1922 年 9 月 22 日 | 451 |
| 368. 致 Jacques Loeb,1922 年 9 月 22 日 | 452 |
| 369. Michele Besso 的来信,1922 年 9 月 24 日 | 453 |
| **370.** "对 Franz Selety 的论文:'论宇宙学体系'的评论", 1922 年 9 月[12—25] <br> "Bemerkung zu der Franz Seletyschen Arbeit"Beiträge zum kosmologischen System <br> *Annalen der Physik* 69 (1922) | 454 |
| 371. 致 Franz Selety,1922 年 9 月 25 日 | 457 |

| | | |
|---|---|---|
| 372. | 致 Edgar Zilsel,1922 年 9 月 25 日 | 457 |
| 373. | 致 Michele Besso,1922 年 9 月 26 日 | 458 |
| 374. | 致 Eberhard Zschimmer,1922 年 9 月 27 日 | 459 |
| 375. | 致罗曼·罗兰,1922 年 9 月 30 日或之后 | 459 |
| 376. | 致 Pierre Comert,1922 年 10 月 1 日 | 460 |
| 377. | 致 Michele Besso,1922 年 10 月 4 日 | 460 |
| 378. | 写给 Albert 和 Luise Karr-Krüsi 的诗,1922 年 10 月 6 日或之前 | 461 |
| **379.** | 在日本、巴勒斯坦和西班牙的旅行日记,1922 年 10 月 6 日至 1923 年 3 月 12 日 | 463 |
| 380. | Chaim Weizmann 的来信,1922 年 10 月 6 日 | 520 |
| 381. | 致 Hans Albert 和 Eduard Einstein,1922 年 10 月 7 日 | 520 |
| 382. | 致 Marcel Grossmann,1922 年 10 月 7 日 | 521 |
| 383. | Richard B. Haldane 的来信,1922 年 10 月 23 日 | 522 |
| 384. | Christopher Aurivillius 的来电,1922 年 11 月 10 日 | 523 |
| 385. | Christopher Aurivillius 的来信,1922 年 11 月 10 日 | 523 |
| 386. | Niels Bohr 的来信,1922 年 11 月 11 日 | 524 |
| **387.** | "评论 E. Trefftz 的论文:'爱因斯坦理论中的两质点的静态引力场'",1922 年 11 月 23 日<br>Bemerkung zu der Abhandlung von E. Trefftz:"Das statische Gravitationsfeld zweier Massenpunkte in der Einsteinschen Theorie"*Preußische Akademie der Wissenschaften* (Berlin). *Physikalisch-mathematische Klasse. Sitzungsberichte* (1922) | 525 |
| **388.** | "爱因斯坦对于调查战争责任的看法",1922 年 11 月 25 日<br>"Sur la recherche des responsabilités de la guerre"<br>*Les cahiers des droits de l'homme* 22（1922） | 528 |
| 389. | 长冈半太郎等人的来信,1922 年 12 月 1 日 | 529 |
| 390. | Alexander Friedmann 的来信,1922 年 12 月 6 日 | 529 |
| **391.** | 闲谈我对日本的印象,1922 年 12 月 7 日或之后 | 532 |

"Plauderei über meine Eindrücke in Japan" *Kaizo* 5 (1923)

392. 蔡元培的来信,1922 年 12 月 8 日   536

393. 致土井晚翠,1922 年 12 月 9 日   537

**394.** 为 Georg Nicolai 的《战争生物学》日文版写的序,1922 年 12 月 10 日   537

395. 致 Heinrich Zangger,1922 年 12 月 11 日   538

396. Henrik Sederholm 与 Knut A. Posse 的来信,1922 年 12 月 11 日   538

397. 致山本实彦,1922 年 12 月 12 日   539

**398.** "答宗教问题",1922 年 12 月 14 日   540
"Antwort über Religionsfrage" *Kaizo* 5 (1922)

爱因斯坦在京都大学的演讲

**399.** "我如何创造了相对论"   548
(石原纯记录的爱因斯坦在京都大学的演讲)1922 年 12 月 14 日

400. 致 Hans Albert 与 Eduard Einstein,1922 年 12 月 17 日   560

401. 致 Michele Besso 与 Anna Besso-Winteler,1922 年 12 月 19 日   561

402. 致 Wilhelm Solf,1922 年 12 月 20 日   562

403. 致蔡元培,1922 年 12 月 22 日   563

404. 致 Max 与 Hedwig Born,1922 年 12 月 23 日   564

405. 致石原纯,1922 年 12 月 23 日至 29 日   564

**406.** 论文集日文版序言,1922 年 12 月 27 日   565
"Vorwort" *Einstein Zenshu* [*The Collected Works of Einstein*]. Jun Ishiwara, et al., trans. Tokyo: Kaizo-Sha, 1922–1924.

407. 致山本美,1922 年 12 月 27 日   569

408. Wilhelm Solf 的来信,1922 年 12 月 27 日   570

**409.** "再见了日本",1922 年 12 月 28 日   570
"Saraba Nohon yo" *Fukuoka Nichinichi Shinbun*

| | |
|---|---|
| 410. 致桑木彧雄,1922 年 12 月 29 日 | 572 |
| 411. 致土井晚翠,1922 年 12 月 30 日 | 572 |
| 412. 致土井英一,1922 年 12 月 30 日 | 574 |
| 413. 致山本实彦,1922 年 12 月 30 日 | 574 |
| 414. 致山本美,1922 年 12 月 30 日 | 575 |
| 415. 致 Charlotte Weigert,1922 年 12 月 31 日至 1923 年 1 月 2 日 | 575 |
| 416. Rafaele Contu 的来信,1923 年 1 月 8 日 | 576 |
| **417.** "论广义相对论",约 1923 年 1 月 9 日<br>"Zur allgemeinen Relativitätstheorie" | 577 |
| **418.** 旅行日记背面的计算,约 1923 年 1 月 9—22 日 | 585 |
| **419.** 关于广义相对论的片段和计算,约 1923 年 1 月 | 608 |
| 420. 致 Svante Arrhenius,1923 年 1 月 10 日 | 610 |
| 421. 致 Niels Bohr,1923 年 1 月 10 日 | 610 |
| 422. 石原纯的来信,1923 年 1 月 12 日 | 611 |
| 423. Sergei F. von Oldenburg 的来信,1923 年 1 月 18 日 | 615 |
| 424. 致 Edgar、Else 和 Edgar Michel Meyer,1923 年 1 月 20 日 | 616 |
| **425.** "论广义相对论",1923 年 1 月 22 日<br>"Zur allgemeinen Relativitätstheorie" *Preußische Akademie der Wissenschaften*（*Berlin*）*. Physikalisch-mathematische Klasse. Sitzungsberichte*（1923） | 617 |
| 426. 致日本无产者同盟,1923 年 1 月 22 日 | 623 |
| 427. Chaim Weizmann 的来电,1923 年 2 月 4 日 | 625 |
| 428. Federigo Enriques 的来信,1923 年 2 月 8 日 | 625 |
| 429. 致 Chaim Weizmann,1923 年 2 月 11 日 | 627 |
| 430. 致 Arthur S. Eddington,1923 年 2 月 14 日 | 628 |
| 431. Heinrich Lüders 的来信,1923 年 2 月 15 日 | 629 |
| 432. Nicholas M. Butler 的来信,1923 年 2 月 26 日 | 630 |

| | |
|---|---|
| 433. 致石原纯,1923 年 2 月 26 日后,或 3 月 21 日后 | 631 |
| 434. Arthur Biram 的来信,1923 年 3 月 1 日 | 633 |
| 435. Gano Dunn 的来信,1923 年 3 月 1 日 | 634 |
| 436. 致 Wilhelm Westphal,1923 年 3 月 2 日 | 635 |
| 437. Mauricio David 的来信,1923 年 3 月 2 日 | 636 |
| **438.** 致西班牙科学院,1923 年 3 月 4 日 | 637 |

*Discursos pronunciados en la sesión solemne que se dignó presidir S. M. el Rey el día 4 de marzo de 1923 celebrada para hacer entrega del diploma de académico corresponsal al profesor Albert Einstein.* Real Academia de Ciencias Exactas, Físicas y Naturales. Madrid: Talleres Poligráficos, 1923

| | |
|---|---|
| 439. Michael I. Pupin 的来信,1923 年 3 月 4 日 | 639 |
| 440. Carl Brinkmann 的来信,1923 年 3 月 9 日 | 640 |
| 441. 致 Hermann Anschütz-Kaempfe,1923 年 3 月 10 日 | 641 |
| 442. Maja Winteler-Einstein 的来信,1923 年 3 月 11 日 | 642 |
| 443. 德国犹太复国主义协会(Betty Frankenstein)的来信,1923 年 3 月 14 日 | 643 |
| 444.《福斯日报》的来信,1923 年 3 月 15 日 | 644 |
| 445. Svante Arrhenius 的来信,1923 年 3 月 17 日 | 645 |
| 446. 致 Albert Karr-Krüsi,1923 年 3 月 20 日 | 646 |
| 447. 致 Pierre Comert,1923 年 3 月 21 日 | 646 |
| 448. Paul Winteler 的来信,1923 年 3 月 22 日 | 647 |
| 449. 致 Svante Arrhenius,1923 年 3 月 23 日 | 650 |
| 450. 致 Carl Brinkmann,1923 年 3 月 23 日 | 650 |
| 451. 致德意志犹太复国主义协会,1923 年 3 月 23 日 | 651 |
| 452. Michele Besso 的来信,1923 年 3 月 23 日 | 652 |
| 453. 致(Ilse Einstein),1923 年 3 月 24 日前 | 654 |

454. 致 Heinrich Lüders, 1923 年 3 月 24 日　　　　　　　　　655
455. 致 Sergei F. von Oldenburg, 1923 年 3 月 24 日　　　　　656
456. Paul Ehrenfest 的来信, 1923 年 3 月 27 日　　　　　　　656
457. Richard Stern 的来信, 1923 年 3 月 28 日　　　　　　　657
458. Hermann Anschütz-Kaempfe 的来信, 1923 年 3 月 31 日　658

正文字顺目录　　　　　　　　　　　　　　　　　　　　　661
年表　　　　　　　　　　　　　　　　　　　　　　　　　685
未刊文献摘要一览表　　　　　　　　　　　　　　　　　　697

附录 A. 爱因斯坦访谈　　　　　　　　　　　　　　　　　757
附录 B. 爱因斯坦谈他的理论　　　　　　　　　　　　　　761
附录 C. 关于光发射的演讲　　　　　　　　　　　　　　　773
附录 D. 在新加坡招待会上的演讲　　　　　　　　　　　　775
附录 E. 在庆应义塾大学的演讲　　　　　　　　　　　　　777
附录 F. 在上海犹太人招待会上的演讲　　　　　　　　　　781
附录 G. 在巴勒斯坦的记录稿　　　　　　　　　　　　　　783
附录 H. 在马德里大学的演讲　　　　　　　　　　　　　　785
附录 I. 在马德里大学接受名誉博士学位时的演讲　　　　　801
引用文献　　　　　　　　　　　　　　　　　　　　　　　803
名词索引　　　　　　　　　　　　　　　　　　　　　　　845
人名索引　　　　　　　　　　　　　　　　　　　　　　　865
引文索引　　　　　　　　　　　　　　　　　　　　　　　907
译后记　　　　　　　　　　　　　　　　　　　　　　　　919

# 插　图　目　录

1. 爱因斯坦于 1922 年 4 月初在法兰西学院讲授相对论。(承蒙 Leo Baeck 研究所惠允)
2. 爱因斯坦与法国物理学家 Paul Langevin，巴黎，1922 年 4 月。(承蒙 TopFoto 惠允)
3. 欢迎爱因斯坦 1922 年 4 月 7 日访问巴黎的宴会菜单。背面的签名包括居里夫人(Marie Curie-Sktodowska)，Paul Langevin，Paul Painlevé。(承蒙阿耳伯特·爱因斯坦档案馆惠允)
4. 爱因斯坦在(靠近兰斯的)多曼斯地区一个被战争毁灭的村庄，1922 年 4 月 9 日。(承蒙《图片报》[L'Illustration]惠允)
5. 德国外长 Walther Rathenau 在热那亚会议上就经济重建问题发言，1922 年 4 月 10 日。(承蒙 Ullstein 图片社 Granger 收藏部提供)
6. Rathenau 1922 年 6 月 24 日在柏林-格鲁内瓦尔德遇刺的场景。(承蒙 Ullstein 图片社 Granger 收藏部提供)
7. 爱因斯坦与 Hermann Anschütz-Kaempfe，基尔，20 世纪 20 年代初。(承蒙德国基尔 Raytheon Anschuetz 责任有限公司档案馆惠允)
8. 爱因斯坦和 Elsa 乘坐"北野丸"前往日本途中，1922 年 10 月。(由杉元贤治[Kenji Sugimoto]遗产基金会提供)
9. 爱因斯坦及夫人 Elsa 与新加坡犹太社团的成员在慈善家 Manasseh Meyer 的住所。1922 年 11 月 2 日。(承蒙 Alan Frankel 家族提供)
10. 爱因斯坦和 Elsa 参加上海著名画家兼企业家王一亭家举行的晚

宴，1922年11月13日。（承蒙Leo Baeck研究所提供）

11. 爱因斯坦与夫人Elsa在小石川植物园与日本帝国学士院院士在一起，1922年11月20日。（承蒙日本学士院提供）

12. 爱因斯坦与夫人Elsa在改造社社长山本实彦在东京的家中，1922年11月22日。（承蒙杉元贤治遗产基金会提供）

13. 1922年11月25日，东京爱因斯坦与夫人Elsa与艺伎一起参加清酒酒会。（承蒙Leo Baeck研究所提供）

14. 爱因斯坦及夫人Elsa与东京商科大学的教授们，包括经济学家上田辰之助在一起，1922年11月28日。（承蒙一桥大学提供）

15. 早稻田大学学生在欢迎爱因斯坦的接待会上。1922年11月29日。（承蒙早稻田大学提供）

16. 爱因斯坦在东京帝国大学物理系使用变分法讲授相对论，1922年12月初。（承蒙杉元贤治遗产基金会提供）

17. 1922年12月4日冈本一平的漫画："阿耳伯特·爱因斯坦或作为思想库的鼻子"（Albert Einstein oder die Nase als Gedanken-Reservoir）。（承蒙冈本一平遗产基金会提供）

18. 爱因斯坦抵达名古屋火车站。1922年12月7日。（承蒙杉元贤治遗产基金会提供）

19. 诺贝尔物理学奖证书，1922年12月10日。（承蒙阿耳伯特·爱因斯坦档案馆提供）

20. 诺贝尔物理学奖章。（承蒙阿耳伯特·爱因斯坦档案馆提供）

21. 爱因斯坦与夫人Elsa在门司基督教青年会为儿童举办的圣诞仪式上。1922年12月25日。（承蒙杉元贤治遗产基金会提供）

22. 爱因斯坦与夫人Elsa在门司港的"榛名丸"上，1922年12月29日。（福冈县JFHL博多图书馆提供）

23. 石原纯与家人，1917年5月。（由森由美子[Yumiko Mori]提供）

24. 爱因斯坦夫人Elsa Einstein、Herbert Samuel爵士、Samuel夫人、爱因斯坦和其他人在耶路撒冷托管专员官邸前，1923年2月6

日。(承蒙耶路撒冷学院图书馆[École Biblique]提供)

25. 爱因斯坦与夫人 Elsa 的名字被刻在犹太国家基金会的"金典"上,1923 年 2 月 6 日。(承蒙阿耳伯特·爱因斯坦档案馆提供)

26. 爱因斯坦和夫人 Elsa 与 Meir Dizengoff 市长和市议会成员在特拉维夫市政厅举行的招待会上,1923 年 2 月 8 日。(承蒙犹太复国主义中央档案馆提供)

27. 爱因斯坦在西班牙马德里皇家科学院举行的接待会上,与国王阿方索十三世,José Rodriguez Carracido 和 Blas Cabrera 在一起,1923 年 3 月 4 日。(承蒙 Ullstein 图片社提供)

28. Niels Bohr,1922 年。(承蒙 Niels Bohr 档案馆提供)

29. Henri Barbusse,1923 年 10 月。(承蒙 TopFoto 提供)

30. Bertrand Russell,20 世纪 30 年代中期。(承蒙 Bertrand Russell 档案馆提供)

31. Otto Stern。(承蒙美国物理学会 Emilio Segrè 视觉档案馆 Segrè 收藏部惠允)

32. Walther Gerlach,1935 年 7 月。(承蒙布里斯托尔大学 H. H. Wills 物理实验室档案馆,美国物理学会 Emilio Segrè 视觉档案馆惠允)

# 第十三卷序

1922年的秋季，爱因斯坦被授予诺贝尔物理学奖。经过长达10多年的提名之后，当获奖的消息最终公布之时，爱因斯坦正在一艘驶向日本的轮船上。他未曾参加过传统上每年于12月10日举行的正式的诺贝尔奖颁奖仪式。

在围绕爱因斯坦的远东之行中的那些丰富多彩、吸引人的，并且有时令人紧张的众多事件之中，离开柏林以及决定放弃参加诺贝尔奖颁奖典礼只是其中的两件。在他的旅行日记中（文件379），爱因斯坦非常细致地，有时用诗体散文的方式详细记录了每天发生的事情，包括他对在海上航行的印象，以及他对科学、哲学与艺术的思考。这部旅行日记在此第一次被完整地发表。结合围绕此行的往来通信，这部日记对了解爱因斯坦人生中的这段时期非常重要。爱因斯坦人生中这段时期的一个重要的标志性事件，就是几个月之前，德国的外交部长Walther Rathenau遇刺。据爱因斯坦本人声称，这趟旅行既是为了逃避柏林的紧张气氛与流传的对他本人的威胁，也是为了实现他渴望已久的访问日本的心愿（文件402）。

在本卷所涵盖的15个月，即从1922年初到1923年3月末的这段时间内，爱因斯坦有几乎7个月身处柏林之外。在1922年4月初他去往巴黎，之后不久又对荷兰的莱顿进行了一次定期常规访问。接着，在这一年初秋，爱因斯坦踏上了在当时对他来说行程最远的一次旅行。他在1922年10月初离开柏林，前往远东，直到1923年3月末才回到柏林。

尽管如此，通过这一时期的工作以及频繁的科学交流，爱因斯坦发表了一些卓越的文章，并推动了理论的进展。在这15个月的36篇文章中，大部分是通俗演讲、讨论和他人的报道，一些文章在科学上有非常重要的意义，这将在下文中提及。本卷也呈现了属于先前一段时期(1910—1921年)的10篇文章(和16封信件),它们是在近几年才为编辑所知的。

从本卷开始,我们将把爱因斯坦的**文章**与**通信**出版在一起。在这之前,**文章**与**通信**是以分开的卷出版的,而现在将一并出版,并且,如以前一样,是在连贯的诸卷中按时间顺序编排的。编辑们相信这种新形式将促进文本的语境解读与从历史角度对文件的理解。

爱因斯坦对当时物理学的两个主要领域,也就是原子与量子物理学以及相对论的科学关注,开始集中在三个具体的问题上。

在新兴的量子论的原子物理学中,爱因斯坦关注的是单个原子的辐射与能量过程。所以,他设计了一个极隧射线实验,以判定一个受激原子的光的发射,是根据经典波动理论概念的连续电磁辐射,还是依据量子理论猜想的即时单色光量子发射。与此相似的思考,似乎推动着爱因斯坦设计与谋划进一步的实验,来与例如 Peter Pringsheim 或 Pieter Zeeman 这样的实验物理学家一同完成。

在爱因斯坦与 Paul Ehrenfest 合著的,对斯特恩-盖拉赫实验(Stern-Gerlach Experiment)的令人费解的结果的分析文章中,他们集中于通过研究磁场中单个银原子排列的可能机制,来找到解释实验结果的方法。并且,通过梳理电子在 Bohr 轨道上无辐射运动形成超导流这一假定所得出的结论,爱因斯坦再次试图以相似的方式提高人们对超导现象的认识。

在相对论方面,爱因斯坦继续关心相对论的宇宙学含义与特殊解对马赫原理(Mach's principle)的支持程度。他也开始探索广义相对论对引力-电磁场统一理论所蕴含的可能性与限制条件。后者是他与 Jakob Grommer 所联合发表的文章的核心问题,这篇文章关系到在 Kaluza 五维方法中得到静态、球形对称解,也就是类粒子解的不可能性。类似地,爱因斯坦研究了 Arthur S. Eddington 最近的工作,其中 Eddington 开始完全基于所谓的仿射联络概念来重新解释相对论,而这一数学概念对广义相对论的重要性,已经被 Tullio Levi-Civita 与 Hermann Weyl 揭示出来。尽管爱因斯坦关于广义相对论的原始构想是以一种度规的概念为基础的,但是 Levi-Civita 与 Weyl 表明仿射联络的概念独立于那种度规。尤其是,Riemann 曲率张量只能用线性联络表达，因此，Eddington 认为在广义相对论理论中，仿射联络是一个在逻辑上优先于度规的概念，而度规是以仿射联络为基础的。在从日本回国的漫长航程的闲暇时间中，爱因斯坦对这种方法进行了思考，并完成了一篇论文，通过增加场方程来确定从变分原理推导而来的联络的系数，从而进一步发展了 Eddington 的观点。

呈现在这里的爱因斯坦的文章与通信中，一个反复出现的主题就是某种程度的不安以及对变化的认知。毫无疑问，爱因斯坦希望逃避增长的名望和知名度所带来的诸多要求。他试图谢绝众多邀请中的一些演讲，声称自己没有什么新的内容可说，并坚持只对专业的听众谈最先进的科学话题，但无济于事（文件 219）。但是爱因斯坦知道，"更广泛的公众以及政治早已开始利用我的理论和我个人达到他们的目的"（文件 63）。

以全文呈现的 415 封信件是从总计多达 980 件收到与寄出的通信中选择出来的。这些信件反映出爱因斯坦对科学的深入思考，表现在与 Paul Ehrenfest 的频繁而热情的通信，以及与其他物理学家、数学家、哲学家、管理者，以及国际组织、期刊的交流中。在这些通信之中最为重要的，是爱因斯坦与法国科学界代表的通信，他借此表达了诚挚的愿望，要积极地帮助修补两个先前的敌对国家之间受损的、甚至已不存在的科学关系。他怀着这样的精神，却受到外部事件的抵触与打击，在受邀参加国际联盟的智力合作国际委员会（International Committee on Intellectual Cooperation of the League of Nations）时，爱因斯坦的态度是摇摆不定的。

Rathenau 被刺杀一事深刻影响了爱因斯坦。爱因斯坦想离开柏林这个有生命威胁的地方，把社会责任、科学会议与行政负担都抛在脑后。虽然不是第一次有这种想法，但这次显然有一种更加紧迫的感觉。他认真地考虑了离开普鲁士科学院，同时摆脱学术生活，并且有一段时间设想移居到基尔的可能性。爱因斯坦考虑过，在与其有长期合作关系的企业家与发明家 Hermann Anschütz-Kaempfe 所拥有的工厂工作，过上一种僻静的、田园式的而又舒适的生活。身处于各种外部的混乱之中，爱因斯坦渴望着一种"正常"的生活（文件 276）。

其他人也为爱因斯坦离开柏林提供避难的选择。传闻爱因斯坦因反犹主义而将要离开德国之后,他被邀请去意大利定居并秘密得到了一个教授职位的任命,而这项任命是由意大利的公共众教育部长所批准的(文件 428)。哥伦比亚大学校长 Nicholas Butler 与其同事也为爱因斯坦提供了一个教授职位,并向爱因斯坦保证美国是一个"比德国安静的地方"(文件 432)。类似地,他受到了"西班牙的热情欢迎和政府的财政支持,以防他的国家的时局会使他暂时不可能继续研究。"(见文件 379 的注释 261)在那些更加奇异的提议之中有一个赚大钱的建议,那就是以 5 万美元报酬请爱因斯坦在美国举行 100 场讲座(文件 437)。

爱因斯坦为期半年的日本、巴勒斯坦、西班牙之旅提供了一个令人愉悦的间歇,让他得以摆脱这些左右为难的窘境。在从日本返程的轮船上安静闲暇的时光中,爱因斯坦深入研究了 Eddington 最近提出的统一场论方法的技术复杂性,并写下了 *Einstein 1923e*(文件 425)。

# I

1922 年 1 月,爱因斯坦不得不修正他对 1921 年构想的一个用来确定光的本性的实验的理解(见第十二卷导言,第 6 节,pp. l—lvii)。

这个实验所检验的是由极隧射线,即一束高速移动的原子所释放的光辐射。爱因斯坦的想法是在这种辐射光穿过一个色散介质后对其进行观察。他相信根据麦克斯韦波动描述,应该可以观察到光的偏斜,反之,如果光以量子形式发射则不会发生光的偏斜(见 *Einstein 1922a*[第七卷,文件 68])。

爱因斯坦所设想的这一实验受到了批评,并且随着时间推移,这种批评也在增强。Hendrik A. Lorentz 在 1921 年 11 月 13 日的一封详细的信中,第一个批评了这个极隧射线实验(第十二卷,文件 298)。他试图说服爱因斯坦,按照爱因斯坦本人的想法,有着某种(极弱的)波与光粒子相关联;而问光是由波还是由粒子组成,是一个错误的问题。

到了 1921 年年末,爱因斯坦向他的朋友与同事报告说,由 Hans Geiger 与 Walthe Bothe 在柏林进行的极隧射线实验的结果明显是否定性的(即没有观察到光的偏斜)。他认为这个结果非常重要,并且认为它明确地否定光的波动描述。爱因斯坦于 1921 年 12 月 22 日致信 Hermann Weyl 说道:"极隧射线实验的结果是否定的,这最终意味着电场理论的失败。现在该怎么办呢?"(第十二卷,文件 336)在这一年即将结束之前,即 1921 年 12 月 30 日,爱因斯坦致信 Max Born 与其妻子 Hedwig Born,信中他称那个实验的结果"是近几年来最重要的科学实践"(第十二卷,文件 345)。

在全集第十二卷结尾的时候,对极隧射线的解释依旧没有结论;而本卷一开始,就是爱因斯坦试图着手解决他所希望的决定性结果。爱因斯坦的朋友与同事的最初反应各异且有疑虑。Max Born 与 James Franck 感到"极度震惊",但是承认因为他们"愚蠢",不能复制实验设置(文件 4)。Hermann Weyl 承认自己没有理解这个实验,但是相信爱因斯坦有了发现,他声称"我为这个可怜的'场'感到悲哀"(文件 5)。在一张明信片中,爱因斯坦设法向 Max Born 解释该实验(文件 6)。在几天之后,在写给 Paul Ehrenfest 的信中(文件 13),他提出了一个"幽灵场"("Gespensterfeld")的概念,而这正是 Hendrik Lorentz 在上文提及的信中暗示的。

Arnold Sommerfeld 也作出了回应:"看来您又有了一个伟大发现,埋葬了波动理论[……]如果您认为您的实验是决定性的,我会很高兴地接受它,虽然经过 Geiger 在耶拿的解释,我还是不理解它。"他信件的结尾更加全面地认同爱因斯坦的结论:"[就爱因斯坦的光谱学计算而言]处处都行得通,但是其深层基础却不甚清晰。我只能在促进量子技术方面做些工作,哲学方面只能依靠您。内心深处,我也不再相信球面波。"(文件 14)

但是更加实质性的反对意见来自于 Ehrenfest 与 Max von Laue。Ehrenfest 的最初的回应是:"真可恶!如果你的光实验结果真的是反经典的——我的意思是,经过理论和实验的推敲之后——那么,好吧,你知道,你让我见鬼了。"在回应的结尾他写道:"如果你的结果是可信的,那么——在我看来——这个发现意义重大。"(文件 24)Ehrenfest 打算征求 Niels Bohr 的意见。

在写给 Born、Franck 与 Sommerfeld 的信中,爱因斯坦引用了

Laue 的批评，Laue 相信那个实验的结果，但是却坚持认为爱因斯坦的解释是错误的。Laue 曾说，经典波动理论预测的光线弯曲，并不超过量子理论的预测（文件 25 与 27）。

一天之后的 1 月 19 日，爱因斯坦在普鲁士科学院举行的全体会议上，探讨了这个实验的理论方面与结果。他讲话的题目："关于一个与波动理论矛盾的光学实验结果"，显示他依然相信这个决定性的实验的否定结果（文件 29）。在同一天，Ehrenfest 更加坚定地反对爱因斯坦关于实验的解释，他引用了一篇由 Josiah Gibbs 创作的旧论文来帮助自己。Ehrenfest 详细表明了波动理论应该会给出相同的否定结果。他的主要观点是爱因斯坦在进行计算时使用了纯粹的波，即使用了相速度假设，然而观察结果是与波的群速度有关，这种情况下不会发生光的偏折（文件 30）。

爱因斯坦仍旧没有被说服；他以一个自己觉得是更好的证明加以回应，并渴望听到他的朋友的观点。Ehrenfest 感谢爱因斯坦，祝愿后者的证明能一切顺利，尽管如此，他仍然"完全不相信"这种证明，再次解释了波**群**的行为。Ehrenfest 在信件结束时强调："爱因斯坦，听听你这个小兄弟的话，为了你的安康！！！"（文件 31 与 39）就在同一天，爱因斯坦终于承认 Ehrenfest 是"完全正确的"。他已经找出自己犯错之处（文件 37），随之立即也告诉了 Sommerfeld，并总结道："又是那句话，吃一堑长一智！"（文件 41）

1 月 19 日提交给普鲁士科学院的那篇关于实验结果的手稿被撤回了。取而代之的是，爱因斯坦向 2 月 2 日的普鲁士科学院大会提交了题为"关于在色散介质中光的传播理论"的一篇论文（*Einstein 1922f*，文件 43）。在这篇论文中，爱因斯坦谨慎地展示了一个关于光在色散介质中传播的第一性原理计算，解释了为什么他所设想的实验是错误的。正像他意识到的，实际上该实验并未在两种理论选择之间预测到一个决定性的、可观察的结果。

关于这项失败项目的最后记录是在 2 月，爱因斯坦将他的论文的改正版本交予 Ehrenfest，并承认实验结果过于简单（文件 47），而 Ehrenfest 则感谢爱因斯坦认输（文件 45）。在同一天，爱因斯坦向他的儿子们写信，说起了这次失败："我曾经寄予厚望的那个实验，既不支持,也不反对波动理论,所以所有的努力和热情实际上都白费了。"(文件 48)在 5 月份的时候,爱因斯坦致信 Born,将整个事件称为"一个极其丢人的错误",但是"只有死人才不会犯错"(文件 190)。

尽管遇到这些挫折,爱因斯坦一直在思考能找到可以指导量子论理论工作的经验性证据的方法,并做出了锲而不舍的努力,关于这方面的一个生动描述见于 1922 年 5 月 8 日 Ehrenfest 致 Bohr 的一封信中(文件 184):"他不断进行新的实验,以尽可能仔细地检验一个运动中的放射性原子的波场,是否具有经典性质。"大量的这类想法只不过是暂时性的,而且几乎没有留下文档记录。例如,在 5 月 4 日,爱因斯坦自莱顿写信给妻子 Elsa,说道:"Zeeman 将进行一个由我设想提出的实验;我对此感到非常高兴。"遗憾的是,关于这个设想的实验的其他情况我们一无所知。

从一封爱因斯坦在 1922 年 3 月 23 日致 Ehrenfest 的信中,我们可以沿着这些思路了解他的一个想法。通过一个使用一面反射镜的思想实验,爱因斯坦试图证明,由一个加速运动的粒子所发射出的光不可能是单色的,这个结果将为粒子描述带来困难。这里爱因斯坦提到了一个"主导场"(Führungsfeld)的理念,但是没有找到他提出的问题的解决方法。他嘲讽地在信的结尾写道:"现在我完全可以去精神病院了。"(文件 107)

另外有一个可能已经或者还没有付诸实际验证的设想实验,是观察由周围黑体辐射形成的电场所激发原子的辐射的斯塔克效应。早在 1921 年 1 月,爱因斯坦与他的同事 Peter Pringsheim 就考虑以这种方法来研究黑体辐射的波或量子结构的可能性。在他们最初合作一年半之后,Pringsheim 给爱因斯坦写了一封内容详尽的信,回归到观察因斯塔克效应而产生的谱线展宽问题。但是,同 James Franck 一起,Pringsheim 现在认为这样一个实验不能提供光量子发射与波动发射之间的一个决定性区别(文件 300)。

在本卷所涉及的时期中,对于如何理解困扰自己的量子问题的这一方面,爱因斯坦并无突破性进展。但是一篇由他与 Ehrenfest 合作的关于斯特恩-盖拉赫实验的论文却引人瞩目。在得知实验结果后,这篇文章很快就完成了,它非常清晰地显示出该实验提出了一个在当时量子论框架下不能解决的问题。

1922 年 5 月中旬，爱因斯坦致信 Born："目前最有意思的是斯特恩与盖拉赫的实验。由辐射造成的原子定向没有相互碰撞，（根据当前的思考方法）这是无法理解的。这样一个定向过程按理应该需要持续 100 年以上。Ehrenfest 和我为此做了一点儿计算。Heinrich Rubens 觉得实验结果是绝对可靠的。"（文件 190）

斯特恩-盖拉赫实验表明，一束穿过非均匀磁场的银原子被分成两条狭窄的银原子束，其中一束的原子磁矩与强磁场（10000 高斯）方向一致，然而另外一束磁矩与磁场方向相反。实验结果首先表明银原子确实拥有磁矩。更重要的是，实验结果表明了银原子束分裂成磁矩与磁场方向相同以及相反的两个原子束，这种现象与经典预测的原子束的连续展宽相违背，后者的根据是单个原子磁矩方向的连续随机分布。

爱因斯坦与 Ehrenfest 的"一点儿计算"处理了原子磁矩的排列问题。在那时，人们认为任何不同量子态之间的转变必须通过辐射或机械性碰撞过程而发生。他们证明，若以这种理解方式为基础，鉴于涉及的测量过程，那么这个实验提出了一个真正的问题。

爱因斯坦与 Ehrenfest 也设想磁矩的定向只能通过吸收或放出辐射完成。这里的发射是源于围绕磁场进动的原子的磁偶极辐射。而辐射吸收的则是来源于周围的热辐射。他们计算得出的定向时间的数量级为 $10^9$ 秒（即一百年）。把这个不可能的结果与短于 $10^{-4}$ 秒的实际定向时间相对比，可知认清这种定向背后的真实物理机制的难度之大。

爱因斯坦与 Ehrenfest 将其问题的结果与思考发表在题为"关于斯特恩和盖拉赫实验的量子论评论"这篇论文中（*Einstein and Ehrenfest 1922*，文件 315）。这篇论文构思的时间，可能是 1922 年 4 月 29 日至 5 月 13 日爱因斯坦在莱顿访问 Ehrenfest 之时。在爱因斯坦返回柏林之后的三个月中，二人又通信讨论并提出疑问。从 Ehrenfest 的日记中我们得以一瞥他与爱因斯坦在准备写作这篇论文时产生的争论。该论文在 1922 年的 9 月份发表，距离之前斯特恩与盖拉赫发表他们的实验结果只有两个月。他们的论文的总结陈述，虽然在当时多有不满之处，但是从现在的角度看带有先见性："列举出的困难之处表明了，对由斯特恩与盖拉赫所发现的实验结果进行解释的两种尝试是多么地令人不满意。"

10 年之后，Born 在他的著作《原子物理学》(*Atomic Physics*)中写道："斯特恩与盖拉赫实验可能是我们拥有的证明经典力学与量子力学之间基本区别的最令人印象深刻的证据。"[1] 对许多作者与教师而言，斯特恩-盖拉赫实验成为教授量子力学的起始点，以及量子测量的范式。

这篇论文坚持强调通过任何已知的物理学过程来解释磁矩分裂的困难，并且在一定意义上预见了之后所谓的量子测量问题。值得注意的是，爱因斯坦与 Ehrenfest 立即就意识到新兴的量子论的一个主要概念问题。

## II

对爱因斯坦来说，超导现象是可以检验量子理念的另一个实验工作领域。

超导现象于 1911 年由 Heike Kamerlingh Onnes 在莱顿发现，直到 20 世纪中期都是原子物理学主要的难解之谜。[2] 某些物质在非常低的温度之下，磁场不是很强的时候，会经历转变完全失去其电阻。这种现象首先在汞上发现，而在 20 世纪 20 年代只知道有几种金属具有这一性质。爱因斯坦对超导现象的兴趣可以追溯至 1912 年，特别是在它与量子领域零点能量问题的联系方面。[3] 像其他许多物理学家一样，爱因斯坦曾努力去弄清这种非同寻常的效应是怎么产生的，但他并未成功。在 1920 年与 1921 年这两年中爱因斯坦构思了几个可行的实验来解释这个问题。[4] 例如，由于电子在 Bohr 轨道上移动时没有辐射形式的能量损失，爱因斯坦便认为无能量消耗的超导流，是通过 Bohr 轨道电子在两个原子的 Bohr 轨道接触之处，从一个原子移向另一个原子所产生。这个假设引出了相应的试验检测。在大约 1922 年 3 月 11 日的时候，他完成了一篇题为"关于金属超导现象理论评论"的论文(*Einstein 1922k*，文件 76)，这是他为《*Heike Kamerlingh*

*Onnes* 纪念文集》(*Festschrift*) 所撰写的一篇文章。

在这篇分析论文中，爱因斯坦得出结论说，很难坚持以自由电子理论作为超导理论的基础。他提出了存在"导电链"的很"模糊的概念"，根据这种概念，电子从一个原子转移到另一个原子(或从一个分子到另一个分子)。爱因斯坦知道这种概念还需理论支持，并认为它是一种形式的"幻想"。他明白为了能拥有一个合适的理论，物理学家必须更加熟悉复合系统的量子力学。顺便提及，这可能是"量子力学"这个术语第一次出现在出版物中。[5]

然而，爱因斯坦还是提出了一个实验，也许能表明他的导电链概念是否有价值。他设想将两种不同的超导金属连接在一起形成一个单一回路。根据他的理论，不同种原子的导电链很难连接成为一个链，所以这种结合回路应该不再具有超导性。这个实验由 Kamerlingh Onnes 在他位于莱顿的实验室中进行操作，这是在 1923 年之前唯一能产生足够低的温度来进行超导研究的地方。Kamerlingh Onnes 与他的合作者用锡与铅交替组成环节 24 次做成一个环，并检测这个有 24 个两种超导金属界面的环是否持续存在无能量损耗的超导流。

在 1 月的时候，爱因斯坦请求 Ehrenfest 去看一看进展，并"鼓动"一下 Kamerlingh Onnes (文件 31)。Ehrenfest 报告了 Kamerlingh Onnes 的实验结果：由铅与锌组成的回路没有电阻 (文件 54 与 77)。爱因斯坦随即回应："很高兴 K. Onnes 做了这个实验"，但是，他补充，"又一次失去了理解超导现象的少许希望"。

超导现象与爱因斯坦另一个感兴趣的话题有联系：零点能量的问题。根据电子运动论，任何零点能量将产生残余传导电阻。在几个月之前，爱因斯坦与 Jakob Grommer 探究了是否能够证明氦元素的零点能量的存在。[6] 现在，他与 Grommer 研究相同的问题，不过涉及的是氢元素。他已经确定发现了量子效应，但却未发现零点能量的存在 (见文件 31 与 57 中他与 Ehrenfest 交流的内容)。

## Ⅲ

尽管爱因斯坦对量子论有诸多疑问以及未解决的疑难，我们还是发现了他强调其重要性的论述。在信件与文章中他清晰指出,鉴于其经验性的成功,量子论是绝对必要的,尽管其概念基础还存在疑问。

爱因斯坦对 Bohr 与 Bohr 所做的先驱性工作表达了钦佩之情,表达的方式既包括正式的推荐,例如主张提名 Bohr 为普鲁士科学院的通讯会员(文件 53),也包括私人通信往来。他认为 Bohr 是"当今物理学界最伟大的天才"(文件 1),不敢以不重要的请求去打扰他。在一封写给 Ehrenfest 的信中,爱因斯坦表达了他对 Bohr 的思维世界的高度欣赏:"他真是一个聪明人;世上有这样一个人是大家的幸运。我对他的一系列思想有完全的信心。对应原理以及 Bohr 应用它的方式应该是很有说服力的"(文件 107)。爱因斯坦于 1922 年 8 月在日本期刊《改造》(*Kaizo*)上发表的通俗文章,"论理论物理学的当前危机"(*Einstein 1922o*,文件 318)中的最后一段,他更加详细地表述了 Planck-Bohr-Rutherford 量子理论产生的必然性。

在 Max Born 致爱因斯坦的信件中,想要理解与完善量子理论的决心跃然纸上。在其中一封信里,Born 报告了自己的晶体理论的进展以及他与 Wolfgang Pauli 在微扰理论方面的工作进展,而后者最终成为 Born 最著名的成就之一(文件 175)。在另一封信中,Born 描述了他努力试图将分子进行量子化遇到的困难。这可能是关于 Born 在量子化学方面工作的最初报道之一,而量子化学在几年之后将变得非常重要(文件 320)。

## IV

除了对量子论的探究之外,萦绕在爱因斯坦脑海里的还有关于相对论的话题。

在 1922 年初的时候,《辐射学手册》(*Handbuch der Radiologie*)的编辑 Erich Marx 打算重新出版爱因斯坦的 1912 年狭义相对论稿件(第四卷,文件 1),请求爱因斯坦为广义相对论补充一个纲要。爱因斯坦拒绝同意出版这个已有 10 年之久的稿件,并告诉 Marx:"很遗憾,稿件太过时了,不能同意发表"(文件 66)。

自从相对论在 1915 年末完成之时起,它确实又成熟了不少。爱因斯坦的许多同事参与进来并开始进一步发展理论,探求它的场方程解,撰写专业学术性或通俗性的阐述文章,以及推进对相对论的概念性理解。爱因斯坦对他的同事的努力表示欢迎,向他们提供自己的支持,或给予他们建设性的批评意见。

1922年2月,爱因斯坦在《自然科学》(*Die Naturwissenschaften*)上发表了一篇简短的书评,评论 Wolfgang Pauli 发表在《数学科学百科全书》(*Encyklopädie der mathematischen Wissenschaften*)中的,题为"相对论"的条目。在 *Einstein 1922e*(文件62)中爱因斯坦高度评价了 Pauli 对自己的狭义及广义相对论的出色的概述。他还认同由维也纳的物理学家 Hans Thirring 编写的关于相对论的教科书,为其法文译本写了一个简短的序言(文件234)。

爱因斯坦长期关注相对论的传播与相关争论,这从他的公开声明与通信中都可以得到印证。在致 Hans Reichenbach 的信件中,爱因斯坦对 Reichenbach 关于相对论的哲学内涵的分析表示了大体的赞同,并赞扬其思路清晰(文件119与366)。1922年4月6日,爱因斯坦访问巴黎期间,他参加了法国哲学学会(Société franç aise de Philosophie)的一次会议中关于相对论的讨论(*Einstein et al. 1922*,文件131)。这个会议的参加者包括了几乎全部的一流法国数学家(如 Jacques Hadamard、Élie Cartan 与 Paul Painlevé),物理学家(如 Paul Langevin、Jean Perrin 与 Jean Becquerel),以及哲学家(如 Henri Bergson、Emile Meyerson 与 Léon Brunschvicg)。

在爱因斯坦所进行的大量的关于相对论的演讲与讲座中,有一个尤其重要。

1922年12月14日,爱因斯坦在日本逗留期间参加了在京都大学举行的一个学生招待会。[7]他被学生请求谈一下相对论的发现过程,爱因斯坦答应了这个请求,做了一次即席演讲(文件399)。令人遗憾的是,关于这个演讲的手写记录并未保存下来。但是爱因斯坦的朋友、向导与翻译石原纯(Jun Ishiwara)发表了他以日文记录下来的爱因斯坦演讲内容的版本。虽然石原纯所记录的关于爱因斯坦的即席演讲内容的日文版本只是爱因斯坦所说内容的间接叙述,但是它记录了爱因斯坦关于创建相对论的最清晰的回忆之一。石原纯的记录文本在关于相对论诞生的争论中扮演了重要的角色,尤其是涉及迈克尔逊-莫雷实验(Michelson-Morley Experiment)在爱因斯坦早期思考中的有争议的作用。不幸的是,日文文本对这个特殊问题的叙述模糊不清,而且几年以来已经出版的若干英文译本也支持不同的解读。

在本卷中,我们展现了石原纯关于这个演讲所作的记录的日本原始印刷版与新的英文翻译版本,以及一篇总结关于这篇文档解读的争论的编者按(见文件399与编者按"爱因斯坦在京都大学的演讲")。

1887年进行的迈克尔逊-莫雷实验的重要性,并不仅限于它在爱因斯坦创建相对论中所起的作用。1922年8月6日,Born致信爱因斯坦,在信中表现出对Dayton C. Miller在美国进行一个实验的消息感到忧虑;Miller所做的是迈克尔逊-莫雷实验的重复实验,并似乎发现了一个支持以太漂移的现象。"这个谣言我一个字也不信",Born写道(文件320)。爱因斯坦在1921年5月访问美国时就已经知道这个实验了,他对此的反应与Born类似(见第十二卷日程表中1921年5月9日的记录)。

经验测试也在广义相对论的进一步发展中持续发挥着作用。一个德国-荷兰联合考察队希望能够在位于太平洋的圣诞岛上观察1922年9月21日发生的日食,并检验爱因斯坦的理论。虽然德国外交部对这项考察与爱因斯坦的参与表现出了兴趣,但是爱因斯坦却以各种借口拒绝了这项请求。[8]结果是,爱因斯坦尽管当时就在远东却不加入考察团的这一决定,并未造成什么影响:德国-荷兰联合考察队与另一个来自格林尼治天文台的英国科考队——也选择太平洋上的圣诞岛(Christmas Island)作为其基地——在日全食发生的时候碰上阴天,没有记录到有用的数据(*Crelinsten 2006*, p.201)。

在广义相对论的进一步发展中,爱因斯坦关注的一个核心涉及它的宇宙学解读。在1922年6月与7月的时候,爱因斯坦与莱比锡大学的物理学编外教授①George Jaffé进行了信件交流,内容涉及的是

---

① 原文为Extraordinary Professor,是德语auß erordentlicher Professor或Professor extraordinarius的翻译。在德国的教授等级中,低于正教授(Professor ordinarius, ordentlicher Professor, o. Prof., Univ. Prof.),因而也有人将之译为副教授。在一所大学获得"编外教授"几年后,有可能被另一所大学聘为正教授。——译者

爱因斯坦在 1917 年提出的为场方程增加一个宇宙项的建议(*Einstein 1917b* [第六卷,文件 43])。相反地,Jaffé 提出了对 Schwarzschild 解的一个变型,相当于一个质量比例缩放。他声称,如果按照这种理解,人们就能实现 Mach 的设想,即一个远离其他所有粒子的粒子将实际上拥有零质量。这与爱因斯坦在 1917 年的"宇宙学思考"似乎形成对照。爱因斯坦与 Jaffé 之间的通信谈到了这个问题的各个方面,尤其是恰当表达粒子的动量或能量这样的经典动力学量的问题。[9]

1922 年 9 月,爱因斯坦在《物理学杂志》(*Zeitschrift für Physik*)上发表了对俄国物理学家 Alexander Friedmann 的论文的一篇短评。这篇由 Friedmann 撰写,在当年早些时候发表在同一杂志上的论文最后成为现代宇宙学的基石(*Friedmann 1922*)。在这篇论文中,Friedmann 表明爱因斯坦关于宇宙的广义相对论方程存在着非静态解。他也表明可能存在一个其曲率虽然在空间处处相同却随时间改变的一个宇宙。

但是,爱因斯坦确信这样的宇宙是不可能存在的。他相信自己已经在 Friedmann 的数学论证中发现了错误。他的"关于 Friedmann 论文'关于空间的曲率'的评论"(*Einstein 1922p*,文件 340)指出了这一问题。两个多月之后,Friedmann 在从一位朋友那里得知爱因斯坦的"评论"一文后,给爱因斯坦写了一封长信作为回应,指出爱因斯坦"评论"(文件 390)中的错误。在本卷结束时,这场争论还没有结果,但是经过进一步的劝说之后,爱因斯坦最终于 1923 年 5 月 31 日发表了对之前"评论"的修正(*Einstein 1923g*)。

Franz Selety 是一位来自于维也纳的独立学者,之前与爱因斯坦有过通信。[10]他撰写了一篇关于"论宇宙学体系(Contributions to the Cosmological System)"的论文,发表在《物理学纪事》(*Annalen der Physik*)上。爱因斯坦立即对此作出回复(*Einstein 1922q*,文件 370),他批评了 Selety 及其他人所持的设想,这个设想认为我们的银河系是许多类似的体系之一,并且我们所能见到的旋涡星云确实是类似的体系(另见文件 59 与 371)。

在另一篇对 Erich Trefftz 所写的关于广义相对论的宇宙学意义论文的评论中,爱因斯坦致力于 *Einstein 1919a*(第七卷,文件 17)中的真空场方程组的解的研究,这也是带有宇宙学项的原始真空场方程组的解。Trefftz 解也被 Friedrich Kottler 与 Hermann Weyl 讨论过,如今被称为 Kottler-Trefftz-Weyl(KTW)解。Trefftz 把它解释为一个球面空间拓扑的静态解,这个解只有两个奇点,并且有两个质量与这些奇点相联系。这个解没有其他的质量,也就是说它是静态两粒子解。静态两粒子解不仅没有直接的宇宙学意义,而且这种解是否存在也是不确定的(它们不存在)。无论如何,爱因斯坦批评 Trefftz 的解释,称其在物理学上是不可行的。这场争论持续的时间超出了本卷所涵盖的范围。

在爱因斯坦发表的这些评论文章,以及他关于广义相对论的宇宙学诠释的通信中,可以看出他对马赫原理作用的看法,发生了微妙但决定性的转化。马赫原理不再是广义相对论的概念基础的构造性的启发原理,而是成为相同一组方程不同解的选择原理。

爱因斯坦发表两篇论文来尝试统一电磁场与引力场。第一篇论文,*Einstein and Grommer 1923a*(文件 12),在 1922 年 1 月 10 日被接收,并于 1923 年发表。这篇论文的基础,是 Jakob Grommer 所做出并在一封写于 1921 年 10 月 25 日的信中转达给爱因斯坦的计算(第十二卷,文件 283)。发表这篇论文的直接目的,是提高位于耶路撒冷的希伯来大学所出版的一份新的科学杂志的地位,而在那时希伯来大学还未正式成立。这篇论文很有可能也是为了协助 Grommer 在这所尚在计划中的大学里获得一份职位。这篇论文与 Theodor Kaluza 于 1919 年告知爱因斯坦的想法也有联系,这个想法是说一个五维空间将通过它的第五个维度来纳入电磁场(见第九卷 lli 页与第十二卷 xlviii 页)。论文旨在表明 Kaluza 的理论并不包含在无穷远处遵从某种边界条件的静态、球面对称解。这个结果的重要性在于,这一类解本来能够被阐述为类似粒子的场的位型。

代表粒子的场位型必须是定域的,即它们的非零场值必须限制在类似空间维度之内的一个有限区域。至少对单粒子解而言它们应该是静态的。这种单粒子解的存在是爱因斯坦对真正的统一的场理论的预想之中的一部分。这种想法可以回溯到由 Gustav Mie 在 Lorentz 协变电动力学前提下提出的,并由 David Hilbert 与 Hermann

Weyl 所完善的一个建议。因此由爱因斯坦与 Grommer 所证实的不可能定理表明了 Kaluza 拟设是不能成立的，至少它不是严格遵循爱因斯坦对统一场论的期望。

本卷中收录的第二篇关于相对论的文章，"关于广义相对论"(Zur allgemeinen Relativitätstheorie)(*Einstein 1923e*，文件 425)，完成于一年之后的 1923 年 1 月 22 日。这篇论文构思于爱因斯坦从远东开始的漫长的海上归程之中(另见文件 417,419 与 418)，并将在下文第九节中讨论。

## V

爱因斯坦在 1922 年 3 月末至 4 月初进行的对巴黎的访问代表着德国与法国科学界在战后和解方面的重要突破。然而说服爱因斯坦同意进行这次访问也是费了不少口舌。在 1921 年的时候，法国人权联盟(French League for Human Rights)便已经邀请爱因斯坦去参加一个它与"新祖国联盟"(Bund "Neues Vaterland")的代表团举行的联合会议，而且 Paul Painlevé 也已经邀请他参加国际哲学大会(International Congress of Philosophy)。但是这两个邀请都被爱因斯坦拒绝了。[11]

在 1922 年 2 月的时候，Paul Langevin 将一份由法兰西学院(Collège de France)发出的正式邀请函转呈爱因斯坦，内容是邀请他为公众举办 Michonis 讲座。不仅是法兰西学院、学生与公众都"渴望了解"爱因斯坦，而且学院也觉得爱因斯坦最适合帮助重建德国与法国学者间的关系。爱因斯坦最初倾向于接受这份邀请，但是担心在他的德国同事仍被排斥于国际科学会议之外之时，"我对巴黎的访问弊大于利"，甚至可能被看作是"一种背叛的行为"(文件 63)。但是在不久之后，由于一次与 Walther Rathenau 的"偶然的谈话"，爱因斯坦改变了他的想法(文件 69)。他将在法兰西学院(Collège de France)做四个讲座并参加由哲学学会举行的讨论晚会，但是坚持既不参加面向公众的会议与讲座，也不会接受私人邀请。他不想与记者接触，还担心被迫以法语做讲座，但是的确表示有兴趣与某些挑选出来的政治家讨论重建国际关系。

在 3 月 28 日，Langevin 与 Charles Nordmann 在法国边境迎接爱因斯坦。在到达巴黎火车北站（Gare du Nord）之后，爱因斯坦避开了等待着他的记者，并住进一个位置保密的僻静公寓中。最终，爱因斯坦在法兰西学院只做了一场演讲，350 位听众都是以私人名义邀请的。《柏林日报》驻巴黎记者 Paul Block 报道说爱因斯坦在演讲结束后得到了听众长达两分钟的起立鼓掌，并且没有听到负面的言论。爱因斯坦在法兰西学院出席的另外三次活动只限于较少一部分听众，并且是以讨论而不是正式的演讲形式。爱因斯坦似乎可能被邀请去法兰西科学院（Académie des Sciences）做演讲，但是有一群院士反对他的来访。关于这件事的传闻让法国的报纸对法兰西科学院进行了严厉的批评，不过在爱因斯坦的往来信件中没有发现关于此事的记录痕迹。[12]

爱因斯坦在私下与公开场合中都对法国同行所给予的"极其热情"的招待感到欣慰。他给妻子 Elsa 写信说到这次访问"比我预计的情况好很多"，并希望德国人会感激"我这次出访对国家的贡献"（文件 130，123，134 以及附录 A）。在致 Henri Barbusse 与罗曼·罗兰（Romain Rolland）的信中，他谴责了德国与巴黎对关于战争责任问题的"顽固"追究，但是他对自己没有遇到"任何得意和张狂的痕迹感到'特别'欣慰"（文件 152 与 274）。爱因斯坦避免参加任何带有政治性质或社会性质的会议，包括与在巴黎的德国人社区进行的会议，并且他坚持不懈地专注于促进"缓和法德两国知识界之间的紧张状态"以及建立或恢复"与本人所从事领域内的法国同行之间的关系"（文件 153）。作为离开法国之前表现出的最后的和解姿态，爱因斯坦在 4 月 9 日到访了位于兰斯（Reims）与圣康坦（St. Quentin）附近的战场与废墟（见插图 4）。

爱因斯坦的法国东道主也同样对他的这次访问感到满意。Langevin 写到"这次的巴黎之行在这边留下了最好的印象，远远超过我的期望"（文件 140）。作家 Raymond de Rienzi 高度赞赏作为"和平信使"的爱因斯坦，并引用了一位法国议会议员的话，"爱因斯坦到访巴黎是治愈所有国际精神错乱的开始"（文件 267）。[13]

在巴黎，爱因斯坦既面临人们对他的相对论的充分与热情的支持，也碰到各种各样的怀疑。爱因斯坦从在伯尔尼专利局工作时期便已结识的老同事 Edouard Guillaume 出席了 4 月 5 日在法兰西学院举行的第二场讨论会。在出席讨论会之前，Guillaume 在巴黎与其他地方的媒体就已经发表评论，认为爱因斯坦的理论是错误的。但是其反对言论很快就遭到数学家 Emile Borel[14] 与 Langevin 的反驳，认为 Guillaume 的异议在很大程度上是因为他未能理解爱因斯坦的理论，以及未能在理论的形式结构之内进行论证。爱因斯坦在 1920 年 12 月终结了与 Guillaume 关于这个主题的通信（见第十卷，文件 250），并一直拒绝与 Guillaume 公开发生争论，也拒绝公开谴责 Guillaume（*Nordmann 1922a*，见附录 B）。

在同一场讨论会中出现了一个学术上更加严肃的怀疑观点。当时 Jacques Hadamard 将爱因斯坦的注意力引向一个点质量引力场的 Schwarzschild 内部解，并询问关于在描述 Schwarzschild 解的度规之中的（坐标）奇点的问题。爱因斯坦回应说，一个质量大到成为奇点的恒星，对他的理论而言确实是一个灾难，并玩笑地将其命名为"Hadamard 灾难"。天文学家 Nordmann 意识到，Eddington 所做的关于后来所谓的 Eddington 极限这一问题的工作表明，恒星一旦变得足够明亮时，其体积便不能轻易增大，这是因为它们自身的辐射压将驱走物质。爱因斯坦机灵地表达了他对这种论证感到不自在，但是在下一场自己参加的讨论会中举出了一个更加符合相对论的论证。他指出随着一个恒星的质量增长到 Schwarzschild 奇点出现的值时，根据 Schwarzschild 的内部解，这个恒星的中心的压力将变得趋向于无限大（也就是说，恒星中心会有物理奇点出现）。爱因斯坦认为处在这个恒星中心的时钟将会停止并且因此可能导致奇点产生的物理过程将无法持续下去，这是对 Schwarzschild 时空奇妙特征的一个独创的运用。

最后，最为隐讳的一个质疑就是 Paul Painlevé 发起的讨论，据 Nordmann 关于爱因斯坦的讲座与讨论会的记述，这一讨论气氛非常活跃（见附录 B）。在前一年，Painlevé 采用了一套由 Allvar Gullstrand 所设想的坐标，在关于 Schwarzschild 奇点本质的讨论中做了最有预见性的质疑。据说就是 Allvar Gullstrand 阻止了爱因斯坦因其关于相对论的研究工作而获得诺贝尔奖。在 Painlevé-Gullstrand 坐标中，一个观察者的时钟在接近事件视界时并不会停止，因此爱因斯坦在这个问题上对 Hadamard 的回应不再有效。（但是，似乎 Painlevé 并没有意识到观察者们的不同时钟之间的差别，而仅是关注于两种框架下物体的空间维度的差别；见 *Painlevé 1921a*.）这是因为这个坐标系展现的是一个真实地陷入黑洞之中的观察者的参考系，然而 Schwarzschild 坐标系描述的是一个距离黑洞很遥远的观察者的坐标系。虽然在距离很远的观察者看来黑洞的事件视界中的物理过程的确停止，但是正处在陷入黑洞过程中的观察者不会观察到有什么值得注意的事物。可是 Painlevé 的观点是，运用这些不同的坐标系而获得的不同测量结果，证明相对论中存在问题。同一个物理体系在两个不同的参考系中怎么可能显现出如此巨大的差异？爱因斯坦在写于 1921 年 12 月的一封信中对 Painlevé 的观点作出了回应（第十二卷，文件 314），坚持自己的解读，也就是所有的坐标系在广义相对论中同样有效。

法兰西学院的这个讨论进行到这里的时候，爱因斯坦已经谈到现在所谓黑洞的许多特征。他可以用两种坐标系在所谓 Schwarzschild 奇点之处表现出不同的行为，来证明这并不是一个物理奇点。他强调时钟的停止，这可能会引导他去理解事件视界（Schwarzschild 奇点物理学位置的现代术语）。他从 Schwarzschild 那里得来的观点，即恒星中心的压强（一个可观测的数量）可能趋向无穷，可能导致他认为 Schwarzschild 解中心部分存在一个真正的物理学奇点。就这样，爱因斯坦与他的同代人叩响了黑洞概念之门。黑洞概念开始具体化，是几乎半个世纪之后的事情。

在访问巴黎期间，爱因斯坦遇到了各种值得尊重的（或肯定不是出于政治动机的）反对相对论的观点。Guillaume 代表了这样一些人，他们就是未能理解相对论，并以为由于所有的旧规则都被打破，新的规则高深难懂，他们就可以随便提出悖论。Hadamard 是一个很好的例子，他理解相对论，非常清楚相对论有一些违反直觉的预言，并且希望知道到底能不能理解这些预言，怎样理解这些预言。在反对相对论的观点中最为微妙的是 Painlevé 的质疑，它使得相对论的力量与魅力得以被世人充分领略，不过这个过程花费了几十年。

正如前一卷已经表明的，和平主义与国际和解一直交织在爱因斯坦所参与的政治活动中。在他为 Bertrand Russell 所著的《政治理想》(*Political Ideals*)的德文版所作的序言当中，爱因斯坦谨慎地支持 Russell 的被动防御与放弃"军事力量"的主张（文件 2）。在与罗曼·罗兰一致反对 Henri Barbusse 认为在革命中也许不能避免暴力时[这场争论发表在《光明运动》(*Clarté movement*)的期刊上（文件 152）]，爱因斯坦坚持这一立场。

在 1922 年 1 月出版的关于"科学的国际性"(*International Character of Science*)的一篇短文中（文件 3），爱因斯坦痛惜由于对前敌对国家的同行的排斥，在战后的欧洲一直还不能举行大规模的国际会议。在他看来，国际学者共同体中的"心怀更宏大目标和情感"的少数派到现在还不能克服"对重建国际科学工作者协会的心理抵触"。同时，少数派可以通过与志趣相投的同行保持密切的交流，以及在他们自己的影响范围之内以拥护国际利益的方式来为国际主义性质的协会的恢复而工作。最终，经济发展将带来想要的态度转变。在 1922 年 6 月，本着同样的精神，在法国人权联盟的代表团访问柏林期间，于德国国会大厦举行的德国与法国和平主义者参与的会议上，爱因斯坦发表了演讲。他认为国际主义的本质已经改变了。技术大大减少了人与人之间，机构与机构之间的距离，加上现代生产的世界范围分布，使得人们必需在"更大规模的政治组织"中开展合作（文件 228）。

正如他早些时候在巴黎所做的一样，在 11 月份爱因斯坦重申了自己的信念，为了取得国际和解，国际活动应该集中关注战后重建，而不是拼命争论战争责任（文件 388）。他谴责自己的同事们对恢复关系所进行的顽固阻挠。其中就有普鲁士科学院的院士 Emil Warburg 坚持反对选举外国学者进入普鲁士科学院（文件 52）。其他人，包括 Max Planck，表示同意爱因斯坦的提议中的一部分，例如邀请外国物理学家参加在柏林举行的会议——不过这种邀请只能是作为对爱因斯坦本人受到的邀请的回报（文件 204）。尽管面临主流意见的压力，爱因斯坦在政治紧张的时期继续主张"所有学者的首要任务就是让科学以及科学家之间的关系不要受到政治的影响"(文件198)。

爱因斯坦从对德国的"智力工作者"的惨状的关心发展到支持成立一个国家性的德国联盟(national German confederation),以期能够与国际联盟智力合作国际委员会进行合作(文件169与235)。一份由爱因斯坦撰写的对德国战后情况的详细描述发表在了一个新的英国左翼杂志《新领导者》(*The New Leader*)的第一期上。他证实了德国"智力工作者"与学生中间存在的"非常普遍的"营养不良现象,并谴责了协约国的政策以"不断的羞辱"来削弱魏玛政府的威信。德国的财政负担意味着"想用合理的方式,通过努力摆脱目前的困境,是没有希望的"(文件347)。

尽管如此,爱因斯坦的确支持由德国实业家Arnold Rechberg所提出的德国与法国的工业联合,以此作为履行德国赔偿款项的方法,他请求Haldane勋爵与Paul Painlevé向各自的政府推荐这一建议(文件334与335)。

## VI

1922年6月24日,德国外交部长Walther Rathenau被极右翼分子残忍刺杀,这成为尚处于发展初期的魏玛共和国的一个里程碑式的事件。[15] 除极右翼外,这起刺杀事件在德国公众生活中的绝大多数领域内激起了愤慨。紧随这个事件之后,是大规模的游行和罢工,紧张的局面升级,一场潜在的内战即将爆发。Rathenau葬礼的那一天举行了支持魏玛共和国的大规模游行。在德国国会大厦内所作的一个演讲中,Josef Wirth总理抨击了魏玛共和国的保守派敌人,称他们为这场谋杀的同谋。政府发布了多种旨在反对右翼社团的法令,并且,最终通过了旨在保护魏玛共和国的法律。[16]

这场刺杀事件也代表着爱因斯坦人生中的一个转折性时刻。已经痛苦地意识到政治环境险恶的爱因斯坦,从这一事件察觉到,作为一位德国公共生活中杰出的犹太左翼人士,他处于实实在在的人身危险之中。

在致Rathenau的母亲的吊唁信中,爱因斯坦称赞他的这位将被载入史册的朋友,"不只是一位伟大的善解人意的人和领袖,而且还是一位为实现民族之间和解的道德理想而献出自己的生命的犹太伟人[……]我认为他的离去是不可弥补的损失"(文件245)。在一篇发表的纪念文章中,爱因斯坦写道:"一个耽于幻想的人不难成为一个理想主义者;而[Rathenau]却是一个入世的理想主义者,世事洞明,远超常人。"但是爱因斯坦也坦白地提出了对Rathenau的批评:"我对他就任部长一事感到遗憾。鉴于德国受过教育的阶层中的大多数人对犹太人的态度,我认为,在公共生活中,犹太人应当采取一种自尊而谦虚的态度。我绝没有想到,仇恨、盲目和忘恩负义会达到这样的极端程度。"(文件317)爱因斯坦被问到Rathenau的纪念仪式是否应在柏林大学举行。他告诉身为院长的Walther Nernst,他原则上反对这种纪念仪式。大学不应"参与政治事务"。但是,在这种情况下,"这〈不仅仅〉关系到巩固我们的道德立场的普遍问题……我觉得大学应当展示鲜明的立场,无条件地谴责政治谋杀"(文件258)。

爱因斯坦的第一任妻子,Mileva Einstein-Marić对爱因斯坦"也属于被某些人——我不知道是什么人——阴谋打击的对象之一"这一消息感到"震惊"(文件248)。柏林的记者Friedrich Sternthal恳请爱因斯坦为了他自己的人身安全考虑采取谨慎小心的措施,向他警告"德意志民族主义者及其同类"对他的"肆无忌惮的仇恨"(文件253)。Hermann Anschütz-Kaempfe,当时已成为爱因斯坦的亲密的合作者与朋友,他邀请爱因斯坦在基尔长期停留。虽然这个邀请与刺杀事件并无直接联系,但邀请的时间应该也不是巧合(文件250)。爱因斯坦同意携妻子在一周之后到达,并写道:"Rathenau的遇刺让我极度震惊,而且引起巨大骚动。不幸的是,帝国政府能否成功控制所有抵制分子还很难预料。军队看起来尤其不可靠。为了对外政治目的而发明出来的鄙视道德的旧有传统现在在国内也开始产生恶果。"在爱因斯坦看来,这些问题并不仅限于柏林。他对身陷巴伐利亚监狱的杰出剧作家Ernst Toller受到的监禁进行谴责,并哀叹:"啊,诗人和思想家的民族,你已经变成了什么样子!"(文件257)

刺杀事件现在重新燃起爱因斯坦早先离开柏林的愿望。[17] 7月11日的时候,他告知居里夫人(Marie Curie-Skłodowska),自己将辞去在普鲁士科学院与威廉皇帝物理研究所的职务，以便离开"喧嚣的柏林，以求能够再次平静地工作"（文件275）。一天之后，他告诉 Max von Laue 自己已"正式地"离开了柏林，尽管他的身体还在那里（文件278）。爱因斯坦现在正在考虑为 Anschütz-Kaempfe 工作，并在基尔购买一座别墅，不过不是那座原本属于被废黜的皇帝的亲戚，因为有荒废的花园而被他一开始看上的别墅。作为一个犹太人，爱因斯坦不想触怒当地的居民（文件276）。

仅在四天之后，谋杀带来的恐惧有所消退，爱因斯坦就改变了想法。经过"冷静考虑"之后，他写信说得知在基尔的工厂中他没有什么可做，自己将继续住在柏林。依 Elsa Einstein 之见，虽然爱因斯坦受到 Rathenau 被刺一事的强烈影响，"并产生一种想法：离开这里，找个安宁的地方工作"，但是，到现在"他意识到安宁是一个假象。想要躲藏起来，最好是在柏林"。尽管如此，她承认"日本之行以后，他就想辞去这里的正式职务"（文件292）。

刺杀事件也影响了爱因斯坦出席公共场合的意愿。他决定不在9月于莱比锡举行的德国自然研究者与医生协会（Gesellschaft Deutscher Naturforscher und Ärzte）的一百周年庆祝会上发表已经计划好的演讲。在致 Max Planck 的信中，爱因斯坦写到了他受到的人身威胁，被警告不要留在柏林，以及不要"在任何德国国内公众场合露面。原因是我已经成为种族主义谋杀者的目标之一"。在这封信的草稿之中，爱因斯坦直接指出了"打算杀害"他的"德国民族主义"分子。爱因斯坦将他所处的困境归咎于媒体："所有的麻烦都是因为我的名字在报纸上出现得太频繁，激起渣滓们的不满。"（文件266）

Planck 对此的回应是他确实感到震惊。这封信对他的打击"让我有如同晴天霹雳的感觉。原来这些暴民的肆无忌惮，已经到了让您不得不担忧自己的人身安全的程度"（文件272）。爱因斯坦回信说道："1919年的英国考察队是造成今天不幸的罪魁祸首，是他们让我成为公众人物。从那之后，我就成为某种旗号，被各种利益打着游行。"他认识到他对一个"安静的角落"的渴望是不切实际的（文件279）。而犹太人媒体对他所受威胁的描述越来越多，也让他感到生气，因为这种报道"只能加剧对我的仇恨，以及我面临的危险。现在我暂时的办法是注意躲开德国公众关注的事务。换地址起不到什么保护作用,因为愚蠢的人到处都有,左轮手枪也随处可得"(文件303)。

爱因斯坦的名人地位对他而言一直是个困扰。1922年6月,他向挪威物理学家 Thorstein G. Wereide 承认他从未读过在1921年引起如此之多喧嚣的那部传记(*Moszkowski 1921*),并补充说道:"一个活着的人被赤裸裸地拿出去给公众消遣,当然不是一件小事。"在他看来,"一个人只应该对公众展示自己发表的客观思想,说到个人的时候,也应该是为了与客观思想相联系"(文件233)。一星期之后他这样总结自己作为名人的命运:"今天被人崇拜,明天被人鄙视甚至被钉在十字架上,这就是——只有上帝知道为什么——被无聊的公众所控制的人的命运。"(文件241)

当爱因斯坦身在巴黎之时,电影《爱因斯坦相对论的基础》(*The Foundations of Einstein's Theory of Relativity*)在1922年4月2日的法兰克福商品交易会开幕式上进行了首映。但是到了6月,因为电影经常被称为"爱因斯坦电影",让爱因斯坦倍感烦扰。因此他联系到了这部电影在柏林的发行商,请求将标题改为"相对论电影"(文件212)。

Rathenau被杀害之后,他权衡着是否要在苏黎世而不是在德国与他的儿子们度过1922年暑假,以便让自己离开柏林。但是最后,在位于柏林之外的斯潘道(Spandau)的一座不起眼的花园小屋内,爱因斯坦与他的儿子们度过了"愉快的一个月",在这里他"巧妙地躲藏"起来,偶尔通勤去城市(文件306,329与325)。

从更广阔的意义上,爱因斯坦将刺杀事件视为普遍的反犹主义偏见的结果。他在给自己的老朋友 Maurice Solovine 的信中写道:"协约国没完没了的欺诈,最后也会再次被怪罪到犹太人头上。人们抱怨对工业界的巨大骚扰,在军事用途的借口下摧毁制造工厂。"(文件293)

Rathenau被刺杀一事也影响了爱因斯坦成为国际联盟国际智力合作委员会成员的意愿。[18]在5月中旬,国际联盟的秘书长 Eric Drummond 曾邀请爱因斯坦参加这个委员会,委员会"负责研究国际智力合作方面的问题"。在另外10位被推荐为委员会成员的人中有

Henri Bergson 与居里夫人（文件192）。

这份邀请也造成了一些疑惑。居里夫人想了解这个委员会的具体的目标与作用，并承认国际联盟"是对未来的一个希望"（文件205），于是询问爱因斯坦是否会加入这个委员会。爱因斯坦同样不清楚"这个委员会将能有什么成就"，并回复居里夫人说，尽管如此，自己还是"经过短暂考虑之后"接受了这份邀请，深信"这一努力背后的动机显然是国际间的和解"（文件207）。但是在给亲密朋友 Heinrich Zangger 的信中，他也表达了忧虑："就算我拒绝参与智力合作组织，也会出现新的紧张局面，因为目前也许没有其他德国人能被选中。一旦这项工作能够体面地移交给别人，我就辞职。"（文件241）

但是六天之后 Rathenau 即被枪杀，爱因斯坦对他在委员会的成员身份的看法也发生了急剧的变化。他致信 Drummond，说自己感觉"遗憾的是不得不收回自己的决定，谢绝'智力合作委员会'的提名" [lv] （文件263）。他更直率地对居里夫人写道："不仅仅是因为 Rathenau[3] 遇刺的悲剧，还有其他原因让我觉得学术界有人存在强烈的反犹主义，而在某种程度上，我在国联所代表的人群里也包括他们；总的来说，这种心态，使得我不再合适担当代表和中间人。"（文件262）居里夫人感到很失望："正是因为公众意见中存在危险而有害的倾向，所以才需要与之斗争；在这个意义上，即使您没有参与到为了宽容的事业而进行的斗争中，仅凭您个人的声望就可以发挥很好的影响力。"（文件268）

国际联盟协力说服爱因斯坦重新考虑。委员会的副主席 Gilbert Murray 恳求爱因斯坦：这个委员会"面临着拉丁代表太多，德意志代表几乎缺席的危险［……］这会是一个致命的缺陷"（文件273）。爱因斯坦回答道：因为犹太人在德国公共生活中的比重太大，以及犹太人对国际目标的追求，加剧了"一种难以描述的存在于知识分子之间的反犹主义"。他相信德国知识分子并不把他视为"*他们的代表*"，很大程度上是因为他已公开声明的国际主义与他的瑞士公民身份，也是因为"一个犹太人不适合充当德国和国际知识分子的联系人"。作为代替，一个"真正德国人"，应该选 Adolf von Harnack 或 Max Planck 这样的人（文件275与286）。

Murray 坚持其主张,爱因斯坦回复说:"即使来自各个国家的成员不被看作各自国家的直接代表,他们仍然需要起到委员会和各个国家的心理联系作用。[……]我在本地的知识界眼中已经成了外人,因而人们会感觉德国在委员会中并没有自己的代表"(文件 309)。

在 7 月 25 日与 29 日之间的某个时间,爱因斯坦再次改变了他的想法,很可能是由于 Pierre Comert 在柏林对爱因斯坦的一次拜访;在 7 月 28 日,Pierre Comert 向国际联盟的副秘书长报告说爱因斯坦的辞职信"已经作废"。[19] 但是爱因斯坦没有动身前去参加于 8 月初在日内瓦举行的第一次国际智力合作委员会会议,而且鉴于自己将要前往日本,所以爱因斯坦要求他的朋友,心理学家 Max Wertheimer,来代替他。Wertheimer 拒绝了——作为一个犹太人,一个土生土长的讲德语的波西米亚人,现在是一个捷克斯洛伐克人,在他自己看来就是严重的障碍。Wertheimer 建议爱因斯坦选择能聆听与汇报的"一位信基督教的且有语言天赋的著名学者",并推荐柏林的经济学家 Carl Brinkmann(文件 360)。在 1923 年 3 月初,Brinkmann 自愿充当爱因斯坦在这个委员会中的助手。正如他致爱因斯坦的信中所说,他"作为'非犹太教代表'(Goj)可以对您和该组织的事业不无帮助"(文件 440)。

这个月的月末,爱因斯坦写了一封公开信,在媒体上广泛发表,说自己"最近确信国际联盟既没有精力也没有良好的意向来实现它的伟大事业。作为一个认真的和平主义者,我不愿意与国际联盟有任何联系"。他请求将自己的名字从委员会成员名单中剔除(文件 447)。这个决定背后的动机,很可能是近来发生的法国对鲁尔区的占领。在对 Brinkmann 的回应中,爱因斯坦以更加直率的方式表达了自己的立场:"我对国际联盟的软弱无能和道义上的不独立感到恼怒,因此给国际联盟写了一封最终的辞职信,还通过在媒体上发表它而加以强调。这可能是不够得体,但我的直觉迫使我迈出这一步。"(文件 450)

## VII

1922 年末至 1923 年初爱因斯坦进行的为期五个半月的远东、巴勒斯坦与西班牙之行是本卷所涵盖的时期中最重要的事件之一。[20]

在上一卷中我们知道了在 1921 年 9 月,爱因斯坦受进步的日本《改造》杂志社邀请前往日本讲学。[21]在接受了 1922 年秋季之行的提议之后,他却对资金条款感到不满,并拒绝了这份邀请。但是,在 1922 年 1 月末的时候,东京帝国大学物理学教授石原纯转呈爱因斯坦一封来自改造社社长山本实彦(Sanehiko Yamamoto)的正式信件,重新提出为期一个月的旅行邀请,行程计划开始于 9 月末或 10 月初,包括在东京举办科学系列讲座,以及在其他几个城市举行六场通俗性讲座。给出的酬金为 2000 英镑(文件 21),这和爱因斯坦先前感到不满的资金条款一样。虽然这次旅行会得到日本文部大臣与东京大学校长的支持,但是爱因斯坦在日本的其他活动必须要得到改造社的批准(文件 40)。

爱因斯坦受邀访问的日本正处于大正时代,"这个时期,国际主义、世界主义、世俗主义与民主化似乎正在替代主要着重于民族塑造的明治时代狭隘的主张"。[22]在这次访问十二年之后,山本实彦写道,对爱因斯坦的邀请,正值 1919 年与 1921 年之间日本出现"急剧的意识形态的变化",这一变化的一个显著的标志是改造社出版日本基督教和平主义者与劳工运动家贺川丰彦(Toyohiko Kagawa)的一部小说(见 *Kagawa 1920*)。这部小说所取得的巨大商业成功为邀请爱因斯坦及其他杰出的知识分子,如 John Dewey、Bertrand Russell、Margaret Sanger 对日本的访问提供了资金。当 Russell 被要求列举出世界上三位最伟大的人的时候,他告诉山本实彦:"第一位是爱因斯坦,然后是列宁。除此之外没有其他人了。"山本实彦写到他曾向哲学家西田几多郎(Kitaro Nishida)与石原纯请教关于相对论的问题,之后就决定拨出大约 20000 美元用于爱因斯坦对日本的访问,并派他属下驻欧洲的记者室伏高信(Koshin Murofuse)去柏林拜访爱因斯坦,以商讨有关这次访问的条件。[23]但是根据石原纯的记载,山本实彦在 Russell 访问日本大约九个月之前就已向他与西田几多郎商议邀请爱因斯坦一事。[24]在第三份描述中,改造社的原执行董事横关爱造(Aizo Yokozeki)声称当石原纯建议出版社邀请爱因斯坦时,他们"不知道该做什么"。他们去请教东京的物理学家长冈半太郎(Hantaro

Nagoka），后者在建议他们邀请爱因斯坦的同时，指出日本的大学本身没有资金将日本学生送到海外或邀请爱因斯坦来日本（*Yokozeki 1956*）。

1922 年 3 月中旬，在写给 Paul Ehrenfest 的一封信中，首次显示爱因斯坦已重新考虑了自己早先拒绝邀请的决定。他"无法抵挡东亚魔女的诱惑"（文件 87），并且不久之后便致信石原纯说因为要参加在莱比锡的"自然研究者（Naturforscher）"①会议，所以已计划好的启程动身要推迟一个月（文件 118）。在 8 月的时候，日本帝国学士院通过了一项欢迎爱因斯坦的决议，日本政府也正在准备"一个友好的欢迎"（文件 283）。长冈半太郎的学生之一，土井不曇（Uzumi Doi）寄给爱因斯坦一封批判相对论的信，并附上他最近写的反对相对论论文的复印件，告诉爱因斯坦，"你有幸尚存余生，可以回归正道，从那个自你 26 岁以来就笼罩着你的毁灭性的魔咒下解放出来"（土井用英语写的这封信，即文件 206）。

在这趟旅途开始几个月之前，爱因斯坦告诉 Zangger，他"渴望清静"，前往远东的旅程意味着"在大海上享有 12 个星期的安宁"（文件 241）。

爱因斯坦夫妇在 1922 年 10 月 3 日开始了他们的旅程。他们从柏林前往苏黎世，在那里爱因斯坦很可能看望了他的儿子们，然后前往伯尔尼与日内瓦，在那里他见到了他的朋友 Michel Besso 与 Lucien Chavan。在 10 月 6 日，爱因斯坦夫妇乘坐火车从伯尔尼前往马赛，两天之后登上日本邮轮"北野丸"（SS *Kitano Maru*），从马赛港起航，经苏伊士运河前往远东。

据我们所知，这个旅行的日记是爱因斯坦长期在外时第一次记日记。目的很有可能是要给他的两个继女 Ilse 与 Margot 当阅读材料。[25]他每天都写日记，有时会为文字配上火山、小船和鱼的插图。他记录着他对阅读到的东西、人与地方，以及科学与其他话题的直观印象与长时间的思考。

---

① 这里是 Gesellschaft Deutscher Naturforscher und Ärzte（德国自然研究者与医生协会）的简称。英文里为了方便，将 Naturforscher 翻译为"自然科学家"。考虑到两者还是有一定的区别，还是保留"自然研究者"的译法，尽管在大多数情况下，两者可以换用。——译者

起航之后不久,爱因斯坦记录下了对地中海的温暖的太阳、"自我(I)"与"它(it)"之间"距离"的逐渐消失感到非常高兴。他在船上最初几天所阅读的一篇精神病学的文章(Kretschmer 1921)使他思考:"昨天还在因为阅读 Kretschmer 的著作而感到震撼。感到仿佛是被钳子抓着一样。过度敏感转化为冷漠。在年轻时,内心压抑,与世隔绝。在自我与他人间隔着一面玻璃板。无缘无故地猜疑。纸上呈现的替代世界。强行压制性欲的冲动。"(文件 379,[p. 3])①

在这次旅行中,爱因斯坦第一次遇到了许多不同国家的国民,其中的大部分他以前从未遇到。他描述日本乘客与船员"严谨却不死板,但缺乏个人特征"以及"愉快地履行了属于他自己的社会职能,很朴实,却对自己的群体和民族感到自豪"(文件 379,p. 1v)。在塞得港,他观察到"一大群小船里坐着各样的黎凡特人(Levantiner),他们大声尖叫着,比划着手势,涌向我们的船"。他接下来注意到了"土匪一样肮脏的黎凡特人",但是"看起来英俊而优雅"(文件 379,[p. 4])。

在科伦坡,他搭乘了人力车,对"自己参与到如此对待人类的丑行中感到非常羞愧,但却不能改变什么"。他对有着"贵族"举止、体力与尊严的大量的乞丐感到惊骇与着迷。但是在"土著人"的地区,"尽管有很多美好之处,他们给人留下这样的印象:好像气候阻碍他们思索超过前一刻钟或后一刻钟的事。他们在大堆污秽和重度恶臭中栖身,做得少,需要得少。简单经济的生命循环。太多人挤在一起,以至于个体不可能有任何特殊存在"(文件 379,[p. 7])。

所遇到的这些让爱因斯坦也对欧洲人进行了思考:"人们一旦正确认识了这些人,就不再会欣赏欧洲人,因为后者更放纵更残忍,如此粗鲁并且更贪婪——而不幸的是,这却造成他们实用上的优势,以及着手处理大事并将之付诸实践的能力。在这种气候下,我们难道不也会变得像印度人一样?"(文件 379,[p. 7v])

在海上航行几乎四个星期后,爱因斯坦于 11 月初在新加坡参加第一个正式活动。在抵达之时,他才知道 Chaim Weizmann 又一次决定"利用我的这次旅行来为犹太复国主义者谋利"(在 1921 年,爱因斯

---

① 此处原误标为 p.2,译者改正过来了。后面凡出现类似错误,径直改正,不再一一指出。——译者

坦陪同 Weizmann 前去美国，那次行程主要是为希伯来大学筹集资金）。[26]爱因斯坦与新加坡犹太人团体的领导人 Manasseh Meyer 见了面，并形容后者为"新加坡的犹太富豪"。Meyer 后来为希伯来大学捐献了 500 英镑。[27]

一星期之后，爱因斯坦在香港做短暂停留时，他被中国人的处境所震惊，中国人"就这样因为他们的生殖力，被无情的经济机器残酷惩罚。我觉得他们在无力和迟钝中难以意识到这一点，但是看到这些让人难过"。爱因斯坦进入了中国内陆，他形容那里的居民是"勤奋、肮脏、愚钝的人民"。他继续说道："如果这些中国人挤掉了其他所有种族的人，那将是一件很遗憾的事。对于我们这类人来说，只要有这个念头就让人无聊得难以形容。"（文件 379，[p. 13]）然而，在爱因斯坦于第二年 1 月初对香港进行回程访问时，他形容中国人是"地球上最可怜的人民，质朴、温顺又节俭，却被残暴虐待，折磨致死"（文件 379，[p. 30]）。

爱因斯坦夫妇于 11 月 13 日抵达上海。在这里他们见到了改造社的一位职员稻垣守克（Morikatsu Inagaki），以及他的妻子 Tony，她将陪伴他们完成前往日本神户的最后一段行程。他们也受到了德国领事 Fritz Thiel 的欢迎，后者显然要求爱因斯坦"一定不要忽视"在日本的德国人社团。爱因斯坦向他说清了改造社已经垄断了他的出席场合的日程安排，参与所有额外公共活动必须由改造社批准。[28]

在抵达上海时，爱因斯坦从一封由瑞典皇家科学院的秘书 Christopher Aurivillius 发来的电报中得知自己已被授予诺贝尔奖（文件 384）。

在 9 月 17 日左右爱因斯坦从诺贝尔物理学委员会的代理主席 Svante Arrhenius 那里，得到了第一个暗示，他将成为 1921 年[29]诺贝尔物理学奖得主。"我非常希望 12 月份您能来斯德哥尔摩，如果您去日本的话，那就肯定无法实现了。不过前来斯德哥尔摩的邀请要等 11 月中旬才能发出。"（文件 359）第二天，爱因斯坦的朋友与同事 Max von Laue 也暗示了诺贝尔奖的事情："根据我昨天得到的可靠消息，11 月将有事情发生，你最好 12 月份能留在欧洲。"因此他建议爱因斯坦重新考虑前往日本的旅行（文件 363）。虽然这两份通信中都没有明确提及诺贝尔奖,但是爱因斯坦应该明白是什么意思。尽管如此,他致信 Arrhenius 说,自己需要履约开始进行这次巡回演讲,不想延期(文件 365)。

Aurivillius 在发出电报之后又附上一封信件,告知爱因斯坦瑞典皇家科学院已经决定授予他"上一年度(1921 年)的诺贝尔物理学奖,以此表彰您在理论物理上的工作,特别是您对光电效应法则的发现,但并未包括您的相对论和引力理论,它们的应有价值有待将来确认"。颁奖典礼将在 12 月 10 日举行,并且"您需要发表一个公开演讲"(文件 385)。

奇怪的是,爱因斯坦没有在他的日记中记下诺贝尔奖的事。

现存最早的为爱因斯坦获得诺贝尔奖而发来的贺信,来自于 Niels Bohr,他获得了 1922 年的诺贝尔物理学奖:"对我而言,我能从外界环境中得到的最大的荣幸和乐事,就是和您同时被考虑授奖。"(文件 386)爱因斯坦回复道:"和我敬佩和爱戴的 Bohr 一起获奖,这使我特别快乐。"(文件 420)Bohr 担心他会在爱因斯坦之前获奖,对此爱因斯坦写道:"您担心在我之前获奖,我觉得这特别可爱——这真是典型的 Bohr 风格。"(文件 421)

在诺贝尔奖颁奖典礼之后的第二天,诺贝尔基金会通知爱因斯坦,他们已替他将奖金存于斯德哥尔摩的一家银行里。奖金的金额为 121 572.54 瑞典克朗,在那时等值于 32 653.76 美元,相当于爱因斯坦在柏林工作年薪的大约 49 倍。诺贝尔基金会保存着金质奖章与获奖证书,等待爱因斯坦的指示(文件 396)。在 1923 年 3 月爱因斯坦回到柏林的时候,Arrhenius 提出了两个领奖的选择:爱因斯坦可以参加于 1923 年 12 月举行的下一个正式颁奖仪式,或者在夏季哥德堡举行一个大型的瑞典展览会与自然科学家的会议的时候,在那里做一场大众演讲(文件 445)。一个星期之后,爱因斯坦提出选择哥德堡(文件 449)。

"北野丸"邮轮在 11 月 17 日抵达神户。迎接爱因斯坦的人有东京的物理学家长冈半太郎与石原纯;福冈的物理学家桑木彧雄(Ayao Kuwaki);德国领事 Oskar Trautmann;以及各个犹太复国主义者与日德协会的代表们。在抵达后进行的一个采访中,爱因斯坦告诉记者,自从阅读小泉八云(Lafcadio Hearn)的书与 Redesdale 爵士的《古代日本的故事》(*Tales of Old Japan*)之后,自己就想访问日本。[30]爱因斯坦夫妇坐火车前往京都,然后启程去往东京。

爱因斯坦抵达东京的场面,被他的东道主山本实彦在后来形容为类似于"欢迎一位凯旋的将军"。数以万计的人聚集在火车站站台与站外的广场上。人们呼喊"爱因斯坦!爱因斯坦!"与"万岁"。德国大使形容这个场面"要把人挤死"。[31]对爱因斯坦而言,欢迎的场面类似于将他"活埋"(文件 379,[p. 17])。

公共演讲系列开始于 11 月 19 日,其中第一场在庆应义塾大学举行,听众有来自于社会各界以及包括日本文部大臣镰田荣吉(Eikichi Kamada)在内的两千人。Elsa Einstein 穿了一件和服,受到人们鼓掌欢迎。爱因斯坦讲了六小时,中间只有一次间歇,每 15 分钟暂停一次,好让石原纯翻译内容(附录 E)。第二天,日本帝国学士院在学士院的[小石川]植物园内举行庆祝午宴,由学士院的院长穗积(Hozumi)[陈重]主持,司法大臣冈野敬次郎(Keijiro Okano)也到场出席。在 11 月 21 日,贞明皇后九条节子(Sadako Kujo)在赤坂离宫迎宾馆的花园为爱因斯坦举办了一场赏菊会,日本总理加藤友三郎子爵(Viscount Kato Tomosaburo)和其他日本政治家与许多外国外交官都到场参加。大正天皇已从公共生活中隐退,没有到场。在 11 月 24 日,爱因斯坦在位于东京的青年会议大厅中举行了他的第二场公共讲座。

在接下来一个星期之中,爱因斯坦在东京帝国大学物理系举行了六次科学讲座。为了庆祝系列讲座的结束,人们举办了一场大型的宴会,"全体的知识精英"都参加了这个宴会。在东京,爱因斯坦参观了一家日本传统艺伎馆。他也欣赏了一场茶道,以及能乐与歌舞伎的表演,还有日本古代宫廷音乐与舞蹈。对日本音乐的兴趣使他写了一篇关于这个主题的文章(文件 391)。爱因斯坦也访问了早稻田大学并做演讲,有一万人参加了在那里举行的欢迎会;接着在东京帝国大学,来自东京所有大学的二万名学生来欢迎他。他游览了工业大学与女子师范学校,并参加了德国大使馆举行的招待会。

在东京停留了两星期后,爱因斯坦前往日本东北部,在仙台市政礼堂向 350 名听众发表了他的第三场公共演讲。这之后他在山本实彦与漫画家冈本一平(Ippei Okamoto)的陪同下前往更北的松岛作一日游,并于当天晚上回到仙台,参加东北帝国大学为爱因斯坦举办的招待会。

自仙台出发,爱因斯坦接下来前往日光,并游览了栃木县的寺庙与山,为期三天。他与同伴讨论了日本人对宗教的态度,尤其是佛教,以及在与欧洲接触之前日本人的世界观。在这些短途旅行中,爱因斯坦记录下了各种各样的印象。他觉得日本人"在脾气上像意大利人,甚至更精细,还浸淫在他们的艺术传统中,并不神经质,幽默十足"。他进一步推论"看起来这个民族对知识的需求比对艺术的要弱:天性使然?"(文件 379, pp. 22—23)

12 月 7 日,爱因斯坦向东京作"最后告别",前往京都,在京都的市政礼堂发表讲话,并参观了仙洞御所。对德国医生 Robert Koch 的纪念碑的参观使爱因斯坦做出这样的结论:日本人"有着其他地方的人们都不具有的纯洁灵魂。人们一定会喜爱与崇敬这个国家"。在大阪,他参加了由德日协会举办的招待会,并在中央礼堂进行了第六场公共演讲。两天之后,爱因斯坦夫妇前往西南方的神户,并在基督教青年会举办第七场讲座。在参加当地德国俱乐部举行的招待会之后,爱因斯坦与 Elsa Einstein 返回了京都。

接下来的两天行程被游览寺庙与去琵琶湖观光所排满。爱因斯坦经过十二小时的行程向南到达了奈良,参观了一些寺庙,接着继续向西到达广岛附近的宫岛,在这里他与稻垣守克一起去附近登山。12 月 23 日,爱因斯坦在门司,据说在一个采访中他声称如果可能的话,愿意"永远享受这种日本式的生活与生活方式。如果情况允许,我甚至想此后就在日本生活"。在另一场采访中,据说他认为日本缺乏真正的民主选举制度是该国发展的严重障碍。[32]

第二天,爱因斯坦在福冈进行了第八场也是最后一场公共演讲,有三千多人参加。在圣诞节那天,他记录下了为期五个星期的巡回演讲给他带来的代价:"但我已经[累]死了,我的身体被运回了门司,在那里被拖到孩子们的圣诞夜,还要为孩子们拉小提琴'万福玛利亚'。"[33]在日本的最后几天爱因斯坦在门司附近观光,并在门司商业俱乐部最后一次出席活动。

12月29日，爱因斯坦夫妇向他们的日本随行人员道别，之后登上了日本邮轮"榛名丸"，前往埃及。

在这次旅途接近结束的时候，爱因斯坦在391号文件中总结了在日本的经历。在接到邀请的时候，他接受的"唯一理由，就是如果有机会去亲眼看看日本，却忽视错过的话，我会永远不能原谅自己"。在他看来，日本"比其他任何一个国家都更加隐藏在神秘的面纱之下"。然而在"谨慎的微笑""背后有着一个与我们不同的灵魂，这种灵魂展现在日本风格中"。与欧洲及美国相比较而言，"个体被赋予的独立空间少得多[……]家庭成员之间的关系比我们的要紧密得多"。但是，"这里舆论的力量比我们要强得多，确保家庭结构不会崩析"。爱因斯坦震撼于"日本特有的传统：情感不外露，在所有环境下保持冷静和放松。[……]这是[……]日本人笑容的深层意义"。他将最热情的评论保留给日本的艺术与音乐："所有真正来自于这个国家的东西，是精致而又轻松愉快的，不是抽象的形而上学，而是始终紧密联系着大自然既有的东西。"（文件391）他把对诗人土井晚翠（Bansui Tsuchii）的访问描述为他一生中最美好的经历之一（文件393）。他告诉儿子Hans Albert，自己发现"相较于我迄今所认识的所有民族，我更喜欢日本人：安静，谦虚，聪明，懂艺术而又体贴，没有什么是为了表面，而是一切都为了实质"（文件400）。

日本方面对爱因斯坦的旅行的反应是高度赞扬。长冈半太郎在给爱因斯坦的信中写道："专题讲座和大众演讲，在很大程度上激发了年轻一代对新自然科学的热忱，以及公众对理论的积极关注；因而我们有理由预测，日本国民在未来将会感受到您的努力所取得的巨大成就。"（文件389）

与石原纯的密切交流让爱因斯坦得出这样的结论，"虽然出身和传统完全不同，但在我们之间还是存在着一种不可思议的和谐"（文件405）。他告诫日本人不要屈从于西方影响："对每个国家来说，外国文化的泛滥都是危险的，在这种泛滥中，人们很容易忽视并忘记自己高尚的价值——我的意思是指贵国那些我如此钦佩和喜欢的艺术、社会和道德传统。日本在这一方面并没有认识到它对欧洲人的优越性

[……]不分青红皂白地接受欧洲的生活方式,将会危及伟大的价值。"对爱因斯坦而言,日本的"精神比所有这些无足轻重的表面辉煌的东西更有价值"(文件411)。

在一封告别信中,爱因斯坦写到他理解山本实彦组织这次旅行的目的是"建立一个用以防止战争灾难的国际组织。为此,它首先需要的是,在不同国家人们之间的相互谅解,以及对全人类真正的国际财富——在这之中,科学可能占据着首位——的重视"(文件413)。在给山本实彦的妻子山本美的信中,爱因斯坦说在自己眼中这位日本女性将"永远代表[……]日本女性的理想典范。安静、开朗、华丽。您是您家里的灵魂,您的家庭像是一个珠宝箱,您的孩子们像里面的珠宝。在您身上,我真正地看到了你们民族的灵魂,体现了以精致与美丽为主的古代文化"(文件414)。

爱因斯坦访问日本之际,正是公众热心关注社会改革之时。他与两位杰出的基督教改革者与劳工活动家,神户的贺川丰彦与京都的山本森次进行了会面(见文件379的注释145,与文件394)。而更加激进的政治群体也联系到了他。来自日本无产者联盟的一封信显然遭到当局审查。这个联盟向他问及"对日本帝国主义政府"的看法。被审查而删掉的文字可能是"侵略性的"。他们也询问了他对日本青年的期望(未刊文献摘要一览表,471)。爱因斯坦避免直接回答问题。他"既没有看到明显的贫穷,也没有看见金钱的缺乏",然而计件工作"报酬极其低廉"。他相信日本"将会变得日益工业化"并且"将工人阶级组织起来将成为必要;但不能(像欧洲那样)为了反对而反对"(文件426)。

但是此行在德国却引起了政治争议。德国大使 Wilhem Solf 告诉德国外交部说,《日本广告报》(*Japan Advertiser*)在12月15日发表了一篇报道,讲到记者与评论家 Maximilian Harden 在柏林对图谋刺杀他的人进行审讯时作证说"爱因斯坦教授前往日本是因为觉得自己在德国不安全"。[34] Solf 担心这篇报道可能会对"爱因斯坦这次访问对德国而言所带来的十分有利的效果"造成不利影响,因而请求爱因斯坦同意发电报来否认这个说法。[35] 作为回应,爱因斯坦承认 Harden 的声明使得他在德国的处境恶化,以及"它既不全对,但也不完全是错的"。他承认对他的生命的威胁的确存在。虽然一种"对远东的向往"对他接受来自日本的邀请起了重大的作用,但"暂时摆脱我们祖国的紧张氛围,那种氛围经常让我处于困境"也是一个因素。在Rathenau被刺杀之后,爱因斯坦就乐于接受"一个长期离开德国的机会,它能让我离开暂时加剧的危险,又不需要做任何可能让我的德国朋友和同事不悦的事"(文件402)。

相较于爱因斯坦非常成功的日本巡回演讲,对中国进行类似的访问的计划从一开始便因严重的沟通问题而受阻。[36]驻柏林的中国大使魏宸组显然听说了爱因斯坦即将进行的日本之旅,也明白爱因斯坦也可以有机会在中国做时间更长的旅行,并以北京为第一站(文件101)。爱因斯坦认为中国方面提出的报酬太低,时间太长,无法接受。1922年3月时他似乎同意进行两个星期的访问(文件111)。在4月初的时候,北京大学校长蔡元培提出请爱因斯坦做一些讲座,报酬为每月1000大洋(约合540美元;文件135)。爱因斯坦重申自己同意讲座,但是要求高出很多的薪酬(文件177)。7月末的时候,北京大学接受了他提出的条件(文件305)。

但是,中国的政治动荡削弱了爱因斯坦的决心(文件331)。在12月初爱因斯坦早已深入日本之旅的时候,蔡元培询问爱因斯坦他预计到达的日期,热情地说道"整个中国已经准备好敞开怀抱欢迎您了"(文件392)。两个星期后,爱因斯坦回复道,"尽管有良好的愿望和之前的正式承诺",但是现在接受这份邀请已经太晚了。爱因斯坦等待来自北京的消息长达五个星期却没有结果,于是便得出结论对方不再想让他去了。他表示希望这个"令人遗憾的误解"能够在未来得到补救(文件403)。

12月31日爱因斯坦在返航中路过上海时,他只参加了由上海犹太青年会与"探索社"(一个大众科学俱乐部)举办的关于相对论的讨论。他把这场讨论形容为"带着愚蠢问题的喜剧"(文件379,[p. 28v])。德国领事本来打算为爱因斯坦在同济大学工学院安排一场讲座,但是没有回应,而且来自Elsa Einstein的一张明信片谢绝了[在华]德国人协会发出的招待会邀请。当德国领事知道爱因斯坦将在犹太人社区举行的一次闭门招待会上做关于相对论的演讲时,他告知德国外交部自己已决定不去管爱因斯坦的来访之事。[37]

在第二次到访新加坡之后,"榛名丸"回埃及的时候走了一条和来时稍有不同的路线。该船先后在马六甲、槟榔屿、科伦坡、苏伊士等地靠岸,最终停靠在塞得港。爱因斯坦夫妇于 1923 年 2 月 1 日在塞得港登岸,从那里乘火车前往坎塔拉(Kantara,又写成 Al Qantarah),之后又连夜由坎塔拉前往巴勒斯坦的吕大(Lydda,又名卢德[Lod])。

早在 1921 年末,爱因斯坦似乎就已设想访问巴勒斯坦,想亲自考察伊休夫(Yishuv),即当地犹太人社区定居点的活动。[38] 在那时,Chaim Weizmann 建议他"目前不必着急前往巴勒斯坦"。[39] 但是在他离开柏林前往日本的不久前,爱因斯坦与德国的犹太复国主义者 Kurt Blumenfeld 协商,并确认他已接受了巴勒斯坦办事处(Palestine bureau)主任 Arthur Ruppin 发出的访问该国的邀请,为期 10 天。[40]

爱因斯坦夫妇在卢德火车站受到了犹太复国主义高级官员的迎接,包括犹太复国主义执行委员会主席 Menachem Ussishkin,犹太复国主义理事会成员(member of the General Zionist Council)与荷兹利亚中学的董事 Ben-Zion Mossinson,以及犹太复国执行委员会政治部主任 Frederick H. Kisch 上校。爱因斯坦夫妇乘坐火车继续前往耶路撒冷,在那里他们再度与 Solomon Ginzberg 相遇,后者现在是英国托管地的教育巡视员,曾在爱因斯坦 1921 年春季的美国之旅中担任他的秘书。[41]

在耶路撒冷,爱因斯坦夫妇受到了英国高级专员 Herbert Samuel 爵士的侍从武官 L.G.A. Cust 上尉的欢迎,后者驾车带他们前去专员在橄榄山的居所。在那里他们与东道主 Herbert 爵士见了面,关于他爱因斯坦写道:他有着"英国人的派头。受过多方面的良好教育。高尚的人生观,会用幽默缓和气氛"。第二天步行进入耶路撒冷老城后,爱因斯坦记录下了他的第一印象。他描述阿克萨清真寺为"类似于罗马方形教堂的清真寺,品位平庸"。他被发生在西墙的一幕所震撼:"然后到了圣殿护墙(哭墙),愚钝的同族兄弟在那里大声祷告,脸面对墙,身体弯下,前后来回摇动。只有过去却没有现在的人们的可悲样子。"他发现老城"相当肮脏"并且"挤满了熙熙攘攘的各种神职人员与不同种族的人,很吵,带着东方式的异国风情"(文件 379,[p. 34—

34v])。

第二天,爱因斯坦夫妇乘车外出,经杰里科(Jericho)乘车前往死海,陪同的人有 Ginzberg 与 Herbert 爵士的"朴实能干而又活泼的"儿媳,Hadassah Samuel-Grasovsky。就在同一天,爱因斯坦收到了一封由 Weizmann 发来的电报,欢迎他来巴勒斯坦(文件 247)。

在 2 月 5 日,这场旅行的正式的复国主义活动开始了。人们向爱因斯坦展示了巴勒斯坦犹太人社区所取得的主要成就。他首先在复国主义行政办公室受到了 Menachem Ussishkin 的欢迎,接下来游览耶路撒冷近来建成的花园式郊区。爱因斯坦之后参观了国立犹太图书馆,在那里他与在布拉格时就已认识的图书馆馆长 Hugo Bergmann 再度相遇,他形容后者"很能干,但没有幽默感"。在刚刚入夜的时候,在 Menachem Ussishkin 的家中为爱因斯坦举行了茶话会,到场的有杰出的犹太政要、犹太复国主义者与英国托管地的高级官员。

第二天,爱因斯坦游览了比撒列艺术研究院(Bezalel Art Academy),并与信仰基督教的中东考古学专家参加了在政府大楼举行的午宴。下午,爱因斯坦在莱梅尔学校(Lämel school)受到了耶路撒冷犹太人社区的正式欢迎。来自犹太学校的全体学生都在街道上列队。

2 月 7 日再次参观老城的时候,他去了基督徒居住区,陪同他的是犹太复国执行委员会的 Kisch 上校,后者回忆道,他们讨论了"阿拉伯问题的一些错综复杂之处",以及 Menachem Ussishkin 希望爱因斯坦在耶路撒冷定居的想法。[42]爱因斯坦明白告诉 Kisch,自己没有这样的打算。

在下午的时候,爱因斯坦的巴勒斯坦之行的最重要的时刻到来了。他在位于斯科普斯山(Mount Scopus)上的希伯来大学未来的校址上发表了这所大学的创立演讲。以戏剧性的方式,Menachem Ussishkin 召唤爱因斯坦"登上已经等待您两千年了的讲台!"爱因斯坦以希伯来语的问候作为开始,感到发音"有些困难",并且对不能以"自己民族的语言"来发表演讲表示遗憾。[43]他接下来以法语演讲了 90 分钟,为听众讲解了相对论的概要。这场演讲在位于斯科普斯山的英国警察学校举行。大厅像节日一样装点着犹太复国主义与英国的标志。在犹太国家旗帜与英国国旗旁悬挂着 Theodor Herzl 与 Herbert 爵士的画像。参加这一庆祝活动的人有来自英国托管地的高级官员、犹太复国主义官员、犹太教与基督教的显要人士、外国领事、耶路撒冷与特拉维夫的科学界的成员、作家、教师与记者。阿拉伯的显要人物也被邀请,但是没有参加。当地的犹太人媒体将这场演讲形容为"国家的节日"。

爱因斯坦一直致力于协助建立希伯来大学,自1921年美国之行后便为其筹集资金。在1922年4月他收到了来自于美籍德裔的发明家 Emile Berliner 的一万美元的捐助,用于建立正在筹划中的希伯来大学的物理与物理化学研究所(文件36与128)。不久之后,在爱因斯坦对巴黎进行短暂的访问期间,Edmond James de Rothschild 男爵告别时递给他"一个装有东西的皮包",里面可能是对希伯来大学的捐助(文件134)。在访问巴勒斯坦之前,他建议"一位事业有成,还没有沉迷于理想主义的物理学家"不要去以色列理工学院(Technion),因为这个学院注重的是技术。相反,他推荐那位物理学家去希伯来大学,因为觉得这是一个研究性机构(文件72)。

在与犹太复国运动合作三年后,爱因斯坦对来自对方的要求并不都那么满意。他的矛盾心理从1922年春季访问莱顿之后就显现出来。当 Paul Ehrenfest 叙述他如何被迫开除"一个(非常不受人待见的)犹太复国主义讲座组织者"时,爱因斯坦对此表示了同情:"那些犹太复国主义者无耻又莽撞;因为我是支持这一事业的,要做到每次都能采取正确的立场,就很困难"(文件191与193)。但是他继续替希伯来大学图书馆做事。在1922年7月,爱因斯坦同意了 Weizmann 的请求,与波士顿的"新世纪俱乐部"交涉,督促后者将二人在美国之行中一同筹集到的资金最终转给犹太复国主义运动,尤其是因为急需用钱来购买 David Ginzberg 男爵在彼得格勒的藏书,这是当时最重要的犹太与东方史料收藏之一(文件256与294)。爱因斯坦也跟进了解 Weizmann 政治成就方面的情况,并且在9月初,就国际联盟授权成立在巴勒斯坦的英国托管地一事向 Weizmann 表示了祝贺(文件341)。

2月8日,爱因斯坦夫妇乘车前往特拉维夫。他们首先游览了在伊休夫中最为有名望的高级中学，赫茨利亚文法中学（Herzliya Gymnasium），然后参加了在市政厅举行的招待会；在那里爱因斯坦受到了市长 Meir Dizengoff 的欢迎，并成为首位获得特拉维夫荣誉市民称号的人。根据媒体报道，城市的街道上"站满了蜂拥的人群"。[44] Ben-Zion Mossinson 向人群讲话。他大声宣告爱因斯坦正在学习希伯来语，甚至希望可以在耶路撒冷用希伯来语授课。下午的时候，爱因斯坦夫妇参观了特拉维夫主要的工业、教育与农业设施。在［赫茨利亚］中学为爱因斯坦举行的一场有数千人参加的招待会上，Mossinson 再次声称，爱因斯坦打算在巴勒斯坦定居。晚上，爱因斯坦向一小组知识分子用德语做了关于相对论的讲座。特拉维夫显然激起了爱因斯坦的热情："犹太人几年之内在这座城市所取得的成就令人钦佩。［……］我们犹太民族的活力难以置信！"

第二天上午的时候，爱因斯坦参加了巴勒斯坦劳工联合总会召开的半年会。他在联合总会的秘书长 David Ben Gurion 发表讲话时进入了会议厅，受到鼓掌欢迎。

在特拉维夫做了短暂停留之后，爱因斯坦夫妇游览了附近的米可夫以色列①与里雄莱锡安（Rishon LeZion）的农业定居点。爱因斯坦说的每句话都会引起媒体夸张的描述，他被报道说曾声称"要为我们的伊休夫与我们的国家服务，直到生命最后一息"。[45]

他们继续乘火车向北到达海法，并寄宿在 Solomon Ginzberg 的妹夫，一位当地杰出的犹太复国主义者的家中。在 2 月 10 日，将在以色列理工学院，即位于伊休夫的理工学院，举行两场为爱因斯坦准备的招待会。其中一场面向大众，有一千五百人参加，包括英国高级官员。另一场规模较小的招待会是以色列理工学院委员会组织的。爱因斯坦在此逗留的时候，他拜访了 Chaim Weizmann 的母亲，也会见了生于埃及的德语剧作家及诗人 Asis Domet。著名的 Reali 学校为爱因斯坦举行一场盛大宴会，爱因斯坦在参会时发表了关于相对论的简短的演讲。第二天上午他游览了 Reali，以及在海法城内和其附近

---

① 米可夫以色列（Mikve Israel），位于以色列中部。地名本意在希伯来语中为"以色列的希望"。以色列第一所农业学校就建立于此。——译者

的两座工厂。犹太复国主义宗教领袖与艺术家 Hermann Struck 在爱因斯坦访问海法时做了记录,记录中有爱因斯坦说过"如果这里没有犹太人,只有阿拉伯人,那么这个国家就不需要任何出口,因为阿拉伯人没有什么需求,而只以他们自己的种植为生。犹太人不能与阿拉伯人竞争,而且地方性商品在世界市场也没有竞争力。所以在农业方面不会有什么成果。尽管如此,我认为这个国家将是属于我们的"(见附录 G)。

爱因斯坦夫妇乘车离开海法,前往巴勒斯坦东南部的第一个工人合作定居点,纳哈拉尔(Nahalal)。他们接着向东北部行进,在一处可以俯瞰加利利海西岸的私人住宅区 Migdal 过夜。第二天,也就是 2 月 12 日的上午,他们乘车前往提比里亚(Tiberias)城,在那里爱因斯坦与当地的温和派阿拉伯显要人物见了面。接着他们前往附近的德加尼亚(Degania),即巴勒斯坦的第一个基布兹(kibbutz,以色列集体农庄)。爱因斯坦在日记中写道:"这种共产主义不会永久地持续下去,但会培养出正直的人。"爱因斯坦夫妇乘车向西前往拿撒勒,并在那过夜。第二天上午他们乘车向南返回耶路撒冷。当晚爱因斯坦在拉梅尔学校用德语做了一个通俗讲座,听众有 450 人,包括了"整个耶路撒冷的知识界人士"。

在他离开的前夜,爱因斯坦在日记中写道:"人们一定想让我留在耶路撒冷,我对这种极力劝说的方式很苦恼。我的心说是,但理智说不。"(文件 379,[p. 38v])

爱因斯坦夫妇在 2 月 14 日上午早些时候离开了耶路撒冷。他们在卢德与坎塔拉两次换乘火车,然后到达了塞得港,游览了当地的一些景色。2 月 16 日,他们登上"霍尔木兹号"邮轮(Ormuz)前往土伦(Toulon);三天后他们到达土伦,接着乘火车前往巴塞罗那。

在爱因斯坦的 1923 年 2 月末至 3 月初的巡回演讲之前,西班牙方面至少有两次试图邀请他来西班牙。[46] 1920 年 4 月,阿根廷数学家 Julio Rey Pastor 就曾经邀请爱因斯坦在马德里与巴塞罗那做系列讲座。爱因斯坦显然同意了,但是这次行程还是没有实现。在一年多之后的 1921 年 7 月,数学家 Esteban Terradas é Illa 邀请爱因斯坦在冬季或春季学期时来巴塞罗那大学讲学。但是爱因斯坦谢绝了这个邀请,希望能改在1922年至1923年间访问。[47]

在漫长而紧张的半个地球之旅的尾声,爱因斯坦日记中对旅程中的西班牙部分只有简略记载。但是,当地的媒体详细地报道了他的这次访问。他于2月22日在巴塞罗那受到的欢迎是低调的,因为直到前一天爱因斯坦才通知他的东道主自己要来。爱因斯坦在加泰罗尼亚研究所举行了三场关于相对论的讲座,得到加泰罗尼亚地方当局的赞助。加泰罗尼亚民族标志被显著地展示在演讲的场所。爱因斯坦与加泰罗尼亚的资深政治家进行了会面,参观了创新性的学校(innovative school),并出席了在市政厅为他举行的招待会。爱因斯坦也在巴塞罗那皇家科学与艺术学院做了关于相对论的哲学意义的演讲。他会见了无政府工团主义性质的全国劳工联盟的代表,之后有人引述他说过"我也是一位革命者,但是是在科学领域"。这一声明在媒体中快速广泛传播,然而在随后的一场采访中,爱因斯坦否认曾说过这样的话。他也与德国领事见了面,后者向柏林汇报说爱因斯坦看起来"总是像一个德国人,而不是一个瑞士人"。[48]

爱因斯坦在3月1日抵达马德里的时候有一大群人到场。马德里中央大学的理学院(science faculty)与医师学院(College of Physicians)都派出了代表。德国大使Ulrich von Hassell,德国人社团的代表,以及媒体记者也到场迎接。第二天,爱因斯坦游览了马德里并参观了物理学家Blas Cabrera的实验室。3月3日,他受到了马德里市长Joaquín Ruiz-Giménez的迎接。当晚,爱因斯坦在马德里中央大学进行了三场讲座中的第一场,这场讲座之后,他参加了由医师学院主办的宴会。另外两场讲座在3月5日与7日分别举行。

在国王阿方索十三世出席的皇家精密科学、物理科学、自然科学学院(皇家科学院)的一次特别会议上,爱因斯坦被授予科学院通讯院士。之后是一场以爱因斯坦的名义举行的"荣誉茶会",马德里知识界的人物参加了这次茶会,同时也举行了数学学会的一个特别会议。

3月7日,爱因斯坦与国王阿方索及王太后见面。当晚,德国大使在其官邸为爱因斯坦举行了一场招待会。第二天,爱因斯坦接受了马德里中央大学授予他的荣誉博士学位,并在一个称为"马德里文化协会"(Ateneo de Madrid)①的文学-科学俱乐部中做了关于相对论的哲学含义的第四场演讲。他还抽出时间三次参观了普拉多(Prado)博物馆,前往托莱多(Teledo)一游(他形容此行为"我人生中最美好的时光之一"),以及到埃尔埃斯科里亚尔建筑群(El Escorial)与门多萨城堡(Castle of Mendoza)的一日游。德国大使对爱因斯坦的这次访问感到满意。他向柏林汇报说没有其他的外国学者曾受到如此热情的欢迎。

爱因斯坦对西班牙的访问行程中的最后一站是阿拉贡的萨拉戈萨。3月12日抵达时,他受到了萨拉戈萨大学的代表、德国领事与萨拉戈萨市长的迎接。他在萨拉戈萨大学医学与理学院用法语做了两场讲座,游览了城市,并参加了在德国领事官邸举办的一场宴会。3月14日他离开萨拉戈萨,在巴塞罗那待了一天,没有安排任何公事,然后乘火车前往苏黎世。总的算来,他离开柏林已经五个半月了。

爱因斯坦非常享受船上的那种孤独,并在日记中一再记下自己是多么珍惜宽阔的公海上的平和与宁静。在返回欧洲的行程开始之时,他致信 Arrhenius:"漫长的海上航行非常有益于思考和工作——这是一个没有通信、拜访、会议和魔鬼的其他发明的天堂!"(文件 420)但是日本之旅的劳顿让爱因斯坦产生矛盾心理,不知道以后是否还会再有如此之举。在12月中旬的时候他在东京给儿子们写信:"我已经下定决心,不再周游世界了;但我还能做到吗?"(文件 400)Hans Albert 已经通过了中学毕业考试,并于1922年9月作为工程专业的新生被爱因斯坦的母校苏黎世联邦工学院录取。在这之前,他非常渴望能与父亲一起踏上前往远东的旅程(文件 246 与 248)。但是爱因斯坦并不想耽误儿子上大学;为了减轻孩子的失望,他还在日本写信给儿子说繁重的公务安排不会给他留下任何的自由支配时间,而且他的学习比旅行更加重要。如今离婚协议中预期的诺贝尔奖奖金终于到手,爱因斯坦便敦促他在瑞士的家人在苏黎世买下一套房子,1924年5月他们这么做了,用掉了这笔奖金中的很大一部分(文件 400)。就在爱因

---

① 是一家成立于1820年,位于西班牙首都马德里的私立文化机构,全称为 *Ateneo Científico, Literario y Artístico de Madrid* ("马德里科学、文学和艺术协会")。——译者

斯坦的海外之旅结束并在苏黎世做短暂停留时,他通知他的瑞士财产的管理者 Albert Karr-Krüsi,说自己一旦去世,就把他的股票(可能是奥尔[Auer]公司的股份)给予 Elsa Einstein 与她的女儿们(文件446)。

在经济不稳定,以及德国马克对其他坚挺的欧洲货币的汇率疲软的时期,爱因斯坦没有把在海外获得的收入转移到德国。他这样做既避免了货币相对价值的损失,也避免了被德国政府收税。他安排把自己在荷兰取得的薪金和在英国出书的版税直接汇给 Paul Ehrenfest。后者在1922年1月致信爱因斯坦时写到了"Au ions"(即"金离子")与"化合物",可能指的是钱与付款。爱因斯坦非常喜欢这种加密的通信,他回复 Ehrenfest 说自己"笑出眼泪"(文件31)。

爱因斯坦与 Ehrenfest 之间的亲密友情一直是他最重要的人际关系之一。1922年他们面临新的挑战。1月,Ehrenfest 向爱因斯坦提及说在不远的将来他需要爱因斯坦的道义支持。这项请求可能与六个月之后 Ehrenfest 披露的事情有关:他的最小的儿子 Wassily 被诊断患有唐氏综合征并将送往位于耶拿由 Johannes Trüper 经营的青少年疗养院(文件8与316)。作为回应,爱因斯坦以相当无情的文字,赞成 Ehrenfest"把孩子送到专业机构照顾",还补充说"不应该把有用的人浪费在毫无希望的事情上"(文件329)。

Ehrenfest 也猜想爱因斯坦不"需要任何人——但是我非常需要你"。爱因斯坦反驳说:"我同样地需要你的友情,甚至比你需要我更甚;和你比起来,我的人际关系资源更为贫瘠和稀疏,我很难找到对我有益的人际交往。"(文件316与329)

爱因斯坦的旅行在日本导致了一些重要出版物的产生。它引发了如今已广为人知的他对宗教及其与科学的关系的观点的表述,以与日本学生的系列问答的形式发表。这一问答录写于1922年12月14日,由改造社于1923年2月出版。爱因斯坦尊重他人的信仰,但是写下了:"我只能从历史和心理的角度看待宗教信仰的传统,除此之外我与之毫无关系。"(*Einstein 1923c*,文件398)

这次旅行还催成爱因斯坦的论文集首次以日文出版。在一篇序言中,爱因斯坦指出了学生学习原始科学论文的重要性。这种学习方式除了有其自身魅力之外，还可以让学生对理论有更加深入的理解。爱因斯坦尤其推荐他在 1905 年与 1917 年发表的论文，它们可能会揭示出一些被忽视的观点（*Einstein 1923f*，文件 406）。

## VIII

早先在 Hermann Anschütz-Kaempfe 位于基尔的工厂里，爱因斯坦在旋转罗盘的研制过程中所做的协助性工作，是设法让含有陀螺仪的金属内球在一个外侧金属球内自由浮动。解决方法是用一个磁环或者磁圈的磁场来保持金属内球的漂浮；但是用在装置上之后，又产生一个新的问题。应该怎样做才能通过两个金属球与分开它们的液体，给陀螺仪通电？早期的采用滑环或电感耦合的想法都被放弃了。人们开始寻找具有良好导电性而腐蚀性又很低的电解液。除此之外，爱因斯坦与 Anschütz-Kaempfe 也在为金属内球的外壳寻找合适的涂层。这种涂层要抵抗液体的化学腐蚀，又必须能让电流从金属外球的电极抵达内球的电极。他们的合作深入到让 Anschütz 觉得不应只是用舒适的招待来回报爱因斯坦的顾问工作，还应该在金钱上有所表示。爱因斯坦有些不情愿地接受了 Anschütz 提供的钱，并要求将这笔钱寄给他的瑞士家人（文件 9, 94, 225）。

他还以浓厚的兴趣关注 Anschütz 的工程师是如何绞尽脑汁开展他在 1921 年 10 月提出的"地磁"实验：一个旋转的高温物体是否可以感应生成磁场。显然爱因斯坦想从一个模型实验中了解地球的磁场是否是由地球内部的旋转着的高温物体产生的，也就是现在所谓的"地球发电机"（文件 9, 94, 225 与 239）。

一个法律案件也给予了爱因斯坦访问基尔的机会。在 1918 年，Anschütz 在一场与航海设备公司（Gesellschaft für Nautische Instrumente）的专利案件中败诉。Anschütz 没有放弃，并在 1922 年的时候再次起诉该公司。和在早先的那个案子中一样，爱因斯坦也参与了这次起诉；在首次法庭审理和上诉过程中，他都充当 Anschütz 的私人专家证人。Anschütz 在上诉中获胜，主要就是由于爱因斯坦这个自称的"可憎之人"所起的作用（文件 116, 154, 226 与 257）。

三份专家意见证明爱因斯坦没有失去对技术问题的兴趣,而且他作为许多不同领域的专家的名声也没有消退(另见 *Illy 2012*)。他撰写了一篇关于对水与矿物进行的空中测量的简短的评价(本卷中编号为第七卷 65a),还有另一篇关于像动力锤这样的产生往复推力的机械装置的评价意见(文件 18)。第三个专家意见不仅仅是一个简单的观点。两位艺术家提出一个抽象的电影的想法,运用了可以变化为其他图形的自由绘制的图形,这是达达主义运动的建立者之一 Hans Richter 的发明(第七卷,本卷中编号为 52a)。爱因斯坦很热心,把这一提议看作音乐旋律的视觉对应物。关于音乐独立于日常经验的简短看法(对描述性音乐[descriptive music]的摒弃?)是这篇简短意见书的附加产物。

爱因斯坦也找时间去思考不重要的但是有趣的物理学问题,例如辐射计效应。他在之前便已选择这个问题作为他的侄女 Edith Einstein 的博士论文的主题,显然这是个让他感兴趣的话题,而不是仅仅需要为学生着想找到一个易于驾驭的问题。爱因斯坦在 1922 年底写了一份简短的手稿,报道了 Edith 论文(*Einstein, E. 1922*)的主要结果(文件 339),她的论文在写作时得到了来自爱因斯坦的许多建议(文件 68)。这份手写稿一直没有发表,可能是因为 Edith 成功地发表了她的论文(爱因斯坦的手稿里提到的是学位论文,而不是指发表物),或者因为爱因斯坦认识到了论文题目中的各向异性的压力可能不足以解释通常人们所了解的辐射计效应。在第二年他发表了一篇论文,解释自己设想的通常压力下辐射计效应的起源。

## IX

爱因斯坦几乎长达半年之久的海外之旅,既带来大量的公众关注与知名度,也给他提供了一段很长的不受打扰的时间来做研究。日记中的记录与旅行通信中的评论,证实了爱因斯坦乐于获得这个安静思考的机会。例如,在刚刚完成关于统一场论的手稿之后,爱因斯坦致信 Niels Bohr:"这次旅行是美妙的。我对日本和日本人心醉神迷,我肯定您也会这样的。此外,海上旅行对一个喜好苦思冥想的人来说,是一个美妙的存在——像一座修道院。此外,再加上在赤道附近的温暖宜人。温暖的水慵懒地从天空落下,万物归于平寂,让人不自觉地昏昏欲睡——这封短信就是证明。"(文件 421)

尽管爱因斯坦在柏林、莱顿、基尔的活动,表现了他多种多样与多方面的兴趣;然而在船上的休闲时光,却使他有机会去思考他深切关心的问题,对此他既不需要与同事合作,也不需要实验设备。从上面所提及的致 Bohr 的信中,我们可以知道爱因斯坦在旅行时将一些 Bohr 所写的文章带在身边。尽管如此,在他的日记与其他任何论文中,没有留下思考量子理论问题的任何痕迹。

正如在本卷文件中所显示的,爱因斯坦所思考的问题,是为引力与电磁现象的场理论,寻找一个统一的理论框架,以及在这种框架下理解物质的本质的可能性。尤其是,在爱因斯坦的心中,似乎是在与当时对广义相对论与统一场论的根本问题感兴趣的另外两位最重要的理论家展开争论。爱因斯坦最为关注 Hermann Weyl 与 Arthur S. Eddington 的工作,虽然我们没有直接证据推断爱因斯坦是否携带他们的哪篇文章。[49]

无论怎样,我们在日记中找到了两条他在去程中的科学思考的记录。早在 1922 年 10 月 9 日,他出海后的第三天,爱因斯坦记下了对"引力-电问题"的思考。他赞同 Weyl,认为"一个与电场分离的 $g_{\mu\nu}$ 场,或者说不变量 $ds$,是不存在的"。看起来他思虑深远,并看重原则性的事物。他想超越 Weyl 对黎曼几何的推广,并衡量着场论是否可能不得不以微分方程之外的东西为基础:"不过我却仍觉得有保留场论的可能性,能否继续通过微分方程表达自然法则看似存疑。"(文件 379,[p. 2v])

大约两个星期之后的另一条日记记录显示了他在 Weyl 的理论框架中进行了一些计算,但是显然得到的是一个"没有用的解"(文件 379,[p. 6])。不幸的是,我们没有爱因斯坦在去程中进行的科学思考的进一步的证据。

回程的情况则有所不同。在 1922 年 12 月 29 日离开日本的那一天,他发现所乘的船"大而舒适",并立即着手认真开展工作。就在那一天,他记下自己已经发现了电磁能量张量——这是一个早先与石原纯讨论过的问题——并写信给石原纯。第二天他在日记里写下了这样的话:"让 Weyl-Eddington 理论更精细化的想法。"（文件 379,[p. 28v]）在接下来的一个星期中于上海与香港的短暂停留,可能让他无法专心计算,但是在海上航行时他确实得以继续思考。在 1923 年 1 月 6 日离开香港之后,他立即重新开始工作并记录"关于广义相对论电磁问题的新想法"（文件 379,[p. 30]）。他继续工作,在三天之后写了一篇关于引力和电的论文。

lxxv　　很有可能的是,爱因斯坦于 1923 年 1 月 9 日开始写作的手稿,就是在本卷中的发表文件 417。这篇文章一部分是在轮船的信纸上写的,所注明的日期是"新加坡,1923 年 1 月"。在新加坡做短暂停留的那一天是 1 月 10 日,也就是动笔后的第二天,爱因斯坦得以将信件邮寄出去。

在文件 417 中爱因斯坦处理的是 Weyl 与 Eddington 关于广义相对论基础的想法。这篇文章的一开始,就评论了度规的基本重要性及其在广义相对论中的作用。爱因斯坦继续深入,修改了 Eddington 完全以线性仿射联络概念作为理论基础的方法。Riemann 曲率张量与其缩并之一的 Ricci 张量（在文件 425 中被称作"二阶 Riemann 张量"）只能用线性仿射联络来表达。在这种情况下,即使线性仿射联络是对称的,Ricci 张量也不再是对称的,而且通过定义一个线元就可以得到广义相对论中的一个自然度规,以 Ricci 张量为度规张量。在这份手稿中,爱因斯坦接受了 Eddington 的方法,但是在三个方面批评了这个理论:Eddington 没有构造出足够的场方程来决定仿射联络的所有成分,并且既没有成功地建立起与经验的联系,也没有给出理论的哈密顿函数形式。于是爱因斯坦便自告奋勇地承担了这一任务。

与 Eddington 不同,爱因斯坦从一开始便认为度规与联络可以相互独立,并且建立了一个拉格朗日算符的变分原理,这个拉格朗日算符同时取决于度规与仿射联络以及两者的导数。关于度规的变分产生了场方程组。另一方面,关于仿射联络方面的变分为度规与联络创造了兼容性条件。在标准的广义相对论中,这个程序定义了 Levi-Civita 联络,并且似乎爱因斯坦在这里第一次以这种方式采用了后来所谓的 Palatini 方法。爱因斯坦的论文中提及了"一位意大利数学家",但是 Palatini 在 1919 年发表的论文(*Palatini 1919b*)的焦点与此并不相同,而爱因斯坦对此似乎心知肚明。Palatini 的目标是在变分计算的所有步骤中保持普遍协变,而不是分别通过关于度规与仿射联络的变分来导出度规–仿射联络的兼容性。爱因斯坦展示了如何从作用积分的变分来产生广义相对论的真空场方程组以及度规的兼容性条件,也就是将 Riemann 曲率标量作为拉格朗日密度,并分别对度规的成分和联络的成分进行作用量变分。

到现在为止,一切看上去只是作为对广义相对论基础的贡献,文件 417 的题目也表现了这个意思;然而按照 Eddington 的方式,把反对称的 Ricci 张量解释为电磁场的一个表达方式,这个工作就成为寻求统一场论的一个尝试。爱因斯坦遵从 Eddington 的这个假定,简短地讨论了一个广义作用,其中将一个取决于反对称的 Ricci 张量的项添加到了纯粹引力 Riemann 曲率标量中。在这张手稿的结尾,给出了一个在电磁场存在的情况下仍然有效的普遍兼容性条件的推导。

我们不清楚爱因斯坦是否曾将这份手稿送去发表。根据旅行日记记载,在 1 月 13 日的下午他"在自己的电学汤里发现一只肥苍蝇,真遗憾"①。因此他在接下来的一个星期中都在进行紧张的工作。在 1 月 15 日,他已经有了"关于电问题的新想法"。接下来的三天都是艰苦地克服困难:"虽然酷热,但还是严格地研究问题。克服诸多挫折前进。"(文件 379,[p. 30])在完成论文第一版之后大约两周的 1 月 22 日,爱因斯坦记下自己已经完成了关于引力与电的论文的最终版本。

很有可能的是,这个版本就是最终在《会议报告》(*Sitzungsberichte*)上发表的那一个版本,并且作为文件 425 被收录于本卷。这篇文章与早先的手稿题目一样,注明的日期是"榛名丸,1923 年 1 月",并且由 Max Planck 在 1923 年 2 月 15 日举行的科学院会议上呈递给普鲁士科学院。

发表的版本与 1 月 9 日开始撰写的手稿有着实质上的不同。爱因斯坦现在不再设想联络之外独立存在着一个度规,而是宁愿设想广

---

① 爱因斯坦本人用的是 Dickes Haar(一根粗头发),见本书边码 556 页。——译者

义相对论只依赖于仿射联络。现在他认为 Ricci 张量的对称部分就是广义相对论的"自然"度规,并且如以前一样将反对称的 Ricci 张量与电磁场联系起来。这种在基本的设想方面的改变,使得发表的版本不再有助于标准广义相对论的变分法处理,并且也不再提供一个明确的 Levi-Civita 联络的变分推导。爱因斯坦改变了以拉格朗日算符为变分积分的选择。他对 Eddington 的方法的批评,现在着重于 Eddington 未能提供足够的场方程来确定所有四十个联络系数,而这些场方程的推导成为发表的版本的焦点。最后,爱因斯坦明确地引入了一个比例因子 $\lambda$,在由 Ricci 张量所确定的"自然"度规的尺度与物理度规的尺度之间起调节作用。

手稿第一版(文件 417)与最终版本(文件 425)之间的时间不到两个星期,在这两个星期中爱因斯坦大大地扩展了对论文主题事物的最初的理解。他也似乎已经找到并纠正了早期手稿中遇到的问题来源。因此,很幸运地我们拥有另一篇文档,提供了爱因斯坦在这个时期所做的思考的额外证据。文件 418 由带有计算过程的二十页内容组成,位于旅行日记装订本的背面。根据文件的内容和记号,这些计算过程的日期,看起来是在最初的手稿版本与最终的发表版本之间。

文件 417、418 与 425,以及旅行日记中的相关文字和同时期的通信,提供了大量的文件记录,让我们对爱因斯坦的头脑在寻求引力与电磁现象的统一理论时所做的工作有了更深入的见解,而对统一理论的求索,正是他余生主要思考的问题。爱因斯坦在船上所进行的安静的、专注的计算工作,与现在已经主导他日常生活的繁忙公务形成鲜明的对比。

注释:

[1]*Born 1936*。

[2]关于金属的超导性质的令人满意的解释,出现在 34 年之后(见 *Bardeen, Cooper, and Schriefer 1957*)。最近发现某些复合材料具有较高的超导转变温度。

[3]见,例如第四卷文件 11,以及对它的介绍,270—273 页。

[4]见,例如第十二卷序,li 页;1921 年 1 月 1 日,爱因斯坦致 Hendrik Lorentz 的信;与爱因斯坦于 1921 年 9 月 2 日致 Paul Ehrenfest 的信(分别为第十二卷,文件 3 与文件 225)。另见 *Sauer 2007*。

[5]见 *Kragh 1999*,第 86 页。

[6]见 1921 年 9 月 1 日爱因斯坦致 Paul Ehrenfest 的信(第十二卷,文件 219)。

[7]见文件399与编者按,"爱因斯坦在京都大学的演讲"。

[8]波茨坦天体物理天文台首席观测员(*Hauptobservator*)Erwin Finlay Freundlich,与Joan Voûte也在参与者之列(见文件46与*Freundlich 1923*)。关于爱因斯坦可能参加一事,见*Campbell 1922*和文件104、165、211,以及未刊文献的摘要一览表,197。

[9]见文件227、270、289、295、302与310。

[10]见第八卷与第十二卷收录的他与爱因斯坦的通信。

[11]见1921年9月至1922年1月2日期间爱因斯坦致法国人权联盟的信件(第十二卷,文件220)以及他在1921年12月7日致Paul Painlevé的信件(第十二卷,文件314)。关于爱因斯坦1922年的巴黎之旅及其影响,见*Biezunski 1987,1991,Grundmann 2004*,202—220页,*Klemm 1998*,*Nordmann 1922a*,*1922b*,以及*Paty 1987*。

[12] *Biezunski1991*,26—27页。

[13]但是,从这次访问中也产生了一些消极的附带结果。德国犹太复国主义者联合会询问爱因斯坦是否在他访问巴黎时反复地否认了他的德国出身。爱因斯坦坚定地回答说他没有(文件443与文件451)。

[14]Borel很明显地因爱因斯坦的访问而受到鼓舞,他后来提及爱因斯坦的访问在巴黎激发了许多讨论的文章与言论可以作为证明(见*Norton 1999*,313—314页)。

[15]若想了解关于Walther Rathenau被刺杀一事的细节,见*Sabrow 1994a*与*1999*;若想了解更多的关于这次刺杀的政治方面的来龙去脉,见*Rowe*和*Schulmann 2007*,14—16页。

[16]见*Sabrow 1994b*,157—169页。

[17]见,例如爱因斯坦在1920年9月6日致Arnold Sommerfeld的信(第十卷,文件134号),与爱因斯坦在1920年9月14日致Elsa Einstein的信(第十卷,文件149)。在同一月,爱因斯坦为打消他的最亲密的政治密友Konrad Haenisch的疑虑,而说到"柏林是我通过个人的与职业的关系扎根最深的地方"。因此,除非"外部环境逼迫",他不会离开柏林,见爱因斯坦于1920年9月8日致Konrad Haenisch的信[第十卷,文件137]。

[18]关于国际智力合作委员会,见*Bourgeois 1921*和*Renoliet 1999*。

[19]见Pierre Comert于1922年7月28日致Bernardo Attolico的信(SzGeBNU/R1029/13C/20823X/14297)。

[20]关于前往远东、巴勒斯坦与西班牙的旅程的大体情况,见*Grundmann 2004*,223—250页,与*Eisinger 2011*,21—71页。

[21]关于对日本的访问及其影响,见*Ezawa 2005*,*Jansen 1989*,*Kaneko 1981,1984,1987,2005*,*Nisio 1979*,*Okamoto 1981*,*Sugimoto 2001a*和*Sugimoto 2001b*。

[22]见*Jansen 1989*,147—148页。

[23]见山本实彦,"改造社的十五年",《改造》,1934年4月以及*Kaneko 2005*,13页。

[24]见石原纯在其于1923年发表的著作的"序言"。

[25]对于这方面的间接证据,可见爱因斯坦在南美之旅中时所写的一封信。在1925年4月15日,他从布宜诺斯艾利斯向家里写信:"我经历了多么精彩的冒险啊!你们将在我的日记中读到关于它的内容"[143 186]。

[26]见第十二卷导言,xxviii—xxxiv页。

[27]新加坡犹太复国主义者协会认为这要部分地归功于爱因斯坦来访,实际上它主要是"来自于Chaim Weizmann博士的一封迷人的信的结果"。见[C.R.Ginsburg]新加坡犹太复国主义者协会于1922

年11月9日致伦敦的犹太复国主义者组织的 Israel Cohen 的信(IsJCZA,Z4/2685)。

[28]见 Fritz Thiel 于1922年11月13日致[德国]外交部的信(GyBPAAA/R 9208/3508,德国驻中国大使馆)。

[29]关于在早些年将诺贝尔奖授予爱因斯坦的提议,可见 *Friedman 2001*,133—138页。

[30]《大阪每日新闻》,英文日报版,1922年11月18日。

[31]见 Wilhem Solf 于1923年1月3日致[德国]外交部的信(GyBSA, I. HA, Rep. 76 Vc, Sekt. 1, Tit. 11, Teil 5c, Nr. 55, Bl. 157 - 158)。

[32]见《读卖新闻》,1922年12月25日。

[33]见《福冈日日新闻》,1922年12月27日。

[34]见 *Neumann and Neumann 2003*,187页。

[35]见 Fritz Thiel 于1922年11月13日致[德国]外交部的信(GyBPAAA/R 9208/3508,德国驻中国大使馆)。

[36]关于计划中的中国讲座之旅与爱因斯坦对上海的访问,见 *Hu 2005*,66—79页。

[37]见 Fritz Thiel 于192[3]年1月6日致[德国]外交部的信(GyBPAAA/R 64677)。

[38]关于前往巴勒斯坦的旅程,见 *Rosenkranz 2011*,139—180页。

[39]见 Chaim Weizmann 于1921年10月7日致爱因斯坦的信(第十二卷,文件259)。

[40]见 Kurt Blumenfeld,"在爱因斯坦教授起程前往日本的1922年11月29日与他进行的对话的报告"(IsJCZA/A222/165)。

[41]见爱因斯坦于1921年4月18日致 Judah L. Magnes 的信(第十二卷,文件122)。

[42]*Kisch1938*,30页。

[43]见《每日邮报》(*Doar Hayom*),1923年2月9日。

[44]见《巴勒斯坦周报》(*Palestine Weekly*),1923年2月16日。

[45]《每日邮报》,1923年2月12日。

[46]关于爱因斯坦前往西班牙的旅行,见 *Glick 1988*,*Roca Rossell 2005*,*Sánchez Ron* 与 *Romero de Pablos 2005*,以及 *Turrión Berges 2005*。

[47]见 Julio Rey Pastor 于1920年4月22日致爱因斯坦的信(第九卷,文件391),以及第九卷日历中的1920年4月28日的记载与第十二卷日历中的1920年7月1日的记载。

[48]见 Ulrich von Hassell 于1923年2月26日致[德国]外交部的信(GyBPAAA/R 64 677)。

[49]两本相关的书籍在爱因斯坦开始他的旅程之前就已完成了。Hermann Weyl 的《空间-时间-物质》的第五版在1923年面世,不过它的序言所注明的日期为"苏黎世,1922年秋"。Arthur Eddington 的《相对论的数学理论》(*The Mathematical Theory of Relativity*)于1923年出版,但是它的序言所注明的日期为1922年8月10日。

# 关于全集的编辑方法

以下内容是全集的编辑方法,并且在前几卷介绍的方法的基础上做了修改和补充。

## 版本的历史

第一卷早年时期(1879—1902)呈现了关于阿耳伯特·爱因斯坦的家庭、童年时期和青年时期的大量文献。这之后分为著作和书信两个系列进行编辑。

五本著作卷的时间跨度是1900—1921年(第二至四卷,第六卷和第七卷),以全文形式收入了爱因斯坦所写的全部文章、书以及未发表的科学手稿,其中包括他作为物理系学生的笔记、他在大学里授课的备课笔记以及研究笔记。除了听课者所做的可以补充爱因斯坦的备课笔记的听课笔记(全文或者摘录),还有他的讲座、讲演、评论或者访问的可靠的记录稿,这些内容都以全文或者摘录形式收入。

爱因斯坦写于1922年1月以前的所有已知书信都以全文或摘录的形式收入在五本书信卷中(第五卷,第八至十卷,第十二卷),时间跨度为1902—1921年。

第一至第十卷的累积索引、文献目录、书信目录、年表以及勘误收入在第十一卷中。

从本卷开始,全集将在同一卷中按年表时间的顺序呈现爱因斯坦的著作和书信。这一形式有助于更好地从背景上理解爱因斯坦的生活和工作。

## 资料的选择

阿耳伯特·爱因斯坦的所有著作和书信,无论是已经发表的还是未发表的，都收入在全集卷中，以带注释的全文、附录或摘要的形式刊印。

爱因斯坦积极参与编撰的著作集（collective editions）的序被全文收录在内。爱因斯坦给他人的著作写的序、给他自己著作的翻译版本写的序均以摘要形式刊印。

采访中引用的陈述，如若重要且以一段完整文字出现，中间没有插入采访者的说话内容，将会全文刊印。包含了爱因斯坦某些重要语录的采访，或采用了更加典型的采访格式，或与爱因斯坦就某个话题发表的种种声明并列呈现，均放在附录中（例如，见附录G）。

所有已知的信件均以全文刊印，或以摘要放置于未刊文献摘要一览表中。收信人超过一位的信只刊印一次。

本卷引述了已知曾有但尚未找到的信件的作者和日期；重要原始信件只有摘录片段，均予以全部刊印。

爱因斯坦于1917年10月就任威廉皇帝物理研究所（KWIP）所长，涉及他这一职责的相关信函数量庞大。所有爱因斯坦以KWIP理事会（Direktorium）成员身份收到或发出的信函，或者他致KWIP监事会（Kuratorium）成员以及理事会其他成员的信函，以及与他担任KWIP所长一职相关的第三方文件，除非对于理解爱因斯坦的思考或行为具有特别重要的意义，均以摘要形式列入未刊文件一览表。同列入未刊文件一览表的还有与爱因斯坦商讨日常财务和行政事务的信函，准予申请的信函，以及和出版商及翻译者往来的信函。

爱因斯坦所写的完全是为了表达问候而不具有独立性质的附言，或者添加在其他人的信函后的附言，都摘录于未刊文件一览表之中。

有时，对于理解爱因斯坦的成长、周围环境及社会活动具有重要意义的第三方书信及其他文献（诸如证书、公报之类），以全文照录、摘录或梗概形式收录。

爱因斯坦的柏林时期结束于1933年初，在完成出版该时期的相关文献后，其余未标注日期但大致确定属于这一时期（1914—1933年）的文稿和文稿残篇都会在补充卷中统一出版，出版时也遵守上述选择标准。

## 文本的确定

我们的工作总方针是，先获取手稿或打字稿的影印件，然后如果可能的话，对照原件，完善我们誊写的文本。如果原件和影印件都无法获取，我们将根据以前所转录或者刊印的版本处理文本。如果这样的版本有不止一种，我们便依照自己的观点，从中挑选一种与该作者的行文风格、拼写方式及标点符号用法等特点最接近的文本，同时仅仅在存有明显排印错误的情况下才对文本做出订正。

在所有已经发表过的文本中，我们采用以原文发表的第一个版本作为我们的主要文本。爱因斯坦生前某些出版物的后期版本若有变动之处，则添加注释予以说明。若能获得手稿原件，其中略有差异的部分将在注释中加以说明。如果手稿与刊印版本差异较大，则将手稿中的不同部分作为一个单独的文本排在刊印版之前。若不能获得以最初语言书写的手稿、打字稿或者印刷版本，则采用发表过的译文。除德文文本外，如果经爱因斯坦许可的译文是第一个版本或唯一发表的版本，那么这两种文本都将付印。若有爱因斯坦手写的一组讨论残稿，则将作为文本的来源，而不采用那些评论文字的发表版本。

所有能够获取的文本之间若有较大差别处，均加注释予以说明。

## 资料的呈现

除了下列例外情况，所有文本都按年月先后顺序编排。

若未标注日期的文献经编者推测出现于某一段时间里，则依照推测的最早时间来确定其在本卷中的位置。若某篇未标注时间的文献是另一篇文献的附函或者是穿插于其中的一段，则将前者排在后者之后，除非有某种根据表明其来源更早。

凡是某篇文献与一封信函同装一个信封，而该信函本身并无独立的特点，仅仅起一种说明文献的附函的作用，则将这两样东西编排在一起，共用一个编号。

在某一卷刊印发行之后，若编辑又发现年代上属于该卷时期的书信,则将这些书信刊印在后续卷的前面。

每一卷中的每一篇文档都有其序列编号。

当原始文献或者其复制件都无法获得时,如果能够从交易商或拍卖市场中得到文献的残篇,则此篇之复制件,连同分散插入的编者按语一起排印。

在草稿中出现的重复的文字片断或者不相关的文字或方程,发表抄录稿时均将其略去,仅在说明性注释中提及存在此内容。

原始的图通过扫描或重绘的方式收录进来。为了增强清晰度,编者将以数字修复技术修复一些摹本。

文后注释里引用草稿中的德文、法文或意大利文段落不予翻译,仅作为正文的异文置于文后注释之中。只有在为了评论的目的而引用这样的段落时,才予以翻译。

系列讨论残稿与就这些讨论残稿所做的编者按语一起组成一篇文稿,编者按语用较小的字体排印,以便使之与正文相区别。这类编者按语排在爱因斯坦的文稿之前,其作用是概要介绍爱因斯坦回应他人的论文、讲演、致辞或者声明的内容。

凡是无法在特定文档中呈现的有关爱因斯坦生活和工作中重要事件的引文以及一般的年代信息,均包含在年表中。

正文字顺目录、年表、未刊文献摘要一览表、附录、引用文献、索引、引文索引均放在每卷的末尾。

## 著作

公开发表过的著作在本卷中的位置依其完稿日期、投递日期、收稿日期或发表日期的先后顺序而定,编排原则就是知道著作完稿日期,则依据完稿日期排序,否则依据投递日期排序,依此类推。这些著作都以一页标题页开始,它包含(a)文献序号;(b)英文标题;(c)编者根据发表日期拟的文献短标题,也用在引用文献列表中;(d)文献的完稿时间——如果知道,否则就标注其投递日期、收稿日期或发表日期;(e)公开发表过的版本的来源;(f)文献的再版,包含能够被归为由爱因斯坦作过的修订或者添加的注释。

每篇文献均以复制方式排印，并包含原始的页码标法、注释位置及书眉标题。原与该版本无关、却和爱因斯坦所撰写的文稿排印在同一页上的文章片断，则用颜色较浅淡的字体翻印（中文版未印出）。

如果某篇原始文献中有一部分后来增补的内容直接排印在原来文章的后面，则书中保留这种排印方式。但在正文目录的相应标题页上以及文本注释中，均标明两个日期。

编者所加的文末注释以带方括号的连续编号表示，排在正文页空白处，直接靠近该条注释所说明的那段文字或方程所在的那一行。在每篇文献的最后开始排印注释说明。

未发表的手稿所用标题或是原始标题翻译而来，或是编者拟定的。这类手稿另起新页排印，但在一些情况下遵守如下信件排印规则。

## 信件

信件以爱因斯坦收到的寄信人或爱因斯坦寄予的收信人的名字为标题；而作为收信人或寄信人的爱因斯坦的名字就在标题中省去了。

就相同日期的信件而言，均先排印爱因斯坦寄出的信件，再排印爱因斯坦收到的信件。它们以收信人名字或寄信人名字的字母顺序排列。

凡是爱因斯坦写的信，收信人的地址都抄录在描述的注释中。凡是寄给爱因斯坦的信，无论手写的、复印的，还是打字机打出的笺头都抄录在说明性注释中。如果一封信的底部重复添加了地址信息，则在抄录的正文当中略去这一信息。在除上述情况以外的手写信件上印制的信息或者在明信片背面印制的信息一般略去不录。

日期排在正文之上，与右边齐平，而不管其在原件中处于什么位置。日期中凡是编者所添加或订正的成分，均放在方括号中。在日期中不确定的成分后面标问号。"circa"一词，缩写为"ca."，表示在指定日期附近一个较小的波动范围之内。

对收信者的称呼在日期之下靠左边齐平，而第一段的首行要缩排两个字符。第一段的第一个字通常要大写。

每封信后都有说明性注释,包含说明符号(见说明文件种类符号表,xciv-xcv 页)以及原始文件存放地点(标在圆括号中)。假如未标出处,则该文件来源于耶路撒冷希伯来大学的阿耳伯特·爱因斯坦档案室。假如其存放地点不明,则标明其影印件或抄本的来源。文献存放库的符号,见文件所在机构符号表(xci-xciii 页)。这些内容后还有已出版信息,方括号里的阿耳伯特·爱因斯坦档案室原始信件的档案编号,抄录的笺头和收件人,以及针对影响文本阅读的文本特点与物理特征加以说明性的注释评论,诸如该原始文献的纸边是否切过,是否打过孔,是否字迹模糊或者残缺不全等。假如曾经找到一篇或多篇文献的某个来源(例如一本笔记本或者一份官员的报告)还包含着另外的材料,便在此处简略记述该材料的内容;而这被删去的材料则有可能刊印在本版中的另外一个地方。至于原件的页码标法及翻页方法的说明之类文本特点就略去不提。在日期无法以其他方式确定的情况下,将抄录明信片或信封上的地址和收件人信息,注明邮戳信息以及描述所盖邮戳的内容。

署名与右边齐平,而附言以左对齐的方式置于署名之下。

编者所加的文末注释,以方括号加阿拉伯数字的上标序号,排在文献的正文和说明性按语之后。

正文里未予全文收录的任何书信,都遵循年月先后顺序编入日程表。每一条条目仅概述这些信件的内容并提供它们的来源(欲作详细了解,请见日程表的导言部分)。

## 誊写

我们在誊写过程中力求保持忠实于原始文献。除了下列情形之外,不作修正、添加、删除或者变更字体、标点符号或排版形式。

除西里尔字母外,非拉丁字体将换成拉丁字体。在转抄日语文本时,原文中非拉丁字体则用标注符号(diacritical marks)表示,注释中则省略。

以下几种情况均采用首行缩进的方式新起段落:原文作者用一条

竖线来表示新起一个段落,或者作者极可能有意使得原文段落层次模糊,或者作者向来采用段落行首左对齐表示新段落。

信件结语处全部连续地排印在一起,在适当的地方添加了逗号,但没有作出说明。

将不常用的或者含义混乱的缩写扩展复原,置于方括号中。凡是字母模糊不清或难以辨认之处,便加注可能的读法,连同假定的正确拼写、语法以及句法,一并置于方括号中。若无法提供可能的读法,则在方括号内使用三个破折号代表一个难以辨读的单词。若作者在原文中使用了方括号,则在文中注明。

凡认为无意义而又被作者删去的内容,均略去不录且不加说明。凡认为具有重要意义且被删去的内容,则放在尖括号里,置于修改过的文本之前。如果文本被整个删去的内容超过一行,则在删去内容上标注一条左高右低的斜线。如果作者为了计算的目的而划去方程式的一部分,则划去部分用一条右高左低的斜线来表示。在数学类的研究文稿中,注释、计算以及删去内容和划去部分将效仿原文以图表方式呈现出来。

超出一行的上下界限的上标和下标的字符均退回与本行齐平的位置;对此类进入行间的标记,如果重要,加注释予以说明。

作者所作的订正将不予说明而直接插入正文中。如果订正处很重要,又或者订正是对该文稿的评论,但两者放在一起并不连贯,则将订正置于文后的注释中并加以说明。除非重要的信息可能已丢失,否则作者本人做了插入记号而实际上又置于本页其他位置的词语或句子,均插进文本之中而不加说明。未作记号的段落置于文献的末尾,加注释说明其原来的位置。

在本页版面编排允许的情况下,所插入的复制版图表的位置接近其在原始文献中的位置。

方括号中的省略号表示文本的缺漏。

若是打字机打出的稿件,则保留所有的版面错误。遇到突破间距的情况时,则依照惯例进行调整文字间距。

在寄出信件的日期地址中,爱因斯坦的柏林街道地址省略不录。

稿件顶端以及信封和明信片上的地址中带有下划线的城镇名,均以略去下划线的方式排印。

原始文件中画线的单词均以斜体排印。

原文中全部字母大写的单词则以首字母大字的形式排印。

凡是使用的双破折号(即短"等号")起到连字符的作用,则均改为连字符。

爱因斯坦用手写的缩写符号代表连词"与",此词抄录为"&"。

用单辅音之上加一短横线的缩写代表双辅音字母"mm"和"nn"的写法,以及代表词尾"ung"和"ungen"的缩写均以完整的原形排印。

在打字机打出的原稿或其抄件中以"J"代替"I"的方式,均改为现代的习惯用法"I"。由于爱因斯坦不加区别地使用拉丁体的"I"和哥特体的"I",本书中改为统一使用拉丁体,但在科学记数法(scientific notation)中则另当别论。

当哥特体和罗马体的混合体"s"在原文中用于指代"ß"时,则将其抄录为"ß"。但是,当它们用于指代"ß"和"ss"(例如 Maja Winteler-Einstein 的使用方式)时,则将其抄录为"ss"。

按照旧式的书写法,源于专有名词的形容词之标识性词尾与该名词本身之间以所有格符号隔开,这种做法调整为现代的书写法,例如将"Tetrode'sche"改为"Tetrodesche"。

对于没有标点符号而有可能造成语意不清的地方,在正文中插入一个空格。

引号按不同语言中约定俗成的用法进行更改。

凡是爱因斯坦为了同一个目的使用上标符号"×"和"*",则将其统一为"*"。

原始文献中以加空白的疏行体(即德语的"Sperrdruck")排印的部分,除了专有名词改用罗马体首字母大写排印以外,均改为以斜体字母排印。原始文献中凡全部大写字母的专有名词,均改为以首字母大写的方式排印。

凡是在一篇原始文献的称呼、日期及结语之中以斜体形式或全部字母大写形式出现的地名或公函惯用语,均以首字母大写的罗马字体表示。

## 注　释

　　导言和编者按语所讨论的是一篇稿件的内容及其上下文或者是几篇稿件所共有的重要论题。

　　稿件后面的全文注释详细说明了具体提及的人物、地点、科学进展、组织机构、事件以及文献来源。这些是作者和本稿件预期的读者——不一定是当代的读者——所熟悉的内容；凡属可能，均从同时期出版的文献中引用此类信息。文后注释还用于纠正文献里与事实有违的错误，鉴别方言或外文中出现的单词或短语，评论拼写令人迷惑、语意模棱两可以及段落难以辨认之类的文本问题。并非出于作者之手的修正或校订均从文本中略去不提，然而其中的重要者，则作为文后注释录入。

　　未标明日期的稿件，将日期用括号括起来放在文后注释中，并对该日期加以说明。编者在引用以复制方式翻印的稿件的页码时，始终参考初次出版时所编的页码。

　　有关爱因斯坦著作的引用均表示为作者名和日期（若是论文，则它们就成为"固定的短标题"），以及卷号和文件序号。

　　引用早期出版的《全集》卷中的信件时注明写信人和收信人、卷号以及文件序号。

　　参考文献目录将注明其作者和日期（"短标题"）。此类引用均按字母表顺序排列在各卷最后的引用文献中，并给出了完备的文献信息。该引用文献表并不等于是关于爱因斯坦的所有重要二手研究著作的书目一览表。

　　若引用的一篇印刷版文稿存放在爱因斯坦的私人图书馆中，则做出说明。

# 致 谢

编者得到了来自众多个人和机构的帮助和支持，受益良多。我们谨向执行委员会的成员们表示感谢，同时我们也要感谢耶路撒冷的希伯来大学，允许我们发表其所收藏的资料。

我们对 Harold McGraw, Jr. 的长期支持怀着深深的感激之情。加州理工学院院长办公室及 Virgle L. Hedgcoth & Susan Alexander 基金会给予了我们慷慨的帮助。

感谢 Liseth Rausing，Peter Baldwin 以及阿卡迪亚基金会对我们的关注以及给予我们慷慨的支持。

我们也十分感谢国家科学基金会以及国家人文基金会给予我们的支持。

我们向 Barbara Wolff 表达诚挚的感谢，她对本卷的大量稿件进行了深入细致的校对，同时我们还要感谢 Chaya Becker 以及爱因斯坦档案馆馆长 Roni Grosz。

我们要特别感谢加州理工学院密立根图书馆和学院档案馆所有勤恳奉献的工作人员。感谢 Mary Marshall 以及 Walther de Gruyter 有限公司使我们便于访问在线世界传记字典。我们还要感谢 Urs Schoepflin、Matthias Schwerdt 以及 Max Planck 科学史研究所的工作人员，他们帮助我们搜寻重要文献资料。感谢瑞士联邦工学院和苏黎世大学档案馆的工作人员以及 Robert Schulmann 一如既往地帮助我们检查与爱因斯坦相关的材料。

感谢 Nurit Lifschitz 和 Brenda Shorkend，他们发现了大量重要的档案材料，特别要感谢 Seiya Abiko，他对日文原始材料做了精彩的研究。

本卷的编纂需要大量的历史信息及细节。在此对下列人员的帮助致以感谢：瑞典皇家科学院的 Maria Asp；莱顿大学的 Carlo

Beenakker；萨拉戈萨大学的 Luis J. Boya；德意志博物馆（慕尼黑）、《Arnold Sommerfeld 传》的作者 Michael Eckert；普鲁士文化遗产处（柏林）国家秘密档案馆的 Stefanie Grunack；耶路撒冷的希伯来大学的 Hanoch Gutfreund；法兰西学院（巴黎）的 Claire Guttinger；联合国外层空间事务厅（维也纳）的 Hans Haubold；斯图加特大学的 Klaus Hentschel；纽约城市大学城市学院的 Danian Hu（胡大年）；加州理工学院的 Michio Inoue；外交部政治档案馆（柏林）的 Herbert Karbach；巴黎高等物理化工学院（ESPCI）图书馆和档案馆的 Catherine Kounelis；瑞士联邦工学院（苏黎世）的 Claudia Lienhard；巴黎综合理工大学的 Yiwen Ma；摩尔根图书馆和博物馆（纽约）的 Christine Nelson；帕萨迪纳的 Masako Ohnuki；伯尔尼大学的 Franziska Rogger；联邦档案馆（柏林）的 Kerstin Schimmeck；巴塞罗那自治大学的 Adàn Sus；中国驻比利时大使馆（布鲁塞尔）的 Victor Wei；加州大学伯克利分校的 Joan Bider；加州理工学院的 Alexandre Cunha；加州理工学院档案馆的 Charlotte Erwin、Judy Goodstein 和 Loma Karklins。

爱因斯坦文稿计划（Einstein Papers Project）中许多更细致的工作由很多聪明又勤奋的学生完成。我们感谢 Mike Ferrara、Dawn Xiao Jin、Iris Liu、Sevana Moses、Lernik Ohanian、Thea Wade、Carol Wang 和 Tatjana Wiese。Pavel Khazanov 和 Dilyara Valeeva 对俄语档案进行了相关研究。

我们在加州理工学院的活动以及良好运作得益于 Susan Davis、Jonathan Katz、Gail Nash、Ed Stolper 等诸多同事的支持与慷慨相助。

感谢我们多年来的文字编辑 Alice Calaprice，从普林斯顿大学出版社退休后，她就作为一名自由职业者帮助我们。

非常感谢普林斯顿大学出版社的各位同仁，特别要感谢我们的制作团队 Linny Schenck、Terri O'Prey 和 Leslie Flis；Brigitta van Rheinberg；Neil Litt；Adam Fortgang；Martha Camp；还有社长 Peter Dougherty。

我们谨以此卷纪念 Herbert S. Bailey, Jr.、Martin J. Klein 以及 Harold McGraw, Jr.。《全集》得以付梓，有赖于这些人数十年来的远见卓识和赤诚奉献。

Herb Bailey 从1954年至1986年一直担任普林斯顿大学出版社的社长,爱因斯坦文稿计划是他参与组建的许多著名出版计划中的一个,他对建立该计划起了十分重要的作用。他与麦格劳-希尔出版社(McGraw Hill publishers)的主席 Harold McGraw, Jr.一直保持密切合作。Harold McGraw, Jr.还曾连续25年担任普林斯顿大学出版社监事会成员,多数时候身居主席职位,他一直慷慨解囊,为《爱因斯坦全集》的编辑工作提供必要的资助。

Martin Klein 是世界上最重要的物理学史家之一。三十多年前,他就与爱因斯坦文稿计划结缘,并在1988年至1998年期间担任总编辑。他博学多识,胸襟宽阔,世上无能出其右者。他的同事和追随者深深缅怀他。

# 关于英译本的说明

《爱因斯坦全集》英译本由普林斯顿大学出版社出版，由总编辑 Diana Kormos Buchwald 负责监督管理。第十三卷的英文节选译本由 Ann Hentschel 担任翻译，由 Klaus Hentschel 担任顾问，由 Alice Calaprice 担任文字编辑。爱因斯坦文稿计划组的 Rosy Meiron 和 Jennifer Nollar James 帮助完善翻译。Osik Moses 编辑索引、排版以及定稿，Rudy Hirschmann 制作可以付印的正式版本。这些以平装本形式印刷的翻译版本，意在供读者结合文献版（documentary edition）进行阅读，因为这些版本没有包含文献版的编者按语。

# 缩写符号表

下面是本卷所用缩写符号一览表。

| | |
|---|---|
| Abs. | Abstract of document presented in the Calendar of Abstracts 未刊文献摘要一览表的文件摘要 |
| AE | Albert Einstein 阿耳伯特·爱因斯坦 |
| BNV | Bund "Neues Vaterland" "新祖国"同盟 |
| Doc. | Document presented as full text 有全文的文件 |
| DPG | Deutsche Physikalische Gesellschaft 德国物理学会 |
| EE | Elsa Einstein 埃尔莎·爱因斯坦 |
| ETH | Eidgenössische Technische Hochschule 联邦工学院 |
| GDNÄ | Gesellschaft Deutscher Naturforscher und Ärzte 德国自然研究者与医生协会 |
| IE | Ilse Einstein (as AE's secretary) 伊尔莎·爱因斯坦(阿耳伯特·爱因斯坦的秘书) |
| KWG | Kaiser-Wilhelm-Gesellschaft 威廉皇帝学会 |
| KWIP | Kaiser-Wilhelm-Institut für Physik 威廉皇帝物理研究所 |
| M | German marks 德国马克 |
| ME | Morning Edition 晨版 |
| M&Co | Bankhaus Mendelssohn & Co. 门德尔松银行 |
| MWV | Ministerium für Wissenschaft, Kunst, und Volksbildung 科学、艺术与大众教育部 |
| PAW | Preußische Akademie der Wissenschaften 普鲁士科学院 |
| PTR | Physikalisch-Technische Reichsanstalt 帝国物理技术研究所 |
| ZOA | Zionist Organization of America 美国犹太复国主义组织 |

# 文献所在机构简称表

除非另有说明,本卷所发表或引用的原始文献,以及引自爱因斯坦私人图书馆的书籍或他所收藏的乐谱,均保存在耶路撒冷的希伯来大学的阿耳伯特·爱因斯坦档案馆中。下面是所引用文献的其他收藏机构的一览表。

| | |
|---|---|
| AVPA | Phonogrammarchiv der Österreichischen Akademie der Wissenschaften, Vienna, Austria 奥地利,维也纳,奥地利科学院录音制品档案馆 |
| BBU | Université Libre de Bruxelles, Belgium 比利时,布鲁塞尔自由大学 |
| CaBU | University of California, Berkeley, California, USA 美国,加州,加州大学伯克利分校 |
| CaSdU | University of California, San Diego, California, USA 美国,加州,加州大学圣地亚哥分校 |
| CPT | California Institute of Technology, Pasadena, California, USA 美国,加州,帕萨迪纳,加州理工学院 |
| DkKoRA | Rigsarkivet, Copenhagen, Denmark 丹麦,哥本哈根,丹麦皇家科学院 |
| DkKoNBA | Niels Bohr Archive, Copenhagen, Denmark 丹麦,哥本哈根,尼尔斯·玻尔档案馆 |
| DLC | Library of Congress, Washington, District of Columbia, USA 美国,哥伦比亚特区,华盛顿,国会图书馆 |
| FrPBN | Bibliothèque nationale de France, Paris, France 法国,巴黎,法国国立图书馆 |
| FrPGV | Gauthier-Villars Archive, Paris, France 法国,巴黎,戈捷-维拉尔档案馆 |
| FrPCF | Collège de France, Archives, Paris, France 法国,巴黎,法兰西学院档案馆 |

| | | |
|---|---|---|
| | Gy-Ar | Deutsches Bundesarchiv, Koblenz, Germany 德国，科布伦茨，德意志联邦档案馆 |
| | GyB | Staatsbibliothek zu Berlin, Preußischer Kulturbesitz, Berlin, Germany 德国，柏林，国家博物馆，普鲁士文化遗产处 |
| | GyBAr(B) | Deutsches Bundesarchiv, Berlin, Germany 德国，柏林，德意志联邦档案馆 |
| | GyBAW | Archiv der Berlin-Brandenburgischen Akademie der Wissenschaften, Berlin, Germany 德国，柏林，柏林-勃兰登堡科学院档案馆 |
| | GyBHU | Archiv der Humboldt Universität zu Berlin, Berlin, Germany 德国，柏林，柏林洪堡大学档案馆 |
| | GyBMPIW | Archiv der Max-Planck-Institut für Wissenschaftsgeschichte, Berlin, Germany 德国，柏林，马克斯·普朗克科学史研究所档案馆 |
| | GyBP | Archiv zur Geschichte der Max-Planck-Gesellschaft, Berlin, Germany 德国，柏林，马克斯·普朗克学会历史档案馆 |
| xcii | GyBPAAA | Politisches Archiv des Auswärtigen Amtes, Berlin, Germany 德国，柏林，外交部政治档案馆 |
| | GyBPTB | Archiv der Physikalisch-Technischen Bundesanstalt, Berlin, Germany 德国，柏林，联邦物理技术研究所档案馆 |
| | GyBSA | Geheimes Staatsarchiv, Preußischer Kulturbesitz, Berlin (Dahlem), Germany 德国，柏林（达勒姆），普鲁士文化遗产处，国家秘密档案馆 |
| | GyGöU | Niedersächsische Staats-und Universitätsbibliothek, Göttingen, Germany 德国，哥廷根，下萨克森州州立和大学图书馆 |
| | GyKiRA | Archiv der Anschütz & Co. Gmbh/Raytheon Marine GmbH, Kiel, Germany 德国，基尔，安许茨公司/赖特翁航海有限责任公司档案馆 |
| | GyKiSHB | Schleswig-Holsteinische Landesbibliothek, Kiel, Germany 德国，基尔，石勒苏益格－荷尔斯泰因州立图书馆 |
| | GyMDM | Deutsches Museum, Munich, Germany 德国，慕尼黑，德意志博物馆 |
| | GyMerSA | Geheimes Staatsarchiv, Merseburg, Germany 德国，梅泽堡，国家秘密档案馆 |
| | IsJCZA | Central Zionist Archives, Jerusalem, Israel 以色列，耶路撒冷，犹太复国主义者中心档案馆 |

| | |
|---|---|
| IsJJNL | Jewish National and University Library, Jerusalem, Israel 以色列, 耶路撒冷, 犹太人国立和大学图书馆 |
| IsRWW | Yad Chaim Weizmann (Weizmann Archives), Weizmann Institute, Rehovoth, Israel 以色列, 雷赫沃特, 魏茨曼研究所, 哈伊姆·魏茨曼纪念馆(魏茨曼档案馆) |
| ItMCDEC | Centro di Documentazione Ebraica Contemporanea, Archivio, Milan, Italy 意大利, 米兰, 当代犹太人文献中心 |
| ItRAL | Accademia dei Lincei, Rome, Italy 意大利, 罗马, 猞猁之眼国家科学院 |
| JaToWDT | Waseda Daigaku Toshokan (Waseda University Library), Tokyo, Japan 日本, 东京, 早稻田大学图书馆 |
| JSeTU | Tohoku University Library, Sendai, Japan 日本, 仙台, 东北大学图书馆 |
| NL-HN | Noord-Hollands Archief, Haarlem, The Netherlands 荷兰, 哈勒姆, 北荷兰档案馆 |
| NL-LeRM | Museum Boerhaave (Rijksmuseum voor de Geschiedenis van de Natuurwetenschappen en van de Geneeskunde), Leyden, The Netherlands 荷兰, 莱顿, 布尔哈弗博物馆(自然研究和医学史博物馆) |
| NL-LeU | University of Leyden, Leyden, The Netherlands 荷兰, 莱顿, 莱顿大学 |
| NjP-L | Princeton University Library, Princeton, New Jersey, USA 美国, 新泽西州, 普林斯顿, 普林斯顿大学图书馆 |
| NNC-UA | Columbia University Archives, New York, New York, USA 美国, 纽约州, 纽约, 哥伦比亚大学档案馆 |
| NNLBI | Leo Baeck Institute, New York, New York, USA 美国, 纽约州, 纽约, 莱奥·贝克学会 |
| NNPM | The Pierpont Morgan Library, New York, New York, USA 美国, 纽约州, 纽约, 皮尔庞特·摩尔根图书馆 |
| PBm | Bryn Mawr College, Bryn Mawr, Pennsylvania, USA 美国, 宾夕法尼亚州, 布林莫尔, 布林莫尔学院 |
| RuMoAN | Russian Academy of Sciences, Moscow, Russia 俄罗斯, 莫斯科, 俄罗斯科学院 |
| SSVA | Kungliga Vetenskapsakademien, Stockholm, Sweden 瑞典, 斯德 |

|  |  |  |
|---|---|---|
|  |  | 哥尔摩,皇家科学院 |
| xciii | SzBSF | Albert-Einstein-Stiftung, Max Flückiger, Bern, Switzerland 瑞士,伯尔尼,马克斯·弗吕基格,阿耳伯特·爱因斯坦基金会 |
|  | SzGeB | Besso Family Trust, Geneva, Switzerland 瑞士,日内瓦,贝索家族托管事务所 |
|  | SzGeBNU | Bibliothèque des Nations Unies, Geneva, Switzerland 瑞士,日内瓦,联合国图书馆 |
|  | SzZuETH | Eidgenössische Technische Hochschule, Zurich, Switzerland 瑞士,苏黎世,联邦工学院 |
|  | SzZuSa | Staatsarchiv des Kantons Zürich, Zurich, Switzerland 瑞士,苏黎世,苏黎世州国立档案馆 |
|  | SzZuZB | Zentralbibliothek, Zurich, Switzerland 瑞士,苏黎世,中心图书馆 |
|  | TxU-Hu | Harry Ransom Humanities Research Center, University of Texas at Austin, Austin, Texas, USA 美国,得克萨斯州,奥斯汀,得克萨斯大学,哈里·兰塞姆人文研究中心 |
|  | UkCF | Fitzwilliam Museum, Cambridge, England, UK 英国,英格兰,剑桥,费兹威廉博物馆 |
|  | UkE | National Library of Scotland, Edinburgh, Scotland, UK 英国,苏格兰,爱丁堡,苏格兰国立图书馆 |

# 文献种类说明符号表

| | |
|---|---|
| AD | Autograph Document 亲笔文件 |
| ADft | Autograph Draft 亲笔草稿 |
| ADftS | Autograph Draft Signed 亲笔签名的草稿 |
| ADS | Autograph Document Signed 亲笔签名文件 |
| AK | Autograph Card or Postcard 亲笔卡片或明信片 |
| AKS | Autograph Card or Postcard Signed 亲笔签名的卡片或明信片 |
| AKSX | Autograph Card or Postcard Signed, in Photocopy 亲笔签名的卡片或明信片影印件 |
| AL | Autograph Letter 亲笔信 |
| ALS | Autograph Letter Signed 亲笔签名信 |
| ALSX | Autograph Letter Signed, in Photocopy 亲笔签名信的影印件 |
| ATrD | Autograph Transcript of a Document 亲笔文件的副本 |
| ATrL | Autograph Transcript of a Letter 亲笔信函的副本 |
| AuD | Audio Document 音频文件 |
| PD | Printed Document 印刷文件 |
| PL | Printed Letter 印刷信函 |
| PLS | Printed Letter Signed 签名的印刷信函 |
| PTrL | Printed Transcript of a Letter 印刷的信函副本 |
| TD | Typed Document 打字文件 |
| TDC | Typed Document, in File Copy 打字文件的复印件 |
| TDft | Typed Draft 打字草稿 |
| TDftS | Typed Draft Signed 签名的打字草稿 |
| TDS | Typed Document Signed 签名的打字文件 |
| Tgm | Telegram 电报 |
| TKS | Typed Card or Postcard Signed 签名的打字卡片或明信片 |
| TL | Typed Letter 打字信函 |
| TLC | Typed Letter, in File Copy 打字信函的复印件 |

| | |
|---|---|
| TLS | Typed Letter Signed 签名的打字信函 |
| TLSC | Typed Letter Signed, in File Copy 签名的打字信函的复印件 |
| TLSX | Typed Letter Signed, in Photocopy 签名的打字信函的影印件 |
| TTrD | Typed Transcript of a Document 文件的打字副本 |
| TTrL | Typed Transcript of a Letter 信函的打字副本 |
| TTrLC | Typed Transcript of a Letter, in File Copy 信函的打字副本的复印件 |
| TTrTgm | Typed Transcript of a Telegram 电报的打字副本 |

1. 在法兰西学院演讲，1922 年 4 月初

2. 与 Paul Langevin 在巴黎，1922 年 4 月

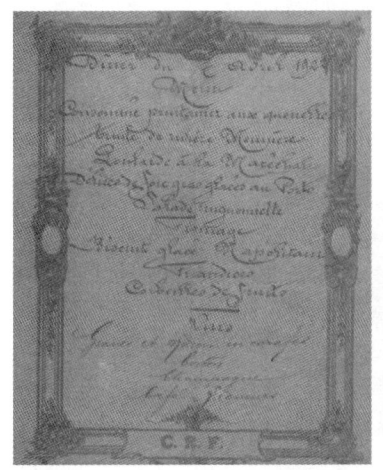

3. 访问巴黎的宴会菜单，1922 年 4 月

4. 在靠近兰斯的一个被战争毁灭的村庄，1922 年 4 月

5. 与 Walther Rathenau 在热那亚, 1922 年 4 月

6. Rathenau 在柏林遇刺的场景, 1922 年 6 月 24 日

7. 和 Hermann Anschütz–Kaempfe 在基尔, 20 世纪 20 年代初

8. 和 Elsa 去日本途中, 1922 年 10 月

9. 和新加坡犹太社团的成员合影，1922年11月

10. 参加上海的晚宴，1922年11月

11. 和日本帝国学士院院士合影，1922年11月

12. 和夫人在改造社社长山本实彦东京的家中，1922 年 11 月

13. 与艺妓一起参加清酒酒会，东京，1922 年 11 月

14. 在东京商科大学，1922 年 11 月

15. 东京早稻田大学学生欢迎爱因斯坦，1922年12月

16. 在东京帝国大学物理系，1922年12月

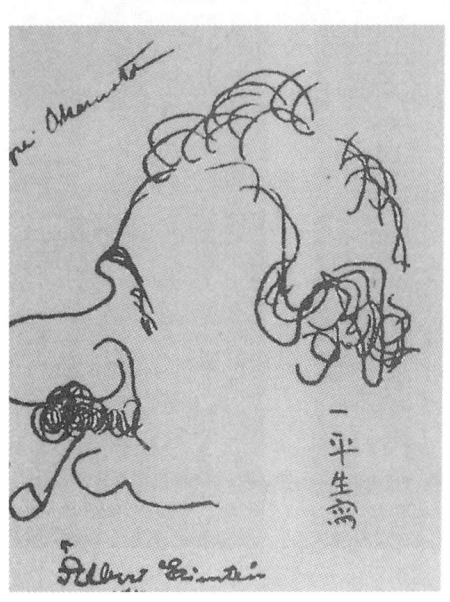

17. 冈本一平的漫画："阿耳伯特·爱因斯坦"或作为思想库的鼻子，1922年12月

18. 抵达名古屋车站，1922年12月

 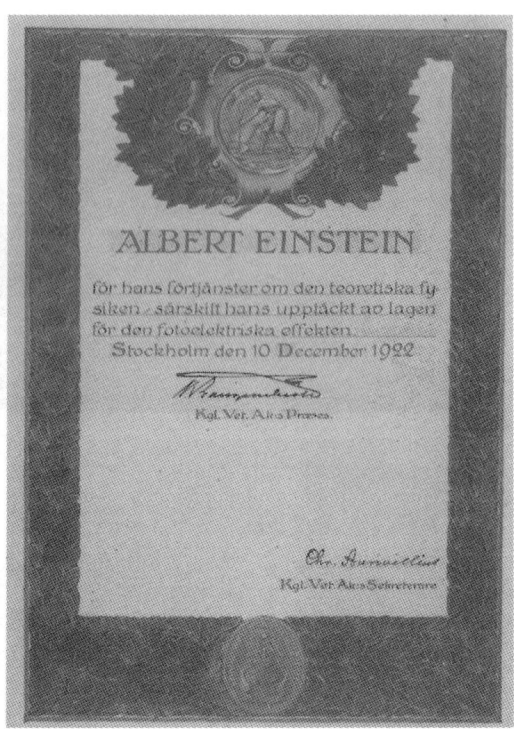

19. 诺贝尔物理学奖证书，1922 年 12 月

20. 诺贝尔物理学奖章

21. 在为［日本］儿童举办的圣诞仪式上，1922 年 12 月

22. 在返回欧洲途中，1922 年 12 月

23. 石原纯与家人，1917 年 5 月

24. 与 Herbert Samuel 在耶路撒冷托管专员官邸前，1923 年 2 月

25. 爱因斯坦和夫人 Elsa 的名字被刻在犹太国家基金会"金典"上，1923 年 2 月

26. 与 Meir Dizengoff 市长在特拉维夫市政厅，爱因斯坦（左），1923 年 2 月

27. 与国王阿方索十三世在西班牙皇家科学院，爱因斯坦（右），1923 年 3 月

28. Niels Bohr,1922

29. Henri Barbusse,1923

30. Bettrand Russell, 20 世纪 30 年代早期

31. Otto Stern

32. Walther Gerlach,1935

正　文

# 第三卷　10a."论玻尔兹曼原理及由此得出的一些直接后果"

[苏黎世,1910 年 11 月 2 日][1]

⟨众所周知⟩,热力学的基础是两个原理,即能量原理(也称为第一定律)和自然事件的不可逆原理(也称为第二定律)。⟨这后一个原理讲的是⟩后者的实质,⟨按照 Planck 的说法⟩,可以表述如下。

所有的自然科学[2]都是建立在一个所有事件的⟨无缺的⟩完全的因果关系假设基础之上。让我们假设 Galileo 在其摆锤实验中,发现摆锤的一个振荡周期以某种非常不规则的方式变化。让我们进一步假设,这种变化与其他可观测关系的任何变化都没有关系。这样一来,伽利略不可能为其观察结果总结出规律。如果我们可能观察到的一切现象都像这个描述的虚构例子那样不合规范,人类肯定永远都不会有科学探索的尝试。

为了让科学成为可能,现象必须具有什么样的特点呢?⟨对此,有人可能首先想到如下答复:我们把系统置于一个特定状态,如果这个系统与其他系统是分离的——比如空间距离很远——那么它的状态随时间的变化进程是完全确定的;也就是说,如果我们把⟨两个⟩任意多个同等组成的孤立系统置于完全相同的状态,让它们自行发展,那么所有这些系统随时间的演化是完全相同的。⟩

那么,根据我们今天的知识,事件之间⟨无缺的⟩完全的因果联系又是怎样?要解决这个问题,首先需要给它一个更精确的定义。让我们现在就通过举例做到这一点。一个给定大小的立方铜块。⟨我们设想一下⟩在这个立方体上通过外部影响建立一个非常特定的温度分布;然后用一个隔热外壳罩住它,让它自行演变。我们知道,随着时间的推移,通过热传导过程,将会达到温度平衡。在立方块中所有地点的温度梯度都将由初始状态"唯一确定";"唯一确定"这个词在这里的意思是,随便我们怎么再三重复这个实验,或者说,随便我们怎样再三设定该特定起始温度分布,然后让它自行演变,观察到的温度梯度都是相同的。这一过程的唯一确定性,这个事件之间完全的因果关系是否真实存在?为了回应一个我们无甚兴趣的有关异议,我们可以将这个问题换一个形式来表达:如果我们能够更加精确地实现初始状态,更加精确地测量跟踪过程,是否就一定能建立更精确的事件之间的完全因果联系?

在 20 世纪中,物理学家们在这个问题上的观点发生了显著的改变。如果抛开布朗运动、放射性波动和其他少数几个近年来的科研焦点,我们可以确信,根据经验[3],前述意义上的完全因果联系确实存在。尽管如此,物理学家,或者更具体地说,热学理论家们,设法否认事件之间完全的因果联系,或者更确切地说,否认可观察事件之间的因果联系。让我们快速回顾一下这一发展!从一个简单的想法,即气体是由物质点(分子)组成的,而这些物质点事实上仅仅通过接触(碰撞)产生彼此之间的机械作用,Clausius 能够推导出比热与单原子气体状态方程常数之间的关系,以及热传导、内摩擦和气体的扩散之间的一个比例。如果没有 Clausius 的理论,这些量值和现象之间本来是完全不相关的。[4] 这一重大成功,促使物理学家将热现象归因于分子的不规则运动。然而热力学理论需要把热传导等定律视为一个仅仅是近似成立的定律;根据这一理论,热传导定律只是一个平均律,精确定律是绝对不可能的。对这些平均律的偏差通常都是非常之小,在原则上并不重要。

然而,得到如此广泛经验支持的热力学理论却与可观察事件的⟨精确的⟩完全因果关联的假设格格不入。⟨Cla⟩Maxwell, Boltzmann, Gibbs[5] 进行的分析也表明,对这些平均律的随机大偏差一定会在观察范围内发生,尽管根据理论,在大多数⟨可观测现象的群⟩系统中这种大的偏差很罕见,我们实际上不能够观测到。

下面的众所周知的思考最为准确地表现出,热传导定律和其他关于不可逆过程的定律一样,不可能是精确的。根据热力学理论,任何分子运动过程在时间上的逆过程,都是一个可能的运动过程,因此不存在一个不能逆向演进的热过程。这样一来,从热的分子理论观点,必须承认仅仅通过热传导,就能让热量从较冷的物体传到较暖的物体上。这一思想是否表明必须放弃热力学理论?

Boltzmann 以下面的[这个]具体方式回答了这个问题:考察一个具有一定能量的封闭物理系统。用 $Z_1, Z_2 \cdots Z_l$ 表示在给定能量下所有的系统可能处于的可观察态。在铜立方块的例子中,每个 $Z_\nu$ 就代表一个特定的温度分布,总共有 $l$ 个不同的可能温度分布。现在假定这些态 $Z$ 的概率并不相同,在一个给定态 $Z_a$ 的诸多临近相似态中,至少在 $Z_a$ 态远离所[谓]的热力学平衡的情况下,有一个态($Z_b$)的概率比其他所有态大很多。如果将系统置于 $Z_a$ 态中任其自行演变,它非常可能转变为 $Z_b$ 态,而不是其他临近态。这个事件的概率可以无限接近于1(确定发生),尽管从原则上,完全确定的转变是不可能的。[这意味着]:如果我们频繁地将系统置于 $Z_a$ 态,那么在绝大多数——但是决不是所有——情况下,$Z_a$ 态之后将是 $Z_b$ 态;偶尔也会转变到其他的任何一个相邻态中,不过极其罕见。从 $Z_a$ 态到 $Z_b$ 态的这种转变情形,也适用于系统在下一个很短的时间段从 $Z_b$ 态出发转变到其他态。这样就产生了(表观上)不可逆过程的构想。

这一 Boltzmann 构想的简单描述是不完整的。有待解答的问题包括："如何理解每个态 $Z_1, Z_2\cdots$ 的概率？"以及"为何从一个态 $Z_a$ 转变到最可能的态 $Z_b$ 的概率大于其他相邻态？"

对于其中的第一个问题，我们注意到下面的情况：根据〈分子热〉热力学理论，不可能存在严格意义上的热平衡状态。我们所谓的热力学平衡态是一个自行演化极长时间的系统最频繁显现的状态。然而动力学理论的一个结果是在一个很长的时间里系统会遍历所有可能的状态；一个态离热力学平衡越远，系统处于这个态的机会就越小。自行演变的铜立方块不断地改变其温度分布，处于显著偏离热平衡的温度分布状态的情形极其罕见。我们设想长时间 $T$ 观察一个系统的情况，对于大多数态 $Z_\nu$，系统处于这个态的时间 $\tau$ 在总时间的占比极其微小。我们将这个占比 $\dfrac{\tau}{T}$ 称为相关态的概率 $W$。

基于这种以系统处于某态的情形的概率定义，就可以理解一个系统从平均来说，总是从一个态转变到概率最大的临近态。我只是提到这一点，不作证明。〈这是对上面提到的第二个问题的答案〉。

关键的是一个态的概率定义要独立于动力学图景；概率 $W$ 是原则上可观测的量度，尽管在大多数情况下，因为时间不够，直接观察是不可能的。

如果系统从偏离热力学平衡很远的态开始自行演变，它会不断采取概率 $W$ 越来越大的态。在这个性质上，一个态的概率 $W$ 与系统的熵 $S$ 有共同点，而 Boltzmann 发现了二者之间存在关系

$$S = k \lg W$$

其中 $k$ 是一个普适常数，和选择的系统无关。〈这是重要的公式……Boltzmann 构想的数学表述。〉

这个玻尔兹曼公式有两个应用方式。根据一个多少比较完整的分子理论图景，可以计算出概率 $W$。再利用玻尔兹曼公式就可以得出熵 $S$。这是到目前为止玻尔兹曼公式最主要的应用。

举个例子[6]，设想在体积 $V_0$ 中，有某种类型的 $N$ 个分子，正好是 1 克分子量。相对于这 $N$ 个分子或者 $V_0$ 中可能存在的其他物质的特征体积，$V_0$ 很大。这些其他物质在 $V_0$ 中均匀分布，使得对 $N$ 个分子中的每一个，$V_0$ 中每处都是等同的。这是一个不完整的理想气体或者稀释溶液的图景。在任一选定时刻，所有 $N$ 个分子都处于 $V_0$ 的一部分 $V$ 中的概率是多大？

通过简单的思考可以得出

$$W = \left(\dfrac{V}{V_0}\right)^N$$

从这里，应用玻尔兹曼〈常数〉公式，我们发现

$$S = kN \lg\left(\frac{V}{V_0}\right) = KN \lg V + 常数$$

其中的常数(const.)可能与温度有关，但是与体积无关。从这里我们立即可以得到这 $N$ 个分子能够对限制它们于体积 $V$ 之内的容器壁施加的压力。如果系统能量与体积 $V$ 无关，同时 $G$ 代表体积 $V$ 沿可逆路径微小扩张时对系统的作功，那么

$$p\,dV = G = +T\,ds = +kNT\frac{dV}{V}$$

成立，也就是 $pV = kNT$。

这样我们得到理想气体和渗透压公式。同时还发现这个公式里面的普适常数 $kN$ 等于气体公式里面的常数 $R$。

在我看来，玻尔兹曼公式的重要性不在于它可以帮助计算一个已知分子状况的熵。更重要的应用是可以倒过来，从根据经验确立的熵函数 $S$，利用玻尔兹曼公式得到每个态的统计概率。这样就可以评估一个系统的行为偏离热力学规范的程度。

举个例子。[7] 设想一个颗粒比自己悬浮于其中的液体稍重。按照热力学，这样的颗粒应当沉到容器底部，并停留在那里。然而根据玻尔兹曼公式，它有机会出现在容器底部之上的任何高度；颗粒不断地以不规则方式改变自己所处的高度。我们想要确定 $S$，进而得到 $W$。如果用 $\mu$ 代表颗粒的质量，$\mu_0$ 代表它排开的液体质量，那么将颗粒从容器底部提升到高度 $z$ 所需要作的功就是 $A = (\mu - \mu_0)gz$。为了保持系统能量不变，需要从中抽除 $G = A$ 的热量，引起的熵的减少量为 $\frac{G}{T} = \frac{A}{T}$，这样一来，

$$S = \text{konst} - \frac{1}{T}(\mu - \mu_0)gz$$

根据玻尔兹曼公式，用 $\frac{R}{N}$ 代替 $k$，

$$W = \text{konst}\, e^{-\frac{N}{RT}(\mu - \mu_0)gz}$$

如果在单一液体中有很多颗粒，等式右边表示的就是颗粒随深度的密度分布。Perrin 用实验证实了这个公式。[8]

从这个关系很容易推导出布朗运动定律。因为由此立即可以算出，颗粒相对于容器底部的平均高度 $z$ 等于

$$\frac{\int z e^{-\frac{N}{RT}(\mu - \mu_0)gz}\,dz}{\int e^{-\frac{N}{RT}(\mu - \mu_0)gz}\,dz} = \frac{RT}{N} \cdot \frac{1}{g(\mu - \mu_0)}$$

现在，由于颗粒密度较大，根据斯托克斯定律在时间 $\tau$ 内它将下降

$$D = \frac{g(\mu-\mu_0)}{6\pi\eta P}\tau$$

其中 $\eta$ 代表液体的黏滞系数，$P$ 为（球形）颗粒的半径。然而在同一个时间 $\tau$ 内，由于分子热过程的不规则性，[它]也会向上或者向下移动一个 $\Delta$ 的距离，向上和向下的频率相等，因而 $\overline{\Delta}=0$。

在时间段 $\tau$ 开始之前，处于高度 $z$ 的颗粒，在时间段 $\tau$ 结束时，将处于 $z-D+\Delta=z'$。由于颗粒高度分布不应随时间变化，$z^2$ 与 $z'^2$ 的平均值必然相等，这样

$$\overline{(Z-D+\Delta)^2}=\overline{z^2},$$

对于足够小的 $\tau$，$D^2$ 可以忽略，并且 $\overline{z\Delta}=\overline{D\Delta}=0$

$$\overline{\Delta^2}=2\bar{z}D=\frac{RT}{N}\cdot\frac{1}{3\pi\eta P}\tau$$

这就是熟悉的布朗运动定律，同样也已经被实验验证。[9]

以上描述的液体中悬浮颗粒的例子，很好地表现了不可逆过程的 Boltzmann 构想。设想一个粒子悬浮在很高的容器中，密度比所处的液体大得多，那么 $W$ 的概率表达式就非常小，以至于和 $z=0$ 时的值 $W_0$ 相比，哪怕是离开容器底部一点高度，相应的 $W$ 的概率就非常微小。这样的话，一旦粒子落到容器底部（相当于热力学平衡态），它就难得升起很高。显然地，如果我们将粒子升到一个相当高度 $z$，它极有可能会沉降回到底部（不可逆过程），像以前一样在那里附近上窜下跳。如果这个沉降过程没有发生在绝大多数情况中，假定性质的概率方程就不能成立。

在进一步应用玻尔兹曼方程之前，让我就其系数参数围绕理想热力学平衡值的涨落大小的均值，作一个一般结论。[10] $\lambda_1\cdots\lambda_n$ 是决定系统状态的参数。选取 $\lambda$ 的参考零点值，使得在温度平衡时，$\lambda_1=\lambda_2\cdots=0$。根据热力学，使一个处于热力学平衡态的系统转到一个由 $\lambda_1\cdots\lambda_n$ 的值所表征的邻近态所需要的作功为

$$A=\sum A_v=\sum_1^n\frac{a_v}{2}\lambda_v^2$$

为使系统能量保持不变，这个新的态确立之后，需要从系统去除 $G=A$ 热量，这就等于系统的熵相应减少 $\frac{G}{T}=\frac{A}{T}$。这样，如果该系统是自行进入这个态的，它的熵就是

$$S=\text{konst}-\frac{1}{T}\sum_1^n\frac{a_v}{2}\lambda_v^2$$

代入玻尔兹曼公式，就得到

$$W = \text{konst } e^{\frac{N}{RT}\sum_{1}^{\Sigma}\frac{a_v}{2}\lambda_v^2}$$

在这个例子中,单个参数对热力学平衡的偏差符合高斯误差分布律。根据热力学,在可逆过程中,将参数 $\lambda_v$ 从平衡态 $\sqrt{\overline{\lambda_v^2}}$ 转入即时平均值所需的平均功 $\overline{A_v}$ 为

$$\overline{A_v} = \frac{RT}{2N}$$

这个结果可以表述如下:假定 $A$ 在热力学平衡态附近的行为符合上面指出的方式,对理想热力学平衡的偏离是自发的;平均来说,这些偏离对于每一个参数都如此之大,以至于根据热力学,任意产生该偏离所需的功等于同样温度下气体分子平均平动动能的三分之一。在任何地方,只要作功能产生可察觉的效果,不管多么微小,就会导致可察觉的对理想热力学平衡的偏移。对每一个这类偏离的测量,可以确定单原子气体分子的能量,以及原子绝对尺寸。

Smoluchowski 曾经指出这个一般结果的一个非常有意思的应用。根据经典热力学,在热力学平衡的情形,一个相的每个成分都均匀分布在整个相体积中。然而如前所述,物质的空间分布一定会出现不规则性;抵抗物质或者物质的各自分别的成分偏离均匀分布的力越弱,这种不规则性就越强。因此这个相实际上是不均匀的,会表现在光学不透明透性(乳光性)上。这种乳光化在(均一物质和溶液的)临界态附近尤其强烈,原因是在这些情形中对抗密度或者浓度变化的力很小。在这个 Smoluchowski 概略诠释的基础之上,可以对乳光光衍射做出精确计算,我已在不久以前证明了这一点。[11]

最后我不想遗漏的一点是,利用玻尔兹曼公式,可以通过热辐射定律简单地推导出热辐射的统计性质;更准确地说,就是不需要借助于电磁和热动力学理论。这个问题可以表述如下:在一个不透明体环绕的空腔中,辐射性质完全由温度 $T$ 决定。在某一时刻 $\tau$ 特定辐射能量穿过空腔中某处一个假想的平面 $\sigma$;其方向范围由一个单元立体角锥 $d\Omega$ 表示,频率范围则为 $d\nu$。设想这个辐射能量经常发生,并且可以测量得非常精确,那么得到的值就不会总是相同的 $E$,而是大小稍微偏离平均值 $E_0$ 的 $E = E_0 + \varepsilon$。应该寻求 $\varepsilon$ 这个量的二次平均值 $\overline{\varepsilon^2}$。

这个问题意义很关键,因为其解决方案包含了关于热辐射结构的一个结论。

我只想提出可以解决这个问题的方法。根据热力学,与另一个热容量无穷大的物体热接触的任意一个物体 $K$,会获得与前者相同的温度并保持下去。然而根据玻尔兹曼原理,$K$ 的温度会一直变化,尽管极少实质性地偏离热平衡。玻尔兹曼公式给出了这个温度起伏的平均值。这样得到的温度起伏与 $K$ 和相

对无穷大物体热交换的方式毫无关系；哪怕这个热交换完全是通过辐射方式，温度起伏仍然符合计算值。这样需要研究的问题就变成：需要什么样的辐射统计性质，才能产生计算得到的温度起伏？如果按照建议的方式进行分析，得到的结果将是：在低辐射强度和高频率下，热辐射温度起伏远大于现有理论的预期。[12]

如果我们在结束之际再次问起这个问题："可观察的物理现象之间是否有完全的因果联系？"我们肯定是要否定这个问题。即使在最认真的观察者看来，在相隔一秒的两个时刻值，布朗运动颗粒的位置，似乎总是彼此完全独立的，就算是最伟大的数学家，也不可能成功地事先计算在一个具体情况中，这样一个颗粒在一秒内的哪怕是近似的运动路径。根据理论，想要做到这一点，就必须精确知道所有个别分子的位置和速度，这在原则上似乎是不可能的。虽然如此，永远可靠〈精确〉的平均律以及这些最细微效应领域内成立的统计定律，通过这些起伏让我们确信，在理论中必须保留事件之间完全因果联系的假设，哪怕我们永远无望通过对自然精细的观测直接证实这一观点。

AD(SzZuZB,Nachlass H.Zangger)[85 481]。文件包括标有页码的13页纸，其中第11、12和13页被标为12、13和14页。这里译文页码置于页边空白处的方括号内。

[1]本文应为1910年11月2日在苏黎世物理学会报告的讲稿（见"Protokoll der 5.Sitzung der Phys. Gesellschaft,2 Nov.1910"［SzZuZB Nachlass Zangger］）。会议在 Zunfthaus zur Zimmerleuten 举行,8:15 P.M.开始,由 E.Lüdin 教授主持。23位成员、14位来宾出席。会议记录中含有如下摘要内容:"Der Referent interpretiert zuerst das Boltzmannsche Prinzip. Dasselbe lautet: $S = k \lg(W)$, wobei $W$ die Wahrscheinlichkeit eines Zustandes mit dem Entropiewert $S$ eines isolierten Systems bedeutet. Darauf wird gezeigt, dass $k$ eine universelle Konstante ist die durch die Gaskonstante $R$, die Zahl $N$ der in einem Grammolekül enthaltenen Moleküle ausgedrückt werden kann, gemäss der Gleichung $k=R/N$. Die statistische Wahrscheinlichkeit $W$ eines Zustandes kann mittelst der Boltzmannschen Gleichung durch die auf thermodynamischem Wege in jedem einzelnen Falle zu bestimmende Grösse $S$ berechnet werden. Auf diesem Wege wurde die Gesetze der Brownschen Bewegung abgeleitet, es wird der Weg angegeben, auf dem das von durchstrahlten homogenen Flüssigkeiten & Flüssigkeitsgemischen insbesondere in der Nähe des kritischen Zustandes durch Opaleszenz seitlich angestrahlte Licht exakt berechnet werden kann."记录声称该报告引起"非常活跃"("äusserst lebhaft")的辩论,参与者包括 Aurel Stodola、Pierre Weiss 和 Georg Bredig 以及其他人。会议于10:45 P.M.结束。

[2]"自然科学"("Naturwissenschaft")改自"科学"("Wissenschaft")，与此类似，段落结尾处的"自然科学的"("naturwissenschaftliche")改自"科学的"("wissenschaftliche")。

[3]"根据经验"("nach der Erfahrung")写在行间。

[4]Rudolf Clausius(1822—1888)曾于1857年到1867年间任苏黎世高等工学院物理教授。他的后继者是爱因斯坦的老师 Heinrich F.Weber。关于 Clausius 的工作的历史讨论，可见 *Brush 1976*, pp.160—182,以及 *Jungnickel and McCormmach 1986*, pp.163—169,193—202。Weber 关于热学的讲座紧跟 Clausius 的路线。根据后来的证词，爱因斯坦熟悉 Clausius 的"动力学的一般研究"（见第二卷，编注，"爱因斯坦论统计物理学的基础" p.42,注14)。被归功于 Clausius 的成就包括比热的比值，以及热传导与黏滞度和

扩散之间的关系,相关讨论和推导都包括在爱因斯坦讲义中热的分子理论中,但是并未提到 Clausius 的名字。这个讲义是为其 1910 年夏在苏黎世大学的热动力学课程准备的(第三卷,文件 4,pp.179—188)。

[5]在这个报告前后,爱因斯坦承认:"我只想再说明一点,那就是在我看来,Gibbs 在其著作中采用的方式是以正则系综为出发点,比我的方式更好。如果当时我了解 Gibbs 的著作的话,根本就不会发表自己的那些论文,只会在几点问题上做一些讨论。"("Ich bemerke nur noch, daβ der von Gibbs in seinem Buche eingeschlagene Weg, der darin besteht, daβ man gleich von einer kanonischen Gesamtheit ausgeht, nach meiner Meinung, dem von mir eingeschlagenen vorzuziehen ist. Wenn mir das Gibbssche Buch damals bekannt gewesen wäre, hätte ich jene Arbeiten überhaupt nicht publiziert, sondern mich auf die Behandlung einiger weniger Punkte beschränkt"(Einstein 1911c [第三卷,文件 10])。关于爱因斯坦阅读 Maxwell、Boltzmann 和 Gibbs 著作的情形,见第二卷,编注,"爱因斯坦论统计物理基础",p.44。

[6]下面的论证也见于 Einstein 1905i 的 §5(第二卷,文件 14, pp.158—160)。

[7]对下面的问题的讨论也见于爱因斯坦关于气体的动力学理论讲义,第三卷,文件 4, pp.234—236。

[8]见 Perrin 1908。

[9]这一关系的推导在 Einstein 1905k(第二卷,文件 16, p.234)的 §5 中给出。更深入的讨论,见第二卷,编注,"爱因斯坦论布朗运动," pp.206—222。

[10]下面的论证也见于 Einstein 1910d(第三卷,文件 9)的 §2。

[11]爱因斯坦关于临界乳光现象的论文(Einstein 1910d [第三卷,文件 9], 1910 年 10 月 8 日由《物理学纪事》(Annalen der Physik)收录),是对 Marian von Smoluchowski(Smoluchowski 1908)的一篇早先论文的跟进。Smoluchowski 展示了临界乳光现象是临界点附近统计涨落的结果。在麦克斯韦方程基础上,爱因斯坦给出了横向穿过乳光出射的光数量的详细的计算结果。在这篇论文的头两个段落中,爱因斯坦更加一般性地讨论了玻尔兹曼原理在缺乏详细分子理论的情况中的应用和意义。尽管爱因斯坦认为从原则上讲这个论点在临界点附近总是成立的,事实并非如此。原因是他假定不同体积单元中的密度起伏是统计独立的,没有考虑到在接近临界点时相关函数的发散。此时不同体积单元的密度起伏是相关的。几年之后在 Ornstein and Zernike 1915 的论文中指出了这一点。关于更进一步的历史讨论,可见第三卷,编注,"爱因斯坦论临界乳光", pp.283—285。

[12]关于定量计算,见 Einstein 1914a(第三卷,文件 26)。

# 第五卷　315a. Heinrich Zangger 来信[1]

[苏黎世, 1911 年 11 月 28 日以后][2]

亲爱的爱因斯坦朋友:

对您及我来说,居里[3]和 Langevin[4] 的事是一件令人厌倦而影响深远的事情。Langevin 的朋友希望我能去一趟巴黎。

他们的事情好在至少没上法庭就了结了,不过没办离婚手续,当然这样更好。为什么我在这件事上又要为他们设身处地着想呢,其中的悲哀仿佛一个盲目的、暴风雨来临前的巨大力量一般会随时降临。您在写于布鲁塞尔的信[5]中所确认的事情,我曾以自己的最高理智非常乐意地相信过。在轻轻地责怪他怎么没把信件管好、随便乱放等之后,她精神状态略有恢复。显然,Langevin 在艰辛的生活中软弱无力,丧失自身标准,仿佛人在内心深处感受到一股股源源不断的、压抑的力量。想必演员们的内心感受是类似的,倘若不是因为看到伟大而所谓坚贞的情感来衬托自己渺小的话。L 有如上感觉已经有许多年了,直到那种明晰的仇恨使他放弃所有作为。在这样精神麻痹的状态下人容易受外界挤压,这样的危险,血管里流淌着波兰血液[6]的人是想不到的,或者视而不见。尽管 Borel 的岳父兼校长呼吁要求"开除"居里,但 Borel 还是留下了她。[7]

因为有这些事情,我计划在明年开春前不去巴黎了,如果没有意外情况发生的话。

我有一大堆物理学方面的问题和内容。我不敢向 Debye 请教[8]或跟他讨论,因为他动辄就会循规蹈矩罗列出一大堆前提条件,让我看了就丧失信心。于是我会感到没有一块稳固的石头,可以一块叠一块地搭建起来。这样不行。

为 Hopf 的工作,我从事了关于对 Brillouin 工作的研究(在 *Liouville Journal* 的 1911 年 10 月版中登载),这工作同时涉及 Stokes 原理。[9]研究对象是稳固性和漩涡及界定条件。Eisenlohr[10]进行了一系列十分有价值的关于副价对光的影响的观察研究。Weiss 的新工作内容非常好,[11]他一步一步地探索这种重要而不可忽视的物质。

有意思的是,在苏黎世的《自然研究学会》杂志第 4 期中发表了研究量子的文章。

您最近一切可好? 最近几周我一直没有得到您的消息,既不敢问,也不敢动,生怕惊扰您美好的灵感。同样,我也不知道您是否收到所有访问苏黎世所需的材料。[12]

Reise 小姐真了不起,她强壮的体魄对我帮助尤其大。她一口气登上海拔 3600 米的高处,在隧道里一边闻着火药味一边直立着,整整等了 24 个小时,观察 3000 至 3600 米处的动态。她的工作就像得了梦游症一般,半夜三更起来爬出地道、爬向天空,仿佛月亮的寒冷、洁白而赤裸的空间给人一种逃向永恒及永无止境的感觉,又仿佛形与质厚重而强大地在轻柔而寒冷的空气中,从遥远的深处向人所在之处徐徐上升。

这种强度和紧张就像在 Courrières[13]时一样,要想教会别人去感受,自己也须努力到崩溃边缘才行。

就这样,每五年进行一种崭新的思索,并以近乎瓦解的极限强度作为衡量标准,这令人想起生命的真谛。

ALS(SzZuZB, Nachlass H. Zangger, box 403)[92 518]。信不完整。有裁剪。

[1] Zangger(1874—1957)是苏黎世大学(University of Zurich)的法医学和生理学编外教授。

[2] 这份文件的 ALC 版(SzZuZB,Nachlass H.Zangger,copybook 1,308r—309v)出现在一封 1911 年 11 月 28 日和一封 1911 年 12 月 7 日的信之间,据此标注的日期。

[3] 居里夫人(Marie Curie-Sktodowska,1867—1934)是索邦(Sorbonne)大学的物理学教授;Paul Langevin(1872—1946)是法兰西学院(Collège de France)的普通物理学和实验物理学教授。爱因斯坦写信给 Zangger,谈到了"报纸上散播的故事"——Curie 和 Langevin 所谓的私奔和私通,爱因斯坦坚称这是"一派胡言"。见爱因斯坦致 Heinrich Zangger,1911 年 11 月 7 日(第五卷,文件 303)。

[4] 在 1911 年 10 月 30 日至 11 月 3 日于布鲁塞尔举行的第一届索尔维会议后,关于 Marie Curie-Sktodowska 和 Paul Langevin 事件的故事立即被刊登在 11 月 4 日的法国《日报》(*Le Journal*)头版上(见 *Ogilvie 2004*,pp.91—92)。

[5] 爱因斯坦出席了在那里进行的第一届索尔维会议。

[6] Marie Curie 是波兰人。

[7] Emile Borel(1871—1956)是巴黎大学(University of Paris)函数理论教授。Paul Appell(1855—1930)也是巴黎大学的力学教授和理学院院长。他也是 Borel 的岳父。

[8] Peter Debye(1884—1966)是苏黎世大学物理学编外教授。

[9] Ludwig Hopf(1884—1939)是亚琛工业大学助理教授。他曾经是爱因斯坦在布拉格的私人助手。

[10] 可能是 *Eisenlohr 1911*。

[11] 可能是 Pierre Weiss(1865—1940),苏黎世联邦工学院(ETH)实验物理学教授。

[12] 关于 Zangger 参与 ETH 可能会聘任爱因斯坦这件事,见爱因斯坦致 Heinrich Zangger,1911 年 10 月 20 日(第五卷,文件 286),特别是注释 6。

[13] 1906 年 3 月 10 日,在法国北部的库里耶尔的一个矿井发生了煤粉爆炸,造成了超过 1000 人的死亡。

# 第五卷　505a. 致 Paul Langevin

[苏黎世] 1914 年 1 月 19 日

十分尊敬的同事先生!

我衷心地感谢您友好地邀请我于今年 11 月 6 日作报告。[1] 我怀着高兴的心情欣然接受您的邀请。演讲的题目是:《从相对论的观点看引力问题》。能够借此机会跟十分尊敬的同行们探讨这个问题,我感到非常高兴。

致以崇高的尊敬和同行的问候,您的忠实的

A. 爱因斯坦

ALS(FrPCF,Folder Conférences Michonis,G—IV—h/18A)[92 926]。

[1] Langevin 曾于 1913 年 11 月 16 日提议,请爱因斯坦到 Michonis 举行的法兰西学院大会(Assemblée of the Collège de France)演讲。(参见 FrPCF,G—IV—h/18A,p.3 [92 611])

爱因斯坦正式接受邀请函的时间是 1914 年 1 月 8 日(FrPCF,G—IV—h/18A,[92 925])。演讲原定于 1914 年 11 月,但或许是因为第一次世界大战的爆发,演讲被取消。有关 Langevin 之前邀请爱因斯坦的意图,请参见爱因斯坦至 Elsa Löwenthal 的信,1913 年 11 月 22 日后,改正后该信的日期为 1914 年 1 月 8 日后(Vol.5,文件 486),注释 7。

## 第八卷　86a. Heinrich Zangger 来信

苏黎世,1915 年 5 月 28 日以后[1]

亲爱的爱因斯坦朋友:

我当然十分乐意在信中向您汇报您的孩子们的近况,因为我能感觉到这些小事能让您放心,能让您有安全感,也能让您幻想一些事情。

谁将会到苏黎世来,我至今还不知道。[2] 由于战事的转折,又有许多人被迫服兵役去了。可是有一点我几乎可以肯定:如果人们私下重逢,那么他们彼此会向对方表达原有的尊敬和友好。假如在伤病员身边法德军医彼此相遇,那么他们虽然彼此憎恨,但双方在心中都对对方钦佩得五体投地。可是,命运或职责必将让人们彼此相遇——因此您可以相信,我不会参与任何人为的暴力行径,例如现在在伯尔尼事先作出和平决议,之后再用男人魅力引诱妇女上街游行。

罗曼·罗兰现在被孤立得厉害,[3] 看上去有些绝望。这当然不该如此。他对您总有一种神往,来自于他敏感而周至的感觉。由于我们以前就认识,所以他也许会为了避嫌而躲着我,至少一开始会是这样。不过,Seippel 跟我说过,[4] 他 7 月中旬的时候将在瑞士,这样与您同时都在。[5]

如果您想打听有关您孩子们的某一方面的具体情况,请您直接问我好了。我只是从远处看得到他们,不过经常能见到,可以说是每天都能从我的阳台上看到他们。比如说今天 Albert 在阳光下吹肥皂泡时,用了所有爱因斯坦式的智慧和思考。他弟弟在旁边看着。我感到他们有那种独立自主的基因,所以我未曾擅自打扰他们。如果他们感到需要我的帮助,我相信他们对我有足够的信任,会主动来找我的。

请在您方便的时候把您有关危害和概率的讲义(Gefährdung & Wahrscheinlichkeit)寄还给我,我已经记不清我给您寄去的是什么内容了。[6]

TL(SzZuZB,Nachlass H.Zangger,box 403)[92 522]。Inco
　TL(SzZuZB,H.Zangger 未发表遗作,403 号信箱)[92 522]。信不完整。
　[1]这封信的日期是假定它是对爱因斯坦 1915 年 5 月 28 日来信的回复来标注的(第八卷,文件 86)。
　[2]可能是指 Alfred Kleiner 未来继任者。Alfred Kleiner 在 1914/1915 冬季学期末辞掉了在苏黎世

大学的职位。

　　[3]罗曼·罗兰(1866—1944)是一位法国作家和和平主义者。

　　[4]Paul Seippel(1858—1926)是苏黎世联邦工学院法国文学教授和罗曼·罗兰的传记作者。

　　[5]就像爱因斯坦在他1915年5月28日的信里给Zangger的承诺一样(第八卷,文件86)。

　　[6]爱因斯坦在5月底读完了 *Zangger 1915a* 和 *1915b* 的手稿[见爱因斯坦致Heinrich Zangger,1915年5月18日(第八卷,文件86)]。

# 第八卷　95a. Heinrich Zangger 来信

[苏黎世,1915年7月9日][1]

亲爱的朋友爱因斯坦:

　　为了您的孩子们,您必须来苏黎世一趟。今天我突然被叫了过去,因为您的小儿子突然病得很重。我刚刚——4小时以后——又过去看了一次,他的状况好转了不少,您不用太担心。我听说学校快要放假了,他们原计划今天或明天要出去旅行的。我进他们家待了一会儿,一切都很好,孩子们得到很多关爱,Zürcher一家给他们一个很好的生活环境。[2]Albert非常想念您,他在复活节时就以为您肯定会来,[3]所以相当失望,甚至于表现出绝望的样子。您可千万不能让这种期待的感情之弦绷得太紧,因为这样的张力也会导致一种物理学家们所谓的"滞后现象"。Albert跟您的感情可谓藕断丝连呀。

　　您的小儿子在您到来之前还会继续康复的,他做着著名的爱因斯坦式的比照。他昨天见到Zürcher家的小孩[4]一直在哭,就对他说:你哭啊,是因为一年前吃肉的时候,大人们的肉块比你的大……

　　我求您了:请您尽快办妥您的护照吧,这会费一些周折的,到您拿到护照将需要一段时间。因为我相信您解决物理问题比解决生活中的问题本事大,所以我一而再地提醒您去做这些诸如护照之类的小事情。毕竟它是薄膜内的润滑液(das Lösungsmittel in der Membrangrenze),即使一个持有柏林官方证明的学者,也有被拒绝入境的可能。

19　TL(SzZuZB,Nachlass H.Zangger,box 403)[92 520]。有剪裁。

　　[1]假定这是Zangger在下个文件提到的那封信,据此标注的日期。

　　[2]Emil Zürcher(1877—1937)和他的家人,与爱因斯坦一家住在同一所房子里,他们还帮助爱因斯坦的第一位妻子Mileva Einstein-Marić(1875—1948)管理她的家务。

　　[3]爱因斯坦在1915年4月4日前给Hans Albert Einstein的信中,改变了他的主意,把他远东的行期推迟到夏天(第八卷,文件70)。

[4]Richard Zürcher(1911—1982)。

# 第八卷　95b. Heinrich Zangger 来信

[苏黎世,1915 年 7 月 12 日][1]

亲爱的爱因斯坦朋友:

可惜我三天前寄出的给您的信,您收不到了。[2]信中我向您汇报了您小儿子生病的情况。[3]然后呢——您本是一个情感细腻的心理学家——可是您怎么可以指望一个才 9 岁的小男孩 Albert[4]拥有一个更加坚强的心理,让他不去将压在心头的痛苦表达出来。他的表达方式是有力的,坦率而直截了当,恰当的,如他所愿。假如您真的不打算来的话,对他来说是完全的绝望啊。难道您自己在生活中感到痛苦的时候就没有做出过过激的反应吗? 而我只是陈述了大部分事实罢了。如果我们喜欢某一个人的话,那么我们首先会绝望、假想、气愤、抵抗:一个"石块脑袋"(Einsteinkopf)肯定会起反应,并且在他已获得的前提条件的基础上,直接地、持续地思考下去。因此,他还没有认识到面对白纸黑字要小心翼翼,凡是写成文字的内容都会起反应。对他来说必须一语中的,必须达到预想效果——这一点我是直到当了法医以后才明白的。凑巧的是,那天早上我正打算跟 Heller 谈谈有关您儿子的事情。[5]他认为您必须来看看您的孩子们。人们往往太忽略青少年时期的经历对人一生的影响了。而且 Zürcher 医生也请我[6]立即书面告知您,希望您无论如何来一趟。Albert 跟以前一样非常痛苦,真的令人担心,尽管他在其他方面的表现说明他是一个好孩子。我在回复您的信的时候,必须开诚布公地告诉您以上这些内容。您小儿子脸色苍白,受了不少苦,因此必须让他尽快好起来。同时,我也向他们提议了,因为学校即将放假,他们应该利用这个机会,而且爸爸本来说好 7 月初来的,[7]要是按照原计划人都该在这里了。如果他们真去度假的话,你们彼此之间的距离坐火车也不过就 2 个小时。现在我建议一旦您小儿子身体好些,他就该去山里休息。Albert 到我家来,一直等到他爸爸来,或者说假如说他爸爸来的话。

TL(SzZuZB,Nachlass H.Zangger,box 403)[92 521]。

[1]来自在信底和信右边的日期。

[2]见上一个文件。

[3]Eduard Einstein。

[4]Hans Albert 在 1915 年 11 岁。爱因斯坦在 1915 年 7 月 7 日写给 Zangger 的信中(第八卷,文件

94),抱怨了 Hans Albert 在明信片里的无礼语气。

[5] Robert Heller(1876—1930)是 Zangger 的助手。1911 年,他在布拉格第一次见到爱因斯坦和他的家人[见爱因斯坦致 Heinrich Zangger,(第五卷,文件 279)]。

[6] Emil Zürcher。

[7] 见他在 1915 年 5 月 28 日写给 Zangger 的信(第八卷,文件 86)。

## 第八卷　113a. Elsa Einstein 的来信

[柏林,1915 年 8 月 31 日]

亲[爱的]阿耳伯特

　　我刚刚才往苏黎世 Glockenhof 酒店给你寄出一封长信;现在收到你的明信片,说你要在那边待到周三。我认为这对你完全合适,毕竟这么久都没有见到母亲了。[1] 你现在在那边肯定过得很高兴。别把我给忘了,多写信。也向你亲爱的母亲致以温馨的问候。

　　我今天在万湖(Wannsee)Mendel 一家做客。[2] 你的

　　　　　　　　　　　　　　　　　　　　　　　　　　　Elsa

AKS(SzZuZB, Nachlass H. Zangger, box 404)[92 507]。写在一张"祖国妇女联合会柏林分会"(Vaterländischer Frauenverein, Provincialverein Berlin)的慈善明信片(Wohlfahrts-Karte)上,收信人地址"Herrn Professor Albert Einstein Ad: H. Emil Oppenheimer Heilbronn a/Neckar Titotstraβe",邮戳为"Berlin-Wilmersdorf 1 31.8.15.2—3N[achmittags]"。反面印有 Alexander von Kluck 将军像。

　　[1] 爱因斯坦的母亲,Pauline Einstein(1858—1920),住在海尔布隆(见本卷文件第八卷,文件 113e)。

　　[2] Bruno Mendel(1897—1959),生理学家,妻子 Hertha(1899—1977),岳母 Antonie(Toni) Mendel(1878—1956)。

## 第八卷　113b. Elsa Einstein 的来信

[柏林,1915 年 9 月 1 日][1]

亲爱的阿耳伯特!

　　昨天我详细地给你写了一封信发往 Glockenhof 酒店。[2] 与此同时,我开始担忧起来,那里也许根本就不存在以这一名字命名的酒店。请立即发电报告诉我地址是否正确。在收到电报之前我不能给你写信,担心信会落到别人之手。

在这里的时候,你都不确信酒店是不是这个名字。发电报时,用"爱因斯坦哈伯兰大街"(Einstein Haberland)就行。我希望你尽快回复。衷心的问候!

　　　　　　　　　　　　　　　　　　　　　　　　　　　　Elsa.

AKS(SzZuZB,Nachlass H.Zangger,box 404)[92 508]。该信发往"Herrn Professor Zangger für Herrn Professor Einstein Zürich Bergstraβe,"邮戳为"Berlin—Wilmersdorf 1 [1]. 9.15.5—6N[achmittags]"。

[1]此处日期的根据是作者曾在1915年8月31日写信发往苏黎世(见前一文件)。

[2]见前一文件。

# 第八卷　113c.Elsa Einstein 的来信

[柏林,1915年9月4日][1]

亲爱的阿耳伯特!

　　到明天我们就已经分开整整一周了。我面前摆着三张内容简短的明信片。在八天的时间里,我从你那里收到的就是这些。这第三张明信片刚刚才到达,现在我可以给你写信了。之前对你的地址我心存疑虑。也许"Glockenhof 酒店"已经不存在了,这封信会落到谁手里?[2]一想到这里我就忐忑不安。因为同姓的缘故,这个猜疑实在无法排除。感谢上帝!现在,至少,我的第一封信被你收到了。我难以理解的是,你没有让孩子们马上来酒店看你。见不到孩子们,待在那里一小时都受不了。她不该拒绝你的要求。[3]

　　我无法表达自己多么期待你的归来。连续几天不能给你写信,让我非常不愉快。要在信里汇报的内容太多了。但是太长的信会因为审查耽搁时日;不管怎么说,它们确实被延误。我恢复得很明显,你看到会很高兴。下周末,也许是周四吧,我想去海尔布隆,从那里去赫辛根(Hechingen)。[4]我想在途上与你会面,以便在你回程路过法兰克福时陪你。不过这些只是初步计划,能否实现还是另一个问题。昨天我进了你的公寓;[5]认真地察看了一遍你的信件。也许有些事情需要马上处理。Weinstein 写信给你说他有话想和你谈。你可以定个时间。[6] Sidy Fischer 小姐,一个学化学的学生,在一封文辞雅致的信里说想当你的秘书,并要求回复。我想你三年前在苏黎世就已经写过信给她。两封信我都及时得体地回复了:E 教授现在正在瑞士旅行。这样这些人就不用白等了。我就是你的秘书,在这方面随时听候调遣!——我猜想你会待在苏黎世,难道不想每天都抽时间看看孩子们?比徒步旅行强多了。听我的建议吧。替我向 Zangger 先生问好。别忘了给孩子买礼物。[7]

热情拥抱你！这是对你的"最好问候"的回报！

Elsa

ALS(SzZuZB,Nachlass H.Zangger,box 404)[92 513]。

[1]文件日期的根据是下一个文件，以及 Elsa 声称第二天就是他们分别整一周。在下一个文件中，她声称爱因斯坦已经离家一周。

[2]Elsa 曾要求爱因斯坦发电报给她确认自己在苏黎世的地址（见前一个文件）。

[3]这里是指爱因斯坦的第一位妻子 Mileva Einstein-Maric；几天后爱因斯坦谈及 Mileva 显然不愿意让自己在苏黎世访问期间频繁看望儿子们（见爱因斯坦 1915 年 9 月 13 日致 Elsa Einstein［第八卷，文件 117］）。

[4]她可能是计划访问爱因斯坦的母亲（同时也是她的姨妈），Pauline Einstein。Elsa 生于赫辛根。

[5]在柏林 Wittelsbacher 大街 93 号的公寓。

[6]最有可能是 Max Weinstein(1852—1918)，柏林大学物理系、哲学和地球物理系教授。关于他对广义相对论的观点，可见 Wilhelm Foerster 致爱因斯坦，1916 年 3 月 25 日（第八卷，文件 204），注释 2。

[7]可能是指 Eduard，他在 7 月 28 日刚过了 5 岁生日。

# 第八卷　113d.Elsa Einstein 的来信

［柏林,1915 年 9 月 5 日］

亲爱的阿耳伯特！

今天是周日，没有你的消息。已经一个星期了，只收到你的三张内容简短的明信片。[1]你能信守承诺吗？你的来信给我带来很多快乐。在此期间你见到孩子们了吧。[2]他们是怎么欢迎你的？几天来我一直在想着这件事。其他事情呢？我要问你的事情真是太多了；振作起来写封正常的信吧。家里一切如常。昨天晚上我拜访了格鲁内瓦尔德（Grunewald）的 F 一家。他们真的是我实在的朋友。孩子们很亲。健康方面，我又"占了上风"。"联盟"那边没有新的消息，真遗憾！[3]我在数着日子等你回家。希望自己能在周四出发。[4]衷心问候和亲吻

Elsa

如果我能够成行，会先去海尔布隆。

AKS(SzZuZB,Nachlass H.Zangger,box 404)[92 509]。该信收信地址"Herrn Professor Einstein Adr. H. Professor Zangger Zürich Bergstraβe Luzern Bramstr.16A"，邮戳为"Berlin W 30 5.9.15.3—4N[achmittags]"，第二个邮戳为"Zürich 3 Fil.Bahnhof 11.IX.15—1"。

[1]爱因斯坦先去了海尔布隆看望母亲，接着前往苏黎世会见自己的儿子们（见第八卷，文件 113a,本卷）。

[2]这是爱因斯坦 1914 年 7 月底离开柏林后首次与儿子们会面(见爱因斯坦致 Elsa Einstein,1914 年 7 月 30 日[第八卷,文件 29])。

[3]可能是指"'新祖国'联盟"(Bund "Neues Vaterland")。爱因斯坦在 6 月初加入这一组织(见爱因斯坦致 Hendrik A.Lorentz,1915 年 7 月 21 日[第八卷,文件 98],注释 2)。

[4]关于她的旅行计划,见本卷文件第八卷,文件 113g。

# 第八卷　113e.Pauline Einstein 的来信

海尔布隆,1915 年 9 月 7 日

我亲爱的阿耳伯特:

你的明信片让我非常高兴。我是昨天收到的,希望你会很快给我更多消息,之后又有更多事情告诉我。

现在你肯定是住在朋友 Zangger 那里吧;[1]我非常焦虑,想知道你有没有见到孩子们,怎么见的。他们见到你很高兴吗,还是已经被他们的母亲教坏了?

你肯定应该很高兴吧;和各种朋友相处得怎么样?你已经给 Maja 写信了吗?什么时候会去看她?[2]我也急着想知道你和 Jacob 舅舅的会面情况如何。[3]他过去对你相当不好,不过我希望那些早都过去了。

我还想着你在这里时的好日子,不过就是太短暂了![4]我还经常和 Guste 谈论起这些;[5] O 先生对他亲爱的客人来访非常高兴;[6]致以真诚问候。Guste 明天出发,要出门几个星期;这让我很不开心;不过我自己也要出门一段时间,这样她不在家的时间就显得短了;O 先生一直谈论巴登巴登,你知道的;希望不是空谈。

收到 Fanny 姨妈[7]一封长信,不过里面没有什么值得一提的内容。你走之后收到 Elsa 寄来的一张明信片,我把它附在信中。

尽快给我写信,要详细些。我的爱,吻你的

妈妈

ALS(SzZuZB,Nachlass H.Zangger,box 404)[92 502]。

[1]Heinrich Zangger。

[2]她女儿 Maja Winteler-Einstein(1881—1951),住在卢瑟恩。

[3]Pauline 的哥哥 Jacob Koch(1850—1921)。

[4]爱因斯坦刚刚去海尔布隆看望了她(见收录在本卷的文件,第八卷,文件 113a)。

[5]Auguste Hochberger(1867—1936)。

[6]Emil Oppenheimer(1844—1922),Pauline 打理他的家政。

[7]Pauline 的姐姐 Fanny Einstein-Koch(1852—1926)。

## 第八卷 113f.Elsa Einstein 的来信

[柏林,1915 年 9 月 7 日]

我亲爱的阿耳伯特!

今天,终于有点生机了;但还只是一张微不足道的明信片。你本来可以告诉我你那边很多事情的。在你整个 10 天的行程,只有寥寥四张小明信片,15 分钟就能写完。你真的可以更仁慈一些。或者你觉得我会变得过于"不安分"? 另外,你已经见到儿子们[1],而我渴望听到孩子们与你会面的情形。尽管有各种原因,我真不明白你到达后为什么不马上叫他们来。我打算后天前往海尔布隆,[2]正在匆忙准备,尽管对我来说,想要在你回家的同时赶回来,这个时候走非常不方便。我像一个孩子一样期待你的归来。请务必每天给我来封信;我求你了。我有无数的问题要问你。然而像这样的一张明信片只能算是"敷衍",在目前情况下,信件也差不多。衷心问候和亲吻,孩子们也向你问候并亲吻你。[3]

Elsa

AKS(SzZuZB,Nachlass H.Zangger,box 404)[92 512]。该信寄给 "Herrn Professor Einstein Adr:.H.Professor Zangger Zürich Bergstraβe Bramstr.16A.Luzern,"邮戳为 "Berlin W 30 [7]。9.15.1—2N[achmittags],"第二个邮戳为 "Zürich 3 Fil.Bahnhof 11.IX.15—1"。

[1]Hans Albert 和 Eduard Einstein。

[2]可能是去看望爱因斯坦的母亲 Pauline,当时住在海尔布隆。

[3]Ilse 和 Margot Einstein。

# 第八卷　113g.Elsa Einstein 的来信

[柏林，1915 年 9 月 7 日]

亲爱的阿耳伯特！

　　今天还是没有你的消息，我还在焦急等着你关于孩子们的汇报。到现在为止，我也只能满足于这些寥寥无几的明信片。我想自己的一些信件在半路丢了，因为你对此只字不提；不过我已经频繁地写了很多长信。明天我要前往海尔布隆；赫辛根之行给我巨大压力。完成这个要命的任务之后，我才能再次自由呼吸。让我不安的还有其他的原因；家里很不喜欢我。[1] 今天我紧张不安，就不多写了；你只想收到令人高兴的信。

　　最热烈的

Elsa.

AKS(SzZuZB, Nachlass H. Zangger, box 404)[92 510]。该信寄给"Herrn Professor Einstein Adr：H. Professor Zangger Zürich Bergstraβe"，邮戳为"Berlin W 30 7.9.15.6—7 N[achmittags]"。

[1]可能与她和爱因斯坦的婚外情有关。

# 第八卷　116a.Elsa Einstein 的来信

[Konstanz，1915 年 9 月 12 日]

亲爱的阿耳伯特！

　　我在去康斯坦茨的路上，计划是在雅可布森林小屋（Waldhaus Jakob）待 5 天。[1] 我们俩不能碰面，真是遗憾！这里离苏黎世只有 2 小时路程！

　　现在困在辛根（Singen）了；[2] 回来的时候还要路过这里。现在已经两个星期了；你不要再待下去了！康斯坦斯湖畔的秋天小驻非常好，令人期待，你的

Elsa.

AKS(SzZuZB, Nachlass H. Zangger, box 404)[92 511]。该信寄给"Herrn Professor Einstein Adr. H. Professor Zangger Zürich Bergstraβe,"邮戳为"Konstanz 1 12.9.15.3—4 N[achmittags]."背面有军事检查戳记"Geprüft überwachungsstelle Freiburg, Bd. XIV. Armeekorps"。

[1] 1823 年在康斯坦茨博登湖边建立的旅馆和温泉度假胜地。

[2](霍亨特威尔[Hohentwiel]的)辛根在康斯坦茨西北30千米。

## 第八卷　177a. Paul Ehrenfest 的来信

莱顿，1916年1月1日

亲爱的爱因斯坦！

首先：新年万事如意！

昨天收到你的来信。[1]你不来我们很失望。我本来是坚信你会来的。我不明白你的母亲在你心目中究竟有多重要？难道你不明白，你这样做，她的生活中就缺不了你了吗？你不来了，我失望的心情难以用语言表达。难道你不能改变决定，还是来吗？没有任何人要求你必须准时开始。如果仔细考虑一下的话，你不得不承认你的这次来访不是来玩的，而是和 Lorentz、Fokker 以及我本人认真讨论你的工作问题。[2]我们在这里自己解决不了的问题，是不可能通过与你通信的方式轻松解决的。因此，我依旧希望并且再次请求你来我们这里。实在是不公平呀，仅仅是出于惬意，你居然不屑一顾地忍心让三位处于同一地位并且真心对你的理论感兴趣的同行们争吵不休！而且呢，你应当想到，我们这些人只是喜欢你这个人。你是不是经常遇到这种事呀？即使你在理论建树方面能够做到滴水不漏，我们的讨论也将对你今后的工作有所帮助，因为反对意见必然让你有遭人挑战的感觉。此外，我们确信你的工作中尚有一些不对的地方，需要加深研究。如果不是因为我绝对没有可能去拜访你的话，我早就去找你了，我夫人[3]能毫不犹豫证实我说的是真话。

— • —

那么，我希望我的强烈要求不会被你理解为不谦逊。我当然要考虑到，我跟你说你必须来的时候 Lorentz 也将在场啊！

＝：＝

Lorentz 目前就是简单认定你的理论（基本公式，一和二）[4]深度还不够，即对于

"事件"

进行准确定义。（他还没有读过你给我的信。）

下面我将逐一回复你信中的内容：

"从物理学的实际来看，因时空交错这唯一条件而导致宇宙形成，而没有任何其他条件。假设 $g_{\mu\nu}$ 的两个体系（或一般来说描述宇宙的变量）能够使得导致仅因纯粹的时空互换由第一个体系生成出第二个体系，那么，二者是完全等价的。因为它们共享所有时空交错条件，即所有可以观察到的部分。"[5]

你看啊,你写下的文字我认认真真阅读了(并且和 Fokker 及我夫人已经讨论过了)。

讨论结果是:我愿捍卫你的哲学第 12 章,而反对你现在的否定论点![6]

为了尽量简单起见,我举一个最简单的具体的例子,提出一个论点和一个问题,并请你回答这个问题。

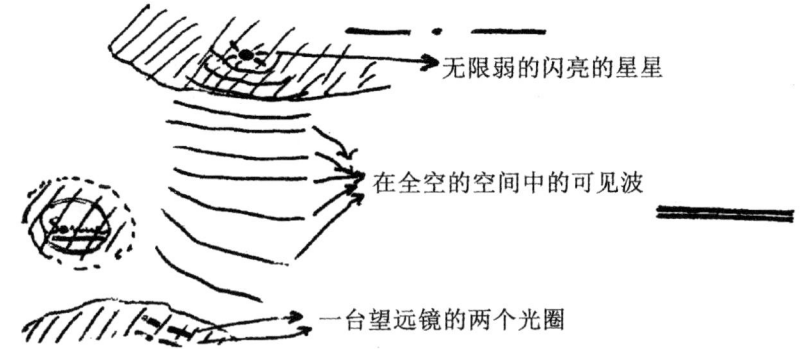

你看,讨论的主题是观察一束掠过太阳的光束的曲折情况。

补充说明:

1. 之所以用"无限弱"的闪亮的星星,是为了让我们可以毫无顾虑地忽略由光波释放能量而产生的吸引力。

2. 空白区域:望远镜的两个光圈后面的照相平面是变黑还是不变黑。

3. 我们首先思考的是全过程即整个事件,用空白区域诸如 $x_1\cdots x_4$,$T_{\mu\nu}$,$g_{\mu\nu}$ …的工具来描述,结果是这样的:"太好了!照片画面是黑色的"(这确实是一个"事件的同时性的<阐述>说法")。

现在我们来应用一下 §12 的哲学。上图中画阴影线的部分是(物质)领域,老的"宇宙事件描述"是成立的。但是在没有画上阴影线的空白区域(不过是微弱的光线而已嘛!)就截然不同了,依照 §12 给出的公式:$G(x) \to G'(x') \to G'(x)$[7],你安静地冲着我微笑着,看着我并对我说:"大胆点,年轻的朋友,描述出来啊,如果你有兴趣将一个空旷的空间

用已知的 $x$

和全新的 $G'(x)$[8]

没有值得观察的东西、"同时性"没有发生什么变化!

于是我震惊了,我对你的微笑充满愤怒,并且

握紧拳头提出论点:"如果用老的 $x$ 和老的 $G(x)$ 算出真正空旷的空间在照相版上对应的是黑色部分,那么同样能用老的 $x$ 和新的 $G'(x)$ 计算出其在照相版中对应非黑色的部分。"

[星星、太阳、望远镜和投影板不是存在于空旷的空间,而是存在于物质

空间。][9]

问题 1：你是赞成这个论点还是认为它是错误的？

问题 2：如果你赞成这个论点，那么你必然承认，你的理论现在完全还不能推论出照片上的黑色部分的形成原因，无论所选择出的太阳、星星、光圈、照相版等彼此相对位置和它们的质量 $x_1\cdots x_4$ 排序在目前看来是如何美丽。

[因为根据你的理论同时出现不同的可能性，那么，空旷的空间内可以用所有可能的 $G(x)$ 或 $G'(x)$ 或 $G''(x)$ 进行计算，根据你在§12中提出的公式，得到的结果一会儿是发黑的照相板，一会儿又是没发黑的照相版。]

——•——

注：你在有关水星的著作中第 832 页的预言："不过这样就可以假定它是否是唯一的可能。"[10] 受到了质疑，人们冰冷而礼貌地微笑着却将信将疑。

那么，你怎么说呢，枢密顾问先生（Herr Geheimrath）？！——你是不是现在决定还是来啊？

致以衷心的问候，非常想念你，你的

Ehrenfest

ALS(NL-HN,Collection De Ridder-Ehrenfest,box 7)[92 998]。

[1]爱因斯坦致 Paul Ehrenfest，1915 年 12 月 26 日（第八卷，文件 173）。

[2]Hendrik A.Lorentz(1865—1940)，Adriaan D.Fokker。爱因斯坦最近发表了四篇论文，它是提交给普鲁士科学院作为其 1915 年 11 月 4 日、11、18 日和 25 日会议的纪要而发表的[Einstein 1915f，1915g，1915h，1915i（第六卷，文件 21,22,24 和 25）]。他在这些论文中撤销了一年前在一篇长篇评论中详细阐述了的非广义协变引力理论[Einstein 1914o（第六卷，文件 9）]，并且考虑建立广义协变方程的可能性。11 月的最后一篇论文包含了广义相对论最终的场方程。

[3]指的是 Tatiana Ehrenfest-Afanassjewa(1876—1964)。

[4]从爱因斯坦给 Ehrenfest 的信中可以推断，这提到的是在 Ehrenfest 寄来的、现已佚失的明信片中包含的方程式，它包含了以一种形式写成的引力场方程，这种形式预先假定度量的固定行列式为 $g=-1$[见爱因斯坦致 Ehrenfest，1915 年 12 月 26 日（第八卷，文件 173），特别是注释 5]。

[5]这是对爱因斯坦信中的一段话的较为简要地引用。那封信中包含着后来为人所知的"点对应论证"(point coincidence argument)的最早版本[见爱因斯坦致 Paul Ehrenfest，1915 年 2 月 26 日（第八卷，文件 173）]。

[6]Einstein 1914o 的§12（第八卷，文件 9）给出了所谓的空洞论证(hole argument)的一个版本，爱因斯坦因此相信，他已经证明了广义协变场方程与下列要求——所有物理过程["das Geschehen"]的描述都能由那些场方程组唯一决定——之间的不相容性。

[7]原文中就缺右括号。

[8]在原文的此处，Ehrenfest 指出他附在该页下的一句话："依照你的§12 的意思准确使用了符号！也就是说：$G'(x) \neq G(x)$。"

[9]原文中采用的是方括号。

[10]从 Einstein 1915h（第八卷，文件 24）中引用的段落包括场方程 $\sum_{\alpha} \frac{\partial \Gamma^{\alpha}_{\mu\nu}}{\partial x_{\alpha}} + \sum_{\alpha\beta} \Gamma^{\alpha}_{\mu\beta}\Gamma^{\beta}_{\nu\alpha} = 0$ 的主张，其中

$\Gamma_{\mu\nu}^{\alpha}$ 是第二种的(负)克里斯托弗尔(Christoffel)符号,再加上条件 $|g_{\mu\nu}|=-1$ 固定度量的行列式,还没有唯一的修正解 $g_{\mu\nu}$,但所有这样的解都仅仅是形式上的差别,没有物理上的不同。所有这些解都可以由通过一些幺模的坐标变换来得到,这些变换遵守度规的行列式的条件。

# 第八卷 493a. 致 Heinrich Zangger

[柏林,1918年3月26日之后][1]

我亲爱的朋友 Zangger!

从《苏黎世报》得知您亲爱的小女儿 Trudi 不幸染恙遽然去世,我非常难过。[2] 在此向您和您妻子致以诚挚的慰问。命运对待我们当中最美好的人如此无情,太可怕了。对于最近给您带来的恼怒,我现在比任何时候都更加后悔![3],一定尽力弥补。希望至少小 Gina 已经康复,[4] 能够使您的情绪有所平复。

政治已经在我胃里安顿下来,咕咕作响。眼睛徒然无功地寻找值得高兴的东西。我把目标、文章和证明当作避难所。Weyl 写了一部关于广义相对论的精彩著作;[5] 他离开苏黎世在我看来是一个巨大损失。[6] 不过我确实听说学生们基本听不懂他的讲课。不管怎么说,他才华出众。

现在我和妻子的关系比较满意,尽管我想要离婚。她和 Tete[7] 的感觉似乎也还算不错,这让我非常满意。我和她的通信往来很活跃;现在我相信在所有事情上对她开诚布公是最好的方式。

亲爱的 Zangger! 像您这样对别人有价值的人,不应该沉浸在悲痛之中。所有的瑞士人都是您的兄弟和孩子;您可能没有意识到,很多离您或近或远的人,是以何种的喜悦和同情看待您和您的工作的。

请接受我的亲切问候,您的

爱因斯坦

ALS(SzZuZB,Nachlass H.Zangger,box 403)[92 523]。

[1]文件日期根据 Gertrud Zangger 去世的日期确定。

[2]Gertrud Zangger(1907—1918) 得的是肺炎(见 Heinrich Zangger 致爱因斯坦,1918年2月21日[第八卷,文件469])。

[3]在1918年3月4日给爱因斯坦的信中(第八卷,文件473),针对爱因斯坦指责自己对爱因斯坦家庭财务管理不当,Zangger 给予了回应。

[4]Gina Zangger(1911—2005)。

[5]*Weyl 1918b*。

[6]Weyl(1885—1955) 于1917年12月接受了布雷斯劳大学的任命(见 *Jahresbericht der Deutschen Mathematiker-Vereinigung* 26(1917):Part 2,p.73)。

[7] Eduard Einstein。

## 第八卷　510a. Heinrich Zangger 的来信

[苏黎世，1918年4月16日以后][1]

亲爱的朋友：

　　今天我在苏黎世山街（Zürichbergstr）遇到您儿子了，他迎面向我走来。他是在去弗隆腾（Fluntern）教会学校[2]老校舍的上学路上。样子看上去不错。要是您觉得我能为这孩子做什么的话，请您在方便的时候告诉我。我避开所有与他回苏黎世相关的话题，他看上去挺高兴的。[3] 现在我也不知道是继续让他蒙在鼓里好呢，还是我主动接近他更好。我觉得，他很敏感，有点忧郁，因此我要不断创造偶然与他相遇的情景，这样让他心中自然生成一些疑问，同时也能加深他对我的信任感。

　　我之所以向您叙述这些细节，是因为我深知，如果我直接问您，您会感到与我交流较为轻松。就像我也确信一旦有紧急事情您会立即找我一样。同时我也知道您受到一些束缚，您的顾虑比许多人多，甚至也比我多。我经常觉得组成我的元素就是种种束缚和顾虑。

　　从布拉格方面我听说您正在研究哲学。听说您在当园丁，是不是因为您在体验自然的时候，可以在自然科学领域体会到自然创造者的实际情况呀？

　　随信附上几篇当今哲学家们的观点摘要，依我看它们的作者是当今人类的代表者。

　　向您致以多重的问候

Zangger

　　附：如今的生活紧迫得让人难受。

ALS(SzZuZB, Nachlass H. Zangger, box 403)[92 515]。

　　[1]根据提到 Eduard 的学校毕业典礼而标注的日期。

　　[2] Eduard 在1918年4月16日开始上学[见爱因斯坦致 Mileva Einstein-Marić, 1918年4月23日（第八卷，文件515），注释1]。

　　[3] Eduard 从阿罗萨（Arosa）的一所疗养院回来了，他因为肺部疾病而在那里待了很久。他计划在2月返回家里[见 Heinrich Zangger 致爱因斯坦，1918年1月28日（第八卷，文件444）]。

## 第九卷  35a. 致 Luise Karr-Krüsi[1]

[柏林], 1919 年 5 月 6 日

亲爱的 Karr 太太：

您真的太让我感动了，在我们写给您的上一封信寄丢之后，您又在信中给予我充满善意的夸奖和关于我前妻[2]有所改变的详细内容。我寄到瑞士的好多封信都没有寄达目的地，只有上帝知道是偶然事件还是有一个什么系统隐藏在背后。我安安静静地过着我的生活，一生至今从未像现在这样安静过，生活在瑞士的人根本想象不到在今天的柏林生活到底是什么样子的。人们甚至已经习惯了那种今天不知明天或后天将是怎样的未知性，也不知所谓美好的转变是否会涉及每个人的生活。这样过日子的绝对不止我一人！人们都使用一种所谓"东方宿命论"，这样就导致大家都采取视而不见、随遇而安的态度。如果万事顺利的话，我将于 7 月 1 日前后再去苏黎世，去作我报告的第二部分的演讲。[3] 我现在就期待着与你们重逢的日子。

衷心地向您及您丈夫[4]致以问候

A. 爱因斯坦

附：由于瑞士银行不再接受德国货币，所以我前不久给您丈夫寄去了一点钱，请他代为保管。（这钱是给我家人用的，[5]但是最好存在他那里。）他见到钱的时候一定很吃惊！

ALS(Mr.& Mrs.Norman, Surrey, England)[123 434]。省略了 Elsa Einstein 的问候。

[1] Karr-Krüsi(1875—1959)和她的丈夫 Albert 是爱因斯坦在苏黎世时的老朋友。

[2] 最有可能指的是 Mileva Einstein-Marić。

[3] 他在苏黎世大学的第二轮相对论演讲，计划 7 月 1 日开始[见哲学学院二部(Philosphical Faculty Ⅱ)会议纪要，1919 年 6 月 5 日，SzZuSa, AA 10;5]。

[4] Albert Karr-Krüsi(1869—1927)在一家粮食贸易公司工作，这家公司以前归爱因斯坦的舅舅 Jacob Koch 所有。

[5] Mileva 和他俩的儿子们。

## 第九卷  140a. 致 Albert Karr-Krüsi

[柏林]1919 年 10 月 17 日

亲爱的阿耳伯特！

非常感谢你的两张明信片，特别是你让我注意到了最近银行转账出现问题。

我立即写信投诉了,但没有收到答复。[1]明天起我要到荷兰旅行14天。[2]之后,我将能够有希望解决问题。

也谢谢你的祝贺。理论预测的确认对我来说确实是一种满足。[3]

衷心问候你和你的家人,你的

阿耳伯特

AKS(Mr.& Mrs.Norman,Surrey,England)[123 431]。明信片是写给"Herrn Albert Karr(Fr.Karr & Lederer) Bahnhofstr.(Anna—Hof) Zürich(Schweiz)",邮戳为"Berlin W,17.10.19.10 - 11V[ormittags]"。

[1]可能指的是错将2000德国马克的赡养费转到爱因斯坦在苏黎世的账上,而不是Mileva的账上的事(参见1919年11月16日,爱因斯坦写给Mileva Einstein-Maric的信[第九卷,文件166])。Karr-Krüsi管理着爱因斯坦在瑞士的财务(例如,可见Mileva Einstein-Maric在1919年11月30日写给爱因斯坦的信[编在第十卷中的第九卷,文件183c])。

[2]住在莱顿的Ehrenfest家中(参见第九卷未刊文献摘要一览表中1919年10月18日词条)。

[3]爱因斯坦最早是在9月下旬时从Hendrik A.Lorentz处听到他的理论被证实的消息的(参见Hendrik A.Lorentz致爱因斯坦,1919年9月22日[第九卷,文件110])。

# 第七卷 33a.关于希伯来大学的声明

[柏林,1920年2月18日][1]

想到犹太大学的梦想现在已接近实现,我兴奋不已。[2]考虑到犹太人对学术事物的普遍兴趣,以及东欧犹太人进行学术活动面临的巨大障碍,建立犹太大学是必需的,哪怕巴勒斯坦的发展并不需要一个学术中心。然而我们也需要该大学培养巴勒斯坦的学术青年,以使这个国家有动力发展自己的〈一个〉文化生活。海外犹太人对这个新大学的兴趣,将会保证这个新大学与欧洲和美国文明国家保持交流,而不致于被隔离瘫痪。希望这所大学成为我们民族的一个新的圣地!

TD.[36 828]。该文件有两个不同的版本,二者在正文之上都有下列文字:"Copy of letter from: Prof.Dr.A.Einstein.Berlin,W.30,den 18.II.20.Haberlandstr.5"(IsJCZA,A185/31[85 880]和IsJJNL,Paul A.Alsberg Papers[122 796])。

[1]文件日期根据不同版本附加的文字确定。

[2]本声明很有可能是犹太复国主义组织(Zionist Organisation)教育部执行秘书Hugo Bergmann一个月前代表希伯来大学恳请他为一个宣传手册而作(见Hugo Bergmann致Einstein,1920年1月19日[第九卷,文件266])。

# 第七卷 39a. "部分离解气体中声波的传播"清样[1]

[柏林,1920年4月29日前][2]

$$-\frac{\Delta(pV)}{\Delta V} = \frac{p\left[\frac{\varkappa D n_1}{T} + R(n_1+n_2)\left(\varkappa - \frac{4n_2}{V} + \frac{j\omega}{\varkappa_2}\right)\right] + \left(\frac{n_2}{V}\right)^2[RD(n_1+n_2) - CRT]}{C\left(\varkappa - \frac{4n_2}{V} + \frac{j\omega}{\varkappa_2}\right) + \frac{\varkappa D^2 n_1}{RT^2}} \quad (18)$$ [3]

Dieser komplizierte Ausdruck läßt sich zunächst dadurch etwas vereinfachen, daß man $RT$ gegenüber $D$ vernachlässigt. Man erhält so mit Rücksicht auf die Gleichgewichtsbedingung ($\varkappa_1 n_1 = \varkappa_2 n_2'$) des Ruhezustandes:

$$-\frac{1}{p}\frac{\Delta(pV)}{\Delta V} = \frac{2\varkappa_1\frac{D}{T}n_1 + jR(n_1+n_2)\omega}{\frac{\varkappa_1 D^2 n_1}{RT^2} + jc\omega}, \quad (18a)$$

wobei die Moldichten mit $n_1$ und $n_2$, die Wärmekapazität pro Volumeinheit mit $c$ bezeichnet ist.

Aus (10) und (18a) folgt

$$\frac{\pi}{\Delta} = \frac{p}{\rho}\left[1 + \frac{2\varkappa_1 n_1\frac{D}{T} + jR\omega}{\frac{D^2}{RT^2} + j\frac{c}{n_1+n_2}\omega}\right],$$

wofür wir, da $RT$ klein ist gegen $D$, mit hinreichender Annäherung setzen dürfen

$$\frac{\pi}{\Delta} = \frac{p}{\rho}\left[1 + \frac{jR\omega}{\varkappa_1 n_1\frac{D^2}{RT^2} + j\frac{c}{n_1+n_2}\omega}\right]. \quad (19)$$

Diese Gleichung gibt in Verbindung mit (8) bzw. (8a) eine genügend genaue Näherungslösung des Problems. Für hinreichend kleine $\omega$ ist die Schallgeschwindigkeit $V_0 = \sqrt{\frac{p}{\rho}}$ gleich derjenigen Schallgeschwindigkeit, welche zustande käme, wenn die Kompression isotherm (statt adiabatisch) und reaktionsfrei erfolgte. Für hinreichend große $\omega$ ist die Schallgeschwindigkeit $V_\infty = \sqrt{\frac{p}{\rho}\left(1 + \frac{R}{\frac{c}{n_1+n_2}}\right)}$, also gleich der adiabatischen Schallgeschwindigkeit, wie sie ohne Reaktion zustande käme. Zwischen diesen Grenzgebieten der Frequenz findet Energiedissipation mit Schallabsorption statt, wobei mit wachsendem $\omega$ ein stetiger Übergang von $V_0$ auf $V_\infty$ stattfindet. Für die weitere Diskussion ist es von

**7**

Belang, daß — wie leicht zu zeigen ist — der numerische Wert des imaginären Bestandteils des Klammerausdruckes in (19) stets kleiner ist als $\frac{1}{3}$. Vermöge dieses Umstandes gilt (allerdings mit nicht unerheblichem Fehler) die Näherungsgleichung

$$V^2 = \frac{p}{\rho}\left(1 + \frac{R\bar{c}w^2}{\left(x_1\eta_1\frac{D^2}{RT^2}\right)^2 + \bar{c}w^2}\right), \quad (19)$$

wobei die mittlere spezifische Wärme $\frac{c}{\eta_1 + \eta_2}$ pro Mol des Gasgemisches mit $\bar{c}$ bezeichnet ist. Bezeichnet man ferner mit $\frac{\bar{w}}{2\pi}$ diejenige Frequenz, zu welcher die Geschwindigkeit $\overline{V}$ gehört, die durch

$$\overline{V}^2 = \frac{V_0^2 + V_\infty^2}{2}$$

definiert ist, so gilt nach (19) mit derselben Näherung

$$\bar{w} = x_1\eta_1\frac{D^2}{\bar{c}RT^2}. \quad (20)$$

Man kann also durch Beobachtung des Zusammenhanges zwischen Frequenz und Schallgeschwindigkeit die Reaktionsgeschwindigkeit bestimmen. Vielleicht gelingt es auch durch Beobachtungen bei verschiedenen Drucken, die Frage zu lösen, ob $x_1$ von der Dissoziation unabhängig ist, d. h. ob die Zerfallreaktion wirklich eine Reaktion von erster Ordnung ist.

---

37　PD(NL-LeU,Collectie Bibliotheca Publica Latina 3545,Albert Einstein Manuscripts)[123 454]。

[1]这是 *Einstein 1920c*（第七卷，文件 39）校正清样的最后两页。爱因斯坦用一个修正过的版本代替了这划掉的内容，那个版本被包括在 *Einstein 1920c*（第七卷，文件 39）里，在手稿中现存为[123 455]。也见 *Velsen 2005* 对爱因斯坦的修正的分析。

[2]这篇论文在 1920 年 4 月 29 日发表。

[3]修正过的方程(18)出现在 *Einstein 1920c* 的发表版本里(第七卷，文件 39)。

# 第十卷  80a. Mileva Einstein-Marić的来信

[苏黎世，1920年7月23日前][1]

亲爱的阿耳伯特！

你上个贺卡我至今没有回复，是因为遭遇车祸，导致我承受很多疼痛，情绪也很低落，所以不便回信。[2]说到你计划看看孩子们，我觉得你的第二个建议比第一个建议好得多。要是把孩子们送到柏林让他们见到你，对我来说是一件完全不可能的事情，尤其是上次我听到你的伴侣[3]说起以前的事情时的口吻，不仅伤害了我，而且也因此间接伤害到了孩子们。相信你不会因此而生我的气。如果你到自己记忆深处挖掘一下，会发现过去的你也没有满足我的每一个愿望呀。要让孩子们能去成德国，必须获得旅行目的地当局开具的准入证明，并将这张证明出示给这里的领事馆。10月初，我想是5号吧，孩子们开始放假。能不能把旅行计划推迟到那个时候呢？[4]如果能行就太好了，因为从中学开始学校一般不再准假。

我只是有一点顾虑。Tete[5]刚得过流行性感冒，现在体质较弱。一旦几年前发生的事重演的话，我是很不情愿与孩子们之间有一道边境线相隔的。为了不让这次旅行泡汤，我有这样一个想法：我愿意跟孩子们一起过边境，然后在你们相聚期间我一个人待在康斯坦茨或另外一个边境附近的地方。如果一切顺利，孩子们离开你之后到我这里来，然后我们一起回家。如果Tete感觉身体不适，由于环境变化可能他不适应，那么Albert[6]可以立即带他来找我。一旦他生病，这是最好的办法。请接受我的这个建议吧，否则我会提心吊胆的。这样，你要办的是孩子们到本欣根(Benzingen)的准入证明，为我开具的准入证明应当是康斯坦茨市Überlingen或附近随便一个什么地方的。

1000瑞士法郎我已经收到了。[7]同时我想请你如果可能的话，在8月1日之前无论如何给我再寄点钱来。我的生活十分窘迫，但是为了过冬必须购买一些相应物资（一部分钱要买煤，还有其他东西要买）。我是一筹莫展，真不知道钱从哪来，所以，如有可能的话，请务必呀。

孩子们近日内会给你写信的。

致以一个友好的问候

Miza

ALS.[144 428]。在文件的左边缘有用于活页装订的齿孔。

[1]假定爱因斯坦在1920年7月23日写给Mileva Einstein-Marić的信(第十卷,文件81)是对这个文件的回复,由此推断标注的日期。

[2]Mileva在探望她妹妹Zorka的旅途中跌倒,还扭伤了脚。Zorka从苏黎世的Burghölzli(精神病院)搬到了塞尔维亚的一家精神疾病机构(见Mileva Einstein-Marić致Helene Savic,1920年夏[70 742],以及在 *Popovic 2003*,p.126 中的英文翻译)。

[3]Elsa Einstein。

[4]爱因斯坦建议他和他儿子们在9月末一起度假,待在他的朋友,在德国南部本欣根(Benzingen)的牧师Camillus Brandhuber家中[见爱因斯坦致Hans Albert和Eduard Einstein,1920年7月4日(第十卷,文件70)]。

[5]Eduard Einstein。

[6]Hans Albert Einstein。

[7]爱因斯坦告诉他的两个儿子,他已经在7月初把这笔钱寄给他们了[见爱因斯坦致Hans Albert和Eduard Einstein,1920年7月4日(第十卷,文件70)]。

## 第七卷 45a.对 Jakob Grommer 教科书计划的意见[1]

[柏林,1920年10月11日之前][2]

### A.爱因斯坦教授关于 J.Grommer 博士的数学物理教科书的专家意见

J.Grommer博士先生一直与我磋商,孜孜不倦地开展分配给他的教科书撰写工作。利用现代科学方法,他已经以尽量简洁的形式,写好了部分材料。

基本的算术运算(基本运算、无理数等),大约2个打印页。

代数(线性方程)1.5个打印页。

Grommer先生在此附上整个工作的大纲,我完全赞成这个大纲。[3]

以他罕见的数学知识和才华,我相信Grommer先生非常适合作为作者来撰写这本学术教科书,为巴勒斯坦的大学工程系学生以及有抱负的数学家服务。他正在以自己的奉献精神和热情从事这项工作。

我想提出以下事实供诸位考虑。Grommer先生从青年时期就已经熟悉希伯来语。[4]尽管如此,应当考虑到,在某种意义上,精确科学使用的专业术语,在希伯来文中仍然有待完备。因此,在我看来,最好让Grommer先生与巴勒斯坦数学教师直接接触,以便尽量统一上面提到的术语。

将Grommer先生移居巴勒斯坦的另外好处是,直接的教学需求能够指导他完整地选择材料。[5]

签名 A.爱因斯坦

TDC(IsJCZA,L12/99/2)[86 362]。

[1]Grommer(1879—1933)是一位数学家,爱因斯坦的合作者。

[2]文件日期根据收件戳记日期确定。

[3]犹太复国主义组织随后告知德国犹太复国主义联合会(the Zionist Federation of Germany),他们将为 Grommer 完成的工作支付他 30 英镑,但是不能继续资助该计划的剩余部分(见伦敦犹太复国主义联合会中央办公室致德国犹太复国主义联合会 Otto Warburg,1920 年 11 月 2 日 [IsJCZA,L12/104/2])。

[4]Grommer 在布列斯特-立陶夫斯克(Brest-Litovsk)出生并受教育,是俄国犹太法典学者 Chaim Soloveitchik 的学生(见 *Kamenetsky 2002*,p.738)。

[5]犹太复国主义组织决定将爱因斯坦的建议和这份推荐书转达给耶路撒冷的犹太复国主义委员会(Zionist Commission)教育部(见伦敦犹太复国主义联合会中央办公室致德国犹太复国主义联合会 Otto Warburg,1920 年 11 月 2 日 [IsJCZA,L12/104/2][86 655])。

# 第七卷 50a.关于理论物理学的现状

[维也纳,1921 年 1 月 14 日][1]

在考察理论物理学的现状时,我发现最重要的一点未能得到充分考虑。一个理论体系,只有当概念和经验事实之间的关系已经明确确立时,才能被称为是完整的。例如,仅仅一个基本数学不变量,并不足以作为相对论的基础。

还必须搞清楚这一不变量与观测数据的联系,就像[那之前][2]通过 Heinrich Hertz 实验验证麦克斯韦理论的基本概念一样。

如果对这方面不加以考虑,人们只能得出不切实际的系统。[3]

AuD(AVPA,19210114.M001,Ph 7).*Einstein 2003*,CD1,Track 1(第 1 张光盘,第 1 条录音)。磁带记录共 53 秒。*Herneck 1966*,p.133。

[1] 1921 年 1 月 9 至 16 日,作为奥地利物理化学学会(Austrian Chemisch-physikalische Gesellschaft)的客人,爱因斯坦在维也纳度过一周。

[2]方括号内文字出自 *Herneck 1966*。

[3]这里暗指爱因斯坦看到的 Hermann Weyl 理论中杆和时钟实验与数学不变量 $ds$ 失去联系。爱因斯坦认为这样重新定义实验与概念的方式理由不够充分(见 *Einstein et al.1920*[第七卷,文件 46])。

## 第七卷 52a. 关于 Eggeling 和 Richter 项目的意见[1]

柏林西 30 区哈伯兰大街 5 号，1921 年 2 月 3 日

由 Eggeling 和 Richter 两位先生遵循的理念，即把自由创作雕塑的创作过程用电影艺术表现出来，在我看来是成功且有意义的。这一尝试等同于将旋律的本质，尤其是由多种声音所构成的旋律，扩展到视觉领域。在音乐中按照时间顺序而排列的东西并非源于司空见惯的自然现象，而是一种艺术创作的产物（旋律、和弦）。同理，由两位艺术家所使用的绘画手段通过时间顺序进行排序后，将成为一种新的艺术体验。这样的工作值得让观众感兴趣也势必赢得观众的兴趣。至于这种艺术手段是否成为我们当今艺术发展的必经之路，我当然不敢妄加评论。

TLC[44 770]。

[1]Hans Richter(1888—1976)是一位德国画家，绘画艺术家，达达主义的创立者之一。Helmuth V. Eggeling(1880—1925)是一位瑞典画家。在宇宙电影股份公司（Universum-Film Aktiengesellschaft，UFA）的资助下，他们在柏林的工作室里开始制作抽象电影（nonfigurative film）。由于担心观众对此没有兴趣，1920 年 9 月 UFA 拒绝继续资助他们。他们随后向艺术机构和名流寻求支持，这里面就包括爱因斯坦的老相识 Georg Nicolai。很显然，在 Nicolai 的建议下，他们把自己与 UFA 和 Nicolai 来往书信的复件发给了爱因斯坦（[44 772]—[44 780]），随信还附上他们的一个类似意见的请求（现已佚失）。

## 第七卷 56a."科学中的国际关系"

[1921 年 4 月 2 日至 8 月 10 日][1]

……在国家和社会阶层之间纷争不断的这个动荡时期，人类最珍贵的财富似乎受到威胁，这就是科学的国际性。[2]个别国家的学术机构已被民族主义的激情裹挟，快赶上政治斗争中的政治团体了；他们完全忘记了自己的使命是培育和保护超然于所有人间政治斗争之上的事业。……我认为最重要的是在年青一代中唤醒对科学真理的强烈爱好和抱负，这样一来，由此产生出来的更纯洁的氛

围,将逐渐盖过给我们这一代人带来诸多不幸的沉闷情绪……

ADS(*Gerd Rosen Auktionen*. Versteigerung XXXII Teil II:Bücher und Autographen,11—15 May 1959,lot 2166)[77 090]。文件中包含没有页码的一页。文件残缺零碎。信笺抬头为"Hotel Commodore, New York"。

[1]文件可能构思于1921年4月2日到5月30日爱因斯坦访问美国期间,或者稍后。用Hotel Commodore抬头信笺所写的文件,已知最晚的日期是1921年8月10日(第十二卷,文件61)。

[2]爱因斯坦曾多次为重建国际科学关系发言(作为一个例子,可见1921年6月30日的一次访谈[第十二卷,附录F])。

# 第七卷 56b.爱因斯坦教授论耶路撒冷希伯来大学的提议

[1921年4月3日之前][1]

本人美国之行的目的,是帮助犹太复国主义组织为耶路撒冷希伯来大学寻求美国犹太人在物质和精神方面的支持。[2]

建立这样一所大学,是犹太复国主义组织长期以来最重要的计划之一。如果不是战争爆发,早在1914年,它就应该开始实施;当时为此已经在斯科普斯山(Mount Scopus)买下了一块地皮作为校址。1918年犹太复国主义组织主席Weizmann博士为它奠定了基石。[3]从那以后,大学校址得到扩张,还买下了一座建筑以便开始展开活动。那里还有一所图书馆,藏书30 000册,而且还在不断增加之中。已经为未来的完整的大学和相对适度的开端制订了计划。现在需要确保后者马上顺利实现。犹太复国主义组织认为此事对于犹太民族祖国的精神价值极其重要。尽管组织面临移民安置的艰巨任务,正集中力量于巴勒斯坦援助基金,[4]但它还是对大学格外开恩,在援助基金中设立特别专门分支并为之提供特别服务。

在本人一生中,还没有任何其他一个公共事件,能像在耶路撒冷建立一所希伯来大学的提议那样让我欣喜。多少犹太人的青年才俊无法接受高等教育和研究,苦苦寻求进入中欧和东欧大学的门路而不得? 犹太人在许多世纪的艰难困苦中完好保存下来的对知识的尊重,让我们在目睹这一切的时候心里格外痛苦。另外一些人为了获得自由研究的机会,不得不经历痛苦甚至是耻辱的种族同化之路。这一过程削弱了我们民族精神特质的自由和自然的发展,一次又一次地剥夺了他们的文化领袖。现在到了我们为自己的精神生活寻找属于它自己的家园的时候。各个科学分支的杰出的犹太学者们正期待着前往耶路撒冷,为一个繁荣昌盛的精神生活打下基础，并促进巴勒斯坦的学术和经济发展。我们的耶路撒冷大学将会成为现今散布全球的犹太人的精神中心，而不仅仅是属于巴勒斯坦。

在时代的严酷的政治现实以及包围我们的物质主义气氛之中，仍然可以看见人类理想的高尚观念的光芒；美国人民在世界政治中的角色作为，就是一个范例。因此我们从病痛的欧洲，怀着希望而来，相信我们的精神目标能够得到美国人民的同情，以及在美国的犹太同胞们的热烈赞同和有力支持。

TD(IsJCZA,L12/69).发表在1921年4月3日的《纽约时报》(*New York Times*)的第5页以及《纽约美国人》(*New York American*)的第1和13页(有少许修改)[91 392]。

　　[1]日期是基于该文件是发表文章的手稿。
　　[2]关于爱因斯坦作为犹太复国主义组织代表访问美国一事，见第十二卷，导言，pp.xxviii—xxxv。
　　[3]Chaim Weizmann(1874—1952)。
　　[4]Keren Hayesod(巴勒斯坦援助基金)是犹太复国主义组织资助犹太移民定居巴勒斯坦的主要机构。

# 第七卷　60a.关于制冷机的计算

[1921年7月至1922年3月][1]

提交给 Müller 和 Nernst[2] 先生

在绝热压缩过程中需要提供：

1) 功
$$A = -pv + (p+\Delta p)(v+\Delta v) - p\Delta v = v\Delta p;$$

2) 热量
$$W = \Delta u + p\Delta v.$$

因此 $A+W = \Delta(u+pv)$

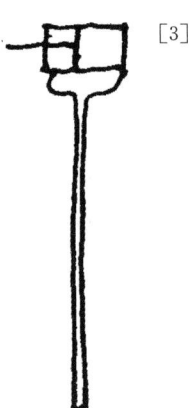[3]

负的部分是(每单位质量工作流体[4])从压缩机排出的总能量，根据能量公式，它等于从其他部分吸取的热量或排出的冷量。这需要假设热交换器和压缩机之间热传导效应可以忽略，而这个条件并非总是成立。(如果热量从热交换器流向压缩机，那么由后者向外排出的热量并未流失，也等于其他组件排出的冷量。)如果忽略这一点，那么

$$K = -(A+W) = \left(-\frac{\partial u}{\partial p} - \nu - p\frac{\partial u}{\partial p}\right)\Delta p.$$

根据第二定律，

$$-\frac{\partial u}{\partial p} - P\frac{\partial \nu}{\partial p} = T\frac{\partial \nu}{\partial T}$$

同样地，

$$K = \left(T\frac{\partial \nu}{\partial T} - \nu\right)\Delta p$$

并且

$$\frac{K}{A} = \frac{T\mathrm{d}\nu}{\nu\mathrm{d}T} - 1 \text{（这里取压缩机的温度）}$$

如果压缩机和热交换器之间还存在冷却作用，那么由热交换器和蒸发器形成的总冷量就会增加，其增量大小等于消除的热量 $W'$。效率因此增加了 $\frac{W'}{\nu\Delta p}$。

一个更精确的理论必须考虑到交换器的热传导，原因是一个完全绝缘不导热的交换器不可能有固定的温度分布。

评论：可达到的冷却的下限是由最低温度处（蒸发器）的 $\frac{T}{\nu}\frac{\partial \nu}{\partial p} - 1$ 不能为负数这一条件给出的。

AD.[18 448]。

[1]文件日期是基于这个计算与爱因斯坦与 Nernst 对制冷机的合作研究相关的假设。此制冷机的技术测试于 1921 年（见 Walther Nernst 致爱因斯坦，1921 年 7 月 29 日和爱因斯坦致 Paul Ehrenfest，1921 年 9 月 1 日［第十二卷，文件 195 和 219）和 1922 年早些时候进行（见文件 67）。

[2]Walther Nernst(1864—1941) 是柏林大学物理化学系教授。

[3]顶部的矩形结构是具有可移动活塞（延伸到左侧的杆控制活塞）的压缩机。下面的细长结构是热交换器。

[4]他们起初向埃斯林根（Esslingen）的一家工厂推荐这一发明，但是被拒绝，原因是火灾风险（见 Walther Nernst 致爱因斯坦，1921 年 7 月 29 日［第十二卷，文件 195]）；从中可知（见 *Graff 2004*，p.213）所用冷却剂应该是某种碳水化合物，而绝不可能是氨。后来，他们与博尔西希有限公司（A.Borsig Ltd）达成了一个协议（见未刊文献摘要一览表，文件 63 和 67）。

## 第七卷　65a. 关于 Heinrich Löwy 建议的专家意见[1]

柏林,1921 年 10 月 12 日

专家意见[2]

我知道维也纳的 Heinrich Löwy 博士先生关于通过地表内部对外部振荡电路的影响进行地表深度分析的建议。[3]在我看来,这个建议值得从技术角度认真检查。从理论的观点来看,可以说 Löwy 博士先生的方法是建立在坚实的理论基础之上,并且预期的效应确实在现代测量精度范围之内。

TLC(CPT,Theodore von Kármán 收藏,folder 67.1)[84 759]。

[1] Löwy(1884—?)是维也纳电气地球研究辛迪加(Syndikat zur elektroaviatischen Erderforschung)的一名经理。

[2] 此专家意见的征询者为多瑙河国家法语协会(Société Française des Pays Danubiens,见 Heinrich Löwy 致 Theodor von Kármán,1921 年 11 月 16 日[CPT, The Theodore von Kármán Collection,folder 67.1],以及 Société 致爱因斯坦,1921 年 11 月 7 日[第十二卷,文件 291])。

[3] Löwy 发明的描述可见"通过由地面上的一个飞艇或飞机所引导的一个封闭的或开放的振荡电路来勘探地球的深处(Verfahren zur Erforschung des Erdinnern mittels eines von einem Luftschiff oder Flugzeug über den Boden geführten offenen oder geschlossenen Schwingungskreises)"。该发明于 1921 年 11 月 2 日提交德国专利局,于 1924 年 9 月 4 日被授予专利,德意志帝国专利(German Reichspatent)号为 401448。

## 1. 致 Charlotte Weigert[1]

[柏林,1922 年初][2]

亲爱的 Weigert 小姐!

Elsa 一直不停地缠着我,让我为您向 Niels Bohr 写一封推荐信。[3]很遗憾的是,我无法从命。Bohr 是当今物理学最伟大的天才,非常忙碌,很长时间里一直心力交瘁。现在,他又做出很好的成就了。为他个人着想,其他一切想法都应该往后退,无论这些想法多么合理或者认真。只要他还在卓有成效地工作,我就不应该因打扰他而受责备。您一定要理解这一点,不要以为是我不愿意帮忙。[4]

您在教学上取得如此优异的成功,让我非常高兴。对于一位女性来说,获得关注赢得承认难上加难。我尤其高度赞赏您为工人讲课的行为。我自己也曾尝试过,不过感觉到要了解一个思想背景迥异的人的思考方式,是相当困难的。[5]

祝愿1922年万事如意,您的

A. 爱因斯坦.

ALS(DkKoRA, Privatarkiv no. 3463 [Charlotte Weigert])[87 936]。写在 Elsa Einstein 致 Charlotte Weigert 的一封信的第二张纸上[87 937]。

[1] Weigert(1883—1971)是之前爱因斯坦一家在柏林的朋友。她于1918年离开柏林前往丹麦。

[2] 文件日期根据信末祝福语确定。

[3] Bohr(1885—1962)是哥本哈根大学理论物理学教授。关于 Weigert 请求的详情,可见文件33。

[4] "我丈夫没有我想象的那么好心肠,"Elsa Einstein 在信中有关自己的那部分中写道:"他不愿意为您给 Bohr 写推荐信。理由:替 Bohr 着想,他高度紧张,访客过多,仓促忙碌,工作过度。他很清楚地知道,Bohr 也曾这么为他着想。现在他要表之以李。"("Mein Mann ist doch nicht so gütig als ich dachte. Er ist nicht zu bewegen, Ihnen an Bohr eine Empfehlung zu schreiben. Grund: Rücksichtsnahme auf Bohr, der nervös, überlaufen, gehetzt und abgearbeitet ist. Bohr hat nämlich, das weiß er genau, im umgekehrten Fall genau so gehandelt aus Rücksicht auf meinen Mann. Und nun will er es genau so tun")

[5] 1920年2月4日,爱因斯坦开始为大柏林地区业余大学(Volkshochschule Groß-Berlin)讲授一门课程,内容为运动学基础和物体平衡态,以及相对论(第九卷,年表和日程表)。

# 2. Bertrand Russell,《政治理想》"序言"

[Einstein 1922]

1922年发表

载于1922年出版的 Russell 著作:Bertrand Russell, *Politische Ideale*. 柏林:德国政治和历史出版社(Deutsche Verlagsgesellschaft für Politik und Geschichte)第5页。

# Vorwort

Es ist sehr zu begrüßen, daß die klaren Ausführungen des großen englischen Mathematikers der deutschen Öffentlichkeit zugänglich gemacht werden. Kein wackeliger Professor, der mit dem Einerseits-andrerseits equilibriert, spricht da zu uns, sondern eine von den entschiedenen, geradlinigen Individualitäten, die unabhängig von der Zeit dastehen, in die sie quasi zufällig hineingeboren sind. Unerbittliche Konsequenz und ein warmes menschliches Fühlen schreiben ihm seinen Weg vor. Den geht er unbekümmert um die Folgen, die seine Stellungnahme für ihn mit sich bringt. Ohne die Geste eines Märtyrers läßt er sich seiner Professur berauben und wandert wegen antimilitaristischer Propaganda ins Gefängnis.

Er will die militärische Macht ganz abgeschafft wissen und empfiehlt als Mittel gegen gewaltsamen militärischen Zwang vom Ausland her eine konsequente Ausbildung zur organisierten passiven Resistenz der Bevölkerung. Denen, die in Deutschland den Kapp-Putsch miterlebt haben, wird diese Lösung nicht mehr utopisch erscheinen.

Russell setzt sich ferner mit dem sozialpolitischen Problem auseinander. Von glühendem Interesse für den Fortschritt menschlicher Organisation getrieben, bereiste er das bolschewistische Rußland, um zu lernen. Sein Ideal ist die Entfaltung der freien gestaltenden Kräfte der Individuen in einer Gesellschaftsordnung, die dem einzelnen die Angst um die Erhaltung des Daseins abnimmt, ohne dem schlimmsten Feind sozialistischer Bemühungen, einem hypertrophischen Bürokratismus zu verfallen.

Mag man im einzelnen mit den Meinungen Russells übereinstimmen oder nicht. Köstlich ist es, die Gedanken eines scharfsinnigen und wahrhaft edlen Zeitgenossen über die Dinge kennen zu lernen, die alle ernsten Menschen von heute bewegen.

Setze sich jeder selbst mit dem großen Engländer auseinander.

A. Einstein

# 序言

让德国大众可以读到这位伟大英国数学家的[1]清晰论述是非常值得欢迎的。他是一位果断而直截了当的人，不像有些摇摆不定的教授那样，对我们讲话时在"一方面和另一方面"间犹豫不决；这些个体的存在与他们出生时碰巧所属的时代是无关的。毫不动摇，立场坚定，而又充满人性的热情敏感，这就是他的处世方式,他泰然自若地遵循这种方式,不在乎坚持立场所带来的后果。在被剥夺教授身份和因为宣传反军国主义而身陷囹圄之时,他并未摆出殉道者的姿态。[2]

他希望彻底去除武力,建议持续训练民众以有组织的消极抵抗作为对抗外部武装侵略的手段。那些在德国经历了卡普政变[3]的人们,不会觉得这个解决方案是乌托邦式的。

Russell 还涉及社会政策的问题。出于对人类组织进步的强烈兴趣,他游历布尔什维克的俄国,以学习它的经验教训[4]。他的理想是在一种社会秩序中展现个体的自由创造力,使个体免于对生计的恐惧,而又不陷入过度增长的官僚主义之中。官僚主义是社会主义事业最可怕的敌人。

对于 Russell 观点的细节,我们也许同意或者不同意。但是能够了解我们这个时代思维敏锐真正高尚的人士对一些问题的思考,无疑令人欣喜。这些问题是当前所有严肃人士都关心的。

愿每个人都能自己去理解这位伟大的英国人。

A.爱因斯坦

发表于 Russell 的书中:*Russell 1922*,p.[5]。现存有一份略有出入的草稿(GyHeiU,Emil Julius Gumbel Papers)[79 927]。

[1]Bertrand Russell(1872—1970),英国哲学家、数学家、社会主义者、和平主义者以及自由撰稿人和自由演讲人。

[2]1916 年 6 月 5 日,Russell 因为撰写批评当局虐待拒服兵役者的传单而受审定罪。其结果是,他不但未能得到去美国哈佛讲学的护照,而且失去 1899 年起就在三一学院担任的教职。1918 年 2 月 9 日,Russell 由于为和平主义的《法庭》(*The Tribunal*)周报所写的一篇编者按再次受审,他被指控说过"可能损害英王陛下与美国的关系"的话。他被判在布里克斯顿(Brixton)监狱服刑 6 个月(见 *Russell 1988*,pp. xli,lx-lxi,349—352;以及 *Russell 1995*,pp.390,398—399)。

[3]一场失败的反政府的右翼政变,发生在 1920 年 3 月 13 日,由 Wolfgang Kapp(1858—1922)领导。

[4]1920 年 5 月,Russell 加入一个英国工人代表团访问苏联。他自认为是一个"社会调查者",着手"研究[那些]"布尔什维克的"经济和政治事实"(*Russell 1968*,pp.140—153)。随后他于 1920 年 7 月在《国家民族论坛》(*The Nation*)上连续发表 4 篇文章讲述自己的印象。

## 3. "科学的国际性"

[柏林,1922年1月1日之前][1]

〈A.爱因斯坦教授,博士〉[2]

为 Kessler 伯爵和 Ströbel 所编手册而写,1922年1月[3]

### [科学的国际性][4]

战争时期中,当民族主义和政治盲目性达到顶点时,Emil Fischer 在一个学术会议上强调指出:"先生们,你们对此无能为力,科学就是——而且应该永远是——国际性的!"[5]这是伟大科学家们一向知晓,并且热情感受的事实,哪怕在政治冲突中的时候,他们被名望稍逊的同僚孤立的情况下,也是如此。在战争时期这些有资格的投票者在每一个营地都维护了自己的神圣职责。国际科学院协会变得支离破碎。[6]科学会议的组织者曾经——现在也是——不许前敌国的同事参加。[7]义正辞严的政治因素大行其道,阻碍了培育伟大事业所必需的纯粹事实至上的原则。

那些心怀善意,不被现时的情绪攻击打倒的人们,能够做些什么来挽回失去的东西? 由于大多数智力工作者仍然怀恨在心,目前还不能组织真正的大规模的国际科学会议;对重建国际科学工作者协会的心理抵触依然强大,心怀更宏大目标和情感的少数人无力克服。为了实现恢复国际科学社团的伟大事业,他们可以与所有其他国家的有同样志向的同事们保持密切联系,并在自己的影响力所及的范围内坚持提倡国际利益。全面成功需要假以时日,但是一定会到来。我一定要怀着崇敬的心情指出的是,尤其是在很多英国同事们那里,维护精神共同体的努力在整个艰难年代都始终不渝。[8]

在所有的地方,官方的宣言总是比个人的心态更恶劣。善良的人们应当记住这一点,不要被激怒而引入歧途。*senatori boni viri, senatus autem bestia*[元老们是好人,但元老院是一只恶兽]。[9]

总的来说,我对国际主义组织的发展充满信心。这主要不是基于对理性和高贵信仰的信任,而是经济发展的无情压力。这在很大程度上依靠科学家们的脑力工作,包括那些思想反动的科学家的脑力工作,他们也会不情愿地帮助实现国际主义的组织。

TD.*Einstein 1934*,pp.75—77;*Nathan and Norden 1975*,pp.78—79[44 120]。文件共2页,第1页无页码。本书此处页码在页边空白方括号中标出的方式,与原文件不同。原文件中的页码"2"打印在当页右上角。

[1]文件日期的确定,是假设爱因斯坦遵守了 Heinrich Ströbel 在 1921 年 11 月 26 日的信中提出的 1922 年 1 月 1 日的截止日期。(第十二卷,年表和日程表)Ströbel 请求爱因斯坦为一本和平主义手册写稿,计划的题目是 "Die werdende Welteinheit. Kleines Handbuch der internationalen Beziehungen",由 Harry Kessler 和 Ströbel 编辑。此书似乎并未出版。
Ströbel(1869—1944),社会主义政治家,德国社会民主党(Sozialdemokratische Partei Deutschlands, SPD)成员。他是一位和平主义者,"德国人权联盟"(Deutsche Liga für Menschenrechte)领导人之一。1922 年,"联盟"与法国方面对应者一起发表了一份呼吁书,要求两国声明放弃民族主义,并且和好。(*Aufruf an die Demokratien Deutschlands und Frankreichs*. Bundesarchiv Koblenz. NL Wehrberg, N1199,Nr.30,被引用于 *Wieland 2009*,p.212。)

[2]此处被另一人(或许是 Ströbel?)删掉。

[3]此处为 Ilse Einstein 的笔迹。

[4]此处有另一人(或许是 Ströbel?)笔迹加入。

[5]1915 年,化学家 Emil Fischer(1852—1919) 曾经反对为了报复法兰西科学院逐出德国人而提出将法国通讯院士从普鲁士科学院除名的提议(见 *Kocka 1999*,pp.374—375)。

[6]"国际科学院协会(The International Association of Academies)"于 1899 年 10 月在威斯巴登创建。到了 1914 年由于第一次世界大战的爆发而实际解散为止,已有 24 个科学院加入(见 *Kocka 1999*,pp. 177—178)。

[7]比如,1920 年 9 月,来自前同盟国的成员被排除在斯特拉斯堡召开的国际数学家大会之外。这次大会有来自 27 个国家的 200 位数学家与会(见 *Villat 1921*,pp.xxxi-xxxiii,和 *Sánchez Ron 2006*,pp.786—787)。

[8]早在 1921 年 3 月,之后还有多次,爱因斯坦都曾赞扬英国科学家的立场(比如 1921 年 3 月 9 日他致 Fritz Haber 的信[第十二卷,文件 88])。

[9]拉丁文"元老们是好人,但元老院是一只恶兽。"第一部分被认为是来自于西塞罗(Cicero),第二部分则是俗语。

# 4.Max Born 和 James Franck 的来信[1]

哥廷根,1922 年 1 月 1 日

亲爱的爱因斯坦:

我们,Franck 和 Born,对你的信件的内容感到极度震惊,尽管由于自己的愚蠢我们未能重建极隧射线实验装置。[2]我们脑海中有 1000 个问题和各种想法,需要你来平复。一封信的篇幅有限,我们不可能写上 50 页,也不能奢望你用 100 页回复。所以我们想到一个好主意,就是正式邀请你访问哥廷根大学作一个非正式报告,费用由沃尔夫斯凯基金会(Wolfskehl-Stiftung)支付。另一个次要的动机是想让你在此亲临 Hilbert 的六十大寿,这个主意让他欣喜异常。[3]生日是在 1 月 23 日,报告可以安排在 24 日星期二;希望至少在 22 日的那个星期天,你可以专门和我们在一起。也许你妻子也想一起来。如果你那边能这样安排,那是最好不过;我们殷切期望你的来访,请无论如何不要拒绝。请接受我们热情的致意,并祝新年万事如意。

Born 和 Franck

ALS.[8 165]。

[1]在哥廷根大学,Max Born(1882—1970)当时是理论物理学教授,James Franck(1882—1964)是实验物理教授和第二实验物理研究所所长。

[2]在1921年12月30日的一封信中(第十二卷,文件345),爱因斯坦告诉 Max 和 Hedwig Born,自己与 Hans Geiger 和 Walther Bothe 合作的关于光发射的极隧射线实验,"证实"了波场"并不存在",以及光发射的即时性。关于极隧射线实验的讨论可见《全集》第十二卷"导言"第六节。

[3]David Hilbert(1862—1943)是哥廷根大学数学教授。

## 5. Hermann Weyl 的来信[1]

阿罗萨安妮塔别墅(Villa Anita),1922年1月3日

亲爱的同事先生!

非常感谢您在出版许可一事上费心;很高兴的是,现在已经没有必要了,因为出版的事情在此期间已经完成![2]——关于极隧射线实验,我也没有更多具体了解;它是不是一个实验,用来验证玻尔式的原子跃迁激发的是一个以太波?[3](看起来答案是否定的)因此我不知道如何回答您的问题:现在又该怎样?[4]——当然,就算我完全了解您的实验,也还是不会知道。现在这又是一种适合您的口味的食物:在一个总括的大原则下,调和看上去完全矛盾的东西。之前我为这个可怜的"场"感到悲哀,但是与此同时它的理论已经达到很高的和谐度——也该倒台了;我觉得也几乎是时候了。新年快乐并祝在新的道路上一切顺利!您的

H. Weyl.

AKS.[144 793]。该信寄给"德国柏林西30区哈伯兰大街5号爱因斯坦教授先生"("Herrn Prof. Dr. A. Einstein Berlin W 30 Haberlandstr. 5. Deutschland"),发信人地址"Abs. H. Weyl Zürich, Hofstr. 140",邮戳"Arosa 4. I. 22. 12"。

[1]Weyl 是苏黎世联邦工学院(Eidgenössische Technische Hochschule)的数学教授。

[2]1921年9月5日和12月22日(第十二卷,文件230和336),Weyl 曾请求爱因斯坦代表自己与普鲁士科学院调停在 *Lorentz et al. 1922* 中再次出版 *Weyl 1918a* 一事。

[3]关于极隧射线实验,可见文件4和 *Einstein 1922a*(第七卷,文件68),该文在仅仅两天后的1922

年1月5日发表。1921年12月22日,爱因斯坦将实验的否定结果告知Weyl(第十二卷,文件336)。

[4] 在1921年12月22日的信中,在声明极隧射线实验否定电磁波动理论之后,爱因斯坦向Weyl提出了这个问题(第十二卷,文件336)。

## 6. 致 Max Born

[柏林,1922年1月6日]

亲爱的 Born!

我很高兴去访问你,部分是为了亲自祝贺 Hilbert,部分是为了告知你们有关实验的情况,其实很简单。[1] 可笑之处在于:按照波动理论,极隧射线粒子向不同方向连续发射出变化的颜色。这样一种波在色散介质中传播,其速度是位置的函数。因此波面应当弯曲,就像地球大气折射那样。但是实验结果确信是否定的。

向你、Franck 和你一家致以最诚挚的问候,你的

爱因斯坦

AKS(GyB, Nachlaß Max Born, Nr. 188, Bl. 20). *Einstein and Born 1969*, p. 98[8 167]。信件寄给"哥廷根大学物理系 Max Born 博士教授先生"("Herrn Prof. Dr. Max Born Phys. Institut d. Universität Göttingen"),邮戳为"Berlin-Wilmersdorf 6.1.22.6−7V[省略]"。

[1] 见前一个文件。

## 7. Hedwig Born 的来信

[哥廷根] 1922年1月7日

亲爱的爱因斯坦先生!

首先,真诚地感谢您和您的妻子,给我们发来洋溢着热情友谊的新年问候[1]。但愿你们的美好愿望会加倍成真。我赶紧带着您的明信片[2] 去 Hilbert 那里。起初他不敢相信您真的会来,之后变得非常开心。[3] 他要我给您写信,确认星期一,23日他生日那天您会来,并在晚上的大聚会中露面。报告可在星期二举行,时间由您决定。我希望您能作为我们的客人待上两天,不要像流星那样一闪而过。您将看到我们在这儿过得多"滋润",吃到各种容易消化的食物。如果您妻子愿与您同来,我们衷心邀请,真诚欢迎。Max 今明两天同 Blaschke 在一起。[4] 不幸的是,Blaschke 的情况非常糟糕。或许您的再次来访

会使他高兴起来？但在表面上一定不要显得是刻意为之。向您和您一家致以热情问候。

Hedi Born

AKS.*Einstein and Born 1969*, p.99[8 262]。

　　[1]见 Einstein 致 Hedwig 和 Max Born,1921 年 12 月 30 日(第十二卷,文件 345)。
　　[2]指的是前一文件。
　　[3]参加 David Hilbert 的六十岁大寿(文件 4)。
　　[4]Wilhelm Blaschke(1885—1962)是汉堡大学数学教授。

## 8. Paul Ehrenfest 的来信

写于从克里斯蒂安尼亚(Kristiania)回哥本哈根的路上,1922 年 1 月 8 日

亲爱的爱因斯坦！

　　我(带着 Tanichka 和 van Aardenne)[1]进行了一次精彩的旅行:先到克里斯蒂安尼亚(在那里 Goldschmidts 告诉了许多关于你的事情)[2],然后进入雪山——Tofte (Gudbrandsdalen)[3]——现在正在回家的路上,遗憾的是有点过于匆忙。

　　在接下来的几个月里我很可能会需要你有力的个人支持(纯粹是道德方面,不是物质意义上的)。

— • —
— • —

　　关于合作出版 Lenard 纪念文集一事,很多物理学家都收到一份散发的邀请。我请求你立即按照 Bohr 的地址发信给我,告诉我你是否也已收到邀请。[4]

　　对你和全家致以热烈问候,你的

P. Ehrenfest

AKS.[10 002]。此信寄给"柏林哈伯兰大街 5 号爱因斯坦教授"("Prof. A. Einstein Berlin Haberlandstr 5"),邮戳为"Bureau Reexp. Oe Kristian[ia] II",发信人地址 "P. Ehrenfest bei Prof. N. Bohr Kopenhagen Blegdamsvej 15"。

　　[1]Ehrenfest 的女儿 Tatiana(1905—1984)和 Gijsbert van Aardenne(1888—1983)与他一起去斯堪的纳维亚旅行。参见 Paul Ehrenfest 致 Einstein,1921 年 12 月 27 日(第十二卷,文件 343)。
　　[2]Heinrich J. Goldschmidt(1857—1937)和 Victor M. Goldschmidt(1888—1947)都是克里斯蒂安尼亚大学物理化学教授。
　　[3]Tofte 是挪威布斯克吕(Buskerud)郡的一个小镇。居德布兰河谷(Gudbrandsdalen)位于挪威奥普兰郡。
　　[4]Philipp Lenard(1862—1947),海德堡大学物理学教授,相对论的高调反对者。Lenard 60 周年诞

辰纪念文集的约稿邀请由海德堡大学理论物理学编外教授，Lenard 以前的学生 August Becker 散发（见 Hans Geitel 致 Wilhelm Wien，1921 年 3 月 28 日［GyMDM，Nachlass Wilhelm Wien，NL 056－007，Vorl. Nr.0035］）。

# 9.致 Hermann Anschütz-Kaempfe[1]

［柏林］1922 年 1 月 9 日

亲爱的 Anschütz 先生！

收到孩子们的来信，看来您对之前提起的事情是认真的。[2]我更愿意把它当作一件礼品，而不是自己分内之物，因此必须告诉您，我觉得您的话不过是一时兴起，算不得正式协定，尤其是在当前经济形势十分不妙的时候。我赞成改用水作为填充液，因为没有什么显著的电解固体残留积累。只要电极能抗腐蚀就行。[3]是不是可以考虑一个具有很大电容的绝缘层呢？

我很想知道 Schuler 先生的试验结果。就算没有什么利用价值，一个肯定的结果也会非常有意义，所以这个尝试肯定是值得的。至于如何去做，我和 Schuler 想法一致。[4]光实验已经完成，结果确信是否定的。由此波动理论在每一个光学领域都被推翻了。[5]请务必把这个消息告诉 Sommerfeld 先生，他一直满怀信念地期待相反的结果。[6]

建立一个度假屋是您的一个善举。[7]我们应当在夏天去那里拜访您，哪怕是短暂的停留。在暑假里 Albert 必须拼命补习准备中学毕业考试。[8]

我和我妻子都祝愿您和夫人新年万事如意，您的诚挚的

爱因斯坦

ALS(Nachlass M.Schuler; Friedrich Schloegl, Aachen). *Lohmeier and Schell 2005*, pp.151—152[81 205]。

[1]Anschütz-Kaempfe(1872—1931)是基尔一家生产航海和航空导航仪器的德国公司的业主。

[2]显然是指 Anschütz 为合作开发旋转罗盘一事而给爱因斯坦在瑞士的家里汇出的第一笔定期（按月）款项（见文件 94 和 225）。

[3]在 1921 年 12 月 16 日的信中（第十二卷，文件 327），Anschütz 告诉爱因斯坦自己已经选择了水来浮起外球中的罗盘。水的另一个功能是作为电极间的导电介质，将电能传给内球中的陀螺仪。

[4]Maximilian Schuler(1882—1972)，基尔 Anschütz 和合伙人有限公司董事，当时正在开展爱因斯坦提议的试验，研究被加热的旋转金属圆筒是否能够感应出一个磁场。细节可见 Maximilian Schuler 致爱因斯坦，1921 年 11 月 7 日（第十二卷，文件 290），以及 Vol.12.的附录 B。

[5]关于确认波动理论能否正确描述基本光发射过程的实验计划，可见 *Einstein 1922a*（第七卷，文件 68）。认为实验结果否定波动理论的诠释，是在 1921 年 12 月 30 日的信中首次传达给 Max Born（第十二卷，文件 345）的，并在文件 29 中进行了详细讨论。

[6]关于之前二人对该实验的交流，参见爱因斯坦 1921 年 10 月 9 日致 Arnold Sommerfeld，以及 Sommerfeld 1921 年 10 月 17 日的回复（分别为第十二卷，文件 261 和 274）。

[7]Anschütz 曾购置劳特拉赫(Lautrach)一间城堡，作为慕尼黑大学哲学学院的教员度假休息所用。

[8]在1921年12月16日(第十二卷,文件327)致爱因斯坦的一封信中,Anschütz曾要求Hans Albert Einstein帮忙在那里修建一个游泳池。

## 10. 致菲韦格父子出版社

[柏林]1922年1月9日

非常尊敬的先生!

用同一封挂号信,我将我在普林斯顿讲座的手稿寄给您,以期望尽快印刷。[1]因为添加任何标题都不可能不对讲座的风格产生影响,所以我必须用添加旁注的方式来引导读者。由于这个原因,请您在校样和印册上都留下旁注的空白。另外,请给我多送几本校样,我好送去翻译。[2]这本小册子在德国的出版必须等在美国出版之后,所以请您等待我关于此事进一步的说明。

请把合同寄给我。我坚持要求销售价格20％的报酬[3],原因是:不光是纸张和印刷费用,出版社的其他必要开销以及作者的生活开支也都随着上涨了,而且还在上涨。

谨致最高敬意。

TLC.[42 123]。信件寄给"布伦瑞克菲韦格父子出版社"("Friedr. Vieweg & Sohn Braunschweig")。

[1]*Einstein 1922c*(第七卷,文件71)。
[2]将送往普林斯顿大学出版社翻译成英文。
[3]在第11条款中菲韦格出价10％。

## 11. Richard B. Haldane[1]的来信

Cloan, Auchterarder,佩斯郡(Perthshire),1922年1月9日

亲爱和非常尊敬的教授:

星期六收到您寄来的友好的新年祝福,我感到非常高兴。[2]

夏天在伦敦时,您和您夫人给妹妹和我留下了最生动的记忆。[3]伦敦本身是把您,当成是一位属于全世界所有国家,而不只是某个国家的人士接待和欢迎的。

在我看来,现在公共事务的进展比当时要好。科学是无国界的,在这一点上,它也取得很多进步。我觉得您的贡献比您自己意识到的要更多,不只是相对论。

最近我在安妮女王门大街(Queen Anne's Gates)会见了 Rathenau 先生,也谈到了您的情况。我相信他要去巴黎,尽量寻求发展新的关系。[4]

我自己正忙于公共事务,尤其是国民教育方面,也在研究哲学。我已经读完 Cassirer 和 Hans Reichenbach 的著作。[5]但是我觉得关于相对论学说的哲学方面,德国那边会有更多的著作。对 Weyl 在《空间、时间和质量》中对后面这个问题的态度,我不是特别满意①。[6]很显然,在这类思考方面我们刚起步。

正像您看到的,8月初我在哥廷根。[7]不过我只有3天假期,不得不立即回到伦敦参加议会会议。

我希望以后有时间的时候,能再次访问德国(包括柏林)。现在这里事情真是太多了。——在哥廷根我访问了 Klein。他年事已高,不过仍然生气勃勃,正忙于高斯(Gauss)全集的编辑工作。[8]

您的理论在这边进展不错。Eddington 和 Whitehead 在着手写作,其他人也加入进来。[9]公众对相对论很感兴趣,但主要是把它当作一种新的幽灵(Gespensten)。

相信新年会带来新气象,祝您万事如意,您永远的

Haldane

ALS.[32 637]。

[1]Haldane,Cloan 的 Haldane 子爵(1856—1928),前陆军大臣(Secretary of State for War)和大法官,是一位律师和哲学家。

[2]见爱因斯坦致 Richard Haldane,1921 年 12 月 30 日(第十二卷,文件 347)。

[3]Elizabeth Sanderson Haldane(1862—1937) 当时是苏格兰的一位治安法官(justice of the peace)。爱因斯坦于 1921 年 8 月至 17 日访问英国(见 Haldane 致爱因斯坦,1921 年 6 月 6 日[第十二卷,文件 145])。

[4]Haldane 在伦敦的住所是安妮女王门大街 28 号(关于其详细描述,见 *The Pall Mall Magazine*,第三卷 9 [1907]:515—521)。

在 1921 年后期,作为德国政府非正式代表,德国战后重建部长 Walther Rathenau(1867—1922)两次访问伦敦。除了其他议题之外,还商讨了战后赔偿以及贷款、暂停付款、暂时减付的可能性(见 1921 年 11 月 29 日至 12 月 23 日 Rathenau 日记中相关条目,*Rathenau 1985*,pp.273—285)。

[5]*Cassirer 1921*,*Reichenbach 1920*。

[6]*Weyl 1919b*。

[7]见爱因斯坦致 Elsa Einstein,1921 年 8 月 14 日(第十二卷,文件 207)。

[8]Felix Klein(1849—1925) 是哥廷根大学数学荣誉教授。关于他参与数学家高斯(C.F.Gauss,1777—1855)全集项目的情况,见 *Klein 1921 and 1923*,p.35。

[9]可能是指 *Eddington 1920* 与 *Whitehead 1922*。

---

① 德文原文为 bin ich nich ganz zufrieden,英译本此处为 satisfy me completely(非常满意),刚好译反了。——译者

## 12."Kaluza 场论中不存在处处规则的中心对称场的证明"

[Einstein and Grommer 1923a, 1923b]

1922 年 1 月 10 日收稿
1923 年发表
载于：*Scripta Universitatis atque Bibliothecae Hierosolymitanarum. Mathematica et Physica* 1(1923)，Ⅶ:1—5；*Kitvei ha-Universita ve-Beth-ha-Sfarim bi-Yerushalayim.Mathematica u'Fisica*.A(5684)，Ⅶ:1—4(希伯来文)。[1]

### Beweis der Nichtexistenz eines überall regulären zentrisch symmetrischen Feldes nach der Feld-Theorie von Th. Kaluza.

#### Von

#### Albert Einstein und Jakob Grommer, Berlin.

---

Wohl die wichtigste gegenwärtige Frage der allgemeinen Relativitätstheorie ist die nach der Wesenseinheit des Gravitationsfeldes und des elektromagnetischen Feldes. Wenn auch die Wesenseinheit der beiden Feldarten keineswegs a priori gefordert werden kann, so wäre es doch zweifellos ein großer Fortschritt der Theorie, wenn jener Dualismus überwunden werden könnte. Den einzigen bisherigen Versuch in dieser Richtung bildete bis vor kurzem die WEYL'sche Theorie. Dieser stehen aber erhebliche Bedenken gegenüber. Sie wird der Unabhängigkeit der Maßstäbe und Uhren, bzw. der Atome, von ihrer Vorgeschichte nicht gerecht. Sie beseitigt ferner insofern jenen Dualismus nicht, als sich ihre HAMILTON'sche Funktion additiv aus zwei Teilen, einem elektromagnetischen und einem gravitationellen, zusammensetzt, die logisch voneinander unabhängig sind. Ferner führt diese Theorie auf Differentialgleichungen vierter Ordnung, während wir bisher keinen Anhaltspunkt dafür besitzen, daß nicht mit Gleichungen von der zweiten Ordnung auszukommen sei.

Vor kurzem wurde der Akademie der Wissenschaft in Berlin durch Herrn TH. KALUZA der Entwurf einer Theorie vorgelegt, welche alle diese Übelstände vermeidet und von verblüffender formaler Einfachheit ist. Wir wollen zuerst Herrn KALUZA's Gedanken skizzieren und dann zu der von uns zu untersuchenden Frage übergehen.

Eine fünfdimensionale Mannigfaltigkeit, deren Feld-Variable von der fünften Variable nicht abhängen (bei passender Koordinatenwahl), ist einem vier-

# ראיה שלפי תורת־השדה של מר פ. קלוזא
## שדה מרכזי־סימטרי ורגולרי בכל מקום הוא מן הנמנעות.

### א. אינשטין וי. גרומר, ברלין.
#### תרגם י. גרומר, ברלין.

---

השאלה היותר חשובה בתורת היחוסיות הכללית היא בודאי שאלת אחדות המהות של שדה הגרוויטציה ושדה האלקטרו־מגנטיזמום. ואם גם אי אפשר לדרוש a priori את האחדות המהותית של שני השדות האלו, בכל זאת להתקדמות גדולה תחשב, אם אפשר יהיה לבטל את השניות הזאת. בדרך זו נעשה עד לפני זמן קרוב רק נסיון אחד, והיא תורתו של מר ווייל. אבל כלפי התורה הזאת מתעוררים כמה ספקות. לפיה לא תתכן העובדא, שאורך של קנה־מדה ומהירות של שעונים ואטומים הם בלתי מותנים מהמהלכים הקודמים. ומלבד זאת, עוד שורת חשניות בזה, שהפונקציה של המילטון מורכבת רק על ידי פעולת החבור משני החלקים, החלק הגרוויטציוני והחלק האלקטרו־מגנטי, בלי שום זיקה הגיונית. חוץ מזה אותה התורה מוליכה להשואות של סדרה (Ordnung) רביעית, ועד היום אין לנו כל יסוד בדבר לומר, שהשואות של סדרה שניה אינן מספיקות.

לפני זמן קצר הגיש מר קלוזא (Kaluza) לפני האקדמיה של המדעים בברלין ראשי־פרקים של תורה אחת המתירה את השאלה הסבוכה הזאת בדרך נפלאה. מתחלה נרצה בקצרה את רעיונותיו של מר קלוזא ואחר כך נעבור למחקרנו.

לרבוי בעל חמשה ממדים, שהמשתנים של השדה (Feld-Variable) אינם תלויים מהממד החמישי (אם נבחר את המשתנים של הממדים באופן נאות), יש ערך שוה לרבוי בעל ארבעה ממדים. ובכן לא תהיה זאת השערה פיסיקלית חדשה, אם נתאר את הרבוי של מקום וזמן בעל ארבעה ממדים על ידי הרבוי בעל חמשת הממדים הנ״ל, ונקרא אותו גלילית ביחס ל־$x_5$. כך עשה מר קלוזא. ומלבד זה הוא מתאר את הממשיות הפיסיקלית על ידי היסוד (Element) של הקו בתמונה מרובעת מהיסוד של הצירים (Koordinaten)

$$ds^2 = g_{\mu\nu} dx_\mu dx_\nu. \tag{1}$$

המקדימים:

$$\begin{matrix} g_{11} & g_{12} & g_{13} & g_{14} & g_{15} \\ g_{21} & g_{22} & g_{23} & g_{24} & g_{25} \\ - & - & - & - & - \\ - & - & - & - & - \\ g_{51} & g_{52} & g_{53} & g_{54} & g_{55} \end{matrix}$$

dimensionalen Kontinuum äquivalent. Es bedeutet daher keine besondere physikalische Hypothese, wenn wir die vierdimensionale zeit-räumliche Mannigfaltigkeit des physikalischen Geschehens als eine derartige fünfdimensionale Mannigfaltigkeit auffassen, welche wir „zylindrisch" in bezug auf $x_5$ nennen wollen. Dies tut KALUZA. Er nimmt ferner an, daß die physikalische Realität in diesem Kontinuum durch ein quadratisches Linienelement

$$ds^2 = g_{\mu\nu} dx_\mu dx_\nu \tag{1}$$

charakterisiert sei, dessen Koeffizienten ($g_{\mu\nu} = g_{\nu\mu}$)

$$\begin{matrix} g_{11} & g_{12} & g_{13} & g_{14} & g_{15} \\ g_{21} & g_{22} & g_{23} & g_{24} & g_{25} \\ - & - & - & - & - \\ - & - & - & - & - \\ g_{51} & g_{52} & g_{53} & g_{54} & g_{55} \end{matrix}$$

nach dem Gesagten von $x_5$ nicht abhängen sollen. Die Komponenten $g_{11} \ldots g_{44}$ sollen das Gravitationsfeld beschreiben; $g_{15}, g_{25}, g_{35}, g_{45}$ seien die elektrischen Potentiale, $g_{55}$ eine Feldgröße, die noch ihrer Interpretation harrt, und die eventuell mit dem POINCARÉ'schen Druck zusammenhängt, welcher bei der Theorie des Elektrons bisher eine Art Verlegenheitsrolle spielte.

KALUZA's wesentliche Hypothese besteht nun in der Annahme, daß die Naturgesetze in dieser fünfdimensionalen Welt allgemein kovariant sein sollen. Dadurch wird die Art und Weise des Auftretens der elektromagnetischen Potentiale in den Naturgesetzen mit der Art und Weise des Auftretens der Gravitationspotentiale zwangläufig verknüpft, was eine einschneidende Beschränkung der Möglichkeiten bedeutet. Dadurch steigt die Möglichkeit vor uns auf, das physikalische Weltbild auf eine einheitliche HAMILTON'sche Funktion aufzubauen, welche nicht heterogene Terme enthält, die durch das Plus-Zeichen äußerlich zusammengeschweißt sind. Herr KALUZA führt allerdings außer den Größen $g_{\mu\nu}$ noch einen Tensor der materiellen Strömung ein. Aber es ist klar, daß die Einführung eines solchen Tensors nur dazu dient, eine vorläufige, bloß phänomenologische Beschreibung der Materie zu geben, während uns heute als letztes Ziel eine reine Feldtheorie vorschwebt, derart, daß die Feldvariabeln sowohl das Feld des „leeren Raumes" als auch die elektrischen Elementarteilchen darstellen, welche die „Materie" ausmachen.

Allerdings dürfen die prinzipiellen schwachen Punkte der KALUZA'schen Idee nicht verschwiegen werden. In der allgemeinen Relativitätstheorie, welche mit dem vierdimensionalen Kontinuum arbeitet, bedeutet

אינם תלויים לפי האמור מ-$x_5$, המקדימים $g_{11}$ ... עד $g_{44}$ יתארו כמקדם את שדה הגרוויטציה, והמקדימים $g_{15}, g_{25}, g_{35}, g_{45}$ יהיו הקומפוננטים של פוטנציאל-הארבע (Vierer-Potential) האלקטרו-מגנטי. המשמעות של $g_{55}$ עוד לא נתבררה, ואולי יש למקדים זה שייכות אל הלחץ (Druck) של פואנקרי, שהוציא מן המצר גם בתורות הקודמות של האלקטרון.

הנה ההשערה העיקרית, שמר קלוזא מחדש, היא זו, שלחוקי הטבע יש תואר קובריינטי (kovariant) ביחס לרבוי של חמשת ממדים זה, ומכאן שהפוטנציאלים של הגרוויטציה והפוטנציאלים האלקטרו-מגנטיים הם בעל כרחם מקושרים זה לזה. ועל ידי זאת תהיינה האפשריות מוגבלות מאד. ויכולים אנחנו להשיג את צורת העולם הפיסיקלי על ידי פונקציה אחת של המילטון שלא תכיל אברים ממינים שונים שנצמדים זה לזה רק על ידי פעולת החבור.

מר קלוזא מכניס לתוך תורתו מלבד המקדימים $g_{\mu\nu}$ עוד גם טנזור (Tensor) של זרם חמרי. אבל ברור הוא הדבר שאין זה אלא לפי שעה, למען את תאור פנומנולוגי של החומר. אבל המטרה האחרונה לנו היא לברוא תורה של שדה נקי, שהמשתנים של השדה יתארו לא רק את השדה של החלל, אלא גם את היסודות החלקיים של החשמל, שהם המה מהות החומר.

אין אנו יכולים לעבור בשתיקה על מקום התורפה במהלך רעיונותיו של מר קלוזא. בתורת היחוסיות הכללית המקובלת, שעיסקת ברבוי מקום זמן בעל ארבעה ממדים, המשמעות של $ds^2 = g_{\mu\nu} \, dx_\mu \, dx_\nu$ היא שעור שיכולים למוד אותו בעזרת שטח-אינרציאלית-מקומית (lokales Inertial-System) ע"י קנה-מדה ושעונים, אבל ה-$ds^2$ ברבוי של חמשה ממדים של מר קלוזא הוא מופשט לגמרי שאין לו כנראה שום משמעות מדידה. ואין לנו שום יסוד להניח, שההשואות תהיינה קובריינטיות ביחס לכל חמשת הממדים.

ומלבד זאת, יש אי-סימטריה בזה, שמצד אחד יש לממד החמשי תכונה מיוחדת, תכונה גלילית, ומצד שני יהיה בנין ההשואות שוה בכל חמשת הממדים.

למען דעת, אם אפשר ע"י המקדימים $g_{\mu\nu}$ בעצמם לתאר את השדה השלם. נבחר בצירים כאלה, אשר למגבילית (Determinante) $g = |g_{\mu\nu}|$ יהיה ערך 1, ואז נקבל בעד הפונקציה H של המילטון

$$H = g^{\mu\nu} \Gamma^{\alpha}_{\mu\beta} \Gamma^{\beta}_{\nu\alpha}. \qquad (2)$$

וההשואות של השדה נוכל לכתוב בקירוב ראשון, היינו שהמקדימים $g_{\mu\nu}$ יבדלו רק מעט משעורים קבועים,

$$\frac{\partial \Gamma^{\sigma}_{\mu\nu}}{\partial x_\sigma} = 0. \qquad (3)$$

כבר ראה מר קלוזא שבאופן זה נקבל לנכון את חוקי הגרוויטציה וגם את ההשואות של השדה האלקטרו-מגנטי בחלל ריק על פי מקסוול.

במצב הזה מעניין לדעת, אם להשואות המדויקות חמתאימות להפונקציה (2) של המילטון יש פתרונים מרכזי-סימטריים בשלשה ממדים של המקום ורגולריים בכל

$$ds^2 = g_{\mu\nu}\,dx_\mu\,dx_\nu$$

eine mit Hilfe eines lokalen Inertialsystems mittels Maßstäben und Uhren direkt meßbare Größe, während das $ds^2$ der fünfdimensionalen Mannigfaltigkeit in der KALUZA'schen Erweiterung zunächst als reines Abstraktum dasteht, dem eine unmittelbare metrische Bedeutung nicht zuzukommen scheint. Die Forderung der allgemeinen Kovarianz aller Gleichungen im fünfdimensionalen Kontinuum erscheint daher vom physikalischen Standpunkt aus vollkommen unbegründet. Es bedeutet ferner eine bedenkliche Asymmetrie, daß die Forderung der Zylindereigenschaft eine Dimension gegenüber den anderen auszeichnet, und daß doch in bezug auf den Bau der Gleichungen alle fünf Dimensionen gleichwertig sein sollen.

Stellt man sich die Frage, ob die $g_{\mu\nu}$ allein zur Beschreibung des Gesamtfeldes ausreichen, so kann man bei einer Koordinatenwahl, welche der Determinante $|g_{\mu\nu}| = g$ den Wert 1 erteilt, die HAMILTON'sche Funktion H setzen

$$H = g^{\mu\nu}\,\Gamma^{\alpha}_{\mu\beta}\,\Gamma^{\beta}_{\nu\alpha}. \qquad (2)$$

Dabei nehmen die Feldgleichungen in erster Näherung, d. h. falls die Abweichungen der $g_{\mu\nu}$ von Konstanten gering sind, die Form an

$$\frac{\partial \Gamma^{\sigma}_{\mu\nu}}{\partial x_\sigma} = 0. \qquad (3)$$

Herr KALUZA hat bereits gesehen, daß man auf diese Weise die Gesetze der Gravitation und die MAXWELL'schen Vakuum-Feldgleichungen in erster Näherung richtig erhält.

Bei dieser Sachlage ist es von Interesse, zu wissen, ob die der HAMILTON'schen Funktion (2) entsprechenden strengen Gleichungen (in drei Dimensionen) zentralsymmetrische statische Lösungen haben, welche überall singularitätenfrei[1]) und geeignet sind, die elektrischen Elementarladungen darzustellen.

Eine zentralsymmetrische Lösung entspricht folgendem Ansatz:

1. Für die drei räumlichen Indizes soll sein:

$$g_{\alpha\beta} = \lambda\,\delta_{\alpha\beta} + \mu\,x_\alpha x_\beta \quad (\delta_{\alpha\beta} = 1 \text{ bzw. } 0, \text{ je nachdem } \alpha = \beta \text{ oder } \alpha \neq \beta)$$

---

[1]) D. h. nirgend dürfen die $g_{\mu\nu}$ unendlich werden oder ihre Determinante verschwinden.

ראיה שלפי תורת־השדה של מר פ. קלוזא שדה מרכזי־סימטרי ורגולרי בכל מקום הוא מן הנמנעות VII

מקום[1]) ומוכשרים לתאר את היסודות הטעונים חשמל. בעד פתרון מרכזי־סימטרי קביעת־הנוסח של המקדימים היא כדלקמן:

1) $g_{\alpha\beta} = \lambda \delta_{\alpha\beta} + \mu\, x_\alpha x_\beta \quad (\delta_{\alpha\beta} = \begin{smallmatrix}1, \beta = \alpha\\ 0, \beta \neq \alpha\end{smallmatrix}$ אם $)$

2) $g_{14}, g_{24}, g_{34}, g_{15}, g_{25}, g_{35}$  יהיו שווים בכל מקום לאפס

3) $g_{44}, g_{45}, g_{55}, \lambda, \mu$

תהיינה פונקציות רק  ם $r (= \sqrt{x_1^2 + x_2^2 + x_3^2})$.

כשנציין בקצור  $\gamma = g_{44}\, g_{55} - g_{45}^2$

נקבל את הנוסחא של הפונקציא (2) להמילטון

$$r^2 H = \frac{\lambda^2}{2} r^2 (g'_{44} g'_{55} - g'^2_{45}) + \frac{1}{2}\gamma \lambda'^2 r^2 + \lambda \lambda'\, \gamma'\, r^2 - \frac{2\lambda' r}{\lambda^2} - 2\lambda\lambda'\gamma\, r. \quad (4)$$

על ידי ווריאציה של אינטגרל־הפעולה (Wirkungs - Integral)

$$\int H r^2 d r$$

לפי $g_{44}$ נקבל את ההשואה

$$[(g_{44} \lambda^2)' r^2]' - g_{44} \lambda'^2 r^2 + 4 g_{44} \lambda'\lambda\, r = 0. \quad (5)$$

ההשואות בעד $g_{55}, g_{45}$ הן דומות.
על ידי קומבינציה נאותה מכל שתי השואות משלש אלו נקבל שלש השואות ערוכות מעין זו:

$$\frac{[r^2 \lambda^2 (g_{44} g'_{45} - g'_{44} g_{45})]'}{r^2 \lambda^2 (g_{44} g'_{45} - g'_{44} g_{45})} = -\frac{(\lambda^2)'}{\lambda^2}. \quad (6)$$

ועל ידי אינטגרציה נקבל

$$r^2 \lambda^4 (g_{44} g'_{45} - g'_{44} g_{45}) = \text{שעור קבוע} \quad (7)$$

---

1) חיינו שבכל מקום יהיו למקדימים $g_{\mu\nu}$ ערכים סופיים, והמגבילית תהיה שונה מאפס.

2. $g_{14}$, $g_{24}$, $g_{34}$, $g_{15}$, $g_{25}$, $g_{35}$ sollen überall verschwinden.

3. $g_{44}$, $g_{45}$, $g_{55}$, $\lambda$, $\mu$ seien Funktionen von $r\ (=\sqrt{x_1^2+x_2^2+x_3^2})$ allein. Setzt man nun noch zur Abkürzung

$$\gamma = g_{44}\,g_{55} - g_{45}^2$$

so ergibt sich für die HAMILTON'sche Funktion aus (2)

$$r^2 H = \frac{\lambda^2}{2} r^2 (g'_{44}\,g'_{55} - g'^{2}_{45}) + \frac{1}{2}\gamma\lambda'^2 r^2 + \lambda\lambda'\,\gamma'\,r^2 - \frac{2\lambda'\,r}{\lambda^2} - 2\lambda\lambda'\,\gamma\,r \quad (4)$$

Die Variation des Wirkungs-Integrals

$$\int H r^2 \, dr$$

nach $g_{44}$, liefert die Gleichung

$$[(g_{44}\lambda^2)'\,r^2]' - g_{44}\lambda'^2\,r^2 + 4\,g_{44}\lambda'\lambda\,r = 0. \quad (5)$$

Die Gleichungen für $g_{45}$ und $g_{55}$ lauten analog.
Durch passende Kombination je zweier dieser Gleichungen folgen drei einander gleichgebaute Gleichungen vom Typus

$$\frac{[r^2\lambda^2\,(g_{44}\,g'_{45} - g'_{44}\,g_{45})]'}{r^2\lambda^2\,(g_{44}\,g'_{45} - g'_{44}\,g_{45})} = -\frac{(\lambda^2)'}{\lambda^2}. \quad (6)$$

Hieraus durch Integration

$$r^2\lambda^4\,(g_{44}\,g'_{45} - g'_{44}\,g_{45}) = \text{Konst.} \quad (7)$$

Die Konstante auf der rechten Seite muß verschwinden, weil die linke Seite für $r=0$ verschwindet. Deshalb folgt aus (7) nach nochmaliger Integration

$$\frac{g_{45}}{g_{44}} = \text{Konst.} \quad (8)$$

אבל השעור הקבוע בצד הימיני שוה לאפס, מפני שהצד השמאלי שוה לאפס בעד $r=0$, ובכן נקבל על ידי אינטגרציה שניה

$$\text{שעור קבוע} = \frac{g_{45}}{g_{44}} \qquad (8)$$

$$\text{שעור קבוע} = \frac{g_{45}}{g_{55}} \qquad (8^a)$$

אבל באין-סוף של המקום יש לרבוי תכונה אויקלידית, והפוטנציאל $g_{45}$ של האלקטרו-סטטיקה צריך להיות שוה לאפס. ובכן יוצא מהחשואות (8) ו-($8^a$), שהפוטנציאל $g_{45}$ שוה לאפס בכל מקום. הרי שאין לנו פוטנציאל חשמלי המשתנה במקום, וכן גם אי אפשר לקבל שדה חשמלי.

ובזה הוכחנו, שאין לתורתו של מר קלוזא פתרון התלוי רק ב-$g_{\mu\nu}$ ומרכזי-סימטרי ורגולרי בכל מקום, שתהא בו המשמעות של אלקטרון.

---

Ebenso folgt

$$\frac{g_{45}}{g_{55}} = \text{Konst.} \qquad (8\,\text{a})$$

Im Räumlich-Unendlichen muß die Mannigfaltigkeit euklidisch sein und das elektrostatische Potential muß dort verschwinden. Also verlangen die Gleichungen (8) und (8a), daß $\frac{g_{45}}{g_{44}}$ und $\frac{g_{45}}{g_{55}}$ überall verschwinden. Also gibt es kein räumlich variables elektrisches Potential und damit auch kein elektrisches Feld.

[13] Damit ist bewiesen, daß die KALUZA'sche Theorie keine von den $g_{\mu\nu}$ allein abhängige zentralsymmetrische Lösung besitzt, welche als (singularitätenfreies) Elektron gedeutet werden könnte.

*Rec. 10. I. 22.*

# Kaluza 场论中不存在处处有规则的中心对称场的证明

爱因斯坦与 Jakob Grommer，柏林

广义相对论当前最重要的问题肯定是引力场和电磁场的最终统一。尽管二者的统一肯定不是一个先验的条件，但是如果能够克服这一二元性，无疑会是一个极大的理论进步。直到不久以前，这方面的探索只有 Weyl 的理论。[2]但是对它也存在着相当的疑虑。它没有妥善处理杆尺和钟或者原子的测量对之前历史的独立性。[3]另外，它没有消除二元性，其哈密顿函数由引力和电磁两项相加组成，互不独立。再次，这一理论会导致四阶微分方程，而现在连解决二阶方程的迹象都没有看到。

不久以前，Th. Kaluza 先生向柏林科学院展示一个理论的草稿，能够避开所有上述问题，同时形式惊人地简洁。[4]让我们首先简要介绍一下 Kaluza 先生的想法，然后进一步讨论想要检查的问题。[5]

一个场变量不依赖于第 5 个变量的五维流形，(通过选择合适的坐标系)等价于一个四维连续统。如果我们把物理经验的四维时空流形看成是这样的一个五维流形，就没有什么特别的物理假设。我们把这个五维流形称为关于 $x_5$ 的"圆柱"。[6]这是 Kaluza 的做法。他进一步假设在这个连续统中的物理实在可由一个二次线元表征

$$ds^2 = g_{\mu\nu} d\chi_u d\chi_y \tag{1}$$

根据前述原因，其系数 ($g_{\mu\nu} = g_{\nu\mu}$)

| $g_{11}$ | $g_{12}$ | $g_{13}$ | $g_{14}$ | $g_{15}$ |
| $g_{21}$ | $g_{22}$ | $g_{23}$ | $g_{24}$ | $g_{25}$ |
| — | | | | |
| — | | | | |
| $g_{51}$ | $g_{52}$ | $g_{53}$ | $g_{54}$ | $g_{55}$ |

不应依赖于 $x_5$。组元 $g_{11} \ldots g_{44}$ 描述引力场；$g_{15}, g_{25}, g_{35}, g_{45}$ 应为电势，$g_{55}$ 是一个有待诠释的场量，也许和电子论中起着某种尴尬替身角色的庞加莱压力有关。

Kaluza 的关键假设，是在这个五维世界中，自然律应当是普遍协变的。如此一来，自然律中电磁势发生的方法和方式就必须和引力势发生的方法和方式联系起来，而这就有力地限制了其可能性，使得我们可能在均一的哈密顿函数的基础上构建物理世界观，而不需要让两个不同质的项生硬相加。然而在 $g_{\mu\nu}$ 之

外,Kaluza 先生引入了另一个物质流张量。不过这个张量显然只是一个物质的初级的唯象描述,而我们现在的目标是一个纯粹的场论,其中的场变量既能代表"虚空"中的场,也能表达组成"物质"的电基本粒子。

尽管如此,我们必须指出 Kaluza 想法中的根本弱点。在基于四维连续统的广义相对论中,
$$ds^2 = g_{\mu\nu} d\chi_\mu d\chi_\nu$$
表达的是可以用杆尺和钟直接测量的本地惯性系统的量值,而在 Kaluza 推广中五维流形的 $ds^2$ 起初只代表一个纯粹的抽象概念,并无直接测量意义。因此从物理观点看,五维连续统中所有方程的普遍协变的要求就显得毫无根据。[7]此外,圆柱性质要求一个与其他维度不同的特殊维度,而方程组的结构却使得所有五个维度都是平等的,这个矛盾也很成问题。

如果问到 $g_{\mu\nu}$ 自己是否足以描述全部场,我们可以选择坐标系,使得行列式 $|g_{\mu\nu}| = g$ 的值等于 1,并设定哈密顿函数 $H$
$$H = g^{\mu\nu} \Gamma_{\mu\nu}^\alpha \Gamma_{\nu\alpha}^\beta \tag{2}$$
假定 $g^{\mu\nu}$ 对常数的偏离是小量,在一阶近似下,场方程的形式为[8]
$$\frac{\partial \Gamma_{\mu\nu}^\sigma}{\partial \chi_\sigma} = 0 \tag{3}$$
Kaluza 已经确保以此获得引力定律和真空中的麦克斯韦方程的一阶近似。

在这种情况下,我们想知道对应哈密顿函数(2)的最严格的方程组(三维情况)是否具有中心对称的静态解,各处都没有奇点[也就是说在各处 $g_{\mu\nu}$ 都不能变成无穷大,其行列式也不会为零]并且适合用来描述基本电荷。[9]

下列方法对应一个中心对称解:

1.对于 3 个空间指标,$g_{\alpha\beta} = \lambda\delta_{\alpha\beta} + \mu\chi_\alpha\chi_\beta$($\alpha=\beta$,$\alpha\neq\beta$ 对应 $\delta_{\alpha\beta}=1$ 或者 0)必须成立。

2.$g_{14}, g_{24}, g_{34}, g_{15}, g_{25}, g_{35}$ 应当处处为零。

3.$g_{44}, g_{45}, g_{55}, \lambda, \mu$ 应当只是 $r(=\sqrt{x_1^2+x_2^2+x_3^2})$ 的函数。[10]

如果使用简洁的表达形式
$$\gamma = g_{44}g_{55} - g_{45}^2,$$
对于(2)式中的哈密顿函数,可以得到:
$$r^2 H = \frac{\lambda^2}{2} r^2(g'_{44}g'_{55} - g'^2_{45}) + \frac{1}{2}\gamma\lambda'^2 r^2 + \lambda\lambda'\gamma' r^2 - \frac{2\lambda' r}{\lambda^2} - 2\lambda\lambda'\gamma r \tag{4}$$
基于 $g_{44}$,作用积分
$$\int H r^2 dr$$
的变分得到方程[11]

$$[(g_{44}\lambda^2)'r^2]' - g_{44}\lambda'^2 r^2 + 4g_{44}\lambda'\lambda r = 0 \tag{5}$$

$g_{45}$ 和 $g_{55}$ 的方程类似。

通过这些方程中每两个方程的适当组合,得到以下类型的3个类似方程

$$\frac{[r^2\lambda^2(g_{44}g'_{45} - g'_{44}g_{45})]'}{r^2\lambda^2(g_{44}g'_{45} - g'_{44}g_{45})} = \frac{(\lambda^2)'}{\lambda^2}. \tag{6}$$

由此通过积分,[12]

$$r^2\lambda^4(g_{44}g'_{45} - g'_{44}g_{45}) = \text{konst.} \tag{7}$$

由于 $r=0$ 时方程左边为零,因此右边的常数等于零。因此从等式(7)经过另一个积分之后,得到

$$\frac{g_{45}}{g_{44}} = \text{konst.} \tag{8}$$

同样地,

$$\frac{g_{45}}{g_{55}} = \text{konst.} \tag{8a}$$

在无穷时空中流形必须是欧几里得的,且静电势必须为零。因此等式(8)和(8a)要求 $\frac{g_{45}}{g_{44}}$ 和 $\frac{g_{45}}{g_{55}}$ 处处为零。这样一来,就不存在空间可变的电势,也就没有电场。

这样我们就证明了 Kaluza 理论中,不存在仅仅依赖 $g_{\mu\nu}$ 的可以被诠释为(无奇点的)[13]电子的中心对称解。

---

73 发表于《耶路撒冷大学图书馆出版物:数学与物理》(*Scripta Universitatis atque Bibliothecae Hierosolymitanarum.Mathematica et Physica*)1(1923),Ⅶ,pp.1—5.*Kitvei ha-Universita ve-Beth-ha-Sfarim bi-Yerushalayim.Mathematica u'Fisica*.A(5684),Ⅶ:1—4(希伯来文)。收稿日期1922年1月10日,另有一份手稿[120 763]。这里标出了手稿与发表版本的明显出入。

[1]*Scripta* 在希伯来大学图书馆版权标识下共出版两卷:*Orientalia et Judaica* 和 *Mathematica et Physica*。爱因斯坦答应担任后一卷的编辑,但是不清楚他在编辑过程中的作用。每一卷中的论文都同时以原来语言和希伯来文翻译发表;本文的希伯来文译者是 Jakob Grommer 本人(*Einstein and Grommer 1923b*)。Immanuel Velikovsky 在两卷的汇编和制作中起了主要作用,并负责在巴勒斯坦的编辑工作。关于他对自己相关工作的记述,可见 *Velikovsky 1978*。Heinrich Löwe 负责在欧洲的编辑工作(见 Heinrich Löwe 无日期的表格信件[IsJCZA/A146/116])。

[2]见 *Weyl 1918a* 和 *1918c*,*1919b*;关于 Weyl 方法的总结,可见 Hermann Weyl 致爱因斯坦,1918年3月1日(第八卷,文件472)。

[3]关于爱因斯坦最初的批评,特别是针对杆尺和钟的行为,可见 *Einstein 1918g* 和 *Einstein et al. 1920*(第七卷,文件8和46),以及爱因斯坦致 Walter Dällenbach,1918年6月15日之后(第八卷,文件565)。后面这个文件包含非常清晰的反对意见的表述。

[4]Theodor Kaluza(1885—1954)是柯尼斯堡大学数学无薪讲师(*Privatdozent*)。对于 Kaluza 将广义相对论推广到五维以包括电磁力的最初提议,爱因斯坦在1919春的反应在很热烈。从他对 Kaluza 包含

论文草稿附件的来信的回复[爱因斯坦致 Theodor Kaluza,1919 年 4 月 21 日(第九卷,文件 26)],可以看得很清楚。然而在接下来的两周里,爱因斯坦仔细考虑了 Kaluza 建议的后果(见爱因斯坦致 Theodor Kaluza,1919 年 4 月 28 日,5 月 5 日和 5 月 14 日[第九卷,文件 30,35,和 40])。在 5 月底的一封信中(爱因斯坦致 Theodor Kaluza,1919 年 5 月 29 日[第九卷,文件 48]),爱因斯坦终于撤回了自己早先的将论文提交 *Sitzungsberichte* 发表的建议。3 年多之后,爱因斯坦又改变了主意,提议将 Kaluza 的论文提交发表(爱因斯坦致 Theodor Kaluza,1921 年 10 月 14 日[第十二卷,文件 270])。仅仅一周之后,他就收到 Jakob Grommer 1921 年 10 月 25 日来信(第十二卷,文件 283),信中包含了本篇论文中的数学论证。

[5] 关于五维理论的历史,可见 *Vizgin 1994*,pp.149—161,以及 *Goenner 2004* secs.4.2 和 6.3;关于 Kaluza 的生平,见 *Wuensch 2007*。

[6] 在这里,爱因斯坦的论点是,由于圆柱条件,引入第五个维度并不是实在性的。很久之后,爱因斯坦和 Peter Bergmann 详细批判了 Kaluza 最初的方式未能给出第五维度的实在解释,并因此提出一个周期性依赖第五维度的五维理论,认为能够以此给出实在解释(见 *Einstein and Bergmann 1938*;*Einstein et al.1941*)。

[7] 见爱因斯坦致 Kaluza,1919 年 5 月 5 日(第九卷,文件 35)。

[8] 和 Kaluza 一样(见 *Kaluza 1921*,p.968),爱因斯坦和 Grommer 只关注对应 Kaluza 五维场方程的线性化方程,$R_{\mu\nu}=0$,其中 $R_{\mu\nu}$ 是可测度的五维联系的 Ricci 张量。与 Kaluza 不同的是,爱因斯坦和 Grommer(在前页)论证说不应当引入五维(物质)能量-动量张量 $T_{\mu\nu}$;相反地,基本粒子应当由场方程的解描述。

[9] 1909 年爱因斯坦已经考虑过在电磁理论中将粒子表达为场方程的解(见爱因斯坦致 Hendrik A. Lorentz,1909 年 5 月 23 日[第五卷,文件 163])。在 *Einstein 1919a*(第七卷,文件 17)中,他试图将粒子表达为(非统一的)电磁场和引力场的位形。本文件中爱因斯坦第一次给出了一个场方程的解能够代表物质粒子的充分和必要条件。同时,文件也第一次建立了场概念基础上物理理论的满意标准,也就是它必须存在这类粒子解。在爱因斯坦之后的统一场论的研究中,这一标准成为不断出现的主题。关于粒子解在五维统一场论中的角色的历史讨论,可见 *Dongen 2002* 和 *2010*,第六章。关于粒子解在爱因斯坦统一场论项目中更普遍的角色的历史讨论,可见 *Goenner 2004*,尤其是 pp.7—10,secs.3.2 和 d 4.3.4;*Goldstein and Ritter 2003*,pp.112—s113。关于无奇点解的重要性,可见 *Earman and Eisenstaedt 1999*。

[10] 爱因斯坦之前在试图推导水星近日点轨道时,曾经研究了纯引力场方程的球对称静态解(尤其可见 *Einstein 1915h*[第六卷,文件 24])。不过他只给出了一个近似解。1916 年在 *Schwarzschild 1916* 中发现了相应的严格解。在文件 *Einstein 1915h* 的原文 833 页,爱因斯坦列出了理想解必须满足的 4 个条件,和文本中提出的条件部分对应。不过 *Einstein 1915h* 文中的第 4 个条件,按现在的说法就是要求非对称平坦,在本文中并未列出,而是在论文最后(原文第 5 页)才引入。关于近日点计算的详细历史讨论,可见编者按,"爱因斯坦-Besso 关于水星近日点运动的手稿"(第四卷,pp.344—359),以及 *Earman and Janssen 1993*。

[11] 手稿中是"$g_{44}$,$g_{45}$ 和 $g_{55}$"而不仅仅是"$g_{44}$"。

[12] 等式(7)之后,手稿中包含了下列被划去的句子:"在零点满足决定方程(Damit im Nullpunkt die Determinantengleichung)$g=\gamma\lambda^2(\lambda+\mu r^2)=-1$ 条件下,$\gamma$ 和 $\lambda$ 都不能消失(darf dort weder $\gamma$ noch $\lambda$ verschwinden)。"相关的讨论,见下注。

[13] 手稿中,在"welche"之后,下列词语被划掉:"没有违背零点连续性条件(ohne Verletzung der Stetigkeitsbedingung im Nullpunkt die)"。在脚注 1 中"无奇点"的定义之后,这一被删除的段落来自于注 13 中被删除的段落,并且对应一个不同的结论。按实际情况来说,爱因斯坦和 Grommer 的结论是不存在

中心对称解；但是删除的段落却认为不存在中心对称的非奇点解。初看起来，这似乎是比他们最后的结果要弱一些的表述；然而解的非奇点性是来源于另外独立的论证。

## 13. 致 Paul Ehrenfest

[柏林]1922 年 1 月 11 日

亲爱的 Ehrenfest！

对 Lenard 纪念文集一事我一无所知。[1]不需要把一点小事看得那么重要，尤其纯粹是表面的人际关系。无论好坏，这不过是一桩小闹剧而已。光实验的结果已经出来，确信是否定的；[2]请把这个消息告诉 Bohr。[3]从中得出的结论就是发射场没有具有以下性质的成分：

a) 波动性；

b) 各向同性。

我现在想知道基本过程的相互作用能否真的代替这个幽灵场。也将用实验来确认这个问题的结果。

我关于超导性的文章引用了 Haber 的工作。[4]几年前他在一篇科学院的文章中发展了一个类似的诠释，不过是没有那条"蛇"。[5]

这里向你和 Bohr、Tanya 和 von Aardenne[6]致以诚挚问候，你的

爱因斯坦

AKS.[10 004]。明信片寄给"Prof. Dr. P. Ehrenfest bei H. Prof. Niels Bohr Blegdamsveg 15 Kopenhagen Dänemark"。改正的地址"Witte Rosenstraat Leiden Holland"未知是何人手迹。邮戳"Berlin W 35 11.1. 22.3—4N[achmittags]，"第二个邮戳"Kø[benhavn] 14.1.22.5 - 6E[ftermiddag]"。寄信人地址"柏林哈伯兰大街 5 号爱因斯坦博士教授"("Prof. Dr. A. Einstein, Haberlandstr. 5, Berlin")是 Ilse Einstein 的手迹。文件省略了 Ilse Einstein 的一个附笔。

[1]见文件 8。

[2]关于该实验，见文件 4。

[3]Niels Bohr。

[4]Fritz Haber(1886—1934) 是柏林威廉皇帝物理化学和电化学研究所(Kaiser Wilhelm Institute for Physical and Electrochemistry)所长。

[5]超导"链"的想法是固体中电子在玻尔轨道围绕正离子运动，可以借公切线的相邻轨道从一个原子转到旁边原子，产生无耗散的电流(见 *Haber 1919a*，*1919b*，尤其是 pp. 1002—1003，以及 *Einstein 1922k*(文件 76)，p. 435)。关于 Ehrenfest 和爱因斯坦在超导性方面工作的分析，见 *Sauer 2007*。

[6]Tatiana Ehrenfest 和 Gijsbert van Aardenne。

# 14. Arnold Sommerfeld 的来信

慕尼黑,1922 年 1 月 11 日

亲爱的爱因斯坦!

一向乏味的《数学年鉴》(Math. Ann.)的通知,这次却给了我一个好机会可以写信给您。[1]

因为《剧院》(Schaubühne)杂志一篇不得体的文章,您就取消来访计划,实在可悲。[2]在终于设法找到这篇小小雄文之后,我感到难以接受作者的心态。在我看来,这样的国际主义在目前状况下实在使人厌恶,尤其是它无非是想哗众取宠和大不敬的动机。[3]其中涉及您的内容,显然是无稽之谈。谈到的关于委员会会议的内容,我当然也是闻所未闻,因为学生们在其他时候通常对建议都很慎重。[4]我把文章拿给校长看,[5]他当然也赞同我,认为这件事情不值一提。您有时间应该看看,我们可怜的学生到了 1922 年和您心目中对他们的可怕的印象有多大差别。[6]在 1919 年和 1920 年初他们的确有些过激;[7]但是现在只要协约国的专横不再次激怒他们,他们都温顺得像小绵羊一样。我在《外国新闻》(Auslandspost)中读到您在意大利的一个访谈,讲得非常好,在海外应该再高调一些。[8]至于《费加罗报》(Figaro)那篇臭名昭著的采访,我想把它也送到《外国新闻》,加上一条评论"彻头彻尾的谎言",但您肯定不会准许我这样做。甚至您的妻子也被牵涉进了这次采访,更是可耻。[9]对于通过 Anschütz 来确证您的国家荣誉感一事,请不要因此对我不满;[10]如果不那样做的话,您在我心中的形象就会留下污点!除了您之外,另外三位中立的同事也对我送去的关于卢西塔尼亚(Lusitania)号一事的文章保持沉默。[11]这个世界拒绝从教条中苏醒过来,坚持认为在这件事上德国有罪;而 Lloyd George 仍然在极力利用这件事。[12]

现在我们确实应该再好好谈谈,以免协约国疯狂的掠夺政策疏远我们之间的关系。不过还是先转向令人愉快的事情:

根据 Anschütz 告诉我的消息,看来您完成了又一个伟大发现,埋葬了波动理论。[13]如果您能发现一线光明,我非常高兴。在基本观点上一直以来的这个二元论不能再继续下去了。如果您认为您的实验是决定性的,我会很高兴地接受它,虽然经过 Geiger 在耶拿的解释,我还是不理解它。[14]

同时我替自己澄清了与 Paschen 的测量结果相关的一些谱线组合的精彩量值定律,并加入到我著作的第三版中予以发表。[15]我的一个学生(Heisenberg,

才上第三个学期!)[16]甚至用模型解释了这些定律以及反常塞曼效应(《物理学杂志》(Z.f.Ph.,印刷中)。[17]模型处处都行得通,但是其深层基础却不甚清晰。我只能在促进量子技术方面做些工作,哲学方面只能依靠您。内心深处,我也不再相信球面波。(另外,反常塞曼效应也帮助排斥波动理论。)拜托一定要妥善解决它!

您真诚的

A. Sommerfeld

ALS. *Einstein and Sommerfeld 1968*,pp.95—97;*Sommerfeld 2004*,pp.110—111[21 347]。

[1]爱因斯坦与 Felix Klein、Otto Blumenthal 和 David Hilbert 当时都是《数学年鉴》(*Mathematische Annalen*)的编辑;Sommerfeld 当时是编辑委员会成员。

[2]在读到《世界舞台》(*Die Weltbühne*)17(1921):275(9月15日)的一篇文章说这样的讲座已经在慕尼黑学生中引起争议之后,爱因斯坦取消了在慕尼黑的讲座(见1921年9月27日他致 Arnold Sommerfeld 的信[第十二卷,文件247])。

[3]《剧院》(*Die Schaubühne*)于1918年更名《世界舞台》,是一份持和平主义立场的周刊,强烈支持战争赔款和遵守《凡尔赛条约》。(*Deák 1968*)。

[4]关于该文的内容,见爱因斯坦致 Arnold Sommerfeld,1921年9月27日(第十二卷,文件247)。

[5]Erich von Drygalski(1865—1949)是慕尼黑大学地理教授。

[6]爱因斯坦曾经对 Sommerfeld 说慕尼黑的学生是"反犹主义的和反动派的马蜂窝"的成员(1921年9月27日[第十二卷,文件247]),觉得他们会给自己的讲座来个"下马威"(爱因斯坦致 Arnold Sommerfeld,1921年10月19日[第十二卷,文件261])。

[7]慕尼黑学生曾为巴伐利亚社会主义者总理 Kurt Eisner 被谋杀的消息感到高兴。这一刺杀行为即是慕尼黑学生 Anton von Arco auf Valley 伯爵于1919年2月21日所为。很多学生都是自由军团(Freikorps)成员(*Plöckinger 2008*)。

[8]这里指的是发表于《世纪》(*Il Secolo*)杂志的爱因斯坦与意大利记者 Aldo Sorani 的一次访谈。其中引述爱因斯坦的原话说"愤怒且痛苦的民族主义"("ein gereizter und schmerzender Nationalismus")的存在"主要应归罪于《凡尔赛条约》和协约国根据这个条约没完没了的最后通牒、裁定、指令,让德国雪上加霜,引起愤怒的民族主义情绪"。("vor allem im Versailler Vertrag und in der unaufhörlichen Folge von Ultimatums, Dekreten, Befehlen, welche die Entente kraft des Vertrages auferlegt und welche die Wunde vergiften und das Nationalgefühl bis zur Weißglut erhitzen";*Auslandspost*,12 November 1921)关于《信使报》(*Il Messagero*)上发表的爱因斯坦与 Sorani 访谈的全文,见"与爱因斯坦的一次谈话"(A Conversation with Albert Einstein)(第十二卷,附录 G)。

[9]《费加罗报》1921年10月13日的这篇文章报道了作者 Raymond Recouly 与爱因斯坦晚餐时的谈话(*Recouly 1921*)。关于其内容,可见 Hermann Anschütz-Kaempfe 致爱因斯坦,1921年11月10日(第十二卷,文件293),以及文件41。文章引述 Elsa Einstein 的话说要向公众解释相对论,可以遵循哥白尼开始的思想的历史轨迹;她还进一步赞成爱因斯坦,认为要理解相对论,需要想到物理学的基础,尤其是"晚上醒来的时候,不要去想别的"("il faut aussi ne pas penser à autre chose, quand, par hasard, on se réveille la nuit")。

[10]在此之前,Sommerfeld 对《费加罗报》的这篇文章已经很不满,曾要求 Anschütz-Kaempfe 找爱因

斯坦谈及此事（见 Hermann Anschütz-Kaempfe 致爱因斯坦，1921 年 11 月 10 日和 12 月 16 日［第十二卷，文件 293 和 327］）。

［11］关于 Sommerfeld 在卢西塔尼亚奖章一事上的文章，见他 1921 年 7 月 4 日致爱因斯坦的一封信（第十二卷，文件 168）。

［12］David Lloyd George(1863—1945) 当时是英国首相。在 1 月 6 日的那个星期，协约国在戛纳的会议决定将德国 1922 年的战争赔款降至 7 亿 2 千万马克现金加 12 亿 5 千万交货实物；德国政府在 1921 年 12 月 14 日提出的完全暂停赔付的要求未能得到满足(*Feldman 1997*, p.382)。

［13］关于光发射的极隧实验，可见文件 9。在 *Sommerfeld 1922*, p.vii 中，Sommerfeld 表达了对经典波动理论和连续球面波概念的疑问。

［14］Hans Geiger（1882—1945）当时是帝国物理与技术研究院（Physikalisch-Technische Reichsanstalt）放射实验室主任。德国自然研究者与医生协会(Gesellschaft Deutscher Naturforscher und Ärzte)大会于 1921 年 9 月 18 至 24 日在耶拿召开。

［15］见 *Sommerfeld 1922*，特别是第 6 章，第 5 和第 7 段。

［16］Werner Heisenberg(1901—1976)，慕尼黑大学学生。关于 Heisenberg 对新结果的贡献，见 *Cassidy 1992*, pp.121—126。

［17］*Sommerfeld and Heisenberg 1922*，也可参见 *Sommerfeld 1922*, chap.6, Nachtrag（第 6 章，补遗）。

# 15. Felix Ehrenhaft 的来信

维也纳第九区，玻尔兹曼大街 5 号，1922 年 1 月 12 日

亲爱的爱因斯坦先生！

事实上，因为您很久没有来信，我有点生气。对于 Schmutzer 做的精彩的蚀刻版画，您是如何评论的？[1] 什么时候您才能履行诺言到维也纳来，彻底地隐姓埋名，做客两个星期？这可是您答应过的，房间随时都是准备好的。

今天我要向您提出一个要求，这封信我是要寄给您妻子的，好确保我的要求也会被直接处理。请将您 1918 年 1 月之后的论文的复本都寄给我，也许还包括在 Teubner 印刷的广义相对论的主要论文。[2] 这是个最紧急的请求，因为我要把这些复印件从维也纳转送出去，必须在 2 月 1 日之前拿到它们。请不要把这件事耽误了。[3] 我之所以到现在才提出要求，是因为之前生病无法写信。

利用这个机会我要诚恳地请您帮忙，为已获教授资格的讲师 Friedrich Kottler 博士写一封个人推荐信。[4] 维也纳这边几位先生，包括 Thirring[5] 和我自己，想提名该人担任我们大学数学物理学编外教授。考虑到目前严峻的财务状况，给部里的这样的提议需要有力的支持，您的意见价值极大。我愉快地记起您上次来维也纳的时候在我和 Lampa 面前对 Kottler 的评价[6]。

谨以我妻子[7]还有自己的名义,再一次邀请您来我们这里长住,或许您妻子也可以一起前来。我怀着喜悦的心情,期待您的及时回复,并祝万事如意,您诚挚的

Ehrenhaft

TLS.[10 372]。信笺抬头"维也纳大学第三物理研究所 F.Ehrenhaft 教授博士所长"("Professor Dr. F. Ehrenhaft Vorstand des Ⅲ.Physikalischen Institutes Universität Wien"),收信人地址"尊敬的阿耳伯特·爱因斯坦教授先生(柏林)"("Hochwohlgeboren Herrn Professor Albert Einstein Berlin")。

[1]蚀刻版画的基础是奥地利摄影师 Ferdinand Schmutzer(1870—1928)在爱因斯坦 1921 年 1 月访问维也纳时为他拍摄的一幅照片(见第十二卷,插图 19)。

[2]显然他脑子里想的是 *Lorentz et al.1920*,这是 *Lorentz et al.1915* 的新版本,在以前版本的基础上,加入了 *Einstein 1911h*(第三卷,文件 23),*Einstein 1916e*(第六卷,文件 30),*Einstein 1916o*(第六卷,文件 41),*Einstein 1917b*(第六卷,文件 43),以及 *Einstein 1919a*(第七卷,文件 14),但是省去了 *Lorentz 1910*。

[3]在 1922 年,Ehrenhaft 是爱因斯坦获诺贝尔奖的 17 位提名者之一。见 *Pais 1982*,p.510。

[4]Kottler(1886—1965)是维也纳大学数学物理无薪讲师。

[5]Hans Thirring(1888—1976)是维也纳大学理论物理学编外教授。

[6]Anton Lampa(1868—1938)是维也纳大学理论物理学编外教授。

[7]Olga Ehrenhaft-Steindler(1879—1933)。

## 16.致 Maurice Solovine[1]

柏林,1922 年 1 月 14 日

亲爱的 Solovine!

大量的工作和对写书的逃避心理,使我难以写出您所要求的书。[2]很快您就可以收到我在普林斯顿的讲义。[3]不过这个版本要等到美国版出版之后。出版的条件是:零售价的 20%,这样您拿到 5%,剩下的是我的。

致以诚挚的敬意,您的

A.爱因斯坦.

亲[爱]的 S[olovine],您最好能用英语给 Untermyer 夫人写信,让她明白您有这个能力。[4]不过也要告诉她您更擅长德文和法文。还要告诉她我们一起度过很多年轻时光,还曾在一起学习过。[5]在美国不论在任何地方都必须自信和直率,不然你得不到报酬,还会被人看不起。[6]

TLS(TxU-Hu).*Solovine 1956*,pp.34—35.[80 838]。A TLC [21 157],并存有 Ilse Einstein 手写的一封草稿[21 158],文字有少许出入。此信收信人为"M.Dr.M.Solovine Paris"。

[1]Solovine(1875—1958)是爱因斯坦的一位密友,爱因斯坦文章的主要法文翻译者。

[2]Solovine 曾经请求爱因斯坦为教育程度高的听众写一本书,内容可能是基于爱因斯坦在柏林的讲座(见 1921 年 12 月 6 日,第十二卷,年表和日程表)。

[3]曾计划翻译 *Einstein 1922c*(第七卷,文件 71),由戈捷-维拉尔出版社(Gauthier-Villars)出版(见 1921 年 12 月 6 日,第十二卷,年表和日程表)。

[4]Minnie Carl Untermyer(1859—1924)是一位教育和艺术项目的支持者。6 个月之前,爱因斯坦曾建议 Solovine 请求 Untermyers 帮助,组织一个在美国的巡回讲座(见爱因斯坦 1921 年 6 月 25 日致 Maurice Solovine[第十二卷,文件 157])。

[5]Solovine 曾经在伯尔尼接受爱因斯坦私人授课,并和 Conrad Habicht 一起建立"奥林匹亚学院(Olympia Academy)",这是一个非正式的哲学问题讨论组(见第五卷,生平部分,pp.641—642)。

[6]附笔是爱因斯坦的手迹,此处省略 Ilse Einstein 的致意。

# 17.Eberhard Zschimmer 的来信[1]

耶拿,罗伊特大街 59 号,1922 年 1 月 14 日

非常尊敬的教授先生!

与您讨论这些问题的这一想法,我很早就有了;但我哪敢有这个胆量问您这件事。您能愿意与我讨论这些我这个愚蠢的门外汉觉得很重要的严肃问题,对我来说已经是一种幸运了。我有一个模糊的感觉,就是在高高在上的您看来,所有这些都不过是一些荒谬的概念性的问题,只要一个人掌握必要的数学工具,自己就能从您的理论里得到结论。现在您竟然寄来一张令人鼓舞的明信片!请放心,我绝不会滥[用]您的好意,事先一定会先和您的"守护天使"交谈了解您的情[绪]等情况。另外,我把 Straubel 教授[2]拉了进来,使得自己实验的凹面镜从幻想变为现实。这对您来说也是值得的。[3] Straubel 非常忙,要是和他一起构思一个想法,谁也不知道他什么时候能有时间实现。不过我相信您的一点"暗示",能起到很大的促进作用。[4]正像您看到的,我假定这个玻璃实验对您的重要性,远远超过对我自己关于可知世界的愚蠢的哲学理论猜测的重要性。尽管如此,我冒昧地打算下周给您送去自己最后终于完成的(很短!)准备投给《[德国]观念论哲学》(*Beiträge z*[*ur*] *Phil*[*osophie*] *d*[*es*] *d*[*eutschen*] *Idealismus*)的手稿,并且提出两个殷切的请求:(1)如果您觉得这个手稿毫无意义,直接把它装进随信寄去的贴有邮票的信封,然后丢进邮箱即可;(2)如果您觉得这个问题本身有意义,但是解答〈时〉有缺陷,可以在页边写上几点建议。您需要多少时间都可

以，这个稿件不需要马上发表，不过我想给那个"泼妇"[*Männin*]的哲学小册子（《康德对爱因斯坦》[*Kant contra Einstein*]）当头一棒，尤其是这个可怜的东西当初就是发表在这个期刊的增刊上。[5] 或者也可以投给《自然科学》(*Naturwissenschaften*)；不过我觉得哲学期刊更合适。

顺便我想指出，您在菲韦格出版的书里有一处印刷错误，一直到13版都没有改正：在第75页上，球面积 $= \pi r^2$（两次）。[6] 如果Ripke-Kühn女士看到这个，她大概会以为这是广义相对论的一个结论。（这种女武神类型[*Walkürengenre*]的人什么事都能干出来！）。

现在我可以请求您至少浏览一遍我的手稿吗？您立即就能知道是不是胡扯，如果是，我很快就能收回来；如果不是的话，至少我能有微弱的希望"这里面有点意思"；这样您可以把手稿留下来，等心情好的时候在上面写下意见。当然，在出版时我会在适当的说明中提到曾经请求您"核实结果"，就像您以自己的权威支持Cassirer一样。[7] 一般来说，不管哲学家们如何思考这类问题，没有您的"认可"，都不会有什么影响力。这样我就可以将其加入《哲学信札》(*Philosophische Briefe*)[8]中，对理论有些许帮助，或者说对那些觉得"新物理学"还是一本天书的人有所帮助。我经常同耶拿的数学家Köbe教授[9]谈论空间问题，他在考虑以一种"易于理解"的方式重写其数学基础。这一想法最初是在作为理论的预备课程中出现的。您能否特别检查一下这个表达："自然律的不变性"＝"自然律普遍分析形式的不变性"。这个术语应当只表达您自己的想法。

致以最大敬意，您最忠实的

Eberhard Zschimmer.

TLS.[24 159]。文件左边有活页夹的孔。

[1] Zschimmer(1873—1940)是柏林冶金工程师，耶拿 Schott & Gen.玻璃厂董事会成员。

[2] Constantin R. Straubel(1880—1937)是耶拿大学物理系编外教授，Schott & Gen.玻璃厂董事会成员。

[3] 关于他的加热玻璃片实验，见 Zschimmer 致爱因斯坦，1921年12月30日（第十二卷，年表和日程表）。

[4] 在原文此处，Zschimmer 在页脚加注："我之后要去拜访他(ich besuche ihn nachher)"。

[5] *Ripke-Kühn 1920*。Le(o)nore Kühn(1878—1955)，哲学家、记者，当时是德国国家人民党帝国妇女委员会(Reichsfrauenausschuss der Deutschnationalen Volkspartei, DNVP)成员，并于1921年担任其所属《德国国家妇女》(*Die Deutschnationale Frau*)编辑（见 *Scheck 2004*，p.32）。

对爱因斯坦广义相对论的批评集中在作者所谓的爱因斯坦的科学虚无主义。他的理论"不能成立的原因是它以相对主义破坏了理论现实的观念，最后也会被自己的相对主义埋葬"("unhaltbar, weil sie den Begriff der theoretischen Wirklichkeit durch einen Relativismus zerstört, der sie selbst durch einen Relativismus unter seinen Trümmern begraben muss"; *Ripke—Kühn 1920*，p.4)。

[6] *Einstein 1917a*, p.75(第六卷, 文件 42, p.499)。
[7] 见 *Cassirer 1921* 一文的前言。
[8] *Zschimmer 1920*。
[9] Paul Koebe(1882—1945)是耶拿大学数学教授。

# 18. 对于 Goldschmidt 专利的专家意见

[柏林, 1922 年 1 月 14 日之后][1]

### 对于 Goldschmidt 的美国专利 No.1386329[2] 的专家意见

Goldschmidt 先生征询我的意见, 看看下面谈到的专利中, 有没有哪一个能够限制他自己的专利中第一个权利要求范围。经过仔细检查这些材料, 我确信完全不存在对保护范围的限制。

Goldschmidt 专利明确指出了通过振荡方向上的连续步进旋转实现振荡运动, 没有一个引用的专利主题中谈及这一点。[3] 这些专利也都没有考虑"向往复运动部件传送单向脉冲, 使之单向逐步行进的方法"。[4]

指明的专利列表:[5]

1204245. 混凝土加工装置。其中振荡运动的用处并非产生进动。没有向振荡部件传送脉冲的方式。

942299 ⎫
955339 ⎭ 按摩装置。振荡运动的用处并非产生进动。

1091533　汽车喇叭。完全没有进动。

1367117 ⎫
1286617 ⎪
236697 ⎪
1280269 ⎪
1125500 ⎬ 振动筛。完全没有进动。
1192502 ⎪
1249094 ⎪
1332864 ⎪
1363495 ⎪
85721 ⎭

A. 爱因斯坦

ADS. [35 494]。文件有一页,无页码。

[1] 文件日期的确认根据,是假定它是写于 Rudolf Goldschmidt 的请求(未刊文献摘要一览表,25)之后。

[2] 美国专利 1386329,"Mechanism for Converting Rotary into Reciprocatory Motion(将旋转运动转换成往复运动的机制)"。Rudolf Goldschmidt,转让人 Det Tekniske Forsøgsaktieselskab, Charlottenlund, Denmark。申请日期 1921 年 1 月 10 日。

[3] 该专利的第一个权利要求如下:"一种将旋转运动转换成往复运动的机制,形成沿往复运动轨道的一个方向的连续步进。本机制包括一个往复运动的部件,作为离心量块的轴枢。转动上述重量块来向往复运动部件传送单向脉冲,使之单向逐步行进的方法。"

[4] 爱因斯坦这里引述的是德意志帝国专利[35 495]的草稿。

[5] 这是一份美国专利的名单。

## 19. Richard Courant 的来信[1]

哥廷根,Nikolausberger 路 5 号,1922 年 1 月 15 日

尊敬的爱因斯坦先生!

  Hilbert 一家还有我们所有人得知您打算 23 日光临,都非常高兴。[2] 得陇望蜀是人之天性。所以在得到 Born 和 Franck 的允许之后,[3] 我想请问在 Hilbert 生日当天下午,您是否愿意与弹钢琴的 Born,一位非常可爱的大提琴手还有我妻子合奏一曲?贝多芬的降 E 大调钢琴四重奏,第一乐章,最初是管乐八重奏,第 16 号作品,应该很适合 Hilbert;很容易掌握,旋律优美,演奏也不难。是演奏小提琴还是中提琴完全随您的便;我们这里提供质量尚好的乐器。如果您愿意加入这个小夜曲,我想 Hilbert 会格外高兴;只有少数几个午餐客人会在现场聆听演奏;所有的计划,包括时间和演奏的曲目都可以随您的意愿重新安排。如果您能寄来一张明信片告知是否同意,我将非常感激。剩下的事交给我和 Born,这样您就不会被排练之类的事情打扰。

  顺便提一下,邀请您参加演奏的主意是 Edwin Fischer 告诉我们的;他最近在我们边,还向我们讲起和您一起演奏音乐的事情。[4]

  最衷心的问候,您最诚挚的

R. Courant.

TLS. [43 490]。

[1]Courant(1888—1972)当时是哥廷根大学数学教授。
[2]关于爱因斯坦计划参加 Hilbert 生日庆祝一事,见文件 6。
[3]见文件 4。
[4]Fischer(1886—1960)是住在柏林的瑞士钢琴家,1914 年前他一直在柏林斯特恩音乐学院(Sternsche Konservatorium)教课,之后则专注于音乐会独奏表演。

## 20. Michael Polányi 的来信[1]

柏林,1922 年 1 月 15 日

非常尊敬的教授先生!

我又检查了一遍计算,并发现了 Füchtbauer 论文中的一个印刷错误。[2]本来应该是"$\lambda$"的地方出现了一个"2"。这样一来,矛盾就解决了,还得出了衰减时间和吸收系数之间符合热力学要求的一个关系。[3]

我还觉得,如果我们寻找的这种量子效应在气体中确实存在的话,无论如何在单个原子的发射过程中是无法觉察的。

谨致敬意,您的诚挚的

M. Polanyi

ALS.[19 103]。

[1]Polányi(1891—1976)当时是柏林威廉皇帝纤维化学研究所的部门主任。
[2]*Füchtbauer and Schell* 1913。
[3]在他 1921 年 12 月 20 日给爱因斯坦的信中(第十二卷,文件 333),Polányi 指出了 Füchtbauer 的实验发现和他自己计算结果之间的一个矛盾之处。

## 21. 山本实彦的来信[1]

[东京,1922 年 1 月 15 日]

**协议**

改造社有幸恭请爱因斯坦博士教授访问日本并开展一些讲座。双方都同意完全履行下列承诺:

1. 计划中包括

a) 在东京为期 6 天的一个科学讲座系列,每天大约 3 小时,以及

b) 6 个公众讲座,东京、京都、大阪、福冈、仙台、札幌每处各一次(每处大约

两个半小时)。

2.除非遇到不可抗力的阻碍,演讲者应于1922年〈8月〉9月底或〈9月〉10月初启程。[2]在日本的逗留期大约一个月。

3.酬金(包括旅费及食宿费用)为二千英镑(£2,000)。

与本协议同时,创造社通过伦敦的横滨正金银行向演讲者支付上述金额的一半。[3]其余部分将在他到达日本之后立即支付。

如果由于不可避免的困难无法成行。预付的一千英镑应当归还给创造社。

双方怀着极大的敬意,签字如下:

柏林,—1922

东京,1922年1月15日

山本实彦

(改造社代表)

TLS.[36 423]。文件40的附件。

[1]山本实彦(Sanehiko Yamamoto,1885—1952)是出版社改造社社长。

[2]旧文删除以及新添的"9月"和"10月"都是爱因斯坦手迹。

[3]见下一个文件。

## 22.山本实彦的来信

东京,1922年1月15日

非常尊敬的教授:

根据合同附件,[1]我们已经在伦敦主教门(Bishopsgate)2号的横滨正金银行将一千(1000)英镑存入您的名下,以便您在方便的时候从银行取出英镑或者马克。

关于您的行程,请和柏林日本大使馆参赞松原先生协商安排。[2]我们已经写信请他帮助。

致以崇高敬意,您诚挚的

山本实彦

(代表改造社)

TLS.[36 422]。文件40的附件。

[1]见上一个文件。

[2]松原一雄(Kazuo Matsubara,1877—1956),柏林日本大使馆参赞,东京大学法学院毕业生。

## 23."致柏林通用电气公司,对Sannig先生提供的专家意见的评论"

[柏林]1922年1月16日

**致柏林通用电气公司,对Sannig先生提供的专家意见的评论**

从您那里得知,我对德意志帝国专利269498[1]的看法可能被理解为冷加工柔软可拉伸的钨丝是无法得到专利保护的,哪怕一开始材料不具有韧性,完全是通过机械加工才变得柔软。

这完全不是我的意思。

在我的意见书的第(4)条中,这样写道:

"有关主要权利要求的措辞:'……不断重复返工,直到它们在常温下变得柔韧可拉伸。'"

由于没有清楚地排除以重复机械加工之外的途径达到该目标性质的情形,导致意义模糊不清。

顺便说一下,对于这个权利要求,我随后的建议的写法,现在看起来也没有切中问题的核心。我觉得以下的写法才说到点上:一种用于白炽灯的常温下有延展性的钨丝制造程序,其特点在于,常温下的延展性是通过对脆性的冷金属钨进行机械加工而形成的。

只有这样这个专利才是明确地限于利用机械加工(而不是其他方法)获得延展性的情况。[2]

在起草自己的意见,以及1920年11月18/19日的信中,[3]我假定Sannig & Co.的主张是正确的,也就是他们的机械加工程序只是用来成型,目标和后果都不是使非延展性材料转变为延展性材料。

TLC.[35 378]。文件有两页,无页码。本书页码在页边方括号内。

[1]见"对柏林通用电气公司关于'白炽灯丝钨丝的生产方法'德意志帝国专利269498号的专家意见(Expert Opinion on German Patent 269498 of the A.E.G., Berlin, on a 'Method for the Production of Tungsten Wires for Filaments in Incandescent Lamps')" 1920年1月10日(第七卷,文件30)。

[2]在文本[35 379]草稿中的此处,下列段落被划掉:

"Ich habe in meinem Gutachten folgende Fassung des Hauptanspruches für richtig gehalten."

"dass Biegsamkeit und Ziehbarkeit der Drähte in kaltem Zustand dadurch erzielt wird, dass dieselben bei ihrer Herstellung einer grösseren Zahl mechanischer Bearbeitungen unterworfen werden, als für die blosse *Formung* der Drähte notwendig wäre."

"Hiermit habe ich ausdrücken wollen, dass es sich bei der Herstellung der Drähte unter Umständen nur um eine Formgebung und nicht um eine Veränderung der Eigenschaften des Materials handle. Nur insofern halte ich also das Verfahren für schutzfähig, als die Erzielung der Duktilität ohne diese mechanische Bearbeitung ausgeschlossen wäre. Würde man also beispielsweise aus dem Wolframkörper einen dünnen Streifen herausschneiden können und an diesem bereits die Duktilität nachweisen können, so würde jede mechanische Bearbeitung eines solchen Wolframkörpers frei sei."

"我在我的专家意见书中，我认为我下面的主张是正确的："

"……丝线在常温下的柔软性和可延展性，是通过在制造过程中多次再加工获得的。超过仅仅是丝线成型所需要的再加工次数。"这样写的目的是强调丝线的制造仅仅是要求成型，不涉及改变材料性质。这样一来，只有在除了这个机械再加工之外的方法就无法获得延展性的情况下，这一程序才能得到保护。举个例子，如果能够从钨块上割下一个细条，确认它已经具有延展性，那么对钨块的任何机械再加工都不受限制。"

[3] Konrad Sannig & Co. 致爱因斯坦，1920 年 11 月 18 日，以及爱因斯坦致 Konrad Sannig & Co.，手稿为 Ilse Einstein 的笔迹，写在 Sannig 信件第二页的背面（第十卷，年表和日程表）。

## 24. Paul Ehrenfest 的来信

莱顿，1922 年 1 月 17 日

亲爱的爱因斯坦！

由于我有事匆忙回家，在这里才收到你的明信片。[1] 我的天哪！如果你的光实验结果真的是反经典的[2]——我的意思是，经过理论和实验的推敲之后——那么，好吧，你知道，你让我见鬼了。——

别笑话我，我是完全认真的。我要马上写信给 Bohr 告诉他这件事。很想知道他的反应会是什么？——

要是我能猜对他对这些事情的看法，可能应该这么说：他宁愿放弃原子基本过程的能量（和动量）定律（的经典形式来维持统计论），也"不会把问题都推给以太"。（他遵循自己原子研究的总体论——）

无论如何：如果你的结果是可信的，那么——在我看来——这个发现意义重大！

═ : ═

又及：你上次告诉我有一位西班牙教授——（马德里大学？）对你和我在莱顿这里得到的关于金离子浓度的结果感兴趣。[3]——

由于收到来自梅休因(Methuen)出版社的一份新制剂,以及莱顿本地的刚完成的一份制剂,浓度已经被提高到 $6.7 \times 10^{-3}$。[4]这个水平已经够用了。如果你告诉我这位西班牙大人的地址,我可以把测量结果直接送给他。

对你全家致以诚挚的问候——尤其是可爱的 Il-Mar-go-tse。[5]

P.Ehrenfest

AKS.[10 005]。明信片是寄给"柏林哈伯兰大街 5 号爱因斯坦教授""(Prof. A. Einstein, Berlin, Haberlandstr 5)",盖有邮戳"Leiden 13.I.22.1 - 2N[amiddag]",回信地址为 "Prof.P.Ehrenfest Holland Leiden"。

[1]文件 13。

[2]有关用来测定基本的光发射具有粒子的("反经典的")还是波动的特征的实验,参见 *Einstein 1922a*(第七卷,文件 68)。

[3]在文件 31 中,爱因斯坦证实这位"西班牙教授"是他的远房表亲 Kuno Kocherthaler。Kocherthaler 是西班牙矿业总公司(General Spanish Mining Company)的共同创立者之一,一位艺术品收藏家。这里显然是指为爱因斯坦成立的,在莱顿建立,并由 Ehrenfest 保留的基金的一种含蓄说法,因而"Au Ionen"(即金离子)代表的是荷兰盾。

[4]指的是梅休因在出售爱因斯坦的书的版税,以及爱因斯坦作为莱顿大学特聘教授的工资。1921 年底,梅休因同意为 *Lorentz et al.1920* 付 12.5% 的版税,为 *Einstein 1920j*(第七卷,文件 38)和 *1921c*(第七卷,文件 52)付 20%的版税(参见第十二卷的年表与纪事表,1921 年 12 月 22 和 29 日)。千分之一代表的是一千。因此,这里提到的 0.0067 代表了 6700 荷兰盾。

[5]Ilse 和 Margot Einstein。

## 25.致 Max Born 和 James Franck

[柏林] 1922 年 1 月 18 日

亲爱的 Born,亲爱的 Franck!

我心情沉重,最终还是得取消行程。[1]但确实别无办法。在写作和其他义务方面,我已经耽误了许多,事实上,前往学术黄金国探险已经是个奢望了。所以我不得不以写信来向 Hilbert 表示敬意。[2]也请转告 Courant,他本想请我表演音乐。[3]Laue 激烈地反对我的实验,更确切地说,是反对我对实验的解释。[4]他声称波动理论根本不要求任何光线的偏转。他建议做一个精细的实验,利用表现强烈色散的表面张力波来分析可能的波动论光线弯曲,以取代要求严格而难以实现的理论。

今天在讨论会上已经发生一场很大的争论,[5]下一次讨论会上还要继续。

不要生气：推迟并不等于拒绝。

　　向你们，也向你们的妻子，[6]致以最诚挚的问候。你们的

A. 爱因斯坦

　　感谢玻恩夫人寄来的迷人的照片。[7]有一天晚上我为 Laue 和 Vegard 朗诵了她给我们写的所有诗篇，[8]把他们迷住了，都觉得真的可以和 Busch 大师媲美。[9]因为我们之前的那个小小争吵，我向她致以特别的敬意。

ALSX. 本文出于 *Einstein and Born 1969*, pp.99—100.[8 168]。
　　[1]爱因斯坦曾被邀请去哥廷根参加 Hilbert 的 60 岁生日庆祝并作沃尔夫斯凯基报告（文件4）。
　　[2]见下一个文件。
　　[3]见文件 19。
　　[4]Max von Laue(1879—1960)是柏林大学理论物理学教授。参见文件 27。
　　[5]Rubens 主持的传统的柏林大学周三物理学讨论会。
　　[6]Hedwig Born 和 Ingrid Josephson-Franck(1882—1942)。
　　[7]在 1921 年 11 月 1 日［第十二卷，文件 286])的一封信中，Hedwig Born 寄给爱因斯坦一张自己出生不久的儿子 Gustav(＊1921)的照片。
　　[8]Lars Vegard(1880—1963)是克里斯蒂安尼亚大学物理教授。
　　[9]Wilhelm Busch(1832—1908)，讽刺画家、油画家和诗人。

## 26. 致 David Hilbert

［柏林］1922 年 1 月 18 日

非常尊敬的同事先生！

　　本来我已经决定要当面向您祝贺六十大寿。[1]但是现在因为走不开，肯定不能实现了。我只能用一种更局限（并且更懒惰）的方式来把握您宏伟的毕生事业中的一个小部分，但这也足够理解您创造性思维的框架。再加上您的幽默和对一切事物的坚固而独立的观点，还有——一个特别坚硬的头脑，一双有力的手臂来一次又一次地扫除学院教员中的污秽。[2]衷心祝愿您能够精力充沛，士气高昂，义无反顾地继续引领并完善您奉为终生事业的宏伟艺术性工程，像之前那样兴高采烈，游刃有余。[3]阿门。

　　向您和您妻子致以诚挚问候，您的

A. 爱因斯坦.

ALS(GyGöU, Cod. Ms. D. Hilbert 452b：18)[81 818]。

[1]见文件 6。

[2]这句话显示爱因斯坦相当了解多年来 Hilbert 与哥廷根同事们的诸多斗争(见 Rowe 1986)。其中一项就是爱因斯坦和 Klein 是强力支持 Emmy Noether,而她却被推迟获得教授资格的事情。可见爱因斯坦致 Felix Klein,1918 年 12 月 27 日(第八卷,文件 677),关于更多讨论,可见 Tollmien 1991。

[3]5 天后爱因斯坦与柏林大学几位数学家和物理学家联合签署了一封给 Hilbert 的贺电。(GyGöU,Cod.Ms.D.Hilbert 452b:9)。

# 27.致 Arnold Sommerfeld

[柏林,1922 年 1 月 18 日或之后][1]

亲爱的 Sommerfeld!

您的电报和亲切的来信确实让我非常高兴。[2]要不是事务繁忙,实在抽不出时间,我早就该给您写信了。我不得不在最后一分钟取消了去哥廷根的行程,非常难过;要是能够当面向 Hilbert 祝贺生日该有多好。[3]看着您一步步地解决了光谱问题,我非常敬佩;区区几条选择规则就能解释这么多材料,您真是太能干了! 光的实验现在已经结束,理论工作也已完成。您知道,Laue[4]不同意波动理论必然得出光线弯曲的说法,而且我不得不承认自己的证明有缺陷。不过现在,我自信已经得到一个真正精确的证明,会把它作为论文的一个补遗发表。[5]这个问题非常重要,我希望研究得越透彻越挑剔越好。

关于《费加罗报》的那篇文章,如果您能把这篇文章给我看一下,而本人发现确有不妥之处,可以授权您予以否认。[6]学生们确实处境困难,但是他们还有教授们的政治态度——主要指的是对待政府的——在我看来令人遗憾,实际是愚蠢。造成目前这样困难局面的,不是现在的当政者,而恰恰是那些大声批评政府的人。在我看来,为了有助于对立各派的平等,全体学生会可以召开定期会议,按照严格遵守的某些协定,各派成员都能发言。在盎格鲁-撒克逊国家,这一机制已经被证明是有政治价值,年轻人也可以在其中为参与公众生活做准备。

感谢上帝,《剧院》中的那篇愚蠢的文章没有造成什么事端。不过您肯定能够理解,在这种情况下,谁也不愿意抛头露面。相信我,我个人在海外的直接活动从来都是在不牺牲个人信仰的条件下,有助于重建过去友好关系的传统。另一方面,这也不能改变一个现实,那就是心存不良的人利用歪曲和谎言抵消了一些良好的影响。整个世界都是如此,我们这里也不例外。另外,我远离政治,这使得我们两人虽然观点迥异,但是并未因此疏远。最后,我们彼此开诚布公,仅凭此就可以避免产生怨恨。

我尤其佩服您的是,您神速般地培养出一大批年轻天才。[7]这真是太神奇了。您肯定有一种天赋,来提升和激发听众的精神。方便的时候,把《费加罗报》的那篇滥文寄给我吧!文章本身无所谓,是我们之间自己需要澄清。

向您,您妻子还有Anschütz[8]一家致以最良好的祝愿,您的

A.爱因斯坦.

ALS(GyMDM,HS 1977—28/A,78).*Einstein and Sommerfeld 1968*,pp.97—98;*Sommerfeld 2004*,pp. 111—113.[21 402]。

[1]日期的根据是假定该信写于文件25和26之后。
[2]这里指的是文件14,也许还有其中提到的通知。
[3]关于取消哥廷根之行一事,见文件25和26。
[4]Max von Laue,见文件25。
[5]见文件29。
[6]见文件14,尤其是注释9。
[7]Sommerfeld之前曾经是Peter Debye、Wilhelm Lenz、Alfred Landé、Paul Epstein以及Wolfgang Pauli还有其他人的博士导师,当时Werner Heisenberg正在跟他学习(Eckert 2009)。
[8]Johanna Sommerfeld(1874—1955);Hermann Anschütz-Kaempfe.

## 28."对 Hans Wolff 关于 Anschütz & Co 与 Kreiselbau 法律争议的专家意见的回复"[1]

[1922年]1月18日[2]

**对 Hans Wolff 关于 Anschütz & Co 诉 Kreiselbau 一案的专家意见**[3]**的回复。**[4]

本人关于Wolff的专家意见的必要评论,不可能涉及所有的联系方面;只能局限于最重要的一些原则。[5]

1.根据我之前的意见,[6]任何使用水平陀螺仪来探测飞行轨道弯曲的装置都在原告专利的保护范围之内。[7]而在Wolff的专家意见中,并不持相同观点,这表现在他引用了Rosenbaum的论文,[8]并且认为将文中表述的想法用到飞船行驶上是显而易见的。不过意见书并未否认在飞行器上应用这一发明,会带来特有的技术优势。这个问题没有精确答案,只能是感觉判断;不过我还是坚持,尽管有了Rosenbaum的论文,也未必就能造出飞机用的陀螺仪记录仪,或者要

等上很多年。这个问题可能并不重要,因为1916年的英国专利125096描述了一个飞机用的陀螺仪记录仪,[9]而我在撰写早先的意见书时,还不知道这个英国专利。[10]尽管原告在德国提出专利申请时,应该是无从得知英国专利的内容,但是如果在解读原告专利的保护范围时,需要考虑这一英国专利的话,那么原告专利的保护范围会比前面指出的更为收缩。

2.这一缩小的建议版本可以表述为一个"明白可见的组合,包括一个陀螺仪记录仪和一个用来观测表观重力方向的装置"(或者更精确地说,观测的是表观重力在飞行器平面和横向平面的投影)。在我看来很明白的是,这个组合具有某种价值,值得保护,并且是在 Anschütz 的专利中第一次被提出来。至于说 Anschütz 的指示表观重力方向的装置本身就是曲线记录仪的一部分,而在 Drexler 那里并非如此,在我看来并不构成根本性的区别。就算把这一点[11]考虑进来,Drexler 的驾驶指示仪也处于原告专利的保护范围之内。因此,哪怕是在缩小范围的第二种情况,我也不认为 Wolff 的专家意见书第九页底部建议的裁决是合理的——除非陀螺仪记录仪和垂直参照指示器的组合不值得保护。Wolff 的专家意见完全没有考虑对于保护范围这一可能解读。

A.爱因斯坦.(签名)<br>柏林,1920年1月18日[12]

TTrD(GyKiRA, Mappe 819d). *Lohmeier and Schell 2005*, pp.252—253.[79 227]。该文件包含两页,其中第一页没有页码。这里页码被置于页边方括号中,与原文件有所不同。原文件中,页码"2"被打印在第二页的页头。另存一份没有日期的签字手稿[35 397]。主要的出入都在下面加以说明。

[1]1919年中,Hermann Anschütz 对 Kreiselbau 有限责任公司的所有人 Franz Drexler 提起诉讼,控告他侵犯 Anschütz 的德意志帝国专利301738。法庭征求了爱因斯坦的意见(见第七卷,文件21)。Anschütz 赢了官司,但是 Drexler 提出上诉。本文的意见书,以及 Hans Wolff 的意见书,都是上诉所要求的文件。

[2]文件结尾的1920年,在文件日期中被改为1922年,原因是该文件由 Anschütz 的专利律师 Hugo Licht 在1922年2月10日前收到(Hermann Anschütz 致 Hugo Licht,1922年2月10日[GyKiRA, M 819 d])。

[3]Hans Wolff 当时是在 Berlin-Adlershof 的 Deutsche Versuchsanstalt für Luftfahrt(德国航空实验中心)的工程师。他的意见不详。

[4]草稿中的"Kreiselbau G.m.b.H."到了打印件中变为"Goldschmidt"。明显的是打字员犯了错误,把本意见书中的名字和对 Goldschmidt 专利的意见书(文件18)中的名字混淆了,这两份文件很可能是同时打字的。

[5]草稿中此处之后删掉了下列文字:"在这里我将 Wolff 的观点与我以前的观点进行了比较(in dem ich den Wolffschen Standpunkt mit dem von mir früher eingenommenen vergleiche)。"

[6]第七卷,文件21。

[7]草稿中此处之后删掉了下列文字:"与我以前所用的观点相反。他通过引用310798号专利来支

持这个观点(im Gegensatz zu dem von mir früher eingenommenen Standpunkt. Er stützt diese Stellungnahme mit Berufung auf das Patent 310798)。"

[8] Th. Rosenbaum 描述了一个船舶用陀螺仪（*Rosenbaum 1910*），能够显示上下和左右转向，与Anschütz 在 1917 年被授予的德意志帝国专利 301738，脉络上有些类似。

[9] 英国专利 125096，James B. Henderson,"Apparatus for Indicating Changes in the Course of a Ship, Airship, Aeroplane or the Like, Also Applicable for Automatic Steering", 17 April 1919。申请提交日为 1916 年 5 月 11 日。

[10] 草稿中此处之后删掉了下列文字："作为预记录（als Vorveröffentlichung）"。

[11] 草稿中此处之后删掉了下列文字："durch die Ergänzung der Vorlitteraturgeboten erscheinenden engeren"。

[12] 在草稿中，删掉了下列附笔："Zugunsten der im Wolffschen Gutachten vertretenen, der Klage gegenüber ablehnenden Haltung spricht (im Falle 2) allerdings, dass in der klägerischen Patentschrift auf die technische Bedeutung der übersichtlichen Kombination von Wende-Anzeiger und Lot-Zeiger nicht hingewiesen ist."

## 29. "关于一个与波动理论矛盾的光学实验结果"

[柏林，1922 年 1 月 19 日左右][1]

### 关于一个与波动理论矛盾的光学实验结果

理论部分由 A. 爱因斯坦完成，实验部分由 H. Geiger 和 W. Bothe 完成。[2]

**理论部分（A. 爱因斯坦）**

在最近发表的报告里，我设想了一个光学实验，用来获取关于光发射基本过程的有意义的发现〈的结论〉。[3] Geiger 和 Bothe 先生在帝国物理技术研究所（Physikalisch Technische Reichsanstalt）开展了这一实验，结果确认在色散介质中极隧射线粒子发射的光并未出现波动理论要求的衍射现象。[4] 这一发现的重要意义，促使我在实验描述开始之前，先对［以下］几点进行相关的思考，做一个更精确的表述。

在关于光的当前理论〈研究〉中，存在两个〈不相联系〉彼此独立的理论系统，显然都是不可或缺的，但是却彼此矛盾〈不可调和〉。它们一个是波动理论或者说电磁场理论，另一个就是量子论。到目前为止，波动理论在解释折射、衍射、干涉、色散以及理解光与电磁现象的狭义联系方面，都是不可缺少的。所有这些现象，形成一个广泛的领域，我们称之为〈几何〉"实在光学"领域。但是对于吸收和发射的所有问题,以及一般说来⟨光⟩辐射所有的精细能量特征,波动光学都无能为力。它完全无法解释普朗克公式、光谱定律、光电效应定律、光化学行为,等等。相反地,量子论在能量定律的领域已经成为必需的指导规范,但是目前对"实在光学"却是完全失败的。

毫无疑问,物理学家们目前更倾向认为,比起波动理论,量子论揭示的是物理实在的更深刻的特征,而且在两种理论都能适用的问题上,量子论显得更加优越。但是因为波动理论⟨过去⟩能够以极高的精确度描述"实在光学"范围内的现象,从未失手,现在人们仍然普遍相信,总有一天能够将量子论和波动理论结合起来,形成一个单一的完整体系,而不必牺牲后者的精确适用性。

现在让我们来看看这两个理论各自如何看待单一气体分子的光发射过程。根据波动理论,一个对分子作相对振动的电子,会产生一系列电磁球面波。如果⟨粒子⟩光源分子整体速度为零,这些球面波就是同心的;如果⟨粒子⟩发射光的分子相对于坐标系有一个速度,那么这些球面波就不再是同心的。发射出来的⟨光⟩辐射的颜色,相对于发射方向,也就不再是一个常数,而是按照下面的公式连续变化(多普勒原理)

$$\nu = \nu_0\left(1+\frac{q}{c}\cos\theta\right) \tag{1}$$

其中 $v$ 是辐射频率,$q$ 是分子速度,$\theta$ 是这个速度与考虑的发射方向之间的角度。[5]粒子向不同方向发出不同颜色的相干辐射。波长为 $\lambda$ 的同一个相位的相对平面之间的距离,在空间中是变化的。因此只要波场是可观测的,哪怕是从它的一个局部,也可以看出波源是静止的还是运动中的分子。对于自由传播的波,这一 $\lambda$ 的⟨依赖性⟩局部变化性,随着离开分子的距离增大而减弱。不过,如果让波穿过一个焦平面就是粒子运动平面的透镜,就能在很长的距离内,无损耗地保持这个局部变化性。同相位的波平面⟨将⟩在透镜后面呈扇形展开,彼此稍微成一个角度交。在与传播方向垂直的某个方向上,$\lambda$ 的变化性越大,分子的速度也就越大,透镜的焦距就越小⟨越近⟩。在这种情况下,哪怕是在离开光源分子很远的地方,从原理上,都可以通过观测辐射场的特征,了解光源粒子运动状态。运动粒子的辐射是否真的具有这个特性呢?有人可能认为,Stark 对运动中的极隧射线粒子发射光的多普勒效应的观测,已经证实了这一点。[6]然而这个结论并不成立。因为多普勒效应的存在并不能证明是同一个粒子同时向不同方向发出不同⟨颜色⟩频率的⟨光⟩辐射。也可能是一个粒子在一个方向发出一个辐射,其⟨颜色⟩频率恰好符合多普勒原理。在发射的基本过程中,如果所有的辐射能量,都向一个方向发射,例如按照牛顿的光发射理论,就可能出现这种情况。

波动理论预言的运动粒子辐射的扇形结构如何验证?在进入这个问题之

前，我们考虑一下量子论观点的发射过程。需要满足的条件如下：

1) 分子能量只能处于特定的〈能量〉水平 $E_1, E_2\cdots$（从相对于分子的某一坐标系来看）。

2) 在发生从高能态向低能态的转变时，相应的能量差被发射出来，频率 $v$ 为

$$Em - En = hv \tag{2}$$

3) 光发射的时间小于波动理论的要求。在光的干涉实验中，路径长度差别很大的〈谱线〉光线，也能产生干涉。为了解释这一点，波动理论需要假设一定的光发射时间。

一方面，从 Wien 的高真空极隧射线光发射实验得知，高能态的滞留时间与发射时间加在一起，平均来说，是在 $10^{-8}$ 秒的数量级；[7] 而在另一方面，量子统计学则要求，跃迁时间远小于在玻尔"静态"轨道上的滞留时间。这样一来，发射时间就必须小于 $10^{-10}$ 秒，而这与波动理论对谱线产生干涉能力的解释相矛盾。这样量子论与波动理论就发生了冲突。

4) 按照能量理论的说法，光发射过程是有方向性的。普朗克辐射定律的量子论推导，规定在发射一个量子时，会有 $\dfrac{h\nu}{c}$ 大小的动量被转移到发射光的原子上；根据辐射压强定律，这意味着，量子的整个能量 $h\nu$ 都发射到同一个方向（A. Einstein. Zur Quantentheorie der Strahlung. *Phys. Zeitschr. 1917*. pp. 121 to 128）。[8]

这些结果必然会导致一个纯粹的光发射理论（粒子理论），然而干涉效应却是一个无法逾越的障碍，尤其是任何发射理论都很难设想一个光源能够向各个方向辐射出相干光，而实际情况却正是如此；比如，显微镜能够工作，就是因为物体发出的射到显微镜透镜组〈不同的〉相对边缘的光，能够产生干涉。

尽管光的粒子论不能解释一些现象，但是它能够表达一些之前人们〈无法〉习惯用波动理论来解释的光现象。比如说，它和波动理论一样，也能解释多普勒原理。如果一个运动中的〈原子〉分子，发射出一个具有特征频率 $\nu_0$（从分子本身来看）的量子，其方向与分子运动方向成 $\theta$ 夹角，那么导致的分子速度的损失为 $\dfrac{h\nu_0}{c} \cdot \dfrac{\cos\theta}{m}$。这个速度损失对应的能量损失为 $mq \cdot \dfrac{h\nu_0 \cos\theta}{cm} = h\nu_0 \dfrac{q\cos\theta}{c}$。由于这份损失的能量必须转化为量子的辐射能，所以后者的总和就变为 $h\nu_0 + h\nu_0 \dfrac{q\cos\theta}{c}$，或者写为 $h\nu_0\left(1 + \dfrac{q}{c}\cos\theta\right)$。根据量子定律，它必须等于 $h\nu$，其中 $\nu$ 表示从不随分子移动的固定参照框架看到的量子频率。从这里我们就得到公式(1)。

有一点对我们来说尤其重要。如果把量子想象成一个具有速度 $c$ 的点,仅仅用一个能量值,或者再加上一个极化方向,就可以完全地描述它,那么根据粒子理论,观察者无法从穿过空间行进的量子得知它是来自于一个运动的还是静止的分子。看到这样一个量子,总是可以假设它来自于一个静止的分子,发射频率就是量子的频率。在另一方面,我们则看到,根据波动理论,光发射的基本过程具有的形式特征,至少从原理上,使观察者能够得知发射光源的分子是静止的还是运动中的。

我们现在来探讨根据波动理论确定光源是一个运动粒子的实验判断标准。此时,同相位的两个平面之间的距离,也就是辐射频率,是位置的函数。如果我们让这种"扇形"辐射穿过一个色散介质,那么在频率 $\nu$ 处,同相位平面的标准传播速度也是位置的函数。因此在传播过程中,同相位平面会产生旋转,也就是说光线波法线会连续改变方向,在波列离开色散介质时形成可探测的光线偏转。由于 Laue 先生正确地指出了这一推导不够严格,在理论部分的附录中,我给出了另一个推导,其决定性作用是不容置疑的。[9]

我们来观察一个在透镜 $L$ 的焦平面内沿着与光轴垂直的方向经过光轴运动的分子发射出来的光的同相位波面。在到达透镜之前,这是一个半径不断增加的球面;经过透镜之后,它就变为一个平面,保持与光轴垂直,一直

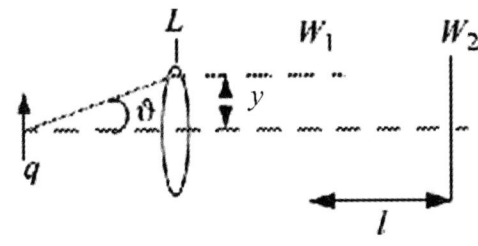

到进入色散介质。用 $V$ 表示在横坐标 $y$ 方向上的传播速度,[10] $\left(-\dfrac{1}{V}\dfrac{\partial V}{\partial y}\right)$ 就是在色散介质中每单位路径长度上波法线向上偏转的角度。在色散介质中整个路径上的偏转比这个大 $l$ 倍。而离开色散介质时的折射,又将这一偏转扩大了 $n$ 倍 $\left(n=\dfrac{c}{V}\right)$。[11] 这样就得到(波法线的)总偏转 $A$

$$A = l\dfrac{\mathrm{d}n}{\mathrm{d}y}$$

然而在另一方面,[12]

$$\dfrac{\mathrm{d}n}{\mathrm{d}y}=\dfrac{\mathrm{d}n}{\mathrm{d}\nu}\dfrac{\mathrm{d}\nu}{\mathrm{d}y}=\dfrac{\mathrm{d}n}{\mathrm{d}\nu}\dfrac{\nu q}{c}\dfrac{\langle\sin\rangle\mathrm{d}\theta'}{\mathrm{d}y}=\dfrac{\dfrac{\mathrm{d}n}{\mathrm{d}\nu}}{\left(\dfrac{\mathrm{d}\nu}{\nu}\right)}\dfrac{q}{c}\dfrac{l}{\Delta}$$

其中 $\Delta$ 代表透镜的焦距。[13] 这样就得到了第一个通报中已经给出的偏转角度的表达式:[14]

$$A = \frac{dn}{\left(\frac{d\nu}{\nu}\right)} \frac{q}{c} \frac{l}{\Delta} \tag{3}$$

对 $\Delta=1$ 厘米⟨和⟩25 厘米长的硫代碳酸层以及 $\frac{q}{[c]} = \frac{1}{300}$，得到的偏转数量级在 $10^{-2}$。[本页缺失。][15]

设想平面上有一条开放（或者闭合）的线，以及从参考点出发沿着弧长的坐标 $\xi, \eta, s$。这条线提供波动方程的以下类型的解：

$$\varphi = \int \frac{A}{\sqrt{r}} e^{j\omega\left(t-\frac{r}{v}+\alpha\right)} ds \tag{6}$$

积分是沿着整个曲线。$r$ 是 $\xi$ 和 $\eta$ 的函数，因而也间接依赖于 $s$；$A$ 和 $d$ 是给定的 $s$ 的（实）函数。在离曲线的距离远大于波长时，公式（6）可作为波动方程的解。以下讨论都限于 $r$ 远大于曲线的长度，而曲线的长度又远大于辐射波长的情况；⟨这样我们就可以充分地利用近似解？⟩

$$\varphi = \frac{e^{j\omega\left(t-\frac{r_0}{V}\right)}}{\sqrt{r_0}} \langle \int A \rangle \int A e^{-j\omega\left(\frac{\Delta}{V}+\alpha\right)} ds$$

如果曲线长度取为 1 的数量级，$A$ 和 $\alpha$ 是曲线上的连续⟨缓⟩变量（$s$ $\frac{dA}{ds}$ 与 $\frac{d\alpha}{ds}$ 与为有限值）。

由于在这些条件下，从起点看，曲线只是张开一个小角度，同相位的面在起点几乎和曲线上任何一点与起点的连线垂直。⟨这是显而易见的⟩

任何一个关于曲线和函数 $A$ 与 $\alpha$ 的选择，都是一个（静止光源的）偏转问题的平面解，这个解适用于除了曲线之外的空间。不过在这里，我们感兴趣的不是偏转现象，而是忽略了偏转的光线的路径。如何⟨找到这个路径⟩从公式（6）出发推导出这一路径？对于一个给定的起点，$\frac{A}{\sqrt{r}}$ 是一个 $s$ 的渐变函数；然而 $\omega\left(t-\frac{r}{V}-\alpha\right) = H$，一般都是 $s$ 的急变函数。因此 $e^{-jH}$ 随着 $s$ 在正负两个相等的幅值之间快速振荡，使得曲线上各个有限小部分对积分的贡献互相抵消。只有曲线上的那些起始点的 $\frac{\partial H}{\partial s}$ 为零的部分例外⟨⟨忽略偏转⟩⟩。如果成立，起始点就发亮，反之，则不亮。这个条件就忽略了偏转，给出了光线的路径。

下面的讨论中的曲线，都取横坐标上 $\xi=-b$ 与 $\xi=+b$ 之间的一条直线。

在这种情况下，$r$ 展开到 $\xi$ 的二阶项，

$$r = r_0 - \frac{x}{r_0}\xi + \frac{1}{2}\frac{y^2}{r_0^3}\xi^2 \tag{7}$$

其中 $r_0 = \sqrt{x^2+y^2}$。是否照亮一个起始点的基本条件一直是这个起始点以及 $\xi$ 的一个量值需要满足条件

$$\frac{\partial H}{\partial \xi} = 0 \tag{8}$$

[本页缺失。]
[本页缺失。]

从公式(8a) 得到

$$\gamma\left(t - \frac{r_0}{V_0}\right) - \frac{\omega_0}{c}\left(\nu_0\,\frac{dn}{d\omega}\gamma - n_0\,\frac{x}{r_0}\right) = 0^{[16]}$$

与无色散介质的情况中一样，如果我们选择 $t - \frac{r_0}{v_0} = 0$，[17] 就可以得到

$$x = r_0^2\,\frac{1}{n}\,\frac{dn}{d\omega}\gamma \tag{13}$$

〈光线走了一个圆圈，这是之前例子的[结果]〉

这样在 $t=0$ 时发出的辐射沿曲线行进，或者更精确地讲，走了一个圆圈。根据我们之前的结果，波法线的方向沿半径矢量指向起始点，现在随着 $x$ 增大发生偏转，大小为，

$$r_0\frac{1}{n}\,\frac{dn}{d\omega}\cdot\gamma \tag{14}$$

这与公式(3)的结果相同。要理解这一点，需要考虑到，在色散介质之外，光束的旋转速度是 $\frac{q}{\Delta}$；而在其内，则是 $\frac{q}{\Delta}\frac{1}{n}$，大小等于 $r\frac{V}{\omega}$。另外，需要为 $r_0$ 设置色散层的长度 $l$，并且为 $V$ 引入折射率 $n$，为频率 $\nu$ 引入〈$d\omega$〉$\omega$。

至此我已提供严格证明，与实验结果不符合的公式(3)，实际上是波动理论的一个结果。

AD.[2 086]。文件包含 7 页，除第 1 页外，其他都有页码。这里页码被置于页边方括号中，与原文件置于每页右上角的情况有所不同。缺失第 6、8、9 页。

[1]文件日期的根据，是假设手稿写于 1922 年 1 月 19 日爱因斯坦在普鲁士科学院全体会议上报告的前后："爱因斯坦先生讨论了牵涉到波动理论的适用局限的一个实验。(待发表)"("Hr. Einstein sprach über ein Experiment betreffend die Gültigkeitsgrenze der Undulationstheorie.[Ersch. später]")公布的报告摘要为："与波动理论相矛盾的量子论带来了许多成果。了解经典光学的适用局限，是很有意义的。由我提议，Geiger 和 Bothe 先生在帝国物理技术研究所开展了一项实验；这里我就联系这个经典光学适用局限

问题,谈谈这一实验。"("Nachdem die Quantentheorie, welche mit der Undulationstheorie im Widerspruch ist, große Erfolge erzielt hat, ist es von großem Interesse, die Gültigkeitsgrenze der klassischen Optik kennenzulernen. Es wird ein an der Physikalisch-Technischen Reichsanstalt von den HH. Geiger und Bothe ausgeführtes, von mir vorgeschlagenes Experiment mit Rücksicht auf diese Frage diskutiert.")[《柏林普鲁士科学院物理-数学部会议报告》*Preußische Akademie der Wissenschaften, Berlin: Physikalisch - mathematische Klasse. Sitzungsberichte* (1922), p.2]。

文件的日期还有其他佐证。手稿页脚注释中提到 Laue 的批评(见下面的注释9),文件 25 中第一次提到了 Laue 的这个批评。手稿还包括一个附录,提供波动理论预言光线弯曲的"确切证明",也曾在文件 25 中提及。还有文件 31 中提到的关于这一效应的"优美而严格的计算"。

[2]关于 Hans Geiger 和 Walther Bothe 负责的实验部分的草稿,见[2 088]。

[3]*Einstein 1922a*(第七卷,文件 68)。

[4]在 1921 年 12 月 22 日给 Hermann Weyl,以及 1921 年 12 月 30 日给 Hedwig 和 Max Born(分别见第十二卷,文件 336 和 345)的信中,爱因斯坦宣布了实验的否定结果。

[5]正文中这里用到的 $\theta$ 是 $90°-\theta$,而插图以及下面第 5 页中用到的角度是 $\theta$。

[6]*Stark 1905*。

[7]*Wien 1919, 1921*。

[8]最初发表为 *Einstein 1916n*(第六卷,文件 38)。

[9]在最初的文本中此处,爱因斯坦在页脚处加上了一段文字:"Da diese Ableitung von Herrn Laue mit Recht als zu wenig streng kritisiert worden ist, gebe ich im Anhang zum theoretischen Teil eine andere, deren Beweiskraft von niemand angezweifelt warden dürfte." Laue 的批评,以及爱因斯坦要在附录中加入一个严格的推导的计划,最先在文件 25 中提到。

[10]此处 $y$ 应为 $x$。$V$ 为图中向右方的水平速度,而 $y$ 表示离开光轴的垂直距离。

[11]Walther Bothe 不同意这一附加的因子 $n$(见他 1921 年 12 月 7 日给爱因斯坦的信[第十二卷,文件 316])。

[12]最后一个因子中的 $l$ 应为 1。在这个计算中,爱因斯坦引用了公式(1):

$$\nu = \nu_0 \left(1 + \frac{q}{c}\cos\theta\right) = v_0\left(1 + \frac{q}{c}\sin\theta\right)$$

[13]实际实验中,使用的透镜焦距为 15 毫米(见 Geiger 和 Bothe 所写本论文实验部分的打字稿,[2 088])。

[14]见 *Einstein 1922a*(第七卷,文件 68)中的公式(3)。

[15]现存手稿其余几页中似乎包含了爱因斯坦为了回应 Laue 而加上的附录的一些部分。遗失的几页可能包含 *Einstein 1922f*(文件 43)一个早期版本的部分,其中他可能涉及了文件 43 中 20 和 21 页中的条件 I、II 和 III 下的波的行进。

[16]当 $V_0 = c/n_0$ 时,这个等式就等于文件 43 中的公式(6)。

[17]在文件 43 中,爱因斯坦在条件中使用群速度来代替相速度,$x$ 不为零的论证不再成立(见文件 43,注释 11)。

## 30. Paul Ehrenfest 的来信

[莱顿] 1922 年 1 月 19 日

亲爱的爱因斯坦!

为便于你阅读本信起见:

借助于 Gibbs 的一段评述(1886),我相信自己能够证明:就算你说的是对的,波平面的旋转与二硫化碳管的长度成正比,根据经典理论,也能(在纯经典基础上)导出你的实验的否定结果。问题的要害是:要考虑波群![1]

第 1、2 页的表达有些潦草,A,B,C 的重述更加清晰。如果我错了,请你原谅。请务必回信,哪怕是暂时的简短回复。另外别忘了告诉我西班牙教授的地址,我昨天的明信片上提到了他。[2]

如果是我搞错了,别怪我;如果是你错了,也别怪我。

诚挚问候,你的

P. Ehrenfest

亲爱的爱因斯坦!

怎么说呢——你是个鬼才,一般最后都是你对。但是我还是特别想搞清楚,经典理论是否真的要求图像弯曲。现在我对证明的每一步都充满疑问。

无论如何,我想提请您注意 Gibbs 的一段简短表述[*Scientific Papers*, vol. II, page 253 = *Nature*(vol. 33, p. 582, April 1886)]。[3] 内容是关于借助旋转镜法测量色散介质中的光速。

这些光波,彼此扇形相对,也是由旋转镜面反射回来;Rayleigh 勋爵因此指出[4]这些波穿过色散介质时发生了旋转(当然这也正是你所说的)。

现在 Gibbs 观察到"一群"这样的扇形化的波,并提出需要区别波本身的传播速度 $V(\lambda)$ 与他们的"群"速度 $U(\lambda)$。接着他证明了:每个单独的波平面确实发生旋转(就像行进中的马车辐条一样);但是当它"和整个群一起跑"时,也就是说速度也是 $U(\lambda)$,并且固定在"群中的某一点",那么它看到的就是:波扇的波平面一个接一个相继通过这一(行进中的)点。[速度 $V(\lambda) > U(\lambda)$];然而所有这些相继而来的波平面的波法线的方向,总是保持一定(就像一个观察者,坐在马车上,一直盯着轮子的上沿,看到辐条相继通过垂直位置)?

我为什么要讲所有这些? 不是因为它与你的经典理论必定导致肯定的实验结果的说法矛盾,而不过是它表现了在处理这些问题时,人很容易忽略很多东西。

我不知道在你的推导中,是否应该考虑群速度?(很想脱口说出是这个字)——如果是的话,Gibbs 的结果可能就很重要:理由是在和整个群一起从二硫化碳管的头跑到尾的情况下,你就无法再说什么"波平面的倾斜不断增加"。至于原因,可以看一下会发生什么情况:

极隧射线粒子在穿过窄缝的时候(或者更短的时间里——最长不超过 $10^{-8}$ 秒),[5] 发射了一个"扇形波群"。这个群走过二硫化碳管。同时,波扇以 $V-U$ 的相对速度从群尾走到群头,当新的波在尾部不断形成的时候,同样多的波在头部离开消失;在群头部、中间和尾部的三位观察者,看到的总是垂直的驻波平面,尽管群可能在二硫化碳管中行进了几千米(感谢 Gibbs 定理!)。

所以现在,爱因斯坦,我很自信。[6]

1) 在穿过窄缝的时候(或者这个时间的几分之一),极隧射线粒子发射一个扇形波群到装置中去,最后进入二硫化碳管。进入管子的时候,最前面的和最后面的波面的倾斜度分别是 $+\varepsilon$ 或者 $-\varepsilon$。

2) 跟随(同 Gibbs 一样)这个群走过二硫化碳管——行走速度是向右的群速度 $U(\lambda)$。

3) 同时每个单个的波相对于群的速度是

$$V(\lambda)-U(\lambda)$$
$$\downarrow$$
("波速度")

方向是从左边(群的尾部)到右边(群的头部);在尾部新的波不断产生,在头部同样数量的波消失死亡。

4) 如果我们跟踪单个的一个波,它(看在老天爷面上)旋转得和你计算一样〈多〉快(在这点上你、Rayleigh 和 Gibbs 英雄所见略同)——而且假如我们真的可以跟踪单个波走过整个管子,它最后就会转过一定角度,只要管子足够长就行。

5) 但是我们做不到——因为这个波只能在群里存在。

6) 因此我们只需要看看群中能出现哪些波倾斜——借助 Gibbs 定理,这不是难事。

7) 对于 Gibbs 的证明:如果让坐标系以群速度 $U(\lambda)$ 向右边沿着与坐标平行的方向运动,由于波速 $V(\lambda)$ 大于群速,新的波将不断地相继占据运动中的坐标系的原点。但是所有这些相继而来的波,倾斜度都是完全相同的[7](至于倾斜的具体角度,当然取决于运动坐标轴的原点是在群的前部、中部还是后部)。

8) 根据 Gibbs 定理,可以知道:不管我们跟着群跑多远多久,在其中我们只能看见具有处于±ε之间的很小倾斜度的波,这个倾斜度对应〈一个〉窄缝的宽度(或者宽度的一部分)——只有虚幻的(消失死掉的!)在群的头部前面很远地方的波才会有更大的倾斜度。

ALS.[10 007],[10 009]。

[1]*Gibbs 1886*。

[2]在文件 24 中。

[3]*Gibbs 1886*。方括号是原文中的。

[4] 在原文此处,Ehrenfest 标示了一个页脚注:"Nature Bd 25.(1881) pag 52 - Sein dort angegebenes *Resultat* hat er übrigens gegenüber dem besseren Resultat von Gibbs zurückgezogen."[Nature,vol.25(1881),page 52.——他后来收回了自己当初的结果,认为 Gibbs 的结果更好。]这里指的是 *Rayleigh 1881* 这篇文章。关于此事的讨论,见 *Brace 1902*。

[5]这个关于基本发射过程持续时间的量级估计,来源于 Wilhelm Wien 进行的真空极隧射线辐射衰变率的实验(见文件 29,注释 7)。

[6] 下面的文字写在三页纸上,每页的右上角分别标有"A""B"和"C"。关于这些文字,与第 1、2 页上面文字之间的关系,见信件正文说明。显然 Ehrenfest 给 Bohr 也寄去一封包含同样内容的信(见 Niels Bohr 致 Paul Ehrenfest,1922 年 2 月 6 日[NL-LeRM,Ehrenfest Archive,ESC:1,185])。

[7] 在原文此处,Ehrenfest 标示了一个页脚注:"Der Beweis erfolgt so, dass er zeigt: In der Zeit die nöthig ist damit die $(n+1)$ Welle hinter der $n$-tenden 0-Punkt einholt hat sie sich gerade nur so viel gedreht als sie gegen ihre Vorgängerin schief lag."(他的证明是这样的:在第 $n$ 个波之后第 $(n+1)$ 个波到达原点的时间里,它转动的角度正好是自己本来相对前一个波的倾斜度。)

# 31.致 Paul Ehrenfest

[柏林,1922 年 1 月 19 日至 22 日][1]

亲爱的 Ehrenfest!

人人都在声讨我的顽固不化。在讨论会上,Laue 已经和我针锋相对。[2]但是我坚持自己的观点。我已经做了一个精细的严格的计算,一定能说服你。只是篇幅太长,几句话说不清要点。两星期之后,我会把校样送给你。[3]你的意见中[4]的错误如下:

你证明了从 $A$ 点进入的一个波,行进到 $B$ 点后,倾斜度和在 $A$ 点一样。这没有错——前提是波体到达的是 $B$ 点,然而事实并非如此;波到达的是 $C$ 点,而且在 $C$ 点的波

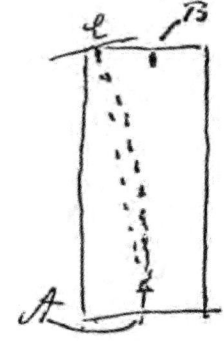

法线，方向是 AC。要正确解答整个问题，必须考察射线经过的路线。我的证明从一个严格解开始，在理论物理学意义上的肯定是稳妥的。对于自己之前犯下的错误，我非常懊悔……无论如何，我想知道你对我的证明的看法。我对它如此着迷，显然主要是因为以前它让我很难受。那个对金离子事件感兴趣的西班牙科学家同事叫 Kuno Kocherthaler，地址是 Apartado 425，Madrid Calle Lealtar 9。你信里提到他的说法，让我笑出眼泪。[5]我在和 Grommer 一起试图着手解决能量零点的问题。[6]很不容易。我还想与 Geiger 和 Bothe 一起通过一些小技巧确定二次多普勒效应；不过这也很难。[7]还要就超导实验打扰 K[amerlingh] Onnes。[8]那个美国年轻人找到波动了吗？我本来应该去巴黎过元旦，但是实在不想再出门了。[9] Kramers 最近来访问我，这人很棒的。[10]你还在考虑光谱会议的事情吗？[11]最好到时候 Julius 能够从照相和光度学角度分析太阳的中心和边缘差异效应，澄清一些疑问。[12]他的研究的主要缺陷，在于没有仔细考虑就接受了地球上的电弧谱线结果。美国那边（威尔逊山［Mount Wilson］）能够大体上消除这个"电极效应"（"Pfund 电弧"）。它产生于高金属蒸气密度区域。对波长的精确测量的修正，正在进行之中。

对你和全家致以热烈的问候，你的

爱因斯坦

ALS.［10 011］。

［1］文件日期的根据是 Ehrenfest 在右上角的批注，"1922 年 1 月 22 日收到"，并考虑到这是对文件 30 的回复。

［2］很显然地，在柏林大学的一个星期三讨论会上，Laue 坚持认为，光的经典波动理论，并不预言光在色散介质中发生偏转（见文件 27）。

［3］*Einstein 1922f*（文件 43）的校样。

［4］关于 Ehrenfest 的意见，见文件 30。

［5］Ehrenfest 曾经用暗语询问"西班牙教授"的联系方式，以便从 Ehrenfest 替爱因斯坦打理的莱顿账号向他汇款（见文件 24）。

［6］从 1921 年秋开始，他就在思索绝对零度附近是否存在能量的零点（见 1921 年 9 月 1 日他致 Ehrenfest 的信［第十二卷，文件 219］）。文件中的复数第一人称我们，可能显示，当时，他已经开始与 Jakob Grommer 的合作。

［7］显然这里的技巧指的是测量几乎沿气体原子发射源速度方向的相对论多普勒漂移的（*Mandelberg and Witten 1962* 给出这类实验的一个想法）。爱因斯坦可能也向 Michele Besso 提起过自己对横向多普勒漂移的兴趣，后者在 3 月 12 号的一封信中（文件 80），问起是否已经开展了这一工作。

［8］Heike Kamerlingh Onnes（1853—1926）当时是莱顿大学实验物理学教授和实验物理学研究所主任。他当时正在研究两个不同超导体的界面能否存在欧姆电阻（见 *Einstein 1922k*［文件 76］的最后一段）。

［9］爱因斯坦受邀请参加"'新祖国'联盟"（"Neues Vaterland"）与法国人权与公民权利保卫联盟"

(Ligue française pour la défense des droits de l'homme et du citoyen)的联合会议,以及国际哲学大会(International Congress of Philosophy)(见爱因斯坦致法国人权联盟1921年9月到1922年1月2日之间,以及爱因斯坦致 Paul Painlevé,1921年12月7日[分别对应第十二卷,文件220和314])。

[10]Hendrik A.Kramers(1894—1972)当时在哥本哈根大学给 Niels Bohr 当科学助手。

[11]当时 Ehrenfest 考虑计划在莱顿召开一个讨论太阳引力红移的会议(见 Hendrik A.Lorentz to Paul Ehrenfest,6 March 1922 [NL—LeRM,Ehrenfest Archive,ESC:7,312])。

[12]Willem H.Julius(1860—1925)当时是乌得勒支大学物理学教授和物理实验室主任。在1920年5月8日给爱因斯坦的一封信(第十卷,文件8)中,他详细阐述了自己支持的一个关于太阳边缘和中心红移差别的解释。尽管 Grebe 和 Bachem 主张谱线漂移的这个差别支持爱因斯坦关于太阳光引力红移的预测,Julius 却认为它支持自己提出的基于反常色散的另一种理论。

关于这个问题的详细讨论,可见 the Introduction to Volume 9,sec.Ⅳ,pp.xxvii-xl。

## 32.Chaim Weizmann 的来信

Oakwood,16 Addison Crescent,W.14,1922年1月21日

我亲爱的教授先生!

您的消息让我十分高兴。[1]我觉得最好是您给 Berliner 先生写信,请他把钱寄给您,用来支持物理化学研究所,花在书籍、设备或者车间工场上都可以。[2]我之前去了巴黎和日内瓦。[3]在巴黎,我会见了几位教授,比如 Hadamard 和 Widal。[4]那里对建立希伯来大学的兴趣很高。在日内瓦,我见到了国际联盟的先生们,觉得现在我们的授权确实终于有希望在下次国际联盟会议上得到批准。[5]那样的话就太幸运了。我在考虑2月25日去巴勒斯坦,也许途中有机会再次经过德国。

请接受我们俩[6]对您和您妻子以及全家的衷心问候,您真诚的

Ch.Weizmann

ALS.*Wasserstein 1977*,p.12.[33 354]。

[1]见未刊文献摘要一览表,21。

[2]Emile Berliner(1851—1929)是德裔美国发明家。1921年4月,在美国的一次巡回筹款之行(见1921年4月26日,第十二卷,年表和日程表)中,爱因斯坦曾与他见面。关于建立一个物理和物理化学联合研究所的最初计划,见文件36。

[3]Weizmann 之行发生在1月12日至19日之间,主要目的是会见国际联盟授权部门的高级官员,以及英国赴国际联盟代表团成员(见 *Wasserstein 1977*,p.12)。

[4]Jacques Hadamard(1865—1963)是法兰西学院,综合理工学校,以及中央高等工艺制造学校(the École centrale des arts et manufactures)分析和天体力学教授。Georges-Fernand Widal(1862—1929)是巴

黎大学医学教授。

[5]第一代贝尔福伯爵 Arthur James Balfour(1848—1930),时任英国内阁成员,枢密院议长。1920年12月6日,他向国际联盟提交英国政府关于巴勒斯坦授权的最后草案。然而,由于土耳其与同盟国之间和平协议谈判的长期拖延,使得这一授权的批准被搁置起来。直到1922年7月,国际联盟才批准了这一授权草案的条款(见 *Reinharz 1993*,pp.305 和 374)。

[6]这里指的是他的妻子,Vera Weizmann(1881—1968)。

## 33. Charlotte Weigert 的来信[1]

哥本哈根,西区(Westend) 4 II,1922 年 1 月 22 日

十分尊敬的、亲爱的阿耳伯特·爱因斯坦先生!

请求您原谅我今天才提笔回复您的来信,恳请您体谅我迟复的原因是工作过分繁重、身体虚弱以及为挚友命运而焦虑。请您接受我对您来信的热诚感激,也感谢您通过 Helene Katz[2] 转致 Krogh 教授[3] 的推荐信。同时,我也想告诉您,即使您没有为我写上述推荐信的话,我依旧会尊重您让我坚决不要麻烦 Niels Bohr 的指示,并且我对此万分理解! 是的,我非常感激您,因为有您的直接写给 K.教授的推荐信已经足够了,所以没有必要让我也牵扯进这件事情里面去。您的原则是,如果没有必要的话,不应该去打扰另一个正在进行创造性思维的人的灵感。换言之,如果不给另一位创造者必要的帮助,整个科学界甚至全人类都将蒙受损失! 我的朋友面临的正是这样的情况,但是能够提供帮助的人不是 Bohr,而是 Krogh,因此如果想通过 Bohr 介绍去找 Krogh,就意味着对 Bohr 进行没有必要的打扰! 一方面我是走投无路了,另一方面 Elsa 女士事先并不了解 Bohr 的情况,也不知道您对这件事的态度;后来她顺便阐明您指出的路非常好,所以我才敢向您提出请求! K.教授对我的朋友 Tschachotin 教授[4] 所受的命运打击感到震惊,对他的成就既认可又赞赏,并承诺会尽全力给予支持,但是机会在小小的丹麦实在太渺茫了! 他还说要联系瑞典方面。如果一切努力都白费的话,假如牵涉到"生死攸关"的大事,那我一定会站出来承担责任,那时会请您,尊敬的阿耳伯特·爱因斯坦先生帮忙想办法并给予支持! 不过,不光是听从您的警告,同时我对您在地球上的使命佩服得五体投地,所以不到万不得已,走投无路我是不会麻烦您的! 因为这件事牵涉到一个本质问题,Krogh 教授也认同,就是问题核心不在于本案是俄罗斯境内发生的几千件不幸的沉船事件之一,而是事件主人是一个有创造才能的天才,他的沉沦将是科学界及人类的损失。

请允许我今天只讲一件事情:13年前,Tschachotin教授在墨西拿(Messina)大地震①中被活埋、毫无生还机会,但他利用自身力量和谜一般的能量进行了数夜的抗争[5]居然活过来了。之后一批著名生理学家,其中包括德国的教授们纷纷撰文说,他必须活下来,因为科学需要他,他们募捐,给他买了一个昂贵的显微镜,因为他丧失了一切所有! 就在这时,巴甫洛夫[6]发现了他的才干,为他在圣彼得堡科学院下属的一个研究所里设立了一个编外人员的工作岗位。可后来战争爆发,紧接着又是革命,摧毁了一切,也把他的精神几乎完全摧毁。活下来的只有无敌的生命力和工作力,一种茂盛的理想主义和繁荣的科学思想,以及继无数年毫无成果之后的发展希望! 由于种种原因,他现在人在南斯拉夫,处境令人绝望,尽管如此,我依旧希望他的状况能有所好转,希望他能在南斯拉夫找到一份新工作,或是在法国(我感觉他本人更想到德国去,因为他觉得法国人的仇恨及沙文主义太可怕了!)。请您原谅我今天的打扰,因为"所有人性的东西,对尊敬的阿耳伯特·爱因斯坦您来说都不陌生",[7]所以相信您会对一个灾难性的、对于全人类具有重大意义的人的命运感兴趣,他与您一样,把纯粹的科学思想看成是自己生命中最神圣的东西!

衷心感谢您对于我工作的温暖鼓励! 祝愿新年带给您旺盛的工作精力和愉悦的心情! 我希望不要再有打扰您的必要。但如果真的必须打扰您的话,我希望获得您的宽容和理解。

致以十分衷心的感谢,您的心存感激的

Lotte Weigert②

ALS.[45224]。

[1]见文件1。

[2]Katz属于Elsa Einstein的朋友圈。

[3]S. August S. Krogh(1879—1949),1920年诺贝尔生理学和医学奖得主,是哥本哈根大学的动物生理学教授。

[4]Sergei S. Chakhotin(1883—1973)是一名细胞学家。

[5]Chakhotin在1908年是墨西拿大学(University of Messina)的实验药理学教授。

[6]Ivan P. Pavlov(1849—1936),1904年诺贝尔生理学和医学奖得主,是彼得格勒军事医学院(Military Medical Academy)的生理学教授。

[7]"[Homo sum;] nil humani a me alienum puto[(我是人;)任何与人有关的事,我皆不陌生的]"

---

① 1908年12月28日早晨,意大利墨西拿发生了大地震。城中98%的房屋遭到损坏,死亡人数不少于4万。对欧洲来说,它的损失仅次于1755年的里斯本地震。——译者

② Lotte是Charlotte的昵称,说明写信的女士与爱因斯坦比较熟悉,有私交,见本卷,文件1,注释1。——译者

(Terentius)。①

## 34. Heinrich Zangger 的来信

[苏黎世,1922年1月23日以后][1]

亲爱的朋友爱因斯坦：

您去过哥廷根[2]了吗？如果我没生病的话，肯定会去拜访您的。

我的主要疑问是：您对 Bleuler 写的书怎么看，其中有许多有关您的文字（《灵魂的生源说》(*Naturgeschichte der Seele*)，柏林施普林格出版社，1921年出版）。请您务必抽空看看这一类的书籍。[3]

如果说 Bleuler 忽视当今道德和宗教占统治地位的状况，那么，无论他如何谦虚致学，他都必然过分重视建立于自然科学之上的逻辑思维主导力（尽管他在书的结束部分写道：道德是人脑中与生俱来的东西）。其实我本人以前和现在都跟他一样。就我对于风险和规避风险的理解来看，自欺欺人并蒙蔽别人有许多行为方式。而事实上风险根本不存在！事情也与我们毫不相干，规避风险是保险公司要面对的事。要是亲身经历过战后德国工人们无人相助的悲惨境地，人们既不会继续盲目崇拜说服力，也不会相信知识可以带来智慧，从而能通过智力的高压而导致灵感发生或良心发现。这本书里所缺的内容太多了。因此，请您告诉我您对 Bleuler 的书的看法吧（奇怪，有关这些价值观方面的元素书中涉及其少）。

Weyl 到柏林拜访过您吗？五个月以来我一次都没遇到过他——现在在 Lorentz-Minkowski-Einstein-Weyl[4] 的文集中得知他绝望了，丧失了信心、放弃了他原本坚持研究的有关磁场物理学的思想。一年前他是多么充满科学幻想和希望的呀（而且也涉及毕达哥拉斯定理）。[5] Eddington 简直可爱极了。[6] 他直截了当、毫无阴谋。最近我在看 Laplace 的文章：[7] 他的知识面广且表述形象直观。遗憾的是，他在散文《概率论》中所阐述的思想至今为止尚未受到专业领域（例如保险业）的重视。相对论被接受都比它来得快。

随信附上有关您的儿子们的报道。[8] 因为报纸上没写那个男人在哪里，看上去几乎有些无聊。在此，求上帝保佑(bhüets Gott)。[9]

Zangger

---

① 这是罗马共和国时期的剧作家泰伦提乌斯（Publius Terentius Afer，公元前195/185—公元前159/161）的一句名言。——译者

ALS.[40 019]。

[1]根据 *Lorentz et al.1922*（在 1922 年 1 月 3 日前印刷；见文件 5）的出版以及提到爱因斯坦可能访问哥本哈根而标注的日期。

[2]在 1922 年 1 月 23 日 David Hilbert 过 60 岁生日时，Max Born 和 James Franck 邀请爱因斯坦去哥本哈根（见文件 4 和 6）。

[3]*Bleuler1921*。Zangger 在 1921 年 11 月 21 日写信给爱因斯坦时，就已经向他推荐了这本书（第十二卷，文件 304）。

[4]*Lorentz et al.1922*。

[5]见 *Weyl 1918a* 在 *Lorentz et al.1922* 的再版中，Weyl 所做的注脚。

[6]Zangger 可能读过 *Eddington 1920*。

[7]*Laplace 1921*,《概率哲学论》(*Essai philosophique sur les probabilites*,1814)的一个新版本。

[8]Hans Albert 和 Eduard Einstein。

[9]圣加仑(St.Gallen)对"愿上帝保佑我们"的说法。

# 35.室伏高信的来信[1]

日本东京府大森不入斗 471 号，[1922 年 1 月 26 日前后][2]

亲爱的先生：

我要再次感激您在德国对我的照顾。从马赛启程 40 天后，我刚刚回到东京，结束了自己愉悦的世界之旅。

我们改造社的同志们，是有机会邀请世界上最伟大人物的幸运者。听了我的汇报，他们感到非常荣幸。[3]

现在我们将给您送去正式提议，作为邀请的合同证件。[4]

同时我们应该还会送去证据，表明东京帝国大学对该邀请的支持。东京帝国大学是我国历史最悠久的最高学府。[5]

您真诚的

室伏高信
改造社

TLS.[36 421]。信件寄给"Prof.Dr.Albert Einstein,Esq.Berlin,Deutschland"。

[1]室伏高信(Koshin Murofuse,1892—1970)是一位社会批评家,《改造》杂志社的驻欧记者。

[2]信件日期是根据文件 40 中提到的室伏高信返回日本一事确定。

[3]1921 年 9 月，室伏高信曾邀请爱因斯坦赴日本讲学，费用由日本出版社"改造社"资助（见室伏高信致爱因斯坦，1921 年 9 月 27 日之前［第十二卷，文件 245］）。

[4]见文件 21。

[5] 关于该大学的邀请,见文件 115。

## 36. 致 Emile Berliner

柏林,[1922 年]1 月 26 日

非常尊敬的 Berliner 先生!

对于您如此慷慨地支持我们的大学,我非常高兴。[1] 从 Warburg 教授夫人那里得到消息之后,[2] 我立即联系了 Weizmann 先生,讨论如何妥善使用这笔款项。以我们两人的名义,我请求您汇款的时候用美元,并加上备注:"用于耶路撒冷的大学。"因为税务方面的原因,这个备注是必需的。如果您同意的话,这笔钱将用来为物理化学系添置设备。考虑到机构整体的功能,以及高昂的采购成本,设立一个专门的物理研究所,条件还不成熟。因此,我们决定目前仅为物理学和物理化学设立一个联合研究所。如果您不反对这一使用方案,我们将很快用这笔钱在德国这边采购装置、书籍以及车间所用的工具和机器,然后尽快送往耶路撒冷。一旦那边可供我们使用的房子内部装修完毕,很快就要开始布置装备。[3]

以恭敬之情,对您和您家人致以诚挚的问候,您的

TLC.[36 849]。

[1] 五天之前,Chaim Weizmann 敦促爱因斯坦请求 Berliner 将用来支持希伯来大学的款项转给他(见文件 32)。

[2] Anna Warburg-Cohen(1864—1937)。

[3] 这里谈到的房子是耶路撒冷斯科普斯山的 Gray-Hill 乡间住宅(见 *Lavsky 2000*,p.136)。

## 37. 致 Paul Ehrenfest

[柏林]星期四[1922 年 1 月 26 日]

亲爱的 Ehrenfest!

你是完全正确的。[1] 今天我在自己的计算中发现了另一个错误,[2] 改正以后我发现运动一点都不影响射线的轨迹和波法线,[3] 不过这个问题确实很难发现!尽管如此,我还是想要发表这个理论,以便最后澄清整个问题。[4]

诚挚的问候,你的

爱因斯坦

AKS.[10 015]。该明信片寄给"Herrn Prof. Dr. P. Ehrenfest Witte Roozen Str. Leiden Holland",邮戳为"Berlin-Wilmersdorf 30.1.22.5-6N[achmittags]",发信人地址"柏林西 30 区哈伯兰大街 5 号爱因斯坦教授"("Prof. A. Einstein Haberlandstr, 5 Berlin W. 30"),为 Ilse Einstein 手迹。这里略去 Ilse Einstein 所写的信息。

[1]指的是文件 30。在文件 39 中,Ehrenfest 重复了他对爱因斯坦的计算的批评。不过那封信在 27 日才盖上莱顿的邮戳。

[2]可能是指在文件 29 中推导方程(13)的最后一步时,以及在 Einstein 1922f(文件 43,注释 11)中使用了相速度而不是群速度。两天后①,在给 Arnold Sommerfeld 的一封信中(文件 41),爱因斯坦已经表示,对于实验的理论分析,量子论和波动理论给出的预测并无不同。

[3]这是爱因斯坦在文件 31 中反驳 Ehrenfest 的文件 30 的意见时的主要论点。

[4]发表的论文为 Einstein 1922f(文件 43)。

# 38. 致 Paul Hausmeister[1]

柏林,1922 年 1 月 26 日

非常尊敬的先生!

我同意我的同事 Paschen[2] 的意见,觉得您的想法很有实用价值。在您指的情况中,水的电解是否和压力有关,这很难讲;因为在所能考虑到的实际情况中,水的电解电压总是高于理论值。无论如何,最关键的一点是不需要任何压缩系统。我建议您注册专利,然后联系相关公司。可以在专利的权利要求中采用下面的文字:

"一种在高电压下产生气体的方法,其特点是,在高压下使用电解的方法分解液体,以省略专门用来压缩电解气体产物的系统。"

我建议您立即申请这个类型的一般专利,也许同时还应该申请一项特殊专利,保护该方法的具体实施系统,以免在实际装置中,需要做特殊的安排,才能实现或者更好地实现您的想法。

致以良好祝愿

TLC.[43 867]。

[1]本信是对未刊文献摘要一览表(Abs.),43 的回复,由此确定收信人身份。

---

① 此处原注为"两天前",疑误。——译者

[2]Friedrich Paschen(1865—1947)是图宾根大学物理教授。

## 39.Paul Ehrenfest 的来信

1922 年 1 月 26 日,莱顿

亲爱的爱因斯坦!

我当然要感谢你的回复。[1]我对你和你的证明,是乐观其成,不过我不相信你是对的,一点儿都不;我是担心又担心——当然,我还不知道你在校样中会证明哪些东西。[2]不管怎样,记住我下面说的几点:

a)波扇中的单个波面在二硫化碳中行进的时候,旋转角度越来越大。对此就算没有进一步的证明,我也可以欣然接受(当然如果你已经有了这些证明,我也想看看)。

b)然而,我虽然不否认这个结论,但是却不认为这些转得很歪斜的波能够从出口逸出。

c)因为人们通过记忆看到这个实验中涉及的实际上是波"群",从来不会有单个波从管子左端进入一直行进到右端(见我的信)——从左端进来的其他全部波都在(穿过二硫化碳沙漠的)旅途中阵亡——所有到达右端的波都是在二硫化碳沙漠[die Schwef-Kohlenstoff Wüste]中新生的。而且他们到达右端的时候,倾斜度和已经升天的前辈进入左端时的倾斜度是一样的。

爱因斯坦,听听你这个小兄弟的话,为了你的安康!!!(不然的话,爱因斯坦就成了外因斯坦[Weinstein]了。)①你要相信,无论如何,如果最后证明你是对的,我会非常高兴。要尽快把校样寄给我。致以良好祝愿,你的

P.E.

AKS.[10 013]。明信片寄给"柏林哈伯兰大街 5 号爱因斯坦博士教授"("Prof. Dr. A. Einstein Berlin Haberlandstr 5."),邮戳为 "Leiden 27.I.22.12 - 1.",此处省略了页边给 Ilse Einstein 的附笔。

[1]文件 31。

[2] *Einstein 1922f*(文件 43)一文的校样。

---

① 此处 Ehrenfest 玩了文字游戏,将爱因斯坦的名字 Einstein 分成两部, Ein 和 stein,把前半部分换成 Wein。——译者

# 40.石原纯的来信[1]

保田[Hota],1922年1月26日

非常尊敬的教授先生！

去年的9月22日,我给您寄去一封信,其中转达了山本实彦先生(改造社代表)邀请您来讲学的意愿。[2]不久以前从欧洲之行归来的室伏先生告诉我,他曾去柏林访问您,您已欣然接受邀请。[3]改造社以及我们全体对此都感到非常欣慰和感激。

在此,我有幸应您的要求寄去关于此次会议的确认文件。随信附送有山本先生亲笔签名的两份复件；请您签字后寄回其中一份。[4]

我还要抱歉地通知您,在考虑到一些实际情况之后,之前商讨的条件在此期间发生了一些变化,与上次我写的有所不同。关于计划的会议内容,除了附件中山本先生的信[5]之外,我还要加上以下备注：

1.文部大臣和东京大学校长[6]都支持改造社的计划,已批准在前述讲座涉及的每一所大学,为讲座安排大厅。

2.每次讲座的时间可酌情增减。[7]公共讲座应翻译为日语；其他学术讲座则不必翻译。

3.(在其他日本的协会)进行任何讲座或演讲均需得到改造社的同意。

4.如果贵夫人也有意一同访问日本,山本先生乐于至少承担她一个月的开支。

5.即使遇到无法预料的情形,您无法成行,需返还预付酬金时,山本先生不要求以现金退回全部预付款,而宁愿等待您的善意,比如提供简短通俗的稿件给他编辑的《改造》杂志发表。

谨以崇敬之心,祝您身体安康,您可靠而诚挚的

石原纯博士　教授

ALS.[36 412]。

[1]石原纯(Jun Ishiwara,1881—1947),当时是东京岩波书店出版社(Iwanami Shoten Publishing Co)。科学撰稿人和记者,曾任仙台东北大学物理教授。他第一次见到爱因斯坦,是在后者于苏黎世大学开办的讨论会上(见爱因斯坦致Leonid Mandelshtam,1913年7月23日[第五卷,文件457])。1921年7月28日,他向东北帝国大学校长提出辞呈,辞去大学教授职位。官方的理由是一种未具体指明的疾病。然而实际上,他决定辞职的原因是与女诗人原阿佐绪(Asao Hara)的恋情,在全国诗人学会和自己的大学

里都成为丑闻,并在 1921 年的 7 月底至 8 月初为媒体广泛报道。1921 年 8 月 2 日,大学校务会正式通过了他的停职决定(见 Murayama 1997,pp.58 和 61)。

[2]在信中,石原将巡回讲学的日程和酬金计划告知爱因斯坦(见石原纯致爱因斯坦,1921 年 9 月 24 日[第十二卷,文件 244])。关于邀请爱因斯坦到日本讲学一事更广泛的背景的讨论,见本卷导言,p.lv。

[3]室伏高信。关于他从欧洲回到日本之后给爱因斯坦的信,见室伏高信致爱因斯坦,1921 年 11 月(第十二卷,文件 285)。

[4]见下一个文件。

[5]见文件 22。

[6]镰田荣吉(Eikichi Kamada,1857—1934),小川正孝(Masataka Ogawa,1865—1930)。

[7]这个词是另一个人的手迹。

## 41. 致 Arnold Sommerfeld

1922 年 1 月 28 日

亲爱的 Sommerfeld!

首先我不得不告诉您,我非常重视的那个实验,什么也说明不了,因为在经过严格的计算之后,发现波动理论的结果和量子论是完全一致的(没有偏折)。[1]又是那句话,吃一堑长一智!

再说《费加罗报》的那篇文章。[2]您标注的所有部分我都看过了。我确实和那个作者同桌交谈过,那是在一个双方共同的朋友那里,Ehrenfest 现在在我这里,他当时也在场。[3]我还能记起文章里提到的谈话内容。话是我说的,不过就是写得有点法国式的引人注目①。我为什么移民,与慕尼黑学校为何如此格格不入,都没有偏离事实,只是当时说话的语气不一样。[4]不错,1914 年我的确是把保留瑞士公民权作为一个条件[5],我也确实曾经公开表示对 Poincaré 的景仰,不过没有说他是当代最伟大的思想家。[6]没错我也确实说过,很多人反对我的理论,是出于政治和反犹主义倾向。[7]还有我对"93 人宣言"的评论和抗议,也是如此。[8]我对所有这些行为的轻蔑,作者也通过我在玩笑中的评论,恰当地加以表达。[9]就连作者关于我对德国政治未来发展的观点的评论,也是有根据的,而且这个评论对恢复双边关系还有建设性作用。[10]

所以说:作者无权复制我的看法。他还在一些地方添油加醋——我不知道他是否有意为之;但是他肯定没有撒谎。因此无法加以否认;[11]最多也只能说,

---

① 此处用的是 bengalischer Beleuchting,直译为"孟加拉焰火",是指用于制造焰火的五颜六色的火药。此处为引喻。在本卷的文件 379 中,爱因斯坦也用了这种说法。——译者

未经授权就发表私下谈话内容是不妥当的。不过最好还是什么也别说,以免再次激起是非。纸上的东西就那么回事,报纸的读者是健忘的——过几年我们都不在了,新一代人又会去折腾新的傻事。我把这篇文章随信寄回。

又及:应当尊重诚实的人,哪怕他的观点与我不同。[12]

AL(GyMDM,HS 1977-28/A,78). *Einstein and Sommerfeld 1968*, pp.97—98; *Sommerfeld 2004*, pp.113 - 114.[21 403]。已删去签名。

[1]关于该光量子实验,见文件 39 以及 *Einstein 1922f*(文件 43)。

[2]*Recouly 1921* 的作者是作家和编辑 Raymond Recouly(1876—1950)。在文件 27 中,爱因斯坦请求 Sommerfeld 把这篇文章寄给自己过目。

[3]Paul Ehrenfest 在 1921 年 9 月 10 日之后访问了柏林(见第十二卷,年表和日程表)。

[4]"'为什么你这么认同瑞士?为什么你没有留在德国继续深造?'在爱因斯坦给我讲述他自己的青年时代的时候,我向他提出这个问题。

爱因斯坦看了我一眼,然后平静地回答说:'那时候我不喜欢德国,因为它当时极端的军事化和威权主义。我不喜欢那个环境。'

这个回答让人想起他与 Alexander Moszkowski 的访谈[……]:'我在德国的所有中学老师都不过是军训士官而已。'"

("'Pourquoi,' ai-je demandé à Einstein quand il me racontait sa jeunesse, 'vous êtes-vous ainsi attaché à la Suisse? Pourquoi n'avez-vous pas continué vos études en Allemagne?' Einstein me regarde un instant et me répond avec calme: 'L'Allemagne d'alors, militarisée, caporalisée à outrance, me déplaisait. C'est un milieu dans lequel je ne me sentais pas à l'aise.'' Cette réponse est à rapprocher de ce qu'il disait un jour à Alexandre Moszkowski [⋯]: 'Tous mes professeurs du gymnase allemand n'étaient que des sous-officiers.'" [*Recouly 1921*])

按照 Moszkowski 的说法,爱因斯坦说他的小学老师们具有"军训士官(Unteroffizieren)天性",中学老师则是"陆军少尉品性(Leutnantscharacter)"("Mit bitterem Sarkasmus sagte er mir: diese Lehrer hatten den Charakter von Unteroffizieren,—die weiteren am Gymnasium waren dann überwiegend dem Leutnantscharacter zugewendet" [*Moszkowski 1921*, p.221])。

关于爱因斯坦在慕尼黑 Luitpold 中学的经历,见第一卷,"阿耳伯特·爱因斯坦——为他的生平事略而作"("Albert Einstein—Beitrag für sein Lebensbild"), pp.xliix - lxvi,尤其是 pp.xl-xlii。

[5]根据 Recouly,关于保留自己的瑞士国籍,爱因斯坦的说法是:"在 1914 年春天,开战前不久,柏林科学院邀请我担任一个物理席位以及威廉皇帝研究所主任。我提出的一个条件是,保留完全的言论自由和瑞士公民权,[……]毫无疑问,在保留瑞士公民权的问题上,我受到了指责[……]"("Au printemps 1914, un peu avant la guerre, l'Académie des sciences de Berlin m'offrit une chaire de physique, et la direction de l'Institut Empereur Guillaume.J'ai posé comme condition que je garderais toute ma liberté d'opinion et resterais citoyen suisse.[⋯] On me reproche sans doute [⋯] d'avoir tenu à demeurer citoyen suisse."[*Recouly 1921*])

[6]Henri Poincaré(1854—1912)当时是索邦大学数学教授。Recouly 引述爱因斯坦的话说"我要感激他……他肯定是我们这个时代最伟大的思想者"("Je lui dois beaucoup ⋯ c'est à coup sûr le plus grand cerveau de notre temps")。

[7]"设想一下,……一些人曾经试图把我的科学研究拉到他们的讨论中,拉到政治争执中。这真是很下流的事情。我曾经遭到尖锐的批评,甚至辱骂。毫无疑问,我被人家看成是一个犹太人,一个引入创新精神动摇正统观念摧毁旧理论的人,……也许还有在战时坚持自己的立场,现在也为之无比自豪。"("Figurez-vous…, que certains ont essayé de mêler à leurs discussions, à leurs querelles politiques, mes recherches scientifiques. C'est vraiment les faire descendre bien bas. J'ai été violemment critiqué, et même injurié. On me reproche sans doute d'être juif, d'introduire un esprit novateur qui choque les opinions reçues et démolit les vieilles théories,… peut-être aussi d'avoir gardé pendant la guerre une attitude dont je suis on ne peut plus fier." [Recouly 1921])

关于1920年的反相对论事件,及其政治和反犹主义的本质,见第十卷导言,sec. II; Rowe 2006 and Dongen 2007。

[8]"众所周知,在敌对状态刚开始时,爱因斯坦不但拒绝在93位德国知识分子宣言上签字,反而和 Nicolai 教授一起,发表了相反性质的声明。这一表现正信和勇气的行为,使他遭到反动派和军国主义者的仇恨。有人几次想组织反对他讲座的无理示威。"("On sait qu'au commencement des hostilités, Einstein non seulement refusa de mettre son nom au bas du manifeste des quatre-vingt-treize intellectuels allemands, mais il signa, comme le professeur Nicolaï, une déclaration en sens contraire. Un tel acte de bonne foi et de courage lui valut la manifestations tapageuses à ses cours." [Recouly 1921])关于"告欧洲人书",见第六卷,文件8;关于爱因斯坦给德累斯顿和柏林学生讲座的争议,见爱因斯坦1921年1月20日致 Paul Ehrenfest,(第十二卷,文件24),以及"课堂骚乱"(第七卷,文件33)。

[9]"人们可以相信,这位可敬的人不会在意这些愚蠢低劣的行为。他居高临下地蔑视之,给予其恰如其分的关注,也就是,根本就不理会。"("Un homme de cette valeur est bien au-dessus, on peut le croire, de sottises et de vilenies de ce genre. Il les regarde de très haut. Il y attache exactement l'importance qu'elles méritent, c'est-à-dire aucune." [Recouly 1921])

[10]"我相信……德国政治最后会走上民主的方向,但是要经历几次反复。"("Je crois…que ce sera finalement dans le sens de la démocratie, mais après un certain nombre d'oscillations.")他还进一步谈到"尽快恢复民众之间的联系的巨大益处,尤其是重建德法之间知识分子与科学家在战争和战后中断的关系"("l'immense avantage qu'il aurait à renouer au plus vite entre les peuples, surtout entre l'Allemagne et la France, les relations intellectuelles, scientifiques, que la guerre et l'après-guerre ont interrompues" [Recouly 1921])。

[11]Sommerfeld,在文件14中曾建议向翻译转载《费加罗报》这篇文章的《外国新闻》(*Auslandspost*)去信,澄清此文(*Recouly 1921*)完全扭曲了爱因斯坦的观点。

[12]此附笔写在文件的页边。

# 42. Gregory Breit 的来信[1]

莱顿,1922年1月31日

十分尊敬的教授先生:

您离开本地以后[2],van der Pol[3] 博士和我在一起做了您提议的实验,结果暂时为否定。传导装置用的是锡箔和铝箔相连,用一个火花给它们穿了孔。火花是用 40 伏(40V)的蓄电池打出的,电流量为 300 安培。接上电源之前传导装置电阻>10⁶ 欧姆。接上电源以后电阻的数量级为 1 欧姆。在衔接点施加的电压分别为 10 伏,电阻为 1 至 20 欧姆不等,所穿越的电阻为 1 至 20 欧姆。同时,一根电线接一个变压器,另一根电线接一个放大器(三级变压器)。

我们也注意观察如果通过变换电阻大小而调换电流的流量的话,是否有声音发出(将烫热发亮的白金丝放在真空环境中,然后往其中注入空气)。观察结果是没有声音出现。

我们目前不能确定是否出现该效果。由于我们目前还有其他工作,所以不能花大量时间做这项实验。如果您宁愿让别人继续研究这一课题的话,我们宁愿放弃研究这一课题。

致以崇高的敬意

G. Breit

ALS.[6171]

[1] Breit(1899—1981)是在莱顿大学的美国国家研究委员会的一名成员,也是 Paul Ehrenfest 的助手。
[2] 在 1921 年 11 月 27 日,爱因斯坦从他对莱顿的出访中归来。
[3] Balthasar van der Pol(1889—1953)是一名物理学家,在艾恩德霍芬(Eindhoven)飞利浦电灯泡有限公司(N.V. Philips Gloeilampenfabrieken)的物理实验室(Natuurkundig Laboratorium)工作。

# 43. "论色散介质中的光传播理论"

[Einstein 1922f]

1922 年 2 月 2 日提交
1922 年 2 月 27 日发表
于:《柏林普鲁士科学院物理-数学部会议报告》(Preußische Akademie der Wissenschaften, Berlin: Physikalisch-mathematische Klasse. Sitzungsberichte)(1922):18—22。

## 论色散介质中的光传播理论

A. 爱因斯坦

在这些通报中最近出现的一个通知里,[1]我提出了一个光学实验。根据我的计算,波动理论会导出与量子论不同的实验预期结果。其推导如下:在透镜的焦平面内运动的极隧射线粒子,会发射具有偏心等相面的光,经过透镜的衍射之后,变为非平行面(一个"扇形发散"的平面系统)。这种情况下,光波的频率,也就是传播速度,是位置的函数。这样的波穿过色散介质的时候,等相面的传播速度在介质中也是位置的函数;如此一来,光的等相面在介质中行进的时候,就会发生旋转,在光学上的表现就是光的偏折。

由于 Ehrenfest 和 Laue 先生对计算结论的质疑,[2]我从波动理论的观点更细致地考察了光在色散介质中的传播,发现自己的计算确实导致一个错误结论。正如 Ehrenfest 先生明断,[3]其原因在于,如果在色散介质中跟随波的顶部行进,波群外的地方开始进入范围;波顶部的波面虽然发生旋转,但是实质上已经不再存在,被在别处生成的方向不同的新波面所代替。

我们的目的是从波动理论的观点找到色散介质中所发生的过程的精确数学描述。为此我们从一开始就只考虑二维过程,也就是与 $z$ 轴无关的场的分量。[4]假定对于纯感知过程,色散介质与非色散介质性质一样。这样如果用 $\phi$ 代表满足波动方程的一个解,比如电场强度的 $z$ 分量,那么

$$\phi = \frac{A}{\sqrt{r}} e^{j\left[\omega\left(t-\frac{r}{V}\right)+\alpha\right]} \tag{1}$$

就是波动方程在距离 $r$ 远大于 $\frac{2\pi V}{\omega} = \lambda$ 时的一个解,其中 $\phi$ 代表距离参考点$(\xi, \eta)$的长度为 $r$ 的起点$(x, y)$在时刻 $t$ 的一个激励。$A$、$\omega$、$V$ 和 $\alpha$ 都是实常数,并且 $\omega$ 和 $V$ 由一个与介质光学性质有关的关系式相联系。由于微分方程是线性的,任何(1)式类型的解相加也是波动方程的解。

现在我们设想产生(1)式类型波的一个系列激励,连续分布在 $x$-$y$ 平面内的一段曲线上。参考点$(\xi, \eta)$可以看成是曲线上测得的弧长 $s$ 的函数。在离开曲线足够远的距离,在曲线上的积分

$$\left.\begin{aligned}\phi &= \int \frac{A}{\sqrt{r}} e^{jH} ds \\ H &= \omega\left(t-\frac{r}{V}\right)+\alpha\end{aligned}\right\} \tag{2}$$

也是方程的解。$A$、$\omega$、$\alpha$ 和 $V$ 都是曲线上的缓变量,在曲线上移动 $\lambda$ 距离时,变化极小。与曲线的长度相比,波长很小,而曲线长度相比起点到曲线上个点的距离 $r$ 也是小量。

在 $\omega$ 设置为常数的情况下,(2)式的积分为光传播提供了一个包含这里所研究的圆柱体情况的 Fraunhofer 和 Fresnel 效应的理论。如果 $\omega$ 依赖于 $s$,得到的则是非静态解,也就是说光线路径随时间变化的情况。

这里要研究的不是偏折问题,而是忽略偏折的光学问题。我们要问:在时刻 $t$ 哪些点是发亮的,哪些点不是,尤其是在忽略偏折效应的情况下?(2)式形式的解可以很简单地回答这个问题。$H$ 依赖于起点和曲线点的选择,并且在曲线点沿曲线行进的时候,通常是快速变化的;因此 $e^{jH}$ 是一个快速正负交替取值的函数。这就是为什么在曲线上只有那些 $\dfrac{\partial H}{\partial s}$ 等于 0 的点才对积分有实质性的贡献。如果对某个时刻所考虑的点,它与起点的 $\dfrac{\partial H}{\partial s}$ 满足这个条件,那么该点就是"发亮的",否则就是"暗"的。

现在我们选定的曲线是 $x$ 轴上 $\xi = -b$ 和 $\xi = +b$ 之间的线段,并且只考虑 $y$ 值为正的起点的解。如果光束的厚度无穷小,只需考虑光轴,那么显然设置距离中点的发亮条件就可以了。这样我们就得到光线的条件

$$\left(\frac{\partial H}{\partial \xi}\right)_{\xi=0} = 0 \tag{3}$$

在所考虑的几何条件下,波法线的方向,显然是沿着坐标系的原点到起点的半径矢量。

我们感兴趣的情形,是光束在色散介质中,以恒定速度改变其发射方向。我们从更简单的情况开始,逐步研究这个问题。

Ⅰ.一列方向恒定的波[5]。根据条件

$$\left(\frac{\partial \omega}{\partial \xi}\right) = 0$$

$$\left(\frac{\partial \alpha}{\partial \xi}\right) = 0$$

简化(2)式,并在足够的近似精度下,进一步做如下设定[6]

$$r = r_0 - \frac{x}{r_0}\xi \tag{4}$$

其中 $r_0 = \sqrt{x^2 + y^2}$。由条件(3)得到

$$x = 0.$$

由此光沿 $y$ 轴行进。

Ⅱ.一列在非色散介质中方向变化的波[7]。设定

$$\left(\frac{\partial \omega}{\partial \xi}\right) = r$$

$$\left(\frac{\partial \alpha}{\partial \xi}\right)=0$$

则

$$H=(\omega_0+r\xi)\left(t-\frac{r_0}{V}+\frac{1}{V}\frac{x}{r_0}\xi\right)+\alpha$$

在此情况下，速度 $V$ 与频率 $\frac{\omega}{2\pi}$ 无关。由等式(3)得到

$$r\left(t-\frac{r_0}{V}\right)+\frac{\omega_0 x}{Vr_0}=0 \tag{5}$$

从下面的说明可以看出，这是一个方向变化的光线。在时刻 $t$ 照亮起点的光线，经过坐标原点的时刻为 $t'=t-\frac{r_0}{V}$。被照亮的起点的方向为

$$\frac{x}{r_0}=\frac{V}{\omega_0}t'.$$

这个方向在时间 $t'$ 发生变化。在某个时间 $t'$ 路过原点的光线沿直线行进。

Ⅲ. 一列在色散介质中方向变化的波[8]。我们同样设定

$$\left(\frac{\partial \omega}{\partial \xi}\right)=r$$

$$\left(\frac{\partial \alpha}{\partial \xi}\right)=0$$

但是这里必须考虑到 $V$ 依赖于 $\omega$。如果设定 $n=\frac{c}{V}$，那么

$$n=n_0+\frac{\mathrm{d}n}{\mathrm{d}\omega}\mathrm{d}\omega=n_0+\frac{\mathrm{d}n}{\mathrm{d}\omega}\gamma\xi,$$

由此必须满足

$$\frac{1}{V}=\frac{1}{c}\left(n_0+\frac{\mathrm{d}n}{\mathrm{d}\omega}r\xi\right)$$

所以[9]

$$H=(\omega_0+\gamma\xi)\left[t-\frac{1}{c}\left(r_0-\frac{x}{r_0}\xi\right)\right]\left(n_0+\frac{\mathrm{d}n}{\mathrm{d}\omega}\gamma\xi\right)+\alpha.$$

根据条件(3)得到

$$\gamma\left[t-\frac{r_0}{c}\left(n_0+\omega\frac{\mathrm{d}n}{\mathrm{d}\omega}\right)\right]+\frac{\omega_0}{c}n_0\frac{x}{r_0}=0. \tag{6}$$

现在的问题是：$t=0$ 的时间，经过 $y=0$ 的波群[10]会发生什么故事？正如人们所知，这个波群的传播速度是群速度 $V_g=\dfrac{c}{n+\omega\dfrac{\mathrm{d}n}{\mathrm{d}\omega}}$ 而不是 $V=\dfrac{c}{m}$。对于一

个被此波群照亮的起点，必须满足

$$t = \frac{r_0}{V_g} = t - \frac{r_0}{c}\left(n + \omega \frac{\mathrm{d}n}{\mathrm{d}\omega}\right) = 0$$

的条件。[11]在这种情形中，等式(6)也给出

$$x = 0 \tag{7}$$

这样这个波群沿 $y$ 轴-axis 直线行进，其波长基准方向相同。

这样就证明了极隧射线粒子产生的光在色散介质中并不发生偏转——这与前面的基本想法相矛盾。通过 E. Warburg[12] 的友好安排，Geiger 和 Bothe 先生在帝国物理技术研究所完成的实验结果也没有发现偏转。基于这一理论发现，无法通过这一实验给出关于光发射基本过程的深刻结论。

值得注意的是，正如 Laue 先生向我指出的，如果光在色散介质中的偏折与光源分子的运动状态有关，就会违反热力学第二定律。因为波动理论也不会导致这样一个偏折，在这里也许就不需要进一步澄清这一点。

在此向 Warburg、Geiger 和 Bothe 先生表达衷心感谢。

发表于《柏林普鲁士科学院物理-数学部会议报告》(*Preußische Akademie der Wissenschaften*，Berlin：*Physikalisch-mathematische Klasse. Sitzungsberichte*)(1922)：18—22。1922 年 2 月 2 日提交，1922 年 2 月 27 日发表。同时存有一份手稿。手稿和印刷版本之间显著的出入在下面注释中都加以说明。

［1］*Einstein 1922a*(第七卷，文件 68)；关于对它的早期的批评，见 *Raman 1922* 和 *Breit 1922*。

［2］关于 Max von Laue 的批评，见文件 25。

［3］在文件 29 完成之后的一封信中，Ehrenfest 与爱因斯坦发生争议，指出在极隧射线实验的波理论分析中，需要考虑相速度和群速度区别。在文件 37 中，爱因斯坦承认 Ehrenfest 是对的。

［4］下面的讨论是来自于最早在文件 29 中 pp.6—10 给出的计算。

［5］在手稿中此处的"波群"被改为"波"。

［6］此处爱因斯坦省略了 $\xi^2$ 项，见文件 29, eq.(7)。

［7］在手稿中此处的"波群"被改为"波"。

［8］在手稿中此处的"波群"被改为"波"。

［9］等式应为 $H = (\omega_0 + \gamma\xi)\left[1 - \frac{1}{c}\left(r_0 - \frac{x}{r_0}\xi\right)\right]\left(n_0 + \frac{\mathrm{d}n}{\mathrm{d}\omega}\gamma\xi\right) + \alpha.$

［10］在手稿中此处的"放射群"(aus der Strahlungsgruppe)被改为"波群"(aus einer Wellengruppe)。

［11］在文件 29 中，爱因斯坦认为相关的速度应为相速度，而不是群速度，并推导得出 $x$ 的非零的代表光线的圆形路径的表达。在文件 37 中，他表示自己发现了之前计算的一个错误，改正后，以前的结论不再成立。

［12］Emil Warburg、Hans Geiger、Walther Bothe：关于爱因斯坦的极隧射线实验的历史讨论，见 *Klein, M. 1970b* 和《爱因斯坦全集》第十二卷，导言，pp.lv-lvii。

## 44. Hermann Anschütz-Kaempfe 的来信

慕尼黑利奥波特大街(Leopoldstr.) 6 号,1922 年 2 月 3 日

亲爱的、尊敬的爱因斯坦教授!

您可能大概想象得出,您给 Sommerfeld 的信带来了怎样的后果,说它引爆了一颗炸弹都不足以形容;[1]他把信交给我看的时候,充满了绝望,对您和对人性的绝望;恐怕我的安慰也是良药苦口;我的想法是普遍的人性之善与民族情感总是对立的,不可能皆大欢喜。

现在《费加罗报》文章这件事总算尘埃落地了,安息吧(R. i. p.)。[2]

上个星期 Herzfeld[3]教授提供了一份关于极隧射线实验的评论;[4]他的内容都是第二手的;我们最大的失望,是不能在慕尼黑这里聆听您的演讲。《世界舞台》上那篇杀气腾腾的文章,在我看来不值一提;这里的学生早就克服了战后的精神焦虑,在您面前,任何反犹主义都只能偃旗息鼓,哪怕是最疯狂的那些人![5]

今年我们想 3 月份就搬到基尔去;浮球的工作需要我过去。目前我们在自动转向控制方面取得一些不错成果,[6]有助于回转罗盘的成功。

2 月 18 日,我们将在家主办教职员工晚会,和每年冬天一样;如果您能参加,肯定是皆大欢喜。革命之后豪华车厢被禁止了,不过我在柏林和这边都可以给您准备一个卧铺车厢,以免旅途劳苦。风琴和音乐厅都会很精彩,您能把小提琴带来就更好。

如果您早先报告的光实验的否定结果最后又是错的,另外也许还能搞一个物理学家的小型研讨会。[7]那样再好不过。最后说到底,真心助人为乐才是世上至善。

我们俩向您和您妻子致以最良好的祝愿,您的

Anschütz-Kaempfe.

ALS. *Lohmeier and Schell 2005*, pp.156—157. [37 374]。写在有作者个人抬头的信纸上。

[1]见文件 41。

[2]是安息之意("Requiescat in pace",拉丁语:安息吧)。关于《费加罗报》的文章(*Recouly 1921*),见文件 41。

[3]Karl F. Herzfeld(1892—1972)时为慕尼黑大学化学无薪讲师。

[4]显然这里指的是 Geiger-Bothe 实验。

[5]关于慕尼黑学生刊物上的那篇使得爱因斯坦撤销在该大学报告计划的文章,见文件27。

[6]世界上第一个自动船舶转向控制器("Selbsteuer")(*Lohmeier and Schell 2005*, p.155)。

[7]显然是 Arnold Sommerfeld 从文件41 得知结果后,告诉了 Anschütz。一天前,爱因斯坦已告知普鲁士科学院,Geiger-Bothe 实验并未推翻光的波动理论(*Einstein 1922f*,文件43)。

## 45. Paul Ehrenfest 的来信

[莱顿]1922年2月4日

亲爱的爱因斯坦!

非常感谢你寄来关于光线没有偏折的明信片。[1]我觉得自己信里所述的波群的想法,是表述得最清楚的。[2]你信里写的 Kocherthaler 教授在马德里的地址太不清楚,我只好在明信片里问你,是不是我理解的"Calle Scultur 9"。[3]你没有回答这个问题——请务必告诉我。——

正如我已经告诉你的,通过本地浓度为 $1.00 \times 10^{-3}$ 的制剂与来自梅休因的浓度为 $1.08 \times 10^{-3}$ 的制剂的共同处理,我们现在已设法将金离子的浓度提高到 $6.96 \times 10^{-3}$。我刚刚收到维莱尔(Villars)的报告,说他为我们生产了浓度大约为 $0.38 \times 10^{-3}$ 的制剂,[4]都是按我们的单位计算的。但是您也看到,浓度还是太低,也许最好等你下次来这里,叫 Villars 送来。到那个时候,他就能够得到更高的浓度。

请马上决定你来莱顿的时间。——我们的复活节假日是从4月8日到4月24日。在复活节之前,Lorentz 不大可能回来。[5]我妻子3月份也可能不在。[6]这么短的时间里我也无法为"红移"作出任何安排。[7]

复活节之后,这里的天气应该就会变得非常好。

我们可以把讨论的一部分(比如红移)安排在4月19日到24日这期间(假期!)。

请尽快决定并确认后马上回复!!向你全家问好,你的
P.Ehrenfest 荷兰莱顿[8]

AKS.[10 017]。明信片寄往"柏林哈伯兰大街5号爱因斯坦博士教授"("Prof. Dr. A. Einstein, Berlin, Haberlandstr 5."),邮戳为"Leiden 10 4.Ⅱ.22.3 - 4N[amiddag]"。

[1]文件37。

[2]见文件30。

[3]在文件31中,爱因斯坦写的是"Lealtar"。

[4]和在文件24中一样,这里指的应该也是关于莱顿的一个基金的暗语。意思是,爱因斯坦的账户

中一共有 6960 荷兰盾，其中 1000 荷兰盾是他在莱顿的工资，1080 荷兰盾是来自梅休因的版税，380 荷兰盾是来自戈捷-维拉尔出版社（Gauthier-Villars）的版税。

[5] Hendrik A. Lorentz 当时正在帕萨迪纳的加州理工学院访问。

[6] 可能是要去哥本哈根（见 Niels Bohr 致 Paul Ehrenfest, 1922 年 2 月 6 日，[NL-LeRM, Ehrenfest Archive, ESC: 1, 185]）。

[7] 关于讨论太阳引力红移的会议计划，见文件 31。

[8] 此处签名也同时作为回信地址。

## 46. Joan Voûte 的来信[1]

巴达维亚（今印度尼西亚雅加达）Weltevreden, 1922 年 2 月 11 日

万分尊敬的教授先生：

请允许我向您通报，我们这里有关探险的准备工作已基本就绪。[2] 我向 Freundlich 博士提出了建议，请他安排将所需全部仪器装上您将搭乘的轮船一并运来，包括我们向蔡司（Zeiss）公司和班贝格（Bamberg）公司所订购的仪器。

荷兰-印度天文学协会（Niederl. Indisch Astron. Ver.）为将这次探险推向成功，付出了并继续付出很多努力。

请允许我以上述协会的名义，恳请您在这次探险活动结束后，分别在巴达维亚的 Weltevreden[3] 和万隆（Bandoeng）各作一场学术报告。

如果您再接到其他请求，请您给予回复，因为您已应荷兰-印度天文学协会（Niederl. Ind. Astr. Vereinigung）之邀，答应过作报告事宜。这些报告也将支持正在集资筹建的天文台，因为一定会有许多政要人物，甚至是许市长本人亲临报告现场。

协会也在计划带您参观印度的风景名胜。

致以崇高的敬意

J. Voûte

ALS.[45 190].

[1] Joan Voûte (1879—1963) 是坐落在巴达维亚（Batavia）（今印度尼西亚雅加达）的皇家气象和磁学天文台（Royal Meteorological and Magnetic Observatory）的助手。他参与了一个天文学天文台（后来名为 Bosscha Observatory）的建立。这个天文台坐落在中爪哇省万隆市（Bandung, Central Java）①附近的伦邦（Lembang），是在 Nederlandsch-Indische Sterrenkundige Vereeniging（荷兰-印度天文学会）倡议下建立

---

① 此处有误，万隆市属于西爪哇省。——译者

起来的,而 Joan Voûte 正是它的创始人之一。

[2]一支德国荷兰联合探险队要在 1922 年 9 月 21 日那天,在太平洋圣诞岛观察日食。Erwin Finlay Freundlich(1885—1964)是波茨坦天体物理学天文台的 Hauptobservator(首席观测员),他和 Joan Voûte 是这个探险队的成员(见 *Freundlich 1923*)。曾传说爱因斯坦可能会参与(见 *Campbell 1922*)。

[3]Weltevreden 是巴达维亚的一部分,大部分欧洲人生活在那里。

## 47.致 Paul Ehrenfest

[柏林,1922 年 2 月 12 日]

亲爱的 Ehrenfest!

随信附上我关于色散介质中光线路径的通报的校样。[1]最后的形式很简洁,十分美妙。你关于高浓度金离子的消息也令人愉快,我们这里检查的情况,非常需要这样的高浓度。[2]

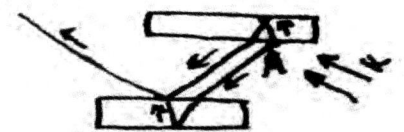

我们马德里同事的地址是:马德里忠诚街(Lealtad)9 号(Kuno Kocherthaler)。[3]最好能把会议的时间改到 9 月末。[4]我们最近才在一起待了很长时间。[5]很高兴你的妻子现在可以出门了。[6]她用第 5 维度解决量子困难的观点,我搞不懂。在思考初级发射过程是否以球面波形式发生时,我想到下面这个实验。非常倾斜地入射的阴极射线 $K$ 在两个等厚度的平板之一的 $A$ 点处产生一个平面光。如果是球面波发射,这两个平板产生无相差干涉。是否存在类似实验? 不过实验结果很可能是肯定的。

诚挚问候,你的

爱因斯坦

AKS.[10 019]。明信片寄往"Prof.Dr.P.Ehrenfest Witte Roozen Straat Leiden(Holland)",邮戳为"Berlin W 35 12.2.22.5—6N[achmittags]"。

[1] *Einstein 1922f*(文件 43)的校样。
[2]见文件 45 及其关于 Ehrenfest 为爱因斯坦打理基金一事的注释 4。
[3]见文件 45。
[4]关于讨论太阳引力红移的会议计划,见文件 31。
[5]爱因斯坦曾于 1921 年 11 月 3 日至 27 日访问莱顿(见第十二卷,年表和日程表)。
[6]见文件 45。

# 48. 致 Hans Albert 和 Eduard Einstein

[柏林,1922 年 2 月 12 日]

我亲爱的儿子们!

你们又沉浸于神秘的寂静中了,淘气的小家伙们。我很好,但是没什么新消息。我曾经寄予厚望的那个实验,既不支持,也不反对波动理论,所以所有的努力和热情实际上都白费了。[1]亲爱的 Albert,你有没有把从 10 + 2 剩下的四张照片寄给我的朋友:马德里忠诚街(Lealtad)9 号 Kuno Kocherthaler? 如果还没有,尽快把这事办了,可别忘记了。我现在还没有帆船,但是在留心寻找。[2]就是必须要找一艘结实的,因为人人都担心我宝贵的生命会有危险。我喜欢在自己的城堡里面和你们一起度过夏天(哈哈)。[3]

向你们三人致以诚挚的问候,你们的

爸爸

亲[爱的]Albert,请去苏黎世州银行(Kantonalbank)询问一下,为什么我有 4000 马克存在那里,然后写信告诉我。我收到他们的关于这笔钱的一个通知,不知道是怎么回事。问问他们钱是什么时候,谁存进去的。

---

AKSX.[75 615]。背面的收信人是 "Albert und Tete Einstein Gloriastr.59 Zürich",邮戳 "Berlin W 35 12. 2.22.5—6N[achmittags]"。在"Zürich"下面加上了"Kis⟨s⟩ačer gasse Novi sad Yugoslavien",字样上下颠倒,为另一人手迹。

[1]指的是极隧射线实验,可见文件 43 的介绍部分。

[2]前一年的夏天,爱因斯坦曾经租了一艘帆船,并与 Hans Albert 一起航行(见爱因斯坦致 Hans Albert Einstein,1921 年 6 月 18 日[第十二卷,文件 153])。

[3]这是一个玩笑语,指的是 1921 年夏天,爱因斯坦在斯潘道(Spandau)租的小木屋(见爱因斯坦致 Mileva Einstein-Marić,1921 年 8 月 28 日[第十二卷,文件 218])。

## 49. Hans Albert Einstein 的来信

[苏黎世,1922 年 2 月 12 日至 3 月 4 日][1]

亲爱的爸爸!

我确实很久没有给你写信了;这是因为两个原因:第一,根本就没有新消息;第二,现在学校里的事情很忙。[2] 照片已经送出去了。[3] 现在我们感觉不错。Teddy 也感冒了。4 月 1 日之前我们得搬出去,但是我现在还不知道搬到哪里;有消息我就写信告诉你。[4] 我们对于夏天的城堡充满期望。[5] 希望到时候还能一起演奏音乐。比如我演奏过塔替尼 G 小调奏鸣曲[6],很想再演奏一次。我还投身于一些全新的事情。我现在学跳舞,你想象一下吧! 现代的舞蹈有更多的黑人因素,这不过也无所谓。你问起 4000 马克的事情:那是从德累斯顿银行转来的 1919 年的退款。[7] 最近我有不少钢琴演奏活动,比如与 von Gonzenbach 教授[8]和 Hurwitz 小姐[9]合奏。低音提琴进展也不错;我们又参加了两个音乐会的演奏。[10]

很遗憾那个光实验没有取得什么结果。[11] 另外,陀螺仪的事情怎么样了? 他们有没有完成悬浮机构?[12] 冰盒子和它的竞争者的测试结果如何?[13] 我们的毕业考试就要来临;该复习功课了。

问好

Adn.

ALS.[144 029]。Eduard Einstein 的信是本文件的附件,见下一个文件。

[1]文件日期的确定根据,是本文是对文件 48 的回复,而文件 67 则是对本文的回复。

[2]Hans Albert 当时在苏黎世州立学校(Kantonsschule)中的实科中学上六年级,也就是最后一年。

[3]送给 Kuno Kocherthaler。见前一个文件。

[4]Mileva 和孩子们接到通知,要他们搬出公寓房子,因为已经转手,新主人要搬进来(见 Mileva Einstein-Marić致 Helene Savić,1922 年初[Milan Popovič,Belgrade]。[73 855])。

[5]这是爱因斯坦对他在斯潘道的小木屋的玩笑说法(见文件 67)。

[6]Giuseppe Tartini 的小提琴钢琴 G 小调奏鸣曲《魔鬼的颤音》。

[7]爱因斯坦曾经让 Hans Albert 去核实苏黎世州银行的款项是谁人何时存入的(见上一个文件)。

[8]Wilhelm von Gonzenbach(1880—1955)当时是联邦工学院卫生教授以及他们的邻居。

[9]可能是 Lisbeth(1894—1983),或者 Eva Hurwitz(1896—1942)。

[10]Hans Albert 一年前开始演奏最低音提琴(见 Hans Albert Einstein 致爱因斯坦,1920 年 12 月 26 日到 1921 年 3 月 14 日之间[第十二卷,文件 1]),并且是学校管弦乐队的主席(见 Hans Albert Einstein 致

Einstein,1921 年 9 月 1 日之后［第十二卷,文件 311］)。

　　[11]与爱因斯坦在 1921 年的期望相反,1922 年 1 月他向 Arnold Sommerfeld 承认该实验未能推翻光的波动理论(见文件 41)。

　　[12]爱因斯坦在 Anschütz-Kaempfe 的工厂里研制的陀螺仪是安装在一个球体内部,该球体悬浮在另一个外球体容器的水中。当时的问题,是找到一个能穿过水而又不损伤电极的配电方法。关于 Anschütz 寻找合适材料的努力,见文件 94。

　　[13]与 A.Borsig 公司达成协议,于 1922 年 2 月间测试 Nernst-Einstein 制冷方法(见未刊文献摘要一览表,63)。

## 50.Eduard Einstein 的来信

［苏黎世,1922 年 2 月 12 日至 3 月 4 日］[1]

亲爱的爸爸!

　　我身体已经恢复,可以回学校上课了。[2]对于暑假计划,我也感到非常兴奋。如果到时候能演奏音乐,我也可以参与。我已经可以演奏科雷利(Corelli)的一节作品,还有两首加伏特舞曲(gavottes)。

　　问好

Teddy.

137　ALS.本文是前一文件的附件。
　　[1]关于文件日期,见上一文件。
　　[2]Eduard 当时正在苏黎世工学院小学读五年级。

## 51.致 Madeleine Rolland[1]

柏林,1922 年 2 月 15 日

尊敬的夫人!

　　毫无疑问,我非常尊重您所从事的事业,收到您寄来的北意大利会议的邀请,也感到非常喜悦。[2]我不能接受这一邀请,不是因为没有兴趣,也不是没有勇气公开,而是出于下面的原因:自从我的理论获得惊人的知名度,到处都在邀请我参加各种活动,每一个都值得投入。如果我去迎合这些要求,以后就再也不能进行平静的科学研究了。因此我必须和所有的重大社会活动保持距离。

向您和您尊敬的哥哥致以衷心问候,[3]祝愿您的意大利会议圆满成功,您诚挚的

TLC.*Nathan and Norden 1975*,p.65.[44 789]。信件寄给"Mdlle.Madelaine Rolland Paris"。

[1]Madeleine Rolland(1872—1960)当时是国际妇女争取和平自由联盟(Ligue internationale des Femmes pour la Paix et la Liberté)法国分部委员会成员。

[2]见未刊文献摘要一览表,68。

[3]罗曼·罗兰。

# 52.Emil Warburg 的来信[1]

夏洛腾堡(Charlottenburg),马尔希大街(March Street)25b 号,1922 年 2 月 15 日

尊敬的同事先生!

因为黏膜炎,我只能待在屋里的床上,很遗憾无法亲自提交授予 Haensch 先生[3]银质莱布尼茨奖章[2]的申请。因此我冒昧地请您在相关会议上宣读下列文句:

在我看来,下列具有更普遍意义的考虑,支持将奖章授予一位技工。

1)实验物理学的进步,在某种程度上,依赖于测量仪器的完善,而后者需要通过学者和技术人员的合作。[如果,]因此,对于像 Haensch 先生这样热情投入这样的合作并卓有成效的技工,以奖励的形式肯定他们的成就,是有利于科学的。

2)在政府机构工作的技工(现在叫做技术员)工资显著地低于官僚。这清楚地表明,技工的地位,在政府中并未享有其应得的尊重。根据 1)中所述,科学应当提高技工的地位,而给予学术奖励是一个合适的手段。

我冒昧地呼吁本组支持我的申请,并在上面联署。

关于 Haensch 先生,如果需要我可以提供更多的细节信息。这里我只想指出一点,那就是根据杰出的专家 Brodhun 教授[4]的意见,Schmidt & Haensch 公司在德国光度计领域[遥遥]领先,在旋光测定领域的[许多]有力竞争者中仍然保持第一。

---

借着这个机会,我想对您这位亲爱的同事谈谈自己的个人看法,那就是我无论如何也不能参与支持选举外籍通讯院士。[5]就我所知,战后没有一个德国物理学家——当然您除外——被外国科学院提名外籍通讯院士;我们德国又不缺乏

有资格的物理学家,这些荣誉应该保留给他们。——另外我也怀疑,外国人能从此得到什么好处。在我看来,Kamerlingh Onnes 就是一个明显的例子,他在最近的一期《通讯》(*Communications*)中发表法文文章[6](不仅仅是 4 月 21 日索尔维大会报告中)。[7]另外他还通过索尔维研究所与极端反德人士保持联系。[8]当然这些都是我的个人看法;我并不质疑提名那些先生们的理由没有说服力。

  问好,您永远的

E. Warburg.

ALS.[23241]。

  [1]Emil Warburg(1846—1931)时为帝国物理技术研究所主席以及普鲁士科学院院士。
  [2]从 1907 年开始,普鲁士科学院每年颁发莱布尼茨奖章,表彰科学成就或者对科学促进的贡献。更多细节可见 *Grau 1992*。
  [3]Wilhelm Haensch 是生产精密仪器的 Franz Schmidt & Haensch 公司合伙人。在次日的普鲁士科学院物理-数学部会议上,爱因斯坦宣读了这一提议(*Kirsten and Treder 1979b*,p.247,No.240)。
  [4]Eugen H. Brodhun(1860—1938)时为帝国物理技术研究所物理学家。
  [5]授予 Niels Bohr 外籍通讯院士的提议于同日向物理-数学部提交(见文件 53)。
  [6]Heike Kamerlingh Onnes 于 1922 年 2 月 16 日正式当选外籍通讯院士(GyPAW [1812—1945] II-V-135)。关于他在《通讯》中发表法文文章一事,见 *Timmermans et al.* 1922。
  [7]*Kamerlingh Onnes 1921*。
  [8]布鲁塞尔的索尔维物理研究所于 1912 年由比利时实业家 Ernest Solvay(1838—1922)创立。Heike Kamerlingh Onnes 当时是其管理委员会成员。

## 53."对一名物理学通讯院士的提名建议"[ Niels Bohr]

[柏林,1922 年 2 月 16 日之前][1]

### 对物理学领域的一名通讯院士的提名建议

  当未来世代的人们描述我们时代的物理学进展史时,一定会把我们对于原子性质的认知方面最重要的进展和 Niels Bohr 的名字联系起来。人们过去已经知道经典力学无法描述组成物质的基本单元,以及原子的结构是相对松散的外层物质环绕带正电的核心。但是经验得到的几乎已经是完整的已知光谱结构与旧有理论设想的差距是如此之大,以至于人们不敢想象会有一个令人信服的理论,能够解释观察到的经验规律。然而在 1913 年,Bohr 发现了最简单光谱的量子理论解释，[2]在很短时间内为大量定量结果证实，使得其大胆假设的理论基础很快成为原子物理的一个稳固基石。尽管距离最初的发现还不到10年，他提出并在很大程度上发展的思想体系主导了原子物理和原子化学，使得之前的诠释工作都好像是过去很遥远的事情。伦琴光谱、可见光谱，以及周期表元素的理论，都是基于 Bohr 的思想。作为一个研究者，Bohr 身上最令人惊叹的，是一种少见的大胆勇敢和细心权衡的结合；极少有研究者具有这样高超的能力，同时包括对隐藏事物的直觉理解和尖锐的批评。虽然具有很多细节知识，他的洞察力总是毫不动摇地指向根本性的问题。毫无疑问，他是我们时代科学领域最伟大的创新者之一。

Niels Bohr 是哥本哈根理论物理学教授。签名人推荐他作为我们科学院通讯院士。

A.爱因斯坦[3]

ADS.[8 062]。

[1]该提议于 1922 年 2 月 16 日，在普鲁士科学院数学-物理部（mathematical-physical class of the Prussian Academy of Sciences）的一次会议上提交。由此确认文件日期。在 1922 年 2 月 2 日的会议上，已经形成提议选举四位通讯院士的想法。

[2]见 *Bohr 1913*。

[3]最后的打印稿上（见 *Kirsten and Treder 1979a*，p.130，No.42）还有 Max von Laue，Walther Nernst，Max Planck 和 Heinrich Rubens 的签名。

# 54.Paul Ehrenfest 的来信

［莱顿］1922 年 2 月 16 日

亲爱的爱因斯坦！

非常感谢你的明信片和打印校样。[1]校样看上去真是非常不错，等我有时间好好读过，可能就会给你回复。

你明信片中的下列内容，让我感觉非常不安："最好能把会议的时间改到 9 月末。我们最近才在一起待了很长时间。"——我就从后面一条说起：

a）当我们在 1 月份谈到你 4 月末该做些什么时，把（相当）正确的估算：

A）1 月倒数至 9 月＝"最近"，与不正确的估算；

B）4 月末倒数至 9 月＝"最近"。

弄混了，是犯了一个计算错误。

b）我对"会议"改期完全没有意见；对我来说，反而更方便，因为可以更从容地做好准备。同时我刚刚写信给帕萨迪纳的Lorentz(受到你倒数第二封信的促动),问他复活节前后是否会有"美国红移学者"访问欧洲。如果Lorentz回信说是,那你可以到莱顿来做个短期访问。不过估计Lorentz的回答可能会是否定的,那就正好把会议安排到9月份。[2]

c)但是如果今年春天你不来莱顿,我可就完了——你知道:没人要求你一定要作讲座;哪怕是小的讨论会,也不是必需的。这些事情,什么时候,以什么方式做,甚至根本就不做,都可以。但是如果你连来都不来,那我就麻烦了。因为能让你一年两次来莱顿访问,是我年度报告里的核心内容,——只要你能到这里现身,哪怕"什么都不做",对我们大家(尤其是对Onnes和我还有高年级学生)都非常重要。远超出你的想象的是,你每次出现,都能激发一些持续的讨论[比如说如果你4月份来,我会告诉你自己在Bohr那里的收获,[3]——你会对此有所回复——而这又会给我们所有人带来很多启发——[而这只是我们预备讨论的五六个题目之一]。[4]

所以如果你确实能来(一年两次),我就可以在报告中如实叙述访问成果。没有人会愚蠢地发问:"他干了什么?"——但是如果你不能光临,那我就会很难堪。这不仅仅是因为不能见到你而难过。

你一定要理解我:不论是Lorentz还是Onnes,或者这里的其他任何人,都不会这样对你讲——事实上,我觉得,他们的荷兰人秉性非常之强,不但不会讲出来,甚至连想都不会去想。——这里的每个人都非常喜欢你,非常重视你的来访(确实非常重视!——事实如此)。恨不得你一半的时间都在这里。但是我可以告诉你,在下一个报告里,我将很难解释为何1922年春季你没有到莱顿来,1921年春季你的缺席(因为访问美国)已经让我很难交待。

爱因斯坦,请你务必光临莱顿,比如4月份的下半段就可以。让我告诉你Bohr教给我些什么,看看Onnes在做什么,听听Lorentz美国之行的收获——[Onnes可能已经写信告诉你,没有测到电阻]。[5]

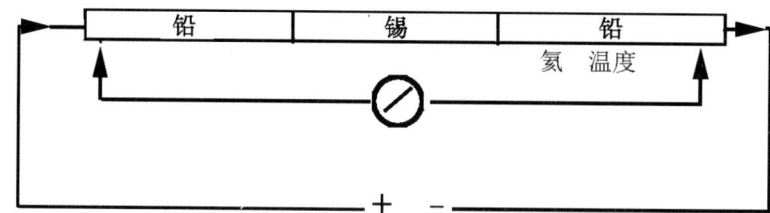

真的,你一定不会后悔,我们对你的要求并不多!到了4月底,你肯定不会像之前一时感觉的那样:"我最近才到过莱顿!"

每次当你来到这里,你都会感到这里不错!

向你全家问好,你的

P.Ehrenfest

ALS.[10 021]。文件左侧页边有活页纸孔。

[1]见文件47。

[2]从1922年3月6日Ehrenfest给Lorentz的一封信(NL-LeRM, Ehrenfest Archive, ESC: 7, 312)中看出,显然Ehrenfest在筹划于莱顿召开会议讨论太阳引力红移问题,Lorentz回信说自己在帕萨迪纳和Charles St. John讨论过这个问题,后者将于春季访问欧洲。在信中Lorentz还表示自己也非常想参加,但是要到6月下半段之后才会有空。

[3]1921年12月中,Ehrenfest在哥本哈根待了三个星期(见他于1921年12月27日给爱因斯坦的信[第十二卷,文件343])。

[4]方括号为原文所有。

[5]根据自己的超导链模型,爱因斯坦提出假设,认为两个超导金属之间不可能是超导的(见 Einstein 1922k [文件76], p.434)。关于相关的历史讨论,见 Sauer 2007。方括号为原文所有。

## 55. Wolfgang Hallgarten 的来信[1]

海德堡,1922年2月16日

尊敬的爱因斯坦教授先生!

由于铁路罢工,[3]我们现在才收到您秘书措辞友好的来信。[2]对此,我们冒昧地附上16名需要帮助的学生的情况。[4]住在海德堡开普勒大街(Kepler Strasse)28号的Lederer教授(国民经济学家)[5]和我们都担保他们值得资助。近期我们还将冒昧地将我们新成立的大学社团(暂时命名为:共和国独立学生协会[Republikanische Freistundentenschaft])的一项活动转发给您。我们希望它能席卷全德,并且已经在和弗莱堡、莱比锡、科隆、马尔堡、明斯特、柏林、图宾根、海德堡的大学联系,希望能代表这些大学的民主社会和平力量。除了海德堡的Lederer教授和皇家顾问Thoma, Rosenheim教授先生(柏林施泰因广场[Steinplatz]卡默尔大街[Carmerstrasse]3号,电话:8033)也可以提供关于这个大学社团的信息,他已经准备好在需要的时候列出同情我们的事业并愿意提供资助的人士名单。[6]

致以良好祝愿,

〈大学社团〉"共和国独立学生协会"管理团队

代表,Hallgarten.

地址:海德堡主街(Haupt St.)182号

抄送 Karl Frank[7]

TLS.[43 877]。

[1]Georg(e) Wolfgang F. Hallgarten(1901—1975)当时在海德堡大学学习历史。

[2]关于 Ilse Einstein 的信,见未刊文献摘要一览表 49。

[3] 1922 年 2 月 1 日,公务员展开了为期一周的大罢工(见 1922 年 2 月 1 日到 8 日的《柏林日报》(*Berliner Tageblatt*))。

[4]信纸背面写有 16 名学生的名字[43 878],以及 Karl Frank 书写的他们的居住地址和月收入,还有 Emil Lederer 的推荐。

[5]Emil Lederer(1882—1939)是海德堡大学经济学教授。

[6]可能是指 Richard A.Thoma(1847—1923),海德堡大学病理学教授。Arthur Rosenheim(1865—1942),柏林大学化学编外教授。

[7]此处为 Frank 笔迹。可能是 Karl Ludwig Frank(1900—1974),时为一名法律和政治学学生(*Degener 1935*, p.345)。

## 56.Paul Langevin 的来信

巴黎第 5 区,皇家港口大道(Boulevard de Port-Royal) 10b 号,1922 年 2 月 18 日

我亲爱的朋友:

经我提名,法兰西学院①教授大会的上次会议决定邀请您作为今年的巴黎外国学者年度 Michonis 讲座报告人。[1]

如果您能够接受邀请,我们将感到非常欣慰。除了个人能够在巴黎再次与您相见的喜悦,[2]我还要强调下列普遍意义上的原因。

为了科学的利益,需要重建德语学者和我们之间的联系。

在这个问题上,您的作用无人能比;您能接受邀请,对您在德国和法国的同事,特别是我们共同的目标,都有巨大裨益。[3]

您将受到最热烈的欢迎;您的成就和品格在这里受到同等的喜爱。除了渴望了解您的大量公众,您还将面对准备追随您的学生听众。多年来,我在[法兰西]学院一直专门教授相对论。[4]

Michonis 讲座上一次以物理学为主题,还是 1912 年的 Lorentz 讲座。[5]在战争的可怕年代之后,您可以接上这一环节。您想做几个报告都可以,它们之间的内容关联也全随您的便。比如五六个。这取决于您选择的主题。相关的酬劳是 5000 [法郎]。

---

① 法文为 Collège de France。此处采其官网译法,称为"法兰西学院"。以前为了与 Institut de France 区别,也有译为"法兰西公学院"的。不过,Institut de France 的正确译名应该是"法兰西研究院",包括 5 个官方学术机构:一、Académie française("法兰西学术院");二、Académie des inscriptions et belles-lettres(法兰西文学院);三、Académie des sciences(法兰西科学院);四、Académie des Beaux-Arts(法兰西艺术学院);五、Académie des sciences morales et politiques(法兰西人文学院)。——译者

讲座最好是用法语,这样听众可以跟得上。我想这不会有什么难度。如果您想事先打个文字草稿,我可以为您翻译,这样遇到困难的时候至少可以部分地依靠读稿子。

如果您能在 6 月之前来巴黎,并且第一次来的时候,除了科学目的不要安排其他活动,那是最好不过。这样最有利于致力于我们共同的和平事业。

得到您的确认后,[法兰西]学院行政部门会给您寄去正式邀请。

巴黎这里的朋友们和我一道热烈地促请您接受邀请,并表示我们会竭尽所能让您感到旅程愉快。除了我们二人在海外相遇的其他场合之外,[6] 我本人对您 1913 年的来访怀有美好回忆。

请务必尽快给我一个满意回复,您竭诚的

P. Langevin.

TLS. *Langevin, L. 1972*, p. 11. [15 341]。本文件信笺抬头为"Collège de France, Laboratoire de physique expérimentale."。

[1] 1913 年秋爱因斯坦曾收到过 Michonis 讲座邀请(见本卷中的第五卷,文件 505a)。在 1922 年 2 月 12 日的会议上,法兰西学院的成员提名 Michonis 讲座人选(FrPCF,G—iv—j,5K)。阿拉伯语言和文学专家 Paul Casanova 提名哥伦比亚大学的闪族语言和犹太法学教授 Richard Gottheil。"Langevin 在 Hadamard 先生支持下"提名爱因斯坦。他提醒大会说"爱因斯坦曾于 1914 年被选定,因此选择他不应有任何异议"("M. Langevin, appuyé par M. Hadamard, rapelle que M. Einstein ayant été désigné en 1914, sa désignation ne peut soulever actuellement aucune objection")。凯尔特语言和文学专家 Joseph Loth 推荐了哥本哈根大学凯尔特语言教授 Holger Pedersen。比较语法专家 Antoine Meillet 说自己本来要提名一位以西班牙文明研究著名的西班牙学者,但是"支持选择爱因斯坦"("mais il se rallie à la candidature de M. Einstein")。

经过短暂讨论之后,36 位在场的成员进行投票表决。两位成员投了空白票;18 票支持爱因斯坦;10 票支持 Gottheil;6 票支持 Pedersen。"赢得绝对多数"的爱因斯坦被选定为 1922 年 Michonis 讲座报告人。Langevin 受委托代表[法兰西]学院与爱因斯坦接洽此事。

[2] 爱因斯坦曾于 1913 年 3 月访问巴黎,并在法国物理学会(Societé française de physique)巴黎会议上作报告(见第四卷,文件 12,第五卷,年表)。

[3] Langevin 和爱因斯坦在促进国际科学界的和解方面有共识(见文件 63)。

[4] 关于相对论在巴黎的普及以及 Langevin 的相关讲座,见 *Biezunski 1991*。

[5] H. A. Lorentz 曾于 1912 年 11 月在[法兰西]学院作讲座(关于其讲义的印刷版,见 *Lorentz 1916*)。

[6] 他们曾于莱顿的"磁学周"(Magnet-Woche)中相见(见爱因斯坦致 Max Born,1920 年 1 月 26 日[第十卷,文件 182])。①

---

① 此处有误。按第十卷文件 182,发信日期应该是 1920 年 10 月 26 日,而不是 1 月 26 日。——译者

## 57. 致 Paul Ehrenfest

[柏林] 1922 年 2 月 20 日

亲爱的 Ehrenfest！

既然如此，那我一定于 4 月下半段拜访就是了，通常一年两次也没问题。你〈通常〉也知道我非常喜欢去莱顿。用不着费这么多口舌来劝我。[1] 我正在与 Grommer 合作研究氢中的量子。我们已经证明其中存在量子影响；现在还未确定是否有零点能量。根据目前的发现，结果可能是肯定的。[2]《物理学年刊》中有一篇 Gans 关于快速振荡场中磁性的很好的文章（证实了 Arcadiew 的结果）。[3]

诚挚问候，你的

爱因斯坦

AKS.[10 023]。明信片寄给 "Herrn Prof Dr.P.Ehrenfest Witte Roozen Str[aat] Leiden(Holland)"，邮戳为 "Berlin W 35 3.3.22.9—10N[achmittags]"。此处省略了 Elsa Einstein 的附笔。

[1] 在文件 54 中，Ehrenfest 促请爱因斯坦不要推迟访问莱顿。
[2] 关于爱因斯坦与 Jakob Grommer 的合作，见文件 31。
[3] Gans 1921。

## 58. 致 Oswald Veblen[1]

柏林，1922 年 2 月 20 日

亲爱的 Veblen 教授！

非常高兴得到您的音信。[2] 如果 Tracy Y.Thomas 先生来到柏林，我会很高兴与他共事。但是为他找到一个他感兴趣的研究课题却并非易事。无论如何，我会尽自己所能。

我把四次普林斯顿相对论讲座的手稿和这封信一起寄去。[3] 当然我已经做了安排，让手稿在欧洲的出版排在美国之后。[4] 之所以把手稿寄给您而不是 Adam[s] 教授，[5] 是因为不知道他目前在不在普林斯顿。请把手稿转交给他，并问他好。

敬颂俪祉，您的

TLC.[23 146]。信件寄给"Herrn Prof.Oswald Veblen Princeton"。

[1]Veblen(1880—1960)时为普林斯顿大学数学教授。

[2]见未刊文献摘要一览表6。

[3]*Einstein 1922c*(第七卷,文件71)。爱因斯坦于1月初将手稿寄给德国出版商(见文件10)。

[4]见未刊文献摘要一览表8。

[5]Edwin P.Adams(1878—1956)时为普林斯顿大学物理教授,他是1921年春爱因斯坦普林斯顿讲座的即时英语翻译[《普林斯顿人日报》(*Daily Princetonian*),1921年3月10日]。

# 59.致 Franz Selety[1]

柏林,1922年2月22日

亲爱的同事!

我授权您发表提到的材料。[2]读过您论文的最近版本,大体赞同。请在附录中强调我的评论只是反映第一印象的一时之语,并非关于所讨论问题仔细权衡后的论断。[3]

致以良好祝愿

TLC.[20 476]。信件寄给"Herrn Dr.Franz Selety Wien I"。

[1]Selety(1893—1933?)当时是一位对哲学和物理学感兴趣的私人学者(Private scholar)。*Jung 2005*有他生平的简短介绍。

[2]根据他于1921年12月29日给爱因斯坦的信(第十二卷,文件344)中所言,Selety当时准备发表一篇哲学论文,请求爱因斯坦授权他将二人的往来信件作为论文支持附件提交。这些讨论信件对作者的论文思想的发展起了很大作用(见Franz Selety致Einstein,1917年7月23日和10月29日[第八卷,文件364与395])。

[3]在1921年12月20日的信中(第十二卷,文件344),Selety引述爱因斯坦的信(未见存留)中的话,赞扬他思想表达清晰,并建议公开发表。

# 60.致 Juliusz Wolfsohn[1]

柏林,1922年2月22日

尊敬的Wolfsohn先生!

不久之前没人能够预想到犹太民族现在的境遇。迄今为止,知识界的杰出犹太人物还是为了名声自觉或者不自觉地和犹太人群体保持距离。现在我们的民族突然就在眼前获得新生，每个人都不再觉得孤立。这种孤立感曾导致很多人的行为从表面看来缺少个性。[2] 所有犹太人都应当感激您的努力；我当然很高兴接受您的好意。[3] 由于我自己不能在钢琴上视奏，所以还不了解您的作品，不过我会尽快设法。

　　我与您有真挚的共鸣，您忠诚的

TLC.[45283]。信件寄给"Herrn Prof. Juliusz Wolfsohn Wien IX"。

　　[1] Wolfsohn（1880—1944）是一位钢琴家、作曲家、评论家，维也纳音乐学院教授。

　　[2] 关于爱因斯坦对犹太民族当时面临的问题的看法，见第七卷，编者按，"爱因斯坦和犹太人问题"，尤其是第三节（sec. Ⅲ），以及 *Rosenkranz 2011*。

　　[3] Wolfsohn 请求爱因斯坦同意，将自己《老犹太民谣新编》系列（"Paraphrasen über alt－jüdische Volksweisen"）的下一部作品献给他（见未刊文献摘要一览表 76）。

## 61. Theodor von Kármán[1] 的来信

亚琛，1922 年 2 月 22 日

亲爱的爱因斯坦先生！

　　高等工学院的数学教授一席空缺，我们想提名 Max Abraham 作为第一人选。[2] 我们的想法是作为工学院的数学教师，最好找一位懂得如何创造性地应用数学方法的人。由于这项任命比较特别，希望您能写信告诉我，您对 Abraham 作为一名科学家的个性以及对这项任命的看法，这样我可以把信展示给这边的同事们。此事非常紧急，希望您能尽快回复。

　　一段时间以前我代表 Renner 先生给您写信。[3] 您对 Renner 先生的热情接纳和在那个事件上的热心帮助，让我非常感激。Renner 让我向您道歉，首先是那封信件的文字改动一事，不过因为在草稿拟定之后的 6 个星期，事实发生了某些变化，所以相应的修正也是必需的。其次，Renner 先生还让我转达歉意，他被曼彻斯特的《卫报》（*Guardian*）一名员工鼓动，要求您在报纸上对某些议题发表评论。他说自己目前在柏林有多方面的任务，没有意识到提出这个要求的不妥之处，还要请您海涵。

　　我也为自己不得不打搅您请求原谅。我确实非常感激您在所有这些事情上的帮助。

　　致以良好祝愿，您诚挚的

Kármán.

又及：Renner 先生还指示我问您是否介意将您和 G[erhart] H

[auptmann][4]关心的关于学校状况的新闻见报?[5]

TLS.[44 095]。

[1]Kármán(1881—1963)时为亚琛高等工学院空气动力学和力学教授。

[2]Abraham(1875—1922)时为慕尼黑大学物理教授。尽管二人之前曾就爱因斯坦1912年的相对论展开争论并公之于众(见 *Einstein 1912h* 和 *1912i* [第四卷,文件8和9]以及 *Abraham 1912f* 和 *1912h*),爱因斯坦仍于1912年热情推荐 Abraham 担任苏黎世大学的一个教席(见 Einstein 致 Alfred Kleiner,1912年4月2日[第五卷,文件382])。

[3]1921年12月12日(第十二卷,文件321),针对比利时占领军为自己的孩子而霸占亚琛的一所中学的事情,Kármán 曾请求爱因斯坦加入抗议行列。他还问爱因斯坦是否允许 Willy Renner 找他讨论此事。Renner(1855—1922)是一家纱厂老板。

[4]1921年12月27日(第十二卷,文件341),爱因斯坦向剧作家、1912年诺贝尔文学奖获得者 Gerhart Hauptmann(1862—1946)寻求帮助。

[5]附笔为 Kármán 手迹。

# 62.评 Wolfgang Pauli 的《相对论》

[*Einstein 1922e*]

1922年2月24日发表

于:《自然科学》(*Die Naturwissenschaften*)10(1922):184—185。

> Einblicke in das Leben eines unserer seltsamsten Vögel, doch dürften schon diese kurzen Ausführungen gezeigt haben, daß es vermessen wäre, im Hinblick auf sie von einer endgültigen Klärung der verwickelten biologischen Probleme zu sprechen, die mit der Art Cuculus canorus L. wohl noch auf lange hinaus untrennbar verbunden sein werden.
>
> Fritz Braun, Danzig.

## Besprechungen.

**Pauli, W., jun., Relativitätstheorie.** Sonderabdruck aus der Enzyklopädie der mathematischen Wissenschaften. Leipzig, B. G. Teubner, 1921. *IV*, S. 539 bis 775. 17 × 25 cm. Preis geh. M. 40,—; geb. M. 50,—.

Wer dieses reife und groß angelegte Werk studiert, möchte nicht glauben, daß der Verfasser ein Mann von einundzwanzig Jahren ist. Man weiß nicht, was man am meisten bewundern soll, das psychologische Verständnis für die Ideenentwicklung, die Sicherheit der mathematischen Deduktion, den tiefen physikalischen Blick, das Vermögen übersichtlicher systematischer Darstellung, die Literaturkenntnis, die sachliche Vollständigkeit, die Sicherheit der Kritik.

Diese erschöpfende Exposition auf etwa 230 Seiten ist wie folgt gegliedert:

I. Entwicklung der speziellen Relativitätstheorie mit sorgfältiger Berücksichtigung der für ihre Begründung maßgebenden Erfahrungstatsachen.

II. Mathematische Hilfsmittel für die spezielle und allgemeine Relativitätstheorie. Dem Kenner seien besonders die Absätze über Affintensoren und über infinitesimale Transformationen empfohlen.

III. Weiterer Ausbau der speziellen Relativitätstheorie. Erschöpfend vom formalen und physikalischen Standpunkt.

IV. Allgemeine Relativitätstheorie (75 Seiten). Musterhafte Darstellung der Ideenentwicklung. Vollständige Darlegung der mathematischen Methoden zur Lösung spezieller Probleme. Besonders wertvoll sind die Darlegungen über den Energiesatz. Darlegung und Kritik der Weylschen Theorie.

*Paulis* Bearbeitung sollte jeder zu Rate ziehen, der auf dem Gebiete der Relativität schöpferisch arbeitet, ebenso jeder, der sich in prinzipiellen Fragen authentisch orientieren will. *A. Einstein, Berlin.*

**Pauli, W., jun., Relativitätstheorie. Sonderabdruck aus der** *Enzyklopädie der mathematischen Wissenschaften*.《相对论》,《数学科学百科全书》条目单行本,Leipzig, B.G. Teubner, 1921. Ⅳ, S. 539 bis 775. 17×25 cm. Preis geh. M. 40. —; geb. M. 50. —.

任何一位研究这一成熟而构思宏大的作品的读者,都不会相信它的作者是一位只有 21 岁的年轻人。[1]作品精彩纷呈,处处令人赞叹:对思想发展进程的心理理解,精确的数学推导,深刻的物理洞察力,系统性的清晰表述,渊博的文献知识,完备而信实的论证,以及有力的批评。

这部大约 230 页的相对论的详尽阐述,构架如下:

Ⅰ.狭义相对论的产生,特别仔细描述了作为其基础的关键实验事实。

Ⅱ.狭义相对论和广义相对论的数学工具。特别值得向专业读者推荐的是仿射张量和无穷小变换部分。

Ⅲ.狭义相对论的进一步发展。从形式化以及物理学的观点进行了详细的讨论。

Ⅳ.对广义相对论(75 页)思想发展的论述堪称典范。对解决具体问题的数学方法的表述可谓完整。特别有价值的是关于能量方程的讨论以及对 Weyl 理论的批判。

Pauli 的书值得推荐给所有在相对论领域进行创造性研究的人,以及所有想要准确了解相对论的根本问题的人。[2]

A. 爱因斯坦,于柏林

---

1922 年 2 月 24 日发表于《自然科学》(*Die Naturwissenschaften*)10(1922):184—185。

[1]Pauli 生于 1900 年 4 月 25 日,1920 年 12 月完成其作品。Pauli 1921 年时还是慕尼黑大学的一名研究生。在他 1921 年 7 月 25 日参加博士考试之前不久,在文章的校样阶段他又参考 Felix Klein 的批评做了一些修改(Hermann et al. 1979,pp.27—32)。文章于 1921 年 9 月 15 日发表于《数学科学百科全书》(*Encyclopädie der mathematischen Wissenschaften*),之后又发行了由 Arnold Sommerfeld 作序的单行本。关于爱因斯坦之前对 Pauli 的赏识,见爱因斯坦致 Hedwig and Max Born,1921 年 12 月 30 日(第十二卷,文件 345)。

[2]几乎是在 40 年后,Pauli 发表了带有评论自己文章的英译本(*Pauli 1958*),之后作为多佛(Dover)抽印本重印发行。最近的一个带有编者按的重印本是 *Giulini and Meyenn 2000*;关于 Pauli 著作的另一个同时代的评论,见 *Madelung 1922*。

## 63. 致 Paul Langevin

1922 年 2 月 27 日

亲爱的朋友 Langevin！

收到您的盛情邀请之时，[1]我只是感到单纯的喜悦；然而在一个星期之后的现在，我不得不怀着沉重心情，不情愿地回复您；虽然出于对您诚挚的友情，我个人很想接受邀请，但是现在却无法做到。您知道，我认为政治理由不应损害学者之间的关系，科学专业团体的利益至高无上；您也知道，我对国际主义的重视，不受身为普鲁士科学院成员这一事实的影响。

[2]然而经过仔细考虑，我认为在这一政治敏感时刻，访问巴黎弊大于利。[3]我在这边的同事们仍然被排除在科学活动之外，他们觉得法国同事们的阻挠是主要的原因。[4]我完全理解导致这一态势的深刻原因。但是在另一方面，您也可以想象我们这边的人们，其心理敏感性已经被最近几年的事件和经历刺激到了病态的程度，会把我目前的巴黎之行看成是叛国之举而受到激怒，产生非常不良的后果。即使在巴黎，也可能会有无法预测的复杂情况。对我来说，没有什么比能够再次与您，Perrin 和居里夫人作放松的私人交谈，以及挥笔向您的学生们描述相对论，更愉快的事情了。[5]然而更广泛的公众以及——政治——早已开始利用我的理论和我个人达到他们的目的。到时候会有不少人盯着我没有防备时说出的每一个字，按自己意愿包装一下，丢给报纸读者。[6]最近以来在这方面的经历，让我心有余悸；最后的结果，总是仇恨和敌意，而不是理性和善意。[7]我肯定会被问起在法德关系上的政治观点；因为不会说假话，我的回答会让自己在莱茵河两边都不讨好。

确实在过去的几年中，我访问北美、英国和意大利之时，都没有犹豫不决。不过我美国之行的目的首先是为了耶路撒冷大学；至于另外那两个国家，比起我们现在谈的情况，心理氛围要简单有利得多(很不幸！)。[8]

亲爱的 Langevin，我很欣赏您，但无法从命，心里很难过。我还要衷心感谢您和您法兰西学院的同事们的慷慨邀请，以及这一决定背后的促进和解的态度。

诚挚的问候，期望早日再会，您的

A.爱因斯坦.

TLC.[15 343]。尚有一份手写草稿存留[15 342]。

[1]见文件 56,其中爱因斯坦受邀在法兰西学院作报告。

[2]在诸如文件 3 等的文件中,爱因斯坦表达了类似想法。

[3]德国政府曾对在法国召开的战争赔偿会议寄予厚望。然而在戛纳大会期间 Aristide Briand 政府下台,Raymond Poincaré 的上任被德国媒体称为法国"民族主义的胜利",引起德国的强烈失望。从英法两国在布伦(Boulogne)举行的"秘密会议"泄露的消息称 Lloyd George"退让到底",使得德国方面更加紧张[见 1922 年 1 月 12 日和 2 月 27 日的《柏林日报》(*Berliner Tageblatt*)晚间版]。

[4]可参见文件 52。

[5]暗指他 1913 年 3 月访问巴黎,会见了居里夫人(Marie Curie—Sktodowska)和 Jean Perrin。见爱因斯坦致居里夫人,1913 年 4 月 3 日,致 Jean Perrin,1913 年 4 月 4 日(第五卷,文件 435 和 437)。

[6]关于相对论在法国被接受的情况,见 *Glick 1987*。

[7]关于爱因斯坦对自己和媒体打交道的经历的评论,可参见第七卷,文件 61,以及爱因斯坦致 Arnold Sommerfeld,1920 年 9 月 6 日(第十卷,文件 134)。

[8]1921 年春季,爱因斯坦与犹太复国主义组织领袖 Chaim Weizmann 一起前往美国为在巴勒斯坦建立一所犹太国立大学筹集资金。爱因斯坦受邀作了几个关于相对论的讲座。三个月后,在返回欧洲的途中,他在英国停留,并于曼彻斯特大学和伦敦国王学院作报告。当年末,他受 Federigo Enriques 邀请前往意大利,又在博洛尼亚(Bologna)和帕多瓦(Padova)作了三个报告(见第十二卷,介绍部分,Ⅰ,Ⅱ,和Ⅳ节;文件 125;以及 Federigo Enriques 致爱因斯坦,1921 年 2 月 17 日,Vol.12 年表)。

# 64. Thomas Barclay 的来信[1]

巴黎第 8 区帕斯基耶(Pasquier)街 17 号,1922 年 3 月 3 日

亲爱的爱因斯坦教授:

我和我的朋友 Painlevé 先生谈起您可能来访巴黎。[2]他对这个主意感到非常高兴,并提议由法国物理学会发出邀请,他本人,我想,正是该协会的主席。

请您告知何时方便来访。

向您致以诚挚的问候!

Thomas Barclay

ALS.[43 175]。

[1]Barclay(1853—1941),英国政治家,国际法研究所成员,国际法协会副主席。

[2]Paul Painlevé(1863—1933),巴黎大学、巴黎综合理工学校理论力学教授,法国哲学学会主席,曾担任法国总理,国会议员。爱因斯坦几周前已接到访问巴黎的邀请(见文件 56)。

## 65. Erich Marx 的来信

莱比锡,马格雷夫大街(Markgrafenstr.)4号,1922年3月3日

非常尊敬的同事先生!

今天我又读了您1月初友好的回复。[1] 既然您肯定不能为手册写广义相对论的综述,我想了很久,自己该怎么办,最后决定书里干脆不提广义相对论。对一本放射学手册来说,广义相对论毕竟不是必需的。

但是现在我们这里还有一份狭义相对论的稿件,[2] 马上需要提交发表。我们能否将它寄给您,加上很短的几页内容? Lorentz、Zeeman、Laue、Riecke、Debye[3] 和其他一些人都为即将问世的这一卷写了文章。我很幸运手里有这份手稿,如果在"狭义相对论"的标题下,还是一个战前的日期,就很尴尬了不好看了。尊敬的同事,请务必帮我们一个忙,在我们提交发表之前,很快地浏览一遍稿件。

随信附上回信用的信封,您可能用得上。

致以真诚友好的祝福,您诚挚的

Erich Marx

TLS.[41 985]。信件寄给"Herrn Prof. Dr. Einstein, Zürich/Schweiz. Gloriastr. 59"。

[1]未刊文献摘要一览表7。

[2]见第四卷,文件1。

[3]Hendrik A. Lorentz、Pieter Zeeman、Max von Laue、Eduard Riecke 和苏黎世联邦工学院理论物理学教授 Peter Debye(1884—1966)。

## 66. 致 Erich Marx

［柏林，1922 年 3 月 3 日之后］[1]

稿件写于 1912 年。[2]

很遗憾，稿件太过时了，不能同意发表。
我无法同意稿件以目前的形式发表。

ADft 信稿为 Ilse Einstein 手迹。［41 985.1］。写在前一文件的背面。
［1］本文件是对前一文件的回复，由此确定文件日期。
［2］指的是 Marx 在前一文件中提到的狭义相对论稿件。

## 67. 致 Hans Albert 和 Eduard Einstein

［柏林］1922 年 3 月 4 日

亲爱的儿子们！

从信里看，你们的情况都不错，特别是在音乐上面进步很大。同时我已经买了一艘非常漂亮的帆船，帆的状况非常好，[1]这样，我们在那个所谓的城堡，会玩得非常高兴。[2]Katzenstein 很高兴让我们弹他的大钢琴。[3]不过我们开车过去，需要半小时，走的话要一小时。但是这难不倒我们。亲爱的 Albert，我完全同意你对舞蹈的说法；经验告诉我们，人们总是要为女性做点什么，不然的话无法搞定。[4]

陀螺仪一事的目前的情况是这样的：经过试验，比重为 2 的电解液还是不够稳定，所以必须用水，这样悬浮装置的体积就要加大。[5]我的电气连接设计效果还挺满意。[6]冰盒子那件事有进展，我们正在和本地的一家公司 Borsig 商讨合同。[7]专利问题还是完全不清楚；不管怎么说，一旦另外那个尚未发表的专利和我们的专利发生严重冲突，无论如何我们还有共同使用权。

你们两人的笔迹非常相似，难以区分，这很有意思。每次收到你们的信息，我都非常兴奋，哪怕里面没有什么特别的内容；请务必经常多给我寄明信片。

我正在计划另一个光学实验。阴极射线射到一个很小的云母片上，使其表面发光。一部分光直接反射回来，另一部分则从下表面反射回来。问题是这两部分光是否会发生干涉。这个实验很简单,只要求云母片不会过热。[8]

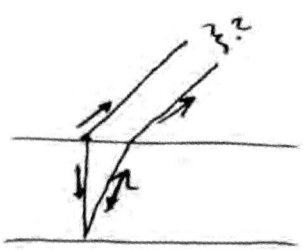

诚祝你二人安好,你们的

爸爸

亲爱的 Albert,你见过佛罗伦萨来的那个牧师的儿子吗?要是还没有,去找到他。Pauli 曾经病得很厉害(胸膜炎)。[9]你们俩有时间给我妹妹寄张明信片,她会非常高兴。她的地址是:佛罗伦萨附近菲耶索莱(Fiesole),威尔第大街 M. Winteler 博士(Dr. M. Winteler. Via Giuseppe Verdi Street, Fiesole bei Florence.)。公寓的事情是怎么回事?为什么你们必须要搬出去?到了德国就会方便得多。[10]

ALSX.[75 660]。

[1]三个星期之前,爱因斯坦曾向儿子们提到自己在寻找一艘合适的帆船(见文件48)。他的帆船购自 Oskar Heimann(见文件197)。

[2]这是一个玩笑语,指斯潘道的小木屋。

[3]Moritz Katzenstein(1872—1932)时为柏林大学外科教授,以及 Friedrichshain 医院主任。

[4]关于 Hans Albert Einstein 的舞蹈音乐,见文件49。

[5]为确保陀螺仪的内球在外球内自由移动,需要使用能为内球中的马达供电并且抗电解的导电液体。Anschütz 曾选择比重为2.1的溴化甘油(见 Hermann Anschütz 致爱因斯坦,1921年7月23日[第十二卷,文件191]),不过后来发现它在受热和电解时退化。Anschütz 接着尝试了水,并得到满意的结果(Hermann Anschütz 致爱因斯坦,1921年11月10日[第十二卷,文件293])。

[6]在1921年8月基尔逗留期间,以及整个秋季,爱因斯坦想出了几个为陀螺仪供电的办法(见爱因斯坦致 Hermann Anschütz,1921年9月17和18日[第十二卷,文件237和239])。

[7]关于和 Borsig 公司的合同草稿,见未刊文献摘要一览表63。

[8]文件47中有更完整的插图和解释。

[9]Maja Winteler-Einstein 曾告诉爱因斯坦,自己的丈夫 Paul Winteler(1882—1952)在1921年12月初得了一场胸膜炎(见 Maja Winteler-Einstein 致爱因斯坦,1921年12月7日[第十二卷,文件315])。

[10]关于搬出公寓的原因,见文件49,注释4。在此之前,爱因斯坦曾经因为财务方面的原因,打算让 Mileva 和儿子们搬到德国南部(可参见爱因斯坦致 Elsa Einstein,1921年11月12日[第十二卷,文件217])。

# 68.Edith Einstein 的来信[1]

苏黎世,奥迪克大街(Ottikerstr.)27 号,1922 年 3 月 5 日

亲爱的阿耳伯特:

附件是我的博士论文;[2] 你可以看出,里面有严重的错误和问题,使得我很苦恼,才来向你寻求帮助。

情况是这样的:

在你秋天看完文章之后,[3] 按照你的指示,我引入了一般张量参数,[4] 之后 Ratnowsky 也检查了文章,觉得一切都顺理成章,[5] 我才提交给 Schrödinger 教授。[6]

让我震惊的是,随后不久 Schrödinger 教授就指出理论中一些令人非常不安的缺陷,实际动摇了问题的整个解决方案的基础! 具体来说,就是:

(1)由气体动力学推导出来的系数 $h_{xx}$,$h_{yy}$,$h_{zz}$ 和张量方法推导出来的压强分量不一致(甚至连符号都是相反的):

张量方法: 气体动力学方法:

$$h_{xx}=\frac{1}{2}\sigma\varphi_x^2+\delta \qquad h_{xx}=\frac{22}{25}\frac{m^2}{\rho R^3 T^2}\varphi_x^2+NKT$$

$$h_{yy}=\frac{1}{2}\sigma\varphi_x^2+\delta \qquad h_{yy}=\frac{4}{25}\frac{m^2}{\rho R^3 T^2}\varphi_x^2+NKT$$

$$h_{zz}=\frac{1}{2}\sigma\varphi_x^2+\delta \qquad h_{zz}=\frac{22}{25}\frac{m^2}{\rho R^3 T^2}\varphi_x^2+NKT$$

(2)压强的推导没有考虑到 $N$(=每立方厘米中的分子数目)并非一个常数,而是随地点变化。[7]

显然第一个疑问是非常严重的;而且在比较这样计算得到的压强成分与 Knudsen 的测量结果时,[8] 发现二者并不相符,说明理论的目前形式是站不住脚的。

Schrödinger 非常友善,在这件事上投入很多关注。他还指导我如何设立一个新理论,尤其是如何避开(1)中的错误结果。他希望通过把原来理论中的常数 α 和 β 改为地点的函数来规避这个缺陷。[9]

不幸的是,Schrödinger 教授需要外出六个星期,到 8 月中旬才能回来,也就是,我的考试(5 月初!)[之前?]。

这样在考试前只有几个星期的时候，我就被丢在一边，守着一篇不能成立的博士论文！

我的处境非常悲惨，因为（出于财务上的原因）我肯定必须在 5 月初参加考试，在那之前的七个星期之内，我的时间只够准备口试，不可能有时间把这个破烂的辐射计理论整个从头来过！

我试图按照 Schrödinger 教授的指示建立新理论。但是谁知道行不行！

阿耳伯特，现在你明白我对你的请求是什么：务必帮我搞定这篇论文。只有你能帮助我。

你愿意检查这个"新"理论，拯救我于水火之中吗？我知道，阿耳伯特，这个工作量很大……你肯定又很忙，而只给我一些提示又是不够的。

但是我知道你是个好人，会帮我挽救这个可怜的家伙——从某个程度上说，它也是你的孩子。

向 Elsa 和"女孩子们"问好。

你的全心爱你的，可怜的博士生（无足轻重的小人物）

Edith.

ALS.[9 196]。

[1] Edith Einstein(1888—1960)是爱因斯坦的堂妹。

[2] 这篇博士论文的主题是关于 Crookes 辐射计工作的理论处理，这是爱因斯坦向 Edith 推荐的（见 Edith Einstein 致爱因斯坦，1919 年 4 月 29 日[第九卷，文件 31]）。关于爱因斯坦之前通过 Paul Epstein 提出的建议一事，见他 1920 年 6 月 4 日的信件（第十卷，文件 42）。该论文最后发表的形式，应为简化版（*Einstein*，*E*.1922）。

[3] 见爱因斯坦致 Elsa Einstein，1921 年 11 月 12 日（第十二卷，文件 296）。

[4] 见 Edith Einstein 致爱因斯坦，1921 年 12 月 4 日（第十二卷，文件 310）。

[5] Simon Ratnowsky(1884—1947)当时已具有苏黎世大学理论物理学教授资格，尚未获聘任。

[6] Erwin Schrödinger (1887—1961)，苏黎世大学理论物理学教授。

[7] 在发表的 *Einstein*，*E*.1922 中，此处描述的差异并未出现。

[8] *Knudsen 1910*。

[9] 关于 $\alpha$ 和 $\beta$ 的意义，见 *Einstein*，*E*.1922 (p.247)。

# 69. 致 Paul Langevin

[柏林][1922年]3月6日[1]

亲爱的 Langevin 朋友!

经过进一步的思考以及与 Rathenau 偶然的一次谈话,让我相信,尽管有着我信中提到的种种顾虑,自己还是应当接受您的邀请。[2]在逐步修复战争带来的损害的努力中,一个人不应当纠缠于琐碎的东西——您和您的同事就没有小肚鸡肠。[3]因此,如果您还没有另选高明,我声明自己愿意受邀前往。哪怕你们已经另选他人,我觉得还是有必要通过这封信,记下自己的善意和勇气。如果此事能有结果,我希望能安排在4月上半段。至于讲座用的语言,可能会给我带来一些麻烦。不过我还是更倾向于自由展开讲座的材料,而不是照本宣科。公式会起到很大的帮助作用,一位和蔼的专业同事,可以在卡壳的时候及时提示我。当然,如果能搞成小型相对论会议的形式,我只需要回答问题,会让我更轻松,也更富有成效;由于我在语言方面的能力局限,对理论做多少比较完整的展开讲述的时候,会比较紧张。不过我设想因为是基金会讲座,只能是限于某一种形式。[4]

祝好,您的

A. 爱因斯坦.

ALSX. [15 345]。

[1] 信件的年份,根据相关的文件56确定。

[2] 1922年1月31日,Walther Rathenau 被任命为德国外交部长。爱因斯坦最初的回复是负面的(见文件63)。他和 Rathenau 的会面,很可能是3月4日,在 Heinrich(Heinz)Rubens 的家中(见 Rubens 致 Rathenau,1922年2月25日,*Rathenau 2006*, p.2646)。

[3] 关于 Langevin 的邀请,见文件56。

[4] 爱因斯坦受邀作的讲座是由 Michonis 基金会赞助(见文件56中 Langevin 的描述)。

## 70. Paul Langevin 的来信

巴黎，Port-Royal 大道 10b 号，1922 年 3 月 8 日

我亲爱的朋友：

您接受法兰西学院的邀请，让我感到非常高兴。[1]您已经理解，您的同事们也将会理解，这一邀请背后的意义。我们不仅是想对您个人和您的思想表达应有的敬意，而且也要为知识界的最高利益打开一条改善关系的途径。您接受邀请，就是在为团结的事业作出重大贡献。

您将会收到学院院长 Croiset 先生发出的正式邀请信。[2]我马上就去见他。上个星期您拒绝接受邀请，让他非常失望。

我们这边的学生和教授从 4 月 9 日到 24 日放假过复活节。您最好是 3 月底来，在巴黎待 10 天左右，作 4 到 5 个讲座，隔天作一个，这样不会过于疲劳。如果是 3 月 28 日或者 29 日到达，就有足够的时间。

我想我能够按照您的希望安排讲座的形式，也就是在您指导下的讨论。[3]在确认选择这个形式之后，如果您愿意，我会考虑如何才能吸引那些还不能正确理解您的那些人的兴趣，明天或者后天向您提交一份日程表。当然我们希望爱因斯坦夫人也陪同来访，我知道她陪同您访问了美国，如果她能与您一起光临巴黎，将是我们莫大的荣幸。

巴黎这里的住宿危机并未缓解，酒店都爆满，您很难找到房间。我替您在植物园附件找了一个安静的小公寓，离学院 10 分钟步行路程[4]，到我住的地方只要 5 分钟。[5]公寓里除了一个讲德语的管家，没有别人。没有电话，家具也很简单，但是对您来说，可能比大旅店（grand caravansérail）更合适，没有记者当面或者打电话来打扰。如果您愿意，我们会对您的地址保密，只有少数几个有幸知道您住在附近的学术区。

现在最紧急的是您要确认能在我们这边的复活节假期之前来巴黎，比如说 3 月 28 日到 4 月 9 日。如果您方便，之后我们可以一起去乡下待几天。

先写到这里，我亲爱的朋友，您最热烈诚挚的

P. Langevin.

ALS. *Langevin*, L. 1972, pp. 13—14. [15347]。信笺信头为 "Collège de France Laboratoire de physique expérimentale"。

[1]爱因斯坦起初拒绝了邀请(见文件63),后来在前一文件中转而接受该邀请。

[2]Maurice Croiset(1846—1935)是法兰西学院院长和希腊语言和文学教授。

[3]在前一文件中,爱因斯坦曾表示更喜欢这一形式。

[4]这里指的是 Langevin 的朋友 Giovanni Malfitano(1872—1941)在洪堡大街(Rue Humboldt,现在的 Rue Jean-Dolent)的公寓。Malfitano 时为巴斯德研究所化学物理实验室主任(见文件122和123)。

[5]关于 Langevin 的住址,见信首的日期地址行。

## 71.致 Paul Langevin

[柏林,1922年3月8日至13日][1]

亲爱的朋友!

这样说来,我就在3月28日前后前往巴黎。[2]帮我找到这么一个理想的僻静之处,您真是一个善良的好人。(管家不一定要讲德语的)除了您最好的几个朋友[3]和 Solovine,[4]不要告诉别人。我很高兴地接受这一建议。Planck 把我前往巴黎的决定称为"英雄行为",因为他觉得虽然这一访问有益处,但是会给我树立很多公开和非公开的敌人。不过他不知道我的皮厚。我觉得您的决定比我的更有英雄气概,值得赞赏。

我还没有收到正式邀请信和您的日程表,不过不想等它们来了再安排。我会通知您到达巴黎的具体时刻。我不会携妻子前往,因为觉得我们还是各自分开比较自然。什么事情都是越简单、越非正式越好。

其他事情见面再谈。想到能再次和您在巴黎大街散步,我像个孩子一样高兴。

致以良好祝愿,您的

A.爱因斯坦.

ALSX.[15 348]。

[1]假定文件写于文件70和81之间。

[2 在前一文件中,Langevin 建议爱因斯坦3月28日到巴黎。

[3]Langevin 向爱因斯坦保证只有很少人知道他在巴黎的住址,关于这一住址,见前一文件的日期地址行。

[4]Maurice Solovine。

## 72. 致 Bernardo Dessau[1]

柏林，1922年3月9日

亲爱的同事先生！

收到我对您一年半之前信件的回复，您一定会觉得可笑；不过这完全是邮递员的大方所致。[2]

对于一个事业有成还没有沉迷于理想主义的物理学家来说，去海法的理工学院(Technikum Haifa)①不是一个好主意。那边只是为技术发展提供低级工程培训。[3]很快要成立的耶路撒冷大学，可能更值得考虑。它的目标不是一个纯教育性单位，而是一种研究机构。[4]您可能了解，我去年在美国为这个机构筹集资金，收获颇丰。[5]然而成立一个物理研究所的计划还没有想过，原因是相关成本太高。一旦确实成立这么一个研究所，一定会严肃考虑您，还有乌得勒支的Ornstein先生，也是一样。您知道他也是一位够格的同事。[6]我满怀信心地希望我们这一代犹太人能够勇往直前，以自己的意愿建立现代科学机构。

企盼有朝一日能与您晤面，谨致敬礼，您的

A.爱因斯坦

TLS(ItMCDEC, AG, 14A)[70 779]。

[1]Dessau(1863—1949)时为佩鲁贾(Perugia)大学物理教授。

[2]Dessau曾询问海法新成立的理工学院的教育水准(1920年8月15日，第十卷，年表和日程表)。

[3]当时管理海法理工学院的临时委员会未能从伦敦的犹太复国主义组织得到足够的经费，按计划建立一个全面的高等学府。另外有看法认为在巴勒斯坦和中东，培训中低等级的技术人员更重要(见 *Alpert 1982*, pp.76—89 和 *Dror 1998*, p.268)。

[4]关于将希伯来大学建成一个研究性机构的计划，见 *Lavsky 2000*, p.125。

[5]关于爱因斯坦对自己美国筹款之行的满意评价，见爱因斯坦致 Michele Besso，1921年5月30日之前[第十二卷，文件141])。

[6]Leonard Ornstein(1880—1941)时为乌得勒支大学理论物理学教授及荷兰犹太复国主义协会主席。关于他早期参与希伯来大学计划一事，见 Paul Ehrenfest 致爱因斯坦，1919年12月30日(第九卷，文件239)。

---

① 以色列理工学院的前身。成立于1912年，比以色列建国还早35年，当时还属奥斯曼帝国统治期间，是以色列最古老的大学。——译者

## 73. Richard B. Haldane 的来信

威斯敏斯特，安妮女王门大街 28 号，1922 年 3 月 9 日

尊敬的和亲爱的教授先生：

您惠赠的书已经收到。[1]我把它当成是来自您的"爱的礼物"，非常重视。

我重视它的另一个原因是觉得非常有趣。

我通读了一遍，也不是没有一些心得。Weyl 的方法很有意思。[2]不过我也读过 Hans Reichenbach 对它的批判。[3]这里似乎也提出了关于其数学逻辑的重要问题。

希望您及您夫人一切顺利。

不胜感激，您诚挚的

Haldane

ALS. [32 638]。

[1] 这里的书可能是指 *Lorentz et al. 1922*。

[2] *Lorentz et al. 1922* 中包含重印的 *Weyl 1918a*。

[3] 在 *Reichenbach 1920*, p.73, Reichenbach 对 Weyl 进行了简短的批评，更明确的批评出现在 *Reichenbach 1922*, pp.466－368。关于 Weyl 和 Reichenbach 之间的辩论，见 *Coffa 1979* 和 *Ryckman 2005*, chap.4

## 74. 致法国人权联盟

[柏林，1922 年 3 月 10 日][1]

您给新祖国联盟的邀请信在我们的圈子里，带来极大的欣喜，信中还好心地提到了我的名字。

如果不是因为科学研究不能耽搁，我会加入联盟代表团。[2]

对我来说最迫切的是，在两国的民主人士第一次在法国土地上会面之时，声明两国知识界之间的合作有益于人类整体，以及我们的首要责任就是消除和解的心理障碍。

我希望在这个意义上巴黎会议会起到重要作用。

爱因斯坦

PL.*Les cahiers des droits de l'homme* 22（1922）：144.［88 199］。

　　［1］这是发表日期。关于德文草稿，见爱因斯坦致法国人权联盟，1921年9月到1922年1月2日之间（第十二卷，文件220）。

　　［2］信件发表时带有以下文字的介绍："L'illustre savant Einstein, member du Comité du *Bund Neues Vaterland*, devait se joindre à la délégation qui est venue à Paris le mois dernier. Empêché au dernier moment, il a remit à M. von Gerlach la lettre suivante."

## 75. Lipmann Halpern 的来信[1]

柏林，1922年3月10日

尊敬的教授先生！

　　您的研究深入无限空间，使您进入犹太哲人之列，但是并未因此减弱对人世间的关注。您热爱犹太民族，牺牲自我为巴勒斯坦学校奔走，[2]一贯关心犹太学生；所有这些，都给了我勇气和信心，向您表达自己的夙愿。

　　我是比亚韦斯托克（Bialystok）一个犹太教士的儿子；[3]我的家庭在17世纪从德国移民过来，先辈们一直在犹太律法方面颇有建树，在整个东部都以智慧博学闻名。我自己在18岁之前钻研古代犹太文学，自信不是不学无术之辈。Maimonides的著作激发我去欧洲学习，并成为一名医生的愿望——就像犹太法典里说的："雅弗最美的东西置于闪的帐篷里。"[4]

　　这是我高中毕业到德国这边来上大学的原因。

　　出于这个目的，我上个学期已经提交了申请文件，但是遭到拒绝。为了下个学期能入学，我又向普鲁士科学艺术和公共教育部提交了申请文件，希望能在部里得到帮助，实现自己的心愿。[5]因为听说柏林的门槛太高，我申请的是柯尼斯堡大学。如果再被拒绝，将是对我毕生事业规划的严重打击，我会很难过。

　　请倾听一个年轻犹太人的呐喊，他一心向学却被学术界拒之门外。在年轻的东欧犹太人心目中，您是一位传奇人物；因为我现在要去的是您所在的德国，所以把苦恼向您倾诉。

　　谨致敬礼，

Lipa Halpern.

在1922年3月7日，我将申请和维尔纳政府在里达的文法中学的最终成绩单一起提交给普鲁士科[学]艺[术和]公[共]教[育]部（菩提树下大街[Unter den Linden]4号）。

ALS.[43 849]。文件左页边沿有活页孔。
[1]Halpern(1902—1968)。
[2]指希伯来大学。
[3]Rabbi Shlomo Halpern(1882—1941)。
[4]这里指的是犹太法典《塔木德》(*Talmud*)Tractate Megilah 中 p.9b 的一段文字:"Simeon b. Gamliel 教士说[经文]书也只能用希腊文写。Abbahu 教士以 Johanan 教士的名义说道:哈拉卡律法遵从 Simeon b.Gamliel 教士。Johanan 教士又说:Simeon b.Gamliel 的理由是什么？经文说,神使雅弗扩张,他应当住在闪的帐篷里;[意思是]雅弗的话语应当在闪的帐篷里。但是为什么不说 Gomer 和 Magog[的话语]？ Hiyya b.Abba 教士回答说:真正的原因是它已经写成文字,愿神使雅弗[yaft]扩张;暗示让雅弗最美的东西[yafyuth]置于闪的帐篷里。"("R.Simeon b.Gamliel says that books [of the scripture] also are permitted to be written only in Greek.R.Abbahu said in the name of R.Johanan;The halachah follows R.Simeon b.Gamliel.R.Johanan further said;What is the reason of R.Simeon b.Gamlielö Scripture says, God enlarge Japheth, and he shall dwell in the tents of Shem;[this means] that the words of Japheth shall be in the tents of Shem.But why not say [the words of] Gomer and Magog? —R.Hiyya b.Abba replied;The real reason is because it is written, Let God enlarge [yaft] Japheth;implying, let the chief beauty [yafyuth] of Japheth be in the tents of Shem.")
[5]在5月21日之前,爱因斯坦显然为他进行了某种干预(见未刊文献摘要一览表230)。

# 76."关于金属超导性的理论评论"

[*Einstein 1922k*]

1922年3月11日前后手稿完成
1922年9月4日之后发表
于:*Het Natuurkundig Laboratorium der Rijksuniversiteit te Leiden in de jaren 1904—1922. Gedenkboek aangeboden aan H. Kamerlingh Onnes, directeur van het Laboratorium bij gelegenheid van zijn veertigjarig professoraat op 11 November 1922.*Leyden:IJdo,1922,pp.429—435.

## 关于金属超导性的理论评论

### A.爱因斯坦

理论科学研究者的处境并不值得羡慕,因为自然——或者更准确地说,实验——是理论的无情的裁判，并不与人为善。他从来不对一个理论说"是"，最好不过是"可能"；但是在大多数情况下，都是一个简单的"否"字。[1]如果实验结果与理论相符，那就是"可能"；如果不一致，就是"否"。每一个理论都会有遭遇"否"的那一天，大多数理论刚建立不久就被"否"了。在这里，我们对金属导电性理论以及超导电性的发现对它的革命性影响，做一个简短回顾。

当人们意识到，负电性的载体是具有特定质量和电荷的亚原子微粒（电子），[2]就会很自然地假设，电子的运动是金属导电性的基础。另外，金属的导热性远远优于非金属的情况，以及 Wiedemann-Franz 近似定律[3]描述的纯金属的电导率和热导率之比（在常温下）与金属材料无关的事实，也使得人们把热导率和电子联系起来。这些事实导致了一个仿效气体分子运动论的金属电子论（Riecke, Drude, H. A. Lorentz）。[4]尽管金属中的电子在金属原子中不断碰撞，这一理论假设它们像气体分子一样自由移动，具有 $\frac{3}{2}kT$ 的平均热运动能量。

这一理论取得了精彩的成功，能够根据电子的机械质量和电荷，从理论上推导出 Wiedemann-Franz 定律，精度还相当不错。[5]它还能定性地解释热电学和霍尔效应等现象。不管电导理论在今后如何发展，它都必须保留这一理论最重要的支柱，也就是：电子的运动是导电性的基础这一假设。

金属比电阻的 Drude 公式为[6]

$$\omega = \frac{2m}{\varepsilon^2} \frac{u}{nl}, \tag{1}$$

其中 $m$ 代表质量，$\varepsilon$ 为电子电量，$u$ 是平均速度，$n$ 为体积密度，$l$ 是电子的平均自由程。不幸的是，理论中有三个温度的函数：$u$、$n$ 和 $l$，其中的一个（$u$）根据热力学理论与绝对温度有关，关系式为[7]

$$3mu^2 = kT \tag{2}$$

$n$ 必须远小于原子的平均密度，才能解释为何电子对金属的比热没有显著贡献。

基本公式(1)能够在何种程度上解释电阻率的温度依赖性？我们在这里遇到很大困难。根据公式(2)，$u$ 应当正比于 $\sqrt{T}$。平均自由程 $l$ 与温度则不应当有明显的依赖关系。然而由于微弱电离的物质的电离度随 $T$ 快速增加，当温度升高时，电离原子的数目 $n$ 将迅速增大。这样人们就会认为，随着温度升高，纯金属的电阻将迅速下降。然而事实绝非如此，大家都知道，随着温度升高纯金属的电阻几乎严格地线性升高。[8]

为了在公式(1)的基础上解释这一刺眼的实验事实，可能需要假设：自由电子的数目 $n$ 与温度无关；电子的自由程 $l$ 与金属所含能量的平方根成反比。利用根据这些假设修正后的公式(1)，Kamerlingh Onnes 以惊人的精度解释了非超导状态下金属的行为。[9]自由程受热搅扰影响的假设并不是非常不合情理;人们可以设想,对于运动电子来说,没有扰动的金属,就像自由空间一样;而热涨落引起的非均匀性,会产生电场使电子的运动轨道偏折。在另一方面,$n$ 不受温度影响的假设却很成问题。另外,$l$ 与热容量之间的假设关系也很难定量证明。然而不管怎么说 Kamerlingh Onnes 理论的成功,似乎证明了,金属(而不是电子)的热扰动是电阻的决定性因素。这样就能解释电阻在高温下满足

$$\omega = \alpha(T - \vartheta)$$

而不是

$$\omega = \alpha T \text{①}$$

并且非超导金属的电阻在低温下不再与温度相关。这样在低温下电阻率曲线的曲率就间接与量子论联系起来。

实际上根据以上概念,当温度下降时,非超导金属的电阻应当趋向于零。然而实际上,电阻趋向于一个非零值。然而 Kamerlingh Onnes 发现,这个极限值对微量杂质非常敏感。[11]他又进一步发现,这些痕量杂质使得整个电阻率曲线产生一个垂直漂移,也就是说,它们产生了一个"附加电阻",而均质的纯金属的电阻极限值可能就是零。[12]应该说这个非常刺眼的事实,很难用公式(1)解释。如果杂质带来了特别的电子碰撞机会,可以很容易证明,这会导致一个恒定的贡献 $\frac{1}{l}$。后者给电阻带来的变量正比于 $u$(或者 $\frac{u}{n}$),而不是与温度无关;然而 $u$ 无论如何不会与温度无关,因为那样一来就不得不放弃理论的最大成就,也就是 Wiedemann-Franz 定律的诠释。出于同样的理由,也很难用理论解释非纯金属的电阻在低温下趋于一个常数。

从这一描述可以看出,电子的热理论已经不能解释通常的电导现象,更不要说超导电性。在另一方面,当然也可能用其他基于电子机制的电导率和热导率理论来解释 Wiedemann-Franz 定律。

金属超导性的发现彻底暴露了理论的缺陷。[13]通过展示外裹超导层的非超导金属线仍具有超导性,Kamerlingh Onnes 令人信服地证明了,超导性的基础不可能是热扰动相关的运动电子。[14]随着时间的推移,外裹层的电子必然会进入非超导体,并失去形成电流的平均优势运动,因而整个系统会失去超导性。

如果要用自由电子解释超导性,就必须设想它们是未受扰动的,超导体中的负电荷只有一种运动,也就是形成电流的那个运动。而这是不可能的,因为根据

---

① 例如,比较 Comm. No. 142a, *Versl. Ak. Amsterdam*, Juni 1914, Fig. 2 für $Sn$, $Cu$, $Cd$,以及 Suppl. No. 34b, report Third Int. Congr. Refr. Chicago, Fig. 5 für $Hg$.[10]

卢瑟福-玻尔理论,物体内部存在强电场。另外一个与之矛盾的事实是,温和的磁场就会破坏超导性。

这是因为洛伦兹力的横向力(霍尔作用)[15]自己就能抵消表面电荷积累引起的静电力,因此电子不应当受到磁场的作用。

这样一来,似乎必须把导电性归结到绕原子核高速运动的原子外围电子。实际上,根据玻尔理论,很难想象高能外围环绕电子会失去相当部分的速度,液化能相对低的水银蒸气,就是这种情况。这就是为什么,根据我们现在的知识水平来看,似乎金属中并不存在自由电子。这样说来,金属的导电性就必须依赖于原子之间交换外围电子。如果一个原子要从相邻原子接收一个电子,而不几乎同时释放自己的一个电子给相邻原子,它的能量会发生很大的变化。在超导电流的情况下,这是不可能的,因为维持超导电流并不需要能量。这样一来,似乎超导电流只能发生在闭合分子链(传导链)上,依靠其中电子的循环交换。这就是为什么 Kamerlingh Onnes 将超导体中的闭合电流拿来与安培的分子电流作比较。[16]

我们对复合系统的量子力学[17]知之甚少,要想能够把这个模糊的想法变成理论,还差得很远。我们只能先提出几个相关的问题,拿去做实验验证。看上去不同的原子组成一个传导链的可能性不大。所以两个不同的超导金属之间的电流传导不应当具有超导性。[18]另外这可能也是为什么到目前为止具有超导性的金属熔点都很低的原因;[19]因为在这些金属中,杂质可能并没有处于真正熔解的状态,而是形成小的复合体,在金属处于塑性状态时析出。另外,也有可能传导链上的电流不能任意小,而是要取特定的有限值,这也可以通过实验验证。[20]

磁场能够破坏传导链的想法很容易理解,实际上几乎是肯定的,就像足够强的热运动也能破坏传导链一样,只要其能量量子 $h\nu$ 足够大。这样就很容易理解,温度升高时超导体会转变为普通导体,以及超导体陡峭的温度极限。室温下的电传导性,有可能是基于热运动导致的传导链的不断地形成和破坏。

由于目前理论上的困境,只能做出这一猜测。为了解释超导现象显然需要开辟新的途径。一个并不确定的可能是,常温导电性是超导性被热扰乱的结果。

这个猜想的一个支持,是电子跃迁到临近原子的能量频率,很接近孤立原子中电子的轨道能量频率。这使得人们怀疑单个传导链上的基本电流可能相当大。如果这一基本电流的量子依赖性被证实,就容易理解传导链中不可能有不同种类的原子。

附笔 论文最后的假设并无新意⁽¹⁾,被 Kamerlingh Onnes 在过去几个月进行的一个重要实验部分地否定了。他证明两种不同超导体(铅和锡)之间的接触点,测不到任何欧姆接触电阻。[22]

---

(1)例如,比较 F.HABER, *Sitz.ber.Ak.Berlin*, 1919, pag.506.[21]

---

发表于 *Het Natuurkundig Laboratorium der Rijksuniversiteit te Leiden in de jaren 1904—1922.Gedenkboek aangeboden aan H.Kamerlingh Onnes, directeur van het Laboratorium bij gelegenheid van zijn veertigjarig professoraat op 11 November 1922. Leyden:IJdo*, 1922, pp.429—435.

[1] 关于理论和实验的关系,爱因斯坦在 *Einstein 1919g*(第七卷,文件 28)中表达了类似观点。

[2] 关于 19 世纪末电磁理论的历史描述,可参见 *Whittaker 1951*,*1953*,*Buchwald 1985*,*Darrigol 2000*。

[3] Wiedemann-Franz 定律指出金属的热导率和电导率与绝对温度成正比,比例系数是一个普适常数。

[4] Eduard Riecke, Paul Drude, Hendrik A. Lorentz.关于早期金属电子论的理论回顾,见 *Kaiser 1987*;更技术性讨论,可见 *Sauer 2007*。

[5] 从 Drude 理论可以得出 Wiedemann—Franz 定律的比例常数等于 $3R^2/(Ne)^2$,其中 $R$ 是气体常数,$N$ 为阿伏伽德罗常数,$e$ 为基本电荷(见 *Drude 1900*);关于爱因斯坦的一个推导的概述,见他的 1910 年讲座的"热力学理论课程讲义",(第三卷,文件 4),pp.232—233;关于另一个相似的推导,可参见 Niels Bohr 1914 年关于金属电子论的课程的讲义(*Bohr 1972*, p.446)。

[6] 见 *Drude 1900*, p.576。实际上这里的因子 2 是有问题的,因为它假设的电子速度分布,是不现实的(见 *Sauer 2007*, pp.167—169 中的讨论)。

[7] 公式应为 $mu^2 = 3kT$。

[8] *Dahl 1992*, sec.1.2,给出了电阻温度依赖性的早期实验的一个综述。

[9] 关于这些假设的建立,见 *Kamerlingh Onnes 1911*, pp.1110—1112。

[10] *Kamerlingh Onnes and Holst 1914* 和 *Kamerlingh Onnes 1914c*。

[11] 见 *Kamerlingh Onnes and Clay 1907a*。

[12] 见 *Kamerlingh Onnes and Clay 1907b*。

[13] 关于超导性的发现以及近来发展的历史描述,可参见 *Dahl 1992*, *Matricon and Waysand 2003*, *Delft and Kes 2010*,以及 *Joas and Waysand 2011*。

[14] 最早发现这一效应时,用的是覆锡的康铜线(见 *Kamerlingh Onnes 1913*, p.680)。

[15] 见 *Kamerlingh Onnes 1914a*;关于其历史背景,可见 *Dahl 1992*, chap.5.1。

[16] 见 *Kamerlingh Onnes 1914b*。

[17] 这可能是文献中第一次出现"量子力学"这个词(见 *Kragh 1999*, p.86)。

[18] 见注释 22。

[19] 当时已知具有超导性的元素有汞、锡、铅、铊,其超导传变温度分别为 $4.2K$、$3.72K$、$7.19K$ 和 $2.32 K$,而熔点为 $234.32K$、$505.08K$、$600.61K$ 和 $576.65K$(见 *Kamerlingh Onnes 1924* 和 *Dahl 1992*, p.73)。

[20] 关于验证这一假设的实验建议,见爱因斯坦致 Paul Ehrenfest,1921 年 9 月 2 日(第十二卷,文件 225)。

[21] *Haber 1919a* 和 *1919b*。这里引用的具体页码是 *Haber 1919a* 的第 1 页,而不是相关性更强 *Haber 1919b* 的附录(见 *Sauer 2007*,pp.193—198)。

[22] 关于 Kamerlingh Onnes 的实验结果,见文件 77 和 79。这里的附笔极有可能是 Ehrenfest 此时加上的。Onnes 的教授周年纪念是在 1921 年 11 月 11 日,爱因斯坦在 1921 年 12 月 27 日之前将本文的一个版本送给 Claude August Crommelin。在当天的一封信里,Crommelin 提到了 Haber 的文章,并问爱因斯坦是否愿意自己将手稿送回给他,以便爱因斯坦再加上一个附录(见第十二卷,文件 342)。1 月 11 日,爱因斯坦要求 Ehrenfest "在我的论文中引用 Haber"("Zitiere Haber in meiner Arbeit,"文件 13),两周后爱因斯坦又催促 Ehrenfest "就超导实验一事督促 K.Onnes"("Schüre K.Onnes wegen der Supraleitungs-Versuche,"文件 31)。关于爱因斯坦论文的进一步讨论,见 *Yavelov 1980*,*Dahl 1982*,pp.105—106,以及 *Sauer 2007*。

## 77. Paul Ehrenfest 的来信

[莱顿] 1922 年 3 月 11 日

亲爱的爱因斯坦!

非常感谢你寄来明信片。[1]

1. 请告知你何时光临。——我们这边的情况介绍:4 月 27 日,复活节后第一个物理讨论会。大约 5 月 1 日,Onnes 回到莱顿。Lorentz 什么时候回来我不清楚,不过不大可能在 5 月 5 日之前。[2]

我对你的建议是:4 月 29 日。如果对你来说这个日期太晚,那就改到 4 月 22 日或者 24 日。

2. Onnes 最近确认:处于超导状态的锡和铅的接触面测不出任何电阻。如下图所示:[3]

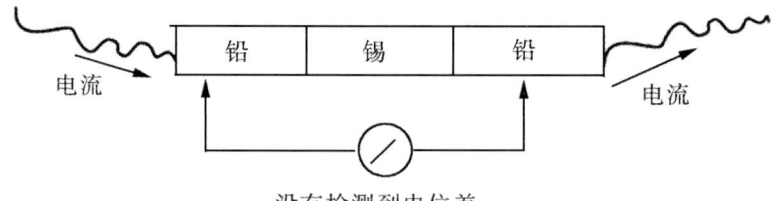

没有检测到电位差

他会写信告诉你这一结果。

3. 请原谅我尚未联系 Kochert[haler]教授(马德里)。我想等你到了这里再处理此事,因为不清楚的地方太多,比如不知道是应该把手边现有的制剂寄给他〈直接〉还是必须作化学转换,变成他能直接使用的形式,而这就需要重新计算分子量。[4]——

如果你不想让我再等下去,请务必告诉我要不要作化学转换,还有他是应该在账本上把货只记到你的名下,还是把我的名字也写上(请原谅我的无礼问题——我当然很清楚所有的功劳都是你的)。

向您亲爱的妻子和 Ilmargotse① 致意。

AK.[10 025]。明信片寄给"柏林哈伯兰大街 5 号爱因斯坦博士教授"("Prof. Dr. A. Einstein, Berlin, Haberlandstr. 5."),邮戳为"Leiden, 11. III. 22. 7 – 8N[amiddag]",发信人地址"P. Ehrenfest Leiden"。

[1]可能是文件 57。
[2]Lorentz 当时正在帕萨迪纳的加州理工学院访问(见文件 54)。
[3]Ehrenfest 在文件 54 中已经提到此事。
[4]爱因斯坦曾请求 Ehrenfest 把钱从英国、荷兰和法国汇给马德里的 Kuno Kocherthaler(见文件 47)。

# 78. Heinrich Zangger 的来信

[1922 年 3 月 11 日之后][1]

亲爱的朋友爱因斯坦:

您已经在日本了吗?到达东京之后,务必让他们带您看桥田教授的非常有趣的生理化学实验(生理研究所)。他对电势涨落的连续测量在物理上很有意思。他也曾在苏黎世待过几年。[2]

您知道 Besso 已经当上祖父了;这肯定是治疗悲观主义的良药。[3]附件是很久以前写的。当心思在日本的时候,邮递这有什么用?

这个冬季我旁听了 Debye 关于物质结构的整个研讨会系列——非常好,只是太短了。展示了多方面的联系和精彩的维度理论。[4]我正在利用全光谱范围,就像未知物质中的探测仪器一样——这个特别的医学之眼我开发得很不错,用([5000?]矿物油给底板加敏,1/1000 谱[线]非常有意思)。[5]

您知道 Galahad 爵士[6]的《上帝的圆锥曲线》[*Die Kegelschnitte Gottes*] (Lange, München, 1920)这本书里,印度对欧洲的批判么?您也是里面的一个角色(p.132)——作为一个 Galahad 爵士尚未发现的理想的欧洲人。[7]以后再解答这些秘密——您从日本回来之后。[8]

(从苏黎世)祝您旅途愉快,万事如意。[9]

Zangger

---

① Ehrenfest 在此有意将爱因斯坦的两位继女 Ilse 和 Margot 写成一个词,并加尾缀。——译者

ALS.[40 021]。

[1]日期的确定根据是 Debye 的讲座结束日期为 3 月 11 日（见注释 4）。

[2]桥田邦彦（Kunihiko Hashida，1882—1945）时为东京帝国大学生理学教授。他曾在苏黎世留学。

[3]Michele Besso（1873—1955）；关于他的生平，见第一卷，pp.378—379。关于 Marco Besso 的出生，见文件 80。爱因斯坦于当年 10 月 6 日访问 Besso（见文件 377）。

[4]在 1921/1922 冬季学期，Debye 开设了一个关于物质结构的研讨会，从 1921 年 10 月 6 日开始，到 1922 年 3 月 11 日结束（见 *Programm der Eidg. Technischen Hochschule für das Wintersemester* 1921/1922，p.27）。

[5]一个通过使用特殊溶液浸润商业照相底板以增加其对某些光谱范围的敏感性的方法。

[6]Berta Eckstein-Diener 的笔名。

[7]在这本书中，印度人主角 Sargi "打开了"（"schlug es auf"）*Einstein 1905r*（第二卷，文件 23）（见 *Eckstein-Diener 1921*，p.134）。

[8]原文此处为意大利语。

[9]原文此处为意大利语。

## 79. 致 Paul Ehrenfest

［柏林，1922 年 3 月 11 日至 13 日］[1]

亲爱的 Ehrenfest！

从 3 月 28 日到 4 月 4 日，我会在巴黎。[2] 我可以直接去莱顿么，还是先回柏林待上两周再去？

K[amerlingh] Onnes 完成了实验，这很不错。不过这打破了又一个了解问题的微弱希望。[3] Franck 告诉了我一个关于自由电子趋向原子的行为的精彩之处，到时候我会告诉你。在其他方面我都毫无准备，按你的安慰保证，这样不会有什么问题。

诚祝合家安康，你的

爱因斯坦

我终于可能要去日本了，妻子也一起去；8 月或者 9 月出发。[4]

AKS.[10 027]。明信片寄给 "Herrn Prof. Dr. P. Ehrenfest Witte Roozen Str. Leiden（Holland）"，邮戳为 "[Berlin —.3.—8—9N[achmittags]]"。

[1]日期根据以下假设确定：本明信片是对文件 77 的回复，而文件 82 是对本明信片的回复。

[2]Paul Langevin 在文件 70 中的建议。

[3]见文件 77。

[4]山本实彦在文件 21 中的建议。

## 80. Michele Besso 的来信

4月底前①，在伯尔尼齐格勒街(Zieglerstrasse)42号；之后，云杉路(Fichtenweg)3ª号，1922年3月12日

亲爱的爱因斯坦：

可能 Vero[1] 已经在明信片上告诉你，我已经当上祖父了。[2] 我们刚刚才看过小孙子回来（为了方便，生产是安排在诊所里），亲戚们都在看孩子哪里长得像谁。我觉得他在窥视这个世界，寻找引人注意的东西，并且已经决然地做好应对的准备——这样49年后，也许他也可以坐下来，给朋友写信说："辛苦来一遭，看看这贫穷又富饶、奇特而平常的世界，也算不枉此行。"

谁知道呢，也许这来自于他的生命意志，让我已经想了一段时间：既然你和各个产业界有联系，也许能够……帮助我决定放手附件里这个专利的申请的事。基本的想法是，将本来是通过⟨纺线中⟩每根线内部摩擦以及编织形成的纺织纤维局部交互重叠，改为通过化学处理和尽量局部化的纤维混合得到。这样就能通过最少的工作，形成类似于毡而又便于弯曲和清洗的结构。最近似的工业产品是：3)[3] 帽毡，其中已经用到了专利描述中的空吸程序；1) 人造丝绸的横连纤维纱罩，在加固之前已经粘连在一起；2) 以及羊皮化的纸张，其纤维的软化和黏合不像我计划的那样特意局部化。[4]

如果你知道谁有可能对这个技术感兴趣，我要以我孙子的名义，感谢你。也许不用——因为，谁知道，也许我们的一家之主(die Seele der Familie)必须再次需要粗茶淡饭砥砺一番。

[粗茶淡饭]让我身体非常虚弱。我在的里雅斯特(Trieste)待了两天，看到我妈妈状态特别好。接着孙子就在这边出生了，时机非常合适，有利于母子健康。我应该平静下来，终于又可以做点工作了，但总是有麻烦来捣乱，每件事都让我不安（或者更准确地说，让我低沉）。可怜的 Guillaume 的那篇破文章就是一个例子，[5] 我都找不到一个有说服力的相关结论来告诉第三方听众，真是丢人；从纯逻辑上说，它实际上也牵涉到 Lorentz，也就是：引入本地时间的时候，没有给出清楚的定义。这样 G[uillaume]可能想随意利用洛伦兹变换搞点名堂。但是……随他去吧。在此之际我很高兴碰巧发现二维运动学的"图形轨迹"特

---

① 此处有误，写成了4月31日。——译者

征，能够借以清楚地讨论光的各种理论，并且以最简单的投影关系（极线和极面）重现洛伦兹变换。这种表达形式是否已经有人在其他地方正确地应用过了？当然 Weyl 已经正确地简要描述过它，[6]但那只是针对洛伦兹变换，而利用这个图解在同一个图像里可以采用其他的光的理论，也可以给出洛伦兹变换和洛伦兹收缩的推导。——

——几天前 Vero 问我〈为什么〉是否已经测量了快速阳极射线的横向多普勒效应，或者说，这个领域都有什么实验。对此我也没有什么更多了解。[7]

有一件事情我也不是很清楚。就是假定相对以太以 10 千米/秒的速度运动时，根据简单的静止以太理论，木星卫星理论中一阶效应的结果如何。Born 认为分歧会很大。[8]——〈我还是有疑问〉但是我记得你以前就说过，未必就一定如此，因为在考虑光的相对速度时，会得到行星轨道的与给定值不同的另一个位置和维度。

在相对论目前的状况下，这个问题的内在意义〈实际上〉很小；但是在教学的时候可能有用。——

——在一个球空间中，有两根互相接触的，无限〈完美准直的杆〉准直的杆，最终会彼此再次相遇。经过比较它们的质量之后，将其中一根沿着另一根的长度方向加速到一定速度。会发生什么样的洛伦兹收缩呢？结果会不会是这种情况：球空间旋转产生的质量处于运动之中，因此〈然而〉另一个球空间的半径会变得不同？

我们全体向你致意，你的

Michele.

ALS(*Einstein and Besso 1972*, pp.174—179)[7 078]。

[1] Besso 的儿子。

[2] Marco Besso(1922—1995)诞生于 3 月 5 日。

[3] 显然，编号是后来插入的，用以改变列出产品的次序。

[4] 1923 年 1 月 12 日，Besso 和 Paul Habicht 提交了一份专利申请，后得到授权，即为瑞士专利 98799 号，"Flächengebilde aus Fasern"（纤维的表面组织）。

[5] 可能是指 *Guillaume and Willigens 1921*，这是 Edouard Guillaume 罕见地在主要德语期刊上发表文章。Guillaume 曾与爱因斯坦长期通信讨论他对狭义相对论的批评。1921 年 1 月，爱因斯坦对此做了总结（见第十二卷，文件 34）。

[6] 在 *Weyl 1920—1921* 中，作者使用"图形方案"这个词表示下列光锥：

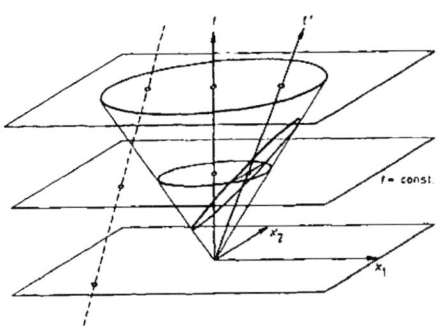

Besso 可能是在建议使用不同形状的锥体来描述光速,不仅针对相对论,也适用于其他与相对论相竞争的理论,比如 Ritz 的光速与光源的速度有关的发射理论。在 *Guillaume 1922* 中,作者建议处理狭义相对论公式应用的前后不一致这个问题时,使用图形来让狭义相对论形象化。Guillaume 回忆说 4 月 5 日在法兰西学院见到爱因斯坦时,东道主 Langevin 曾经利用 *Gruner 1922* 中的图像化时空表达回复了 Guillaume 对狭义相对论的批评。

[7] 见文件 31 及其注释 7,其中爱因斯坦本人也表示希望通过测量证明存在横向多普勒频移,后者也称为时间膨胀。

[8] 在 *Born 1920*(p.94)中,作者论证说,如果地球相对于以太的速度与它相对于恒星的速度(当时认为这个速度非常大,现在知道它远远大于 10 km/s)一样大,那么就应该可能测量到由于所谓的以太风引起的与 $v/c$ 同阶的木星卫星的周期变化(其中 $v$ 是太阳系相对以太的速度,而 $c$ 是真空中的光速)。

# 81.致普鲁士科学院

柏林,1922 年 3 月 13 日

非常尊敬的同事们!

这已经是今年内我第三次收到来自巴黎的公开性质的邀请;第一次是来自"人权联盟"(Ligue pour les droits des hommes),[1] 第二次是来自法国哲学学会,[2] 第三次是来自法兰西学院,邀请我做几个客座演讲。[3] 这个邀请是由法兰西学院的教学部发出,由我的朋友和物理学同行 Langevin 转达。后者的信中明白指出此事可以帮助重建德国和法国学者之间的关系。相关段落声明:"为了科学的利益需要重建我们与德国学者之间的关系。在这个问题上,您的作用无人能比;您能接受邀请,对您在德国和法国的同事,特别是我们共同的目标,都有巨大裨益。"

我在一开始给朋友的回信中,礼貌地拒绝了这一邀请,并表示这主要是为了维护这边德国同事的团结。[4]

然而我总是感觉到,自己的拒绝是为了减少麻烦,逃避了真正的责任。与 Rathenau[5] 部长的一次谈话,使我更加坚信这一点。因此在一开始回绝的几天后,我又给 Langevin 教授写了一封信,[6]收回了自己的拒绝,表示如果他们还没有为这个客座演讲做出其他安排,我愿意接受邀请。这样我就同意了 Langevin 的建议,月底去巴黎发表演讲。[7]

有鉴于目前科学院对所有牵涉国际关系的活动都很重视,我向科学院提交以上信息。

致以良好祝愿,

A.爱因斯坦

TLS(GyBAW,Ⅱ—Ⅲ,Bd.39,Bl.82 - 83).*Kirsten und Treder 1979a*,p.210;*Nathan and Norden 1975*,p.67(摘录)。[79 333]。信件寄给"柏林普鲁士科学院秘书处"("An das Sekretariat der preussischen Akademie der Wissenschaften Berlin")。

[1]法国人权和公民权利保障联盟(The Ligue franjaise pour la defense des droits de l'homme et du citoyen)诚邀"'新祖国'联盟"访问巴黎,并直接提到爱因斯坦的名字(见爱因斯坦致法国人权联盟,1921年9月到1922年1月2日之间[第十二卷,文件220])。

[2]爱因斯坦之前曾经拒绝了来自 Paul Painlevé 的参加国际哲学大会的邀请,该次会议于 1921 年 12 月 28 日至 31 日在巴黎举行(见爱因斯坦致 Paul Painlevé,1921 年 12 月 7 日[第十二卷,文件 314])。在文件 64 中,Painlevé 曾通过 Thomas Barclay 再次邀请爱因斯坦。

[3]关于这个邀请,见文件 56。

[4]见文件 63。

[5]Walther Rathenau。

[6]文件 69。

[7]见文件 70 和 71。

# 82. Paul Ehrenfest 的来信

[莱顿]1922 年 3 月 13 日

亲爱的爱因斯坦!

魔鬼带着你——去莱顿!——你让同时代的人疯狂的,不仅是 $G_{hk}^{st,uv}$,还有你的日常活动。[1]

1. 你秋季要去日本[2]——这很好——至少可以这么说:要是有人邀请,我也会去。——但是从日语翻译成荷兰语这就意味着:在秋天你无论如何都不会来莱顿了。——

2. 所以我要感谢全能的上帝,在你信誓旦旦地写下"我应该去看你吗? 秋天去不是更好?"[3]的时候,自己没有上当,而是紧紧抓住你春季衣服的后摆不放。

3. 现在你又要改变调子,准备"路过"而不是"前往"莱顿(4 月 7 日的时候,除了我没有人会在莱顿!)——我的天!——你比肥皂泡还不靠谱。

4. 这样是不行的,枢密顾问先生:你一定要勇敢地像一个典型的市民阶级一样,在复活节假期之后,而不是之间,光临莱顿。我格外开恩,留给你三个时间选择:4 月 22 日、4 月 29 日和 5 月 6 日。

Onnes 在 5 月初之前不会回来。[4]

Lorentz 会在 5 月 12 日或者 15 日前后回来。[5]

所以我说那个时候最好;不过我是生怕再多等一天你就被吹走了。

——•——

如果你让我难堪,那我就只好辞职,不再担当你在莱顿活动的记录汇报者(Chronikenschreiber)。[6]

!!!!所以现在把这封信读给家里的女人们听,好,让她们来帮我渡过难关。

带着怨气的敬礼,你的

Ehrenfest.

接下来的这几天 Tschulanowsky 会打听你什么时候光临莱顿,因为这对他很重要。[7]

又及:

W. J. de Haas 非常消沉和苦恼;两年前乌得勒支大学开始准备为 Du Bois 提供一个教授职位,并配备一个(磁学)实验室给他——但是他突然去世了。

但是这项工作并未停止,乌得勒支大学学院开始联系 De Haas,已经有两三年之久。这件事情一直拖着,但是每个人都知道不会再拖很久了,De Haas 很快就会接到任命。突然间,完全意外地,De Haas 还有我们所有人,从政府预算中看到,由于普遍地节约开支的规定,部长[8]正在"放弃"设立这一教授职位,"而代之以一个讲师席位,并将马上提出任命。"——由于各种原因,现在越发可能(我没说"越发确信")是 Ornstein[9]在肯定没有和学院商量的情况下,掌控着这一"节支运动"。无论如何,事实就是:1. O[rnstein]像一摊油一样在整个乌得勒支实验部门无孔不入(Julius 在生病期间,也无法指导实验室工作)。[10] 2. 他的徒弟 Burger 已经在 12 月从埃因霍温辞职,不再从事白炽灯工作,目的就是要回乌得勒支。[11]——现在只等着看(没人怀疑)他是否就是奔着这个讲师职位而来。

O. 的粗俗无礼更使他到处树敌——有时候都到了让人难以置信的程度。——尤其是像 Fokker 这样的人,最讨厌他。[12]说不定哪天我也不得不表态反对他。我觉得现在就应该给你打个招呼。以前我总是努力通过讲个笑话或者善意回避话题来化解矛盾,与其说是睦邻友好,还不如说是为了息事宁人。但是如果 O. 在乌得勒支真的如此行事,就像现在越发可能的那样(还不算确定),那就有责任不得不阻止这件越发过分的事情。

如果你哪天有机会给 De Haas 夫妇寄去一封好意的短信,他会很感激。[13]
诚挚的问候,你的

Ehrenfest

ALS. [10 029,10 031]。

[1] 在第一页的左侧页边,Ehrenfest 写下下列笔记:"W. J. de Haas ist *sehr* deprimiert; Eine Professur die für ihn in Utrecht geschaffen werden sollte [———](Sie sollte erst für Du Bois geschaffen (Siehe Beilage)."Wander J. de Haas(1878—1960)时为代尔夫特技术大学物理教授,Henri du Bois(1863—1918)曾为乌得勒支大学理论和应用物理教授。

[2] 关于爱因斯坦访问日本的计划,见文件 79,本文是对这一文件的回复。

[3] 可能是指文件 47。

[4] Heike Kamerlingh Onnes。

[5] Hendrik A. Lorentz,当时正在帕萨迪纳加州理工学院访问。

[6] 这里指的是 Ehrenfest 需要报告爱因斯坦作为特聘教授在莱顿的工作(见文件 54)。

[7] Vladimir M. Chulanovsky(1889—1969),彼得格勒国家光学研究所成员,1920 年后曾访问荷兰和德国收集科学文献和仪器(见 Paul Ehrenfest 致 Einstein,1920 年 9 月 9 日之前[第十卷,文件 139])。

[8] Johannes Theodoor de Visser(1857—1932),教育、艺术和科学部部长。

[9] Leonard Ornstein。

[10] 在 Willem H. Julius 生病期间,Ornstein 代替他担任乌得勒支大学物理实验室主任。

[11] Herman C. Burger(1893—1965)曾经是埃因霍温的飞利浦公司白炽灯工厂物理实验室的一名研究人员,1922年成为乌得勒支大学物理讲师。他于1918年以关于晶体溶液生长的一篇论文从乌得勒支大学毕业,指导教师为Ornstein(*Burger 1918*)。

[12] Adriaan D. Fokker(1887—1972)当时在代尔夫特的一所文法中学教授物理。

[13] Wander J. de Haas及其妻子Geertruida de Haas-Lorentz(1885—1973)。

## 83. Paul Winteler 的来信

佛罗伦萨第五区,威尔第(Verdi)路8号,[1922年3月13日]

亲爱的阿耳伯特!

你的明信片寄到尚在卧床的Maja手中,她看了很高兴。五周以来,玛雅后脑勺上长了一个恶性肉瘤,而且越长越大,所以8天前做了第一次手术,今天又不得不动了第二次手术。她先是疼得受不了,之后又伴有发热症状出现。她的病因是链球菌感染(Streptokokkus)。你可以想象到她的病情有多严重了吧。给她主刀的是佛罗伦萨医生Bastianelli教授。[1]这类肉瘤在意大利这里被俗称为"vespaio",意思是马蜂窝,一般被认为是恶性的、难以治愈的。手术时,给Maja注射了氯仿麻醉剂,现在她静躺在病床上,还没完全从麻醉状态中清醒过来。手术的伤口很大,和病灶部位一样大。Maja——可能通过抓挠后脑勺——是自己感染上的,起初只是皮肤上长了一个小小的斑块。你可以想象我受的打击是多么大吧,希望这第二次手术后她可以完全康复。Maja是我认识的所有人当中最好的人。我真要诅咒造世主为什么总是打击善良和温顺的人。

以后每一阶段的发展状况我都会详细向你汇报。衷心地问候你。

Pauli

Maja苏醒以后第一件想起来的事就是你的生日。[2]

AKS. [144 784]。明信片的地址是"Prof. Dr. Albert Einstein Berlin-Wilmersd. Haberlandstr. 5(柏林-维尔默斯多夫,哈伯兰大街5号阿耳伯特·爱因斯坦博士教授)",盖着"Fiesole(Firenze)13. 3. 22."的邮戳。

[1] 可能是Bastianelli两个兄弟——Raffaele(1863—1961)和Giuseppe(1862—1959)中的一个,他俩都是罗马大学的外科教授。

[2] 爱因斯坦的43岁生日在3月14日。

## 84. 致 Thomas Barclay

[柏林]1922 年 3 月 14 日

亲爱的 Thomas Barclay 先生——

对于您的亲切垂询[1],我现在可以确定说自己将于 3 月 27 日到达巴黎,待上十天左右,目的是在法兰西学院作几个讲座。[2]考虑到我的法语水平不高,目前的任务已经勉为其难;因此很难接受在物理学会讲演的额外邀请。不过我非常愿意和 P[3]讨论双方都有兴趣的科学问题。盼望在巴黎与您再次相见,祝好,您诚挚的

ADft 为 Ilse Einstein 的笔迹。[43 176]。写在未刊文献摘要一览表 100 的背面。文件右页边有活页孔。
[1]文件 64。
[2]关于爱因斯坦接受 Paul Langevin 的邀请一事,见文件 69 和 71。
[3]Paul Painlevé。

## 85. 致 Maurice Solovine

柏林,1922 年 3 月 14 日

亲爱的 Solovine!

终于要在巴黎再次相聚了!我将于 3 月 27 日或 28 日到达。[1]Langevin 为我安排一个隐秘的住所,他不会瞒着您,但是我要请求您千万保密;我这次巴黎之行会很累。[2]

对于戈捷-维拉尔出版社(Gauthier-Villars)的协议草稿,我有两点意见:[3]

(1)我标记为 b 的段落,需要去掉,因为我当然只想给他法语译本的版权。(2)标记为 a 的段落我看不懂。

也许我们可以等到我在巴黎的时候解决此事。我非常期待巴黎的再会,要是自己的嘴巴能讲更好的法语该有多好。

祝好,您的

A. 爱因斯坦

TLS(TxU-Hu). *Solovine 1956*,pp. 36—37. [80 840]。信件寄给"Herrn Dr. M. Solovine Paris.",这里省

略 Ilse Einstein 的致意。

[1]关于爱因斯坦访问巴黎的安排,见文件 71。

[2]关于爱因斯坦在巴黎的住址,见文件 71 的日期地址。

[3]协议的草稿未存世。关于协议本身,见未刊文献摘要一览表 139。

## 86. Michael Polányi 的来信

柏林达勒姆,法拉第大道 4—6 号,1922 年 3 月 14 日

非常尊敬的教授先生!

之前有一次您曾经非常好心地同意帮助 Dr. E. Bródy。[1]现在他写信给我,说他有希望在位于帕萨迪纳(加利福尼亚)的 Millikan 的新研究所那里,得到一个助理职位。[2]该研究所理论方面的领导将会由 Epstein 和 Tolman 担任。[3] Born 教授已经给 Epstein 提出了相关建议。我冒昧请求您写信给以上提到的在美国的先生们。该研究所目前正在建立员工队伍,及时参与推荐可以让他们再招一个人。

我也以我个人的名义,感谢您的好心帮助。不成敬意,您的

M. Polanyi

TLS.[43 356]。信笺抬头为"威廉皇帝纤维化学研究所"("Kaiser Wilhelm-Institut für Faserstoffchemie"),寄给"柏林哈伯兰大街 5 号爱因斯坦教授博士先生"("Herrn Professor Dr. Albert Einstein, Berlin, Haberlandstr. 5")。

[1] Emmerich(Imre) Bródy(1891—1944)是一位匈牙利物理学家,Max Born 在哥廷根大学的助手。

[2]帕萨迪纳的思鲁普技术学院(Throop College of Technology),于 1920 年改名加州理工学院(Caltech),当时正在后来获诺贝尔奖的 Robert A. Millikan(1868—1953)领导下,发展成为一所研究型大学。关于细节,见 Goodstein 1991。

[3]在加州理工学院,Paul Epstein(1883—1966)当时是理论物理学教授;Richard C. Tolman(1881—1948)是物理化学和数学物理教授。

## 87. 致 Paul Ehrenfest

[柏林][1922 年][1] 3 月 15 日

亲爱的 Ehrenfest!

如果 O[rnstein]这样胡来,应当先设法唤起他的良心,如果没有效果,就要

正面斗争。[2] 在我力所能及范围之内,随时听你调遣。比如,我可以写信给他,叫他住手。

现在看起来,我 4 月底就能见到你们所有人。我真是一个可怜虫:从 3 月 27 日到大约 4 月 5 日,我要用法语在巴黎的法兰西学院做报告,说起来都让我战战兢兢;[3] 在大约 4 月 1 日开始的夏季学期中,[4] 我已经公布要开一门课程;还要在 5 月中去访问你,而且必须安排好,因为我无法抵挡东亚魔女(Sirenen Ostasiens)的诱惑。[5] 所以我准备这么安排:在柏林这里我只在 6 月和 7 月教课,因此只能从一周一次改为两次。这样的话不会太糟,因为我回来之后,冬季学期还没结束,我还可以再去莱顿。因为我要把这边的工作暂停半年,这样的安排并非不可能。所以,在上帝的帮助下,诸事都会顺利完成,你也不用激动。替我感谢 Onnes 完成了那个实验。要是他用了闭环电路就会更好,但是现在这样可能也够了。[6]

在 $N_2O_4 \Leftrightarrow 2NO_2$ 中的声波实验的结果是反应跟随声振动。[7] 因此反应一定是非常迅速。我建议比较离解中气体和正常气体的共振幅度,因为只要这个反应的速度不是无穷大,它就相当于一个能量耗散器,会削弱振动幅度。

实际上有这么多事情分心对我来说是件好事,因为不然的话,那个量子问题早就把我逼疯了。在不同方向发射的光可以发生互相干涉,这一点已经被无可辩驳地证实了。[8] 如何解释它和基本过程的能量方向性之间的矛盾?面对自然,面对自己的学生,理论物理学家真的是很可怜!

AL. [10 033]。

[1] 此处是后来加上的,未知是何人笔迹。
[2] 有关 Ehrenfest 抱怨 Leonard S. Ornstein 一事,见文件 82。
[3] 在文件 85 中,他为自己法语水平不行感到悲哀。
[4] 见时间表,4 月 18 日。
[5] 暗指他计划中的日本之行。
[6] 关于 Kamerlingh Onnes 对锡和铅之间界面的超导性的实验研究,见文件 82。Onnes 后来又在环形装置中重复了这一结果(见 *Kamerlingh Onnes 1924*,关于历史讨论,见 *Sauer 2007*, pp. 198—202)。
[7] 关于通过测量声发射确定部分离解的气体中反应速度的后续实验,见 *Einstein 1920c*(第七卷,文件 39),注释 6。
[8] 在解决光的本质到底是波动还是粒子性的问题上,爱因斯坦最近的想法可见文件 47。

## 88. Maurice Croiset 的来信

[巴黎]1922 年 3 月 15 日

先生：

正像 Langevin 先生已经告知您的那样，[1]法兰西学院教授大会上次会议决定征询您光临学院讲学的可能性。从 Langevin 先生那里得知您的积极回复后，[2]我被授权与您商讨讲座的组织安排，并征询您的相关意向。

由于学院每年在复活节假期关闭（今年的假期是 4 月 9 日开始，当月 23 日结束），您的讲座需要安排在 9 日之前，或者 23 日以后。讲座的次数，由您根据主题的性质和个人倾向决定。比如说，3 到 5 个都可以，当然这只是我个人的建议。按照您向 Langevin 先生表达的意愿，[3]讲座听众限于特邀专家、数学家、物理学家或者哲学家。[4]如果您愿意，他们可以提出一些讨论。大会投票同意给报告人的报酬为 5000 法郎。

希望您能在回复中，告知讲座的总题目，以及在总题目下各个问题的开始日期。我们需要在即将发出的邀请信中写明这些内容。

我必须在这封邀请信中附上我的同事们和我自己的感激之情。法兰西学院一直有幸拥抱那些对科学进步做出贡献，以及为人类认知事业开辟新的路径的人士。最有资格的学者们公认您是当代思想大师。能够请您来到我们的讲席进行几天的讲座，实乃我等之幸。

致以良好祝愿，

法兰西学院行政主管
Maurice Croiset.

ALS.［15 352］。信笺抬头"法兰西学院"（"Collège de France"）。另有一份草稿存世（FrPCF，Conférences Michonis.［92 928］）。

［1］见文件 56。

［2］文件 69。

［3］见文件 69。

［4］几天之前，总理兼外交部长 Raymond Poincaré 在 1922 年 3 月 12 日给 Croiset 的信中，批准了爱因斯坦的访问，并使用了类似说法："我向部长理事会转达了您的信函。政府不反对爱因斯坦先生在法兰西学院讲学，当然前提是这些讲座完全是科学性质的，听众由个别邀请的数学家、物理学家和哲学家组成。另外，正如您可能意识到的，需要采取必要措施防止抗议示威。很多人不知道爱因斯坦先生是瑞士公民，一旦发生示威抗议，无论何种形式，都将是非常令人遗憾的"（"J'ai communiqué votre lettre au

Conseil des Ministres. Le gouvernement ne voit pas d'objection à ce que M. Einstein vienne faire quelques conférences au Collège de France, pourvu, bien entendu, que ces conférences auraient un caractère tout à fait scientifique et qu'ils aient lieu devant un public de mathématiciens, de physiciens et de philosophes personellement invités. Il est, en plus, nécessaire de prendre, comme vous l'avez compris, toutes précautions pour éviter des manifestations. Beaucoup de gens ignorent que M. Einstein est de nationalité Suisse et si des démonstrations se produiraient, dans quelque sens que ce fût, elles seraient évidemment très regrettables"；信笺抬头为"Présidence du Conseil. Le Président"；[92 930] FrPCF, Conférences Michonis）。

## 89. 致 Max Hirschfeld[1]

柏林，1922 年 3 月 17 日

尊敬的博士先生！

爱因斯坦教授先生获悉您本月 14 日[2]来信内容，嘱咐我通知您，那篇刊登在《周一世界》（*Welt am Montag*）的文章在发表前没有征得他本人的同意，他事先对此一无所知。[3]由于爱因斯坦教授对客观事实了解不足，所以在这件事上他不能采取措施。

致以十分崇高的敬意

女秘书

TLS. [43 905]。

[1] Hirschfeld（1860—1944）是 Allgemeiner Schriftstellerverein（"普通作家协会"）的创始人和主席，*Die Feder*（《鹅毛笔》）杂志的编辑。

[2] 未刊文献摘要一览表 110。

[3]《周一世界》（*Welt am Montag*）在 4 天前报道了一个由 Hirschfeld 发起的呼吁，请求人们捐书给"贫穷的作家（notleidende Schriftsteller）"并任由他们处置。这篇文章声称爱因斯坦捐给了 Hirschfeld"他在莱顿关于以太和相对论的就职演讲手稿"["das Manuskript seiner（…）zu Leiden gehaltenen Antrittsvorlesung über Aether und Relativitätstheorie,"即 *Einstein 1920j*（第七卷，文件 38）的手稿]。这篇文章还称 Hirschfeld 后来把手稿给了他的儿子 Kurt，换回了 500 马克。他儿子 Kurt 经营着一个"不规范"亲笔签名业务，转而以 3000 马克的价格，把它卖给了一位收集古文物的人。这个人后来又以 5000 马克的价格卖出了手稿。这篇文章公开谴责说，事实上从这个捐献中获利的，是 Hirschfeld 的儿子，而不是贫困的学生们（见 1922 年 3 月 13 日《周一世界》副刊）。在他给爱因斯坦的信中，Hirschfeld 假定这篇文章代表了爱因斯坦["auf Ihre Veranlassung"]，并声称他和他儿子是无辜的。他在信中附有一个寄给《周一世界》发表的"更正声明"（"Berichtigung"）的副本，其中声称他的儿子卖手稿只得了 600 马克，他还从里面扣掉 100 马克去付清他自己的开支（见 Max Hirschfeld 致《周一世界》编辑，1922 年 3 月 14 日[43 906]）。

## 90. 致 Paul Winteler 与 Maja Winteler-Einstein

1922 年 3 月 17 日

亲爱的 Pauli 和亲爱的妹妹！

明信片里的内容让我很沮丧[1][……]。

我将于 3 月 28 日前往巴黎的法兰西学院作几个讲座，秋季要访问日本和中国。可能带着 Else 一起去。

ATrL.［81 472］。Pierre Speziali 书写的不完整抄本。

［1］可能是指 Maja 因为脑后疖子动了两次手术之事（见文件 83）。

## 91. 致 Arnold Berliner

[柏林，1922 年 3 月 17 日当天或之后][1]

亲爱的 Berliner 先生：

我实在太忙了，以至于根本想不到要写那篇约稿的文章。[2]与此相反，我希望能腾出时间来，在近期内把 Warburg 那篇文章写完。[3]您打算委托 Thirring 或 Kopff 撰写那篇文章，我完全同意。[4]

ADft.［7 012. 1］。写在未刊文献摘要一览表 114 结束部分，经由 Ilse Einstein 之手。

［1］时间确定是依据本文是针对未刊文献摘要一览表 114 的回复。

［2］Arnold Berliner（1862—1942）曾经请爱因斯坦写一篇总结相对论的文章，作为《自然科学》（*Die Naturwissenschaften*）周刊杂志的系列文章之一。Berliner 当时拟将这一系列文章命名为《精确自然科学的结果》（*Ergebnisse der exakten Naturwissenschaften*）。据 Berliner 的说法，爱因斯坦当初的态度是"不完全反对"（"nicht ganz abgeneigt"）（请参见未刊文献摘要一览表 114）。

［3］请参见 *Einstein 1922l*（文件 231）。

［4］Hans Thirring；August Kopff（1882—1960）曾任海德堡大学天文系编外教授。《结果》（*Ergebnisse*）一书第一卷第二篇文章就是 *Thirring 1922b*。

## 92. 致 Maurice Croiset

1922 年 3 月 18 日

非常尊敬的同事先生！

    关于计划中的报告，Langevin 先生提出了一些具体建议，我完全同意。[1]因此关于邀请信中各个报告的题目以及听众的选择，最好是遵照〈您〉他认为合适的形式。[2]我觉得有必要在这里告诉您的是，我把这次的邀请看成是一个友好与和解的表示；在德国这边与我谈起过此事的清醒人士，也都在这个意义上高度评价它。我第一封信中提到的担心看来是过虑了。[3]

    我应该能够在 3 月 28 日到达巴黎。我兴奋地期待着与您本人见面，祝好，

您诚挚的

TLS(FrPCF, Conférences Michonis). [92 931]。另存有一份写在文件 88 最后一页背面的草稿[15 353]，为 Ilse Einstein 的手迹。

    [1]关于 Paul Langevin 的建议，见文件 70。
    [2]在文件 88 中，Croiset 曾要求提供一些关于讲座的计划信息。
    [3]关于第一封给 Langevin 的信中提到的顾虑，见文件 63。

## 93. 致 Gustav 和 Regina Maier-Friedländer[1]

[柏林，1922 年 3 月 18 日][2]

亲爱的 Maier 先生和夫人！

    怀着衷心的快乐，我今天参与庆祝你们稀罕的节日。[3]由于辛勤地劳动以及带着爱心去参与许多人的生活和工作，使得你们获得了〈高质量〉旺盛的精力、较高的工作效率，很少有人如此幸福。你们是我父母在乌尔姆时的好朋友，并陪伴着他们迎来仙鹤飞来、并把我从它富饶的储藏室取出的时刻①。在我 1895 年秋到达苏黎世后考试挂了红灯，你们给予我很多温暖和支持。我上大学的时候，你们的好客之家大门永远向我敞开，就算我从于特利贝格（Ütliberg）山上下来时

---

    ①  西方有一种迷信的说法，认为小孩是仙鹤叼来的。——译者

靴子很脏，你们也不介意。〈此外〉认识你们的人都确信，只要有人需要你们的建议或帮助，那么他们永远能得到你们的援助之手。[4]

祝愿命运之神一如既往地对你们保持微笑。

送上这番祝福的是你们忠实的

阿耳伯特·爱因斯坦携〈现任〉妻子 Elsa(Einstein)

ADftS.[44 364]。

[1] Gustav Maier(1844—1923)是一家银行行长和布莱恩(Brann)百货商店的经理，同时也是一名作家，以及在苏黎世的"和平联盟(Friedensgesellschaft)"的主席。
[2] 根据对 American Book Prices Current 87(1981)：35 中的一个货品的描述来推断日期。
[3] 显然是在他们的金婚纪念日，即 1922 年 5 月 8 日。
[4] 更多关于他们在爱因斯坦早期生活中的角色，见《全集》第一卷["传记"(Biographies)]，p. 384。

## 94. Hermann Anschütz-Kaempfe 的来信

基尔，1922 年 3 月 18 日

非常尊敬的爱因斯坦教授！

您本月 10 日发出寄到慕尼黑的信，我到了这里才收到；我们到基尔已经 8 天了。尽管内心充满焦虑，我还是坐在桌边写信给您；今晚我妻子因为严重的阑尾炎并发症动了手术。[1]我刚刚从医院回来，可怜的爱人还在那里休息着，静静地忍受着痛苦。病情预断是至少仍存在很大希望。

如果之后的 3~4 天不发生心包炎，我就能松口气了。

您是对的；让人头疼的政治糟蹋了无数本来是美好的和积极的思想和关系；我觉得即使是在公共利益方面，我们很快就会在更高的层次上看待恶劣的日常经验。现在，政治带来的丑恶让我难受得闭上眼睛捂住耳朵。可能这不是正确的态度，不过我别无他法。

除了将来的几天内会充满焦虑和希望，工作还是给我带来满足。那个新罗盘不断进步，就像一个生命体按照计划自己变形一样。铂和碳在水中能承受应力，橡胶和电木也是。[2]这些材料都可以做建筑单元。

如果您到这里来待上几天，关照一下这里的工作，我当然会非常高兴；不过我还想强调，您绝对没有任何义务。就像我以前对您所言，我非常尊重您的工作；不过如果您能赏脸光临，那我和我妻子都会感到非常荣幸。Sommerfeld 本月 22 日启程访问西班牙，可能经过汉堡返回；然后会来访问我们，待上大约 4 个星期。不知道您是否有意到时也来基尔？

这样到时您可以亲自检查您的电磁实验。[3]我现在正在卷一个新的线圈，仅由 0.5 铜线和绝缘层组成。以前的那个线圈还是青铜轴承，令人担心。

我希望到时候关于我妻子的担忧也烟消云散。

向您和您夫人致以最诚挚的问候，您的

Anschütz-Kaempfe.

又及，到 4 月 1 日为止的寄给瑞士的款项，已经汇出。[4]

ALS. *Lohmeyer and Schell 2005*, pp. 155—156. [37 375]。写在具有作者个人抬头的信笺上。

[1]Reta Anschütz-Stöve.

[2]在文件 9 中，爱因斯坦担心电解液会损坏电极。

[3]可能是指 1921 年 9 月 17 日，爱因斯坦致 Anschütz 的信（第十二卷，文件 237）中提到的 Max Schuler 和 Karl Glitscherzhengzai 正在为他进行的"地磁"实验。

[4]爱因斯坦每月工作的酬金，汇给 Mileva Einstein-Marić（参见文件 9）。

## 95. 致 Michele Besso

[1922 年]3 月 20 日

亲爱的 Michele：

我已经同威[廉]皇[帝]纤维化学研究所[2]主任 Herzog 教授[1]谈过。他答应帮忙，尤其是可以做样品测试。[3]他的意见是，如果不知道这个工艺的市场应用的具体领域，普通专利就没有什么指望。对于非常疏松的织物，材料成本并不重要。他说，只有实际检验过的东西才有用处。你有大规模实验的设备资源吗？也许 Zangger 能帮你联系。[4]在这个领域我没有认识的人。

诚挚的问候，

阿耳伯特

AKSX(*Einstein and Besso 1972*, pp. 179—180). [7 339.1]。明信片寄给"Herrn Michele Besso Zieglerstr. 42 Bern(Schweiz)"，邮戳为"[Berlin]21. 3. 22. 12 - 1N[achmittags]"。

[1]Reginald Oliver Herzog(1878—1935)。

[2]威廉皇帝纤维化学研究所(Kaiser-Wilhelm Institut für Faserstoffchemie)。

[3]关于 Besso 要求爱因斯坦帮忙寻找自己发明的买家一事，见文件 80。

[4]Heinrich Zangger。

## 96. 致 Robert A. Millikan, Paul Epstein 和 Richard C. Tolman

柏林，1922 年 3 月 20 日

亲爱的同事先生们！

我得知[1]我的同行 Bródy 博士先生有望在贵研究所找到一份工作。我所了解的 Bródy 先生[2]是一位具有非凡才华的理论物理学家，因此不愿错过竭力推荐的机会。我感觉责无旁贷，还有一个特别的理由，那就是由于听力障碍，Bródy 先生在申请教学职位的时候总是处于不利的位置；因此，考虑到目前科学人员过剩，这个国家财力困乏的状况，他作为一个外国人很难找到一个适合自己才能的职位。

诚挚的问候，你们的。

TLC.［43 358］。信件寄给"An die Herren Professoren Millikan, Epstein u. Tolman Pasadena"。
［1］见文件 86。
［2］Emmerich(Imre)Bródy。

## 97. Thomas Barclay 的来信

巴黎帕诗基大街(rue Pasquier)17 号，1922 年 3 月 20 日

亲爱的爱因斯坦教授：

从您 14 日来信[1]得知您收到邀请一事，我非常欣喜。收到来信那天，Painlevé 先生正好来我家吃午饭，他一进门我就给他看您的信，他对这个消息也感到非常高兴。

我已经和 Langevin 先生约好（为了避免安排上出现冲突）4 月 1 日周六邀请您赏光与我共进午餐。

希望您能告知是否可能接受我的这一邀请。

亲爱的爱因斯坦教授，您诚挚的

Thomas Barclay.

又及，Ménard-Dorian 夫人得知您将不在她府第下榻，非常伤心。她拥有迷人的

府第，她本人属于精英女性，知道如何展示自己的慷慨大方而又不冒犯民主精神。[2]

196　TLS．[43 178]。写在有作者个人抬头的信笺上，收信人地址为"柏林西 30 区哈伯兰大街 5 号爱因斯坦博士教授先生"（"Herrn Prof. Dr. A. Einstein, Haberlandstr. 5. Berlin. W. 30"）。

[1]文件 84。

[2]Aline Dorian(1870—1941)，富商 Ménard Dorian 的遗孀，她在巴黎 Faisanderie 大街 89 号的旅馆内的沙龙，属于当时最优雅之列。

## 98. Leo Jolowicz 的来信[1]

莱比锡，1922 年 3 月 20 日

非常尊敬的教授先生！

　　Löwe 博士在外地。[2]不知道您能否把作为附件的目录中，您认为对"耶路撒冷"大学来说重要的书籍都作上标记；我会很高兴地将它们捐出。[3]

　　与此同时，我诚恳地请求您，非常尊敬的教授，提供那位将要更新您的相对论的年轻同事的地址或者名字。[4]如果您不知道他的地址，就告诉我们名字也行；我们会找到他的地址，没问题。

　　祝好，并非常感谢，[5]您诚挚的

学术出版有限公司

Leo Jolowicz.

TLS．[41 986]。信笺抬头"Akademische Verlagsgesellschaft m.b.H. Leipzig Margrafenstrasse 4"，收信人为"Herrn Prof. Dr. Albert Einstein, Berlin W 30. Haberlandstrasse 5"。

[1]Leo Jolowicz(1868—1941)学术出版公司（Akademische Verlagsgesellschaft）创始人。

[2]Heinrich Löwe(1869—1951)是柏林的耶路撒冷图书馆之友协会秘书。

[3]指的是将要送往耶路撒冷的犹太国家图书馆的书籍。

[4]很显然地，爱因斯坦不愿意更新自己关于狭义相对论的手稿（见文件 66），并在已遗失的信件中答应推荐一位同事来从事这个工作。他当时想的是 Jakob Grommer（见文件 112）。

[5]"并非常感谢(& vielen Dank)"是 Jolowicz 手迹。

## 99. Paul Langevin 的来信

巴黎沃克兰大街(rue Vanquelin)10 号,1922 年 3 月 20 日

我亲爱的朋友:

想到您很快将会光临巴黎,我们都欣喜异常;我正忙着按照和您商量好的日期计划组织[法兰西]学院的会议。[1]

附件是 Xavier Léon 先生来的一封信,主题是关于他请求您在 4 月 6 日会见法国哲学学会(Société Française de Philosophie)一事。[2]他希望您能提供一个题目让他事先公布,以便开展对话;还有几行作为日程的"提纲"。如果邀请计划对您无不便之处,恳请预留以下日期:

星期六,4 月 1 日,在 Thomas Barclay 爵士处午餐(中午)。

星期日,4 月 2 日,在布伦的环球之旅(Tour du Monde)酒店午餐(中午)。

星期三,4 月 5 日,Borel 先生[3]家晚餐(7 点)。

我想我已经为星期四[4]预订了一个讨论项目,对一些同事开放,将会直接提交给您。

盼望早日会面,您最热忱的

P. Langevin

ALS. *Langevin*, L. 1972, p. 14. [15 350]。信笺抬头为"École Municipale de Physique et Chimie Industrielles"。

[1]关于爱因斯坦巴黎之行的计划,见文件 70 和 71。

[2]见未刊文献摘要一览表 117。Léon(1868—1935)是一位哲学家,法国哲学学会(Société française de philosophie)的共同创立者。

[3]Emile Borel 是索邦大学概率计算和数学物理教授。

[4]3 月 23 日。

## 100. Mileva Einstein-Marić的来信

[苏黎世,1922 年 3 月 21 日前后][1]

亲爱的阿耳伯特!

对你最近给儿子们的来信,[2]我有一些看法,另外自己也有一些心事,所以

不得不动笔给你写这封信；希望你不要生气。你不止一次邀请孩子们去过暑假，让我们心里都很高兴，我只是想指出这样的假期计划对 Albert 来说风险很大。假期之后他马上就要参加中学毕业考试，应该充分利用假期学习。[3]我不想批评 Albert，但是必须说明白的是，要是没人管的话，他肯定不会下足功夫；而如果不能通过考试，将会非常麻烦；对我们来说，情况比别家更甚，因为你能想象出我多么期待自己的大儿子能够自立。你当然能够理解我。对于自己喜欢的科目，Albert 成绩好又努力，但是对于不喜欢的，就不容易让他用功。而毕业考试就包含各种后面的类型。

有无可能安排〈活动〉在春假期间见个面？我非常倾向于这个选择，还有其他原因。几天前我得知父亲去世了。[4]我母亲[5]年事已高，身体虚弱，目前孑然一身，她要我尽快去看她，帮助安排几件事情。过去几年中我父母状况非常凄惨。我妹妹多年中时常严重精神失常，虐待他们，让他们生不如死；[6]在战争中我父母失去很大一部分财产，无力送她去精神病院。直到现在，我才收到 Zora 已经入院的消息，是和父亲的死讯一道来的。——我告诉你这些只是让你了解我现在的心情是何等沉重。我不仅仅是在这里无依无靠，完全在独立支撑，而且那些我最亲近的人自身也不幸福。有时候我不得不想，尽管有诸多不是，看到我如此压抑悲伤，你可能是第一个能在目前逆境中给我更多个人支持的人。

如果那边旅行条件不是特别困难，我很想带着孩子们一起去；当然我也可以在这边给他们提供很好的食宿。不过如果你能安排在什么地方和他们共度假期，他们也会很快活。我希望你能接受我的建议；不管怎样，请尽快回复，这样我好随之作好计划。

祝好，

Mileva

ALS.［144 429］。

[1]文件日期的确认根据是，在 1922 年 3 月 21 日致 Vladimir Varićak 的一封信中(CrZ, R4812b)，以及本信中，Mileva 都提到她"几天前"得知父亲去世以及妹妹住院的消息。

[2]应该指文件 48 和 67。

[3]Hans Albert 正在苏黎世州立实科中学进行第六年也就是最后一年的学习。

[4]Miloš Marić(1846—1922)。

[5]Marija Marić(1847—1935)。

[6]Zorka Marić(1883—1938)。

## 101. 朱家骅的来信[1]

夏洛腾堡康德大街 29/Ⅳ 号,1922 年 3 月 21 日

非常尊敬的教授先生!

几天前从我国公使馆处得知,您已决定要乘船前往东亚旅行,这自然引起我极大兴趣。不巧的是,我们的公使[2]因为不久前才被派驻柏林,不知道我们之前的协商一事,所以已经往北京发报,向北京大学询问情况。我是从一秘,也就是前代办那里得知您访问公使馆一事的。尊敬的教授先生,您一定记得我曾当面告知您北京大学的聘任决定,之后我们还曾在不同场合谈论过此事。

对此我还要补充说,北京大学实际希望聘您在那边工作一年。按照您最近在我国公使馆所言,现在看您在北京只能待两个星期。但是我想冒昧地提醒您,您之前对我说的是,自己肯定是要先去访问美国,接下来排在最前面第一个就是中国。现在听说您又答应去日本,我很想知道会去多久。无论如何,教授先生您决定先去北京,让我很高兴,这是理所当然,无需多言。不管怎么说,对您的决定我表示欢迎,中国政府以及学术界满怀热情迎接您的到来。唯一的遗憾是我们只有两周的时间聆听您的讲座。其实要是知道您访问公使馆一事,我肯定会立即与您讨论此事。我等待您的决定为时已久,一直没有回音,但是现在仍然需要等待来自北京的当局回复电报。我能保证的一件事,非常尊敬的教授先生,就是在北京您会受到热烈欢迎,当局会竭尽所能让您旅途处处惬意,并〈将〉向您大力展示我国文化。

致以良好祝愿,您的极其诚挚的

朱家骅(Chu Chia-hua)

TLS. [36 479]。此信寄给"Herrn Professor Dr. Einstein, Berlin W. 30, Haberlandstr. 5"。

[1]朱家骅(1893—1963),北京大学地质学教授,时为柏林大学访问教授。

[2]魏宸组。

## 102. Paul Winteler 的来信

[佛罗伦萨,1922 年 3 月 21 日]

亲爱的阿耳伯特:

正如我承诺的那样,我现在向你定期汇报 Maja 的康复情况。[1]看样子,两天以来她已经度过了病情的高危时期。她必须承受第三次手术,因为病灶的区域又扩大了。这回也给她注射了抗链球菌(Streptokokken)的药,是否有效有待观察。高热尚在,疼痛依旧剧烈。好在跟以前不一样,现在不用担心她直接面临生命危险了。Maja 现在在佛罗伦萨蒙土基大街(Via Montughi)5 号的疗养院,住得不错,我可以在她房间陪她过夜。预计她在这所疗养院还将继续住六周。可怜的 Maja 疼得要命,为了让她睡觉,给她注射了吗啡。天主教护士们的护理令人称道。她有望痊愈。

向你致以衷心的问候

你的

Paul

AKS. [144 807]。明信片地址是"Prof Dr Albert Einstein Berlin Haberlandstr. 5(柏林哈伯兰大街 5 号阿耳伯特·爱因斯坦博士教授)",盖着"Firenze Ferrovia 21. Ⅲ. 1922 17—18"的邮戳。

[1] Maja 曾两次进行手术,以治疗头部的细菌感染(见文件 83)。

## 103. 致 Maurice Solovine

柏林,1922 年 3 月 22 日

亲爱的 Solo!

我将于 28 日晚到达巴黎,只有一趟火车。如果我错过中间换车的话,[1]就在 29 日早上到达。我已经设法推掉各种事,以便我们能有点时间相聚。

盼望早日见面,您的

A. 爱因斯坦

201 AKS(TxU-Hu). *Solovine 1956*, pp. 38—39. [80 842]。明信片收信人"Mr. M. Solovine. Brd de Port-

Royal 39 Paris(13e)",邮戳为"Berlin W 35 22. 3. 22. 8—9 N[achmittags]"。

[1]关于巴黎之行的准备,见文件 56。

## 104. 致 Joan Voûte

柏林,1922 年 3 月 22 日

尊敬的同事先生!

不幸的是,由于必须在 9 月的德国自然研究者协会 100 周年纪念大会上作主要报告,我无法随队参加考察。[1]当然,由于我不是一名观察专家,对活动的成功不会有直接贡献,所以我的缺席无关紧要。希望以后会有其他时机实现您的意愿。

希望考察取得成功,您在其中至关重要。祝好,您的

TLC.［45 191］。信件寄给"Herrn Prof. Dr. J. Voûte Weltevreden"。

[1] 关于 Voûte 邀请爱因斯坦参加考察队并在巴达维亚(现在的雅加达)和万隆讲学一事,见文件 46。关于 Max Planck 邀请爱因斯坦出席德国自然研究者与医生协会(Gesellschaft Deutscher Naturforscher und Ärzte)庆典一事,见他 1921 年 10 月 22 日和 11 月 2 日致爱因斯坦的信件(分别为第十二卷,文件 279 和 287)。

## 105. Paul Langevin 的来信

巴黎沃克兰大街 10 号(Rue Vauquelin),1922 年 3 月 22 日

我亲爱的朋友:

我把 4 月 2 日的午餐邀请发给您。[1]在另一方面,化学物理学会想在[法兰西]学院最后一个讲座完成之后的 4 月 7 日星期五晚上设宴欢迎您。

虽然我们想保密,但是未能防止媒体的轻率行为,几家杂志已经报道了您来访的消息。[2]——所有的评论都表示支持。[3]

我想知道您列车到达的时刻,这样如果可能的话,我们可以在您进入巴黎之前见面,免去您下车之后无意义的寒暄。无论如何,您至少可以在到达北站时见到我。如果可能的话,给我写信或者发电报。

您最热诚的

P. Langevin

ALS. *Langevin L. 1972*, pp. 14—15. [15 355]。信笺抬头为"école Municipale de Physique et de Chimie Industrielles"。

[1] 文件 99 中已经提到该邀请。

[2] 3 月 21 日,包括《时报》(*Le Temps*)、《日报》(*Le Journal*)和《巴黎人民报》(*Le Populaire de Paris*)在内的几家报纸报道爱因斯坦已受法国物理学会邀请在法兰西学院讲学并将于 3 月 28 日到达巴黎。德国报纸也注意到了这些报道(可参见同一天的《福斯报》)。

[3] 并非所有的评论都是持赞同意见的:《巴黎之声》(*L'Echo de Paris*)3 月 23 日的文章就表示担心爱因斯坦的访问会导致抗议,认为他最好找个借口取消访问。Biezunski 1991,第 1 章中有一个相关讨论。

## 106. Paul Winteler 的来信

[佛罗伦萨,1922 年 3 月 22 日]

请于 3 月底前速汇 2000 瑞[士法]郎[1],通过 meink[2] 或(ober)[3] 你自己。Curi[4] 拒付。Maja 病重(soliwer)。[5] 我们在佛罗伦萨的地址:蒙土基大街(Via Montughi)5 号,疗养院。电报回复。

Pauli

Tgm. [144 794]。这封电报的地址是"albert einstein berlin haberlandstr 5(柏林哈伯兰大街 5 号阿耳伯特·爱因斯坦)",盖着"Berlin 30 22. 3. 22. [——]"的邮戳。

[1] Winteler 因为管理爱因斯坦在瑞士奥尔股份公司(Schweizerische Auer-Aktiengesellschaft,SAG)的股份,每年都收到 1000 瑞士法郎。

[2] 提到的可能是 Wilhelm Meinhardt(1872—1955),欧司朗有限公司(Osram Gesellschaft m.b.H.)董事会主席,这是一家由通用电气公司(Allgemeine Elektricitätsgesellschaft)、西门子-哈尔斯克(Siemens & Halske)公司和奥尔公司(Auer-Gesellschaft)合办的企业。

[3] 可能是"oder"(德语:或)的排印错误。

[4] 可能是"Curti"的排印错误,也就是 Eugen Curti-Forrer(1865—1951),他是受委托代表爱因斯坦和 Winteler 持有 SAG 股份的代理律师。

[5] 可能是"schwer."的排印错误。

## 107. 致 Paul Ehrenfest

[柏林]1922 年 3 月 23 日

亲爱的 Ehrenfest!

我妹妹在佛罗伦萨病得很重。[1] 她和丈夫的经济状况也不好,所以请你立即寄去 1000 瑞士法郎。[2] 她的地址是佛罗伦萨疗养院，蒙土基大街（via Montughi）街 5 号。——我现在正在阅读 Bohr 的一个能让他整个思想体系变得非常明晰的重要讲话。[3] 他真是一个聪明人；世上有这样一个人是大家的幸运。我对他的一系列思想有完全的信心。对应原理以及 Bohr 应用它的方式应该是很有说服力的。[4] 关于光发射，从波动理论来看，如果光源粒子是在运动中，发射的光不可能是单色的。[5] 人们看到的景象是这样的：

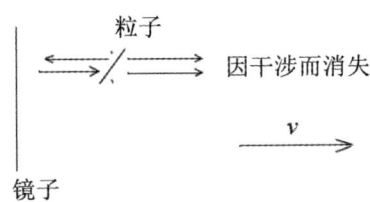

在和镜面垂直的方向上，直射光和反射光彼此抵消。哪怕整个装置都在沿箭头方向运动，情况也是如此（因为相对性）。根据传统理论，这是因为存在两个多普勒效应，也就是：(1) 运动粒子发射时的多普勒效应；(2) 在运动镜面反射时的多普勒效应。显然对此二者不能保留一个，而不考虑另一个。所以如果要求运动粒子的发射是单色的，就必须假定"导向场"在运动的镜子表面反射时，频率不变。这样的必然结果就是，在运动〈粒子〉镜面反射时，光子的"频率"发生改变，而导向场的频率不变。这是不可能的。因此光发射的基本作用不能独立于粒子的运动状态，也就是说，运动粒子的发射场可以由一个适当频率的静止粒子的发射场替代。——

现在我完全可以去精神病院了。虽然如此，祝好以及相聚快乐，你的

爱因斯坦

ALS. [10 035]。

[1] 关于 Maja 的病情，见文件 102 以及前一文件。

[2] 关于 Paul Winteler 请求爱因斯坦寄钱一事，见前一文件。

[3] 很可能是指 *Bohr 1922b*，这是 1921 年 10 月 18 日 Bohr 在哥本哈根举行的物理学会和化学学会的联合会议上的一个讲座的德文翻译。原文最早发表为 *Bohr 1922a*。该讲座从量子论基本假设出发，讨论整个元素周期表。讲义德文翻译还曾和另外两篇文章一起发表为 *Bohr 1922c*，后者的英文翻译于同年由剑桥大学出版社发表。*Pais 1982*，p. 417 认为爱因斯坦这里指的可能是 Bohr 在第三次索尔维大会上的报告。然而这个报告只是以英文手稿形式散发，并由 Ehrenfest 宣读，因为 Bohr 并未到现场与会（爱因斯坦也没有）。Bohr 报告的法文翻译发表在 *Rapports 1923* 中。

[4] 在 *Bohr 1922b*，pp. 21—29 中讨论了对应原理以及它的一些应用。关于技术上更明确的说明，可见第三届索尔维大会会议记录中 Ehrenfest 的部分（*Ehrenfest 1923*），或者 Hilbert 1922/23 的量子论讲座（*Sauer and Majer 2009*，pp. 589—594）。

[5] 关于这个问题的一个之前的说明,见文件 87。

## 108. 致 Paul Langevin

[1922 年 3 月 23 日][1]

亲爱的 Langevin 朋友!

我没有及时回信的原因,是不知道火车到达巴黎的时间。[2] 如果一切顺利,我应当是在 28 日晚间到达(只有一趟车;我找不到具体的到站时间)。不过科隆的转车经常出问题,如果我不能顺利转车的话,应该在 29 日早到达。

亲爱的 Langevin,现在我的适应能力不比 10 年前了,[3] 最想要的不过就是在目前不利环境下,尽可能地得到安静和自如。除了在您学院的 4 个讲演[4] 以及哲学学会的讨论,[5] 我不想参加任何公共会议,肯定也不想作其他讲演。其次,我恳请您不要替我接受任何私下邀请,哪怕是同事,并且一般不要事先安排任何事情。这样就能有充分时间进行严肃的科学讨论。对我来说,为了社交而社交是一种折磨;一旦开始就很难停止,因为有了一件就有下一件。[6] 另外,我不想和记者有任何关系。不过,如果有机会的话,我倒是愿意和某个认真的政治家聊上一两句;到头来,也许能起到点什么作用,减少贵城对世界造成的损害。另外,我希望有机会向科学家们谈起在学术界重建国际关系的可能性,但不仅限于说好话的与和平主义者。我足够客观,可以容忍任何言论,除非是带有某种压迫性的。所有这些对话,最好是在短暂的散步中开展,不要在饭桌上讲。这样才能避免在那些正式晚宴或者此类大型社交活动上躲不开的惯常奉承话。

请不要介意我的固执;若不如此我会紧张得无法忍受。Barclay 先生和 Borel 先生一定能理解我的立场;我衷心感谢他们的邀请。拒绝所有邀请,我们俩在一起的时候可以更加放松。请务必一并替我取消布伦的午餐。[7] 可以都用一个理由:身体欠佳。

在哲学学会,我也宁愿不做演讲;我们完全可以只做讨论,由我来回答别人提出的问题。[8] 只要稍微提前一点告诉我内容就行。您不用往我这边送来任何东西。

亲爱的 Langevin,我在给您带来很多麻烦,这是一件吃力不讨好的差事。但是让我们一道打起精神,努力避免那些客观上来说不必要的事情。不然的话,我们的努力和苦痛都将付之东流。荣誉越少,放松和快乐就越多。

致以诚挚的问候,您的

爱因斯坦.

ALSX.［15 356］。

[1] 日期是用铅笔写在复印件上，很可能是 Langevin 的大儿子 Jean（根据丢掉的信封上日期）加上去的。

[2] 在文件 105 中，Langevin 曾询问爱因斯坦到达巴黎的具体时间。

[3] Einstein 曾于 1913 年访问巴黎，在法国物理学会作报告（见 Einstein 致 Marie Curie，1913 年 4 月 3 日［第五卷，文件 435］）。

[4] 法兰西学院的讲学计划包括 4 个报告，日期分别为 3 月 31 日，4 月 3 日，4 月 5 日，4 月 7 日。按计划，第一个是正式报告，后面三个是较为非正式的讨论会（见 Nordmann 1922b）。

[5] 关于参加法国哲学学会特别会议的邀请，见文件 99 和未刊文献摘要一览表 117。会议于 4 月 6 日召开；关于相关讨论的印刷版，见文件 131。

[6] 很可能指的是《凡尔赛条约》中他认为过于苛刻的部分（可参见文件 14，注释 8）。

[7] 关于与 Thomas Barclay，Émile Borel 共餐以及在布伦的午餐的计划，见文件 99。

[8] 在文件 99 中，Langevin 曾请求爱因斯坦提供哲学学会报告题目。

## 109. Erwin Finlay Freundlich 的来信

波茨坦，1922 年 3 月 24 日

亲爱的爱因斯坦先生：

附件是将要寄给部里的信。[1] 在上次的董事会会议上，我们讨论了这个问题，[2] 并恳请您表述自己的意愿。

应该将科学部代表引入董事会的理由，已经由部里清楚地表达了。我们应当考虑到，我们每年从部里得到的用于建筑维护和研究开支的拨款绝非小数，而且还必须显著增加。另外，我们觉得需要适当扩大董事会，以便巩固之前的资助者对事业的支持。因此 Jeidels 博士[3] 提议邀请德意志银行董事 Wassermann[4] 加入我们的董事会；枢密顾问 Müller[5] 表示愿意与 Schneider 博士[6] 一起去接洽 Wassermann 先生。如果他拒绝邀请，Jeidels 自己愿意加入。

这样一来，除了 Bosch 教授，[7] Wassermann 或者 Jeidels 将作为创建人代表加入董事会。另外，我们还想邀请 Planck 教授[8] 加入董事会，原因是这些新设备在物理学家中引发了某些嫉妒心理，而您也知道，我们这边从来没有不让别人使用这些设备的想法。

所以如果 Planck 宣布愿意加入，我们将非常欢迎；如果您自己出马邀请，当然把握更大，否则 Müller 也准备好去找 Planck 协商。

另外，我们决定邀请 Ruge 博士作为我们的法律顾问。[9] 在过去的几年中，我不但要建立设施，还要负责所有合同的财务结算，在工作中遇到很多纯法律问题,非常需要一位法律顾问。实际上我自己再也不能承担这么多责任了。作为董事会的一员,Ruge 可以给我们提供法律顾问服务。

我们希望您能够原则上同意所有这些提议,如果确实如此,请您予以批准。这样我们才能够接洽 Planck 和 Wassermann。

与此同时,我按照 Reichenbach 的意愿,向您转交他的批判分析的打印校样。[10]

您忠实的

E. Finlay Freundlich

ALS.［11 257］。

［1］显然是指"Mitteilung des Kuratoriums des 'Einstein-Stiftung(爱因斯坦基金会董事会的通知)'"1922 年 3 月 6 日的打字版(GyBAW, Astrophysikalisches Observatorium 147, Bl. 33—35),［87 272］。

［2］指爱因斯坦基金会的董事会曾于 1922 年 3 月 6 日开会。该基金会的使命是资助在波茨坦的天体物理天文台建设一座塔式望远镜(见 GyBAW, Astrophysikalisches Observatorium 147, Bl. 45)。

［3］Otto Jeidels(1882—1947)时为柏林贸易公司老板。

［4］Oscar Wassermann(1869—1934)时为德意志银行理事会成员。

［5］C. H. Gustav Müller(1851—1925)是前波茨坦天体物理天文台主任。

［6］Rudolf Schneider(1876—1933)时为德国工业联盟(Reichsverband der Deutschen Industrie)经理。

［7］Carl Bosch(1874—1940)是一位化学家,路德维希港巴登苏打水和苯胺厂董事会主席。

［8］Max Planck。

［9］Ludwig Ruge。

［10］*Reichenbach 1922* 的校样(见文件 119)。

## 110. 致 Thomas Barclay

［柏林］1922 年 3 月 25 日

尊敬的 Thomas Barclay 爵士——

衷心感谢您的盛情邀请。[1]由于我想信守我对专业同行的承诺,而这次巴黎之行安排的专业活动已让我疲惫,所以我的原则是回避所有社交活动。〈因此如果我不能接受您的邀请,请您不要介意。与此同时,我现在还想告诉您,如果能在巴黎与您共度几小时,对我来说将是难得的乐事。〉

为了能够坚持原则,而又不产生矛盾,我想请您在我之外,最多邀请 2 到 3 位其他人士。如果您已经作出安排,无法改变,那么我就只能拒绝您的这一邀请,希望在另外时间有机会与您共度几小时。

文件为 Ilse Einstein 书写的草稿。[43 180]。写在未刊文献摘要一览表 119 的背面。文件右侧页边有活页孔。

[1] 在文件 97 中,爱因斯坦曾被邀请与 Barclay 共进午餐。在文件 108 中他建议 Langevin 干脆取消这一邀请。

## 111. 致朱家骅

柏林,1922 年 3 月 25 日

非常尊敬的先生!

　　非常感谢您本月 21 日的来信,[1] 我借此机会向您报告自己计划中今年秋季东亚之行的状况,但是要请您保密;原因是我不想自己的旅行计划事先被人知道,那样的话会招来其他额外邀请等麻烦。对于我们之间的讨论,我记得非常清楚,但是目前不得不打消前往中国的念头,因为您设想的计划与我其他的任务冲突;另外,你们提出的报酬也不够所需。现在的情况已经发生变化,我收到日本方面的邀请,报酬足够四周的旅行计划所需。具体的安排是两周在东京,另外两周在日本其他各地的大学。[2] 这样我也可以顺便去北京待上两周。我不知道日本方面是否会坚持让我先到日本再到中国。但是我想先去日本的原因,是觉得中国冬天的气候比日本要温和一些,而我能够安排的中国和日本之行的时间,是从 11 月中到 1 月初。我完全不能想象访问两个国家的次序有何重要之处,不过至少是日本先开出了合适的价码(两千英镑外加我和妻子的免费食宿),他们的确在某种意义上有资格要求优先,正像您以自己首先提出邀请而要求优先权一样。[3] 我非常渴望能够与您达成一个让您完全满意的协议,并亲眼瞻仰东亚文化的摇篮。您诚挚的

TLC.[36 480]。信件收信人为"目前居住在夏洛腾堡的朱家骅先生"("Herrn Chu Chia Lua z. Z. Charlottenburg")。

[1] 见文件 101。
[2] 关于爱因斯坦受邀去日本讲学一事,以及他在日本各大学讲学之旅的安排,见文件 22 和 35。
[3] 朱家骅曾指出,在两人之前的通信中,爱因斯坦曾许诺,美国之旅完成之后,"排在最前面第一个"要访问的是中国(见文件 101)。

## 112. 致 Leo Jolowicz

柏林，1922 年 3 月 25 日

非常尊敬的 Jolowiz 先生！

我已经与上次对您提到的那位先生讨论过此事，他的地址是：[1]夏洛腾堡丹克尔曼大街 35 Ⅰ号 Hamburger 转 J. Grommer 博士（Dr. J. Grommer, bei Hamburger Dankelmannstr. 35 I. Charlottenburg）。[2]也许您把我之前的手稿送给他会比较好。[3]

对于您出版社向耶路撒冷大学捐赠图书的友好提议，我觉得兹事体大，不能在没有和 Löwe 教授以及其他人商讨的情况下，[4]自己径行决定书籍的选择。不过以后我会很高兴地回到这个话题。对您对于犹太文化事业的慷慨支持，我要表示深切的感谢。

致以最崇高的敬意。

TLC.［41 987］。信件收信人为"Akademische Verlagsgesellschaft z. H. des Herrn L. Jolowiz Leipzig"。
　[1] 关于 Jolowicz 的请求，见文件 98。
　[2] Jakob Grommer。
　[3] "Manuscript on the Special Theory of Relativity（狭义相对论手稿）"（第四卷，文件 1）。
　[4] Heinrich Löwe。

## 113. 致 Arthur Nussbaum[1]

柏林，1922 年 3 月 26 日

非常尊敬的教授先生！

昨天我好朋友 Besso 先生的兄弟在我这里。[2]您在为他的公司，更具体地说他公司在罗马尼亚的分公司处理一场复杂的官司。由于官司的结果对我朋友父亲创立的这家公司至关重要，[3]Besso 先生问我能否为他们向您美言几句。我了解这家公司经营有方，但是由于战争的原因，遭受很大打击，因此乐于效劳，并冒昧地恳请您在代理这个案子时格外费心。

致以最崇高的敬意

TLC.[44 613]。信件寄给"Herrn Prof. Arthur Nussbaum Berlin W"。

[1] Arthur Nussbaum(1877—1964)是柏林大学法学教授。

[2] Vittorio Besso(？—1937)。

[3] 在的里雅斯特创立的 Assicurazione Generali(通用保险公司)的创始人包括 Michele Besso 的曾祖父 Vidal Benjamin Cusin。

## 114. Paul Ehrenfest 的来信

[莱顿]下午3点,1922年3月26日

亲爱的爱因斯坦！

刚刚收到你的来信。[1]

请立即告诉我你妹妹的名字——你信里忘了写,我也不知道！

——•——

如果你返程的时候能路过莱顿,我们会非常高兴。St. John 春季来欧洲,他会非常高兴！！计划在6月下半段来莱顿参加特别会议。[2]

祝全家好。当然特别向亲爱的 Ilmargotse 问好,[3]你的

Ehrenfest.

AKS.[10 037]。明信片寄给"柏林哈伯兰大街5号爱因斯坦教授"("Prof. A. Einstein Berlin Haberlandstr. 5"),邮戳为"Leiden 27.3.22.8—9V[oormiddag]",寄信人地址"P. Ehrenfest,Leiden(Holland)"。

[1] 文件107。

[2] Ehrenfest 从 Hendrik A. Lorentz 的来信得知 Charles St. John 旅行计划(见文件54,注释2)。

[3] Ilse 和 Margot Einstein。

## 115. 长冈半太郎的来信[1]

东京帝国大学理学院,1922年3月26日

非常尊敬的教授先生！

《改造》杂志的编辑山本先生告诉我,您可能在10月初到达东京。[2]这是意外之喜；日本人民将一致地欢迎您,因为作为世界闻名的思想家,您的名字在这里是家喻户晓,而相对论原理也广受尊崇。由于各种相对论原理相关著作的日

文翻译工作,桑木先生的通俗讲座,以及石原先生面向大众的通俗作品,日本人民对相对论原理产生极大兴趣。不幸的是,各种表述纷纭不清,尤其是那些哲学家们,全都缺乏数学知识。[3]您亲自作报告,可以扫清这些迷雾,让日本人沐浴在真正的相对论原理的光芒之中。

我经常听说,德国学者对我们这边的院士们在世界大战中的行为不满。也许这也不完全是空穴来风,因为我们的学士院还没有达到欧洲的水平;它经常被称为过时的日本学者的收容所。[4]不过现在,院士们的想法已经变得非常不同;在上次会议上,主席表示,[5]学士院应当为相对论原理的创立者召集一个欢迎委员会。各种想法起伏不定,但是没有哪个院士对德国学者抱有很大敌意;某位院士对伦敦皇家学会的谈话,可能有政治原因。您完全不用在意。[6]我代表东京学士院的全体成员,作为朋友,向您致敬。我非常仰慕战争时期德国在物理科学上取得的进步;我曾经在 Helmholtz、Boltzmann 和 Planck 手下学习;[7]但是让我感到深深的尊重和敬佩的,是那个激动人心的时期中相对论和量子论领域的大量精彩研究①,以至于在后来的演讲中,我毫不犹豫地为之投入大量时间。您可以很容易想象出,这个大学的学生和毕业生在日本见到您会有多高兴。

我已致信驻柏林的日本大使先生,[8]告诉他您的东方之行。他是我以前的校友,对日本的科学进步很有兴趣,随时准备为您提供旅行的各种便利。

致以最高的敬意,您永远虔诚的

长冈半太郎

TLS. [36 432]。信件寄给"Herrn Professor Dr. Einstein, Berlin"。

[1] 长冈半太郎(Hantaro Nagaoka, 1865—1950)时为东京帝国大学理论物理学教授。

[2] 山本实彦。关于改造社邀请爱因斯坦来日本讲学的条件,见文件 22。

[3] 关于相对论著作的日文翻译,可参见 *Okaya 1916*, *Einstein 1921l*, *Nordmann 1921b*, *Bolton 1922*, 和 *Thirring 1922a*。桑木彧雄(Ayao Kuwaki, 1878—1945)是福冈市九州帝国大学物理教授。他于 1909 年在柏林与爱因斯坦相识(见爱因斯坦致 Maurice Solovine,1909 年 3 月 18 日[第五卷,文件 142])。桑木在九州帝国大学物理教授的一个讲座题目为"Ban-yu inryoku ni kansuru shinhakken no hanashi"("关于普遍吸引力的新发现的故事"),发表的版本为 *Kuwaki 1920*。石原关于相对论的通俗著作,见 *Ishiwara 1921a*,*1921b* 和 *1921c*。日本著名哲学家西田几多郎(Kitaro Nishida)和田边(见 *Tanabe 1912*)则讨论了相对论的哲学意义。

[4] 学士院院士的平均年龄大概是 62 岁。

[5] 穗积陈重(Nobushige Hozumi,1856—1926),东京帝国大学理论法学教授。

[6] 很可能是指樱井锭二(Joji Sakurai,1858—1939),东京帝国大学理学部主任。1918 年在伦敦的皇

---

① 长冈曾从普朗克学习,那时还没有量子论。后来他对相对论和量子理论更感兴趣。——译者

家学会召开了旨在建立国际研究理事会的会议,樱井锭二是日本学士院代表团的成员之一。在会议上,他发言反对接纳轴心国的科学家(见 *Bartholomew 1989*, pp. 254—256)。

[7] 长冈曾于 1893—1896 年间在柏林与 Helmholtz 和 Planck,在慕尼黑与 Boltzmann 学习数学物理(见 *Itakura et al. 1972*, pp. 160—194)。

[8] 日置益(Eki Hioki, 1861—1926)。

## 116. 致 Hermann Anschütz-Kaempfe

[柏林] 1922 年 3 月 27 日

亲爱的 Anschütz 先生!

您的来信充满了忧虑,使我也很不安。但是我期望——实际上,现在已经是大手术之后几个星期,我相信一切顺利。[1]

我今天写信的目的,是要把附件这封自己也搞不清的信送给您看。[2] 我记不起来这件事情牵涉到的专利是哪一个。[3] 我回信告诉 M[artienssen]先生,[4] 如果他觉得真的需要我重新评估这个案子,那就要安排推迟庭审。这样您显然可以更轻松地做出相应调整。我只能在从巴黎回来之后(大概 4 月 10 日),[5] 才能重新检查这个案子,之后我们一起讨论一下。然后我再提交关于之前意见的声明。可能通过直接和 M 先生协商会有所收获。如果您觉得合适,也许我可以去基尔待上一个星期。虽然他语气很自以为是,我不相信他有什么道理。

衷心祝愿您妻子能迅速康复,向您们二人问好,您的

A. 爱因斯坦

ALS(GyKiSHB). *Lohmeier and Schell 2005*, p. 157. [80 287]。

[1] Reta Anschütz 经历了一次阑尾炎手术(见文件 94)。

[2] 见未刊文献摘要一览表 125。Martienssen(1874—1954)是基尔大学物理学无薪讲师,以及基尔航海仪器公司(Gesellschaft für nautische Instrumente GNI)经理。

[3] Anschütz 曾于 1918 年起诉 GNI,其中爱因斯坦作为私人专家证人(第七卷,文件 11)。那一次 Anschütz 输掉了官司,但是最近已提出上诉(*Lohmeier and Schell 2005*, pp. 32—33)。

[4] 关于他给 Martienssen 的信,见未刊文献摘要一览表 128。

[5] 他第二天就要动身去法国(见文件 108)。

## 117. 致 Viktor Engelhardt[1]

[柏林]1922年3月27日

非常尊敬的博士先生！

我兴致勃勃地通读了您的小册子。对于人物和事件的描写生动而富有情感，非常感人；对因果联系的清晰的主观表达，以及您关于科学和历史领域中因果律的个人思考，也是如此。[2]

感谢您寄来小册子，给我带来阅读的快乐，致以良好祝愿

ADft.［43 649］。写在未刊文献摘要一览表93的纸背面，为 Ilse Einstein 手迹。

［1］Engelhardt(1891—？)为帝国物理技术研究所(Physikalisch-Technische Reichsanstalt)雇员。

［2］见 *Engelhardt 1921*，特别是 chap. 11。

## 118. 致石原纯

柏林，1922年3月27日

非常尊敬的同事先生：

刚刚收到您1月26日的来信[1]以及协议草稿，我完全同意；我只想说的一点是，根据之前的经验，听众无法坚持跟上3小时的报告。[2]我从来没有作过超过一个半小时的报告。所以我觉得6个科学讲座每个不应超过一个半小时；剩下的两个半小时，可以用来进行科学讨论。

不幸的是，由于必须在9月21日莱比锡举行的德国自然研究者协会100周年纪念大会上作报告，我不得不把出发日期推迟一个月。[3]因此我冒昧地直接在协议草稿上作了相关修改，以免协商的过程拉得太长。

收到伦敦银行的支票，非常感谢。[4]我会留着它，直到开始航行①。我妻子也计划随行。

关于本人作品的日文翻译一事，根据我的出版商，不伦瑞克的菲韦格父子出版社(Friedrich Vieweg & Son)提供的信息，鄙人的一本小册子《关于狭义和广

---

① 意思是说，"我出发前才会去兑换"。——译者

义相对论》已经由桑木[彧雄]先生翻译为日文。[5]至于那些原始的科学论文,以及两篇普通内容的讲话,如果您愿意选择自己认为合适的已出版的作品,费心翻译成日文,我将非常高兴。作为酬劳,我希望得到零售价的15%。如果您要按这个方式开展翻译工作,请安排日本出版商以此为基础签署合同。

我怀着喜悦之情,期待着在这个秋天与您会面,领略这个被我们笼罩在童话般神秘面纱之内的日照之国的风采。

致以友好的祝福,您诚挚的

又及:请向山本先生和室伏先生转达我的致意[6]。

TLC. [36 415]。信件收信人为"东京石原纯教授先生"("Herrn Prof. Dr. Jun Ishiwara Tokio")。

[1] 见文件40。
[2] 关于改造社的协议草稿,包括计划中每次讲座的地点和时间长度,见文件21。
[3] 爱因斯坦受邀在德国自然研究者与医生协会庆典上作主要报告(见文件104)。
[4] 改造社已经将1000英镑支票存入横滨正金银行的伦敦分行(见文件22)。
[5] 石原曾经询问爱因斯坦是否同意自己将后者所有的作品翻译为日文(见a)。菲韦格出版社关于 Einstein 1917a(Einstein 1921l)的通知,见未刊文献摘要一览表28。
[6] 山本实彦;室伏高信。

## 119. 致 Hans Reichenbach[1]

[1922年3月27日]

亲爱的 Reichenbach 先生!

与此同时,我把校样寄回给您。[2]对您的批评性论证,我几乎完全同意,尤其是关于康德的部分!我觉得它非常清晰。我只是觉得您对 Petzoldt-Cassirer 的反对有些片面,当然这不是说要承认 Petzoldt 是对的。[3]第324页中有一句话我也不明白。[4]另外,如果能有对 Kretschmann(不变性公设的本质上的空虚)的讨论就更好了,这对哲学批评有好处。[5]您在公理方面的努力也很值得赞赏。[6]

衷心的祝愿,您的

A.爱因斯坦

AKSX. [20 114]。明信片寄给"斯图加特高等工学院物理研究所 Hans Reichenbach 博士先生"("Herrn Dr. Hans Reichenbach Physikal. Institut Technische Hochschule Stuttgart"),邮戳为"Berlin W 30 27. 3. 22. 7−8V[ormittags]"。

[1] Hans Reichenbach(1891—1953)是斯图加特高等工学院的无薪讲师。

[2] 爱因斯坦曾经从 Erwin Freundlich 那里得到 *Reichenbach 1922* 一文的校样(见文件 109)。

[3] Joseph Petzoldt, Ernst Cassirer。爱因斯坦档案中存有 *Reichenbach 1922* 的单行本的 316—317 和 334—335 页的影印件[120 504]。以及一份似乎是写在 316 页背面的手写献词的影印件："Herrn Einstein in tiefer Verehrung überreicht. H. Reichenbach."[120 504]。影印件中保存的 334 页，包含一些旁注，似乎是爱因斯坦的笔迹。在讨论 Petzold 和 Cassirer 各自的观点时，334 页中的文字写道："[Die Transformationsformeln] vermitteln den gesetzmäßigen Zusammenhang der Beobachtungen in den verschiedenen Systemen. Wenn nur die Messungen in einem System gegeben sind, so sind damit die Transformationsformeln und die Messungsergebnisse des andern Systems noch nicht gegeben."在[102 504]中，以上引用的文字有下划线，以及一段旁注："falsch. Alle Messungen in Bezug auf $K$ können von $K'$ aus betrachtet werden."隔了几行之后的文字是："[...] beides besagt, daß die Welt, so wie sie dem einen Beobachter erscheint, noch nicht erschöpfend charakterisiert ist. Daß zwischen den Messungen der verschiedenen Beobachter ein meßbarer Zusammenhang besteht, ist selbst wieder eine Tatsache, in der sich eine Eigenschaft des Wirklichen ausdrückt.""dem einen Beobachter"和"verschiedenen Beobachter"两个词有下划线，以及一段旁注："Verwechslung von System und Beobachter.'"下来的文字是："So ist der Satz von der Konstanz der Lichtgeschwindigkeit nicht damit erschöpft, daß die Messung dieser Geschwindigkeit mit starren Maßstäben und Uhren in einem System den Wert 300 000 km ergibt, sondern der Zusammenhang des Lichtphänomens mit den starren Maßstäben und Uhren ist erst dann objektiv festgelegt, wenn man hinzufügt, daß auch mit bewegten Maßstäben und Uhren sich diese Zahl ergibt."这个段落的旁注为："Auch nicht richtig. Nur wenn man Rel. Pr. hinzunimmt."在 334—335 页中，下面的语句是："Zur vollständigen Charakterisierung der Lichtgeschwindigkeit bedarf es also der Messung in allen Systemen."335 页顶部的旁注为："nein"。

[4] "324"这个页码的判读并非确定；这里爱因斯坦的笔迹也可能读为"374"。

[5] 关于 Kretschmann 对广义协方差观念的批判分析，见 *Kretschmann 1917*；关于爱因斯坦对这篇文章的反应，见 *Einstein 1918e*(第七卷，文件 4)；关于 Kretschmann 文章的讨论，见 Gustav Mie 致爱因斯坦，1918 年 2 月 17 日(第八卷，文件 465)，注释 12，以及 *Norton 1992*，*1993* 和 *Rynasiewicz 1999*。

[6] 在 Reichenbach 的评论中，关于他自己的哲学工作的讨论出现在 *Reichenbach 1922* 的 362—366 页。他当时正致力于相对论的公理分析，其完整描述发表于 1924 年，但是实际上"1920 年秋即已开始，1923 年 3 月基本完成"("im Herbst 1920 begonnen und im März 1923 im wesentlichen abgeschlossen")；见 *Reichenbach 1924*，p. vii. 早期的结果分别在德国自然研究者与医生协会 1921 年在耶拿召开的会议，以及 1922 年在莱比锡的会议上报告过。在耶拿的报告的发表的版本即为 *Reichenbach 1921*。关于他和爱因斯坦早期的关于自己的公理方案的通信，见 Reichenbach 致爱因斯坦，1921 年 10 月 12 日(第十二卷，文件 266)。关于 Reichenbach 的相对论公理化工作的历史讨论，见 *Hentschel 1990*，chap. 4.6；*Ryckman 2005*，chap. 4；*Rynasiewicz 2005*；以及 *Padovani 2011*。关于爱因斯坦之前对于公理分析的作用和价值，见爱因斯坦致 Hermann Weyl，1916 年 11 月 23 日(第八卷，文件 278)，以及 *Einstein 1921c*(第七卷，文件 52)，pp. 123—127。

## 120. 致 Charles Nordmann[1]

柏林,1922 年 3 月 28 日之前[2]

[……]

我用法语表达肯定会有些困难,但我想总还是能够应对的,比如读准备好的稿子。另外,公式也有助于理解,而且会有一位好心的同行在我想不起某个表达的时候在旁边提醒我。

要是我们能办一场关于相对论的小型研讨会,会更令人愉快,也更有用处。我在会上只需回答一些提问。[3] 用这种方式,比起一场关于相对论的完整发言,我在语言表达上遇到的困难会少一些。

[……]

PTrL. *Nordmann 1922*b, p. 130. [94 863]。节选。

[1] Charles Nordmann(1881—1940),巴黎天文台的天文学家。
[2] 根据 Nordmann 的说法,这封信写于爱因斯坦到访巴黎前几天。
[3] 爱因斯坦在文件 69 中表达了同样的期望。

## 121. Wilhelm Mayer-Kaufbeuren 的来信[1]

巴黎,1922 年 3 月 28 日

十分尊敬的教授先生!

在您到达巴黎之际,我深感内心迫切需要书面向您表达欢迎之意。我诚挚地渴望您能愉快而满意地感受到您对于本地的重大影响。此外,不瞒您说,我向您保证,如果您有任何愿望,我将随时随地为您效劳。[2]

在此,向您致以我最诚挚的钦佩,万分尊敬的教授先生,您的最忠实的

Mayer 博士(签名)

TLC(GyBPAAA/Paris 1026a, Bd. I). [93 969]。这封信是寄给"Herrn Prof. Dr. Einstein, Paris(巴黎,爱因斯坦博士教授先生)"。

[1] Mayer-Kaufbeuren(1874—1923)是德国驻巴黎大使。

[2] Mayer 在前一天告诉外交部，他会在爱因斯坦的出访上保持克制，"以此为爱因斯坦分担那些由在当地部分学术界中的反德氛围引起的困难，以便人们对爱因斯坦出访的纯科学特征"不加怀疑（"um ihm bei der deutschfeindlichen Stimmung eines Teiles der hiesigen Gelehrtenwelt Schwierigkeiten zu ersparen und rein wissenschaftlichen Charakter der Reise Einsteins nicht in Zweifel ziehen zu lassen"）。他让部里赶紧告诉他，爱因斯坦在旅行时是否用的是一本德国护照，以及"他近期的姿态是否是暗示着，他在这里以德国人和德国科学代表的身份出现"（"ob seine Haltung letzter Zeit darauf hindeutet, dass er hier als Deutscher und Vertreter deutscher Wissenschaft auftreten wird"）。外交部用电报给 Mayer 回复道，爱因斯坦将用一本瑞士护照旅行，他们"对那里想把他作为当地（柏林）科学院和大学的知名成员来欢迎这一点，也没有异议"（"gegen dortseits beabsichtigte der begruessung beruehmten mitglieds hiesiger akademie und universitaet keine bedenken"；见 Wilhelm Mayer 致外交部，1922 年 3 月 27 日；Heilbronn 致 Wilhelm Mayer，1922 年 3 月 27 日[GyBPAAA/Paris 1026a, Bd. I]）。

## 122. 致 Elsa Einstein

星期三早上，[巴黎，1922 年 3 月 29 日][1]

亲爱的 Else！

旅途非常顺利，一切都按计划进行。我们在列日（Lüttich）停留 2 小时，我和一位愿意同行的男士一起花了一个半小时散步。在法国边界遇见了前来迎接的 Langevin 和 Nordmann（他们从巴黎用了 5 小时赶来）。[2] 这样的好客之举让我感动！到达巴黎之后，一位警官告诉我们一群记者在等着见我。然而我们穿越无数的禁止通行的轨道，经过火车站的一个小门，悄悄地到达我的住所，洪堡大街（rue Humboldt）一栋楼房第 5 层的一个不太大，还不错的房间。[3] 但是你们都别往我这里寄信，以免泄露我的藏身之处。他们觉得我的书面访谈不合适，他们正另写一个。这个事情不会有什么问题。除了这两位先生和女佣，我还没有见到其他人，才起床就在给你写信。这封信邮资 17 马克；考虑到这点，信不能写得太频繁；但是我得把这第一封信马上寄出去，让你们都知道我不但平安到达巴黎，而且心情愉快，精神很好。

衷心祝福，你的

阿耳伯特

要小心 M 博士：要去爱他，但（除此之外）不要让他伤害你。

ALS. [143 120].

[1] 日期的确定根据是爱因斯坦 3 月 28 日或 29 日到达巴黎的计划（见文件 108）。

[2] 爱因斯坦在德法边界的热蒙（Jeumont）遇到前来迎接他的 Paul Langevin 和 Charles Nordmann

（见 *Biezunski 1991*，p. 18）。

[3] 关于爱因斯坦住宿的更多信息，见文件 70，注释 4。

## 123. 致 Elsa Einstein

星期五晚上，[巴黎，1922 年 3 月 31 日]

亲爱的 Else！

今天我完成了第一个讲座——也是唯一的一个，剩下的都是讨论会。[1] 下周整个星期都安排了任务。在这间小公寓里待着真是不错。这是 Langevin 的朋友 Malfitano[2] 让给我住的，他自己暂时住到 Langevin 那里了。我受到这辈子前所未有的款待。Langevin 每天来和我一起吃饭，一位和气的阿尔萨斯妇女给我俩做饭；Solovine[3] 也经常来，我非常劳累，他也给予很大帮助。但是我来巴黎收获很大，会结识最有意思的人物。明天我将访问 Barclay。[4] 没有什么真正的应酬活动，全部取消了。同事们的欢迎是发自内心的。现在是半夜了，我太累，不多写了。天知道，我什么时候又能有自由时间！

衷心祝愿，你们的

阿耳伯特

我希望你和朋友[5] 保持一定的距离，希望你高兴。周二晚上我要见 Mathilde 舅妈。[6]

ALS.［143 121］。

[1] 第一场讲座的时间是 3 月 31 日，地点在法兰西学院 8 号礼堂。听众数量远远超过了 350 人的容量（见 *Biezunski 1991*，p. 19）。爱因斯坦讲了两小时的狭义相对论，没有依靠提纲，讲得很慢，时常为了找到合适的法语词而中断，得到 Langevin 不断的帮助。听众主要是科学家和数学家（包括一些学生）。按照 Maurice Croiset 对爱因斯坦保证的（见文件 88），Langevin 严格限制了邀请范围，排除了那些怀着"势利、卖弄或者单纯赶时髦的好奇心"的人（"le snobisme, le cabotinage ou la simple curiosité mondaine"）。见 *Nordmann 1922b*，pp. 131—134；关于其他讲座的计划安排，也可见文件 108。

[2] Giovanni Malfitano。

[3] Maurice Solovine。

[4] Thomas Barclay had invited Einstein for lunch at his home（见文件 110）。

[5] 指文件 122 中的 M 博士。

[6] Mathilde Koch(1868—1927)，爱因斯坦的舅舅 Caesar Koch 的妻子。

## 124. Peter Debye 的来信

苏黎世 7 区,格洛利亚大街(Gloriastrasse)36 号,1922 年 3 月 31 日

亲爱的爱因斯坦先生!

关于我的论文,Nernst 在他的书中发表了一个关于极化偶极矩[1]和范德瓦尔斯力的吸引力的评论。[2]他不同意这个说法,理由是我提出的作用都和温度无关,而这是不能接受的。[3]在完全是偶然地读到 Nernst 这本书中的评论之后,我写了一个短评,总结了这个问题之前的进展,认为 Nernst 的评论是完全错误的。这个短评目前还没有付印;我首先把手稿寄给 Nernst,好让他表达自己的看法。今天收到他的回复,看了以后我觉得他完全没有理解我的意思。特别是他显然不清楚,只要分子间存在吸引力,在状态方程中必然有随温度降低而增大的项;因此他反对我的理由站不住脚。

如果不是 Nernst 自己提到您是一个证人,我也不会为此事打扰您。他写道:"也许下面的事实会让您感兴趣。几天前我问爱因斯坦,他是否读过我对您理论的评论。他马上回答说非常清楚那些评论,而且每个字都赞成。也许您可以好好想想,是否真的想展开一场没有希望的争论。"

Nernst 断言我的理论会导致引力项不随温度变化,我很难想象您会支持他的观点。在我的短评中指出:这个温度依赖性和重气体的密度随温度降低而增大,遵循的是同一个定律和同一个原理。我没法说得更明白了。

我觉得如果您能够澄清自己的立场,将是有益处的。

恐怕您在巴黎会有很多事情要做,而且都比我这封信里的小小纷争重要。虽然如此,我还是觉得仅仅是因为 Nernst 的看法,这件事也不是没有意义;希望您能满足我的请求,告知您的立场。

致以最良好的祝愿,您最诚挚的

P. Debye

TLS. [9 139]。信笺抬头为"苏黎世联邦工学院物理研究所 P. Debye 博士教授"("Physikalisches Institut der Eidg. Tech. Hochschule Zürich Prof. Dr. P. Debye"),收信人地址"柏林西 30 区哈伯兰大街 5 号爱因斯坦教授先生"("Herrn Prof. A. Einstein, Berlin, Haberlandstrasse 5")。第 2 页底部有爱因斯坦画的一个草图,内容未明,此处被省略。

[1] 在 Debye 1920 中,Debye 用分子内部电荷引发的电偶极矩之间的作用来解释分子间的引力。

[2] 见 Nernst 1921,p. 261。关于 Debye 对 Nernst 评论的转述,见文件 155。

[3] Nernst 声称实验证明吸引力是随着温度升高下降的。

## 125. Beatrice Jahn-Rusconi Besso 的来信[1]

Firenze, 31 marzo 1922

Caro Sig. Alberto (così, se penso all'amico di Michele)
oppure
Illustre Professore! (se penso allo scienziato celeberrimo)

 Le scrivo per darLe notizia della Maja, che ancora per qualche tempo non potrà scriverLe e si cruccia al pensiero che Lei non sappia quasi nulla di lei da molto tempo. Io posso raccontarLe la cosa anche meglio di Paul,[2] che è dovuto andar via da Firenze proprio n[el] momento più grave della malattia, cioè circa tre settimane fa. In quel momento Maja era già ammalata da 15 giorni, la cosa è nata da un piccolo formicolo nel collo—ma io credo che sia stata mal curata perche è andato estendosi in un modo incredibile e ha dato luogo a un vespaio che ha dovuto essere tagliato quattro volte.[3] Io andai a trovare Maja a Fiesole il 13 di questo mese (Paul era partito l'11) e la trovai molto grave, con una enorma piaga aperta nella nuca da un orecchio all'altro—tanto che mi spaventai proprio. Vidi il medico che considerava la cosa veramente pericolosa. Maja era curata da una suora che però non rimanava lì tutto il giorno e nel complesso mi pare che Maja fosse assistita assai male per una malattia così grave—(aveva la febbre sopra i 39 tutti i giorni)—Così le trovai subito una camera in una casa di salute qui vicino a casa mia, Maja ne fu contenta e dopo due giorni ci fù trasportata, e da allora io l'ho visto tutti i giorni. Alla casa di salute ha subito il 4° taglio, è stata molto male ancora per qualche giorno, ha sofferto molto, ma circa il 20° ha incominciato a stare meglio, cioè proprio il giorno in cui è tornato suo marito, il quale per fortuna ha approvato pienamente quello che io avevo fatto di f[ar]la portare alla casa di salute.

 Tuttavia il medico non è stato tranquillo per parecchi giorni ancora (dice che non aveva mai visto un vespaio simile in 30 anni che fa il medico) la febbre continuava alta—finalmente da soli tre giorni Maja è completamente fuori di pericolo—la f[ebb]re è diminuita e la ferita incomincia a migliorare. Prima di guarire completamente però ci vorrà ancora un mese, e credo che non sarebbe prudente che lasciasse prima d'allora la casa di cura, sebbene Maja si cruccí molto di doverci restare tanto tempo e di non poter andare subito a mettere in ordine la sua nuova casa.

 Credo che Lei farebbe molto piacere a Maja scrivendole presto: essa ha passato una brutta epoca con questa malattia venuta subito dopo quella del marito[4]—[è] un poco triste e so che desidera molto la Sua lettera.

 Le mando i saluti di Maja—e i miei—cordialissimi—

Bice J. Rusconi Besso

## 译文①

佛罗伦萨，1922 年 3 月 31 日

亲爱的阿耳伯特先生（这是把您当作 Michele 的朋友）
或者
著名的教授！（这是把您当作一位非常著名的科学家）

  我给您写信的目的，是要把 Maja 的情况告诉您，她会有一段时间不能给您写信，担心您已经很久没有听到她的什么消息。这事我比 Paul[2] 了解得更清楚，他在 Maja 病得最重的时候，也就是大约三周前，离开了佛罗伦萨，那时候 Maja 已经病了 15 天。一开始是脖子上一个小开口，但是我觉得没有好好治，结果没想到就变成一个疖子，不得不开了四刀。[3] 我在本月 13 日去菲耶索莱（Fiesole）看望 Maja（Paul 是 11 日离开的），发现她病得很厉害，脖子上从一个耳朵到另一个耳朵都烂了，一碰就疼，把我吓坏了。我去看了医生，他觉得确实很危险。当时是一个修女在照顾 Maja，但是她没有全时间护理，总的来说我觉得从 Maja 的病情看，她得到的照顾不够——（每天都发烧到 39℃）——所以我马上在我家附近的护理院给她找了一个房间。Maja 对此很高兴，两天后就搬了过去。在护理院她做了第四次手术，有几天情况很糟，非常难受，但是到了 20 日左右开始好转。她丈夫就是那天回来的，好在他赞成我把 Maja 转到护理院的做法。

  不过医生还是又担心了几天（他说自己当了 30 年医生，从来没有见过这样厉害的疖子）。发烧温度还是很高。——最后，只是到了 3 天前，Maja 才完全脱离危险——温度下来了，伤口也开始愈合。不过要完全康复，还要一个月，我觉得在那以前她还不能离开护理院，尽管她觉得自己已经住院太久，想马上出院回家收拾自己的屋子。

  我想如果您能尽快给 Maja 写封信，她会很高兴；这场病紧接着她丈夫的病，让她受罪很久。[4]——她很伤心，很想收到您的来信。

  我在这里送上 Maja 和我对您的衷心问候，

Bice J. Rusconi Besso

ALS.［44 832］。文件左侧页边有活页孔。

［1］Besso(1890—1965)是艺术史学家 Arturo Jahn-Rusconi 的妻子，Michele Besso 的妹妹。Maja 在 1904—1907 曾给她讲课（见第一卷，人物生平［Biographies］，p. 389）。

［2］Paul Winteler。

［3］关于 Maja Winteler-Einstein 的病情，见文件 102。

［4］Paul Winteler 在 1921 年得了胸膜炎（见 Maja Winteler-Einstein 致爱因斯坦，1921 年 12 月 7 日，

---

① 此信原文为意大利文。——译者

## 126. 致 Paul Langevin

[巴黎 1922 年 4 月 1 日][1]

亲爱的 Langevin 朋友：

我妻子给您写信，肯定表达了一大堆意愿①；[2] 不过只能从抒情诗的角度看待它们。我把自己给 Pictet 的信送给您，请您将讨论会的入场券塞进信封里寄给他。[3]

您不用去照相师那里是一件好事，但让您把这么多时间花在组织工作上，真是丢人。没有帮上忙，我良心上过不去。

致以良好祝愿，今日中午再见，您的

爱因斯坦

请给（塞纳）Arcueil-Cachan 的 Moscovici 博士也送一张请柬（如果可能的话；他是 Solovine 的朋友，算半个专家）。

ALSX.［15 359］。

［1］日期是后来加上的，未确定是何人手迹，可能是 Jean Langevin。

［2］在给 Paul Langevin 的信中［April 1922］(ALSX,［15 360］)，Elsa Einstein 转述了爱因斯坦对自己所受接待以及巴黎美食的充满热情的报告，并对 Paul Painlevé 和 Anna Comtesse Mathieu de Noailles 表达谢意。

［3］Raoul Pictet(1846—1929)，瑞士人，曾经是日内瓦和柏林大学物理教授，当时生活在巴黎。

## 127. Hermann Anschütz-Kaempfe 的来信

基尔，1922 年 4 月 2 日

亲爱的，尊敬的爱因斯坦教授！

我给您在柏林的家人打了电话，找他们要了您的地址，好给您写信。[1]

好的消息是，我妻子现在感觉好多了，昨天已经出院，期望能够完全康复。[2]

我之所以写这封信追着您一直到巴黎，是因为我们，也就是公司，希望您能

---

① 此处爱因斯坦用的是夸张的说法，$10^8$，一千万次。——译者

帮我们对付 Martienssen 先生的无礼。4 月 11 日本地法庭将开庭决定没收 Martienssen 的仪器一事。[3] 基本上来说这关系到您几年前提交的一份意见,现在 Martienssen 和他找来的一个作为帮手的叫作 Zahn 博士[4] 的专家提出质疑。他们提出的根据不值一驳,让人奇怪怎么会有物理学家愿意支持他。

承蒙您好意,来信告知您将于本月 10 日回柏林,而且到时候可能会准备光临基尔。我想请问是否可能从科隆经由汉堡,于 4 月 10 日或者之前到达这里。这样您可以缩短整个火车上的行程;对我们来说,如果您能够在 11 日亲自出庭讲述对自己之前专家意见的看法,将会非常有价值。我们的对手指望您到时候不能出场[5],以便发动攻势。我觉得您一出马他们必然溃败。

如果您能够在 10 日白天,或者不行的话晚上也行,到达这边,还是有充分的时间了解情况;我想 1~2 小时就足够了。

剩下的事情就是请您发一封简短的电报,告诉我们也就是公司您是否会来,何时会来,地址是:Anschützco Kiel。如果您无法前来,那我们就只好马上找到另外的帮手向法庭证明我们的权利是充分的。

别墅里您原来的那个房间也准备好等待着您的光临;和我们一样,如果能再次接待您这个贵客,它会感到非常荣幸。

我妻子也衷心地向您问好,您的

Anschütz

ALS(GyKiSHB). *Lohmeier and Schell 2005*, pp. 158—159. [37 376]。写在作者私人抬头的信笺上。左侧页面有活页孔。

[1] 爱因斯坦住在巴黎一个私人住所中(见文件 123)。
[2] Reta Anschütz-Stöve 经历了一个复杂的阑尾炎病例手术(见文件 94)。
[3] 关于和航海仪器公司的官司,见文件 116。
[4] Hermann Zahn(1877—1952)是基尔大学荣誉教授。
[5] 见未刊文献摘要一览表 128。

## 128. Emile Berliner 的来信

华盛顿特区,1922 年 4 月 2 日

极其尊敬的教授先生:

在 2 月 24 日去信之后,本人现有幸奉上许诺的一千美元,作为对巴勒斯坦犹太大学的贡献。[1]

此刻我的心情非常喜悦。大约18年前,在费城的一家俱乐部我第一次有机会支持这个想法,因为觉得它将为犹太民族带来光荣。

现在您决定现身支持这一高尚事业,就是为它的成功提供了特别的保障。

谨以我方全体人员的名义,恭祝俪安,

Emile Berliner

TLS. [36 851]。信笺抬头为"Laboratory Emile Berliner 1458 Columbia Road,"收信人地址"Herrn Professor Dr. Albert Einstein Haberland Strasse 5. Berlin"(柏林哈伯兰大街5号爱因斯坦教授博士先生)。

[1] 关于Berliner的许诺,见未刊文献摘要一览表92。

# 129. Ludwig Hopf[1]和Theodor von Kármán的来信

亚琛高等工学院空气动力学研究所,1922年4月3日

亲爱的爱因斯坦先生!

报上说您目前在巴黎;[2]我看了一下铁路路线图,发现从巴黎返回柏林的路线经过亚琛。我们两人冒昧地期望您是否愿意在回家路上在亚琛待上一天?我们会在日历上标红这一天,并保证:(1)不讲课;(2)除非您自愿,不讨论相对论;(3)绝不泄露给新闻界。

若能来就太好了;所以请务必答应!

最衷心的祝愿! 您的

L. Hopf、Th. Kármán.

ALS. [13 296]。文件左侧页边有活页孔。

[1] Hopf(1884—1939)是亚琛高等工学院的无薪讲师。

[2] 爱因斯坦3月28日到4月8日驻在巴黎。

# 130. Paul Block[1]的来信

巴黎第八区德蓬蒂厄大街(Rue de Ponthieu)3号,1922年4月4日

尊敬的教授先生!

由于法兰西学院院长的好意,我得以在场聆听您3月31日的讲座,[2]并于

当夜将报道用电话传回柏林,发表在 4 月 1 日《柏林日报》的晨报版。这是德国境内对您巴黎讲学的独家报道,也许您有兴趣读读它。[3] 请原谅其中的错误;双向电话传输——巴黎到法兰克福,法兰克福到巴黎——的声学错误经常是无法避免的。

我猜想自己的第一封信是由 Langevin 教授转交给您的,而您还没有时间回复。请允许我现在通过信件的方式表述个人想对您说的话。

现在大约有两百德国人生活在巴黎——包括公务员、赔偿委员会①的成员,[4] 以及使馆工作人员。除了个人的专业职责之外,他们共有的任务,是改善自己接触的法国人对德国的看法,而这往往并非易事。尊敬的教授,所有这些同胞,对您获得的荣耀,都从内心深处感到喜悦。如果在巴黎逗留期间,阿耳伯特·爱因斯坦能够花上半个小时给海外的德国人也讲讲自己的理论,那他们会很高兴。让人受宠若惊的是,作为在巴黎工作的最年长的德国记者,我被推举来见您,讨论这一完全是非官方的活动。如果您愿意,德国大使应我的要求为您在大使馆准备一个房间,是毫无问题的。您在火车站肯定已经收到他的来信。[5]

尊敬的教授,我要告诉您一点。在我这里,您不会受到记者的纠缠,因为我不会做报道,而且对您以谨慎的克制,最大限度地避免任何政治声明的做法,怀有莫大的敬佩之情。

向您致以最崇高的敬意,

Paul Block
《柏林日报》记者

ALS.[43 288]。

[1] Block(1862—1934)。

[2] Maurice Croiset。

[3] 在其关于这一讲座的报道中,Block 写到在等待爱因斯坦到来的时候,对于演讲者自己在听众"没有听到任何负面的话语"("kein schlimmes Wort gehört")。当爱因斯坦走进大厅的时候,听众起立鼓掌两分钟表示欢迎。他在没有提纲的情况下用法语讲了一个小时。Block 形容当时的情况是"一小时的和平"("eine Stunde des Friedens";见《柏林日报》1922 年 4 月 1 日晨报版)。

[4] 赔偿委员会于 1920 年 2 月在巴黎成立。其德国代表团由 David Fischer 领导(见 Witt 1975, p. 23;关于 Fischer 在赔偿问题上与协约国的谈判,见 Feldman 1997, pp. 429—438)。

[5] Wilhelm Mayer-Kaufbeuren。关于他的信,见文件 121。关于爱因斯坦到达巴黎之前,Mayer 和外交部之间的通信,见文件 121,注释 2。大使后来派遣一名德国驻巴黎使馆人员,按照法国媒体报道,试图把信送到爱因斯坦所乘的列车上。但是爱因斯坦乘坐了更晚些的一班列车,并且从旁边的一个站台出

---

① 此处德语为 die Kriegslasten-Kommission,直译为"战争责任委员会"。这里按英译本 the Reparation Committee 翻译。——译者

站(见 Wilhelm Mayer-Kaufbeuren 致外交部,1922 年 4 月 1 日[GyPAAA,R64677];关于爱因斯坦描述自己抵达巴黎的情况,可参见文件 122)。

# 131. "相对论" 法国哲学学会会议讨论记录

[Einstein et al. 1922]

记录于 1922 年 4 月 6 日。
发表于 1922 年 7 月。
载 1922 年《法国哲学学会志》(*Société française de Philosophie. Bulletin*)第 22 期,p. 91—113。

## 法国哲学学会志会议纪要

················
1922 年 4 月 6 日
················

## 相 对 论

**X. Léon**[1]:1922 年 4 月 6 日将成为我们学会历史上划时代的一天。这一天,狭义相对论和广义相对论的天才提出者来到我们中间,学会为此感到十分荣幸。

法国哲学学会最杰出的创始人之一、我们深深怀念的 Emile Boutroux 先生[2],1920 年还在法兰西人文学院①的发言中提道:"学会自创建以来,始终致力于通过举办经常性会议,不仅使哲学家和哲学爱好者相聚一堂,而且正如《形而上学与伦理学杂志》(*Revue de métaphysique et de morale*)②上所做的那样,让科学家和哲学家也走在一起。"对学会来说,没有什么比今天的相聚更值得庆贺的。倘若在今天的会谈中,就像 Boutroux 先生所说的,"思想家往往会,相比其被研究的专著,更多地揭示出内心的原则和真正的指导思想",那么这将成为我们学会历史上最为辉煌的荣誉。

---

① 法文为 Académie des Sciences morales et politiques,直译为"道德与政治科学学院",是法兰西研究院(Institut de France)下的五大学术机构之一。其他四大机构分别为:法兰西学术院(Académie française)、法兰西文学院(Académie des Inscriptions et Belles-Lettres)、法兰西艺术学院(Académie des Beaux-Arts)和法兰西科学院(Académie des sciences)。——校者

② 法国哲学期刊,由 Léon Brunschvicg、Xavier Léon 和 Élie Halévy 于 1893 年共同创立。该杂志最初为双月刊,自 1920 年以来改为季刊。它是 20 世纪哲学辩论的主要法语期刊,至今仍然存在。——校者

我并不想延迟各位聆听这位伟大思想家发言的时间，Langevin 曾十分中肯地评价他"为我们打开了一扇新的通往永恒的窗户"，然而我有必要，代表我们学会全体成员，向爱因斯坦先生爽快地接受邀请来与我们会谈表示深深的谢意。

请允许我对他说：对于在座的科学家和哲学家而言，他并不是一位陌生人。早在 1911 年初[3]，我们的同行 Winter 就在他发表的《数学哲学中的方法》（*La méthode dans la philosophie des mathématiques*）一书里，首先向哲学界的读者强调了爱因斯坦先生观点的重要性和深刻性。同年 4 月，在博洛尼亚（Bologne）的第四届国际研讨会上，Langevin 以其令人赞赏的精深学识，在首场口头报告中[4]向参会的哲学家们揭开了狭义相对论的神秘面纱，听众们深感震惊，但更多地是被深深吸引；10 月，这位新教的使徒，再次以略微不同的方式，在法国哲学学会成员的面前展示了爱因斯坦先生的发现[5]。在不久前的那场特别会议上，我们本来邀请爱因斯坦先生出席，但很遗憾他未能前来，所有参会者都为此深感遗憾。最令人记忆深刻的大概就是 Wrinch 小姐、Enriques、Langevin、Painlevé 讨论相对论最新形式的那一场[6]。

今天，我们十分荣幸在大师本人在场的情况下，继续这场讨论；尽管我们心中仍不无遗憾。

法国哲学学会的创始会员中有另一位天才的学者：他叫 Henri Poincaré。

你们都知道 Poincaré 在新力学的创立中扮演的关键角色，他不仅展示了经典力学中的常规部分，而且引入了一些涵义丰富的概念，例如电磁运动量或者"庞加莱压力"（"Pression de Poincaré"）。

更妙的是，在 20 多年前，也就是 1901 年出版的《电学与光学课程》（*Leçons sur l'électricité et l'optique*）中[7]，Henri Poincaré 讨论了 Hertz、Helmholtz、Larmor、J.-J Thomson、Lorentz 等人的理论，他更倾向于 Lorentz 这位著名的荷兰物理学家提出的构想。尤其在谈及 Michelson 的实验时，他写下了如下这段着实称得上是预言的话：

"在我看来，光学现象很可能只是依赖于物体的相对运动，而并不取决于接近象差平方或立方的量。从严格意义上来说，随着实验日益精确化，这一原理终将获得更准确的验证。一个完善的理论应该能够一次性、严密地证明该原理。Lorentz 的理论尚未做到这一点。然而在所有已提出的理论中，他的理论最接近这一点。"

爱因斯坦先生在他 1905 年发表的关于狭义相对论的论文中[8]提出了 Poincaré 期待的解决方案；他完成了 Poincaré 曾模糊预见并提起过的革命，当时物理学的发展似乎要走入死胡同。

设想一下，这两位新领域的创造者、来自不同国度的骄子，倘若今天能够相会,就在这间大厅里,那将是怎样的场景!围绕这场对真理的探究,他们之间会激发出怎样的火花!这场探究已超越国界,显示了人类智慧的普世性,并得到了全体科学界的一致认可。

**Langevin**:相对论首先是一个物理学理论;它从已知现象出发,最终能够预言新的现象;它在本质上是实验性的。相对论产生于电磁理论与力学之间的矛盾,这是唯一既能解释已知现象,又能预见其他现象的理论。该理论不仅从源头上,而且从方法上都是实验性的。它仅仅引入了一些可观测的数量作为物理抽象要素,它排斥任何任意的绝对值。

基于上述理由,很有必要放弃 A. Comte[9] 提出的人类知识分类方式。Comte 将一个绝对时空设置为我们的直接概念(concepts immédiats)的基础,并在此基础上建立起力学、物理学、理化学及其生物学结果;在他看来,物理学的舞台本质上是由绝对时间控制的欧几里得空间。而新的构想则完全不同:这是一种几何和物理学的融合,完全排除了存在绝对时空的可能性。以往那个相互独立的时空概念在人们想要赋予同时性一个实验上的精确含义时——该含义对所有观察者均能成立,无论他们彼此间相对的运动如何——会导致一些矛盾的结果。

狭义相对论以两个原理为基础:相对性原理和光速恒定原理。根据第一条原理,反映自然现象定律的方程式应该在所有做相对匀速平移运动的惯性系中具有相同形式。这条基于实验的原理在物理学各个领域都得到了验证。光速的各向同性,即 $c$ 值从伽利略惯性系进入另一个惯性系保持恒定,这是由电磁定律推导出来的结果,任何人都不会质疑这些定律,这个结果也曾多次被实验证实,其中包括 Michelson 的实验。在这个新的运动学中,时间失去了它的绝对属性;每一个惯性系都有各自的时间;发生在相隔遥远地点的不同事件的同时性也不再有任何意义;尽管如此,只要承认不存在任何一种作用能够以超过基础 $c$ 值的速度进行传播,因果律就不会受到任何影响。

广义相对论走得更远,其发展与哲学不无关联。爱因斯坦正是在哲学的引导下想到真实世界不需要各类参考系,自然界的各种定律可以保持一种与这些参考系无关的形式,也就是坐标变化形式始终不变。然而,如果仔细考虑,我们关于外部世界的唯一认识建立在对于绝对重合的观察之上,每一种重合都具备一个独立于任何坐标系的意义,而根据决定论,所有现象的过程只能是相继发生的一系列相似重合;反映该连续过程的定律必须能够具有一种不变的形式。

对于狭义相对论而言,每一个惯性系都有自己的时间。而在广义相对论框架内则相反,所有惯性系都消失了,由此导致不可能存在一个整个参考系共有的时间。唯一剩下的只是固有时间的概念,由一个确定质点划出的宇宙空间轨迹对其进行测量;但不可能用一种单一对应的方式在不同质点——或不同观察者,二者实际上是一样的——固有时间之间建立起关联;总而言之,在对某参考体系中一个事件进行定义的四项坐标中,我们再也不能说其中一个代表时间。

因果律变得很微妙,Hilbert 对此展开过深入的讨论。作为物理学家,Hilbert 曾研究如何把对坐标系的选择特殊化,从而让其中一个变量能够充当时间的角色。此外,只有在静止的状态下才有可能将宇宙分解为空间和时间,但这样得到的空间并非欧式几何的,其性质依赖于其所包含的内容。在非静止状态下,时空的分解是绝对不可能的。

可见,相对论对于那些关注晦涩难懂的时空概念的哲学家们来说多么有价值。相对论在哲学上的另一重要性体现在其公理的角度,即其所依据的那些公理的性质。我们已经讨论过,狭义相对论建立的基础是伽利略意义上的相对性公理以及光速恒定公理。至于广义相对论,Hilbert 提出过两条基本公设:1. 所有的物理学定律均可表现为一种哈密顿函数形式;也就是说,存在一种描写宇宙状态的矢量函数,可称之为宇宙作用的张量密度,其延展到宇宙特定区域的微分方程解在现象过程中应该是固定的。这条起源于纯粹力学领域的哈密顿函数原理,被 Larmor 拓展运用于电磁学现象,是物理学经历全面变革后仅存的原理,自然应给予特殊优先地位。2. 上述微分方程解在参照系变化中保持为不变量。

不过目前的趋势走得更远。这种作用还包含两个部分:一个是相对引力而言的几何学部分,在引力作用下,自由物体运动定律具有几何形式(任何一个自由运动物体的轨迹都是其所处时空的最短程线)。另一个是物理学部分,提供关于引力之外诸现象的定律;而这个物理学部分也可以说是电磁学的,因为所有引力之外的现象都可以纳入电磁学的框架中。要达到这一点,需要放弃一部分公设;为了走得更远,有人会再放弃一些公设;这也正是 Weyl 和 Eddington 所做的。几何学和物理学两个部分被合并成几何性质的一个部分,不过,和爱因斯坦不同,Weyl 和 Eddington 所探索的道路已不再是纯实验性质的;他们的目标是找到一种尽可能普遍的几何学,之后将其与现实进行比较。对这种几何学的研究,关键在于引入尽可能少的公设;至于与现实进行比较,不可能通过一种普遍方法来实现,只能在不断摸索中逐渐导向几何实体与物理实体的同一化。Weyl 的理论将有可能为其引入的所有几何学要素赋予物理学含义;而 Eddington 的理论则显得过于宽泛了;他没能赋予一些几何学要素以物理学含义,不过,也许这些未知的要素对应着一些尚不为我们所知的现象。

最后,我们必须指出,爱因斯坦构建的理论是如今唯一坚实地以实验为基础、能够解释所有已知现象,并能够预见新现象的理论。

**Hadamard**[10]:当今的物理学家对于数学问题十分熟悉,已经能够不再需要数学家，后者对此也无话可说。我只想强调如下事实：从逻辑的观点来看，相对论完美无缺；然而也正是从逻辑的角度，人们会尝试抨击目前这个理论，因为它是革命性的，完全颠覆了我们关于时间和空间的传统既有观念。

当讨论一个物理学理论的时候，至少按照当年我的哲学老师所教授的那样，需要回答三个问题：1. 该理论在逻辑上是否自洽，也就是说完全不存在自相矛盾之处？2. 该理论是否与事实相符？3. 该理论是否比之前的理论更符合事实？关于问题1，数学家没有在相对论中发现任何矛盾之处；实际上，狭义相对论正是 Maxwell-Lorentz 方程的逻辑推导结果；如果前者有矛盾之处，则不可能不存在于后者；而在电磁学方程中并不存在任何矛盾之处。问题 2 和 3 则与数学家无关，要交由物理学家来回答。[11]

**爱因斯坦**：关于 Hadamard 先生的观点我只想说一句。Hadamard 先生指出，一个物理理论首先应该是合乎逻辑的，其次要与实验事实相符。我不认为这就足够了，不管怎样，这并非是先验的（*a priori*）。说一个理论是合乎逻辑的，意味着该理论是由在某些规律作用下相互联系的若干符号建立起来的，说一个理论与经验相符，意味着掌握了将这些符号与事实进行对应的规律。相对论出自实验的需要；它具有一个演绎的形式，从这个意义上来看，它是合乎逻辑的，但此外还需要了解能够使其各要素与现实对应起来的明确规律；所以这里涉及三个前提，而不是 Hadamard 先生认为的两个。

**Hadamard**：也就是说，人们研究的是一个合乎逻辑的理论以及使其与现实相对应的全部规律。

**Cartan**[12]：爱因斯坦先生基于一个数学表达式 $ds^2$，提出了宇宙的定律，这是一个包含四个变量的二次微分式。对相关分析者来说最感兴趣的是依附于该表达式的微分不变量。几何学家更关注其中最简单的、决定了他们称作几何曲线的若干个微分不变量。而物理学家只在乎那些能够进行物理阐释的微分不变量，他们称之为张量。最基础的张量是由实验提供的运量-能量张量。但是，几何学中还有第二个与零等值的张量，能够表达与狭义相对论一样的光传播定律；该张量在 Mie 的标量势能引力定律中同样为零值。和物质张量一样，它有十个分量，而且在如下意义下，可谓简单：它不包含高于二阶的势能导数，而且线性地导入二阶导数。物质张量具有物理价值，我请问爱因斯坦先生，这第二个张量是否也具有物理价值？到目前为止，它还不具有物理含义，几何学和自然界之间存在某种不一致。

**爱因斯坦**：您指的是哪个张量？

**Cartan**：这些分量是某种形式三元二次系数实部和虚部，很难用通俗语言说明其含义。

**Painlevé**：可以肯定的是，人们在狭义相对论中找不到任何逻辑矛盾，然而当人们从一个惯性系转到另一个惯性系的时候，会遇到很多困难。我想要着重强调这些绝对本质性的困难，出现这些困难的原因在于固定观察者的时间与转换了惯性系的观察者的时间不再一一对应。这种对应关系的缺失导致无法运用相互性推理，并造成了一种根本性的不对称。我特别强调这一点，是因为我相信还没有人——除了 Langevin 先生——对这一点给予足够的重视。

**Langevin**：我曾在 1911 年的博洛尼亚哲学大会（*Congrès de philosophie de Bologne*）上[13]以及在法兰西学院的讲课中强调过这一对称的缺失。

**Paul Lévy**[14]：唯一可被观察到的是那些受到宇宙天体影响的事实。为了简化我的论证，我假设有一些生活在一个球体表面的无限平整的个体。他们根据一些规律进行测量，结果显示他们处在一个曲率恒定的表面。但我们可以指出他们错了，他们处于一个曲率为零的表面。于是他们会认为是他们的测量工具被修改了，从而测出了非欧氏几何的结果。因此，与其说太阳造成了一个空间曲率，我更倾向于认为太阳改变了规律，这些规律在彻底接近太阳的时候遇到一种纵向收缩。问题在于弄清这两种说法哪一种更恰当。我并不是说我提出的看法比另一种更符合事实。我只是担心人们对另一说法赋予了它并不具备的客观含义。

**爱因斯坦**：几何学是一种任意性的构想；人们可以自由采用想要的几何学，尤其是欧几里得几何；但是欧几里得几何并不具备物理学含义，不能为我们物理学家所用。此外，真实的连续统与想象的几何空间之间并非一一对应，我们不能说某一种说法优于另一种。

**Langevin**：Paul Lévy 先生的方法只不过是将一个非欧几何空间再现到一个欧几里得空间。这是制图的方法。

**Paul Lévy**：实验无法确定哪种再现更真实。

**Perrin**[15]：我完全赞同 Langevin 先生的观点，我认为理论在物理的各领域都是最重要的。

**Jean Becquerel**[16]：关于一个物质中心的引力场问题，我想强调 G. Mie 的一项研究工作，这项研究表明，我们对宇宙的逻辑表现是一个正投影，即 Hilbert 连续统在一个十维欧几里得空间中，在平行于渐进宇宙的任一 Minkowski 宇宙上的正投影。这一阐释引出了没有任意函数的 Schwarzschild 公式。Mie 的研究结果表明，Schwarzschild 所运用的坐标使得宇宙的轮廓对于物理学家来说变得更为直观。[17]

**爱因斯坦**：人们可以选择他认为更适合其研究工作的表现方式；但这并没有客观含义。

**Brunschvicg**[18]：爱因斯坦先生在接受我们学会邀请的同时，还同意指出一些他愿意详细进行说明的问题；他尤其强调相对论与 Kant 的科学观之间的关系。正是为了弄清这个问题，我被要求在此发言。借此机会，我想简单地、也许略显突兀地向在座的一位先生表达敬意，这位先生通过他的科学和哲学著作，以及其他我不在此强调但他很清楚我们已经想到的其他原因，拓展了我们关于人类的观念。按照柏拉图的映象说，这一说法在此处尤为适用，爱因斯坦的名字已经进入那些将人类感性认知转化为心智认知的天才人物之列。

我想尝试以 Kant 的世界为参照基础，简短地说明爱因斯坦的世界被发现后所造成的转变，对哲学家产生了哪些影响。

Kant 的世界里包括形式和内容两方面，前者指时间和空间，后者指物质和力。因此，要先后探讨两类问题：首先是形式问题，这属于先验美学的对象；其次是内容问题，这属于先验逻辑中经验类比的对象。前一类问题与数学相关，后一类与物理学相关。只有先解决了前者才能处理后者。

爱因斯坦世界的特点是形式与内容不再分离。这里不再涉及 Kant 的空间，这个空间是知性世界的准则和客观世界的接收器，由自身构成，自我闭合，等着物体将其填充；更不涉及算术时间，这个时间被认为是空的、同质的，相应伴随着一个空的、同质的空间。也不再存在物理学家的由内容定义的宇宙，其内容独立于所处的时空。因此，所谓实体本身的物质，或者所谓原因本身的力，也就都不再成为问题。

一句话就可以解释何以这种转变为哲学家带来了强烈的智识上的愉悦。Kant 的理念将我们置于二律背反之中；爱因斯坦的构想则将我们从中解放出来。Kant 的首要两条二律背反被他称为数学二律背反：他明确指出，将空间与时间设想为终结状态，或是提出一个简单且不可分割的要素，从理性上看，既是必要的又是不可能的。由此，数学在为物理科学提供了无可比拟的辅助的同时，也付出了代价，给物理哲学带来许多难以解决的困难，使其过于复杂化。事实上，在决定如何能够从空间和时间的框架进入物质和运动的现实这一问题上，人们曾经遇到过难以克服的矛盾：Descartes 将运动定义为一种纯粹的关系，然而又将其视作实在的绝对；Laplace 以牛顿力学为依据，却又设想宇宙能够膨胀或缩小，而这种膨胀或缩小并不为那些不知通过什么奇迹处于宇宙之外的存在所察觉，按照 Laplace 独特而令人印象深刻的说法，这些存在可能是宇宙的观察者。

不过，从相对论学说来看，所有上述困境都将神奇地消失。为什么呢？因为在相对论中没有纯数学，没有脱离其内容物的空间，没有脱离所发生事件的时间，简而言之，没有会被定义为测量的测量体系。测量操作将测量方法与被测量对象紧密结合，以至于要想确定其中一方的特性，不可能不参照另一方固有的、客观的特性。像物质之前的空间或空间之后的物质这些哲学问题都不复存在，更不用说艰难地拖在空间问题后面的时间实体问题。在爱因斯坦看来，世界没有正面也没有反面；世界通过数学与物理的渐进关联连成一片，不会让知识探索在任何时刻遇到断裂，不会在空间-时间的延续与确定时空特性的现实之间造成任何空隙。

从上述观点来看，相对论的出现确实标志着一场针对 Kant 相对主义的革命——但这仅就隐喻的字面含义而言，好比思想进程的结束。在 Kant 相对主义中，空间由于存在对称客体悖论成为一种召唤内容的直觉形式，原因要求时间不可逆转。随着 Kant 哲学的诞生，观念与事物的平行性已经转变为连接与相互性；爱因斯坦理论出现后，这种连接与相互性具有了一种无可置疑的深度，因为相对论使得物理现实的表达更为抽象，同时明确了属于数学的纯粹工具含义。如果我们不可避免要像数学家那样说话，那么我们应该像物理学家那样思考。这样一来，通过先验美学与逻辑分析之间建立起相互依赖关系，仍然用 Kant 的话来说，辩证法的各类矛盾都将消失。

**爱因斯坦**：关于 Kant 的哲学，我想每位哲学家都有他自己的 Kant，我无法对您刚刚所说的内容进行回答，因为您指出的上述几点不足以使我弄明白您是如何阐释 Kant 的。从我的角度来说，我不认为我的理论在各个方面都符合我所理解的 Kant 思想。

我认为 Kant 哲学中最重要的是为了构建科学而先验地谈论概念。然而，人们可以看到两种相对立的观点：一种是 Kant 的先验论，认为一些概念先于我们的意识存在；另一种是 Poincaré 的约定论。而要构建科学则需要抽象的概念，这两种观点在这一点上具有一致性。至于说这些概念是先验被赋予的，还是任意约定得出的，我对此没有什么可说的。

**Le Roy**[19]：我们的朋友 Xavier Léon 极力要求我发言。面对他友好的坚持，我无法拒绝。然而，实际上我并没有什么可说的；我仅就此简单解释两句。

对于哲学家来说，从某种方式上来说，在他构想自身存在的时候，有一个时间和一个空间，作为直觉的对象，先于被作为测量单位的时间和空间存在，并且始终区别于这种测量单位。相反，对于物理学家而言，尤其从相对论的角度来看，空间与时间正是由其测量单位本身所定义的：无论从本质还是从字面上来说，这完全是两套测量操作。对于这两套操作，我们怎么能先验地强加任意一种关于特征、测定、定律或内部关系的体系呢？哲学家的观点和物理学家的观点都是合理的；但他们提出的问题，看似用语相近，实则大不相同。

我尤其认为时间问题对于爱因斯坦先生和 Bergson 先生[20]是很不一样的。

关于这一点不乏值得讨论之处。不过，既然 Bergson 先生就在我们中间，就不必由我来展开这些讨论了；如果接下来由 Bergson 先生本人发言，我的讲话就完全达到我期望的效果了。

**Bergson**：我只是来这里旁听的，并没有打算发言。但我还是愿意向哲学学会友好的坚持让步。

首先我想充分表达对爱因斯坦先生的成就的钦佩之情。他的成就不仅受到科学家，而且同样受到哲学家的高度重视。我从中不仅看到了一种新的物理学，并且从某些角度看到了一种新的思考方式。

若要对这些成就展开深入完整的探讨，势必涉及广义相对论和狭义相对论，时间和空间问题。既然只能选择一个，那我就谈谈我特别感兴趣的时间问题。由于谈论时间不能不考虑钟点，而且时间已经不早，我最好把本质性的内容先放在一边，只围绕一两点谈一些粗略的看法。

常识相信存在一个对于所有人和所有事物都相同的唯一时间。这种信念从何而来呢？我们中的每个人都能感受到自己在持续之中：这种持续就是我们内在生命连续的、不可分割的流动本身。但我们的内在生命包括几种感知，这些感知似乎同时既属于我们自己，又属于事物。于是我们将我们的持续扩展到身边直接的物质环境。而这个环境本身也被其他环境所围绕，依此类推，无穷无止，没有理由认为我们的持续不是所有事物的持续。这就是我们每个人模糊的，在我看来几乎是下意识的推理过程。当我们进行更清晰、更精确的推理的时候，在我们称之为外部感知的视野之外，我们会想到有一个意识，其感知场域与我们的感知场域部分重叠，接下来又有另一个意识相对于该意识处在相似的位置，依此类推，无穷无止。所有这些意识，由于都是人的意识，看起来像是都经历着同一持续。他们所有的外部经历便都在同一时间中进行。由于所有这些经历相互部分重叠，两两之间都有共同的部分，我们最终想到的是一个占据唯一时间的唯一经历。因此，如果我们愿意，我们可以排除所有人类意识，那些相隔久远安排下的、犹如思维运动中接力站点的意识：只剩下无人格的时间，各类事物在其间流动。这是以更精确形式进行的同一推理过程。然而，无论我们停留在模糊中还是力求精确，意识与事物共有一个普遍时间仅仅是一个简单的假设。

我认为这个假设可以成立，并且在我看来它与相对论毫无不兼容之处。我无法就此展开论证。这首先需要对真实的持续与可测量的时间进行比我刚才所说细致得多的研究。其次，要逐一分析 Lorentz 公式中的术语，探究它们的具体含义。这样我们将会发现相对论中涉及的多重时间远不能全部声称与现实处于同一层面。随着研究的进一步深入，我们将看到符合科学观点的相对论概念与大体反映直觉或意识资料的常识性构想，二者如何互相补充、互相提供支持。与此同时,确实还需要消除一个严重的混淆,一些被普遍接受的对相对论的阐释不乏矛盾之处,就是由这个混淆引起的。对上述所有问题展开讨论会把我们带得太远。

尽管我无法就普遍意义上的时间进行充分阐述,请允许我至少就同时性这一特殊情况略微展开分析。在这点上,人们将很容易觉察到相对论的观点并不排斥直觉的观点,甚至需要将其包含在内。

通常人们说两个事件同时发生指的究竟是什么意思呢?为简单起见,我将以两个非持续性、非流动性的事件为考察对象。在此假定下,很显然同时性包含两点:1. 一种瞬时感知;2. 对我们的注意力来说能够分享而不分割的可能性。我睁开双眼:感知到从两个点发出、瞬间发生的两道闪电。我说它们是同时的,因为它们既是"一"也是"二":"一"是指我注意到它们的行为本身是一体不可分割的,"二"是指我的注意力分散在它们之间,成了两份,但并未分裂开。注意力如何能够随意地既是"一"又是"二",既是突然的又是同时的呢?一只训练有素的耳朵如何能够在每一刻既感知到乐队的整体演奏,又分辨出两个或若干个乐器弹奏的音符呢?我并不是要对此进行解释;这是人类心理的神秘领域之一。我只是注意到了这一现象;我想强调的是,我们在声称辨认出若干乐器弹奏的音符时,意味着:1. 我们有一个对整体的即时感知;2. 这个整体,如果我们愿意,它是不可分的。如果我们愿意,它也是可分的,也就是说:既有一个唯一感知,又有好几个感知。这就是同时性,是这个词常用的含义。它是直觉地产生的。而且它是绝对的,不依赖于任何数学公式,或任何类似校准钟表的物理操作。我承认,在两个相邻事件之间从来都是观察不到同时性的。但是人们根据常识往往会毫不犹豫地将同时性的含义扩展到相隔任意距离的事件之间。这是因为人们直觉地认为距离不是一个绝对值,根据观察视角、参照标准、测量仪器或感知器官,距离有"长"有"短"。一位视野极广的超人能感知到两件相距"十分遥远"瞬时发生事件的同时性,就像我们感知到两件"相邻"事件的同时性。当我们提起绝对的同时性时,当我们想象宇宙的几个瞬时剖面时,也可以说这些瞬时剖面捕捉到了相隔任意距离事件之间确定的同时性,我们是以这种与事物总体同外延的超人意识进行思考。

毫无疑问,相对论所定义的同时性完全是另外一回事。当相距或远或近、属于同一系统 S 的两个事件在同一时刻发生,当它们发生的时刻符合两个彼此相邻时钟上的同一显示结果,就被认为是同时的。这两个时钟已经相互进行过光学信号或更为普遍的电磁信号校准,前提是这个信号的来回路线相同。如果从位于该系统内部、将该系统视为不动的观察者角度出发,这是确凿无疑的。然而,一个在相对 S 进行运动的系统 S'内部的观察者,以自身所属系统为参照系,将其视为不动,就会看到前一个系统在运动。对他来说,S 系统内两个时钟之间的信号,通常来说,来回路线是不相同的;因此,对他而言,在这个系统内时钟显示同一时刻发生的事件,并不是同时的,而是相继的。如果我们从这个角度来考量同时性——这也是相对论的角度——很明显同时性毫无绝对可言,根据不同的观察角度,同样的事件可以是同时的也可以是相继的。

但是,在给出同时性这第二个定义的时候,难道不正是要求我们接受第一个定义吗?承认了前者,不正是不言自明地承认了后者吗?我们把进行比较的两个事件分别称为 E 和 E′,把两个相邻放置的时钟分别称为 H 和 H′。根据第二个定义,当 H 和 H′ 显示同一时刻的时候,同时性是存在的;它也是相对的,因为它依赖于对两个时钟进行相互校准的操作。然而,如果说这确实是两个时钟所显示时刻之间的同时性,那是否可以说这也是 H 时钟所显示时刻与 E 事件之间、H′时钟所显示时刻与 E′事件之间的同时性呢?答案显然是否定的。事件与时钟所显示时刻之间的同时性是由感知赋予的,感知通过一个不可分的行为将二者联系在一起;该同时性的本质在于——它独立于任何校准时钟的操作——这个行为可以随意地既为一又为二。倘若该同时性不存在,那么时钟就派不上任何用场。没有人会去制作时钟,或者至少没有人会去购买。因为人们买时钟就是为了知道几点;而"知道几点"不是为了确认一个时钟所显示时刻与另一个时钟所显示时刻之间的对应,而是为了确认某个时钟所显示的时刻与人们所处时刻或所发生的事件,总之不是时钟所显示时刻的某种事物之间的对应关系。

您会说,直觉观察到的某个事件与时钟显示时刻这一特定事件之间的同时性是一种邻近的,可以说十分相近的事件之间的同时性,而通常所说的同时性指的是相距很远的事件之间的同时性。但是问题又来了,近距离从何算起,远距离又从何结束呢?您认为"邻近"的时钟与事件之间的距离,在分别守在 E 点和 H 点的微生物学者看来则显得无比遥远。他们会制作微生物时钟,并通过交换光学信号进行同步。如果您告诉他们您的眼睛明明白白观察到"相邻"的 E 事件与 H 时刻之间的同时性,他们会回答:"不!我们不认同这一点。爱因斯坦先生,我们可比您更爱因斯坦化。只有当我们的分别放置在 E 点和 H 点的微生物时钟与你们人类时钟显示相同时刻的时候,事件 E 与你们人类时钟所显示时刻之间的同时性才能成立;而该同时性对于我们系统之外的观察者来说可能是相继的;它既不是直觉的也不是绝对的。"

我并非反对您关于同时性的定义,也不反对广义相对论。我刚才所讲的观点(或者不如说是简要概述,因为如果要就此展开严密论述的话,我的发言会比这长得多)是出于另一个目的。我想要说的其实很简单:一旦承认相对论是物理理论，一切并未结束。接下来还要确定相对论所引入概念的哲学含义。还要研究它在多大程度上放弃了直觉，又在多大程度上仍然与直觉相关。还要区分它所得出的结果，或者说它在提出问题和解决问题的中间过程中，哪些是真实的部分，哪些是约定的部分。通过这项与时间相关的研究，我认为人们将意识到相对论与常识观点毫无不兼容之处。

**爱因斯坦**：因此，问题在于哲学家的时间与物理学家的时间是不是一回事？我认为，哲学家的时间既是心理的又是物理的；而物理时间可以来自于意识的时间。最初，人类个体具有了感知的同时性这一概念；于是他们能够彼此相处，就他们所感知到的事物达成某个约定，这就是通往客观真实的第一步。但有一些客观事件独立于人类个体，人们便从感知的同时性进入事件本身的同时性。实际上，由于光的传播速度极快，这种同时性在长时间里并未引起任何矛盾。所以同时性的概念能够超越感知运用于事物。由此可以推论出不久前发生的事件的时间顺序，直觉也是这么做的。但我们的意识并不能得出事件同时性的结论，因为它们仅仅是一些心理构建，一些逻辑存在。因此，并不存在哲学家的时间；只有一个不同于物理学家的时间的心理时间。

**Meyerson**[21]：我想向爱因斯坦先生请教两点，这两点并不太涉及其观点的本质，而是更多地与他的观点经常被表达的方式以及人们想要从中得出的结论有关。

我们常听到人们谈起四维宇宙，谈论中的用语往往会让人以为这四维的属性相似。但显然并不是这么回事。要意识到这一点只需注意到，在爱因斯坦先生的世界里，空间并非无限的，我们沿着直线持续运动，经过极其漫长的时间（据说要以限定速度，即光速，经过十亿年）还会回到原来的地点。如果这对时间也同样成立，那么显然我们应该能够在任意遥远的将来，重新找回现在的时刻。这可能正是最早的古希腊思想家尤其是 Héraclite 提出的非常古老的"大年"（Grande Année）构想，我们在一些现代哲学家和科学家的著作中，例如 Nietzsche 和 Arrhenius[22]，可以读到这一构想的影响，并且由于汲取了历代先贤的思想，呈现出更为丰富和严谨的面貌。爱因斯坦先生的观点完全不是这样，正如你们所知，他的宇宙是"圆柱体的"，也就是说空间的三个维度有一个曲率，而第四维度时间则没有。不仅是爱因斯坦先生预见的这种空间的循环返回，哪怕要经过极其漫长的周期，对于时间来说是不可能的，我们都知道，任何返回、任何后退对于时间来说都是不可能的。我们在时间中的运动完全不同于我们在空间中的运动。根据相对论的原理，人们在这一点上的观点很可能发生了一些变化。时间的运行不再对于所有人都保持一致，如果一位旅行者以接近光速的速度结束一段行程后返回，他的手表一定和留在原地的人们的手表显示的时间不一致。但这种不一致是有限度的，因为这位旅行者绝不可能退回到原来的时间中。"我们不能向过去发电报",爱因斯坦先生此话十分准确。相对论对我们曾经坚信不疑的观念带来了极大冲击,熵原理是这场冲击之后仍然成立的旧物理学两大原理之一,另一条,正如你们所知,是最小作用力原理。

从这个观点来看,我认为真实情形正如我以下所说。爱因斯坦的力学包含着可逆性。但这并非其专属特点;正相反,在传统力学中,现象同样表现为可逆的。在这两种情况下,这显然是我们将时间"空间化"的内在倾向所引起的,这一倾向的简单表现就是,我们利用一个数字化的时长来代表时间,因为任何数字都是可增可减的。你们都知道,传统力学领域的不可逆性是通过统计学观察获得的。这些观察在爱因斯坦力学中当然同样可以保留。在此层面上,也许可以像有人曾说过的那样,将量子假设与相对论原理相结合。不管怎样,当涉及这个维度的特殊结构的问题上,应当避免任何模棱两可之处,而且在谈到宇宙维度的时候,与其说四维宇宙不如说 3+1 维宇宙,正如 Weyl 先生所做的那样,但同时也要注意到,这个区分不仅与区间方程式中时间变量前有一个不同于其他三个空间变量的标记有关,而且尤其与不可逆性这个事实相关。我们这位享有盛名的客人,他本人也曾叮嘱过我们要考虑各种象征之外的物理事实。而这正是最为重要的事实,因为无论在爱因斯坦还是牛顿的世界里,我们都不是倒退着走路,也不是先消化后进食。

第二个问题更为复杂一些。人们往往认为相对论理论完成了 Mach[23] 所开创的研究规划,可以说将其具体化了。从某种角度来看,这是完全正确的,因为在关于空间运动的理想相对性问题上,Mach 确实是您真正的先驱之一。请您原谅我花一点时间简短地向哲学学会的同僚们介绍一下 Mach 的观点。大家都很熟悉牛顿的旋转水桶实验:起初,也就是桶壁已经开始高速旋转,但还未将它的运动传导给水的时候,水仍然保持平面;随后,液体也开始旋转,水面沿桶壁上升。牛顿由此得出结论,认为旋转运动是一种绝对运动,也就是说,这种绝对运动不同于引力引起的、依赖于质量的运动,而是由空间本身的内在本质所决定。Mach 正是对这一点提出了质疑。他认为旋转运动同样取决于存在于空间中的质量。如果说水的离心运动表面看起来独立于桶壁的旋转,那是因为桶壁的质量相对来说微不足道。"如果桶壁越来越厚,质量越来越大,最后达到好几千米厚,那就没有人能说这实验会得出什么样的结果"。[24]爱因斯坦的理论在这一点上明确了 Mach 的设想。事实上,对牛顿来说完全不相关的万有引力和惯性运动在此变成了密切相关,人们能够计算出要想让一个物体产生的离心力能够被仪器测量到,需要移动其周边多大的质量。

但是,Mach 理论的这个方面尽管非常有价值,却并非其理论的重点所在,如果我们想要对这位相对论思想家的整体观点进行评价,就要考虑空间相对性

247 之外的其他内容。实际上,Mach 首先是一位 Auguste Comte 的继承者。对他来说,就像对于那位实证主义的开创者一样,科学只是规则和定律的集合,只了解并且只应该探求事物之间的关联,必须坚决避开任何以了解事物本身,所谓形而上的知识为目标的研究。实证主义从最早一批 Auguste Comte 的信奉者开始,便通过把对物质的不探究与物质在意识之外的不存在联系起来,从而与一种极端理想主义紧密联系在一起(例如 Taine[25] 与 Hegel[26] 学说的关系)。因此,一点儿也不必感到奇怪,加上相对性这个词的模糊使用引起的混淆,我们会看到实证主义的支持者们依据爱因斯坦先生的理论,声称空间的相对性证明了我们的知识在各个层面上的相对性,并由此表明试图深入事物内部是多么地徒劳无用,就像原子论认为的那样。这才是整个问题真正的关键所在。Comte 在其强大的科学直觉推动下,通过一种巧妙的非逻辑性,曾经声明原子论是一种"好理论"。但是 John Stuart Mill[27] 已经意识到,要想更严谨地追随实证主义的原则,必须抛开客体,与我们的感觉建立直接联系,Mach 则表示坚决反对原子论。对 Mach 来说,就像对于追随他的唯能主义派一样,最理想的一种科学是热动力学,因为这门科学放弃了对其所涉及对象的任何具体表现,仅限于根据两个抽象定律的设定展开推导。这种态度在 19 世纪最后几年以及 20 世纪初的今天表现得尤为明显,而在此期间的一些发现则揭示了物质的不连续性,并引起了原子论观点的回潮。这一强劲的发展趋势显然带来了知识的巨大进步,但在唯能主义者看来却是有害的倒退。我无意在此说明这些已被科学界的讨论彻底忽略不谈的主张是多么地空洞无意义。我只想强调,Mach 的观点与爱因斯坦先生的理论在这个层面上不存在任何真正密切的和必要的联系。我们完全可以赞同空间

248 的相对性,而同时坚信,就像 Malbranche[28] 所证明的那样,任何科学都不可能不事先假定客体位于意识之外,因此,科学不可避免地会在知识进步给这个物理图像带来的改变中不断明确对该客体的构想。在我看来,爱因斯坦先生本人的态度同样支持这个看法。实际上,我刚才提到的这种趋向原子论、让那些坚定的唯能主义者深感不悦的发展进程,正是爱因斯坦先生大力推动的。1905 年,几乎和他最早开始的相对论研究工作同时,他发表了一篇论文,当时他并不知道 Gouy 的研究结果,对布朗运动基本没有了解,他在文中确定了分子运动的差值,正如大家所知,他的公式随后被 Perrin 先生采用。[29] 同样,在 1911 年的物理会议(*Conseil de physique*)上,关于黑体辐射这种对原子物理学来说奇怪而又尴尬的现象,一种纯现象学的态度在会上被明确提出来,而爱因斯坦先生正相反,他清晰而有力地强调,需要用"一种具体的形式"来表现我们对于这种现象的了解,也就是说要通过一种空间图形,借助一种真正能够解释所观察到现象的机制;此外,他指出该物理图像应该尽可能完整和一致,并提到了采用 Planck 假设时遇

到的困难和不真实。我无意做过多的展开,我想在这个领域,爱因斯坦先生的观点与 Mach 相差甚远。鉴于这个问题无论从科学理论、认识论的角度,还是对于普遍意义上的哲学都具有特殊价值,再加上我刚才谈到的可能存在的混淆,我认为很有必要让相对论提出者本人做进一步的阐述。

**爱因斯坦**:可以肯定的是,在四维的连续中,各个方向并不等价。另外,从逻辑角度来看相对论与 Mach 的理论并没有很大关系。对 Mach 来说,需要区分两点:一方面,有些事物是我们无法触及的;这是指经验的直接前提条件;另一方面,有些概念则是我们可以更改的。Mach 体系研究的是存在于经验的前提条件之间的关系;对 Mach 而言,这些关系的整体就是科学。这是一个糟糕的角度;整体来说,Mach 所做的是一份目录而不是一个系统。Mach 越是一位优秀的力学家,就越是一位蹩脚的哲学家。在科学上的这种短视最终引导他拒绝承认原子存在。如果 Mach 今天仍然在世,他很可能改变观点。我还是想强调一下,在概念是可以改变的这一点上,我完全认可 Mach。

**Piéron**[30]:关于 Bergson 先生提出的心理时间持续与爱因斯坦时间之间的对比,我想指出,心理生理学家在采用科学方法对持续性、连续性以及同时性所产生印象进行研究的过程中,已经完成了一些相关的对比实验。

长期以来,天文学家承认,在无线电信号对时的时候通过肉眼和耳朵在天文望远镜的交叉线上确定一颗恒星位置,这种情况下不可能以心理上的同时性为基础来精确测定物理上的同时性。这正是 Bergson 先生提出的具体实验类型,以显示持续性的印象对测定物理时间可能造成的干涉。

然而我们都知道,从生理学角度看,不同感官印象之间在物理上的同时性不可能准确转化到精神上。事实上,不考虑复杂且不规律的大脑变异,外界刺激转化为生理冲动之间的反应时间以及该生理冲动的传送时间,都会随着相关的人体部位和感知器官不同而发生变化。更有甚者:假设视网膜上对称两点接收到一个光线刺激;这种情况下,在给定的近似值范围内,感觉到的同时性应该肯定也标志着物理上的同时性。然而实际上只需要光线刺激的强度有所不同就会导致出现完全不同的结果。我曾经测量出,不同强度的光线例如弱光刺激,在物理上早于强光刺激几厘秒,在实际感受上却明显是后发生的。因此,生理上的先后性或同时性测定结果在任何情况下都不能用于测量物理时间,按照 Bergson 先生阐明的科学规律,这种测量必须能够进行空间上的转译。我们正是通过一些信号装置在一个由或快或慢运动带动的平面上所留痕迹的吻合或不吻合来判定物理上的同时性,必要的时候进行修正。对于这种时间测量,正如所有其他测量一样,视觉敏锐性必然介入其中。因此在我看来,Bergson 的持续应该与普遍意义上的物理时间,尤其和爱因斯坦的时间应该完全是两回事。

**Bergson**：我完全同意 Piéron 先生的观点。对某一同时性的心理上的观察必然是不精确的。但要想通过实验室的实验证明这一点，却不得不依赖同时性的心理学观察，尽管仍然是不精确的，但没有它们的话，人们将无法对任何仪器装备进行读取。

执行编辑：Max Leclerc

251 发表在《法国哲学学会志》(*Société française de Philosophie. Bulletin*)1922 年第 22 期，第 91—113 页。记录时间为 1922 年 4 月 6 日，发表时间为 1922 年 7 月。

    [1] Xavier Léon。

    [2] Pierre Boutroux(1880—1922)，法国数学家。

    [3] 1911 年冬季。

    [4] *Langevin 1911a*。第四届国际哲学大会于 1911 年 4 月 6—11 日举行。

    [5] *Langevin 1911b*。报告的宣读时间是 1911 年 10 月 19 日。

    [6] 1921 年 12 月 26—28 日在索邦大学举办了一场哲学会议，参会者来自美国、比利时、英国、法国和意大利等多个国家。P. Drosue 1921 年 11 月 30 日邀请爱因斯坦(第十二卷，日程表)。爱因斯坦拒绝了 Paul Painlevé 1921 年 12 月 7 日的邀请(第十二卷，文件 314)。

在"关于相对论的最新形式"的特别会议上，伦敦大学学院的数学讲师 Dorothy Wrinch(1884—1976)做了开场报告。随后，支持相对论的 Paul Langevin 与反对相对论的 Paul Painlevé 进行了一场辩论。博洛尼亚大学的射影与画法几何学教授 Federigo Enriques 没有参加辩论。他在另一会场宣读了关于 Kant 以及当代科学历史发展的报告。回顾相关内容，参见 *Bush 1922*。

    [7] *Poincaré 1901*。

    [8] *Einstein 1905r*。

    [9] August Comte。

    [10] Jacques Hadamard。

    [11] 在文件 120 中，爱因斯坦提出希望与学者们进行开放式讨论，而不是一场正式的报告，并提到自己法语水平有限。于是，在爱因斯坦 3 月 31 日的法兰西学院公众演讲之后，法方组织了一场分三期进行的讨论会。在 4 月 5 日的第二期讨论会上，Hadamard 指出了一个广义相对论可能存在的内部矛盾的具体例子。他特别提出了这样一个问题：自然界中是否存在足够大的天体，其极坐标存在一个"奇点" (Schwarzschild 半径，现被称作黑洞视界)，该极坐标可能确实位于天体的外部，以至于度量方程的无限项将能够运用于物理世界。

爱因斯坦回答道："如果……这个项确实能够在宇宙中某个地方被取消，那么对于相对论将是一个难以想象的灾难；很难先验地预言物理上将会发生什么，因为到那时这个公式已经不再适用了。"("Si……effectivement ce term pouvait quelque part dans l'Univers s'annuler, alors ce serait un malheur inimaginable pour la théorie; et il est très difficile de dire *a priori* ce qui arriverait physiquement, car alors la formule cesse d'être applicable")爱因斯坦还开玩笑地把奇点自己会在真实世界出现的可能性称作"Hadamard 灾难"。(*Nordmann 1922b*, p.156)Charles Nordmann 指出，Eddington 的星球结构理论以及观察均暗示并不存在足够大的天体。爱因斯坦回答说他更愿意他的理论不依赖于任何物质行为的外部模型，以避免"Hadamard 灾难给理论带来的不幸"("au malheur que constituerait pour la théorie la catastrophe Hadamard"；*Nordmann 1922b*, p.155)。

在 4 月 7 日的第三期讨论会上,爱因斯坦带来了一个计算结果,该结果表明当一个天体积累了足够大的质量并完全包含在它本身的 Schwarzschild 半径之内,它的中心压力会变得无穷大。在这种情况下,时钟会停摆,时间会停止,从而阻止 Hadamard 灾难的发生。他指出"物质的能量会转化为空间的能量"。("l'énergie de matière se transforme en énergie d'espace")并以重复牛顿的话作为结尾:"这就是我所能说的全部,因为我不想提出假设。"("c'est tout ce que je peux dire, … car des hypothèses je ne veux pas en faire")Hadamard 表示他对灾难不会在自然界发生感到很满意(*Nordmann 1922b*, p.156)。

[12] Elie Cartan(1869—1951),索邦大学数学教授。

[13] *Langevin 1911a*。

[14] Paul Lévy(1886—1971),巴黎综合理工学校解析数学教授。

[15] Jean Perrin(1870—1942),索邦大学物理化学教授。

[16] Jean Becquerel(1878—1953),国立自然史博物馆物理学教授。

[17] *Mie 1920*。

[18] Léon Brunschvicg(1869—1944)。

[19] Edouard Le Roy(1870—1954),索邦大学哲学教授。

[20] Henri Bergson(1859—1941),索邦大学现代哲学教授。他关于持续和同时性(duration and simultaneity)的著作(*Bergson 1922*)于 1922 年末才出版(参见 *Bergson 1972*, pp.1599—1600)。

[21] Emile Meyerson(1859—1933),哲学家,巴黎犹太人欧洲与小亚细亚殖民协会会长。

[22] 关于尼采[Nietzsche]的永恒轮回(eternal return)概念,见 *Nietzsche 1886—1891*,特别是"康复中的患者"("Der Genesende")章。相关讨论见 *Abel 1984*。Svante Arrhenius 在 *Arrhenius 1907* 中详细阐述了他对该问题的观点。

[23] Ernst Mach。

[24] "如果桶壁越来越厚,质量越来越大,最后达到好几千米厚,那就没有人能说这实验会得出什么样的结果。"("Niemand kann sagen wie der Versuch verlaufen würde, wenn die Gefässawände immer dicker und massiger, zuletzt mehrere Meilen dick würde";*Mach 1883*, p. 217)

[25] Hippolyte Taine(1828—1893)。

[26] Georg W. F. Hegel(1770—1831)。

[27] John Stuart Mill(1806—1873)。

[28] Nicolas Malebranche(1638—1715)。

[29] *Einstein 1905k*(Vol.2,文件 16)。Léon G. Gouy(1854—1926),里昂大学物理学教授。爱因斯坦在 *Einstein 1906b*(Vol.2,文件 32)中认可了 Gouy 的实验结果。

[30] Henri Piéron(1881—1964),索邦大学生理心理学实验室主任。

# 132. Oswald Veblen 的来信

1922 年 4 月 6 日

亲爱的爱因斯坦教授:

非常感谢您关于 Thomas 先生的来信。[1]他期望 6 月初动身去德国,在那里待到 9 月再回美国，待上几个月后，再次前往德国。我希望你能对他感到满意。他至少应该能够对您在相对论方面的工作有透彻的理解。

您的手稿比信晚到了很多，但我最后还是收到了，并已转交给 Adams 教授。[2] 普林斯顿大学出版社正在为它的出版做必要准备。

敬祝俪祺，您诚挚的

Oswald Veblen

TLS.［23 147］。文件打印在抬头为"普林斯顿大学数学系"（"Princeton University, Department of Mathematics"）的信笺上，收信人地址"德国柏林西 30 区哈伯兰大街 5 号爱因斯坦教授"（"Professor A. Einstein, Haberlandstrasse 5, Berlin W. 30, Germany"）。

［1］爱因斯坦曾答应帮助 Veblen 的一个想来柏林在自己手下学习的学生 Tracy Y. Thomas（见文件 58）。

［2］在文件 58 中，爱因斯坦曾告知 Veblen，自己要将 *Einstein 1922c*（第七卷，文件 71）的手稿放在另外信封中，后者由他转交 Edwin P. Adams。

# 133. Paul Winteler 的来信

佛罗伦萨疗养院，蒙土基路（via Montughi）5 号，1922 年 4 月 6 日

亲爱的阿耳伯特：

昨天，我们热切盼望的终于到来了，秋天的时候你将得到它，它不会在我这里丢失。[1] 我感谢你的帮助。我将出具一份正式的收条，最好给你寄到苏黎世，或者是你指定的任意地址。

Maja 的病情终于好转，她尚需继续住院 14 天并需继续治疗约一个月。[2] 你的信寄到的时候，正值她那有生命危险的 14 天内，疼痛剧烈令她难以忍受。[3] 当然，你的信的内容我就根本没让她知道。我深信，即使当年 Jakob 舅舅在救助他病重的妹妹——你的母亲时，也没有给你写过与你的文字类似的信，[4] 而那时你处的境地与我今天的一模一样啊。其他类似情景想必你记忆犹新。其他的话我今天就不多说了，只请你想到一点，那就是我的健康状况本来就不好，而 11 月 2 日以来我们两人都遭遇重病。[5]

致以相应的感谢与问候

Pauli

ALS.［144 808］。

［1］关于 Winteler 对 2000 瑞士法郎的请求，见文件 106。3 月 23 日，爱因斯坦让 Ehrenfest 汇 1000 瑞士法郎给 Maja-Winter Einstein（见文件 107）。

［2］因头部有一个感染的疖肿，她曾经接受过三次外科手术（见文件 102）。

［3］可能指的是爱因斯坦让他们迁到德国南部的建议（见文件 210，注释 4）。

［4］1919 年末，爱因斯坦曾说过，他希望 Jacob Koch 能信守承诺，帮助身患不治之症的妹妹 Pauline Einstein［见爱因斯坦致 Elsa Einstein，1919 年 10 月 28 日（收录于《全集》第十卷中的第九卷，文件 152a）］。关于 Winteler 对 Koch 不可靠，特别是在经济上不可靠的评价，见 Paul Winteler 致爱因斯坦，1919 年 12 月 31 日（收录于《全集》第十卷中第九卷，文件 239a）。在此期间，由于爱因斯坦必须得把钱寄往苏黎世去供养 Mileva 和他俩的儿子们，所以他糟糕的经济形势因为在德国马克和瑞士法郎之间的不利汇率而恶化了［见爱因斯坦致 Heinrich Zangger，1919 年 12 月 15 日或 22 日（第九卷，文件 217）］。

［5］有关 Winteler 以前的疾病，见文件 125，注释 4。

## 134. 致 Elsa Einstein

［巴黎］1922 年 4 月 9［8］日[1]，

亲爱的 Else！

一切都非常顺利！昨天是最后一个讨论会，晚上和所有同仁参加宴会。[2] 你无法想象我在这里得到多少同情。[3] 哪怕是在政治方面，我也只碰到对于时事的冷静评论和对相互交流的善良愿望，比我预计的情况好很多。明天要坐车去战场遗址。[4] 从那里我将坐火车去基尔，Anschütz 叫我去那里参加星期二举行的一个重要的听证会。[5] 德国人真应该知道我这次出访对国家的贡献。但是他们心眼儿太小不会明白。昨天我访问了 Rothschild，告别的时候，他递给我一个颇有份量的皮包。他是个精明的男人，夫人和女儿也在场，[6] 从穿着到内心都表现出令人尊敬的质朴。我想着到了周末，就终于能够到家，和你们在一起，享受应得的休息。Deng 夫人托我转交给你一个很重的糖果包裹。[7] 我会把她附带的信给你，把包裹送给 Langevin 夫人。[8] 而你只好去给自己买 200 马克的甜食，这是我明确地给你的任务。

热烈地吻你们所有人，你的

阿耳伯特

我得去 Painlevé 那里进餐了——他是个出色的人物！[9]

ALS. *Nathan and Norden 1975*, p. 68（excerpt）。［143 122］。

［1］根据爱因斯坦在法兰西学院最后一次会议的时间，以及他参观战场的日期（见注释 4），对文件日

期作了修正。

[2] 与 4 月 3 日和 5 日举行的前两个讨论会一样，4 月 7 日的最后一次讨论会，在法兰西学院的物理讲堂举行（可参见 *Nordmann 1922b*，pp.156—159）。晚宴的参加者包括 Marie Curie-Sktodowska、Paul Painlevé、Jean Perrin 和 Maurice Solovine。菜单的背后有参加者的签名（图 3）。

[3] 关于法国媒体对爱因斯坦的巴黎之行的报道的概况，见 *Klemm 1998*，pp.84—90。

[4] 4 月 9 日，在 Paul Langevin、Charles Nordmann 和 Maurice Solovine 的陪同下，爱因斯坦参观了在兰斯（Reims）和圣昆廷（St. Quentin）的战场。在圣昆廷，爱因斯坦登上火车去科隆。见图 4，以及 *Nordmann 1922a* 中的相关报道。

[5] 指的是 Anschütz 与航海仪器公司的官司（见文件 116）。

[6] Edmond James de Rothschild 男爵（1845—1934），银行家和犹太慈善家。皮箱里装的可能是给犹太复国主义组织的部分捐款，用来资助在耶路撒冷建立一个国家图书馆（见 *Wasserstein 1977*，pp. 10 和 44）。夫人和女儿分别是 Adelheid von Rothschild（1853—1935）和 Miriam Caroline Alexandrine de Rothschild（1884—1965）。

[7] L. Deng 和 Elsa 从青年时代就是好友（见爱因斯坦致 Elsa Einstein，1920 年 5 月 22 日［第十卷，文件 25］，以及 Elsa Einstein 致爱因斯坦，1920 年 5 月 24 日［第十卷，文件 30］）。

[8] Emma Jeanne Langevin-Desfosses（*1874）。

[9] Paul Painlevé。4 月 8 日晚上，爱因斯坦在法兰西喜剧院观看的演出剧目有莫里哀（Molière）的《悭吝人》（*L'Avare*）和马里沃（Marivaux）的《爱情与偶然狂想曲》（*Le Jeu de l'amour et du hasard*）。之后他和 Paul Langevin 以及记者 François Crucy 等人去了一家小啤酒馆，在那里待到凌晨两点钟（见 Crucy 在 4 月 10 日的报纸《小巴黎人》（*Le Petit Parisien*）上的报道）。*Nordmann 1922a* 中误记为马里沃的另一个剧目《虚假秘密》（*Les fausses confidences*）。

# 135. 魏宸组的来信[1]

柏林，1922 年 4 月 8 日

非常尊敬的教授！

在此我很荣幸地通知您，北京大学校长[2]要我告诉您，该大学非常高兴地欢迎您去那里做一段时间的讲学。关于具体条件，校长先生告诉我，他们非常愿意支付您在北京教学期间的旅馆和其他费用，并额外每月支付 1000 华币①的酬金。[3]我冒昧地请求您告诉我，我国的学术界人士是否有幸能在本国接待您。

致以良好祝愿，荣幸地作为您最忠诚的

魏宸组
中国公使

---

① 此处德文为 chinesischen Dollars。——译者

TLS. [36 482]。收信人地址"Sr. Hochwohlgeboren Herrn Professor Einstein. Berlin"。
    [1] 魏宸组(1880—1942)时为中国驻柏林公使。
    [2] 蔡元培(1868—1940)。蔡元培电报的中文版见于 *Gao 1985*, p. 68(见 *Hu 2005*, p. 210,注释 90)。
    [3] 这个报酬等于 539 美元(*Hu 2005*, p. 210,注释 90)或者 122.64 英镑(《纽约时报》,1922 年 4 月 8 日汇率)。作为比较,为爱因斯坦日本讲学提出的酬金是 2000 英镑(见文件 21)。

## 136. Gustave Le Bon 的来信[1]

巴黎维农街(Rue Vignon)29 号,1922 年 4 月 9 日

先生:

    鉴于您很可能没有时间读法语专著,我给您寄去一篇我 1914 年在科学院会议记录上发表的文章(只有一页),这篇文章证明我在 20 多年前已经得出了和您的部分观点完全一致的结论。[2]您一定十分愿意在适当的场合提到我的这些结论。

    我很愿意在我主编的丛书里出版您在法兰西学院的讲座和讨论,该丛书收录了 Henri Poincaré 的大部分专著。

    请接受我崇高的敬意!

Gustave Le Bon

ALS. [43 308]。信笺抬头为"科学哲学丛书 Gustave Le Bon 博士主编"("Bibliothèque de Philosophie Scientifique. Dirigée par le Dr. Gustave le Bon")。信的左侧边缘有用于活页装订的穿孔。
    [1] Le Bon(1841—1931),人类学家、心理学家、社会学家、科学爱好者。
    [2] 见 *Le Bon 1914*,Le Bon 在文中宣称自己早在 1900 年就发现(并发表)了物质与能量等价原理。

## 137. Georg Maschke 的来信[1]

万湖,克莱内湖大街(Kleine Seestr.)31 号,1922 年 4 月 9 日

非常尊敬的教授先生:

    我衷心祝贺您在巴黎取得的巨大成功。我妻子、女儿和自己都一直在以极大的兴趣和真诚的喜悦关注您的成就。

    我本来早该给您写信,但是后来收到 Wankmüller 先生的令人难过的来信,谈到您和公司的关系以令人不快的方式收场,就搁置下来了。[2] Wankmüller 先生和我一样,在国外待了很久,显然和这事没有什么关系,因为他的总经理一向

是独立行事的（那位先生当然已经被解雇了）。我曾多次口头或者书面促请 Wankmüller 先生当面向您道歉，但是似乎到目前为止还未能奏效，所以我想至少让您知道此事。一个可能的原因，是 Wankmüller 先生在过去的两年中，为了保住他的公司，一直处于很大的压力之中。我已经离开他的公司，这样他可以找一个更年轻的投资者。

当然归根到底，这是我的错，因为是我把您介绍给这个公司的，所以我要请求您的原谅。我是出于好意，没有想到会发生后来的事情。战争带来的精神变态及其后果扭曲了很多事物和人，所以请您允许我们，把这件事也归罪于它吧。

希望能够收到您的简短回复。我自己和全家向贵伉俪致以最美好的祝愿，您诚挚的

G. Maschke

TLS. [44 398]。文件上有墨水污点。

[1] Maschke 是一名商人，一些德国飞机公司的投资者。

[2] Romeo Wankmüller 是默库尔飞机制造公司 (Mercur Flugzeugbau G.m.b.H.) 董事。当时爱因斯坦受雇担任公司"科学顾问"。见 1917 年 12 月 29 日该公司致爱因斯坦的信（第八卷，文件 422）。

## 138. Paul Oppenheim 的来信[1]

美因河畔的法兰克福，1922 年 4 月 9 日

亲爱的教授先生：

在您打电话来问我是否能在手稿一事上助一臂之力的时候，我决定等到其他方式都告失败再说。现在看起来，显然是有先见之明：我当时和现在都感觉，我们之间的友谊，有可能因此受到伤害，而且对个人和科学事业都没有好处。[2] 这就是为什么我觉得您还是应该自己做决定，这样您仍然可以找到一种方法，把已知的，我的有分歧的观点考虑进去。

但是您知道，我提起手稿问题，只是把它作为一个症状。对我来说，最主要的是从友谊和对科学的热爱出发，修补双方之间已经破裂的关系。通过仔细审查那些可能完全并非有意的起因，我们一起进行了心理分析，消除了这些原因，以便开始培养一种不同的态度：从现在起，您要转向关注那些和血气方刚的情绪和气质（或者用个其他的什么您觉得合适的名字来称呼，您之前对之从逻辑上作了评估，并予以否定）相反的东西。让我非常高兴的是，您答应我，

为了科学的利益,至少可以恢复科学关系,这个姿态的伦理高度可以媲美您的科学造诣。[3] 我相信您会信守诺言,尤其是因为我感觉在做出承诺的时候包含了友谊的成分。虽然承诺的精神意义远高于个人友谊,但是后者肯定能提供些许的保证。

我无需跟您说,如果不久后听到你们之间已经交谈过的消息,我会有多高兴;我相信您会对此感到满意的。

怀着这样的期望,我们都[4]衷心祝愿您万事如意,您诚挚的

Oppenheim

1922 年 4 月 29 日

我之所以到今天才能送出上面这封信,是因为一直没有得到 Freundlich 的回复,他之前一直出门在外。我的看法都没有什么改变,只是想提出下面这个建议,觉得这是目前最好的解决方案,希望您不要觉得啰嗦:在我拒绝之后,您需要作出决定。是否愿意等待一段时间?在情绪激动的时候不适合做出这类决定。暂时可以把手稿放在安全的地方,任何时候只有您个人才能处置(比如在国家图书馆的手稿收藏部,[5]或者干脆放在自己家里)。我当然可以向您保证,除非您直接强迫我,否则我不会对整件事再提一个字。最重要的是:在采取其他行动之前,先耐心等待。也许您会感谢我又提出这么一个小建议。再次祝好,您最诚挚的

Oppenheim

ALS.[11 326]。文件左侧页边有活页孔。

[1] Oppenheim(1852—1929)是一名化学家,做为 N. M. Oppenheim 的继承人。

[2] 1921 年 12 月,爱因斯坦和 Erwin Freundlich 之前就 *Einstein 1916e*(第六卷,文件 30)手稿的所有权一事发生争执(见爱因斯坦致 Erwin Freundlich,1921 年 12 月 20 日[第十二卷,文件 330])。

[3] 由于这场争执,爱因斯坦曾想解除与 Freundlich 的官方和私人关系(见爱因斯坦致 Arnold Berliner,1921 12 月 24 日[第十二卷,文件 339])。不过他还是继续保持了与 Freundlich 的联系(见未刊文献摘要一览表 127)。

[4] 可能是指 Oppenheim 的妻子 Gabriella Oppenheim-Errera。

[5] Ludwig Darmstaedter 之前曾经请求爱因斯坦将自己的通信捐赠给普鲁士国家图书馆(见 Ludwig Darmstaedter 致爱因斯坦,1919 年 12 月 8 日[第九卷,文件 201])。

## 139. 致 Lucien Chavan[1]

[巴黎，1922年4月10日]

在十天繁忙而富有成果的巴黎之行之后，向您致以友好的问候，您的老朋友

A. 爱因斯坦

AKS(SzBSF)。[37 572]。明信片收信人"Mr. Chavan Telegraphen-Direktion Bern(Suisse)"，邮戳为"Paris-XIV Av. D'Orléans 10 avril 11 15 22"，并有二次邮戳"Bern Brief[träger?] 12? Ⅳ 22 [－－]"。"Unbekannt Beundenfeldstr Bischoff"和"Beundenfeldstrasse 27"是后添上的，为不同的手迹。明信片的背面印有巴黎卡尔波之泉(La Fontaine de Carpeaux)的照片。

[1] Lucien Chavan(1868—1942)与爱因斯坦自大学时代起就是朋友。1921年他从瑞士电报管理局退休(见第五卷中他的生平)。

## 140. Paul Langevin 的来信

巴黎，1922年4月10日

我亲爱的朋友：

我想您在返回柏林的时候，将会收到这封信及其附件。它将再一次告诉您，我是多么高兴能够与您再次相见，并且在我们力所能及的范围之内，共同致力于修补战争带来的巨大破坏。

我想知道您此行是否过度疲劳。请放心，虽然您为这次的巴黎之行付出极大努力，但是它非常精彩，在这边留下了最好的印象，远远超过我的期望。

非常不好意思的是，您写下的让我寄钱去的地址的那个纸片，现在找不到了。——[1]您能否再给我一次，以便我尽快完成此事？

请转达我对爱因斯坦夫人的致意，您诚挚的

P. Langevin

ALSX. [15 361]。信笺抬头为"Collège de France Laboratoire de Physique Expérimentale"。

[1] 可能是 Kuno Kocherthaler 在马德里的地址。

## 141. 致 Ilse Einstein

基尔,星期二,[1922 年 4 月 11 日]

亲爱的 Ilse！

好了,我已经于今日凌晨两点安全到达,并且收到了你的来信。[1]庭审明天才开始。[2]因为一个实验的缘故,我星期四还得待在这里。[3]所以我要到星期五晚上 9:17 才能到家(莱特火车站[Lehrter B. hf])。关于 Deng 夫人[4]和 Höchstetter 先生送的两包糖果,我都在巴黎当作礼品送人了。不过你也不用流一滴眼泪,我在此给你一个任务,支取 400 马克,与 Margot 和母亲商量后,采买各种糖果。母亲的反对无效；因为这只是代替收到的礼品。我会给 Debye 写信。[5]好了,很高兴很快就要见到你们所有人了。很着急想快点回家。除了 Schottki,[6]别告诉任何人我马上要回来了,这样我还可以好好休息几天。这次去巴黎我很高兴,因为自己做了一件真正的好事。祝你们三人都好,你的

阿耳伯特

ALS. [122 754]。信件寄给"Frl. Ilse Einstein Haberlandstr. 5 Berlin,"信封上的邮戳为"Kiel 11. 4. 22. 8—9N[achmittags]"。

[1] 爱因斯坦是从巴黎出发到达基尔(见文件 134)。
[2] Anschütz 与航海仪器公司之间的官司(见文件 116)。
[3] 可能是指的旋转罗盘内球输电实验或者"热旋转实验"(关于细节,见文件 225)。
[4] L. Deng(见文件 134)。
[5] 可能是回复文件 124。
[6] Walter H. Schottky(1886—1976)是罗斯托克大学理论物理学副教授。

## 142. Hans Albert Einstein 的来信

[苏黎世,1922 年 4 月 12 日]

亲爱的爸爸！

从明信片和报纸得知,你现在很忙,我这里倒是很安静。想象一下：假期,一

个人待在家里（Teddy 去了莱茵费尔登［Rheinfelden］）。[1]在经历上个季度的疲劳之后，这是一个很好的休息。[2]你给我的这个关于"女性"的建议真是不错，[3]不过我要说这个美丽的"性别"也不总是"那么美好"，我就是在那件事情上，明白了这一点！

音乐就要好得多；你可以自由［选择］喜欢的，不用等着看来的是什么。我和来自基尔的 Gonzenbach 先生[4]一起演奏了两个塔替尼奏鸣曲（Tartinisonaten），一个巴赫的奏鸣曲以及贝多芬的协奏曲；真是不错。没有什么比一本漂亮的小册子（乐谱）更好了。但是我也做了一些你从来没有做过的事情——给黑管伴奏：莫扎特和勃拉姆斯；非常棒，但是也很难！

另外，您现在情况如何？我想，你又没有自己的时间了吧！

好了，祝你一切都好

Adn

向你和 Anschütz 祝好！

AKS.［144 034］。明信片寄给"Herrn Prof. Dr. A. Einstein⟨bei Dr. Anschütz-Kaempfe Kiel Deutschland Bismarckallee⟩"，邮戳为"Zürich 13 Oberstrass 12. IV. .22. —14"，"Nachsedn/Berlin Haberlandstr. 5"是后来加上的，未知是何人笔迹。

［1］可能是去做盐水浴疗法，他母亲前三年都是如此（见爱因斯坦致 Elsa Einstein，1919 年 7 月 8 日［第九卷］，文件 70d 编在第十卷中的）。

［2］Hans Albert 正在苏黎世 Kantonsschule 的皇家中学的最后一年准备中学毕业考试。

［3］见文件 67。

［4］Wilhelm von Gonzenbach。

# 143. Peter Debye 的来信

苏黎世，1922 年 4 月 14 日

亲爱的爱因斯坦！

我刚刚收到您的信[1]，就此匆忙回复。

从您信的第二段开始说起，我首先注意到，您也赞同我的看法，认为根据统计学理由，极化作用提供的吸引力随着温度降低而增加。Nernst 在他的教科书里反对我的看法，"仅仅是因为 Debye 的假设会导致与温度无关的吸引力"（根据记忆引用，大意如此）。[2]因此您并不是像 Nernst 在信中所写的那样，"每个字都同意他"。

您在信中第一段，给出了一个新的理由，来反对我的想法。您认为尽管从理论上来看一切都很合理,而且我假设的分子力确实存在,但是"因为到目前为止,由于分子的变形,吸引作用实际上等于没有",所以我的理论并不正确。对这一点,我也无法接受。实际上,我恰好能够在不诉诸数值计算的情况下,就给出确凿的证明。事实上:对于所有单原子气体,极化吸引力是到目前为止唯一值得考虑的因素。如果您想根据小范德瓦尔斯以及 Keesom 的经典计算,[3] 把取向吸引力也考虑进来,那么同时您也隐含着认为每一个粒子都具有可由均分定理确定的旋转能,也就是说比热中的值是 5 而不是 3。对您来说,我肯定不用在这里进一步讨论相关细节了! 我只是想指出:(1) Zwicky 曾在《物理杂志》(*Phys[ikalische] Zeitschr[ift]*)中证明理论上得出的极化作用的温度依赖性,大致符合惰性气体吸引力的实际变化趋势。[4] 而且(2) Keesom 同时在考虑极化作用的情况下,对氢气做了计算。[5] 关于其大小的量级,可以更精确地这么说:在惰性气体中,极化吸引力和测量到的总吸引力是在一个量级。

非常希望能够收到您的回复。

祝好,您的

P. Debye

TLS.［9 140］。信笺抬头为"Professor Dr. P. Debye Physikal. Inst. d. Eidgen. Techn. Hochschule Zürich"。另有打印上去的"Privatadresse：Walchestr. 19"字样。

［1］指对文件 124 的回复,文件已不存。

［2］Debye 此处引用的是 *Nernst 1921* 一文 261 页中的声明。

［3］在 *Waals Jr. 1909* 和 *Keesom 1912,1915* 中,作者研究了电偶极子和四极子对分子间吸引力的影响。

［4］见 *Zwicky 1921*。

［5］见 *Keesom 1922*。

# 144. Paul G. Tomlinson 的来信[1]

新泽西州普林斯顿,1922 年 4 月 14 日

我亲爱的爱因斯坦教授:

我们已经收到您著作的校样,并且已经完成翻译工作。[2] 我们普林斯顿这边数学系的一位成员建议,[3] 如果对其中技术性很强的部分做一些解释和简化,这本书对普通读者会更有吸引力。建议的具体方式,是在前面加上一篇文章作为序言,或者在后面加上一个解释性的附录。在具体行动之前,我们想得到您的同意;如果您能够回信告知是否同意这个建议,我将非常感激。我们觉得这对书籍

的销售会很有帮助。

您忠诚的

Paul G. Tomlinson<br>经理

TLS.［42 173］。信笺抬头为"Princeton Universitry Press Council",收信人地址"德国柏林西 30 区哈伯兰大街 5 号爱因斯坦博士"(Dr. A. Einstein, Haberland Str. 5., Berlin, W. 30, Germany")。

［1］Tomlinson(1888—1977),时为普林斯顿大学出版社主任。

［2］*Einstein 1922c*（第七卷,文件 71)一书的翻译工作,由 Edwin P. Adams 完成。

［3］可能是指 Oswald Veblen,爱因斯坦的手稿就是先送给他的(见文件 58)。

## 145. 致 Georg Maschke

［柏林,］1922 年 4 月 15 日

亲爱的 Maschke 先生:

不要担心;[1]我已经很久没有和这家工厂打交道,整个事情都已经完全忘记了。本人想象不出工厂的一个雇员能够做出什么对我不利的事情;如果他为此受到严重伤害,本人深表遗憾。如果他没有做出什么其他坏事,我愿意在此替他说句好话。

希望能够尽快与您再次相见,祝您和您全家安好,您的

ADft.［44 399］。文件写在文件 137 的纸张背面,为 Ilse Einstein 的手迹。

［1］见文件 137。

## 146. 致 Paul Oppenheim

柏林,1922 年 4 月 15 日

亲爱的 Oppenheim 先生!

从巴黎回来之后,我急于处理掉这个烦人的手稿事件。[1]在此本人向您提出以下建议:您来安排手稿的出售;收入的一半归耶路撒冷的那个犹太大学[2],另一半由您根据自己的良心决定如何处置。我不需要什么汇报,只是想说本人自

己和家庭都不要分得其中任何收入。您和朋友[3]商量之后,如果同意这个建议,请告知本人,我好把手稿寄给您。如果您不同意,我也不想再接受您提出的其他建议,而是会另找一位可以信赖之人,将全部收入捐赠给本人选择的慈善事业。

向您和您夫人[4]致以友好的祝愿。

又及:我不得不向您再次重申,事实上 Freundlich 对于手稿没有任何权利,并且我坚持认为,他整个的行为都是不诚实而且令人厌恶的。[5]

TLC. [11 323]。信件寄给"Herrn Dr. Paul Oppenheim *Frankfurt a/M*"。
　[1] 在文件 138 中,Oppenheim 劝爱因斯坦与 Freundlich 和好,并设法将手稿保存在一个安全之处。
　[2] 计划中的希伯来大学。
　[3] Erwin Freundlich。
　[4] Gabriella Oppenheim-Errera。
　[5] 附笔为 Ilse Einstein 的手迹。

## 147. Jacques Hadamard 的来信

巴黎洪堡大街 2[5]号,1922 年 4 月 16 日

我亲爱的同事:

我向您提交相关文本的那个项目,已经发表在《人权联盟通讯》(*Cahiers de la Ligue des Droits de l'Homme*)上。[1]发表的文字和我向您提交的完全相同:因此,就像我对您讲过的一样,它也不是最后的版本。不过我还是非常希望了解您和 von Gerlach 先生对它的意见。[2]

我随信附上一篇评论(不知道您是否已经看到其他评论),显示您已经征服巴黎。

我希望巴黎给您留下的印象都是美好的;请相信我,您一定会再次光临。

您最忠诚的

J. Hadamard

ALS. [12 016]。
　[1] 随信附有 3 页打印稿 [12 017]。发表的版本即为文献 *Hadamard 1922*,其中建议"侵略者"一词的精确定义为对武装行动和战争的爆发负有责任的政府。
　[2] Hellmut von Gerlach。

## 148. 致 Heinrich J. Goldschmidt

柏林，1922 年 4 月 17 日

亲爱的 Goldschmidt 先生！

从 Paul Hertz 博士[1]的表姐 Francis Sklarek 夫人[2]那里，我听说您可能任命 Hertz 博士承担翻译工作。我愿诚心向您推荐这位因战争而陷入经济拮据的人士。Hertz 不仅仅是一位富于才华的理论物理学家，而且受过少有的综合教育，也是一位才华出众的批评家。您可以放心，他的翻译工作可以达到最高水准。

向您、夫人和儿子[3]致以最亲切的问候，您的

TLC.［43 771］。信件收信人地址为"Herrn Prof. Dr. Goldschmidt Kristiania"。
　［1］Paul Hertz(1881—1940)，时为哥廷根大学有教授资格的无薪讲师。
　［2］可能是指德国母亲和儿童权利协会(Deutsche Gesellschaft für Mutter- und Kindesrecht e.V)的第一任主席 Francis Sklarek。
　［3］Amelie Goldschmidt-Koehne(1864—1929)和 Victor M. Goldschmidt。

## 149. Paul Ehrenfest 的来信

［莱顿］1922 年 4 月 17 日

亲爱的爱因斯坦！

你肯定会明白我为什么打开了这封信。[1]还有为什么又接着读了它，你肯定会原谅我的。

在回复这封信时，下面的信息可能对你有用：

1. 我在哥廷根当学生的时候，在 Klein 影响下接触了哈密顿（Hamilton）的原始论文，开始极度崇拜它们，并且（和 Klein 一样！）为没有见到他的论文合集出版感到惋惜，尤其是光测力学方面的论文。[2]

2. 我不了解他的四元数论文的情况，但是那些关于光测力学的论文非常重要。它们的产生过程是这样的：作为一位天文学家，哈密顿理所当然地对几何光学感兴趣（就像高斯、开普勒等一样）。相关的计算总是依照同一个概念："光线的路径"，所以他不禁想到：如果利用光的波动理论（忽略代表衍射的项），把光线

看作是波面的法线轨迹,把光学仪器看成波面的变换装置(一直忽略衍射),会有什么好处?——他是从均匀介质开始,做了进一步的考虑:此时决定光线路径的常微分方程,变成了决定波面传播的一阶偏微分方程(忽略衍射)。将其积分,再经过微分就得到光线(波向线)的路径。

(设想按照级数展开的方式进行波面积分,他得到诸如球差等的仪器的完整的"误差理论"。)

但是在这里,他还注意到一点:如果认为光是发散性的,那么

$$折射率\ n = \frac{v_{\text{eman in glass}}}{c_{\text{eman in vacuum}}}\ 那么$$

$$\underbrace{\int n\,\mathrm{d}s}_{\text{费马最小作用量}} = \int n\,\frac{\mathrm{d}s}{\mathrm{d}t}\mathrm{d}t = \frac{1}{c}\underbrace{\int v^2\,\mathrm{d}t}_{\text{"作用积分"}}$$

在另一方面,对所有的从光的一点到同一个光波面的光线,$\int n\,\mathrm{d}s$ 是一个常数,因此他看到:

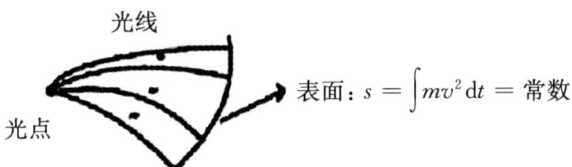

表面: $s = \int mv^2\,\mathrm{d}t =$ 常数

在波动光学中的一个波面,在发散光学中就成为一个"作用积分为常数的表面"。这样一来,他的光学研究就带有了力学性质。

现在的任务,就不再是对决定一个(发散)光点在给定的——非均匀介质的力场中的运动的常微分方程求积分,而是要对决定"常作用量表面"的一阶偏微分方程求积分并寻找其波向线轨迹。

他很快意识到,这个想法可以从光的发散点推广到任意一个(保守)力学系统。

这样哈密顿就完成了他的力学发现,后来又被雅可比优化,成为"雅可比-哈密顿"积分法(后者又与一阶偏微分方程积分的柯西方法合并,并被完全吸收到 Lie 的积分方法中。)[3]

在他这边,[4]哈密顿在研究如果将自己的发散-波动分析从各向同性介质应用到各向异性介质中的时候,发现了圆锥折射。(这里用一个四阶多项式的平方根代替"二次"广义能量$\int mv^2\,\mathrm{d}t$。)

— · —

在哈密顿的各个发现的基础上——或者更准确地说,在其导致的不同的单个结果的基础上,又加上:

1. 直线几何学 [Liniengeometrie] 的发展,之后由于 Kummer、Möbius、

Plücker、Klein 和 Lie 的贡献,成为庞大的领域。[5]

2. Bruhn 的"光程"光学仪器理论。[6]

——•——

我刚刚在《德国数学会年报》(*Jahresbericht der deutschen Mathematiker-Vereinigung*),vol. 30(1921),pag. 69,看到一篇 G. Prange(Halle)的教授资格考试报告,也是关于哈密顿的。[7]

哈密顿是一位伟大的学者。人们还没有编辑他的文章,这是很丢人,也是非常不幸的。——[Maxwell 发表的光学研究是对哈密顿工作的后续跟进。][8]

——•——

E. H. Synge 这个人是怎么回事,天知道。[9]——他在 1922 年 3 月的《哲学杂志》(*Philosoph. Magaz.*)(pg. 528)发表了"同时性的一个定义和以太"(3 页),这是一个可以确立绝对同时性的方法。[10] Droste 没能看懂它。[11] 我觉得"它有点类似 F. Adler 的工作"[12]——所以先谨慎一些比较好。

另一位 Synge 先生①(J. L. Synge)也在《自然》杂志(27 Oct. 1921)里种了一棵相对论的仙人掌。[13]

每天我都战战兢兢地查看那些报纸,看看你有没有接受采访,谈自己的巴黎印象。我希望是,看不到这类采访,只是证明你"很聪明",而不是表明,你也许生病了。

向你全家致以衷心的祝愿,也期待一个快乐的重逢。——5 月中 Lorentz 就会回来。[14]——你的

P. E.

ALS. [10 040]。文件纸张破损,左侧页边有活页孔。

[1] 可能是指 Edward H. Synge 的一封信,里面建议支持 Synge 编辑 Hamilton 的论文(见文件 157)。Ehrenfest 将此信转交给爱因斯坦。

[2] Ehrenfest 曾于 1901—1903 年在哥廷根学习(*Klein*,M. 1970a,pp. 40—42)。关于 Felix Klein 的哈密顿理论讲座,见 *Klein 1927*,pp. 194—202。

[3] Carl Gustav Jacobi(1804—1851)是柯尼斯堡大学的数学教授;Augustin-Louis Cauchy(1789—1857);M. Sophus Lie(1842—1899)是[丹麦]克里斯蒂安尼亚大学(University fo Christiania)变换群理论教授。

[4] 这里 Ehrenfest 在左侧页边写下四个惊叹号。

[5] Ernst E. Kummer(1810—1893),柏林大学数学教授;August F. Moebius(1790—1868),莱比锡大学数学教授;Julius Plücker(1801—1868),波恩大学数学教授;Felix Klein。

[6] Carl Ch. Bruhn(1832—1881)是莱比锡大学天文学教授。

[7] *Prange 1921*。

[8] 这里的方括号是原文就有的。

[9] Synge(1890—1957)是一位个人研究者。

---

① John Lighton Synge (1897—1995),多伦多大学数学教授。——译者

[10] *Synge*, *E. 1922*。

[11] Johannes Droste(1886—1963),莱顿大学数学讲师(Lector)。

[12] Friedrich Adler(1879—1960)在他的 *Adler 1920* 中研究了类似问题。关于爱因斯坦与 Adler 的讨论,见他 1918 年致 Friedrich Adler 的信(第八卷,文件 594)。

[13] *Synge*, *J. 1921*。

[14] Lorentz 在帕萨迪纳的加州理工学院待了一段时间之后已经动身回国。

## 150. 致 Peter Debye

柏林,1922 年 4 月 18 日

亲爱的 Debye!

请不要激动。[1]您又不是不了解 Nernst 和他的脾气。我只是说,在目前被看作实验总结的经验状态方程中,吸引力项中没有在 $T=\infty$ 时不趋于零的部分。您的极化力与取向力的比较,取决于公式中表述的行为是否真实。您认为在惰性气体中,极化吸引肯定是理论上唯一可能的机制,对此我不敢苟同。还需要证明单原子物体不可能是顺磁性的。然而也完全有可能存在一个取向统计,也就不需要有分子动力学意义上的旋转自由度(比如玻尔的单原子氢;还有 Stern-Gerlach 实验中的银原子)。[2]

祝好,您的

TLC. [9 142]。收信人为"苏黎世 P.Debye 博士教授先生"("Herrn Prof. Dr. P. Debye Zürich")。

[1] 见文件 143。

[2] 见 *Gerlach and Stern 1921*,*1922a*,其中给出了实验证据表明银原子具有一个磁矩,并且这些磁矩在非均匀场中只有两个取向。

## 151. 致 Charles-Eugène Guye[1]

柏林,1922 年 4 月 18 日

非常尊敬的同事先生:

首先,对您个人和科学遭受的重大损失,表示衷心慰问。在巴黎,Langevin 告诉我,您兄长不幸成为一个错误的医学理论的受害者。[2]

关于日内瓦讲学一事,[3]我不得不请求您的原谅,因为目前非常繁忙,很难设想专程前往日内瓦。近期也不大可能会去瑞士,因为致命的马克贬值,让我不得不把儿子们接来德国。

我们在研讨会上仔细研究了您关于电子运动的论文。大家一致认为,您提供的相对论的证明,是所有证据中最精确的。[4]

请不要因为我先去了巴黎而不是日内瓦而感到不快;为了国际关系的改善,巴黎之行是必要的,不然我就不会去了。这些科学文献对相对论的传播很有好处。

致以良好祝愿,您的

TLC.[11 400]。信件寄给"Herrn Prof. Dr. Guye Genf"。

[1] Guye(1866—1942),日内瓦大学物理教授。

[2] Philippe A. Guye(1862—1922),日内瓦大学化学教授,死于贫血(见 *Chodat 1922*)。

[3] 关于 Guye 的邀请,见未刊文献摘要一览表 141。

[4] *Guye and Lavanchy 1915*。他们通过测量阴极射线质量的速度依赖性证明了狭义相对论。

## 152. 致罗曼·罗兰

[柏林]1922 年 4 月 19 日

极其尊敬的罗曼·罗兰!

到今天我才有时间感谢您的友好来信。[1]巴黎之行非常和谐,并且我坚信自己为国际知识界的和解做出了贡献,这都让人非常愉快。尤其让我高兴的是,自己没有看到任何胜利的得意和张狂的迹象,只有满怀责任感的人民。不论是在这里还是在巴黎,我觉得最大的困难是,人们对于挑起战争的因果关系和"罪恶感"怀着非常固执的信念,很难克服。两个阵营之间的私人接触因此变得很艰难,而这对于双方通过重建关系以逐渐消除不信任来说,又是必需的。

巴黎的日程安排非常紧凑,遗憾未能有机会拜访您,但是以后会找机会补偿。我完全支持您对"光明"运动(Clarté)或者巴比塞(Barbusse)的公开信。[2]在巴黎,我曾有机会以同样的精神与该团体的一些代表作了交谈。

不胜衷心仰慕之至,您的

爱因斯坦

ALS(FrPBN,Fonds R. Rolland 65/4)。*Nathan and Norden 1975*,pp. 68—69(节选)。[84 172]。信件寄给"M. Romain Rolland 3 rue Boissonade Paris(XIV)",信封上的邮戳为"Charlottenburg 2 19. 4. 22. 6—7N[achmittags]"。

[1] 罗曼·罗兰曾来信欢迎爱因斯坦去巴黎(见未刊文献摘要一览表 144)。

[2] 在自己的公开信中,罗曼·罗兰与 Henri Barbusse 和"光明"运动倡导的"新马克思主义者的共产主义"("la doctrine du communisme néo-marxiste")及其"如果革命需要可以容忍暴力"的立场保持了距离。与之相反,罗曼·罗兰倡导捍卫道德价值,尤其是在革命年代(见"Lettre ouverte de Romain Rolland à Henri Barbusse,"*L'Art libre*〔January 1922〕:1—2,republished as"A propos de Rollandisme,"*Clarté*,no. 6〔1 February 1922〕:126—127)。

Henri Barbusse(1873—1935),法国小说家和《光明》(*Clarté*)期刊编辑。这是致力于公正的战后政治秩序以及国际主义的同名左翼运动的期刊。关于爱因斯坦对这一运动的立场,见"致 Paul Colin 的欢迎辞",第七卷,文件 27。

## 153. 致 Paul Block

柏林,1922 年 4 月 20 日

极其尊敬的 Block 先生!

再次感谢您本月 4 日的来信,以及其中的友好邀请。[1]我和法国同事,心中有一个共同目标,那就是缓和法德两国知识界之间的紧张状态;而您对我第一个讲座的报道,是对实现这个目标的一个贡献。只有共同的纯粹客观的兴趣,才能促进这一事业。这就是为什么我要坚守原则,避免所有政治和社会性质的会议,利用所有我可以支配的时间来建立或更新与我所在领域的法国同行之间的关系。我相信通过这一间接的方式,我可以为廓清政治气氛作出更大的贡献。请务必将我的这一想法,以您认为合适的形式,转达给您在德国从事这一事业的同志们,并以我的名义,再次友好地感谢他们的邀请。

我觉得,如果德国媒体能够向法国最高科学教育机构的教师们表示应有的感谢,那将是有益的。是他们为重建德法两国学者之间的友好关系迈出了第一步,并以此提供了一个和解和勇气的范例。

祝好

TLC.〔43 292〕。

[1] Block 为爱因斯坦在法兰西学院的第一个讲座撰写了一篇报道,并试图安排他在德国大使馆向巴黎的德国人社区发表讲话(见文件 130)。

## 154. 致 Maurice Solovine

1922 年 4 月 20 日

亲爱的 Solovine!

衷心感谢您送来我遗忘在巴黎的东西。[1]那些日子让人难忘,但是真累死人；我现在还没有完全缓过劲儿来。回到家我还没有见过谁，但是听说报纸的反应非常之好，很不错；整个儿的努力达到了目的。[2]校对目前还没有完成，但是最后一定会寄给您。[3] Anschütz 的案子庭审情况不错；我在场还是有些用处。[4]

我把给 Rothschild 男爵的信寄给您，请代为转交。[5]希望哪天我们能再次相聚，就像从前在伯尔尼时的那样。[6]

祝好，您的

A. 爱因斯坦

ALS(TxU-Hu)。*Solovine 1956*, pp. 40—41. [80 843]。这里省略了 Ilse Einstein 的附笔。

[1] 这些被遗忘的事物里包含一些书籍，其中包括一本 Edmond Rostand 写的 *Cyrano de Bergerac*。这是 Solovine 替 Ilse 购买的(Ilse 的附笔里提到了它)。

[2] 关于德国媒体对爱因斯坦巴黎之行的报道的一个概述，见 *Klemm 1998*, pp. 91—94。

[3] *Einstein 1922c*(第七卷，文件 71)一文的校样(见未刊文献摘要一览表 89)。

[4] 关于 Anschütz-Kaempfe 和航海仪器公司的官司，见文件 116。

[5] 在巴黎爱因斯坦曾与 Edmond de Rothschild 男爵会面，后者给他一个"颇有分量的皮箱"(见文件 134)。

[6] 在伯尔尼，二人都是一个名叫奥林匹亚学院的非正式讨论组的成员(见第五卷中的人物生平)。

## 155. Peter Debye 的来信

苏黎世 7 区格洛利亚大街(Gloriastrasse)36 号，1922 年 4 月 20 日

亲爱的爱因斯坦！

这不是激动与否的问题。[1]根据您自己的说法，Nernst 编造了您的原话；我只是奇怪，而且非常奇怪，您怎么能够平静地接受这一点？他用您的嘴说："您非常清楚这些评论，而且每个字都赞同！"然后又"好意"劝我再好好想想，是否真的想展开一场没有希望的争论。这明显是在吓唬我，而您这等于是在支持他。顺便说一下，我在这里转录一段 Nernst 的原文，好让您有所了解。哪怕您不顾一切地选择置身事外，在个人感情的幌子下，甚至不让他自己知道自己的错误，我也无法想象如何与他达成一个折中的协议。现在您写道：您只是说，在被看作目前实验总结的经验状态方程中，吸引力项中没有在 $T = \infty$ 时不趋于零的部分。就是这个温和的说法也不符合事实。在前一封信中，我已经提到 Zwicky 以及 Keesom 的最新的计算结果。[2]但是现在我不得不想到，可能更早的一个证人更

能说服您。这个证人就是 Kamerlingh-Onnes 自己。他所有描述维里系数的经验公式(一个例外也没有)都包含在 $T=\infty$ 时不趋于零的相关项。您最快的办法,是去看 Kamerlingh-Onnes 和 Keesom 的百科全书条目(*Enc. d. mathem. Wissenschaften*, Bd. $5_1$, Heft 5 S. 730)[3],也许就会明白。

您不愿意接受我关于惰性气体的论点,而且另外指出了一个现在还不存在的可能的取向统计。我也同意这样的统计也许是可能的,但是另一方面,很明显它也是完全不必要的,至少现在是如此。极化力的存在和电致伸缩一样是确认无疑的,其大小的量级测量到的惰性气体的引力符合得非常完美。目前的实验测量,甚至已经给出极化力的温度特性。在这种情况下,为什么要期待一个还不存在的、形式上任意性很强的理论,来代替一个现在已经很有成果的理论呢?而且我们已经知道即使在那个未来的理论中,极化吸引力仍然会像原来一样起作用!

祝好,您的

P. Debye

1 附录:[4]

"哪怕是在 *D. Berthelot* 的,还有最近 *Wohl* 的有用的状态方程中,都出现了和范德瓦尔斯(*van der Waals*)方程类似的体积和压强修正。[5]尽管前者理解起来并没有什么基本困难,我们却完全不了解这些分子力的效果,不论是其本质还是它们遵守的定律。即使在 *Debye* 最近的实验(*Physik. Zeitschr.* 21, 178 (1920))[6]中,我也没有看到什么实质的进步;因为作者通过把吸引力归结到个体分子的某种静电作用,得出了和温度无关,因而符合范德瓦尔斯公式的力。但是在一个有用的理论中,哪怕是稍微压缩的气体,都必须符合贝特洛公式。[7]比如,可以证明在氢气中,分子力在 1000°C 左右的时候,强度比沸点附近要小 50 倍;德拜的理论无法解释这一现象。"[8]

TLS. [9 143,9 144]。信笺抬头为"Physikalisches Institut der Eig. Techn. Hochschule Zürich Prof. Dr. P. Debye",收信人为"柏林西 30 区哈伯兰大街 5 号爱因斯坦教授先生"("Herrn Prof. A. Einstein Berlin W 30 Haberlandstrasse 5")。

[1] 文件 150 中,爱因斯坦劝作者不要激动。

[2] *Zwicky 1921* 和 *Keesom 1922*(见文件 143)。

[3] *Kamerlingh Onnes and Keesom 1912*。

[4] 下面是 Debye 转引 *Nernst 1921*, p. 261 中的文字。

[5] 在 *Nernst 1921*, sec. II. 2 中,可以找到关于 Daniel Berthelot、Alfred Wohl 和 Johannes D. van der Waals 的状态方程以及它们的相对优点的详细讨论。

[6] *Debye 1920*。

[7] 在贝特洛状态方程中，压强项为 $p+a/(Tv^2)$，其中第二项代表由于分子间引力引起的修正（$a$ 为常数，$T$ 是温度，$v$ 为体积）。因此吸引力的影响随温度增加而减小。

[8] 在其教科书的下一个版本中，Nernst 重复了对 Debye 的批评，并驳斥了 Debye 在 *Debye 1925*，p. 635处的辩护（见 *Nernst 1926*，p. 263）。

## 156. Maja Winteler-Einstein 的来信

佛罗伦萨第五区斯特罗奇路（via Strozzi）5 号，1922 年 4 月 20 日

亲爱的阿耳伯特！

我出院已经好几天了，感觉出乎意料地好。[1]虽然体力还很弱，但相对说来情况良好，也就是说后脑勺上的大块伤口愈合得很快。毕竟我们有着健康的血统（Rasse）呀！在那三周中，医生们和护士们对我能活下来没抱多少希望。现在呢，我要衷心感谢你在我困境中给予的救助，我最近才从 Pauli① 那里听说。[2]我们两人加起来一共病了 5 个月，而且两人得的都是重症。[3]这吞掉了许多钱，尤其是我的几次手术。[4]因此，我们除了身体疼痛之外还蒙受了经济损失。希望你们大家一切都好。你们会喜欢我们这个乡下的小房子的，相信它也会对你们有益。衷心欢迎你们随时来小住。

向大家致以衷心问候，给你一个吻

Maja

AKS.［144 782］。这封明信片的地址是"An Herrn Prof. Dr. Albert Einstein Haberlandstr. 5 Berlin W 30.（致柏林西 30 区哈伯兰大街 5 号阿耳伯特·爱因斯坦博士教授先生）"，并盖着"Sesto Fioren［ti］no 20. 4. 22."的邮戳。

[1] Maja 因为在头部感染的一个疖肿做了三次外科手术（见文件 102）。

[2] 关于爱因斯坦的帮助，见文件 133。

[3] Paul Winteler 因患胸膜炎而病得很重（见文件 125，注释 4）。

[4] 很明显，医疗账单总计 7000 瑞士法郎（见 *Rogger 2005*，p, 71）。

---

① 这是对 Maja 丈夫 Paul 的昵称，不要与著名物理学家泡利（Pauli）相混。——译者

## 157. 致 Paul Ehrenfest

[柏林] 1922 年 4 月 21 日

亲爱的 Ehrenfest！

非常感谢寄来那封英文信，还有你自己的说明。[1]编辑出版哈密顿的文章当然是值得的。现在 Ilse 给我看了你的明信片，上面提到 St. John 6 月份来访的想法。[2]不过我们的问题来了：我是应该现在去呢，还是等到 6 月才去？两次都去是不可能的，因为我在这边已经宣布要开一门课。因为本来计划 27 日就出发，所以需要你立即作出决定。[3]年轻的 Brillouin 也想去莱顿，他是个不错的家伙。[4]在布鲁塞尔，所有的法国人都很喜欢你。[5]在巴黎他们对我非常友善，特别是 Painlevé！[6]

热情地致意，你的

爱因斯坦

马上回信！

AKS.[10 042]。明信片寄给"Herrn Prof. Dr. P. Ehrenfest Witte Roozen Str. Leiden(Holland)"，邮戳为 "Berlin-Wilmersdorf 21 .4. 22. 7—8N[achmittags]"。

[1] 见文件 149。
[2] 文件 114。
[3] 这是复活节假期之后莱顿的第一个讨论会的日期（见文件 77）。
[4] Léon Brillouin(1889—1969)是《放射物理学杂志》(*Journal de physique et le radium*)的科学编辑。
[5] Ehrenfest 曾参加 1921 年 4 月在布鲁塞尔召开的第三届索尔维大会。
[6] 见作者在文件 134 中对 Paul Painlevé 的赞扬。

## 158. 罗曼·罗兰的来信

巴黎 14 区布瓦索纳德大街(rue Boissonade)3 号，星期五，1922 年 4 月 21 日

亲爱的 A. 爱因斯坦：

衷心感谢您的友好来信。——[1]和您一样，我也相信您对巴黎的访问将大大有助于知识界的和解。

Duhamel[2]跟我讲了和您在一起的那个晚上,给他留下了美好的印象。我遗憾没有在您的数学和文学的音乐会上,贡献自己的钢琴演奏。

　　这个月底我就要离开巴黎,搬到瑞士维尔纳夫(Villeneuve)的奥尔加别墅(Villa Olga)(离拜伦酒店[hôtel Byron]不远)去住。原因是要找一个宁静而隔绝的地方,安心写一本长篇小说[3]以及其他已经在脑子里酝酿的东西;在巴黎世事往来让人不得安宁;俗务缠身,没有时间留给自己。因此能够重新发现自我,卫护自我,时时更新自我,仍然是利人的最好方式。

　　然而我也不是简单地脱离自己在巴黎的朋友们。现在比任何时候都更需要合作,因为我们正准备创办一个重要的法语期刊,服务于真正独立和国际化的思想,与任何政治和社会党派无关,甚至要断然抛开政治。我们希望它成为一个文学、科学、艺术与哲学思想的普遍人性方面的集合中心。这个期刊的组织者包括具有自由主义观念的法国作家 Duhamel、Vildrac、Arcos、Bazalgette、Jules Romain[4]等。我们也想联系其他国家的重要人物;刊物可能于 10 月在巴黎首发。[5]如果您能够偶尔关照一下,将是我们的荣幸。剩下的事情,主管们很快会写信给您谈及。我事先把他们介绍给您考虑。

　　如果您要来瑞士,别忘了我的地址。如果能再次见面,我会非常高兴。

　　亲爱的爱因斯坦,您热诚而忠实的仰慕者

罗曼·罗兰

ALS.[33 015]

　　[1] 文件 152。

　　[2] Georges Duhamel(1884—1966),法国作家。

　　[3] 可能是指 *Rolland 1922—1933*。

　　[4] Charles Vildrac(1882—1971)、René Arcos(1880—1959)、Léon Bazalgette(1873—1928)和 Jules Romains(1885—1972)是小说家、剧作家和诗人。

　　[5]《欧洲》(*Europe*)评论的首刊于 1923 年发行。关于其历史,见 *Racine 1993*。

## 159. Paul Colin 的来信

布鲁塞尔,1922 年 4 月 22 日

教授先生:

　　我怀着巨大的欣喜收到来自我的朋友罗曼·罗兰(Romain Rolland)的信,他在信中说您向他表达了对于我们所捍卫思想的支持,他写给 Barbusse 的"公

开信"完美概括了这些思想。我急切地给您寄去我的杂志的最新四期,这份杂志是这场论战中罗兰派的机关报,[1]您可以由此了解整个事件的经过,尤其是我们2月份向知识分子发出的呼吁。我想这些消息会让您感兴趣。

我借此机会在您的记忆中唤起对我的印象。1919年12月我很荣幸在柏林拜访过您两三次,在那之前我还有幸在"[普鲁士]皇家议院"①的国际大会上被您介绍给柏林公众。[2]那次柏林之行我是以《光明》杂志(*Clarté*)代表的身份前往,在那之后我就离开了该杂志,确切地说是因为我不愿意屈服于某个政党的教条和党规,不顾一切地想要保持精神上的独立。[3]我和罗曼·罗兰及我们团体的其他知识分子保持着密切联系,在《光明》杂志之外继续进行同样的斗争,希望我们不久之后能取得第一个胜利,具体情况罗本人会告诉您。

期待很快有机会再次当面问候您,向您致以诚挚的敬意与钦佩。

您忠诚的

Paul Colin

ALS. 信笺抬头为"L'Art Libre. Revue internationale du movement des idées, Avenue de la Cascade, 31, Bruxelles"("《自由艺术》,国际思想运动杂志,布鲁塞尔拉卡斯卡德大道31号"),以及"Paul Colin au Professeur Einstein"("Paul Colin 致爱因斯坦教授")。[43 467]。

[1] Romain Rolland 写给 Barbusse 的公开信发表在《自由艺术》杂志。

[2] 1919年,"新祖国"联盟曾邀请 Colin。在一次前普鲁士皇家议院(Prussian House of Lords)的会议上,爱因斯坦对 Colin 表示了欢迎(见卷7,文件27)。关于他到爱因斯坦家的拜访,见 *Colin 1923*, p. 185。

[3] Colin 曾经是光明运动自由派成员,由于共产主义派掌权而离开(*Fisher 1988*, p.88)。

# 160. Paul Ehrenfest 的来信

[莱顿]1922年4月22日

亲爱的爱因斯坦!

没问题!!今天收到你的明信片。[1]——我马上给你发了一封电报:这样你就在4月29日来科学院。意思是说,如果可以尽快来,这样可以参加4月29日的科学院会议。——你到场可能对 W. J. de Haas 有好处(保密!)[2]——St.

---

① Herrenhaus(皇家议院),是指一个类似于英国的上院(upper house)的机构,是两院制立法机构的两个议院之一。普鲁士皇家议院是1850—1918年普鲁士议会的第一个议院。位于柏林莱比锡大街(Leipziger Straße)的皇家议院大楼,由建筑师 Friedrich Schulze 设计,建于1899—1904年之间,目前是德国联邦参议院的所在地。——译者

John 的事情[3]不足以承担"拖延爱因斯坦"（来访）的风险——不值得：今天一个爱因斯坦在手，超过"后天"一打的爱因斯坦。

如果 Brillouin 来访我会很高兴[4]——唯一的困难是现在我没法接待他。（你什么时候来都没问题——因为在任何马厩里吃住都行。）你一来我马上就给他写信。

请马上告诉我你什么时候到达那里。对我们，特别是孩子们来说，能到车站接你是一件乐事！

从孩子们听到我朗读你的明信片时的欢呼，你就能知道我们所有人对你的来访是多么由衷地感到高兴。

在这里你至少在一整个晚上（也许还有在科学院）都能见到英国物理化学家 McDonnan。[5]他将在乌得勒支、阿姆斯特丹、莱顿和格罗宁根做报告。

如果 Sommerfeld 著作的第三版已经面世，请给我带一本来。[6]

阿姆斯特丹的科学院会议之后，你会和 Hertz、Fokker、W. J. de Haas 还有 Holst 这些人，还有其他很多物理学家见面。[7]

为了能赶上科学院的会议，你需要 29 日上午十点整从莱顿出发。

现在我要收笔发信了。祝你夫人和可爱的女孩子们万事如意！你的

Ehrenfest

你说法国物理学家喜欢我的消息，让我非常高兴，因为我也很喜欢他们。——我很快地越来越不喜欢自己，到了快要"受不了自己"（"zum aus der Haut fahren"）①的程度。

278　ALS. [10 044]。

[1] 文件 157。

[2] 关于 Wander de Haas，见文件 82。

[3] 在文件 114 中 Ehrenfest 曾表示 Charles St. John 可能会于 6 月下半段来莱顿参加一个关于光谱移动（spectral shift）的学术会议。

[4] Léon Brillouin，见文件 157。

[5] 可能是指 Frederick G. Donnan(1870—1956)，伦敦大学学院化学教授。

[6] *Sommerfeld 1922*。

[7] Gustav Hertz(1887—1975)是埃因霍温的菲利普(N. V. Philip)荧光灯工厂物理实验室的一名研究科学家；Adriaan Fokker；Helge Holst(1871—1944)，是一位物理学家，哥本哈根高等工学院图书馆馆员。

---

① 德语俗语"非常生气"、"完全没有耐心了"之意。——译者

## 161. 致 Maja Winteler-Einstein

[柏林] 1922 年 4 月 23 日

亲爱的 Maja！

最近真是难为（umgestanden）[1]你了[……][2]

[……]这个星期我要去荷兰[……][3]。

我和 Solovine 在一起待了几个小时，很愉快。[4]他还很年轻、像以前那样精力充沛、好学并且在智力上十分进取。他对很多巴黎教授们都很了解，社交生活不错。哪怕是在经济上，他也混得还可以，不过还没到可能结婚的程度。他肯定也不适合结婚。

ATrL 抄写本，片段，为 Pierre Speziali 手迹。[81 473]。

[1] Speziali 的抄本似乎有误，"umgestanden"（umstehen 的过去式，意为"围绕"）可能是 "ausgestanden"（"忍受"）之误。

[2] Paul 和 Maja 最近都得了重病（见文件 133）。

[3] 爱因斯坦计划 4 月 29 日到达荷兰开始为期两周的访问（见文件 186）。

[4] 发生在爱因斯坦访问巴黎期间（见文件 154）。

## 162. Sebastian Kornprobst 的来信[1]

柏林，[2] 1922 年 4 月 23 日

非常尊敬的爱因斯坦先生！

很多年之后，我才从 Rosenthal 先生那里听到好消息，说他曾在贵公司做事，并与您谈起过过去的日子。

我妻子有幸两次在柏林拜访令堂大人[3]，并与她交谈。她也曾想有时间来看看我们，不幸被战争耽搁，所以我们从大约 1916 年之后，就没有她的音讯了。

几年前我们从《电工技术杂志》(E.[lektro-]T.[echnische] Z.[eitschrift])[4]读到您叔叔 Jakob Einstein 先生去世的消息。[5]我本该尽自己的责任前往吊唁；但是得到消息的时候太晚了，[而且]对我来说，维也纳也太远了。

是的，实际上，我们都在变得衰老，要给年轻人让位了。所以也该轮到我了。

现在我妻子和我，还都算相对不错；Wasti[6]已经结婚了，大约15年来一直待在西班牙，目前住在马德里。我们的女儿Annita三年前也结婚了，现在住在汉堡。他们的情况都不错。

经过这么多年，我们也很希望什么时候能够再见到您，问个好。我对您在美国、英国和巴黎讲学的消息非常感兴趣，祝您取得最大成功。

Gehring先生曾在慕尼黑为您父亲工作多年，他也住在这里，在Maffei Schwarzkopf工作。[7]

收笔之际，谨向您和您全家致以最良好的祝愿，并表达尽快与您再次会面的期望，您诚挚的

S. Kornprobst携妻拜上

ALS.[44 174]。

[1] Kornprobst是爱因斯坦兄弟在慕尼黑和米兰的电工技术公司的技术经理（"technischer Leiter"）（见第一卷，"阿耳伯特·爱因斯坦——为他的生平事略而作"，注释27）。

[2] "Müllerstr. 153/II. 1."是后加上去的，Ilse Einstein的手迹。

[3] Pauline Einstein(1858—1920)。

[4] *Elektrotechnische Zeitschrift*。

[5] 爱因斯坦的叔叔Jakob Einstein(1850—1912)。

[6] Sebastian Kornprobst, Jr.。

[7] Maffei-Schwarzkopf工厂是慕尼黑一家生产机车的公司。

## 163. 致Paul Ehrenfest

[柏林]星期一，[1922年4月24日]

亲爱的Ehrenfest：

谢谢[你的]电报。[1]我将于星期六11：56到达阿姆斯特丹，希望还能赶上会议。[2]我记不清楚它开始的时间。你的想法很不错。

祝好并期待与你会面，你的

爱因斯坦

到时候我们可以一起写文章讨论哈密顿的著作贡献。[3]

AKS.[10 047]。明信片寄往"Herrn Prof. Dr. P. Ehrenfest Witte Roozen Str. Leiden(Holland)"。邮戳为"Berlin W 35 24 .4. 22. 9—10N[achmittags]"。

[1] 文件160曾谈及这封电报。

[2] 皇家科学院于 1922 年 4 月 29 日星期六召开的会议(见文件 160)。
[3] 见文件 149。

## 164. 致 Sebastian Kornprobst

[柏林]1922 年 4 月 24 日

亲爱的 Kornprobst 先生：

多年失去音讯之后，最近先是间接听到关于您的一些消息，现在又直接收到您的来信，得知近况不错，这些都让我非常高兴。[1]我母亲已于两年前在柏林去世；最近 Ida Einstein 夫人也在意大利去世了。[2]昨天住在罗马的 Robert E[instein]，也就是从前那个 Bubi，来拜访了我们。[3]遗憾的是，我现在必须外出几个星期；[4]不过到时候请务必找个星期日来看我，事先电话通知即可，这样我们可以重温旧日的同志情谊了。

敬祝俪祺，您的

还记得以前您给我做的那个小巧的发电机吗？

ADft [44 175]。Ilse Einstein 笔迹的手稿，写在文件 162 纸张背面。文件左侧页边有活页孔。

[1] 见文件 162。
[2] Pauline Einstein 死于 1920 年 2 月 20 日(见爱因斯坦致 Heinrich Zangger, 1920 年 2 月 27 日，[第九卷，文件 332])。Ida Einstein(1865—约 1922)是爱因斯坦的叔叔 Jakob Einstein 离异的妻子。
[3] Robert Einstein(1884—1945)是一位电气工程师。关于他们童年交往的故事，见第一卷，"阿耳伯特·爱因斯坦——为他的生平事略而作"，p. lvii。
[4] 指访问荷兰一事(见文件 178)。

## 165. 致 Otto Soehring[1]

柏林，1922 年 4 月 24 日

极其尊敬的使馆参赞先生！

感谢您好心地再次提供信息。10 月中，我需要前往日本和中国旅行，大约 2 月份才回来。[2]如果西班牙同事们觉得这个时间合适，我肯定可以在大致这个时间前后，前去讲学。[3]

日食的时候我是不能够去荷属印度(Niederländisch-Indien)了，原因是被多次请求之后,我已答应在莱比锡举行的科学家大会上发表讲话;如果取消,会引起不满。[4]

　　致以良好祝愿,您诚挚的

A. 爱因斯坦

TLS(GyBPAAA,R64677)。[43 140.1]。信件寄给"致外交部,转交柏林西区的使馆参赞 Soehring 博士先生"("An das Auswärtige Amt z. H. des Herrn Legationsrat Dr. Soehring Berlin W")。

　　[1] Soehring(1877—?)。

　　[2] 爱因斯坦计划于 1922 年秋季,在北京做短暂访问,并在日本多处讲学(见文件 35 和 111)。

　　[3] 爱因斯坦曾被邀请于 1921 年 7 月去巴塞罗那大学讲学。当时他期望能够在 1922/1923 学年成行(见第十二卷,时间表中 1921 年 7 月 1 日和 16 日)。1922 年 2 月,外交部通知德国驻马德里大使馆,爱因斯坦已经原则上同意下次出国去西班牙(见外交部致德国驻马德里大使馆,1922 年 2 月 20 日,[GyBPAAA,VI B 1022])。

　　[4] 在致 Joan Voûte 的信中,爱因斯坦提到同样的理由(见文件 104)。

## 166. Paul Block 的来信

巴黎第八区德蓬蒂厄大街(Rue de Ponthieu)3 号,1922 年 4 月 24 日

尊敬的教授先生!

　　对您的来信表示衷心感谢。您给在巴黎的德国同胞的信息已经转达。[1]大使先生是一位睿智而高尚的人士,[2]他对您未能前来与他会面感到非常失望。您第一场报告的入场券,德国大使馆还是通过 Barclay 爵士[3]而不是法兰西学院得到的——这未免令人感到有些难堪,而绅士们又不好意思自己主动去要。[4]当然这些都是过去的事了。在我的"隐藏的爱因斯坦"[*Der verborgene Einstein*]一文中,已经表达了对法兰西学院的感谢,您可能已经(在《柏林日报》(*Berliner Tageblatt*)4 月 12 日晨报版上)读过这篇文章。[5]在这里我必须同时指出,也不是所有法兰西学院的教授,都对您抱着友好的态度。去看看 Georges Blondel 教授的小册子,《和平的失望和德国的危险》[6][*Les mécomptes de la paix et le péril allemand*],您就会明白我的意思。

　　我已经在这里工作了两年,竭尽所能缓和紧张状态。如果不是为了这个目的,我不会答应自己的朋友 Theodor Wolff[7],离开自己在柏林的家庭和书籍,以及舒适的工作,忍受与我的妻子(Rosa Bertens)[8]长达半年的分离,在这个艰难的地方再次开始努力奋斗。我不想作个人抱怨。大多数朋友仍然忠实于我;反对者也至少知道我说的是实话,而且并无恶意。但是媒体和议会目前是毫无希

望的。[9]在巴黎这里,我学会了如何更真诚地爱我的祖国,虽然它也犯过各种各样的错误。

虽然如此,人不能失去希望。您出现在巴黎是一件大好事。是对未来的一瞥;或是通向未来的一条道路。我希望自己能活到看见结果的那一天。

致以良好祝愿,对您无比尊敬的

Paul Block

ALS.[43 294]。

[1] 爱因斯坦对 Block 试图安排他对巴黎的德国人社区发表讲话表示感谢(见文件153)。

[2] Wilhelm Mayer-Kaufbeuren。

[3] Thomas Barclay。

[4] Mayer-Kaufbeuren 向柏林汇报说在巴黎的德国大使馆未能得到任何一场爱因斯坦报告的门票(见 Wilhelm Mayer-Kaufbeuren 致外交部,1922年4月1日和29日[GyPAAA,R64677])。

[5] 在其文章中,Block 描述了爱因斯坦在巴黎受到的欢迎,尤其是他在法兰西学院的两个讲座的情况(见《柏林日报》(*Berliner Tageblatt*),1922年4月12日晨报版)。

[6] Blondel(1856—1948),法兰西学院的一位历史学家和法学家,在其小册子 *Blondel 1922* 中,他声称德国在竭力违背《凡尔赛合约》中规定的自己的义务,而且他们善于宣传,并非真正相信民主。他更进一步声称德国人认为是协约国挑起了战争,并通过马克贬值获利;因此不应获得任何同情。

[7] Wolff(1868—1943)是《柏林日报》(*Berliner Tageblatt*)总编。

[8] Bertens(1860—1934)是一位女演员。

[9] 对于德国在第一次世界大战中的所谓"战争责任",以及未能全部履行对法国的战争赔偿义务的不满,再加上担心不能保证从鲁尔地区获得足够的煤炭供应,使得法国议会和媒体的反德情绪高涨(见 *Fasanaro 2008*,pp. 92—98)。德国大使汇报说,巴黎听众和媒体对爱因斯坦的反应"非常友好,在很多情况下积极诚恳"("sehr freundlich, vielfach geradezu herzlich"),可能唯一的例外是"法兰西行动"(Action française)组织。他还报告说,在爱因斯坦的访问过程中,媒体中极少数对他的攻击遭到自由派媒体的反击(见 Wilhelm Mayer-Kaufbeuren 致外交部,1922年4月1日和29日,[GyPAAA,R64677])。

# 167. Paul Langevin 的来信

巴黎,1922年4月25日

我亲爱的朋友:

很高兴地得知您已平安到家,可以怀着圆满完成任务之后的满足好好休息一下。您在巴黎短暂的逗留将成为我美好的记忆。和您一样,我也对两人未能有机会闲谈感到遗憾,只能推迟到您下次来访的时候了。我希望不要等太久。

我刚刚加急发出了给 Kocherthaler 先生[1]的支票,上面的数额就是您留下给我的。有一些必要的授权手续,因此汇款程序有些耽误。我已经请求对方在收到后直接通知您。

附件中有 d'Ocagne 先生[2]的几句话,他是[法兰西]研究院的院士,杰出的数学家。一直关注我们的讨论,对它们的目的了解得很清楚。看看您能不能让他满意。

您交待我转交给 Finaly 先生[3]的那封信,已经当面交给他了。我还在信上添了几句话,对他的关切致以谢意。

我关于力学的著作马上就要问世。一旦出版我会马上给您送去一本。[4]

我的孩子们和他们的母亲[5]在外面度假没有回来。在此期间,我和 Malfitano[6]一起吃饭,他要我向您问好,还有 Selma[7]也是。

我对法国代表在热那亚的行为感到非常不安,但还是希望它不会造成严重后果。[8] 所有这些真的很烦人。

好在我们还有对未来的期望,对工作的热情给我们带来的安慰,还有珍贵的友情得以互相支援。

您热诚而忠实的

P. Langevin

ALS. *Langevin*, L. 1972, p. 17. [15 362]。信笺抬头为 "Collège de France Laboratoire de physique expérimentale"。

[1] Kuno Kocherthaler。
[2] Philbert Maurice d'Ocagne(1862—1938)是巴黎综合理工学校数学教授。
[3] 可能是指 Horace Finaly(1871—1945),巴黎著名银行家。
[4] 可能是指 *Langevin 1922*。
[5] Jean(1899—1990),André(1901—1977),Madeleine(1903—?),Hélène(1909—?)和 Emma Jeanne Langevin-Desfosses。
[6] Giovanni Malfitano。
[7] 可能是指爱因斯坦在巴黎逗留期间居住的公寓的女管家(见文件70)。
[8] 1922年4月10日到5月19日在意大利举行的热那亚会议,目的是处理中欧和东欧经济重建的问题,以及寻求改善欧洲国家同苏联之间的关系的途径。

## 168. Maurice Solovine 的来信

巴黎,1922年4月27日

亲爱的爱因斯坦:

从您的来信得知您已安全抵达柏林,我非常高兴。[1] 在巴黎您确实付出了非凡的努力。但是想到您取得的卓越的结果，您就不得不承认，为巴黎之行付出的努力是值得的。现在您的理论的地位与之前已经完全不同；在个人印象方面，人们以与您〈个人〉结识为自己的荣幸。上个星期我和 Painlevé 谈起您的时候，他说道："我真的希望和爱因斯坦成为朋友。"[2] 每个人都希望能够在这里再次见到您。

现在德国报纸的反应也很得体，您应该为自己起到的缓和敌意的有益作用感到高兴，尤其是在目前这个仇恨肆虐的时候。[3] 您说以后还会有机会相聚，一起重温美好时光，也很让人感动。

我已经将给 Rothschild 的信从邮局寄出。[4] 他的地址是：

  Monsieur Lebaron Edmond de Rothschild

  41, Faubourg Saint Honoré

  Paris(8)。

就我而言，想请您告知 Beck 博士在芝加哥的地址。收到 Untermeyer 夫人一封冷冰冰的来信，说她无法帮助我。[5] 所以我想试试联系 Beck 博士，因为他还是学术界的人，可能对我的态度会有所不同。

敬爱的爱因斯坦，您肯定记得，我以前向您提到过一本文集，由一流科学家简述（大约 25 到 30 页的 8 开纸）自己的发现，让学者和受过教育的普通公众容易理解。[6] 在第一册中我想重印您 1905 年的奠基性的论文。[7] 谁有权授予翻译许可，是您，Ambrosius Barth，还是 Teubner？[8] 在您美国讲学的讲义翻译完成之后，我就要开始翻译 1916 年那篇精彩的文章。[9] 如果这些论文的翻译许可权不完全归您，而是在出版商那里，请您写信给对方，不要把翻译许可授予其他人。

希望什么时候您能拟定一份可以给上述选集供稿的物理学家和化学家的名单。我特别想请 Planck 以简明的形式描述他的量子论。

附件是您希望的合同。[10] 您可以在上面写上您的名字，自己留存。

最诚挚的友谊，您的

              M. Solovine

转达我对 Ilse Einstein 小姐和尊夫人的问候。

ALS. [21 170]。

 [1] 爱因斯坦于 4 月 9 日离开巴黎，4 月 14 日回到柏林（见文件 141）。文件左侧页边有活页孔。

 [2] 关于爱因斯坦在巴黎逗留期间对 Paul Painlevé 的赞美，见文件 134。

 [3] 爱因斯坦曾经告知 Solovine，自己对德国媒体关于他巴黎之行的报道印象不错（见文件 154）。

 [4] 在文件 154 中，爱因斯坦曾请求 Solovine 转递该信。

 [5] 爱因斯坦曾建议 Solovine 联系伊利诺伊大学外科教授 Carl Beck 博士（1864—1952）以及纽约慈善家 Samuel 和 Minnie Carl Untermyer 夫妇，帮助筹集资金，实现 Solovine 去美国讲学的计划（见爱因斯

坦致 Maurice Solovine,1921 年 6 月 25 日［第十二卷,文件 157］)。在 1 月中,爱因斯坦曾建议 Solovine 用英语给 Minnie Untermyer 写信(见文件 16)。

［6］在文件 16 中,爱因斯坦曾拒绝 Solovine 要他向通俗选集《科学与文明》(*Science et civilisation*)赐稿的邀请;在未刊文献摘要一览表 36 中,Solovine 再次提出邀请。这个系列的第一册是 *Thomson 1922*。

［7］可能是 *Einstein 1905r*(第二卷,文件 23)。可能是作为 *Einstein 1905r* 的代替,Solovine 出版了由爱因斯坦作序的 *Thirring 1923*(见 *Einstein 1923a*［文件 234］)。

［8］Ambrosius Barth 是首次发表 *Einstein 1905r* 的《物理学纪事》(*Annalen der Physik*)的出版商。Teubner 是包含这篇论文重印本的 *Blumenthal 1913* 的出版商。

［9］*Einstein 1922c* 和 *1916e*(分别为第七卷,文件 71 和第六卷,文件 30)。

［10］关于 *Einstein 1922c* 的法文翻译合同,见未刊文献摘要一览表 139。

## 169. 致 Emile Borel

柏林,1922 年 4 月 28 日

极其尊敬的同事先生!

我怀着极大的兴趣,阅读了您在《科学》(*Ciencia*)上发表的论文,还有那篇关于时空的文章。[1]另外,我也和这里一位有经验的同事谈起在德国成立智力工作者组织的可能性。[2]他告诉我,这样一个组织当然是非常必要的,但是它一定会遭到目前无比强大的工业企业的抵制。除非还有非政治性的理由支持其正当性,不然这个组织没有成功的希望。一个方式就是保证这个组织的代表能够正式与国际联盟的相关部门合作。因此,我恳请您与合适的人士(比如 Barclay 先生)[3]讨论这件事,并通过您认为合适的方式,让我及时得知讨论结果。

我一定要再次让您确信,能够增进对您和其他巴黎专业同行们的了解,还有您对我的友好接待,都让我感到非常高兴。

问好,您非常诚挚的

TLC.［34 765］。信件收信人为"M. le professeur Dr. Emile Borel Paris"。

［1］见 *Borel 1922a* 和 *1922b*。在 *Borel 1922c* 中,Borel 也书面回应了爱因斯坦当月早些时候访问法兰西学院时被提出的一个宇宙学方面的讨论。论文的主题是一个充满均匀物质的无限宇宙的稳定性问题。Borel 提出了一个特别的算术模型,其中可以得出这种宇宙的一个分级形式。*Norton 1999* 有相关历史背景的讨论;关于爱因斯坦在这个问题上的看法,可参见 *Einstein 1922q*(文件 370)。

［2］在 1918 年 11 月的革命性事件之后,在地方层次上成立了各种各样的"智力工作者"协会("geistige Arbeiter")。最出名的就是柏林的"智力工作者理事会"(Rat der geistigen Arbeiter)。这些协会毫无例外地都是昙花一现。第二个类似的浪潮开始于 1920 年,原因是悲惨的经济状况让学者们也深受其害。Konrad Haenisch 倡导成立一个智力工作者的普遍组织。1920 年成立了"智力工作者自由工会"

(Freie Gewerkschaft geistiger Arbeiter)(见 *Schreiber 1923*, pp. 127—132,以及 *Walter 1990*, p. 89)。

[3] Thomas Barclay。

## 170. 致 Hans Delbrück[1]

柏林,1922 年 4 月 28 日

尊敬的同事先生!

今晚我要出发离开几个星期[2],不过在动身之前,先要简单汇报一下在巴黎和 Aulard 教授[3]谈话的情况,我觉得他是一位真心想要了解真相,改善法德关系的人士。不过和其他所有人一样,在政治事件的评估上,他也强烈地受到主流看法的影响——哪怕是下意识的。他似乎对您有看法,觉得您把他看作一个政治集团的代言人,而不是一个独立个人;不过当我告诉他这个先入为主的偏见并非事实的时候,他也能从善如流。积累的不信任只能靠个体的交流来克服,到处都是如此,在这个问题上也不例外。不过我觉得您和他的辩论确实起到了良好的效果,希望能够以不那么公开的方式继续讨论下去。只有这样才能保持相互信任,而在我看来这种相互信任是逐渐重建政治关系的必要前提。

致以良好祝愿,您极其诚挚的

A. 爱因斯坦

TLS(GyB, Nachlass Delbrück, Mappe Einstein, Bl. 3)。[78 126]。信件收信人为"格鲁内瓦尔德 Hans Delbrück 博士教授"("Herrn Prof. Dr. Hans Delbrück Grunewald")。

[1] Delbrück(1848—1929)是柏林大学历史教授和前国会议员。
[2] 爱因斯坦当时正要动身前往荷兰(见文件 160)。
[3] François A. Aulard(1849—1928)是索邦大学教授以及法国人权和公民权利保障联盟副主席。

## 171. 致 Jacques Hadamard

柏林,1922 年 4 月 28 日

亲爱的同事:

看来需要告知您,我还没有收到人权联盟通讯。[1]对于自己的巴黎之行我非常满意,很高兴能结识许多巴黎数学家和物理学家,并且希望此行对于重建法国和德国学者之间的友好交流有所裨益。

亲爱的同事,请务必接受我最诚挚的支持!

A. 爱因斯坦

TLC.[12 019]。信件寄给"le professeur Dr. Hadamard Paris"。

[1] 这里显然是指人权联盟通讯中发表了 Hadamard 文章的那一期。Hadamard 曾在文件 147 中附送这篇文章的手稿。

## 172. 致 Moritz Schlick[1]

柏林,1922 年 4 月 28 日

亲爱的 Schlick 先生!

Koehler 先生是一位哲学家和心理学家,现在已经从哥廷根来到柏林。[2]他请求我[3]为 Max Wertheimer 博士[4]说几句好话,原因是后者可能获得哥廷根或者基尔大学的职位。[5]对此本人欣然接受,因为我个人对 Wertheimer 先生十分了解,非常看重。[6]Wertheimer 的兴趣焦点在心理学领域,在其中进行着创造性的工作。就认识论来说,Reichenbach 比他更合适,因为对精确科学的了解更多。[7]在任何情况下他都不追随僵化的"字词哲学"(Wortphilosophie)(康德学会),而是积极地进行自己的思考和体验,在这个意义上,也能够激发年轻人。我有点觉得和认识论比起来,德国有些忽视心理学。

上面这些话仅仅是提出一个可能,并非试图以任何方式影响您。考虑到您的专业领域,未必会想到这个可能。

当然,您无需回复我这封信。

致以良好祝愿,您的

A. 爱因斯坦

TLSX.[21 585]。

[1] Schlick(1882—1936)是基尔大学哲学教授。

[2] Wolfgang Köhler(1887—1967)是柏林大学心理学教授。

[3] 见未刊文献摘要一览表 174。

[4] Max Wertheimer(1880—1943)于 1912 年在法兰克福大学获得哲学教授资格,并于 1918 年将自己的教授资格转到柏林大学。1922 年,他获得非终身性的副教授头衔,"不过这仅仅是普鲁士为获得教授资格 6 年以上的教师施行的一项改革政策的结果,并且不包括薪水"(Ash1989,p. 54)。

[5] 哥廷根大学的职位本属 Köhler,他已经转来柏林,因此职位空出;基尔大学的职位本属 Schlick,他马上要转去维也纳任职,因此基尔大学的职位也将空出。

[6] 在 1916 年中,Wertheimer 曾经与爱因斯坦谈起后者创立相对论的历程:"那是过去的美好时光,

从 1916 年开始,我有幸得以与爱因斯坦个人在他的办公室共坐很多小时,听他讲述后来导致相对论的那些突破。在那些长时间的讨论中,我详细询问了爱因斯坦思想中的具体事件"。(*Wertheimer 1945*,p. 168)关于爱因斯坦和 Wertheimer 之间互动的进一步讨论,见 *Wertheimer*,*Mi. 1965*,*Miller 1975*。

[7] Hans Reichenbach 是爱因斯坦以前的学生(见 Reichenbach 致爱因斯坦,1920 年 6 月 15 日[第十卷,文件 57])。

## 173. 致 Mario Viscardini[1]

柏林,1922 年 4 月 28 日

尊贵的先生:

关于您今年 3 月 21 日的来信[2]及其附带的文章,我想告知您以下内容:文章中提出的假设,也就是光在真空中的速度 $c$ 相对光源而不是坐标系是一个常数,最早曾被瑞士物理学家 W. Ritz[3]广泛讨论过,本人在提出狭义相对论假设之前,也曾认真考虑过。[4]当时我放弃这个假设的原因,是它会导致严重的理论困难(也就是那个相对光源运动的挡板的阴影的解释)。不过对这一假设的最令人信服的驳斥,是由荷兰天文学家 De Sitter 提出的。他指出,根据这个假设,双星中的一个恒星发出的光,速度就必须是变化的;而这显然不符合观察结果。[5]

致以良好祝愿。

TLC.[25 301]。信件寄给"Herrn Ing. Mario Viscardini Cislago"。

[1] Viscardini 是一位建筑工程师和伪科学书籍(pseudoscientific books)的作者。
[2] 见未刊文献摘要一览表 121。
[3] *Ritz 1908a* 和 *1908b*。
[4] 爱因斯坦之前也曾回忆自己对 Walter Ritz 的发射理论的支持,可参见爱因斯坦致 Paul Ehrenfest,1912 年 4 月 25 日(第五卷,文件 384)。
[5] Willem de Sitter(1872—1934),莱顿大学天文学教授,见 *Sitter 1913*。

## 174. 致 Elsa Einstein

[阿姆斯特丹]星期六[1922 年 4 月 29 日][1]

亲爱的 Else!

旅程顺利,我已平安到达阿姆斯特丹,Ehrenfest[2]在火车站等我。在本特海姆(Bentheim)[3]人们说,没有二等车厢。所以你的计划恰得其反,花钱反而更多。我们去了科学院。[4]下午我在物理学会做了一个简短的讲话。[5]晚上又拜访了 Zeeman。[6]现在我在阿姆斯特丹,和 Ehrenfest 一起坐在火车厢里,赶在出发前给你写信。昨天夜里睡得不错。阿姆斯特丹一如既往地散发着富足安逸的气息。我已经在等着去莱顿了。现在轮到 Ehrenfest 给你写几句了。

祝你们每个人都好。你的

阿耳伯特[7]

ALS.[143 123]。

[1] 日期是后加的,为 Paul Ehrenfest 手迹。

[2] Paul Ehrenfest。

[3] 处于德国荷兰边境。

[4] 去参加皇家科学院的一次会议。

[5] 在荷兰物理学会(Nederlandsche Natuurkundige Vereniging)于阿姆斯特丹大学物理实验室举行的聚会上。关于爱因斯坦讲话的一个报道,见 Appendix C。

[6] Pieter Zeeman。

[7] Ehrenfest 此处附笔原文为:"本人确认上面描述的货物已签收,状态完好无缺(包括雨伞)。进口商 P. Ehrenfest。"("Unterzeichneter bestätigt den richtigen Empfang in unbeschädigtem Zustand (inclusieve Regenschirm) der oben spezifizierten Sendung P. Ehrenfest Importeur.")

## 175. Max Born 的来信

哥廷根,1922 年 4 月 30 日

亲爱的爱因斯坦:

Laue 不久前还在这里——我们都很高兴。[1]他告诉我们你要去荷兰。[2]但愿不会影响你收到这封信。

首先,我不得不再次请求你的帮助,具体来说,是为了 Bródy。[3]圣诞节在柏林和你谈话时,你说也许有可能为他在考纳斯(Kowno)①找一个职位。最近我在柏林同 I. Schur 讨论了此事(当时你在巴黎),[4]他在考纳斯有各种关系,愿意负责此事。现在事情很紧迫,不能再等了。我妻子[5]在照顾 Bródy 的家人(他妻子和一个小孩在这儿已有些时候了),她告诉我他们生活的惨状。我从我们的私

---

① 即 Kauns,亦译为考那斯。考纳斯是立陶宛第二大城市,历史上一直是立陶宛经济、学术和文化生活的领先中心。考纳斯是中欧和东欧第一个被列为联合国教科文组织设计城市的城市。——译者

人基金(Privatfond)专款中拨给他一点儿(每月约 2000 马克),但这对一家人来说是太少了。[6] 除此之外,我们所能给的帮助都给了他。但这个人真的必须摆脱这种屈辱的处境。我对他这位物理学家有很高的评价,如果他有更多的精力和更好的物质条件,一定会有很大的成就。现在他有一篇不错的文章将要在《物理学杂志》(Phys.Z.)上发表,[7] 还和我一起研究热膨胀。Hilbert 很欣赏他,[8] 特别是因为他在讨论班上的发言极好。如果我愿意,可以在这里让他通过教授资格考试,没有问题。我只是觉得这没有意义,原因是作为一个匈牙利裔的犹太人,加上他那种绝对东方式的行事方式,他永远也得不到一个职位。Paul Hertz 也在挣扎度日,[9] 为了他,我的忧虑和责任已经够多的了,没法再帮 Bródy。

或许你可以为 Bródy 在荷兰找到某个普通的职位?或者在世界的其他什么地方?我已为他向〈Helmholtz 协会〉应急协会[Notgemeinschaft]申请了资助,但尚未得到答复。[10] 你可否在那里为他说句好话?或者还有别的某种途径?

现在谈点别的事。我正在着力撰写百科全书晶格理论的条目。[11] 希望能在 5 月份完成。这是件颇为费力的工作。不幸的是,在我新近发表的晶体状态方程理论中出现了一个错误。[12] 我曾认为格律乃僧(Grüneisen)的能量和膨胀正比定律并不成立,在低温下,前者与 $r^4$ 成正比,而后者与 $r^2$ 成正比。这是胡说。它基于一个严重的错误。像我这样已经不算年轻的人还会发生这种错误多少是令人沮丧的。不过好在错误是自己发现的,那还不算太糟,另外这项工作的错综复杂也是一个安慰的借口。还有,Pauli[13] 和 Bródy 都阅读了全文,但都没有发现这个错误。

遗憾的是 Pauli 已去汉堡的 Lenz 那里了。[14] 不久前我们开始合写一篇论文,[15] 这是一篇已发表的与 Bródy 合写的有关非谐振子量子化的论文的继续。[16] 那里面建立的近似方法可应用于所有这类系统,只要未被扰动的系统是条件周期的,并且微扰函数可以用一个参数的幂展开。甚至简并的未受扰动的系统也可以适用,并且正好得出玻尔的"长期微摄动"方法。实际上我们现在才真正理解了 Bohr 的一些观点。我们也开始计算正氦(两个共面电子),而且能够确认 Bohr 之前的论断,即内侧电子沿一个椭圆轨道迅速运动,该椭圆的长轴总是指向缓慢运动着的外侧电子。

Pauli 把论文带到汉堡去了,想在那里完成它。因为我忙于撰写百科全书的条目抽不出时间。还有,该死的学期又要开始了,很不利于需要沉思的工作。

Franck 让研究所充满大量的博士研究生,在他的指导下做着很好的工作。[17] Hilbert 在瑞士,8 天后才会回来。

尽管天气一直很坏，我的家里都安好，没有感冒的。我妻子向你全家致以最热情的问候。请替我向在荷兰和柏林的同事们问好。

你的

Born

ALS. *Einstein and Born 1969*, p. 100—103. [8 169]。

[1] Max von Laue。

[2] 爱因斯坦于 4 月 29 日到达阿姆斯特丹，开始对荷兰为期两周的访问（见前一文件）。

[3] 在 3 月中，爱因斯坦曾给 Robert A. Millikan 及其同事写信，推荐 Imre Bródy 担任加州理工学院的一个职位（文件 96）。

[4] Issai Schur(1875—1941)是柏林大学数学教授。

[5] Hedwig Born-Ehrenberg。

[6] 关于 Born 之前为 Bródy 寻找经济资助的努力，见 1921 年 10 月 21 日他给爱因斯坦的信（第十二卷，文件 278）。

[7] 可能是指 *Bródy 1922*。

[8] David Hilbert。

[9] 关于爱因斯坦试图帮助经济上处于绝境的 Hertz 的情况，见文件 148。

[10] 爱因斯坦是德国科学应急协会(Notgemeinschaft der deutschen Wissenschaft)荣誉成员（见爱因斯坦致 Friedrich Schmidt-Ott，1921 年 1 月 19 日之后，第十二卷，时间表）。成立于 1920 年的德国科学应急协会，是一个学术和科学组织的协会，致力于在恶劣的经济状况下为德国科学研究筹措必需的资金。关于其细节，见 *Einstein 1921k*（第七卷，文件 70）。

[11] *Born 1923a*。

[12] *Born 1921*。

[13] Wolfgang Pauli。

[14] Wilhelm Lenz(1888—1957)是汉堡大学理论物理学家。

[15] *Born and Pauli 1922*。

[16] *Born and Bródy 1921*。

[17] James Franck；关于 Franck 的学术活动的讨论，见 *Lemmerich 2007*, pp. 92ff。

# 176. Paul Painlevé 的来信

巴黎第 6 区塞基耶(Séguier)街 18 号，1922 年 4 月 30 日[1]

亲爱的同仁和朋友：

希望您对巴黎之行感到满意，没有因为各种接待感到过于疲惫，健康地回到柏林。

我仍然沉浸在相对论中，我越来越觉得这很有意思。

不知您是否愿意为一场帮助俄国孩子的慈善拍卖会寄来两份亲笔签名（两行字）？它们将在拍卖会上成功拍卖，但得尽快寄来，因为拍卖会星期五晚上就要举办了。

不过，时局的进展丝毫无益于欧洲局势的安定，这让我很难过。[2]

我想再次向您表达，与您相识十分愉快，和您进行的几小时谈话令我受益匪浅。

向您致以诚挚的敬意，您忠诚的

Paul Painlevé

ALS. [44 641].

[1] Ilse Einstein 手写补充的街道名称和年份。

[2] 见文件 167，注释 8。

## 177. 致魏宸组

柏林，1922 年 5 月 3 日

尊贵的先生！

关于您今年 4 月 8 日的友好来信，[1]我很荣幸地通知您，本人很高兴于今年冬季前往北京大学讲学，时间不超过两个星期。不过虽然心中不忍，在此我不得不在酬金方面提出不同建议。我觉得有必要采取这一步骤，因为其他国家提出的，还有像美国的几所大学已经支付的酬金，都远在贵国之上；如果我接受贵方条件，对其他国家未免太不公平。[2]在这种条件下，我冒昧地提出下列关于酬金的建议：

1）数额改为 1000 美元；

2）贵方支付从东京至北京，北京至香港的旅费，以及在北京旅店的开销，以上都为我和我妻子合计。

希望您能够理解并赞同我的意见，您恭敬而诚挚的

TLC. [36 483]。

[1] 魏宸组诚邀爱因斯坦到北京大学讲学（见文件 135）。

[2] 魏宸组曾提议酬金为每月 1000 华币（见文件 135）。关于日本方面提出的酬金，见文件 21。关于爱因斯坦与美国大学之间的繁琐的谈判，见第十二卷，导言部分，pp. xxviii—xxix。

## 178. 致 Elsa Einstein

星期四［莱顿，1922 年 5 月 4 日］[1]

亲爱的 Else！

从上周六之后就没有给你写过信，我的良心很不安。感谢 Ehrenfest 忠心守护，我在这里休息得很好，感觉不错。诀窍很简单，就是别一件事忙完马上又去做下一件，要试图拥有一个自由意志的感觉。在柏林缺的就是这一点。我们思考、工作，还演奏音乐。Ehrenfest 夫人[2]对你送包给她表示感谢。我费了点劲，才说服 Tatya[3]别上那枚胸针。我待在这里的时间不会超过 14 天，8 天后的星期天左右就回家，还是能见到 Lorentz。[4]Zeemann 将会开展我设计的实验；[5]这让人非常高兴。虽然还没有收到你的音讯，我希望你一切安好。今天晚上，我将听一位历史学家介绍目前正在席卷全球的神秘主义浪潮（die okkultistische Welle）。[6]明天是从英国来的一位物理化学家的报告。[7]之后我计划邀请孩子们[8]去海边。我们已经和年轻的 Onnes[9]一起演奏了一些音乐。今天我给那位英国人写信谈及哈密顿论文的编辑一事。[10]我没有听你的，刚刚给 Kuno 送去 6 只青蛙，[11]因为很长一段时间不会再来这里。天气一直不错；有风，但是不冷。

我对那艘帆船的兴致很高。[12]你还没有和我的朋友 K 一起去看过它？[13]在过去的几天中 Ehrenfest 有些抑郁，但是现在好了。对于他我是一剂良药，而对于我，他是一个好朋友。

衷心问候你们所有人，你的

阿耳伯特

ALS. ［143 124］。

［1］文件日期确定的根据，是假设信中提到的星期六是 1922 年 4 月 29 日（见文件 174）。

［2］Tatiana Ehrenfest-Afanassjewa。

［3］Ehrenfest 的女儿 Tatiana。

［4］Hendrik A. Lorentz。

［5］Pieter Zeeman。

［6］可能指的是题为 "L'Occultisme devant l'esprit philosophique" 的讲座，演讲者为法国作家和记者 Ernest Seillière 男爵，地点是莱顿大学的小讲堂（见 *Nieuwe Rotterdamsche Courant*，1922 年 5 月 5 日，Avondblad A）。

［7］可能是指 Frederick Donnan（见文件 160）。

［8］Tatiana，Anna（1910—1979），Paul（1915—1939）和 Wassily Ehrenfest（1918—1933）。

[9] Harm Kamerlingh Onnes(1893—1985)。

[10] Edward H. Synge(见文件149)。

[11] 这里可能指的是把他在荷兰收入的一部分汇给Kuno Kocherthaler(关于之前提到汇款一事,见文件24)。

[12] 爱因斯坦曾告诉他的儿子们,自己在3月份买了一艘帆船(见文件67)。

[13] 可能是Moritz Katzenstein,过去他和爱因斯坦经常一起驾船(见爱因斯坦致Elsa Einstein,1921年8月14日[第十二卷,文件206])。

## 179. 致 Hans Albert Einstein

莱顿,1922年5月5日

亲爱的Albert!

  首先我要一反常态,提前祝你生日快乐!因为正好想到这件事。[1]我已经在兴奋地期待着假期的到来。至于帮手,我会去试试把Anna找来。[2]如果她来不了,我们可能就不得不在旅店(Wirtshaus)的协助下自己照顾好自己了。那艘船还要上漆,然后我们就可以出发了。[3]我们驾着船开来开去肯定会很高兴。让妈妈不要担心你的学业;你能对付那些终考,没问题的;而且成绩也不需要多么出色。[4]尽快写信给我,尽量准确地告知你们何时能来,我好做必要安排。把大概四个星期之前收到的Anschütz照片寄给马德里忠诚街(Calle Lealtad, Madrid)Kuno Kocherthaler(亲启),和以前一样。[5]很遗憾我们未能在复活节相聚。但是我的巴黎和莱顿之行都是绝对必须的。我们可以在Katzenstein那里好好演奏音乐,开车的话他家不是太远,大约三刻钟。[6]说不定还能在那里找到一架钢琴。

  希望Tete安好,虽然你们把他送去莱茵费尔登(Rheinfelden)。[7]给我写信说说情况吧。

  吻你们所有人,你的

爸爸

  向妈妈致以友好的问候,希望她已经回来了。[8] Anschütz邀请你们两人这个秋天都到他在博登湖(Bodensee)边正在为慕尼黑大学修建的休养所(Erholungsheim)去。[9]我们在那儿还有一些技术问题要解决。

ALSX.[75 613]。

[1] Hans Albert的18岁生日是在5月14日。

[2] 在1月份,爱因斯坦曾经告诉他的儿子们,自己要和他们一起在斯潘道的小木屋度假(见文件48)。Anna是爱因斯坦以前的女佣,爱因斯坦一家之前在武斯特罗(Wustrow)度假的时候,她负责整理家

务(见爱因斯坦致 Hans Albert Einstein,1921 年 6 月 18 日[第十二卷,文件 153])。

[3] 就是文件 178 提到的帆船。

[4] 在文件 142 中,Hans Albert 曾经告诉爱因斯坦自己在准备中学毕业考试的情况。Mileva 曾经表示担心,由于爱因斯坦计划和儿子们共度暑假,Hans Albert 可能没有足够的时间准备考试(见文件 100)。

[5] 在 2 月份,爱因斯坦曾经要求 Hans Albert 寄照片给 Kocherthaler(见文件 48)。这里的 Anschütz 是指 Hermann Anschütz-Kaempfe。

[6] 住在夏洛腾堡的 Moritz Katzenstein。

[7] Eduard 在 4 月份去了莱茵费尔登(Rheinfelden),可能是为了盐水浴疗法。

[8] 在父亲去世后,Mileva 曾前往诺维萨德(Novi Sad)与家人在一起(见文件 100,以及 *Popovic 2003*,p. 132)。

[9] 在 Anschütz 购下的劳特拉赫(Lautrach)城堡(见文件 9)。

# 180. Edgar Zilsel 的来信[1]

维也纳第 18 区威灵格大街(Währingerstrasse)71 号,1922 年 5 月 5 日

十分尊敬的教授先生!

经 Schlick 教授推荐,我冒昧地随本函给您寄去我的文章《有关统计力学新基础的尝试》(*Versuchs einer neuen Grundlegung der statistischen Mechanik*)。[2] 批判部分的核心请见第 6 章、第 129 页及以后,[3] 赞同部分的核心见第 15 章、第 150 页及以后。

给您寄上的是一份未完成的工作报告,对此我深感羞愧。在第 146 页、第 20 条中所列公式不是普遍有效,因为我依照曲线发展进行阶段分割。如果没有曲线发展的假设作为前提,就不能论证出它的必然性。换句话说,如第 20 条及其他公式所述,所有顺序一旦倒置,预期现象未必会出现。[4] 我个人认为,这一错误不涉及本文的核心,因为第 14 章中详细阐述的麦克斯韦 - 玻尔兹曼星 A (Maxwell-Boltzmann Stern A)就是演绎上述公式的基础之一,它可用任意一个巨大的、起决定性作用的相对静止时间区域取代,这一区域总是轻而易举即可获得。即使作出如此变更,本论文中所论证的结果依旧正确,即第 50 至 51 页中有如下阐述:[5]"如果存在一种状态,而一个静止的系统主要地、长期地逗留于其中,则从每一个起始点出发驶往这一状态的运动立即归为过程开始。"这一阐述在我看来是所谓不可逆转性这一概念的真正内涵。将这一论点从纯粹的运动学角度且不考虑值得怀疑的真实性因素进行立论,是我对自己撰写这篇论文时提出的挑战。因为我感觉从原则上讲,物理学中的静止状态只取决于运动方向的定义,它具有不可逆转性,而不存在于熵中。熵值的大小以及温度,我的论文中

并不涉及,无论是正式印刷版还是现在给您寄去的校正版均是如此。当然,本文若将不可逆转性和文中的第二个论点之间的区别进行严格区分,则文章会更好。

希望我的论点不是谬误,您的评判对我来说价值最大。由于维也纳的物理学家们纷纷严厉反对我的论点,所以我在本文的后记中简要阐述如何在我的工作基础上建立熵与温度的关系体系。因此需要更多假定,主要内容如下:1)必须承认至少存在一个可分割的分子相空间,可用分子能等能面分割为有限或其他任意(例如彼此不同的)间隔,致使分割而成的结果,即"单元"在整个系统的能量平面上获得等值的相对逗留时间。2)如果其中一元素进行绝热逆转变化,则所有相对逗留时间持续恒定。如果教授先生您对后记(Nachtrag)这一部分内容感兴趣的话,那恕我冒昧将打字稿寄给您,因为我至今没能得到印刷版。

在结束这封信前,我必须至少顺带提一句我对您的最衷心的感谢。如果今天我们重新感到活着有乐趣的话,那么幸福的来源是有幸成为自然科学的重生(Neugeburt)及社会秩序开始变更的历史见证者。对于前者,我们所有的理论家都应感谢您。请您千万不要误解我这一可能过于亲近的言辞!

致以我最崇高的敬佩,您的忠实的

E. Zilsel

ALS. [24 153]。

[1] Zilsel(1891—1944),在大学学过物理学、数学和哲学,曾是一位文法中学的教师,1922 年获准离开,去了维也纳的奥塔克林业余大学(Volkshochschule Volksheim Ottakring)教授哲学和物理学,由此成为奥地利战后成人教育中的一个重要人物(见 *Stadler 1991*,p.74)。

[2] Moritz Schlick;*Zilsel 1921*。

[3] "§6"可能应该是"§7",因为这个标题为"Kritik(批判)"的段落从 p.129 开始。此外,Zilsel 在他论文的§2 和§9 里批判了 Mises 的概率论;他还引用了爱因斯坦在 1919 年末读过并评判的那些论文[见爱因斯坦致 Richard von Mises,1919 年 12 月 6 日(第九卷,文件 195)],试图在不提各态历经假说的情况下,为统计力学打下一个基础。

[4] 在 *Zilsel 1921*,p.146 中的方程(20)给了表示核分子可能的散布的数字 $Z$ 一个肯定的总能量,这个总能量超过了在分子相空间中的单元,通过个体分子的动态变量的总能量,$Z$ 能被描述为

$$Z = \frac{N!}{\prod_{l=1}^{n} f_l}。$$

其中 $f_l$ 是单元 1 的分子数,所有单元总计 $N$,$n$ 被限制在分子的这个总数 $N$ 中。在 *Ehrenfest and Ehrenfest 1911*,§12b 中,这个方程可作为一个普遍的公式的简化形式被推导出来。Zilsel 将这一关系应用到特殊情形,即单元的定义是依据动力学轨迹而不是根据相空间区域可能相等的某种先验假设。

[5] 提到的应该是 *Zilsel 1921* 中的 pp.150—151。Zilsel 论文的目标是在一个特别的力学假说下说明正则系统从时间平均值而来。这个被他称为"allagodic hypothesis"("Allagodenhypothese")——类似于"各态历经假说"——的假说,假定一个在相空间中的动力系统的轨迹的特征在于相空间肯定被分成单元。

## 181. 两句格言

[莱顿，1922 年 5 月 8 日][1]

自然，通过其崇高的规律性，对于研究者来说，就像最高理性的有意识的存在。

ADS(R. M. Smythe's Auction Catalog, November 1995, Public Sale, lot 147)。[83 136]。Sotheby Sale November 20, 1990, lot 394([81 495.1])的拍卖目录，也出现了这一格言的抄本。

"人不应当为自己的知识沾沾自喜；为了让他能够学习，别人就要替他劳动。"

A. 爱因斯坦，莱顿 1922。

ADS(Sotheby's Auction Catalog Sale November 20, 1990, lot 394)。[81 495.2]。Sotheby 目录中的描述是两份文件"每一份都有'A. 爱因斯坦'的签名，日期为莱顿，1922 年 5 月 8 日"。

[1] 日期的根据：两份文件都是文件 182 的附件，并在文件 182 中被提到。

## 182. 致 Paul Painlevé

莱顿，1922 年 5 月 8 日

亲爱的 Painlevé 先生！

很遗憾未能及时收到您的来信；信是转交到我手上的。[1]不过还是按您的要求送去签名，希望它们也许会有用。[2]和您的交谈是我在巴黎所经历的最美妙的事情之一；我非常欣赏您的激情和客观性。总的来说，回想自己短暂的巴黎之行，有一种幸福的感激之情。

请接受我衷心的问候，您真诚的

A. 爱因斯坦

ALSX(R. M. Smythe's Auction Catalog, November 1995, Public Sale, lot 147)。[83 136]。

[1] Painlevé 曾向爱因斯坦索求两个签名，准备在 5 月 5 日拍卖(见文件 176)。

[2] 见前一文件。

## 183. Henri Barbusse 的来信

滨海阿尔卑斯省德乌勒镇米拉马尔村
(Miramar per Théoule [Alpes Maritimes]),1922 年 5 月 8 日

我亲爱的大师：

我比任何人都了解,作为伟大的科学革新和革命运动的中心,您现在该有多么繁忙。不过想到您的友好态度,我还是冒昧地请问您,是否愿意就您的巴黎之行为我们的《光明》期刊写上几句话。[1]

请原谅我占用您宝贵的时间,这些时间本当投入非常重要而有价值的工作。但是在另一方面,我觉得自己有义务利用您的地位和声望来推进我和我朋友们在全球范围内捍卫的事业：为一个和科学同等的真理拨乱反正。这一真理也和科学真理一样受到日常成见的威胁和压制。"光明"超越党派,发展了一个简单而明确的思想,人类经历了很长时间才得以理解它,还需要更长的时间来适应它,但是终将实现它,因为这关乎人类的生死存亡。作为一个崇高事业的谦卑而自豪的捍卫者,为了自己的事业,寻求其他领域中目光远大,有着空前洞察力的杰出人士的帮助,是一件完全可以理解的事情。您的大名为世人所景仰,跻身那些新的艰深真理的发现者之列。您的话语有如纶音玉诏；所以您的文字由我们来发表,可以加强我们对有组织的团结和积极建设性的理智的宣传；我们希望在繁多而紧迫的任务之外,您能够开恩给予我们这一幸福和荣耀。

亲爱的大师,请接受我对您的景仰和至诚！

Henri Barbusse

ALS. [34 518]。信笺抬头为"Clarté, 16, rue Jacques Callot, 16 (42 Rue de Seine) Paris (6e Arr)",收信人为"Pr. A. Einstein"。

[1] 半年前,爱因斯坦将 *Einstein 1922b*(第七卷,文件 69)一文的手稿寄给 Barbusse(见他 1921 年 12 月 9 日的信[第十二卷,文件 317])。关于他当前对 Barbusse 以及"光明"团体的政治抱负的批判立场,见文件 152。

## 184. Paul Ehrenfest 致 Niels Bohr

莱顿，1922年5月8日

亲爱的、亲爱的 Bohr！

[……][1]

爱因斯坦又来了！[2]您的发言强烈地征服了他的心。[3]他对您的方法和结果都十分赞赏。我何时有幸能亲眼见到您二位静下心来讨论这些基本问题呢？——关于空间中能量脉冲传输，他刨根问底，追问得简直是没完没了。他无法下决心抛弃单个的放射或吸收过程中的守恒定律。显然，在干涉事实为一方，与局部出现的巨大能量为另一方的两者之间确实存在数量上的矛盾。——哎呀，要是我能把你们两个人放到同一个房间里的话，那么我一定能看到你们会争执得面红耳赤。他不断进行新的实验，仔细地检验一个运动中的放射性原子的波场，是否具有经典性质。[4]您一定不反对实验时可以让原子放射速度跟典型的、已知观点的速度同样慢。尽管他阐述的理由与他的观点相矛盾，但他所列举出的理由如下：两个原子的"量子状态"间的所谓"过渡时间"与更高层的量子状态的"逗留时间"相比非常短。这时，要将放射周期换一种方式进行控制，而不采用已知的相干时间：如果放射周期长，则一个运动中发光的原子必将发射出偏心球面波。——他希望通过特殊的反向干涉来控制这种偏心现象，在他美妙的大脑中，仍然需要仔细区分多普勒频移的事实和偏心球面波的解释。

在思考这些问题的时候，爱因斯坦要么会发疯，要么他就会发现一种非常深层的东西。——他在发明"奇异实验"时思维异常缜密。我在一场举办于阿姆斯特丹的公开的、十分愉悦的研讨会上[5]称他为"永动机型发明家"。他当场大笑，并对此称呼予以认可，同时补充我的话说："目前唯一缺乏的是公众的理解，尤其是当未来发明不是个个都与传统结论相悖的时候。"

[……][6]

您的

P. Ehrenfest

ALS(DkKoNBA, folder 74, no. 43). [92 997].

[1] Ehrenfest 在这封信的前4页中解释了他对 Arnold Sommerfeld 在 Sommerfeld 1922 中对绝热假说的阐述的不满。更多信息，见文件358。

[2] 1922年4月29日至5月13日期间，爱因斯坦在莱顿（见文件174和186）。

[3] 这可能指爱因斯坦对 *Bohr 1922b* 的阅读(参见文件 107,注释 3)。

[4] 例子有极隧射线实验(见文件 29),以及一个他计划和 Peter Pringsheim 一起进行的实验(见文件 300)。

[5] 很有可能是在爱因斯坦 4 月 29 日在阿姆斯特丹的荷兰物理学会的一次会议上发表演讲之后(关于对这次演讲的一份报告,见附录 C)。

[6] 这份信的最后两页讨论了 Pieter Zeeman 最近在阿姆斯特丹提交的一些结果。他还提交了 *Ehrenfest 1922* 和一个副本。

## 185. David Hilbert 的来信

[哥廷根,1922 年 5 月 9 日][1]

我认识 Roos 先生,当然同意支持 Nelson 的请求。[2] 衷心感谢您对我 60 岁生日的祝福;对我来说,它既是荣誉又是幸福。[3] 我感到格外地高兴。我们很久没有见面了![4] 什么时候能有机会再见面?

祝好,您的

D. Hilbert

ALS. [13 070]。本文是未刊文献摘要一览表 204 结尾后的附笔。

[1] 本文是未刊文献摘要一览表 204 的附笔,由此确定文件日期。

[2] 见未刊文献摘要一览表 204。Leonard Nelson(1882—1927)是哥廷根大学哲学无薪讲师。

[3] 文件 26。

[4] 爱因斯坦最近一次和 Hilbert 见面,是在 1916 年 3 月访问哥廷根时(见爱因斯坦致 David Hilbert,1916 年 3 月 30 日[第八卷,文件 207])。

## 186. 致 Elsa Einstein

[莱顿]星期三[1922 年 5 月 10 日]

亲爱的 Else!

昨天收到你令人沮丧的来信。对你所有的不幸深感难过。不要再操心帆船的事情,[1] 先照顾好你自己,犯错的时候应该小心一些。我将于周日早上 7 点 5 分到达动物园[站]。[2] 只有这么一趟车。这次回家也算够准时的了吧? 在这里待了正好 14 天。[3] 明天我将会见 Lorentz。[4] 我没能在这里教课,但是设法完成了一些其他事情。

祝你们都好,你的

阿耳伯特

AKS.［143 125］。明信片寄给"Frau Elsa Einstein Haberlandstr. 5 Berlin",发信人地址"P. Ehrenfest Leiden",邮戳为"Leiden 10. V. 22. 7—8N[amiddag]"。此处省略 Paul Ehrenfest 的问候语。

［1］一周以前,爱因斯坦曾经问 Elsa 是否已经做了安排买下这艘帆船(见文件 178)。

［2］指柏林动物园火车站。

［3］正如在文件 178 中所承诺的。

［4］Hendrik A. Lorentz。

## 187. Edward H. Synge 的来信

爱尔兰都柏林 Knockroe,Dundrum,Co.,10. V. 1922 年 5 月 10 日

亲爱的爱因斯坦博士:

感谢你来信鼓励我进行哈密顿文章的编辑工作。[1]相信这对宣传这个项目会很有用处。

看到你说哈密顿思想的起源是很难理解的,我想也许应该告诉你,一个对于科学家们来说非常不寻常的哲学观点,可能在这里起了作用。这在 Graves 的哈密顿的生平一书中展示得很清楚。[2]哈密顿是一位新柏拉图主义者,可以推断他是想在自然中找到满足其知性美学意识的法则的范例。事实上,他把这种对知性的满足看作是这些法则的"目的",并且甚至怀疑自然法则是否是专门为发展人类和"天使们"的知性而创造出来的!! 不管这一观点有多么奇怪,它还是非常有启发性,因为我相信他明白说出了很多数学家的直觉,也就是这个最抽象的研究,在自然中的某些地方会得到相当的体现。例如,它会引导人们去寻找黎曼曲面的实在体现,还有从"量子"的产生方式也许可以沿着同一方向找到你的量子和引力理论之间的某种桥梁。

我乐观地相信,对哈密顿工作的第一手研究,仍然能够在普遍观点方面得到很多成果;并且尤其希望数学家们能够认识到,哈密顿的四元数系统,是他发明的一个时空符号体系,应当去探索如何普遍发展一个四元数函数理论(可能是在一个扁平的时空上),以求找到实在范例,并且搞清楚哈密顿提出的"宇宙法则就是一个四元数的函数"的猜想是否有意义。

哈密顿从一个和你根本不同的观点出发,得到和你的理论有着明显关联的

结果,这是一件很不寻常的事情。

再次感谢你的好意,你忠诚的

E. H. Synge

ALS.[20 631]。

[1] 在文件 178 中,爱因斯坦曾向 Elsa Einstein 提及此事。

哈密顿论文集最终由剑桥大学出版社于 1931 年出版(*Hamilton 1931*)。在前言以及各卷中都未提及爱因斯坦或者 E. H. Synge。之后很久,在 J. L. Synge 于 1984 年撰写的关于他哥哥的回忆中(见[76 001]),解释了自己成为本书编辑的原因,并承认自己不应该隐瞒哥哥在策划成书中的首创作用。

[2] Graves 1882—1889。

## 188. 致 Paul Langevin

[莱顿] 1922 年 5 月 12 日[1]

亲爱的 Langevin!

在宁静的莱顿,我们想起与您经常友好地在一起的情形,您的

$x$[2]    弟兄们    A. 爱因斯坦和 P. Ehrenfest

AKSX.[10 049]。明信片寄给"M. Prof. P. Langevin Collège de France Paris",邮戳为"Leiden 12. V. 22.[3]- 4N[amiddag]"。

[1] 日期为 Paul Ehrenfest 书写。

[2] 此处 Ehrenfest 留下一个记号,显示在文件左侧页边加上的:"$yzh\nu\ g_{\alpha\beta}$"。

## 189. Emile Borel 的来信

罗马,1922 年 5 月 13 日

卓越的同仁先生:

我在罗马收到您的来信,[1]我来这里讲一门数学课。我将于 5 月底返回巴黎,并将按照您的建议拜访 Th. Barclay 先生。[2]不过我认为只有等国内的知识工作者联合会(C.T.I.)[3]形成组织并积极活动起来之后,我们才能考虑有效的国际行动。

我们在法国也要与企业家、出版商以及所有大资本家展开斗争;正是为了这

个目标,一个联合所有知识分子力量的同盟在当前这个时代尤其显得必要。

我很高兴巴黎之行给您留下了美好回忆,希望您不久能再次来巴黎,我们可以在一个更小的范围内进行一项更有价值的科学活动。

向您致以诚挚的问候!

Emile Borel

巴克大街(rue du Bac)32 号

ALS.［34 767］.信笺抬头为"巴黎大学理学院概率计算与数学物理系"("Université de Paris Faculté des Sciences Calcul des Probabilités et Physique mathématique")。

［1］文件 169。

［2］Thomas Barclay。

［3］Borel 1920 年创建了"法国知识工作者联合会"(Confédération des travailleurs intellectuels de France)。其目标是协调知识劳动从业者的业界联合力量(见 *Chatriot 2006*, pp. 78—79)。联合会与国际联盟的智力合作国际委员会合作,保护致力于建立与已有的艺术、文学和发明知识产权相类似的科学知识产权保护,防止企业家对科学家的剥削,见 *Ladas 1929*。

# 190. 致 Max Born

柏林,［1922 年 5 月 14 日或之后］[1]

亲爱的 Born!

现在要给理论学家找工作极为困难。[2]荷兰培养的人才已经过剩。之前能为 Epstein 帮上点忙,[3]是因为他的成就非常重要。现在已经有一些优秀的理论学家(比如 Fokker)只能在预备学校从事一般的教学工作。[4]几个月以前,关于 Bródy 的事,我写信给帕萨迪纳的 Millikan 和 Epstein,[5]但是还没有收到任何回复。我会去和 Laue 谈谈,如果我没有搞错,他对应急协会有点儿影响。[6]我从 Becker 的教授资格论文[7]那里了解到你的微扰方法,颇为欣赏。

不久之前,我也犯了一个极其丢人的错误(关于极隧射线光发射的实验)。[8]但是不要太担心。只有死人才不会犯错。Bohr 的文章依靠可靠的直觉导引,让我十分钦佩。你在研究氦,这很不错,不过目前最有意思的是 Stern 和 Gerlach 的实验。[9]未经碰撞的原子取向无法用辐射来解释(根据当前考虑这个问题的方法)。一个取向本来应该能够保持 100 年以上。Ehrenfest 和我为此做了一个简短计算。[10]Rubens 觉得实验结果是绝对可靠的。[11]

请务必尽快花掉用来购置伦琴射线①设备的款项！为什么拖了这么长时间？[12]

向你们大家致以衷心的问候，你的

爱因斯坦

ALSX. *Einstein and Born 1969*, pp. 103—104. [8 170]。

[1] 爱因斯坦已经于 1922 年 5 月 14 日从荷兰回到柏林(见文件 186)。

[2] Born 请求爱因斯坦帮助 Emmerich Bródy(见文件 175)。

[3] 1920 年 3 月，Hendrik A. Lorentz 和 Paul Ehrenfest 曾邀请 Paul Epstein 到莱顿大学工作一年(见 Paul Ehrenfest 致 Einstein,1920 年 3 月 10—12 日[第九卷,文件 347])。

[4] Adriaan D. Fokker。

[5] 见文件 96。

[6] Max von Laue。

[7] *Becker 1922*。

[8] 见文件 37。

[9] 发表的文件在目录中为 *Gerlach and Stern 1922a* 和 *Gerlach and Stern 1922b*。

[10] 见文件 315。

[11] Heinrich Rubens。

[12] 威廉皇帝物理研究所于 1921 年给予 Born 及其同事 100000 马克,用于购置一台 X 光设备(见 Max Born 致 Einstein,1921 年 11 月 29 日,[第十二卷,文件 308])。

# 191. Paul Ehrenfest 的来信

[莱顿] 1922 年 5 月 16 日

亲爱的爱因斯坦！

我们都非常，非常想念你！！[1] -

——•——

你走之后，我还得替你处理几件事：1. 一所公立大学。鹿特丹——你已经离开，要到 1923 年，春季晚些时候才回来。2. 附信是 J. van Baren 教授写来的。[2] 我的回复是：你已经离开，不会去爪哇。但是会把信转交给你，因为你可能会间接满足他的要求(我在想是通过 Freundlich[3] 或者其他什么人。)——因为对这些事情做了很多研究，所以他值得帮助。3. 拒绝了一个(非常不受人待见的)犹太复国主义讲座组织者。("爱因斯坦此行荷兰的目的，是单纯为特定的物

---

① 通译 X 射线。——译者

理学方面的指导。")4. 一位报纸摄影记者。

=∶=

我非常希望现在你能最终了解我亲爱的，亲爱的 Joffe。[4] 他是一位非常优秀的物理学家，为人也不错。你会在各个方面都喜欢他的。他，加上我妻子、你，还有 Bohr，就是我最亲密的朋友了；可能他是最喜欢我的人。——你们俩说不定很可能会在一起以"报纸-文艺专档"式的闲谈消磨时间。

=∶=

恐怕到下次学术会议的时候，我都不能完成我们关于斯特恩-盖拉赫实验的评论。[5] Breit 提出下列假设：[6] 银原子一直处在某种磁场中（哪怕是在熔炉里），而且顺着局部磁场取向。在蒸发时飞向强磁场的过程中，它们只经历绝热变化（无辐射）。我觉得这是瞎说。但是下面的 Breit 假设的修正版可能是正确的：

在蒸发的那个瞬间！！原子以非绝热的方式顺应 A 处磁场（末端场＋磁铁的分布场），也就是几乎 50% 顺磁、50% 逆磁。在从 A 到 B 的过程中，两组都以绝热方式顺应磁场方向。

这样就能解释斯特恩-盖拉赫实验的结果。

关于这个假设你的看法是什么？ →Breit 形式
→修正形式

请尽快、明确地回复我。——还有在我们的评论里如何表述这一假设？

=∶=

在下一封信中，我会告诉你 Breit 和 Borelius 的一个非常有意思的假设，[7] 是关于超导性质的一个特征，用一个非常简单的实验就可以验证。如果他们是对的，那就真的很热闹了。

=∶=

我们轮流向你问好！你的

P. Ehrenfest

请转达我对你妻子和 Il-Mar-go-tse① 的问候。

ALS. [10 051]。文件左侧页边有活页孔。

[1] 爱因斯坦于 1922 年 4 月 19 日到 5 月 13 日期间在荷兰访问（见文件 186）。

[2] 可能是指 Johan van Baren(1875—1933)，瓦赫宁恩(Wageningen)农业大学矿物学、地质学和农业地质学教授，是荷兰及其殖民地的土壤专家。

---

① 指爱因斯坦的继女 Ilse 和 Margot。——译者

［3］Erwin Freundlich。
［4］Abram F. Ioffe(1880—1960)是彼得格勒工学院物理学教授。
［5］指 *Einstein and Ehrenfest 1922*（文件 315）一文的手稿。
［6］Gregory Breit。
［7］Gudmund Borelius(1889—1985)是斯德哥尔摩理工大学物理教授。

# 192. Eric Drummond 的来信[1]

日内瓦，1922 年 5 月 17 日

教授先生：

我荣幸地通知您，国际联盟第一次大会通过决议，邀请理事会就成立一个协调知识界工作的技术组织的可能价值，在第二次国际联盟大会上作一个报告。在 Léon Bourgeois 先生[2]的相关报告之后，第二次大会在 1921 年 9 月 21 日的会议上通过以下决议：

"大会同意 Léon Bourgeois 先生代表理事会提出的由理事会提名成立委员会负责研究国际智力合作问题的决议案；这一委员会将由最多 12 位成员组成，其中将包括女性。"[3]

为贯彻该项决议，国际联盟理事会委托[4]本人邀请您友情加入智力合作委员会。下列人士也收到类似的邀请：

BANERJEE,D. N.先生，加尔各答大学政治经济学教授。[5]

BERGSON,H.，法兰西学院哲学教授，法兰西学术院院士。[6]

BONNEVIE 夫人，克里斯蒂安尼亚大学动物学教授，国际联盟大会代表。[7]

DE CASTRO,A.先生，里约热内卢大学及其医学部主任。[8]

居里夫人(CURIE SKLODOWSKA)，巴黎大学物理学教授，华沙大学荣誉教授，巴黎医学科学院院士，华沙科学协会成员。

DESTRÉE 先生，前科学和美术部长，比利时皇家考古学会成员。[9]

MURRAY,G. A.，牛津大学希腊哲学教授，英国科学院理事会成员，国际联盟大会代表。[10]

DE REYNOLD,G.，伯尔尼大学法国文学教授。[11]

RUFFINI,F.，都灵大学教会法教授，前公共教育部长，国际联盟协会联盟主席，都灵皇家科学院副主席。[12]

DE TORRES QUEVEDO,L.，马德里机电实验室主任，高等研究理事会成员。[13]

目前尚未做出委员会第 12 位成员的提名。[14]

理事会表示希望能够在 1922 年 8 月 1 日召开该委员会的第一次会议。

附件包括：Léon Bourgeois 先生按照国际联盟大会决议精神而作的报告，Gilbert Murray 教授在大会上作的报告，以及理事会于 1922 年 1 月 14 日批准的 Hanotaux 先生的报告。[15] 如果您还需要其他的信息，我很愿意效劳。

本人谨代表国际联盟理事会，真诚希望您能接受此项邀请。

致以良好祝愿

秘书长

309　TLC.［82 882］。信件是剪切过的，收信人为"柏林大学物理学教授爱因斯坦先生"（"M. A. Einstein Professeur de Physique à l'Université de Berlin"）。还存有一份给被提名人的邀请信的英文草稿，日期为 1922 年 5 月 16 日［94 819］。

[1] Drummond(1876—1951)是国际联盟秘书长。

[2] Bourgeois(1851—1925)是法国参议院以及国际联盟理事会主席。他的报告 1921 年 9 月 5 日重印在 *Bourgeois 1921* 上。

[3] 一项题为"具体合作问题考察委员会的任命"的决议草案于 1921 年 9 月 2 日被理事会采纳，并于 1922 年 1 月 14 日被国际联盟大会通过［94 815］。

[4] 1922 年 5 月 15 日，理事会接受了提名(SzGeBNU, R1029/13/20801/14297)。

[5] Debendra Nath Bannerjea(1895—?)。

[6] Henri Bergson。

[7] Kristine Bonnevie(1872—1948)。

[8] Aloysio de Castro(1881—1959)。

[9] Jules Destrée(1863—1936)。

[10] Gilbert A. Murray(1866—1957)。

[11] Gonzague de Reynold(1880—1970)。

[12] Francesco Ruffini(1863—1934)。

[13] Leonardo de Torres y Quevedo(1852—1936)。

[14] George E. Hale 最终成为委员会的第 12 名成员（见文件 251，注释 4）。

[15] Gabriel Hanotaux(1853—1944)是法国驻国际联盟代表。

## 193. 致 Paul Ehrenfest

［柏林］1922 年 5 月 18 日

亲爱的 Ehrenfest！

Joffe 的事我已经了解过了，[1] 但他目前不在柏林。我想单独邀请他前来，利用这种机会与他展开联系。荷兰地质学家的要求,我会予以满足。[2]感谢处理那些我离开之后发生的事情。那些犹太复国主义者无耻又莽撞;对我而言,因为我是支持这一事业的,要做到每次都能采取正确的立场,就很困难。

  Breit 的这个假设是不能接受的,因为分子间的电相互作用比磁场要强得多,会产生统计扰乱。[3]要说原子在蒸发的一瞬间,以非绝热的方式顺应磁场,这个假设完全不合理。因为只要它和其他原子还保持相互作用,就会产生扰乱。但是一旦相互作用停止,取向问题就和其他时间没有什么两样。非绝热调整意味着没有理论,但是会带来其他难题。如何说明基于顺磁性的调整中的温度影响 $e^{\frac{E}{kT}}$?(就算没有碰撞,它一样会发生,对不对?)光荣的南方铁路,你要如何走?我觉得在评论里对此最好什么也别说。[4]关于因子 2 的问题,我本来设想,在重新定位中肯定会涉及两个跃迁,然而当磁场消失时,平均态的假设概率也随之消失,因此这个态的吸收概率也就要大得多。顺便说一下,幸运的是,这个问题与我们的评论无关。

  我对那个 Breit-Borelius 假设非常有兴趣,尤其是听你说它还是可验证的。

  Haber 相信斯特恩-盖拉赫照片是决定性的。

  祝你们都好,你的

爱因斯坦一家

  荷兰人为这次考察做了很多工作。[5]我不能参加这次考察。你觉得如果回来的途中我在巴达维亚停一下,能有什么用处(这样肯定会耽误相当多的时间)?

ALS.[10 053]。省略了 Ilse Einstein 在信末的一个注释。

[1] 关于 Ehrenfest 向爱因斯坦热情推荐 Abram F. Ioffe 一事,见文件 191。

[2] Johan van Baren。

[3] 关于 Breit 的假设,见文件 191。

[4] 见文件 191。

[5] 在文件 46 中,他被邀请参加一个德国-荷兰联合考察队,观测 1922 年 9 月 21 日的日食。

# 194. 推荐 Paul Hertz

[柏林] 1922 年 5 月 18 日

  通过阅读其科学论文和个人交往,我认识 P. Hertz 先生已有多年。[1]他无疑是德国最有见识的理论物理学家之一,具有丰富的专业知识和卓越的创造力。尤其需要指出的,是他高度的综合文化素养,非常适合内容范围广泛的文字工作。我对他的人品和智力同样看重,相信他能够以令人满意的方式完成任何自己有信心担负起的任务。[2]

A. 爱因斯坦

ADS(Rudolf H. Hertz, Roslyn Heights, N.Y.)[12 220]。

[1] 有关二人交往的最早的文件,可以追溯到 1910 年 8 月(见爱因斯坦致 Paul Hertz,1910 年 8 月 14 日[第五卷,文件 220])。他们曾于 1910 年 9 月,在瑞士自然研究者协会(Schweizerische Naturforschende Gesellschaft)巴塞尔会议上见面(见 Einstein 1911c[第三卷,文件 10])。

[2] 一个月之前,爱因斯坦曾向 Heinrich J. Goldschmidt 推荐 Hertz 做翻译工作(见文件 148)。

## 195. 致 Gustave Le Bon

柏林,1922 年 5 月 19 日

先生:

我对您的短文[1]非常感兴趣。通过质量和能量的等效性,您得出与相对论一致的结果,真的是很了不起。我对您所使用的方法很感兴趣,希望能够得到指教。如蒙不弃,还想恳请您注意,本人阅读您手书之时,颇感困难。

先生,请接受我最诚挚的祝福

A. 爱因斯坦

TLS(FrPBN)。[84 177]。本文件尚有 Ilse Einstein 手写的草稿[43 309]存世。头两句话发表在 Le Bon 1922 中。信件寄给"H. Dr. Gustave Le Bon Paris"。信封上的收信人地址为"Bibliothèque de Philosophie Scientifique M. Dr. Gustave Le Bon 29, Rue Vignon Paris Frankreich",邮戳为"Berlin W 35 19. 5. 22. 7—8N[achmittags]",寄信人地址为"柏林西 30 区哈伯兰大街 5 号爱因斯坦博士教授"("Prof. Dr. A. Einstein Haberlandstr. 5 Berlin W. 30"),第二个邮戳为"[－－－][－－－][Av]ray Banlieue [－－][20] - 5 22"。"Rue Vignon""Paris"和"Frankreich"都被划掉,并且加上不知何人手迹的"Marnes la Coquette par Ville d'Avray(S et O)"。

[1] Le Bon 1914(见文件 136)。

## 196. 致 Felix Rosenblüth[1]

柏林,1922 年 5 月 19 日

非常尊敬的 Rosenblüth 博士先生!

我已经按照您的意思写信给 Hausmann 夫人[2]。[3]关于目前所得款项的使用限制，考虑到这个项目反正也主要是为了扶持生物科学，我觉得问题不大。我们应该可以在遵守赞助人意愿的范围内，以最有效的方式利用这些基金。另外，我们可以就此事尽快联系 Weizmann 教授，因为现在他不用操心托管授权协议问题了。[4]

致此友好的祝愿。

TLC.［36 854］。

[1] Rosenblüth(1887—1978)是德国犹太复国主义联盟(Zionistische Vereinigung für Deutschland)主席。

[2] Margarete Hausmann-Frank(1863—1929)是 Wilhelm Hausmann(1856—1921)律师的遗孀。

[3] 关于 Rosenblüth 致爱因斯坦的信，见未刊文献摘要一览表 183。

[4] Chaim Weizmann。关于英国的巴勒斯坦授权的最后决定阶段，见文件 32。

## 197. 致 Oskar Heimann[1]

柏林，1922 年 5 月 20 日

非常尊敬的 Heimann 先生！

那艘船在 Naglow 码头交货的时候，[2] 除了一些地方需要做小的修理之外，发现两处与购买合同不符的缺陷，描述如下：

1) 涂焦帆布与船体不配，无法使用。

2) 没有帆的控制棒，码头只好做了新的。

因此我要求您：

1) 送来合适的涂焦帆布，以换回送错的这一个。

2) 处理码头关于控制棒的账单。

请尽快回复，致以良好祝愿

TLC.［43 880］。信件收信人为"Herrn Oskar Heimann Weinmeisterhorn/Spandau"。

[1] Heimann(1867—1930)是柏林的一家服装厂生产商。

[2] 指爱因斯坦购买的那艘帆船(见文件 67)。Naglow 造船厂是由柏林游艇制造商 Fritz Naglow 建立。

## 198. 致长冈半太郎

柏林,1922 年 5 月 20 日

极其尊敬的同事先生!

衷心感谢您友好的赞誉之言。[1]我很希望能够和日本学者建立更密切的联系。你们在如此短暂的时间里,就成为西方科学事业的卓有成效的合作伙伴,同时也并未背弃自己的民族传统。我认为在目前这个政治动荡时代,所有学者的首要任务,就是让科学以及科学家之间的关系不要受到政治的影响。在这一方面,我觉得日本学者的行为堪称典范,并且希望在西方学者中,注重事实的真正的科学精神也能尽快获胜。您来函中表现的贵院的友好态度,让我由衷地感到高兴。[2]

希望能在贵国为解决本人工作领域的问题做出自己微薄的贡献。

致以良好祝愿,您诚挚的

TLC. [36 433]。收信人由文件顶部 Helen Dukas 手写的注释"H. Nagaoka"确认。
[1] 在文件 115 中,长冈告知爱因斯坦日本对他讲学之旅的欢迎程度。
[2] 长冈曾向爱因斯坦转达日本学士院院士们的致意。

## 199. Robert A. Millikan 的来信

布鲁塞尔,[1]1922 年 5 月 22 日

先生:

我很荣幸地通知你,在 1922 年 4 月 24 日到 26 日于华盛顿召开的美国国家科学院年会上,你被选为外籍院士。美国科学院以此表彰你对科学的贡献,并期望你能声明接受这一结果。

由科学院官员签署的证书将于适当时候寄给你。[2]

有你成为院士同僚,我个人实感欣慰。对你满怀敬意的

Robert Andrews Millikan
外事秘书

TLS. [30 147]。信笺抬头为"National Academy of Sciences Office of the Foreign Secretary〈Mount

Wilson Solar Observatory〉Pasadena California",收信人为"Dr. Albert Einstein University of Berlin Berlin,Germany"。本文件是未刊文献摘要一览表,234 的附件。

[1] Millikan 当时作为交换教授住在布鲁塞尔(见未刊文献摘要一览表,文件 234 and 文件 251)。

[2] 关于 1922 年 4 月 26 日签署的证书原本,见[65 017]。

## 200. 致 Paul Ehrenfest

[柏林] 1922 年 5 月 23 日[1]

亲爱的 Ehrenfest!

首先,我觉得你的冲击假设很有道理,而且自己也认真思考了这个诠释。但是现在我有了一个不同的看法,不过还不严格,只能大概地描述一下。

每个原子的指向都是量子化的——不论它在哪里。从一个场跳到另一个场的时候(哪怕是从一个电场跳到磁场),每个量子态都绝热地转变成另一个量子态,但是仍然遵守空间量子条件。因此固体中的每一个原子的指向都已经量子化,或者与其他原子结合,使得它在场中蒸发时指向发生量子化。这里应该没有真正意义上的简并态。

因此,蒸发束从一开始就是完全地指向量子化的,在(强)场中也是如此。在各个量子态上的统计分布是由固体中的统计分布决定,受固体温度影响。这是考虑到只有在固体中,才能发生足够频繁的不同量子态之间的跃迁。

我们的计算[2]适合量子态之间通过辐射跃迁的情况。但是它并无实际意义,因为实验不能提供其是否成立的信息。如果有可能将蒸发体磁化强度提高到远超其线性区的水平,蒸气束中的一个量子态就会简并掉另一个量子态。

我当然知道对这个看法存在异议。如果这样一个银蒸气处于弱磁场中,并且在碰撞之前两个原子都是指向量子化的,那么我觉得碰撞之后,它们仍然会是如此。原因是,比起原子碰撞过程中起作用的力,磁场是非常微弱的,很难相信在过程中指向量子化没有受到某种干扰。在这一点上,我只能说:在碰撞中单个分[子]的指[向]量[子化]是由强作用力决定的,但是向自由的过渡仿佛是发生得无限缓慢。[……]绝热过程并不是无限缓慢的。

我不知道是否应该现在就发表我们的这个评论。[3]无论如何,在我们两人之间还有异议的时候肯定是不能发表的。如果我们两人都不能搞清问题达成共识,最好就先这样吧。

昨天我整个晚上都和了不起的 Joffe[4]在一起,严格按照计划进行,不过还是没有完成工作。他对晶体的导电性的分析让我非常感兴趣。[5] Breit 关于超导性的假设进展情况如何？我很关心。[6] Joffe 昨天明确地承诺会写信给你。当他回忆起他自己曾犯过的错误时，笑得那么友善。

祝你们全家好！

爱因斯坦

316　ALS.［10 056］。文件字迹已褪色。省略 Ilse Einstein 的问候语。
　　［1］日期是 Paul Ehrenfest 手迹；可能是收信日期而不是写信日期。
　　［2］关于这个计算，见 Einstein and Ehrenfest 1922（文件 315，尤其是注释 8）。
　　［3］Einstein and Ehrenfest 1922（文件 315）。
　　［4］Abram F. Joffe。
　　［5］发表为 Joffe 1923。
　　［6］在文件 191 中，Ehrenfest 保证会提供细节。

## 201. 致 Robert A. Millikan

柏林，1922 年 5 月 25 日

极其尊敬的先生！
　　就提名我担任华盛顿的科学院外籍院士一事，请向该科学院转达我最衷心的感谢。[1] 去年我曾有幸访问那里。[2] 我当然怀着感激的心情接受这一提名，并把它看作是科学领域内国际合作逐渐恢复的一个积极迹象，而不仅仅是个人的荣誉。
　　致以良好祝愿，您诚挚的

TLC.［30 148］。信件寄给"National Academy of Sciences c/o Mr. R. A. Millikan Washington"。
　　［1］见文件 199。
　　［2］1921 年 4 月 26 日，爱因斯坦曾致信美国国家科学院，表示希望看到全球科学家之间恢复合作（见 1921 年 4 月 27 日的《纽约时报》）。

## 202. 致 Robert A. Millikan

柏林，1922 年 5 月 25 日

亲爱的 Millikan 先生！
　　我要感谢您传来好消息 [1] 并借此机会表达我对您近来以多方面的卓越工

作丰富物理科学的景仰之情。

祝您万事如意,并致敬意,您的

A. 爱因斯坦

TLS(CPT, Millikan Collection, box 39, folder 7)。[17 289]。信件寄给"Herrn Prof. Dr. R. Millikan Brüssel"。

[1] 在文件 199 中,Millikan 曾告知爱因斯坦,美国国家科学院已经选举他为外籍院士。

## 203. 致 Erwin Finlay Freundlich

柏林,1922 年 5 月 26 日

十分尊敬的 Freundlich 先生:

邀请 Jeidels 先生[1]和 Frank 先生[2]加入"爱因斯坦基金"(Einstein-Spende)的董事会,我表示同意。[3]我只是想提出一个参考意见,就是如果选择本地的实验物理学家代表 Pringsheim 先生[4]来取代在哥廷根的最优秀的学者之一 Frank 先生的话,或许会因 Pringsheim 先生本人在柏林生活,而会对评选委员会做出更大的贡献。[5]

致以崇高的敬礼

TLC.[11 262]。这封信是寄给"Herrn Dr. E. F. Freundlich Potsdam(波茨坦 E. F. Freundlich 博士先生)"。这封信还有 Ilse Einstein 的一份手写稿[11 261]。

[1] Otto Jeidels。

[2] James Franck。

[3] 关于 Freundlich 的提议,见未刊文献摘要一览表 233。

[4] Peter Pringsheim(1881—1963)那时是柏林大学物理学编外教授。

[5] 根据最终的"Mitteilung des Kuratoriums der 'Einstein-Stiftung'"("爱因斯坦基金会董事会报告")"(没有日期)(GyBSA, Rep. 76 Vc, Sekt. 1, Tit. 11, Teil II, Nr. 6i, Bd. 1, Bl. 65—66),[85 455],董事会的成员有爱因斯坦、Freundlich、Hans Ludendorff、Hugo Andres Krüss 和他的作为教育部代表的副手的 Wilhelm Westphal、Franck、Carl Bosch、Jeidels、Ludwig Ruge 和 Rudolf Schneider。

## 204. Max Planck 的来信

格鲁内瓦尔德,1922 年 5 月 26 日

亲爱的同事!

关于我对在柏林召开物理学家大会这一计划的看法,经过一番思索,我只想在这里说一句话。在我看来,从履行礼貌义务和德国科学的利益的意义上来说,对于您收到的各种海外的荣誉邀请,连同相应的向外国物理学家发出回请,是完全得体的。但是在另一方面,我们需要小心避免被误解为还有任何超出简单礼尚往来之外的意思。我已致信 Nernst[1] 表达了同样的意思,并要求他在接下来的〈大会期间的〉某一天,安排一个科学院物理学家的会议。到时我们可以讨论各种细节。

祝好,您的

Planck

ALS. [19 298]。

[1] Walther Nernst。

## 205. 居里夫人的来信

[巴黎][19]22 年 5 月 27 日

亲爱的先生:

您和我都被邀请参加国际联盟的智力合作国际委员会。[1]我想知道您是否已经接受这一邀请。我个人认为,如果我们确实希望能够有所贡献,那么肯定需要接受邀请。这也是我们共同的朋友们的看法。不过我现在还不知道这个委员会的工作方式,也不知道它的目标。我很想知道您对这个问题的看法。我唯一的感觉是,国际联盟虽然还不完美,但却是对未来的一个希望。

向您致以最诚挚的敬意

M. 居里①

---

① 即居里夫人。考虑到自己落款不能自称夫人,故保留 M.居里。——译者

ALS.［34 768］。信笺抬头为"Faculté des Sciences de Paris，Institut du Radium，Laboratoire Curie，1，Rue Pierre-Curie，Paris(5e)"。

［1］文件192即为爱因斯坦收到的邀请。

## 206. 土井不昜的来信[1]

1922年5月27日

著名的爱因斯坦教授：

非常高兴地得知你已经接受东京一家书店的协约，[2]准备在今年秋季访问我国。不过我觉得，在出发之前，您最好能读一读随信附送的本人一些论文的手稿和打印稿［它们都会很快在《哲学杂志》(*Philosophical Magazine*)发表］，以便做好准备回答我的论点。[3]

接下来讨论Sommerfeld用来解释氢氦光谱中的一些精细结构的所谓圆形轨道修正，我现在觉得这要归功于他的错误；原因是，他的结果并非源自爱因斯坦的相对论，相反却可以从我的理论观点来解释。现在我终于想要呼吁大家关注双星光谱的天文学观测结果，因为对这个结果的仔细研究，决定性地推翻了真空中光速不变的假设，因而也就彻底粉碎了你的最奇特而有趣的理论！

但是说老实话，我文字能力不强，担心你会觉得很难抓住文章中论点的精华，因此觉得当面交流能够让你更好地理解我。

我相信你的真诚，也就是说，为了崇高的科学真理，不会要求我在你的有生之年暂且保持沉默，以求能让你继续享有这个庸俗社会的大众崇拜——对于一个自然研究者来说，这是最令人厌恶的事情，因为这很容易让他堕落，失去不断探索愈发深奥之自然的真诚兴趣。

不，正好相反，你必须感谢上天让你能够摆脱宿命，不被暗黑的诱惑者——那个讨厌荒唐的假设——拉入最深处的地狱；因为你有幸尚存余生，可以回归正道，从那个自你26岁以来就笼罩着你的毁灭性的魔咒下解放出来。越快越好：人生苦短，技艺千秋(*Ars longa*，*vita brevis*)[4]。

无论如何，在你到达我国之前，我会让我们的人尽量多地了解你和你的理论。[5]因此我正在准备一篇论文供发表[6]，下面是其内容梗概：

"爱因斯坦的相对论，曾经成功地征服了庸众的好奇心，甚至让大多数学者也险些被卷入这一最荒谬的惶惑之中；现在高潮已过，刚刚开始退潮，就听到有声音喊出：'什么呀！那不过是一堆乱七八糟的废话，最多不过是一场闹剧！'

爱因斯坦理论短暂的虚荣,刚刚到来就开始褪去,让人感到极其难过和遗憾;因此我竭力寻找,看看有没有什么办法,能让这个理论获得哪怕一次重生。

所以我也曾流连于各个图书馆,极其仔细地检验所有能找到的最渊博的经院哲学大师们的手稿;或者极其认真地研究他们采用的深刻逻辑的主要原理。有时候我也去请教某些自负的爱因斯坦理论的支持者们。他们看上去坚信自己仅仅是通过坚持一个适合于目的假设,就强大到可以随心所欲地控制这个混沌的宇宙中的自然现象。

我做了所有个人力所能及的工作,终于可以高兴地将自己的研究成果,整理组织在下面的题目中公布:

1. 以太理论发展的通史——从它的起源到通过借助光速不变假设的影响实现"黄金时代"。

2. 光的波动理论无法摆脱一个充满整个空间的单一的、普遍的介质,其发展水平有明显的停滞。

3. 爱因斯坦在原始的以太理论和自己中途半端的非以太理论(half-done non aether theory)的两难之间痛苦挣扎。

4. 风行于18世纪早期的燃素说为了解释燃烧后重量增加的测量结果,居然坚持认为这是由于具有负的重量的燃素逃逸的结果。

5. 爱因斯坦的光速不变假设。

6. "皇帝的新装"——(我并不是要把上述假设比作骗子织工,爱因斯坦比作受骗的皇帝,但是……)。

7. 达朗贝尔(D'Alembelt)以最谦虚的礼貌回绝了诸多邀请,以及俄国叶卡捷琳娜二世(Catherine the Great of Russia)和普鲁士腓德烈二世(Frederick the Great of Prussia)开出的令人动心的优厚酬金,明白地选择了在巴黎的平静生活,继续做着自己喜爱的研究。

8. 爱因斯坦抱怨日本一家平庸的书店给出的价钱太少,一旦酬金提高就高兴地出发了。[7]

9. 最后我想加上一个关于有史以来几位最成功的诡辩家的文学和传记评论的精彩名单!"

祝你身体安康,并期望您能尽快光临。你诚挚的

土井不昙

TLS. [36 439]。信件包含发信人地址"Physical Institute, Science College, Imperial University of Tokyo, Japan"。

[1] 土井不昙(Uzumi Doi, 1895—1945)是东京帝国大学以及理化研究所的研究生。

[2] "改造"出版社。此处作者用"书店",很可能是含有贬义。

［3］Doi 1922a 后来发表在《哲学杂志》（*Philosophical Magazine*）上。土井之前还曾发表了 *Doi 1921* 和 *1922b*（后者还出现在爱因斯坦的私人收藏中）。

［4］信中此处为拉丁文，是土井手写上的。

［5］一个这样的例子是土井和爱知敬一（Keiichi Aichi）的一场计划中的辩论，原本安排在 1922 年 10 月 21 日在东京帝国大学召开的日本数学和物理学会会议上进行。但是土井并未到场参加会议（见 1922 年 11 月 12 日的《大阪日日新报》（*Osaka Nichinichi Shinbun*）。

［6］作者可能指的是自己后来发表的专题论文 Doi 1922c。

［7］关于爱因斯坦日本之行的准备阶段中日本方面开出的不一致的价码，见爱因斯坦致 Elsa Einstein，1921 年 11 月 20 日（第十二卷，文件 303）。

# 207. 致居里夫人

柏林，1922 年 5 月 30 日

尊敬的居里夫人！

虽然我也完全不清楚这个将要组成的委员会能有什么成果，[1] 经过短暂考虑之后，我还是接受了邀请。[2] 这一努力背后的动机显然是国际间的和解；至于我们能否获得一些影响力，这取决于我们能否正确行事。我很希望您也能接受邀请，尤其是因为我知道我们两人在这类问题上看法一致。

向您还有我们亲爱的朋友们致以热忱的问候，您的

TLC.［34 769］。信件寄给"Mdme. Prof. Dr. M. Curie Paris"。

［1］关于居里夫人的问询，见文件 205。

［2］见下一文件。

# 208. 致 Eric Drummond

柏林，1922 年 5 月 30 日

极其尊敬的先生！

我已收到您本月 17 日的来信[1] 并声明本人高兴地接受了"国际智力合作委员会"[Commission pour la Coopération Intellectuelle] 的提名。尽管我不得不承认，自己并不清楚委员会将要开展的工作的性质，但是确实觉得自己有义务响应号召，因为在目前情况下每个人都应当努力合作，以达成国际间的团结。

致以良好祝愿

TL.（SzGeBNU，R1029/13C/20823X/14297）。《柏林日报》(*Berliner Tageblatt*)，1922 年 6 月 9 日，晨报版。[82 881]。删去了签名。

[1] 见文件 192。

## 209. Hermann Weyl 的来信

苏黎世，52 Bolley St.，1922 年 5 月 31 日

亲爱的同事先生！

在学生们邀请 Langevin 获得成功之后（Langevin 征服了这里所有人的心；他关于建立在能量和相对论原理基础之上的力学的讲话，他和蔼的性格，鼓舞人心的活力，都倾倒众生），[1] 他们的勇气倍增，想把您请回来，给您以前的同胞们做几场报告。他们拿学校的惯例作为一个借口向您提出这一要求。也许您已厌倦旅行，会断然拒绝。那样的话我也不再强求。但是我们所有人肯定都是希望您什么时候能回来看看；所以有时间的话请务必考虑我们的心愿！你不需要操心当局的事情，因为根本不需要和他们打交道。[2]

现在给你写信的时候，我正在搬家，一切都乱七八糟。我和妻子一道向您致以诚挚的问候，您的

Herm. Weyl

ALS.［24 069］。

[1] Paul Langevin 受苏黎世大学和联邦工学院（ETH）校长办公室和学生会邀请，作三场报告；5 月 22 日在苏黎世大学的大讲堂，5 月 23 日在联邦工学院物理研究所，5 月 24 日在苏黎世大学物理研究所（《新苏黎世报》(*Neue Zürcher Zeitung*)，1922 年 5 月 20 日）。第一个报告是通俗性质的，大获成功（*Bovet 1922*）。

[2] 可能是指校长抱怨爱因斯坦于 1919 年在大厅作报告导致取暖费用增加一事（见爱因斯坦致 Edgar Meyer，1919 年 12 月 28 日之后［第九卷，文件 235］）。

## 210. Maja Winteler-Einstein 的来信

佛罗伦萨-科隆纳塔区（Firenze-Colonnata）斯特罗奇街（Via Strozzi）5 号
1922 年 5 月 31 日

我亲爱的人们！

亲爱的阿耳伯特，你的信来得比预期晚很多。[1] 我也耽搁了很长时间才提

笔给你写回信,因为我搬进小房子有很多收拾整理的事情要做,况且我感觉身体还比较虚弱。[2]现在我已经感觉良好了,伤口已经愈合、已经开始结疤了。表面上看不出多少来,因为它大部分都隐藏在头发下面了,而当时头发还必须剪短。

我头上长的那个东西是不是依你所说,德语里叫疖病(Furunkulose),我不知道。它与疖子(Furunkeln)毫不相干。[3]我是受了链球菌(Streptococcen)的感染,可能是在佛罗伦萨公共浴室里传染上的。肿瘤很毒,带给我剧烈疼痛,就像是得了败血症一样。我一共接种了四次抗链球菌的疫苗。按照医生的说法,可让我在未来若干年内抵抗链球菌感染。因此,我在未来一段时间内肯定不会再染上类似的细菌。这一点请你们放心。另外,疫苗还带来副作用,那种疼痛比链球菌本身所带来的疼痛更加强烈,而且隐隐约约的疼痛我至今还有。

亲爱的阿耳伯特,我们于3月底把家搬到了这里,现在坐在我们自己小小农庄上的小小房子里,所以我们不可能再搬到德国南部去生活。[4]我们生活的费用很低,因为几乎所有需要的东西农庄都能自给自足,而且产量也在逐年增长,因为农庄里有不少树龄年轻的橄榄树和葡萄,这样无论如何我们的未来是有着落了。这里真好,你真该来看看。你必须来看看,快来我们家做客吧。所有的一切我们买来的时候都很便宜,[5]如果现在卖掉,价格将上涨1/3。Pauli与往年秋天一样去参加股东大会,他在瑞士境内的差旅费是享受打折优惠的。[6]

有关你的巴黎之行我还想知道更多的细节。你得到更多的支持者了吗?Painlevé[7]现在对你的理论意见如何?我很高兴获知Solovine[8]现在日子过得不错。我现在回想当时在巴黎生活时对他的印象挺好的,只可惜他后来因为Miza①而讨厌我了。[9]——对于你,亲爱的Elsa,我羡慕你能一起去中国和日本。我能想象得出你有多么兴奋。如果我能有幸去一次东亚,我也会认为是人生中最大的幸福了。亲爱的阿耳伯特,我想你已经从荷兰回来了,并且与以往一样,认识了很多好人。[10]我向你们大家致以衷心的问候,并祝你们一切安好。

你们的

                 Maja

ALS.[144 806]。在文件的左边缘有用于活页装订的齿孔。

---

① 即Mileva Einstein-Marić,爱因斯坦前妻。——译者

[1] 非常有可能是文件 161 的完整版。

[2] 是由于她的头部感染最近做的外科手术引起的（见文件 102）。

[3] 她的丈夫 Paul Winteler 在 3 月中旬告诉爱因斯坦，她头上有一个"恶性疖肿"（bösartige Furunkel）（见文件 83）。

[4] Winteler 一家在 1920 年 12 月末从卢塞恩搬走（见 Rogger 2005, p. 66）。爱因斯坦曾建议他们搬去德国南部，那样他就能更容易地在经济上帮助他们了（见文件 448）。对他的儿子们的类似意见，见文件 67。

[5] 他们用 13 000 瑞士法郎得到了这座房子（Rogger 2005, p. 70）。

[6] Winteler 在瑞士奥尔公司董事会中代表爱因斯坦的利益（见第九卷，年表和日程表中 1919 年 1 月 20 日的合同草稿）。很可能他作为瑞士联邦铁路的退休员工享有一定的折扣。

[7] Paul Painlevé。

[8] Maurice Solovine。

[9] 她在伯尔尼大学完成她的博士学业后，1919 年旅居巴黎（见 Rogger 2005, p. 44）。Miza 是 Mileva Einstein-Marić 的昵称。

[10] 5 月 14 日，爱因斯坦从对荷兰的出访中归来，这次出访为期两周（见文件 186）。

# 211. 致 Friedrich Heilbron[1]

柏林，1922 年 6 月 1 日

非常尊敬的［外交部文化司］司长先生！

关于您上月 5 日的来信，[2] 本人荣幸地向您通报下列事项。经过我的同事普朗克的一再敦促，以及长时间的犹豫之后，本人已答应在自然研究者大会上作报告，因此无法参加日食考察队前往巴达维亚。[3] 如果我反悔，将会引起强烈不满，尤其是考虑到在本人和一些著名德国物理学家之间，本来就存在一些矛盾，并且在［巴德］瑙海姆（Neuheim）的自然研究者大会上的一些事件中已经有所表现。[4] 为了维护和德国同事之间的良好关系，我不能取消自己的报告。考虑到荷兰为了德国日食考察项目所做的，着实令人钦佩的各种准备和促进工作，[5] 拒绝不是一件容易的事情；遗憾的是，根据目前情况，我别无选择。

此致崇高敬礼

A. Einstein

TLS(GyBPAAA,R 64677)。［43 147.1］。信件寄给"Auswärtiges Amt z. H. des Herrn Min. Direktor Heilbron"。

[1] Heilbron(1872—1954)是外交部文化司司长（the Cultural Department of the Auswärtiges Amt）。

[2] Heilbron 曾要求爱因斯坦重新考虑不参加荷兰-德国日食考察队的决定（见未刊文献摘要一览表 197）。

[3] 在 1921 年 10 月 22 日和 11 月 2 日（分别对应第十二卷，文件 279 和 287），Planck 两次邀请爱因

斯坦参加在莱比锡举行的德国自然研究者与医生协会(Gesellschaft Deutscher Naturforscher und Ärzte, GDNÄ)的庆祝大会。

[4] 关于1920年9月在巴德瑙海姆举行的GDNÄ会议上,对爱因斯坦理论的争议,见第十卷,导言,pp. xxxviii—xlii。

[5] 联合考察队的建议是由"荷属印度天文协会"(the Nederlandsch-Indische Sterrenkundige Vereeniging)提出,当时该协会也在组织从巴达维亚出发到圣诞岛的考察。荷兰政府提供了一艘战舰作为运输工具(见"Bericht über die Deutsche Sonnenfinsternisexpedition 1922"[GyBSA, I. HA Rep. 76 Vc Sekt. 1, Tit. 11, Teil Vc Nr. 7 Bd. 3, Bl. 36])。

## 212. 致洪堡电影公司

柏林,1922年6月1日

非常尊敬的先生!

近来我收到一些来信,都是基于一个误解,那就是我参与了你们正在放映的关于相对论的电影。[1] 原因在于片名是"爱因斯坦影片"而不是"相对论影片"。因此在这里我恳请您帮忙,为您的电影选择一个以后不会引起这种误解的名字。[2]

致以良好祝愿

TLC.[43 948]。信件寄给"Humboldt-Film-Gesellschaft W. Bülowstr. 104"。

[1] 这部电影的正式名字是《爱因斯坦相对论的基础》(*Die Grundlagen der Einsteinschen Relativitätstheorie*)。在德国由文化电影有限公司(Kultur-Film Aktiengesellschaft),(洪堡电影公司是其在柏林的代表;见未刊文献摘要一览表266)发行,于1922年4月2日在法兰克福商品交易会上首映。其导演和制片人为Hanns Walter Kornblum,助理为Georg F. Nicolai, Otto Bueck, Otto Fanta和Rudolf Lämmel("Der Einsteinfilm," *Die Umschau*, 16 April 1922, pp. 247—249)。

[2] 影片的目的是向大众介绍相对论。它受到了影论界的批评,但还是吸引了大量观众。其中一个批评是,影片尽管长达两个多小时,但并未能很好地解释相对论。影片还被诸如Ernst Gehrcke之类的反相对论者攻击,认为它是不恰当地宣传爱因斯坦理论的又一个例子(Wazeck 2010)。

## 213. 关于"爱因斯坦影片"

[*Einstein 1922g*]

1922年6月2日发表于:《柏林日报》晚报版第2页(*Berliner Tageblatt*, Evening Edition, p. 2)

[1] > *Professor Einstein und der Einstein-Film.* Professor Einstein ersucht uns um Aufnahme folgender Zeilen: „Durch Bemerkungen von Freunden und viele Zuschriften werde ich darauf aufmerksam, daß im Publikum der Eindruck besteht, daß ich an dem gegenwärtig vorgeführten Film über Relativitätstheorie durch Mitarbeit oder sonstwie beteiligt sei. Ich sehe mich deshalb veranlaßt, dies hiermit ausdrücklich in Abrede zu stellen. Da ich glaube, daß an diesem Irrtum hauptsächlich die Bezeichnung „Einstein-Film" die Schuld trägt, habe ich die betreffende Filmgesellschaft gebeten, für den Film eine passende objektive Bezeichnung zu wählen.

**爱因斯坦教授以及爱因斯坦影片。**爱因斯坦教授要求我们公布以下声明:"通过朋友们的言谈以及诸多问询,我得知自己可能被认为是在配合或参与一部正在放映的关于相对论的电影。本人不得不对此作出明确否认。我认为造成这一误解的主要原因是片名《爱因斯坦影片》,因此已经要求相关电影公司为影片选择一个客观的合适名字。"

发表于《柏林日报》晚报版第 2 页(*Berliner Tageblatt*, Evening Edition, p. 2)

[1] 见前一文件。

## 214. Leopold Koppel 的来信[1]

柏林西南七区巴黎广场(Pariser Platz)6 号,1922 年 6 月 2 日

非常尊敬的教授先生!

关于我们今天在电话里的通话,我随信附上同意将 Jacob Koch 先生的集团股份转让给 Glarus 的阿尔戈公司的一式两份的声明。[2]

请您在两份副本上都签上名字,并用随信附上的信封,将其中一份寄给我的公司,另一份寄给洛桑的 Winteler[3] 律师先生。请安排让 Winteler 律师先生也同样地签上自己的名字,然后把这份有他和您[4]签名的副本寄给苏黎世苏珊贝格大街(Susenbergstrasse)75 号的 Oscar Curti 董事先生。[5]

致以良好祝愿并问候[6]

Leopold Koppel

TLS. [44 178]。信件寄给"Herrn Professor Dr. Einstein, Berlin W. 30, Haberlandstrasse 5"。省略了一些行政性的注释。

[1] Koppel(1854—1933)是瑞士奥尔股份公司(Schweizerische Auer-Aktiengesellschaft, SAG)的出资者和控股人。

[2] Koch 已于 1921 年去世。阿尔戈股份公司(Argo Aktiengesellschaft)主要从事化学和物理技术产品的出口生意。

[3] Paul Winteler 在瑞士奥尔股份公司中代理爱因斯坦和 Koch 的利益。

[4] "和您的"字样(u. Ihnen)是 Koppel 手写添加的。

[5] Curti 是瑞士奥尔股份公司董事以及阿尔戈股份公司行政理事会成员。

[6] 为 Koppel 手写添加。

# 215. Chaim Weizmann 的来信

[伦敦]西 14 区奥克伍德阿迪森新月街 16 号,1922 年 6 月 2 日

亲爱的教授先生!

请原谅我现在才给您写信:之前我是奔波在去巴黎和日内瓦的途中——到后者那里去是希望国际联盟能够最后批准巴勒斯坦托管授权,但是您也知道,这个事情又一次被推迟到 7 月 15 日。[1] 与此同时,整个世界的阴暗角色们都在和我们作对。有钱的犹太走狗,与梵蒂冈结合在一起的阴暗狂热的犹太愚昧主义者,加上阿拉伯刺客,反犹的英帝国主义反动派——简而言之,所有的狗都在嚎叫。我一生还从未感到如此孤独——但是也从来没有这样自信过!但是犹太人的态度令人可耻。惊人的耻辱,天大的丑闻。[2]

关于大学的那 1 万美元,我希望您能够暂时保管。[3] 我们的美国朋友 7 月份会到这里来;[4] 到时候就会告诉我们,他们确切想做什么;到时候我们也会建立一个正式的委员会来管理基金。当然根据捐助者的意愿,这 1 万美元只能用于物理学。

您今年夏天的计划是什么?也许您 7 月份也在瑞士。我 15 日还要去日内瓦。向您、夫人和孩子致以最诚挚的问候,您真诚的

Ch. Weizmann

还有我妻子[5]的热情祝愿。

ALS. *Wasserstein 1977*, p. 104. [33 355]。

[1] Weizmann 于 4 月底访问了巴黎(见 *Wasserstein 1977*, p. 87)。在 5 月中到达日内瓦之后,得知由于英国政府没有及时提交问题,国际联盟对于托管授权的审议由于技术原因已经被推迟(见 *Wasserstein 1977*, p. 93)。

[2] 关于 Weizmann 在委托授权问题的谈判中遇到的外交和政治挑战,见 *Wasserstein 1977*, pp.

ix—xiv。

[3] Ilse Einstein 曾经询问如何处置 Emile Berliner 寄来用于资助希伯来大学物理和物理化学研究所的一张同一数额的支票（见未刊文献摘要一览表 195）。

[4] 美国犹太医师委员会的领袖们计划 7 月在访问巴勒斯坦的途中路过伦敦（见 *Wasserstein 1977*，pp. 113—114）。

[5] Vera Weizmann(1881—1966)。

## 216. 致 Friedrich Vieweg

柏林，1922 年 6 月 3 日

非常尊敬的先生！

新一版的《相对论》需要做以下重要修正：[1]

第 75 页，第一段，上数第 6 行："如果这个宇宙是符合欧式几何的，那么 $F = 4\pi r^2$；如果这个宇宙是球状的，那么 $F$ 总是小于 $4\pi r^2$"[2]

第 81 页，等式 (11) $x'^2 + y'^2 + z'^2 - c^2 t'^2 = \sigma(x^2 + y^2 + z^2 - c^2 t^2)$

第 90 页，第 3 段，上数第 5 行："对于所谓的氰带，Perot 也同样地根据自己的观察，认为无疑存在这种效应；其他研究者，尤其是 W. H. Julius 和 St.John，则根据自己的测量得出相反结论，或者认为迄今为止的经验数据的准确性并不令人信服。"

关于君士坦丁堡的 Chalas 教授[3]的询问之事。爱因斯坦教授的意见是：您可以这样回复，在通常情况之外自己无权批准这类授权，哪怕是考虑到希腊目前的形势，[4]也是如此。没有任何理由批准这个授权，更不用说，在补偿金还根本没有任何指望的情况下。

致以良好祝愿

秘书

TLC.［42 140］。

[1] Vieweg 已告知爱因斯坦 *Einstein 1917a* 的第 13 版已经售罄（第六卷，文件 42），并询问新版中是否需要做修改（见未刊文献摘要一览表 261）。

[2] 这个错误是 Eberhard Zschimmer 告诉爱因斯坦的（见文件 17）。

[3] 见未刊文献摘要一览表 261。

[4] 从 1919 年 5 月以来，希腊和土耳其就处于交战状态（见 *Lewis 2002*，pp. 241—254）。

## 217. Aurel Stodola 的来信[1]

苏黎世自由大街(Freie Str.)62号,1922年6月5日

十分尊敬的先生和大师!

前不久,我为了追寻一个先前的爱好,在间断若干年以后又去参加了一场物理学界的研讨会。[2]于是,和从前一样,一提到相对论(天啊,我的老天爷哎),我当场就热血沸腾起来,不由自主地卷入一场有关放射性及物质之间能量交换的辩论。我想具体了解那玩意过程到底是怎么回事,并且断言,从直觉上讲,假设原子在彼此碰撞时,电子从一个量子的轨道被挤到另一个量子轨道上、从而导致能量的交换——那么这种假设将是不可能实现的。在辩论时,我发现人才济济的大礼堂中,大多数听众居然对您1917年发表的《基础物理》论述中第121页的内容根本就毫无所知。[3]至于我本人也属于这孤陋寡闻的人群中的一分子,尚且情有可原,因为我是机械师出身。——事后,我弥补了这一缺憾,在阅读您的论作时感到赏心悦目。您的论著再次成为一个巨大进步,而整部著作都仿佛是一场伟大的交响音乐。

现在,我有一个请求暨一个疑问,那就是:为了量化一个物体在吸收辐射时升温或在放射时降温,您所采用的方法是怎样具体地量化出这一过程的。原子碰撞后量子轨道改变,从而彼此排斥,我这一猜测是正确的吗?

我之所以给您写这封信寄上我的这个疑问,是因为我猜您解答这个问题只需要思考一分钟、写下两行字作为回答。其实不难想象,提出这种类似问题的信件在您桌面上一定堆积如山。

另外,我经常回想起我们在苏黎世时,尤其是1915年在柏林时的谈话。[4]从那以后,我们经历过多大变化呀!一种更高的权力帝王般地、不可抗拒地走近我们。事态发展要进入正确轨道,这一点对我来说至关重要。为了真理,您勇敢地亲自站出来,您的审时度势,震撼我的内心深处。您这一壮举将在学术和做人两方面照亮未来世界,令人肃然起敬。

致以友好的问候和回忆,您一如既往的(且衰老得厉害的)崇拜者

A. Stodola

ALS.[22 258]。写在抬头是"Dr. A. Stodola Prof. a. d. Eidgen. Techn. Hochschule(联邦工学院 A. Stodola 博士教授)"的信笺上。

[1] Aurel Stodola(1859—1942)是[苏黎世]联邦工学院的机械工程学教授。

[2] 对于爱因斯坦在苏黎世大学的课程，Stodola 至少出席了其中的一次演讲课，并参与了接下来的讨论[见爱因斯坦致 Michele Besso，1909 年 11 月 17 日（第五卷，文件 187），注释 4]。

[3] Einstein 1916n（第六卷，文件 38）。

[4] 他们在 9 月底见面[见爱因斯坦致 Heinrich Zangger，1915 年 10 月 4 日（在《全集》第十卷中的第八卷，文件 124a）]。

## 218. 致 Hellmut von Gerlach[1]

柏林，1922 年 6 月 6 日

尊敬的 von Gerlach 先生！

我听说 Painlevé[3]和其他法国学术界的著名代表都没有参加我们的法国访问团。[2]因为我周日的讲话原本是作为一个非政治人物专门欢迎学者的致辞，既然没有人来，那我就不讲了。省略这个讲话问题不大，因为我会尽量地照顾我们的客人。我尤其期待周日能在您家里待上几个小时。

致以良好的祝愿。

TLC.［43 747］。信件寄给"Herrn Hellmut v. Gerlach Berlin"。

[1] Gerlach(1866—1935)是《星期一世界》（*Die Welt am Montag*）周刊总编辑以及"德意志和平协会"(Deutsche Friedensgesellschaft)的联合创始人。

[2] 1922 年 6 月 11 日举行的德法会议的组织者是德意志和平联合会(Deutsches Friedenskartell，德意志和平协会是其中一个成员）。法国人权和公民权利联盟(Ligue française des droits de l'homme et du citoyen)中央委员会参加了会议，法国代表团于 1922 年 6 月 10 日到达柏林（见 *Einstein 1922h*［文件 228]）。

[3] Paul Painlevé。

## 219. 致 Hermann Weyl

［柏林］1922 年 6 月 6 日

亲爱的 Weyl 先生！

告诉那些学生，作为一个苏黎世的老男孩，得到他们的邀请，我感到由衷的高兴[1]，不过在我可以从科学上说点什么之前，我真的需要一点安宁；恕我直言——房顶上所有麻雀都在叽叽喳喳地叫，让我觉得自己很难开口。请不要因为我无法答应他们的召唤而误解我，说什么："他去了巴黎，却不是来我们这里。"拒绝接受巴黎的邀请，将是对国际主义理想的背叛，现在比以往任何时候都更需要奉献。[2]但是对于我的同胞来说，这不是一个"补偿"的问题。他们总是保持冷静、沉着和宽容。很高兴得知 Langevin 在苏黎世见到了您。他对我的重要性，还有我对他的喜爱，都难以用言语形容。

现在我正在研究您关于二次形式在数学上的优先地位的文章。[3]在物理方面还没有进展。我不相信您提出的电场和路径曲率之间的关联。Eddington 的观点和 Mie 的理论一样让我震惊；这是一个很漂亮的框架，不过完全不清楚如何去充实它。[4]您仔细考虑过 Kaluza 的方法吗？我觉得它是最接近真实的；但是它也得不出奇点——也就是自由电子。[5]引入奇点看起来并非正确的途径。我觉得——要真的取得某些突破——必须从自然那里再找到一个普遍原理。

向您和您夫人致以衷心问候，您的

A. 爱因斯坦

ALS(SzZuETH, Hs 91:554)。*Seelig 1954*，p. 211(第一部分)。[24 071]。

[1] 爱因斯坦受到学生邀请一事见文件 209。

[2] 关于其巴黎之行的重要意义，见文件 92。

[3] *Weyl 1922a*；关于 Weyl 对空间问题的分析的历史讨论，见 *Scholz 2001*，sec. 2.8。

[4] Mie 建议通过允许全部洛伦兹协变(但是不一定允许规范不变)项来推广麦克斯韦电动力学，而这依赖于作用量积分的拉格朗日量中的电磁势和场。他希望以此得到的非线性一般麦克斯韦方程能够得出粒子场的解(见 *Mie 1912a*，*1912b*，*1913*，*Born 1914*)。Mie 的方法被 David Hilbert 采用在一般协变框架中(*Hilbert 1915*)。在 *Weyl 1919b*，§35 和 *Weyl 1919c* 中，Weyl 也按照这一思路根据一般作用量原理研究场方程。关于进一步的讨论，见 *Pauli 1921*，§64 和 §65。Eddington 建议严格区别度规场和仿射线性联络，并严格地将后者作为物理理论的基础(见 *Eddington 1921a*)。

[5] 关于细节，见文件 12。

# 220. 对 Ernest Bovet 向 Paul Langevin 提问的回应

[*Einstein 1922i*]

1922 年 6 月 7 日收到

1922 年 9 月 1 日发表

于：《知识与生活》(*Wissen und Leben*)15 期(1922 年 9 月 1 日):902。

335

Berlin, W. 30, den 7. VI. 22.
Haberlandstr. 5.

[1] Sehr geehrter Herr!
[2] Ihre „Question à M. Langevin" reizt mich zu einer Antwort. Für die allgemeinen Fragen, die Sie interessieren, ändert die Relativitäts-Theorie gar nichts an der Situation. Denn sie bedeutet nichts als eine Verbesserung und Modifikation der Basis des physikalisch-kausalen Weltbildes ohne eine Änderung der grundsätzlichen Gesichtspunkte. Es ist eine Art logisches System zur Darstellung des raum-zeitlichen Geschehens, in welchem die geistigen Wesenheiten (Wille, Gefühl etc.) unmittelbar keinen Platz haben. Zur Vermeidung einer Kollision der verschiedenen Sorten von „Realitäten", von denen Physik und Psychologie handeln, hat Spinoza bezw. Fechner die Lehre des psychophysischen Parallelismus erfunden, welche mich offen gestanden völlig befriedigt. Die
[3] Physik bedeutet eine mögliche unter gleich berechtigten Arten, in die Erlebnisse eine gewisse Ordnung zu bringen. Die Grundlagen dieses Systems sind von uns frei gewählt, und zwar nach dem Gesichtspunkte, den jeweils bekannten Tatsachen mit einem Minimum von Hypothesen gerecht zu werden. Es handelt sich also nicht um „glauben", sondern um freie Wahl nach dem Gesichtspunkt der logischen Vollkommenheit und Anpassungsfähigkeit an die Erfahrung, was ja in den zitierten Sätzen Henri Poincarés so
[4] schön ausgedrückt ist.

Die Frage „A quoi sert...?" bedeutet — soll sie wirklich einen klaren Sinn haben — immer nur etwas mit einer Ergänzung, die ausdrückt *für wen* oder noch besser für die Befriedigung von
[5] wessen Wunsch die betreffende Sache dienen soll. Über diese
[6] Binsenwahrheit komme ich nicht hinaus. *A. Einstein*

\* \* \*

Zürich, d. 27. Juli 22.

Sehr geehrter Herr!
An der Frage des Herrn Bovet, zu deren Beantwortung Sie auch mich auffordern, hat zweierlei mich in Erstaunen gesetzt. Erstens dass noch heute, nachdem sich das abendländische Geistesleben 150 Jahre lang um Überwindung der primitiven Position der „Aufklärung" bemüht hat, die strenge Gesetzlichkeit der Erschei-

柏林西 30 区哈伯兰大街 5 号，1922 年 6 月 7 日

非常尊敬的先生！[1]

您的"请问 Langevin 先生"(Question à M. Langevin)[2]一文促使我作出回应。关于您感兴趣的一般性问题，回复是相对论完全不会改变这一现状。这是因为它不过是物理因果关系世界观基础的一个改进和修正而已，并未改变其基本方面。它是一种描述时空事件的逻辑系统，其中精神实体（意志、情绪等）并无直接地位。为了避免物理学和心理学的不同"现实"之间的碰撞，Spinoza 或 Fechner 发明了老实说让我十分满意的心理物理平行论。[3]物理学只是很多同样合理的按一定秩序整理经验的可能方式之一。这个系统的基础是我们自由选择的，能够以最少的假设最好地解释已知事实。所以这里涉及的不是什么"信仰"，而是根据逻辑完备性和经验适用性而进行的自由选择，这在 Henri Poincaré 的引用的声明中描述得非常清晰。

那个"……有什么用处？"("A quoi sert……")的问题[4]——如果非要找出一个明确的意义——它的意思从来都是要加上对谁两个字，或者更明确地说，这件事能满足谁的意愿？[5]这是不言而喻的，我无法再多说了。[6]

A. Einstein

发表于：《知识与生活》(Wissen und Leben) 15 期（1922）: 902。另外尚存手写稿 [25 037] 和打字版 [25 038]。

[1] Bovet（1870—1941）是苏黎世大学法国和意大利语文学教授，《知识与生活》杂志的创立者和主管，瑞士国际联盟书记。

[2] 1922 年 5 月，Paul Langevin 在苏黎世作了 3 个关于相对论的讲座，其中第一个是面向大众的，取得巨大成功。作为对 Langevin 的讲座及其引起的热烈响应的一种反应，Bovet 发表了一封致 Langevin 的公开信。其中 Bovet 承认自己 30 年求学期间只听了一个物理和数学综合课程。虽然如此，他对 Langevin 的讲座很感兴趣，尤其对学者和普通听众表现出的狂热反应感到惊奇，使他心里产生听众热情从何而来的"心理"问题。通过概述自己对科学史的理解，Bovet 提出以下问题："相对论和重建一个文明所必需的社会伦理之间的关系是什么？[……]我们在多大程度上能从经典力学中解放出来？"("Quel rapport y a-t-il entre la théorie de la relativité et la morale sociale don't nous avons absolument besoin pour reconstruire une civilisation? [⋯] En quelle mesure sommesnous libères de la mécanique rationelle?"; Bovet 1922, p. 648)。Langevin 并未应答。但是 Bovet 收到并发表了爱因斯坦和 Hermann Weyl 的回复（关于两个回复的英文翻译以及历史评论，见 Weyl 2009, pp. 5—6, 25—28)。

[3] "思想的秩序和联系，与事物的秩序和联系是一致的"("Ordo et connexio idearum idem est ac ordo et connexio rerum"; Ethica, Propositio VII, Pars 2)。爱因斯坦曾于 1917 年 7 月阅读 Spinoza 的《伦理学》[见他于 1917 年 7 月 3 日和 6 日致 Elsa Einstein 的信（第八卷，文件 115，以及收录在第十卷中的第八卷，文件 359c）]。在手写版中，"bezw. Fechner"是插写进去的。

[4] 在 Bovet 1922 中，Bovet 引用 Poincaré 1902 和 Poincaré1905 中的句子："公理不过是伪装的定义而已"("Les axiomes ne sont que des définitions déguisées")以及"科学家必须分类；运用事实进行科学研

究，就如同利用石头建筑房子；但是堆积的事实并不是科学，就像一堆石头不是房子一样"（"Le savant doit ordonner; on fait la science avec des faits comme une maison avec des pierres; mais une accumulation de faits n'est pas plus une science qu'un tas de pierres n'est une maison"）。他还写道："1898 年，Henri Poincaré 写道：'总之，是我们的头脑为自然建立一个类别。但是我们并不强行让自然按我们的要求，削足适履符合这个类别。我们给自然很多选择，从中挑出尺寸最合适的鞋'"（"En 1898 Henri Poincaré écrivait：《En résumé, c'est notre esprit qui fournit une catégorie à la nature. Mais cette catégorie（la géométrie）n'est pas un lit de Procruste dans lequel nous contraignons violemment la nature, en la mutilant selon que l'exigent nos besoins. Nous offrons á la nature un choix de lits parmi lesquels nous choisissons la couche qui va le mieux á sa taille》"）。这里 Bovet 引用的文件是 *Poincaré 1921*，这是英文文件 *Poincaré 1898* 的法文翻译。引用的段落是文章最后一段（*Poincaré 1921*，p. 64，或者 *Poincaré 1898*，p. 43）。

[5] "后来，在和您 5 月 22 日星期一讲座的听众中的一位杰出的力学家交谈中，我又恢复了自己对精确科学的崇拜，并告诉他：'您所从事的科学结果是确定性的，这是一件多么幸运的事情！'而他的回答是：'实际上，力学可以解释世界上所有的事情，只有一个问题它不能给出答案：人类的精神是干什么用的？这也是我唯一感兴趣的问题。'——这个让人悲伤的说法是我一生中收到的最重要的礼物之一。'人类的精神是干什么用的？'这个问题像一个巨大的山峰，浮现在人类思想的地平线上。当然，我不要求您给出答案，但是想知道新的力学是否能给一个不同的可能带来些许的希望？"（"Plus tard, conversant avec une illustre professeur de mécanique, qui fut un des vos auditeurs le lundi 22 mai, et retombant dans mon respect fétichiste des sciences 《exactes,》, je lui dis：《Comme vous êtes heureux de manier une science qui mène à des certitudes!》à quoi il répondit：《Certes, la mécanique explique tout dans le monde; il n'est qu'une question à laquelle elle ne réponde pas：à quoi sert l'esprit humain? Et c'est la seule question qui m'intéresse.》— Ce mot mélancolique est un des plus grands bienfaits que j'aie reçus dans ma vie."

"《A quoi sert l'esprit humain?》Bien entendu, je ne vous demande pas de répondre à cette question qui se dresse comme une cime géante à l'horizon de toute pensée humaine, mais j'aimerais savoir si la nouvelle mécanique ouvre quelque modeste soupirail à des possibilités d'un ordre différent?"；*Bovet 1922*，p. 648）。

[6] 在手写版中，信件结尾有敬语："Mit vorz. Hoch"（致以良好祝愿）。

## 221. Hans Delbrück 的来信

格鲁内瓦尔德，1922 年 6 月 7 日

非常尊敬的同事先生！

非常感谢您分享自己在巴黎对 Aulard 教授的印象。[1] 也许他确实是在诚实地探求真相，不过真是如此的话，他肯定没有人格力量把自己的想法坚持到底，或者缺乏足够的责任感来仔细检查将要发表的文字。我给他的公开信中，最后两封是发表在 5 月 25 日和 5 月 28 日的《柏林日报》（*Berliner Tageblatt*）上；如果您一直关注的话，就会看到他根本就没有回答我善意提出的问题；并且他还自己撒了大谎，指责 von Schoen 大使故意伪造了最后一封加密电报，对大使进行

不实而愚蠢的攻击。[2] von Schoen 先生在一篇文章中向他指出了这一点,这篇文章很快就要在《德意志评论》(*Deutsches Revue*)上发表。[3] 法国人现在的想法让人很难设身处地去理解。在 Aulard 退出与我的辩论之后,Basch 教授[4]挺身而出取而代之,不过是非公开的。然而现在他也退避三舍了。所有这些行为,都只有一个解释,那就是法国人早就知道,除了俄国人之外,法兰西共和国总统是战争的真正挑起者,[5]但是却没有勇气承认这一点,也不敢睁眼看别人给出的证据。

我会让出版商把最近一期的《德意志民族》(*Deutsche Nation*)寄给您。在其中,我对 von Gerlach 先生关于慕尼黑判决的无耻文章进行了反击。[6] 法德合作会议在德国国会大厦召开,由 Gerlach 主持,是非常不幸的。[7] 从一开始就名不正言不顺。如果 Gerlach 具有些许的政治直觉,他会利用眼前这个机会,为了人类的救赎,加入伟大的团结阵线来解决[战争]责任的问题。但是由于完全受国内政治偏见的影响,再加上对旧体制的强烈仇恨,他没有看到这个重要的机会,在很长时间里断送了为德国和平主义运动做成功宣传的可能。幸运的是,根据 Lehmann-Russbüldt[8]告诉我的消息,会议还是决定周日不涉及战争责任问题。希望我们能够成功地阻止会议越过这一红线。

致以良好祝愿,您的[9]

Hans Delbrück

TLS.[43 515]。信件寄给"Herrn Professor Albert Einstein"。文件左侧页边有活页孔。

[1] 关于爱因斯坦对自己与 Aulard 在巴黎谈话的描述,见文件 170。

[2] Delbrück 与 Aulard 之间公开的争论始于 1922 年早期 Delbrück 拒绝在"法国人权与公民权保卫联盟"与"'新祖国'联盟"的一份《关于民主与和平》的联合宣言上签字之后。这份宣言宣称"德国不仅应该声明对自己攻击法国带来的损失承担法律责任,还要承担道德责任"("Deutschland solle nicht nur als eine juristische, sondern als eine moralische Pflicht anerkennen, daß es den Schaden gutmachen müsse, welcher durch seinen Angriff gegen Frankreich entstanden sei"; *Mitteilungsblatt der Arbeitsausschusses deutscher Verbände* [1. Aprilheft 1922], 2, 7, p. 1)。

在自己 5 月 25 日的文章中,Delbrück 对 Aulard 在 4 月 15 日的《图卢兹电讯报》(*Dépeche de Toulouse*)上发表的文章作出回应,并讨论了与第一次世界大战爆发的责任者相关的各个问题[见《柏林日报》(*Berliner Tageblatt*),1922 年 5 月 25 日晨报版]。在一个附录中,Delbrück 也回应了 Aulard 在 5 月 1 日的《巴黎评论》(*Revue de Paris*)上发表的文章。德国总理在 1914 年 7 月 31 日给德国驻巴黎大使 Wilhelm von Schoen(1886—1960)的信中,指示大使要求法国在德俄一旦开战的情况下保持中立,Aulard 曾坚持认为所谓的这封信是伪造的。Delbrück 在其附录中展示了证据反击 Aulard 的声明[见《柏林日报》(*Berliner Tageblatt*),1922 年 5 月 28 日晨报版]。

[3] Von Schoen 的文章,"法国的复仇政治"(Die französische Revanchepolitik),于 1923 年发表在 *Ziegler* 1923, pp. 16—29。他实际上是想证明 Raymond Poíncaré 及其新上任的部长和大使们的民族复仇主义倾向和行为制造了一种好战的气氛;而这种气氛,如果不是直接导致了战争的爆发的话,至少起了促

进作用。

[4] Victor Basch(1863—1944)是索邦的德国研究和哲学教授,法国人权和公民权利保障联盟成员。

[5] Raymond Poincaré(1860—1934),法国总理兼外交部长。

[6] Gerlach 曾对《南德意志月刊》(*Süddeutsche Monatshefte*)编辑 Nikolaus Cossmann 的无罪判决表示抗议。后者曾被指控杀害革命领袖 Kurt Eisne 的前秘书 Felix Fechenbach,起因是有人认为 Felix Fechenbach 伪造了一份关于德国政府在第一次世界大战中的"战争责任"的重要文件(见《星期一世界》(*Die Welt am Montag*),1922 年 5 月 15 日,以及 *Geyer* 1998, pp. 291—292)。作为反击,Delbrück 指责 Gerlach 的文章 "提出的事实完全没有根据"("an dessen tatsächlichen Behauptungen sozusagen kein wahres Wort war";见 *Delbrück* 1922)。

[7] 爱因斯坦计划于 6 月 11 日在这个会议上发表讲话(见文件 218)。

[8] Otto Lehmann-Russbüldt。

[9] 这一段是 Delbrück 手写的。

## 222. Henry S. Hatfield 的来信[1]

柏林选帝侯大街 124 号(Kurfürstenstr.),1922 年 6 月 7 日

十分尊敬的教授先生:

经 Freundlich 博士的鼓励,[2] 我才斗胆提笔给您写下这封信,向您阐述我的几个关于晶体结构的思考,并请您评判正确与否。可惜我上学时数学一直不好,所以我自己无法检验这一基本推测是否正确。但如果您认为我的这些思考是有价值的、新颖的,那我将继续努力前进。

您计划下次什么时候到英国来呀?近些日子,我和我夫人一起幸福地生活在这里,因为英国方方面面条件都很差,所以有关矿石方面的研究我无法继续下去。

致以衷心的问候,对您钦佩之至的

H.S. Hatfield

TLS. [25 095]。附有一份关于小晶体的蒸汽压和溶解度的手稿[25 097]。

[1] Hatfield(1880—1966)是一位化学家、发明家和翻译家。

[2] Erwin Freundlich。

## 223. Gustave Le Bon 的来信

巴黎维农街(Rue Vignon)29 号,1922 年 6 月 7 日

先生:

我想您可能只读您自己的专著,但可能您也会读一下别人专门为您写的书。[1]您手边应该有 Gaston Moch 关于相对论的那部书。[2]您可以读读以下内容第 240 页:

"Gustave Le Bon 已经在他的著作中明确提出了关于物质与能量等价的相对论重要结论。

……Le Bon 不仅最早弄清楚什么是原子内部能量,他还对该能量进行了如下估算;等等"。

第 243 页……"因此是 Le Bon 而不是爱因斯坦的公式代表了物质的能量守恒。"

我还要补充一下,我的书《物质的演化》(*L'Evolution de la Matière*)[3]概述了 18 篇物理论文,该书(除了数学部分)已经被翻译成多种语言,[4]特别是德语。我再次对德国人完全忽略外国人著作的习惯表示遗憾。

向您致以崇高敬意

Gustave Le Bon 博士

ALS. 不知是谁手写的信。Le Bon 签名。[43 311].信件地址为"Monsieur le Professeur Einstein Haberlandstrasse 5 Berlin W. 30(Allemagne)"([德国]柏林西 30 区哈伯兰大街 5 号爱因斯坦教授先生"),邮戳为"塞纳-瓦兹省(Seine-et-Oise)阿弗莱市(Ville d'Avray),17 点 30 分,1922 年 6 月 13 日。"信的左侧边缘有用于活页装订的穿孔。

[1] 爱因斯坦在文件 195 中询问过关于其研究工作的更多信息。

[2] *Moch 1921*。

[3] *Le Bon 1905*。

[4] 见 *Le Bon 1907* 英译本。

## 224. Heinrich Zangger 的来信

[苏黎世,1922年6月8日至18日][1]

亲爱的爱因斯坦朋友：

您打算什么时候去日内瓦讨论科学组织工作[2]并委派量子研究者？——1912年以来,研究始终向同一方向发展着。量子即将起到的作用离我们已越来越近,人们今天就能直观地认识到量子功能必将显现——会不会是相对论起到了一定的作用呀？

您知道吗,我今天想请求您写这样一篇文章：从我今天的角度看,相对论有什么事做不到；应该避免让成千上万个探索者毫无希望地去寻找什么；同时也自然而然地作出对Mie和Weyl的工作的评价。[3]

1905年时,我曾走过许多错误的道路[在……方面]。

某天早晨,您向我详细阐述了相对论作用的局限性,这一情景如今依旧历历在目,我对此记忆犹新。

Nernst在他的著作中对Debye进行了深刻的批判——前者不就是一位血气方刚的刻苦之人吗,除此之外还有什么呢。[4]

对于Weyl提出的假设,即因运动而产生的可变波长（取消了红色平移的必然性）,依我看来毫无依据,尽管在过去两年中该论文正式出版过五次,但学术观点上毫无进展。[5]早在1918年和1919年Weyl的讲座课堂上我就有这一感觉了,[6]只是没有今天这么清晰。那么,让我动身去日内瓦吧！

Zangger

ADftS(SzZuZB,Nachlass H. Zangger,Kopialbuch 19,535v-536r). [92 973]。信件模糊,被裁剪过。

[1]作为以下事实标注的日期：在Kopialbuch中,这份文件被放在533r的后面,而533的日期是1922年6月8日；而且,文件241看起来是对这份文件的回复。

[2]作为国际智力合作委员会的一位成员,爱因斯坦同意在5月底加入委员会（见文件208）。

[3]有关Mie和Weyl用一种场理论来解释物质的计划,见文件219,注释4。

[4]详见文件155。

[5]Weyl著作的第5版在1923年出版(*Weyl 1923*),但它序言标注的日期是"苏黎世,1922年秋"。

[6]*Weyl 1918b*和*1919b*中。

## 225. Hermann Anschütz-Kaempfe 的来信

基尔,1922 年 6 月 9 日

亲爱的、尊敬的爱因斯坦教授!

我一定会及时将钱汇到您提供的地址。[1]

那个泡泡球新装置有的地方好,有的地方不满意,不过没有特别糟糕的。电木的结果不成功;水中必须加酸,而电木明显不耐腐蚀;不过我现在把球体表面覆盖上一层硬化橡胶,结果不错。现在我正尝试着用碳粉进一步硬化橡胶,使其在接触点附近导电。不知道能否成功,但是肯定会非常精巧。[2]

通过提高铁的饱和度,磁泡环强度提高了 20%;差分曲线也变得更加陡峭。现在我在试着减少磁极间的距离,希望能够以此进一步改进结果。通过电感排斥我还成功地做出了一个很不错的继电器。

其他事项:材料测试,您也知道,还有技术开发中遇到的通常的困难;但是我并不气馁,对成功满怀期望。

我们在不使用铜的情况下,重复了热旋转实验,结果是否定的;下一步我想用个新的更合适的线圈再做一次,这个线圈直径要小些,配合更小的极间距,匝数更多,而且用 250℃ 的油作为热源。[3]

如果您 7 月的时候在柏林,我妻子和我还是希望到时那里会变得很热;这样的话您就会想起我们这里无处可比的凉爽和清风,还有那间 2 层楼上的小房间一直在等着您。

希望您夫人已经康复;自从我妻子割除阑尾之后,我们两人都感觉非常好。[4]

我们一家祝你们全家好,您永远真诚的

Anschütz

ALS. *Lohmeier and Schell 2005*, pp. 160—161. [37 377]。文件写在有作者抬头的信笺上。

[1] 很可能是 Mileva Einstein-Marić 的新地址:Büchnerstrasse 3,Oberstrass,Zurich 6(见文件 242)。

[2] 关于通过水向陀螺仪导送电的问题,见文件 9。

[3] 指爱因斯坦提议的"地磁"实验。两年前,Anschütz 使用的是一个被油蒸气加热到 200℃ 的铜质圆筒(见 Hermann Anschütz 致爱因斯坦,1920 年 12 月 28 日,[第十卷,文件 247])。

[4] 指的是他妻子 Reta 在 3 月间的阑尾炎手术(见文件 94)。

## 226. "对航海仪器公司诉安许茨公司一案的第二份补充专家意见"

[柏林,1922年6月9日至7月10日][1]

### 对航海仪器公司诉 vs. 安许茨公司一案的第二份补充专家意见

作为对我1918年12月16日意见[2]以及1922年4月12日第一个附录的补充,以下是本人对提交给基尔地区上诉法庭的新材料的意见:

Ⅰ. 作为对德意志帝国专利174 111[3]的补充,在6月9日的上诉理由中曾被充分地讨论过的德意志帝国专利211 634不影响目前问题的裁定,原因是它没有显示任何可以有效消除或者降低翻滚误差的方式;专利中描述的所有方式中,水平加速度影响寻向系统绕其陀螺仪轴的无阻尼振荡;而这些振荡已知会造成翻滚误差。6月9日的上诉理由中的相反论断是不正确的。

Ⅱ. 但泽的 Lorenz 教授[4]根据原告专利声称的主要权利给出的专家意见,认为所有的陀螺仪在围绕南北极的振荡时间增加时,都有产生扭矩的功能(Lorenz 意见,第2页第2段到第3页中间;第3页上数第5行到第4页第1行;第4页最后一行到第5页第10行)。为了反驳这一假设,请参考 Anschütz 专利241 637号,[5]其中将指向陀螺和稳定陀螺的不同情况刻意区分得很清楚,具体是在第1页,47—51行;第2页,5—17行;第1条权利,95—99行。

因为本案的中心仅仅是依赖性,而不是可被专利保护的冗余,所以根据错误的假设得到的结论,不如对后面这个设计发明者的创造性工作的一般考虑更有说服力。

Ⅲ. Meldau 教授[6]的意见,利用了在第一个诉讼程序中已经给予充分承认的论点。我觉得在所有提交的新材料中,这是唯一和争议问题相关的一点,所以在这里我把自己的理解再次总结如下:

(a)意识到原告的专利中第一次揭示了翻滚误差取决于寻向系统绕其回转轴振荡的时间;同时也第一次提出了消除或者有效地减少翻滚误差的方式。

(b)所考察的装置也是利用回转效应来防止产生这种振荡。

(c)所考察的装置中,用来增加振荡时间的陀螺仪并非由导向陀螺仪的框架直接支撑,而是根据需要的自由度,由一个固定在它上面的另一个框架负荷——

当然从技术上说,这个与直接由同一个框架支撑是等效的。

我的意见是,如果相关设计仅仅符合(a),也已经构成对 Anschütz 专利 241 637 号受保护范围的侵权。现在实际上(b)和(c)也是成立的,这意味着航海仪器公司的罗盘的技术效果和原告的专利 241 637 号是完全一样。

A. 爱因斯坦

TDS.[84 218]。文件共 3 页,其中只有第 3 页有页码。此处方括号中的页码置于页边,与原文页码"3"出现于页顶部不同。此处忽略行政性的注释。

[1] 文件日期确认的根据:文件是为上诉庭第二次会议(1922 年 7 月 10 日,见文件 260)而准备,其中提到了 6 月 9 日举行的第一次会议。

[2] 正确的日期是 1918 年 7 月 16 日(见第七卷,文件 11)。

[3] Hartmann & Braun AG."具有多个不同自由度的旋转质量的陀螺仪(Gyroskopkompaß mit mehreren je mit verschiedenen Freiheitsgraden ausgestatteten rotierenden Massen)",德意志帝国专利 174 111 号,Zusatz 211 634。

[4] Hans Lorenz(1865—1940)是但泽高等工学院力学教授。

[5] 安许茨公司"陀螺仪(Kreiselapparat)",德意志帝国专利 241 637。

[6] 可能是指 Heinrich F. K. Meldau(1866—1937),不来梅航海学校教师。

# 227. George Jaffé 的来信[1]

莱比锡费迪南·罗德大街 26 号丙(Ferd. Rhode Str 26<sup>III</sup>),1922 年 6 月 10 日

十分尊敬的教授先生:

可惜我至今没能找到机会接受您友好的邀请,去登门拜访您。虽说复活节前我曾去柏林一天,可那时您正在巴黎。因此,我想现在以书面形式向您介绍我的论文,并于今天随此信给您寄去我的正式发表的文章的抽印本。[2]

您一定能从我去年发表在《物理学纪事》上的文章看出,[3] 我现在正在研究相对论。近期内,我将发表一篇题为《广义相对论中的"静止物质"与"运动物质"》的文章。[4] 当然,它们的贡献是微乎其微的,但我不得不承认,我终于有能力参与这项研究工作,这令我十分欣慰。和其他人一样,战争使我完全脱离了科研工作,[5] 所以我是费了九牛二虎之力才重新进入这一奇妙的造物主创造的世界。

对您敬佩之至,您十分忠诚的

G. Jaffé

ALS.[13 377]。

[1] Jaffé(1880—1965)是莱比锡大学的物理学编外教授。
[2] 在爱因斯坦的藏书中，可以找到 28 本 Jaffé 的出版物的抽印本，它们的出版时间是从 1904 年到 1922 年。
[3] *Jaffé 1922a*。
[4] 发表为 *Jaffé 1922b*。
[5] Jaffé 虽然在莫斯科出生，但却是一个德国人，因为他父亲是汉堡公民，而他从 1915 年初为德国军队服役到战争结束，见[13 392]。

## 228. 在德法和平大会上的讲话

[*Einstein 1922h*]

1922 年 6 月 11 日演讲[1]

1922 年正式出版

出自：《跨越深渊的桥——献给德国和法国间的理解。关于"法国人权联合会"访问柏林和鲁尔区的报告》(*Die Brücke über den Abgrund. Für die Verständigung zwischen Deutschland und Frankreich. Bericht über den Besuch der „Französischen Liga für Menschenrechte" in Berlin und im Ruhrgebiet*)。奥托·列曼-鲁斯贝尔德(Otto Lehmann-Russbüldt)编，柏林：新祖国联盟(Bund Neues Vaterland)，1922 年，13—14 页。[2]

eine wahrhaftige Gemeinschaft des Vertrauens müssen die Differenzen zwischen den Völkern friedlich und gerecht erledigt werden. Die Intellektuellen Frankreichs in ihrer großen Mehrheit, das zeigt die große Gefolgschaft unserer französischen Liga für Menschenrechte, folgt der von mir hier ausgesprochenen Parole. Diese Geistigen Frankreichs und Deutschlands sind der eine starke Pfeiler der Brücke über den furchtbaren Abgrund, der jetzt noch Frankreich und Deutschland trennt. Der andere noch stärkere Pfeiler ist das Proletariat. Die Macht der Proletarier, die Macht der arbeitenden Massen in Frankreich und in Deutschland ist die beste Gewähr für den Sieg der Demokratie. Das Werk der Völkerversöhnung, die Überbrückung des Abgrundes ist gesichert, wenn wir sagen können, die Geistigen und die Arbeiter bei uns und bei euch sind dazu bereit. (Stürmischer Beifall.) Der Beweis ist erbracht, daß auch jetzt noch nach dem schrecklichen Kriege das Genie Deutschlands und das Genie der Franzosen gemeinsame Arbeit leisten können. Das deutsche Genie ist vor nicht langer Zeit mit der ganzen Begeisterung der Pariser begrüßt worden. Hier (der Redner wendet sich unter stürmischem Beifall zu Albert Einstein) sitzt der lebende Beweis. (Erneuter Beifall.) Das Genie Deutschlands und Frankreichs, dazu die Macht des Proletariats Deutschlands und Frankreichs, das sind die beiden starken Pfeiler der Brücke, die über den Abgrund führt, die Frankreich und Deutschland verbindet und die alle Völker der ganzen Welt schließlich zusammenführen wird in der gemeinsamen Forderung: Nie wieder Krieg, nie! nie! nie!

Nach einem langen, sich immer erneuernden Beifallssturm stellt Vors. v. G e r l a c h das Einverständnis der Versammlung dazu fest, daß diese Rede keiner Übersetzung bedürfe, da die französischen Worte auch den nur des Deutschen mächtigen Versammlungsteilnehmern durch die Wucht und Eindringlichkeit der Rede verständlich geworden seien. Den Moment, in dem wir diese Rede erlebt haben, werden wir nie vergessen. Das ist ein unvergeßlicher Eindruck für uns alle. (Stürmische Zustimmung.)

**Professor Albert Einstein:** Nach den wundervollen Worten, die wir an diesem Tage gehört haben, will ich Ihnen ganz nüchtern unsere Situation vorzustellen suchen wie, wenn wir so glücklich wären, vom Monde etwa das anzuschauen, was sich auf der elenden Erde abspielt. Man könnte uns zuerst fragen: inwiefern sind wir heute — nicht im Sinne des heutigen Tages, sondern in diesem halben Jahrhundert — in einer besonderen Lage gegenüber den internationalen Fragen als sonst? Und darauf ist die Antwort ganz einfach: Durch die Entwicklung der technischen Mittel sind die Distanzen zwischen den Menschen und zwischen ihren Institutionen plötzlich auf den zehnten Teil herabgesunken, so daß wir jetzt in der Welt eine Produktion haben, welche sich aus Teilen zusammensetzt, die über die ganze Erde zerstreut sind. Nun wäre es natürlich und ist es absolut notwendig, daß der Vergrößerung der Territorien, die an der menschlichen Arbeit beteiligt sind, auch eine entsprechende politische Organisation folgt. Daß dies eine wirklich absolute Notwendigkeit ist, haben wir in furchtbarer Weise am eigenen Leibe in diesen schrecklichen Jahren erfahren. Der Mann auf dem Mond würde sich nun wundern, wenn er sehen würde, daß nach diesem entsetzlichen Experiment, welches die Menschen hinter sich haben, trotzdem so wenig starke Kräfte sich regten, um diese Organisation zu vollenden. Woher kommt das? — Nun, die Menschen leiden an ihrem historischen Gedächtnis! (Beifall.) Damit steht es nun ganz eigentümlich. Der Mann aus dem Volke, der unmittelbar die Erlebnisse nimmt, wie sie ihm kommen, kann verhältnismäßig leicht seine Einstellung den großen Dingen gegenüber ändern; aber der Mann, der viele Buchstaben auf der Schulbank gefressen hat und sie andern wieder vorsetzt, ist in ungleich schlimmerer Lage. Die Sprachgemeinschaft spielt dabei noch eine besonders verhängnisvolle Rolle, denn die Gesamtheit einer Nation sind Männer, die sich mit den Mitteln des Buchstabens unausgesetzt gegenseitig beeinflussen und in einer solchen Weise, daß sie einen einheitlichen Block bilden von solcher Festigkeit, daß die Besonderheit und Willkürlichkeit in der Anschauung, die Einseitigkeit, die in ihrem Weltbild liegt, gar nicht bemerkt wird von den Angehörigen einer solchen Sprachgemeinschaft. Ich habe Gelegenheit gehabt, bei Reisen nach Holland, Frankreich und Amerika mit großem Schrecken die Starrheit dieser literarischen Einheiten zu sehen. Diese Besonderheiten der einzelnen menschlichen Zirkel, durch Sprache und staatliche Gemeinschaft gehegt, sind es nun, die ungeheuer schwer zu überbrücken sind; denn sie sind eben das Werk von Jahrhunderten, und wir dürfen uns nicht verhehlen, daß der Kampf gegen diese eingewurzelten geistigen Grenzen ungeheuer schwer ist und daß, so lange dieser Kampf nicht durchgekämpft wird, auch wenig Aussicht besteht, eine wirklich solidarische Zusammenarbeit der Nationen Europas in politischer Beziehung durchzuführen. Und deswegen glaube ich, daß es von höchstem Werte ist, daß jeder Mensch, der eingesehen hat, daß die Notwendigkeit unseres äußeren Lebens schon — um gar nicht von anderen Idealen zu sprechen — es mit sich bringt, daß wir eine größere Einheit des materiellen und geistigen Zusammenlebens bei dem heutigen Zustand der Welt erreichen, daß jeder zunächst sich intellektuell so einstellt, daß er nicht fragt: was tut not für mein Land, sondern: was muß mein Land noch tun, damit die größere Gesamtheit überhaupt existieren kann? Ohne die größere Gesamtheit kann das eigene Land für die Dauer auch nicht existieren. Ich glaube, nur der Mensch, der sich mit Festigkeit und Energie das gesagt hat und an jeder Stelle seines Lebens daran denkt, wird die Grenzen, welche zwischen den fest gewordenen geistigen Einheiten vorhanden sind, zu durchbrechen vermögen. Ich halte es für äußerst wichtig, daß immer, wo nur die Möglichkeit dazu vorhanden ist, Männer verschiedener Sprachen, verschiedener politischer und Kulturkreise über die Landesgrenzen hinaus miteinander in Berührung treten und nicht mit dem Gefühl, etwas für sich und ihr Land herauszuschinden, sondern mit dem Gefühl zu versuchen, eine Brücke herzustellen zwischen diesen geistigen Kreisen von verhältnismäßig selbständigen Werken. Nur auf diese Weise können wir hoffen, daß wir in absehbarer Zeit eine solche politische Gemeinschaft — sagen wir z. B. von Europa — erreichen, daß wir hoffen können, wirtschaftlich und auch in bezug auf die geistige Existenz uns so zu behaupten, daß dieses Leben als lebenswürdig bezeichnet werden kann. (Lebh. Beifall.)

Als nächster Redner wendet sich hierauf der berühmte Soziologe der Sorbonne, Prof. Bouglé, gegen die Legende, als ob das französische Volk vom Militarismus und Imperialismus erfüllt sei. Er führt als Gegenbeweis verschiedene Tatsachen an, in erster Linie die französische Liga für Menschenrechte selbst, die in Frankreich über hunderttausend Mitglieder besitzt und durch ihre Existenz beweist, daß ein großer Teil des französischen Volkes von Imperialismus und Militarismus nichts wissen will. Daneben bestehen aber noch weitere Organisationen mit ähnlichen Tendenzen, so die Liga für die Republik, deren Devise heißt: „Die französische Nation gegen den französischen bloc national!" Ein weiterer Beweis gegen die Legende

阿耳伯特·爱因斯坦教授:我们今天听了许多赞美之辞,[3]接下来我想尝试着十分冷静地向诸位阐述我们今天的境遇,假装我们有幸能够从月亮上观察这苦难重重的地球上都发生着什么。首先,站在月亮上的这个人①会问我们:我们今天所面临的特殊境地与以往所面临的国际问题相比有什么区别?我说的今天不是一天意义上的今天,而是最近这半个世纪。针对这个问题的回答很简单:由于技术力量的发展,人与人之间以及机构与机构之间的距离已缩短为原先的十分之一,以至于我们现在世界的生产过程已经达到分散于全球不同地方的境地。于是,本应理所当然、并且实际上也十分必要的是:随着参与人类劳动所需领地的不断扩大,应有一个相应的政治机构跟上这个发展。这一点的绝对必要性,我们通过最近这些残酷的年代、通过令人恐惧的方式已经亲身经历过了。站在月亮上的这个人会对他的所见无比惊讶:人类在经历过这场恐怖的实验以后,居然很少有身强力壮的人行动起来,以完善这个机构。这是什么原因呢?这是因为人类罹患沉陷于历史记忆所必然造成的痛苦(掌声四起)。这样,一个奇怪的现象就发生了。百姓中的普通一员能够轻而易举地逆来顺受,相对说来,当面对重大事件的时候,他能轻易改变自己的观点。可那位历经寒窗苦读、吃了无数字母下肚并领导别人的人呢,如果想改变什么,与前者相比将步履维艰。而使用同一种语言结成的团体,在这个过程中的角色尤其举足轻重,因为一个民族全体成员就是一伙利用字母、彼此不断影响的人们,以至于他们构成一个统一而坚固的团体。这一团体内的成员对于该团体的特殊性、世界观上的随意性、认知世界的偏颇性等都不会被同一语种所构成的团体内其他成员发现。我旅行至荷兰、法国和美国时,有机会目睹这种基于文字一致而导致的统一所带来的僵化,[4]对此我十分震惊。人类每一个这种孤立圈子的特性都受到语言和国家机器的保护,成为不可逾越的障碍,因为它们是几百年历史发展的结果。我们不得不承认的是,与这种根深蒂固的精神界限作斗争非常困难,并且,只要这场战争还没有进行到底,就根本不可能实现欧洲范围内各民族在政治意义上的团结一心的合作。所以我认为,最为重要的一点是,每一个认识到在我们今天这个世界的情况下,要实现物质和精神两方面都更大的统一体——因为我们外在生活本身就带来这种必要性,更不用说其他的理想状况也是如此要求的——的人都达到如下这种精神境界,那就是,不去问:我的祖国需要什么,而是问:我的祖国还应该做什么,才能让更大的统一体生存下去?没有更大的统一社会,自己的国家也不可能长期存在下去。我相信,只有坚定地、有力地说出这种话的人,只有时时刻刻想到这

---

① 原文此处用"man"。译者从下文中的"der Mann auf dem Mond"发现此处用的是同一个假设,所以用"站在月亮上的这个人"来翻译。——译者

一点的人,才会有能力突破这种存在于各种牢固的精神统一单元之间的界限。我认为有一点非常重要,那就是各民族的人们,一旦有机会突破国家与文化界限而彼此接触,就不应挖空心思地为自己和自己的国家谋求利益,而是要尝试着在这些相对独立的文化圈层之间搭建桥梁。只有通过这种方式,我们才有希望在不远的将来达成一个统一的政治共同体——权且称之为欧洲吧,并且我们才有希望在经济方面和精神存在方面立足于世界,过上一种堪称为值得过的生活。(掌声热烈)[5]

发表于 *Lehmann-Russbüldt 1922*,pp. 13—14。*Nathan and Norden 1975*,pp. 70—72。

[1] 日期来自这份出版物的 p. 5。

[2] 德法大会由德国和平联盟(Deutsches Friedenskartell)组织,于 1922 年 6 月 11 日在德国国会大厦举行。在德方与会者中有:国会主席 Paul Loebe;Hellmut von Gerlach 和 Harry Kessler 伯爵,德国人权联盟(Deutsche Liga für Menschenrechte)(前身为"新祖国"联盟)执行委员会成员们以及爱因斯坦。Ligue française pour la defense des droits de l'homme et du citoyen(法国公民人权防卫联盟)代表团由它的主席、前教育部部长 Ferdinand Buisson 率领,成员由它的副会长们、秘书长和中央委员会成员组成(见 *Lehmann-Russbüldt 1922*,pp. 5—11)。

[3] 爱因斯坦原本决定不在会上致辞(见文件 218)。

[4] 关于爱因斯坦近期前往荷兰、法国和美国的行程,见文件 163 和 71,以及第十二卷,导言,pp. xxviii—xl。

[5] 关于先前支持对泛欧洲思想的表述,见爱因斯坦 1915 年 9 月 23 日致 Hendrik A. Lorentz(第八卷,文件 122),以及爱因斯坦 1916 年 10 月 14 日致 Werner Weisbach(第八卷,文件 264)。

## 229. 阿劳州立中学 1897 届毕业班的来信

[阿劳]1922 年 6 月 11 日

十分尊敬的教授先生:

阿劳州立中学 1897 年毕业班于昨天和今天举办毕业 25 周年庆祝活动。您看到这里一定觉得没什么了不起的。[1] 可是,如果我跟您说,我们的同班同学 Fisch(目前在瑞士的威廷根[Wettingen]担任教师一职)将作一个有关您的理论的报告,那么这封信与这一庆祝活动之间的关系,您就不难理解了。

如果我再提醒您,我们班就是那个 1896 年与您一起攀登森蒂斯峰(Säntis)[2]的那个班,而在登山第二天您脚下一滑,幸亏被同班同学 Bollag[3] 及时拉住,您才避免一脚踩空直接滑到图根堡(Toggenburg)。因此我们昨天怀着无比激动的心情,回想您后来之所以能做出举世瞩目的成就,其中竟然有我们的一份贡献哦!

寄上来自阿劳的问候

Victor Karrer 博士[4]

ALS. [43 001]。写在抬头是"Kuranstalt Schloss Brestenberg am Hallwilsee Aargau(阿尔高哈尔维尔湖畔的布莱斯腾堡疗养院)"的信笺上。

[1] 爱因斯坦在一年前,即 1896 年通过了他的高中毕业考试[见《全集》第一卷,编者按,"Matura Examinations at the Gewerbschule, Aargau Kantonsschule(在阿尔高州立职业中学的高中毕业考试)", pp. 23—24]。

[2] 森蒂斯是瑞士东北部一座山。这次远足在 1986 年 6 月 24 日至 26 日进行(见 *Aargau Programm 1896/1897*, pp. 19—20)。

[3] Arnold Bollag(1877—1953)。图根堡是源头在森蒂斯峰附近的图尔河(Thur)的上游河谷。

[4] 省略了另外 15 个签名。

# 230. Wilhelm Westphal 的来信[1]

策伦多夫(Zehlendorf),1922 年 6 月 12 日

非常尊敬的教授先生!

不久前,我认识了几位改善俄国学者境遇委员会的本地代表,特别是正在本地的马克西姆·高尔基(Maxim Gorki)先生[2]。他们有一个计划,我觉得很合理,想介绍给您。计划的目的是,让已有的非正式的支援俄国学者组织实体化。特别是需要建立一个服务于俄国学者的招待所,为他们在柏林逗留期间提供食宿和顾问等服务;也就是在柏林的俄国学者的某种学术中心。为了这个计划,以及其他的有待说明的努力(完全是非政治性的!),需要成立一个完全由德国人组成的委员会,来向俄国人提供建议,并使他们在德国的居留合法化。我已经同意加入这一还未成立的委员会。如果您也能够参与,我认为这将会极大地推动这一事业。肯定不会占用您很多时间。最关键的是对亟待帮助的俄国同事的同情之心。具体想法是加强本地组织与作为主要基金来源的彼得堡"学者之家"之间的联系。[3]据我所知,这件事应该不会分配到很多资源。

我相信这项事业在各个方面都值得推进;如果您能够提供一些支持,将会得到莫大的感激。也许在周三的研讨会之前,我可以和您讨论一下。[4]我将在五点左右到达研究所。如果您同意的话,我想和您约定一个时间,我可能会和一位俄国先生来拜访您。

附件是关于现代俄国教育系统的一本很有意思的教科书,其中也包含了对

"学者之家"的介绍。

请转达我对您高贵的夫人的致意;祝好,您忠实的

Wilhelm Westphal

TLS. [23 419]。

[1] Westphal(1882—1978)是柏林大学物理编外教授,普鲁士文化部与苏联之间的首要联系人。

[2] 俄国流亡作家高尔基[Maxim Gorky,(1868—1936)]自1921年10月起居住在柏林,参与了旨在帮助饱受战争和饥荒打击的苏联的各种国际活动(*Yedlin 1999*, pp. 147—149)。

[3] 彼得格勒的学者之家(Dom uchenykh)由改善科学家境遇中央委员会(Tsentralnaia komissiia po uluchsheniiu byta uchenykh, TseKUBU)的彼得格勒分部(PetroKUBU)于1920年1月31日成立。由高尔基担任主席的这个分部的任务是改善俄国科学家和学者在俄国革命之后最初的几年中的悲惨的生活状况。

学者之家坐落于宫廷滨路(Dvortsovaia naberezhnaia)26号前Vladimir Alexandrovic大公的宅邸中,为其1800位成员提供食物、燃料和衣服的配给,以及医疗救助和最重要的办公和会议空间。在1920年到1922年间,大量的科学和文化杰出人士来此访问,并展示了自己的工作成果,其中包括英国作家Herbert G. Wells。他在自己1920年的文集中描述了学者之家的情况(*Wells 1920*)。1922年中,改善科学家境遇中央委员会(PetroKUBU)被解散,彼得格勒的学者之家被移交给教育工作者工会(Profsoiuz rabotnikov prosvescheniia)管理,其学术和文化贡献因之受到削弱(*Nozdrachev and Petritskii 1995*, pp. 922—924)。

Albert P. Pinkevich教授是苏联教育改革的领导者和改善科学家境遇中央委员会成员,在高尔基出国之后取代后者成为改善科学家境遇中央委员会彼得格勒分部的首脑(*Mazur et al. 2010*),并于1922年访问德国期间结识Wilhelm Westphal。由Pinkevich邀请,Westphal于1922年11月初完成对彼得格勒和莫斯科的为期两周的访问,"提出重建德国和苏联之间科学联系的建议"(*Izvestiia*,1922年11月16日;*Ioffe*, A. E. 1975, p. 125)。

[4] 柏林大学的周三物理研讨会。

## 231. "作为研究者的 Emil Warburg"[1]

[*Einstein 1922l*]

1922年6月13日提交,

1922年9月22日发表于:《自然科学》(*Die Naturwissenschaften*)10(1922):823—828。

# DIE NATURWISSENSCHAFTEN

Zehnter Jahrgang.    22. September 1922.    Heft 38.

### Emil Warburg als Forscher.
*Von Albert Einstein, Berlin.*

Letzten April ist *Emil Warburg* von der Leitung der Physikalisch-Technischen Reichsanstalt zurückgetreten, ein Mann, der seit fünfundfünfzig Jahren mit zäher Kraft und vielseitiger Begabung erfolgreich an der Entwicklung der Physik mitarbeitet. Ist es berechtigt, aus dem organischen Bau und Wachstum der Wissenschaft die Geschichte eines Einzelnen herauszuheben? Ist dessen Tätigkeit nicht so eng verflochten mit der Arbeit der Vorgänger und Zeitgenossen, daß es wie eine Art Zufall anzusehen ist, ob ein ins Auge gefaßter Schritt von dem einen oder dem andern Individuum zuerst gemacht worden ist? Der Gehalt einer Wissenschaft läßt sich ohne Zweifel begreifen und beurteilen ohne Eingehen auf die individuelle Entwicklung derer, die sie geschaffen haben. Aber bei solcher einseitig objektiven Darstellung erscheinen die einzelnen Schritte manchmal wie vom Zufall gelenkt. Das Verständnis dafür, wie diese Schritte möglich, ja nötig waren, erlangt man erst durch Verfolgung der geistigen Entwicklung der Individuen, die richtunggebend mitgearbeitet haben. Von diesem Gesichtspunkt aus wollen wir die Arbeit unseres Zeitgenossen zu überblicken suchen. Dabei müssen wir uns aber auf das heute als besonders wichtig Erscheinende beschränken; denn die vier stattlichen Bände Warburgscher Originalarbeiten, welche vor mir liegen, betreffen die verschiedensten Themen der Physik und lassen sich nicht alle zwanglos unter einheitliche Gesichtspunkte bringen, was doch für unsere Übersicht unerläßlich ist. Dafür sei aber das Verzeichnis der Arbeiten z. T. mit kurzer Andeutung über den Inhalt am Schlusse dieses Aufsatzes angegeben, die dem Fachmann die Benutzung von *E. Warburgs* reichen Arbeitsergebnissen erleichtert.

*Warburgs* erste Arbeiten (auch die lateinische Dissertation 1868) beschäftigen sich theoretisch und experimentell mit der Mechanik der akustischen Schwingungen (Schwingungen von Stäben, Bestimmung der Schallgeschwindigkeit in weichen Körpern durch Kopplung solcher mit nahezu ungedämpft schwingenden Systemen. Reversible oszillatorische Änderung der Magnetisierung von Eisenstäben durch Schwingungsdeformationen; Erwärmung durch Schallschwingungen; Dämpfung der Töne fester Körper durch innere Widerstände).

1870 zeigte *Warburg* durch Versuche über den Ausfluß des Quecksilbers aus gläsernen Kapillarröhren, daß beim Strömen des Quecksilbers eine Gleitung des Quecksilbers am Glase nicht in beobachtbarem Betrage stattfindet. Diese Arbeit liefert den natürlichen Ausgangspunkt zu einer wichtigen Untersuchung, die *Warburg* 1875 zusammen mit *A. Kundt* der Berl. Akad. d. W. durch *Helmholtz* vorlegen ließ (Über Reibung und Wärmeleitung verdünnter Gase). Während nämlich bei strömenden Flüssigkeiten eine merkliche Gleitung der an die Wand unmittelbar grenzenden Schicht nicht stattfindet, wird eine wahrnehmbare Gleitung bei Gasen von der kinetischen Gastheorie verlangt in dem Falle, daß die freie Weglänge der Gasmoleküle gegenüber den in Betracht kommenden Gefäßdimensionen nicht praktisch zu vernachlässigen ist. Es herrscht nach der Theorie an der Wand noch eine Strömungsgeschwindigkeit des Gases, welche ohne das Gleitungsphänomen in einer Entfernung $0{,}7\lambda$ ($\lambda$ = freie Weglänge im Gase) von der Wand stattfinden würde. An der Wand findet also eine unstetige Änderung der Strömungsgeschwindigkeit statt, die desto größer ist, je größer die Weglänge, d. h. je kleiner die Dichte des Gases ist.

Die Erklärung dieses Phänomens ist einfach. Die in thermischer Agitation befindlichen Moleküle, welche an die Wand stoßen, sind in einer tieferen Schicht zum letztenmal zusammengestoßen, haben also eine mittlere einseitige Translationsgeschwindigkeit (Strömung) parallel der Wand. Nach dem Zusammenstoß mit der Wand haben sie im Mittel keine Strömungsgeschwindigkeit mehr. *Im Mittel* haben also die der ruhenden Wand unmittelbar benachbarten Moleküle eine von Null verschiedene Strömungsgeschwindigkeit (scheinbare Gleitung). Durch eine ganz ähnliche Überlegung findet man, daß an einer Wand ein Temperatursprung zwischen Wand und Gas stattfinden muß, wenn senkrecht zur Wand ein Temperaturgefälle (Wärmestrom) existiert. Die Gastemperatur an der Wand muß so sein, wie wenn sie ohne Temperatursprung in einer Entfernung $0{,}7\lambda$ von der Wand herrschen müßte.

Die Existenz beider Effekte wurde von *Kundt* und *Warburg* experimentell einwandfrei bewiesen, wichtige Argumente dafür, daß die kinetische Gastheorie der Wirklichkeit entspricht. Es war das erste Mal, daß auf Grund der molekularen Theorie der Wärme ein neues Phänomen vorausgesagt worden war, und zwar ein Phänomen, dessen Darstellung auf Grund der kontinuierlichen Auffassung der Materie so gut wie ausgeschlossen war. Hätten die Energetiker am Ende des 19. Jahrhunderts diese Argumente genügend gewürdigt, so hätten sie die tiefe Berechtigung der Molekulartheorie schwerlich ernsthaft in Zweifel ziehen können.

Ein Jahr später fanden die beiden Autoren ein weiteres wichtiges experimentelles Beweisargument für die kinetische Gastheorie. Sie wiesen nämlich nach, daß die Wärmekapazität des Quecksilberdampfes $\frac{3}{2} R$ pro Mol sei ($R =$ Konstante der Gasgleichung). Wenn nämlich einatomige Gasmoleküle keine Energie der Rotation besitzen, sich also wie materielle Punkte verhalten, so wird die gesamte Wärmeenergie eines Gases nur in der fortschreitenden Bewegung seiner Moleküle bestehen, welche ihrerseits den Druck bei gegebenem Volumen eindeutig bestimmt. Dem entspricht die Gleichung:

$$\text{Wärmeenergie} = \frac{3}{2} pV = \frac{3}{2} RT$$

[4] Der Nachweis wurde durch Messung der Schallgeschwindigkeit nach der Kundtschen Methode erbracht.

Die experimentelle Arbeit der nächsten Jahre 1872—79 ist dem Studium der äußeren Reibung und insbesondere dem Studium der elastischen Eigenschaften der festen Körper gewidmet, die über ihre Elastizitätsgrenze deformiert werden. Diese Arbeiten mögen *Warburg* durch Analogie zu einer der schönsten Früchte seines Schaffens geführt haben, nämlich zu dem Nachweis, daß die zyklische Magnetisierung ferromagnetischer Substanzen mit einem Verlust an mechanischer bzw. elektromagnetischer Energie verbunden ist, der als Hysteresiswärme in die Erscheinung tritt (1881). Auch den quantitativen Zusammenhang dieses Energieverlustes mit der Fläche der Hysteresiskurve hat er damals gefunden. *Warburg* berechnete die potentielle Energie eines permanenten Magneten in bezug auf ein magnetisiertes Eisenstück zu

$$\Phi = + \int dV \left( J_x \frac{\partial \varphi}{\partial x} + J_y \frac{\partial \varphi}{\partial y} + J_z \frac{\partial \varphi}{\partial z} \right) = - \int (J\mathfrak{h}) dV$$

wobei $J$ die Magnetisierung, $\varphi$ das Potential des permanenten Magneten, $dV$ das Volumenelement des Eisenstückes bedeutet. Es ergibt sich daher die bei einer unendlich kleinen Bewegung des permanenten Magneten zu leistende mechanische Arbeit $dA$ gleich dem Zuwachs $d\varphi$ von $\varphi$ bei konstantem $J$:

$$dA = d\Phi_{(J)} = - \int (J, d\mathfrak{h}) dV$$

also die bei zyklischer Ummagnetisierung pro Volumeneinheit des Eisens zu leistende mechanische Arbeit gleich

$$A = - \int J \, d\mathfrak{h}$$

wobei nun der Vektor $J$ als Funktion des Vektors $\mathfrak{h}$ zu betrachten ist. Wir pflegen heute zu schreiben:

$$A = + \int \mathfrak{h} \, dJ$$

was natürlich für einen geschlossenen Zyklus der Magnetisierung auf das nämliche herauskommt.

Nachdem für Gase die kinetische Theorie so bedeutende Erfolge errungen hatte, war die Frage von hohem Interesse, wie weit die theoretischen Vorstellungen bei hoch komprimierten Gasen sich bewähren. Eine der merkwürdigsten, durch das Experiment gestützten Folgerungen jener Theorie, daß nämlich der Reibungskoeffizient unabhängig von der Dichte sei, wurde deshalb von *Warburg* und *Babo* (1882) für Kohlensäure bei hohen Dichten geprüft. Es ergab sich, daß mit der Dichte der Viskositätskoeffizient zwar zunimmt, aber doch nur um 9 %, wenn die Dichte bis zu dem 500fachen der normalen Dichte (derjenigen bei Atmosphärendruck und gewöhnlicher Temperatur) gesteigert wird. Daraus ergibt sich, daß die Grundvorstellungen der Gastheorie bis zu hohen Dichten zutreffen. Eine sichere Erklärung dafür, worauf jene geringe Zunahme beruht, haben wir nicht. Vielleicht beruht sie darauf, daß in dichten Gasen der scheinbare Durchmesser des Moleküls dadurch kleiner ist als in wenig dichten, daß die Molekularkräfte, die von benachbarten Molekülen auf ein ins Auge gefaßtes ausgeübt werden, einander teilweise kompensieren.

Von 1887 an konzentriert sich *Warburgs* Arbeit auf das Studium der elektrischen Leitung in gasförmigen, flüssigen und festen Körpern, die Erforschung der elektromotorischen Kräfte und der durch elektrische Vorgänge in Gasen erzeugten chemischen Reaktionen. Diese letzteren Studien führten ihn dann hinüber zu seinen bahnbrechenden Arbeiten auf dem Gebiete der Photochemie. Beim Lesen der Arbeiten über Gasentladung staunt man über die Fülle sorgfältiger Experimentalarbeit, die zunächst noch nicht geleitet war von der Ionenhypothese. Ich greife aus der Fülle jener Arbeiten nur diejenigen heraus, welche mir besonders wichtig erscheinen.

1887 und 1888 fanden *Warburg* und *Tegetmeyer*, daß auf 200° erhitzter Bergkristall elektrolytisch leitet, und zwar parallel, nicht aber senkrecht zur Hauptachse. Indem sie zunächst Goldblattelektroden verwandten, ergab sich eine Art Polarisation von einer hohen Spannung, welche bewirkte, daß der Strom bei angelegter Spannung langsam abnahm. Bei Verwendung von Natriumamalgam als Elektroden fiel jene Polarisation fort. Jene Untersuchungen, die für das Studium des festen Aggregatzustandes von Wichtigkeit sind, wurden in den letzten Jahren von *Joffe* erfolgreich fortgeführt. 1890 erschien eine Arbeit von *Warburg* über die galvanische Polarisation, deren Bedeutung vielleicht auch heute nicht voll erkannt ist. Bekanntlich hat *Helmholtz* eine Theorie des Lippmannschen Kapillar-Elektrometers gegeben, welche auf folgendem Gedanken beruht. An der Grenzfläche Quecksilber—verdünnte Schwefelsäure besteht eine elektrische Doppelschicht, deren eine Belegung im Metall, deren andere im Elektrolyten sitzt.

Der durch eine angelegte Spannung bewirkte Polarisationsstrom ändert die Belegungsdichte jener Doppelschicht derart, daß die Oberfläche des Metalls bei diesem Vorgang die Rolle eines Isolators spielt. Die beobachtbare Oberflächenspannung des den Elektrolyten berührenden Quecksilbers setzt sich zusammen aus der eigentlichen (positiven) Oberflächenspannung $T_0$ der Grenzschicht und der negativen Spannung $T$ der elektrischen Doppelschicht. Die Gesamtspannung $T_0 + T$ hat also nach ihm ein Maximum, wenn $T$. also auch die elektrische Doppelschicht, verschwindet. Man hätte also hier ein Mittel, um die elektrische Potentialdifferenz zwischen Quecksilber und Elektrolyt zum Verschwinden zu bringen und so Potentialdifferenzen Metall—Elektrolyt absolut zu messen.

*Warburg* hält dem entgegen, daß ein großer Teil des Polarisationsstromes sehr wohl dazu verwendet werden kann, daß Wasserstoff kathodisch ausgeschieden wird, und daß die Änderung der Gesamtoberflächenspannung $T_0 + T$ des Quecksilbers sehr wohl auf einer durch den abgeschiedenen Wasserstoff bewirkten Änderung der Quecksilberoberfläche und damit von $T_0$ beruhen kann. Diese Auffassung führt natürlich auch zu einer anderen Theorie des Wesens der Polarisation als die durch *Helmholtz* gegebene rein physikalische. *Warburg* hat seinen Standpunkt in mehreren Arbeiten ausführlich begründet und scheint mir mit dieser Untersuchung auf dem keineswegs abgeschlossenen Gebiete der Elektrochemie der Grenzschichten einen bahnbrechenden Schritt getan zu haben.

Im Zusammenhang mit diesem Problem stehen zwei weitere wichtige Arbeiten *Warburgs*, eine aus dem Jahre 1896 über das Verhalten von unpolarisierbaren Elektroden gegen Wechselstrom und eine (1901) über die Polarisationskapazität des Platins. Eine „unpolarisierbare Elektrode" ist z. B. Cu gegen Lösung von $CuSO_4$. Wir würden heute eine solche dadurch charakterisieren, daß die elektrische Potentialdifferenz zwischen Metall und Elektrolyt in jedem Augenblick durch die Metall-Ionen-Konzentration an der Elektrode bestimmt ist. In diesem Falle ist, wie *Warburg* gezeigt hat, die ganze Polarisation zurückzuführen auf die durch die Diffusion limitierten Konzentrationsänderungen, welche die Elektrolyse an den Elektroden erzeugt. Die Phasendifferenz zwischen der Polarisations E.M.K. und dem Strom ist in diesem Falle erheblich (z. B. um 40°) kleiner als $\frac{\pi}{2}$. Ganz anders bei polarisierbaren Elektroden, z. B. Quecksilber—verdünnte Schwefelsäure. In diesem Falle ist die Phasenverspätung der Polarisationsspannung gegenüber dem Strom bei hoher Frequenz des Wechselstromes nur wenig kleiner als $\frac{\pi}{2}$; die Elektrode verhält sich also ähnlich wie ein Kondensator hoher Kapazität. *Warburg* zeigt, daß man diesen Fall dadurch verstehen kann, daß Produkte der Elektrolyse, z. B. Wasserstoff, periodisch durch die Elektrolyse an der (Platin-) Elektrode abgeschieden und gelöst werden, wobei die Potentialdifferenz Elektrode—Elektrolyt von der abgeschiedenen Menge in erster Näherung linear abhängt. Ohne Diffusion dieser Abscheidung (z. B. Wasserstoff) in die Lösung und ins Innere der Elektrode wäre die Phasendifferenz zwischen Strom und Spannung $\frac{\pi}{2}$; jene Diffusion vermindert aber die Phasendifferenz. Diese Vorgänge werden von *Warburg* in der zweiten der genannten Arbeiten analysiert.

Die zahlreichen subtilen Untersuchungen über die chemischen Wirkungen der stillen elektrischen Entladung müssen von anderen gewürdigt werden, die die Meisterschaft experimenteller Feinarbeit besser zu beurteilen wissen als ich, ebenso die in Gemeinschaft mit Physikern der Physikalisch-Technischen Reichsanstalt von *Warburg* ausgeführten Präzisionsuntersuchungen über die Plancksche Strahlungsformel. Wer einen Einblick in *Warburgs* erfindungsreiche Experimentierkunst, kritische Vorsicht, unermüdliche Arbeitskraft erlangen will, der muß die Originalabhandlungen studieren. Aber der photochemischen Arbeiten des letzten Jahrzehnts müssen wir noch gedenken, von denen man ohne Übertreibung sagen kann, daß sie die quantitative Photochemie erst begründet haben. Er hat an Gasreaktionen — zuerst im Jahre 1906 an Brom-Wasserstoff-Gas — in vollkommen einwandfreier Weise gezeigt, daß der Primärprozeß in der Aufnahme des Energiequantums $h\nu$ der wirksamen Strahlung durch ein Molekül besteht. Dieser primäre Absorptionsvorgang hat an sich noch nichts zu schaffen mit den nachfolgenden chemischen Reaktionen, zu denen er nur die Energie liefert. Das mit einem absorbierten Quant beladene Molekül hat nun besondere Reaktionsmöglichkeiten. Es kann entweder (bei hinreichender Größe der Quantenenergie) spontan zerfallen, wobei die Spaltungsprodukte mit anderen Molekülen weiter reagieren; oder es kann das mit einem absorbierten Quant versehene Molekül mit anderen Molekülen in bestimmter Weise chemisch reagieren. Nur in dem Falle, daß jene chemischen Reaktionen eindeutig an die Quantenabsorption geknüpft sind, wird die Zahl der pro Quant umgesetzten Mole sich theoretisch voraussehen lassen, z. B. im Falle des HBr, wo pro Quantum absorbierter Strahlung ein Molekül $H_2$ und ein Molekül $Br_2$ gebildet wird. Daß diese wichtige Bestätigung der Quantentheorie erst so spät erbracht wurde, liegt einerseits an den großen experimentellen Schwierigkeiten (Messung der absorbierten ultravioletten Strahlungsenergie und der winzigen umgesetzten Mengen, Erzielung der nötigen Reinheit des Gases), andererseits auch in der theoretischen Interpretation des experimentellen Befundes.

Diese Zeilen können nur eine schwache Vorstellung von dem Lebenswerke eines so vielseitigen Forschers geben. Aber vielleicht veranlassen sie manchen Fachgenossen, sich in diese oder jene seiner Originalarbeiten zu vertiefen, deren im nachfolgenden gegebenes Verzeichnis vielleicht mehr begrüßt werden wird als die im bisherigen gegebenen bloßen Andeutungen über den Inhalt eines geringen Teiles derselben.

## Wissenschaftliche Abhandlungen von Emil Warburg.

1867. De Systematis Corporum Vibrantium. Berliner Dissertation.
1868. Über den Einfluß der Temperatur auf die Elektrolyse. Pogg. Ann. *135*, 114—120.
1869. Über tönende Systeme. Pogg. Ann. *136*, 89—102.
1869. Über die Schallgeschwindigkeit in weichen Körpern. Pogg. Ann. *136*, 285—295.
1869. Über die Erwärmung fester Körper durch das Tönen. Pogg. Ann. 137, 632—640, Ber. d. Preuß. Akad. d. Wissensch. 1869, 86—92, Phil. Mag. (4), *38*, 138—142.
1869. Über die Dämpfung der Töne fester Körper durch innere Widerstände. Ber. d. Preuß. Akad. d. Wissensch. 538—549, Pogg. Ann. *139*, 89—108, Phil. Mag. (4), *39*, 161—169.
1869. Über den Einfluß tönender Schwingungen auf den Magnetismus des Eisens. Ber. d. Preuß. Akad. d. Wissensch. 857—861, Pogg. Ann. *139*, 499—502, Phil. Mag. (4), *39*, 298—400.
1870. Über den Ausfluß des Quecksilbers aus gläsernen Capillarröhren. Pogg. Ann. (Nachweis der Abwesenheit von wahrnehmbarer Gleitung an den Wänden.) *140*, 367—379.
1872. Über die Zerstreuung der Elektrizität in Gasen. Pogg. Ann. *146*, 578—592, Nuovo Cimento (2), *7/8*, 226—253.
1875. Über Reibung und Wärmeleitung verdünnter Gase (mit *Kundt*). Monatsberichte der Preuß. Akademie der Wissenschaften zu Berlin 1875, 160—173, auch erschienen in Pogg. Ann. (3 Abhandlungen), *155*, 337—365, 525—550, *156*, 177—211.
1875. Über die spezifische Wärme des Quecksilbergases (mit *Kundt*). Berichte der Deutschen Chem. Gesellsch. z. Berlin 1875, *8*, 945 und 1514—1516; Pogg. Ann. *157*, 353—369.
1876. Über die Gleitung der Gase an Glaswänden. Pogg. Ann. *159*, 399—415.
1877. Über eine Methode zur Untersuchung der gleitenden Reibung fester Körper (mit *Babo*). Wied. Ann. *2*, 406—418.
1878. Über das Gleichgewicht eines Systems ausgedehnter Moleküle und die Theorie der elastischen Nachwirkung. Berichte d. naturforschenden Gesellschaft z. Freiburg i. Br., *7*, 1—37, Wied. Ann. *4*, 232—249.
1878. Zur Theorie der elastischen Nachwirkung. Naturf. *11*, 292—293.
1880. Über die Torsion. Berichte der naturforschenden Gesellsch. z. Freiburg 1879, *7*, 444—499, Wied. Ann. *10*, 13—34.
1881. Magnetische Untersuchungen I. Über einige Wirkungen der Coerzitivkraft (Nachweis der Hysteresiswärme). Freiburg. Verh. *8*, 309. Wied. Ann. *13*, 141—164.
1881. Zur Theorie des Voltaschen Elementes und der Polarisation. Wied. Ann. *38*, 321—344, Tagebl. d. 62. Naturf. Vers. Heidelberg 303.
1882. Über den Zusammenhang zwischen Viscosität und Dichtigkeit bei flüssigen, insbesondere gasförmig flüssigen Körpern (mit *von Babo*). Ber. d. Preuß. Akad. d. Wissensch., Mai, 509—514, Ber. d. naturf. Ges. zu Freiburg *8*, 14 u. ff., Wied. Ann. *17*, 390—427.
1883. Über die Wärme, welche durch periodisch wechselnde magnetisierende Kräfte im Eisen erzeugt wird (mit *L. Hönig*). Festschr. d. 56. Versamml. deutscher Naturf. u. Ärzte, Wied. Ann. *20*, 814—835.
1884. Über die Elektrolyse des festen Glases. Wied. Ann. *21*, 622—646, Freiburg. Verh. *8*, 2.
1884. Über den Einfluß der Dichtigkeit auf die Viscosität tropfbarer Flüssigkeiten (mit *J. Sachs*). Wied. Ann. *22*, 518—522.
1886. Über das Gewicht und die Ursache der Wasserhaut bei Glas und anderen Körpern (mit *J. Ihmori*). Wied. Ann. *27*, 481—507.
1886. Bemerkungen über den Druck gesättigten Dampfes. Wied. Ann. *28*, 394—400, Tagbl. d. Naturf. Vers. 1885, 358—359.
1887. Über das Kathodengefälle bei der Glimmentladung. Wied. Ann. *31*, 545—594.
1888. Bemerkungen zu der Arbeit: Über eine experimentelle Bestimmung der Magnetisierungsarbeit von *A. Waßmuth* und *C. A. Schilling*. Wien. Ber. 96 (2), 1256—1257, Wien. Anz. *24*, 292.
1888. Über eine besondere Art von elektrischer Polarisation in Kristallen (mit *Tegetmeier*). Wied. Ann. *32*, 442—452.
1888. Über die elektrolytische Leitung des Bergkrystalls (mit *Tegetmeier*). Wied. Ann. *35*, 455—467, Gött. Nachr. 1888, 210.
1889. Über die elektrolytische Leitung des Glases und des Bergkrystalls nach neuen Versuchen von Herrn *F. Tegetmeier*. Tagebl. d. 62. Vers. d. Naturf. Heidelberg, 202.
1889. Über die magnetische Hysteresis. Elektrot. ZS. *10*, 186—189.
1889. Über inconstante galvanische Elemente. 61. Vers. d. Naturf. u. Ärzte, Heidelberg 1889, Chem. Zentralbl. *2*, 577—578.
1890. Über eine Methode, Natriummetall in Geißlersche Röhren einzuführen und über das Kathodengefälle bei der Glimmentladung. Pogg. Ann. *40*, 1—18.
1890. Zur Theorie galvanischer Polarisation, insbesondere der kapillarelektrischen Erscheinungen. Wied. Ann. *41*, 1—48.
1892. Über die elektrische Kraft an den Elektroden und die Elektrisierung des Gases bei der Glimmentladung. Wied. Ann. *45*, 1—27.
1892. Beziehungen zw. chemischer Constitution und physikal. Eigenschaften bei tropfbaren Flüssigkeiten. Verh. d. Naturf. Ges. Basel, 57, Arch. sc. phys. (3), *28*, 338—339.
1895. Über elektrische Leitung und Konvektion in schwach leitenden verdünnten Lösungen. Wied. Ann. *54*, 396—433.
1895. Notiz über die Wirkung der Glimmentladung auf Bleioxyd. Wied. Ann. *54*, 727—730.
1895. Über die Wärmeleitung und Temperatur der in Geißlerschen Röhren leuchtenden Gase. Wied. Ann. *54*, 265—275.

Wissenschaftliche Abhandlungen von Emil Warburg.

1896. Über die Wirkung des Lichts auf die Funkenentladung. Wied. Ann. *59*, 1—16, Ber. d. Preuß. Akad. d. Wissensch. 223—236.
1896. Über das Verhalten sogenannter unpolarisierbarer Elektroden gegen Wechselstrom. Verhandlungen d. Phys. Gesellsch. zu Berlin, *15*, 120—125.
1897. Über die Elektrisierung der Luft durch Spitzenentladung. Wied. Ann. *63*, 411—418.
1897. Über die Verzögerung bei der Funkenentladung. Wied. Ann. *62*, 385—395, Ber. d. Preuß. Akad. d. Wissensch. 128—136.
1898. Zur Theorie der capillarelektrischen Erscheinungen. Verh. d. Phys. Gesellsch. zu Berlin *17*, 24—32.
1898. Demonstration der Verzögerung bei der Funkenentladung. Verh. der Physikal. Gesellsch. zu Berlin *17*, 92.
1898. Über die Entstehung der Spitzenentladung. Wied. Ann. *66*, 652—659, Ber. d. Preuß. Akad. d. Wissensch. 236—242.
1898. Ein Vorlesungsversuch zur Demonstration der Änderung des Luftdruckes mit der Höhe. Verh. der Physikal. Gesellsch. zu Berlin *17*, 21.
1898. Demonstration eines von *R. Wood* verfertigten Soretschen Kreisgitters. Verh. Phys. Ges. *17*, 73.
1899. Bemerkung über die Temperatur der Sonne. Verh. der Deutschen Physikal. Ges. *1*, 50—52.
1899. Über das Verhalten sogenannter unpolarisierbarer Elektroden gegen Wechselstrom. Wied. Ann. *67*, 493—499.
1899. Über die Spitzenentladung (2. Mitteilung). Wied. Ann. *67*, 69—83.
1899. Über positive und negative Spitzenentladung in reinen Gasen. Ber. d. Preuß. Akad. d. Wissensch. 770—778.
1899. Referat über die Wärmeeinheit. Naturforscherversammlung in München. S. A. 19 S., Barth, Leipzig, Phys. ZS. *1*, 171—173.
1900. Über die Wirkung der Strahlung auf die Funkenentladung. Verh. der Deutschen Physikal. Gesellsch. 2, 212—217, Ann. d. Phys. (4), *5*, 811—817.
1900. Über die Bildung des Ozons bei der Spitzenentladung in Sauerstoff. Ber. d. Preuß. Akad. d. Wissensch. 712—721.
1900. Über die Wärmeleitung verdünnter Gase (Einleitung zu einer Arbeit von *E. Gehrcke*). Ann. d. Phys. (4), 2, 102—114.
1900. Sur L'Hystérésis. Congrès international de physique à Paris 2, 519—531. Naturf.-Vers. in Aachen, Phys. ZS. *2*, 368—369, 1907.
1900. Über die Spitzenentladung (3. Mitteilung). Ann. d. Phys. (4), 2, 295—316.
1901. Bemerkung zu der Abhandlung des Herrn *Egon v. Schweidler*: Über das Verhalten flüssiger Dielektrika beim Durchgang eines elektrischen Stromes. Ann. d. Phys. (4), *4*, 684, 648.
1901. Über die Polarisationskapazität des Platins. Ann. d. Phys. (4), *6*, 125—135, Verh. d. D. Phys. Ges. *3*, 102—112.
1901. Die magnetische Hysterisis. ZS. f. Unterr. *14*, 174—178.
1901. Remarques au sujet du rapport de MM. Bichat et Swyngedauw. Congr. intern. de phys. 4, 117—118.
1902. Über die Bildung des Ozons bei der Spitzenentladung in Sauerstoff. Ann. d. Phys. (4), *9*, 781—792.
1902. Über leuchtenden elektrischen Wind. Verh. der Deutschen Physik. Gesellsch. 4, 294—295, Phys. ZS. *4*, 40.
1902. Über spontane Desozonisierung (zwei Ozonmoleküle sind bei der elementaren Zerfallreaktion beteiligt). Ber. d. Preuß. Akad. d. Wissensch. 1901, 1126—1129, Ann. d. Phys. (4), *9*, 1286—1303, Berichtigung ebenda *13*, 1080, 1904.
1902. Über den Einfluß der Temperatur auf die Spitzenentladung. Verh. der Deutschen Physikal. Gesellsch., 294, Ber. d. Preuß. Akad. d. Wissenschaften 1062—1067.
1902. Über den Geschwindigkeitsverlust, welchen die Kathodenstrahlen beim Durchgang durch dünne Metallschichten erleiden (mitgeteilt nach Versuchen von *G. Leithäuser*). Ber. d. Preuß. Akad. d. Wiss. 267—269.
1903. Über leuchtenden elektrischen Wind. Ann. der Phys. (4), *10*, 180—188, Verh. 74. Vers. D. Naturf. u. Ärzte, Karlsbad, 2 (1), 16—17, 1903.
1903. Zur Theorie der Siemensschen Ozonisierungsapparate. Verh. der Deutschen Physikal. Gesellsch., 404—414.
1903. Bemerkungen über die chem. Wirkung der stillen Entladung. Physik. ZS. 8. 23.
1903. Zum Verhalten sogen. unpolarisierbarer Elektroden gegen Wechselstrom (mit *B. Straßer*). Verh. der Deutschen Pysikal. Gesellsch. 5, 269—275.
1904. Über den Durchgang der Kathodenstrahlen durch Metalle. Verh. der Deutschen Physikal. Gesellsch., *6*, 9—32.
1904. Über die Ozonisierung des Sauerstoffs durch stille elektrische Entladungen. Ann. d. Phys. (4), *13*, 464—476, Ber. d. Preuß. Akad. d. Wissensch. 1903, 1011—1015.
1904. Über den spektralanalytischen Nachweis des Argons in der atmosphärischen Luft (nach Versuchen des Herrn *Lilienfeld*). Ber. d. Preuß. Akad. d. Wissensch. 1196—1197.
1904. Bemerkung über die Spitzenentladung. Verh. d. Deutsch. Phys. Ges. *6*, 209—210.
1904. Über die Ursache des Voltaeffektes (mit *Greinacher*). Ber. d. Preuß. Akad. d. Wissensch. 850—855.
1905. Über die Ozonisierung des Sauerstoffs und der atmosphärischen Luft durch die Entladung aus metallischen Spitzen. Ann. d. Phys. (4), *17*, 1—29.
1905. Über die Reflexion von Kathodenstrahlen an dünnen Metallblättchen (nach Versuchen von *S. Williams*). Ber. d. Preuß. Akad. d. Wissenschaften 458—464, Ann. d. Phys. (4), *17*, 977—985.
1905. Über die Ozonisierung des Sauerstoffs durch Spitzenentladung. Ber. d. Preuß. Akad. der Wissensch. 465.
1905. Bemerkungen über die chemische Wirkung der stillen Entladung. Verh. Ges. D. Naturf. u. Ärzte, Meran 1905, 2, (1), 32, 1906. Verh. D. Phys. Ges. 7, 291, Phys. ZS. 7, 23, 1906.
1905. Über die Wirkung der Bestrahlung, den Einfluß der Temperatur und das Verhalten der Halogene bei der Spitzenentladung (nach Versuchen von *Gorton*). Ann. d. Phys. (4), *18*, 128—139, Verh. d. Deutsch. Phys. Ges. 7, 217—224.
1906. Über die Ozonisierung des Sauerstoffs und der atmosphärischen Luft. Ber. d. Preuß. Akad. d. Wissensch. 507.

**828** Wissenschaftliche Abhandlungen von Emil Warburg. | Die Naturwissenschaften

1906. Bemerkungen zu der Arbeit des Herrn *Delere* über die Wärmeentwicklung bei zyklischer Magnetisierung von Eisenkernen. Ann. d. Phys. (4), *19*, 643—644.

1906. Über die Zersetzung des Kohlendioxyds durch Spitzenentladung (von *T. Noda*). Ann. d. Phys. (4), *19*, 1—13.

1906. Über die Darstellung des Ozons aus Sauerstoff und atmosphärischer Luft durch stille Gleichstromentladung aus metallischen Elektroden. III. (Mit *Leithäuser*.) Ann. d. Phys. (4), *20*, 734—742.

1906. Über die Oxydation des Stickstoffs bei der Wirkung der stillen Entladung auf die atmosphärische Luft. IV. (Mit *Leithäuser*.) Ann. d. Phys. (4), *20*, 775—750.

1906. Über den Einfluß der Feuchtigkeit und der Temperatur auf die Ozonisierung des Sauerstoffs und der atmosphärischen Luft. V. (Mit *Leithäuser*.) Ann. d. Phys. (4), *20*, 751—758, ZS. f. Instrkde. 27, 121, 1907.

1907. Über die Oxydation des Stickstoffs bei der Wirkung der stillen Entladung auf atmosphärische Luft (mit *Leithäuser*). Ann. d. Phys. (4), *23*, 209—225, Ber. d. Preuß. Akad. d. Wissensch. 229—239.

1907. Über das Vakuumbolometer (mit *W. Leithäuser* und *Johansen*). Ann. d. Phys. (4), *24*, 25—42.

1907. Einige Bemerkungen über photochemische Wirkung. Verh. der Deutschen Physikal. Gesellsch. *9*, 753—754.

1908. Über Ozonröhren. Ber. d. Preuß. Akad. d. Wissensch. 721.

1909. Über die Analyse der Stickoxyde durch ihre Absorptionsspektra im Ultrarot (mit *Leithäuser*). Ann. d. Phys. (4), *28*, 313—325, Ber. d. Preuß. Akad. d. Wissensch. 1908, 148—153.

1909. Leistungsmessungen an Ozonröhren. VI. (Mit *Leithäuser*.) Ann. d. Phys. (4), *28*, 1—16.

1909. Über chemische Reaktionen, welche durch die stille Entladung in gasförmigen Körpern herbeigeführt werden. Jahrbuch d. Radioaktivität u. Elektronik *6*, 181—229.

1909. Die Darstellung des Ozons aus Sauerstoff und atmosphärischer Luft durch Ozonröhren (mit *Leithäuser*). VIII. Ann. d. Phys. (4), *28*, 17—36.

1909. Bemerkungen über photochemische Wirkung II. Verh. der Deutschen Physikal. Gesellsch. *11*, 654—660.

1910. Über die Konstante *c* des Strahlungsgesetzes schwarzer Körper (mit *Leithäuser*). Ber. d. Preuß. Akad. d. Wissensch. 925.

1911. Über den Energieumsatz bei photochemischen Vorgängen in Gasen I. Ber. d. Preuß. Akad. d. Wissensch. 746—754.

1911. Sur la vérification expérimentale de la formule de Planck pour le rayonnement du corps noir. Solvay-Congrès à Bruxelles. Deutsch von *A. Eucken*. Abh. d. Bunsenges. Nr. 7.

1912. Über den Energieumsatz bei photochemischen Vorgängen in Gasen II. Ber. d. Preuß. Akad. d. Wissensch. 216—225.

1912. Über den Energieumsatz bei photochemischen Vorgängen in Gasen III. Photochem. Desozonisierung. Ber. d. Preuß. Akad. d. Wissensch. 665.

1913. Eichung von radioaktiven Präparaten durch die Physikalisch-Technische Reichsanstalt. ZS. f. Instrkde. *33*, 259—260.

1913. Über die Diffusion von Metallen in Glas. Ann. d. Phys. (4), *40*, 327—334.

1913. Bemerkungen zu der Aufspaltung der Spektrallinien im elektrischen Feld. Verh. d. Deutschen Phys. Gesellsch. *15*, 1259—1266.

1913. Über die Konstante *c* des Wien-Planckschen Strahlungsgesetzes (mit *Leithäuser, Hupka, C. Müller*). Ber. d. Preuß. Akad. d. Wissensch. 35—43.

1913. Über die Konstante *c* des Wien-Planckschen Strahlungsgesetzes (mit *G. Leithäuser, E. Hupka, C. Müller*). Ann. d. Phys. (4), *40*, 609—634.

1914. Über den Energieumsatz bei photochemischen Vorgängen in Gasen. IV. Einfluß der Wellenlänge und des Drucks auf die photochemische Ozonisierung. Ber. d. Preuß. Akad. d. Wissenschaften 872—885.

1915. Über Nachwirkung von Aneroiden (mit *Heuse*). Ber. d. Preuß. Akad. d. Wissensch. 373.

1915. Über den Energieumsatz bei photochemischen Vorgängen in Gasen V. Absorption ultravioletter Strahlung durch Sauerstoff. Ber. d. Preuß. Akad. d. Wissensch. 230—242.

1915. Elastische Nachwirkung und elastische Hysteresis (mit *W. Heuse*). Verh. der Deutschen Physikal. Gesellsch. *17*, 206—213.

1915. Ozonisierung flüssigen Sauerstoffs durch Bestrahlung. Verh. d. Deutschen Physik. Gesellsch. *17*, 194—197.

1915. Über die Konstante *c* des Wien-Planckschen Strahlungsgesetzes (mit *C. Müller*). Ann. d. Phys. (4), *48*, 410—432.

1916. Über den Energieumsatz bei photochemischen Vorgängen in Gasen VI. Photolyse des Bromwasserstoffs. Ber. d. Preuß. Akad. d. Wissenschaften 314—329.

1916. Über einige Eigenschaften des Bolometers (mit *C. Müller*). Verh. d. Deutschen Physikal. Gesellsch. *18*, 245—251.

1917. Über die Anwendung der Quantenhypothese auf die Photochemie. Naturwissensch. *5*, 489—494.

1917. Die Theorie der photochemischen Vorgänge. Ber. d. Preuß. Akad. d. Wissensch. 345.

1917. Über eine rationelle Lichteinheit. Verh. der Deutschen Physikal. Gesellsch. *19*, 3—10.

1918. Über den Energieumsatz bei photochemischen Vorgängen in Gasen VII. Photolyse des Jodwasserstoffs. Ber. d. Preuß. Akad. d. Wissensch. 300—317.

1918. Über den Energieumsatz bei photochemischen Vorgängen in Gasen VIII. Die Photolyse wäßriger Lösungen und das photochemische Äquivalentgesetz. Ber. d. Preuß. Akad. d. Wissensch. 1228—1246.

1919. Über den Energieumsatz bei photochemischen Vorgängen IX. Photochemische Umwandlung isomerer Körper ineinander. Ber. d. Preuß. Akad. d. Wissensch. 960—974.

1919. Über Aneroide (mit *W. Heuse*). ZS. f. Instrumentenkunde *39*, 41—55.

1920. Quantentheoretische Grundlagen der Photochemie. ZS. f. Elektrochemie *26*, 54—59.

1921. Zum Energieumsatz bei photochemischen Vorgängen in Gasen. ZS. f. Elektrochemie *27*, 133—142.

# 作为研究者的 Emil Warburg

阿耳伯特·爱因斯坦,柏林

去年 4 月,Emil Warburg 从帝国物理技术研究所(Physikalisch-Technische Reichsanstalt)管理层辞职。在过去长达 55 年的时间里,Emil Warburg 一直以坚韧的力量和多才多艺的身分成功地致力于物理学的发展。从科学的有机结构和成长中,强调个人的历史,是否合理?会不会因为他的活动与前人和同时代人的工作并未紧密交织在一起,使得由谁来迈出特定的一步在某种程度上成为一种偶然?毫无疑问,理解和评估一门科学的内容,并不需要涉及创立者个人的发展历史。但是在这样一个片面的表述中,单个步骤有时看上去是偶然的。[2]要理解这些步骤发生的可能性——实际上是必要性——就必须跟踪那些合力决定科学发展方向的人们的思想发展历程。按照这一观点,我们来审视一下一位当代学者的工作。因为摆在我面前的 Warburg 的原始论文有洋洋四卷之多,[3]内容涵盖物理学中最为多样化的主题,无法简单地平均归纳到各个方面,所以这里考察的内容只能限于那些目前对我们来说特别重要的部分。在此之外,为了便于专家们利用 Warburg 丰富的科学发现,我在本文的最后列出了他发表的所有文献,其中有些还附有简短的内容说明。

Warburg 最初的工作(包括 1868 年用拉丁文写的博士论文)是关于声振动力学的理论和实验研究(杆的振荡,将柔软物体附着在无阻尼振动系统上来测量其中的声速。通过振动变形在铁杆磁化中实现可逆振荡变化;声振动加热;通过刚体中的内阻来消声降调)。

1870 年 Warburg 通过汞流出玻璃毛细管的实验展示了汞在流出过程中并没有沿玻璃表面滑移的现象。这一发现成为一个重要研究的出发点,后来在 1875 年由 Warburg 与 A. Kundt 一起让 Helmholtz 向柏林科学院作了一个报告(关于稀薄气体中的摩擦和热传导)。流动液体中紧挨着器壁表面的薄层并未观察到滑移现象,但是对于气体,当其分子自由程不再远小于器皿尺度时,气体分子运动论要求必须有一个可观的滑移。根据理论,壁面流速等于没有滑移现象时在距离器壁 $0.7\lambda$($\lambda$=气体分子自由程)的地方的流速。因此在壁面会产生一个不连续的流速变化,分子自由程越长,或者说分子密度越低,这个变化就越大。

对这个现象的解释也很简单。具有热运动能的分子撞击器壁之前,最后一次碰撞是在气体之中,因此它们具有一个与器壁平行的平均横向(流动)速度。撞击之后,平均来说,它们没有流速。这样一来,平均来说,紧挨着静止器壁的分子就会具有一个不为零的流速(表观滑移)。

完全类似的推想,如果沿垂直器壁方向存在一个温度梯度(热流),气壁与气体之间也必须存在一个温度跃变。器壁处的气体温度,等于在没有温度跃变的情况下,距离器壁 0.7λ 处的温度。

这两个效应都被 Kundt 和 Warburg 的实验确证,成为分子运动论的重要证据,也是热的分子理论第一次成功预测一个新现象,而这个新现象在连续物质观念中是不可能发生的。如果能量主义者在 19 世纪末认真地关注了这一论证,他们就不会真正质疑分子论的深刻合法性。

一年之后,两位作者又发现了另一个支持气体分子运动论的重要实验证据。他们证实汞蒸气的热容量为每摩尔 $\frac{3}{2}R$($R$ = 气体方程常数)。如果单原子气体分子没有转动能,像质点一样,那么气体的全部热能只包含其分子的平动动能,而这个平动动能在给定体积的情况下,可以完全决定气体压强。

相关的公式为:

$$\text{热能} = \frac{3}{2}pV = \frac{3}{2}RT$$

根据 Kundt 的方法,通过测量声速,可以给出证明。

在接下来几年的实验工作中(1872—1879),他致力于对外摩擦的研究,尤其是固体在弹性极限以上的变形性质。通过类推的方法,这些研究导致 Warburg 一生中最重要的成果之一,也就是证明了铁磁体的循环磁化伴随机械能或者电磁能的损失,而后者就是所谓的磁滞热(1881)。当时他还发现了这一能量损失与磁滞曲线表面积之间的定量关系。通过一块铁的磁化,Warburg 计算得到永磁体的势能为

$$\Phi = +\int dV \left(J_x \frac{\partial \varphi}{\partial x} + J_y \frac{\partial \varphi}{\partial y} + J_z \frac{\partial \varphi}{\partial z}\right) = -\int (Jh) dV,$$

其中 $J$ 代表磁化强度,$\varphi$ 为永磁体磁势,$dV$ 为铁块的体积单元。永磁体的一个无限小的运动作的机械功等于 $J$ 不变时 $\varphi$ 的增量 $d\varphi$:

$$dA = d\Phi_{(J)} = -\int J(J, dh) dV,$$

这样单位体积铁块中一个循环磁反转所作的机械功等于

$$A = -\int J\, dh,$$

其中的向量 $J$ 现在应当被看作是向量 $h$ 的一个函数。现在我们喜欢把它写作:

$$A = +\int h\, dJ,$$

当然对于一个闭合的磁化循环,两种写法是相等的。

在气体的分子运动论取得这些重要进步之后，人们很想知道这些理论概念对于高压气体是否适用。这一理论被实验所证实的一个重要结论，就是摩擦系数与密度无关。Warburg 与 Babo 利用高密度二氧化碳来验证这一结论（1882）。结果是在密度较通常值（一个大气压，常温下）增大 500 倍的情况下，黏滞系数仅仅增加了 9%。由此得出的结论是，气体理论的基本概念，在高压下也适用。我们并不知道如何解释黏滞系数的这一微小增加。[4] 也许这是因为在高密度气体中，由于分子受到的相邻分子的分子力部分地相互补偿，使得分子的表观直径比低密度时小。

从 1887 年开始，Warburg 的工作集中在对气体、液体和固体的电传导的研究，探索气体电过程产生的电动力和化学反应。后面这些研究导致了他在光化学领域的开创性工作。阅读他关于气体放电的文章，会看到其中细致的实验研究数量之多，令人吃惊，而这些工作当初并无离子假设的指导。在这些为数繁多的文章中，我仅仅挑出那些自己觉得特别重要的。

在 1887 年和 1888 年中，Warburg 和 Tegelmeyer 发现加热到 200℃ 的水晶可以电解导电，特别是在与主轴平行而不是垂直的方向上。一开始使用金箔电极，通过加高压产生某种极化，使得电流在加压时缓慢减弱。当使用钠汞齐作为电极时，这个极化效应就消失了。近年来，由于其在固体聚合中的重要性，这些研究由 Joffe 成功地继续推进。1890 年 Warburg 发表了一篇关于电流极化的文章，其重要意义可能到现在也还没有得到充分认识。对于 Lippman 的毛细静电计，Helmholtz 曾经根据以下想法提出了一个理论。在汞和稀硫酸的界面上，存在一个双层电结构，一层为金属所占据，另一层由电解液占据。外加电压激发的极化电流改变了这个双层结构的占据密度，而在这个过程中金属表面起到了绝缘体的作用。测量到的汞和电解液接触表面的张力由表面层的实际（正）表面张力 $T_0$ 以及双层电结构的负电压 $T$ 两个部分组成。这样根据他的看法，总张力 $T_0+T$ 在 $T$ 为零，也就是双层电结构消失的时候达到最大值。这就提供了一个消除汞和电解液之间电势差的办法，也可以对金属-电解液之间的绝对电势差做绝对测量。

Warburg 反驳说，极化电流中的很大部分完全可以被用来做氢的阴极放电，而且汞的总表面张力 $T_0+T$ 的变化完全可能是氢放电等原因所造成的汞表面的变化造成的。这一解释也导致极化现象本质的另一种理论，不同于 Helmholtz 的纯物理理论。Warburg 以好几篇文章来具体支持自己的观点，而这一分析在我看来是在边界层领域中迈出开创性的一步，前途广大。

Warburg 的另外两篇重要文章也与这个问题有关，其中 1896 年的一篇是关于交流电下无法极化的电极，另一篇（1901）是关于铂的极化容量。"无法极化的电极"的一个例子,是 $Cu/CuSO_4$ 溶液。现在的说法是这些电极与电解液之间的电势差在任何时候都由电极处的金属离子浓度决定。Warburg 表明在这种情况下,整个极化现象都可以归结为电极电解产生的浓度变化,其速度受扩散限制。

在这种情况下,极化电动势与电流的相差(比如大约 40°)明显小于 $\frac{\pi}{2}$。这与诸如汞/稀硫酸这样的可极化电极完全不同。在后者的极化张力与电流之间的相延迟在高频交流电的情况下仅仅稍小于 $\frac{\pi}{2}$;这时电极的行为类似于一个大电容。Warburg 为这种情形提供了一种解释,那就是像氢这样的电解产物,周期性地以电解方式从(铂)电极处放电溶解,而电极-电解液之间的电势差在一阶近似的情况下正比于放电数量。如果这些放电产物(比如氢)没有通过扩散进入溶液或者电极内部,那么电流和张力之间的相差就应当是 $\frac{\pi}{2}$;但是扩散减小了相差。Warburg 在前面提到的第二篇文章中分析了这些过程。

对安静的放电现象的化学效果的大量精细分析,以及 Warburg 与帝国物理技术研究所其他的物理学家们对普朗克的辐射公式所进行的精密分析,应该由其他比我更了解精密实验工作的人来评价。任何想要深入了解 Warburg 富于创造性的实验技巧,批判性的远见以及不知疲倦的工作热情的人,都需要去研究他的论文原作。但是在这里我们仍然要点赞他上个世纪的光化学论文,可以毫不夸张地说,这些论文奠定了定量光化学的基础。从气体反应出发——首先是在 1906 年的溴化氢气体——他以无可挑剔的方式,表明分子吸收有效辐射的能量量子 $h\nu$ 的基本过程。这一基本吸收过程本身和接下来的化学反应无关,仅为后者提供能量。吸收了一个量子的分子有不同的反应选择。它可以即时分解(这需要足够的量子能量),分裂产物继续与其他分子发生反应;或者依靠这个吸收到的量子,以某种方式与其他分子发生化学反应。只有在化学反应明确无误地与量子吸收相关联的情况下,才能从理论上预测每个量子转化的摩尔数。比如在 HBr 的例子中,吸收一个辐射量子会产生一个分子的 $H_2$ 和一个分子的 $Br_2$。量子论的这个证据姗姗来迟,一个原因是实验难度很大(对于紫外辐射能量吸收的测量,以及微小的转换量;需要的气体纯度也很难达到),另一个原因是实验发现的理论诠释。

本文只是对这位涉猎广泛的学者毕生事业的一个管窥,但愿能够激发某些同仁的兴趣,钻研他的某些论文原作。比起这里勉强涉及的九牛一毛,下列论文条目可能更有用处。

Emil Warburg 的科学论文目录[5]

(共三页，略)

发表于《自然科学》(*Die Naturwissenschaften*)10(1922)：823—828。提交日期得自于附信未刊文献摘要一览表281。另存有一份爱因斯坦手稿[1 021]。下面注释中注明了手稿和发表文字的主要区别。

[1] 关于其生平介绍，见 *Wolff 1992*。

[2] 手稿此处为"von Himmel gefallen（从天而降）"而不是"vom Zufall gelenkt（偶然的）"。

[3] 显然这里指的是四卷活页抽印本合集。

[4] 手稿中，在"… haben wir nicht（我们不知道）"之后，删去了以下文字："Benehmen sich die Gasmoleküle wie elastische Kugeln, so würde das dem Reibungskoeffizienten proportionale Produkt Dichte x freie Weglänge weniger rasch abnimmt als die Dichte zunimmt[如果气体分子性质类似弹性小球，那么密度与自由程的乘积（正比于摩擦系数）减少的速度赶不上密度增加的速度]。"

[5] 7月27日，责任编辑 Arnold Berliner 曾请求 Ilse Einstein 检查并修正下面附录的书目（未刊文献摘要一览表356）。现存有书目的打印本[1 022]。

## 232. 致 Aurel Stodola

柏林，1922年6月13日

尊敬的 Stodola 教授先生！

很高兴您对我1917年的那篇文章感兴趣，[1]因为这与我的特别喜好有关，而这种喜好，目前在物理学家中很少得到青睐。他们倾向于坚持真空中的电动力学，而在我看来这会导致矛盾。[2]不过我必须承认，自己完全不清楚基本过程的精密机制。

我设想，可见光或者紫外辐射的吸收产生热有两种方式：

1）一个孤立的带电基本粒子是无法吸收辐射的，因为这会违反动量守恒定律。两个带电基本粒子互相碰撞产生辐射时当然会损失机械能。所以他们在吸收辐射的时候也会获得机械能，也就是产生热量。

2）一个分子或者原子可以按玻尔方式吸收辐射（通过电子）。如果这个分子撞击另一分子，这个能量可以在碰撞过程中转化为动能（热）。比如说，高温下的荧光会因为发热而减弱，就与此有关。

定量地处理这些事情是可能的，但是目前没有什么意思，原因是需要做一些具体假设。

您对我在国际和解领域的努力的美好言辞令我非常高兴。在目前这个骚动不安时代中，当需要协助"赔偿"时，没人可以完全置身事外躲进自己的小阁楼。

致以良好祝愿，并期望与您再次会面，您的

TLC．[22 259]。信件寄给"Herrn Prof. Dr. A. Stodola Zürich"。文件左侧页边有活页孔。

[1] 文件 217 中提到对 *Einstein 1916n*（第六卷，文件 38）的兴趣。

[2] 关于如何修改电动力学使之能够解释量子现象的讨论，可参见文件 318。

## 233. 致 Thorstein G. Wereide[1]

柏林，1922 年 6 月 13 日

尊敬的同事先生！

您的问询让我有些不知所措。[2]尽管有些深层的疑虑，我还是允许 Moszkowski 先生，这位在战争中失去积蓄的 70 多岁的老人，在一本书里详细描述他和我的个人关系。[3]但是我自己却不想去读那本书。一个活着的人被赤裸裸地拿出去给公众消遣，当然不是一件小事。无论如何，我自己是没有这个勇气去配合这件事。如果您能设身处地替我想一下，就会理解。一个人只应该对公众展示自己发表的客观思想。说到个人的时候，也应该是为了与客观思想相联系。您在 Moszkowski 的书里很可能看到关于我的事业经历的外在的细节①。

致以同事的问候

TLC．[45 241]。信件寄给"Herrn Dr. Th. Wereide Kristiania"。同时还存有一份 Ilse Einstein 笔迹的草稿[45 240]。

[1] Wereide(1882—1969)是克里斯蒂安尼亚大学物理讲师。

[2] 关于 Wereide 的请求，见未刊文献摘要一览表，270。

[3] Alexander Moszkowski(1851—1934)是幽默讽刺周刊《风趣报》(*Lustige Blätter*)的主编。关于爱因斯坦和他在发表 *Moszkowski 1921* 一事上的分歧，见第十二卷，导言，pp. xxxix—xl。

## 234. 给 Hans Thirring 的《相对论思想》写的序论

[*Einstein 1923a*]

手稿完成于 1922 年 6 月 14 日或之前。

---

① 也就是说与爱因斯坦内在的思想发展没有关系的内容，英文翻译为"更为肤浅的细节"(more superficial details)，虽然表达了爱因斯坦的取向，但否定过多。爱因斯坦此处并没有完全否定 Moszkowski 的著作。——译者

## 234. 给 Hans Thirring 的《相对论思想》写的序论

1923 年发表于：Hans Thirring.《相对论的观念》(*L'Idée de la théorie de la relativité*)。Maurice Solovine 翻译。Paris：Gauthier-Villars,1923,p. [vii]。

Le livre de Thirring, qui s'adresse au grand public, contient un exposé des mieux réussis de la Théorie de la relativité. Particulièrement instructif est le tableau synoptique ajouté à la fin, qui met en lumière l'indépendance des idées directrices de la Théorie et la façon dont elles sont reliées par elle.

(Extrait d'une lettre de M. EINSTEIN au traducteur.)

Thirring 的著作[1]是针对普通大众的相对论的最好的阐述之一。著作最后加上的提要图[2]表明了理论的各种指导思想的独立性，以及相对论如何将它们联系在一起，尤其具有启发性。

(摘自爱因斯坦先生给翻译的一封信。)[3]

---

发表于 *Thirring 1923*，p. [vii]。并存有一份相关手稿[21 177]，见注释 3。

[1] *Thirring 1923*。

[2] 爱因斯坦指的是以下的图解，加在 *Thirring 1921* 一书 170 页：

|  Spezielle Relativitätstheorie. | Allgemeine Relativitätstheorie. |
| --- | --- |

Relativitätsprinzip　　Prinzip der Konstanz der Lichtgeschwindigkeit　　Gleichheit von träger und schwerer Masse　　Trägheit als Wechselwirkung der Körper

{Maßstabverkürzung für Längen u. Zeiten, Union von Raum und Zeit}

(in unendlich kleinen Weltgebieten gilt die spezielle Relativitätstheorie)

Äquivalenzhypothese

Änderung der Masse mit der Geschwindigkeit (P)
Identität von Masse und Energie (P?)

Krümmung der Lichtstrahlen im Schwerefelde (P)

Weltkrümmung

Perihelbewegung des Merkur (P)
Rotverschiebung der Spektrallinien (P?)

Endlichkeit der Welt

―― Erfahrungstatsachen.
‥‥‥ Hypothesen, die aus Erkenntnisgründen einleuchten.
\/ Schlüsse, die mit Notwendigkeit aus den Prämissen hervorgehen.
⋮ Schlußfolgerungen, die nicht unbedingt notwendig sind.
(P) Physikalische Konsequenzen, die experimentell bestätigt wurden.
(P?) Physikalische Konsequenzen, die bis jetzt weder bestätigt noch widerlegt worden sind.

[3] 在未刊文献摘要一览表 275 中，本文的翻译 Maurice Solovine 请求爱因斯坦为 *Thirring 1923* 一书的序言写几句话。在 Solovine 信件背面，Ilse Einstein 写下了如下的草稿文字："Das Buch v. Thirring ist eine der wohlgelungensten gemeinverst. Darstellungen der Theorie, besonders glücklich ist die demselben beigegebene graphische Darstellung über die von einander unabhängigen Leitgedanken der Theorie u.

die ⟨gegenseitige⟩ Art und Weise, wie sie durch d. Theorie miteinander in Verbindung gebracht sind."
[21 177]。这个草稿的打字件是未刊文献摘要一览表 285 的附件,已不存。

## 235. Emile Borel 的来信

巴黎第 7 区巴克街(rue du Bac)32 号,1922 年 6 月 14 日

卓越的同仁先生:

我非常高兴地获悉您将加入由国际联盟理事会组织的智力合作委员会。[1] 我认为这是在您的国家组建一个知识工作者联合会(C.T.I.)的绝佳机会。[2] 我与居里夫人和 Bergson 先生[3]就这些问题交谈了很久,他们二位都同意这个新委员会每年最多只能开一两次会,而且只能做出一些总体上的决定,具体工作应该由其相应配备的"专家们"(就像英国人说的那样)来执行。实际上,知识工作者联合会正适合组织对某些问题的研究,并在必要的时候提供"专家"与其他国家的代表讨论这些问题。您能否告诉我您对此的看法?

我通过人权联盟的法国朋友和同事得知您的消息,看来他们在您的国家进行了卓有成效的工作。

您忠实的

Emile Borel

ALS。[34 771]。信笺抬头为"巴黎大学理学院概率计算与数学物理系"(Université de Paris, Faculté des Sciences, Calcul des Probabilites et Physique Mathématique)。信的左侧边缘有活页孔。

[1] 爱因斯坦在文件 208 中接受了 Eric Drummond 的邀请。
[2] 关于 Borel 想要与法国知识工作者联合会合作成立国家知识分子工会的构想,见文件 189。
[3] Marie Curie-Sklodowska;Henri Bergson。

## 236. Max Born 的来信

哥廷根,1922 年 6 月 16 日

亲爱的爱因斯坦:

很久以前,Debye 将 Guillaume[1]的一份手稿转交给我,询问是否可以发表在《物理杂志》(*Physikalische Zeitschrift*)上。[2] 因为其中提到了你巴黎的讲

座，[3]所以我不想在没有得到你的允许之前，将文章马上付印。同时我也写信给 Debye 问他是否同意这个做法；但是没有回音，他经常就是这样不回信。现在 Guillaume 先生抱怨接受文稿拖得时间太久。我自作主张将文章寄给你，请告知是否同意付印，以及你是否要加上评语让我一并发表。[4]因为已经耽误了很久，请务必尽快处理此事。

Bohr 以及一大群物理学家都在这里。[5]活动繁忙，非常紧张，尤其是因为我们哥廷根的人必须继续讲课，同时还要负担行政事务。所以我就不多写了。

我们全家祝你们一家好，你的

Born

TTrLC(GyBMPIW, Nachlass Ernst Gehrcke, 4 - B - 6)。[92 419]。信笺抬头为 "Redaktion der Physikalischen Zeitschrift Dr. Erich Hückel"。

［1］Edouard Guillaume(1881—1959)是伯尔尼的瑞士联邦保险局数学家。

［2］Born 和 Peter Debye 都是《物理杂志》(Physikalische Zeitschrift)的编辑。

［3］关于爱因斯坦在巴黎的讲座，见文件 108。Guillaume 曾经参加了其中一个讲座(关于更多细节，见下一文件的注释 2)。

［4］关于爱因斯坦对 Guillaume 的思考的观点，见爱因斯坦致 Edouard Guillaume，1920 年 12 月 29 日(第十卷，文件 250)，以及下一文件。

［5］6 月 12 日至 22 日，Niels Bohr 在哥廷根作了沃尔夫斯凯(Wolfskehl)讲座报告。关于细节，可见 Hermann et al. 1979, pp. 58—59。

## 237. 致 Max Born

[柏林，1922 年 6 月 16 日或之后][1]

亲爱的 Born：

Guillaume 走火入魔，而且在巴黎变得忘乎所以。[2]我已经费了很大的力气去说服他，[3]Langevin 也是，都不管用。这样的可怜人还有一个，Mohorovičić。[4]我个人不会发表这篇文章。不过如果你觉得不方便拒绝，我也没什么问题。

诚挚的问候，你的

爱因斯坦

TTrLC(GyBMPIW, Nachlass Ernst Gehrcke, 4 - B - 6)。Wazeck 2009, p. 250. [92 420]。写在文件 236 底部。

［1］日期是根据文件 236 确定。

［2］爱因斯坦最近一次访问巴黎时，4 月 5 日在法兰西学院所作的那次讲座中间，Edouard Guillaume

得到机会提出自己对相对论的异议,遭到大家一致拒绝。他的干扰"让人觉得不知道是一场难堪还是闹剧"("[un] incident dont on ne peut dire s'il fut plus bouffon que pénible")。爱因斯坦忍住没有参加这个讨论,借口是 Guillaume 说的话他一个字都听不懂。关于此事的完整记述,见 *Nordmann 1922b*, pp. 152—153。

[3] 1921 年 1 月 27 日,爱因斯坦终止了与 Guillaume 的通信(第十二卷,文件 34)。

[4] Stjepan Mohorovičić(1890—1980)萨格勒布的一间技术学校的教授,他的反相对论文章的手稿曾于一年前被《物理杂志》拒稿(见 *Wazeck 2009*, p. 249)。

## 238. Paul Ehrenfest 的来信

[马格德堡] 1922 年 6 月 17 日

亲爱的爱因斯坦!

最后你一直送我到火车上,真是太好了。[1]——不然的话我会觉得自己"被冷落了"。我只想对你讲一件事:我觉得与你或者 Bohr(或者还有 Busch 这样的人)[2]会面非常重要而且不可替代,不是因为自己学到(或者通过你的眼睛看到)这样或那样的什么东西,而是你们散发出来的沉静的力量,这才是最重要的。在匆忙的日常生活里中存在一个坚实的基础,其时间单位比日常生活要高很多个数量级——其他人从自然中感受到这一点,我则是在少数特殊的人物身上看到更多。

最热烈的问候,你的

P. E.

Jo[ffe] 在火车启动前 8 分钟赶来了——可惜不只是他一个人。[3]

向你的夫人、Il[se]-mar-go-tse,还有 Frieda 问好。[4]

AKS. [10 058]。明信片寄给"柏林哈伯兰大街 5 号爱因斯坦教授"("Prof. A. Einstein Berlin Haberlandstr. 5"),邮戳为"[M]a[g]deburg 18. 6. 22. 10 - 11V[ormittags]",发信人地址"P. Ehrenfest p. A. J. Franck Goettingen"。文件右侧页边有活页孔。

[1] Ehrenfest 参加了 6 月 12—22 日在哥廷根举办的 Niels Bohr 的沃尔夫斯凯(Wolfskehl)讲座(见其关于 Bohr 讲座的笔记:NL-LeRM,Ehrenfest 档案,笔记,ENB:4—19)。显然他利用这个机会对爱因斯坦做了一个短暂的访问。

[2] 可能是指 Adolf Busch(1891—1952),小提琴家和作曲家。在 1921 年 1 月 22 日致爱因斯坦的信中(第十二卷,文件 30),Ehrenfest 表达了自己对该人的赞赏。

[3] Abram F. Joffe 陪作者回莱顿(见文件 316)。Joffe 从 5 月起就在柏林(见文件 193)。

[4] Ilse 和 Margot Einstein。Frieda 可能是新的家政(见爱因斯坦致 Elsa Einstein,1921 年 11 月 12 日[第十二卷,文件 296])。

## 239. 致 Hermann Anschütz-Kaempfe

[柏林] 1922 年 6 月 18 日

亲爱的 Anschütz 先生！

我有点担心电源。[1] 感觉用硬橡胶加入碳粉获得导电性不可行。看来最可行的是在电极处用一种更贵的金属 [铜？] 来覆盖铝球，并使用这种金属的饱和盐溶液。您试过这个方法么？或者有什么办法可以盖上一层石墨？或者有什么化学上不能渗透的隔离物质（珐琅？）可以覆盖在电极上，厚度极薄，使之转变成为一个足够好的导体？（我估计后者可能不行，因为这需要把这一薄层的厚度做到几乎是分子量级。）无论如何，这是一个严重的问题。也许可以用覆盖铂的铂电极[2]；只是不知道能否避免脱落现象。

我担心缩小电极间的距离可能帮助不大，因为在平衡态中的特征会被摊平。[3] 不过肯定值得试一试。感谢您重复热旋转实验。我对地磁场性质的研究受阻，各种可能都不成立。[4]

很高兴你们二位情况都不错。一旦有空，我会很高兴地和我夫人一起拜访你们。这是她的愿望，早晚要实现。

向您二位致以衷心问候，您的

A. 爱因斯坦

ALS(GyKiRA)。*Lohmeier and Schell 2005*, p. 161. [80 280]。

[1] 关于 Anschütz 试图避免酸性水腐蚀陀螺仪内球馈电电极一事，见文件 225。

[2] 此处可能是笔误，爱因斯坦的本意可能是覆盖铂的另一种金属，比如铜（*Lohmeier and Schell 2005*, p. 162）。

[3] 内球除了浮在水里之外，它同时也"浮"在下面磁环的磁场之中。关于如何将球保持在平衡态，见文件 225 以及第十二卷，附录 B, p. 506。

[4] 关于这一实验的否定结果，见文件 225。显然爱因斯坦考虑了肯定的结果，也就是旋转的高温物体会产生一个磁场，表明地磁性是由地球内部高温物质旋转产生，同时也解释了地理南北极和南北磁极接近的事实。

关于爱因斯坦之前对地球转动和其磁场南北极之间关联的思考，见 1915 年 1 月 23 日他给 Hendrik A. Lorentz 的信（第八卷，文件 47）。

## 240. 致 Gustave Le Bon

柏林，1922 年 6 月 18 日

先生：

我的文献知识确实比较薄弱，但是对那些我所了解的所有作者的作品，一直努力公平对待。[1] 很多作者都提出过只有质量和能量才是真正物质的想法，但是只有相对论真正证明了这个等价性。如果您能写信告知（对公式 $m = \dfrac{E}{c^2}$）[2] 您的推理方式，我会非常感激。最后我向您保证对知识产权的侵犯是个人事件，与国家无关。[3]

先生，请您接受我崇高的敬意。

A. 爱因斯坦

TLS(FrPBN)。[74 091]。信件寄给"M. Dr. Gustave le Bon Paris"。信封上收信人地址为"Frankreich! M. Dr. Gustave le Bon 29, rue Vignon Paris"，邮戳为"Berlin W 35 20. 6. 22. 6—7N[achmittags]"。

    [1] 在文件 223 中，Le Bon 指责爱因斯坦只看自己的文章。
    [2] 这一段是爱因斯坦手写加入的。
    [3] 在文件 223 中，Le Bon 声称德国人完全不读外国作者的论文。

## 241. 致 Heinrich Zangger

［柏林］1922 年 6 月 18 日

亲爱的朋友 Zangger！

您给我的信热情洋溢，篇幅很长，而且有些我居然——能够看懂。如果在苏黎世［有人］给您设置障碍，别去管他。您总是乐于把事情做好：它能让人独立于那些与生俱来的荒唐可笑的行为。我基本上获得了这种独立性。今天被人崇拜，明天被人鄙视甚至被钉在十字架上，这就是——只有上帝知道为什么——被无聊的公众所控制的人的命运。我与组织者［在组织才能方面］的差距就和一头母牛与女舞蹈家［在舞蹈方面］的差距差不多！但是就算我拒绝参与智力合作组织，也会出现新的紧张局面，因为目前也许没有其他德国人能被选中。[1] 一旦这项工作能够体面地移交给别人,我就辞职。另外,在去巴黎之前我内心也很犹豫,那是为了真正的和平,而且也确实达到目的。但是我无法向您表达自己有多渴望清静;这也是我(10月[开始])要去日本的原因,那意味着能在大海上享有12个星期的安宁。我准备带着妻子一起去。儿子们两星期后会来这里。在哈弗尔(Havel)[河边]我有一间小屋,还有一艘帆船;我们仨计划在那里宿营,就像印第安人一样。[2]对此我十分期待。

在科学上,最近没有什么特别进展。引力场仍然和电磁场并立,无法统一。Weyl 和 Eddington 在这方面的工作当然很漂亮,但不真实。[3]真理不能建立在纯粹假设的基础之上;全能的神有他自己的方式。我不理解为什么您觉得在神秘的量子问题上我们前景乐观。[4]至少在我看来,尽管可能将这个领域的很多个别发现联系起来,但是并未发现更多线索。

衷心问好,您的

A. 爱因斯坦

ALS(SzZuZB,Nachlass H. Zangger,box 1a)[89 500]文件纸张被剪切过。

[1] 尽管还不清楚其目的,爱因斯坦已决定加入智力合作国际委员会(见文件 207)。
[2] 他计划与 Hans Albert 和 Eduard 在自己的斯潘道的小木屋共度暑假(见文件 67)。
[3] 关于他持异议的细节,见文件 219。
[4] 在文件 224 中,.Zangger 表示了对破解量子问题的乐观看法。

## 242. Eduard Einstein 的来信

[苏黎世][1922年]6月18日

亲爱的爸爸!

我们好久没有给你写信了。但是妈妈和我都在外很久,[1]现在我得把学校的功课赶上,或者说我和 Albert[2]都在拼命像填鸭一样准备终考!前天我们参加了一个学校郊游,去了哈布斯堡城堡和 Vindonissa。[3]暑假的事情怎么样了?你是否已经买了一艘帆船?[4]现在我有了一个新老师,叫 Kolb 先生。[5]他比我之前的老师年轻得多,处处都不一样。我现在正在看 Karl May 的书,津津有味。[6]是非常有趣的强盗故事系列。你能送给我一本么?几乎每个书店都有卖的。我已经读了好几本,但是还不到总数的五分之一。

你已经知道我们的新地址了吗?地址是:Büchnerstr. 3. Oberstraß Zurich 6. 巴黎好不好?有时间写信![7]

向你问好，你的

Teddy

ALS.［144 031］。文件左侧页边有活页孔。

［1］Mileva 在自己的父亲于 3 月去世后已经动身前往诺维萨德（Novi Sad），Eduard 则在莱茵费尔登（Rheinfelden）待了一段时间（见文件 100）。

［2］Hans Albert。

［3］［瑞士］哈布斯堡城市内的同名中世纪城堡，以及温迪斯（Windisch）附近的一个罗马军团营地，二者都在［瑞士］阿尔高州。

［4］在 2 月里，爱因斯坦已经告诉儿子们，自己计划和他们一起过暑假（见文件 48）。他已经在 4 月底或者 5 月初购买了帆船（见文件 179）。

［5］Rolf or Rudolf Kolb。

［6］May（1842—1912）是德国探险家和旅行作家。

［7］Hans Albert 在这条线后加上了如下附笔："N. B. Die Photo kamen kurz vor Mama's Abreise, da haben wir vergessen zu schreib.（注意，那些照片是妈妈出发前不久才寄到的，所以我们忘了写。）"在文件 179 中，爱因斯坦曾要求把 Hermann Anschütz 寄来的照片转发给 Kuno Kocherthaler。

## 243. Hans Albert Einstein 的来信

［苏黎世］［1922 年］6 月 21 日

亲爱的爸爸！

才收到你的信。[1]现在我们先看看如何把正事办好。请务必再给我们送一封给德国领事馆的信。[2]接下来再说别的：你新的荣誉职务是怎么回事？[3]如果我们刚到柏林 8 天你就要去日内瓦，我觉得那就没什么意义了。如果你能搞清楚会议何时开始，请务必告诉我们，以便重新作假期计划。无论如何，我要等到你的指示和说明之后才会去领事馆。这样，我们的假期从 7 月 17 日星期一开始，不过我们最早可能星期六就能走。［Anna］还能再来吗？[4]我要想法让她来！我们现在就期待着假期。请回信好让我们及时做好准备。

向你问好再问好

Adn

注意：如果暑假期间你必须去日内瓦，我觉得我们先去柏林就毫无意义了；还不如你去日内瓦之前或者之后到这里来。原因是往那里去的旅行费用看起来已经显著上涨，而你反正必须去日内瓦。此外，那时我们这里是假期，大多数的"社会义务"都丢到水（我们喜欢说 $H_2O$）里去了。期待着那个宫殿！![5]那国际联盟的事就随它去吧!

ALS.[144 032]。附加到文件242。

[1] 可能是指文件179。

[2] 一年前,爱因斯坦曾交待 Hans Albert 向德国驻苏黎世领事馆提交他自己和 Eduard 的申请(见爱因斯坦致 Albert Einstein,1921年6月18日[第十二卷,文件153])。

[3] 作为国际智力合作委员会成员(见文件192)。

[4] 爱因斯坦之前在柏林的家政,在爱因斯坦和儿子们一起去武斯特罗(Wustrow)度假时,负责替他们打理家务(见爱因斯坦致 Hermann Anschütz-Kaempfe,1921年7月22日[第十二卷,文件189])。

[5] 爱因斯坦曾经幽默地把斯潘道的小木屋称为自己的"Schloss(宫殿,城堡)"(见文件48)。

# 244. Max(?) Kreutzer[1]的来信

柏林汉诺威大街(Hannoverschestr.)2号,1922年6月23日

十分尊敬的教授先生:

基于我们6月12日签订的协议,今天我向您交付如下物品:

一艘安全行驶的帆船,含船底支撑杆

一支帆杆、一面帆布

一只帽盔、一卷绳索

一套四件地板材料

三面配帆杆的帆布

两面粗帆布

一件帆杆套

两件罩脚毯子(Fußdecken)

以上全套装备已经齐备。令我感到遗憾的是,这艘船在运输途中受损。可是您不能要求我承担经济损失,因为众所周知并且法律上也有明文规定,每件交付运输的物件一旦有损坏,由收件人承担责任。当时您也是同意这一约定的。一旦本船修复完毕,请您立即通知我。这样我会尽快赶到现场将船安装好,并亲自把直接可以驾驶的船交付到您手上。我今天不能做这项工作,因为船有损坏。而在您参观这艘船及我将本船交付运输时,它都是可以直接用来航行的。船的损坏是因运输时受震荡造成的。我在装载货物时已经竭尽全力,专业运输人员驾驶也没有问题,所以我们都没有过失。那么,现在请您把这艘船放入水中浸泡8至10天,这样它能涨开、撑起来,然后再把船拖上岸进行检查,看究竟坏在什么地方,并请木工进

行修复。这样做的话,您能将一切修复完好,这艘船还能继续开好多年呢。

　　致以崇高的敬意

　　您忠诚的

Kreutzer

ALS.[44 216]。

　　[1] 可能是 Max Kreutzer,一位给爱因斯坦修帆船的柏林造船工(见文件 197)。

## 245. 致 Mathilde Rathenau[1]

[柏林,1922 年 6 月 24 日之后][2]

尊敬的 Rathenau 夫人!

　　虽然我们并不相识,我觉得在您面临极度不幸之时,必须伸出援手。[3] 4 年前,我得以结识这位杰出人物,相识越久,他的精神和品格在我眼中越发高大。[4] 如果有安慰,那就是您的儿子已经跻身那些功成名就、永垂不朽的伟人之列。他不只是一位伟大的善解人意的人和领袖,而且还是一位为实现民族之间和解的道德理想而献出自己的生命的犹太伟人。

　　我认为他的离去是不可弥补的损失,因而内心与您同感最深切的悲痛。

　　在此表达我强烈的同情,您的

A. 爱因斯坦

PL. *Gedächtnis 1922*,p. 76。

　　[1] Rathenau(1845—1926)是 Walther Rathenau 的母亲。

　　[2] 该信显然应当写于 Rathenau 遇刺之后。

　　[3] Walther Rathenau 于 6 月 24 日遭到两个激进右翼组织"德意志民族保卫和抵抗联盟"(Deutschvölkischer Schutz-und Trutzbund)以及"执政官组织"(Organisation Consul)①成员的谋杀。Rathenau 之前已经成为对犹太人和维尔特(Wirth)政府及其对协约国采取妥协政策持反对立场的人的恶意攻击的主要目标[见 1922 年 6 月 24 日的《柏林日报》(*Berliner Tageblatt*)晚报版以及 Winkler 1993,pp. 173—174]。

　　[4] 有迹象表明,早在 1915 年,爱因斯坦就已经了解 Rathenau 的文章(见爱因斯坦致罗曼·罗兰,

---

　　① 这是一支在 1921 年和 1922 年间在德国运作的极端民族主义力量,一支所谓的"自由军团"(Freikorps),在卡普政变未能推翻德国魏玛共和国后被解散。1921 年 8 月,共和国财政部长 Matthias Erzberger,1922 年 6 月外交部长 Walther Rathenau 都遭到这伙人的暗杀。Erzberger 因为签署了 1918 年的停战协议而成为攻击目标。——译者

1915 年 9 月 15 日，[第八卷，文件 118]）。现存二人最早的通信始于 2 年之后（见爱因斯坦致 Walther Rathenau，1917 年 3 月 8 日[第八卷，文件 305]）。

## 246. Hans Albert Einstein 的来信

[苏黎世，1922 年 6 月 24 日之后][1]

亲爱的爸爸！

我一直在热切地等待着你的回信。看起来你没有收到妈妈的信。事情是这样的：

我浏览了慕尼黑和这边工学院的"课程"，发现二者都要求在入学前或者学习期间完成大约 6 个月的实习。[2]这样的话我不能跟你去日本的所有理由都不能成立了，因为我可以在夏天去基尔完成我的实习。[3]妈妈的信已经说到此事。简而言之，在这种情况下，如果可能，请把我也带上一起去。

无论如何，请尽快告诉我你的决定，因为不然的话，我需要在其他地方登记注册。我现在忙于准备学校的毕业考试，要交作业了，一篇接着一篇。顺便说一下，我进一步计算了那两颗可恶的星星，发现一切都在期望的位置，也就是说，从苏黎世看过去，它们都保持在图像的平面内，除非有了什么其他原因。所以一切都没有什么问题。希望你也是如此。

向你问好再问好

Adn

ALS. [144 035]。文件左侧页边有活页孔。

[1] 信件日期的根据是作为本文附件的文件 248 中提到了 Rathenau 遇刺事件。

[2] Hans Albert 当时正在准备进入联邦工学院或者慕尼黑大学学习。

[3] 在 Hermann Anschütz-Kaempfe 的工厂。

## 247. Eduard Einstein 的来信

[苏黎世，1922 年 6 月 24 日之后][1]

亲爱的爸爸！

我现在又回到学校了；不过情况没有那么糟，我们现在有了一个代课教师，

搞得我们很忙,但是没学到什么东西。昨天的算术课上,我独立证明了毕达哥拉斯定理,方法如下:

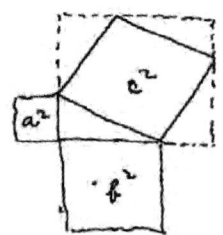

4个三角形是全等的(第四全等定律),
因此,
$$c^2 = (a+b)^2 - \langle + \rangle 2ab$$
$$(a+b)^2 = a^2 + 2ab + b^2$$

相应的项互相消去后,就只剩下平方项。其他就没有什么意思了。这里的天气比柏林糟糕很多。

向你问好再问好!

Teddy

ALS.[144 036]。是前一个文件的附件。

[1] 信件日期的根据是作为本文附件的文件248中提到了Rathenau遇刺事件。

## 248. Mileva Einstein-Marić的来信

[苏黎世,1922年6月24日之后][1]

亲[爱的]阿[耳伯特]:

希望你能收到这封信!如果你能允许Albert和你一起去日本,他会非常高兴。我也非常想让他得到这个机会,所以和他一起请求你带他一起去。[2]计划就像我向你建议过的,也就是他夏天完成实习,这一年绝不会是个浪费;和你在一起,肯定也能受益不少。所以请你一定答应我们!而且要快。

贝尔格莱德的一位教授问我,你是否计划为帮助饥饿中的俄国人而去贝尔格莱德讲学。你听说过这件事吗?从其他消息渠道我听说你也属于被某些人——我不知道是什么人——阴谋打击的对象之一,就像Rathenau一样。[3]这让我很震惊!你真的一定要待在那么不稳定和不安全的地方吗?这个消息真是可怕。

请尽快回复Albert。
友好的祝福

M[ileva]

ALS.[144 037]。该信是前面两个文件的附件。文件左侧页边有活页孔。

[1] 根据Rathenau被刺时间确定本文件日期。

［2］指爱因斯坦的远东之行（见文件246）。

［3］Walther Rathenau。关于Rathenau遇刺之后爱因斯坦受到的生命威胁，见文件266。

## 249. Mathilde Rathenau 的来信

［柏林，1922年6月24日之后］[1]

尊敬的教授先生：

在几千封来信中，我亲自回复的只有几封——这［我的做法本身］比写信更能说明问题。我儿子经常讲起他和您的谈话；我知道他对您的看法，因此请您珍视对他以往的纯洁的回忆；广阔的世界里找不到第二个像他这样的人。只有神知道他对我意味着什么！

Mathilde Rathenau

AKS.［32 814］。

［1］日期根据：这是对文件245的回复。

## 250. Hermann Anschütz-Kaempfe 的来信

基尔，1922年6月25日

亲爱的、尊敬的爱因斯坦教授！

感谢您本月18日的信；您在浮球及其相关事物上投入这么多精力，也让人感激。您的使用金属盐溶液以及利用该金属本身作为电极[1]的建议，我们也觉得可行，不过实验证明对铜（Cu）和银（Ag）不行；溶液不能保持纯净；发生了明显的电极反应，无法还原。

到目前为止，$H_2O + H_2SO_4$和大约$0.5\%$的碳是表现最好的；通上几个月的电流，溶液还是保持清澈，没有变化。当然这些事情还是当面谈更加方便有效；我还有另一个很有意思的问题，是关于通过一个固定在陀螺仪轴上的镜面读出测绘罗盘的数据[2]；目前我正忙于此事，因为Schuler[3]由于健康原因很长一段时间不能做任何研究工作。

如果您和夫人能够来看我们，那真是太好了；7月6日前后怎么样？反正7月8日是计划中地方上诉法庭的第二个听证会日期；[4]您的出场一定能起到澄清和威慑的作用；对此事的另一方，您简直就是一个妖魔。另外到时候我肯定可以向您展示表面覆碳而导电的橡胶；我觉得这个能行。[5]

今天，Rathenau 遇害一事让我们所有人都感到心情沉重；[6]有人提醒我，说您对他很了解，评价也非常高；极端的民族主义情绪让人丧失天良！

现在我们在接待一些友好的奥地利来客；不过到了 7 月初就没有客人了；所以希望您和夫人能够光临。在那之后，这里的壮丽景色就结束了：8 月里，搬家的货车张着大嘴开到这里，吞掉一切，到了劳特拉赫（Lautrach）[7]再吐出来；我怀疑《圣经》里的鲸鱼（Walfisch）是不是其实就是一辆搬家的货车？

现在我和妻子私下觉得 7 月 6 日不错，对您和夫人是否合适？我们全家衷心地向你们全家问好，您的

Anschütz-Kaempfe

ALS. *Lohmeier and Schell 2005*, pp. 162—163. [37 378]。

[1] 关于爱因斯坦的建议，见文件 239。

[2] 这种罗盘后来被称为陀螺经纬仪，是为采矿业设计，原理是环境磁场扭曲磁罗盘的读数。

[3] Maximilian Schuler。

[4] 安许茨公司（Anschütz & Co.）打赢了与航海仪器公司的（GNI）的官司（见文件 1640），但是后者提出上诉。

[5] 在文件 239 中，爱因斯坦对这个想法表示怀疑。

[6] Walther Rathenau 在前一天遇刺。关于细节，见文件 245。

[7] 指 Anschütz 为慕尼黑大学哲学学院布置的度假城堡。

# 251. Paul Epstein 的来信

［帕萨迪纳］1922 年 6 月 26 日

极其尊敬的教授先生！

几个星期之前我们收到了您给 Millikan、Tolman 和我的信，[1]对我来说，在路上得到您的〈信〉消息，感到非常高兴。Tolman 在学校工作，不过他要到今年秋天才当上教授[2]，现在还在华盛顿。

就我这边，在招募员工方面的影响力，也就是体现在 Millikan 找我要建议的时候。所以我只能把您的信加上我的支持意见转给 Millikan。他目前正作为交换教授在比利时和法国短期逗留。

同时我也看到了国际联盟智力合作委员会已经选出 11 名委员。[3]现在我还

不清楚是否有个原则,只选举国际联盟成员国的学者。如果是这样,那真令人遗憾。当然,通过您的当选,德国学术机构算是已经被吸收进入世界组织;但是我觉得美国的缺席却让人觉得非常遗憾。美国有钱,在这里对科学投入也很慷慨。大量经费的使用不一定那么有效,我觉得如果能够吸收欧洲的科学发展思想,一定会很有好处。毫无疑问,从这种合作中欧洲也能大大受益。所以我希望看到你们能够把现在还空缺的第 12 个位置让给一个美国人,尤其是要选一个尽量有影响力的人。由于 Hale 的健康状况很不稳定,[4] 我觉得从科学声望、实际判断力以及精力方面,很难找到比 Millikan 更合适的人选。当然,这也要看你们是否需要一个精密科学家。

过几天 Michelson 就会来,他有 3 个项目:(1) 继续通过干涉法测量星体直径;(2) 在大约 70 千米的光路上,根据 Fizeau 方法对光速做新的测量;[5] (3) Sagnac 的实验,以地球作为一个旋转大盘。[6] 最后这一个是还没有被抛弃的以太在地球周围浓缩理论的产物。M[ichelson] 说到 Sagnac 实验得出以太不随空气运动的结果并不令人吃惊,但是地球以这么大的质量旋转,就是另一回事了,以太是有可能被带着旋转的。我觉得他展开这个实验是件好事,可以最终彻底否决这些猜测。

我是很想夏天去欧洲,但是因为一些个人原因不能成行。不过确实希望明年夏天能够成行,去感受一下科学的脉搏。

今年您有打算去荷兰么?如果是的话,请转达我对 Lorentz 和 Ehrenfest[7] 最诚挚的问候。

致以最高敬意,您永远忠诚的

Paul S. Epstein

ALS.[10 562]。信笺抬头为"California Institute of Technology Pasadena"。

[1] 见文件 96。

[2] Tolman 于 1921 年被提名担任物理化学和数学物理教授,并出现在加州理工学院 1921 年 12 月的教职员工名册中(见 CPT, Hale Papers, box 32, Noyes file)。

[3] 关于委员会的 11 名成员的情况,以及爱因斯坦收到的正式邀请,见文件 192。

[4] George E. Hale(1868—1938)是威尔逊山天文台主任,以及加州理工学院校董。他患有头疼和其他各种心理疾病,包括抑郁和幻觉。为防止精神崩溃,医生建议他休假一年。他于 6 月 24 日乘船前往欧洲。

在这封信之前的 6 月 14 日,Hale 已被邀请成为国际联盟智力合作委员会的第 12 名成员,他当即接受(见 Inazo Nitobe to George E. Hale, 1922 年 6 月 4 日;George E. Hale to Inazo Nitobe, 1922 年 6 月 15 日。CPT, George E. Hale Papers, box 70)。他参加了 8 月 1 日在日内瓦召开的会议。Robert Millikan 被任命为 Hale 在委员会的候补者(见 Société 1922, p. 2)。

[5] Hyppolite Fizeau 和 Léon Foucault 通过令一束光经过旋转镜面和一个固定镜面反射后再返回来

的方法测量光速。他们测量了由于旋转镜面在第一次和第二次反射之间位置变化而产生的反射光和入射光之间的夹角（Fizeau 1849）。

[6] Sagnac 对 Michelson-Morley 实验作了一些修改，在一块平板四角各放置一面镜子。一个单束光由一块半镀银的镜子分光，得到的两束光围绕平板沿相反方向行进。他发现两束光会合后产生的干涉带在装置旋转后发生变化。从这个结果他得到结论，存在不随装置所处的空气移动的绝对静止的以太作为光波的介质（Sagnac 1913a 和 1913b）——这个结果与最初的 Michelson-Morley 实验结果矛盾。

[7] Hendrik A. Lorentz 和 Paul Ehrenfest。

## 252. Gustave Le Bon 的来信

巴黎维农街（Rue Vignon）29 号，1922 年 6 月 27 日

先生：

既然您连专门讨论您的研究的专著都不愿意读，我就来给您简要概述一下何为原子内部能量。您认为相对论的假设证明了物质与能量等价，在我看来这个论断是站不住脚的。[1]

一直以来，哲学家们确实都曾设想过物质与能量是同一个东西，但所有的实验都反驳了这一假设，而且正如 Berthelot 在 Lavoisier 纪念雕像揭幕仪式上所说，由他确立的可称量的物体与热、光等不可称量的中介物之间的根本性区别，应该被视作[2]有史以来最伟大的发现之一。

因此物质与能量之间的区别在最杰出的现代学者们看来已经是牢不可破的事实。

这样一个根本性的构想完全不是相对论假设所能够推翻的。

只有证明与所有已知原理相反、物质能够在不借助任何外力的情况下转化为能量，这个构想才可能被动摇。

我花了十年时间证明这一点，具体细节我在《物质的演化》这本书里都进行了阐述。[3]

我在书中提到，出于自发或者受到诸如一道光线或气温略微提升之类的微弱的影响，所有物体都会自发分解为具有极大速度的电子微粒。

只要知道了由多位观察者测定的这些微粒的速度，借助一个众所周知的公式很容易测定出质量的能量等值。它大概在每克 5100 亿千克上下波动。我将这个巨大的能量——远远大于迄今为止发现的所有能量，命名为原子内部能量。我重申一下，该能量的存在是一个经验事实，而非数学假设。

ALS. [43 314]. 信笺抬头为"Bibliotheque de Philosophie Scientifique. Dirigee par le Dr. Gustave Le Bon。"由私人秘书 Antoinet Clotten 手写，Le Bon 签名。信的左侧边缘有用于活页装订的穿孔。

[1] 见文件 240。
[2] 见 *Berthelot 1910*, p. 343。
[3] *Le Bon 1905*。

## 253. Friedrich Sternthal 的来信[1]

柏林-勋伯格区（Berlin-Schöneberg）因斯布鲁克大街 6 号乙（Innsbruckerstr 6 $^{II}$），寄住于马滕斯家（Martens），1922 年 6 月 28 日

十分尊敬的教授先生：

我深知，在德意志民族主义者及其同类中有人对您的肆无忌惮的仇恨。昨天我亲耳听到一位受过高等教育的人（或大学生）用激烈的言辞诅咒您。可惜他没有辩论就逃离了现场。我以本事件为契机写信给您，是请求您在未来这颇不安全的几周内注意您的人身安全。同时我深知，我向您提出的这一请求道出了许许多多人的心声。

对您致以无限的钦佩，您忠诚的

Friedrich Sternthal 博士

ALS. [45 071]。

[1] Sternthal(1889—1964)是一位记者，他是《新水星报》（*Der Neue Merkur*）在柏林的通讯员。

## 254. Emile Borel 的来信

巴黎第 7 区巴克街（rue du Bac）32 号，1922 年 6 月 2[9]日

卓越的同仁先生：

我要告诉您众多渴望民族和解的法国人为 Rathenau 先生的去世深感痛心，他致力于践行一种更理性的政治，却成了受害者。[1]我们希望这个新的罪行让所有人都睁开双眼，希望左派政党的坚强决心能够战胜那些一心只想着反动和战争的人——这些人的态度壮大了我们这里极右派政党的势力。在 20 世纪的今天，一旦可怕的灾难让人们睁开了双眼，科学与和平不可能战胜

不了仇恨与战争的传统。

您忠诚的

Emile Borel

ALS.［34 772］。信笺抬头为"巴黎大学理学院概率计算与数学物理系"(Université de Paris, Faculté des Sciences, Calcul des Probabilites et Physique Mathématique)。

［1］Walther Rathenau 6 月 24 日被刺杀。

## 255. 致 Gustave Le Bon

柏林，1922 年 6 月 30 日

先生：

感谢您本月 27 日的来信。[1] 看起来您的质能关系与相对论的相关结论矛盾，后者得出的质能等式的系数是光速的平方。关于您信件的其他部分，我不得不说，其中并未给出您所声称成立的关系的证明或者支持证据。您诚挚的

A. 爱因斯坦

TLS(FrPBN).［84 179］。信件寄给"M. Dr. Gustave le Bon Paris"。

［1］文件 252。

## 256. Chaim Weizmann 的来信

［伦敦］W.C. 1，大罗素街(Great Russell Street)77 号，1922 年 6 月 30 日

极其尊敬的教授先生！

让人沮丧的是，我不得不就我们联合访问波士顿时在新世纪俱乐部筹集的资金一事麻烦您，[1] 原因是俱乐部的管理层在汇款一事上给我们制造困难——据我所知，承诺的 20000 美元中，目前只有大约 4000 美元已经存入——您可能记得，我们曾建议任命一位专门的财务主管负责管理在美国为大学和图书馆筹集的资金，当然也负责管理在波士顿筹集的那部分款项。[2] 不幸的是，由于一些地方上的争论，这个建议没有什么结果。现在我们都急切需要把所有能到手的图书馆款项用来收购一些有特殊价值的犹太藏书，首先就是 Guenzburg 男爵在

彼得堡的大量藏书,这是现存的最珍贵最丰富的东方书库,现在我们有机会低价收购。我会再次努力将用于图书馆的专项基金变现用于这些收购。[3]根据我们一位刚刚从美国回来的先生的建议,如果我们联名向波士顿俱乐部的经理请求他们将钱汇到一个我们可以支配的地方"犹太殖民银行"(Juedischen Kolonial Bank),可能会有结果,因为他们自己无法就此事达成一致。附件是我为此给波士顿俱乐部的主席写的一封信,如果您不反对这一建议,请签名后寄回给我,我签名后转寄美国。

向您尊贵的夫人致以亲切问候,我仍然希望能在秋季与您见面,您极其诚挚的
Ch. Weizmann

我听说您马上要出发远行。[4]请务必在动身前给我写几句话,并祝福我们在17日如期举行($c[um]\ t[empore]$)[5]的国际联盟下次会议上有好运气,届时巴勒斯坦授权能够得以批准。[6]祝您旅途顺利。最诚挚的
Ch. W[7]

TLS.  *Wasserstein 1977* , pp. 129—130. [33 358]。信笺抬头为"Executive of the Zionist Organisation",收信人为"Herrn Prof. Dr. Einstein, Berlin, Haberlandstrasse"。

[1] 爱因斯坦和 Weizmann 曾经参加俱乐部的一个午餐,(根据当时的媒体报道)当场为犹太国家图书馆筹集了 25000 美元(见 1921 年 5 月 18 日,第十二卷,年表和日程表;以及爱因斯坦致 Hugo Bergmann,1921 年 9 月 22 日[第十二卷,文件 242])。

[2] 爱因斯坦曾于 1921 年底将这一安排告知新世纪俱乐部(见爱因斯坦致 David A. Lurie,1921 年 11 月 29 日[第十二卷,文件 306])。

[3] David Günzburg(1857—1910)是一位东方学家,彼得格勒犹太社区领袖。Leo Kohn 在当月早些时候曾经促请对其藏书的收购。当时的要价是 1300 英镑,第一次世界大战前的价值是 100 万卢布(见 Leo Kohn 致 Chaim Weizmann,1922 年 6 月 12 日 [IsRWW],以及 *Wasserstein 1977*,p. 129,注释 2)。

[4] 指远东之行。

[5] "当前"(current)的缩写。

[6] 关于授权批准一事之前的发展,见文件 32。

[7] 附笔为 Weizmann 手迹。

# 257. 致 Hermann Anschütz-Kaempfe

[柏林] 1922 年 7 月 1 日

亲爱的 Anschütz 先生!

我和妻子将于周三晚上(7 月 5 日)到达基尔,非常期望能够与您在一起待

上几天。我妻子也非常高兴，这一次终于实现了她自己的愿望。这样我也可以出席在周四的听证会(作为妖魔)[1]，还可以和您讨论其他问题。在传导一事上我误解了您的意思。[2] 不是要通过加入更多的碳来让橡胶壳导电，只要表面导电就行了。将这个表面层与一个导体连接，穿过橡胶层与绝缘的铝球。现在我也觉得碳中流过纯极化电流是变化程度最小的电极，唯一不完全清楚的是碳层与导体之间的连接，不过这个问题应该有解决办法。

Rathenau 的遇刺让我极度震惊，而且引起巨大骚动[3]。不幸的是，帝国政府能否成功控制所有抵制分子还很难预料。国防军(Reichswehr)看起来尤其不可靠。鄙视道德的旧有传统——为了对外政策目的而编造出来的——现在在国内也开始产生恶果。昨天我看了一出 Toller 创作的戏：这位优秀的人物现在还蹲在巴伐利亚的监狱里。[4] 这是目前局势的另一个让人悲伤的表现。他连脑力创作的机会都被剥夺。(啊，诗人和思想家的民族，你已经变成什么样了!)[5]

衷心问候您和夫人，您的

A. 爱因斯坦

ALS(GyKiSHB). *Lohmeier and Schell 2005*, p. 165. [80 288]。

[1] 上诉案的庭审被安排在 7 月 8 日的周六(见文件 250)。

[2] 在文件 239 中。

[3] 他在文件 250 里表达了他的最初印象。(此处显然有误，很可能是指文件 245，爱因斯坦写给 Ratherau 母亲的信中所表达的。文件 250 不是爱因斯坦写的。——译者)

[4] Ernst Toller(1893—1939)在巴伐利亚苏维埃共和国倒台后，因为其政治活动而坐牢。爱因斯坦参与了 Toller 剧作《机器破坏者》(*Die Maschinenstürmer*)6 月 30 日在柏林大剧院的首演式(见 *Tyson 1991*, p. 294)。

[5] 将德国人称为"诗人和思想家的民族"是 Karl Musäus 开始的。但是这里爱因斯坦所引用的，来源可能是 Edward G. Bulwer-Lytton 将自己 1837 年的小说 *Ernest Maltravers* 献给"伟大的德国人民，一个思想家和批评家的民族"，这个说法后来在德国变得很流行(见 *Maurer and Rupp 1974*, p. 338，以及 *Argyle 2002*, p. 44)。

## 258. 致 Walther Nernst[1]

[柏林]1922 年 7 月 1 日

亲爱的同事！

您问我对 Walther Rathenau 遇刺后在大学为他举行葬礼仪式的意见。[2] 我的意见如下：从正常道理上讲，在大学里为任何一位部长举行葬礼都不合适。这样的仪式只能被视为反对政治谋杀事件的态度。确实,教育机构参与政治事务是应当受到谴责的。但是现在对我们而言,〈这不仅仅〉这是一个关系到巩固我们的道德立场的普遍问题。[3] 我觉得大学应当展示鲜明的立场,无条件地谴责政治谋杀(学生和教授们应当挺身而出表达心声)。它应当明确地声明,为政治目的服务的暗杀行为是应当受到谴责的卑鄙罪行;人道社会如果失去对生命的尊重,就会崩溃离析。我相信,一个坚决一致的声明能够对恢复健康的舆论起到重要〈和良好〉的作用。大学的沉默在当前的事态中也被视为一种声明。

  致以良好的祝愿,您的

A. 爱因斯坦

ADftS. *Nathan and Norden 1975*, p. 73. [32 816]。

[1] 收信人的确认根据是:这里假定该信是对来自柏林大学校长的问询的一个回复,而当时的校长就是 Nernst。两天之前,Nernst 曾经禁止左翼学生组织为 Rathenau 组织的校园纪念活动。在纪念活动的计划宣布之后,右翼学生威胁要来捣乱。大学校方给出的禁止纪念活动的法律依据是:学校讲堂中不允许进行政治活动(见 1922 年 6 月 29 日的《柏林日报》晚报版,以及 6 月 30 日的早报)。

在 8 月为大学共同创立者举行的纪念仪式上,Nernst 在自己的讲话中谴责了对 Rathenau 的谋杀,并称 Rathenau 为一位友人和同事(见 *Nernst 1922*,以及 *Kormos Barkan 1999*,p. vii)。

[2] Rathenau 于 6 月 24 日遇刺(见文件 245)。

[3] 在原文此处,爱因斯坦表明,他在页底附上了一句话:"而且与捍卫超越党派之争的价值有关。〈大学的沉默〉"("also um die Wahrung von Werten, die über dem Streit der Parteien stehen.〈Ein Schweigen der Universität〉.")

# 259. Otto Gradenwitz 的来信[1]

海德堡,1922 年 7 月 1 日

极其尊敬的先生:

在 Diels 的葬礼上我见到了您[2],并且从照片上认出了您;根据自己的印象,本人斗胆向您提出以下问题:

我认识 Philipp Lenard 已经 13 年了;在过去的几乎 5 年里,我们的关系非常僵。根据我所听说的,我也认为他耍混账的原因,是 Röntgen 发现[X]射线让他心态失衡。[3]

过去几天的丑闻[4]让我想到:为了安抚他,让科学界把伦琴射线称为 Röntgen-Lenard 射线,是不是公正合理?

请原谅一个完全的陌生人向您提出一个善意的问题!

谨致最高敬礼！

法律教授 Otto Gradenwitz

ALS. [15 098]。

[1] Gradenwitz(1860—1935)是海德堡大学法律教授。

[2] Hermann A. Diels(1848—1922)曾是柏林大学古典语言学教授以及普鲁士科学院荣誉院士。他于6月4日去世。

[3] Lenard 觉得自己是伦琴射线的发现者，但是科学界并未给予足够承认，使他深受伤害(见 *Weissmann 2010*)。

[4] 可能是指 Rathenau 葬礼之后海德堡大学发生的动乱(见《福斯日报》(*Vossische Zeitung*)，1922年6月28日，晚报版增刊)。

## 260. Hermann Anschütz-Kaempfe 的来信

基尔，1922年7月2日

亲爱的、尊敬的爱因斯坦教授！

我需要正式通知您，日期又一次推迟了两天，改到7月10日。[1] Kossel 拒绝了对方的请求[2]，这样一来，就完全没有中立专家出场；法庭现在希望完全依赖私人专家。如果您不能光临，请务必给我发一封电报，好让我能及时找到一位私人专家；我能理解您有更重要和更好的事情要做。

在材料问题方面，我想告诉您最近的进展，是加碳的橡胶测试结果很有希望；[3]我已经得到一个很好的产品，电导率惊人地高——大约是1欧姆每立方厘米。

我也花了很多时间思考测绘罗盘的事情；[4]现在我想把一面镜子，用一个载具以非紧固的方式，装在陀螺仪的轴上，或者说轴的一端，假定在旋转时这面镜子会变得完全垂直于陀螺仪的轴；这个想法是否正确？

整个装置如下：

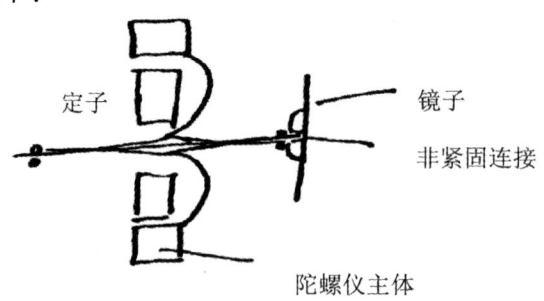

我妻子和我自己都非常期望能迎接您的光临，希望爱因斯坦夫人也能一起来；我们还想命令天公也作美，不要降温。

您知道自己的来访会给我们带来多少喜悦。还有一艘不错的新帆船已经为您准备好了。

我们俩向您和爱因斯坦夫人致以最衷心的问候，您的

Anschütz-Kaempfe

ALS. *Lohmeier and Schell 2005*, pp. 166—167. [37 379]。

[1] 关于航海仪器公司上诉的庭审。
[2] Walther Kossel(1888—1956)是基尔大学的理论物理学教授。
[3] 见文件 257。
[4] 作者最初在文件 250 中提及此事。镜子的作用是将光束反射到一个刻度盘上，通过望远镜可以读出刻度盘上的需要测量的南北线方向偏离。

# 261. 致 Richard B. Haldane

［柏林］1922 年 7 月 3 日

极其尊敬的 Haldane 勋爵！

衷心感谢您寄来自己的新作，并且非常景仰您孜孜不倦的精力和多方面的思考。[1]遗憾的是我英语不够好，理解不够准确。[2]昨天您年轻的侄子来访，他正要前往哥廷根；我和这位敏锐的年轻人相处愉快。[3]

Rathenau 遇刺是一个巨大的不幸，不仅仅是因为失去这位杰出人物留下的难以填补的空白。[4]其结果就是，一方面，国内发生极其危险的冲突，另一方面，本来就很脆弱的国际信誉遭受致命打击。这个危险的精神错乱会把我们带向何方？

向您及您尊敬的妹妹致以衷心问候，[5]您的

A. 爱因斯坦

Eddington 对 Weyl 理论的推广是基于一个深刻的思想。[6]但是我试图对其推理过程加以补充，使之成为完备理论的努力却并未成功。

ALS(UkE, Haldane of Cloan Papers, MS5915). [32 639]。

[1] 可能是指 *Haldane 1922*。
[2] 在 1920 年末，爱因斯坦曾说起自己学习英语动词"汗流眉毛"("im Schweisse m. Angesichts"；见爱因斯坦致 Ernest Pickworth Farrow，1920 年 12 月 28 日［第十卷，文件 245］)。

[3] 可能是 Thomas Graeme Nelson Haldane(1897—1981)，当时是一名咨询工程师。

[4] Rathenau 于 6 月 24 日遇刺。

[5] Elizabeth Sanderson Haldane(1862—1937) 是 Haldane 的妹妹，一位太平绅士（justice of the peace）①。1921 年爱因斯坦访问联合王国期间，受到她的热情款待（见爱因斯坦致 Richard B. Haldane, 1921 年 12 月 30 日［第十二卷，文件 347］）。

[6] *Eddington 1921a*。

## 262. 致居里夫人

柏林，1922 年 7 月 4 日

亲爱的居里夫人！

最近您曾就国际联盟委员会一事来信询问，我也随后告知您说自己已经接受提名，并且劝您也接受。[1]我对此事的重要性的看法已经与当时不同。不幸的是，现在我不得不从委员会辞职，而且觉得当然应该立即让您知晓。[2]我需要告诉您这个决定背后的原因，但是请不要让别人知道。不仅仅是因为 Rathenau[3] 遇刺的悲剧，还有其他原因让我觉得学术界有人存在强烈的反犹主义，而在某种程度上，我在国际联盟所代表的人群里也包括他们；总的来说，这种心态，使得我不再合适担当代表和中间人。[4]您肯定能明白我的意思。

与您、Langevin 还有其他友善同事在巴黎共度的和谐时光是我愉悦的回忆。[5]我特别感激 Langevin，永远不会忘记他令人感动的关怀。Weyl 从苏黎世给我的信件，也同样地赞扬他。[6]请向他转达我衷心的问候，并且接受我对您个人的诚挚祝愿，您的

TLC. [34 773]。文件左侧页边有活页孔。

[1] 关于二人之前就参加国际智力合作委员会一事的通信，见文件 207。

[2] 有关其正式辞职信，见下面的文件。

[3] Walther Rathenau。

[4] 关于爱因斯坦之前对德国学术界的反犹主义的说法，见爱因斯坦致 Paul Ehrenfest，1919 年 12 月 4 日（第九卷，文件 189），以及爱因斯坦致 Arnold Sommerfeld，1921 年 9 月 27 日（第十二卷，文件 247）。

[5] Paul Langevin。爱因斯坦曾于 3 月底 4 月初访问巴黎。

[6] Hermann Weyl；见文件 209。

---

① 也译作治安法官。是一种源于英国，由政府委任民间人士担任维持社区安宁、防止非法刑罚及处理一些较简单的法律程序的职衔。——译者

## 263. 致 Eric Drummond

柏林,1922 年 7 月 4 日

极其尊敬的先生！

在我于今年 5 月 30 日接受提名之后,了解到一些新情况;有鉴于此,本人遗憾的是不得不〈收回〉[1]自己的决定,谢绝"智力合作委员会"的提名。[2] 不过仍然要借此机会,对您努力使国际关系恢复健康表达我最热情的同情。

致以良好祝愿！

A. 爱因斯坦

TLS(SzGeBNU,R1029/13C/20823X/14297)。[82 879]。信件收信人为"Société Des Nations aux bons soins de M. le Secrétaire Général Genève"。

[1] 这几个字是爱因斯坦手写加上去的。

[2] 在文件 208 中,爱因斯坦接受了加入国际智力合作委员会的邀请。在前一文件中,他解释了后来出现的新情况。

## 264. 致 Henry S. Hatfield

[柏林] 1922 年 6 月[7 月] 4 日[1]

极其尊敬的 Hatfield 先生：

之前未能尽早回复您,本人深表遗憾。[2] 我实际上觉得您的解释是错误的。统计力学的均分定理要求在给定温度下每个自由度的动能都一样。所以不可能让表面温度取值不同于物体内部。量子论中带来的反常也不能改变这一性质。

祝好,您的

ADft 手稿为爱因斯坦手迹。[25 096]。写在文件 222 纸张的背面。

[1] 根据文件 222,修正了日期月份。

[2] 见文件 222。

## 265. Sigmund Einstein 的来信[1]

[巴登-巴登] 1922 年 7 月 4 日

非常尊敬的教授先生!
  与您同姓的我,虽然微贱
  却要送上最美的祝愿;
  我能够如此勇敢
  是因为我们都叫爱因斯坦。
  无法查到家族的血缘,
  但是两人距离不会太远;
  我们的祖辈[2]必出一源
  因为他们都叫"爱因斯坦"。
  我也会想起斯瓦比亚美丽的家乡
  在那里度过的青春时光;
  作为商人我的姓氏十分荣耀,
  因为它已经无人不晓。
  我的这个"伟大兄弟"
  不断追求科学真理;
  我则绞尽脑汁亦步亦趋,
  恭敬献上蹩脚诗句。
  请不要生气对我不满,
  否则我会感到内心不安;
  为何我会如此鲁莽?
  是因为每天读报让人悲伤——
  右翼集团,德意志民族主义组织 C[3]
  反犹主义全是一样;
  犹太贤者众多,让他们发狂,
  木秀于林者,必然遭殃。
  他们目无法纪,
  只有仇恨之语;
  他们不择手段,

杀人也不眨眼；
他们谋杀的目标，
不仅仅限于政要。
忠于科学的犹太翘楚
也不免遭到荼毒。
而您正是其中最亮的星辰，
伟人中的伟人。
前所未有的天才菁英
带给世界新的光明。
即使在法国也受到欢迎
无人恼恨无人不敬，
因为您的相对论
已经为世界所承认。
所以啊，尊贵的先生，您要清楚
Lenard 的同伙[4]正在埋伏。
要对自己小心保护，
以免成为他们的猎物。
如果提醒能够保您安全，
不让可恨的豺狼得逞，
那就是我对世界的贡献
会使自己无比高兴。
如果您的心境还算安详，
而且此刻并不匆忙，
可否写下简短的一行，
让您的"兄弟"欣喜若狂。
恭敬而虔诚的

Sigmund Einstein
纽伦堡，雷根斯堡（Regensburger）街 43 号

ALS.［31 022］。写在有 Holland-Hotel Baden-Baden 抬头的酒店信笺上。

［1］Sigmund Einstein(1877—1941?)。
［2］原文"Awos Awosenu"，在阿什肯纳兹人（Ashkenazi）讲的希伯来语中，为"父辈的父辈"之意。
［3］这里的 C 可能代表右翼刺杀队"执政官组织"（Organisation Consul），其成员刺杀了 Walther Rathenau。
［4］Philipp Lenard。

## 266. 致 Max Planck

基尔，1922年7月6日

亲爱的同事！

对我来说写这封信绝非易事，但是又不得不做。我不得不通知您，尽管之前已经明确答应，我无法在自然研究者大会上如约发表演讲。[1] 原因是某些绝对可靠的人警告我（很多人，是互相独立的）现在不要待在柏林[2]，而且[一般地]特别不要在任何德国国内公共场合露面。[3] 原因是我已经成为种族主义谋杀者的目标之一。当然我没有可靠的证据；不过从整个局势看来，完全像是可信的。[4] 如果是有实质性的专业上有重要价值的活动，我也不会因为这些阴谋而动摇，但是这个演讲只是一个礼节形式，其他人（比如 Laue）[5] 完全可以代替我完成。[6] 所有的麻烦都是因为我的名字在报纸上出现得太频繁，激起渣滓们的不满。所以唯一的办法就是忍耐和——离开柏林。请您务必做到一点：把这个小事件当成一番笑谈，就像我一样。

致以友好的问候，您的

A. 爱因斯坦

ALS(Arnold Norwig, Krailling). *Seelig 1960*, pp. 306—307（省略了开始的两句话以及问候语）；*Nathan and Norden* 1975, p. 73—74. [77 023]。另存有该信的不完整手写草稿 [19 300]："Lieber Kollege! Heute ist es mir schmerzlich Ihnen zu schreiben, weil ich weiss, dass Sie unangenehm berührt sein werden. Aber in diesen aufgeregten Tagen ist es andererseits doch leichter, weil man schon an kräftige Dosen gewöhnt ist. Nach diesem Anlauf zur Sache. Ich habe zuverlässige Kunde davon erhalten, dass mir hier von deutsch-völkischer Seite nach dem Leben getrachtet wird—eine Frucht der ⟨mehrjährigen⟩ Zeitungsartikel, die sich seit einigen Jahren mit mir beschäftigen. Da ich nun aber noch einigermassen lebenslustig bin, hab ich beschlossen, meine Leiche sogleich in Sicherheit zu bringen. Ich kann deshalb mein Kolleg nicht weiter halten, in Leipzig nicht sprechen und an dem geplanten Kongress nicht t."

[1] 关于爱因斯坦之前接受莱比锡演讲邀请一事，见文件 211。

[2] 可能暗指 Wilhelm Westphal（见文件 271）。又可见文件 253。

[3] 关于爱因斯坦计划离开柏林加入 Hermann Anschütz-Kaempfe 在基尔的公司一事，见文件 276，注释 2 和 3。

[4] 一系列政治谋杀席卷全德。Walther Rathenau 于 6 月 24 日遇刺。几个月之前，签署第一次世界大战停战协议的 Matthias Erzberger 被极右组织 Organisation Consul（"执行官组织"）杀害。6 月 4 日，魏玛共和国第一任总理 Phillip Scheidemann 成为该组织未遂的一次刺杀目标。Rathenau 遇刺后不久，记者和出版商 Maximilian Harden（Felix Witkowski, 1861—1927）被人用铁棍打击，虽然未致死，但是从此再未

完全恢复健康(见 *Sabrow 1999*, p. 7)。

Rathenau 遇害之后的几天中,汉堡官员通知媒体,他们发现了一份"执政官组织"的刺杀名单,包括 Max M. Warburg 和爱因斯坦。随后官方又声称在刺杀事件之后的调查中警察并未发现这样一份名单[见《埃森汇报》(*Essener Allgemeine Zeitung*),1922 年 8 月 12 日]。

[5] Max von Laue。

[6] 作为威廉皇帝物理研究所所长。

# 267. Raymond de Rienzi 的来信[1]

巴黎,1922 年 7 月 6 日

亲爱的先生:

您还记得 Langevin 先生向您介绍过的那位年轻律师吗?他曾有幸开车带您兜风——这段路程太短了。

正是他本人随信给您寄去几张照片;尤其是法兰西学院那场历史性讲座的场景……我想这是留存下来的唯一一张讲座照片。[2]您应该会很高兴保存这段回忆,这场演讲将成为科学史和我们两国历史上的重要事件。

您是作为和平的使者而来的,很多人都明白这一点。甚至包括一些政治家!前国会议员 Roux-Costadeau 先生[3]不是在他的报纸上写了如下美丽的句子吗:

"爱因斯坦在巴黎?这是治愈所有国际精神错乱的开始。这是大天使对深渊里的魔鬼的胜利。我在说什么?这是一位德国人,我们呼唤他,倾听他,敬重他……哦,爱因斯坦的德国!歌德和席勒的德国,贝多芬和瓦格纳的德国!《月光曲》的德国,会是你将其唤醒,会是你来到我们中间吗?"

我们很多人都希望您不久能重返巴黎,纯粹为了更好地了解这个大巴黎,您是那么喜欢它的和谐景观与金色光线……

您还记得那天晚上,在金黄的暮色中,我们沿着协和广场、大王宫、香榭丽舍大街和星形广场,一直来到布洛涅森林吗?也是在那一晚,我带您到 Borel 先生家共进晚餐?[4]

很遗憾没能更多地向您展示这座为您的到来而感动的城市——不过您可能还会来的,是吗?

我是您的受惠者:研读您的著作是我一生中精神层面上最重大的事件,与您相识是我此生最大的荣幸……

后天下午我将和 Langevin 共进晚餐,我们还会谈到您。如果我曾经给您带来一些小小的愉悦，我会感到非常高兴。向您致以我对您的仰慕与敬重。

R de Rienzi

394　　我另外给您寄了一个包裹，里面有一些玻璃版照片，可在 13×6 的立体镜下观看。

ALS.［44 781］. 信笺抬头为"Raymond de Rienzi avocat à la Cour d'Appel 6, rue Herschel (VIe)."（"赫歇尔街 6 号上诉法院律师 Raymond de Rienzi"）. 信的左侧边缘有用于活页装订的穿孔。

［1］Rienzi(1890—1970)，作家，上诉法庭刑事辩护律师。
［2］见插图 1。
［3］Henri Roux-Costadeau(1875—1946)，社会党人，德龙省(Drôme)国会议员(1910—1919)。1920 年创立《自由观点》(*La Libre Opinion*)。
［4］1922 年 4 月 5 日他们在 Emile Borel 家吃晚餐（见文件 99）。

## 268. 居里夫人的来信

巴黎，1922 年 7 月 7 日

亲爱的爱因斯坦先生：

　　收到来信，倍感失望。[1]您给出的退席理由，在我看来并没有说服力。正是因为公众意见中存在危险而有害的倾向，所以才需要与之斗争；在这个意义上，即使您没有参与到为宽容的事业而进行的斗争中，仅凭您的个人声望，就可以发挥很好的影响力。

　　我对您的朋友 Rathenau 不幸遇刺感到惋惜，但是觉得他可以鼓舞您至少努力争取国际智力合作。您是否可能改变主意？

　　您给这边的朋友们留下了美好的回忆。

M. 居里

ATrL 未知何人手迹。*Seelig 1960*, p. 300.［71 577］. 原文件信笺抬头"Faculté des sciences de Paris, Institut du Radium, Laboratoire Curie, 1. Rue Pierre-Curie."
　［1］文件 262。

## 269. Gustave Le Bon 的来信

巴黎维农街(Rue Vignon)29号,1922年7月7日

先生：

我的信里只给出了结果,不包括证明。[1]劳烦您读一下相关论文,就会发现物质微粒的速度是如何测定出来的,并且马上可以得到质量的能量等值。您关于该等值的论断仅仅是一个纯粹数学推算出的假设,正如 Moch 先生[2]在他关于相对论的专著中向您展示的那样,您的假设完全缺乏证据。利用数学假设,我们可以证明任何我们想要证明的东西。

致以良好祝愿！

Gustave Le Bon 博士

ALS. Antoinet Clotten 手写。Le Bon 签名。[43 317]。信的左侧边缘有用于活页装订的穿孔。

[1] 爱因斯坦在文件 255 中提到 Le Bon 的结论没有给出证明。
[2] *Moch 1921*。

## 270. George Jaffé 的来信

莱比锡费迪南·洛德大街26号丙,1922年7月8日

极其尊敬的教授先生：

今天我冒昧地寄给您一个关于"质量的相对性"的简短的思考,原因是想在发表之前一定要首先经过您的批评。

从 Schwarzschild 的解的形式开始：

$$\mathrm{d}s^2 = C^2\left(1-\frac{2m}{r}\right)\mathrm{d}x^{0^2} - (\mathrm{d}x^{1^2} + \mathrm{d}x^{2^2} + \mathrm{d}x^{3^2} + (h^2-1)\mathrm{d}r^2) \qquad (1)$$

$h^2 = \dfrac{1}{1-\dfrac{2m}{r}}$,其中 $C$ 还是任意的。

通过替换：

$$x^i = \bar{x}^i \cdot B\bar{r}^{-\varepsilon}, \qquad i=1,2,3, \qquad \varepsilon, B \text{ 为常数}, \qquad (2)$$

(1)式变为

$$ds^2 = C^2\left(1-\frac{2m}{B\bar{r}^{1-\varepsilon}}\right)d\bar{x}^{02} - B^2\bar{r}^{-2\varepsilon}\left\{d\bar{x}^{12}+d\bar{x}^{22}+d\bar{x}^{32} + \left[\frac{1}{1-\frac{2m}{B\bar{r}^{1-\varepsilon}}}(1-\varepsilon)^2 - 1\right]d\bar{r}^2\right\}, \tag{3}$$

现在如果假定对 $\bar{r}=a$，所有的 $g_{\mu\nu}$ 都取其伪欧几里得正规值，这样就可以得出常数值

$$C^2 = \frac{1}{1-\frac{2m}{a}}, \qquad B = a^\varepsilon, \qquad \varepsilon = 1 - \sqrt{1-\frac{2m}{a}}. \tag{4}$$

常数由(4)式确定的公式(3)代表一个度量，其中在无穷处质量（小测试物体）的惯性趋于0，而光速趋于一个有限值。[1]

在最简单的"世界图景"中，可以对 $r>a$ 以及 $r<a$ 的正规值得到符合(3)式和(4)式的解。由于不连续性，在 $g_{00}$ 的微商中这样一个解对应一个理想化的质量壳。但是也可以根据给定的能量张量把对应常数 $\frac{dg_{00}}{dr}$ 的解(3)式推广到物质球。（我对于不可压缩液体的情况做了计算。）

和您宇宙论文章的想法相比，我的观点的不同之处，主要不是把 $r>a$ 的空间质量设为零，而是放弃了 $\sqrt{-g}=1$ 的限制。[2] 在我看来，在您的异议中，只有"消失诘难"还是成立的，这样就只有一个为统计考虑所支持的异议。[3] 另外我也不认为宇宙学后果有什么特别价值，因为您的圆柱世界在这方面更令人满意；相反地，至少在我看来，(3)式和(4)式提供了一个质量的场，这个质量在宇宙中是唯一的，又没有把宇宙充满，这是很有意思的。

现在我希望您能简短地告诉我，您是否同意我的理论，或者觉得我忽略了什么问题。如果不是后者，我想冒昧地再问一个问题：您觉得在自然研究者大会上就这个题目做一个简短的声明，是否合适？[4] 或者我可以做一个关于自己刚刚完成的"非各向同性辐射理论"的报告。[5]

请您原谅我给您带来的不便，并致以最诚挚的敬礼，您最忠实的

George Jaffé

ALS. [13 378]。

　　[1] 在 *Einstein 1917b*（第六卷，文件43）中，爱因斯坦论证说一个距离其他质量无限远的质量惯性为零的假设，在空间各向同性，度规形式为 $ds^2 = -A(dx^{12}+dx^{22}+dx^{32}) + Bdx^{02}$ 的坐标系中，意味着在空间无穷远处，常数 $A$ 需要为零，常数 $B$ 需要发散。隐含的意思是 Jaffé 的等式(3)和(4)看上去是爱因斯坦定律的反例。

　　[2] 在 *Einstein 1917b*（第六卷，文件43），p. 145，爱因斯坦引入了这一限制。

　　[3] 在牛顿宇宙论中，空间无穷远处引力势 $\varphi$ 为常数的假设意味着一个具有有限动能的物体可能摆脱任何质量密度不为零的有限区域。而且根据统计力学，只要恒星系统的动能大于单个恒星的动能，就一定会发生

这种事情。因此在牛顿宇宙论中,任何空间上有限的质量分布的孤岛趋向无穷远处都会变得稀薄。见 *Einstein 1917b*,p. 143(第六卷,文件 43,p. 542)(此处似应为文件 142。——译者)。关于历史讨论,见 *Norton 1999*。

[4]将于 1922 年 9 月 17 到 24 日在莱比锡举行。

[5]*Jaffé 1922a*。

## 271. Max von Laue 的来信

策伦多夫(Zehlendorf),1922 年 7 月 8 日

亲爱的爱因斯坦!

Planck 将你本月 6 日的基尔来信转交给我,[1]并要我在莱比锡替您做"物理学中的相对论"的报告。[2]我当然无法置身度外,只能从命;不过还是想着任何时候你都可以说:还是我来做吧。我还是希望,以我们这个时代的节奏之快,在自然研究者大会之前的两个半月的时间里,整个形势会发生很大变化,让你的不安一扫而空。

随便说一句,我已经从你的来信中明白了你缺席讨论会和研讨会[3]的意思,尤其是在 Westphal 可能是根据官方资料[4]给我暗示后。毫无疑问,被迫做出这种决定,在我看来是目前到处可见的政治混乱的一个让人极其沮丧的表现。

我们全家向你们全家致以热情问候,你的

M. Laue

请在方便的时候写信告诉我,你觉得怎么安排你的这个报告比较合适。也许我能用得上。[5]

TLS.[16 026]。

[1]文件 266。

[2]在德国自然研究者与医生协会大会(见文件 266)。

[3]可能是指柏林大学物理研究所的"星期三物理讨论会(Referent)"。

[4]除了柏林大学编外教授,Wilhelm Westphal 还是普鲁士文化部的一个部门负责人(*Referent*)。

[5]附笔为 Laue 手迹。

## 272. Max Planck 的来信

柏林格鲁内瓦尔德,1922 年 7 月 8 日

亲爱的同事!

读您本月 6 日的来信[1],让我有如晴天霹雳的感觉。原来这些暴民的肆无

忌惮,已经到了让您不得不担忧自己的人身安全的程度!现在在我心里,您取消报告对百年庆祝大会的不利影响只是第二位的;虽然您知道这也很让我痛心。因为我不觉得您的现场参与只是一个形式而已。不过我会说服 Laue 来代替您,并且感谢您提出建议。因为是您的提名,可能有助于让他答应报告。

不过无论如何,请确信我完全理解您收回之前承诺的决定,并且急切希望您能尽快摆脱这一让人难以忍受的困境,我们对此比您更加感到不安。这是不言而喻的。

致以热情问候,并期望尽快与您再会,您的

Planck

ALS.[19 302]。信笺抬头为"德国自然研究者与医生协会主席"("Gesellschaft Deutscher Naturforscher und Aerzte. Der Vorsitzende")。

[1] 在文件 266 中,爱因斯坦取消了参与德国自然研究者与医生协会莱比锡庆祝大会的计划。

## 273. Gilbert Murray 的来信

牛津郡野猪山(Boar Hill)Yatscombe,1922 年 7 月 10 日

亲爱的爱因斯坦教授:

我从新渡户博士[1]那里很遗憾地听到,您想从智力合作委员会辞职,想冒昧地恳请您重新考虑这一决定。坦率地说,我觉得这个委员会很可能起不到什么具体作用,但是它拥有一个希望,以及一个杰出的人员组成;我相信如果我们坚定地开展自己的工作,就可能成功地为重建欧洲智力生活中断绝的联系做出很大贡献。我其实对您在这方面的影响力有很大期望。[2]

除了其他因素,这个委员会和其他国际联盟的委员会一样,面临着拉丁代表太多,日耳曼人代表几乎缺席的危险。对于智力合作,以及其他所有目标,这都会是一个致命的缺陷。我觉得在这方面,您的影响力难以估量。

请原谅我的打扰。如果不是自己深切关心参与这个委员会的使命,我不会如此冒昧。

您值得信赖而且诚挚的

Gilbert Murray

TLS.[34 777]。

[1] 新渡户稻造(Inazo Nitobe,1862—1933)是日本农业经济学家,外交官以及国际联盟副秘书长。

[2] Murray 是这个委员会的副主席。关于他在提名爱因斯坦加入委员会的努力，见 *Nathan and Norden 1960*，pp. 58—59。

## 274. 致 Henri Barbusse

柏林，1922 年 7 月 11 日

尊敬的 Barbusse 先生！

在今年 5 月 8 日的来信中，您让我讲讲巴黎之行的事情。[1]在巴黎的日子是我美好的经历之一，值得怀着幸福和感恩的心情永远铭记。[2]巴黎的同事们待我如同故人，毫无当下政治民族主义的那种盛气凌人。旨趣相投，一道工作，过去的阴影马上就烟消云散了。在愉快地坐在一起的时候，我们有时也谈论政治话题。可贵的是我从未感受到仇恨和战胜者的洋洋得意，反而是很多悲伤和不安。对于世界大战和目前政治形势的因果依赖关系，在法国（德国也是一样）人们的看法一致，可以说也符合他们这个国家的特征。他们诚恳地确信真相只此一个，别无他选。不同国家主流看法之间的差别主要不在具体事实的陈述，而是对它的评价。在我看来，沉浸在不幸的过去及其讨论之中，对两个国家的道德重建都没有好处。在那些破坏严重的领域两国合作开展重建工作，看上去更重要。

富有成效的合作前提是信任，而信任只能来自于个人关系的培养。从这个观点看，法兰西学院教员部（Lehrkörper）对我的邀请，标志着勇敢的第一步已经迈出，希望双方能够再继续前进。

没能与您见面，我感到非常遗憾。您的画像就挂在我的桌子附近，与我亲爱的母亲的画像并列。[3]

致以诚挚的问候，您的

TLC. *Nathan and Norden 1975*，pp. 69—70.［34 521］。信件寄给"Henri Barbusse Miramar par Théoule"。文件左侧页边有活页孔。

[1] 为《光明》（*Clarté*）杂志约稿（见文件 183）。

[2] 关于法国媒体中的爱因斯坦的巴黎印象，见 1922 年 4 月 10 日的《小巴黎人报》（*Le Petit Parisien*）和 1922 年 4 月 15 日的《画报》（*L'Illustration*）。

[3] Pauline Einstein。

## 275. 致居里夫人

柏林，1922 年 7 月 11 日

亲爱的居里夫人！

我能够理解您为何不同意我的决定，实际上您觉得这个决定不可理喻。[1]但是您并不充分了解我这边的形势。这里知识阶层的反犹主义难以形容。首先是因为犹太人在公众生活中很活跃，与其人数不成比例；其次是其中很多人（比如我）致力于国际目标。这就是为什么从客观角度看，一个犹太人并不适合作为德国和国际知识分子的联系人。应该选一位也（uach）与德国知识界关系紧密无间的"真正德国人"。（我想得到的是 Harnack 或者 Planck，[2]当然并不是想在这方面提出任何建议。）

从上述观点中，我冷静而持中[3]地得出结论，决定尽量平静地辞去自己在科学院的职务，以及威廉皇帝物理研究所所长一职，找个地方作为一个普通人安顿下来。我无论如何不能待在柏林，因为有迹象表明极端民族主义者在计划谋杀我。[4]当然是不是真的也很难判断。不管怎么说，我要利用这个机会离开喧嚣的柏林，以求能够再次平静地工作。尤其是我的很多麻烦都和柏林有关。为此我已经在经济上有所准备。[5]

我有义务把这一切都告诉您，但是不要告诉 Langevin 之外的任何人[6]；不然的话，会有不好的后果。

问好，您的

TLC. [34 776]。

[1]居里夫人在自己的信中表达了对爱因斯坦退出国际智力合作委员会的决定的不满（见文件 268）。

[2]原文"uach"可能是"auch"（也）之误。Adolf von Harnack(1851—1930)是威廉皇帝学会主席。Max Planck。

[3]原文此处为拉丁文"*sine ira et studio*"。

[4]见他给 Max Planck 的信（文件 266）。

[5]显然他是想搬到基尔，在 Hermann Anschütz-Kaempfe 的工厂就职（见下一文件）。

[6]Paul Langevin。

## 276. 致 Hermann Anschütz-Kaempfe

[柏林] 1922 年 7 月 12 日

亲爱的 Anschütz 先生!

在您基尔的童话般的府第度过的那个美妙的一周,给我带来很多希望。[1]实在而普通,宁静而自然的生活,在工厂中从事有用的实际工作,想到这里就让我兴奋。[2]再加上可爱的乡村,驾驶帆船——多么让人羡慕。不过我们不能去买下浪漫的埃斯马尔希(Esmarch)别墅。基尔居民看到这样一座富于历史传统的建筑被一个犹太人买下,将会觉得受了刺激,会对我采取某种报复措施[3];只要有决心总会有办法。我确实认为买下这个别墅会造成严重后果。在这个不安的时代,人们都会变得奇怪。我们的一个朋友告诉我,基尔的一个社会主义倾向的报纸对您小船上的黑-白-红旗帜大做文章("'谋杀者'的军旗")。[4]基尔的气氛似乎也让那里的人们变得有点暴躁⋯⋯有时候人在群众中感觉自己是在一群水牛中。他们本身并不坏,但是你一定要注意,别被他们踩了。

不要担心我的住处。最坏的情况也就是我妻子先留在柏林,直到在基尔找到合适的地方为止。我突然改变了自己今年的假期计划,会去苏黎世和儿子们待上一个月。[5]不过我会把您诚心邀请我去基尔的事情告诉他们,让他们流口水。

向您和夫人致以衷心问候,您的

A. 爱因斯坦

ALS(Nachlass Dorothea Kubierschky). *Lohmeier and Schell 2005*, pp. 168—169. [80 721].

[1] Rathenau 遇害之后,爱因斯坦曾离开柏林去基尔为 Anschütz-Kaempfe 与航海仪器公司的官司作证(见文件 257)。

[2] 当天 Anschütz 写信给 Arnold Sommerfeld 说"爱因斯坦厌倦了柏林那些访问和官方事务,希望进入技术领域;他问我能否用他,他在我工厂里是否有价值"("Einstein ist müde von Berlin mit Allem, was daran hängt an Besuchen u. offiziellen Dingen u. will horribile dictu in die Technik; da hat er nun mir die Frage gestellt, ob ich ihn brauchen könne, u. ob er mir in meinem Werk von Wert sein könne"; GyM-DM, HS 1977 – 28/A, 5)。

[3] 在给 Sommerfeld 的信中, Anschütz 继续写道:"爱因斯坦已经去看了这边的一个旧房子,想买下来,他发现了一个荒废的花园,眼睛发亮"("Einstein hat bereits ein alter Haus hier angesehen, das er kaufen will, einen verwilderten Garten hat er begeisterten Augen begrüßt")。这间别墅的主人是 Henriette Esmarch 的继承人。 Henriette Esmarch 是 Schleswig-Holstein-Sonderburg-Augustenburg 公主,威廉二世

皇帝的皇后 Auguste Victoria 的姨妈。

[4] 与魏玛共和国的黑-红-金旗帜相反,黑-白-红旗帜象征君主制及其支持者。在德国议会6月26日的会议中,社会民主党成员 Otto Wels 宣称"君主制主义的旗帜现在已经成为谋杀者的军旗"("Die schwarzweißrote Fahne ist heute zur Mörderfahne geworden";《柏林日报》(Berliner Tageblatt)1922年6月26日晨报版)。

[5] 最初的计划是在斯潘道木屋过暑假,从大约7月17日开始(见文件243)。

## 277. 致 Debendra Nath Bannerjea

[柏林]1922年7月12日

非常尊敬的先生!

〈遗憾的是〉衷心感谢您友好的来信。[1]遗憾的是,在之后的几个星期我无法在柏林这里接待您,因为我要待在苏黎世和孩子们共度他们的学校假期(大约从7月17日开始)。如果您碰巧在苏黎世附近,并且有时间,我建议您给我的地址:苏黎世毕希纳大街3号(Büchnerstr. 3, Zurich)递个信。不幸的是我不得不告诉您,由于国内政策的原因,我已经从国际合作委员会辞职,尽管其目标符合我的心意。[2]我确信本国知识界实际上并不将我看作是他们的代表,因此从事业利益出发,应当从德国另找一位更合适的人选加入委员会。

致以最崇高的敬礼,您诚挚的

ADft,Ilse Einstein 手写。[34 901]写于未刊文献摘要一览表315的背面。

[1] Bannerjea 是智力合作委员会的成员,曾写信要求与爱因斯坦见面(见未刊文献摘要一览表315)。

[2] 关于其辞职信,见文件263。

## 278. 致 Max von Laue

柏林,1922年7月12日

亲爱的 Laue!

对你欣然接受在莱比锡做报告的任务,我非常感谢,一切拜托给你。[1]现在我有一个另外的请求,希望不会使你为难。你知道,我10月份会出门,天知道多久,需要有人在此期间接替我担任威廉皇帝研究所所长。现在我的想法是你从10月1日起,无限期担任这个职务。当然我会把相应的薪水转给你。

因为从某种程度上来说,我已正式地离开柏林,所以不会去参加明天的会议[2],如果你同意的话,请将我以上请求告知董事会。我还要请你声明我同意给予 Kallmann 和 Knipping 先生 40000 马克用于购买霍夫曼静电计。[3]

祝你假期愉快,你的

A. 爱因斯坦

TLS(GyBP, I. Abt., Rep. 34, Nr. 1—4). [78 004]。信件收信人为"Herrn Prof. Dr. M. von Laue Zehlendorf-Mitte"。

[1] 在文件 271 中,Laue 同意代替爱因斯坦作报告。

[2] 董事会议。

[3] 关于二人向威廉皇帝物理研究所的请求,见未刊文献摘要一览表 264。

## 279. 致 Max Planck

柏林,1922 年 7 月 12 日

亲爱的同事!

回家之后看到您的来信,我感到格外高兴,尤其是我本来预料,您会责备我的。[1] 让人高兴的是 Laue 已经同意了,所以我这么晚退出,没有造成什么问题。[2] 1919 年的英国科考队是造成今天不幸的罪魁祸首,是他们让我成为公众人物。[3] 从那之后,我就成为某种旗号,被各种利益打着游行。难怪人有时候幻想着渴望一个"安静的角落"!我已经向科学院提出请求,从 10 月 1 日起暂停向我发放薪水,因为这次是长期旅行。[4] 我也请求 Laue 临时担任威廉皇帝物理研究所所长一职,等待研究所董事会批准。因为我名义上是请假外出的,而且这周末就要去苏黎世看望我的儿子们,好与他们共度暑假,所以就不打算再参加任何会议了。

衷心祝愿您假期愉快,您的

附笔:我后来拒绝作为国际联盟组织智力合作的委员会代表,因为[5]在目前情况下我不适合担任该职务。[6]

TLC. [19 304]。

[1] 爱因斯坦刚在基尔待了一周回到柏林。在文件 272 中,Planck 表达了对爱因斯坦所受威胁的不安,并对后者取消在德国自然研究者与医生协会大会上的报告表示理解。

[2] 关于 Laue 的来信,见文件 271。
[3] 关于英国的日食考察队对成就爱因斯坦声望的作用,见第九卷,导言,pp. li—lii。
[4] 关于他的请求,见文件 280。
[5] 该段落从这里开始为 Ilse Einstein 的手迹。
[6] 关于爱因斯坦对自己辞职原因的解释,见文件 275。

## 280. 致普鲁士科学院

柏林,1922 年 7 月 12 日

鉴于本人必将于 10 月初出国访问较长时间,今特向科学院申请从 10 月 1 日起无限期地暂停支付我的薪金。

致以崇高的敬礼

TLC. [43 019]。这封信是寄给"An die Preussische Akademie der Wissenschaften Berlin N. W. 7."(柏林 N. W. 7. 普鲁士科学院)的。

## 281. 致 Pierre Comert[1]

[柏林,1922 年 7 月 12 日到 19 日][2]

Struck 先生把一份他给您的信的副本送给我,是关于我退出委员会的事情。[3] 从某种意义上讲,他的信与我们谈话的内容相符。[4] 但是他无意中夸大了我报告中的几点意思。我并未亲耳听到对于自己加入委员会的批评;信中描述的情况,是我从间接的渠道了解的。目前这边的情况是,犹太人最好(gut daran)[5] 避免一切抛头露面的事情。我也必须承认,自己不想代表那些肯定不会选举我来担任他们代表的人,而且在此事中的诸多问题上我和他们意见相左。[6]

本地知识界绝对没有任何直接针对我的敌意。在这个问题上,我的朋友 Struck 的情绪失控了。

致以良好祝愿

TLC. *Nathan and Norden 1975*, p. 78(摘录有微小差别)。[34 781]。信件收信人为"Herrn Pierre Comert z. Z. London"。文件左侧页边有活页孔。

[1] Comert(1880—1964)是国际联盟新闻负责人。

［2］日期的根据：信件写于1922年7月12日 Hermann Struck 致 Comert 的信之后［34 778］，但是不会晚于1922年7月19日 Struck 就这个问题给爱因斯坦的第二封信（文件301）。

［3］Hermann Struck(1876—1944)是德国犹太复国主义艺术家。关于爱因斯坦从国际智力合作委员会辞职一事，见文件263。

［4］Struck 送给 Comert 一份自己和爱因斯坦的电话交谈记录，其中爱因斯坦告知了 Struck 自己的决定（见文件301）。

［5］爱因斯坦写的是"darn."

［6］文件275更明确地谈到这个问题。

## 282. Bernado Attolico 的来信[1]

日内瓦，1922年7月12日

教授先生：

您在7月4日的信中[2]告知您要重新考虑是否加入国际智力合作委员会，这让我感到十分难过和震惊。

委员会尚未确定工作地点，还未组建自己的办公室和秘书处，我认为有必要把您的信保留到8月1日，届时委员会将召开第一次会议。

此外，毋庸赘言，您的这个决定，如果不再改变的话，将会让委员会的成员和所有关注其工作的各界人士感到多么失望，因为当初我们满怀热情在欧洲和美洲筹建委员会，一定程度上正是因为教授先生您承诺与我们合作，您并非不知道这一点。

在此情况下，鉴于委员会的会议还有20多天才召开，我代表我们全体成员告诉您，您若需要任何进一步解释或相关信息，我随时愿意为您提供。

我们都知道您非常重视人类的合作事业，倘若出现误解，您和我们一样不会不去努力消除，趁着还有时间。

向您致以我最崇高的敬意。

B[ernado]. A[ttolico].
代理秘书长

TLC(SzGeBNU, R1029/13C/20823X/14297).［82 878］。收信人"柏林 A. 爱因斯坦教授先生"（M. le Prof. A. Einstein Berlin）。

［1］Attolico(1880—1942)，国际联盟副秘书长。

［2］文件263。

## 283. 山本实彦的来信

日本东京都芝区爱宕下町1丁目1番［1922年7月12日至8月8日之间］[1]

十分尊敬的爱因斯坦教授先生：

您寄来的合同我已收悉，并获知您来我国访问的时间将推迟约一个月。[2]

您在日本期间即将授课的班级尊您为世上罕见的伟人，大家都殷切期待您的到来。

我主编的《改造》杂志经常介绍您的理论以及您本人的近况。各种报刊上有关您的报道也非常详尽。

如今的日本人对于大量的有关社会主义思想的介绍和宣传感到略微的厌倦，于是大家的关注点转向科学、哲学和宗教。

日本帝国学士院，其成员囊括日本各所大学里的知名教授，作出欢迎您的决议。[3] 此外，日本国政府本身也在筹备友好地接待您。

我当然同意您拟定的报告时间。如果还能加上一个半小时的讨论时间，可能报告会更加精彩。

我特地派我社职员秋田忠义专程赴德国。我恳请您无须顾虑，让他为您做所有的事情。[4]

我们所有"改造社"成员殷切期待您携夫人的来访，我们正在竭尽全力做好欢迎您的准备工作。

关于日本近况我将另行致函告知您。恳请您代我向您夫人致以问候。

致以无限的敬意，您忠诚的

山本［实彦］

ALS.［36 424］。

［1］本函撰写日期是推测结果，在帝国学士院作出的决议日期后以及秋田忠义（Chugi Akita）专程拜访爱因斯坦的出发日期前（参见未刊文献摘要一览表366）。

［2］据现存的山本于该年1月致爱因斯坦的合同稿，爱因斯坦将他的出发日期从8月底9月初推迟到了9月底10月初（详见文件21）。

［3］日本帝国学士院于7月12日召开会议时，长冈半太郎（Hantaro Nagaoka）提议帝国学士院（the Imperial Academy）应举行正式仪式欢迎爱因斯坦。这一提议得到院长穗积陈重（Nobushige Hozumi）的支持（参见 *Proceedings* 1922, p. 136）。

［4］有关秋田在拜访之后致函爱因斯坦，详见未刊文献摘要一览表，366。

## 284. 致 Otto Gradenwitz

柏林，1922年7月13日

非常尊敬的同事先生！

对于伦琴射线的发现史，我了解不够，无法对其做出可靠判断。[1]我知道 Lenard 先生[2]在这点上提出了一些优先权要求，不过没听说哪个物理学家支持他。在我看来，这类优先权问题一般都不值得重视，尤其是考虑到在科学发现的历史中，偶然因素扮演着相当重要的角色。

感谢您送给我那个带有真地道的意大利风格的可爱小卡片。

致以良好祝愿，

TLC. [15 096]。信件收信人为"Herrn Prof. Dr. Otto Gradenwitz Heidelberg"。

[1] 关于 Gradenwitz 的建议，见文件259。

[2] Philipp Lenard。

## 285. 致 Gustave Le Bon

柏林，1922年7月13日

先生：

由于我难以获得您的原作，我无法就您的方法形成一个清楚的看法。[1]为澄清这个问题起见，请联系 Langevin 教授[2]（法兰西学院）本人。我完全相信他的判断。

致以良好祝愿

A. 爱因斯坦

TLS(FrPBN). [84 180]。信件收信人为"M. Dr. Gustave le Bon 29 rue Vignon Paris"，邮戳为"Berlin W 35 14. 7. 22. 3 – 4N[achmittags]"。

[1] 在文件252中，Le Bon 曾指出自己的科学论文被收录在 *Le Bon 1905* 中。

[2] Paul Langevin。

## 286. 致 Gilbert Murray[1]

柏林，1922 年 7 月 13 日

极其尊敬的先生！

我之所以决定退出智力合作委员会[2]，当然不是因为对国际合作的目标漠不关心。正好相反，我知道自己辞职对实现目标有好处。我已确信自己并非德国知识界的合适代表，因为他们并不认同我作为他们的代表。我公开支持国际主义，是瑞士公民，犹太人，这些加在一起，结果就是在政治事务中，得不到必要的信任，而一个国家代表必须拥有这种信任才能顺利地担任联系人。我确实感觉如果本人加入委员会的话，大多数德国知识界人士不会觉得自己在国际联盟中被真正代表了。在接受这个提名的时候，对我来说，形势还没有这么清楚。我相信在对德国局势有了足够了解之后，您会理解并赞同我的想法。真诚祝愿委员会以及其他一切服务于国际交流的工作取得丰硕成果。

您诚挚的

TLC.［34 783］。

［1］收信人是根据 Murray 的回复（文件 296）确认的。
［2］在文件 273 中，Murray 曾试图劝爱因斯坦重新考虑自己退出委员会的决定。

## 287. Richard B. Haldane 的来信

威斯敏斯特，安妮女王门大街 28 号，1922 年 7 月 14 日

极其尊敬的和亲爱的教授先生：

收到您本月 3 日的来信，非常高兴。[1]另外您对我侄子也非常友善，他现在在哥廷根了。[2]

Weyl 写信告诉我，他已经有了对自己的著作的哲学方面的补充。看看他是否对自己提出的观点的意义这一难题有所阐明，将是很有趣的。[3]

向您的夫人致以敬意，您最忠诚的

Haldane

ALS.［32 640］。信写在有作者本人抬头的信笺上。文件左侧页边有活页孔。

［1］文件 261。

［2］应该是指 Thomas Graeme Nelson Haldane。

［3］关于 Weyl 书籍的第 5 版中的修订，见 *Weyl 1923*，p. v。

# 288. Gerhard Kowalewski 的来信[1]

德累斯顿 A1 区约翰·格奥尔根大道 3 号乙（Johann Georgen Allee 3[1]），
1922 年 7 月 14 日

十分尊敬的同行先生！

您是否还能记起您短暂逗留于布拉格的期间内结识的我，G. Kowalewski 教授？我现在德累斯顿高等工学院任纯数学专业的教授。因为我夫人深切希望离开布拉格，而正巧德累斯顿又提供了这么一个体面的良机。

我经常想从德累斯顿出发去拜访您。可是您的时间非常珍贵，肯定有非常多的人去您那里，可以想象您一定优先选择远道而来的朋友们和崇拜者，而不愿会见不速之客。

在哈勒[2]举行的康德研讨会上，我与您的俄文翻译 Itelson 博士交谈过，从他那里我听到不少有关您的消息。[3]

我希望自己在不久的将来，能加入从数学角度评析您的理论的队伍，就算我还不可能达到 Weyl 的泰斗般卓越超群的学术建树。[4]作为 Sophus Lie[5] 的学生和崇拜者，我对您充满感激之情，因为您的理论引导大家重新重视 Lie 所树立的概念群。有关这一点，一旦我真正吃透其含义，我将撰写一篇从数学角度介绍您的理论的入门文章。——我的生活在柯尼斯堡的兄长，哲学教授 Arnold Kowalewski 博士[6]（因其悲观主义心理学和评论叔本华的书以及"任意排列组合论"[Buntordnungslehre]而著名）曾深入研究过很多或多或少比较糟糕的文章，内容是从哲学角度分析您的理论的，涉及面从可笑的 Kraus 开始，直到内涵丰富的 Schlick。[7]

我的哥哥冒昧地将他的蓝色小册子，即"任意排列组合论"，给您寄去了，是在您即将出发赴巴黎之前。

我理解，您肯定由于时间紧张而没有看，况且单单从这一本薄薄的小册子里也很难看出从这一组合的新思想中能获得多少突破。尽管如此，如果您能三言两语地给他回复和首肯，我将对您不胜感激。因为很少有哲学家能提出一种有价值的思想，尤其是一种涉及数学的思想。将 P 级数进行排列组合，例如，所有的两数结合,尽量混杂排序,即将同一个数再次出现尽量推迟,这对所有实验心理学意义重大,也许对其他领域也重要。

我们这里 Hallwachs 教授的位置需要任命新人。[8] 大家希望能来一位动手能力强的实验家。Dember 博士现任本校编外教授,也是一位熟悉您理论的人,在我看来是合适人选。[9] 您对他评价如何？我以为他是 Warburg 的学生。[10] 如果您认为他是合适人选的话,能不能烦请您三言两语向我写一封推荐他的信呢？也许您能向我们推荐一位您认为能干的人选？吉森(Giessen)的 König[11] 向我推荐了(现任职于拉普拉塔[La Plata]的)Richard Gans。[12] 您对他评价如何？

只是由于我暗自希望您能回忆起您在布拉格时期曾结识过我,我才斗胆写这封信给您,用以上这样的事情来耽误您的宝贵时间。

献上我对您的衷心钦佩,您在布拉格时的老同事

G. Kowalewski

411　ALS.[14 337]。在这份文件的左边缘有用于活页装订的齿孔。

[1] Kowalewski(1876—1950),曾是[布拉格]德语工业大学(German Technical University)的数学教授,后来他去了布拉格德语大学(German University in Prague),当时爱因斯坦是那里的理论物理学教授。

[2] "康德学会"会员大会于 1922 年 6 月 6 日至 8 日召开。

[3] Gregorius Itelson(1852—1929)是一位生活在柏林的独立学者。他负责翻译 *Einstein 1917a*、*1920j* 和 *1921c*[见 Slowo 致爱因斯坦,1921 年 3 月 10 日(Vol. 12,日程)]。

[4] Hermann Weyl。

[5] Sophus Lie(1842—1899)是莱比锡大学的几何学教授,Kowalewski 当时参加了他的课程。

[6] Arnold Kowalewski(1873—1945)是柯尼斯堡大学哲学编外教授。他被提到的著作是 *Kowalewski 1904*、*1908* 和 *1922*。

[7] Oskar Kraus(1872—1942),布拉格德语大学的哲学教授；Moritz Schlick。

[8] Wilhelm Hallwachs(1859—1922)是德累斯顿工业大学的物理学教授。

[9] Harry Dember(1882—1943)。

[10] Emil Warburg。

[11] C. G. Walter König(1859—1936)是吉森大学的物理学教授和该校物理所所长。

[12] Richard Gans(1880—1954)是拉普拉塔大学的物理学教授。

# 289. 致 George Jaffé

柏林,1922 年 7 月 15 日

亲爱的同事先生！

仅仅靠着一些变换当然无法获得实质性的新东西,因为决定时钟和杆尺的

行为的不过是量值 d$s$ 而已。另外也能看出空间无限远处不会成为奇点,比如定义时钟的量 $g_{00}$ 就有极限值 $C$,不会变成奇点。[1] 这个证据可能比质量惯性的考虑更有说服力,因为评估后者需要以牛顿形式表达运动方程,而这必然在诠释中加入某些主观随意性。[2] 根据运动方程,只能把 $m\dfrac{\mathrm{d}x_v}{\mathrm{d}s}$ 解释为动量。这样,对于其余的 $\dfrac{m}{C\sqrt{1-\dfrac{2m}{Br^{1-\varepsilon}}}}\dfrac{\mathrm{d}x_v}{\mathrm{d}x_0}$ $v=1-3$,就需要在空间无穷远处把 $\dfrac{m}{C}$ 看成是质量,而这是一个有限的极限。

致以良好祝愿,您的

TL(CaBeU, George C. Jaffé Papers: BANC MSS 76/210, Box 1). 另存一份 TLC[13 379]。信件收信人为"Herrn Prof. Dr. Georg Jaffé Leipzig"。

[1] 爱因斯坦指的是文件 270 中给出的 Schwarzschild 解法的形式。对于没有宇宙学项的引力场方程,爱因斯坦声称,马赫的说法要求度量在空间无穷远处简并,以使空间分量消失,$g_{00}$ 分量发散(见文件 270,注释 1)。

[2] 在与 Jaffé 的辩论的背景下,这个模棱两可性,最重要的一点是关于真正的物理动量应当由协变还是逆变的形式表达的问题(见文件 302,尤其是注释 12 和 13)。

## 290. Hermann Anschütz-Kaempfe 的来信

汉堡,1922 年 7 月 15 日

亲爱而尊敬的爱因斯坦教授!

我现在是在汉堡给您写信。我与妻子[1]在这里和我的岳父母共度周日。

很遗憾您未能如愿买下那个有着荒园的寂静房子;[2]我觉得您对事物的看法过于负面;基尔的居民——我指的是那些富裕的人——不会觉得您买下别墅有任何问题。至于占人口比例很大的工人阶级,从您指出的那些方面看,也没有什么可担心的。就拿我工厂里的工人作为例子,他们与我关系很近,可以不夸张地说,我对他们十分了解;他们一向支持我,哪怕是在和工会不一致的事情上。关于所[谓]谋杀者的军旗(Mörderfahne)的声明是在事件发生后发布的,[旗子打出的]几天前就不在那里了;文章显然是出于码头上的极左分子之手,可能是帝国船厂的人;我的工人和这类事情没有关系。[3]

对于您不能带着儿子们光临,再次表示遗憾。请务必告诉他们,我们期待他们秋天到劳特拉赫[4]来;只要提前告诉我们就好;到了 9 月,我们的地址是:(梅明根[Memmingen]附近)劳特拉赫城堡。

接下来是好消息,在官司的第二次判决中,我们又大获全胜,和第一次一样;您的贡献起了很大作用。[5]

现在我正在其他地方找一所理想的房子;肯定能找到,没问题的;离明年夏天还有一些时间;考虑到您的夫人不愿意离开柏林,在这里找一个浪漫的临时居所作为临时安排,也许是个不错的主意。[6]我们两人都希望您选择劳特拉赫作为与您儿子们团聚的地方。

昨天我们把一个三相电机从零加到 2 万转。它的第三相与变压器之间的欧姆接触电阻非常大;因此这个问题已经圆满解决;当然如果变压器加压更慢些,情况会更好;[7]现在我的全部精力都用在罗盘仪轴上的反射镜上。[8]我期待着能有一天我可以很自然地向您提出我的技术问题和担心;那么我就会加倍地享受我的工作。

我们俩向您和爱因斯坦夫人致以最衷心的问候,您永远真诚的

Anschütz

ALS. *Lohmeier and Schell 2005*,pp. 170—171. [37 380]。

[1] Reta Anschütz-Kaempfe-Stöve。

[2] 文件 276 中提到的基尔的埃斯马尔希(Esmarch)别墅。

[3] 关于 Anschütz-Kaempfe 船上的君主制旗帜一事,见文件 276。

[4] 爱因斯坦计划与 Hans Albert 和 Eduard 在苏黎世待一个月(文件 276)。关于劳特拉赫城堡,见文件 9。

[5] 关于和航海仪器公司打的官司,见文件 260。

[6] 在文件 276 中,爱因斯坦考虑离开柏林搬到基尔。

[7] 显然作者脑子里想的是陀螺经纬仪的马达。

[8] 文件 260 中给出了陀螺经纬仪上反射镜的安装及其功用。

# 291. Heinrich Zangger 的来信

[苏黎世,1922 年 7 月 15 日至 25 日][1]

亲爱的爱因斯坦朋友:

要是知道您两天以后就像是来自月球的人一样,拥有那么多听众渴望听您的演讲报告,想了解您的观点,那真的不该写这封信给您。说老实话,我真的嫉妒您能获得那么众多的人气,尽管我并不会抱怨自己过去 30 年的经历(就算我没有撞上爱因斯坦)。为什么我又提笔给您写信呢:我想向罗曼·罗兰介绍您的

事迹,他现在在维勒讷夫[2],马上会去图恩(Thune)。

此外,还有一件事:巴黎学界非常认可我的研究成果(光谱仪的论证)。[3]我见到 Langevin 了。看到了他简短而直观的有关相对论①动力学的演讲稿[4]的翻译版,我们这里却是花费了不少精力进行翻译的。Weyl 对该译本提出了严肃的批评意见。[5]这个翻译版您一定在《新苏黎世报》上看到了吧。

Langevin 想把相对论动力学[Relativität-Dynamiy]这一统一基础一点一点地与力学对接,这是一项值得期待的工作,相信他肯定能很好地表达清楚。关于 Guye 的书:《从科学的分科谈爱因斯坦的相对论》(*Relativité d'Einstein dans la Classification des Sciences*),书中追寻的是类似的东西,但是与前者相比太浅了,而且不够系统。[6]

如果法国能从恐惧中走出来达到新的平衡,那将继续涌现一批一流的人才。

让我害怕的是一位 17 岁的德国的所谓"和平主义者"。她是这样说的:"必须杜绝战争的可能——但是在此之前必须把法国人痛打一顿。大家都这么说。"

所以,就是说这种话的同一群人,从不考虑大约有 1‰ 的德国人每天把德国的一部分钱不可挽回地存成外汇,存在荷兰、瑞典、瑞士、意大利、英国、南美等国家,从根本上讲,共和国根本就不考虑民众的利益。请求您时不时地给予我教诲。您浩瀚的知识我将没齿不忘。

ADft(SzZuZB, Nachlass H. Zangger, box 103). [87 112].

[1] 根据以下事实标注的日期:这份文件的 ALC 版本在 Zangger 的副本簿(SzZuZB, Nachlass H. Zangger, copybook 19, 572r–573v)被放在一封日期是 1922 年 7 月 15 日的信和另一封日期是 1922 年 7 月 25 日的信(分别是 SzZuZB, Nachlass H. Zangger, copybook 19, 570v 和 589r)之间。

[2] 瑞士维勒讷夫(Villeneuve),坐落于日内瓦湖东端,图恩(Thune)在伯尔尼南约 20 千米。

[3] Zangger 在 1922 年发表了 *Zangger 1922*,这可能是他在巴黎做的演讲。

[4] 苏黎世大学和苏黎世联邦工学院(ETH)的校长办公室和学生会都邀请了 Langevin。他在苏黎世做了 3 次演讲:5 月 22 日在苏黎世大学主礼堂,5 月 23 日在苏黎世联邦工学院物理研究所,5 月 24 日在苏黎世大学物理研究所[《新苏黎世报》(*Neue Zürcher Zeitung*),1922 年 5 月 20 日]。

[5] Hermann Weyl。

[6] 这是 *Guye 1922* 这篇介绍性文章的标题。

---

① 此处,Eanggcr 用的是 Dynamik-Relativität,——而后面又用 Relativität-Dynamik,从内容上看,两者是相同的。故统一译为"相对论动力学"。——译者

## 292. 致 Hermann Anschütz-Kaempfe

[柏林] 1922 年 7 月 16 日

亲爱的 Anschütz 先生！

经过冷静考虑，我觉得最好还是继续留在柏林。[1]我妻子（最近）很痛苦，担心自己的习惯都需要改变。她觉得自己已经无法再打理一所房子了。[2]就我自己来说，恐怕明年春季我从日本回来之后[3]，您的工厂里就没有什么事情留给我做了。如果最后发现情况并非如此，那我会感到非常高兴，在工厂里面或者旁边的一两个房间，对我来说就足够了；一年中，我会定期到基尔待上一段时间，总共在那里待上不少日子。这样安排可能会比较简单。另外我希望能够在 10 月 1 日之前有效参与您的工作。嘲笑我的反复无常吧，这是我应得的！

我的儿子们最后要来这边[4]，但是会晚一些。因为 Albert 有些不舒服，所以不大可能带着他们去基尔了，尤其是您夫人在搬家的劳苦之前也需要一些休息。[5] Licht 先生告诉我官司获胜的好消息；[6]那个恶棍[7]的鬼把戏这次没能得逞。

我的 Lisa（帆船）还躺在岸上，一动不动，等着不靠谱的制造商来发慈悲。这个制造商今天还取笑我们。[8]幸亏儿子们没有看到帆船的这个可悲状态。

现在我满脑子还是基尔的印象，祝您和夫人好！

A. 爱因斯坦

①

ALS(GyMDM, Nachlass Dorothea Kubierschky). *Lohmeier and Schell* 2005, p. 172. [80 720]. 省略了

---

① 在英译本中，此处加上了 Elsa 写给 Hermann Anschütz-Kaempfe 的信。虽然注释[2]已有此信的部分内容，但并不全。为便于更好理解，将信的全文附在此。——译者

亲爱的 Anschütz 先生！

这个好男人刚刚把改变搬家主意的责任推到他自己的妻子身上。这并不准确。在这边他平静地重新考虑了这个问题，并做出决定。在过去的几个星期，Rathenau 遇刺一事对我丈夫影响很大（他很喜欢 Rathenau）；他深受刺激，并产生一种感觉：离开这里，找个安宁的地方工作。我觉得现在他意识到安宁是一个假象，想要躲藏起来，最好是在柏林；在小镇上，他就会非常引人注目，他不会去费心注意别人，但是别人会注意他。基尔唯一吸引人的是您，Anschütz 先生，而您又要离开！他喜欢在工厂里工作，不过觉得半年后工作会走上正轨，就不一定需要他在那里了。只要您叫他去基尔，多频繁都行，他非常愿意去！请务必记住这一点。日本之行以后，他就想辞去这里的正式职务；他应该这样做。向您和您年轻甜蜜的夫人致以热烈问候，您的

Elsa Einstein

Elsa Einstein 的附笔。

[1] 作者曾想离开柏林,在基尔或者汉堡买下一所房子,并在 Anschütz 的工厂里接受一份工作(见文件 276)。

[2] 在 Elsa Einstein 的附笔中,她这样写道:"在过去的几个星期,Rathenau 遇刺一事对我丈夫影响很大(他很喜欢 Rathenau);他深受刺激,并产生一种感觉:离开这里,找个安宁的地方工作。我觉得现在他意识到安宁是一个假象,想要躲藏起来,最好是在柏林;在小镇上,他会非常引人注目("Mein Mann stand in den letzten Wochen stark unter dem Eindruck des Mordes an Rathenau[er hatte ihn lieb], die Angelegenheit ging ihm sehr nahe, und er hatte nur das Gefühl: fort von hier, um in der Stille zu wirken. Ich glaube, er sieht ein, dass dies mit der Stille eine Illusion ist. Besser als hier in Berlin kann er nirgends untertauchen, in einer kleinen Stadt ist er auf dem Präsentierteller")。

[3] 计划中动身去日本的时间是在 9 月或者 10 月(文件 22)。

[4] 在之前给 Anschütz 的信中,作者曾考虑最好在苏黎世度假,而不是去斯潘道的小木屋(见文件 276)。

[5] Anschütz 一家计划在 8 月中搬去慕尼黑附近的劳特拉赫城堡(见文件 250)。

[6] Anschütz 打赢了一个与 Oscar Martienssen 的官司。Hugo Licht 是 Anschütz 的专利律师。

[7] Oscar Martienssen。

[8] Oskar Heimann。关于这艘船的问题,见文件 197。

## 293. 致 Maurice Solovine

[柏林] 1922 年 7 月 16 日

亲爱的 Solo!

合同见附件。[1]我会对小册子做些改动,还要写信给 Beck。[2]很高兴您终于能够启程,并且很快会再次见到您的母亲。[3]从 Rathenau 被恐怖谋杀后,局势就不太平,我也一直受到警告,放弃了自己的讲座,并且名义上请假离开了柏林,虽然实际上还是待在这里。[4]反犹情绪非常强烈,协约国没完没了的霸凌行径,最后也会再次被怪罪到犹太人头上。人们抱怨对工业界的巨大骚扰;在军事用途的借口下摧毁制造工厂。

致以良好祝愿,并祝愉快,您的

A. 爱因斯坦

Painlevé 很有意思,不过他关于相对论的说法很难站住脚。[5]

ALS(TxU-Hu, Harry Ransom Humanities Research Center)。*Solovine 1956*, pp. 42—43,以及 *Nathan and Norden 1975*, p. 73(摘录)。[80 844]。

[1] 可能是指 *Einstein 1922c* 和 *1916e* 的法文翻译(分别对应第七卷,文件 71,第六卷,文件 30)(见文件 168 和未刊文献摘要一览表 332)。

［2］Carl Beck。

［3］Solovine 计划于 7 月 22 日动身前往美国(见未刊文献摘要一览表 332)。他母亲 Minnie Solovine (1856—1944)住在旧金山(见 Maurice Solovine 致爱因斯坦,1921 年 2 月 28 日[第十二卷,文件 69])。

［4］Rathenau 遇刺后爱因斯坦曾被建议暂时离开柏林(见文件 266)。

［5］可能是指 *Painlevé 1922*。

## 294. 致 Chaim Weizmann

柏林,1922 年 7 月 17 日

亲爱的和尊敬的 Weizmann 先生!

附件是给波士顿的信,已经署好名。但愿能够达到目的。[1]我也同样提心吊胆地希望您最终能够成功地得到巴勒斯坦授权。[2]

您要求我提交文章,意图显然是好的。但是我不明白这本书的目的,所以觉得在未收到合适信息的情况下,难以从命。[3]我一直到 10 月 1 日都会待在柏林这里。

致以良好祝愿,并祝您达成艰难使命,您的

A. 爱因斯坦

TLS(IsRWW).［33 359]。信件寄给"Herrn Prof. Ch. Weizmann London"。

［1］Weizmann 曾经请求爱因斯坦一起签署一封给波士顿的新世纪俱乐部的信,要求将二人一起在访问波士顿期间筹集的款项存到耶路撒冷的国家图书馆的账户里(见文件 256)。

［2］Weizmann 希望在 7 月 17 日的国际联盟理事会能够批准英国在巴勒斯坦问题上的授权(见文件 256)。

［3］Weizmann 在 6 月初曾提出请求(见未刊文献摘要一览表 273)。

## 295. George Jaffé 的来信

莱比锡费迪南·洛德大街 26 号丙,1922 年 7 月 17 日

极其尊敬的教授先生:

今天收到您的友好来信。[1]衷心感谢您能费心考虑我的理论。虽然鄙人极其不想再次麻烦您,但是言有未尽,岂敢半途而废。

对于您争论的两点,我已尽自己所能仔细思考,因此冒昧地呈上两篇论文的

复印稿，试图加以澄清。第一篇将要发表在《物理杂志》(*Physikalische Zeitschrift*)上，[2]第二篇则是在自然研究者大会上报告的草稿。

我完全清楚，通过变换不能获得任何实质上的新东西；但是我觉得通过变换，可以把一个被特殊限制条件（或者计算程序）所局限的 $ds^2$ 转变回来成为一个更普遍形式，与其他限制条件适应。我选择的限制条件是 $g_{00}=C$，所有其他 $g_{\mu\nu}=0$；也可以让 $g_{00}=\infty$，并且所有其他的 $g_{\mu\nu}=0$。[3]为此我只需要选择（用我前一封信的记号表示）[4]第 2 个解：

$$*) \quad C^2 = \frac{1}{1+\frac{2m}{a}}, \qquad B = -a^\varepsilon, \qquad \varepsilon = 1+\sqrt{1+\frac{2m}{a}}$$

您要求时间的度量存在奇点。[5]在我看来，如果消失的只是质量的惯性，空间度量奇点就足够了；所以根本就没有用到(*)式的解，但是也可以对此做出修补。

关于质量的惯性，我觉得这一点很重要，所以在一开始的一个注解里就作出一个相关声明（论文 I）。[6]我当然相信，只有动量的协变分量才是关键的；[7]在之前的信中我并未有所提及，原因是觉得自己是完全在跟随您的脚步，亦步亦趋。

请原谅我占用您这么多的时间；但是您能够理解，对我来说，自己的诠释得到您的认可是何等重要。如果您觉得阅读这些冗长的手稿不如让我到府上对您做一个简短的拜访，我将接受您之前的友好邀请，亲自登门拜访。我可以安排这个周六、周日或者周一到柏林待上几小时，当然这是假定时间和内容对您来说都没有不便的情况下。

请接受本人诚挚的崇高敬礼，您忠实的

George Jaffé

ALS.［13 380］。

[1] 文件 289。

[2] 发表的版本即为文献 *Jaffé 1922c*。

[3] 爱因斯坦早期的宇宙学研究关注边界条件的作用。与 De Sitter 的交流使他意识到需要开辟其他途径。关于 De Sitter 对边界条件方法的批评，见 De Sitter 致爱因斯坦，1916 年 11 月 1 日（第八卷，文件 272），特别是注释 3。关于爱因斯坦对这一批评的最初反应，见爱因斯坦致 Willem de Sitter，1916 年 11 月 4 日（Vol./ 8，文件 273）。在爱因斯坦致 De Sitter，1917 年 2 月 2 日（第八卷，文件 293）的信中，爱因斯坦写明自己已经放弃寻求边界条件。而之前他曾描述说自己受马赫理论的影响而进行这方面的探索（第八卷，文件 273）。后来在 *Einstein 1917b*（第六卷，文件 43）中，爱因斯坦通过引入有限空间宇宙规避了边界条件问题；在原书的 pp. 145—146，对边界条件的研究以及摒弃它的理由进行了讨论。关于爱因斯坦与 De Sitter 之间的辩论的更多细节，见第八卷，编者按，"爱因斯坦- De Sitter-Weyl-Klein -争论"pp. 351—357；关于普遍的马赫原理的不同形式，尤其是那些涉及边界条件的形式，见 *Hoefer 1995*。

[4] 文件 270,等式(4)。

［5］见文件 289，注释 1。

［6］*Jaffé 1922c*。

［7］这与爱因斯坦在文件 289 中的声明相反。

## 296. Gilbert Murray 的来信

牛津郡野猪山（Boar Hill）Yatscombe，1922 年 7 月 17 日

亲爱的爱因斯坦教授：

非常感谢你 13 日的来信。对你的难处，我相当理解，[1] 同时也想冒昧提出一点意见，供你考虑。就我理解，这个委员会的目的并非是代表各个国家的观点。它的人员是根据个人资格从各个国家选出。举个例子来说，我觉得英国大学不会选我，而且确信印度人也不会选 Bannerjea。[2] 实际上要让我们这样的委员会能够顺利工作，需要所有的成员在观念的国际化上，都要比自己所在国家的普通知识分子或者其他人先进得多。

请原谅我再次努力说服你。[3]

您诚挚的

Gilbert Murray

TLS.［34 785］。信件写在印有作者本人抬头的信笺上。

［1］关于爱因斯坦对自己从国际智力合作委员会辞职一事的解释，见文件 286。

［2］Debendra Nath Bannerjea。

［3］关于其第一次尝试，见文件 273。

## 297. Richard Eisenmann 的来信

柏林北 24 区弗里德里希大街 130 号，1922 年 7 月 18 日

极其尊敬的教授先生：

再次感谢您光临视察本人的装置。

能够获得您的首肯，鄙人的感激和满意之情，不言而喻。

承蒙您好心，愿意提供一份书面意见书，为此我冒昧地为您提供下列事实资料：

## 297. Richard Eisenmann 的来信

我给自己提出的问题是做出一个装置，能让钢琴的音调按要求持续鸣响增强；可以使用锤击，也可以不使用，锤击的效果是让音调迅速发声之后立即减弱。我的目的是让早期钢琴变成真正的现代钢琴。

我找到的解决方法是通过电磁脉冲电流让钢丝一直处于其本征频率下的共振状态中。一开始我是通过调音音叉、簧片或者弦来产生同步电流中断，不过实际上仅仅是理论上能行。到 1889 年，我转向当时刚刚发明的麦克风，把它重新设计成为自己需要的接触断路器。尽管这种机构非常简单，但是不够好，只能产生几个孤立的音调。其中一个范例被安装在慕尼黑的德意志博物馆内。

除此之外，钢琴到现在都是利用键上的接触开关控制杆和一个踏板，压下去就开启电流，继续使劲压，则电阻减小电流增强。按键开关的工作原理类似。为了让敏感的钢琴学习者满意，最初设计上需要做很多思考调试工作。现在这些都是看不见听不见也感觉不到的。

10 年前我决定利用旋转断路器代替不中用的麦克风。在动手之前，对利用马达的各种系统做了一个总结。在电报测试站我看见地下室里立着一个精致漂亮的发动机系统，实验者的座位在 2 楼，旁边是各种开关操纵杆和仪表。所以我首先利用这个想法设计了自己的装置：84 个音调中的每一个都有自己的特别设计的专用断路器号码。另外，12 个音调（及其 8 度音）必须是可调的，所以需要特殊的断路器。其精确调整是由一个摩擦极小的马达驱动的锥体进动完成。最低的 A 需要每秒 27.5 次振动＝每分钟 1650 次。断路器的直径为 6.5 厘米。转速为 1650 转时，直径同样为 6.5 厘米的锥体就可以了。现在我用的锥体直径为 14 到 28 厘米，是因为第一个断路器的直径是 13 厘米。[1] 同样地，我用 3 马力的马达来完成 1/2 马力的马达就能胜任的工作也是绰绰有余，因为需要的功率只是用来克服 12 个断路器的微小摩擦，以及设定节奏。这样在制造过程中，整个装置都缩小到可以轻松装进一个中等公寓的里屋的程度。经过调节的弹簧动作可以防止摇动和很高的噪声。为了以这个方法达到产生优美纯净的音调的目的，我需要克服一个困难：发动机不可能绝对稳定运转。对于我的设计比计划多转一圈都不允许，不然的话音调马上就失调了。因为没有合适的调整器，我发明了摆式调整器来以经线仪的精度控制马达转动。[2] 您确信这一点，对这个解决方案特别赞赏。从第一个想法开始，到目前为止，我都是独立工作，没有得到任何外部的智力和物质帮助。

现在这个研究的进展已经到了可由具有资本和兴趣的人进行商业化的程度，而我以自己 36 年的经验随时听候调遣。这个调整装置因其简单而精密，可以很容易使用。而且我相信，只要公开展示几次，就像 Arthur Schnabel 在我家演奏那样，整个键盘装置都会很快成为音乐生活的必需品。[3] 听众的耳朵对此熟悉得很快。新的音调结合了风琴般的但却是金属管弦乐音的丰满和音量，以及键盘音的冷峻，就像 Franz v. Liszt 希望的那样。[4]

　　致以最高的敬意，您真诚的

Richard Eisenmann 博士

ALS.[43 602]。文件左侧页边有活页孔。

　　[1] 关于细节，见 Eisenmann 分别于 1914 年 1 月 23 日和 7 月 1 日获得授权的英国专利(24,260 A.D. 1912)和奥地利专利(68245)。

　　[2] 美国专利局于 1920 年 8 月 17 日授予 Eisenmann 一项关于发动机控制的专利(1,350,214)。

　　[3] Schnabel(1882—1951)是杰出的钢琴家、作曲家和教育家。

　　[4] Franz Liszt(1811—1886)是匈牙利钢琴家和作曲家。他的堂弟 Franz von Liszt(1851—1919)是柏林大学法律教授。

## 298. Hermann Anschütz-Kaempfe 的来信

基尔，1922 年 7 月 19 日

亲爱的和尊敬的爱因斯坦教授！

　　您提议的工厂旁边的小小静养之处，最好是花园的一个浪漫角落，我觉得很有道理；[1]而且越想越觉得不错。在汉堡我岳父母住的别墅区，[2]我们看见一间古色古香的小屋，外号叫"第欧根尼的木桶"(Diogenes-Tonne)①，到处是花盆，屋檐低矮，看上去很亲切。

　　如果您能在我们出发之前一点儿到来，当然是最好；实验室里还有很多东西，我还没有带您看过。如果您能带着孩子们一起来的话，我妻子也会非常高兴。8 月 8 日之前，在家里什么事都不用做，我们会把搬家的所有工作，都交给搬家公司来干；[3]无论如何，我妻子对她在搬家前必须休息的想法表达了强烈的不满。还有黑加仑和醋栗也熟了，等着您的儿子们来摘采，而且天气早晚会好起来，可以驾驶帆船。

　　在您待在我们这里的同时，醉醺醺的 Lisa[4]可以得到修理，等您回到木屋的时候，就可以用了。

---

　　① 第欧根尼(公元前 412 或 404 年至公元前 323 年)，古希腊哲学家。他提倡以贫穷作为美德，认为除了自然的需要必须满足外，其他任何东西都无足轻重。他以乞讨为生，经常睡在市场上的一个大木桶(也有说是一个大陶罐)里。他白天打着灯笼，在街上"寻找诚实的人"。他批评柏拉图，不同意柏拉图对苏格拉底的解释，并破坏了他的讲座，有时在柏拉图上课时，通过提供食物来分散听课人的注意力。他还嘲笑过亚历山大大帝。他被认为是犬儒主义的创始人之一。——校者

另外请务必打消您妻子对您能否再来的疑虑；我相信这是您第一次专为休闲而来，没有什么有意思的工作等着您来做；在愉快和自由的时光中，偶尔会有个别琐碎的技术问题，供您小试牛刀。

我得把最后一页留给妻子，不然的话她会骂我。[5]所以，就写到这里，愿早日再见，向您和尊夫人致以最热烈的问候，您的

Anschütz-Kaempfe

ALS. Lohmeier and Schell 2005, pp. 173—174. [37 381]。信件写在有作者个人抬头的信笺上。文件左侧页边有活页孔。

[1] 关于爱因斯坦提议在 Anschütz-Kaempfe 的工厂里或者附近搞一个访客公寓以便自己访问的情况，见文件 292。

[2] Reta Anschütz-Kaempfe-Stöve；Hermann Wilhelm Stöve(1860—1931)和 Margaretha Stöve-Wiebols(1862—1941)。

[3] 在文件 292 中，爱因斯坦告诉 Anschütz-Kaempfe 自己觉得带着儿子们一起去就太打扰对方的妻子 Reta。Anschütz-Kaempfe 一家正准备搬家去劳特拉赫城堡(见文件 250)。

[4] 三天前，爱因斯坦告诉 Anschütz-Kaempfe 自己帆船进水的情况(见文件 292)。

[5] 此处省略了 Reta Anschütz-Kaempfe-Stöve 写给 Elsa 的附信。

# 299. Gustave Le Bon 的来信

巴黎维农街(Rue Vignon)29 号，1922 年 7 月 19 日

先生：

要想知道一篇已发表的文章是否还存在，根本不需要询问任何学者。[1]看来您和您许多同胞一样拒绝读法语著作。但您至少会读一下称颂您的学说的书，尤其当这些书是由与您信奉同一宗教的人写成的。因此您不会不知道 Moch 的那本《相对论》专著。[2]我再次重申，您将在此书中找到您执意忽略掉的整个过程。

正如我在近期发表于《自然》(Nature)杂志上的一篇文章中所提到的，[3]我比您早 15 年就已经提出了物质与能量是同一回事，并计算出了质量的能量等值。我猜想您读过圣经。所以您应该读到过"没有比不想听的人更聋"这句话。[4]

谨致崇高敬意。

Gustave Le Bon

ALS. [43 320]。信笺抬头为"科学哲学丛书 Gustave Le Bon 博士主编"("Bibliothèque de Philosophie Scientifique. Dirigée par le Dr. Gustave Le Bon")。Antoinet Clotten 手写。Le Bon 签名。

[1] 爱因斯坦手头没有 Le Bon 的书，便让他找 Paul Langevin 解释他的研究工作（见文件 285）。

[2] *Moch 1921*。该书作者 Gaston Moch(1859—1935)是和平主义者和世界语支持者（esperantist），犹太人。

[3] *Le Bon 1922*。

[4] 这句流传颇广的谚语并非出自圣经。但这句话的意思与耶稣说过的话很接近，如马太福音 11 章 15 节："有耳可听的，就应当听。"（Qu'il entende, celui qui a des oreilles.）

## 300. Peter Pringsheim 的来信

柏林西区，吕措大街(Lützowstr.)63 号，1922 年 7 月 19 日

亲爱的爱因斯坦教授：

两天前 Franck[1]访问柏林期间，我们更加细致地讨论了"我们的"问题，并且得到一些结果[2]。当时我们试图给您打电话；但是后来听说您不在家[3]，而且现在也不知道能否有机会再次和您交谈，所以想写信稍微谈谈此事，以免忘记之后，还需要先回想起来才能继续。在我看来，关键之处在于，如果所有的迹象不都是假象的话，这个实验不能明确区别瞬时发射和持续发射，实际上除了"位置效应"[4]，"洛伦兹效应"（因为波列被截断或者相移而产生的展宽）[5]也一样会发生在瞬时发射中，当然这需要另外的解释。首先，实验中已经确认，某些没有表现出斯塔克效应（位置效应可能也应该用斯塔克效应解释）的谱线，在气压升高的时候有强烈的展宽。[6]但是在理论上，即使是与时间无关的电子跃迁，也可能在更频繁的碰撞之下，由于两个原因产生谱线展宽。Franck 在《威廉皇帝学会纪念文集》(*Festschrift der Kaiser Wilhelm Gesellschaft*)中发表的一篇论文中已经探讨了第一个原因，不过我对此还不了解。[7]当然，可以想象碰撞会使得电子不能够在一个激发态轨道待够本来的平均滞留时间就跳回去，同时伴随光的发射。这种所谓的受迫发射肯定是非常混乱的；发生得越频繁，谱线就会变得越宽。第二个可能的考虑如下：受激分子的碰撞应该总是消光，因为能量以其他方式被消耗了。现在显然可以一般地假设，就算去掉多普勒效应、外部扰乱，等等，每条谱线的宽度也不是无穷细；在经典处理中，这个宽度是用〈辐射〉阻尼计算得到的；阻尼越大，发射过程越短，谱线就越宽。对于量子论，可能也有类似结果，我相信连 Bohr 也曾经这么想过：量子轨道并非绝对精确，而是有一个特定宽度，正好对应谱线宽度。电子在激发态轨道上越不稳定，滞留的时间越短，相对于实际的精确量子轨道就越分散。这里又一次表现出最大展宽对应最快的退变，而对应谱线真正中心的跃迁发生得最慢。这样一来，如果每一个受激原子的碰撞

都导致消光,那么主要就是谱线中心被削弱,并引起(表观上的)谱线展宽。我不知道这第二个想法是否有道理。不过第一个确实有一些实验支持,Franck 在一篇文章中也提到了。[8] 如果用 $D_1$-线来激发钠蒸气发光,那么共振辐射中就只有 $D_1$-线。如果通过加入氢来增大气压,$D_2$-线就会出现在发射谱中。显然,激发态的钠原子和氢气分子的碰撞将电子从 $D_1$-轨道转移到 $D_2$-轨道($D_2$ 初级激发的逆向过程也是这样)。可以设想这样一个碰撞的结果就是电子被直接撞回正常轨道(1.5 S-轨道)。现在的问题是在发光过程中是否会发生这种情形;如果是这样,肯定是在扰乱的情况下。我觉得这就是我们达成一致的地方。如果您能在某个时候告诉我您自己的想法,那就太感谢了。碰撞导致的彻底消光也在汞的共振辐射中被精确证实了。当汞的气压升得很高的时候,其共振辐射就消失了。当然需要绝对遵守的一个基本观念是发射过程中成立的东西对吸收过程也必须成立。相反地,和引发光发射的碰撞,或者将能量传递给另一个类似的受激原子的碰撞相比(Klein-Rosseland)[9],这些破坏性的碰撞占了多大的比例,还是一个疑问。我希望不管是在文字还是比喻的意义上,自己没有写得太不清楚。

致以良好的祝愿

Peter Pringsheim

我刚刚在 Wood 的一篇很老的文章中发现一些信息[10]——如果完全没有错误的话——可能有点意思:(1)通过导入 1 个大气压的空气进入冷汞蒸气,吸收谱线的中心明显减弱,但是整个宽度的增加程度足够使吸收总量保持不变。(2)30 毫米的空气已经几乎完全抑制了共振谱线的发射,也就是说,大多数受激原子在滞留时间结束之前就已发生消光碰撞。(3)但是 30 毫米的空气并未减少吸收谱线的宽度,也就是说,对穿过汞蒸气的一束共振光线的吸收,有 30 毫米空气(没有次级辐射)和没有空气(伴随次级辐射)的减弱程度是一样的。这是否意味着:与时间无关的吸收过程,不会显著地受到轻分子的影响,后者反正也不怎么影响构成;当然,对于单个的发射过程(并未对发射谱线作测量,但是肯定也一样没有什么展宽),情况也是一样,只不过由于其寿命比发射过程长,比起平均碰撞时间已经不算短,所以经常在发生之前就变得不可能?也许之前所有的可疑之处都因此失去意义?

P. P.

ALS. [19 138]。文件左侧页边有活页孔。

[1] James Franck。

[2] 1921 年 1 月,爱因斯坦曾经设计了"一个判决性实验"("ein Experimentum crucis"[爱因斯坦致 Sommerfeld,1921 年 1 月 4 日,第十二卷,文件 6])来确定电磁温度辐射的电场,是否按照麦克斯韦理论以波动场形式存在。其思路是看谱线是否存在由辐射电场造成的斯塔克效应而展宽;见爱因斯坦致

Lorentz，1921年1月1日(第十二卷，文件3)。当时爱因斯坦和Pringsheim开始合作验证爱因斯坦的想法；见爱因斯坦致Ehrenfest，1921年1月20日，以及爱因斯坦致Max Born，1921年1月31日(第十二卷，文件24和37)。

[3] 爱因斯坦于7月5日到11日在基尔访问Hermann Anschütz-Kaempfe。

[4] 可能是指斯塔克效应造成的气压展宽。Stark曾经指出辐射原子周围的分子电场产生的静电力会导致谱线展宽(见 Stark 1906，p. 422)。Debye及其学生Holtsmark曾经定量计算了离子、偶极子和四极子的这个效应的大小(见 Debye 1919，Holtsmark 1919)。

[5] "洛伦兹效应"是在经典电子辐射理论的基础上解释实验观察到的谱线压力展宽的一个尝试(见 Lorentz 1906)。其思路为，一个以确定频率振荡的电子辐射的傅里叶谱，由于分子间碰撞，其可能不受干扰地发生辐射的时间区间受到限制(Franck 1921，pp. 79—80)。从实验结果看，这个解释对两倍大气压的氮气中的铯谱线给出的预测和实际观测结果比起来太小；见 Holtsmark 1919，p. 578。

[6] 在 Holtsmark 1919，p. 629，作者曾猜想没有观测到斯塔克效应的谱线也不会表现出气压展宽，并呼吁对这个猜想做实验验证。两年后，Franck 1921，p. 80 中提到"最近"("neuerdings")有证据证明存在没有斯塔克效应但是有明显气压展宽的谱线。

[7] Franck 1921 讨论了三种能否造成谱线展宽的效应：产生自然线宽的"辐射阻尼"("Strahlungsdämpfung")；多普勒效应；以及气压展宽。对每一种效应，Franck都以经典和量子论的观点进行了讨论。爱因斯坦的 Einstein 1921f(第七卷，文件56)也发表在同一个纪念文集中。

[8] Franck 1921，pp. 80—81，mentions experiments to this effect performed by Wood。

[9] Klein and Rosseland 1921 讨论了与辐射无关的，由于原子和电子之间的机械非弹性碰撞产生的电子在不同量子轨道间的跃迁。

[10] Wood 1912。

# 301. Hermann Struck 的来信

陶努斯山中的科尼希斯坦(Königstein i. T.，)，法尔肯斯坦路(Falkensteinerweg)6号，
1922年7月19日

尊敬的、亲爱的教授先生：

我感到非常抱歉，虽然我心里不想给您增添麻烦，但是我还是以这封信给您增加了"书写"的负担。[1]您在电话中跟我讲述的内容我理所当然地进行了速记，但如果我听从我夫人的建议，把我的笔录稿事先寄给您并请您过目就好了。我甚至在寄给Comert时还附上了一封详细的私人信件，使得这件事变得更加微妙。

由于我从每一朵花中都吸取蜜汁，所以我对您认可我是一位血气方刚的、有着阿拉伯人性格的人感到由衷的高兴。

我们两位一齐向您致以衷心的问候，您的忠实的

Hermann Struck

ALS.［34 780］。在这份文件的左边缘有用于活页装订的齿孔。这封封缄信片（letter-card）是寄给"柏林西 30 区哈伯兰大街 5 号阿·爱因斯坦博士教授先生"（"Herrn Prof. Dr. A. Einstein Berlin W 30 Haberlandstr. 5）"，盖着"Königstein(Taunus)[柯尼施泰因（陶努斯）]20. 7. 22. 6－7V[ormittags][上（午）]"的邮戳。

［1］爱因斯坦曾觉得有必要致信 Pierre Comert，以纠正在爱因斯坦从国际智力合作委员会辞职这件事上，Struck 给 Comert 带来的印象（见文件 281）。

## 302. 致 George Jaffé

柏林，1922 年 7 月 22 日

亲爱的同事先生！

对您本月 17 日的来信[1]，鄙人回复如下：

1）如果坚持认为（理当如此）在广义相对论中守恒定律的形式[2]应当是

$$\frac{\partial}{\partial x_v}(\mathfrak{T}_\mu^v + t_\mu^v) = 0 \qquad (\mathfrak{T}_\mu^v + t_\mu^v) = \mathfrak{A}_\mu^v$$

那么应当把

$$\int \mathfrak{A}_\mu^4 d\mathrm{x}_1 d\mathrm{x}_2 d\mathrm{x}_3 = \mathrm{I}_\mu$$

看作一个有限的伽利略嵌入系统[4]的能量动量[3]。

如果只允许线性变换，$I_\mu$ 是一个协变向量，就像 $\frac{\partial}{\partial x_v}(\mathfrak{T}_\mu^v + t_\mu^v)$ 是一个张量密度（一阶），$\frac{\partial}{\partial x_v}(\mathfrak{T}_\mu^v + t_\mu^v)\mathrm{d}x_1 \mathrm{d}x_2 \mathrm{d}x_3 \mathrm{d}x_4$ 是一个一阶张量（协变向量）。

积分也是一样。通过积分可以得出 $|I_\mu|_{t_1}^{t_2}$ 是一个协变向量，因而 $I_\mu$ 本身也是一个协变量。

因此，对于质点的情况，应该按照您所作的那样，设定

$$I_\mu = m_0 g_{\mu\alpha} \frac{\mathrm{d}x_\alpha}{\mathrm{d}s}$$

（不过可以比较 6）中内容）

2）如果在静止情况下您把 $m_{i\kappa} = \dfrac{m_0 \gamma_{i\kappa}}{\sqrt{g_{44} - \left(\dfrac{\mathrm{d}s}{\mathrm{d}x}\right)^2}}$ 当作测试质量的惯量[5]，这

就不会有什么问题。对于您的解,这个表达式在无穷远处为零。以坐标刻度测量到的光速在所有的方向上到达无穷时也都趋近于∞。

3)虽然如此,我绝不能认为您的想法是宇宙学问题的一个满意解决,因为还是必须保留 $g_{44}=\infty$ 的限制条件;不然的话就不能谈及距离物质无穷远处度量连续统的简并。[6]一个无穷远处的钟就必须得跑得无穷快,因为钟旁边的物质会让它走慢,而它的速度应该是由物质唯一地决定。[7]一个附着质量的弹簧就是一个钟,距离其他物体越远,钟走得就越快。原因在于,如果惯性本质上是一种相互作用,一个有限的速度应该由什么来决定?这个情况和与恒星速度不高,需要一个常数极限 $g_{44}$ 的事实是矛盾的,而这个矛盾也成为我认为宇宙空间必需封闭的论据之一。[8]

4)您也应该能够看出,自己的解决方案是不可接受的,因为从没有物质的空间 $g_{\mu\nu}=\mathrm{konst}(\mathrm{d}s^2=\mathrm{d}t^2-\mathrm{d}x_1^2-\mathrm{d}x_2^2-\mathrm{d}x_3^2)$ [9]出发,只要通过无奇点变换就能得到一个表达式,在无穷远处的性质和您的表达式相同。

为此,在证明中您只需要
$$x^i = \bar{x}^i B \bar{r}^{-\epsilon}$$ [10]
连续地依赖于 $\bar{r}$,以使它在 $\bar{r}$ 值较小时为零,在 $\bar{r}$ 增大时连续接近 $\epsilon$ 值。这样不需要质量就可以让空间得到您描述的性质。所以您显然不能将这个行为看作是惯性的相对性的一个表现。

5)惯性的相对性,或者说(准静止)的度量场与质量的存在之间的联系,只能在有限封闭空间的宇宙中实现。[11]

6)因为这里谈到的原因,我不再坚持自己之前那封信里关于惯性质量的意见。[12]不过,人们还是可以坚持惯性质量的意义,因为可以用牛顿形式诠释大地线方程,理由是惯性质量概念只有在牛顿形式中才有清楚的意义,因而在这一形式中,没有理由从广义相对论的动量概念来定义惯性质量。[13]

我觉得您亲自前来这里没有必要,特别是我自己现在也不在柏林,另外我两个儿子要来看我。[14]我觉得信件来往交流就好。

祝好,您的

A. 爱因斯坦

TLS(CaBeU,George C. Jaffé Papers:BANC MSS 76/210,box 1)。另存有 ADft [13 382]以及一份 TLC [13 381]。下面注明了草稿和 TLS 之间的差别。信件收信人为"Herrn Prof. Dr. Georg Jaffé Leipzig"。

[1] 文件 295。

[2] $\mathfrak{T}_\mu^\nu$ 代表物质的能量-动量密度分量,$t_\mu^\nu$ 代表的则是引力场的能量-动量密度分量(可参见 *Einstein 1916o* [第六卷,文件 41],pp. 1115—1116)。$t_\mu^\nu$ 的变换如同一个赝张量,因此爱因斯坦同时代的很多人都认为它不适合代表引力场的能量-动量(关于该讨论的总结,见第七卷,引言部分,pp. xxv—

xxvi)。Einstein 1918f(第七卷,文件 9)提供了广义相对论关于能量动量守恒的详细计算。

[3] 手稿中是"des Impulses und der Energie"。

[4] 关于细节,见 Einstein 1918f(第七卷,文件 9),p. 450。能量动量守恒定律的积分形式,需要用 Killing 对称赋予时空才能定义(现代术语);见 Hawking and Ellis 1973,p. 62。在这里讨论的例子中,这样的对称性的存在,是由于 Schwarzschild 解的静止性和球对称。

[5] 通过设定 $ds^2 = -d\sigma^2 + g_{44}dt^2$ 以及 $d\sigma^2 = \gamma_{ik}dx^i dx^k$,其中 $i,k = 1,2,3$ 并且 $\gamma_{ik}$ 不依赖时间(静止场),可以得到 $\mathfrak{T}_i = m_{ik}\frac{dx^k}{dt}(i=1,2,3)$,其中 $m_{ik}$ 的表达形式由上面给出(见 Jaffé 1922c)。

[6] 见文件 289,注释 1。

[7] 原文此处,爱因斯坦标记了在本页底部的附注:"Eine Feder mit einer Masse dran ist eine Uhr, die desto schneller gehen muss, je weiter sie von den Körpern entfernt ist. Denn durch was sollte denn eine endliche Limes-Geschwindigkeit bestimmt sein, wenn die Trägheit letzten Endes eine Art Wechselwirkung ist?"最后的一点暗指爱因斯坦的马赫观点;可参见文件 295,注释 3。

[8] 见 Einstein 1917b(第六卷,文件 43)。

[9] TLS 中缺失了 $g_{\mu\nu}=$ 和 $ds^2 = dt^2 - dx_1^2 - dx_2^2 - dx_3^2$ 字样,这里根据手稿和 TLC 加入。

[10] 见文件 270,eq. 2。

[11] 见 Einstein 1917b(第六卷,文件 43)和 1922c(第七卷,文件 71),尤其是 pp. 63—70。Einstein 1918e(第七卷,文件 4)中描述的马赫原理不能保证对场方程的所有解都成立,因而也不是一个场方程是否应当被接受的标准,但是可以转变成为一个从多种场方程解中选择合适的宇宙学解的标准。也可见 Einstein 1922q(文件 370),注释 5。

[12] 在文件 289 中,爱因斯坦曾声称运动方程显示逆变形式 $m\frac{dx^i}{ds}$ 应被解释为粒子的动量。

[13] 正如 Jaffé 1922c,p. 340 中指出的那样,爱因斯坦自己在经典运动方程的基础上论证说粒子动量的正确形式应为协变形式 $mg_{\mu\nu}\frac{dx^\nu}{ds}$,而不是逆变形式 $m\frac{dx^i}{ds}$(见 Einstein 1914o,pp. 1060—1061[第六卷,文件 9,pp. 103—104])。

[14] "gegenwärtig"和"wohne"两个字是爱因斯坦手写加入的。手稿为:"zumal ich nicht in Berlin selbst bin und Besuch von meinen Söhnen habe"。爱因斯坦准备和儿子们去斯潘道(见文件 292)。Jaffé 曾提出要去柏林访问爱因斯坦,以便当面讨论问题(见文件 295)。

## 303. 致 Erich Marx-Weinbaum[1]

柏林,1922 年 7 月 22 日

非常尊敬的 Marx 先生!

我对您记得很清楚。可以坦率地讲心里话吗?犹太报纸对我所面临危险的轻率的报道,让我非常不快。[2] 我读完了报道,发现作者根本不了解情况。和所有受到公众关注的犹太人一样,我可能确实面临一些危险。但是很明显,这种报道只能加剧对我的仇恨,以及我面临的危险。现在我暂时的办法是注意躲开德国公众关注的事务。[3]换地址起不到什么保护作用,因为愚蠢的人到处都有,左轮手枪也随处可得。

向您和我的堂妹致以友好的祝福,祝贺她通过考试[4],您的

430　TLC.[44 391]。信件收信人为"Herrn Dr. Erich Marx Zürich"。

[1] Marx-Weinbaum(1888—1966)是苏黎世《瑞士以色列周报》(*Israelitisches Wochenblatt für die Schweiz*)的编辑。在1921年3月,他曾代表德国犹太复国主义联盟就爱因斯坦的美国之行与爱因斯坦通信联系(见 Erich Marx 致爱因斯坦,1921年3月2日,以及爱因斯坦致 Erich Marx,1921年3月3日〔分别是第十二卷,文件73和75〕)。

[2] 两周之前,Marx-Weinbaum 曾发表一篇文章,表示担心在 Rathenau 遇刺以及最近其他刺杀知名犹太公众人物的企图之后,爱因斯坦会被"危险的政治漩涡"盯上("in diesen Hexenkessel gebannt")〔见《瑞士以色列周报》(*Israelitisches Wochenblatt für die Schweiz*),1922年7月7日〕。

[3] 关于 Marx 的请求,见未刊文献摘要一览表334。

[4] Edith Einstein 曾告知爱因斯坦自己计划于5月初进行自己博士论文的口头答辩。她与 Marx 是邻居(见文件68以及未刊文献摘要一览表334)。

# 304. 致 Wolfgang Ostwald[1]

柏林,1922年7月22日

尊敬的同事先生!

我对胶体化学的基本问题非常感兴趣,这是不言而喻的;拒绝您的要求,也让我很不安。[2]本人不能从命的深层原因,是觉得这样细致地划分科学活动有很大不利之处,另外也深知自己没有时间关注这样一个致力于实现特定目标的学会的会议和出版物。目前我的工作已经非常碎片化,对此我也无能为力。

希望您能理解并同意我这一迫不得已的决定,您极其诚挚的

TLC.[18 499]。信件寄给"Herrn Prof. Dr. Wo. Ostwald Leipzig"。

[1] Ostwald(1883—1943)莱比锡大学胶体化学编外教授。

[2] 在未刊文献摘要一览表335中,Ostwald 请求爱因斯坦合作参与一个胶体化学的会议。爱因斯坦在未刊文献摘要一览表336中予以拒绝。在未刊文献摘要一览表343中,Ostwald 再次提出邀请。

## 305. 魏宸组的来信

柏林，1922 年 7 月 22 日

非常尊敬的教授先生！

关于阁下今年 5 月 3 日之贵函，本人在此荣幸地通知您，已经收到国立北京大学校长电报。[1] 我之前曾去电告知您所提出的条件，[2] 回电报文中大学校方已经欣然接受您的要求。[3]

因此协议条件如下：酬金 1000 美元，支付您与夫人东京至北京以及北京至香港的旅行费用，以及在北京的旅馆费用。大学校方对于能够在北京欢迎阁下，表示欣慰。

谨致最高敬意，您极其诚挚的

魏宸组
中国公使

TLS．[36 487]。写在有抬头"中国公使馆"（"Chinesische Gesandtschaft"）的信笺上，收信人为"Sr. Hochwohlgeboren Herrn Professor A. Einstein Berlin"。省略了一些技术性的注释。

[1] 蔡元培。

[2] 在文件 177 中，爱因斯坦同意去北京大学讲学两周，但是不同意邀请方提出的酬金数目。

[3] 电报报文为"同意要求，请代我们达成协议"（英文翻译发表在 *Hu 2005*, p. 69；中文原文发表在 *Gao 1985*, p. 70）。

## 306. 致 Hermann Anschütz-Kaempfe

［柏林］1922 年 7 月 25 日

亲爱的 Anschütz 先生：

我觉得"第欧根尼的木桶"的计划很不错。[1] 不过要是名副其实的话，就不能太大。它让我很兴奋，像个孩子一样。孩子们在这边，住在我的斯潘道城堡里。[2] 我在城里的公寓和城堡之间往返奔波；城堡不漏水，这点比帆船还强。不过现在帆船也很快就能航行了；[3] 不知道该给它起个什么名字好，"傻蛋"（"Reinfall"）还是"巨人"［Grossmann］[4]？可惜的是，由于我妻子病得很厉害，我们无法接受您的友好邀请。Albert 告诉我说,从中学毕业考试到[联邦]工学院学期开始之间没有时间。但是我觉得他可以旷上一到两个星期的课,这样就可以去劳特拉赫访问你们,也不至于就荒废学业。[5] 从您的倒数第二封信到最后一封信,我看出来您已经决定最后要在球体上装第三个〈接触〉电极,来保证启动;[6] 还是我把您的说法理解错了?也许为了确保转子在最高频率下启动,也可以加上一点电阻。也许在能耗增加还可以接受的情况下就能达到目的。

向您和您夫人致意,[7] 还有我妻子和儿子们也向你们问好,您的

A.爱因斯坦

ALS(GyKiRA). *Lohmeier and Schell 2005*, p. 175. [80 281]。

　　[1] 这是汉堡一间别墅的绰号。Anschütz-Kaempfe 觉得爱因斯坦在访问自己的工厂期间住在这里很合适(见文件 298)。

　　[2] 指的是爱因斯坦和他的儿子们在斯潘道度假的木屋。他们原本的计划是大约 7 月 15 到 17 日到达,但是被延迟了(见文件 243 和 292)。

　　[3] 这艘船需要修理(见文件 292)。

　　[4] 这是按他的大学同学、合作者和朋友 Marcel Grossmann 命名的。这艘船之前的名字叫"Lisa"(见文件 292)。

　　[5] 瑞士联邦工学院 1922/1923 年冬季学期的开始是 9 月 28 日。1922(*ETH 1922*)。关于前往劳特拉赫的邀请,见文件 290。

　　[6] 在文件 290 中 Anschütz 将此事告知爱因斯坦。

　　[7] Reta Anschütz-Kaempfe-Stöve。

## 307. 致 Sigmund Einstein[1]

柏林,1922 年 7 月 25 日

非常尊敬的同姓人阁下!
　　如果不用这首小诗给您回复
　　就会显得失去礼数![2]
　　留下误解也会让我不安——
　　也不是每个人都姓爱因斯坦。
　　您可能来自布豪那个地方,
　　我已长眠的老父亲[3],那也是他的家乡。
　　这么多朋友都来相劝,
　　说我的人身十分危险。

懦夫们怀着毒计潜行[4]

想要夺走我宝贵的生命。

但是我们都有不羁之魂，

就像不可救药的吉普赛人。

消受不起官府的庇护，

不如结庐隐居山林；

或者踏上天涯异土

四海之大，岂会无处容身？

感谢您的好意，我的同姓人啊，

外加一个纸糊的救星。①

（签名）A. 爱因斯坦

TTrL.［31 024］。

［1］收信人是根据以下线索：与爱因斯坦同姓，同样来自斯瓦比亚(Swabia)，以及提到 Rathenau 遇刺后爱因斯坦人身安全受到威胁的处境（见文件 265）。

［2］见文件 265。

［3］在自己的诗里，Sigmund Einstein 曾经提到自己的出生地斯瓦比亚。Hermann Einstein(1847—1902)。

［4］关于爱因斯坦被告知自身安全受到威胁一事，可参见文件 266。

## 308. 致 Gerhard Kowalewski

柏林，1922 年 7 月 25 日

亲爱的同事先生！

我还没有机会看过您哥哥的小册子，希望能够尽快拜读。[1]

我对 Dember 先生[2]的文章不了解；如果您能安排把论文送来，我会很高兴对它们做一个评价。在我看来，La Plata 的 Gans 先生[3]是最杰出和全面的德国物理学家之一。他在完全不适于科学研究的困难环境里进行理论和实验物理研究，主要在磁学领域。其他出色的德国实验物理学家，我想指出的还有慕尼黑的 Wagner[4]（伦琴射线的精密测量者）以及图宾根的 Füchtbauer[5]，据我所知，他们都还没有当上教授。

---

① 此处原文为 dazu papiernen Lebensretter，意为自身难保。与成语"泥菩萨过河，自身难保"意思相近。——译者

请原谅我不能写得更长,需要回复的信件太多。致以良好祝愿,您的

TLC.[14 338]。信件寄给"Herrn Prof. Dr. G. Kowalewski Dresden"。

[1] 见文件 288。

[2] Harry Dember。

[3] Oskar Gans。

[4] Ernst Wagner(1876—1928)是慕尼黑大学物理学编外教授。

[5] Christian Füchtbauer(1877—1959)是图宾根大学物理学编外教授。

## 309. 致 Gilbert Murray

柏林,1922 年 7 月 25 日

极其尊敬的 Murray 先生!

我完全理解您提出的理由。但是,即使来自各个国家的成员不被看作是各自国家的直接代表,他们仍然需要起到委员会和各个国家的心理联结作用。[1] 正如我在前面一封信中所写到的那样[2],目前的情况是,由于自己的瑞士国籍,在犹太事务中的活动,以及犹太人的身份,还有之前的政治声明,在本地的知识界眼中已经成了外人,因而会感觉德国在委员会中并没有自己的代表。这种外人的感觉已经强烈到这个地步,让我不得不取消一个已经安排好的在莱比锡的德国自然研究者协会百年庆典上的讲话。[3] 在这种情况下,除了前面已经提到的客观理由,从个人角度,我也不能接受这个给我安排的角色;不管怎么说,它还是很自然地被看作是德国知识界的代表。

希望您能够理解并且接受我的观点,谨致崇高敬意,您诚挚的

TLC.[34 786]。

[1] 在文件 296 中,Murray 曾经提出,国际智力合作委员会的成员,是根据个人的资格挑选的,并非他们所在国家的代表。

[2] 见文件 286。

[3] 爱因斯坦曾告知 Max Planck,由于人身安全受到威胁,自己被迫取消计划好的讲话(见文件 266)。

## 310. George Jaffé 的来信

莱比锡费迪南·罗德大街 26 号丙(Ferd. Rhode Str. 26$^{\text{III}}$),1922 年 7 月 26 日

极其尊敬的教授先生：

首先衷心感谢您能费心研究我的两份手稿,并详细地给出了反驳我的想法的理由。[1]事情过后现在我非常后悔占用了您这么多时间。

不得不说,您的论证十分有力,我现在也明白了必须设立 $g_{44}=\infty$ 的条件。[2]但是必须承认,还是有一些不能满意的地方;原因在于,尽管正式条件 $m_{ik}=0$ 使得质量惯性消失,但是它没有考虑质量的相对性。人们可能不得不"禁止"使用行列式 $|g|$ 为零——哪怕仅仅是在无穷远处为零——的坐标系。

尽然您已经好意研究了本人的理论,我想再告诉您另一个论据;如果没有什么错误的话,这个论据应该至少能够让质量的相对性在形式上符合第一种引力方程。

从球形对称的解的形式：

$$\mathrm{d}s^2 = -\left(1+\frac{m}{2r}\right)^4 [\mathrm{d}x^{1^2}+\mathrm{d}x^{2^2}+\mathrm{d}x^{3^2}] + \frac{\left(1-\frac{m}{2r}\right)^2}{\left(1+\frac{m}{2r}\right)^2}\mathrm{d}x^{4^2} \quad (1)$$

(H. Weyl, *Ann. d. Phys.*, 54, p. 132;[3] 在 Pauli 的百科全书条目的 730 页,公式 421b 中有一个印刷错误[4])出发,利用下面的替代

$$x^i = \frac{\bar{x}^i}{4}, \quad i=1,2,3, \quad t=\frac{2}{\varepsilon}\bar{t}, \quad \varepsilon = 1-\frac{2m}{a} > 0.$$

进行变换,我们得到,

$$\mathrm{d}s^2 = -\left(\frac{1+\frac{2m}{r}}{2}\right)^2[\mathrm{d}x^{1^2}+\mathrm{d}x^{2^2}+\mathrm{d}x^{3^2}] + \left(\frac{2}{\varepsilon}\right)^2 \frac{\left(1-\frac{2m}{r}\right)^2}{\left(1+\frac{2m}{r}\right)^2}\mathrm{d}x^{4^2}. \quad (2)$$

现在考虑这样一个解,在 $r>a$ 时符合(2)式,在 $r<a$ 时符合满足连续条件的结果：

$$\mathrm{d}s^2 = -\left(\frac{2-\varepsilon}{2}\right)^2[\mathrm{d}x^{1^2}+\mathrm{d}x^{2^2}+\mathrm{d}x^{3^2}] + \left(\frac{2}{2-\varepsilon}\right)^2\mathrm{d}t^{4^2}. \quad (3)$$

它描述了一个空心的物质球的场,该球静止质量为 $m$,半径为 $a$,光速(以长度和宇

宙时间的自然单位为测量单位)在 ε 很小的情况下在无穷远处取一个很大值 $\frac{2}{\varepsilon}$。

如果让 ε 趋于零，在极限情况下球体内部是伪欧几里得条件，在球体外部则是欧几里得度量，光速无穷大，而质量惯性为零！在我看来，ε = 0 的极限情况下，在空心球体之外光速立即上升到∞，而且在空心球体被有限空间密度球替换的情况下仍然保持为无穷大，这是很不寻常的。根据这个想法，临界值 $\frac{2m}{a} = 1$ 在没有其他质量影响的情况下使得光速和球体内部的惯性为有限值。

我最初产生这种想法，是因为想证明洛伦兹收缩(就像旋转拉扁一样)可以被看作是遥远质量的作用。后来因为要让 $r = a$ 处的急剧过渡变得平滑些，我转向了您知道的那个办法。现在看起来，似乎是早先的想法更有道理！

能否在方便的时候，将那两份复印件送还给我(绝对不着急！)？第 2 份文件是要被扔掉的。

再次请您原谅本人给您带来的烦扰，并表达极度的崇敬和感激之情，您真诚的

George Jaffé

ALS。[13 384]。

[1] 文件 302。

[2] 见文件 302, item 3。

[3] *Weyl 1917*。

[4] *Pauli 1921*。Pauli 的公式中，$dx^{42}$ 前面的系数没有括号。

# 311. 致 Richard Eisenmann

柏林，1922 年 7 月 27 日

极其尊敬的 Eisenmann 博士先生！

看过您的设备模仿持续钢琴音，很景仰您取得的成果，感觉需要在此简短地表达我对它的看法：[1]

1)您设备发出的声调有特殊的艺术效果。您的方法将会丰富音乐表达的手段。

2)您的设备已经克服了以电磁手段模仿弦乐的所有的根本问题，并且对于一个有才华的设计工程师来说，其实际制造并无严重困难。

3) 在我看来，您主要的成就在于通过接触摆解决了旋转马达速度的调整问题，使其运动完全受摆的控制；就算不看音的发生的问题，其技术意义也很大。[2] 这样您就成功地使得弦以正确的频率受到激发，不需要依赖弦运动向电流产生机制的反馈。我觉得您的控制方法可以成功应用在不同的精密测量领域。

致以良好祝愿

A. 爱因斯坦

TLS(NNLBI, AR 136：Albert Einstein Collection)。[85 510]。收信人为"Herrn Dr. Richard Eisenmann"。

[1] 目的是满足 Eisenmann 在文件 297 中提出的请求。

[2] 见 Eisenmann 于 1920 年 8 月 17 日授予的美国专利 1,350,214，"控制和保持马达恒定速度的装置(Device for Regulating and Maintaining Constant the Speed of Motors)"。

## 312. 致 Hendrik K. de Haas[1]

柏林，1922 年 7 月 27 日

极其尊敬的同事先生！

您传达的巴达维亚学会[2]和鹿特丹自然科学学会[3]对本人的邀请，让我感到非常荣幸和感激。非常遗憾的是，出于以下原因，我无法接受这一邀请：

[德国]自然研究者与医生协会将于 9 月在莱比锡召开年会，同时庆祝学会成立 100 周年。一年前我就受邀做一个主题报告。Rathenau 遇刺一事，使得本地不安局势变得众所周知，而由此导致的个人安全原因，使我不得不取消这一报告。[4] 如果我接受邀请，在同期海外另外一个类似会议上做主题报告，德国科学家们会毫无疑问地感觉受到伤害，实际上是受到冒犯。希望您能充分理解我的理由，并向理事会转达我对他们发出邀请的衷心感谢。

您诚挚的

TLC。[43 200]。信件收信人为"Bataafsch Genootschap z. Hd. des Herrn Prof. Dr. Dehaas Rotterdam"。文件左侧页边有活页孔。另存有 Ilse Einstein 手写的草稿[43 199]。

[1] De Haas(1873—1953)是鹿特丹的巴达维亚实验哲学学会(Bataafsch Genootschap der Proefondervindelijke Wijsbegeerte te Rotterdam)秘书。

[2] 他受邀于 9 月在鹿特丹的学会的两年一次召开的大会上作报告(见未刊文献摘要一览表 326)。

[3] 他受邀对鹿特丹自然科学学会(Rotterdamsch Natuurkundig Genootschap)会员作通俗讲座(见未刊文献摘要一览表 328)。

[4] 在文件 266 中，他取消了自己的报告。

## 313. Chaim Weizmann 的来信

[伦敦]1922 年 7 月 27 日

亲爱的爱因斯坦教授:

非常感谢您本月 17 日的来信,[1]其中提到请您为《新巴勒斯坦》(*New Palestine*)写的文章或者导言。我曾解释过这是一本关于新巴勒斯坦的各种问题的书,并且觉得如果您能愿意简单讲讲我们的新大学,应该会很不错。比如可以讲讲它对整个外部世界的影响,您在美国的一些相关言论,等等。

如果您愿意在这方面写点东西,我会非常高兴。

祝好,您非常诚挚的

Ch. W.

TLCS(IsRWW). [70 991]。信件寄给"柏林西 30 区哈伯兰大街 5 号爱因斯坦博士教授"("Professor Dr[.] A. Einstein, Berlin W. 30, Haberlandstr. 5")。

[1] 文件 294。

## 314. 致 Eric Drummond

柏林,1922 年 7 月 29 日

极其尊敬的先生!

非常遗憾的是,由于本人的日本之行马上就要启程,需要处理一些紧急事务,所以我不能参加在日内瓦召开的智力合作委员会第一次大会。[1]不过在此情况下,由于上述的旅行,我反正在将来的半年之中无法持续地参与合作,因此这次未能与会所造成的损失大为缩小,这未免使人多少得到一些宽慰。不过我希望在这个时期结束之后,通过更加的努力,弥补这一缺席的损失。希望委员会在第一个半年中能够取得丰硕成果,此致最崇高的敬意

A. 爱因斯坦

TLS(SzBSF).《福斯日报》1922 年 8 月 4 日晨报版;《柏林日报》(*Berliner Tageblatt*)1922 年 8 月 5 日晨报版,有少许修改。[81 162]。新建收信人为"Société des Nations aux bons soins de Sir Eric Drummond

Genève"。

[1] 两个星期以前，爱因斯坦曾告知 Gilbert Murray，自己已经决定从委员会辞职(可参见文件 286)。很显然，Pierre Comert 曾于 7 月底在柏林会见了爱因斯坦。他告诉 Bernardo Attolico 说爱因斯坦的辞职信"已经不存在了"("n'existe plus")，并且爱因斯坦还会写信给 Drummond，解释自己参与委员会的计划(见 Pierre Comert 致 Bernardo Attolico, 1922 年 7 月 28 日[SzGeBNU/R1029/13C/20823X/14297])。

委员会的第一次会议计划于 8 月 1 日召开(见未刊文献摘要一览表 327)。

# 315. "对斯特恩-盖拉赫实验的量子论评论"

[Einstein and Ehrenfest 1922]

手稿于 1922 年 7 月 30 日之前完成。[1]
到日期 1922 年 5—6 月
1922 年 8 月 21 日收稿
1922 年 9 月 16 日发表于：《物理学杂志》(Zeitschrift für Physik) 11 (1922): 31—34。

### 对斯特恩-盖拉赫实验的量子论评论

A. 爱因斯坦，柏林 和 P. Ehrenfest，莱顿
(1922 年 8 月 21 日收到)

§ 1. O. Stern 和 W. Gerlach① 让一束银蒸气原子穿过一个磁场，以期检验原子磁矩是否存在及其(如果存在)穿过磁场时表现出的取向。他们的实验提供了一个非常重要的结果：在穿过磁场时，所有原子的磁矩都平行于磁力线的方向。

特别地，大约一半的原子，磁矩与场的方向相同，另一半则相反。[3]这些原子的取向是如何形成的，显然是一个问题。

§ 2. 无论如何，这些原子在进入偏转磁场的时候，显然并没有经历相互碰撞——它们最后一次经历相互碰撞，是在很小的融化炉的蒸发室里。[4]

我们起初的问题是，在磁场的影响下，具有磁性的原子如何改变自己的取向。如果忽略辐射的发生和吸收、碰撞以及其他类似影响，在磁场中，原子会沿着磁场方向发生进动(拉莫转动)。[5]如果与进动的速度比起来，场的方向变化很

---

① Z[eit]s[chrift] für Phys. 9, 349, 1922.[2]

慢,那么进动的角度保持不变。[6]因此,符合量子论的倾角(对于斯特恩-盖拉赫实验中的银原子来说,是 0 和 π)的调整,[7]没有像辐射或者碰撞这样的外部影响,是无法发生的。

§ 3. 起初对实验发现的最明显的解释,是原子的取向调整是通过辐射交换,发生在进入电磁场之际。这不仅要求释放能量,对于那些与磁力线方向反平行的原子来说,还需要从辐射场吸收能量。在辐射作用下,原子动量的重新定位过程有多快(室温下)? ——从一个量子态到另一个量子态之间跃迁,所需的时间可以较为可靠地估计出来。我们知道在这类情况下,一群原子的跃迁时间与相应的经典模型至少在数量级上是一致的。我们这个具有磁矩的原子的进动的例子,就对应一个发出辐射的做圆锥转动的磁偶极子。如果只有进动引起的发射起作用,其调整时间(对于 10000 高斯的磁感应强度)应当在 $10^{11}$ 秒的数量级。但是如果计入附近室温辐射影响["正负辐射流入"①],则时间缩短为 $10^9$ 秒。[8]

这些时间尺度都完全不在考虑之内,因为实验中这些取向调整都必须发生在 $10^{-4}$ 秒之内。[9]

§ 4. 为了摆脱这个难题,一开始提出了两个另外的假定:

A. 实际的原理是原子从来没有进入完全量子化状态。

B. 快速的原子束入流会导致违反量子论取向规则的态;量子规则要求的取向调整是发射和吸收过程产生的,其反应速度比量子态之间的跃迁速度要大得多。

先验地从两个选择中做出决定,现在看起来是不可能的;但是可以仔细考察二者之间的根本区别,以及各自分别会导致的问题。

§ 5. 关于选择 A 的讨论

1. 斯特恩-盖拉赫实验很好地示范了这个假设的条件:在小融化炉的蒸发室中,每个银原子在每次碰撞后都是完全量子化的,因此其磁轴取向是根据所处位置的磁场,尽管这个磁场可能很弱。在最后一次碰撞之后,穿过磁场的各个部分的过程中,其取向不断根据所处位置的磁场方向调整。②

2. 在这个过程中,(单量子)矩的一部分会变得平行于磁场,另一部分则反平行于磁场,决定其统计分布的,是小融化炉的蒸发室的温度和场强,显然不是原子所穿越空间中的(辐射)温度和场强。

3. 因此就需要做出下列假定:哪怕是微弱的磁场也能决定紧接着碰撞(极强场的作用)之后的取向。比如在磁场变化的情况下,尽管这个变化和拉莫转动比起来可以说是无穷快,原子的磁轴就应当跟随场的方向,就像在变化任意缓慢

---

① 比较 A. Einstein, Zur Quantentheorie der Strahlung. Phys. Z[eit]s[chrift] 18, 121, 1917, § 2.[10]

② 在莱顿的一次物理讨论会中,G. Breit 博士已经提出这样一个假设。[11]

的情况下一样。推而广之：对于一个机械系统外部情况的任意迅速的变化，这个系统必须像适应一个无限缓慢（绝热）地发生的外部条件变化一样，将自己调整到同样的终态。从一些例子可以很容易看出来，这违反了力学方程。①

§ 6. 关于选择 B 的讨论

1. 斯特恩-盖拉赫实验将会导致下列景象：在小融化炉的蒸发室里，相对于已经存在的弱磁场，紧接着每次碰撞后原子的磁轴的取向是任意的。这个取向是通过红外辐射实现的，也就是说，通过发射、正负诱发辐射以及顺磁场和逆磁场调整。这样就必须有一个前提条件，那就是这样从非量子态到量子态的转变的概率要比量子态到量子态的概率大很多个数量级②。在最后一次碰撞之后，飞过场的各个部分的时候，磁轴以准绝热方式在取向上顺应变化的场方向，每一个小的角度偏转的发生，都由一个极其微弱的远红外频率（比进动频率要低得多）的辐射交换所补偿。

2. 在这个例子中，顺磁场和逆磁场取向的静态分布，实际上也是小融化炉的温度和场强决定的！

3. 根据选择 B，一个具有磁性的单原子蒸气在磁场中会发射和吸收进动频率长波一侧的辐射；因此在一个合适的磁场中，辐射频率可能落在电波范围内。

4. 选择 B 的特点是，是否遵守量子态，取决于辐射的吸收和发射的可能性。所以在纯机械系统和能够产生辐射的系统之间，就产生了一个根本性的区别。对前者来说，一个对称的引力回转仪的旋转轴，只有在回转仪带上合适的电荷之后，才能够相对于引力场做量子调整。如果把关于取向调整的猜想 B 充分推广到普遍的进入量子态的量子化调整，比如说，也允许合适的电荷自发调整到晶体晶格振荡和分子转动的量子轨道，就会与已知的像金刚石和氢气这些物质的比热的知识发生明显矛盾。

§ 7. 以上列举的问题显示，对于斯特恩-盖拉赫实验结果，讨论的两种解释都远不能让人满意。本文的讨论没有涉及 Bohr 的想法，也就是在更复杂的场中，绝对没有发生明确的量子化。[12]

莱顿-柏林，1922 年 5—6 月

---

① 一个多少有些是假想的例子：众所周知，用绝热方式缩短引力摆的弦长会一致地改变其频率 $\nu$ 和能量 $\varepsilon$ 而不违反量子规则。相反地，如果快速地缩短弦长，比如在垂直位置，$\nu$ 变大，而根据力学，没有加入能量。这样的话，选择 A 就要求提供力学上不可能的功。——第二个例子：弱磁场中的磁性原子。在一个无限缓慢的场的旋转过程中（无限缓慢是相对于进动速度），根据力学定律，原子的磁轴与场方向一致。如果在场方向快速变化的情况下情况依然如此，那么就会发生力学上不可能的角动量变化。

② 对应的调整时间为 $10^{-4}$ 秒，而不是 $10^9$ 秒。

发表于《物理学杂志》(*Zeitschrift für Physik*)11(1922)：31—34，1922年8月21日收到稿件。

[1] 手稿于1922年7月30日之前完成(见文件316和329)。

[2] *Gerlach and Stern 1922a*。

[3] Otto Stern(1888—1969)和Walther Gerlach(1889—1979)。Otto Stern在一篇文章(*Stern 1921*)里首先描述并建议了这个实验，而这篇文章是回应同时由Hartmut Kallman和Fritz Reiche进行的另一个类似的实验，其中使用了非均匀电场中电偶极矩受到的偏转(*Kallmann and Reiche 1921*)。在1921年11月18日收到的一篇论文中，Gerlach和Stern报告了自己实验的最初结果，也就是在开启非均匀磁场的时刻，他们的确观察到银原子束的展宽(*Gerlach and Stern 1921*)。大约3个月以后，他们报告说，经过非均匀场的银原子束实际上分裂为两束(*Gerlach and Stern 1922a*)。在经过一个月之后，他们估计银原子的磁矩大致为1玻尔磁子，与自己的理论预期一致(*Gerlach and Stern 1922b*)。后来发表的 *Gerlach and Stern 1924* 是他们实验的一个详细评论。

实验得到威廉皇帝物理研究所(KWIP)的财务支持。1921年7月27日，在Max Born和James Franck(第十二卷，文件193a)的推荐下，Gerlach曾向KWIP寻求资助。KWIP给予Gerlach 10000马克的一次性支持(见第十二卷，时间表中的1921年10月20日，11月5日和12月2日)。显然Gerlach用了这笔钱中至少一部分来购买一个电磁铁。在1921年11月18日提交的二人合署的第一篇文章中，Gerlach和Stern仍然对哈特曼和布劳恩(Hartmann and Braun)公司借给他们一个电磁铁表示感谢(*Gerlach and Stern 1921*，注释2)，是在1922年3月1日收到的二人合著的第二篇文章中，Gerlach和Stern感谢爱因斯坦和KWIP提供资金购买电磁铁(*Gerlach and Stern 1922a*，p. 352；*1924*，p. 681)。

关于斯特恩-盖拉赫实验的更进一步的历史讨论，见 *Mehra and Rechenberg 1982*，pp. 432—445；*Weinert 1995*；*Friedrich and Herschbach 1998，2003，Trageser 2011*；关于Otto Stern的生平，见 *Schmidt-Böcking and Reich 2011*。

[4] 实验装置于$10^{-5}$mmHg的真空中。气化的银经过第一个横截面为$3 \cdot 10^{-3}$ mm$^2$的窄孔离开加热到1000°C的炉子。在第一个窄孔之后3.3 cm的距离，银原子经过第二个有窄缝的隔板，窄缝的长度为0.8 mm，宽度为0.03到0.04 mm之间。接下来原子束在电磁铁这两个电极之间的非均匀磁场走过3cm的路程，撞到一块玻璃板上。即使经过十个小时的曝光时间，积累的银仍然不能用肉眼看见，需要经过化学处理后才能为肉眼所辨别(*Gerlach and Stern 1922a，1924*)。

[5] 在 *Stern 1921*，p. 250中，也曾论证说经典拉莫进动无法解释量子化现象。

[6] 关于Ehrenfest的绝热假设，见注释12。

[7] *Stern 1921* 中对Stern和Gerlach的理论假设作了如下概述：在关于磁和塞曼效应的量子论中，假设磁场$H$中的原子角动量矢量只能取某些特定分立值，使得角动量沿磁场的分量只能取$h/2\pi$的整数倍(可参见 *Sommerfeld 1921*)。这样，如果我们将包含很多原子的气体引入到磁场中，每个原子的总角动量都是$h/2\pi$，那么每个原子就只能有两个可能的方向，沿磁场的分量为$\pm h/2\pi$。

[8] Paul Ehrenfest 1922年5月20日的日记(条目5714)里给出了对取向时间的计算如下(记号有所修改)。在磁场$H$中进动的磁偶极子$\mu$的辐射速率为$\frac{dE}{dt} \approx \frac{2}{3c^3}\gamma^4\mu^2$；其中$c$是光速，等于$3 \cdot 10^{10} \frac{cm}{s}$；$\mu \approx 10^{-20} \frac{erg}{gauss}$是玻尔磁子，$\gamma = \frac{eH}{2cm}$是进动频率，对10000高斯的磁场，其值为$\gamma \approx 0.9 \cdot 10^{11} \frac{1}{s}$(见日记条目5698，1922年4月22日)。一个原子获得与磁场方向平行或者反平行取向，需要释放或者吸收的能量，是$E = \mu H$的数量级，在我们这个例子中为$E \approx 10^{-16}$ erg。将上述量值代入$\frac{dE}{dt}$，就得到$\frac{dE}{dt} \approx 1.6 \cdot 10^{-28} \frac{erg}{s}$。

这样取向调整时间 Θ 将为 $\frac{E}{\left(\frac{dE}{dt}\right)} \approx 6 \cdot 10^{11}$ s（这就是论文中给出的值）。考虑到室温环境中的热辐射，我们利用爱因斯坦系数（Einstein 1916n [第六卷，文件 38]）来计算得出辐射的吸收和发射之比 $\frac{B\rho}{A} \approx \frac{kT}{E}$（Rayleigh-Jeans 近似）为 $\frac{B\rho}{A} \approx 500$，因此取向调整时间缩短为 $\Theta \approx 10^9$ s，几百年的数量级。

[9] $10^{-4}$ s 的估值，可以由斯特恩盖拉赫实验装置中，1000℃下银原子飞过的大约 6.3 cm 距离所用时间算出（见注释 4）。

[10] *Einstein 1916n*（第六卷，文件 38）。

[11] Gregory Breit；关于其猜想，见文件 191。

[12] 最后是一段是 Ehrenfest 在 1922 年 7 月 30 日或之前加上的（见文件 316）。加上这一段是 Ehrenfest 提议的，当时他在柏林见到爱因斯坦后不久，于 1922 年 6 月访问哥廷根时与 Bohr 讨论了这个问题。爱因斯坦没有反对加入这一段，尽管他承认自己并未理解 Bohr 的评论（见文件 316,329）。后来 Bohr 在 *Bohr 1923*, p.149 页的脚注中明白地评论了爱因斯坦和 Ehrenfest 的理论。几个星期后，爱因斯坦写信给 Ehrenfest(1923 年 9 月 12 日)："我确实访问了 Bohr；那几个小时值得怀念。现在我也明白了他对我们文章的评论的意思是什么"("Ich habe wirklich Bohr besucht; es waren ein paar herrliche Stunden. Ich weiss jetzt auch, wie er seine Bemerkung zu unserer Notiz gemeint hat"[10 077])。关于进一步的讨论，见 *Mehra and Rechenberg 1982*, pp. 444—445。

# 316. Paul Ehrenfest 的来信

[莱顿] 1922 年 7 月 30 日

亲爱的，亲爱的爱因斯坦！

上次与你会面之后，我去了哥廷根(Bohr)；[1]接着 Joffe 来了我这里（被我督促着，写完了他的论文，谢天谢地，差不多耽搁了 15 年）。[2]接着我在美国的哥哥又来看我，待了 12 天（非常高兴！），还带着夫人和大女儿（非常友善、机灵的女孩，但是很肤浅）同行[3]。今天他们路过柏林—汉堡—柏林—维也纳。我哥哥是个有才华有本事的人——和我长得非常像（看上去和我一样年纪，虽然比我大 10 岁），但是他是一个彻头彻尾的"只看眼前"的人——完全不可思议。动手能力很强，心地善良，爱帮忙。——让我家里如沐春风。——因为计划要和(他)在维也纳再次会面（和我另外三个兄弟[4]一起——），我得休息一下，就没有陪他一起去汉堡和柏林。

在安特卫普接他的时候，我在那里看见那些老的佛兰德油画——尤其对 Rogier van der Weyden 和 Quentin Matheys 印象深刻!!——柏林的

Kaufmann 收藏馆应该还挂着一幅 Rogier van der Weyden 的(自)画像。——我看见过复制品。——太震撼了。你一定要去看看！[5]

我计划后天(8月1日)出发从法兰克福到维也纳。——从那里我会把已经可以付印的"Stern-Gerlach"文章手稿寄给你，以便在《物理学杂志》(*Zschr. d. Physik*)上发表——之所以要先寄给你，是因为我在末尾加上了5行字，让自己松了一口气，但是你可能不同意加上这部分内容。如果不是特别反对，请别删掉它。其他整个手稿都和我们讨论的完全一样。[6]

我们的[金]离子样品浓度又提高了——大概是 $2.5 \times 10^{-3}$，这是因为 Methuen 送来的大概是 $1.1 \times 10^{-3}$，另外我们在本地也得到大约 $1.0 \times 10^{-3}$。但是你知道，因为首先要从日本得到原材料，我们这边半年内都不可能有更多产出。[7]

如果你手边正好有小 Albert 和 Eduard 的照片，能否给我？——请代我向两个男孩子问好，并且给他们讲讲我们的情况，这样以后见面的时候，他们会很兴奋。

经过医生还有特别是我哥哥的极力劝说，我妻子最后决定——如果可能的话——把 Wassik 送到专门机构去。大家都认为他是属于众所周知的那种智力低下类型("唐氏综合征")，在5到15岁之间，如果治疗得当，还有一些智力发展的机会。预后较好的情况下，最后的结果是相当于一个5岁正常儿童的水平。——至于能否入住(目前我们在联系耶拿附近的一家专门机构)，以及是否还来得及挽救我妻子的健康，我也不知道。[8]

请代我向你夫人致以热烈问候——Ilse—Margotkins！——恐怕很长一段时间不能见到你了。[9] 你不需要任何人——但是我非常需要你！你的

P. Ehrenfest

ALS.[10 060]。文件左侧页边有活页孔。

[1] 见文件238。

[2] Abram F. Ioffe. *Ioffe 1923*。

[3] Hugo Ehrenfest(1870—1942)，圣路易斯的一位医生，他的夫人 Sophie Ehrenfest-Schwab，女儿 Ellen(1905—？)(见 Ehrenfest 致 Tatiana Ehrenfest-Afanassjewa，1922年8月10日[NL-LeRM])。

[4] Arthur(1862—？)，Emil(1865—？)和 Otto(1872—？)Ehrenfest。

[5] Rogier van der Weyden(大约1399—1464)和 Quentin Massys(Matsys)(大约1465—1530)。Richard von Kaufmann(1850—1908)是一位经济学家。他将自己的一部分艺术收藏捐赠给柏林画廊

(Gemäldegalerie),其他部分由其遗孀在 1918 年拍卖。《一个男人的肖像》(A Portrait of a Man),约成于 1464 年,板上油画,目前藏于马德里的提森-博内米萨博物馆(Museo Thyssen-Bornemisza),最初为 Kaufmann 收藏。关于丢失的 Van der Weyden 自画像的更多讨论,见 *Panofsky 1955*。

[6] 发表的手稿即为文件 315。

[7] 和以前一样(见文件 24 和 45),这是爱因斯坦在莱顿的账号余额的隐匿说法。2500 荷兰盾包括汇来的 1100 荷兰盾,以及 1000 荷兰盾的莱顿工资。

[8] Wassily Ehrenfest(1918—1933)。提到的医院是位于耶拿外边索菲亚高地(Sophienhöhe)的"教养中心和青年疗养院"(Erziehungsheim und Jugendsanatorium),1892 年由 Johannes Trüper 建立并随后经营(也可见文件 333)。一周后,Ehrenfest 向妻子 Tatiana 建议,自己去参观一下医院(见 Paul Ehrenfest 致 Tatiana Ehrenfest-Afanassjewa,1922 年 8 月 5 日 [NL-LeRM])。

[9] Einstein 将于 10 月初动身出发开始自己的日本之行(见文件 325)

## 317. "纪念 Walther Rathenau"

[*Einstein 1922i*]

1922 年 8 月发表于:《新评论》(*Neue Rundschau*) 33(1922):815—816。

### 纪念 Walther Rathenau

对于 Rathenau,我无论在过去和现在,都怀有愉悦的崇敬和感激之情,因为他在目前欧洲的阴暗局势中,带给我希望和安慰;也因为他的高瞻远瞩和古道热肠,同我一道度过难忘时光。[1]他对宏观经济关系的概括,对各民族特点和各色人等的心理理解,对人物个体的认识,都令人钦佩。他有着积极的人生观,虽然洞察人性,仍然博爱众生。与朋友共桌闲谈之际,他既认真又带着地道的柏林式的幽默,这种可贵的结合,使他的谈吐别有风趣。一个耽于幻想的人不难成为一个理想主义者,而他却是一个入世的理想主义者,世事洞明,远超常人。

我对他就任部长一事感到遗憾。鉴于德国受过教育的阶层中的大多数人对犹太人的态度,我认为,在公共生活中,犹太人应当采取一种自尊而谦虚的姿态。[2]我绝没有想到,仇恨、盲目和忘恩负义会达到这样的极端程度。但是对那些在最近 50 年来掌握德国人民伦理教育的人,[3]我要高声呐喊:凭着他们的果子,就可以认出他们来。①

阿耳伯特·爱因斯坦

---

① An ihren Früchten sollt ihr sie erkennen[语出自《圣经·新约》中的马太福音(7:16)]。——校者

发表于《新评论》(*Neue Rundschau*)33(1922):815—816。

[1] 关于 Rathenau 对爱因斯坦的影响,可参见文件 69 和"关于民族自决权的提问(On the Questionnaire Concerning the Right of National Self-Determination)"(第六卷,文件 45a,编在第七卷内)。关于爱因斯坦对 Rathenau 个人及其工作的赞赏,可参见爱因斯坦致 Paul Mamroth,1917 年 5 月 11 日(第八卷,文件 338);爱因斯坦致 Elsa Einstein,1917 年 7 月 4 日(第八卷文件 359d,编在第十卷内);以及爱因斯坦致 Pauline Einstein,1918 年 10 月 8 日(第八卷,文件 631)。

[2] 关于爱因斯坦对德国犹太人的看法,可参见"归化和反犹主义(Assimilation and Anti-Semitism)"和"以知识抵抗反犹主义(Anti-Semitism. Defense through Knowledge)"(第七卷,文件 34 和 35);爱因斯坦致德国犹太教公民中央协会(Central Association of German Citizens of the Jewish Faith),1920 年 4 月 5 日(第九卷,文件 368)。

[3] 爱因斯坦曾几次表达自己的担忧,认为德国科学界在政治和社会中起到破坏作用。他尤其对德国当代历史学家和哲学家们成为"沙文主义温床"("chauvinistische Hitzköpfe";爱因斯坦致 Hendrik A. Lorentz,1915 年 8 月 2 日[第八卷,文件 103])以及"狂热的民族主义"("délirent de passions nationales";罗曼·罗兰回忆爱因斯坦的评论之语,*Rolland 1952*,p. 512)提出批评(见爱因斯坦致罗曼·罗兰,1915 年 9 月 15 日[第八卷,文件 118])。

# 318. "论理论物理学的当前危机"[1]

[*Einstein 1922x*]

日期为 1922 年 8 月
发表于:《改造》(*Kaizo*)4,no. 12(1922 年 12 月):1—8。

## 论理论物理学的当前危机

### 阿耳伯特·爱因斯坦

理论物理学的目的,是以尽量少的、互相独立的假说为基础,建立一个逻辑的概念的体系,来解释全部复杂物理过程的因果关系。[2]关于这个科学体系怎样发生和发展的问题,在麦克斯韦之前的时代可以给出如下回答。

首先,人类观察或思维的无可置疑的事实,也就是几何和分析,构成了所有精密科学的不可动摇的基础。这在古希腊时代就已经完成,除了无限小量的微积分,后人并没有原则上的创新。后来,伽利略、牛顿和他们的同时代的人,建立了真正的物理定律,也就是力学的基本定律。直到大约 19 世纪末,物理学家们相信,力学的这些基本定律,应当是所有理论物理学的基础。也就是说,每一种物理理论最终都应当归结为力学。

因此，物理学的基础看起来已经最终确立，而理论物理学家们的工作似乎应当是通过专门化和差异化（Differenzierung），用理论解释不断丰富的被研究对象。没人想过整个物理学的基础可能需要从根本上加以改造。之后法拉第和麦克斯韦的研究工作使人们逐渐明白，力学的基础同电磁现象是矛盾的。这种变化经历了几个发展阶段。最初，上述两位先行者意识到，电磁过程不能用直接的超距作用力的理论来描述。

按照牛顿的观点，凡是能引起质点加速的力，都可以归结为其他每个质点对被考察质点的即时作用。与这个直接超距作用理论不同，麦克斯韦和法拉第提出了电磁场理论。按照这个理论，电磁力的传播的基础，不是即时的超距作用，而是空间的某种传播态，或者说以太，这也就是电磁场。[3] 按照牛顿的理论，运动的质点是能量的唯一载体，而在新理论中，具有能量，以连续的空间函数来描述的场，与运动的质点一样，也是物理实在。大家都知道，赫兹关于电力传播的实验，帮助这一观念得到普遍承认。[4]

起初物理学家并没有完全理解场论的颠覆性程度。[5] 麦克斯韦自己还是相信，电动力学作用可以看作是以太的运动，甚至在推导场方程时，他也运用了力学。但是后来人们越来越清楚地意识到，电磁场方程不可能归结为力学方程。在寻找物理学的统一基础时，人们不得不反过来，从电磁学方程出发来推导力学方程。[6] 在 J. J. Thomson 发现了带电物体有电磁惯性以及 M. Abraham 证明电子的惯性可以作纯电磁解释之后，这种倾向更加强烈。[7] 把惯性归结于电磁过程，至少在原则上，意味着物理学基础的一次革命。不再以质点为最根本的实在，而是让电磁场成为理论物理学的基本构造单元。大家知道，从纯电磁基础构造物质的物理体系已经在一定程度上取得成功。尤其是现在，我们知道内聚力是纯电磁性质的。

以上并非法拉第-麦克斯韦场论的全部成果。发现麦克斯韦方程组对洛伦兹变换是协变的，导致了狭义相对论，并且从而发现了惯性和能量的等效性；[8] 把场论推广到引力场，考虑到惯性质量和重力质量的一致性，从而导致了广义相对论。广义相对论摧垮了牛顿理论的一个支柱，而这个支柱，也就是欧几里得几何，也一直被认为是所有科学的一个必要基础。[9] 在古代，欧式几何是对固体进行极简单的实验的结果，并被物理学家们默认为是关于不受外部影响的等温固体取向的精确定律；但是现在，由于一些间接地基于实验的重要想法，人们不得不用高斯和黎曼所创立的理论来代替它。看来在广义相对论产生以后，由法拉第和麦克斯韦奠定基础的理论物理学的这一发展阶段已经完成。[10]

近 20 年来，人们认识到，以法拉第-麦克斯韦场论为特征的物理学基础，和建立在其上的力学一样,都不能满意地解释实验事实。人们认为,科学的进步会导致另一个根本性的变革,其深刻程度不会逊于所谓的"场论"变革。由于我们离开逻辑清楚的基础还很远,暂时只能先搞清楚现有基础目前的不足之处在哪里,同时看看仍在进一步探索之中的很成功的所谓"量子论",对于一些重要的物理现象的解释,是否令人满意。

量子论来源于热辐射理论;在那里,力学和电磁场论的结合,产生了违背实验结果,甚至是自相矛盾的定律。热辐射的基本问题可以表述如下。热力学指出,温度为 $T$ 的不透明物体围成的空腔中的辐射,其组成与构成空腔壁的物质的性质完全无关。如果 $\rho$ 是单色辐射密度,也就是说,$\rho d\nu$ 是空腔内单位体积中频率在 $\nu$ 和 $\nu + d\nu$ 之间的辐射能量,那么 $\rho$ 是一个由 $\nu$ 和 $T$ 完全确定的函数。纯热力学理论无法确定这个函数。需要借助对辐射的发生和吸收过程的本质的理解,才能导出这个函数。

与麦克斯韦电动力学相关的经典力学给出 $\rho$ 的表达形式如下:

$$\rho = \alpha \nu^2 T, \dots\dots\dots\dots\dots\dots\dots\dots (1)$$

这肯定是错误的,因为它会使空腔内总辐射密度值 $\int_{\nu=0}^{\nu=\infty} \rho d\nu$ 成为无穷大,普朗克(Planck)找到了一个经验公式,同所有已知的实验结果一致,

$$\rho = \frac{8\pi h \nu^3}{c^3} \cdot \frac{1}{e^{\frac{h\nu}{kT}} - 1}{}^{[11]} \dots\dots\dots\dots\dots (2)$$

此处 $k$ 是一个与原子绝对大小相关的常数,而 $h$ 是一个之前物理学中没有的普适常数,可以被认为是量子论的基本常数。1900 年普朗克提出了这个公式的理论解释,其中暗含一个与当时物理学不相容的假设;借助近 20 年的实验和理论研究工作,我们现在可以回顾理解这个假设。自然界任何地方发生的频率为 $\nu$ 的正弦类振动过程,其能量的数值总是 $h\nu$ 的整数倍,不可能产生中间值。

在这个假设的基础上,不仅可以成功导出热辐射普朗克公式(2),而且还得到了晶体比热随温度变化的定律。[12] 但是所有这些推论都有内在矛盾:在利用新假设的时候,他们总是依赖与之并不相容的经典物理学的基础。

考虑到麦克斯韦电动力学和牛顿力学的巨大成就,以及它们的不可替代性,人们难免尽可能地质疑量子论的基本假说。但是确实存在可以直接证明量子论的各种现象,尽管量子论与经典物理学的基础明显地不相容。

按照麦克斯韦理论,由某一光源发射出来的辐射的能量密度,随距离的平方减弱。在单位时间里能够吸收的能量随着距离的增加会无限减少。由于分子的化学分解,或者从原子中释出电子都需要一定的能量,而距离光源足够远的辐射是相当弱的,靠这样的辐射就不能引起这种化学过程。但是同上面所说的相

反,[13]实验表明,辐射的化学作用和光电作用,同辐射的密度完全无关;穿过物质的辐射的总化学作用,仅仅同辐射的总能量有关,同空间能量密度无关。E. Warburg的实验进一步证明在基元化学过程中吸收的能量始终等于$hv$,同辐射能量的空间分布无关。[14]光电效应和伦琴射线引发阴极射线的实验,也得出同样结果。

现在我们知道这些能量直接来自辐射,而不是逐渐积累起来的。光的吸收是以单个基元过程组成,其中每一个过程中能量$hv$都是整个地转移。我们完全不清楚这些基元过程的细节。如果我们只知道辐射的能量性质,那么建立的辐射的分子理论,就只能是牛顿的光的发射理论那种类型。[15]但是要来解释衍射和干涉现象,却遇到了难以克服的困难。此外,也许应当记住的是,辐射场理论决不会比决定固体热容的固体弹性波理论更不正确;这两种理论同量子论的矛盾同样尖锐,要想能够解释实验结果,它们都必须同量子论以同样方式结合起来。

我们关于原子组成的知识的迅速增长,特别应当归功于大师Rutherford和Bohr,使我们能够对量子规律作出极其重要的总结,现在我们就来谈谈这个问题。还在卢瑟福-玻尔理论出现以前,[16]就提出过这样一种假设,关于同某种光谱线有关的辐射的吸收发射,应当对应于原子或者分子从一个较常见状态到另一个状态的跃迁。而由于基本形式的态当然不能描述为正弦类型的运动,这就产生如何将量子论推广到更普遍的力学系统的问题。这个问题已经由Bohr、Sommerfeld、Epstein和Schwarzschild逐步地成功加以解决。[17]这些研究者所获的结果,已经由光谱学领域的精密数据完全证实。

如果某个力学系统的坐标是$q_\nu$,具有周期性,并且对于每一个自由度$\nu$来说,同坐标$q_\nu$相对应的动量$p_\nu\left(=\dfrac{\partial L(q\cdot p)}{\partial q_\nu}\right)$可以看作只同坐标有关的函数$q_\nu$,那么,在任何一个自由度中,每一个周期的积分$\int p_\nu dq_\nu$都是普朗克常数$h$的整数倍。这样就为所谓"准周期"力学系统定义了量子论所"容许"的状态。这一普遍规则在各种极其精细的特殊例子中得到了证明,比如Epstein提出的关于斯塔克效应的理论,[18]因此应该基本上是正确的。

从一般理论观点来看,下面的情况尤其令人感到奇怪。一方面,正如已经指出了的,力学似乎并不普遍成立,因为以力学为基础的统计力学会得出同事实相矛盾的结果(比如固体的比热)。另一方面,在上述规则适用的范围内,力学定律以惊人的方式得到了证实。也许在自然界里,只有准周期的基元过程,或者更一般地,只有这样一种力学体系,其单值积分与自由度数目相同?从气体运动学理论观点来看,这种思想显得很荒谬。至于量子化要求如何限制了经典力学(以及电动力学)的适用范围,今天也和 15 年前一样,完全是一片迷茫。

有人提出过这样的意见,认为按照当前人类的认知水平,自然定律未必能用微分方程来描述。[19]事实上,从前述量子论的观点来看,要判断系统的某个态是否为量子论所容许,必须考察系统的整个周期。为了真正处理量子关系,看来需要新的数学语言;无论如何,像我们今天所做的这样用微分定律和积分条件来表述自然规律,是荒谬可笑的。理论物理学的基础再次受到震撼,实验要求我们给出更高水平的自然规律。新思想要到什么时候才会出现呢?谁要是能够活到那个时候,那该是多么幸福啊。

(1922 年 8 月)

发表于《改造》(Kaizo)4, no. 12(1922 年 12 月):1—8。写作日期 1922 年 8 月。另存有两段手稿[36 426]。

[1] 手稿的本来题目为"Über die Krise der Licht-Theorie(论光理论的危机)",后加上"gegenwärtige(当前)"并删去"Licht-Theorie(光理论)"。(还加上"理论物理学"。——译者)

[2] 在 *Einstein 1922i*(文件 220)中,爱因斯坦对物理理论的公理性质作了类似评论。

[3] 在 *Einstein 1920j*(第七卷,文件 38)中,爱因斯坦类似地以空间性质来定义以太。

[4] 可见 *Hertz 1889* 和 *1892*。

[5] 关于爱因斯坦之前称场论的方法和结果构成物理学基础的一场"革命"("Umwälzung")一事,可参见 *Einstein 1914o*(第六卷,文件 9),p. 122。

[6] 这里爱因斯坦指的是所谓电磁计划,也就是试图将力学归结为电磁理论的努力。关于这个研究计划的一个清楚的说明,见 *Wien 1900*, p. 502;关于其历史讨论,见 *Kragh 1999*, chap. 9;*McCormmach 1970*;以及 *Jungnickel and McCormmach 1986*, pp. 227—245。

[7] 见 *Thomson 1881*, *Abraham 1902*。

[8] 关于爱因斯坦自己对狭义和广义相对论的诞生历史的明确的回顾,见文件 399。

[9] 关于爱因斯坦对与相对论有关的几何学的哲学思考,见 *Einstein 1921c*(第七卷,文件 52)。

[10] 爱因斯坦 1921 年在国王学院的讲座中,做了几乎完全同样的声明,即广义相对论,"显然"是法拉第和麦克斯韦引入的场论计划的一个"结束"("Abschluss")(第七卷,文件 58, p. 431)。

[11] 见 *Planck 1900*。

[12] 见 *Einstein 1907a*(第二卷,文件 38)。

[13] 见 *Einstein 1905i*(第二卷,文件 14)。

[14] 在 *Einstein 1922l*(文件 231), p. 828 中,提供了这里提到的实验的细节。

[15] 在本文件的最后一段,爱因斯坦通过讨论微分方程的适用性,回到了场论是否能作为物理学基础的问题(见注释 19)。

[16] 尤其可参见 *Rutherford 1906* 和 *Bohr 1913*。关于量子论历史发展的全面描述,见 *Mehra and Rechenberg 1982*。

[17] 这里爱因斯坦想到的论文可能包括 *Bohr 1913*,*Sommerfeld 1916a* 和 *1916b*,*Epstein 1916*,以及 *Schwarzschild 1916*。

[18] 见 *Epstein 1916*。

[19] 在爱因斯坦致 Walter Dällenbach,1917 年 2 月 15 日(第八卷,文件 299)中,他也曾提出了这样的疑问。*Stachel 1993* 也提到了"两个爱因斯坦";当时作者是在为读者提供关于建立物理基础的两个不相容的计划的历史讨论,一个是通过场论方法(利用一个连续流型以及偏微分方程组),另一个是更偏向用代数的基础来解释量子论的分立现象。

# 319. 长冈半太郎的来信

日本东京帝国大学理学院,1922 年 8 月 2 日

极其尊敬的同事先生!

从 5 月 22 日的尊函,得知您已确定成行,并期望与远东学者加强联系,使本人倍感欣慰。[1] 我担心您最后会说:"远东没有合格的学者!"

您的东方之行引起了日本公众的极大兴趣;我经常被邀请去做相对论原理的通俗讲座。[2] 显然公众对时空概念有很强的好奇心,但是常被错误的介绍所误导。值得注意的是,一位军舰码头技工也出版了关于相对论原理的书;他对相对论原理的理解很到位,而且这本书似乎是给专业人士写的。[3] 和好的一面相对的是更多的阴暗面。一位大学毕业生误解了相对论的原理,写了一篇火药味很浓的文字,发表在一个学会的学报上。[4] 新一代科学家中的混乱局面很难轻易改善;这样继续下去没有意义。

学士院院士们一致欢迎您的光临并竭诚尽地主之谊。

如果您于 11 月到来,菊花的时节已过,但是秋叶,尤其是枫叶,会给这个岛国带来特有的亮色;地上斑驳的颜色映衬蓝天,正是秋色宜人;希望您能够有机会欣赏美丽的田野风光。

期待您的光临,并致以最高敬礼,您永远热忱的

长冈半太郎

TLS.〔36 435〕。文件使用理学院信笺,收信人为"柏林爱因斯坦博士教授先生"("Herrn Prof. Dr. A. Einstein,Berlin")。文件左侧页边有活页孔。

[1] 在自己的信中,爱因斯坦表示了对日本学者会面的期望(见文件 198)。爱因斯坦的信件日期实际上是 5 月 20 日。

[2] 1922 年 10 月 29 日的《读卖新闻》(*Yomiuri Shibun*)提到了长冈的一个这样的讲座。

[3] *Ikebe 1922*。

[4] 土井不昙(Uzumi Doi),文章可能是指他的 *Doi 1922c*。

## 320. Max Born 的来信

哥廷根，1922 年 8 月 6 日

亲爱的爱因斯坦：

最近有一位现住荷兰的女物理学家来拜访我们，她说在美国已重复了迈克尔逊实验，得到了肯定的结果。[1] 这个消息应该是 H. A. Lorentz 带来的。是否属实？迈克尔逊实验是那种"实际上是"先验的（a priori）实验之一；这个谣言我一个字也不信。但是，如果你能抽空寄张明信片过来，这里的所有人都会非常感激。

Franck 和 Courant 曾和我谈到你。[2] 对聘任一事我们还有很多忧虑。Pohl 已决定留在哥廷根。[3] 这样我们就不用烦心选择了。但现在我怕 Franck 可能会去柏林。我真诚地希望他能获得聘约，但他要是真的接受的话，就蠢了。Courant 说你也是这么想。

科学方面没有什么重要的事需要汇报。我和助教 Hückel[4] 在努力进行多原子分子（例如 $H_2O$）的量子化，用来计算红外谱带。我们有正确的近似方法，但计算很复杂。我的百科全书条目可能这个月就能完成，这项工作已经让我烦透了[5]。对分子构成的量子理论我做了很多设想；在《自然科学》(*Die Naturwissenschaften*)杂志上的一个关于 $H_2$ 分子的简短预告包含了行家会感兴趣的某些结果。[6] 但是这些结果越是明确，整个系统就越是显得荒谬。就原理问题而言，我还没有走上正确的轨道。

我妻子和孩子们都好。女孩子们现在乡下，和我们以前的一个女佣在一起，不过她们很快就要回来了。我们在这儿要待到 9 月中旬，然后去莱比锡，再从那儿去意大利。因为我的书被翻译出版[8]，我们收到 22 英镑的版权费，并已换成里拉。当然这点儿钱没多少，但我们都热切盼望着这个小小的南方之行。

与我的妻子一道向你一家致以热情的问候，你的

M. Born[9]

ALS. *Einstein and Born 1969*, pp. 106—107. [8 171]。

[1] Dayton C. Miller 于 1921 年 4 月重复了迈克尔逊-莫雷实验，并宣布观测到以太的漂移。其结果在 1922 年 4 月发表(*Miller, D. 1922*)。关于爱因斯坦的反应，见 1921 年 5 月 9 日，Vol. 12, 时间表。

[2] James Franck 和 Richard Courant。

[3] Robert W. Pohl。

[4] Erich Hückel(1896—1980)是哥廷根大学物理助理教授。
[5] 在文件 175 中,他期望能在 5 月完成这项工作。发表的文献即为 *Born 1923a*。
[6] *Born 1922*。
[7] Irene 和 Gritti Born。
[8] 显然是 *Born 1923b*。
[9] 文件最后加上的"beantwortet E."(已回复,爱[因斯坦])是爱因斯坦的手迹。

# 321. Heinrich Zangger 的来信

[苏黎世-巴塞尔,1922 年 8 月 6 日至 28 日][1]

亲爱的爱因斯坦朋友:

您不来瑞士,实在是太遗憾了! 您是不会说许多令人讨厌的话的。看来,我曾经担心害怕柏林及拉伯雷(Rabelais)的追随者①,现在看来不幸都应验了。罗曼·罗兰很气愤,他看到了报道,并获知您因害怕被暗杀而回绝了莱比锡的演讲。[2]这样的话我也不去了,如果您不去的话。

尽管德国人渴望恢复交通,从事学术研究,但人们却非常不愿意朝这个方向努力。原因在于,尽管只有为数有限的朋友,许多德国人在这些朋友面前依旧缺乏教养、伤害对方。这是人们每天都经历着的事情,尤其让那些生活在境外的德国人深感震惊。Edgar Meyer 虽然不是一个过分敏感的人,但他却经常义愤填膺。[3]

Besso 最近情况不错。我在伯尔尼举行的自然研究者会议上遇见过他。[4]

Strasser 教授忘却了同时性这一概念,可怜的人啊。我已经有 8 个月没有见到过 Weyl 了。[5]

我把卢加诺(Lugano)和圣加仑(St Gallen)的事情推掉了,以便随时可以一起去法尔曼(Valmont),如果有必要的话。[6]

我们已经到达巴塞尔了。在瑞士庭院酒店(Schweizerhof)住下,以便等 Haemerli 博士两天后才能腾出时间来。[7]

如果 M 女医生与我同行的话,我将于周四返回。那样的话,或许我能向您

---

① 此处原文为 Rabelaisisten,《杜登词典》里找不到这个词,可能是 Zangger 自己造的词,以文艺复兴时期法国小说家弗朗索瓦·拉伯雷(François Rabelais,1483 或 1494—1553)为词根创建。拉伯雷有《巨人传》存世。他采取嬉笑怒骂、冷嘲热讽的方式刻画了当时的社会,他在书中多处描写了上层社会骄奢淫逸的粗俗生活,据说他本人也很享受这类生活。但不清楚 Zangger 用这个词来确切地说明柏林人的哪些特征。感谢《爱因斯坦全集》现任主编 Diana K. Buchwald 提供相关信息。——译者

汇报详情。

  这位女医生近期来的诊断报告颇具旧时高雅的形式,对病人十分尽责。病人情况已明显好转,放心吧,他已经能大声哭出来了。女医生也放心了。好吧,你尽管放心吧!

  祝愿你在南边取得伟大成绩。

Zangger

ADftS(SzZuZB, H. Zangger Nachlass, Kopialbuch 19, 709r - 710v). [92 974]。

  [1] 根据以下事实标注的日期:这份文件的草稿在副本簿中位于 19,687r(标注的日期是 1922 年 8 月 6 日)和 19,717r(标注的日期是 1922 年 8 月 28 日)之间。

  [2] 因为在 Rathenau 被暗杀后,他的生命安全受到威胁,所以他取消了他计划在莱比锡的德意志自然研究者与医生协会(Gesellschaft Deutscher Naturforscher und Ärzte)年度会议上的演讲(见文件 266)。

  [3] Meyer(1879—1960),苏黎世大学实验物理学教授,德国人。

  [4] Michele Besso。

  [5] 可能是 Bruno Strasser(1879—1959),是路德维希港(Ludwigshafen)的巴登苯胺苏打厂(Badische Anilin-und Sodafabrik①)的物理实验室主任。Hermann Weyl。

  [6] 在蒙特勒(Montreux)的法尔曼(Valmont)疗养院。

  [7] 可能指的是 Theodor Haemmerli(1883—1944),一位苏黎世心脏病专家。

## 322. Michele Besso 的来信

伯尔尼云杉路(Fichtenweg)3ª号,1922 年 8 月 8 日

亲爱的阿耳伯特:

  从报纸上看到的你给智力合作委员会的信[1],也同时回答了我 8 周前的一封信里的问题;我不知道你是否曾收到那封信。[2]

  既然这样,我祝你一帆风顺,安全到达日出之国,并顺利返回!如果这个旅程可能给你带来一位人类导师(Lehrer der Menschen)②所能得到的最大的收获,我也不会感到惊讶,相反,[在德国]让你感受到前所未有的冷漠。不管怎么说,很多德国精英会嫉妒你能够暂时把阴沉的欧洲抛在脑后(对比起来,他们的困难可能不像你的那么明显)。

  让我一次又一次不得安宁的问题,是一个人是否应该追求归隐或者冥想的

---

① 即巴斯夫(BASF)。——译者
② 此处指爱因斯坦。——译者

宁静 αταραξια[3]，其中哪怕是庞然大物也不过像是稍微高点的波浪；或者应该能够在能力和知识所及的范围内，保持意志的活力。

四个星期之前我的家庭医生"诊断"出我患有明显的心脏机能不足，预测最多只可活 10 年；两周前另一位医生(在巴登-巴登附近的比勒高地[Bühlerhöhe]，我看望兄弟 Vittorio 就是去那里)[4] 却什么问题也没发现。不过我可以很高兴地牺牲这 10 年，甚至是 20 年或者 25 年，去拼命做事直到结束——可惜我不知道应该干点什么。

受弟妹 Paula Winteler[5] 之托，我从比勒高地给你送去一本书。是她 1910 年突然去世的弟弟写的[6]。作者是一位非常洒脱而知识渊博的人；对古希腊圣哲非常了解，希腊文比意大利文还熟练自如；他游泳和登山的姿态动作都很自如，很有素描天分。尽管如此，他仍被生活中的关键问题所困扰，或者本来就是才高命薄。可以看看这本书的 229—230 页，我现在就正在看这两页。[7]

Vero 和他的妻子儿子(自从周六以来)都在苏黎世和他岳父母在一起。他在这半年的实习中取得了丰硕的成果，但是他现在正在寻找一个比现在为止所能找到的更加自律的老板。[8] 就像几周前给你的信中所写，我非常希望他能进入国际联盟发展。每个人都需要关系。自然研究者属于一个强有力的圈子，能够创造数学〈方法〉和观察-实验方法。普通人则属于自己的家庭和国家。那些像我们一样，没有清楚地建立这类关系的人，必须——而且可能也有这个能力——极力向上提升[自己的精神境界]。

我有没有告诉你，Chavan[9] 把你 1906 年或者 1908 年在他实验室拍摄的那张照片做了一个很好的放大？他还告诉我，非常希望能在伯尔尼接待你。顺便说一句，我们也一样能接待你。

再见，在你的世界之旅之前或者之后！

以我们全体的名义，你的

Michele

ALS(*Einstein and Besso 1972*, pp. 180—183). [7 082]。文件左侧页边有活页孔。

[1] 见文件 314。

[2] 未见存留。

[3] Ataraxia，希腊文"宁静"(serenity)之意。

[4] Vittorio Besso。

[5] Paula Winteler-Michelstaedter(1885—1972)嫁给了 Anna Besso-Winteler 的兄弟 Fritz Winteler。

[6] Carlo Michelstaedter(1887—1910)是意大利作家和哲学家。这本书是 *Michelstaedter 1922*。关于他去世一事，见 *Michelstaedter 2004*, pp. x - xi。

[7] 这里提到的段落内容是作者在讨论柏拉图和亚里士多德之间关系时，对存在主义的阐述。

[8] Besso 的儿子、儿媳 Lydia Brönnimann，以及孙子 Marco。Vero Besso 的岳父母是 Fritz 和 Anna Brönnimann。Vero 是苏黎世一家保险公司的律师，他祖父是这家公司的董事之一。

[9] Lucien Chavan。

## 323. Henry N. Brailsford 的来信[1]

伦敦西南一区圣乔治广场(St. George's Square)67 号，1922 年 8 月 10 日

极其尊敬的教授先生！

我冒昧地给您写信，急切地请求您不要没有经过认真考虑就轻易将我打发了事。您可能知道，作为一份社会主义周刊的《劳工领袖》(*The Labour Leader*)，将以一个新的、扩大的版面形式于 10 月 5 号出版，我希望在自己的指导下，这个形式会比以前更好。[2]这份报纸一直浸透着勇敢的和平主义精神，哪怕是在最黑暗的战争时代。毫无疑问，发展我们两国之间的友好关系是报纸的主旨之一。

现在我想在第一期或者头几期发表您的文章。显然，您是唯一一位文字被全球报纸竞相转载的德国人。如果您准备具体而又委婉地讲述德国人民的经济惨状，以及——其他列强对自己政策导致摧毁共和国的前途，断送和平希望的后果——缺乏谅解的现实，我觉得会比其他人的话更有说服力。[3]

如果您愿意赐稿或者接受访谈，我保证不会以自私或者狭隘的方式利用您的好意。也就是说，如果您愿意把稿件送给我，在这份新的报纸上发表，我会同时允许其他英国重要报纸引用，同时也准备送到美国。不幸的是，我无法向您支付与您身份相应的稿费。按照规定，我们可以支付 5 英镑或者 4 英镑，看稿件长度而定。不过从美国那边我们肯定可以为您争取到高得多的酬劳。我也会尝试在法国发表您的稿件。

如果您不想发表这样一个声明，我想请您写点更轻松的东西——比如说关于目前科学发现前景的最简单的文章，或者关于科学发现对社会结构演进的影响——任何一般性质的题目都行。

我想告诉您的是，我们的报纸每周都会发表一篇科学文章；而且与普通做法不同的是，我们找的作者是科学家，而不是记者。总的来说，报纸的目的是激励精神追求，提高英国社会主义以及工人运动的精神水准。

希望您能够同意我的请求，致以良好祝愿，您永远真诚的

H. N. Brailsford

TLS. [43 339]。这封信是写给"爱因斯坦教授博士先生"("Herrn Dr. Professor Einstein")的，附在文件

326 里。

[1] Henry Noel Brailsford(1873—1958)。作为当时《先驱报》(*Herald*)的国际事务主笔,1922 年 6 月时被国际劳工联盟的民族行政理事会(National Administrative Council of the International Labour Union)任命为《劳工领袖》(*Labour Leader*)周刊的编辑(*Leventhal 1974*,p. 96)。

[2] 扩版后的周刊于 1922 年 10 月 6 日出版,以新名字《劳工领袖》出版了第一期(*Leventhal 1974*,p. 96)。

[3] 关于在协约国提出广泛的要求之下,Brailsford 对德国民主和经济稳定性的担忧,见 *Leventhal 1974*,pp. 92 和 102—103。

## 324. Moritz Schlick 的来信

基尔,1922 年 8 月 13 日

非常尊敬的,亲爱的教授先生:

借着向您寄送拙著《空间与时间》[*Raum und Zeit*]的新版之际,我想在这里给您写上几行。[1]这本小册子有几处修改和增补;如果您想对这些修改提出进一步改进意见,一封短信就会让我衷心感激;我特别想知道您是否同意第 77 页上关于转动问题的评论。

我非常想在您上次访问基尔的时候亲手把书交给您,对未能在您短期逗留期间与您会面感到非常遗憾。[2]不过在得知您光临基尔之时,我想到您肯定是想利用那几天,从柏林的公务烦劳中解脱出来放松一下,所以未敢冒昧叩扰。现在想到不能与您 9 月在莱比锡见面,尤感痛心。听 Planck 和 Laue 说到您取消讲话一事[3],我感到十分沮丧;您能够想象出,一伙谋杀犯(Planck 语)竟然影响了莱比锡大会的计划,让我多么厌恶。这是让人多么悲伤的一幕,让我想起另一件事,这里向您描述一下。是关于我在基尔这边的继任者(因为现在我已经最后决定下个学期转去维也纳)。当时应 W. Koehler 之请,您好意向我推荐了 Wertheimer[4]。我一开始觉得可能不会考虑 W,原因是基尔大学无法为他提供一个实验心理学研究所,但是后来 Koehler 让我不要担心这一点,并说服我,说 Wertheimer 也可以当一个纯理论的教授,不一定非要有一个实验研究所。因此,我卖力地支持他,使他有希望进入委员会的候选人名单。学院作为一个整体(Vollfakultät)又整了他一下(我不想评论那些怀疑的理由),基本上取消了委员会的提名,最后交给部里的名单上只有一个名字:也就是聘任 E. von Aster[5]担任吉森(Giessen)教席。我认为这个选择非常幸运,因为 Aster 能力很强,又很敬业,但是不认为提名他为唯一的候选人(*unico loco*)是合理的,因此在学部给部长的信里,我又加上另外一个提名,特别提到了

Wertheimer。我衷心希望能对他有所帮助。除了 Wertheimer，我也非常支持 H. Reichenbach；但是除了我的同事 Scholz[6]，学院里没有什么其他人喜欢他。似乎学院更希望找的是一名有资格的哲学教授，而不是一位哲学家。在这种情况下，我懒得提交一份另外的提名，因为也没有什么用处。当然所有这些情况，都不要告诉别人。

对我来说，搬去维也纳也是一个艰难的决定，不光是因为奥地利的前途太黯淡，而且由于我和这里的同事和学生相处得非常愉快。但是维也纳的天气更好，哲学教师的责任更重。

衷心希望您有一个愉快的日本之行，并且能够很快与您在维也纳相见。心怀尊敬和感激，祝您万事顺意。您的

M. Schlick

地址：罗斯托克(Rostock)奥尔良大街(Orléans-Str.)23 号。

ALS.[21 587]。

[1] *Schlick 1922*.
[2] 爱因斯坦曾于7月初在基尔待了几天(见文件 257)。
[3] 见文件 266 和 271。
[4] 见文件 172。两个人分别是 Wolfgang Köhler 和 Max Wertheimer。
[5] Ernst von Aster(1880—1948)。
[6] Heinrich Scholz(1884—1956)是基尔大学哲学教授。

## 325. 致 Jacques Loeb[1]

［柏林］1922 年 8 月 14 日

尊敬的 Loeb 教授先生！

您的大作我已拜读了不少内容，深为其严密的推理，美好而多样的联系所折服。[2]唯一不清楚的地方是，胶体分子如何起到要么是酸要么是碱的作用。不过我希望到您来的时候，自己已经搞明白这一点。希望9月能在柏林见到您。[3]我取消了自己在莱比锡的演讲[4]，原因是在目前德国不安的政治局势下，我的人身安全成为问题，所以我需要隐藏起来，而我也乐意这样做。10月初我会和妻子一道前往日本，估计半年后回来时，局势应该已经平静下来。在柏林附近河岸上的一个小花园里，我和儿子们度过了愉快的一个月假期，就像印第安探险一样。[5]欧洲的政治和经济情况正在变得越发复杂；您在旅行中会看到很多有趣的

事情,但是积极的东西不多。Flexner 先生没跟我在一起。[6] 我希望您没有把钱交给那些有一千种考虑的机构,而是直接给那些知道该怎么花的人。不然的话,钱就会被分割成很多没用的小笔款项,去支持很多平庸的人。[7]

很高兴很快会见到您,我和妻子向您祝好,仰慕您的

爱因斯坦

ALS(DLC,Jacques Loeb Papers,mss19596)。[15 192]。

[1] Loeb(1859—1924)是纽约的洛克菲勒医学研究所普通生理学系(Division of General Physiology)主任。

[2] 1921 年底的时候,Loeb 在准备一篇关于胶体的手稿(见 *1921 年 12 月 24 日*,第十二卷,时间表),后来发表成为 *Loeb 1922*。

[3] Loeb 计划参加在莱比锡召开的德国自然研究者与医生协会百年庆祝大会。

[4] 见文件 266。

[5] 在斯潘道(见文件 306)。

[6] Abraham Flexner(1866—1959)是洛克菲勒基金会通识教育委员会(the General Education Board)秘书。1922 年春,他在欧洲进行医学教育的调查。关于他在饱受战争之苦的德国的经历,见 *Bonner 2002*,pp. 182—183。

[7] Loeb 希望从洛克菲勒基金会为德国科学家争取财务资助(见第十二卷,文件 188[Jacques Loeb 致爱因斯坦,1921 年 7 月 20 日]以及文件 344)。

# 326. Helene Stöcker 的来信[1]

柏林尼古拉斯湖(Nikolassee-Berlin)敏秀福大街(Münchowstr.)1 号,1922 年 8 月 14 日

尊敬的爱因斯坦教授先生!

我刚刚参加完一个国际爱好和平者大会回来,并且参加了"永不战争"("Nie wieder Krieg")的游行,同时也在伦敦、约克(York)和格拉斯哥(Glasgow)进行了演讲。[2]

我有机会与 Brailsford 先生进行了略微具体的长谈,他的文章将在《劳工领袖》(*Labour Leader*)杂志的秋季号上发表。[3]

我们在探讨如何让世界上其他民族了解和理解德国在经济上正在面临的、无尽又重重的困难。

我和 Brailsford 先生一致认为,即除了您的声音以外,没有任何一位,包括帝国总理[4]在内的政治家的观点,会得到公众的普遍接受和认同,因为您的声音中所拥有的必要的客观性毋庸置疑。因此,Brailsford 请求我为了德国人民的广

泛利益，与您沟通，看您是否能采用回答问题或发表一篇文章的方式，将今天这种令人绝望的经济困境公诸于世、广而告之。例如，您可以用当今的食品价格或其他情况为例子，通过一篇文章，尤其触动知识分子阶层，给他们机会，让世界对这种毫无希望的境遇给予关注。

我和 Brailsford 都坚信，尊敬的教授先生，一旦您深知这一举措将为改善极为悲哀的境遇并加强世界各民族间的彼此了解作出重大贡献，您一定会欣然允诺的。

因此，我向您寄去 Brailsford 给您的信[5]并将冒昧地给您打电话，询问您是否能以回答问题或发表文章的方式答应我们的请求。

希望您本人一切都好，也希望您能在这方面做点什么。我向您致以深切的问候，您的十分忠诚的

Helene Stöcker

TLS.［45 076］。写在抬头为《新一代》(Die neue Generation)的信笺上。这封信是寄给"西 30 区哈伯兰大街 5 号阿耳伯特·爱因斯坦博士教授先生"（"Herrn Professor Dr. Albert Einstein W. 30. Haberlandstr. 5）。

［1］Stöcker(1869—1943)是包括德国人权联盟（早期的"新祖国"联盟）在内的几个和平组织的成员，也是月刊《新一代》的编辑［见第九卷，文件 20(Helene Stöcker 致爱因斯坦，1919 年 4 月 9 日），注释 1］。

［2］由 Carl von Ossietzky 在 1919 年创立的"参战者和平联盟"(Friedensbund der Kriegsteilnehmer)，与外国退伍军人的组织合作，发起了"永无战争"("Nie wieder Krieg")运动（见 Deák 1968，p. 56）。这个示威游行在每年的 7 月 30 日进行，即第一次世界大战爆发周年纪念日。1922 年的示威游行于 7 月 29 日和 30 日在美国和几乎每个欧洲主要城市举行，其中包括柏林以及德国其他 350 多个城市（《福斯日报》［Vossische Zeitung］，1922 年 7 月 31 日，晚报版）。

［3］Henry Brailsford 对爱因斯坦的呼吁，见文件 323。

［4］Joseph Wirth(1879—1956)。

［5］文件 323。

# 327. David Hilbert 的来信

哥廷根，1922 年 8 月 15 日

亲爱的同事先生：

我过去的一位恩人和朋友最近以高龄去世，他女儿（海德堡的）Leo Königsberger[1]的丈夫 Pfister 博士是一个医生，目前在中国。[2]她让我将附件中的她丈夫的邀请信转交给您。[3]

我听说您将不会去莱比锡;[4]因为我们已经很久没有见面,而且自己也没有什么机会去柏林访问您,所以感到越发遗憾[5]。因此只好用写信的方式,祝您旅途愉快,结果丰硕,而且收获无数见闻和欣喜!

最诚挚的问候,您的

D. Hilbert.

ALS. [13 072]。文件左侧页边有活页孔。

[1] Anna Pfister-Königsberger(1876—?)。Leo Königsberger(1837—1921)曾担任海德堡大学数学教授。他在前一年的12月15日去世。在1904年让Hilbert转来海德堡大学的计划中,Königsberger起了很大作用;但是Hilbert通过谈判,在原职位上加薪后,最后没有接受邀请(见 *Sauer* 2000,p. 189)。

[2] Maximilian Pfister(1874—?),是上海同济医学院内科教授。

[3] 见未刊文献摘要一览表312。

[4] 关于爱因斯坦取消他在德国自然研究者与医生协会百年庆典上的讲话一事,见文件266。

[5] Hilbert和爱因斯坦上次见面是在1916年3月(见文件185)。

## 328. Hermann Anschütz-Kaempfe 的来信

劳特拉赫城堡(Schloß Lautrach),1922年8月20日

亲爱的、尊敬的爱因斯坦教授!

非常感谢您本月14日的来信和17日的明信片。

单相电机最适合感性阻抗和欧姆阻抗,因此最好不要放弃欧姆阻抗。能量损失还不至于破坏平衡;不过是增加发热,而散热问题似乎已经解决。我已经完成了下一个装置的图纸,其中一些磁泡(Blase-Magneten)被安装在球体内,两个严格对称的半壳(里面是电感)合起来包住球体;这样做能提高效率,因为可以用铜来代替铝做球体材料;另外也可以避免磁力线穿透球体并在陀螺仪的铁制器件中造成干扰的危险。一个缺点是电极之间的电流变大,但是石墨-橡胶涂层的适用性现在就值得尝试了。也许还可能同时将两个磁泡作为两个陀螺仪的感性电阻;也许这样的安排,只需要单个磁泡也能凑合着用,只要含水的球体在+4°的时候重量至少有50克,到大约50°的时候升到120克。球体中的磁泡可以小很多,因为对中明显简单化了;就好像一个内齿轮对着一个外齿轮;我已经通过一个3°铁层厚度的线圈磁铁完成了一个不错的对中;在应用中,我选择了一个拉长到20°的电铃线圈。

我选择了两个陀螺仪,但是最后将陀螺仪帽的轴垂直竖立,这样可以加强球

体和陀螺仪的连结;我担心如果把陀螺仪帽的轴承放在赤道上,会导致翻滚误差,因为此时球体和陀螺仪只有弹簧连接,两个陀螺仪的重心又比较低,会产生与船只加速度的节奏过于接近的振荡;垂直安装的话,船上就没有能对球体产生旋转作用的力。

您的用两个旋转方向相反的陀螺仪作为一个人工水平仪的建议,我现在也开始理解了。首先,对于飞机的人工水平仪,只要有一个合适的很长的振荡周期,比如说15分钟的陀螺仪可能就够用了。需要的精度不高,大概1°就可以了。在船只上用来替代六分仪的人工水平仪,情况就有所不同;可能需要选择其他方法;也许您的建议是最好的。我期望明年夏天能够和您讨论这个问题。

您的 Albert 什么时候到慕尼黑注册上学?[1]希望那时候我们已经在那里了;我们可以让他住在我们房子的楼上;希望管理住宿的办公室不要阻止我们的计划。无论如何,他一开始可以和我们住在一起;总会给他留一个客人的房间,哪怕我们不在。我们计划大约在10月20日到达慕尼黑,当然也要看天气状况;但是他也可以先来;我们期待着能见到他。

然后到11月我会去基尔看看新的球体进展如何[2],还有您的第欧根尼木桶[3],它的架子到时应该完工了。

劳特拉赫这边还没收拾好[4]。到处是油漆匠、装饰工和泥瓦匠;我们费了不少劲,才让工人收拾出一个很不舒服的房间,作为临时避难所;不过现在进展很快。这里真是非常安静;如果想逃避柏林的喧嚣,您住在这个宁静的地方会很舒服。

我和妻子向你们全家问好,您的

Anschütz-Kaempfe

ALS. *Lohmeier and Schell 2005*, pp. 176—178. [37 382]。信件写在有作者个人抬头的信笺上。文件左侧页边有活页孔。

[1] 很显然爱因斯坦和 Anschütz 在考虑让 Hans Albert 进入慕尼黑大学读书,而不是爱因斯坦在文件 306 中暗示的瑞士联邦工学院。

[2] 包含新的回转罗盘的陀螺仪的球体。

[3] 在文件 298 中答应给爱因斯坦准备的小屋。

[4] Anschütz 购置的别墅,当时正在被装修成为慕尼黑大学教工的度假之处。

## 329. 致 Paul Ehrenfest

[柏林,1922 年 8 月 21 日或之后][1]

亲爱的 Ehrenfest!

小 Wassi 的不良预后让我十分难过。[2]如果诊断是有根据的,我完全赞成你的计划,把孩子送到专业的机构照顾。哪怕是在这件事上,也不应该把有用的人浪费在毫无希望的事情上。在这种情况下,你最好快点行动。很高兴你这么喜欢你哥哥[3]和他一家,他精力充沛,能够在你困难之际提供支持。

我已经把我们的手稿寄给 Scheel 先生[4]。你的建议我完全不明白,但是最后那句话一点没改。我不理解的是,为什么假定在原理上量子化未能精确实现,就更容易理解磁场的调整。希望你能详细解释一下,让我不至于因为不明白而不安。[5]

亲爱的 Ehrenfest,我同样地需要你的友情,甚至比你需要我更甚;和你比起来,我的人际关系资源更为贫瘠而稀少,我发现很难找到对我有益的人际交往。[6]我和儿子们在小木屋里度过了一个月的快乐时光;[7]那是真正的印第安野营经历;我对他们讲了很多你的事情。Albert 精力充沛,个性独立,但是对人性的微妙之处不敏感,难以与人产生情感上的共鸣。小儿子正好相反,柔弱、幽默、细腻、头脑灵活而敏感;他会和你相处得很好。有机会我会把他介绍给你们全家。

在《物理学杂志》上有一篇 Tetrode 的关于量子论的精彩文章[8]。也许他是对的;无论对错,通过这篇文章他显示了自己有第一流的头脑。我很久没有看见这样从根本上引人入胜的成果了。我们有一次也顺带讨论了相对论距离 0 在解决量子问题中的可能意义。在我看来,他的方法的弱点在于:

1)把所有问题都归结到电动力学,而在力学的这个下属领域必须建立量子定律。

2)从原则上说,超距作用值得质疑,因为它肯定无法用于广义相对论。

向你全家致以衷心致意,你的

爱因斯坦

我的旅行从 10 月初开始。[9]我妻子一度病得很重,不过已经康复得很好,可能与我(mir)[10]一起出发。她让我转达最良好的祝愿。

ALS.[10 062]。

[1] 日期的根据是信中提到爱因斯坦已经将 *Einstein and Ehrenfest 1922* 一文的手稿(文件 315)提交

给编辑。

[2] 7月末（见文件316），Ehrenfest曾告知爱因斯坦，自己的儿子Wassily被诊断出患有唐氏综合征。

[3] Hugo Ehrenfest。

[4] Karl Scheel于8月21日收到文件315。他是帝国物理技术研究所（Physikalisch-Technische Reichsamt）成员，《物理学杂志》(*Zeitschrift für Physik*)主编。

[5] 提到的这一段是Ehrenfest加上去的，他于1922年6月在哥廷根逗留时见过Niels Bohr（见文件238和316）。

[6] 关于爱因斯坦对Ehrenfest的重要性，见文件316。

[7] 与Hans Albert和Eduard一起在爱因斯坦的斯潘道小木屋（见文件306）。

[8] Tetrode 1922。关于在爱因斯坦帮助下，这篇文章对Wheeler-Feynman吸收理论的重要性，见Sauer 2008。

[9] 去远东。

[10] 此处该用mich的地方，在柏林方言中用mir代替。

## 330. Maja Winteler-Einstein 的来信

佛罗伦萨-科隆纳塔第五区（Firenze-Colonnata Quinto）斯特罗奇街（via Strozzi）5号，
1922年8月25日

我亲爱的阿耳伯特！

我能想象出你和儿子们隐居生活的乐趣。[1] Tete的问候让我十分感动，也非常想认识他。以前我只在他4岁大的时候见过他一次。你让孩子们来看我们一次不行吗？看起来Albert已经要上大学了。可能在10月份进入慕尼黑大学。他准备学什么？我猜是工程吧？[2]

我希望你的危险处境没有那么严重[3]。虽然如此，只要你还待在柏林，我就不能放心。这里的气氛也很紧张，不过斗争主要是在法西斯主义者和共产主义者之间公开进行，其他人还不至于受到手枪和拳头的威胁。我们只是从报纸上得知一些时局的大概消息。得知Elsa饱受病痛之苦，我很难过，希望她已经彻底痊愈。[4] 我从心眼里羡慕她有机会去日本。海上的长期旅行应该有益于她的健康。回程的路上一定要来看我们，这样才能真正了解我们的生活。我们的日子比以前都好，每天都有新的幸福感受。Pauli[5]正试图在瑞士移居点①站住脚，以便慢慢找到一份律师工作。今年秋天他会在那里做一个报告，现在正在努力

---

① 此处原文为die Schweizer Kolonie（也可以译为"瑞士殖民地"）。出于各种原因，在第二次世界大战前，有不少瑞士人移居国外。最大的群体是在北美和南美，但并没有建立殖民地，所以此处译为"移居点"。——译者

准备。我负责照顾家务、做饭、修补以及其他需要的任何事情。

现在我要请你在出发前给我们一个详细指导,应该如何处理这个秋季末将要发生的事情[6],应该送去哪里?要把你从我们这里直接得到的东西送去同样的地方?[7]希望你能把Jakob舅舅的地址告诉我们,以便我们马上直接送去祝福。[8]

请务必在出发前回复上述问题,而且在一路上要给我们来信。你能想象到我多想知道你的旅途印象。

我们向你们致以毫无保留的衷心问候。我还要给你一个妹妹之吻。

Maja

ALS.[144 809]。文件左侧页边有活页孔。

[1] 爱因斯坦和他的儿子们在斯潘道度假(见文件241)。
[2] Hans Albert在权衡去哪里学习工程,瑞士联邦工学院还是慕尼黑大学(见文件306和328)。
[3] 关于Rathenau遇刺后爱因斯坦受到的死亡威胁,可见文件266。
[4] 在未刊文献摘要一览表368中,爱因斯坦曾将Elsa的病情告知Maja。
[5] Paul Winteler。
[6] 显然是指来自瑞士奥尔股份公司(Schweizerische Auer-Aktien-Gesellschaft,SAG)的股息收入。
[7] 在前一年中,来自瑞士奥尔股份公司的股息付给了Mileva(见Paul Winteler致Einstein,1921年11月12日[第十二卷,文件297])。
[8] Jakob Koch是瑞士奥尔股份公司的股东。

## 331. 致Maximilian Pfister

柏林,1922年8月28日

非常尊敬的博士先生!

我可能有机会在中国做几次报告[1]。到目前为止,我收到北京大学的邀请[2]。不过由于中国目前的内乱,[3]我还不知道是否应该接受这个邀请。我只有2到3个星期时间用来对中国(北京以外)做可能的访问,所以只能考虑沿海的地点。不过就目前来说,我还不能作出决定,因为北京大学那边的事情还没有最后确定。我只想提出下面几点要求:

1)我无法用英语做报告。不过我知道有一个聪明的同事(Rusch先生)[4],已经在天津教授了很多年的理论物理学,完全可以作为翻译。

2)讲座的听众必须是有某些科学背景的人(医生、工程师、教师,等等),因为我的经验是,完全外行的人什么也听不懂。

如果您想继续讨论自己的计划,请将提议寄到东京(大学)我的地址,如果可能,最好与北京方面协商一下。提议需要足够详细,好让我根据它作出决定,并安排日程。请转告 Robertson 先生,感谢他的来信,并转达我这封信的内容。[5]

最诚挚地感谢您的友好邀请。

致以良好祝愿

A. 爱因斯坦

TLSX(Robert F. Batchfelder Catalog 94,lot no. 87).[36 494.1]。

[1] 关于 Pfister 邀请爱因斯坦到中国各个城市讲学一事,见未刊文献摘要一览表 312。

[2] 见文件 305。

[3] 很可能指的是国民党领袖孙中山被当地军阀挫败并逃离广东之后,中国南方发生的内乱(可参见《柏林日报》(*Berliner Tageblatt*)1922 年 6 月 24 日晨报版)。

[4] Franz Rusch(1880—1938)是天津直隶学院(Chihli College,Tientsin)教授。

[5] Clarence H. Robertson(1871—1960)是南京大学物理系讲师以及中国基督教青年会书记。7 月初他曾经主动帮助对爱因斯坦的中国讲学之旅做出必要安排(见未刊文献摘要一览表 317)。

## 332. Paul Dienes 的来信[1]

奥地利克雷蒙斯敏斯特(Kremsmünster),1922 年 8 月 28 日

先生:

随信附上的两篇论文包含了关于张量位移的结果,目标是为了展示依附于不同点的张量建立最终联结的路径。[2]

我的纯数学研究证明 Weyl 的电磁理论是不可能的。不过,通过运用这两篇论文中所指出的路径,我发现了一系列无限的新张量,可以给出足够简单的几何学阐释。由此建立的(非度量的和度量的)运动几何学为物理力的几何化原则提供了一个作用场,您的万有引力理论正是其中的一个经典范例。

向您致以我最崇高的敬意!

Paul Dienes
数学讲师

抱歉用法语给您写信。我能读懂德语,但很遗憾我还不能用德语写信。

ALS.[9 186]。信笺抬头为"Senior Common Room,University College of Wales,Aberystwyth"("阿伯里斯特,威尔士大学学院,资深教员休息室[Senior Common Room]")。

[1] Paul Dienes(1882—1952),阿伯里斯特威尔士大学学院助理讲师(assistant lecturer)。关于他的研究工作,见 *Cooke 1960*。

[2] 爱因斯坦的单行本收藏中有 *Dienes 1922a* 和 *1922b*。

## 333. Paul Ehrenfest 的来信

［莱顿］1922 年 8 月 29 日

亲爱的爱因斯坦!

两天前我才从维也纳回来。在那里,我与分别了 23 年和 10 年的 4 个兄弟们再次相聚。[1]对我来说,这一次的经历不仅非常有意思,而且意义也非常深远——它激起了一个深层的问题:自然分割形成"个体"究竟是什么意思? 在你出发之前,我会另外再写一封长信给你,主要是给 Ilse 和 Margot,不过目前就到这里为止。

我妻子将于 9 月 4/5 日与 Tanitchka 一起去耶拿,好把 Wassik 送去那里的"特吕佩尔斯教养中心"("Trüpers Erziehungsheim")。[就我最近一次个人访问所见,那里的人员和设施都很出色]。[2]——从耶拿,我妻子将在大约 9 月 7 日或者 8 日和 Tanitchka 一起到达柏林去看望她在那里的俄国朋友。——如果 Ilse 要往耶拿给她发信,请用这个地址:耶拿-特吕佩尔斯教养中心(Jena-Trüpers Erziehungsheim)。——我妻子到了柏林会给你打电话。在柏林待上两天之后,她们两人想去波罗的海的什么地方。——Tanitchka 计划在 11 月 30 日之前回来(大学课程开始的时间。——她顺利通过了考试!!!),[3]我妻子则会在德国多待一些时候。

向你们全家问好。

AK.[10 064]。明信片寄给"柏林哈伯兰大街 5 号爱因斯坦博士教授"("Prof. Dr. A. Einstein Berlin Haberlandstr. 5"),邮戳为"Leiden 29. VIII. 22. 16N[amiddag]",发信人地址"P. Ehrenfest Leiden(Holland)"。文件左侧页边有活页孔。

[1] 关于这次聚会,见文件 316。

[2] Tatiana Ehrenfest-Afanassjewa 和 Tatiana Ehrenfest。一个月以前,Ehrenfest 曾将 Wassily 确诊患有唐氏综合征一事告知爱因斯坦(见文件 316)。在从维也纳回到莱顿的路上,Ehrenfest 曾在耶拿停留,安排 Wassily 在耶拿外面索菲亚高地(Sophienhöhe)的"教养中心和青年疗养院"(Erziehungsheim und Jugendsanatorium)治疗。关于细节,见文件 316 以及 Ehrenfest 致 Tatiana Ehrenfest-Afanassjewa 的两封信,1922 年 8 月 23 日(NL-LeRM),[94 762]和[94 763]。外方括号是原文所有。

[3] 通过完成一个"全国考试",她得以跳过中学最后一年,直接到大学入学(见 Paul Ehrenfest 致 Paul Epstein,1922 年 9 月 9 日;CPT,Paul Epstein Collection,folder 3.32)。

## 334. 致 Richard B. Haldane

柏林，1922 年 8 月 30 日

尊敬的 Haldane 勋爵！

我相信这封短信肯定能让您发出善意的微笑。原因是我冒昧地请您注意附件中 Rechberg 发表在《柏林日报》(*Berliner Tageblatt*)上的一篇文章。我觉得它包含了一个关于目前战争赔款问题的合适的解决方案，也许是实现和平发展的唯一可能。[1]从法国朋友那里得知 Poincaré 肯定不会反对这一计划，但是英国那边会有很多反对意见。[2]因为我觉得这个建议合理合适，所以冒昧地请求您也考虑一下，如果同意的话，施展您巨大影响力来支持它。显然，在目前局势下，如果法国和英国的政治家取得一致，这个计划就能成为现实；如果有力的改革步骤被耽搁得太久，其效果就会受到显著影响，因为德国的生产能力将会受到持续和实质性的破坏，那样的话就太令人遗憾了。请不要公开将我的名字和此事联系在一起。

向您和 Haldane 小姐问好，[3]您诚挚的

A. 爱因斯坦

又及：我可以替您找到 Rechberg 先生在这件事情上发表的其他文字。[4]当然您不必回复我这封信；不过，如果您觉得我可以做中间人，我将乐于效劳。

TLS(UkE, Haldane of Cloan Papers, MS5915). [87 605]。

[1] Arnold Rechberg(1879—1947)是一位实业家和记者，在自己的文章中，他论证说一个经济上薄弱的德国无法履行《凡尔赛和约》中规定的战争赔款义务。他接着建议德国和法国的工业联合起来组成一个紧密的利益团体。为实现这一目标，德国给两个主要的债权国法国和英国的战争赔款，应当被转为法国和英国工业界对德国工业的投资。德国应将对德大规模工业投资股份的 30% 转交给法国和英国政府，再由它们转交给各自的重工业公司(见《柏林日报》(*Berliner Tageblatt*)1922 年 8 月 30 日晨报版)。

[2] Raymond Poincaré。Rechberg 在文章中声称 Poincaré 曾在伦敦召开的战争赔款谈判中提出类似建议，不过他主张将股份交给赔款委员会。这等于是让法国得到股份的一半。

[3] Elizabeth Sanderson Haldane。

[4] 见 *Rechberg 1919 and 1922*。

## 335. 致 Paul Painlevé

柏林，1922 年 8 月 30 日

亲爱的 Painlevé 先生！

我在这里向您送上 Rechberg 先生的一篇文章[1]，里面没有什么新的东西，但是我觉得它指出了唯一可能的出路。您是否愿意全力支持这个方向的努力？我还要为此事致信 Haldane 勋爵。[2] 如果法国和英国能够在这个项目上达成一致，并采取相关的有力步骤，那么很快不但能克服目前的障碍，而且可以为将来确定一个可以接受的条件。请原谅我作为一个门外汉冒昧地写信给您谈论政治；并请在讨论这些公共事务的时候不要谈及我的名字。

向您问好，您的

TLC.［44 643］。信件收信人为"Herrn Prof. Dr. Paul Painlevé Paris"。文件左侧页边有活页孔。

［1］这篇文章讨论了德国战争赔款中一个和重工业相关的建议（见《柏林日报》（*Berliner Tageblatt*）1922 年 8 月 30 日晨报版）。

［2］见前一个文件，注释 2。

## 336. Richard B. Haldane 的来信

［苏格兰］Cloan, Auchterarder, 伯斯郡（Perthshire）［1922 年 8 月 30 日后］

亲爱的和非常尊敬的教授先生：

您于 8 月 30 日写的信我已经收到了，里面附有 Rechberg 的文章。[1] 这篇文章的内容非常有价值。我相信，这个建议本国的大臣们以前也听到过。人们讨论过所有的可能性，当然包括与这篇文章类似的思想。我打算无论如何要写一段文字寄往伦敦，同时将这篇文章附在信中。假如我以私人名义致信 Balfour 先生，并且请允许我在信中告知他，面向公众的时候可以提及您的名字，那么，对于这件事情来说一定有帮助。[2] 对我国公众，您享有盛誉。因此，我希望能够公开宣称，我是从您这里获悉这篇文章的。

— · —

希望您和您的夫人近况一切都好。

柏格森(Bergson)的《绵延与同时性》(*Durée et Simultanété*)一书我拜读过了。[3]非常有意思。我理解他是将 Lorentz 的变换解释清楚了。从诸多概念的角度看,对实验结果如果进行比较,是不会有任何区别的。这样,Lorentz① 提出等式完全有必要。可是,从狭义相对论的角度看,对于所有的观察者来说,只存在唯一一个直接的经验。从广义相对论看,这些经验应该有多种多样性,因为观察者不同,直接经验也不一样。因此,我期待柏格森即将出版的有关您的广义相对论的书,并将届时拜读。但总的说来,这一研究领域与其说是归属于物理学,不如说它归属于哲学研究范畴。

您的十分忠诚的

Haldane

ALS. [32 644]. 本文是散页,左侧有装订散页所留下的洞眼。

[1] 爱因斯坦曾经将 Arnold Rechberg 有关战败赔款问题的文章转给 Haldane(详见文件 334)。

[2] Arthur Balfour 伯爵。

[3] *Bergson 1922*。

## 337. 致 Carl Speyer[1]

柏林,1922 年 8 月 31 日

非常尊敬的 Speyer 先生!

就我所知,耶路撒冷大学起初只是打算设立生物学和化学研究所,所以您的想法离现实尚早。[2][不幸的是我无法推荐您,因为作为一个门外汉,我无法评估您的科学水平。不过很高兴能与您建立联系。]无论如何,我会把您的意愿告诉相关负责人;谁也不知道巴勒斯坦那里事情的发展有多快。[3]

致以良好祝愿。

TDft. [9 189]。

[1] Speyer(1877—1927)是曼海姆的一位历史学家和古生物学者。

[2] Speyer 显然曾经询问在希伯来大学谋得地质和矿物学教授职位的可能性(见未刊文献摘要一览表 390)。

[3] 这一句是爱因斯坦手写的。

---

① 原文误为 Lorenz。——译者

## 338. 致 Paul Dienes[1]

[柏林,1922 年 8 月 31 日或之后][2]

非常尊敬的先生！

您对 Weyl 和 Eddington 数学理论的攻击只限于形式,〈却〉没有触及内容。[3] Weyl 在处理二阶量的时候有些不小心〈松散地〉,不过很容易看出其方式没有什么大问题。送给你一本小书,其中的 48—49 页上可以找到〈一个证明〉Levi-Civita 和 Weyl 的思路的一个精确的说明,[4]〈对这个说明应该就没有什么异议了,因为作者在其中避免了那些不精确之处〉这样你就不会有异议了。

此致最高敬礼。

A. E.

附件为两张印刷页。[5]

ADft. 写在文件 337 的纸背面。[9 188]。

[1] 假定该信是对文件 332 的回复。
[2] 根据文件 337 的日期。
[3] 见文件 332。
[4] 在 pp. 48—49,*Einstein 1922c*（第七卷,文件 71)中给出了通过矢量沿一个闭合环的平行转换得到黎曼张量的推导。关于这个推导的大概,还可以参见文件 379 的 pp. [10]和[19]。
[5] 附笔为 Ilse Einstein 的手迹。

## 339. "论热流气体中的非各向同性压力"

1922 年 9 月

论热流气体中的非各向同性压力[1]

Maxwell 已经发现在有热流的气体中会产生非各向同性的压力,其大小与温度对坐标的二阶导数成正比,也就是说,与热流对坐标的一阶导数 $\left(\frac{\partial f_\mu}{\partial x_\nu}\right)$ 成正比。[2] 出于对称性考虑,我们倾向于假定气体中的压力张量是热流分量 $f_\mu$ 的二次函数。下面给出它们存在的证明,以及一个简单的计算方法。苏黎世大学

E. Einstein 小姐的博士论文（1922）中提供了更详细的说明。[3]

我们假定流动气体处于力学平衡态中：如果存在各向同性的压力，从纯形式方面考虑，它们的形式应该是

$$p_{\mu\nu} = p\delta_{\mu\nu} + zf_\mu f_\nu + z'\left(\sum f_\alpha^2\right)\delta_{\mu\nu}, \quad \cdots(1)$$

其中 $p$ 代表与位置无关的气体压强分量，$f_\mu$ 代表热流分量（与分子的前进运动相关），$\delta_{\mu\nu}=1$ 或者 $=0$，看 $\mu=\nu$ 或者 $\mu\neq\nu$ 而定；$z$ 和 $z'$ 是依赖于考察位置的气体状态的常数。在下面的讨论中认为它们与坐标无关，这实际上是作了一个近似。

众所周知，热流满足〈全部两个〉关系

$$\sum_\mu \frac{\partial f_\mu}{\partial x_\mu} = 0 \quad \cdots(2)$$

$$\frac{\partial f_\mu}{\partial x_\nu} - \frac{\partial f_\nu}{\partial x_\mu} = 0 \quad \cdots(3)$$

另外气体的静态条件为

$$\sum_\nu \frac{\partial p_{\mu\nu}}{\partial x_\nu} = 0 \quad (\mu=1,2,3) \quad \cdots(4)$$

如果把(1)式代入上式，结合(2)式与(3)式，忽略常数 $z$ 和 $z'$ 的空间变化，就得到

$$z' = -\frac{1}{2}z,$$

因此得到与(1)式不同的形式：

$$p_{\mu\nu} = p\delta_{\mu\nu} + z\left(f_\mu f_\nu - \frac{1}{2}\delta_{\mu\nu}\sum_\alpha f_\alpha^2\right) \quad \cdots(1a)$$

现在要解决的主要任务，是从气体理论导出 $z$。在一个具有 $x$ 轴方向的热流而没有分子流（运动）的气体中，我们来看看最有可能的速度分布。[4] 寻找玻尔兹曼积分。

$$\int f \lg f \, d\tau,$$

的一个极值，[5] 其中 $f$ 是待求的速度分量函数，$\xi,\eta,\zeta$ 和 $d\tau$ 表示速度空间元素。其次要满足的条件还有：[6]

$$\int f \, d\tau = 1 \quad \cdots(5)（概率函数 f 的定义）$$

$$\int \frac{m}{2}(\xi^2+\eta^2+\zeta^2) f \, d\tau = L = \text{konst.} \quad \cdots(6)$$

$$\int \xi f \, d\tau = 0 \quad \cdots(7)（自由流体条件）$$

$$n\int \frac{m}{2}(\xi^2+\eta^2+\zeta^2)\xi f\mathrm{d}\tau = f_x \qquad \cdots(8)(给定的热流)$$

$M$ 代表分子质量，$n$ 是单位体积内的分子数目。经过变分得到

$$f = Ce^{-h(\xi^2+\eta^2+\zeta^2)+A\xi+B\xi(\xi^2+\eta^2+\zeta^2)} \qquad \cdots(9)$$

其中 $C,h,A,B$ 都独立于 $\xi,\eta,\zeta$。这个解不适用于任意大的正值 $\xi,\eta,\zeta$。虽然如此，对不大的 $A$ 和 $B$，在因子 $e^{-h(\xi^2+\eta^2+\zeta^2)}$ 几乎为零处为端点的速度范围内还是有用的。当然我们可以把整个讨论限于这个速度空间。

为求得常数 $C,h,A,B$，我们注意到(9)式可以用下式的二阶近似来代替

$$f = Ce^{-h(\xi^2+\eta^2+\zeta^2)}[1+A\xi+B\xi(\xi^2+\eta^2+\zeta^2)] \qquad \cdots(9\mathrm{a})$$

这样一来，从(5)式可以得到

$$C = h^{3/2}\pi^{-\frac{3}{2}} \qquad \cdots(10)$$

更进一步，从(9a)式和(7)式可以得到

$$2Ah + 5B = 0 \qquad \cdots(11)$$

最后，从(8)式导出：

$$-\frac{1}{4}mnAh^{-2} = f_x \qquad \cdots(12)$$

在一阶近似下，我们知道[7]

$$h = \frac{M}{2RT}, \qquad \cdots(13)$$

其中 $M$ 代表摩尔分子重量，$R$ 是气体常数，$T$ 为绝对温度。

得到速度分布函数 $f$ 之后，压强分量可以通过下列公式计算：

$$\left.\begin{aligned} p_{xx} &= mn\int \xi^2 f\mathrm{d}\tau \\ p_{yx} &= mn\int \xi\eta f\mathrm{d}\tau \\ &\text{etc.} \end{aligned}\right\} \qquad (14)$$

不过要做这个计算，(9a)式给出的二阶近似是不够的；在(9)式的展开式中，必须考虑 $A$ 和 $B$ 的二次项。将函数 $f$ 的三阶近似带入(14)式，就得到：

$$p_{xx} - p_{yy} = \langle \frac{9}{50}\frac{M}{pRT}f_x^2 \rangle \quad \frac{18}{25}\frac{M}{pRT}f_x^{2\,[8]}$$

计算得到的因子 $f_x^2$ 正是等式(1a)中待求的因子 $z$，所以我们可以总结结果，得到下列等式：[9]

$$p_{\mu\nu} = p\delta_{\mu\nu} + \langle \frac{9}{50} \rangle \frac{18}{25}\frac{M}{pRT}\Big(f_\mu f_\nu - \frac{1}{2}\delta_{\mu\nu}\sum f_\alpha^2\Big) \qquad \cdots(1\mathrm{b})$$

在存在热流的气体中，确实存在压力，使得气体在热流方向扩张，在垂直于

热流方向收缩。计算表明 $z$ 因子〈这个压力〉的大小可以很方便地用实验检测出来。[10]

A. 爱因斯坦

ADS.〔2 091〕。文件共 3 页。此处页码置于页边方括号中，原文置于右上角有所不同。

[1] 本文是在 1922 年 11 月 23 日普鲁士科学院物理-数学部会议上，由 Max von Laue 替爱因斯坦宣读。《柏林普鲁士科学院物理-数学部会议报告》[*Preußische Akademie der Wissenschaften* [Berlin]. *Physikalisch-mathematische Klasse. Sitzungsberichte*](1922)：447)。

[2] 见 *Maxwell 1879*。关于 Maxwell 论文写作的详细讨论，见 *Brush 1976*，pp. 210—230，以及 *Brush and Everitt 1969*。

[3] 关于爱因斯坦帮助其堂妹 Edith Einstein 准备其博士论文一事，见文件 68；在这篇博士论文基础上发表的一篇文章为 *Einstein, E. 1922*。在这篇文章中爱因斯坦展示了比其堂妹发表的计算更为完整的形式。然而两位爱因斯坦都限于二阶效应的存在证明，并未说明自己能够解释观测到的辐射计效应。

[4] 在 *Maxwell 1879* 中简单假设了速度分布的形式。

[5] 下面的积分就是 Ludwig Boltzmann 引入的量 $H$。对于独立粒子系统，其负值与熵成正比。Boltzmann 的 $H$-定理证明 $H$ 永远不会增加；相应地，熵永远不会减少。$H$ 的一个极值对应一个平衡态。

[6] 在方程(6)中，$L$ 是气体中的总动能，是个守恒量。

[7] $h$ 的值给出气体分子的麦克斯韦速度分布。

[8] 等式右边分母中的 $p$ 应为气体密度 $\rho$。$M$、$R$ 和 $T$ 应该是平方，整个表达式为 $p_{xx}-p_{yy}=\frac{18}{25}\cdot\frac{M^2}{\rho R^2 T^2}\cdot f_x^2$，与 *Einstein, E. 1922* 中的方程(40)一致。

[9] 在实行与前一条注释相同的修正后，这里给出的等式的修正形式与 *Einstein, E. 1922* 中给出的 $p_{xx}$、$p_{yy}$ 和 $p_{zz}$ 的值一致，等式的形式为 $\rho_{\mu\nu}=p\delta_{\mu\nu}+\frac{18}{25}\cdot\frac{M^2}{\rho R^2 T^2}\cdot\left(f_\mu f_\nu-\frac{1}{2}\cdot\delta_{\mu\nu}\sum f_\alpha^2\right)$。Edith Einstein 并未给出像 $p_{xy}$ 这样的非对角项的值。

[10] 这里可能指的是类似辐射计的实验。关于相关讨论，见 *Loeb, L. 1934*。关于辐射计问题的历史背景，见 *Woodruff 1968* 以及 *Brush 1976*。

# 340. "对 A. Friedmann 的论文：'论空间曲率'的评论"

[*Einstein 1922o*]

日期为 1922 年 9 月

1922 年 9 月 18 日收到稿件。

1922 年 12 月 19 日发表于：《物理学杂志》(*Zeitschrift für Physik*) 11 (1922)：326.

## Bemerkung zu der Arbeit von A. Friedmann[1]) „Über die Krümmung des Raumes".

### Von A. Einstein in Berlin.

(Eingegangen am 18. September 1922.)

Die in der zitierten Arbeit enthaltenen Resultate bezüglich einer nichtstationären Welt schienen mir verdächtig. In der Tat zeigt sich, daß jene gegebene Lösung mit den Feldgleichungen (A) nicht verträglich ist. Aus jenen Feldgleichungen folgt nämlich bekanntlich, daß die Divergenz des Tensors $T_{ik}$ der Materie verschwindet. Im Falle des durch (C) und ($D_3$) charakterisierten Ansatzes führt dies auf die Beziehung

$$\frac{\partial \varrho}{\partial x_4} = 0,$$

welche zusammen mit (8) die zeitliche Konstanz des Weltradius $R$ erfordert. Die Bedeutung der Arbeit besteht also gerade darin, daß sie diese Konstanz beweist.

Berlin, September 1922.

---

[1]) ZS. f. Phys. **10**, 377—386, 1922.

---

## Berichtigung
### zu der Arbeit
E. Goldstein, Über Magnetkanalstrahlen und Isolator-Entladungen.

S. 180, Zeile 12 v. u. lies flacher statt flachem
S. 184,  „  9 v. o.  „  geeigneterem statt geeignetem
S. 185,  „  20 v. o.  „  Zustandekommen der statt Zusammen kommender.

# 对 A. Friedmann 的论文：《论空间曲率》[1] 的评论①

A. 爱因斯坦，柏林

(1922 年 9 月 18 日收到)

我觉得提到的论文中得到的关于非静止宇宙的结果似乎存在疑问。实际上，给出的解不符合场方程组($A$)。[2] 我们知道，这些场方程导致的结果是质量张量的散度为零。在($C$)和($D_3$)描述的假定情况下，[3] 可以得出关系式为

$$\frac{\partial \rho}{\partial x_4} = 0，$$

与(8)结合在一起，要求世界半径 $R$ 不随时间变化。所以这篇文章的意义就在于证明了这一恒定性。[4]

柏林，1922 年 9 月。[5]

发表于《物理学杂志》(*Zeitschrift für Physik*) 11(1922)：326。另存有一份手稿[1 025]。

[1] *Friedmann 1922*。Friedmann 的目的是证明可能存在一个曲率在空间中是常数，然而却随着时间变化的宇宙，爱因斯坦的圆柱宇宙和 De Sitter 的球体宇宙都是其特例。

[2] $A: R_{ik} - \frac{1}{2} g_{ik} \bar{R} + \lambda g_{ik} = -\kappa T_{ik} (i, k = 1, 2, 3, 4)$，其中 $\bar{R} = g^{ik} R_{ik}$。

[3] $C$：当 $i, k \neq 4$ 时 $T_{ik} = 0$，并且 $T_{44} = c^2 \rho g_{44}$（$\rho$ 是密度）。
$D_3: \mathrm{d}\tau^2 = -\frac{R^2(x_4)}{c^2}(\mathrm{d}x_1^2 + \sin^2 x_1 \mathrm{d}x_2^2 + \sin^2 x_1 \sin^2 x_2 \mathrm{d}x_3^2) + \mathrm{d}x_4^2$，函数 $R$ 与曲率半径成正比。

[4] (8)：$\rho = \frac{3A}{\kappa R^2}$，其中 $A$ 是一个常数。

[5] 在文件 390 中，Friedmann 挑战爱因斯坦的论点，而爱因斯坦后来在 *Einstein 1923g* 中收回了本文中的声明。关于相关详细讨论，见 *Frenkel 2002*。1916 年，爱因斯坦不同意 De Sitter 的解，原因是它违背了马赫原理，而且是非静止的（见编者按，"The Einstein-De Sitter-Weyl-Klein 争论"第八卷，p. 356）。Friedmann 的解违反了所有解必须是静止的条件，但是并不（一般地）违反马赫原理。关于相反的例子，见 *Einstein 1922q*（文件 370），尤其是注释 5。

---

① *ZS. F. Phys.* 10, 377—386, 1922.

## 341. 致 Chaim Weizmann

[柏林,1922 年 9 月 2 日之后]

亲爱的 Weizmann 先生!

现送上一位和我差不多年纪的地质学家向耶路撒冷大学提交的申请。[1]我知道大学开始的计划中,并不包括地质学,但是觉得不管怎样都应当把申请存档。

很高兴得知您已达成崇高目标,可以松一口气了。一定非常不容易![2]向您和妻子致以诚挚的问候,[3]您的

A. 爱因斯坦

ALS(IsRWW).[33 361]。写在未刊文献摘要一览表 390 底部。

[1]爱因斯坦在将 Carl Speyer 的来信(未刊文献摘要一览表 390)转交给 Weizmann 时写的附信。

[2]Weizmann 曾试图从国际联盟获得在巴勒斯坦的英国授权。国际联盟理事会于 1922 年 7 月 24 日批准了这一授权(见 *Reinharz 1993*,p. 393)。

[3]Vera Weizmann。

## 342. Fritz Haber 的来信

[奥伯斯多夫(Oberstdorf),1922 年 9 月 3 日]

我已经过整天跋涉之苦,
要去看施图尔曼洞穴和大峡谷[1],
但是却不能走过其中任何一个,
有心无力徒奈何!
这是身体的折磨,内心的酸楚,
能否使命必达,一旦开始定要结束?
当生命的风暴如秋天的严肃,
冰冷的霜雾裹起双足。
年轻的心缺乏坚定的意志,
多彩的人生追求永无止境!
多余的能量影响你的坚持,

分心的紧张使你失去冷静,

所有的新计划都是好高骛远,

你必须在前人开辟的路上坚持前行。

祝好

F. Haber

AKS.[12 336]。明信片寄给"Herrn Prof. Dr. Albert Einstein Berlin W 30 Haberlandstr. 5,"邮戳为"Oberstdorf [3] Sep. 22 V[ormittags] 11—12"。背面有 Breitachklamm(大峡谷)的照片。

[1]指巴伐利亚的阿尔卑斯山区奥伯斯多夫(Oberstdorf)附近的施图尔曼洞穴(Sturmann's Cave)和"大峡谷"("The Great Zwing")。

## 343. Henry N. Brailsford 的来信

伦敦西南一区圣乔治广场(St. George's Square)67号,1922年9月4日

极其尊敬的教授先生!

我觉得,在德国人民陷入生活的可怕危机之时,您的公开信能够让公众意见加速恢复理性,从而产生极大的,甚至是决定性的影响。[1]这不仅仅是因为,您是唯一受全世界人民,甚至是那些依然怀有政治偏见的人感激和尊敬的德国人;而且您对科学真理的追求,可以使您关于时局的声明当然地超脱政治争议。

我觉得英国读者特别感兴趣的问题如下:

(1)我们中的一些人知道,自从停战以来,德国经历的经济危机,对科学和文化造成了普遍的恶劣的后果。但是只有少数人理解这个事实;而且他们的了解也仅止于此。您能否从您自己对德国各个大学的经历和了解,给我们讲讲普遍的贫困对它们的影响?下面这个说法是否夸张:他们所处的困境如果持续下去,对整个欧洲文明的未来,都是一个危险。

(2)在我最近对德国的一次访问中,感觉到中产阶级生活的物质和文化标准受到的影响更甚于工人阶级,从您的经验,是否同意这一印象?您是否觉得学生和教师们尤其不幸地受到新的经济困难的冲击?[2]

(3)从您个人以及亲近朋友们的经历,新的情况是如何影响体力劳工以及脑力工作者的收入、健康以及身体和头脑的工作效率?

(4)德国政治生活中明显的破坏性的紧张局势,引发了许多政治谋杀事件[3],其原因是否在于前述这一新的贫困化局面?

(5)我们中的一些人一直怀疑,自从德国革命以来,协约国的政策给共和国

带来了难以承受的负担。您个人觉得，这是否就是共和国面临的问题？

（6）我感到谨慎的德国人中，在失业和商业方面，对马克突然稳定的后果存在极大的担心。您是否同意一个观点，即，如果让德国政治家和专业人士平等地参与将来的关于大家共同关心的经济和政治问题的协商，就能降低这一显著的风险吗？

（7）《新领袖》支持这样一种信念，那就是为了拯救文化，所有的有效工作，出发点都必须是社会服务，而不能是对利润和利益的贪婪。我们觉得在这方面科学家们的精神和经验应当成为我们的激励。如果能够有幸聆听您在这个重要事务上的高见，会给我带来极大的鼓舞。

我自信可以代表《新领袖》的读者们这样说，如果您能够友善地抽出时间回答这些重要问题，我们，或者说实际上整个文明世界的更广泛的公众，将会觉得非常感激。

致以良好祝愿，您诚挚的

H. N. Brailsford
出版者

TLS. [43 342]。信件收信人为"Herrn Professor Dr. Einstein"。附在文件 346 后，同时还有英文本。

[1] 一个月之前，Brailsford 曾请求爱因斯坦为《新领袖》写一篇文章或者接受采访（见文件 323）。

[2] 由于马克贬值，中产阶级和学者受害最大。Carl von Klinckowstroem 伯爵在评论当时局势时讽刺说"学者写一行字挣的钱还不如扫大街的扫两下扫把"（*Ringer 1969*, p. 109）。

[3] 从 1918 年 11 月革命开始，到 1922 年 9 月，德国发生了几百起由反动分子和右翼极端分子进行的政治谋杀，被谋杀的人中包括 Rosa Luxemburg、Karl Liebknecht、Kurt Eisner、Matthias Erzberger 以及 Walther Rathenau。大多数凶手都未受到惩罚（见 *Gumbel 1922*）。

# 344. Jacques Loeb 的来信

洛克菲勒医学研究所，纽约 66 街，A 大道

马萨诸塞州伍兹霍尔海洋实验室（Marine Laboratory, Woods Hole, Mass），1922 年 9 月 4 日

亲爱的爱因斯坦教授：

非常感谢你费心阅读我的书并来信鼓励[1]。蛋白质分子要么作为酸要么作为碱的原因，很难解释，只能说明胶体蛋白质总的来说都是这样。我曾试图以自己在指示剂方面的经验比照着来解释这个事实：发色团这一类指示剂会在一个特定的氢离子浓度范围内发生互变异构的变化。作为一个初步建议，可以想象

蛋白质分子也可能在某个氢离子浓度临界值发生同质异构的变化。

对德国发生的事件,我们都很担忧,并且感到震惊。我觉得你接受邀请跨越重洋,是个非常好的主意,并且希望你能接受我一年前的提议,到美国来待几年。如果你愿意考虑这个可能,我想你可以完全自主地工作,并得到所需要的一切资源。我觉得今后几年,德国的情况不会有什么很大的不同。能否告知你对这件事情的看法?

我不得不取消自己的德国之行,原因是我妻子的身体不太好,一度曾经以为她需要做大手术。有这个心理负担,我无法做出前往德国的决定,而且觉得自己应该将这个情况通知委员会。我非常希望能有机会在物理化学家们面前展示自己的一些结果,原因是在美国没有多少人对我的工作有兴趣,而在德国大家不了解今年发表的文章。[2]另外,大多数生物学家都反对将物理化学应用到生物问题上,还有来自像 Wolfgang Ostwald 这样的旧派胶体化学家的反对,使得这些实验结果无法在德国发表传播。

我希望最后能为那些能够做出很好研究的德国科学家们在美国寻求到支持;如果失败的话,结果恐怕是在战后的残酷之外,又加上科学研究的终止,而这只能帮助野蛮势力的持续。

我们所有人向你和爱因斯坦夫人问好,你永远诚挚的

Jacques Loeb

又及,希望你能原谅我用英语口述这封信。可能是由于身体疲惫的原因,我的笔迹已经变得模糊不清。与其我自己写德文,不如用英语口授,你读起来还方便些。

TLS.［15 188］。信件寄给"德国柏林西 30 区哈伯兰大街 5 号爱因斯坦博士教授"("Prof. Dr. A. Einstein Haberlandstr. 5, Berlin W. 30, Germany")。

［1］文件 325。

［2］他本来希望参加 1922 年 9 月在莱比锡召开的德国自然研究者与医生协会的百年庆祝大会。

## 345. Albert Karr-Krüsi 的来信

苏黎世 2 区爱策大街(Etzelstrasse)30 号,1922 年 9 月 6 日

我亲爱的阿耳伯特!

昨天我同时收到你的明信片和你亲爱的夫人的来信。我将尽最大努力筹集你们的旅行资费。随信附上一张伦敦兑现的 100 英镑的支票,什么时候偿还我们以后再说吧。[1]

我和 Lux[2]热切希望你们去日本之前能到我们这里来。我们建议你们把行

程进行相应的调整。你们可以乘（本来就是最佳选择）下午 5 点左右从柏林出发的快速列车，取道维尔茨堡、斯图加特、沙夫豪森（Schaffhausen）、苏黎世，看情况在迈恩比尔（Mayenbühl）我们家小住几天。然后经伯尔尼、日内瓦至马赛。我本来就想跟你作一次长谈的，所以请求你们满足我们的心愿。

汇给日本邮船［株式］会社（Nippon Yusen Kaisha）的 240 英镑今天已经汇出。[3]

你要辅导 Edith 撰写博士论文一事，我们已经通知她了。[4]

希望再见啊！我们两人大声向你们呼唤，并向你致以我衷心的问候。

你的阿耳［伯］特（Alb［er］t）

ALS.［44 097］。在这份文件的左边缘有用于活页装订的齿孔。

［1］可能是兑现到爱因斯坦横滨正金银行（Yokohama Spezie Bank）伦敦分行账户，其他与爱因斯坦远东之行有关的资金那时正存入这个账户（见，例如，文件 22）。

［2］他的妻子 Luise Karr-Krüsi。

［3］航行到日本的旅费（见未刊文献摘要一览表 383）。

［4］爱因斯坦从 1919 年起指导 Edith Einstein 的博士学位论文［见 Edith Einstein 致爱因斯坦，1919 年 4 月 29 日（第九卷，文件 31），以及文件 339］。

# 346. Helene Stöcker 的来信

1922 年 9 月 7 日

尊敬的教授先生！

根据我们的安排，我已向 Brailsford 先生转告您的意见，也就是您不能自己主动发表一个一般的呼吁书，但是愿意尽力回答专门提出的问题。[1]

因此在昨天，我收到来自 Brailsford 先生的通知，现将其德文和英文译本转交给您。[2]

由于有了一点喘息空间，[3]所以可能 Brailsford 先生只要能在 9 月 25/26 日之前收到您的回复，就能赶上在 10 月的一期出版。不过，他非常希望能再提前一个星期得到您的回复，也就是在 9 月 17/18 日以前。这样就有可能让文章产生尽可能广泛的公众影响。

我相信任何这样的报道，肯定会对人们公正地评估、关心和理解当前的处境有用，因此希望您能在繁重的科学任务之中，抽出几小时来回答 Brailsford 的问题。

Brailsford 的信件将以问询信（Fragebrief）的形式，作为开场白（*Vorrede*）刊出。您可以自由决定是否回答全部问题，或者忽略其中一些，做一些修改，或者加上一些您觉得特别重要的讨论。换句话说,他是让您按照自己的意愿修改他的来信。

他觉得虽然现在有一个短暂的延缓赔款,但是问题并未解决,哪怕马克升值也是如此,所以更需要向世界展示德国人民生活的痛苦。

Brailsford 想知道您更倾向哪一个选择:一个是他将信件发给《纽约世界报》(*New Yorker World*)或者《赫斯特报系》(*Hearst Papers*),二者旗下都有数量很大的附属报纸,可以保证广泛地传播影响,而且稿费也不错;另一个是交给美联社,可能读者更多,但却不能付同样的稿费?

在法国发表会困难些;不过除了国家主义一派之外的所有报纸可能都愿意发表。

如果能够简单回复告知 Brailsford 何时能够收到赐稿,本人将十分感激。

致以良好祝愿,您诚挚的

Helene Stöcker

TLS.[45 075]。写在印有抬头《新一代》(*Die neue Generation*)的信笺上,收信人地址为"Herrn Professor Dr. Albert Einstein W. 30. Haberlandstr. 5"(西 30 区哈伯兰大街 5 号爱因斯坦教授博士先生)。

[1] 三个星期以前 Stöcker 曾告知爱因斯坦,Brailsford 想请他为《新领袖》写一篇文章,或者接受采访(见文件 326)。

[2] 见文件 343。

[3] 很可能指的是比利时提出的暂缓德国战争赔款的建议。战争赔款委员会决定暂停在 8 月 14 日到期的 5000 万金马克的德国战争赔款[见《柏林日报》(*Berliner Tageblatt*)1922 年 8 月 16 日晨报版,以及 *Turner 1998*, p. 97]。

## 347."德国文明的危险"

[*Einstein* 1922*l*]
1922 年 9 月 11 日提交
1922 年 10 月 6 日发表于:《新领袖》(*The New Leader*)1(1922):11。

### 德国文明的危险

**爱因斯坦教授**

[编者按]就现代科学而言,爱因斯坦教授就像上 19 世纪的达尔文那样。他非常善意地回答了编辑提交给他的关于德国现状的某些问题。读者会注意到一个精确思想家的细心风格,并会意识到爱因斯坦博士最平静的话语向读者转达的内容远甚于我们日常听见的夸张说辞。

# THE PERIL TO GERMAN CIVILISATION
## By PROFESSOR EINSTEIN

*Professor Einstein, who is to modern science what Darwin was in the last century, has been good enough to answer certain questions on the present condition of Germany which the Editor submitted to him. Readers will note the careful style of an exact thinker, and will realise that the quietest word from Dr. Einstein means more than our daily exaggerations.*

### The Questions

DEAR PROFESSOR EINSTEIN,—I believe that at this terrible crisis in the life of the German people a letter from you for publication might have a great, perhaps a decisive, influence in hastening the return of public opinion to sanity.

I think that the questions to which English readers would particularly like to have an answer are chiefly these :—

(1) What has been the effect on Universities of the impoverishment since the Armistice?

(2) Is it true that the standards of living of the middle class have been lowered?

(3) Have the new conditions affected the real income and health of the workers?

(4) Have the many political murders in Germany a connection with the new poverty?

(5) Is the Allied policy on aggravation of the internal difficulties of the Republic?

(6) Do you share the common fear of the consequences of a sudden stabilisation of the mark?

(7) May we draw from the experience of scientific workers hope for a society based on social service instead of acquisitive gain?

I think I may say on behalf of all who read the NEW LEADER that we will feel ourselves your debtors, if you will be so generous as to spare time to answer these questions.—Sincerely yours,

H. N. BRAILSFORD.

### The Answer

Berlin,
September 11, 1922.

DEAR MR. BRAILSFORD,—You have been so kind as to address one or two questions to me regarding economic conditions in Germany. You tell me that you want an objective statement about a state of affairs which ought, in the interests of a return to healthy political relations, to be known to the English public. I thank you for the confidence shown to me by your questions, and will endeavour to confine myself to what I can state with full conviction and certainty. I will proceed straightway to answer the questions one by one.

(1) The salaries of scholars and teachers, expressed in kind, have been continuously reduced as a result of the situation created by the war and the Peace Treaty. At present they amount at best to 20 per cent. of their former value, in many cases to far less. This estimate is much too high for brain workers without fixed appointments. Undernourishment is almost universal among brain workers and students, and in addition books have become so dear that the intellectual life and development of the rising generation suffers seriously. The very existence of scientific and artistic activities, especially theatres and journals, is more and more endangered, and some have gone under. The struggle for existence among independent artists, musicians, and writers is desperate. Such conditions, and especially the perpetual consciousness of the insecurity of the individual's material existence, inevitably result in a marked lowering of the estimation in which the public holds professional work and intellectual achievements. I am firmly convinced that, if the present material conditions continue or even become worse, large sections of the so-called middle class, which have hitherto been the principal source and preserver of our intellectual heritage, will sink to the level of the submerged masses.

(2) It is plain that in hard times that work will be relatively best paid which is essential to carry on the economic activities of the moment, but that work which is directed only to the continuation and development of economic activities, and even more to purely cultural purposes, will suffer seriously under the prevailing conditions. Almost all intellectual work falls under the latter head. A colleague assured me on one occasion that scientific meetings are now held far less often than formerly, because those who would attend them must avoid the expense of tram fares. The great majority of students are so far dependent on their earnings that study can only be a secondary occupation. As regards teachers, what I have already said about brain workers in general applies to them.

[1]

(3) I know that there are general complaints regarding the reduced productive power of manual and brain workers, but I do not think that I am competent to say how far this is the result of undernourishment or of fear of inability to obtain food, and how far of purely psychological factors. There can be no doubt that people's energy is sapped by the consciousness that under present conditions it is impossible to provide for the future, partly because of the instability of money values, partly because of the exceedingly heavy burden of taxation, which increases perpetually.

(4) It is a fact that many of the political murders have been committed by people who have lost the means of support as a result of present conditions, but I should not venture to say whether unfavourable economic conditions are *alone* responsible for the lamentable deterioration of political morals. The political intolerance of the supporters of the old régime is doubtless partly due to tradition.

(5) It must be admitted that the policy of the Allies has greatly augmented the difficulties of the Republican Government; in particular it has undermined the prestige of the Government by repeated humiliations, in the face of the whole people. Moreover, everyone here knows that the financial obligations laid upon the country cannot be fulfilled at their present figure, even with the utmost exertion. All this has bred in us the conviction that there is no hope of working our way by legitimate means out of our present serfdom. This paralyses economic activities and drives people to evade taxation, and try to remove their capital from the country.

[2]

(6) Even if we admit that the stabilisation of the mark might involve certain temporary difficulties, it can scarcely be doubted that we must try to attain stabilisation in any event and at the earliest possible moment. Without that it is impossible to reach stable economic conditions. The participation of German statesmen and experts in consultations upon international economic relations would certainly be desirable, if not absolutely necessary.

(7) It is only as a layman that I can answer your last question, and, further, with the utmost hesitation. I must admit with regret that I do not see how the hope of individual gain and the fear of want could be dispensed with as motives for productive work. In my opinion the community can mitigate the economic struggle of the individual, but cannot do away with it.

I trust that I have understood all your questions rightly and have answered them.—I remain, yours faithfully,

A. EINSTEIN.

## 提问[1]

亲爱的爱因斯坦教授：

我认为在德国人民经历的这一可怕的生存危机之中，您的公开信可能起到巨大的甚至是决定性的影响，使得公众舆论加速回归理性。

我觉得英国读者特别感兴趣的问题可以简述如下：

（1）停战以来的贫困化，对各个大学的影响如何？

（2）中产阶级的生活水平是否有所下降？

（3）在新的局势下，工人们的实际收入和健康情况是否受到影响？

（4）在德国发生的众多的政治谋杀案是否与贫困有关？

（5）协约国的政策是否加剧了魏玛共和国内部的困难？

（6）您是否也和很多人一样，担心德国马克突然稳定的后果？

（7）科学研究者的经验能否带来希望，构建一个以社会服务而不是索取为基础的社会？

我相信自己可以代表《新领袖》的读者们这样说，如果您能够宽宏地抽出时间回答这些问题，我们将会觉得非常感激。

H. N. Brailsford

## 回答[2]

柏林，1922 年 9 月 11 日

亲爱的 Brailsford 先生：

感谢你好意向我提出关于德国经济状况的几个问题。你告诉我说你希望让英国公众了解关于时事的客观表述，以期有助于回归健康的政治关系。我感谢你提问背后的信任，并努力保证我所说的内容一定是自己完全相信和确定的事实。下面就直接逐一回答各个问题。

（1）由于战争还有《凡尔赛和约》引发的局势，学者和教师的实质工资一直在降低。目前最多只有以前价值的 20%，在很多情况下甚至还远远不如。对于没有固定职位的脑力工作者，这个估计还是太高了。营养不良在脑力工作者和学生中非常普遍，另外书籍的费用已经变得如此难以承受，对精神生活和下一代的发展造成严重不良影响。科学与艺术活动的生存，尤其是戏剧和期刊，愈发受到威胁，有些已经消失。独立艺术家、音乐家和作家们为了生存进行绝望的挣扎。这样的状况，尤其是对个人物质生存基础的持续的不安全感，不可避免地导致公众对专业工作和精神成果的需求的明显降低。我坚信，如果现状继续下去，或者甚至进一步恶化，所谓中产阶级中的很大一部分，将会陷入底层。而中产阶级一直是我们精神传统的主要创造者和保存者。

(2)很简单,在困难时候,维持当前经济活动所必需的工作相对来说报酬最好,而那些仅仅是为了经济活动的继续发展的工作,甚至是纯文化目的的工作,在目前情况下就会受到严重的不利影响。几乎所有的脑力工作都属于后者。一位同事有一次告诉我,现在的科学会议比以前少多了,因为与会者买不起火车票。绝大部分学生都需要依靠工作收入维持生存,而学习反倒成了次要的事情。至于教师,我前面提到的脑力工作者的一般情况对他们也适用。

(3)我知道现在普遍抱怨体力和脑力工作者的产出效率下降,但是不能肯定其原因有多少是营养不良,是对食物来源的担心,或是纯心理因素。毫无疑问,部分地由于过高的不断增加的税务负担,人们觉得在目前情况下,不可能为将来做准备,因此干劲衰竭。

(4)确实很多政治谋杀的凶手,都在目前状况下,失去了谋生手段;但是我不想说,糟糕的经济状况,是可悲的政治道德的下滑背后的唯一原因。毫无疑问,旧体制支持者们在政治上的不宽容也部分地和传统有关。

(5)必须承认,协约国的政策极大地加剧了共和国政府的困难;尤其是对整体国民的不断的差辱,动摇了政府的威信。另外,这里每个人都明白,强加在国家身上的赔款额,以现在的数目,无论怎样努力,根本无法承担。所有这些都使我们相信,想用合理的方式,通过努力摆脱目前的困境,是没有希望的。这使得我们的经济活动陷入瘫痪,迫使人们逃税,把资本转到国外。

(6)也许我们要承认,马克的稳定可能会带来某些暂时的困难,但毫无疑问的是,无论如何,我们都必须尽早稳定马克,否则无法提供稳定的经济条件。德国政治家和专业人士参与国际经济关系的咨询当然是有利的,如果不是必须的话。

(7)对你的最后一个问题,我只能作为外行人非常谨慎地加以回答。我不得不遗憾地承认,自己觉得对个人利益的追求和对匮乏的恐惧是取得工作效益的不可缺少的动机。我的观点是,社会可以减轻个人的经济挣扎,但是不能取消它。

我希望自己正确理解并回答了你的问题。你永远忠诚的

A. 爱因斯坦

发表在《新领袖》(*The New Leader*)1(1922):11。又曾以"通讯"("A Communication")为题发表于《新共和国》(*The New Republic*)32(1922):197(1922年10月18日)。

[1]关于 Brailsford 问题的未删节的德文版,见文件343。

[2]关于爱因斯坦回答的未删节的德文版,见文件348。

## 348. 致 Henry N. Brailsford[①]

柏林，1922 年 9 月 11 日

非常尊敬的 Brailsford 先生：

您非常友好地向我询问我对目前德国经济现状的看法，并希望我向您提供一些有关情况的客观依据。想必英国公共舆论界因寻求政局及双边关系的改善而对此十分感兴趣吧。[1]我感谢您通过这一询问向我所表达的信任并承诺在回答您的问题时，我所说的内容一定是我本人所完全确信和肯定的。现在，我将逐一具体回答所有问题。

(1)学者们和教师们的实物部分的工资因连年战乱及和平协议所造成的状况一直不断缩减，无论如何现在所有实物工资总和往往远远低于以前实物工资的 20%。[2]就没有固定职位的脑力工作者这一社会群体而言，这一数据依旧太高。[3]脑力工作者们和大学生们普遍营养不良，同时书籍价格飞涨，严重影响到新一代人的精神生活和事业发展。艺术事业和研究事业，尤其是剧院及报纸杂志数目锐减，可以说是遭到部分灭顶之灾。[4]作为自由职业者的画家们、音乐家们和作家们为了生存而挣扎，简直陷入绝望的境地。[5]公众本该尊重知识分子及其辛勤劳动成果的，但这样的境况，以及尤其是相关的每个个体持续不断地遭受自己在物质方面是否能够继续生存下去的威胁所带来的结果是，这种尊重与日俱减。我坚信，如今这样的物质条件一旦持续下去甚至发展到更加恶劣，那么，所谓的广大中产阶层将变为赤贫的无产主义者，而这些中产阶层迄今为止是精神文明的承载者和接班人。

(2)诚然，在困难时期那些暂时能够维持目前经济生活的工种不可缺少，因此，他们的薪酬也最高。但是，涉及为经济生活的繁荣和发展的工种，尤其是以纯文化为目的的工种受上面所述的冲击尤为严重。后者我指的是几乎所有上层建筑领域的工作。在偶尔一次与一位同事聊天时我得知，学者们彼此见面交流的频率大大降低了。原因是他们连买有轨电车车票的钱都付不起。大学生们大多数靠打工生活，以至于学习成了他们的次要事情。而关于老师们，我在上面已经描述过编制内人员的具体情况。

---

① 上封英文信是基于这封德文信的草稿翻译的。除了文字处理不同之外，内容也稍有不同。——译者

(3)我知道，一旦体力或脑力工作者的工作成绩下降，大家都会有所抱怨，但是我不敢妄加断言这是否是营养不良或对食物供给的焦虑或其他心理原因所导致的结果。毋庸置疑，理智一直起着缓慢的麻痹作用，告诉人们在上述情况下不可能有任何前途可言，一方面因为钱的价值毫无可信度，另一方面是因为繁重且不断增长的税收带来了巨大的压力。[6]

(4)事实是，许多政治谋杀案的凶手们是在上述情况下丧失了生存基础的人，可是我不敢妄加断言，是否仅仅是经济不景气是令人悲哀、政治道德沦丧的唯一原因。旧体制的追随者在政治上毫不退让这一事实肯定可以部分追溯到文化传统方面。[7]

(5)必须承认的是，同盟国的政策促使共和国政府遭遇更大的困难，尤其是一而再、再而三地通过显而易见、众所周知的屈辱让本国政府将尊严丧失殆尽。此外，人人皆知的是，加在这个国家头顶上的战争赔款，其数额如此庞大，以至于无论本国如何努力都无法偿清的地步。[8]因此，大家坚信，付出努力和代价却前景渺茫，不可能用合法的方式走出现在受压迫的困境。这一点使得经济生活瘫痪，导致人们偷税漏税，并拼命地把财富转移到国外。[9]

(6)即使大家承认，要稳定马克目前可能面临某些问题，但是大家仍坚定不移地认为无论如何必须稳定马克，而且越早越好，因为如果马克不稳定，则必要的经济情况的稳定根本无从谈起。在共同探讨国际经济关系时让德国政府要员及其智囊团成员们一起参加，与其说是值得期待的，不如说是完全必要的。

(7)有关您的最后一个问题，我只能以一个外行人的身份给予回答，并且我感觉毫无把握。我不得不遗憾地承认，自己看来，无论是个体对于获利的希望，还是人们对物资匮乏的恐惧，都是无法取代的生产驱动力。我认为，在经济斗争中，社会或许能减轻，但是绝对不可取代社会中个体的负担。

希望我正确理解了您所提出的问题，并且也希望我作出了相应的回答。向您致以崇高的敬意，您忠诚的

TLC. *The New Leader*（《新领袖》），1922年10月6日，p. 11［*Einstein 1922m*（文件347）］，英译。[43 343]。这封信是寄给"Herrn H. N. Brailsford London（伦敦 H. N. Brailsford 先生）"。

[1]Brailsford 的问题见文件343。

[2]尽管教授们的平均收入得到了适度的增加，但他们的真实收入却急剧减少了。从1913年到1921年1月期间，生活成本指数增长了11.67（对教授们收入的简短讨论，见 *Feldman 1977*，p. 216 和 pp. 545—547）。

[3]例如，编外教授们不得不主要依赖教学和考试费用，而由于通货膨胀和学生无法支付费用，这种收入大幅减少。无薪讲师（只是偶尔有教学任务，传统上没有薪水的教师）处在现实的经济窘迫中。他们

大多数被迫在假期时从事建筑工作(见 Ringer 1969, pp. 61—64 以及 107)。

[4]由于纸张和印刷成本的增加,书本批发价在 1922 年中旬已经涨到了战前价格的百倍(见 Kühnert 2009, p. 153)。

[5]通货膨胀带来的货币贬值,战后德国惨淡的经济环境,中产阶级购买力的下降,以及在最近税制改革中对新的奢侈品税的执行(见注释 6),这些事情都折磨着脑力工作者和他们的赞助人(见 Feldman 1997, pp. 527—555)。

[6]马克的价值自 1919 年末开始稳定减少。马克对美元的汇率,从 1914 年 7 月的 4.20∶1 增长到了 1922 年 9 月的 1,465.87∶1(Feldman 1997, p. 5)。

增税是实施一项由 Matthias Erzberger 在 1919/1920 年冬建议的改革提议。Erzberger 是 Wirth 总理的政治顾问和 Bauer 政府时期前财政部长。他提议了一个税制改革,要创造一种遍及整个德国的财政同盟(fiscal union),减少赤字,并帮助德国履行赔偿义务。这些改革措施从 1920 年 4 月 1 日实施(见 Feldman 1997, pp. 160—165、233 和 354—358)。

[7]见文件 343,注释 3。

[8]先前对同盟国赔偿政策的批评,见文件 293 和 334。

[9]自从 1918 年 11 月发生革命及签订停战协议起,因为同盟国所提出的赔偿要求,德国企业以及个人,要么把财产转移到海外,要么藏财避税,以避免破产。在 1919 年 8 月 Erzberger 被任命为财政部长不久,他就提出了许多措施,其中之一:《反资本转移和资本外逃海外法》(Law against Capital Flight and Capital Flight Abroad)于 1919 年 9 月 8 日生效。尽管如此,由于银行业和商业的压力,这部法律的效力只保留到了 1920 年 10 月 1 日。讽刺的是,Erzberger 的税收改革被他的反对者看作是资本外逃和"刺激避(税)"["stimulus for(tax)evasion"]的原因(见 Feldman 1977, pp. 135、163 和 212)。

## 349. 致 Richard B. Haldane

柏林,1922 年 9 月 11 日

极其尊敬的 Haldane 勋爵!

我衷心感谢您的友好回信和重要支持。[1]您在转发文章的时候向对方提到我的名字,我一点都不反对。在这种背景下,我唯一不想看到的是,通过英国报纸,我的名字出现在德国报纸上,这会把我卷入复杂的麻烦之中。我还想加上一点,那就是我听说在外国资本的影响之下,德国企业倒闭的速度在快速增加,显然这会使得基于 Rechberg 想法的重工业方案遇到不断增加的阻力。这可能是又一个需要赶快行动的理由。

我也收到了 Bergson 的那本书,读了其中一部分,但是还不能最后作出判断。[2]

再次对您的支持表示感谢,致以良好祝愿,您诚挚的

A. 爱因斯坦

TLS（UkE，Haldane of Cloan Papers，MS5915）。［87 606］。信件寄往"Lord Haldane Cloan，Auchterarder，Perthshire"。

[1]Haldane 曾告知爱因斯坦，自己想把爱因斯坦送来的 Arnold Rechberg 关于战争赔款的文章转发给合适的英国政府人士，尤其是 Balfour 勋爵（见文件 336）。

[2]Haldane 曾对 *Bergson 1922* 一书做过评论。

## 350. Franz Selety 的来信

维也纳一区策德利茨巷(Zedlitzgasse)11 号，1922 年 9 月 11 日

非常尊敬的教授先生！

在这封寄给教授先生您的信中，我附上自己在《物理学纪事》上发表的一篇关于无限宇宙可能性的论文的单印本，[1]我曾在 1 月份给您写信谈及这篇文章。当然，我很想知道您对它的评价，希望能有机会领教。

我非常感激您一直以来对我的慷慨和友善。

希望您能继续对我伸出您的友谊之手，您诚挚的

Dr. Franz Selety

ALS.［20 479］。文件左侧页边有活页孔。

[1]*Selety 1922*。

## 351. 致 Max Wertheimer

［柏林］1922 年 9 月 12 日

亲爱的 Wertheimer 先生！

您知道，我是国际联盟智力合作委员会的成员。[1]最近文化部的 Becker[2]召见了我，让我找个替代者，在我去东亚外出期间，代表德国出席。Becker 提出了几个名字（比如 Troeltsch），[3]但是我对他们了解不够，无法信赖。只有一个人，其自由客观的思维方式，让我在各方面都能完全信赖，那个人就是您。[4]我请求您代表我在日内瓦参加这个委员会的会议（居里夫人和 Bergson 也是委员会的成员）。[5]我已被明确告知，选择代表人一事纯属本人个人事务，我只要选择自己信任的人就可以。[6]

请不要让我失望！您不用付差旅费，还能认识杰出人士，做一些有益的事情。文化部希望知道那里发生的情况。但是您从日内瓦回来之后，(口头)向他们汇报的时候，讲什么和不讲什么，都完全由您自己判断。这个委员会刚刚开了一次会[7]，相关情况马上会通知您。Ilse 会告诉您所有的准备工作。

请务必尽快回信给我，因为我需要向国际联盟提出正式申请，建议由您做我的代表。

祝您假期快乐，致以良好祝愿，您的

A. 爱因斯坦

下一次会议可能会在秋季晚些时候。我是完全以个人身份当选，而不是作为德国代表。您也需要这样看待它。主要日程：国际科学交流。智力工作者的组织。弥补经济困难国家的不足。在德国这里对国际联盟有强烈的偏见。但是我觉得它具有良好的声望和潜力。

ALSX. [34 789]。

[1] 爱因斯坦关于此事最近的通讯，见文件 314。

[2] Carl H. Becker(1876—1933) 是普鲁士科学、文化和教育部部长。

[3] Ernst Troeltsch(1865—1923) 是柏林大学哲学教授。尽管他倡导国际和解，David Hilbert 曾在第一次世界大战的最后一个月指责他"改变立场，变成一个合并论者"("zu den Annexionisten übergegangen")(见 David Hilbert 致爱因斯坦，1918 年 5 月 1 日，[第八卷，文件 530])。关于 Troeltsch 对国际和解的观点，见 *Chapman 1994*，p. 98。

[4] 关于爱因斯坦对 Wertheimer 品格的赞赏，见文件 172。

[5] Henri Bergson。

[6] 在文件 296 中 Gilbert Murray 说明了这一点。

[7] 1922 年 8 月 1 日(见未刊文献摘要一览表 327)。

## 352. 致 Alfred L. Berthoud[1]

柏林，1922 年 9 月 14 日

非常尊敬的同事先生！

请原谅我今天才回复您去年 12 月 28 日的来信；[2] 我的信件实在太多了。在处理堆积如山的信件时，偶然看到您的信，作为弥补，我急忙回复。

正确的质量是从能量算出的那个。必须在电磁质量上加上运动物体所具有的附加质量，原因是它受到电荷的机械张力的作用。这是由相对论中能量的张量性质导出的。一般来说，在相对论中带电质量载体不可能是没有能量的框架。

可以参考 von Laue 的《相对论》(*Relativitäts-Theorie*)，第一卷。[3]

致以崇高的敬礼。

TLC.[25 025]。信件寄给"Herrn Prof. Dr. A. Berthrand Neuchatel"。另存有 Ilse Einstein 笔迹的第二段手稿。[25 024]。

[1]Berthoud(1874—1939)是纽沙泰尔(Neuchatel)大学物理化学教授。
[2]见 Alfred Berthoud 致爱因斯坦，1921 年 11 月 28 日，第十二卷，时间表。
[3]*Laue 1921*。

## 353. 致 Thorvald Madsen[1]

柏林，1922 年 9 月 14 日

非常尊敬的教授先生！

爱因斯坦教授让我感谢您的友好来信，并告诉您他愿意在 22 日中午与您见面。[2]Comert 先生[3]已经好心将计划选举一名德国医生参加"智力合作委员会"("Commission pour la Coopération intellectuelle")一事告知爱因斯坦教授。爱因斯坦教授想知道你们是否全都已经找到合适人选；他自己在考虑皇家顾问 Kraus 教授[4]，但是还没有采取任何行动。如果您觉得在您到达柏林之前，让爱因斯坦教授就此事有所准备会有益处的话，请将相关意思告知他本人。

致以良好祝愿。

秘书

TLC.[34 904]。信件寄给"Herrn Prof. Dr. Madsen Kopenhagen"。文件左侧页边有活页孔。

[1]Madsen(1870—1957)是哥本哈根的国立血浆研究所(State Serum Institute)所长，以及国际联盟健康委员会主席。
[2]Madsen 曾要求在那天见面(见未刊文献摘要一览表 402)。
[3]Pierre Comert。
[4]很可能是 Friedrich Kraus(1858—1936)，柏林夏里特医院(Charité Hospital in Berlin)第二医疗诊所主任。

## 354. 秋田忠义的来信

柏林勃兰登堡大街(Brandenburgischestr.)72 号,1922 年 9 月 15 日

非常尊敬的教授先生！

我收到我们日本《改造》杂志社连续发来的两封电报,紧急请求您,尊敬的教授先生,为您的论文集写一个前言,以便翻译成日文。[1]尽管知道您事务繁忙,我还是想谦卑地请求您,如果可能的话,最好能在出发前写好这个前言。——东北大学的 4 位教授在您的学生石原教授[2]的领导下,正在进行翻译工作。[3]他们已经完成了第一部分,希望能够尽快全部结束。

我怀着感激的心情企盼您的友好照顾,并向您优雅的夫人问好,您永远诚挚的

秋田忠义

ALS.[65 281]。

[1]*Einstein 1922—1924*。
[2]石原纯。
[3]其中 4 个翻译者是仙台东北大学教授山田光男(Mitsuo Yamada)、远藤吉见(Yoshimi Endo)、山田义男(Yoshio Yamada)以及石原纯。石原纯编辑并校对了他们的译稿(见 *Einstein 1922—1924*)。

## 355. Raymond de Rienzi 的来信

巴黎第 6 区赫歇尔街(rue Herschel)6 号,1922 年 9 月 15 日

亲爱的伟大的朋友：

法国报纸上说您受到了来自德国民族主义者的威胁。[1]我们对此深感震惊,看到一个如此美好和珍贵的生命受到这样的威胁,我们感到十分悲伤和愤慨……

您是否还记得我们在巴黎圣母院前关于科学家勇气的谈话?[2]您勇敢地与普遍的疯狂保持了距离,而那些疯子却转向了您……

报纸上说您将前往远东。报纸所说的很难令人全信,但如果他们说的是真的,您真是太明智了！

逃离这个同类相残、不再倾听科学的伟大声音的欧洲，您真是太明智了……我们几个一想到凡是涉及大炮子弹就毫不犹豫拨款的政府，却不能提供 20 万法郎来研究 9 月 22 日的日食，就感到羞愧脸红……[3]我满怀激动焦急地等待观测结果。我期待的程度当然不如您，但我同样非常渴望看到自己欣赏的理论得到验证。我想，这次验证将会让您面对人类的恶意和愚蠢，感到一些安慰。

倘若某天您认为能够在巴黎找到您工作需要的安全和安宁，您知道我们会多么乐意为您提供一切便利。能够为您效劳是我们一生的荣幸。

亲爱的伟大的朋友，请请接受我对您忠诚的敬意和诚挚的友谊。

R. de Rienzi

ALS.［44 782］。写在印有作者抬头的信笺上。

　　[1]例如，《巴黎人画报》(*Le Petit Parisien*) 9 月 13 日在首页刊登了一篇简短报道，题为"受到德国反动派的死亡威胁，爱因斯坦确定了远东之行"("Einstein menacé de mort par les réactionnaires allemands. Il se decide à faire un voyage en Extrême-Orient")。

　　[2]关于 Rienzi 与爱因斯坦在巴黎会面的回忆，见文件 267。

　　[3]关于更多此次日食的情况，见文件 46，注释 2。

# 356. 致秋田忠义

柏林，[1922 年 9 月 15 日或以后]

　　一旦我与日本出版商签订合同后[1]，我很愿意写一个前言[2]〈但现在还不能写，原因是我还没有收到出版社寄来的任何合同。〉前言的内容不容易组织，因为我并不是非常清楚，书里究竟包括了哪些文章。我希望，在我停留日本期间把这件事情全部解决。

ADft Ilse Einstein 笔迹的草稿［65 282］。写在文件 354 的背面。

　　[1]改造社。

　　[2]指 *Einstein 1922—1924* 一书的前言（见文件 354）。

## 357. 致 Tullio Levi-Civita[1]

[柏林，1922 年 9 月 15 日或之后][2]

Carissimo Collega!

Ci sarebbe una gran piacere se protremmo avere una contributione di Lei. Mipare un bel pensiere, die creare un organe ⟨die scienza⟩ per tutti Hebrai qui s'occupano di scienza.[3]

Tanti saluti dal Su

Albert Einstein.

亲爱的同事：

我们非常希望您能够赐稿。我觉得出版一个包括所有犹太科学家作品的系列是一个不错的主意。[3]

致以良好祝愿，你的

阿耳伯特·爱因斯坦

ALS（ItRAL, Fondo Levi-Civita, box 7）。[83 554]。写在另一封信（Emanuel Velikovsky 致 Tullio Levi-Civita, 15 1922 年 9 月[83 553]）的底下，原信笺印有抬头 *Scripta Universitatis atque Bibliothecae Hierosolymitanarum*。

[1]Tullio Levi-Civita（1873—1941）是帕多瓦大学理论力学教授。

[2]根据 Velikovsky 来信的日期。

[3]Velikovsky 在信中将出版 *Scripta Universitatis atque Bibliothecae Hierosolymitanarum* 系列的计划告诉 Levi-Civita，并请求后者赐稿。关于该计划产生的背景，见 *Velikovsky 1978*。

## 358. 致 Arnold Sommerfeld

[柏林]1922 年 9 月 16 日

亲爱的 Sommerfeld！

上次在莱顿的时候[1]我注意到，对于您在自己著作的最新版中否认 Ehrenfest 对绝热假设的发明权，他感到非常不快。[2]考虑到我可能会与您在莱比锡见面，他在给我的最近的一封信中，详细谈到了这件事。如果您读过附信中的相关细节，可能会改变自己的看法，并在英文版以及之后的版本中对相关段落做出修改。[3]那样的话会令我感到非常高兴，因为我发现此事让他非常郁闷。[4]

祝好，您的

A. 爱因斯坦

ALS(GyMDM, HS 1977—28/A, 78). *Einstein and Sommerfeld 1968*, p. 100; *Sommerfeld 2004*, pp. 120—121. [21 404].

[1]从1922年4月29日到5月13日。

[2]关于 Ehrenfest 的绝热假设的讨论，可见 *Einstein and Ehrenfest 1922*（文件315）。在 *Sommerfeld 1921* 中，对这一假设的介绍是"被 P. Ehrenfest 以绝热假设的名义引入量子论的一个普遍原理"（"ein allgemeines Prinzip, welches P. Ehrenfest unter dem Namen Adiabatenhypothese in die Quantentheorie eingeführt hat"［*Sommerfeld 1921*, p. 427]）。在第三版中，相关段落增加了关于1911年索尔维大会的内容，其中 Sommerfeld 回忆了 Lorentz 当场提出一个摆在摆长连续缩短的情况下会如何反应的问题。根据 Sommerfeld 的回忆，是爱因斯坦给出了正确答案：如果摆长的缩短是无限缓慢的，能量和频率会按比例增加。在第三版中，接下来的文字是："这就是所谓'绝热假设'的起源。它的名字和系统阐述要归功于 P. Ehrenfest"（"Dies ist der Ursprung der sogenannten, Adiabatenhypothese. Ihren Namen und ihren systematischen Ausbau verdankt sie P. Ehrenfest"; *Sommerfeld 1922*, p. 375）。

在1922年5月8日给 Niels Bohr 的一封信中（文件184中有节选），Ehrenfest 写道："在他著作的新版中，Sommerfeld 以非常优雅的评论和注释介绍了绝热假设，给人的印象是，我在其中的角色就是——剽窃。——Lorentz 和爱因斯坦发现了绝热假说这件事，我起了个名字，最后由 Burgers 搞定。一开始我非常非常郁闷：在发现这一系列相关想法的时候，我怀着巨大的喜悦；我知道自己以前从来没有，以后也不会有这样的自己视若珍宝的发现"（"Sommerfeld hat in der neuen Auflage seines Buches die Adiabatenhypothese mit ein paar sehr eleganten Bemerkungen und Fußnoten so eingeleitet, dass meine Antheilnahme daran auf kaum mehr als—ein Plagiat reduciert erscheint.— Lorentz u. Einstein haben die Sache gefunden ich habe ihr einen Namen gegeben und Burgers hat sie in Ordnung gebracht. Ich war erst *sehr sehr* deprimiert: Ich weiß dass ich niemals etwas gefunden habe *und ganz sicher niemals etwas finden werde* was ich so innig lieben kann, wie diese eine Gedankenreihe, die ich mit so großer Freude herausgefunden habe."; Ehrenfest 致 Niels Bohr，1922年5月8日，DkKoNBA）。他还提供了一些关于自己构建和应用这一原理的历史评论，最早的回溯到1911年。有趣的是，在自己的一篇主要的相关文章中，Ehrenfest 提到 *Einstein 1914n*（第六卷，文件5），把引入这个假设名字（但不是假设本身）的功劳归于爱因斯坦（见 *Ehrenfest 1916*, p. 577）。但是在 *Einstein 1914n* 中，爱因斯坦在介绍这个假设时用的是"Ehrenfest 的绝热假设"（见 *Einstein 1914n*［第六卷，文件5］, p. 826）。关于 Ehrenfest 绝热假设的更多的历史讨论，见 *Navarro and Pérez 2006* 以及 *Pérez 2009*。

[3]Ehrenfest 的信件（已不存），还有爱因斯坦的这封信，可能由 Sommerfeld 的妻子转寄给了正在麦迪逊作访问教授的 Sommerfeld。在1922年10月8日给妻子的信中，Sommerfeld 写道："Ehrenfest 这人很讨厌；我早就知道他对我不满。因为我没有替 Epstein 在德国找到教授职位，他觉得我没有善待 Epstein！我千万别在帕萨迪纳碰上他。对他的要求我做了让步，告诉 Bröse 英文版要做一点修正"（"Ehrenfest ist ein ekliger Kerl; dass er auf mich böse ist, weiss ich längst. Er meint, ich hätte Epstein schlecht behandelt, da ich ihm keine Professur in Deutschland besorgt hätte! Ich hoffe sehr mit ihm nicht

in Pasadena zusammenzutreffen. Seinen Willen habe ich ihm aber getan und an Bröse eine kleine Correctur für die englische Auflage geschickt"; *Sommerfeld* 2004, p. 121.) 尽管相关段落并没有做实质性的修改，Sommerfeld 加上了一个脚注，提到了 *Ehrenfest 1911* 以及 Ehrenfest 的其他几篇论文（见 *Sommerfeld 1924*, pp. 397—398）。

[4] Ehrenfest 在自己日记中关于爱因斯坦 4 月 29 日到 5 月 13 日的莱顿之行的条目中写道："郁闷：Sommerf. ［－－－］绝热假设。"(NL-LeRM, Ehrenfest 档案，日记 ENB:1, 27, 条目 5708 的下一个）

## 359. Svante Arrhenius[1] 的来信

莱比锡，迪特尼茨大街(Dittnitzer Str.)3 号 Leo Jolowitz 博士转［1922 年 9 月 17 日或之后］[2]
非常尊敬的同事先生：

昨天路过柏林的时候，听 Margarathe Hamburger[3] 夫人说您要离开德国去日本。外部环境恶劣到让您做出这样一个决定的程度，我对此深表遗憾。[4]

我非常希望 12 月份您能来斯德哥尔摩，如果您去日本的话，那就肯定无法实现了。[5] 不过前来斯德哥尔摩的邀请要等 11 月中旬才能发出。您能在欧洲一直待到那个时候吗？如果这样的话，可能您之后不久就会访问斯德哥尔摩，除非有什么"超级外力"（"force majeure"）不让您来。

我访问巴黎这个美丽的城市，是在您离开那里之后不久。每个人都在讨论您，大都怀着极其景仰的态度，让我非常高兴。

我冒昧地向您和尊贵的夫人致以诚挚的问候。您永远真诚的仰慕者

Svante Arrhenius

ALS.［6 353］。

[1] Arrhenius(1859—1927) 是诺贝尔物理化学研究所主任，以及诺贝尔物理学奖委员会执行主席。

[2] Arrhenius 参加了 1922 年 9 月 17 至 24 日在莱比锡召开的德国自然研究者与医生协会的百年大会（见 *Zeitschrift für angewandte Chemie* 35［1922］：569）。

[3] Hamburger(1869—1941)，是一位哲学家，爱因斯坦在柏林的崇拜者（见她 1918 年 4 月 16 日给爱因斯坦的信［第八卷，文件 510］）。

[4] 自 8 月以来，各报纸广泛报道说爱因斯坦是因为人身安全受到威胁才出国旅行（见"爱因斯坦上了被谋杀名单"["Einstein auf der Mordliste"]，1922 年 8 月 5 日的《莱比锡新报》[*Leipziger Neuesten Nachrichten*] 和《柏林日报》[*Berliner Tageblatt*]，以及《国民报》[*Nationalzeitung*]，1922 年 8 月 6 日的报道）。

[5] 在 9 月 6 日的会议中，诺贝尔物理学奖委员会已决定向皇家瑞典科学院提名爱因斯坦为获奖人（*Elzinga 2006*, p. 171）。

## 360. Max Wertheimer 的来信

布拉格波里奇街(Poric)6号,1922年9月17日

亲爱的爱因斯坦先生!

非常感谢您的来信以及其中的友好邀请![1]我仔细考虑了一下。首先,有没有什么地方搞错了?您信中提到的秋季的会议,是将要召开还是肯定已经结束了?在收到您的来信之前,我在报纸上已经读到这个委员会开会的消息,Bergson 的讲话,等等。所以是不是已经晚了?[2]

这是严肃而美好的任务,亲爱的爱因斯坦先生(尽管我对您的提议感到非常惊讶)——我很难拒绝您的提议,但是很多因素都让我不能接受。我不会讲法语,或者说只会讲一点,就是一个重要原因;我能讲英语(在这一相当复杂的情况下,或者在任何情况下,有时可能还要看当时所讲的内容而定),是个犹太人,本来是讲德语的波西米亚人,现在是捷克斯洛伐克人。在我们那次谈话中,所有那些让您为难并对参加委员会一事举棋不定的理由,对我也有影响,实际上影响更强烈;因为您知道,要是您参加的话,毕竟是全世界都知道的大名鼎鼎的爱因斯坦!所有的问题都会大大减轻,甚至无足轻重;而我就会面临很多可能的严重灾难。如果我只是带着耳朵去听,然后写个报告(给您和文化部),那么哪怕是正式出席,可能情况也就没有那么糟糕,——但是即便如此,我的语言理解能力又不够(即时翻译也不能很好解决问题)。

考虑到与协约国有关的政治局势以及德国人的观点,下面这个方案是否最合适?您可以正式派遣一位信基督教的并且有语言天赋的著名学者作为自己的个人代表,仅仅去旁听并且写出报告。这样可以么?我觉得这个方案在很多方面是可行的,可能也更容易,因为这位代表只需要旁听并写出报告。

您觉得 Brinkmann[3] 是否值得考虑?我觉得他能胜任。

亲爱的爱因斯坦先生,祝您一切顺利,并再次感谢!我希望自己这封信不会让您生气——您说呢?

您的

M. Wertheimer

又及:您何时出发?我们是否还有可能11月份在柏林见面谈谈?

TLS.[34 788].

[1]在文件351中,爱因斯坦询问Wertheimer是否愿意代自己参加国际智力合作委员会将来的会议。

[2]委员会的第一次会议于8月1日到5日在日内瓦召开。作为委员会主席,Henri Bergson 在 8 月 5 日致结束辞(见 *Société 1922*, pp. 36—37)。

[3]Carl Brinkmann(1885—1954)是柏林大学经济学和社会学教授,以及外交部的一名参赞(Legationsrat)。

## 361. 致瑞士驻柏林大使馆

柏林,1922 年 9 月 18 日

极其尊敬的先生:[1]

今天我冒昧地向您提出以下请求:本月底我将启程去日本、中国、荷属印度群岛以及西班牙,以便完成对这些国家的一些大学的受邀访问。我妻子与我同行。我们持有瑞士护照,所以需要按照瑞士人的标准支付所有的签证费用。对于我这样一个在德国挣钱的人来说,这些签证费用非常之高,所以去年外交部的护照办公室几次给我颁发出境签证的时候都好心没有收费。不过我被告知,每次走这个程序都很麻烦,而且如果我拥有外交护照的话,马上就可以办好。所以我冒昧地请求您,尊贵的先生,给我和我妻子颁发一份外交护照。如果您能照准,我将格外感激,因为我们不仅能省下很大一笔钱,而且旅途会得到很多便利。我殷切地期待着您的回复,如果需要,我的电话是(诺伦多夫[Nollendorf]2807)。打扰之处,敬请原谅。

致以良好祝愿,您真诚的

TLC. [29 179.12]。信件寄给"柏林瑞士公使馆"("An die Schweizerische Gesandtschaft Berlin")。地址来自 TTrL [29 179.11]。文件左侧页边有活页孔。

[1]当时瑞士驻柏林大使是 Hermann Rüfenacht(1867—1934)。

## 362. 致 Max Wertheimer

柏林,1922 年 9 月 18 日

亲爱的 Wertheimer!

您提议 Brinkmann 基本上是可行的[1],但是我肯定是更倾向您,因为我对您了解得更多。您可以作为我的专属个人代表；这个任务名义上和文化部一点关系也没有。要不要向部里报告，报告什么都完全由您决定。现在在日内瓦召开的是国际联盟理事会的会议，不是我们这个委员会的。[2]但是我们可能在秋季末召开为期一周的会议；如果今秋没有开会，那可能就要等到明年第一季度。您是捷克斯洛伐克人也是犹太人这件事没有关系；我选择代表这事本身就已经是对部里的一种友好姿态。选择 Brinkmann 的话，就会有一点复杂，因为他在外交部服务多年（可能现在还在），更像是一位外交官而不是学者。语言问题没有那么严重，因为居里夫人和委员会的秘书可以讲不错的德语。[3]不需要在会议中表现得很积极，但是可以开展个人交往。

亲爱的 Wertheimer，直接回答我，是或否，我希望答案是"是"；收到这封信的当天就回信给我；不然的话我就什么事也来不及做了，因为我本月 29 日就出发了。

衷心祝福，[4] 您的

A. 爱因斯坦

TLSX. [34 791.1]。

[1]Wertheimer 曾提议由 Carl Brinkmann 代表爱因斯坦出席国际智力合作委员会下一次会议（见文件 360）。

[2]国际联盟大会第三次会议将在日内瓦召开［见《柏林日报》(*Berliner Tageblatt*)1922 年 9 月 5 日晨报版］。

[3]Oskar Halecki(1891—1973) 是华沙大学历史教授，国际联盟秘书处成员。

[4]这些文字以及签名为爱因斯坦手迹。

## 363. Max von Laue 的来信

莱比锡，1922 年 9 月 18 日

亲爱的爱因斯坦！

根据我昨天得到的可靠消息，11 月将有事情发生，你最好 12 月份能留在欧洲。[1]请重新考虑一下，你是否还去日本旅行。

祝好，你的

M. Laue

AKS. [16 028]。明信片寄给"柏林-维尔默斯多夫，哈伯兰大街 5 号爱因斯坦教授"("Herrn Prof. Dr. A. Einstein Berlin-Wilmersdorf Haberlandstr. 5")。

[1]Laue 已经代替爱因斯坦在德国自然研究者与医生协会百年大会上做相对论的报告（见文件 271），可能被同时参会的 Svante Arrhenius 告知诺贝尔委员会提名爱因斯坦获奖一事（见文件 359）。

Laue 也曾提名爱因斯坦作为该奖候选人（见 *Pais 1982*，p. 510）。

## 364. Max Wertheimer 来信

布拉格，1922 年 9 月 19 日

亲爱的爱因斯坦先生！

来信中要我立即回复。[1] 那么，我现在就请求您另行委托别人（或请 Brinkmann 先生）。

我考虑了很久却始终无法改变已经作出的决定。

如果您确实没有委任其他人，那么是否可以这样做呢：您在寄往日内瓦的信中仅仅提一下我的名字？目前的情况是，我真的无法下这个决心啊。

至于与本事相关的处理书信来往等事情，我十分乐于承担工作。当然也乐意作为您正式的委托人。

致以许多友好的问候和万事如意的祝福！您的

Wertheimer

（请您别为我的犹豫不决而嘲笑我啊。）

ALS.［34 793］。这封信是寄给"Herrn Prof. Dr Albert Einstein Berlin W 30 Haberlandstr 5（柏林西 30 区哈伯兰大街 5 号阿耳伯特·爱因斯坦博士教授先生）"，寄信人地址是"Dr Max Wertheimer（Max Wertheimer 博士）dz. Prag Poriĉ 6（布拉格波里奇大街 6 号）"，并盖着"Praha 19 IX 2[2] 7—8 ĉ．S．P．"的邮戳。

[1] 爱因斯坦让 Wertheimer 明确直接地答复他的请求，他请求 Wertheimer 在国际智力合作委员会代表他（见文件 362）。

## 365. 致 Svante Arrhenius

柏林，1922 年 9 月 20 日

尊敬的同事先生！

衷心感谢您的来信。[1] 我是受到对方的邀请前往日本。接受这一邀请，不是因为不愉快的处境，而是不想失去了解几个非常有意思的国家的机会。因为我已经和日本方面签约，所以完全不可能再拖延了。我将于明年 3 月回到欧洲。希望瑞典方面只是推迟而不是取消对我的邀请，[2] 祝您万事如意，您极其诚挚的

A. 爱因斯坦

又及[3]：我还是希望下周初还能有机会和您见面。最好是您路过的时候来看看我[4]。当然只要能够安排，我也愿意去您觉得方便的地方。

TLS(SSVA,Svante Arrhenius Archive,Letters to Svante Arrhenius,vol. E1:6)。[73 213]。信件寄给"Herrn Prof. Dr. Svante Arrhenius z. Z. Leipzig"。

[1]文件359。

[2]在Arrhenius的信中，他力劝爱因斯坦留在欧洲，原因是11月中之后爱因斯坦可能会收到12月访问斯德哥尔摩的邀请(见文件359)。诺贝尔奖通常于11月中宣布，颁奖仪式传统上定于12月10日以纪念Alfred Nobel于1896年去世的日期。

[3]附笔为爱因斯坦手迹。

[4]Arrhenius那时正在莱比锡参加德国自然研究者与医生协会百年大会。

## 366. 致 Hans Reichenbach

[柏林]星期三[1922年9月20日]

亲爱的Reichenbach先生！

尽管马上就要出发，我还是非常想知道您在公理分析方面的进展。[1]星期六对我最合适。星期一我就不知道是否还在这里了。

祝好，您的

A.爱因斯坦

AKSX.[20 078]。明信片寄给"Dr. Hans Reichenbach. Josefinenstr. 6III bei F[ischle?] Leipzig,"邮戳为"[Berlin-]Wilme[rsdorf] [——]"。

[1]Reichenbach正在致力于相对论的公理分析研究(*Reichenbach 1924*)。他在1922年9月18至24日在莱比锡召开的德国自然研究者与医生协会百年大会上，报告了一些中间结果。关于更多的讨论，见文件119,注释6。

## 367. 致 Carl Beck

[柏林]1922年9月22日

亲爱的Beck博士先生：

不幸的是，这次又没有能够拯救祖国。3000亿金马克等于700亿美元。[1]这样的话就需要70 000张照片，每张值100万美元！很遗憾地说，我们的错误不过是小数点错了 3 位而已,看来香槟酒让我们得意忘形了。

让我们愉快道别。友好的祝福,您的

A. 爱因斯坦

ALSX. [71 580]。

[1]可能指的是德国战争赔款。1920 年 6 月布洛涅会议(the Boulogne Conference)上最初的提议是 2690 亿金马克。1921 年 5 月,伦敦会议决定的赔款额为 1320 亿金马克(见 *Fischer 2011*,p. 150)。

## 368. 致 Jacques Loeb

[柏林]1922 年 9 月 22 日

极其尊敬的 Loeb 教授先生!

我觉得根据您的理论,很容易理解非此即彼(酸或者碱)的特性。[1]因为一般认为胶体只能是非常弱的酸或者碱,当溶液中 $H^+$ 的浓度显著地低于纯水中的浓度时,胶体分子只能分离一定数量的 $H^+$。类似地 $OH^-$ 的分离与溶液中很低的 $OH^-$ 浓度值相联系。由于平衡条件

$$C_{H^+} \cdot C_{OH^-} = 常数$$

上述两个条件不能同时满足。不过这个解释也有他的问题,因为还是没有说清楚为什么[两种]这些胶体能在纯水中起作用。

由于本地知识界大多数人头脑狭隘,缺乏宽容的精神,情况确实非常令人不快。但是我还没有遭到摧残,因为我很大程度上不和人们来往,也不太在乎他们的意见和行为。哪怕是在物质上,我也相当独立,因为我从科学院得到的报酬实际上无足轻重,所以丢弃这个职位,也可以淡然处之。我的人身安全可能没有报纸上描述的那么糟糕。所以——除了几天后就要启程的极其令人向往的日本之行——我准备就在这里安静地待下来。感谢您屡次好心建议;[2]如果真的发生什么严重问题,我会带着感激和期望之情,重新考虑您的建议。

希望您妻子已经恢复健康。由于这个原因您不能来莱比锡,这让我感到非常遗憾;但是除此之外,也没有其他什么了不起的损失。您的强有力的证据,足够支持您关于胶体的精致理论。真理是不需要保卫的,因为它自己就足够强大!

如果您想捐献什么东西给德国科学,请务必不要捐给那些按照"最少批评原理"(Prinzip des minimalen Odiums)做出决策的机构,而要去找那些以少数几个能人的自由评估为基础的地方。

祝您和您全家一切顺利。并问好,您的

A. 爱因斯坦

又及:如果要支持学术机构,我想向您推荐考纳斯[Kowno]的犹太大学基金,其宗旨是帮助为生存做真正的英勇斗争的东欧犹太学生。[3]

ALS(DLC, Manuscript Division, Jacques Loeb Papers, mm 73030429). [15 193]。

[1]问题是在文件344中提出的。

[2]在文件344中,Loeb建议爱因斯坦在美国待几年。

[3]关于爱因斯坦参与考纳斯犹太大学一事,见未刊文献摘要一览表417。

## 369. Michele Besso 的来信

伯尔尼,1922年9月24日

亲爱的阿耳伯特:

对你的旅行日程,我一无所知;也许这封信还能及时被送到柏林你的手中,带去我对你漫漫旅程的祝福。如果一切顺利,这个来回各六周的海上之行,可以让你好好休息,彻底放松。

上次听到你的消息还是通过我的表兄弟 Arrigo Cantoni,[1]你的热情接待让他感到非常高兴。我很久没有直接从你那里得到任何消息了;你没有收到我最近的两封信[2],或者你对这些信的内容有所考虑,我应该明白,我不应该用你关心的领域之外的内容来打扰你的平静。

人们熟悉的那个(忽略了狭义相对论的基本假设)[孪生子]悖论声称,一个以接近光速的速度离开我们又折返回来的观察者,觉得我们的钟基本上是停止的,而我们也觉得他的钟是停止的。Vero 对此提出问题道,一个以类似光速的速度接近我们的,绕着球形世界行走的观察者,他的情况又是怎样的:"对于他来说,在旅行世界的时候,我们会明显变老,而我们也会觉得他在变老。"这个悖论与我向你提出的,沿矩形的两个对边相对运动的两个圆圈的洛伦兹收缩悖论是类似的,解释的方法也类似。虽然如此,我觉得这个例子还挺有教学意义的,可以作为家庭作业,已经有充分发展的初学者把它彻底想清楚。(实际上,真正的质量分布让一个观察者看到一个球形世界,而让另一个观察者看到一个不同的世界。这是何种的不同?)

好了,向你问好,并祝旅途愉快!如果收到这封信时你已经身处热爱樱花的国度,但愿那里的人们向你欢呼喝彩!

谨代表我们所有人,你的

Michele

那个波兰人的六维圆柱世界进展如何?[3]还有我通过 Jean Becquerel 的精彩短文才了解的那个双曲可能性现在是什么情况?[4]

我僵化得像冻冰一样。这里除了几个完全不熟悉的行业的人,还有两个神学家,其他什么事情都没有发生!Vero 和他妻子还有 Marco 六个星期以前就开始待在苏黎世。[5]

ALS(*Einstein and Besso 1972*,pp. 183—185). [7 083]。

[1]Cantoni 是作者的一个表兄弟,在[意大利]的里雅斯特(Trieste)和梅拉诺(Merano)的高中教数学和物理。

[2]其中的一封可能是文件 322。

[3]显然爱因斯坦曾经向作者提起过,自己正在写一篇关于 Theodor Kaluza 在五维理论的论文(文件12)。Kaluza 是一个波兰姓氏。

[4]可能是指 Becquerel 1922。

[5]Vero Besso、Lydia Besso-Brönnemann 和 Marco Besso。

## 370. "对 Franz Selety 的论文:'论宇宙学体系'的评论"

[*Einstein 1922p*]
日期 1922 年 9 月[12—25]
1922 年 9 月 19 日收到稿件
1922 年 12 月 19 日发表于:《物理学纪事》69(1922):436—438。

### 对 Franz Selety 的论文:"论宇宙学体系"的评论[1]

(《物理学纪事》,68. S. 281. 1922)

A.爱因斯坦

必须承认,从牛顿理论的观点出发,恒星宇宙的"分子等级"结构假说,不是完全没有道理,尽管最近的观测结果否定了关于银河系等于一个螺旋状星云的假设[2]。这一假说无懈可击地解释了夜空的黑暗背景,并且不需要将物质构想为虚空空间的岛就能避开 Seeliger 与牛顿定律的矛盾。[3]

哪怕是从广义相对论的观点,宇宙的"分子等级"结构假说也是可能的。虽然如此,从这一理论的立场来看,这个假设并不令人满意。原因简要解释如下：[4] 如果质量能够影响或者部分地决定空间的几何和惯性性质，那么就必须认为，这种决定性完全是有条件的，比如在广义相对论中，物质的平均密度有限，而且宇宙在空间上是封闭的，就是其条件。我想用一个更简单的虚构的例子来说明这一点，当然可能这个例子并不完美。[5]

一般认为，要了解引力，只有通过实验室内能够实现的对物质的精确力学研究才能实现。设想我们并不知道地球是球形的。这样就可以提出下列理论假设。处处存在一个垂直的"宇宙"引力场，延伸到无穷远。地球向下延伸到无穷远。其引力和宇宙引力场比较起来可以忽略不计。① 通过地球表面的实验，可以测到宇宙引力场被质量的引力效应所改变。

尽管这个假设的宇宙引力场与地面实验观测到的物质的引力场一样都符合泊松方程，这个诠释并不令人满意，因为这个假设的宇宙场本身并没有物质基础。使得地表物体下落的引力场，是由地球这个物体产生的，而非独立存在，这个想法肯定会被认为是一个重大进步。

目前为世界的度量和惯性场寻找实在基础的倾向没有这么迫切，这不过是因为人们并未像看待上述例子中的"宇宙引力场"一样，将后面这个惯性场看作一个清晰的物理实在。但是下一代物理学家就很难不注意到这个问题。

根据马赫假设，单个物理的惯性效应和它的引力作用一样，都应该由所有其他物体来总体决定。而"分子等级宇宙"和"世界岛"同样都不符合马赫原理。我不明白 Selety 为何忽略了他系统里的这个缺陷。这个缺陷非常严重，因为哪怕不考虑宇宙的性质，广义相对论也能证明在一阶近似下，物体行为应该遵守马赫理论。在这个方面可以参考我的"四个相对论讲座"中的第四个（1921年5月于普林斯顿大学所做）。[6]

最后要说的另外一点，在 Selety 以及很多其他人的文章里都造成混乱。相对论指出：因为坐标系并非实在之物，自然定律的形式应当不依赖于坐标系的选择；评估假设定律的简单性只能看其一般协变形式。不过这并不是说，不能在不违背相对论假定的情况下，选择合适的参照系来简化表述。比如，我用一个质量平均分布的"圆柱世界"来近似代表真实世界，并且选用的时间轴与"圆柱体"的轴平行，这并不意味着引入了"绝对时间"。不管怎样，宇宙中并不存在构建自然定律的优先坐标系。对真实世界来说，就算它能够被圆柱世界近似描述，对这样一个坐标系的精确定义反正也是不可能的。相对论原理并非主张所有坐标系对世界的表述都是同样的或者同样简单的，而是说自然的普遍定律对各个坐标系来说都是一样的（或者更精确地说：衡量各种可能的自然定律假设的简单性，应

---

① 这个假设与牛顿定律矛盾。——原注

当只看它们的一般协变形式)。

1922 年 9 月
(1922 年 9 月 25 日收到)

526　发表于《物理学纪事》(Annalen der Physik)69(1922)：436—438。1922 年 9 月 25 日收到稿件,1922 年 12 月 19 日发表。根据一份三页纸的写在未刊文献摘要一览表 403,409 和 419 纸张背面的手稿[1 016],完稿的日期是在 1922 年 9 月 12 日到 25 日之间。

[1]Selety 1922.关于 Einstein-Selety 对话的历史分析,通过前述问题以及马赫原理来整合牛顿宇宙论与欧几里得几何的当前讨论,以及 Einstein-Selety 对话在这个当前讨论中的作用,见 Norton 1999,特别是 pp. 304—313,Kerszberg 1989,pp. 356—358,以及 Jung 2005,especially pp. 134—140。

[2] 这个模型假设宇宙是由群簇组成,而这些群簇又由下一级的群簇组成,如此一直下去。一个分子以及整个银河系都是这样的群簇。一个群簇加入到另一个更高级群簇的方式,是被装入一个半径大于高级群簇半径的空虚球体中。这样一来,群簇的平均密度就会降低,而群簇的级别无穷升高,就会导致宇宙的平均密度为零。

对于爱因斯坦的银河系与星云等价的假设被观测结果否定的看法,Selety 并不认同。他认为"银河系是很多类似系统中的一个,并且可见的螺旋状星云就是其他的类似系统,这是一个被广泛接受的假设"("die Annahme, daβ unser Milchstraβensystem eines unter vielen seinesgleichen sei, ist weit verbreitet und...daβ die von uns gesehenen Spiralnebel andere derartige Systeme seien"; Selety 1922, p. 297)。天文学家中存在着两种观点的争论：一种认为宇宙就是银河系,包括了所有的恒星系统;另一种则认为宇宙是由很多"宇宙岛"组成(其中一个就是银河系),这些宇宙岛包括了那些螺旋状星云。在 1921—1922 年中,前一种观点取得的一个领先进展就是 Harlow Shapley 的大银河系理论(见 Smith 1982,特别是 pp.97—103)。

[3]原文中的"Nichtbuchten" 应为 "Nichtleuchten"(见手稿)。黑暗的夜空与无限永恒的宇宙矛盾,因为在这样的宇宙中,星光的分布是均匀的(Olbers 佯谬)。Hugo Seeliger 注意到牛顿的万有引力定律与物质均匀分布的无限宇宙相矛盾,因为在空间任何一点的引力将是不确定的。正像在 Einstein 1917b(第六卷,文件 43)中讨论的那样,牛顿理论需要有一个质量密度为最大值的宇宙中心,在距离这个中心 $r$ 处,恒星密度的降低速度比 $1/r^2$ 快,并在无穷远处降为 0;这些恒星就组成无限宇宙中的一个岛。显然爱因斯坦用"宇宙岛"这个词("Inselwelt") 代表 Shapley 的大银河系。

[4]关于 Selety 对爱因斯坦下面的批评的反应,见 Selety 1923,1924,以及 Selety 致爱因斯坦,1923 年 7 月 30 日 [2 484]。

[5]到这里可以看出,在与 De Sitter、Klein 和 Weyl 争论之后,爱因斯坦对马赫原理的看法发生了变化(见 第八卷,编者按,"The Einstein-De Sitter-Weyl-Klein 争论," pp. 351—356)。在 Einstein 1917b(第六卷,文件 43)中,爱因斯坦提出了改进后的场方程,根据广义相对论的场方程,目的明确地保证代表引力-惯性场的度量张量总是由能量-动量张量唯一确定。但是 De Sitter 证明在上述条件不成立的情况下,也存在新的场方程的解。爱因斯坦在他 1918 年 6 月 20 日致 Felix Klein,(第八卷,文件 567)的信中承认了这一点,不过同时指出这个解并非合格的物理解,原因是它不是全局静态的(参见 Einstein 1922p [文件 340]的注释 5,爱因斯坦对 Friedmann 的非静态解的意见)。在本文件中的此处爱因斯坦没有抛弃(Einstein1918c [第七卷,文件 5]中定义的)马赫原理,而是改变了其用法：他论证说在所有可能的宇宙模型中,我们应当选择符合马赫原理的那一个,特别是 Einstein 1917b 中提出的空间封闭模型 。这样马赫原理就从场方程水平的准则,变为宇宙模型的选择准则。

[6]见 Einstein 1922c(第七卷,文件 71),尤其是 pp. 63—70。

## 371. 致 Franz Selety

柏林,1922 年 9 月 25 日

非常尊敬的博士先生!

非常感谢您的来信[2]和附送论文[1]。我已向《物理学纪事》寄去一篇对您的文章的评论,希望编辑在打字之后会把校样寄给您。[3]对您论文的第一部分,我没有什么实质上的异议;[4]但是我觉得您没有完全理解广义相对论中与马赫思想相关的封闭空间的论点。[5]最近由在不伦瑞克(Braunschweig)菲韦格出版社(Vieweg)出版的一个小册子《相对论四讲》(*Vier Vorlesungen über die Relativitäts-Theorie*)中,描述了这方面的内容。[6]我会让出版社给您送一本。

致以友好的祝福。

TLC.[20 482]。信件寄给"Herrn Dr. Franz Selety *Wien I*"。另存有信件前半部分的手稿,为 Ilse Einstein 所写[29 479]。

[1]*Selety 1922*。

[2]见文件 350。

[3]评论手稿于当天收到(见 *Einstein 1922q*[文件 370])。

[4]*Selety 1922* 的第一部分认为,通过一个"分子等级"宇宙模型,5 个条件(宇宙的空间无限;宇宙的质量无限;为有限局部综合密度的物质所充满;平均密度趋于零,以及不存在单个中心点或者中心区域)可以与不违反牛顿宇宙论(见 *Einstein 1922q*[文件 370],注释 2)。

[5]第二部分试图证明一个满足第一部分中讨论过的条件的质量分布,可以成为惯性的来源。

[6]见 *Einstein 1922c*(第七卷,文件 71)的第四个讲座。

## 372. 致 Edgar Zilsel[1]

柏林,1922 年 9 月 25 日

非常尊敬的同事先生!

遗憾的是,我没能够如我所希望的那样抽出足够的时间研究您的论文[2][3]但是就我所能判断的来说,主要问题并未得到解决;在我看来,主要在于:统计力学假定下列陈述是不证自明的。

一个封闭的机械系统,从任何给定的初始态出发,在其能量超空间画出的路径具有以下特征。给定超表面的一部分,存在一个滞留时间/总时间比例的极限,可以写为[ ]$^{[4]}$的形式,其中[ ]$^{[4]}$是一个与特定初始态无关的表面上的连续函数。理论上讲,这样一个连续函数可能根本不存在;如果能够证明其存在性,那么也可能证明它对于初始态的独立性。但是就我所知,这第一个存在性的陈述还没有得到证明——虽然对于那些需要从统计意义上加以研究的系统,我个人并不怀疑其真实性。在您的文章中,我也没有找到这个证明。只要这个证明还没有完成,统计力学的证据链就缺失一个重要环节。(在我看来,这个定理的一些结果不成立,就是力学方程组不成立的表现。)

  致以同事间的良好祝愿。

TLC.［24 154］。
  [1]收信人是依据本文是对文件 180 的回复这一假定确认的。
  [2]*Zilsel 1921*。
  [3]关于 Zilsel 的来信,见文件 180。
  [4]手写加入到原始文件中的公式消失不见了。

## 373. 致 Michele Besso

[柏林] 1922 年 9 月 26 日

亲爱的 Michele！
  大约在 10 月 3 日和 4 日,我会在去日本的途中路过伯尔尼时去拜访你。我这个可怜虫没有在信里给你写的事情,到时候都可以聊。[1]
  衷心的问候,你的

阿耳伯特

  又及:Zangger 在我这里。我今天才见到他。

AKSX(*Einstein and Besso 1972*,p. 185)。［7 341］。明信片寄给"Herrn Michele Besso Fichtenweg 32 Bern (Schweiz)",邮戳为"Berlin[-Wilmersdorf] 2[8. 9. 22.] 3[——]"。
  [1]两天前,Besso 曾写信给爱因斯坦,说后者可能没有收到自己前面的两封信,因为自己没有收到回信(见文件 369)。

## 374. 致 Eberhard Zschimmer

柏林，1922 年 9 月 27 日

非常尊敬的博士先生！

至少在我唯一有把握判断的物理学方面，我觉得您的文章中的结论是正确的。[1] 不过在我看来，对相对论和康德哲学之间的比较问题，强调得还不够：作为相对论"先验的"（"a priori"）基础的时空形式等，是否只是方便的描述形式，从而不过是习惯而已？或者它们都是人类思想的必要前提，每一个都不能改变？我个人支持前一种观点，Helmholtz 和 Poincaré 等人也是如此；而康德的观点就倾向后者。[2]

致以良好祝愿。

TLC.［24 160］。文件被裁切。信件寄给"Herrn Dr. Eberhard Zschimmer"。

　［1］可能是 Zschimmer 最近写的一篇评论手稿，文件 17 的附件。
　［2］在 *Einstein et al. 1922*（文件 131），p. 165，他对这两种看法做了更鲜明的比较。

## 375. 致罗曼·罗兰

［柏林，1922 年 9 月 30 日或之后］[1]

亲爱的罗曼·罗兰：

Zangger 和我正愉快地坐在这里，谈论着您。我感觉不错。几天后就要动身去日本。希望早日与您见面，看到您健康愉快的样子，衷心祝愿，您的

A. 爱因斯坦

AKSX.［89 430］。此处省略了 Zangger 的问候。背面的收信人地址为"Monsieur Romain Rolland Villa Olga Villeneuve Valais Schweiz"，邮戳为"Ludwigshafen (Rhein) 30 IX 22 4—5N[achmittags]"，回信地址"Prof Zangger［一一一］. Berlin Prof Einstein Haberlandstr 5 Berlin"为 Zangger 笔迹。

　［1］关于爱因斯坦和 Zangger 在柏林会面，见文件 373。本文可能是爱因斯坦和 Zangger 一起在柏林写就，由 Zangger 在返回苏黎世的途中，从路德维希港寄出。

## 376. 致 Pierre Comert

柏林，1922 年 10 月 1 日

亲爱的 Comert 先生：

我也曾努力找人作为自己的代表，但是一系列的倒霉情况使我一直未能如愿。一开始我想请的是自己的朋友、心理学家、柏林大学教授 Wertheimer，但是他当时在布拉格度假；而且很不善交际，犹豫了很久才接受。[1] 他让我这样白白等的时间太久，到最后已经太晚了。随后我又询问了 Troeltsch 先生，可他也在度假[2]，我今天不得不出发了，但这件事仍然未解决。

请不要认为这事未能成功是因为我这边的朋友们不合作。原因是我想到的肯定能代替我的人都不在柏林。并且我觉得他们本来都可以被任命来代替我。

致以良好祝愿，您的

A. 爱因斯坦

TTrL(SzGeBNU, S408/No. 5)．[84 671]．这是已经遗失的原始德文文件的法译版（见 Comert 致 Inazo Nitobe，1922 年 10 月 5 日 [SzGeBNU, S408/No. 5]）。

[1] 关于作者与 Max Wertheimer 通信讨论后者代表爱因斯坦参加国际智力合作委员会一事，见文件 362。

[2] 关于爱因斯坦对让 Ernst Troeltsch 代表自己参加委员会一事的犹豫，见文件 351。

## 377. 致 Michele Besso

[苏黎世，1922 年 10 月 4 日][1]

亲爱的 Michele：

我要到星期五 10 点才能到达，[2] 因为不得不把出发日期推迟了一天，也就是说，和 Vero 一起走。[3]

期盼着快乐的重逢，你的

阿耳伯特

AKSX(*Einstein and Besso* 1972, p. 186)．[7 343]．明信片寄给"Herrn Michele Besso Amt für geistiges

Eigentum Bern",邮戳为"Zürich 13 Oberstrass,［———］22"。

［1］文件中提到爱因斯坦到达的时间要比未刊文献摘要一览表,425 中提到的晚一天。

［2］在前往马赛开始日本之行之前,爱因斯坦在苏黎世度过了 10 月 3 日和 4 日,并于 10 月 6 日星期五赶去伯尔尼看望了 Besso(可参见文件 379,以及 Edgar Meyer 致 Paul Epstein,1922 年 10 月 4 日,CPT,Paul Epstein 档案,file 5.60)。

［3］Vero Besso。

## 378.写给 Albert 和 Luise Karr-Krüsi 的诗

迈恩比尔农庄(Hof Mayenbühl),1922 年 10 月 6 日或之前[1]

穿越恐怖的海水弥弥漫漫
踏上征程前往日本海岸
我们跨过千山万水
被日本佬展示巡回
刚刚离开柏林的喧闹
伴随两个孩子欢呼歌号[2]
在迈恩比乐的卡尔家枕头上
我们舒舒服服安心睡躺。
跋山涉水万里长路
怀念往事历历在目
回忆我们青少年时期
踏遍巴伐利亚山湖野地。
还有,说来道去都恐惧
在这里我遇见两位妇女
幸亏路克斯[3]及时相助
并指出必需的哲学之路。
她知书达理全然通晓
他人的幸福和痛苦及其中奥妙
就在她的草药房中
万能膏药解除病痛。
自己是受欢迎的客人,我们但愿

### 终于不再打扰，道声再见！[1]

1922年10月，阿耳伯特·爱因斯坦与 Elsa Einstein

---

① 这首诗的德文原文如下：
Vor der Reisenach Japan's Küste
Durch die grausigeWasserwüste
Von unsnachdurchreister Welt
Von den Japsenausgestellt,—
Kaumentflohn Berliner Trubel
Unterbeider Kinder Jubel
Ruhtenwir auf weichemPfühl
Bei den Karr's imMaienbühl.
See &. Berg durchmaβ man weit
Und gedacht der Jugendzeit
Die unsfrüherschonverband
In der wilden Bayern Land.
Ferner，icherzähl'smitGrauen
Begegnet' ichhierzwei Frauen
Lux hierzuverdankich die
NötigePhilosophie.
Sieverstehet，was beglückt
Und was einenhimmlischzwickt，
Hat in ihrerKräuter-Kammer
Balsam fürjedweden Jammer.
LiebeGästewirhierwaren
Sind auchendlichabgefahren！
校者没有按德文换韵，而是译成打油诗的形式，贴在此，供读者批评。
日本海岸走一趟
途经怒海水茫茫
应日之邀去出访
世界之旅即开张
难离柏林喧嚣地
两个孩子齐欢畅
迈恩比尔卡尔家的软枕上
我们舒舒服服安心躺。
跋山涉水万里长
往事历历永难忘
巴伐利亚荒野上
早年曾在此诉衷肠
我还曾把鬼故事讲
在这里遇见过两姑娘
路克斯[3]及时施援手
生活智慧将我帮
她知道快乐的秘方
让你生活在天堂
她的草药室百宝藏
任何病痛都能防。
宾至如归梁园好
我们终久要远行！

ATrD(Mr. and Mrs. Greg Norman, Surrey, UK).[92 981]和[94 840]。这份文件由一张没有编号的页面组成。这两份抄本的抄写者不明,两者的文本稍有差异。它们中的一份包含着注释:"Abschrift aus dem Gästebuch Albert & Lux Karr Zürich(苏黎世 Albert & Lux Karr 访客留言簿抄本)"。

[1] 这个日期是依据爱因斯坦夫妇待在 Karr-Krüsis 位于迈恩比尔农庄的夏季住宅时间而标注的,写作时间应早于他们离开瑞士的 10 月 6 日。在文件 345 中,Albert Karr-Krüsi 邀请爱因斯坦待在他的住宅里。

[2] 很有可能是 Ilse 和 Margot Einstein。

[3] Luise Karr-Krüsi。

# 379. 在日本、巴勒斯坦和西班牙的旅行日记

**(1922 年 10 月 6 日至 1923 年 3 月 12 日)**

10 月 6 日。与 Besso 和 Chavan 相聚之后,登上拥挤的火车,夜行。[1]夫人在边境处走失了。

10 月 7 日,快到马赛时,太阳升起来了。被松树环绕着的简朴平房的轮廓呈现出来。马赛,狭窄的小巷。体态丰腴的妇女。呆板单调的生活。我们中了一位看似诚实的年轻人的套,把我们带到车站附近的一家糟糕透顶的客栈里。在早餐的咖啡里发现了甲虫。去船务办公室办事,然后前往老城区附近的旧港口。在坐着行李车沿着马赛那极其坑洼不平的石路一路颠簸到港口后,在船边[2]态度坚决地打发掉了那个无赖;他很生气地开车走了。在那里,仅做口头的行李检查。受到了船务工作人员的友好接待,舒适地安顿下来。结识了一位年轻的日本医生。他是被一位慕尼黑医生给轰出来的,对方还丢给他一份给协约国学者的令人愤怒的最后通牒。[3]

10 月 8 日。在港口度过一个安逸的上午。一位身材圆胖的俄罗斯犹太妇女,认出我是犹太人,友好地和我打招呼。中午,在明媚的阳光下起程。实际上船上几乎只有英国人和日本人了。全是安静、有教养的乘客。驶出港口后,眺望马赛和周围山丘的美景。随后经过华丽而陡峭的白色石崖。海岸线慢慢地向左退去。与来自福冈的欧化了的医生三宅[速]交谈。[4]

下午 4 点,安全演习。所有乘客必须——穿着放在他们客舱里的救生衣——在一个检查地点报到,那里配备有在危险时让他们乘载的救生艇。乘务员(全是日本人)很友善,严谨而不死板,但缺乏个人特征。他(那个日本人)不找麻烦,不彰显个人色彩,愉快地履行了属于他自己的社会职能;很朴实,却对自己

的群体和民族感到自豪。尽管欧化的日本人舍弃了日本独有的做派,但这并没有削弱其民族自豪感。虽然谨言慎行,但待人也并不完全生疏见外;因为作为一个非常社会化的人,他个人似乎没有拥有什么需要隐瞒掩饰的东西。

10月9日。凌晨4点,传来大声的嘈杂。这是由于清洗船只的缘故。人和物都非常干净。这船就像被舔过了一样。天气已经变得暖和多了。太阳让我神清气爽,并消除了在"自我"和"本我"间的距离。我开始阅读 Kretschmer 的《体型和性格》(*Körperbau und Charakter*)。[5]他关于外貌及其性情的描述很奇妙。因此,我可以非常客观地对待周围的许多人,但不包括我自己,因为我的类型是一种绝望的混合型。我昨天读了 Bergson 关于相对论和时间的书。[6]奇怪的是,对他来说,有问题的只是时间而非空间。在我看来,他熟练运用语言的能力强于他的心理深度。他对心理因素的客观处理并不是很谨慎。但他似乎确实掌握了相对论的实质,而且并不反对它。哲学家时常就心理真实与物理真实这两个对立面发生意见分歧,而差异只来自于价值评价。要么是表现为"单纯的个人经验"的前者,要么是"单纯的思维构造"的后者。Bergson 属于后一种类型,但以一种"他的"方式无意识地客观化。

我又思索了引力-电力的问题。觉得 Weyl 是对的:一个与电场分离的 $g_{\mu\nu}$ 场,或者说不变量 d$s$,不具备实体,因此也不能用数学的方法客观化。但我认为最终解离 Riemann 比离 Weyl 更远,也认为(离开电磁场)没有什么直接对应于平行矢量位移的基本法则,我并不认为这种形式主义作为理论基础比 Riemann(理论)更具备客观合理性。不过我却仍觉得有保留场论的可能性,能否继续通过微分方程表达自然法则似乎是值得怀疑的。[7]

10月10日。今早,左舷驶过斯特隆博利岛(Stromboli)。滚滚的蒸汽云团。[8]壮丽的朝阳。

图文　上左:地平线;上中:蒸汽云;下右:前面的岩石;底部:在海中隐现出更多的火山锥

令人陶醉的和煦之风。冷青颜色的海。弥漫着略带意大利陆地特色的云雾。和小孩子们[在甲板上]爬来爬去的日本女人。她们外表光鲜,神情困惑,好像一个模子里出来的。黑眼睛、黑头发、大脑袋,小步急行。

昨天仍在因为阅读 Kretschmer 的著作而感到震撼。心仿佛被牢牢地攫住。过度敏感转化为冷漠。年轻时内向、不谙世事。在自我与他人间隔着一块玻璃板。无缘无故地猜疑。纸上呈现的替代世界。强行压制性欲的冲动。为这本书我要感谢 Oppenheim。[9]

中午穿越墨西拿海峡的航行非常美妙。两边都是光秃秃的冷峻山景。城镇也同样冷峻,地平线占据视野。平而低矮的白色房子。总体印象:东方式的。温度持续上升。我深信,古典时代的希腊人和犹太人的生活氛围没那么让人沉闷。自那时起,精神生活活跃的地区向北转移,这绝非偶然。单调无聊的生活更容易。在这里,更容易心满意足,因为太热了,没有多余的心思想别的。

10月11日。阳光明媚的一天。天空泛白。大海有些不平静。我现在觉得晕船是因缺乏方位感造成的眩晕引起的,与引力的方向和大小的改变没有直接关系。

10月12日。光芒四射的一天。大海平静,几乎无风。大气层完全是透明的。地平线清晰,风平浪静。早上7点半,能看到克里特岛的石崖了,它陡峭地矗立在海中。晚上,美妙的落日——海风吹起了狭长的云,云闪着美丽的光,把落日映衬成了紫红色。随后,在柔风中,极其显眼的银河,天上星光熠熠(中午抵达塞得港)。上午,与石井[Ishii]和日本律师谈话。[10]两人连外貌表情都很欧化了。前者相当谨慎和现实。晚上,与一位汉堡出口商聊天,他年纪在60至70岁之间,精明而冷静。

10月13日。中午。下午3点,塞得港。看到海岸前的海水是绿色的。在地中海,海水是深蓝色的。形状不规则的石块筑起长长的人工水坝。从海上所能看到的房子是欧式风格的。有如下类型的美丽的埃及帆船。

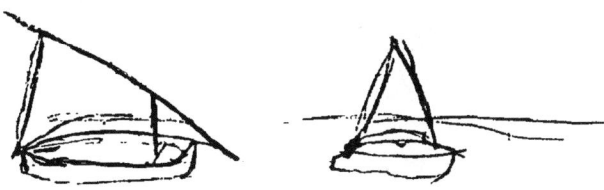

在港口,一大群小船里坐着各种各样的黎凡特人。他们大声尖叫着,比划着手势,涌向我们的船。喧嚣声震耳欲聋,好似来自地狱。上层甲板变成了集市,但没人买什么东西。只有一些英俊健壮的年轻算命师有所收获。土匪一样肮脏的黎凡特人,看起来英俊而优雅。太阳下山时局部的天空变得鲜红,好像燃烧似的。在[港口的]墙壁和建筑物的立面上有一种经常在热带地区的绘画中出现的绚烂的色彩。晚上与来自暹罗①的法国公职人员交谈。与一艘日本的姊妹蒸汽船相遇。全体工作人员爆发出民族主义的热情。日本人热爱自己的国家和民族。

[p.4v] 　　10月14日。在穿过沙漠的运河航行中醒来，气温凉爽。[11]棕榈树、骆驼。刺眼的黄色。经常看到巨大的黄沙地带，间或出现一片片植被。蒸汽船在运河中相遇。辽阔的沙漠景色。绿色的(大)苦湖。[12]耀眼光芒下的山丘河岸。非常纯净的空气。之后，(经过)苏伊士运河的最后部分。在河口那里，即苏伊士市，运河管理者的别墅区相当美丽。房屋有游廊，种着棕榈树。在经过那么多的荒漠之地后，这里的景色宜人。两边都是光秃秃的石山。西奈半岛延伸。阿拉伯的小商贩扬帆溯流而上。他们是英俊的沙漠之子，强健，黑色的眼睛亮晶晶，比塞得港的人更有教养。

　　起航后海湾变得宽广。6点后，太阳在埃及的荒漠山岭后消失。在类似玉特力山②山峦壮观剪影的映衬下，局部天空呈现偏红的紫罗兰色。[13]此外，在东面还有红黄色的反光。然后是妙不可言的灿烂星光之夜。从未见过银河系如此之美。星星点点，界限分明。从银河系边缘可以清楚地看到稍拉长的星点。晚上光着身子，吹着电扇。舒适愉快。

　　10月15日。在红海阴沉沉的天空下，看不到岸。天空有些阴沉。早上有短时阵雨。温室一样的气温。中午经过了两个平坦的小珊瑚礁。

[p.5] 　　10月16日。在蒸汽船附近看见了两条背鳍和尾鳍巨大的鲨鱼。还有飞鱼。温度上升，不过完全可以忍受。美妙的日落。东面的反光映在发红的海面上。东方的天空灰蓝，更远的则略带红色。美丽的金星闪亮，在海面上投下倒影。

　　10月17日。晚上，在明亮的天空下，在阿拉伯半岛方向的远处有强烈的暴风雨。几乎每秒都有闪电落在小角落，随即在汹涌的浪涛中出现了强风。

　　10月18日。早上在浪涛中抵达红海的出口。可以看到阿拉伯山脉。矗立在海中的孤山，在朝阳里亮得发红。

　　10月19日。肠炎，伴着让人非常难受的痔疮。
　　日本教授赶来救助。[14]

　　10月20日。又多少恢复到正常状态。经过索马里海岸(角)。[15]山脉在下午的阳光下闪闪发光，景色壮丽。海风清新，海浪澎湃。

[p.5v] 　　10月25日。经过生长着棕榈林的珊瑚岛。晚上，热带雨。现在9点半，(在正在变幻的阴沉天空下)能看得见远处的热带雨。

---

① 泰国在1939年6月24日之前，以及1945年9月至1949年7月时的称呼。——译者
② 玉特力山(Ütliberg)位于苏黎世西郊，海拔871米，登上山顶可以俯瞰整座苏黎世城和苏黎世湖的美景。——译者

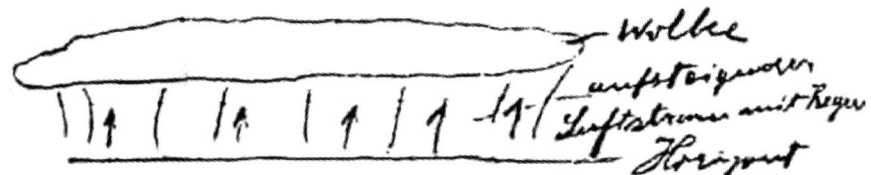

图文(由上至下):云;伴有雨的上升气流;地平线

在接近赤道的时候,来自阿拉伯湾的云在增多。在10月,地球表面受到光照最多的部分〈层〉就位于赤道。湿度饱和的空气在这里上升,水分由此凝结。空气从(南北)两边流入(这就是热带地区的风,因地球自转而转向)。升温最高的地区随着季节移动,由此使整个气象向南移或北移。此外,与海洋相反,陆地可在短时间内温度迅速升到很高,达到极值。

强烈的上升气流也有利于风暴的形成。我们经常在没有云或者只有微弱的云时看到片状闪电。

在阿拉伯湾有许多鲨鱼和飞鱼。人们在几千米深的远海里看不到这类鱼。射入海底的光很少,海底的植物生长得也比较弱,下层的动物群稀少,往上情况则变好一些。 [p.6]

晚上,船上的警报声响起。以为是个意外,但这只是由于在大雨中能见度差,为了防止船只相撞而拉响的声信号而已。温度完全不算难受,只是在船舱内才相当热(船舱一边是被太阳照射的船体侧舷,另一边隔着走廊就是轮机舱)。经常觉得不适;日本医生总是乐于助人。[16] 在船上我常常应邀拍照,自己一人或与人合照,主要是日本人。

昨天我根据 Weyl 的几何重新计算了真空中的电磁方程 $\left(\dfrac{\alpha\varphi^{\mu\nu}\sqrt{-g}}{\alpha x_\nu}=0\right)$,希望能找到一个电流密度的表达式。但得出的是一个没有用的解 $\varphi^{\mu\alpha}\varphi_\alpha$。[17]

10月28日。昨晚我们接近〈Honk〉① 科伦坡的时候,耽搁了很久。我们在看到海岸线前遇到了强烈的热带风暴,伴着大暴雨,以至于必须停船。当天气在9点放晴时,才发现我们已经在港口附近了。一位引航员划着小艇过来。我们很快便停靠在了另一艘日本蒸汽船边。我们在这里第一次看到了一位年长的印度人,他长着一张精致气派的脸,留着灰色胡子,给我们带来了〈一〉两份电报,并祈求小费。我们还看到了其他印度人。他们身材矫健,肤色从棕色到黑色,脸庞 [p.6v]

---

① 凡日记中"〈〉"中间的文字,都是爱因斯坦写好后觉得不对,用斜线删掉的。下同,不一一注明。——译者

和身体的表现力丰富,举止谦卑,看起来像是变成了乞丐的贵族。诸多难以言状的自负和沮丧在那里交织在一起。

[p.7] 我们在今早7点登陆,和Du Platre夫妇参观了科伦坡的印度社区和一座佛寺。[18]我们各自坐着人力车,由孔武有力却又如此有教养的人快步拉着。我为自己参与到对待人类的如此行为而感到非常羞愧,但却不能改变什么。这些乞丐像簇拥国王一样①成群结队地涌向每一个外国人,直到那个外国人在他们面前屈从为止。他们知道如何央求乞讨,直到对方动摇为止。人们在原住民区的街道上看着这些有教养的人如何过着他们原始的生活。[19]尽管有很多美好之处,他们给人留下这样的印象:好像气候阻碍他们思索超过前一刻钟或后一刻钟的事。他们在大堆污秽和重度恶臭中栖身,做得少,需要得也少。简单经济的生命循环。太多人挤在一起,以至于个体不可能有任何特殊存在。他们半裸着,展 [p.7v] 示着健康有力的身体,以及姣好、有耐心的脸庞。没有一个地方的人像塞得港的黎凡特人那样喧嚷。没有野蛮行径,没有市场闹哄哄的气氛,而是安静沉默,但也不缺乏某种轻松愉快。人们一旦正确认识了这些人,就不再会欣赏欧洲人,因为后者更放纵更残忍,如此粗鲁并且更贪婪——而不幸的是,这却造成他们实用上的优势,以及着手处理大事并将之付诸实践的能力。在这种气候下,我们难道不也会变得像印度人一样?港口里熙熙攘攘,热闹非凡。身体黝黑发亮的健壮工人向外卸货。潜水员表演着玩命的技艺。总是用这种微笑和自我轻视,来赚取几个小钱,取悦那些粗鄙的乘客。我们在12点半出发,驶入了多雨的浩瀚无垠的海面。锡兰是一座繁花似锦的天堂,却也是一个展示人类悲惨存在的舞台。

10月31日。昨天是日本天皇的诞辰日。[20]

[p.8] 上午在上层甲板举行庆祝活动。日本人高呼"万岁"并唱国歌,听起来很有异国情调,安排很奇特。[21]日本人相当肃穆。奇怪的家伙[们],他们的国家同时也是他们的宗教。天气变晴。原先沿着苏门答腊岛沿岸航行,现在则沿着大陆沿岸。在地平线边缘出现了有趣的折射现象,由于温度或湿度梯度,船看起来像飘在空中,远方的海岸也是一样。昨天晚上,日本人自发进行了表演。一个男人就像一只被人踩到尾巴的公猫一样唱歌咏诵。最重要的是,他不时带有狂野姿态,用一种像吉他但品间距较窄的乐器弹出一个看似和吟唱毫无关系的音符。[22]顾长高贵的日本年轻人(植物学家)表演了不可思议的魔术特技,主要是让3个红球消失又再次出现。

[p.8v] 昨天参观了导航仪器,了解了定位的标准方法。完全原始的指南针,带有平衡

---

① 德文日记此处用语是 diese Bettler in Königsgestalt,英译本为 these beggars in the form of kings。——译者

惯性矩。六分仪，里程表。计速仪，它的螺旋桨被一条长线拖在船尾。明早到达新加坡。石井女士原来是佐久间[信]的年轻新娘的婶婶。[23]天气变得更晴朗了。

11月2日。早上7点，经过在绿色小岛间的狭窄海峡，抵达⟨科伦坡⟩新加坡港。当地的犹太复国主义者等在那里，热烈欢迎我们。Montor先生和夫人（他是那位同姓汉堡演员的兄弟，自己也有演戏才能；她是真正的维也纳人，但在新加坡长大）将我们带到了他们那宽敞的房子里。[24]车子经过奇妙的动物园，穿过城市的不同区域。天气不是太热。我得知那个不知疲倦的Weizmann决定利用我的旅行为犹太复国主义服务。[25]新加坡犹太复国主义协会授意Montor先生和一位为这个协会效力的朋友写了一篇欢迎辞。我一到那房子，便必须立刻写一篇答谢词。这篇计划在午后递给我的欢迎辞，放在丝绸上，装在昂贵的银盒（暹罗的浮凸装饰）里，内容相当巧妙，只是过于庄重，而且——正如他的父亲自己笑着透露的那样——需要 *Meyers Convers. Lexikon*（《迈耶百科词典》①）的帮助才能写成。[26]在11点的时候来了一名记者。我必须向Montor先生、他的朋友和这位记者讲述包括球形空间中的甲虫②在内的故事。我们友好的东道主在豪华的午宴后带我们去了客房。我们可以睡在那里的蚊帐下。隔壁是洗手间，配有便桶和洗衣盒。因为不习惯这些奇怪的设施，Else很震惊，我也有一点。我们休息好后，在下午4点开着Montor的车去新加坡的犹太"克罗伊斯③"，Meyer的家。[27]他那拥有摩尔式大厅的豪宅坐落在山顶，可以俯瞰城市和大海，豪宅下面紧挨着一座富丽堂皇的犹太教堂；这座教堂在本质上专用于联系"克罗伊斯"和耶和华（Jehovah），由前者所建。"克罗伊斯"是一位81岁的老人，身材颀长、挺直，意志坚强。灰白色的山羊胡子，瘦削的红色脸庞，犹太人式的狭长鹰钩鼻，机智而有些狡猾的眼睛，饱满的额头上戴着一顶黑色小帽。[28]长得像Lorentz，只是把Lorentz发亮而且善良的双眼换成警觉而狡猾的双眼。Meyer的面部表情流露出的，与其说是像Lorentz那样的人性的大爱和团结友爱的精神，更不如说是计划好的秩序和工作。[29]根据Weizmann的意图，它是一座我应该为了耶路撒冷大学而要去攻克的堡垒。他的女儿，有一副苗条⟨黝黑⟩的身材，苍白而高贵的面容，是我所见过的最精致的犹太女性形象之一。⟨她证明了⟩人们看看她

[p.9]

539
[p.9v]

---

① 一本重要的德语百科全书。从1839年到1984年，它曾以不同的名称出版了多个版本。1984合并到《布罗克豪斯百科全书》（*Brockhaus Encyclopedia*）。——译者

② 这里应该指的是爱因斯坦早期的静态宇宙模型。在一个有形无边的球面上爬行的甲虫是不知道自己是在球面上爬行的。在受到苏联数学家亚历山大·弗里德曼（Alexander Friedmann, 1888—1925）的启发后，爱因斯坦放弃了静态宇宙模型。——译者

③ 克罗伊斯（Krösus），古代吕底亚王国的最后一代国王，公元前561年即位，一直到公元前546年被波斯帝国的居鲁士大帝打败为止。以财富甚多闻名。——译者

时，会不由得真心相信那个关于"最古老的贵族"的玩笑。[30]

我们一到那儿，首先就去拍照。"克罗伊斯"靠着我，他的家人和许多犹太夫妇环绕左右，一起合影留念。[31]在这个极重要的仪式后，我们排队来到了一个具有东方风格的休息厅。马来西亚乐队模仿着欧洲过分伤感的咖啡屋的煽情方式，演奏了维也纳音乐和黑人音乐。

[p.10] 我与"克罗伊斯"和大主教（连同他夫人）——一个老奸巨猾、只说英语、大鼻子的瘦高的英国贵族男子——坐在一起。他全然不关注"克罗伊斯"的灵魂，而只盯着他的钱，且从未空手而归。[32]蛋糕是美味的，语言却是绝望的灾难。在大厅尽头那里放着两张与讲台连在一起的可升高的椅子。Montor 把我们（"克罗伊斯"和我）带到了椅子边。他坐在边上，用具有说服力的声音朗读他的欢迎辞，对我那已被准确翻译好的答谢词也已掌握。我流畅地致辞，在此期间他假装记笔记，以便可以立刻宣读我的答谢词。这篇答谢词是我早上写好的，由他和他的朋友翻译，被他当作我的自由发言的现场翻译来宣读，机灵鬼。此后是没完没了的握手，让人想起了美国。在犹太人间，处处是真挚的情感。在我昏昏欲睡时，太阳也下山了，我们便迅速开车回家——回家后我还得给一些纪念册签名。然

[p.10v] 后我们穿过中国城（熙熙攘攘，时间不够看，只能嗅）去赴"克罗伊斯"的晚宴——在一个能容纳约 80 人的露天大厅里进行的奢侈大餐。这顿晚饭丰盛无比，没有止境。我最后必须站起来，因为连看都不想看食物了，更别提吃了。然后熟悉的小乐队回来了，欢乐地奏起了黑人音乐，〈那位老人〉以及所有人都跳了舞。在展示了他那 80 岁的胃仍然非常健康之后，甚至"克罗伊斯"都不拒绝这样做。最后进行了由 Weizmann 精心策划的、对"克罗伊斯"的"攻击"（为了给耶路撒冷大学募捐）。虽然进行了诸多努力，但我也不知道自己的子弹中，是否能有一颗穿过"克罗伊斯"的厚皮。[33]然后我们回家，（签完一些纪念册后）钻进早该享用的蚊帐。晚上，伴着雷暴的热带瓢泼大雨。我迅速关上了所有百叶窗，但水太多了，

[p.11] 只能抵挡住部分。整个逗留期间，气温不是特别高，不过高湿度却让人想起了温室。这里面有某种东方式的魅力。

11月3日。早餐后，驱车进行美妙的旅行，穿越橡胶种植园的山丘驶向港口。漂亮的植物；看着喜庆的中式别墅。远眺分布着小岛的大海。另一群漂亮忠诚的犹太人来到了船上。大约11点才起航，航行在美丽如画的绿色群岛间。

华人能通过勤奋、节俭和子孙众多超越其他任何民族。新加坡几乎完全在他们手中。他们作为商人颇受敬重，远胜于被认为靠不住的日本人。要从心理上理解日本人可能很难；而我自从感觉完全理解不了日本歌曲后，也不敢再做尝试。昨天我又听到另一首歌，长得使我头晕。

[p.11v] 11月7日。此间一直下雨，像处于温室空气中。在新加坡，蒸汽船上多了

几个伙伴：两位平易近人的瑞士老军官和一位年轻的德国商人。从5日晚上到6日晚上，台风，伴有大风巨浪和大暴雨。船只晃动得厉害。船首的景象（非常）壮观。许多鱼被蒸汽船吓得到处乱跳；船体强烈地上下颠簸。今天海浪依旧。因为要连续不断地保持平衡而疲劳不堪。女士比男士晕船得更厉害。

11月10日。我们在9日早上到了香港。我到目前的整个旅行所见中，它的景色最美。多山的绵延的岛屿与同样多山的大陆相呼应。港口在两者之间。许多突兀地露出海面的小岛。整体像阿尔卑斯山麓那些一半被淹没在云里的小丘地区。这座城市坐落在像平台一样的500米高的山的缓坡山脚上。空气舒适凉爽。[34]

婉拒了犹太社团的欢迎会。[35]不过两个犹太商人和我们待了一整天。[36]早上，开始乘坐汽车环岛游。海景，类似峡湾（Fjord）的海湾，以及变幻无穷而又壮观的山坡景色。在途中，我们在一家豪华的美式饭店吃午饭。我们的两个向导在那里不仅兴奋地与我谈论国家和科学，还向我们显露出对世俗享乐的强烈喜好。[37]我们在回程途中看到了一个由小船组成的中国渔村，一个显得相当欢乐的中式葬礼以及——那些每天为了5分钱，必须敲打石头、背石头的饱受折磨的男人和女人。中国人就因为他们的生殖力被无情的经济机器残酷惩罚。我觉得他们在无力和迟钝中难以意识到这一点，但是看到这些让人难过。顺便提一下，他们应该在不久前成功进行了一次增加薪资的罢工，组织出奇地好。[38]我们在下午拜访了犹太俱乐部会所。它坐落在一个草木茂盛的花园里，地势相当高，能一览这座城市和港口的宏伟景色。据说这个俱乐部只有120名犹太人，大多数来自阿拉伯地区；比起我们那些来自俄罗斯-欧洲的[犹太]人，这些人的信仰在形式上更墨守成规。[39]我们由一位东道主的夫人和姐妹接待，〈这〉两位女士在俱乐部陪伴着我们。我现在坚信，犹太人种在过去的1500年间保持得相当纯正，来自幼发拉底-底格里斯地区的犹太人与我们这种犹太人非常相似。共同归属感也很强烈。我们所有人还一起登上了山顶，城市就坐落在山脚下（坐缆车；中国人和欧洲人分开）。在上面俯瞰着港口、岛屿、山脉和大海，视野恢宏。许多从大海中高高凸起的小岛，这个景色让人想起了在阿尔卑斯山麓小丘的雾海。晚上，狂风突至，把我的帽子吹到街上。我不得不奋力去追，把它抓回来。

今天早上我与Elsa参观了大陆那边的中国人聚居区。勤奋，肮脏，愚钝的人民。房子看上去千篇一律，蜂房一样的阳台，所有东西都挤靠在一起，单调无趣。港口后面是一个接一个的小餐馆。在餐馆前面用餐的中国人并不是坐在长椅上，而是蹲着吃，像欧洲人在绿林中蹲着大小便一样。所有这一切都悄然而安静地进行着。甚至小孩看上去也无精打采，麻木迟钝。如果这些中国人挤掉了其他所有种族的人，那将是一件很遗憾的事。对于我们这类人来说，仅仅这个念头就让人无聊地难以形容。昨晚有3名葡萄牙中学教师来拜访我，他们坚称中

[p.13v] 国人无法接受合乎逻辑思维的训练,他们尤其缺乏数学天分。我注意到了男人与女人之间的差别很小;我不明白,中国女人究竟有什么样的致命魅力,能迷住她们所属的男人,以至于他们无法抵御后代的巨大祝福。① "北野丸"在 11 点起航,穿过岛屿上绿色山脉之间闪亮的绿色海洋,山脉的形状和颜色迷人,但以前是光秃秃的,没有长树。现在在香港的繁茂植被应该是英国人种的。他们对治理的理解值得赞赏。警察由外来的身材魁梧的黑皮肤印度人担任,从来不让中国人干。英国人为后者设立了一所正规大学,以吸引那些生活水准提高了的中国人。[40]这一点谁能比得上?可怜的欧洲大陆人,你们不知道如何用宽容消除民族反抗运动的危险。

　　11 月 11 日。晚上,奇妙的海上荧光。目之所及,海的浪峰都闪着淡青色的光。

[p.14] 　　11 月 14 日。在 13 日的早上 10 点左右到了上海。[船]沿岸逆流而上,平坦的岸边美丽如画,闪现出一片黄绿色的景色。[41]与两位瑞士军官告别,其中来自伯尔尼的那位极为热情地修补了我的小烟斗;同时告别的还有那位年轻的前德国军官,他虽然是个沙文主义者,但在其他方面并无恶意。在上海,我们在船上受到了稻垣及其夫人(我们在上海和神户的可爱陪同者)、[42]德国领事[43]以及 Pfister 先生和他夫人的欢迎。[44]首先是记者,一大堆值得尊敬的日本和美国记者,提出他们惯常会提的问题。然后被稻垣夫妇和两位中国人(一名记者和一位中华基督徒全国联合会②干事)带到一家中餐馆。[45]就餐期间,我们在窗外看到了一个喧闹而又有声有色的中式葬礼——一个对我们来说是(有些)未开化、几近滑稽的事件。饭菜极其精致,几乎没完没了。桌上放着很多菜碟,人们不停地用筷子从里面取食。我的肠胃反应相当激烈,后来大概在 5 点登陆友好的 [p.14v] Pfister 夫妇的安全港(从字面意义上来理解)时,我才如释重负③。饭后,在美好的天气下步行穿过中国人居住区。街道变得越来越窄,挤满了行人和苦力黄包车,上面盖满了各种脏污,空气中永远弥漫着各种各样的臭味。给人留下的印象是,一群温顺、迟钝,几乎被遗忘的人在为残酷的生存而斗争。街道之外,露天作坊和商店喧嚣嘈杂,但没有争吵。我们参观了一个剧院,每一层都有不同的滑稽演员演出。[46]观众总是在叫好,很满意,各种人带着小孩子。到处都极其肮脏。非常喧哗的人群,露出满意的笑容。即便是那些像马一样工作的人也没有给人留下痛苦的印象。一群没有主见的奇特民众,经常有不小的肚子,总是很有耐

---

① 参照爱因斯坦在香港对中国居民的评价,可知此处他所说的是中国人繁殖力强。——译者
② 此处德文原文为 christlicher Chinesen,英译本为 Christian Chinese Federation。——译者
③ 爱因斯坦此处是说他的肚子翻江倒海一般,极不舒服,到 Pfister 家终于解决了。——译者

性,很多时候,与其说像人不如说更像机器人,有时做着鬼脸,一副好奇的样子。滑稽地和我们这样的欧洲游客互相盯着看——Elsa 戴着一副看起来具有攻击性的长柄眼镜,特别令人难忘。

随后前往 Pfister 那宽敞的、已被夸赞为安全港的宽敞的乡间别墅,[47]惬意地喝茶。然后来了一个代表团,大概由 8 位犹太显要组成,他们中有令人敬仰的拉比,我们进行了艰难的谈话。[48]然后与稻垣夫妇驱车穿过昏暗的小巷,去一位富有的中国画家的家中参加中式晚宴。房子外面昏暗,被冷清的高墙围着。进到房子里面,浪漫的庭院边上的走廊点着过节才有的灯火,里面有一个优美如画的池塘和花园。大厅里装饰着主人丰富多彩的真正的中国画以及他精心收藏的古董。在用餐时,整桌人有:东道主、我们、稻垣夫妇、Pfister 夫妇、一位说德语的中国人、一对与东道主沾亲带故的夫妇和他们大约 10 岁的漂亮小女儿,她用德文和中文朗读,讨人喜爱,不认生,还有上海大学校长和该校的几位教师。[49]食物无穷无尽,极其精巧,让欧洲人难以想象,彻底堕落的享乐,其间伴着客套恭维的致辞,由稻垣来回翻译,我也做了一个发言。[50]主人的脸庞非常精致,像 Haldane。[51]在墙上挂着他的一幅精准的自画像。那位朗诵的小姑娘的母亲充当起女主人的角色,用德语聊天,相当诙谐和熟练。与稻垣夫妇在 9 点半起程前往日本俱乐部,数百人在那里(大部分是日本年轻人)以一种愉快轻松而又纯朴活泼的方式欢迎了我们。[52]同样无拘无束地问候和答谢,由稻垣翻译。然后返回船上。在那里,还有一位有趣而又讨人喜欢的英国工程师来拜访。最终,上床睡觉。

今天早餐后,驱车前往一座有趣的佛寺①,它有很多院子,一座宏伟的中式佛塔。这座佛寺现在被用作军营。附近是极其有趣的小村庄,完全是中式的,有着十分狭窄的小巷和敞着门的小房子,到处都是小商店和作坊。这里互相盯着看比在城里还要厉害。孩子们又好奇又害怕。除了污秽和臭味,一路上几乎全是令人愉快的印象;我将会经常高兴地想起这里。我们仔细参观了佛寺。附近的人似乎对它的美无动于衷。建筑结构和内部装饰(比真人尺寸更大的佛像和其他塑像)共同创造了一种奇特的效果,形成了一个伟大艺术的总体印象。庄严的佛教思想被难以理解的迷信(半象征)的巴洛克式雕塑围绕着。

下午 3 点起程。

11 月 16 日和 17 日。航行穿过有着无数绿色小岛的日本海峡。不断变幻的峡湾景色妙不可言。17 日下午抵达神户。受到了长冈(半太郎)、石原(纯)、桑木(彧雄)、长冈先生品味高雅的夫人、德国领事和德意志协会以及犹太复国主

---

① 尽管爱因斯坦的日记里没有说明,但据稻垣日记知此处是指龙华寺。后面所说的有"一座宏伟的中式塔楼",即相传是三国东吴(222—265)孙权为孝敬母亲而建的报恩塔,即龙华塔。——译者

义者的接待。[53]乱哄哄。一堆记者在船上。在沙龙进行了半小时采访。在大批人员的陪同下登陆。在码头附近的酒店短憩。[54]〈unter grosser Bet〉晚上与教授们坐了两小时的火车。简朴的车厢。游客沿着窗户坐成长长的两列。在京都,街道明亮得不可思议,精致的小房子。驱车前往位于地势稍高处的酒店。[55]城市在下面,像灯海一样。宏伟的印象。优雅的小个头的人们,咔嗒咔嗒的,在街上小步疾走。

[p.16v]　在木质结构的大酒店聚餐;小单间中装扮华丽的女服务员。日本人朴实体面,总体来说相当讨人喜欢。晚上讨论科学问题。总而言之,非常疲劳。

　　11月18日。早上乘车环游京都。寺院,大庭园,旧宫殿,被城墙和护城河环绕着,奇妙的古代日式建筑(源于中国的变种,更简朴,不那么巴洛克)。[56]街上的学童讨人喜爱。从早上9点到晚上7点,在万里无云的天空下,搭乘观光火车前往东京。沿着湖泊和海湾行驶。经过富士山山口,[57]白雪皑皑,光照大地。富士山附近,无与伦比的日落。森林和山丘的壮美剪影。古朴而干净的村庄。美丽的学校。精心耕作的田园。日落后,火车上的记者,问着一如既往的愚蠢问题。抵达东京!拥挤的人群,带着闪光灯的记者。被无数闪光和镁光灯弄晕了。

[p.17]　在车站酒店的大厅里短暂休息。[58]受到帝国学士院、德国人和学会代表团[Vereinsdeputation]的接待。[59]抵达酒店,在巨大的花环和花束间,完全筋疲力尽。[之后]还有Berliner夫妇[60]的拜访。[感觉到]是一场活着的葬礼(Lebendiges Begräbnis)①。

　　11月19日。从下午1点半到4点,以及5点到7点,在(庆应义塾)大学礼堂以讲一段译一段的形式进行公开演讲,石原做翻译。[61]他穿着一件如画一样的和服。看起来介于忏悔者和神甫之间。

　　11月20日。长冈(半太郎)接我们去参加设在植物园的帝国学士院宴会。院士们相当诚挚。长冈来接我们,并把我们送回来。在一段欢迎辞之后,我简短地表达了感谢。[62]与山本和改造社职员们一起在酒店用晚餐。[63]然后去日本剧院观看歌舞表演。[64]剧中的女性角色由男性扮演。在分隔的小包厢里,全家老小坐在地上,热烈参与其中。通往舞台的通道经过剧院底层,那里的过道同样属于舞台。很程式化的角色。3个男人组成的合唱队不停地歌唱,像在做弥撒的

[p.17v]神甫。管弦乐队位于后台的一个像笼子的乐池里。场景布置非常别致。音乐提供节奏和情感表达,类似鸟儿的叽叽喳喳,欠缺和声的逻辑和统一性。演员表现得很哀伤,专注于唯美式的效果。之后与稻垣和山本夫妇溜达,经过了购物街。街上的小店摆出为儿童和成人准备的各种漂亮的饰品。到处灯光通明,不过因

---

① 爱因斯坦被各种活动弄得筋疲力尽,故有此隐喻。在Josef Eisinger, *Einstein on the Road*, New York:Prometheus Books, 2011一书中,又用living corpse(活着的尸体)来形容。——译者

为寒冷而行人稀少。大商店和街道在10点就几乎空无一人了。我们走进了一家迷人的小饭馆,闲聊。然后回家,吃水果,抽雪茄,这些都是体贴的山本准备的。

11月21日。在赤坂离宫(皇家御花园)①参加观菊御宴。[65]很费力地得到合身的小礼服和礼帽。前者来自一位不明的捐赠者,经由Bärwald先生之手,是他亲自带来的;[66]后者是山本先生送的,它太小了,我整个下午都必须得把它拿在手上。我们与排成半圆的外国外交官在一起,由德国大使馆接送和陪同。日本皇后陛下在半圆的内侧走动,与各大使馆的先生和妻子们略作交谈,用法语和我讲了几句。[67]然后在花园的桌边享用茶点,我在那里不知被介绍给了多少人。美丽的花园,假山,湖水,如画的秋叶。棚子里的菊花像士兵一样排列整齐。悬崖菊是最美的。晚上,在Berliner迷人的日式房子中的惬意晚会。他,聪明的政治经济学家;她,优雅、聪明的女士,真正的柏林人。在这样的条件下,无所事事比工作还累,但稻垣夫妇关怀备至,周到地帮助我们。

11月22日。10点半,稻垣夫妇和山本接我们去改造社的小楼[里会谈]。[68]职员们在门前隆重地等待我们。同志友情显而易见。山本那孩子般的眼睛,在大边角眼镜后面闪闪发亮。

编辑部的所有人一起在[改造社前的]小巷里拍照。[69]好奇的围观人群中,还有许多人带着孩子。然后我们驱车前往宏伟华丽的寺庙。[70]瞥了眼僧侣的食堂。美妙的建筑里有着壮观的木雕。僧侣们很友好,送给我们一本精美的书,其中有艺术品插图。在庭院里,与一群兴高采烈的,正巧也在参观寺院的,来自大阪的女学生例行合影。然后在山本迷人的家中吃午饭。一个出色的人。除了他的夫人和孩子们外,[71]他还在他的房子里安顿了3名女佣人和1名男佣人,以及4个学生。这些人一定是非常地平和和低调啊!我们在下午看到了农舍和其他十分简朴的日式小屋,一切都是一尘不染,令人愉快。许多得到精心照顾的、快乐的小孩,不畏寒冷。拜访帝国学士院院长。原来他还有一个儿子就读于苏黎世理工学院,是H. F. Weber的学生。[72]藤泽家的欢迎会令人不安。[73]晚上,

---

① 爱因斯坦访日的具体地点,参照几本日文书进行了细化。如金子务教授的《爱因斯坦的冲击》第一部:《震撼日本大正时代的43天》(アインシュタイン・ショック(第1部)大正日本を揺がせた四十三日間,岩波書店,2005)、《爱因斯坦的冲击》第二部:《对日本文化和思想的影响》(アインシュタイン・ショック(2)日本の文化と思想への衝撃,岩波書店,2005)、已故的杉元贤治教授(1947—2006)的《爱因斯坦在日本讲相对论》(《アインシュタイン日本で相対論を語る》,講談社,2001)、《爱因斯坦东京大学讲义录》(《アインシュタインの東京大学講義録》,大竹出版,2001)以及《爱因斯坦旅行日记》的日译本:《アインシュタインの旅行日記:日本・パレスチナ・スペイン》,アルバートアインシュタイン(著),ゼエブロ一ゼンクランツ(編集),畔上司(翻訳),2019,草思社。在将拉丁化的日本名字还原为汉字的过程中,日本友人吉田明惠女士、东京工业大学博文恒先生和清华大学出版社冯乐女士费时费力,特此致谢。——译者

德意志东亚协会举行盛大欢迎会。[74]餐后,与许多德国人和日本人聊天。我被弄得晕头转向,但长了不少见识,获得热情的友谊。日本学者对德国有诸多好感。日本在德国工程师的帮助下,自主建成了光学车间。[75]

11月23日。从9点到11点,研究受德国大使馆迫害的一位女姓——大使馆雇员Schulz的夫人的档案。这个可怜的女人,应该是为了掩盖一个丑闻而成为牺牲品。[76]〈11—10点半〉12点至下午1点,关于日本印象与日本记者谈笑风生。[77]大家坐成一个圈子,开始问答游戏。然后一起享用丰盛的食物。下午2点至4点,出席音乐学校的日式音乐会,长笛吹奏叹息般的合鸣,虽有许多装饰音符,却没有真正的旋律。[78]弦数少一些的(竖琴)和类似曼陀铃的乐器,伴随着念诵般的歌声。还有一种模拟大自然声音的拨弦乐器,优雅,但缺乏旋律,并没有真正的结构与和声技巧的痕迹。在藤泽(利喜太郎)家与长冈(半太郎)和另外二人(来自德国大使馆的某个人也在其中)用晚餐。主人家可爱的小女儿。舒适的聚会,善意的闲聊。在此之前拜访了Bärwald和长井教授(化学家)。[79]

11月24日。上午与稻垣散步。在日式餐馆用餐。[80]坐在地板上有点困难。菜肴中有烤龙虾;可怜的生物。可爱的设施。客人们的举止优雅安静。下午拜访一座很有艺术气息的日式私人住宅(根津嘉一郎)。[81]美丽的日本古画,拥有上乘的律动和颜色,是日本人内心之美的体现。中国佛教的影响与[日本]民族精神不相符;和这个国家自己的原始艺术作品相比,表现出了巴洛克式的风格。从下午5点半到7点,从8点到10点,与石原纯进行第二次公开讲座。听众的兴趣极大。[82]24日至12月1日,在大学进行关于相对论的科学报告。

11月25日。有个疯狂的美国女人早上来拜访,她相信她可以治好其他的疯狂的人。下午2点参观物理研究所。然后是我的第一次科学讲座。[83]3点半,在礼堂参加学生主办的欢迎会。印象深刻;我称科学为国际财富。[84]6点至8点,在日本剧院。仍然是弦乐器和打击乐器伴奏下的合唱。看到用芭蕾演绎的知名童话——极其有趣的姿势表演——也有些奇特。[85]晚上8点半到10点,受到了记者的集体邀请,在日式餐馆和一些艺伎用餐。她们和着音乐,跳起可爱的舞蹈。女舞者相当年轻;年长的艺伎的面部相当丰富和性感;令人难忘,用胸腔音问答。饭菜的量不像是给人吃的,像是给人偶吃的,然后我们被礼貌地送走,这样就能开始更放松的第二部分了。[86]与小个子的稻垣[87]私下谈论艺伎和道德等问题。

11月26日(星期天),参观大仓集古馆,它有华丽的中国和日本雕像、绘画、浮雕和有着地势起伏的花园。[88]下午,欣赏能剧——伴着日式合唱的古代戏剧。极其缓慢的动作和面具,极具戏剧效果。[89]然后参观巨大的丸善书店。250名雇员全部都在。[90]好奇的眼神迎接着我。在房间里用餐。与山本讨论业务。

11月27日。长冈半太郎的女婿带着他迷人的小夫人来拜访。在长冈家用餐,谈论日本大学没完没了的考试。[91]关于张量理论的讲座。[92]随后在德川[义亲侯爵]家吃晚餐。[93]两首声乐乐曲,两首拨弦乐[曲]。德川吹奏长笛。内容:风景印象。德川家的小孩子们表演哑剧舞蹈。接下来一位女士表演精彩的哑剧舞蹈,两位女士唱歌弹奏,为她伴奏,后者还带着小孩子。日式晚餐铺张奢华,是魔鬼的祖母煮的①。然后我用小提琴(演奏Gluck、Hauser与Bach),日本女士小提琴演奏(Wieniawski)。[94]

11月28日。出席在(东京)商科大学的欢迎会。[95]一位学生出色地用德语发表了讲话。作为回应,我发表了关于日本文化价值独特性问题的演讲。印象深刻。大学宴会,隆重,没有讲话。坐在校长身旁。[96]下午,讲座和物理学研讨班(关于Karman问题的报告)。[97]与改造社雇员在车站饭店聚餐。(由我这位出版社最新的雇员)发表讲话。作为入社仪式的一环,与真正最年轻的职员握了手。[98]还口述了一篇关于日本音乐的短文。[99]

11月29日。在刚穿了件衬衫的时候,收到了Steinichen牧师的一张卡片,告诉我,他要为让我了解Schulze夫人的事情来访。赶紧穿好衣服,刚穿一半他就来了。然后,英国医生Gordon-Munroe,Schulze夫人的医生来访。[100]指出夫人的精神病因她丈夫(德国大使馆雇员)的虐待而起。10点半,在一间精致的日式房子中举行茶道。按照为庆祝友谊而精确制定的仪式用餐。一瞥日本人冥思的文化生活。主人写了四卷厚厚的关于这个仪式的书,自豪地向我们展示。[101]然后参加10 000名早稻田大学学生举办的欢迎会,并致辞;早稻田大学是由大隈(?)在民主精神引领下建立的。[102]在酒店用午餐,然后讲课。参观研究所,听取关于弧光谱线偏移的有趣消息。[103]在6点半,参加教育学会举办的欢迎会。在散会时,一群师范学院的女学生在外面问候我。暮色中,甜美而热烈的女学生簇拥过来。[104]对一个凡人来说,这样的爱与宠溺实在太多了。到家时累死了。

11月30日。与夫人去火车站的游客问讯处——唯一一次独自外出。遇到了有趣的沟通困难。稻垣坐着车,在路上找到我们,并带我去听了宫中乐队演奏的中国的古代音乐(上午10点半至下午1点半),这种音乐只能通过传统方式在那里保存下来。[105]拜占庭音乐和中国-日本的音乐都有共同的印度渊源。类似于[教堂的]圣歌。精彩的拟声。笛子、弹拨乐器、簧乐器,非常高的音,音质也很澄澈。在大学的报告。讨论了田丸卓郎关于土井理论实验的前后矛盾。东京众多大学的学生代表团(总数约20 000人)举行隆重的欢迎会。[106]在大使馆晚餐。许多外交官和其他大人物参加。美妙的音乐。然而在其他方面却枯燥无聊。我

---

① 此处或许表明食物不合爱因斯坦的口味,难以下咽。——译者

还瞎摆弄了一会儿小提琴；因为疲劳和缺乏练习而表现得相当差。丹麦大使把我们带回了家；令人愉悦的夫妇。[107]

[p.22] 12月1日。与昨天在火车站遇到的 Witt 夫妇用餐。有关在加拿大被监禁的消息。最后一次关于宇宙学问题的演讲。得到被允许来听课的学生的感谢。[108]在酒店的盛大晚宴。全体知识精英出席。饭后，我必须（在山本后）致辞并演奏小提琴（克莱采奏鸣曲①）。（上午，化学家田丸来酒店拜访。）[109]

12月2日。参观高等工业学校。学生欢迎。竹内致辞。[110]前往仙台（1点至9点）。本多和爱知开了4小时的车来加入我们。[111]抵达。在车站欢迎的有同行们和校长，还有植物学家 Molisch。一大群人拼命地挤到通往车站对面酒店的路上。官方在那里举行欢迎会。[112]

12月3日。上午演讲，从9点半到12点，接着1点到2点半。[113]与山本（实彦）和漫画家冈本一平前往松岛旅行。[114]美丽的海岸风光。在日式饭馆停留，日式风格。与物理学家们在酒店里共用晚餐。结识诗人土井晚翠。他送给我葛饰北斋的画集和他自己写的意大利语诗集。[115]晚上，在[东北帝国]大学里出席令人感动的接待会。与学生会面，接着是教授们。和 Molisch 以及医学院院长坐在一起。不得不用墨水在墙上题写名字和日期。[116]

549 12月4日。与稻垣、山本和冈本动身前往〈仙台〉日光。[117]本多（Honda）陪了一个小时。[118]他是个了不起的人，开朗，谦虚，热爱自然和艺术。

[p.22v] 令人难忘。从火车向外看，美妙的山景。昨天和今天，到处都受到了铁路官员特别友好的对待。夫人们在东京错过了火车，所以我们在路上未能遇到她们。[119]美丽如画的旅途。与已经半美国化的德裔美国丝袜厂厂主聊天。与稻垣和冈本步行经过日光村②前往酒店。后者还在同一个晚上画了一些相当迷人的漫画。[120]

12月5日。很难让稻垣起床，因为他又和他妻子重聚了。[121]大概在9点半，动身前往1300米高处的中禅寺湖。[122]行车至正式的登山口，开始攀登，穿过繁茂的森林，一路看到山峦、狭谷和高原的美景。在山顶遭遇暴风雪，感受刺骨的寒冷，风雪一路陪着我们下到山底。可怜的冈本穿着草鞋，但总是充满幽默，爱搞恶作剧。晚上，收到了来自神户的德意志协会的第 $x$ 封电报③。至少在[p.23]日本，我宁愿与日本人打交道。他们在脾气上像意大利人，但更精细，还浸淫在他们的艺术传统中，并不神经质，幽默感十足。在路上谈论佛教。受过教育的日

---

① 克莱采奏鸣曲（Kreuzersonate），即 A 大调第九小提琴奏鸣曲（作品 47 号），是贝多芬的不朽之作，被誉为浪漫时期小提琴奏鸣曲的顶峰之作。——译者

② 当时该区域的行政单位是村。——译者

③ 次数太多，都不记得具体多少封了。——译者

本人看上了早期的基督教。此外,谈论日本在与欧洲交往前的世界观。日本人似乎没有思考过,为何在他们的南方岛屿比在北方岛屿更热。他们似乎也没有意识到,太阳的高度取决于南北位置。看来这个民族对知识的需求比对艺术的要弱,[难道这是]天性使然?[123]

12月6日。参观日光的[东照宫]寺院群。大自然和建筑的出色结合。雪杉林荫道。层层院落增加了建筑的感染力。中心建筑不可思议地装饰着彩色木雕。有点繁缛。[124]描述大自然的喜悦胜过对建筑本身的考量,更胜过对宗教的考量。僧侣长时间地谈论历史问题——厌倦。在雪杉之下,奇妙的石阶坡道通往德川家的墓。[125]下午,Beck 的兄长和女儿在那里等。步行前往火车站的途中,看到落日下辉煌灿烂的山峦。前往东京。[126]在那里,在酒店匆忙打包。 [p.23v]

12月7日。手忙脚乱,吵吵嚷嚷,关上行李箱①。Bärwald 也在场。前往火车站。最终离开东京。与石原、稻垣夫妇、山本和夫人前往名古屋。我忙着写关于日本印象的文章,相当紧迫。[127]抵达[名古屋],受到了一大群大学生和中学生的欢迎。与四位来自改造社的陪同人员舒适地在装饰着枫木的酒馆里享用晚宴。[128]在稻垣的房间相聚。在酒店遇到了 Michaelis。[129]

12月〈8〉9日。早上,沿着名古屋最繁华的街道散步到火车站。没买到烟斗丝。与山本、稻垣和石原参观[热田]神宫。好大的森林,寺院林立。优雅秀丽的木构建筑。素简的为灵魂打造的、内部空空的小屋。[130]这些[建筑]一定是从南方来的。有独特的屋顶构造。

被国家利用的自然宗教,多神教,对祖先和天皇的崇拜。树木是神社建筑的主角。与学生和教师在火车站依依惜别后,前往京都。在京都,受到大学物理学家和学生的友好欢迎。[131] [p.24]

12月8日。[132]参观宏伟威严(塔一样)的皇家宫殿②。宫殿里,在墙上和门上有着华丽的关于大自然的绘画。绘有老虎、冬季景致③、植物和鸟。庄严的风

---

① 此处的原文为 Noch grössere Hetz mit Krach, Kofferschliessen。很难翻译。——译者
② 名古屋城为大名居住之地,严格意义上与皇家并无关系。——译者
③ 此处德文为 Winterzimmer,英译本为 Winter room,日译本为"冬の间",均为"冬天的房间"。可名古屋城的木丸御所,只有"松间""梅间"与此相近。——译者

景。[133]下午,与 Michaelis 演奏,在国技馆发表重要演讲,石原翻译。[134]

　　12月1[0]日。[135]前往大阪(工业和商业大城市)。在火车站受到了市长和大学生们的欢迎。在酒店,上午11点半见大人物。引见寒暄并大量握手。佐多[爱彦]教授在大宴会厅主持晚宴。伴随小喇叭演奏的军乐,食物丰盛。热情洋溢的致辞,其中我也贡献了一份[136](日本化的美国食物①)。从5点半到7点,从8点到9点半,两次演讲。[137]整件事并没有非常让人疲劳,因为所有人考虑周到,谦逊有礼。回到家中,单独留在家里的夫人大发雷霆。

[p.24v]　　12月10日。10点半至12点,1点至3点,在京都演讲。富丽堂皇的讲堂非常冷。[138]然后参观皇家庭院和加冕御所。[139]御所的内部庭院是我见过的最美建筑之一。[140]被建筑物完全包围。观众室和加冕大厅与被沙子覆盖的庭院相通。② 天皇具有神一样的地位;对他来说,这是一种桎梏。在能从庭院看见加冕宝座的大厅里,有大约40位中国政治家的肖像画,这是承认了日本从中国受到的文化影响。[141]对外国教师的这些崇敬态度,仍存在于今天的日本人中。许多在德国学习过的日本人,对于他们的德国老师的敬重让人感动。据说甚至还有一个纪念细菌学家 Koch 的寺庙。[142]这种丝毫不带任何讥讽或怀疑的发自内心的尊重,是日本人的典型特征。有着其他地方的人都不具有的纯洁灵魂。人们应该喜爱和尊敬这个国家。

[p.25]　　12月12日。下午,打个盹儿。2点,德川[家]古老的宫殿,美妙的[襖绘]风景画(在金色的背景上画着云、树、鸟和滑稽的老虎)。画面由横梁分割,墙壁似乎隐没在画之后,室内空间仿佛与多彩的室外空间相连。[143]与石原计算在各向同性的可称量物质中的电磁场能量张量,目的是在帝国学士院报告中合写一篇文章。[144]

　　12月13日。前往神户。与〈冈本〉山本和重要的青年社会政治家在神户的渔村(观光地点)吃午饭。[145]从下午5点半到晚上8点做报告,石原翻译,晚饭在 Trautmann 领事家吃的。然后出席德意志俱乐部的欢迎会。[146]与夫人乘坐慢车独自返回。(凌晨1点抵达京都)

　　12月14日。参加大学教授们举办的庆祝午宴。大批学生集会。校长和学生会代表用无可挑剔的德语(相当真诚地)发表讲话。[147]然后我(应邀)做了一个关于相对论诞生的演讲。[148]参观物理研究所(极其有趣,特别是木村对谱线分布的研究)。[149]

---

　　① 日译本为"吸收了洋食元素的日本菜"。——译者
　　② 这句是爱因斯坦后来加上的,用很小的字写在右侧。整理者忘了加上,此处据新版《爱因斯坦旅行日记》补上。——译者

晚上，从东京来的长冈①到了，带着一个箱子，里面装满了来自东京大学的琳琅满目的礼物。[150]

12月15日。与长冈告别。参观宏伟的用于纪念死者的佛教寺庙（知恩院）。僧侣们友好欢迎。参观大钟；钟槌是水平悬挂的，并且在外面。寺庙前有冬樱盛开。[151]在大学物理研究所的小型欢迎会和学术座谈会中拍照。黄昏时，参观了山坡上用高大的木柱支撑的一座神社②。然后参观灯火通明的街道，那里有奢侈品店和很多活动。难以言表的欢乐景象，就像十月节③一样。满眼都是灯笼和旗子。街道的地面极其肮脏，其他一切光洁亮丽，极富色彩。[152]

12月16日。〈上午〉早上参观了［一座］位于酒店附近的山丘〈山〉脚下的佛教寺院。精美的建筑结构，郁郁葱葱的亚热带植物。[153]上午，参观有着宏伟绘画的西本愿寺。对景中人像的和谐处理，让人想起了意大利的文艺复兴。没有肖像画或群像画。[154]下午，游览位置极佳的琵琶湖和建筑保存非常完好的古老的岩石寺庙。[155]晚上写了〈许多〉若干封信。

12月1〈9〉〈8〉7日。与夫人参观丝绸店。美丽的风景和动物刺绣。[156]下午，独自登上山丘去看落日。日本的森林（枫木）和光的效果无与伦比。晚上前往奈良。与稻垣步行到了酒店。相当雅致的半日式风格，非常好。[157]

12月1〈9〉8日。游览寺庙区。整个景区到处可见的追着人嗅的驯鹿。寺庙建筑宏伟，特别庄严的大佛像（有超过一千年的历史）；雕像相当粗糙。[158]许多迷信。灯笼，纪念碑。在树上和庙里挂满了［祈福］纸条。下午，参观展示古代雕塑的国立博物馆。[159]一些打动人心的，创作于公元700年至1200年间的美丽物件。对日本特有的表征艺术印象深刻。

12月〈20〉19日。和稻垣登上了光秃的山丘（若草山）。它让日本人感到高兴，因为它象征春天的喜悦。[160]〈晚上〉下午，写信和明信片，还有为了和石原的合作文章而进行的计算。从晚上6点直到早上6点，前往宫岛旅行。[161]

12月2〈1〉0日。黑夜中抵达［宫岛］。洗澡，上床，一直睡到上午10点。从11点到12点，沿着迷人的海滩散步到一座建在水中（潮水区）的庙宇，那里有优雅的佛塔。[162]下午，与稻垣远足到了岛上人造山的山顶。日本内海的奇妙景色。[163]极为柔和的色彩。一路上，无数供奉自然神的小寺庙，石像颇为迷人。整

---

① 爱因斯坦的日记此处并没有说是"长冈半太郎"，但旧的日译本却明确标注为"长冈半太郎"。有争议的是，在Josef Eisinger所写的《爱因斯坦在路上》（Einstein on the Road）上却标名为"长冈璋博教授"（Akihiro Nagaoka），而且在正文中将长冈（Nagaoka）误拼为（Nagaoaka）。——译者

② 注释152说可能是八坂神社，但从高大的架空支柱来看，又有可能是清水寺。但清水寺又不是神社。很可能爱因斯坦将寺庙与神社弄混了。此处存疑。——译者

③ 著名的慕尼黑啤酒节。——译者

条路是用花岗岩凿成的阶梯(约 700 米高)。日本人对大自然的热爱和各种各样可爱的迷信的纪念碑。中午,收到来自 Solf 的电报,是关于否认 Harden 声称我为了安全而逃往日本的论断。我的答复是:事情太复杂了,电报说不清,将去信解释。我在晚上根据事情真相写了封信。[164]

12月21日。骄阳下,在海滩漫步。发电报给上海[犹太人]团体。冈本在旁边。下午,在森林和海滩散步。(稻垣和冈本)用石头捉水母。

12月22日。山本来了,简短散步。木块拼插之谜①,费了很大劲儿才解决。因房中燃烧炭火(其中有硬炭)有点轻微中毒。女士们尤其受到了影响。

[p.27] 12月23日。前往门司。豪华的欢迎会。一抵达下关就得耐心回答记者的各种提问。晚上,住在门司郊外奢华的三井俱乐部。[165]

12月24日。第 10 000 次拍照。然后前往福冈,到达后立即在 1 点至 3 点和 4 点至 6 点作[两场]报告;感冒的石原(纯)还得充当翻译。取消了学生欢迎会,因为如果像在仙台一样,能免费听报告,可怜的山本可就亏大了。[166]在报告会之后,就开始改造社的几乎永不会结束的晚宴,公司的大部分人和另一组中学数学老师坐在旁边的一桌,完全被米酒醉倒了,非常有趣。[167]三宅[速]教授周到地到处陪着我,最后到了日式酒店,那儿的老板娘激动得欣喜若狂,跪着,头朝地大概鞠了一百次躬。房间极其雅致。客厅和两个套间临时布置了欧式坐具,所

[p.27v] 有的房间都用纸拉门隔开,人们可以用小手指方便地开关。[168]

12月25日。疯狂的一天! 9 点,桑木出现了,稻垣也在那里。随后是那个滑稽的老板娘。她带来了或许有 6 张约 3/4 米长的丝织品,一捆毛笔和日式墨水,想让我在上面写满我的名字。[169]与桑木谈论相对论的认识论问题。然后 11 点去火车站接女士们(Elsa 和稻垣夫人)。前往日式酒店。参观城区,逛了许多商店。[170]1 点到(九州大学)医学部参加午宴。与相当多的教授握手。观察胆囊结石、韦尔病(Weilsche Krankheit)②的显微镜切片以及用来展示的杂交鱼。所有这一切都是特意安排在欢迎会场。午餐后,校长和我分别发表讲话。收到了许多礼物。[171]参观一座寺院、物理和固体矿物学研究所。[172]然后在三宅家做

[p.28] 客,他有 4 个很可爱的孩子;最后参观了在市政厅别馆举行的贸易展览会,莅临现场的县知事特意为我们展示了一些美丽的画作。[173]然后起程,所有人都来了,最友好的日本老板娘也来了。但我已经[累]死了,我的身体被运回了门司,在那里被拖到孩子们的圣诞夜,还要为孩子们拉小提琴。最终在 10 点归来,晚饭,许

---

① 此处德文原文为 Holzklötzchenrätsel,是组合词:Holzklötzchen+rätsel(木块+谜),为爱因斯坦自己所造。英译本为"wooden block puzzle,旧日译本为"宫岛の鸟居の谜"(宫岛的鸟居之谜),新旧译本为"宫岛の丸太の谜"(宫岛的圆木之谜)。可能是在玩鲁班锁或七巧板之类的玩具。——译者

② 现在称为钩端螺旋体病。——译者

多来自国内的信件，上床。[174]①

12月26日。早上和晚上去爬山，美妙的山景和海景。山本到了。十分尴尬，因为三井俱乐部狮子大开口，提出高价要求，所以山本必须安排我们搬家。写讲座前言。关于$(\partial/\partial\chi_\alpha)(R^\alpha_{\kappa,\,lm})=0$的想法。晚上有一个日本人来串门，带着一沓纸，还要我告诉他我对山顶的印象！[175]

12月27日。乘三井的蒸汽船去中国海兜风散心。漫步穿过下关，与山本和渡边用晚餐。后来长井来了。为山本夫人作诗并配画，在绢布上着墨。[176]兴致勃勃，完美的快乐平安[的一天]！

12月28日。雨天。晚上，接受来自门司商业俱乐部的邀请。[177]我拉小提琴，日本人一个接一个地唱日文歌。金融界的人，精明，但不像〈欧洲〉教授一众那样教养有致，而更像他们欧洲的同类，也是低调谦逊的做派②。

12月29日。感人的告别。[178]山本先生和夫人、稻垣先生和夫人、桑木（和幼小的儿子）、石原、三宅以及三井物产公司的先生们。所有人都登上了船。[179]来自(仙台的诗人)土井晚翠③的美妙的礼物、诗歌和信件到了。[180]大概在4点起航。船大而舒适。发现了电动力学能量张量，并写信给石原。[181]

12月30日。一路平稳。关于扩展Weyl-Eddington理论的想法。[182]写信给山本和土井。读Berliner教授夫人从东京寄来的*Frankfurter Zeitung*(《法兰克福报》)。悲惨的欧洲！[183]

12月31日。抵达上海，天气甚佳。中午，De Jong(工程师)和Gaton先生(暴发户)来接我们。住在爱炫耀的后者家里，但他家有架好钢琴。在那里度过了元旦前夕；我坐在漂亮的来自维也纳的女士旁。除此之外，嘈杂无比，对我来说，悲哀。[184]

1月1日，上海，令人不快。被中国仆人围着的欧洲人是懒惰的，自负而浅薄。在Jong家吃午餐。友好的英国人，有国际思想。下午，出席Gaton家的"欢迎会"，一批犹太人和一群世故油腻的市民在场，惯常的握手和讲话——令人厌恶。[185]随后，在"探索社"讨论(带着愚蠢问题的喜剧)。[186]晚上还参观了中国人的大众娱乐场所。如画的生活。中国人在所有场合（娱乐活动、婚礼和葬礼）不加选择地接受欧洲音乐，只要有大量的喇叭声就行，是葬礼进行曲还是华尔兹都

---

① 一整天密集的活动结束之后，还要回复来自德国的许多信件，之后才上床休息。爱因斯坦非常疲倦，所以写得非常简略。——译者

② 爱因斯坦指日本金融界的人士与欧洲同行一样，穿着质朴。据德国班贝格大学Elmar Rieger教授介绍，那时欧洲银行界的人士打扮力求质朴，绝不会出现穿金戴银的土豪形象。原因在于他们要给顾客留下一个好印象，让顾客放心，他们是为顾客服务的，而不是出于任何其他目的。——译者

③ 此处爱因斯坦按照发音错写了诗人的名字，误为Zuckii。土井的罗马拼音为Tsuchi。——译者

无所谓。在熙熙攘攘的闹市中,还有一座小庙。上午,前往市郊的短程车程;到处挤满了不能移开的坟堆和棺材或小棺材屋。中国人肮脏,饱受折磨,麻木迟钝,善良,可靠,温和,而且还——健康。所有人都异口同声在赞扬中国人,但涉及商业技巧时,也一致同意他们智力低劣;最好的证据是:在同样的岗位上中国人得到的工资只是欧洲人的十分之一,即便如此他还是竞争不过欧洲人。

1月2日。中午起航。天气阴沉,多风。我非常享受这种宁静,简直难以言表。

[p.29v] 1月3日。冷而多风的天气。正适合在船上沉思;为了维持这种状态,我谨慎地避免结交朋友。思考和计算 Eddington 理论[187](尝试对之完备化)。改进在通常的广义相对论中的变分法。

1月⟨4⟩5日。抵达香港。早上7点。为了能享受一次安静,我们在9点半秘密上岸。一开始是想处理几件杂事。在日本邮船株式会社见到了一个名叫 Gobin 的人,他上次已经带我们游览了香港。他预先告知我们下午的犹太社团欢迎会。我们还去见了法国领事,并很快告辞。[188]我们再次开车到了山顶。我还登上了最高处,远眺港口、大海和岛屿。山上相当热。我们下山去市里,大概花了1小时,沿途都是热带小树林。一路上都是中国男人、女人和小孩,他们呻吟着背着砖往上

[p.30] 走。地球上最可怜的人民,质朴、温顺而又节俭,却被残暴虐待,比牛的命运还糟糕。然后回到船上。刚刚到达,那人又来接我们去犹太教堂附近的犹太俱乐部会所。虽然他相当努力,但实际上没人去"欢迎会",场面相当滑稽。之后迫不得已,我们只好去他家吃饭。星期五晚祷之后,无止无境的、辣得可怕的食物,一个有趣的俄罗斯犹太年轻人也在那里。最后——谢天谢地,又回到船上。

1月6日。在港口,美好无云的清晨。11点起航。太阳光芒四射。下午长时间晒太阳,(戴上帽子)才能忍受。航行穿越小岛,无数的中国帆船在波浪中起伏。对广义相对论电磁问题有了新想法。

1月7日和8日。昏暗潮湿,气温升高。琢磨广义相对论和电学。

1月9日。写下关于引力和电学的论文。[189]

1月10日。写信给 Arrhenius、Planck 和 Bohr。[190]晚上,准备停靠新加坡。

1月11日。6点,轮船抵达港口。空气闷热难耐,昏暗阴沉,经常下雨。

[p.30v] Montor 在那里,带着来自爪哇的 Voûte 的信。[先]发电报回绝[再]写信。[191]小雨中驶入原始森林里。野生植物的蓬勃生长给人留下了无与伦比的印象,泥泞,无法穿透。在 Montor 家吃午饭。快傍晚时,驶向 Fränkel 家种植的棕榈林。[192]壮观的树木,平庸的人类。晚上,船上无比闷热。

1月12日。拜访"迈尔-克罗伊斯"(Mayer-Crösus)和他高贵的女儿("Portia")。[193]然后拜访胖胖的 Weil 及其可爱的妻子,真正的犹太流浪者。热带的房子,可以看到美丽的大海和城市。下午,在倾盆大雨中上船。5点在鲜绿色丝绒

般的小岛之间穿梭。

1月13日。早上到了马六甲附近,船在公海中一直停到下午3点。上午,我们参观了马六甲的葡萄牙教堂和其他建筑物。印度人、马来人和中国人生气勃勃地混居在一起。带着稻草顶篷的双轮推车,由长角的公牛拉着。直射的热带太阳,但没有在新加坡的那样潮湿。下午,在我的电学汤里发现了一根很粗的头发①。遗憾。真正的热带高温。

1月14日。下午到达槟城(Penang)。船上闷热,停的地方离城市相当远。邀请了大量印度人,漂亮、身材高大的男男女女。我们在3点的时候上岸,在城里到处走,人力车跟在后面招徕生意,相当有趣。小船,房子,人,都有[自己的]风格。城市中心不算太热。我们看到了佛寺,它有着神秘可怕而又绚丽多彩的装饰;还有一座带浴室的清真寺,男人们在里面闲坐着。优雅的阿拉伯建筑,近乎白色细长的塔。漂亮、纠缠不休的女乞丐。与日本人一起坐着小船,在大浪中返回船上。Else 很害怕,不过仍有力气抱怨。但是那个面容憔悴的,有着闪亮黑眼睛的印度人(〈靠岸〉)仍十分镇静地划着他的长橹,将我们平安送到"榛名丸"。直到午夜前都闷热得难受。

1月15日。在舒适和煦的风中航行。关于电问题的新想法。晚上与印度中学教师谈论锡兰的生活。壮丽的星空。令人羡慕的生活。

1月16—18日。虽然酷热,但还是严肃地研究先前的问题。克服诸多挫折前进。

1月19日。抵达科伦坡。早上想组织一群人集体乘汽车出行,没能成功。关于(日本)船长的商业做法的有趣发现:出于容易推测出的原因,他向乘客隐瞒了来自科伦坡的通讯公司提供更便宜的无限电报的事。上午,电车游览和步行游览。在纠缠不休的当地人的簇拥下离开火车站。下午1点25分至3点15分,前往尼甘布(Negombo)——没有欧洲人的小城市,位于更靠北方的海岸边。[194]我们乘坐两辆人力车,其中一人是完全赤裸的天体人,另一个以前是[汉堡]哈根贝克动物园的大象饲养员,他热情地谈论着汉堡。[195]他们拉着我们穿过这座小城市,街道两旁排列着一间间缩在棕榈丛中的小房子。不管我们走到哪,都被人好奇地看着,就像僧伽罗人来到我们那儿一样。然后参观小渔村。孩子们完全赤身裸体,男人们缠着腰布。好看的人。渔船是由两个平行的细长的构件牢牢地捆扎在一起组成的。速度快,但坐着不舒服。船带回许多鱼和一群羡慕的乌鸦。然后经过了海湾和小

---

① 应该是指爱因斯坦在电学研究方面发现自身的一个漏洞或失误。呼应15、16日的记述。——译者

河。我们在小河前,看到有一条大鳄鱼躺在草地上,距离我们 12 米。许多当地人尖叫着。人们朝这条鳄鱼扔石头,它才慢慢腾腾地钻进了水里。然后在欧式餐馆用餐,之后乘火车。英国人的治理无可挑剔,没有不必要的欺骗。我没有听到任何人对他们有不满,甚至从一位僧伽罗族教师——从槟榔屿同行到科伦坡的统舱乘客——那里也没有听到这种话。人力车夫为了我们,或者说我们的 5 卢比,激动到在车站分别时送了我们香蕉。我们还在火车站认识了一位极其美丽的僧伽罗族年轻女子,她带着姐妹和母亲,她们是村里的贵族。但她们的曾祖父是荷兰人。我很少见到这样美丽的人。星空特别壮观。回程还是炎热,车上都是蚊子,这在这〈泥泞的〉种稻区相当可怕。一回到科伦坡,那些人力车苦力就向我们扑来。我们在长时间的无效抵抗后,向他们投降。他们将欧洲人徒步旅行视为一种冒犯。随后在 Else 极大的恐惧和严厉斥责下,我们坐着小船,在汹涌的波涛中登上了船。此后,在船上解决了可怕的口渴问题。晚上气温也几乎没有凉下来。在蒸汽船通风好的地方,日温大概 29℃;对这个地区来说,这非常凉爽。

　　1 月 22 日。完成关于引力和电的论文的最终手稿。[196]航海特别愉快,没有值得注意的大事。与船长享用日式食物。美丽的灿烂星光夜。随着离开赤道越来越远,气温缓慢下降。收到法国进军鲁尔区的电报,都过去 100 年了,并没有变得更明智。[197]

　　1 月 31 日。在红海,一开始是在几近晴朗的天空下,温度恒定在 28℃ 到 29℃ 之间。绚丽的日落,伴着从橙红变到紫红的天空,参差的小岛或被照得亮丽,或被映出黑暗的轮廓。今天抵达苏伊士。深蓝色的、透明得引人注目的海。天空笼罩在轻微的雾中。带着银光的暗淡色彩,美丽如画的帆船,黄色的海岸。航行穿过盐湖,贫瘠荒芜的海岸线。黯淡的银色。天空昏暗。空气相当凉快。

　　在最后一个热天,为乘客举办了面具舞会,在此前一天,是为乘务员举办的。日本人在这一艺术上堪称大师。最近结识了一些不错的朋友:从日本回家的希腊公使;讨人喜欢的英国寡妇,她不顾我的一再拒绝,为耶路撒冷大学捐了一英镑;此外还有绪方[Ogata]夫妇,一对举止得体、和蔼可亲的日本商人夫妻,我们和他们在船上聊了很多。

　　2 月 1 日。凌晨抵达塞得港。希腊公使帮助我们上岸和清关。年轻的犹太人〈Goldstein〉Cantor 带着来自耶路撒冷的电报出现在海关,来帮助我们。城市中有很多外国人,也有少不了的宵小无赖。拜访镇长(巴勒斯坦人)。晚上 6 点,坐火车前往位于苏伊士运河的坎塔拉(Candara)。[198]Cantor 和他的伙伴 Goldstein 陪着我们到那儿去,摆渡穿越运河,从晚上 8 点一直逗留到凌晨 1 点。

　　2 月 2 日。在年轻的犹太列车员的帮助下我们起程前往巴勒斯坦[199],他在柏林的一次集会上见过我——不喜欢他的犹太同伴们,但他是一个还可以信赖的好人。旅途首先穿过荒漠,然后大概在 7 点半,在相当昏暗的天气和频繁的阵雨中,穿越巴勒斯坦。

旅行首先经过只有零星植物的平原,平原上散布着阿拉伯村庄和犹太人居住区,橄榄树、仙人掌和橙子树。在离耶路撒冷不远的一个分站,Ussuschkin、Mossensohn 和我们的另一些[犹太]人来欢迎我们。[200] 驱车经过定居点,途经美妙神奇的多石山谷,到达耶路撒冷。[201] 在那里与 Ginzberg 愉快重逢。与一位陆军军官坐着汽车前往总督①的城堡(官邸)。该城堡曾是威廉皇帝的财产,完全是威廉时代的风格。

认识了 Herbert Samuel。他一副英国人一本正经的做派,受过多方面的良好教育,有着高尚的人生观,这种特质又被他的幽默感缓和了几分。朴实无华、聪明文雅的儿子,活泼开朗、精力充沛的儿媳妇,以及讨人喜欢的小儿子。多雨,但还是领略了一点城市、山丘、死海和跨越整个约旦山脉的壮丽风光。[202] [p.34]

2月3日。与 Samuel[爵士]沿着人行道步行前往城里(安息日!),(直至)经过城墙到了美丽如画的老城门,在阳光下走进这座城市。严格意义上光秃秃的山丘风光,圆形屋顶的白色石屋与蓝色的天空,美丽迷人,挤在方形城墙中的城市也是一样。[203] 与 Ginzberg[汇合]继续进入城市。穿过集市小巷〈街道〉和其他狭窄的街道,到达壮丽高耸的大清真寺,它位于[曾经的]所罗门圣殿上。用支柱支撑的中央圆顶的多边形清真寺,类似于拜占庭教堂。[204] 在广场的另一边,类似巴西利卡(罗马方形教堂)的清真寺,则品位平庸。[205] 然后到了圣殿墙(哭墙),愚钝的同族兄弟在那里大声祷告,脸面对墙,身体弯下,前后来回摇晃。[206] 只有过去却没有现在的人们的可悲样子。然后斜穿(相当肮脏的)城市,〈远处〉挤满了熙熙攘攘的各种神职人员与不同种族的人,喧嚣,带着东方式的异国风情。沿着城墙可参观的部分愉快地散步。[207] 然后去 Ginzberg 和 Ruppin 那里吃午饭,其间既讨论开心的话题也谈论严肃的问题。[208] 因为大雨而停留。参观布哈拉犹太人②居住区和阴暗的犹太教堂,虔诚而肮脏的犹太人在那里祷告,等待着安息日的结束。[209] 拜访 Bergmann,庄严的布拉格圣人,他在缺钱少物的条件下建了图书馆。[210] 可怕的雨势,街道更加脏乱。与 Ginzberg 和 Bergmann 坐汽车回去。 [p.34v]

2月4日。和 Ginzberg 以及 Samuel[爵士]那朴实能干而又活泼的儿媳[211] 开车行驶在奇妙而光秃的起伏山丘和深谷中,在灿烂的阳光下和清风中,驶向耶利哥(Jericho)及其古代遗迹。沙漠地区美妙的热带绿洲。在耶利哥酒店用餐。 [p.35]

---

① 此处爱因斯坦有误。Herbert Samuel 担任的是高级专员或行政首长(High Commissioner),而不是总督(Governor)。——译者

② 源自中亚的一个犹太人团体,讲一种塔吉克方言——译者

然后驾车穿越广阔的约旦峡谷,来到了位于极其泥泞的道路上的约旦桥,我们在那里见到了出色的贝都因人。[212]然后再次在耀眼的太阳下返回。回到家,在烈日下,我们在Diez[爵士]的官邸喝茶,从那里眺望死海和外约旦的山脉那宏伟的景色。[213]然后在暗下来的房间里,与Diez[爵士]进行关于宗教和国籍的有趣谈话。晚上与Samuel[爵士]和儿媳的愉快谈话。令人印象深刻的一天,令人难忘。这种严峻宏伟的大自然景观,以及衣衫褴褛、肤色黝黑而举止优雅的阿拉伯后裔,有着超凡的魅力。看到了许多四条腿的骆驼和毛驴。

2月5日。参观两个位于耶路撒冷西边的犹太居住区,它们隶属于这座城市。建设由犹太工人合作社完成,其中的领导者是选举产生的。工人来的时候并没有专业知识和培训,但在短时间后就变得非常出色。领导者并没有得到比工人更多的薪水。[214]参观犹太图书馆。来自布拉格的Bergmann在那里很能干,但没有幽默感。[215]一位当地的数学家(文法中学教师)向我展示了他的一些有趣的试验和操作,涉及连续矩阵及其运算。[216]晚上,在Samuel[爵士]家中与官员合奏,因为对音乐过于渴望,所以演奏的时间特别长。[217]

2月5日。[218]参观犹太艺术学校。艰苦条件下的出色工作。古代犹太装饰品的复兴。[219]下午,犹太学生〈庄重地〉夹道欢迎,随后是普通犹太市民在学校大堂欢迎。Ussischkin和Yellin发表讲话,并准备希伯来语的演讲。[220]晚上,受邀在Bentwitscch家演奏音乐。这是个音乐修养极高的家庭。我们弹奏了莫扎特五重奏。[221]

2月6日。[222]参观圣墓教堂(Grabkirche)耶稣苦路(Via Dolorosa)。[223]下午,在未来的大学建筑里(用法语)做报告。[224]我在演讲前必须用希伯来语打招呼;我吃力地照着念。此后,Herb Samuel致谢(相当风趣),之后沿着山路来来回回散步。哲学谈话。晚上,有贵宾出席的大型招待会,讨论学术和其他话题。[225]晚上对所有这些滑稽的事情都感到非常满意!

2月〈7〉8日。9点半至12点,坐汽车前往特拉维夫(Tel Aviv)。参加文法中学的欢迎会。参观了数小时。观看学生们的徒手操。对这些人简短地致谢。[226]在市政厅的欢迎会;被授予名誉市民。感人的致辞。[227]午宴后,参观正在修建中的Ruthenberg电气中心、市立的中央发电站、隔离检疫区和沙砖工厂。[228]然后大批民众在文法中学前欢迎我,Mossinon和我发言。[229]参观农业实验研究所、科学夜校(Czerniawski)和工程师协会,我在那里获得了一个荣誉证书和一个华美的银盒。[230]在Talkowski家吃晚餐。晚上,在学者聚会上发言。[231]在很少的几年里,犹太人在这座城市的成就受到高度赞赏。大地上一下子冒出一个具有繁忙的经济和精神生活的现代希伯来城市。我们犹太民族的活力难以置信!

2月〈8〉9日。早上,工人聚会。印象非常深刻。[232]参观农业学校和Mikve[233]的众多大酒窖。每天必须将人工孵化中的鸡蛋冷却一次。犹太人的

Rothschild 居住区，里雄莱锡安（Rischon le Zion）。[234] 两个〈机构〉企业都已经有 50 年了。老人在村子里发表了欢迎辞。学校上课，孩子们在花园里[玩耍]。健康生活的欢乐印象，但经济还没有完全独立。和 Joffe（医生和那个俄罗斯人的堂表兄弟）乘坐火车前往雅法①，一起穿过平原，渐渐靠近山脉。阿拉伯人和犹太人定居点。在雅法前的犹太采盐站，工人们来到火车站欢迎我。[235] 虽然 Struck 先生以前警告过，但我还是在安息日开始后抵达了海法。和 Ginsberg 以及物理学家 Tscherniawski 步行穿过极其肮脏的道路去他的姐夫 Pefzner 家。他的妻子温柔聪慧。[236] 在楼上的舒适房间休息。德国女佣。在晚上，许多不相干的人出于好奇而来，也有 Struck 和他的妻子。[237]

[p.37]

2 月 10 日。参观实科中学（安息日）。普鲁士化、但却能干的校长 Biram。[238] Struck 的住所。在他家用午餐，谈话愉快。拜访被 $x$ 个儿子和女儿等围着的 Weizmann 的母亲。[239] 与 Struck 爬上卡梅尔山。遇到了犹太女工。登上了牧师家的屋顶，环顾壮观的海法和大海。[240] 一位犹太 Chaluz（先驱者）② 陪着我们沿着倾斜的街道往下走，直到一位阿拉伯朋友的住处。小老百姓不知道任何民族主义。拜访一位阿拉伯作家，他的妻子是德国人。[241] 晚上在理工学院又开始讲话，这次是 Tscherniawski 和 Auerbach 的精彩致辞。在烛光下，合唱赞美诗和东欧犹太人的歌曲。[242]

2 月 11 日。参观理工学院的车间。随后是 Rothschild 磨坊和油厂。前者快完工了。设备极其精细，几乎全自动。[243] 下午，经过以色列平原，〈伯利恒〉拿撒勒（Nazareth）前往提比利亚湖（Tiberiassee）③。路上，参观拿哈拉（Nahalal）居住区，正在依据 Kauffmann 的计划建设中。几乎全是俄罗斯人，村庄划分成一块块小的区域。建筑由集体共同建造。[244] 前往拿撒勒，沿着优美如画的山路行驶一段后，大雨倾盆。行驶直至夜晚，直至米格达（Migdal）农场。最后一段路，必须要用骡子拉着车穿过大量泥泞路，直到庄园。晚上，惬意地闲聊，伴着豪华的盛宴。农场是按照果树园来划分的。我们的主人是一位魁梧的吉普赛人，他已经成为定居者。他的家人在那里待不下去，现在住在德国。[245] 兴高采烈的朝圣者④ 举着大灯笼走向室外的茅房。晚上，倾盆大雨。

[p.37v]

---

① 此句和下句中的"雅法"应为"海法"，爱因斯坦弄混了。特拉维夫在雅法的北边，两者距离非常近，不需要坐火车。现在雅法已成为特拉维夫的一部分。——译者

② 也写成 Halutz 或 Chalutz。希伯来语意为先驱者。它可能指的是早期的巴勒斯坦犹太移民，尤其那些在 1917 年以后移居到巴勒斯坦的犹太人，他们大多在农业或林业领域工作。——译者

③ 即加利利海，以色列最大的淡水湖，总面积 166 平方千米，最大深度 48 米，低于海平面 213 米，是地球上海拔最低的一个淡水湖，也是世界上海拔第二低的湖泊（仅高于其南侧的咸水湖死海）。——译者

④ 指爱因斯坦自己。农场的条件不好，厕所在室外。爱因斯坦然受之，因此有此诙谐说法。——译者

2月12日。往下漫行至提比利亚湖。种着棕榈和松树的街道,像日内瓦湖的风光。太阳出现了。树木茂盛的地区,却被疟疾感染。美丽如画的年轻犹太女子,以及在农舍中的受过教育的有趣工人。午餐后,越过优美如画的提比利亚,前往共产主义者定居点德加尼亚(Degania)。它位于约旦河在提比利亚湖的出水口处,首先经过抹大拉——Maria 的家乡,阿拉伯人在那里漫天要价地向考古学家出售土地。[246]定居点的居民极其可爱,大部分是俄罗斯人。肮脏,但意志坚定,爱追求理想,不断与疟疾、饥饿和债务作斗争。这种共产主义不会永久地持续下去,但会培养出正直的人。在详细深入地交谈和参观后,在好天气下前往拿撒勒。一路上,远眺宏伟的大湖和岩石山丘,最后到达美丽如画的小城拿撒勒。晚上住在德式客栈,像在家一样。[247]新一轮的倾盆大雨。

[p.38v] 2月13日。汽车从建在斜坡上的风景如画的拿撒勒出发,穿过以色列平原和纳布卢斯(Nablus)前往耶路撒冷。启程的时候天气相当热,然后在倾盆大雨中寒冷彻骨。一路上,陷入泥中的卡车堵住了道路。在沟渠和田间,人和汽车分开绕道。汽车在这片土地上饱受磨损。晚上,在耶路撒冷一个拥挤的大厅里用德语做报告,不可避免地接连致辞,〈巴勒斯坦〉犹太医生颁发证书等[环节],演讲者吓得发僵,说不出话。[248]谢天谢地,在我们犹太人中,也有一些人不那么自信。人们一定想让我留在耶路撒冷,我对这种极力劝说的方式很苦恼。我的心说是,但理智说不。(我夫人)Else 在旅行前夜发高烧。[249]

2月14日。6点45分,与 Hadassa 起程前往火车站。在火车站告别后,7点半起程。Hadassa 一直陪我们到卢德(Lud)。[250]换火车。夫人在到坎塔拉前病情加重,到了那儿完全崩溃了。善良的阿拉伯乘务员。在坎塔拉认识了一些官员,他们给了我夫人一些鸡蛋和一个休息的地方。5点半至10点短暂停留。继续旅行变得相当困难。抵达塞得港。安顿在 Muschli 家漂亮的房子里。[251]一切都会好转。

[p.39] 2月15日。散步到了雷赛布(Lesseps)纪念碑。[252]沿着海滩的一排排沐浴间和大房子,像立体派油画。光芒四射的太阳,给人解放的感觉。夫人被 Muschli 夫人全心全意地照顾着,好多了。[253]拜访最高行政官(宽脸的东方人)和一些领事。

2月16日。上午搭乘"东方航线"(Orient Line)的"霍尔木兹"(Ormuz)号起航。[254]食物不好。在船上几乎全是英国殖民者,认识了来自澳洲的犹太商人 Haye 和一些美国人。

2月17日,18日,19日。因食物不好引起的消化不良。汹涌的波涛和雨。19日早上,看见美丽的斯特隆博利岛。下午6点后,到达那不勒斯。灰色的云层笼罩着维苏威火山,阴云密布的天空。天气寒冷,令人不快,所以人们很高兴能在船上待着。来自澳洲的英国人原来是梅克伦堡人。法国铁路罢工和越来越多的报复鲁尔区的新闻;事情会如何发展?〈马赛〉土伦的人是友好的,在马赛说德语有危险。货运站站长拒绝将我们的行李运往柏林,甚至是运往苏黎世。[256]

2月22—28日。在巴塞罗那停留。非常累,不过那里的人们很可爱。Terradas、Campalans、Lana 和 Tirpitz 的女儿。民歌,舞蹈。餐厅。[257][这一切]多美好啊![258]

3月1日。抵达马德里。从巴塞罗那起程,高兴地告别。Terradas、德国大使和 Tirpitz 的女儿,等等。[259]

3月3日。在大学的第一次演讲。[260]

3月4日。与 Kocherthaler 夫妇乘车旅行。回复 Cabreras 夫妇。起草在科学院的演讲稿。下午,出席由国王主持的科学院会议,科学院院长的讲话很精彩。[261]随后是贵族淑女社交名媛的茶会。[262]晚上待在家,完全像个天主教徒似的①。

3月5日。早上,数学协会名誉会员,讨论广义相对论。在 Kuno 那儿用餐。拜访 Kuchal。一位了不起的老思想家,病得很重。发表演讲。晚上,受 Vogel 先生之邀参加晚宴。[263]善良、幽默的悲观主义者。

3月6日。通过讲很多假话做掩护,隐秘地前往托莱多远足。这是我生命中最美好的日子之一。光芒四射的天空。童话一样的托莱多。一位热情的老头,据说是写了一些关于 El Greco② 的重要意义的文章,引导着我们。街道和市集,城市的风光,石桥横跨塔霍河(Tagus),石头覆盖的山丘,迷人的平顶教堂,犹太教堂,在回程中的落日有着明亮的颜色。从小花园里可看见附近的犹太教堂。在小教堂中的 Greco 的美丽壁画(一位贵族的葬礼),是我所见过的最深奥的画之一。[264]美妙的一天。

3月7日。12点,觐见国王和王太后。后者显示了她的科学[水准]。人们注意到,没人告诉她,他们心里在想什么③国王朴素而威严,我欣赏他的举止。下午,第三次大学演讲;虔诚的听众肯定几乎什么都听不明白,因为讨论的是最近的问题。晚上在德国公使家,参加盛大的招待会。公使和他的家人是了不起的谦逊人物。[265]一如既往的折磨人的社交活动。

3月8日。被授予荣誉博士称号。典型的西班牙式的讲话,激情四射④。公

---

① 爱因斯坦此处或许是想说,过着清苦的生活。——译者
② 格雷考(El Greco,1541—1614),西班牙文艺复兴时期的画家,雕塑家和建筑师。——译者
③ 这里暗示王太后的科学水准不高。她可能在谈话中对科学的理解有误,但没有人敢指出来。——译者
④ 原文此处为 Aecht spanische Reden mit zugehörigem bengalischem Feuer。——译者

使关于德国和西班牙关系的演讲虽长,但内容不错;〈但用〉地道的德国风格。没有任何华丽词藻。〈晚上〉随后拜访技术[院校]学生。除了致辞还是致辞,但他们都是好意。晚上的报告。然后在 Kuno 那儿演奏音乐。一位专业艺术家(音乐学院院长)Poras 演奏出了非凡的小提琴水准。[266]

3月9日。去山区和埃斯科里亚尔修道院(Eskorial)① 远足。美好的一天。晚上在学生宿舍的接待会上,Ortega 和我发表了讲话。[267]

[p.41v]　3月10日。普拉多[美术馆]②(主要欣赏 Velasquz③ 和 Greco 的画作)。辞行。在德国公使家用餐。晚上,与 Lina 和 Ullmann 夫妇在简陋的小舞厅。[268]欢乐的晚上。

3月11日。[参观]普拉多(Goya④、Raphael⑤ 和 Fra Angeli〈k〉co⑥ 的美丽作品)。[269]

3月12日。〈动身〉前往萨拉戈萨(Zaragoza)。[270]

---

AD (NNPM,MA 3951)。[29 129]。在 *Nathan and Norden 1975*,pp. 75—76 上发表过摘录。此处的文件内容来自于一本笔记本的一部分。该笔记本长 22.7 厘米,宽 17.5 厘米,由 182 张带有线纹的内衬页(线纹页,lined pages)组成。笔记本包括 81 页线纹页的旅行日记条目,之后是 82 页的空白线纹页,以及 19 页线纹页和在一张无线纹的里页的计算(见文件 418)。这些计算写在这份文件的背面,即它写在旅行日记的背面尾部,并与日记条目方向颠倒。NNPM 已经对这本笔记本的页码进行编号。在前面扉页的内部,Helen Dukas 标注了"Reise nach Japan Palestine Spanien 6. Oktober 1922—12. 3. 23.(前往日本、巴勒斯坦和西班牙之旅,1922 年 10 月 6 日—12. 3. 23)"。日记的条目出现在 pp. 1 至 41v。p. 39v 是空白的。除了全部用铅笔书写的 pp. 1、5v 和 6 以及部分用铅笔书写的 pp. 1v、2v、3v、4v 和 5,这些日记条目的其他部分全用墨水书写。

[1]Michele Besso 和 Lucien Chavan。10 月 3 日,爱因斯坦从柏林去苏黎世旅行。他通知 Besso,他计划在 10 月 6 日 10 点抵达伯尔尼。(见 Edgar Meyer 致 Paul Epstein,1922 年 10 月 4 日[CPT,Paul Epstein Collection,folder 5.60];以及文件 377)

[2]"北野丸"号(SS *Kitano Maru*)是属于日本邮船株式会社(Nippon Yusen Kaisha)的船只。

---

① 位于西班牙马德里市西北约 50 千米处的瓜达拉马山南坡。是世界上最大最美的宗教建筑之一。该建筑名为修道院,实为修道院、宫殿、陵墓、教堂、图书馆、慈善院、神学院、学校八位一体的庞大建筑群,气势磅礴,雄伟壮观,并珍藏欧洲各艺术大师的名作。——译者

② 建于 18 世纪,被认为是世界上最伟大的博物馆之一,亦是收藏西班牙绘画及雕塑作品最全面、最权威的美术馆。——译者

③ 委拉斯开兹(1599—1660),文艺复兴后期西班牙最伟大的画家,对后来的画家影响很大。代表作有《教皇英诺森十世肖像》《纺织女》和《宫娥》等。——译者

④ 戈雅(Francisco José de Goya y Lucientes,1746—1828),西班牙浪漫主义画派画家。代表作有《裸体的玛哈》《着衣的玛哈》《阳伞》《巨人》等。——译者

⑤ 拉斐尔(Raphael Santi,1483—1520),意大利著名画家,"文艺复兴后三杰"中最年轻的一位。——译者

⑥ 安吉利科(Fra Angelico,1395—1455),意大利文艺复兴时期画家。——译者

[3]这人可能是九州帝国大学(Kyushu Imperial University)的外科教授三宅速(Hayari Miyake,1866—1945)。三宅身材矮小,所以爱因斯坦最初可能错判了他的年龄。他在欧洲为日本政府检查医学机构和外科手术设备。他也在欧洲外科医生中为一份请愿书收集签名;这个请愿书是给国际外科学会(International Surgical Association)的,反对它对前轴心国的抵制。

来自慕尼黑的医生可能是 Ernst Ferdinand Sauerbruch(1875—1951),慕尼黑大学医学教授,三宅在欧洲时曾拜访过他。但和爱因斯坦提到的驱逐三宅一事相反,据说 Sauerbruch 是在巴黎为三宅送行的诸多德国外科医生之一,他甚至还向爱因斯坦介绍了三宅(见 *Hiki 2009*, p. 13)。

[4]三宅速。他在布雷斯劳大学(University of Breslau)学过医。

[5]Kretschmer 1921。

[6]Bergson 1922。

[7]在黎曼几何中,一个矢量绕一条封闭曲线平行移动时,不需要保持它的方向。在 Hermann Weyl 的引力和电磁场统一场论中,当要求线元 d$s$ 局部共形不变时,电磁规范场包括在几何内;因此,一个矢量在一条封闭曲线附近平移时,也不再需要保持它的大小(见 *Weyl 1918a*)。

[8]一座小岛,在第勒尼安海(Tyrrhenian Sea)中的西西里岛北岸不远处。它拥有意大利三座活火山中的一座。

[9]Paul Oppenheim。

[10]石井菊次郎子爵(Viscount Kikujiro Ishii,1866—1945),日本驻法国大使以及日本在国际联盟的一位代表。

[11]穿过苏伊士运河。

[12]据推测是大苦湖,即位于苏伊士运河南北之间的咸水湖。

[13]瑞士高原山脉中的一座山,位于苏黎世郊外。

[14]三宅速在一份备忘录中回顾说,爱因斯坦相信自己可能患了结肠癌。但三宅速让爱因斯坦确信,事实并非如此(见 *Kaneko 1981*, vol. 1, p. 178)。

[15]位于非洲之角的瓜达富伊角(Cape Guardafui)。

[16]三宅速。

[17]比照文件 418 的 p. [51v]和它的注释[4]。

[18]可能是卡拉尼亚寺(Kelaniya Raja Maha Vihara Temple),科伦坡附近最著名的佛寺。

[19]可能是在科伦坡的贝塔区(Pettah district)。

[20]嘉仁天皇(Emperor Yoshihito,1879—1926),1912 年到 1926 年的大正时代在位。可在[36 454]中得到纪念天皇的宴会菜单。

[21]"Banzai"是一个传统的日语欢呼,意为"万岁"。日本国歌是"Kimigayo"("君之代")。

[22]这是一场净琉璃(*joruri*)或义太夫(*gidayu*)表演,是一种用 *samisen*(三味线,一种弦乐器)伴唱的传统日本戏剧故事。

[23]佐久间信[Shin (Noboru) Sakuma,1893—1987],日本驻柏林的三等秘书。他安排了爱因斯坦与室伏高信(Kôshin Murobuse)于 1921 年 9 月在柏林会面(见 *Kaneko 1981*, vol. 1, p. 63)。

[24]Alfred Montor(1878—1950),一位钻石商。Anna Montor(1886—1945),Max Montor(1872—1934);见《海峡时报》(*Straits Times*),1922 年 11 月 3 日。

[25]Weizmann 在 9 月中旬发电报给新加坡犹太复国主义协会,要求在新加坡为爱因斯坦举办一个欢迎会,在欢迎会上为希伯来大学募捐。Weizmann 要求,一旦爱因斯坦抵达科伦坡,就用电报告知爱因斯坦计划好的欢迎会(见 Chaim Weizmann 致新加坡犹太复国主义协会,1922 年 10 月 12 日[IsRWW];以

及 Chaim Weizmann 致 Manasseh Meyer,1922 年 10 月 12 日[IsJCZA,Z4/2685])。协会发电报给爱因斯坦,并于 10 月 21 日在 Manasseh Meyer 家开会筹划欢迎会(见新加坡犹太复国主义协会[C. R. Ginsburg]致伦敦犹太复国主义者组织的 Israel Cohen,1922 年 11 月 9 日[IsJCZA,Z4/2685])。

[26]犹太社区的致辞由 Montor 宣读,由 D. Kitovitz 撰写(见新加坡犹太复国主义协会[C. R. Ginsburg]致伦敦犹太复国主义者组织的 Israel Cohen,1922 年 11 月 9 日[IsJCZA,Z4/2685])。Montor 代表犹太社区欢迎爱因斯坦,赞扬了他对科学的贡献,表达了希望他接受希伯来大学校长职位的愿望。爱因斯坦的讲话赢得了喝彩。Montor 的演讲全文见《海峡时报》(*Straits Times*),1922 年 11 月 3 日。爱因斯坦的演讲全文见附录 D。

[27]Manasseh Meyer(1846—1930)是新加坡犹太社区领导人和卓越的慈善家。克罗伊斯是吕底亚(Lydia)的古国王,因为他传奇的财富而享誉盛名。1905 年,圣诺犹太庙(Chesed El Synagogue)在 Meyer 府邸的场地建成。

[28]欢迎会在下午 5 点举行,地点在新加坡欧思里坡(Oxley Rise)的贝尔维(Belle Vue)。在晚宴上,"所有社团和教义的代表到场了"。约 300 位宾客出席聚会,包括犹太社团的领导成员和圣公会主教[见《海峡时报》,1922 年 10 月 31 日和 11 月 3 日;以及《以色列信使报》(*Israel's Messenger*),1922 年 12 月 1 日]。

[29]Hendrik A. Lorentz。

[30]Mozelle Nissim(1873—1975)。这引用了谚语"美是大自然最古老的贵族!"("Schönheit ist der älteste Adel in der Natur!"),出自 *Kotzebue 1792*,p. 59。

[31]见图 8。

[32]新闻报道称,宴会有 40 位宾客出席,由 Mozelle Nissim 在 Meyer 公馆主持(见《以色列信使报》(*Israel's Messanger*),1922 年 12 月 1 日)。Braddon 的管弦乐队为宾客助兴(见《海峡时报》,1922 年 11 月 3 日)。Charles James Ferguson-Davie(1872—1963),新加坡的圣公会主教。

[33]在爱因斯坦访问的一周后,新加坡犹太复国主义协会名誉秘书长 C. R. Ginsburg 告诉在伦敦的犹太复国主义者组织,Meyer 捐了 500 英镑给希伯来大学,"部分是爱因斯坦教授私人交谈的结果,他解释了捐款意图,但我觉得主要是因为 Meyer 先生刚从 Weizmann 博士那儿收到一封迷人信件。"犹太社团剩下的人捐了 250 英镑(见新加坡犹太复国主义协会[C. R. Ginsburg]致伦敦犹太复国主义者组织的 Israel Cohen,1922 年 11 月 9 日[IsJCZA,Z4/2685])。人们希望,随着爱因斯坦在日本旅行回来后的再次到访的时候,能够再筹一些钱(见伦敦犹太复国主义者组织总秘书[Israel Cohen]致 David Kitovitz,1922 年 12 月 12 日[IsJCZA,Z4/2685])。

[34]山顶高 552 米,是香港岛的最高海拔。

[35]根据新闻报道,在媒体首次报道爱因斯坦即将抵达香港时,就已安排好他在犹太人休闲俱乐部(Jewish Recreation Club)做演讲。但爱因斯坦抵达后,要求不举办欢迎会或演讲。媒体推测,他不愿在短暂的停留期间公开露面的可能的一个原因是到访时间接近"休战纪念日"(Armistice Day)。唯一依照计划进行的事项是游览浅水湾。[见《南华早报》(*South China Morning Post*),1922 年 11 月 10 日]。

[36]在这些商人中,可能有一位名为 Gobin(见注释 188)。

[37]可能是浅水湾酒店(Repulse Bay Hotel)。

[38]这里提到的,很可能是中国海员在 1922 年初的成功罢工(见 *Butenhoff 1999*,p. 50)。

[39]非正式的欢迎会在犹太人休闲俱乐部进行(见《以色列信使报》,1922 年 12 月 1 日)。

[40]香港大学,建于 1911 年。

[41]"北野丸"号停泊在上海的汇山码头(Wayside Wharf)。

[42]稻垣守克(Morikatsu Inagaki,1893—?)是改造社的一名职员和新近成立的国际联盟日本协会的

主任秘书(chief secretary)。山本要求他担任爱因斯坦在日期间的向导和翻译。他的职责是翻译爱因斯坦的所有演讲和日常对话,但不负责科学演讲(见 *Ishiwara 1923*,"Preface",p. 10;*Kaneko 1981*,vol. 1,p. 14;以及 *Kaneko 1984*,p. 70)。他的妻子是生于德国的 Tony Inagaki①。

[43]Fritz Thiel(1863—1931)。Thiel 对爱因斯坦两次访问上海的三份报告现在仍被保留着。在爱因斯坦首次出访后,Thiel 告诉外交部,他已经将几个来自日本和马来群岛的邀请交给爱因斯坦,并邀请爱因斯坦去他的私人府邸用早餐②。但是,因为爱因斯坦"已经被一个前来上海欢迎他的日本人③缠住了,我不得不放弃"("schon derartig von einem zu seiner Begrüßung nach Shanghai entsandten Japaner beschlagnahmt,daβ ich zurücktreten muβte")。不过反正爱因斯坦告诉 Thiel,他对改造社负有契约义务。除非他们与改造社协调好,否则他不能接受任何科学约定。Thiel 力劝爱因斯坦,"一定不能忽视"("nicht vorübergehen dürfe")那些专注于培养德日科学和文化纽带的德国团体和协会,"对它们没有丝毫注意"("ohne von ihnen in irgendeiner Weise Notiz zu nehmen")。Thiel 不同意爱因斯坦所谓的那个杂志社可以独占爱因斯坦"整个人"("ganze Persönlichkeit")的声明。他提醒爱因斯坦,那样的话他就会没有时间去"履行国家的职责"("die Erfüllung nationaler Pflichten")或进行个人消遣。作为回应,爱因斯坦让 Thiel 相信,自己将考虑这些观点。他告诉 Thiel,他觉得有义务接受去巴达维亚④(Batavia)的邀请,因此他拿不准自己是否能完成受邀在中国的系列演讲。

为了否认在上海的德意志协会因为反犹而冷落爱因斯坦的谣言,Thiel 在爱因斯坦第二次到访后告诉文化部,他试图安排爱因斯坦在同济医工专门学校⑤做一个演讲,但没有收到任何回复。在爱因斯坦返回上海的几天前,当地的德意志协会收到了一张来自 Elsa Einstein 的明信片,上面谢绝了招待邀请。此外,Thiel 得知,据说爱因斯坦将在犹太社区的一个封闭式招待会中发表关于相对论的演讲,他决定忽略爱因斯坦的第二次上海行(见 Fritz Thiel 致外交部,1922 年 11 月 13 日[GyBPAAA/R 9208/3508 Deutsche Botschaft China(德国驻华大使馆)];Fritz Thiel 致 Hubert Knipping,1922 年 11 月 28 日;以及 Fritz Thiel 致外交部,192[3]年 1 月 6 日[GyBPAAA/R 64677])。

[44]Maximilian Pfister 和 Anna Pfister-Königsberger。

[45]他刚到上海就知道了自己被授予诺贝尔物理学奖。他先收到了一封电报,随后被瑞典总领事通知获奖。新闻报道他"对被授予诺贝尔奖表现得非常高兴"[见《大陆报》(*China Press*),1922 年 11 月 14 日;以及《民国日报》,1922 年 11 月 15 日]。爱因斯坦刚一抵达上海,14 名日本记者便采访了他。他们用餐的饭店是"一品香"。那位记者实际上是日本报纸《东京日日新闻》(*Tokyo Nichinichi*)驻上海的代表村田[孜郎](Murata)(见《民国日报》,1922 年 11 月 14 日;《大陆报》,1922 年 11 月 14 日;以及《东京日日新闻》,1922 年 11 月 15 日)。

[46]他们在下午参观了上海老城的城隍庙和豫园,并在大世界剧院观看了一场传统昆曲的演出(见《民国日报》,1922 年 11 月 14 日)。

[47]茶显然是由上海德意志协会成员提供招待的(见《大陆报》,1922 年 11 月 14 日)。

---

① 稲垣(Inagaki)的妻子 Tony 是德国人。——译者
② 按照 1923 年 1 月 6 日 Thiel 给德国外交部的信,应该是"午餐"(Mittagessen)。参见 S. Crundmann Einsteins Akten. 2. Auflage. Springer-Berlin Heidelbeng. 2004. S. 239. ——译者
③ 这里应该指的是稲垣守克。——译者
④ 广义指荷属东印度群岛,狭义指现在印度尼西亚雅加达附近。在爱因斯坦动身访时,他接到过荷兰天文学家的邀请,让他顺访巴达维亚——译者
⑤ 此处为 Tongji University School of Engeering,直译为"同济大学工程学院"。同济大学 1923 年才成立,在爱因斯坦访问时,名称为"同济医工专门学校"。——译者

[48]犹太代表团由上海的拉比 Woolf Hirsch 领导(见《以色列信使报》,1922年12月1日)。

[49]晚宴在王一亭(1867—1938)的府邸进行,他是一位企业家、社会名流、慈善家、画家和佛学研究者。说德语的中国夫妇是浙江法政学校教务长应时(Shi Ying)和他的妻子章肃(Su Zhang)。他们的女儿是应蕙德(Huide Ying)。上海大学校长是于右任(Youren Yu, 1879—1964)。另一位杰出的客人是前北京大学教授张君谋(Junmou Zhang)。关于在拜访期间拍摄的一张合照,见图9。

[50]于右任和爱因斯坦的晚餐谈话发表在1922年11月14日的《民国日报》上。爱因斯坦在他的讲话中,表达了对王一亭的艺术的钦佩以及他相信中国青年未来对科学的贡献。

[51]Richard B. Haldane 勋爵。

[52]Gakushi-Kai(学士会),一个日本帝国大学的男性毕业生协会。欢迎会在一品香酒店进行(见《以色列信使报》,1922年12月1日)。

[53]长冈半太郎(Hantaro Nagaoka)和长冈登代(Toyo Nagaoka, 1870—1946)。石原纯(Jun Ishiwara)、桑木彧雄(Ayao Kuwaki)。德国领事是 Oskar Trautmann(1877—1950)。这个德意志俱乐部是建于1911年的日德协会[康科迪亚俱乐部(Club Concordia)]。根据外交人员和新闻媒体的报道,爱因斯坦在下午3点抵达,受到了石原、爱知(Aichi)、著名的日本和平主义者贺川丰彦(Toyohiko Kagawa)和"其他一些人"的欢迎[见兵库县(Hyogo Prefecture)知事致外务大臣,1922年11月18日[JTDRO, Diplomatic R/3.9.4.110.5];以及《日本时报和邮报》(*Japan Times & Mail*),1922年11月17日]。爱因斯坦未能受到德国大使 Wilhelm Solf(1862—1936)的欢迎,因为他当时在德国小住,尚未返回(见 *Grundmann 2004*, p. 229)。

[54]爱因斯坦一抵达便告诉诸多记者,"他此行是要在日本观光并了解它的艺术和音乐,特别是后者"。他还说"他很高兴来到日本,因为他觉得他正以此借助科学这一媒介来促进人类的兄弟情谊"。爱因斯坦和记者们说德语,而 Elsa 将他的回复翻译成英文(见《日本时报和邮报》,1922年11月18日)。他在另一个采访中说:"我自从读了(作家)'拉夫卡迪奥·赫恩(Lafcadio Hearn)'① 和 Redesdale 勋爵所写的《古日本的故事》(*Tales of Old Japan*)后,总是想要看看旭日之国。我想要通过学术关系来在不同国家间快速地建立起纽带,想要使科学界成为一个国际共同体,这些意图激起了我来到这个国家的愿望。"[《大阪每日新闻》(*Osaka Mainichi*),英文日报版,1922年11月18日]。

东方酒店(Oriental Hotel)。

[55]下午5点半,爱因斯坦从三宫(Sannomiya)火车站离开神户,山本、石原和长冈与他同行。他在晚上7点半抵达京都站,并入住京都的都酒店(Miyako Hotel)(见兵库县知事致外务大臣,1922年10月18日;以及京都府知事致外务大臣,1922年11月18日[JTDRO, Diplomatic R/ 3.9.4.110.5])。

[56]爱因斯坦的车经过了贺茂神社(Kamo-Shrine)、平安神宫(Heian-Shrine)和前皇宫京都御所(Kyoto Gosho)(见 *Ishiwara 1923*, pp. 18—19)。

[57]他在晚上9点15分离开京都站(见京都府知事致外务大臣,1922年11月18日[JTDRO, Diplomatic R/3.9.4.110.5];以及《东京日日新闻》,1922年11月19日)。列车经过了琵琶湖(Lake Biwa)、滨名湖(Lake Hamana)和富士山。爱因斯坦在关原——日本历史上一场重要战役的地点——停留了一会儿。

[58]爱因斯坦夫妇抵达东京火车站,人们"像欢迎一位凯旋的将军似的"("Marude gaisen-shogun wo mukaeruga gotoku[まるで凯旋将军を迎えるが如く]")。数以万计的民众聚集在车站站台和广场上欢迎爱因斯坦夫妇。他们夫妇在半个多小时的时间里都未能离开广场(见 *Yamamoto*, *Sa.1934*)。火车在晚上7点20分抵达。拥挤的人群一看见爱因斯坦,便开始高呼"爱因斯坦!爱因斯坦!"他在一片"万岁"的

---

① 后取名为小泉八云。——译者

呼声中离开车站(1922 年 11 月 19 日的《东京日日新闻》)。在车站的人群太挤了,以至于"警察被迫无能为力地忍受着危及性命的拥挤"("daβ die Polizei machtlos das lebensgefährliche Gedränge dulden muβte";见 Wilhelm Solf 致外交部,1923 年 1 月 3 日[GyBSA,I. HA,Rep. 76 Vc,Sekt. 1,Tit. 11,Teil 5c,Nr. 55,Bl. 157—158])。

Tokyo Teikoku Hoteru(东京帝国酒店),当时正由 Frank Lloyd Wright 重新设计。

[59]帝国学士院(the Imperial Academy)院长穗积陈重(Nobushige Hozumi)和另外两名成员,东京帝国大学哲学教授桑木严翼(Genyoku Kuwaki)以及同校的英国法教授兼贵族院(House of Peers)议员土方康(Yasushi Hijikata)代表帝国学士院欢迎爱因斯坦。约 50 位来自学士院和改造社的人在站台上等着,只是"勉强得以"向爱因斯坦夫妇致意(见 *Kaneko 1981*,vol. 1,p. 36)。

[60]Siegfried Berliner(1884—1961)是东京帝国大学的工商管理教授。他是在东京火车站迎接爱因斯坦的德国人之一(见《东京日日新闻》,1922 年 11 月 19 日)。Anna Berliner。

[61]爱因斯坦在庆应义塾大学(Keio University)三田(Mita)大报告厅,进行关于狭义和广义相对论的首次公开讲座。两千名听众,"由各界人士组成,大部分是科学界人士和学生",其中包括文部大臣镰田永吉(Eikichi Kamada)。Elsa Einstein 穿着一件和服去讲座,受到热烈欢迎。根据新闻报道,爱因斯坦试图把讲座做得能让普通听众理解;但在下半段,它有时变得专业。爱因斯坦演讲不用讲稿,大概间隔 15 分钟就暂停一下,以便让石原翻译(见《日本时报和邮报》,1922 年 11 月 20 日;《大阪每日新闻》,英文日报版,1922 年 11 月 21 日;"Pressebericht vom 5. Dezember 1922(1922 年 12 月 5 日新闻报道)"[GyBSA,I. HA,Rep. 76 Vc,Sekt. 1,Tit. 11,Teil 5c,Nr. 55,Bl. 147];以及 *Ezawa 2005*,p. 9)。公开讲座的入场券票价为成人 3 日元,学生 2 日元,"相当于 10 顿普通午餐的花费"(见 *Kaneko 1987*,p. 357)。

[62]午宴在东京小石川植物园(Koishikawa Botanical Gardens)举办。穗积陈重做主持,约 40 位学士院院士出席,包括长冈半太郎、井上哲次郎(Tetsujiro Inoue)、北里柴三郎(Shibasaburo Kitasato)、福田德三(Tokuzo Fukuda)和法务大臣冈野敬次郎(Keijiro Okano)。长冈起草了欢迎演讲(见 *Kaneko 1987*,p. 379)。欢迎演讲的德文版,见未刊文献摘要一览表 452。日文版见"Einstein-Sensei Kangei no Ji(欢迎爱因斯坦教授之时)"[65 020.1]。出席午宴的成员名单,见"Einstein-Kyoju kangei gosan-kai kiji"("欢迎爱因斯坦教授的午宴的报道",[JTJA])。

[63]山本实彦(Sanehiko Yamamoto)。在爱因斯坦之行后,"帝国自然科学新闻报道中心"(Reichszentrale für naturwissenschaftliche Berichterstattung)向外交部寄了一份报道,声称爱因斯坦的旅行由"共产主义报纸"《改造社》("der kommunistischen Zeitung 'Kaizo'")资助。这促使外交部与德国驻东京大使馆核实这份报道(见 Karl Kerkhoff 致 Otto Soehring,1923 年 1 月 11 日[GyBPAAA,R64677];以及 Otto Soehring(?)致德国驻东京大使馆,1923 年 1 月 27 日[GyBPAA,R85846])。

[64]一场在明治座歌舞伎座进行的演出,该歌舞伎座建于 1893 年,是被用作歌舞伎和新派戏剧的民众剧场。

[65]观菊御宴在东京的皇家赤坂离宫(Akasaka Palace)举行。这一传统始于 1880 年。有关御宴的节目单和入场证见"Programme(节目单)"和"1922 年 11 月 21 日"[JTNAJ]。按照德国大使的说法,观赏御宴是爱因斯坦被授予的"荣誉的最高点"("Höhepunkt der Auszeichnungen"):出席聚会的德国大使馆成员描述道:"约 3000 名出席这一皇室家族联盟传统节日的人,是怎样因为爱因斯坦,而完全忘记了庆典的意义。"("wie die ungefähr 3000 Teilnehmer an diesem traditionellen Fest der Vereinigung der Kaiserlichen Familie mit dem Volk über Einstein völlig vergaβen,was der Tag bedeute";见 Wilhelm Solf 致外交部,1923 年 1 月 3 日[GyBSA,I. HA,Rep. 76 Vc,Sekt. 1,Tit.11,Teil 5c,Nr. 55,Bl. 157—158])。新闻报道称有 600 人出席了聚会,包括诸如日本首相加藤友三郎子爵(Viscount Kato Tomosaburo)这样重要的

客人,以及其他日本和外国政治家、商人和军队官员(见[京都]《日出新闻》(Hinode Shinbun),1922年11月22日)。

[66] Bärwald是德国驻东京大使馆的一名秘书。

[67] 九条节子(贞明)皇后(1884—1951),大正天皇的配偶。1919年末,天皇自己从公共事务中退隐到他的乡间别墅里,很少在东京出现(见 Seagrave and Seagrave 1999,p. 81)。

[68] 稻垣和他的妻子。山本。

[69] 在浅草,东京的主要娱乐区。

[70] 在东京的增上寺(Zojo Temple)。

[71] 被用来款待的是日本传统菜——寿喜烧和寿司(见 Inagaki 1923a,p. 173;以及1922年11月13日的《东京日日新闻》)。山本美(Yoshi Yamamoto)和他们的孩子美佐枝(Misako)以及Sayoko。爱因斯坦还游览了纪念前天皇的明治神宫(见 Kaneko 1981,vol. 1,p. 258)。

[72] 穗积陈重院长和他的女婿涩泽元治(Motoji Shibusawa)(1876—1975),涩泽曾跟随 Heinrich Friedrich Weber(1843—1912)——爱因斯坦以前在苏黎世工学院的物理学教授——学习。

[73] 藤泽利喜太郎(Rikitaro Fujisawa,1861—1933),东京帝国大学前数学教授。杉元贤治(Kenji Sugimoto)声称爱因斯坦把穗积误会成了藤泽,而且由于爱因斯坦曾为自己的博士论文与 Weber 争论,所以他对这个计划的欢迎会感到不悦(见 Sugimoto 2001b,p. 33)。

[74] 德意志东亚自然和民族学协会(Deutsche Gesellschaft für die Natur- und Völkerkunde Ostasiens)。

[75] 尼康(Nikon)的前身日本光学工业(Nippon Kogaku Kogyo)公司邀请8位有专业技能的德国专家到它的大井町(Oimachi)工厂(见 Long 2006,p. 11)。

[76] M. H. Schultz 是德国驻东京大使馆的首席书记官。

[77] 改造社邀请各日本报纸的记者出席一个午宴会。爱因斯坦表达了他对使用人力车、日本卫生以及日本媒体干扰个人私人生活的看法(见 Inagaki 1923a,p. 173)。

[78] 东京音乐学校(Tokyo School of Music),日本第一所官方音乐学院,建于1887年。

[79] 长井长义(Nagayoshi Nagai,1845—1929)是东京帝国大学的化学教授。

[80] 在银座(Ginza)的购物区(见 Inagaki 1923a,p. 179)。

[81] 根津嘉一郎(Kaichiro Nezu,1860—1940)是一位杰出的企业家和艺术收藏家。爱因斯坦和来自东京帝国大学的一位哲学毕业生矢崎美盛(Yoshimori Yazaki)参观了博物馆(见他在1923年1月的 Kaizo 中的描述)。

[82] 爱因斯坦在东京的神田青年会馆(Kanda Seinenkaikan)进行了第二次公开讲座。讲座的题目是"论物理学中的空间和时间"。会馆太拥挤了,以至于"几十个有入场券的人……进不来。"改造社为此支付了他们去下一个讲座举办地仙台的返程票的钱(见 Ezawa 2005,p. 9;以及 Kaneko 2005,p. 13)。人们描述第二次讲座比第一次"的基础要广泛得多",因为它解释了时间和空间,而不是狭义和广义相对理论(见《大阪每日新闻》,英文日报版,1922年11月28日)。

[83] 爱因斯坦在东京帝国大学物理系的主礼堂进行了他的首次科学讲座。根据 Sugimoto 2001a,pp. 10—11,系列讲座的首次讲座标题是"Lorentz变换,狭义相对论"。但根据 Ishiwara 1923,p. 88,标题是"狭义相对论"。"120位教授之类,以及5位研究生和18位大学生"参加了爱因斯坦的科学讲座。在 Kaizo 的一月刊号上有这些参与者的不完整名单和讲座报道(Ezawa 2005,pp. 8和11)。

[84] 欢迎会由大学的整个学生会主持,于大学法学院的八角讲堂(Octagon Hall)举办。在长冈半太郎的介绍后,政治系三年级学生竹内德藏(Tokudo Takeuchi)代表全体学生欢迎爱因斯坦(见《东京日日新

[85] 市村座(Ichimura Theater),日本最古老的歌舞伎座之一,建于17世纪。爱因斯坦在观看完演出后拜访了后台,亲自感谢舞蹈演员[见《东京朝日新闻》(Tokyo Asahi Shinbun),1922年11月26日]。

[86] 大都会新闻协会(Metropolitan Press Association)在平野屋日式旅店(Hirano-Ya Ryokan,一家传统日本客栈)举办了这个接待会。

[87] 稻垣守克。

[88] The Museum Shoko-Kan(集古馆)①,由商人和艺术收藏家大仓喜八郎(Kihachiro Okura,1837—1928)所建。

[89] 他可能在宝生会(Hoso Kai Theater)②看的能剧(见未刊文献摘要一览表457)。爱因斯坦对能剧的印象的其他例证,见 *Einstein 1923b*（文件391）和 *Kuwaki 1934*。

[90] 在爱因斯坦入住的酒店附近的丸善出版社(Maruzen publishing house)(见 *Sugimoto 2001b*, p. 45)。

[91] 冈谷辰治(Tatsuji Okaya),长冈以前的学生;以及冈谷富美(Fumi Okaya)(1898—1945)。在长冈家的午宴菜单,见"Déjeuner(午餐)",1922年11月27日(NjP-L, Einstein in Japan Collection, box 2, folder 1, C0904)。

[92] 爱因斯坦在东京帝国大学物理系的主礼堂发表了他的第二次科学讲座。根据 *Sugimoto 2001a*, pp. 10—11,第二次讲座的题目是"四维空间,张量分析"。但根据 *Ishiwara 1923*,题目是"狭义相对论",与第一次讲座一样。

[93] 德川义亲侯(Marquis Yoshichika Tokugawa,1886—1976),东京帝国大学毕业生,植物学家和前幕府将军家族尾张(Owari)分支的首领。他也自欧洲乘坐"北野丸"号航行(见 *Jansen 1989*, p. 152)。

[94] Christoph W. Gluck; Miksa (Max) Hauser(1822—1887),奥匈小提琴手和作曲家; Johann S. Bach; Henryk Wieniawski(1835—1880),波兰小提琴手和作曲家。对爱因斯坦演奏的回忆,见 *Inagaki 1923b*。

[95] 东京商科大学[现一桥大学(Hitotsubashi University)]。爱因斯坦在致答谢欢迎词时,称他相信日本正是通过艺术体裁(genre of art),对世界文化作出了重要贡献(见 *Nagashima 1923*, pp. 136—137)。关于大学学生会的欢迎,见未刊文献摘要一览表461。

[96] 爱因斯坦的演讲题目是"致日本年轻人"。关于媒体的报道,见《大阪每日新闻》,英文日报版,1922年11月30日。校长是佐野善作(Zensaku Sano,1873—1952)。

[97] 爱因斯坦的第三次科学讲座在东京帝国大学物理系的主礼堂举行。根据 *Sugimoto 2001a*, pp. 10—11,讲座题目是"空间-时间的张量表示"。但根据 *Ishiwara 1923*,题目是"狭义相对论",与前两次讲座一样。

[98] 一家在新桥火车站的中餐馆,30至40名的改造社职员出席(见 *Inagaki 1923a*, p. 183)。

[99] 可能是 *Einstein 1923b*(文件391)中关于音乐的文章。在那份文件的草稿中,爱因斯坦添加了以下注释,可能是他在这里提到的"Artikelchen(小文章)":"(über Musik Frau I. diktiert; fehlt hier. E.)(关于 I. 夫人指挥音乐;这里缺失。E.)"。"I. 夫人"可能是说德语的稻垣的妻子。

[100] Neil Gordon Munro(1863—1942)是一位苏格兰医生,对日本文化和考古学充满热情。

[101] 爱因斯坦显然要求山本安排他出席一个茶道。商人和茶道专家高桥义雄,也叫箒庵(Soan,

---

① 正确发音应为 Shuko-Kan。——译者
② 正确的发音应为 Hosho Kai。——译者

Yoshi Takahashi,1861—1937)随后邀请爱因斯坦参加这个仪式。关于茶道举行地点的报道互相矛盾。根据 *Kaneko 1984*,是在东京赤坂的伽蓝洞一木庵(Garando-Ichiki-an)举办。但根据 *Inagaki 1923a*,它在高桥家的一间私人茶寮进行。多卷著作是 *Takahashi 1921—1927*,最终编有 10 卷(见 *Kaneko 1984*,p. 65)。关于高桥对与爱因斯坦会面的回忆,见 *Takahashi 1933*。

[102]大隈重信侯(Marquis Shigenobu Okuma,1838—1922)曾在明治时期担任财务大臣和外务大臣,在大正时期出任首相。早稻田大学建于 1882 年,以"学术独立"原则为指导(见 *Waseda 2010*,p. 8)。校长塩泽昌贞(Masasada Shiozawa,1870—1945)发表了欢迎辞,而爱因斯坦在答谢中提到,他注意到日本学术团体出人意料的进步,并期待它未来的贡献[见《早稻田学报》(*Waseda Gakuho*),1923 年 1 月 10 日]。

[103]根据 *Sugimoto 2001a*,pp. 10—11 和 *Ishiwara 1923*,爱因斯坦第四次科学讲座的题目是"论广义相对论"。

[104]在东京女子高等师范学校[现御茶水女子大学(Ochanomizu Women's University)],这是一个教师培训机构。欢迎会由帝国教师协会和另外 11 个教育协会的主持。一千人出席[见 *Taisho 11 nen Nisshi Tokyo-joshi-koto-shihan-gakkou*(大正十一年,日志,东京女子高等师范学校),1923 年 11 月 29 日]。

[105]爱因斯坦造访了在宫内省式部职下属的乐部,并观看了一场雅乐(*gagaku*)——日本古代宫廷音乐和舞蹈——演出[见《读卖新闻》(*Yomiuri Shinbun*),1922 年 12 月 1 日;以及 *Aichi 1923*,p. 300]。

[106]根据 *Sugimoto 2001a*,pp. 10—11,爱因斯坦第五次科学讲座的题目是"论引力场方程"。然而根据 *Ishiwara 1923*,它的标题是"广义相对论"。

田丸卓郎(Takuro Tamaru,1872—1932)是东京帝国大学的物理学教授。

土井不昂(Uzumi Doi,1895—1945)是东京帝国大学长冈半太郎门下的研究生和享誉盛名的第一高等学校(First Higher School)的物理讲师。关于他质疑相对论的著作,见 *Doi 1922c*。根据新闻报道,批评爱因斯坦理论的土井承认自己错了,并请田丸用德语读他的声明认错[见《东京朝日新闻》,1922 年 12 月 2 日;以及《河北新报》(*Kahoku Shimpo*),1922 年 12 月 1 日]。早先,爱因斯坦证实他已经读了土井给他寄到柏林的小册子,它值得"认真研究"。但他没有担心它会对相对理论形成真正挑战(见《东京日日新闻》和《大阪每日新闻》,1922 年 11 月 18 日))。土井在写爱因斯坦访问期间的日记中,仅于半小时后就撤回了对他自己理论的反驳,见土井不昂日记,1922 年 11 月 24 日至 12 月 2 日[JPS]。土井和爱知敬一(Kei-ichi Aichi,1894—1923)关于爱因斯坦理论的公开论战,见《大阪每日新闻》,英文日报版,1922 年 11 月 5 日。

大学学生的欢迎词尚存(见未刊文献摘要一览表 464)。

[107]丹麦大使是 Niels Höst(1869—1953)。

[108]根据 *Sugimoto 2001a*,pp. 10—11,爱因斯坦第六次(和最终的)科学讲座的标题是"论宇宙论问题"。但根据 *Ishiwara 1923*,它的标题是"广义相对论"。爱因斯坦和日本的科学家们在大学中心的三四郎池(Sanshiro Pond)间拍了一张纪念照片,以此作为讲座系列结束的标志。照片被送给了爱因斯坦,附有物理系教职人员和学生签名的纪念册。该纪念册(见 NNLBI, Albert Einstein Collection:Addenda[AR 7279])也包括了长冈半太郎写的一封感谢信,还有他和另外 124 名签字人的签名。对这些事件的描述,见 *Ishiwara 1923*,pp. 111—112。

[109]为了纪念讲座系列的结束,在帝国酒店举行了这个晚宴。150 位学者、作家和改造社雇员出席。其中包括长冈半太郎、石原纯、桑木彧雄、有岛武郎(Takeo Arishima)、田丸卓郎、井上哲次郎、寺田寅彦(Torahiko Terada)和小泉信三(Shinzo Koizumi)(见《河北新报》,1922 年 12 月 3 日;以及 *Kaneko 1981*,vol. 1,p. 259)。

[110]东京高等工业学校(现东京工业大学),建于1881年。竹内时男(Tokio Takeuchi,1894—1944)是那里的物理学副教授。

[111]爱因斯坦在晚上9点17分抵达仙台站(见宫城县知事致外务大臣,1922年12月6日[JTDRO, Diplomatic R/3.9.4.110.5])。本多光太郎(Kotaro Honda,1870—1954)和爱知敬一都是在仙台的东北帝国大学(Tohoku Imperial University)的物理学教授。他们从仙台旅行到了郡山(Kooriyama)站,这大概是东京和仙台的中途站(见《河北新报》,1922年12月4日)。

[112]在东北帝国大学的知名物理学家是日下部四郎太(Shirota Kusakabe)、远藤美寿(Yoshitoshi Endo)和山田光雄(Mitsuo Yamada)。校长是小川正孝(Masataka Ogawa)。Hans Molisch(1856—1937)是一位奥地利植物学家和生物学教授。由于大批拥挤的人群,爱因斯坦用了20分钟才从车站到仙台酒店。爱因斯坦在酒店受到了宫城县长官力石雄一郎(Yuichiro Chikaraishi)和仙台市市长鹿又武三郎(Takesaburo Kanomata)以及小川的欢迎(见宫城县知事致外务大臣,1922年12月6日[JTDRO, Diplomatic R/ 3.9.4.110.5];以及《河北新报》,1922年12月4日)。

[113]爱因斯坦题为"论相对性原理"的第三次公开讲座在仙台市公会堂举行,由爱知敬一翻译,显然是为了补偿没能进东京神田青年会馆听讲座的听众而免费举办的。有350位听众,主要是教授和大学学生(见宫城县知事致外务大臣,1922年12月6日[JTDRO, Diplomatic R/3.9.4.110.5])。关于讲座的报道,见《读卖新闻》,1922年12月4日;以及 Okamoto 1981,pp. 931—932。

[114]冈本一平(Ippei Okamoto,1886—1948)是一位承袭西方传统的画家和为《东京朝日新闻》工作的漫画家。他"出于个人的仰慕和想要近距离观察这位大科学家的愿望,独自"加入了爱因斯坦的随从队伍(见 Okamoto 1981,p. 931)。在爱因斯坦游览期间,冈本一平向他的报纸投稿(见1922年12月9—15日)。在爱因斯坦离开后,他出版了 Okamoto 1923。

松岛是位于仙台附近的群岛,由约260个被松树覆盖的小岛组成。在坐火车前往群岛时,冈本给爱因斯坦画了素描,爱因斯坦在上面签上了"阿耳伯特·爱因斯坦或作为思想容器的鼻子"("Albert Einstein oder Die Nase als Gedanken-Reservoir")(见 Okamoto 1981,p. 932)。见图14。

[115]他们在松岛酒店进餐(见 Kaneko 1981,vol. 2,p. 34),并参观了在松岛的瑞岩寺(Zuiganji Temple)(见 Okamoto 1981,p. 933)。土井晚翠[Bansui Tsuchi(Doi),1871—1952]是一位诗人和英文学者。葛饰北斋(Katsushika Hokusai,1760—1849)是江户时代最著名的木版画艺术家之一。土井给了爱因斯坦两套木版画以供选择:歌川广重(Utagawa Hiroshige)的《东海道上五十三次》(Fifty-three Stations on the Tokaido)和葛饰的《富岳百景》(One Hundred Views of Mount Fuji)(见 Okamoto 1981,p. 932)。冈本在纪念册的扉页用德语题字"Albert Einstein in herzlicher Dankbarkeit(衷心感谢阿耳伯特·爱因斯坦)",并在"一平画"的签名上用日语题词"在仙台。大正十一年,12月"(见 Jansen 1989,p. 145)。意大利语诗集见 Tsuchii 1920。

[116]在仙台的东北大学(Tohoku University)。在学生欢迎会上,大学校长小川正孝带领学生们为爱因斯坦齐呼"万岁"。超过50名教授在工程学院的会议厅欢迎爱因斯坦(见 Okamoto 1981,p. 933)。医学系主任是藤田敏彦(Toshihiko Fujita,1877—1965)。爱因斯坦将他的名字写在大学一间会议室的墙上,在 Hans Molisch 的签名下方。题词写着:"Albert Einstein 3.XII 22.(阿耳伯特·爱因斯坦,1922年12月3日)"。JSeTU [95 037]。有新闻报道称,东北大学给爱因斯坦提供了一个临时的物理学教授席位。薪水是10 000日元(约5 000美元),据说还打算提供一处住所(例如见《大阪每日新闻》,英文日报版,1922年12月5日)。这类报道甚至引起了爱因斯坦计划移民日本的流言;德国外交部随后否认了它们(见 Otto Soehring 致德国驻日内瓦领事馆,1922年12月9日[GyBPAAA/R 64677])。

[117]稻垣、山本和冈本。

[118] 本多光太郎。

[119] 冈本的妻子是日本著名小说家和诗人冈本加乃子(Kanoko Okamoto, 1889—1939)。Elsa Einstein 和 Tony Inagaki 留在了东京。

[120] 他们在下午 4 点 10 分抵达日光市火车站,并在日光市的金谷酒店(Kanaya Hotel)停留[见栃木县(Tochigi Prefecture)知事致外务大臣,1922 年 12 月 7 日 JTDRO, Diplomatic R/3.9.4.110.5];以及有爱因斯坦签名的酒店记录[122 789]。当天晚些时候 Elsa Einstein 与 Tony Inagaki 分别从东京出发而抵达(见 *Okamoto 1981*, p. 935)。

在"10 平方英寸的细致精巧的硬纸板写着"10 个主题,它被交给了爱因斯坦,这份主题列表见 *Okamoto 1981*, p. 937。

[121] Tony Inagaki。

[122] 爱因斯坦、稻垣和冈本在上午 10 点参观了位于日光市中禅寺湖附近的中宫祠(神社)(Chugu Shrine)。他们游览了方等滝(瀑布)、般若滝和华严滝,在下午 4 点返回酒店(见栃木县知事致外务大臣,1922 年 12 月 7 日[JTDRO, Diplomatic R/3.9.4.110.5];以及 *Okamoto 1981*, p. 935)。

[123] 冈本对这些对话的描述,见 *Okamoto 1981*, pp. 935—936。

[124] 爱因斯坦、Elsa 和其他人参观了东照宫和"其他相关寺院"(见栃木县知事致外务大臣,1922 年 12 月 7 日[JTDRO, Diplomatic R/ 3.9.4.110.5])。

[125] 德川幕府在江户时代(1603—1868)统治了日本。德川家康(Ieyasu Tokugawa,1543—1616)是它的创始人和首位将军。

[126] 他们在下午 5 点 10 分离开日光市前往东京(见栃木县知事致外务大臣,1922 年 12 月 7 日[JTDRO, Diplomatic R/3.9.4.110.5])。

[127] 见 *Einstein 1923b*(文件 391)。

[128] 爱因斯坦在下午 4 点 41 分抵达名古屋站。新爱知新闻社(Shin-Aichi)的主管们,来自医学院和高等院校的校长和教授们以及约 1000 名来自医学院和高中的高呼着"万岁"的学生们欢迎了他[见《新爱知》(*Shin Aichi*),1922 年 12 月 8 日]。

[129] Leonor Michaelis(1875—1949)在德国出生,是爱知医学院的生物化学教授。

[130] 热田神宫(Atsuta Shrine)。

[131] 改造社和新爱知新闻社在酒店举行午餐会。爱因斯坦在下午 4 点 46 分离开名古屋,一大群人前来告别(见《新爱知》,1922 年 12 月 10 日)。爱因斯坦夫妇在下午 7 点 38 分抵达京都站并入住京都都酒店(Miyako Hotel),见京都府知事致外务大臣,1922 年 12 月 11 日[JTDRO, Diplomatic R/ 3.9.4.110.5]。

京都的知恩院寺(Chion-in Temple),在里面的"通常不为任何人撞响的大钟,为了"爱因斯坦"而撞响"(见 *Okamoto 1981*, p. 937)。

[132] 在原始文本的这里,爱因斯坦在右侧页边附上:"(8. & 9. in falscher Reihenfolge."("8 日和 9 日顺序错误。")

[133] 名古屋城。

[134] 爱因斯坦的第四次公开讲座,标题是"论相对性原理",在名古屋国技馆(Nagoya Kokugikan)进行,由石原纯翻译(见 *Ishiwara 1923*)。

[135] 在原始文本的这里,爱因斯坦在右侧页边附上:"falsche Reihenfolge(错误顺序)"。

[136] 爱因斯坦(没有 Elsa 陪同)在上午 10 点 40 分离开京都站,于上午 11 点 32 分抵达大阪站,陪同的有德国大使 Solf、石原和山本。爱因斯坦和 Solf 出席了日德协会在大阪酒店举行的欢迎会。200 人出

席了欢迎会。爱因斯坦在答谢佐多的欢迎时,强调"他认为热情的欢迎并不只为了他,也为了作为一个整体的德国科学;而只有在这个意义上,他才能接受它"。大阪驻防军乐队演奏了日本和德国的国歌,欢迎会随着高呼这两个国家"万岁"而结束(见京都府知事致外务大臣,1922 年 12 月 11 日;以及大阪府知事致外务大臣,1922 年 12 月 14 日[JTDRO, Diplomatic R/3.9.4.110.5];以及《大阪每日新闻》,英文日本版,1922 年 12 月 12 日)。大阪市长是池上四郎(Shiro Ikegami, 1857—1929)。佐多爱彦(Aihiko Sata, 1871—1950)是病理学教授、大阪医学院院长和日德协会会长。

[137]爱因斯坦的第六次公开讲座,标题是"论广义和狭义相对性原理",于下午 6 点在大阪中央公会堂举行,由石原翻译。2000 人出席。他在同日的晚上 10 点 22 分离开大阪返回京都(见大阪府知事致外务大臣,1922 年 12 月 14 日[JTDRO, Diplomatic R/ 3.9.4.110.5];以及 *Ezawa 2005*, p. 9)。

[138]爱因斯坦的第五次公开讲座,题目是"论相对性原理",在京都市公会堂举行,由石原翻译(见《大阪每日新闻》,英文日报版,1922 年 12 月 8 日)。

[139]京都的仙洞御所(Sento Imperial Palace)。石原对爱因斯坦参观宫殿的描述,见 *Ishiwara 1923*, pp. 155—157。

[140]在原始文本的这里,爱因斯坦在右侧页边附上:"Ganz von Bauten umgeben. Audienzraum und Krönungshalle offen gegen sandbedeckten Hof."("整体被建筑物包围。谒见室和加冕大厅朝着沙石覆盖的庭院大开。")

[141]32 位中国圣哲的画像被画在 8 扇纸做的拉门上。它们源于平安时代(公元 794—1185 年)。

[142]纪念 Robert Koch(1843—1910)的神社由他教授的一位日本学生北里柴三郎所建。它最初位于国立感染症研究所,随后迁至北里研究所,两者都在东京。

[143]京都二条城(Nijo castle),德川家康所建。

[144]他们合著文章的细节,见文件 422 和文件 433 的注释。

[145]贺川丰彦(Toyohiko Kagawa, 1898—1960)是一位基督教改革者和工人运动者。在原始文本中留下空白,没有写出名字。贺川对他与爱因斯坦两次会面的印象,见 *Kaneko 1987*, p. 369。

[146]爱因斯坦的第七次公开讲座的标题是"论相对性原理",在神户基督教青年会(Y.M.C.A.)举行,由石原翻译。德国总领事 Oskar Trautmann 主持了在德意志俱乐部进行的欢迎会(见《大阪每日新闻》,英文日报版,1922 年 12 月 15 日)。

[147]京都帝国大学,校长是荒木寅三郎(Torasaburo Araki, 1866—1942)。学生代表是荒木俊马(Toshima Araki, 1897—1978)。他代表学生会对爱因斯坦的祝词,见未刊文献摘要一览表 467。

[148]一个题为"我如何创造了相对论?"的即兴演讲,由西田几多郎(Kitaro Nishida)发起,在京都大学法学院大礼堂进行,石原作翻译[见《大阪朝日新闻》(*Osaka Asahi Shinbun*),1922 年 12 月 15 日;以及 *Ezawa 2005*, p. 10]。有关石原记录的演讲手稿,见文件 399。

[149]木村正路(Masamichi Kimura, 1883—1962)是京都帝国大学的物理学教授。

[150]其中有一件礼物是送给 Elsa 的传统的 *naga juban*(长襦袢)(见 *Nakamoto 1998*, p. 77)。

[151]京都的知恩院。

[152]可能是八坂神社(Yasaka Shrine)和四条通(Shijo Street)购物区,两者都很靠近京都都酒店(Miyako Hotel)。

[153]青莲院将军塚大日堂寺(Shogunzuka Dainichido Temple)。

[154]西本愿寺(Nishi Honganji Temple)是净土真宗本愿寺的主寺,净土真宗是在京都的佛教净土宗分支。

[155]琵琶湖,位于京都东北,是日本最大的湖泊。三井寺(Mii Temple)是日本最古老的寺庙之一。

[156]这里所提到的,极有可能是世界闻名的京都西阵织锦缎。

[157]奈良位于京都以南 480 千米。奈良酒店,爱因斯坦弹钢琴的地方(见 *Sugimoto 2001b*, p. 112)。

[158]这些寺庙中最出名的是春日大社(Grand Shrine of Kasuga),建于公元 768 年。东大寺收藏的大佛像,众所周知为卢舍那佛坐像(Rushanabutsu-Zazo),建造于公元 745—752 年。

[159]奈良国立博物馆。爱因斯坦还参观了奈良公园(见 *Sugimoto 2001b*, p. 114)。

[160]若草山(Mount Wakakusa)。

[161]宫岛(Miyajima Island)位于广岛安艺郡(Aki district of Hiroshima)。

[162]严岛神社(Itsukushima Shrine)。

[163]神圣的弥山(Mount Misen)。濑户内海(Seto Inland Sea)。

[164]德国驻东京大使 Wilhelm Solf。Solf 报告他和爱因斯坦的私人关系"发展成友好的关系"("haben sich zu freundschaftlichen entwickelt")。至于这个急件,Solf 告诉柏林,《日本广知报》(*Japan Advertiser*)发表了一篇来自国际路透通讯社(Kokusai-Reuter news agency)的报道,根据该报道,Maximilian Harden 已经向柏林法院证明,"爱因斯坦去日本,是因为他觉得自己在德国不安全"。Harden 在被问及他所谓的暗杀者时,实际说的是"现在实现了什么?大学者阿耳伯特·爱因斯坦现在在日本,因为他觉得自己在德国不安全"("Was ist nun erreicht? Der große Gelehrte Albert Einstein ist jetzt in Japan, weil er sich in Deutschland nicht sicher fühlt")。Solf 害怕这篇报道可能会"损害爱因斯坦的访问对德国极有利的影响"("die außerordentlich günstige Wirkung des Einstein-Besuches für die deutsche Sache zu beeinträchtigen"),所以请求爱因斯坦允许他通过电报否认它(见 Wilhelm Solf 致外交部,1923 年 1 月 3 日 [GyBSA, I. HA, Rep. 76 Vc, Sekt. 1, Tit. 11, Teil 5c, Nr. 55, Bl. 157—158];以及 *Neumann and Neumann 2003*, p. 187)。爱因斯坦对 Solf 的后续回应,见文件 402。

[165]门司是一座位于九州福冈北部的城市。爱因斯坦夫妇在下午 4 点 10 分离开宫岛,并在晚上 8 点 5 分抵达下关。他们转乘轮船,前往关门海峡对面的门司。晚上 9 点半,他们抵达门司,受到了三井银行分行经理长井村太(Sonta Nagai)的欢迎。爱因斯坦在采访中声称,"日本人这种适应自然的生活方式是无限宝贵的。如果可能,我愿意永远享受这种日式生活和风格。如果条件允许,从今以后,我甚至要在日本生活"["Kono shizen ni tekiou-shita seikatsu-youshiki wa dokomademo tootoi-mono desu. Dekirumonon-ara-ba, kono Nihon no Seikatsu to Youshiki wo itsu-mademo tanoshimitai-mono-desu. Moshi jijou ga yuruseba, Nihon ni eijuu sitemo yoi to omotte-irukurai-desu";见福冈县知事致外务大臣,1923 年 1 月 6 日[JTDRO, Diplomatic R/3.9.4.110.5];《福冈日日新闻》(*Fukuoka Nichinichi Shinbun*),1922 年 12 月 25 日以及 *Nakamoto 1998*, pp. 45—46)。根据另一新闻报道,爱因斯坦评论道,在日本缺乏一个真正民主的选举制度,这严重阻碍了国家的发展(见《读卖新闻》,1922 年 12 月 25 日)。

三井俱乐部是一个由三井物产株式会社在 1921 年建立的社交俱乐部。

[166]爱因斯坦在下午 12 点 4 分抵达福冈博多(Hakata)站。他的第八次公开讲座的标题是"论狭义和广义的相对性原理",在福冈的博多大博剧场(Hakata Daihaku Theater)举行,超过 300 人出席(见福冈县知事致外务大臣,1923 年 1 月 6 日[JTDRO, Diplomatic R/3.9.4.110.5];以及 *Ezawa 2005*, p. 9)。关于仙台的免费讲座,见注释 81)。

[167]改造社组织的晚宴在博多区的保利斯塔咖啡馆(Café Paulista)举行。在邻室聚会的,是九州物理学校(Kyushu School of Physics)校友会(见《福冈日日新闻》,1922 年 12 月 26 日)。

[168]三宅速。爱因斯坦待在博多区的荣屋旅馆(Sakayeya-Ryokan Hotel)。女店主是 Tatsu Kuranari(倉成タツ)(见《福冈日日新闻》,1922 年 12 月 25 日;以及 *Nakamoto 1998*, p. 61)。

[169]爱因斯坦在其中一片丝织品上写着"Sakayeya A. Einstein. 1922"(荣屋[旅馆],爱因斯坦,1922 年)。

[170]他们回到了荣屋旅馆(Sakayeya Hotel)。

[171]庆祝宴会在九州帝国大学(见福冈县知事致外务大臣,1923年1月6日[JTDRO, Diplomatic R/3.9.4.110.5])进行。它的校长是真野文二(Bunji Mano, 1861—1946)。

[172]一则对研究所此次参观的报道,见《福冈日日新闻》,1922年12月26日。

[173]三宅速。爱因斯坦在拜访期间,弹奏三宅最近刚从德国运来的大钢琴(见 Hiki 2009, pp. 39—40)。县陈列室位于县政厅。县知事是泽田牛麿(Ushimaro Sawada)。

[174]爱因斯坦在下午4点3分离开博多站前往门司。在门司基督教青年会的儿童圣诞聚会上,他弹奏了"圣母颂(Ave Maria)",下关女子中学(Shimonoseki Girls High School)的音乐教师石川千代子(Chiyoko Ishikawa)用钢琴伴奏(见《福冈日日新闻》,1922年12月27日)。他回到三井俱乐部过夜(见福冈县知事致外务大臣,1923年1月6日[JTDRO, Diplomatic R/3.9.4.110.5])。

[175]大谷山(Mount Otani)。三井俱乐部。可能是对他的日版著作的前言("Vorwort")的错误提及,它的日期是"1922年12月27日",即次日[见 Einstein 1923f(文件406)]。

[176]船行驶在关门海峡中。渡边(Watanabe)是三井物产株式会社门司分社的长井村太的顾问。关于诗歌和绘画,见文件407(见 Ishiwara 1923 的卷首插图背面)。

[177]工商会(The Chamber of Commerce and Industry)。

[178]根据一份新闻报道,爱因斯坦夫妇在前往门司港的路上看到了一个人在路边打年糕,还在大声叫喊庆祝新年。他们出于好奇停了下来。爱因斯坦绑着红头带加入了敲打和大喊中(见《东京朝日新闻》,1922年12月30日)。

[179]日本邮船株式会社所属的"榛名丸"号(SS Haruna Maru)在下午3点从门司港离开(见福冈县知事致外务大臣,1923年1月6日[JTDRO, Diplomatic R/3.9.4.110.5])。爱因斯坦在对日本的告别信中,对他所受到的欢迎表达了感激,并说他印象最深的是,认识到了"仍有一个民族还保存着高雅的艺术传统和如此美丽的率真心灵"("Imamonao kon-nani yubina geijutsuteki dento wo mochi, anoyona kantansa to kokoro no utsukushisa towo sonaeteiru hitotsuno kokumin ga sonzai shiteiru";见《福冈日日新闻》,1922年12月[29(?)日]:2)。桑木务(Tsutomu Kuwaki, 1913—2000)。三宅速。来自三井物产株式会社的渡边和长井村太(见《福冈日日新闻》,1922年12月30日)。

[180]土井晚翠的诗,"An den grossen Einstein(致伟大的爱因斯坦)"(见未刊文献摘要一览表486)。

[181]见文件433,注释3。

[182]指的是 Hermann Weyl(Weyl 1918a)和 Arthur Stanley Eddington(Eddington 1920)的理论。

[183]致山本实彦和他的妻子山本美的信,见文件413和414。致土井晚翠的信见文件411。Anne Berliner。

[184]R. de Jonge,一位工程师。爱因斯坦夫妇安顿在 S. Gatton 位于杜美路9号的家中(见《民国日报》,1922年12月28日;以及《大陆报》,1922年12月30日)。

[185]欢迎会由上海犹太社区协会组织(见《大陆报》,1922年12月31日)。爱因斯坦的演讲,见附录F。W. Hirsch 拉比和犹太社区协会主席 D. M. David 也发表了演讲(见《大陆报》,1923年1月3日)。

[186]下午6点,关于相对论的讨论会在上海工部局(Shanghai Municipal Committee)进行,仅限受邀者出席,由青年希伯来协会(Young Men's Hebrew Association)和"探索社"(Quest Society)①举办。讨论会由它的主席、土木工程师 Herbert Chatley(1885—1955)主持,Hirsch 拉比和 De Jonge(担任翻译)协助。讨论会以问答座谈会的形式进行。对以下几个方面提出了值得注意的问题:Michelson-Morley 实验、最近

---

① 日记中(p.554)和附录F中(p.858)又用的 The Question Club,为"探索社"的不同译法。——译者

前往澳大利亚的日蚀科考以及木星卫星的变暗。三四百名西方人出席,只有四五个中国人参加,其中包括张君谋。他问了爱因斯坦关于 Oliver Lodge 的"心灵研究"的问题,爱因斯坦认为这"不严肃",未予回复(见《民国日报》,1922 年 12 月 28 日和 1923 年 1 月 3 日;以及《大陆报》,1922 年 12 月 30 日、31 日和 1923 年 1 月 3 日)。

[187]见 *Eddington 1921a*。

[188]法国总领事是 Ulysse-Raphaël Réau(1872—?)。

[189]见文件 417 及其注释 1。

[190]见文件 420 和 421。尚有一枚致 Planck 的信封[2 096]。

[191]Alfred Montor。Joan Voûte。爱因斯坦可能发电报并写信告诉 Voûte,与自己的原计划相反,他将到不了爪哇(见文件 193)。在 12 月初,他显然仍想去爪哇旅行:Elsa Einstein 告诉一个亲戚他们将在 12 月 26 日踏上爪哇之旅(见 Elsa Einstein 致 Jenny Einstein,1922 年 12 月 9 日[75 226])。

[192]Abraham Frankel,一位在新加坡的犹太商人,以及他的妻子 Rosa。

[193]Manasseh Meyer。Mozelle Nissim。虽然爱因斯坦将会在回访新加坡时参与为希伯来大学进行的额外筹款,但新加坡犹太复国主义协会还是决定收缩计划。他们通知在伦敦的犹太复国主义者组织,"鉴于近期的募捐款项,也鉴于 Caroline Greenfield 夫人为她的医院事业而将继续在下周呼吁,所以为给大学筹集更多捐款而去接近社区的想法并不明智。(Hadasah)"(见 C. R. Ginsburg 致 Israel Cohen,1923 年 1 月 12 日[IsJCZA,Z4/2685])。

[194]尼甘布位于科伦坡以北 37 千米。

[195]Carl Hagenbeck(1844—1913)是一位野生动物经销商,在汉堡建立了一座私人动物园。

[196]见文件 425 和它的注释 17。

[197]来自法国和比利时的部队在 1923 年 1 月 11 日进军鲁尔区。占领的直接理由是,确保德国交付作为战争赔偿的煤和焦炭。但部队行动的大背景是法德对赔偿计划的谈判失败,以及法国没能使它的战时同盟支持自己对德国的立场(见 *Fischer 2003*, p. 1)。

[198] Al Qantarah El Sharqiyya(坎塔拉)小镇位于苏伊士运河东侧的埃及北部。

[199]在这里,爱因斯坦在右边空白处加了个"2.",用以表示 2 月 2 日。

[200]铁路线从坎塔拉起,穿过西奈半岛到拉法、加沙和卢德(Lydda,吕大)。爱因斯坦在卢德车站受到了下列人员的欢迎:犹太复国主义执行委员会(Zionist Executive)主席 Menachem Ussishkin(1863—1941);犹太复国主义总理事会(General Zionist Council)理事和"赫茨利亚(Herzliya)"中学校长 Ben-Zion Mossinson(1878—1942);犹太复国主义执行委员会政治部主任 Frederick H. Kisch 上校;巴勒斯坦土地发展公司(Palestine Land Development Company)负责人 Jacob Thon;"Va'ad Leumi"(犹太民族委员会)主席 David Yellin;耶路撒冷犹太委员会(Council of Jerusalem Jews)主席 Joseph Meyuchas;特拉维夫市长 Meir Dizengoff。Kisch 在他的日记中如此描述爱因斯坦的抵达场面:"在吕大(Lydda),冲过站台去欢迎阿耳伯特·爱因斯坦教授。发现他相当累了,因为他坐了一整夜的车,但我后来知道这是他自己的错,因为尽管每人都劝说他登上为他预定的铁路卧车(wagon-lit),但他还是坚持坐着二等座旅行"[见《国土报》(*Ha'aretz*),1923 年 2 月 4 日;《苏黎世犹太新闻中心》(*Jüdische Pressezentrale Zürich*),1923 年 2 月 9 日;以及 *Kisch 1938*, p. 29]。

[201]从卢德至耶路撒冷,一路经过的站是拉姆拉(Ramleh)、Dayr Aban 和巴地尔(Battir)。

[202]Solomon Ginzberg(1889—1968),英国托管地的教育督察(inspector of education)。1921 年,爱因斯坦在美国旅行期间第一次见到了 Ginzberg,当时 Ginzberg 作为秘书为他服务(见爱因斯坦致 Judah L. Magnes,1921 年 4 月 18 日[Vol. 12,文件 122])。

爱因斯坦由 Herbert Samuel 爵士的副官 L. G. A. Cust(1896—1962)上尉陪同［见《巴勒斯坦周刊》(Palestine Weekly)，1923 年 2 月 9 日］。爱因斯坦夫妇安顿在高级专员的官邸——礼宾府中，它位于橄榄山的 Augusta Viktoria 建筑群里。

Herbert Samuel 爵士，Samuel 子爵一世(1870—1963)，英国驻巴勒斯坦高级专员。Edwin Samuel(1898—1978)，巴勒斯坦总督 Ronald Storrs 爵士的总部工作人员。Hadassah Samuel-Grasovsky(1897—1986)和 David Samuel(1922—?)。Samuel 在他的自传中提到了爱因斯坦住在礼宾府(government house)一事(见 Samuel 1945, pp. 174—175)。

［203］耶路撒冷老城。

［204］圣殿山上的圆顶清真寺(Masjid Qubbat As-Sakhrah)。

［205］阿萨克清真寺(Masjid al-Aqsa)。

［206］西墙(ha-Kotel ha-Ma'aravi)。

［207］老城的城墙。

［208］Arthur Ruppin(1876—1943)是在雅法的巴勒斯坦办事处主任。

［209］布哈拉区由来自布哈拉(Bukhara)的犹太人建于 1891 年。

［210］Hugo Bergmann(1883—1975)是建于 1892 年的犹太国家图书馆的馆长。爱因斯坦在 1911 年至 1912 年间逗留于布拉格时，第一次见到了他(见 Bergman 1974, p. 390)。1919 年，Bergmann 恳求爱因斯坦支持希伯来大学的建立［见 Hugo Bergmann 致爱因斯坦，1919 年 10 月 22 日(Vol. 9, 文件 147)］。

［211］Hadassah Samuel-Grasovsky。

［212］杰里科(Jericho)位于耶路撒冷东北方向约 45 千米处。极有可能是艾伦比桥(Allenby Bridge)。

［213］这里提到的是 Wyndham Deeds 爵士(1883—1956)，在巴勒斯坦的英国托管地的政务司司长。

［214］爱因斯坦参观了耶路撒冷西部的 Beth Hakerem 的郊区花园和南部的塔皮奥塔(Talpiot)。Hadassah Samuel、Hannah Ruppin 和 Solomon Ginzberg 陪同爱因斯坦参观 Beth Hakerem。他游览了邻区的新街道，"犹太青年运动街"(Hechalutz Street)。这两个地区都根据德国犹太建筑家 Richard Kaufmann (1887—1953)的设计建于 1922 年(见《国土报》和《每日邮报》(Doar Hayom)，1923 年 2 月 7 日；以及 Kark and Oren-Nordheim 2001, p. 169)。

爱因斯坦在当天早先参观了犹太复国主义执行委员会的耶路撒冷总部。根据 Frederick H. Kisch，爱因斯坦在参观期间"做了一个小报告，解释了自己大脑的特性，说按这个样子，他想学希伯来语，脑子也不行"(见 Kisch 1938, p. 30)。他在下午参观了犹太复国主义者组织的农业博物馆，陪同的有 Ussishkin 和犹太复国主义执行委员会司库 Tsadok van Friesland。傍晚，在 Ussishkin 家举行了一个茶话会，耶路撒冷的犹太大人物、英国高级官员和犹太复国主义执行委员会的部门首脑出席。其中包括托管地首席检察官 Norman Bentwich(1883—1971)，一个具有犹太血统的英国历史学家 Albert Hyamson，以及 Judah L. Magnes［见《每日邮报》，1923 年 2 月 7 日；《国土报》，1923 年 2 月 7 日和 8 日；《新巴勒斯坦》(New Palestine)，1923 年 2 月 16 日］。

［215］犹太国家图书馆位于埃塞俄比亚大街(Ethiopia Street)的"Beth Ne'eman"上。新闻报道爱因斯坦受到了 David Yellin、代表图书馆董事会的 Yeshayahu Press 及其负责人和员工的欢迎。爱因斯坦参观阅览室的时候，读者们起立以示对客人的敬意。图书馆准备了一个希伯来出版业开始以来关于数学的希伯来语图书展，爱因斯坦对优美的印刷物印象深刻。他索取有关图书馆处境的信息，并承诺要感化他在欧洲的同僚们，筹措必要的资金，把那些为图书馆从海外搜集到的大量图书运到耶路撒冷(见《每日邮报》，1923 年 2 月 7 日；以及《国土报》，1923 年 2 月 8 日)。

［216］这是 Pessach Hebroni(Hevroni)(1888—1963)，一位在耶路撒冷的希伯来语教师研讨班的教师。

[217] 可能是 L.G.A. Cust。

[218] 爱因斯坦把日期弄错了；应该是"6"。

[219] 比撒列艺术学院（"Bezalel" Art Academy）由 Boris Schatz 创立于 1906 年。在 Ginzberg 的陪同下，爱因斯坦游览了该学院并观看了它的永久性展览。学院副院长 Ze'ev Raban 向客人展示了他的新作品，Schatz 谈了学院的历史并送给 Elsa 一个护身符。爱因斯坦承诺将 Emil Orlik 给他画的画像寄给 Schatz，用于计划中的国家博物馆（见《每日邮报》，1923 年 2 月 8 日）。

[220] 耶路撒冷犹太社区的正式欢迎会在莱梅尔学校（Lämel School）举行（由犹太复国主义执行委员会和犹太民族委员会[Va'ad Leumi]联合赞助）。新闻报道称，来自耶路撒冷犹太学校的全体学生在大街上的队伍排到了莱梅尔学校，每个学校展示着自己的旗子。人们在爱因斯坦一到欢迎会时，便用响亮的欢呼声欢迎他，试图涌进大门里。陪同爱因斯坦的有 Ussishkin、Yellin、巴勒斯坦犹太复国主义执行委员会秘书长 Haim Ariav 和犹太民族委员会的秘书长 Shmuel Czernowitz。一个来自 Tachkemoni 学校的铜管乐队演奏了希伯来歌曲，一束花被献给了 Elsa。人们为这个欢迎会而装饰了学校礼堂；约 200 人出席。Ussishkin 和 Yellin 代表他们各自的机构欢迎爱因斯坦，表达了他们渴望看到爱因斯坦在巴勒斯坦定居。Yellin 送给爱因斯坦一个卷轴，里面题有各种各样的犹太机构首脑的名字。爱因斯坦的名字还被题在了犹太国家基金会的"金典（Golden Book）"之上（见《每日邮报》，1923 年 2 月 8 日；《巴勒斯坦周刊》和《新巴勒斯坦》，1923 年 2 月 9 日；《国土报》，1923 年 2 月 11 日；关于证书，见未刊文献摘要一览表 508）。

在欢迎会前，还在礼宾府举行了一个正式午宴，出席的有考古学家和建筑家 Ernest T. Richmond，秘书处政治部主任和他的妻子，某位 Solomon 夫人（可能是在英国托管区的采购审计员 Harold Solomon 的妻子 Flora Solomon）；以及天主教僧侣：Gaudens Orfali，一位方济各会的考古学家；Antonin-Gilbert Sertillanges，一位多明我会的哲学家；Henri Carrière，神父，一位在耶路撒冷圣经学院（Ecole Biblique）的多明我会的地理学家和语言学家；以及 Edouard-Paul Dhorme，一位在圣经学院的多明我会的亚述学教授（见《巴勒斯坦周刊》，1923 年 2 月 9 日）。关于那张午宴合照，见插图 24。

[221] Norman Bentwich。Kisch 对午宴的描述如下："在 Bentwich 为爱因斯坦举办了午宴：一个非常愉快的聚会。午宴后，一段好音乐，弦乐五重奏，其中爱因斯坦担任第二小提琴手，展现出了相当高的天赋，显然很享受"（见 *Kisch 1938*，p. 30）。

[222] 爱因斯坦记错了日期；应该是"7"。

[223] 圣墓大教堂。

Kisch 在他的日记中记道，他在 2 月 7 日早上陪着爱因斯坦游览老城。在漫步中，他向爱因斯坦解释了"政治局势和一些错综复杂的阿拉伯问题"。而"爱因斯坦谈到了 Ussishkin 试图说服他在耶路撒冷定居。他没有这样做的打算，不是因为这会将他与他的研究和朋友切断，而是因为他在欧洲是自由的，而在这里他将总是一个囚徒。他不准备在耶路撒冷成为一个纯粹的装饰"（见 *Kisch 1938*，p. 30）。

[224] 讲座在位于斯科普斯山（Mount Scopus）的灰山庄（Gray Hill House）英国托管地警察学校的礼堂举行。大厅装饰着蓝白色条纹相间的旗和米字旗，以色列十二支派的象征，"光和学问"（"ora ve-tora"）的标语，以及 Theodor Herzl 和 Herbert Samuel 的画像。讲座由犹太复国主义执行委员会组织。受邀人包括托管地的高级官员、阿拉伯显贵、基督教区和穆斯林区的首脑、犹太权贵和在耶路撒冷的各种犹太复国主义机构的负责人、外国领事、来自耶路撒冷和特拉维夫的科学社团成员，以及作家、教师和记者。但阿拉伯显贵并未出席。报道将这个事件描述为"在大学临时大厅中举办的首个科学讲座"（"ha-hartza'a ha-madait ha-rishona shenissa ba-ulamot ha-provizori'im shel ha-universita"）。当地媒体热情洋溢地赞美这件事：《国土报》将这个场合称为一个"国家节日和科学节日"。《每日邮报》声称"希伯来学院"（"ha-michlala ha-ivrit"）已经开门办学了。此外，当爱因斯坦用希伯来语开场做他的报告时，Eliezer Ben Yehuda 的幻想——促进希伯来语言的复兴，正

在被实现。知名的出席者有 Herbert Samuel 爵士、Ronald Storrs 爵士、首席拉比 Abraham Isaac Kook、Ahad Ha'am、特拉维夫市长 Meir Dizengoff 以及 Ben-Zion Mossinson。Menachem Ussishkin 欢迎爱因斯坦并邀请他"登上已经等了您两千年的讲台！"("ale al ha-bama ha-mechaka lecha alpayim shana!")。

爱因斯坦在演讲的开始说他"很高兴在一个向世界发出光的国家，在一间向民族发出光的房子中，宣读演讲"。他为不能用他民族的语言发表演讲感到遗憾。为了让他的听众理解他的演讲，他用法语演讲，持续一个半小时。爱因斯坦在他的报告中概述了相对理论，解释了它对时间、空间和引力的含义。在爱因斯坦演讲后，Herbert Samuel 表达了他对爱因斯坦的感激，并对他访问巴勒斯坦的重大意义给出了评论（见《每日邮报》和《巴勒斯坦周刊》，1923 年 2 月 9 日；《国土报》(Ha'aretz)，1923 年 2 月 11 日）。

[225]在礼宾府的午宴由 Herbert Samuel 主持，出席的人士有：巴勒斯坦大法官 Thomas Haycraft 和 Haycraft 女士；耶路撒冷副省长 Harry Luke 和 Luke 夫人；托管地教育部主管 Humphrey Bowman 和 Bowman 夫人；首席助理秘书（first assistant secretary）Edward Keith-Roach 和 Philippa Keith-Roach；耶路撒冷市长 Raghib al-Nashashibi 和他的妻子；巴勒斯坦探索基金会（Palestine Exploration Fund）的 W. J. Phythian-Adams；美国考古学家 William F. Allbright 和他的妻子 Ruth Norton；以及巴勒斯坦女性教育负责人 Hilda Ridler（见《国土报》，1923 年 2 月 8 日；以及《巴勒斯坦周刊》，1923 年 2 月 9 日）。

[226]爱因斯坦夫妇从礼宾府离开耶路撒冷。他们在 Ben Zion Mossinson 和 Solomon Ginzberg 的陪同下抵达特拉维夫（见《国土报》，1923 年 2 月 8 日；以及《巴勒斯坦周刊》，1923 年 2 月 9 日）。

欢迎会在赫茨利亚文法中学（Herzliya Gymnasium）进行。该校是巴勒斯坦的第一所希伯来中学，于 1909 年在特拉维夫的第一个社区 Ahuzat Bayit 建成。Mossinson 向爱因斯坦介绍了 Ahad Ha'am、学校董事会和学校职工。在他的简短演讲中，爱因斯坦告诉他的听众，他从未见过如此大的犹太人聚会。他也表达了他深深钦佩着这个国家的成就。客人们视察了教学楼和各种教室，学生表演了体操（见《国土报》，1923 年 2 月 9 日；《每日邮报》，1923 年 2 月 9 日和 12 日；《巴勒斯坦周刊》，1923 年 2 月 16 日）。

[227]通向特拉维夫市政厅的街道上"排列着蜂拥而至的人们"。爱因斯坦一到，就受到了掌声的欢迎，学生们展示着他们的校旗以示敬意。文法中学管弦乐队为客人们演奏。市长 Meir Dizengoff 和市议会成员欢迎爱因斯坦一行。有人向爱因斯坦致辞，称他被选为"特拉维夫荣誉市民"（见未刊文献摘要一览表 514）。将这样一个荣誉授予一位访问者，这是第一次。爱因斯坦对这一荣誉的反应，见年表中的 1923 年 2 月 8 日。Mossinson 告诉听众们，爱因斯坦请他告诉他们，他"深感抱歉，他还不能用希伯来语演讲，但他正在学习这一语言，并且希望能在耶路撒冷大学用希伯来语给你们讲课"("mitsta'er hu me'od she'eyin od be'yado lifnot eleychem be'ivrit. Ve'ulam hu lomed ivrit u'mekave od lizchot be'karov le-lamed etchem be'ivrit ba-universita ha-ivrit")。听众们对此欢迎，他们为之喝彩并高呼"爱因斯坦教授万岁"（见《国土报》和《每日邮报》，1923 年 2 月 9 日；以及《巴勒斯坦周刊》，1923 年 2 月 16 日）。爱因斯坦访问期间，在市政厅外拍摄的一张照片，见图 26。

[228]特拉维夫的第一所电站由巴勒斯坦电力公司（Palestine Electric Corporation）创始人 Pinhas Ruthenberg 所建。在爱因斯坦访问期间，特拉维夫最早的地下电缆穿过艾伦比大街（Allenby Street）（见《新巴勒斯坦》，1923 年 2 月 9 日）。

针对移民的传染病隔离站位于雅法港。

爱因斯坦在市长 Dizengoff 的陪同下游览了 Silikat 砖厂（见《国土报》，1923 年 2 月 11 日）。在爱因斯坦参观的时候，工厂正在经历一场爆发于 1922 年春的严峻的劳资纠纷（见 Shachori 1990，p. 270）。

[229]民众的欢迎会在文法中学的操场进行。根据新闻报道，有"数千人"出席。Mossinson 在介绍爱因斯坦的讲话中，声称爱因斯坦"已经成为了一位犹太复国主义者，他来是要看看这个国家……希望接着能在这里定居"("hu ba be'tor zioni, lirot et ha-aretz ... ba-tikva she-ya'ale acharei chen be-yado lehishtakea

ba")。听众欢呼着表示欢迎。爱因斯坦的演讲,见《国土报》,1923年2月11日;以及《巴勒斯坦周刊》,1923年2月16日。

[230]农业试验站由Yitzhak Elazari-Vulkani所建,毗邻赫茨利亚文法中学。爱因斯坦在Mossinson和Dizengoff的陪同下参观了相关设备(见《国土报》,1923年2月11日)。

课程在位于Yehuda Halevi街的科学教育协会里进行。Aharon Czerniawski(1887—1966)是赫茨利亚文法中学的一位教师。

爱因斯坦参加了一个向他表示敬意的会议,由巴勒斯坦工程师和建筑师协会在百合花街(Lilienblum Street)举行。协会主席、工程师Shimon(?)Reich授予爱因斯坦荣誉证书。证书任命爱因斯坦为协会的首位"荣誉会员"(见《国土报》,1923年2月11日;证书见未刊文献摘要一览表505)。

[231]Shmuel Tulkowski(1886—1965)是一位柑橘种植者和特拉维夫市议员。

集会在文法中学报告厅进行。因为报告厅太小,只邀请了很少客人——其中有公众人物、教师和作家。市长Dizengoff介绍了爱因斯坦,还说这不是一个容易的任务,因为他曾去耶路撒冷听他的报告,但是坦白承认他没有听懂爱因斯坦的报告。所以他没法向听众解释爱因斯坦伟大在哪里。爱因斯坦用德语对相对论与哲学问题的关系发表了演讲,例如,相对性对于认识论的影响,它与康德的时空观念的矛盾以及由此导致的宇宙空间有限性的结论。报告后,Hanina Karchevsky合唱队和学校管弦乐队为客人们合唱和演奏(见《国土报》,1923年2月11日;《每日邮报》,1923年2月11日和12日;以及《巴勒斯坦周刊》,1923年2月16日)。

爱因斯坦没有在日记中提到他在特拉维夫地区中另两个游览地点:Ir Ganim,特拉维夫郊外的一个花园城市[现拉马特甘(Ramat Gan)];以及坐落在地中海附近的赌场咖啡馆(Casino coffeehouse)旁的公共浴池(见《每日邮报》,1923年2月11日)。

[232]在特拉维夫,爱因斯坦出席了总工会在伊甸园电影院(Eden Cinema)进行的第二次半年会议。爱因斯坦和Elsa在总工会秘书长David Ben-Gurion讲话时进入了大厅。他们受到了代表们的热情欢迎。总工会的一位执行委员Hugo Bergmann欢迎爱因斯坦。爱因斯坦在大会上的简短演讲中说道:"我怀着极大的钦佩之情观察了你们在这个国家,尤其是在耶路撒冷的工作。我听说你们正在创造一个这个国家从未见过的新工会的路上;相信我,我非常想看到你们的工作。我对你们没什么太多要说的,但却从你们这听到了许多;因此我将保持沉默。"他还说他"坚信这个国家和我们人民的未来在你们的手中"[见[以色列]总工会(Histradrut)的第二次半年会议的会议记录,1923年3月;《国土报》,1923年2月11日;《巴勒斯坦周刊》和《犹太评论》(Jüdische Rundschau),1923年2月16日]。

[233]"以色列的希望"(Mikve Israel)①由以色列世界同盟(Alliance Israélite Universelle)建于1870年。爱因斯坦在离开特拉维夫乘车前往里雄莱锡安的路上,在"以色列的希望"农业学校停留。他游览了学校,陪同的有Aharon Czerniawski、"犹地亚巴勒斯坦犹太殖民协会"(Palestine Jewish Colonization Association in Juden)会长Avraham Brill和学校的化学教师Meir Winik。他参观了学校、宿舍、托儿所和奶场,负责人Eliyahu Krause为他讲解。爱因斯坦还参观了学校创始人Charles Netter的墓地和葡萄园。在游览了"以色列的希望"后,爱因斯坦参观了Yitzhak Elazari-Vulkani建在Ben Shemen的试验农场(见《国土报》,1923年2月11日)。爱因斯坦看似没有将"以色列的希望"农业学校和试验农场区分开。

[234]爱因斯坦在Czerniawski和某位农学家(Rafael)Frankel先生的陪同下来到,参观了里雄莱锡安的定居点。牧马人向他致意,"几乎所有居民"("kim'at kol ha-mityashvim")聚在市政厅外欢迎他。在社区活动中心举行的欢迎会上,定居点理事会主席Avraham Dov Lubman-Haviv(1864—1951)代表社区欢迎爱因斯坦。在巴勒斯坦的农学家领袖Menashe Meirowitz(1860—1949)代表农民协会欢迎他。爱因斯

---

① "以色列的希望"(Mikve Israel),以色列的第一所犹太农业学校。——译者

坦在他的演讲中告诉他的听众,他看到了"正在精力充沛地工作的人民,这给我留下了难以言表的印象"("ra'iti anashim ovdim be-meretz ve-ze asa alei roshem bilti metuar")。他还承诺:"在我剩下最后一口气前,我都会一直为我们的 Yishuv("依舒夫")和我们的国家做事。"("ad reg'i ha-acharon a'avod ba'ad ha-yishuv shelanu ve-ba'ad ha-aretz")。爱因斯坦在欢迎会后参观了定居点的学校,卡梅尔葡萄酒公司(Carmel wine company)创始人 Ze'ev Gluskin 还请他参观葡萄酒酒窖。访客们随后在赫茨利亚酒店用餐(见《每日邮报》,1923 年 2 月 11 日和 12 日;《巴勒斯坦周刊》,1923 年 2 月 16 日)。

[235]爱因斯坦在这里和下面两个情况都弄错了,提到的实际是海法。

Hillel Jaffe(1864—1936),医生,犹太复国主义官员,是海法的以色列理工学院(Technion)董事会成员,可能是俄罗斯物理学家约飞(Abram F. Ioffe)的堂兄。

位于海法南部的亚特利特(Atlit)的巴勒斯坦盐业公司。

[236]犹太安息日开始于星期五的日落。

Hermann Struck 是在德国的正统的宗教犹太复国主义政党(orthodox-Zionist Misrachi party)的创始人之一。他刚移民到巴勒斯坦不久,定居在海法的 Hadar HaCarmel 社区。Shmuel Yosef Pevzner(1878—1930),俄罗斯犹太复国主义者和海法犹太社区的主要建造商和开发商。他的妻子 Lea Pevzner-Ginzberg(1879—1940)是 Solomon Ginzberg 的胞妹。爱因斯坦夫妇在海法期间和 Pevzner 一家住在一起(见《每日邮报》,1923 年 2 月 14 日)。

[237]Mally (Malka) Struck(1889—1964)。

[238]在媒体中并没有爱因斯坦在 2 月 10 日参观实科中学的报道。

海法的希伯来实科中学由犹太复国主义执行委员会在 1913 年建立。该校不久前搬到了毗邻以色列理工学院的一栋建筑物里,它以前是英国军队的医院。

Arthur Biram(1878—1967),实科中学创始人和首任校长,生于萨克森比绍夫斯韦达(Bischofswerda)。学校最初是作为进入以色列理工学院前的预备教育而建立。它旨在向它的学生传授技术知识、理论基础和一种"国家导向的希伯来教育"(Dror 1991,p. 48)。为了表达对爱因斯坦的敬意,2 月 10 日上午在以色列理工学院举行了两场欢迎会。第一场实际上是面向大众的,大约有 1500 人参加,包括北区副主管 Eric Mills 和 W. F. Sinclair 警长。海法犹太社区委员会主席 Yehuda Eitan 代表社区欢迎爱因斯坦。委员会成员 Lifshitz 宣告委员会已决定授予爱因斯坦"以色列家园居民(resident of Eretz Israel)"的头衔。Hillel Jaffe 代表以色列理工学院委员会欢迎爱因斯坦(他的演讲法语版见[43 833])。爱因斯坦在回应官方的欢迎时,表达了无论犹太人从事什么职业,他都钦佩他们在这个国家的工作,并"承诺为了这块土地的复兴而尽他所能"("ve-hivtiach la'azor be'chol yecholto be'avodat ha-techiya")。

第二场欢迎会由以色列理工学院委员会组织,仅限受邀者出席。爱因斯坦受到了以下人员的欢迎:委员会主席 Hillel Jaffe;海法的犹太复国主义者委员会代表 Baruch Bina;犹太社区委员会成员 Shlomo Buzaglo;代表教师的实科中学教师 David Spiegel 博士;以及代表 Hadar HaCarmel 社区的 Shmuel Pevzner。爱因斯坦也向出席者发表了演讲(见《每日邮报》,1923 年 2 月 14 日)。

在爱因斯坦访问的时候,人们正准备在以色列理工学院设立课程。

[239]Rachel-Leah Weizmann-Tchmerinsky(1852?—1932),海法首个养老院的创始人,也是 15 个孩子的母亲。

[240]新教牧师 Martin Schneider(1862—1933),是建于 1913 年的迦密山(Mount Carmel,又译卡梅尔山)布道所负责人。所提到的建筑物有一个斜屋顶,可能是布道所自身的房子,而非牧师的家。

[241]生于埃及的德语剧作家和诗人 Asis Domet(1890—1943)和他的妻子 Adelheid Domet-Köbke。Domet 随后致信爱因斯坦,问他是否记得自己用阿拉伯语和德语欢迎他,并在大批听众前称 Domet 为

"我的阿拉伯朋友"("mein arabischer Freund")(见 Asis Domet 致爱因斯坦,1929 年 9 月 24 日[46 055])。

[242]根据新闻报导,庆祝宴会在实科中学举行。学校校长、教师、高年级学生、校友,以及包括 Shmuel Pevzner、Jaffe、Czerniawski、Elias Auerbach 和 Baruch Bina 在内的杰出宾客出席。Auerbach(1882—1971)是一位医生和研究圣经时代的犹太史学者。学校合唱团为宾客歌唱,Arthur Biram 和一位校友致辞欢迎爱因斯坦,Czerniawski 发表了一个关于相对论的简短谈话。爱因斯坦"充满情感和赞美的"("she-haya ravui regesh ve-ha'aratsa")演讲,受到了"热烈掌声"("mechiot kapayim soarot")的欢迎(见《每日邮报》,1923 年 2 月 14 日)。

[243]爱因斯坦在 2 月 11 日早上参观实科中学。他参观了食堂以及用于机械车间、木工房和书籍装订间。爱因斯坦和 Elsa 在参观的最后,在以色列理工学院和实科中学间的操场上[各]种了一棵树(见《每日邮报》,1923 年 2 月 14 日;《巴勒斯坦周刊》,1923 年 2 月 16 日)。

俄罗斯犹太实业家 Michael Polak 与 Rothschild 家族关系紧密,这促成了波特兰水泥辛迪加(Portland Cement Syndicate)在 1919 年的建立。生产水泥和相关产品的内谢尔(Nesher)工厂,由这个辛迪加在 1922 年建于海法外的亚古尔(Yagur)。这个工厂为依舒夫提供了大部分建筑产品。

Shemen 油厂是一座榨油和生产肥皂的工厂,由俄罗斯犹太工程师 Nachum Wilbushevitz 于 1920 年建于海法。

[244]拿哈拉(Nahalal)建于 1921 年,是第一座 ovdim 莫沙夫(工人合作定居点)。爱因斯坦夫妇在他们的旅途中,由 Solomon Ginzberg 陪同。莫沙夫的学校欢迎客人们。爱因斯坦在用茶时与莫沙夫委员会成员闲聊,谈到了工作条件和工人莫沙夫体系与其他定居点模式的不同。他们接着游览了莫沙夫,爱因斯坦表达了他惊愕于居民们"照顾他们的牲畜,比照顾他们自己和家庭成员还要好"("do'agim harbe yoter le-behemoteihem ma'asher le-nafshoteihem u'le-nafshot bnei beitam")(见《国土报》,1923 年 2 月 20 日)。

Richard Kaufmann(1877—1958),建筑家和城市规划家。拿哈拉(Nahalal)是他在巴勒斯坦所设计的第一个定居点。

[245]米格达位于提比利亚北部的吉诺萨尔山谷(Ginossar Valley)的加利利海(Sea of Galilee)西岸。它是一群来自莫斯科的犹太复国主义者的庄园,建于 1910 年。在爱因斯坦参观的时候,它正被变卖。该庄园由当时定居在海法的 Moshe Glikin(1874—1973)经营。根据新闻报道,爱因斯坦在访问期间种了两棵树(见 *Regev 2006*,p. 111;以及《巴勒斯坦周刊》,1923 年 3 月 2 日,p. 141)。

[246]新闻报道称,爱因斯坦在提比利亚"受到了全体(犹太)社区的热烈欢迎"。由于"大雨倾盆",安排爱因斯坦在 Kiryat Shmuel 新犹太郊区种两棵树的计划被取消了(见《巴勒斯坦周刊》,1923 年 3 月 2 日,pp. 140—141)。

不清楚爱因斯坦是参观了建于 1909 年的第一个"集体农场"基布兹(kibbutz)代加尼亚(Degania Aleph),还是附近建于 1920 年的 Degania Beth,或者二者都参观了。二者均位于加利利海岸边。

阿拉伯村庄 Mejdal(抹大拉,Magdala)位于加利利海西岸。

在游览加利利海定居点后,爱因斯坦一回到提比利亚就见到了温和的穆夫提(Mufti)Sheikh Taher el Tabri 和"不同社区的其他名人"(见《巴勒斯坦周刊》,1923 年 3 月 2 日,p. 141)。

[247]极有可能是日耳曼尼亚酒店(Hotel Germania)。

[248]这是一个在耶路撒冷莱梅尔学校举行的公开讲座。讲座由在巴勒斯坦的犹太医生、教师、工程师和建筑家协会、希伯来技术学会(Hebrew Technical Society)和巴勒斯坦东方学会(Palestine Oriental Society)组织。爱因斯坦由在希伯来文法中学(Hebrew Gymnasia)和耶路撒冷教师学校任教的数学教师 Yitzhak Ladizhansky 介绍给听众,受到了热烈掌声的欢迎。他的讲座持续了一个半小时,涉及相对论的主要观点。"整个耶路撒冷知识界"("kol ha-intelligentsia ha-yerushalmit")都出席了。听众中的名流包括

Beatrice Miriam Samuel-Franklin 女士、Hadassah Samuel-Grasovsky、Menachem Ussishkin、David Yellin、Judah L. Magnes、希伯来语言学家 Aharon Meir Masie、历史学家和希伯来文献学者 Joseph Klausner、犹太复国主义执行委员会教育部主任 Joseph Lurie、作家和政论家 Mordechai Ben Hillel Hacohen、Dhorme 神父和 Bezalel Schatz,"以及定居在耶路撒冷的各个民族中的最有头脑的一些人"("ve-od mi'tovei ha-maskilim shel ha'umot ha-yoshvot bi-yerushalayim")。约450人出席了讲座。首席拉比受到了邀请,但并未出席(见《每日邮报》,1923年2月15日;以及《国土报》和《巴勒斯坦周刊》,1923年2月16日,p. 107)。

请柬"并没有一个欧洲(更别说德语)字母,而只用希伯来印刷"["trugen aber keinen einzigen europäischen(geschweige deutschen) Buchstaben, sondern waren nur in hebräischer Sprache gedruckt"],这无疑在德国外交圈中引起了一些恼怒。虽然受到了这些指责,但讲座还是取得了巨大的成功:"蜂拥而至的人特别多,使得大门在原定时间的15分钟前就已被迫关上了。听众混杂:英国人、法国人和美国人等;天主教徒、新教徒和圣殿骑士,而大部分是犹太人。在"第一次世界大战"之后,这是人们第一次在耶路撒冷看到一个如此大的聚会,那些人前来,是为了聆听一位德国教授的德语报告"("Der Zudrang war ungeheuer gross, so daβ schon 1/4 Stunde vor der Zeit die Tore geschlossen werden muβten. Die Zuhörerschaft war gemischt: Engländer, Franzosen, Amerikaner etc., Katholiken, Protestanten, Templer und der grösste Teil: Juden. Es war das erstemal nach dem Kriege, dass Jerusalem eine solch grosse Versammlung sah, die gekommen war, einem deutschen Professor bei seinem deutschen Vortrag zu lauschen";见 Presse-korrespondenz des Deutschen Auslands-Instituts Stuttgart,1923年3月21日 [GyBPAAA/R64677])。

在巴勒斯坦的犹太医生协会的证书由耶路撒冷的眼科医生 Abraham Albert Ticho(1883—1960)呈送给爱因斯坦(见《国土报》,1923年2月16日)。

[249]爱因斯坦夫妇在2月13日返回了礼宾府(见《巴勒斯坦周刊》,1923年2月16日,p. 107)。

[250]Frederick H. Kisch 在他的日记中提到了离别:"在耶路撒冷站为爱因斯坦送行;如果他在他的旅途中注意到了我们做了任何他觉得我们不应该做的事,或者我们遗漏了我们应该做的事,请他告诉我们。他回答说:'Ramassez plus d'argent(请筹更多的钱!)'"(见 Kisch 1938,p. 31)。

[251]Max (Mordechai) Mouschly(1874?—1950?),商人,犹太社区领袖和在塞得港的犹太复国主义官员(见 Ne'eman 2001,p. 31)。

[252]Ferdinand de Lesseps(1805—1894)是监造苏伊士运河建造的法国外交官。他的雕像立在塞得港的运河入口。

[253]Celia Mouschly-Turkel(1875?—1960)。有关爱因斯坦表达他对 Mouschly 夫妇照顾 Elsa 的感激的话,见未刊文献摘要一览表521。

[254]东方船运公司(Orient Line) 的 RMS(Royal Mail Service,英国皇家邮政)的"霍尔木兹"(Ormuz)号。

[255]根据德国新闻报道,法国入侵军队关押了大量的在鲁尔区的公务员、警察和商人,并判定他们有罪[见《柏林日报》(Berliner Tageblatt),1923年2月16日,晨报]。

[256]相似的厄运落到了爱因斯坦夫妇身上:在塞得港,五件行李留在了"榛名丸"号上。乘务长告诉他们,法国海关官员拒绝他们的行李登陆马赛。它们因此被运往阿姆斯特丹(见未刊文献摘要一览表528)。

[257]爱因斯坦在土伦登陆并乘火车经马赛前往巴塞罗那。新闻报道说,他在新加坡时就发出了他计划抵达西班牙的确认信息,但没有事先通知精确时间。因此,他在晚上抵达巴塞罗那的站台时,无人迎接(见未刊文献摘要一览表527和 Roca Rossell 2005,p. 29)。根据德国驻巴塞罗那总领事的说法,他访问的最终确认在他抵达的前一天才被收到,并且没有说明精确日期。加泰罗尼亚媒体对爱因斯坦在巴塞罗那的最初停留的报道互相矛盾。根据一份报道描述,他在抵达克科隆酒店(Hotel Colón)前,先去了 Esteve Terradas 家

(见《加泰罗尼亚之声》(La Veu de Catalunya),1923 年 2 月 24 日)。与之相反,另一份报道声称他去了一家不起眼的小旅馆 Cuatro Naciones("四国"旅馆)。据说店主试图说服他待在丽兹酒店(Ritz Hotel),在那里已经为他预留了一个房间(见《辩论报》[El Debate]①,1923 年 2 月 25 日;Ulrich von Hassell 致外交部,1923 年 2 月 26 日[GyBPAAA/R 64 677];以及 Sallent del Colombo and Roca Rossell 2005,p. 74)。

Esteve Terradas(1883—1950)是巴塞罗那大学的声学和光学教授,巴塞罗那皇家科学与艺术学院(Barcelona Royal Academy of Sciences and the Arts)院士,加泰罗尼亚研究院(Institut d'Estudis Catalans)科学分部创始人和狭义相对论在西班牙最早的传播者之一(见 Glick 1988,pp. 32—38 和 Roca Rossell 2005,p. 28)。Rafael Campalans(1887—1933)是巴塞罗那工业学校(Industrial School of Barcelona)校长,工程师出身的加泰罗尼亚工团组织主义政治家。Casimiro Lana-Sarrate(1892—?),巴塞罗那电力与应用力学研究所的化学家。可能是 Ilse von Hassell(1885—1982),德国驻巴塞罗那总领事 Ulrich von Hassell(1881—1944)的妻子和海军上校 Alfred von Tirpitz(1849—1930)的女儿。

食堂是在兰巴拉中心区(Rambla del Centre,巴塞罗那的主步行街的一部分)的一家餐馆,经常有加泰罗尼亚民族主义政治家光顾(见 Glick 1988,p. 117)。

爱因斯坦在巴塞罗那时,在巴塞罗那的加泰罗尼亚研究院进行了一个关于相对论的系列讲座,共三次。讲座在省政府大楼 Diputació 的会议室(Sala d'Actes)进行,由联邦(Mancomunitat)——加泰罗尼亚地区当局——赞助。讲座系列的票价为每次 25 比塞塔。报告厅中显眼地展示着加泰罗尼亚民族主义者的标志。第一次和第二次讲座定位于受过科学教育的听众,第三次打算只为专家进行。听众们给予了爱因斯坦"极其热烈的欢迎并大声鼓掌感谢"("einen außerordentlichen warmen Empfang und dankte ihm durch lauten Beifall";Ulrich von Hassell 致外交部,1923 年 2 月 26 日[GyBPAAA/R 64 677])。

2 月 24 日,第一次讲座在晚上 7 点进行,涉及狭义相对论。报告厅挤得满满的,没有足够的位置给所有受邀者(见《加泰罗尼亚之声》(La Veu de Catalunya),1923 年 2 月 20 日;La Vanguardia,1923 年 2 月 28 日)。

2 月 25 日,爱因斯坦夫妇参观了位于巴塞罗那以西约 80 千米的波夫莱特西多会罗马修道院(Cistercian Romanesque Monastery of Poblet)。陪同他们的有:Bernat Lassaleta i Perrin,工业学院的化学教授;Ventura Gassol,一位加泰罗尼亚记者和民族主义政治家;以及其他人。爱因斯坦在留言簿上签名。他还游览了附近的小镇弗朗科利河畔的埃斯普卢加(L'Espluga de Francoli)(见 Glick 1988,p. 117)。

2 月 26 日,爱因斯坦游览了塔拉萨(Terrassa),它位于巴塞罗那西北方向约 30 千米处,有一个著名的长方形廊柱大厅式教堂(basilica)。陪同他的有加泰罗尼亚联邦主席,建筑师 Josep Puig i Cadafalch。

下午 5 点,他在 Terradas 的陪同下正式拜访了巴塞罗那大学校长 Valentin Carulla、大学秘书长 Carlos Calleja y Borja-Tarrius、化学教授 Simon Vila Vendrell 和物理学教授 Eduardo Alcobe,后者同时也是皇家学院主席(见 Glick 1988,pp. 117—118)。他还接待了一位来自旅游景点协会(Sociedad de Atracción de Forasteros)的拜访者,这人送给了他一本关于巴塞罗那的画册。晚上 7 点,他在一个拥挤的礼堂进行了相对论系列讲座的第二次讲座,内容涉及广义相对论。他在讲座后和 Josep Puig i Cadafalch 在丽兹酒店进行了一次非公开的餐会。代理市长 Enric Maynés 以及 Campalans 可能也出席了晚餐(见 Roca Rossell 2005,p. 30;以及 Sallent del Colombo and Roca Rossell 2005,p. 74)。

2 月 27 日,爱因斯坦参观了两个革新性的学校:航海学校(Escola del Mar),这是一个为了身体残疾的孩子建的学校,建于 1922 年;以及 Grupo Escolar "Baixeras"②。

---

① 1910 年至 1936 年在马德里出版的西班牙天主教报纸,当时西班牙最有影响的天主教报纸。——译者

② 建于 1917 年至 1922 年之间的一所著名的学校建筑,有三个立面和一个斜角。——译者

中午在 Consell de Cent del Ayuntamiento(巴塞罗那市政厅)举行了一个欢迎会。代理市长 Enric Maynés 用加泰罗尼亚语正式欢迎爱因斯坦,爱因斯坦还被授予了"贵宾"("huésped ilustre")的身份。市长赞扬了爱因斯坦的科学天赋、他的道德与和平主义。爱因斯坦在回应中,为了这座城市的热情欢迎而感谢市长,并为市长的演讲中揭露了一种要改善政治和民族话语的心愿而高兴(见《加泰罗尼亚之声》(*La Veu de Catalunya*),1923 年 2 月 28 日,晨报)。根据另一个报道,他祝愿巴塞罗那成为"一种将克服每种政治和个人仇恨的新人类群落"(*Diario de Barcelona*,1923 年 2 月 28 日);英文译本来自 *Glick 1988*,p. 113;以及 Ulrich von Hassell 致外交部,1923 年 2 月 26 日[GyBPAAA/R 64 677])。

晚上,爱因斯坦在巴塞罗那皇家科学与艺术学院(Real Academia de Ciencias y Artes de Barcelona)演讲,内容涉及相对论的哲学影响以及有限宇宙的宇宙论含义。相比更面向大众的演讲,这次的听众更有限。一位天文学家和相对论的反对者 Josep Comas Solà 是出席者之一,他明显地表现出不喜欢爱因斯坦的讲座(见《辩论报》,1922 年 3 月 2 日)。3 月 6 日,Bernat Lassaleta i Perrin、数学家 Ferran Tallada 和物理学家 Ramon Jardí 以及 Tomàs Escriche i Mieg 提名爱因斯坦为科学院物理科学部的通讯会员(官方提名见 ES-BaACA Archives,"Prof. Einstein y la Reial Acadèmia de Ciències i Arts de Barcelona",1923 年 3 月 6 日,文件 4)。

演讲后,爱因斯坦在丽兹酒店接待了一个无政府主义-工团主义者全国劳工联合会(anarcho-syndicalist Confederación Nacional del Trabajo,CNT)的代表团。他们陪同爱因斯坦前往他们位于下圣佩雷(Baixa de Sant Pere)的总部。代表团里有两位 CNT 的杰出领袖,Angel Pestaña 和 Joaquín Maurin。Pestaña 在会上介绍了爱因斯坦。爱因斯坦对西班牙的高文盲率表示惊讶(Pestaña 引用了这点),并说引起这种压迫的,与其说是邪恶,不如说是愚蠢。他敦促工人阶级成员去读斯宾诺莎(Spinoza)。一些报道还宣称爱因斯坦对 Pestaña 说:"我也是一名革命者,不过是在科学领域中。我关心社会问题,其他科学家也一样,因为它们组成了在人类生活中最有趣的方面之一。"(见《洪水报》[*El Diluvio*]和《普世新闻报》[*El Noticiero Universal*],1923 年 2 月 28 日;以及 *Glick 1988*,pp. 108—109)。这一引用在西班牙和国际报道中被广泛传播。但爱因斯坦随后在接受西班牙报纸《阿贝赛报》(*ABC*)①的一位记者采访时,强烈否认了这一言论,声明:"我说的是,我并不是一名革命者,甚至在科学领域中也不是……"("Dije que no soy revolucionario,ni siquiera en el terreno científico …";《阿贝赛报》,1923 年 3 月 2 日;*Glick 1988*,pp. 109—112;以及 *Turrión Berges 2005*,p. 47)。

晚上,Campalans 为爱因斯坦主持了一个告别宴。知名的出席者有 Terradas 和说德语的加泰罗尼亚民族主义政治家 Miquel Vidal i Guardiola。菜单用"相对论的拉丁语"书写,既提及了爱因斯坦论,也提及了其他被认为为相对论铺路的物理学家的一些理论(见《公众信息报》[*La Publicitat*],1923 年 2 月 28 日;*Glick 1988*,pp. 120 - 121;以及 *Sallent del Colombo and Roca Rossell 2005*,p. 72)。

2 月 28 日,爱因斯坦作为巴塞罗那工学院(Escola Industrial de Barcelona)的嘉宾参观了这所学校。这所学校有着明显的促进教育和技术的社会主义倾向。接待爱因斯坦的东道主就是学校校长 Rafael Campalans。爱因斯坦看了一场由"舞蹈摇滚"(La Penya de la Dansa)剧团出演的萨尔达纳舞(*sardana*)(一种加泰罗尼亚民族舞蹈)的演出,还被赠送了唱片,可能是萨尔达纳舞的音乐。他随后游览了巴塞罗那港。晚上 7 点,他进行了相对论系列讲座的第三场讲座,涉及在相对论当时所面临的问题(见《加泰罗尼亚之声》(*La Veu de Catalunya*),1923 年 3 月 1 日;*Glick 1988*,pp. 119—120;以及 *Roca Rossell 2005*,p. 30)。

[258]在 2 月 22—28 日的条目后,爱因斯坦留下了一整页和下一页 18 行的空白。

---

① 《阿贝赛报》》,亦译《ABC 报》,是西班牙发行量最大的西班牙文早报。是西班牙第三大报,也是马德里最古老的报纸。它与《国家报》(*El País*)、《世界报》(*El Mundo*)都被认为是西班牙的记录报(Newspaper of Record)。——译者

[259] 爱因斯坦在 3 月 1 日早上乘坐火车离开巴塞罗那。Ulrich von Hassell。根据 Hassell 的报告，爱因斯坦在巴塞罗那出现时，身份"总是作为一个德国人，而非一个瑞士人"("stets als Deutscher, nicht als Schweizer in Erscheinung trat"；Ulrich von Hassell 致外交部，1923 年 2 月 26 日[GyBPAAA/R 64 677])。

爱因斯坦在 3 月 1 日晚上 11 点半抵达马德里的正午车站(Mediodia Station)。一大群人来欢迎他。他受到了两个官方代表团的欢迎，一个来自马德里中央大学(Universitad Central de Madrid)理学院，另一个来自医师学院。大学代表团由电磁学教授 Blas Cabrera(1878—1945)带领，他也是在工业和艺术宫(Palace of Industry and the Arts)的物理研究实验室主任。代表团的其他成员有天文学家 Pedro Carrasco 和数学家 Francisco Vera 以及 Josep Maria Plans。医生代表团由解剖学家 Julián Calleja 带领。爱因斯坦也受到了德国大使、德意志协会成员和新闻界成员的欢迎。在简短的引见后，爱因斯坦和 Julius (Julio) Kocherthaler(？—1927)，以及他的妻子 Lina Kocherthaler-Edenfeld 去皇宫酒店(Palace Hotel)。Julius 是西班牙矿业总公司(General Spanish Mining Company)的联合创始人，也是爱因斯坦和 Fritz Haber 的远亲。

3 月 2 日早上，Kocherthaler 夫妇开车带着爱因斯坦夫妇在马德里观光。爱因斯坦和 Cabrera 在他的物理研究所实验室待了一天。晚上，爱因斯坦夫妇在阿波罗剧院(Teatro Apolo)出席了一个名为《无人区》(*Tierra de nadie*)的音乐评论(见《辩论报》，1923 年 3 月 2 日和 3 日；以及《观点报》[*La Voz*]、《先驱报》[*La Vanguardia*]，1923 年 3 月 3 日；Ernst Langwerth von Simmern 致外交部，1923 年 3 月 19 日 GyBPAAA/R [64 677]；以及 *Glick 1988*，pp. 123—124)。

[260] 爱因斯坦三次游览过普拉多美术馆(Prado)，3 月 3 日是第一次。然后他在市政厅受到了马德里市长 Joaquín Ruiz-Giménez 的欢迎。爱因斯坦在中央大学的物理礼堂共发表了三次演讲。所有演讲的"参加者甚众"("hatten...ausserordentlichen Zulauf")。他在下午 6 点发表了他的第一次演讲，主题是狭义相对论(见附录 H)。出席的有数学家、物理学家、哲学家和政治家，包括前首相 Antonio Maura、前外交大臣 Amalio Gimeno 和公共教育大臣 Joaquín Salvatella。Pedro Carrasco 向听众介绍了爱因斯坦。

演讲后，医生学院在皇宫酒店主持了一个宴会。晚宴由学院院长 Ignacio Bauer 和学院创始人 Toribio Zúniga 组织。出席宴会的有科学院主席 José Rodriguez Carracido 和知名的马德里医生，其中包括为西班牙犹太人而战的 Angel Pulido(见《辩论报》和《自由报》①，1923 年 3 月 4 日；Ernst Langwerth von Simmern 致外交部，1923 年 3 月 19 日[GyBPAAA/R 64677]；以及 *Glick 1988*，pp. 124—126)。Bauer 也是"巴勒斯坦筹款基金会"②的西班牙联合会主席，该联合会计划举行一个欢迎会，以此表示对爱因斯坦的敬意[见犹太复国主义组织执行委员会(Zionist Organisation's Executive Committee)秘书致 M. L. Ortega，1923 年 3 月 16 日[IsJC- ZA/KH1/193]]。

[261] 阿方索十三世(King Alfonso XIII, 1886—1941)。José Rodriguez Carracido (1856—1928)，皇家精确、物理和自然科学院主席和中央大学校长。Carracido 简短地谈了科学的三层结构。他称相对理论是典型的最高一层，即纯理论(他的演讲副本见 *Discursos 1923*，pp. 23—25)。知名的出席者有 Joaquín Salvatella、Ignacio Bauer、数学家 Cecilio Jiménez Rueda 和 Eduard Torroja、工程师 Leonardo Torresy Quevedo 和 Nicolás de

---

① 《自由报》(*El Liberal*)是 1879 年至 1936 年间在马德里出版的报纸，是西班牙王政复辟时期最重要的报纸之一。——译者

② "巴勒斯坦筹资基金会"(Keren Hayesod, 亦称 Keren haYesod 或 Keren Hajessod)是为了回应 1917 年的《贝尔福宣言》(Balfour Declaration)在 1920 年 7 月 7 日至 24 日在伦敦举行的世界犹太复国主义大会上宣告成立的，目的是为犹太复国主义运动提供犹太人返回以色列土地所需的资源。20 世纪 20 年代，"巴勒斯坦筹资基金会"帮助筹集资金建立耶路撒冷希伯来大学和各种实体项目。1926 年，"巴勒斯坦筹资基金会"将其总部从伦敦迁至耶路撒冷。以色列立国后，它变成其在世界各地(美国除外)的官方筹款组织，在 45 个国家开展活动。——译者

Ugarte、地质学家 Eduardo Hernández Pacheco 以及动物学家 Ignacio Bolivar(见《阿贝赛报》《公正报》[*El Imparcial*]和《太阳报》[*El Sol*],1923 年 3 月 6 日;以及 *Glick 1988*,pp. 126—127)。Cabrera 评价了爱因斯坦的科学成就(他的演讲副本见 *Discursos 1923*,pp. 7—15)。关于爱因斯坦的回应,见 *Einstein 1923d*(文件 438)。阿方索国王在爱因斯坦演讲后授予他一个证书,确认他为科学院通讯会员。该证书见未刊文献摘要一览表 531。Salvatella 在他的演讲中向爱因斯坦提出"万一家乡[德国]的时局使他暂时不可能继续研究时,西班牙会慷慨地提供政府财政支持!"("den gastlichen Boden Spaniens und die finanzielle Unterstuetzung der Regierung anbot fuer den Fall, dass ihm die Zustaende in seiner Heimat augenblicklich die Weiterfuehrung seiner Forschungen voruebergehend unmoeglich machen sollten!";见 Ernst Langwerth von Simmern 致外交部,1923 年 3 月 19 日[GyBPAAA/R 64 677]和 *Glick 1988*,pp. 126—129)。

[262] de Villavieja 侯爵夫人,Petronilla de Salamanca y Hurtado de Zaldívar 夫人(1869—1951)主持了一个"荣誉茶会(tea of honor)"。许多马德里知识分子和贵族出席,包括:Blas Cabrera、José Rodriguez Carracido 和 Joaquín Salvatella;哲学家 José Ortega y Gasset 和 Manuel García Morente;作家 Miguel Asúa、José Maria Salaverría 和 Ramón Gómez de la Serna;神经学者 Gonzalo R. Lafora 和 José M. Sacristán;医生和科学家 Gregorio Marañon、德国古生物学家 Hugo Obermaier;以及 Vizconde de Eza,Luis de Marchalar y Monreal,他是西班牙研究促进委员会(Spanish Board for the Advancement of Research)的一位托管人。在茶会上,爱因斯坦和小提琴手 Antonio Fernández Bordas 即兴举行一场"私人音乐会"(见《阿贝赛报》,1923 年 3 月 6 日和 10 日;以及 *Glick 1988*,pp. 129—131)。

[263] 数学协会在下午举行了一次特别会议。对其内容的描述,见 *Glick 1988*,pp. 132—134。

Kuno Kocherthaler。

晚上 8 点半,爱因斯坦拜访了组织学家、心理学家和诺贝尔奖得主 Santiago Ramón y Cajal(1852—1934)。

爱因斯坦在马德里的第二次演讲涉及广义相对论,在中央大学进行(见《公正报》,1923 年 3 月 6 日;《自由报》,1923 年 3 月 8 日;以及 *Glick 1988*,pp. 135—136)。演讲文本见附录 H。

可能是 Wilhelm (Guillermo) Vogel,一位在西班牙-德国银行的同事。

[264] 陪同爱因斯坦夫妇前往托莱多旅行的有:Julius(Julio)和 Lina Kocherthaler;Kuno Kocherthaler 和他的妻子,艺术史家 María Luisa Cazurla;Ortega y Gasset;以及可能作为向导的艺术史家 Manuel B. Cossío。他们游览了圣克鲁斯医院(Hospital de Santa Cruz)、则卡多瓦广场(Plaza de Zocodover)、托莱多圣玛利亚主教堂(Cathedral of Saint Mary of Toldeo)、中世纪的圣母升天和圣母玛利亚犹太教堂(Tránsito and Santa María la Blanca synagogues)以及塔霍河(Tagus River),还有圣托姆教堂(church of Santo Tomé),他们在那里观赏了 El Greco 的《奥尔加斯的葬礼》(见《阿贝赛报》,1923 年 3 月 7 日;*Glick 1988*,pp. 136—138;而 Ortega 的叙述见 *La Nación*,1923 年 4 月 15 日)。

[265] 中午,在马德里皇宫,Carracido 陪同爱因斯坦出现在听众面前。奥地利的玛利亚·克里斯蒂娜(Maria Christina of Austria,1858—1929)。爱因斯坦给听众的请帖,见未刊文献摘要一览表 534。巴腾堡(Battenberg)的 Victoria Eugenie 王后,正在探望她那在西班牙南部的阿尔赫西拉斯(Algeciras)的母亲。

这天更早的时候,一群工程学生会见爱因斯坦,并邀请他去工程师和建筑师校友会演讲。他应承在次日去(见《阿贝赛报》,1923 年 3 月 8 日;以及 *Glick 1988*,p. 138)。

爱因斯坦的第三次演讲,涉及由相对论和他对统一场的研究引起的问题,在中央大学进行。演讲文本见附录 H。一名记者估计懂演讲的听众甚至不足五分之一。军队的高级代表出席了演讲,包括工程师 Emilio Herrera 和 Joaquín de La Llave(见《辩论报》《公正报》和《自由报》,1923 年 3 月 8 日;以及 *Glick 1988*,pp. 138—139)。

Ernst Langwerth von Simmern(1865—1942)。请柬见未刊文献摘要一览表 530。接待会在德国大使

馆举行。110位宾客出席,包括Carracido、Blas Cabrera、Manuel García Morente、教育家María de Meatzu和许多医生,其中有lorestán Aguilar、Julián Calleja、Teófilo Hernando、Gustavo Pittaluga以及中央大学医学系主任和德意志协会成员Sebastiá Recasens,Margarete von Simmern-Rottenburg和Juliane von Simmern(1910—?)。"在人们的记忆中,没有一个外国学者在西班牙首都受到了如此热情而非凡的接待"("seit Menschen-gedenken kein auslaendischer Gelehrter eine so begeisterte und aussergewoehnliche Aufnahme in der spanischen Hauptstadt gefunden hat";《阿贝赛报》,1923年3月8日;Ernst Langwerth von Simmern致外交部,1923年3月19日[GyBPAAA/R 64 677];以及 *Glick 1988*,p. 139)。

[266]马德里中央大学在上午11点开始了一个传统仪式,授予爱因斯坦荣誉博士学位。学位证书见未刊文献摘要一览表539。首先,Josep Maria Plans宣读了爱因斯坦的生平介绍。爱因斯坦简短演讲的文本,见附录I。随后有几个学生演讲。大使用西班牙语发表了一个演讲,涉及德国和西班牙间的文化关系史(演讲文本见GyBAr(B)/Band 501,Deutsche Botschaft Madrid(德国驻马德里大使馆),Vorgang Einstein(爱因斯坦档案)。也见Ernst Langwerth von Simmern致外交部,1923年3月19日[GyBPAAA/R 64 677];*Glick 1988*,p. 140;以及 *Sánchez Ron and Romero de Pablos 2005*,p. 65)。

爱因斯坦在中午12点半访问了工程师和建筑师校友会,这是天主教艺术和工业学院(Catholic Institute of Arts and Industries)的校友会。爱因斯坦用法语发表了一个简短演讲,涉及宇宙的有限本质(见《阿贝赛报》和《新闻报》[*El Noticiero*],1923年3月9日;以及 *Glick 1988*,pp. 141—142)。西班牙经济发展副大臣出席了他的演讲会。爱因斯坦被选为校友会的荣誉会员(关于证书,见未刊文献摘要一览表532)。

下午6点,爱因斯坦的第四次演讲在"马德里图书馆"(Madrid Athenaeum)进行。这是一个文学-科学俱乐部和国立大学。它的主题是相对论的哲学影响,由内分泌学家Gregorio Marañon主持。海洋生物学家Odón de Buen介绍了爱因斯坦,他建议他们的客人去领导一个西班牙-墨西哥联合科学考察,去观测即将在墨西哥到来的日蚀(见 *La Voz*,1923年3月9日;以及 *Glick 1988*,pp. 142—143)。爱因斯坦的演讲见《阿贝赛报》和 *El Heraldo de Madrid*,1923年3月9日;以及 *Glick 1988*,pp. 143—144。马德里音乐学院院长是Antonio Fernandez Bordas(1870—1950)。

[267]爱因斯坦夫妇参观了古老的皇室宫殿和埃斯科里亚尔(El Escorial)修道院。修道院古堡位于马德里西北约45千米处;以及小镇曼萨纳雷斯-埃尔雷亚尔(Manzanares el Real)上的门多萨古堡(Castle of the Mendoza),位于马德里西北约60千米处。

下午6点,爱因斯坦出席了在"学生公寓"(Residencia de Estudiantes)——一个在中央大学的住宿学院——举办的一个为他举办的公众致敬会。Ortega y Gasset在他的发言中,详细说明了爱因斯坦在西方文化的科学领域中的作用,并将他与Newton和Galileo相比。他还说他把相对论看作一种新文化的种子(见《太阳报》,1923年3月10日;*Glick 1988*,pp. 144和161—163;以及 *Sánchez Ron and Romero de Pablos 2005*,p. 53)。爱因斯坦在他的回应中,努力贬低自己理论创新的重要性,说他"与其是一名革新者,不如是一名传统主义者"("soy más un tradicionalista que un innovador")。据说他还说:"相对论并没有改变任何事,而是调和了用通常的方法无法调和的事实"("La relatividad no ha cambiado nada. Ha reconciliado hechos que eran irreconciliables por métodos habituales";《太阳报》,1923年3月10日)。

[268]Diego Velázquez(1599—1660)。El Greco(1541—1614)。Wilhelm Ullmann,在马德里的德意志银行行长,以及Thyra Ullmann-Ekwall(1881—1982),一位在瑞典出生的画家。与Langwerth von Simmern共进午餐的请帖,见未刊文献摘要一览表530。

[269]Francisco Goya(1746—1828)、Raffaello Santi(1483—1520)和Fra Angelico(约1395—1455)。

[270]下午3点,萨拉戈萨大学物理学家Jerónimo Vecino率领一个代表团在萨拉戈萨站欢迎爱因斯坦,他也是提议这次访问的人。来者还有大学校长Ricardo Royo-Villanova和大学秘书长Inocencio Jime-

nez；化学家 Antonio de Gregorio-Rocasolano y Turmo 和医学系的教授们；德国领事 Gustav Freudenthal 和他的女儿；市长 Basilio Ferrandez Milagro；以及公共建设工程主任 Miguel Mantecón。爱因斯坦刚一抵达，便被市长的车带到了宇宙四国酒店（Hotel Universo-Cuatro Naciones）（见 *Sánchez Ron and Romero de Pablos 2005*，p. 119）。

爱因斯坦在萨拉戈萨做了两次演讲，都是用法语在医学和科学学部的礼堂进行的。第一次演讲涉及狭义相对论，在3月12日下午6点进行。大厅里座无虚席。Rocasolano 在报告后表示他对爱因斯坦的钦佩，并赞扬了正在萨拉戈萨进行的基于爱因斯坦理论的研究。萨拉戈萨精确科学院干事随后授予爱因斯坦通讯会员的头衔。证书见未刊文献摘要一览表544。晚上，为了向爱因斯坦致敬，在德国领事馆举行了一场晚宴。

3月13日，爱因斯坦最初计划于上午11点半进行在萨拉戈萨的第二次演讲。他计划随后前往毕尔巴鄂，以便在巴斯克研究协会（Society for Basque Studies）演讲。但在毕尔巴鄂的演讲被取消了，而萨拉戈萨的第二次演讲被改期在下午6点。因此在3月13日的早上，爱因斯坦便有时间游览萨拉戈萨。他参观了圣柱圣母圣殿主教堂（Basilica-Cathedral of our Lady of the Pillar）、拉赛欧教堂（La Seo Cathedral）和中世纪的商品交换场所 Lonja（市集），以及晨曦中的阿尔费哈里亚宫（Aljafería Palace）。下午1点，午宴在"商业中心"（Centro Mercantile）进行，科学院邀请了一群杰出的大学教授出席。语言学者 Domingo Miral 主持宴会并发表了一个简短讲话，在发言中赞赏了爱因斯坦。爱因斯坦在答谢中说道："直到现在这一刻，我才感受到了只存在于萨拉戈萨的西班牙精神的跳动。"（"hasta el momento actual, solo en Zaragoza había percibido las palpitaciones del alma española"；见《阿拉贡先驱报》[*El Heraldo de Aragon*]，1923年3月14日）。也有报道说："他在巴塞罗那和马德里体验到了那些展现出我们个性的艺术的魅力；但正是在萨拉戈萨，通过观赏建筑纪念碑，他在我们地区的面貌中发现了一种粗野而动人的感情。"（"en Barcelona y en Madrid había gustado el encanto de nuestro Arte que tan bien expresa nuestra personalidad; pero que era en Zaragoza donde admirando los monumentos arquitectónicos, había encontrado una expresión más robusta y elocuente de nuestra fisonomía regional"；见《新闻报》，1923年3月4日）。

题为"空间和时间"的第二次演讲的主题为广义相对论。出席的听众少多了。科学学院院长 Gonzalo Calamita 介绍了他。爱因斯坦在他的演讲中强调广义相对论的几何特性和它的一些实验证据。他也讨论了统一电和引力的尝试（见 *Sánchez Ron and Romero de Pablos 2005*，p. 122）。科学学院送给了爱因斯坦一份荣誉证书（见未刊文献摘要一览表545）。讲座后，在德国领事的府邸举行了一场宴会，以此向爱因斯坦致敬。爱因斯坦演奏了小提琴。餐后，爱因斯坦、Vecino 和领事在"总剧院"（Teatro Principal）观看了一场名为 *La Viejecita*（"小老太太"）的小歌剧。

爱因斯坦在他44岁生日的3月14日早上，参观了 Rocasolano 的实验室和大学教室，Rocasolano 正在研究胶质中的布朗运动。爱因斯坦与政府和大学的各位官员告别。随后他与当时也在访问萨拉戈萨的德国画家 Emil Sauer 在宇宙酒店（Hotel Universo）共进午餐。在甜点时间时，一个舞蹈团表演了西班牙传统舞蹈 jota（霍塔舞），爱因斯坦对此表现出了巨大的兴趣。此后，他乘火车离开萨拉戈萨前往巴塞罗那。在前往苏黎世前，他在没有任何公共任务的情况下，在巴塞罗那又待了一天（见《阿拉贡先驱报》，1923年3月13—15日；《新闻报》，1923年3月14日；Pilger 致外交部，1923年3月21日[GyBPAAA/R 64677]；*Glick 1988*，pp. 145—149；以及 *Sánchez Ron and Romero de Pablos 2005*，p. 125）。

## 380. Chaim Weizmann 的来信

伦敦大罗素街 77 号,W. C. 1.,1922 年 10 月 6 日

亲爱的爱因斯坦教授:

我非常抱歉为了《新巴勒斯坦》(*The New Palestine*)这件事,而再次叨扰您,但我想这书现在就要出版了。除了两个人以外,我们已经收到了所有人的稿件。如果您能好心告知,我什么时候能收到您的(稿件),[1] 好让我可以通知出版商的话,那我将会非常感激。毋庸赘言,我非常感激您好意赐稿。

谨致问候!

您非常真诚的,
Ch. Weizmann

亲爱的教授先生![2] 如果能把文章发给我们,就发给我们。我听说,您很快就要离开欧洲很长一段时间。[3] 或许您在回程时可以绕道从塞得港出发,到巴勒斯坦那里转一转。我将在 11 月 3 日去巴勒斯坦。从那儿去美国——再次乞讨。它是一种沉重的职责。

衷心问候您和您亲爱的家人!

您忠诚的
Ch W

TLS. [33 362]. *Wasserstein 1977*, pp. 179—180。这封信写在抬头是"The Zionist Organisation Central Office"的信笺上,寄往"Professor A. Einstein, Berlin, W. 30, Haberlandstr. 5.(柏林哈伯兰大街 5 号爱因斯坦教授)"。

[1] 为了给这个出版物用,见文件 313。
[2] 这个附言是 Weizmann 手写的。
[3] 爱因斯坦已经开始了他的远东之行。

## 381. 致 Hans Albert 和 Eduard Einstein

马赛,(1922 年)10 月 7 日

亲爱的儿子们!

这里像博洛尼亚(Bologna)一样阳光灿烂[1]。在 2 点钟上船[2](前往东京)。

在火车上挤得像沙丁鱼罐头似的。Besso 和 Chavan 问候你们。[3]他俩都很高兴,那个人(来自专利局的 Schenk)也是。[4]这里有着窄窄的街道,细长的房子,双轮手推车,熙熙攘攘的人群,不同肤色的人,还有许多小毛驴。

  真心问候！你们的

阿耳伯特

AKSX. [75 616]。这张明信片上画着马赛的守护圣母教堂(Notre Dame de la Garde),寄往"Adn und Tete Einstein Büchnerstr. 3 Zürich Svisse",还盖着"Marseille-Gare Bc[———]one 1835 7 01 2"的邮戳和被剪缺的"Z[ürich] Briefträger—9. X. 22.(22 年 10 月 9 日)—3."的二次邮戳。

  [1]爱因斯坦在一年前和 Hans Albert 访问了博洛尼亚[见爱因斯坦致 Alfred 和 Clara Stern,1921 年 10 月 25 日(Vol. 12,文件 282)]。

  [2]"北野丸"号。

  [3]Michele Besso 和 Lucien Chavan。

  [4]Heinrich Schenk(1872—1938)是爱因斯坦在瑞士专利局办公室的同事[见 Heinrich Schenk 致爱因斯坦,1912 年 1 月 31 日(Vol. 12,文件 348)]。可能是因为 Hans Alber 小时候将 Schenck 的名字错拼为 Mensch 之故。

## 382.致 Marcel Grossmann[1]

(马赛,1922 年 10 月 7 日)[2]

亲爱的 Grossmann：

  你不要到大学课堂上找他,

  你到卖托考伊酒的地方找他；

  你不要去海德薇希教堂(Hedwigskirch)找他,

  你到梅尔(Maier)小姐咖啡馆里找他①。

  这是海涅的诗句。[3]我在 Poly(理工学院)找您,但毫无结果,就也再没有时间去您家探望您。所以,我要在这里再次送上一个诚挚的问候,以防我喝醉,或是被人吵死。[4]

  向您的儿子致以美好的祝贺![5]

  (……)[6]

你的<br>阿耳伯特

---

  ① 译文采自《海涅诗集》,还乡曲 71。钱春绮译,上海译文出版社,1990。

AKSX。[11 502]。这封明信片寄给"Herrn Prof. Dr. Marcel Grossmann Technische Hochschule, Zürich Suisse",还盖着"Marseille-Gare Bch[———]one 18 30 7 01 2"的邮戳,印有"[Zürich] Brieftr[äg]er 1[(苏黎世)邮递员 1 号][—][—][—]"的二次邮戳。

[1]Grossmann(1878—1936)是联邦工学院的数学教授。

[2]这张卡片和上一张卡片极有可能是在同一天写的,因为它们邮戳的时间相隔 5 分钟。

[3]Heinrich Heine,*Buch der Lieder*,*Die Heimkehr*,LXVI。

[4]爱因斯坦在前往马赛的途中,在苏黎世停留。

[5]Hans Albert 和 Marcel Hans Grossmann(1904—1986)两人都毕业于苏黎世州立学校(Kantonsschule)的 Realgymnasium(实科文法中学)。毕业分数最高可能是 66 分,Marcel Hans 得了 62 分;Hans Albert 的分数是 55.5 分(来自苏黎世 Rämibühl 文法中学秘书,U. Bietenholz 的资料)。

[6]省略了 Elsa Einstein 的问候。

## 383.Richard B. Haldane 的来信

威斯特敏斯特,安妮女王门(Queen Anne's Gate,Westminster)23 号,1922 年 10 月 23 日

敬爱的教授:

与你们政府的谈判需要时间。不过我现在亲自拜访了外交部,还有财政部。[1]

这个想法类似于 Arnold Rechberg 先生提出的计划,并不是全新的。Cecil Rhodes 先生在战前许多年就向[德国]皇帝提出这个概念。它有它的优点。但要迅速推进存在着困难。现在需要某些能够迅速实现的东西。

我把一封从 Basil Blackett 爵士那里得到的信交给您私下看看。他是财政部在这里的"赔款程序的常驻顾问"("permanent adviser about the Reparations procedure" of the Treasury)。您看(他)自己的原话,可以最清楚地了解他的意见是什么。[2]

不管怎样,利用您的名气把这个想法呈送伦敦政府,没有坏处。

我会继续关注以后的发展。

您永远的

Haldane

ALS。[32 647]。在这份文件的左侧页边有活页孔。

[1]在文件 336 里,Haldane 承诺和英国政府成员讨论 Rechenberg 的计划。

[2]Blackett(1882—1935)在他的信中说,让德英的大企业彼此相互投资的提案,是"一个在 25 年前 Cecil Rhodes 赞成的计划"。但 Blackett 警告到,英法工业在德国的投资现在会面临严重的政治问题。因此他强调,"合作运动必须……是自发的,不能由政府强加"(Basil Blackett 致 Haldane,1922 年 10 月 17 日[32 648]和[32 649])。

## 384. Christopher Aurivillius 的来电[1]

斯德哥尔摩，(1922 年)11 月 10 日

授予您诺贝尔物理学奖，详情见信[2]。

Auriciellius

Tgm. [30 003]。这封电报寄往"professor a einstein universitaet berlin（柏林大学，A. 爱因斯坦教授）"，盖着"Berlin（柏林）NW 10.11.22.12³⁰ N[achmittags]（下(午)）"的二级邮戳(secondary postmark)。

[1] Aurivillius(1843—1928)是斯德哥尔摩自然历史博物馆的负责人和瑞典皇家科学院秘书。

[2] 诺贝尔物理学委员会在 9 月决定提名爱因斯坦获诺贝尔奖(见文件 359)。瑞典科学院在 1922 年 11 月 9 日的全体大会上接受了这个提名(见下个文件)。

## 385. Christopher Aurivillius 的来信[1]

斯德哥尔摩，1922 年 11 月 10 日

尊敬的教授先生：

正如我在电报里告诉您的那样，[1] 瑞典皇家科学院在昨天举行的会上决定授予您上一年度(1921 年)的诺贝尔物理学奖，[2] 以表彰您在理论物理学上的工作，特别是您对光电效应法则的发现，但并未考虑您的相对论和引力理论，它们的应有价值有待将来确认。[3]

12 月 10 日，在庄严的全体大会上将把证书和金质奖章授予奖项得主。

我以科学院的名义邀请您出席这个会议，以便亲自领奖。

根据章程第 9 条，您需要在斯德哥尔摩发表一个与获奖论文有关的公开演讲。如果您能来斯德哥尔摩，最好能在授奖后的某一天进行您的演讲。

希望学院能有幸在斯德哥尔摩见到您。我向您致以极高的敬意。

您忠诚的

Chr. Aurivillius
秘书

ALS. [30 004]。这封信寄往"Herrn Professor Albert Einstein Berlin（柏林阿耳伯特·爱因斯坦教授先

生)",信笺抬头"Kungl. Vetenskapsakademien"(皇家科学院)。

[1]见上一个文件。

[2]关于1921年的诺贝尔奖为何以及如何未能在当年被授予的原因,见 *Friedman 2001*,特别是 pp. 133—138。

[3]在1910年和1922年间,爱因斯坦获得了60次诺贝尔奖提名,提名他的人包括 Niels Bohr、Arthur S. Eddington、Max von Laue、Hendrik A. Lorentz、Max Planck 和 Arnold Sommerfeld,除极少数外,几乎都是因为相对论而提名他的。诺贝尔物理学奖委员会未接受这些意见的原因是:(i)理论是否有足够的实践重要性,以符合诺贝尔基金会遵从的宗旨;(ii)广义相对论的所有可观测结果缺乏明确的检验;(iii)对狭义相对论的结果进行经典诠释的可能性;和(iv)物理学委员会委员缺乏理论的深层知识,以及偏见和个人喜好的问题。

诺贝尔委员会的一位新委员,Carl W. Oseen 向委员会递交了报告,认为爱因斯坦对光电效应的解释是发现了一个基本规律,是 Bohr 原子理论的基础。他由此得以克服委员会和 Arrhenius 对授予爱因斯坦奖项的长年阻力。详见 *Friedman 2001*,chap. 7。

## 386. Niels Bohr 的来信

(哥本哈根)(19)22年11月11日[1]

亲爱的爱因斯坦教授:

我要对您获得诺贝尔奖送上我最热烈的祝贺。对您来说,外部的承认或许无足轻重,但相应的款项却可能让您的工作环境变得轻松一些。

对我而言,我能从外界环境中得到的最大的荣幸和乐事,就是和您同时被考虑授奖。[2]我知道自己很不够格,但我仍要说,除了您在人类思想世界里的伟大投入外,您在我研究的专业领域里作出的根本性的贡献,以及 Rutherford 和 Planck 所作出的贡献,在我被考虑获奖之前,得到了正式承认,我觉得这是一件幸事。[3]

我的妻子与我向您和您的夫人致以最真诚的问候!

您忠诚的

TLC (DkKoNBA). *Bohr 1977*, p. 685. [8 073]。

[1]第一个"2"是一位未知者手写的。

[2]爱因斯坦刚被授予1921年度的诺贝尔物理学奖(见前述文件),而 Bohr"因为他关于原子结构和原子辐射的研究"而获得 1922 年度的物理学奖(见 *Schück and Sohlman 1929*, p. 331)。

[3]Ernest Rutherford 在1908年获得了诺贝尔化学奖,而 Max Planck 在 1918 年获得了物理学奖。

# 387. "评论 E. Trefftz 的论文:'爱因斯坦理论中的两质点的静态引力场'"

[Einstein 1922r]

提交:1922 年 11 月 23 日
发表:1922 年 12 月 21 日
于《柏林普鲁士科学院物理-数学部会议报告》(*Preußische Akademie der Wissenschaften, Berlin : Physikalisch-mathematische Klasse. Sitzungsberichte*)(1922):448—449.

**1922 年 11 月 23 日全体会议纪要**
(Gesamtsitzung vom 23. November 1922)

## 评论 E. Trefftz[1] 的论文:"爱因斯坦理论中的两质点的静态引力场"①

A. 爱因斯坦

作者分析的基础是真空中的场方程

$$R_{ik} - \frac{1}{4}g_{ik}R = 0, \tag{1}$$

这个方程等价于方程

$$(R_{ik} - \frac{1}{2}g_{ik}R) - \lambda g_{ik} = 0, \tag{1a}$$

通过还原(1a)很容易证明这点。[2]作者认为自己找到了一个静态解,这个解拥有球形空间关系,而除去两个质量以外,它没有奇点,也不含有其他的质量。[3]
由于这些疑难对宇宙学问题的重要性,即对大尺度上的宇宙几何结构这个问题的重要性,引起了我的兴趣:这个方程是否有可能在物理上,真正地给出一个物质质量只集中在两个天体上的静态宇宙。[4]但是很明显:Trefftz 的解根本

---

① Math. Ann. 86. 317. 1922.

不适合这一物理诠释。下面将说明这一点。

针对(四维)线元,Trefftz 先生从这个拟设出发:

$$ds^2 = f_4(x)dt^2 - [dx^2 + f_2(x)(d\theta^2 + \sin^2\theta d\varphi^2)]. \tag{2}$$

这个拟设对应着一个围绕原点的球对称空间。$f_4 =$ 常量;$f_2 = x^2$ 的特殊情况对应着欧几里得-伽利略的各向同性均匀空间。

在式(2)中,$x$ 代表自然测量到的离开两质点中的一个质点的径向距离(最大不超过一个累积常数 $\sqrt{f_x(x)}$),[5] 用自然测量到的球体周长除以 $2\pi$,等于恒定值 $x$,它分开并同心地围绕着两个质量中的每一个。这两个球形质量的表面可以通过两个方程 $x = X_1$ 和 $x = X_2$ 来表达,二者中间($X_1 < x < X_2$)是真空。①

### 爱因斯坦:评论 E. Trefftz 论文

Trefftz 先生将以下作为问题的一个通解:

$$\left.\begin{aligned} x &= \int \frac{dw}{\sqrt{1 + \frac{A}{W} + Bw^2}} \\ f_2 &= w^2 \\ f_4 &= C^2\left(1 + \frac{A}{W} + Bw^2\right) \end{aligned}\right\} \tag{3}$$

其中在不影响普遍性的情况下,可以先设 $C$ 等于 1。依照式(2)可以设定。

$$ds^2 = \left(1 + \frac{A}{W + Bw^2}\right)dt^2 - \frac{dw^2}{1 + \frac{A}{W + Bw^2}} - w^2(d\vartheta + \sin^2\vartheta d\phi^2).$$

当 $A$ 为负数,而 $B$ 为零时,这便转化为知名的、针对一个质点的场的 Schwarzschild 解。在这里也必须把常量 $A$ 选为负数,以符合只存在正引力质量的这个事实。常量 $B$ 对应着方程式(1a)的 $\lambda$ 项。正 $\lambda$ 对应着负 $B$,反之亦然。

如果方程式(3)真正代表两个质量球体(Massenkugel)场,那么这个宇宙显然会有如下度量性质:对于一个拥有球形宇宙拓扑结构的封闭宇宙,从第一个球体 $x = X_1$ 起,$x = $ 常量的同心球的周长除以 $2\pi$ 的值——用 $w(=\sqrt{f_2})$ 来表达——首先必定随着 $x$ 的递增而增长,然后在接近第二个球体时再次下降[6]。所以,在两个物质球体之间的某处真空[7]

$$\frac{dw}{dx} = \sqrt{1 + \frac{A}{W} + Bw^2} = 0 \text{②}$$

---

① 这里涉及的不是欧式空间,可以形象地把地球的二维表面设想为宇宙,则这里的两个质量球可以设想为南北极圈内的面积区域。——译者

② 此处的等号应在平方根符号之外。——译者

也一定是成立的。不过在这里,根据式(3),$f_4$ 会等于零。根据式(1),$\sqrt{f_4}$ 是一个静止在那个位置的标准钟的行走速度。$f_4$ 等于零,代表这个场的一个真正奇点。微分方程组中出现对数导数 $f_4'/f_4$,也表现出 $f_4$ 都不能为零。由此表明,解(3)对该点不适用。事实上,这意味着存在其他球对称延伸分布的质量,就像 H.Weyl 已经指出的那种情况一样。[8]

12 月 21 日刊出

---

Sitzungsber phys.-math. K1 1922                                    38

发表在《柏林普鲁士科学院物理-数学部会议公报》(*Preuβische Akademie der Wissenschaften, Berlin-Physikalisch-mathematische Klasse. Sitzungsberichte*)(1922):448—449)。1922 年 11 月 23 日提交,1922 年 12 月 21 日发表。

[1]Erich Trefftz(1888—1937)从 1919 年到 1922 年担任亚琛高等工学院的数学教授,从 1922 年起担任德累斯顿高等工学院数学教授;关于他的一个简短生平和书目汇览,见 *Stein 1997*。*Mathematische Annalen*(《数学年刊》)(爱因斯坦是它的委员会委员)在 1921 年 9 月 15 日收到 *Trefftz 1922*。

[2]正如在 *Einstein 1919a*(卷七,文件 17),p. 351 中说明的那样,这两个方程式实际上不相等。根据爱因斯坦的论证,方程(1a)成立暗示着方程(1)成立,但能通过某个常量 $R_0$ 将方程(1)重写为 $(R_{ik} - \frac{1}{2} g_{ik} R) + \frac{1}{4} g_{ik} R_0 = -\frac{1}{4} g_{ik} (R - R_0)$,然而方程(1)意味着这一方程的右边项为零。尽管如此,爱因斯坦仍在 p. 353 主张,用 1/2 乘以方程(1)的新形式,并从方程(1a)中减去它,则方程(1a)中出现的宇宙常数 λ 就可以当作 $R_0/4$,其中 $R_0$ 被诠释为曲率标量 $R$ 在物质实体外的假定常量值。这一对应关系解释了这个事实:Trefftz 所提出的度量同时是方程(1)和方程(1a)的解。正是在这个意义上,这两组方程对目前的实际应用来说,是"等价的"。

[3]Weyl(见 *Weyl 1919a* 以及 *Bach and Weyl 1922*,sec. 4)和 Kottler(见 *Kottler 1922*,pp. 207—210)独立发现了 *Trefftz 1922* 提出的解。根据 Birkhoff 定理,Kottler-Trefftz-Weyl(KTW)是包含宇宙常数的爱因斯坦场方程组的唯一的静态球对称解,但也有着一个等于零的能量动量张量(见 *Goenner 2001*,p. 112)。因此从数学上说,对于出自 *Einstein 1917b*(第六卷,文件 43)以及 *1919a*(卷七,文件 17)的修正场方程来说,它扮演的角色与 Schwarzschild 解对原始爱因斯坦场方程组中扮演的角色相同。爱因斯坦在这篇论文中,没有否认 KTW 解是场方程的一个有效解;他质疑的是 Trefftz 对解的诠释,即,将它诠释为描述两个在引力上互相吸引并保持静态的实体(bodies)。关于涉及现代技术的对 KTW 解的详细数学讨论,见 *Geyer 1980*。

[4]作为发生在爱因斯坦、Willem de Sitter、Felix Klein 和 Hermann Weyl 间的辩论的一个结果,爱因斯坦转而同意 De Sitter 对宇宙场方程的解是无物质的、齐次的、完全无奇点的,由此违背了 Mach 原理[见第八卷,编辑注释,"The Einstein-De Sitter-Weyl-Klein Debate(爱因斯坦 − De Sitter − Weyl − Klein 论战)",pp. 351—357]。不过爱因斯坦仍继续拒绝把 De Sitter 的解看作一个可接受的宇宙模型,因为它并不是全局静态的。在 *Einstein 1922p*(文件 340)中爱因斯坦还指出,他觉得 Friedmann 的非静态解看似"可疑"("verdaβchtig"),并尝试说明它根本就不是一个动态解。关于 Friedmann 对爱因斯坦论点的反驳,以及爱因斯坦收回自己的论点,见文件 340,注释 5。

[5]"常量,$\sqrt{f_x(x)}$"应为"常量,$\sqrt{f_2(x)}$"。

[6] Trefftz 在这点上不同意爱因斯坦的论点,他致信 Max von Laue 道:"我看不出来为什么上述的球周长在两个球体间一定要有一个极大值;我觉得这个欧几里得几何的类推结论是不成立的。场为什么就不能像下面这样,与我的计算(假定场能扩展到物质球体内部)一致:'一个球体的周长增长,直到较小的球体的表面,然后继续增长到更大的球体的表面,并且只是在更大的球体内部中才又减少到零'。"("[E]s ist meiner Ansicht nach nicht offenbar, daβ der genannte Kugelumfang zwischen den beiden Kugeln ein Maximum haben muβ, das scheint mir ein unzulässiger Analogieschluβ nach der Euklidischen Geometrie zu sein. Warum soll das Feld sich nicht folgendermaβen verhalten, wie es sich mit meinen Rechnungen [die Möglichkeit der Fortsetzung des Feldes in das innere der Massenkugeln vorausgesetzt] vertragen würde: 'Der Umfang einer Kugel wächst, bis an die Oberfläche der kleineren Kugel, dann weiter bis an die Oberfläche der gröβeren Kugel, und nimmt erst im Inneren der gröβeren Kugel wieder zu Null ab'"(Trefft 致 Max von Laue,1923 年 6 月 5 日,[23 050])。Laue 1923 进一步讨论了 Trefftz 解的宇宙学诠释。

[7] 方程应写为: $\frac{dw}{dx} = \sqrt{1 + \frac{A}{w} + Bw^2} = 0$。

[8] 与在 *Havas 1993*,p. 91 中的讨论进行比较。

## 388. "爱因斯坦对于调查战争责任的看法"

[*Einstein 1922n*]

1922 年 11 月 25 日发表于:《人权手册》(*Les cahiers des droits de l'homme*) 22(1922):547(1922):547

### 爱因斯坦对于调查战争责任的看法[1]

关于这场对悲哀过往的深究以及所有试图清理我们两个民族的道德的讨论,我不抱任何期待。在我看来,更重要的是法德两国为重建遭受兵燹的地区而共同努力。共同的努力是富有成果的,它将孕育出信任。

发表在《人权手册》(*Les cahiers des droits de l'homme*) 22(1922):547。于 1922 年 11 月 25 日出版。

[1]1920 年,*Cahiers des droits de l'homme* 开始报道许多由士兵讲述的"战争罪行"个案。(见 *Likin 2004*,p. 178)。

## 389. 长冈半太郎等人的来信

东京帝国大学物理研究所,1922年12月1日

非常尊敬的爱因斯坦教授先生!

能有幸从相对论的创立者的口中听到相对论,这对我们来说完全是一种无法想象的快乐。在这个研究所里,在这一个世纪内,几乎不会再有这样值得纪念的讲座了,因为不幸的是,我们离西方学术世界的中心太远了。专题讲座和大众演讲,在很大程度上激发了年轻一代对新自然科学的热忱,以及公众对理论的积极关注;因而我们有理由预测,日本国民在未来将会感受到您的努力所取得的巨大成就。

从政治骚乱的时代开始,我们就认为必须保持科学不受这类影响。推动那些在您的讲座中倡导的重要研究,将有助于实现这些希望,并让我们始终珍惜科学的自由。

非常尊敬的教授先生,请允许我们,对您的善意以及您为我们指明进入您的思想深处的道路所做的努力,表达我们最诚挚的谢忱。

长冈半太郎
(以及另外124位签名人)[1]

ALS(NNLBI,Albert Einstein Collection,Addenda [AR 7279])[85 725]。附有一张爱因斯坦在研究所做报告的照片,以及一张研究所成员与爱因斯坦的集体照。

[1]他们之中有石原纯、田丸卓郎、土井不昌、桑木彧雄、池田芳郎(Yoshiro Ikeda)、荒木丰岛(Toshima Araki)、寺田寅彦、爱知敬一和Siegfried Berliner。

## 390. Alexander Friedmann 的来信[1]

彼得格勒(Petrograd),物理中心观测站,Wassili Ostrow,23 linie,2. 1922年12月6日

非常尊敬的教授先生:

从目前在国外的朋友的一封来信中,我荣幸地获知您的一篇简评已交给"*Zeitschrift für Physik*(《物理学杂志》)"11卷以付刊印;[2]这篇评论指出,根据在我那篇关于"空间曲率"的文章中的假设($D_3$)和($C$),以及您所提出的宇宙

方程组,将会得出:宇宙曲率半径是一个独立于时间的量。您得到这个结果,是利用了从宇宙方程组必然导致张量 $T_{ik}$ 散度消失这个条件。根据张量 $T_{ik}$ 散度为零,您得到关系式:

(∗) $$\partial\rho/\partial x_4=0,$$

然而这样一个关系式自然而然地表明了曲率半径的连续性,因此也说明了我的研究计算不正确。

我当然并没有成功地从张量 $T_{ik}$ 散度的消失中得到关系式(∗);我得到的结果没有否定非静态宇宙的情况。[3]鉴于非静态宇宙的存在可能性这个问题的显然意义,我冒昧向您递交我对张量 $T_{ik}$ 散度进行的计算,请您评估考虑。设 $Q_\kappa$ 是代表 $T_{ik}$ 散度的逆梯度张量的第 $k$ 个分量,那么根据公式,对于散度,我们将有:

$$Q_k=\frac{1}{\sqrt{g}}\frac{\partial\sqrt{g}\,g^{\alpha\sigma}T_{\alpha k}}{\partial x_\sigma}-\begin{Bmatrix}k\sigma\\s\end{Bmatrix}g^{\alpha\sigma}T_{\alpha s},$$

$Q_4$ 引起了我们的兴趣,这是因为 $Q_1$、$Q_2$ 和 $Q_3$ 变为零,而且确切地说,是由于我的论文在条件(C)的情况下,通过公式($D_3$)来表述非静态宇宙:

$$\begin{Bmatrix}41\\4\end{Bmatrix}=0,\quad\begin{Bmatrix}42\\4\end{Bmatrix}=0,\quad\begin{Bmatrix}43\\4\end{Bmatrix}=0,\quad\begin{Bmatrix}44\\4\end{Bmatrix}=0,$$

对于 $Q_4$,我们将有:

$$Q_4=\frac{1}{\sqrt{g}}\frac{\partial\sqrt{g}\,g^{\alpha\sigma}T_{\alpha 4}}{\alpha x_\sigma}-\begin{Bmatrix}4\sigma\\s\end{Bmatrix}g^{\alpha\sigma}T_{\alpha s}=$$

$$=\frac{1}{\sqrt{g}}\frac{\partial\sqrt{g}\,g^{4\sigma}T_{44}}{\alpha x_\sigma}-\begin{Bmatrix}4\sigma\\s\end{Bmatrix}g^{4\sigma}T_{44},$$

其中,除了以我的论文中的条件式(C)为基础的 $T_{44}$ 以外,所有 $T_{ik}$ 都等于零。条件式($D_3$)下,除了 $\sigma=4$ 外,在所有 $\sigma$ 中,$g^{4\sigma}=0$,以这种方式,上述公式将被改写如下:

$$Q_4=\frac{1}{\sqrt{g}}\frac{\partial\sqrt{g}\,g^{44}T_{44}}{\partial x_4},$$

因为 $g^{44}=1/g_{44}=1$[在我们的情况中,这等同于($D_3$)所设定的区间],但 $T_{44}$ 等于 $c^2\rho g_{44}$,即 $T_{44}=c^2\rho$,所以通过这种方法,$Q_4$ 将被写为以下形式:

$$Q_4=\frac{1}{\sqrt{g}}\frac{\partial\sqrt{g}\,c^2\rho}{\partial x_4}。$$

当我们设 $Q_4$ 等于零时——这是从您的宇宙方程组中推断出的——我们得不到那个由您指出的,并写进文章中的等式,而是[4]得到下列等式:

$$(**) \qquad \frac{\partial \sqrt{g}\rho}{\partial x_4}=0,$$

以这种方式，人们得出 $\sqrt{g}\rho$ 必须独立于 $x_4$，但
$g=\frac{1}{c^6}R(x_v)^6\sin^1 x_1\sin^{2'} x_2$，$\sqrt{g}=\frac{1}{c^3}\sqrt{-1}R(x_v)^3\sin^2 x_1\sin x_2$，

但是基于我论文中的公式(8)，$\rho$ 的表达如下：

$$\rho=\frac{3A}{\frac{1}{2}R(x_4)^3},$$

其中

$$\sqrt{g}\rho=\frac{3A}{c^3 k}\sqrt{-1}\sin^2 x_1 \sin x_2,$$

而且它确实独立于 $x_4$，这也是期望的结果。

非常尊敬的教授，请您务必告诉我，当前这封信中所讨论的计算是否正确。我最近在研究一个恒定的和（在时间意义上）[5]变化的负曲率的宇宙。当然，区间必须要用另一个表达式，以得到一个从物理学和几何学角度来看唯一有意义的（物质的）实在[6]宇宙，我用下面的形式来表达它（根据 Bianchi,《微分几何教程》(Lezioni di geometria differenziale)，第一卷[7]）：

$$dt^2=\frac{R(x_4)^2}{x_3^2}(dx_1^2+dx_2^2+dx_3^2)+M^2 dx_4^2$$

计算的结果显示，在这种情况下，不仅能存在着一个恒定的（已经为负的）曲率的宇宙，也能存在着一个（在时间意义上）[8]变化曲率的宇宙。对于从您的宇宙方程组中得到了一个恒定负曲率的宇宙的可能性，我有一种十分特别的兴趣。因此，虽然我知道您有多忙，但我还是真诚地请您务必回复我这封信。

如果您觉得我在这信中分析的计算是正确的，那么请您不要拒绝我让《物理学杂志》编辑部知道这事；如果情况如此，也许您能发表一个更正，或者能刊印这封信中的一段节选。[9]

您真诚的仰慕者[10]

A. Friedmann

TLS. [11 114]。

[1] Friedmann(1888—1925)是一位在彼得格勒桥梁和道路研究所(Institute of Bridges and Roads)的应用空气动力学教授。

[2] 见 *Einstein 1922p*（文件 340）。

[3] "nicht-"（"没有"）由 Friedmann 手写插入。

[4] 这个词由 Friedmann 手写插入。
[5] 括号里的话由 Friedmann 手写插入。
[6] "realle"("实在的")是 Friedmann 手写的。
[7] *Bianchi 1922*.
[8] 括号里的话由 Friedmann 插入。
[9] 有一个对这封信的讨论，见 *Frenkel 2002*。
[10] 这段是 Friedmann 手写的。

## 391. 闲谈我对日本的印象

[*Einstein 1923b*]

手稿在 1922 年 12 月 7 日或之后完成。[1]
1923 年 1 月发表于：《改造》(*Kaizo*) 5(1923)：338—343.
(343)

## 闲谈我对日本的印象

阿耳伯特·爱因斯坦

在最近的几年里，我到过世界上许多地方旅行，事实上对于一个学者来说有些过多。像我这样的学者应该安静地坐在书房里进行研究。对以前的旅行我总能找到一个托词，借以抚平我那不怎么敏感的良知。但当收到山本[2]让我前往日本的邀请时，我立即决定进行这次预计历时数月的伟大旅行，尽管理由只有一个，那就是如果有机会去亲眼看看日本，却忽视错过的话，我将永远不能原谅自己。[3]

我这辈子在柏林所受到的羡慕，再没有比当人们知道我被邀请去日本的那一刻时更多了。[4]因为在我国，这片土地比任何一个地方更加隐藏在神秘的面纱之下。人们看到许多日本人在我们这里孤独地生活，勤奋地学习，友好地微笑。没人能探究藏在这种谨慎的微笑背后的情感。不过人们都知道，在这背后有着[5]一个与我们不同的灵魂，表现在日本风格中，正如我们在无数日本小产品中，以及不时风行的受日本影响的文学中所看到的那样。我对日本的所有了解，都无法组成一个清晰的画面。乘坐"北野丸号"穿越日本海峡，看着无数秀美的绿色小岛在朝阳中熠熠生辉时，我的好奇心达到了顶点。但最闪亮的，却是所有日本乘客[6]以及全体船员的面孔。(342)许多柔弱的少妇，一般在早餐时间前从不露面[7],却在早上6点时,不顾[8]刺骨的晨风,喧闹着,快乐地在甲板上走来走去,就为了尽早看到家乡的土地。看着他们所有人如此深情,我深受感动。[9]日本人比任何其他国家的人更爱自己的国家和自己的人民;尽管他们具有学习外国语言的才能,对外国的一切也非常好奇,但当身处异国他乡之时,还是觉得自己比其他所有人更格格不入。原因何在?

我已到日本两周,[10]但是对我来说,许多事物还像在第一天那样神秘。不过我也确实理解了一些东西,主要是日本人在面对欧洲人和美国人时的害羞。在我们那儿,整个教育的目的就是为此而建立的,[11]即作为个体的我们能够在尽可能有利的条件下成功地进行生存斗争。特别是在城市里,最极端的利己主义、最无情的竞争耗尽我们的精力,为获得尽可能多的奢侈品和享乐而疯狂地工作。家庭纽带是松散的,艺术和道德传统在日常生活中的影响[12]比较薄弱。个体的孤立被视为生存斗争的必然结果,它剥夺了那种只有融入一个团体才会享有的无忧无虑的幸福。占优势的理性教育——在我们的环境中,它对实际生活必不可少——使得个人的这种态度更加严重[13],因此个体的孤立在我们的意识中变得更加强烈。[14]

在日本则完全不同。个体被赋予的独立空间远不如欧洲或美国。虽然家庭成员之间的关系受到的法律保护十分薄弱,但它还是比我们的要紧密得多。但这里舆论的力量(341)比我们要强得多,确保家庭结构不会崩析。公共和私人的声誉有助于让通常由日本人的教养和与生俱来的善良所充分保证的事情得以完成。[15]

在更广泛的意义上,个体在吃住上要求不高,有助于增强家庭在物质关系上的凝聚力,也就是互相帮助。[16]欧洲人通常能在其住所[17]招待一个人而不会明显扰乱家庭秩序[18]。所以,如果一切顺利的话,一个欧洲男人大多通常只能照顾他的妻子和孩子。就算是有地位的妻子,通常也必须[19]经常参与营生,把孩子的教育丢给佣人。成年兄弟姐妹间的互相关心已经是一件稀罕事,更别说远亲了。

但还有第二个原因,使得在这个国家,比起我们国家更容易实现个体之间紧密的保护关系。日本特有的传统是,情感不外露,在所有环境中保持冷静和放松。这使得许多即便在精神上不和谐的人,也能同住在一个屋檐下,不会出现难堪的冲突和争端。我觉得这是令欧洲人如此难以理解的日本人笑容的深层意义。

这种压制个人情感表达的教育是否会带来一种内在本质的贫乏,一种对个体自身的压制?我觉得没有。这种人民特有的细腻情感和一种看起来比欧洲人更强烈的同情肯定促进了这种传统的发展。一个粗俗的词对欧洲人的伤害不比对日本人的少。前者立刻进行反击,以牙还牙。(340)日本人则会受伤退缩，——一哭了之。人们经常把日本人对脏话的无力解释成虚假和伪善！

对于一个像我这样的外国人来说，要深入观察日本人的心灵并不容易。我到处受到人们热烈的关注，我听到更多是谨慎权衡之语，而不是那些意味深长的、不经意地从灵魂深处滑出的话。但是通过直接与人接触无法得到的东西，借助艺术的印象得到了弥补；没有一个国家像日本这样，以如此丰富而多样的形式来欣赏艺术。我所理解的"艺术"，是这里的人们凭借美学意图或附带目的,[20]创造出来的所有的永久的东西。

在这方面，我几乎从未停止过惊叹和钦佩。大自然和人统一起来产生了一种不同于任何其他地方的独特风格。所有真正来自于这个国家的东西，是精致而又轻松愉快的，不是抽象的形而上学，而是始终紧密联系着大自然既有的东西。有着绿色小岛或小丘的风景是精致的，树木是精致的，那些被细致地分割成小块的精耕农田是精致的，尤其是上面的小房子；最后，人们自己和他们的讲话、行动、衣着和所使用的工具，都是精致的。我特别喜欢有着分格的平滑墙壁[21]的日本房子，喜欢它铺着许多软垫子的小房间。在那儿的每个小细节都有它的意义和重要性。此外，优美的人们带着如画的微笑，鞠躬，落座——这一切事物[22]，人们都只能赞赏却不能模仿。[23]你啊一个外国人，想学也没用![24]日本的美味佳肴你也无福消受，看看就行了。和我们的人民相比，日本人在相互交往上更轻松而且无忧无虑——不是生活（339）在未来，而是生活在当下。这种兴致总是表达得精致，从不喧闹。我们能直接理解日本人的机智。他们对滑稽和幽默也颇具鉴赏力。令我惊讶的是，当涉及这些显然是深层的心理时，日本人和欧洲人没有太大区别。日本人的幽默并没有挖苦的意味，这表现出了他们的善良。[25]

我最感兴趣的是日本音乐。日本音乐中有从我们的音乐中发展而来的部分，也有完全独立的部分。人们只有在听到完全陌生的艺术时，才能接近一种理想化状态，将至今习以为常的音乐与基于人性的本质的音乐区分开来。日本音乐与我们确实有根本区别。和弦与分段式结构在我们欧洲音乐中是普遍的，似乎是不可缺少的，但日本音乐却缺乏这些。另一方面，两者都用 13 个音来划分 1 个 8 度。我觉得日本音乐是一种不可思议的直接印象的情感绘画。对于艺术效果来说，就连音准也不是绝对必需的。我感觉它更像是将人声和自然声响风格化的情感表达。这里说的自然声响，是如鸟鸣或海浪拍岸等能唤起人的情感的声音。通过打击乐器的重要作用，这种印象被进一步加强。这类打击乐器并没有自己特定的音高，更适合于用来表现节奏。对我来说，日本音乐的主要魅力在于它极其精致的韵律。我完全知道自己并未体会这种音乐的精妙之处。（338）从艺术家的个人表达中听出纯正的传统，总是需要长期的经验，除此之外，我也不理解大多数日本音乐作品中相当重要的念白和唱词。在我看来,日本精神的艺术之道的特征,在于柔和的笛子的独特使用,而不是声音很刺耳的金属管乐器。这里又一次体现了日本人对优雅和精巧的独特偏好,而这在日本绘画和日常生活用品的设计中表现得尤为突出。最感染我的是作为一个舞台剧或哑剧(舞蹈),特别是能剧的伴奏音乐。我认为,日本音乐要想发展成为一种主流的高等艺术形式的障碍,是它缺乏正式的分段和结构布局。

对我来说,[26],[27]日本艺术中最宏伟的领域,在于绘画和木雕。它在这里真正地表明,日本人注重视觉形式上的享受,不知疲倦地赋予事物以艺术形式,将其转化为特殊风格的线条。日本人不理解我们在现实主义中试图重现自然,正像他们不理解宗教对肉欲的摈弃一样,尽管受到了与他们的精神格格不入的亚洲大陆的佛教的影响[28]。对一个日本人来说,所有的东西都是一种形式和色彩的体验,所以忠于自然,但当程式化在大范围内占据上风时,也疏远自然。他最喜欢的是清晰和简单的线条。一幅画总是被当成一个不可分割的整体来理解。

但对我在这几周里获得的深刻印象,能提到的就这么多,[29]无关政治和社会问题。关于日本妇女的优雅,这些像花儿一样的生命——我不想置评;[30]因为只有诗句才能描绘她们,普通人岂敢放言。在[31]我心中还有一件事想说[32]。日本人羡慕西方的智力成就,怀着伟大的理想主义,成功地深入于科学之中,这并没有错。不过但愿他不要忘了完美地保持自己所拥有的、优于西方人的伟大特征:对生活的艺术塑造,在个人需求中的谦卑和质朴,以及日本精神的纯净和安宁。

发表于《改造》(*Kaizo*)5(1923):343—338。尚存一个手稿(Hiroshi Miyake,神户大学)[71,716],写在抬头是"The Kanaya Hotel Nikko,Japan(日本日光金谷酒店)"的信笺上。他在1922年12月7日访问了日光。

[1]根据在文件379提到的内容标注的日期。

[2]山本实彦。

[3]在手稿中,"eine"(一个)有下划线。

[4]手稿用"ächter"代替了"echter"(更真的)。

[5]在手稿中,"steckt"(藏着)代替了⟨verborgen ist⟩。

[6]在手稿中,"Passagiere"(乘客)代替了⟨Fahrgä⟩。

[7]在手稿中,在"niemals"(从不)后有一个被删部分:⟨auf⟩。

[8]在手稿中,在"den"有一个被删部分:⟨keine Minute⟩。

[9]在手稿中,"gerührt"(感动)代替了⟨bewegt⟩。

[10]他在1922年11月17日抵达日本。

[11]在手稿中,"darauf gerichtet"代替了⟨auf abgestellt⟩。

[12]在手稿中,"der Einfluss"(影响)代替了⟨die Macht⟩。

[13]在手稿中,在"Schärfe"(更尖锐)后有两个被删部分:⟨:macht sie auch bewusster⟩和⟨indem sie das Gefühl⟩。

[14]在手稿中,在"Bewusstsein"(良知)后有一个被删部分:⟨tritt⟩。
[15]在手稿中,"gesichert"重复了。
[16]在手稿中,"Nahrung"(吃)代替了⟨Kleidung⟩。
[17]在手稿中,在"Allgemeinen"(通常)后面跟着"kann"。
[18]在手稿中,"empfindlich gestört"(明显打扰)代替了⟨auf den Kopf gestellt⟩。
[19]在手稿中,"muss"(必须)拼写正确。
[20]在手稿中,"mit ästhetischer Absicht oder Nebenansicht"(凭借美学意图或次级动机)缺失。
[21]在手稿中,出现了(appears)"fein"(精致的)取代"sehr"。
[22]在手稿中,出现了"alles"(一切)取代"alle"。
[23]在手稿中,出现了"nachahmen"(模仿)取代"nachmachen"。
[24]在手稿中,在"nicht,"后有一个被删部分:⟨sich lieber zu⟩。
[25]在手稿中,关于日本音乐的这一整段缺失。爱因斯坦写道:"[über Musik Frau I. diktiert;fehlt hier. E.(关于音乐,I 夫人口述;这里缺失。爱.)]。""I. 夫人"可能指稻垣守克的妻子 Tony Inagaki(见文件 379)。
[26]在手稿中,在"was"后跟着"es"。
[27]在手稿中,在"liegt"(在于)后跟着"für mich"。
[28]在手稿中,"dem Einfluss"(影响)缺失。
[29]在手稿中,在"erwähnen"(提到)后有一个被删部分:⟨Ich⟩。
[30]在手稿中,"schwieg ich"(沉默不语)代替了⟨"nichts sagen"⟩。
[31]在手稿中,出现了"auf dem"取代"am"。
[32]在手稿中,"liegt mir noch auf dem Herzen"(还在我心中)代替了⟨noch muss gesagt werden⟩。

## 392. 蔡元培的来信

北京,1922 年 12 月 8 日

非常尊敬的爱因斯坦教授先生!

您在日本的旅行及工作正在此间受到极大的关注,整个中国正准备张开双臂欢迎您。

您无疑仍然记得我们通过驻柏林的中国公使与您达成的协议,我们正愉快地期待您履行此约。[1]

如能惠告您抵华之日期,我们将非常高兴。我们将做好一切必需的安排,以尽可能减轻您此次访华之旅的辛劳。

顺致崇高的敬意!

Y. P. Tsai(蔡元培)
国立北京大学校长
同时以下列机构之名:[2]

TLS。[36 490]。这封信写在抬头是"The National University of Peking(国立北京大学)"的信笺上,寄往"Herrn Professor Einstein,z. Z. Japan(目前在日本的爱因斯坦教授先生)"。

[1]爱因斯坦告诉了魏宸组,他计划在元旦前后抵达北京(见未刊文献摘要一览表348)。

[2]这份机构名单佚失。

## 393. 致土井晚翠

日光市,1922年12月9日[1]

非常尊敬的土井先生：

通过您个人,[葛饰]北斋画作的精彩书籍①,您的意大利语诗歌和发表在报纸上的诗歌,让我感受到了难以形容的快乐。[2]我将永远珍视您给我的一切,把它们看作来自一位高水平的日本艺术家的珍贵纪念品,并将一再欣赏。贵国艺术和人文如此发达,此次造访令我欣喜异常,已成为我一生中最美好的经历之一。

请您收下我衷心的感谢,友好地向您致意！

来自您的

A. 爱因斯坦

ALSX。[122 790]。这封信写在抬头是"The Kanaya Hotel Nikko,Japan(日本日光市金谷酒店)"的信笺上,寄往"Herrn Bansui Tsuchii Moto-Aramachi Sendai (Japan)[仙台本荒町(日本),土井晚翠先生]"。邮戳难以辨认。

[1]因为爱因斯坦那天并不在日光市,所以如果日期正确,那么他就可能是在名古屋写的这份文件。

[2]爱因斯坦在1922年12月3日结识了土井,并被赠予了葛饰画集和意大利语诗集(文件379)。关于这些诗歌的德语译本,见[36 446]。

## 394. 为Georg Nicolai的《战争生物学》日文版写的序[1]

[京都,1922年12月10日][2]

我认为,当今政治出版界最重要的任务之一,就是让战争毫无意义这一理念广泛流传、深入人心,同时宣传成立国际组织以避免战争发生的必要性。从这一立场出发,我满怀激情地欢迎这本书的面世。从真正意义上讲,它可以给这个领

---

① 葛饰北斋(1760—1849),日本江户时代的浮世绘画家,其绘画风格对后来的欧洲画坛影响很大。

域带来真正多样和深刻的启发,并且能够消除因历史而加深了的致命的偏见。[3]

A. 爱因斯坦

ADS. [90 976]。写在抬头是"The Miyako Hotel, Kyoto(京都酒店)"的信笺上。

[1] *Yamamoto, Se. 1931*.

[2] 爱因斯坦是在山本宣治(Senji Yamamoto)拜访他时作的序,据此推测日期(见下注)。

[3] 在爱因斯坦出访前,身为一位劳工运动的基督徒领导人的山本宣治翻译了 *Nicolai 1919*,并出版 *Nicolai 1922*。1922 年 12 月 10 日,他拜访了在京都酒店的爱因斯坦,并请他为日文版作一个序。他们在讨论期间,对于诸如军国主义和民族主义以及知识分子在和平运动中的角色这类意识形态问题上产生了分歧。关于他们讨论的细节,见 *Yamamoto, Se. 1923*, pp. 43—45。

## 395. 致 Heinrich Zangger

名古屋,(1922 年)12 月 11 日

亲爱的 Zangger!

我和桥田在名古屋这儿坐着,[1]我们想到了您。只要您还没到日本,您就不知道真正的人类在哪里,他们是什么样子的。

衷心问候!您的

A. 爱因斯坦

AKS (SzZuZB, Nachlass H. Zangger, box 1a). [89 501]。这封明信片的收信人地址"An Herrn Prof. Dr. H. Zangger gerichtlich-med. Institut der Universität Zurich Schweiz(致瑞士苏黎世大学法医学院,H. Zangger 博士教授先生)"是由桥田邦彦(Kunihiko Hashida)亲手写的,盖着"Nagoya(名古屋)[—][—] 12. 11 10—12."的邮戳。它的背面是一张名古屋城(Shiro)的照片。省略了桥田的问候。

[1] 桥田是 Zangger 在苏黎世时的一位旧识(见文件 78)。爱因斯坦在 12 月 8 日至 9 日拜访了名古屋(见文件 379)。

## 396. Henrik Sederholm 与 Knut A. Posse 的来信[1]

诺贝尔基金会,斯德哥尔摩中央车站北瑞典街(Norrlandsgatan)6 号,1922 年 12 月 11 日

非常尊敬的教授先生:

正如皇家科学院已经告知您的那样,其已授予您 1921 年度诺贝尔物理学

奖,将在今年12月10日的正式颁奖典礼中授予您。[2]

考虑到您在远东逗留,因此遗憾地无法出席颁奖典礼,所以我们觉得可以将您的121 572.54瑞典克朗的奖金存在当地的斯德哥尔摩私人银行(Stockholm Enskilda Bank)的一个账户中,这个账户的双方解约通知期限是14天,其利息是存款账户中最高的。[3]

目前的利率是每年3%。

附上给您的关于这一存款的银行收据。[4]

同时,我们将授予您的金质奖章连同获奖证书进行妥善保管,请您告诉我们,您希望何时将这些东西寄往哪个地址。

期待您确认收到银行收据,我们代表诺贝尔基金会,怀着崇高敬意签下名字

H. Sederholm

K. Posse

TLS.[30 008]。这封信寄往"Herrn Professor Dr. Albert Einstein,bei Kaizosha(改造社,爱因斯坦博士教授先生),No.11 chome Atagoshita-cho,Shibaku,Tokyo(东京)"。

[1]Sederholm(1859—1943)是诺贝尔基金会的执行董事。Posse(1866—1932)是基金会的会计。

[2]Christopher Aurivillius 在一个月前通过电报和信件告诉了爱因斯坦(见文件384和385)。

[3]根据当时的汇率,这一数目相当于275 885,781马克或32 654美元[见 *Berliner Tageblatt*(《柏林日报》),1922年12月11日]。爱因斯坦在他去远东前的1921/22学年,在柏林收到了下列年薪:身为威廉皇帝物理研究所所长的20 000马克(相当于59美元);来自柏林大学的81 720马克(相当于439.21美元);以及来自普鲁士科学院的24 000马克[相当于169.79美元;(以上马克兑美元的汇率变化很大,并不固定,敬请读者注意。——译者)见卷12,日程(Calendar)中的1921年10月15日;日程中的1922年1月17日和1922年3月28日,以及1922年3月28日;以及《柏林日报》(晚报版EE),1921年10月13日、1921年1月17日和1922年3月28日]。由此,爱因斯坦从他的三份柏林薪资中一共收到了125 720马克,相当于668美元。因此,诺贝尔奖的奖金代表着约49年的柏林薪资总和。

[4]收据见[30 010]。

# 397.致山本实彦

京都,1922年12月12日

尊敬的山本先生!

您为我和我夫人的日本之行出力良多,因此我觉得绝对有义务向您阐明下述情况:这船[1]在16天后才离开门司,而我在这段时间并没有为您做什么。所以我觉得,在此期间,自己不应去麻烦稻垣先生和他夫人。[2]正因为我很爱他俩,

所以请求您，为了减轻我的内疚，让我和我妻子独自在京都度过安静的时光。能让我们在这座奇妙的城市待这么久，您为我们做的真的足够了。我也请您，不要让任何人纯粹出于对我们的友好而前往福冈和门司。

值此良机，我要向您表达我内心最深处的感谢，感谢您让我们有机会看到这个奇妙的国度，您一直全程宽容而悉心照料我们，让我们整个行程都非常美好。

顺致诚挚问候！您的

A. 爱因斯坦

我妻子昨天不在大阪，因为我要求她留在京都。我之所以这样做，是因为事先没能及时知道要在大阪举行一个官方欢迎会。由于不是她的问题而造成了意外的混乱，我妻子对此感到很不愉快[3]。

ALS. [36 430]。这封信写在抬头是"京都酒店"的信笺上。

[1]"榛名丸"号。

[2]稻垣守克，当时是爱因斯坦的私人翻译。托尼·稻垣（Tony Inagaki）。

[3]关于爱因斯坦在他日记中对 Elsa 反应的描述，见文件 379 中的 1922 年 12 月 11 日的条目。

## 398. "答宗教问题"

[*Einstein 1923c*]

日期　1922 年 12 月 14 日

发表　2 月 23 日

于：《改造》（*Kaizo*）5(1922)：194—195 以及 197。

# アインスタイン博士答辯

――（アインスタイン博士答辯）――

## 一、宗教問題に對して

一、科學的眞と宗教的眞とは異つた立場に立つとお考へになりますか。つまり科學的發見は宗教的信仰を改正し迷信を除外し得るでせうか。何故ならば宗教感情は科學的發見に對して衝突を起すことがあり得ますから。

二、この兩者は相容れるでせうか。

三、「神」についてどんな概念をお持ちですか。

四、「救世主」についての御意見はどうですか。

右四項は我國の或る宗教家であり、科學者である人からの質問にかかる、それに關して博士は左の如く答へた。

足下

一、「科學的眞」なる言葉に明らかな意味を與へることは既に容易ではありません、「眞」なる言葉の意味は、それぞれ體驗事實、數學的定理、若くは自然科學的理論に關するに從つて異つてゐます。「宗教的眞」なる言葉のもとに私は然う判きりしたことを自分に考へることは出來ません。

二、科學的探究は因果的思想並に普遍觀の要求によつて迷信を減らすことは出來ます。宗教感と連關せる理性の或る確信若くは世界の概念性がすべての精緻な科學的研究に根據となつてゐることは確かです。

三、經驗し得る世界にあらはれる一つの思考的理性のその確信は深い感情と結びつけられて、私の純神概念を形づく

――〈アインスタイン博士答辯〉――

ります。これを別に云ひあらはせば「汎神教的」（スピノザ）とも名づけられます。

四、贖罪の信條を私はたゞ歴史的に且つ心理學的に見なすことは出來ます。私は之等に對しその外の何の關係をももちません。

親愛なる會釋をもって

アー・アインスタイン

## 二、社會並に政治問題に對して

又博士は日本プロレタリア同盟の人々の社會及政治に關する質問には左の如く答へた。

足下等、

あなたがたのお手紙へのお答へがこれまで出來なかったのは、お手紙と宛名とを私が失くしてしまったからです。今山本氏から宛名を再び貰つたのでお答へしやうと思ひますが、お尋ねを詳しく思ひ出すわけにまゐりません。

最初にお斷りしなければないことは日本の社會的並に政治的事情についての私の觀察は余りに乏しくて、自分にも或る判斷を信頼し得ない程であるといふことです。私は第一の點に關しましては、一見適合しないやうな二つの事がらをを見ました。それは眼立つた貧困と逼迫との缺けてゐることと、そしてそれにも抱らず他方に大部分家庭勞働であるところの手内職の恐ろしく廉いことです。この謎の解釋として私の推察するところでは、人間の慾求の少ないこと、その生活方法の適切なこと、その外特に酒精に對する節制に依るのではありますまいか。それはどうあらうとも、ともかく私は、この國の工業化が進んでゆくことや、又政治的の形勢から勞働階級の組織が必要になつて來ることを信じてゐます。

(197)

# 答宗教问题

有人向爱因斯坦教授请教他关于宗教的观点,他针对下列问题给予如下回答:[1]

1)您认为"科学真理"与"宗教真理"的出发点截然不同吗?

2)两者是互相推动的关系吗,也就是说,科学发现能够改善宗教信仰、排除迷信,因为宗教情感可以给科学发现以推动作用吗?

3)教授先生对"上帝"的观念是什么?

4)教授先生如何看待"救世主"?

1)给"科学真理"这一概念赋予一个清晰的定义,并不是一件容易的事。因为,"真理"这一单词的含义都各有不同,这要看它是涉及一个经验事实、一个数学定理,或是一个自然科学理论。而就"宗教真理"这一概念而言,我根本无法想象出任何清晰的内涵来。

2)科学研究可以通过鼓励因果思维和提供全局视野而削弱迷信的影响。我深信,所有细致的科学研究工作都基于一种类似于宗教情感的,对理性或者世界本身的可认知性的热诚的信念。[2]

3)那种根深蒂固的信念,认为可认知的世界是超级理性的表现,这就是我对上帝的理解。用通俗的表述方式可以称之为"泛神论"(斯宾诺莎 Spinoza)。[3]

4)我只能从历史和心理的角度看待宗教信仰的传统,除此之外我与之毫无关系。[4]

---

发表于《改造》(Kaizo)5(1922):pp. 194—195 和 p. 197,于 1923 年 2 月;Einstein 1934,pp. 175—176。另存一份 ADS[28 013]日期为 1922 年 12 月 14 日,写在抬头是"京都酒店"的信笺上,附有致意和签名。

[1]这些问题由基督教青年会的一名成员提出。1922 年 11 月 24 日,他在那里发表了一个演讲。

[2]他曾在年轻时经历了相当于"一种深切的宗教感觉"的东西("ein inniges Religionsgefühl")[见 Maja Winteler-Einstein(Vol. 1, p. lix)的"Albert Einstein-Beitrag für sein Lebensbild(阿耳伯特·爱因斯坦——为他生平所写的文章)"]。

[3]Spinoza 的作品自从 1902 年——"奥林匹亚学院"的时间——起便吸引着他。他多次阅读《伦理学》(Ethics)[见他在 1917 年 7 月 6 日致 Elsa Einstein 的信(第八卷,文件 115)]。关于爱因斯坦如何看待斯宾诺莎哲学的讨论,见 Jammer 1999。

[4]1921 年 1 月 5 日,他在给柏林犹太社区的信中声明自己不属于任何宗教组织(Vol. 12,文件 8)。

## 爱因斯坦在京都大学的演讲

### I

在引力光弯曲的预言被1919年的英国日食考察队证实后,爱因斯坦便声名鹊起,开始向科学听众和普罗大众进行无数关于相对论的演讲。他有时也被要求讲述自己发现这一理论的经历。因此,在1921年应译者Robert Lawson的要求,爱因斯坦在英国期刊《自然》(*Nature*)上发表了"A Brief Outline of the Development of the Theory of Relativity(相对论发展简述)"。[1]同年,在美国之行中,他在芝加哥的帕克学校(Parker School)①向学校老师们做了一个演讲,并亲自简述了发现相对论的历程。这一演讲似乎是即兴之举,现存只有一份速记抄本记录爱因斯坦对听众的演讲内容。[2]

类似地,爱因斯坦在访问京都大学时也被要求和学生们说说相对论的发现。爱因斯坦再次畅所欲言,而现存的只有一份之后不久发表的日文报道,作者是爱因斯坦的朋友和在日期间的向导、在德国受过训练的物理学家石原纯。由于这份文件在历史文献中被广泛讨论并引起争议,也由于迄今出版了一些石原报道的不同英译版本,所以在这里提供其日文报道的原文和一个英文翻译。

### II

1922年12月14日,爱因斯坦在京都大学出席了一个学生欢迎会。看来他是被要求讲述自己发现相对论的过程,并以一个即兴演讲满足了这一要求。关于演讲的信息源于三份资料:爱因斯坦旅行日记中的当日条目;石原在《改造》上发表的他对爱因斯坦演讲的笔记日文版的前言段落;以及石原在该文章的再版前言中的附注,这一再版是出版于1923年的单行本 *Einstein kyoju koen-roku* [*Records of Professor Einstein's Lectures*(《爱因斯坦教授讲演录》)]。我们将简要地展示这些原始资料关于这一事件的内容。

爱因斯坦在他的日记里提到了向学生演讲的起因(文件379)。关于那天,他写道:

> 与大学教授们的隆重午宴。大批学生集会。校长和学生会代表用无可

---

① 芝加哥地区的一所著名的从幼儿园到高中都包含在内的私立学校,成立于1901年,秉承著名哲学家杜威(John Dewey, 1859—1952)和"进步教育之父"帕克(Francis Wayland Parker, 1837—1902)的教育理念。帕克是美国进步学校运动的先驱,他认为教育应该包括个人的完全发展,包括精神、身体和道德在内。他致力于创建以整个孩子为中心的课程,反对标准化、孤立的训练和死记硬背的学习。他认为教育不仅仅是将信息塞进学生的思想中,而是教会学生自己思考并成为独立的人。包括爱因斯坦、美国第44任总统奥巴马(Barack Obama, 1961—)和民权运动领袖刘易斯(John Robert Lewis, 1940—)在内的名人,都曾到该校演讲。——校者

挑剔的德语(相当真诚地)发表讲话。然后我(应邀)做了一个关于相对论形成的演讲。

> Feierliches Mittagessen mit Professoren der Universität. Grosse Studentenversammlung. Ansprache des Rektors und Vertreters der Studentenschaft in tadellosem Deutsch (sehr herzlich). Dann Vortrag von mir über Entstehung der Relativitätstheorie (auf Wunsch).

唯一现存的关于演讲内容的报道,是由石原纯提供的,他用自己的话在《改造》(*Kaizo*)上首次发表,此后不久又作为他关于爱因斯坦日本演讲的书中的一章重刊,该书出版于1923年。1971年,石原的儿子絋(Hiroshi)[①]编辑,对这一版本进行了修订再版。[3]

随后不久在《改造》杂志上首次发表的对爱因斯坦演讲的报道,石原以如下声明作为自己整理的演讲内容的序言:

> 这里的文字并非出自爱因斯坦教授自己之手。我所写下的,是用我自己的语言,对教授在去年12月24日的京都大学的欢迎会中最后对学生所说内容要点的一个翻译。如果在我的回忆或理解中有什么不足,那是我的责任,我也必须向爱因斯坦教授和读者道歉。不管怎样,我相信这样一个演讲只能从教授自己的嘴里听到,不能在当前流通的任何著作中找到,因此它是宝贵而重要的,所以设法发表了这篇文字。在这种条件下,我请求教授和读者的大度宽容。[4]

在自己关于爱因斯坦的日本演讲的著作中重刊这篇文字时,石原以下述介绍文字作为京都演讲的前言:

> 关于在京都的演讲,除了我刚才提到的之外,我(石原)觉得还要说一点。它在12月14日进行。那天天气寒冷,就像前一天一样,我们还能在早上看到覆盖在屋顶上的小雪。中午,我们和教授前往大学出席一场午宴。在随后的短暂休息时,教职员们与爱因斯坦教授聊天。然后是学生欢迎会。当教授准备从他的椅子起身时,我将西田教授的一个建议告诉了他。正如我在前面所提到的,正是西田第一个敦促改造社的山本先生邀请爱因斯坦

---

① 原书错为Hitoshi。此处据西尾成子教授的书[《科学ジャーナリズムの先駆者 評伝 石原 純》(岩波書店、2011年)]进行更正。——译者

教授。他满腔热情地建议:"如果我们能请他在今天讲一个特定主题的话,那么我们想听爱因斯坦教授如何创立相对论的故事。这对我们的学生和我们的好处难以形容。"爱因斯坦教授可能对西田教授印象不错。他一起身迈步就回应道:"这并不是那么容易,不过如果你们想要我讲,我也乐意从命。不管什么主题,对我来说都是一样的。"

但对我们来说,这格外有用。人们如果要理解相对论的内容,那可能有许多不同的著作可供他们使用。但是,关于相对论的创造者为创建理论而经历的想法和努力,并没有其他资料。此外,这也是有幸直接从教授那里听到它的唯一途径。这是教授告诉学生的东西。[5]

在演讲的报道之后,石原纯在自己的著作中附上了以下评论:

在这里我们详细地看到,深远的思考和观察,以及亲密的友谊,如何产生了历史上真正伟大的少数物理理论之一的相对论。即便有非凡的天赋和努力,一个人的大脑也不能总是理解无限的自然现象。在这个人类的伟大任务上以无私善意彼此合作,是一个无可避免的必须之作,也是一大乐事。教授谦虚地强调自己的好运,继续与他人合作进行研究,我不得不钦佩教授的心灵,尤其是当我看到其他高度差得很远的人吹嘘自己渺小的发现,或是无缘无故地反对这一伟大理论的时候。[6]

### III

在小川柘哉(Tsuyoshi Ogawa)(*Ogawa 1979*, pp. 79—80)最早将石原对爱因斯坦演讲的报道部分翻译成英语之后,Yoshimasa A. Ono(*Ono 1982*, pp. 46—47)和 Seiya Abiko(*Abiko 2000*, pp. 13—17)出版了石原对爱因斯坦演讲的报道的英译版,选自 Akira Ukawa 的英译本的段落,由 John Stachel 修订,发表于 *Stachel 1982* 和 *1987*。1986 年,Hans-Joachim Haubold 和 Eiichi Yasui 发表了一个德译本(*Haubold and Yasui 1986*, pp. 272—278)。

### IV

石原的文章描述了在相对论发表多年后,爱因斯坦对其创造和发展的即兴回忆。这些回忆为科学历史学家和科学哲学家构成了一个丰富的——虽然是间接的——原始材料;和所有这类文件一样,读者在阅读它时,需要带着应有的谨慎。在历史文献中,对这一文件的讨论大部分聚焦于一个争议之处:石原的文字写到爱因斯坦提到了 Michelson 的实验,以及在他于 1905 年发表论文"On the Electrodynamics of Moving Bodies(论动体的电动力学)"[*Einstein 1905r*(第二卷,文件23)]前,该实验在他形成相对论观念中所扮演的角色。

关于爱因斯坦何时如何得知Michelson实验,以及对该实验的了解在他通往相对论的道路上可能产生了什么影响的问题,有着长期的争论。

1969年,Gerald Holton主张,尽管许多教材和其他对相对论的报道认为Michelson实验至关重要,但能证明它在爱因斯坦早期思想发展中扮演了一个关键角色的文件证据,却是相当贫乏的,而且充其量是间接的(*Holton 1969*,1988,ch. 8)。Holton并没有讨论爱因斯坦的京都演讲。是广重彻(Tetu Hirosige)将它加到了相关历史讨论的文件名单中(*Hirosige 1976*,pp. 51—57)。

1979年,小川柘哉发表了石原纯关于爱因斯坦京都演讲的报道的一个不完全的英译版(*Ogawa 1979*),随后Yoshimasa A. Ono又发表了一个完整版(*Ono 1982*)。在他们的译本中,爱因斯坦似乎告诉了他的听众,他确实很早就知道Michelson实验了,而它确实对他的思想产生了决定性的影响——这与爱因斯坦后来的一些回忆相反(*Shankland 1963*,pp. 48,55)。1999年,Ryoichi Itagaki对小川(Ogawa)和Ono译本的相关段落——只由两个句子构成——都提出了质疑,并提出另一个译版(*Itagaki 1999*)。[7]在Itagaki的诠释中,日文文字显示爱因斯坦在作为一个学生时并不知道Michelson实验,这个看法与Holton最初的讨论一致。Seiya Abiko另一个英译版对段落中的第一个句子的翻译与Itagak的一致,但第二个句子的翻译却不然(*Abiko 2000*,p. 13)。

为了便于将来对这一事件的讨论,我们在这里(文件399)呈上石原首次发表于《改造》(*Kaizo*)的注释文本,以及一个新的英译版,这个英译版,是由编辑与Masako Ohnuki合作,以Ryoichi Itagaki和Michel Janssen的草稿为基础,专为了这一卷而准备的。

除了爱因斯坦与Mileva Marić的通信(见Vol. 1)之外,能阐明导致狭义相对论形成的爱因斯坦的早期探索和思想的现存直接文献非常之少。京都演讲虽然是间接资料,却最详细地反映了爱因斯坦在1922年前关于相对论起源的想法。但就爱因斯坦而言,它却不是对狭义相对论起源的第一次历史回忆。根据爱因斯坦自己的回顾,从他一年前在芝加哥与教师听众谈论这个主题时做出的评论,也能推测出Michelson实验的积极作用。[8]甚至早在1916年,爱因斯坦就在他与Max Wertheimer的交谈中回顾了Michelson实验的角色。遗憾的是,在这里,证据又是间接的。爱因斯坦的回忆是Wertheimer的著作 *Productive Thinking*(《有成效的思维》)中的一章的基础,该书在Wertheimer逝世后于1945年出版。[9]

## V

京都演讲提供给我们的,不仅是一个关于相对论起源的描述,也涉及通往广义相对论的历程。在这里,这份文件还提供了爱因斯坦对广义相对论的发展过程的最详细回忆之一。但这一发展,有着充足的直接文献记录,包括爱因斯坦与他的同代人的通信往来和手稿上。这些文献使我们能独立地重构广义相对论的历史发展,因此也可能独立地评估爱因斯坦后来的回忆。[10]

[1]*Einstein 1921d*(第七卷,文件 53)。有两份极有可能是这篇文章的早期草稿的手稿(第七卷,文件 31 和 50)。
[2]见 Vol. 12,附录 D,p. 519。
[3]*Kaizo*,Vol. 5,no. 2(1923 年 2 月):1;栗山茂久(Shigehisa Kuriyama)的英译版发表于 *Miller 1987*,p. 9。
[4]*Ishiwara 1923*,pp. 131—133;英译版出自 *Abiko 2000*,pp. 12—13。
[5]见 *Abiko 2000*,p. 3。(原文未见该注释)
[6]*Ishiwara 1923*,p. 151;英译版出自 *Abiko 2000*,p. 17。
[7]关于提出的这两个句子的各种翻译,见文件 399,注释 4 和 5。
[8]见 Vol. 12,附录 D,p. 519。关于一个历史讨论,见 *Dongen 2009*。
[9]*Wertheimer 1945*,chap. 7,pp. 168—188。
[10]关于广义相对论的起源的一个历史,见 *Renn 2007*。

## 399. "我如何创造了相对论"

(石原纯记录的爱因斯坦在京都大学的演讲)
提交　1922 年 12 月 14 日
发表　1923 年
于:《改造》(*Kaizo*)5,no. 2(1923):2—7.

――〈かたつ創を論理性對相は私てしに何如〉――

私が相對性理論にどうして達したかをお話することは決してさう容易なことではありません。そこには人間の思惟を励ますいろいろな隠れた複雜さがあリますから。そしてまたそれらがいろいろな強さをもつて之にはたらいてゐるのでありますから。たゞ簡單にそれらの一々をこゝに述べることはしますまい。また私の書いた論文を數へることをもしますまい。たゞ簡單に最も直接な思想發展の要點をつまんで申し述べてみませう。

最初私が相對性原理を立てやうと云ふ思想を得たのは凡そ十七年以前でした。それがどこから來たかと云ふことは却つて明確には言ひあらはすことは出來ません。併しそれが勿論運動體の光學に關する問題のなかに含まれてゐたのは確かです。エーテルの海のなかをとほして光は傳はつてゆきます。そしてそのエーテルのなかを地球はやはり動いてゐます。若し地球から見たならエーテルは之に對して流れてゐるのです。けれどもこのエーテルの流れを明らかに私たちに實證するところの事實は、物理學の文獻のなかに少しも見出すことが私に出來ませんでした。私はそこでどうにかしてこのエーテルの地球に對する流れ、即ち地球の運動を實證して見たいと考へました。私は當時この問題を自分の心に起したとき、エーテルの存在と、そして地球の運動とを決して疑ひはしなかつたのでした。そこで一つの光源からの光を適當に鏡で反射せしめ、地球運動の方向と之に反する方向とに從ひて、そのエネルギーに差のあるべきことを豫想し、二つの熱電堆を用ひて、之に生ずる熱量の差によりて試めさうとしました。この考は丁度マイケルソンの實驗に於けるものと同樣でありますが、私はまだこの實驗を充分に明らかにしなかつたのでした。併し私がまだ學生として之察の思考を自分にもつてゐたときにこのマイケルソンの實驗の不思議な結果を知り、そして之を事實であると承認すれば、恐らくはエーテルに對する地球の運動と云ふことを考へるのは私たちの誤りであらうと直覺するに至りました。つまり之が私を今日特殊相對性原理と名づけてゐるものに導いた最初の路であつたので、このとき以來私は、地球が太陽のまりを廻つてゐるけれども、その運動は光の實驗によつては認知し得ないものであると思ふやうになつたのでした。

私はこゝで丁度ローレンツの一八九五年の論文を讀む機會を得ました。ローレンツは即ち第一近似の程度に於て、云ひ換へれば運動體の速度と光速度との此の二乘以上の量を省略する範圍に於て、電氣力學を論じ、之を完全に解くことが出來たのでありました。私は更にフィゾーの實驗を問題となし、ローレンツの立てたやうな電子に關する式が、私たちの座標を眞空におく代りに運動物體の上においても同樣に成り立つことを假定して之を論じやうとしました。ともかくもこの時私はマックスウエル・ローレンツの電氣力學の方程式が確かなものであり、正しい事實を示すことを信じました。しかもこの式が運動座標系に於ても成り立つと云ふことは、所謂ゆる光速不變の關係を私たちに敎へるものですけれどもこの光速不變は旣に私たちの力學で知つてゐる速度合成の法則と相容れません。何故にこの二つの事からはお互に矛盾するのであらうか。私はこゝに非常な困難に衝き當るのを感じました。私はローレンツの考をどうにか變更しなければならないことを期待しながら、殆ど一年ばかりを無效な考察に費さねばなりませんでした。そして私には容易にこの謎が解けないものであることを思はずにはゐられませんでした。

ところがベルン（瑞西）にゐた一人の私の友人が偶然に私を助けてくれました。或る美はしい日てした。私は彼を尋ねて斯う話しかけたのです。

「私は近どろどうしても自分に判らない問題を一つ持つてゐる。けふはお前のところにその戰爭をもち込んで來たのだ」と。私はそしていろ〳〵な議論を彼との間に試みました。私はそれによつて釀然として悟ることが出來るやうになりました。次の日に私はすぐもう一度彼のもとに行つてそしていきなり言ひました。

「ありがたう。私はもう自分の問題をすつかり解釋してしまつたよ。」

## 399."我如何创造了相对论"

——〈如にして私は相對性理論をつくったか〉——

私の解釋と云ふのは、それは實に時間の概念に對するものであつた。つまり時間は絶對に定義せられるものではなく、時間と信號速度との間に離すことの出来ない關係のあると云ふことからです。以前の異常な困難は之で始めてすつかりと解くことが出来たのでした。

この思ひ付きの後、五週間で今の特殊相對性原理が成り立つたのです。私はそれが亦哲學的に見ても甚だ至當のものであることを疑ひませんでした。そしてそれはマッハの論とも一致すべきことを見ました。固よりこゝでは、後に一般相對性理論によって解かれたことのやうに直接にはマッハの言と關聯してはゐませんけれども、併し彼が多くの科學上の概念を明かに解析したなかに、間接にはさう云ふ關係をもつてゐると謂うてもよいのであります。

かやうにして特殊相對性理論は生れたのでした。

一般相對性理論への最初の思想はその二年後、即ち一九〇七年に起りました。しかもそれは或る目立つた有樣で起りました。

私はもと運動の相對性がお互に一樣なる速さの運動に限られてゐて、之を任意な運動に及ぼすことの出来ないのを不滿足に思つてゐました。そしてどうかしてこの制限を取り除けることが出来ないであらうかと云ふことを常にひそかに心に懷いてゐました。丁度一九〇七年にスタルク氏の依嘱を受けて彼の主幸せる「放射學及び電子學年報」に特殊相對性理論の諸結論を纏めて書かうとしたときに、すべての自然法則が特殊相對性理論によって論じ得られる間に、只獨り萬有引力の法則に之を應用することの出来ないのを認めて、どうにかして之が論據をも見出したいと云ふことを深く感じました。併し私は容易にこの目的を達することが出来なかったのです。そのなかで私の最も不滿足に思つたのは、惰性とエネルギーとの關係が特殊相對性理論によって美ごとに與へられるにも拘らず、之と重さとの關係、即ち重力の場

──〈かたつ創を論理性對相は私てしに何如〉──

のエネルギーとの關係が全く不明に殘されなければならないことでありました。恐らくはこの説明は特殊相對性理論によりては到底達し得られないものであることを私は想うてゐました。

私はベルンの特許局に於ける一つの椅子に坐つてゐました。そのとき突然一つの思想が私に湧いたのです。

「或る一人の人間が自由に落ちたとしたなら、その人は自分の重さを感じないに違ひない。」

私ははつと思ひました。この簡單な思考は私は實に深い印象を與へたのです。私はこの感激によりて重力の理論へ自分を進ませ得たのです。私は考へ續けました。

「人が落ちるときには加速度をもつてゐる。この人間が判斷する事からは即ち加速度のある體系に於けるものに外ならない」

と。そこで私は單に一樣な速さで動く體系ばかりでなく、加速度をもつ體系へまで一般に相對性原理を擴張しやうと決心したのでした。そしてそこには同時に重力の問題を解くことが出來るであらうことを豫想しました。何故ならば落ちてゆく人間が重さを感じないのはそこに地球重力の外に新に之を打ち消す重力の場をもつからであると解されるからです。即ち加速度をもつ體系では新に重力の場を要求するものであるからです。

併し私はこれからすぐに問題を完全に解決することは出來ませんでした。實際の關係を見出し得るまでには私は尚ほ八年を要したのです。只それを含むやうな稍々一般的の基礎は既に幾分かその以前に私に知られました。

マッハはやはりお互に加速度をもつ體系をすべて等値であると主張した人であります。けれどもこのことは明らかに私たちの幾何學と相容れません。何故ならば若しかやうなすべての體系を可能としてゆるすならば、その各にはもはやユークリッド幾何學は成り立ち得ないからです。幾何學を捨てゝ法則を記すのは、言葉なしに思想を云ひあらはさうとするのに等しいのです。私たちは先づ自分の思想を盛るに言葉を求めなければなりません。私たちはこゝに何を探し求めたらよいのでせうか。

この問題は私には一九一二年まで解けずに殘されましたこの年になつて私はふとガウスの表面理論がこの神秘をひらく鍵をもち得ることに思ひ當りました。ガウスの表面座標を私はそのときほんとうに意味深いものゝ如くに自分に思ひ浮べました。けれども私はそれ迄、リーマンが幾何學の基礎より深く論じたことを知らなかつたのです私はひよつと學生時代に數學教師がガイザーに幾何學を教はつたなかに、ガウスの理論のあつたことを思ひ出し、そこにこの思想を導き出したのです。そして幾何學の基礎が物理的の意味をもつべきことに考へ及んだのでした。プラーグからチューリッヒへ私が歸つて來たとき、そこに自分の親友であり數學者であるグロースマンがゐました。彼は以前私がベルンの特許局にゐた頃も、數學の文獻に自分が多くの不便を感じてゐたのに對し、いろいろ便宜を與へてくれた人です。私はこのとき彼によりて先づ最初にリッチを教へられ、それから後でリーマンを聞き知りました。そこで私はこの友人に、私の問題が果してリーマンの理論で解けるかどうか、即ち曲線素の不變によりて自分の見出さうとする係數が完全に決定されるかどうかを相談しました。そして一九一三年に彼との共著として一篇の論文を書きました。けれども未だそこでは正しい萬有引力の方程式は得られませんでした。私は更にリーマンの式をいろ〳〵研究して見ましたが、自分の思ふやうな結果は到底之によりては得られないと考へられる多くの理由のあつたことを悟りました。私はそこで二年間の苦心が之に續きました。そしてその後で漸く自分の以前の計算に誤のあつたことを悟りました。そして遂に二週間後に始めてそれが私の眼のまべにあらはれたのでした。再びその不變理論に戻つて萬有引力の正しい式を求めやうとしました。

——（かたつ前を論理性對相の私てしに何如）——

一九一五年以後に於て私のした仕事のうちでは只宇宙論の問題だけを舉げたいと思ひます。これは宇宙の幾何學と時間とに關するものでありまして、その根據になつたのは一般相對性理論に於ける限界條件の取扱ひと、又他方にマッハの情性に關する考察とであります。勿論マッハの場合に情性の相對的本質について、どれほど明確な意見をもつてゐたかは私は具體的に知りませんでしたが、少くとも私に取りて彼から受けた精神的影響の頗る大きかつたことは確かであります。

私はともかく萬有引力の式に對する限界條件を不變にしやうとして、遂に世界を閉ちられた空間となして限界を除去することによつて宇宙論の問題を解くことが出來ました。そしてその結果として情性は全く物體相互間の性質としてあらはれ、相對的に對立する物質が存在しないとすれば、物體の情性は亦消滅すべきものであることが導かれました。二般相對性理論は之によつて認識論的に滿足なものとなつたことを私は信じます。

以上に於て私は相對性理論の要點がいかに創り上げられて來たかを簡單に歴史的に述べたつもりです。一

发表于 Kaizo, Vol. 5, No. 2(1923):2—7。原版经过些许修改后,再次刊登于 Ishiwara 1923。这个较晚的版本在 Ishiwara, H. 1971 中经过了进一步的修订。在注释里指出了原始发表版本和1923年再刊版之间的显著区别。对第一次再刊版与第二次再刊版之间区别的讨论,见 Abiko 2000, pp. 3—4。

## 译文[1]

要解释我如何发现相对论绝非易事。[2]这是因为,它涉及了各种各样的隐秘的复杂因素,在不同程度上刺激并影响着一个人的思考。我不会挨个提到这些因素,也不会列出我写过的论文,只能简要概括那些在我的思考发展主线中的关键点。

我第一次考虑相对性原理这个想法的时间,大概是在17年前。[3]我说不准它从何而来。但肯定与运动物体的光学问题有关。光穿过以太海,地球也穿过以太海。从地球的角度来看,以太正在相对地球流动。然而我在任何物理书刊中,都无法发现以太流动的证据。这使我想要找到任何可能的途径,去证明地球运动引起的以太相对地球流动。在开始思索这个问题时,我根本没有怀疑过以太的存在或地球的运动。因此我预言,如果来自某个源的光被一面镜子适当地反射,那么它应该有一个不同的能量,这个能量取决于它的移动是沿着地球的运动方向还是相反方向。利用两个热电堆,我试着通过测量在每一个热电堆中产生的热量的不同,来核实这一点。这个想法与在迈克尔逊实验中的一样,但我对他实验的理解在当时还不清晰。[4]

当我还是一个思索这些问题的学生时,就已熟知迈克尔逊实验的奇怪结果,并出于直觉意识到,如果我们能接受他的结果是一个事实,那么认为地球相对以太运动的想法就是错误的。[5]这一洞见实际上提供了第一条导致现在被称为狭义相对论原理的东西的道路。我自此开始相信,虽然地球绕着太阳旋转,但也不能利用光的实验证实地球运动。

恰好正是在那个时间前后,我有机会拜读了洛伦兹(Lorentz)在1895年的专著。[6]洛伦兹讨论并设法完全解决了一阶近似的电动力学,即忽略运动物体速度与光速比值的二阶和更高阶小量。我也开始研究斐索①实验的问题,并假设在用运动物体坐标系取代真空坐标系时,由洛伦兹建立的电子方程式仍然有效,以此来解释斐索实验的问题。无论如何,我当时相信麦克斯韦-洛伦兹电动力学方程是可靠的,它描绘了事件的真实状态。此外,方程在一个移动坐标系也成立这一条件,提供了一个被称为光速不变的论点。但光速的这种不变性,与从力学

---

① 斐索(Armand Hippolyte Louis Fizeau,1819—1896),法国物理学家,以测定光的速度的实验,后来以他命名的斐索实验而著名。——校者

得知的速度相加法则不相容。

为什么这两件事互相矛盾？我觉得自己在这里遇到了一个异乎寻常的困难。我花了几乎一年的时间思索它，认为自己将不得不对洛伦兹的观点做某种修正，但徒劳无果。我只好承认，这并不是一个容易解决的谜。

偶然之下，一个住在（瑞士）伯尔尼的朋友帮助了我。[7]那天是个好天气。我拜访他，对他说的话大概是："我这些天一直在与一个问题作斗争，不论怎样尝试，都没法解决它。今天我把这个难题带给你。"我和他进行了多方面的讨论。通过这些讨论，我恍然大悟。第二天我又拜访了他，干脆痛快地告诉他："谢谢。我已经完全解决了自己的问题。"

我的解决方法事实上与时间的概念有关。要点是，没有一个绝对的时间定义，而是在时间和信号速度之间有一个分不开的联结。利用这个想法，我就能第一次完全解决那个自己之前的异乎寻常的困难。

有了这个想法后，我在5周内完成了狭义相对论。我毫不怀疑，从一个哲学观点来看，这个理论也是非常自然的。我也意识到它很好地符合了马赫（Mach）的观点。尽管与后来广义相对论解决了的那些问题一样，狭义相对论与马赫的观点显然并没有直接联系，但是可以说它与马赫对各种科学概念的分析有间接的联系。

狭义相对论由此诞生。

广义相对论的第一个想法发生在两年后，在1907年，它是在一个值得纪念的环境中发生的。

运动的相对性限于相对匀速运动，不适用于随意的运动，当时我对此已经感到不满了。我总在私下想，是否能以某种方法来去掉这种限制。

1907年，应《放射性与电子学年鉴》(*Jahrbuch der Radioaktivität und Elektronik*)的编辑施塔克①先生的要求，我尝试为该年鉴总结狭义相对论的结果。[8]当时我意识到，虽然能够根据狭义相对论讨论其他所有自然法则，但这个理论却无法适用于万有引力定律。我有一种强烈的渴望，想设法找出这背后的原因。但要实现这个目标却并不容易。我对狭义相对论最不满意的，是这个理论虽然能完美地给出惯性和能量的关系，但是对惯性和重量，即引力场的能量之间的关系还是完全不清楚的。我觉得在狭义相对论中，可能根本找不到解释。

我正坐在伯尔尼专利局的椅子上的时候，突然产生一个想法："如果一个人

---

① 施塔克（Johannes Stark，1874—1957），德国物理学家，1919年度诺贝尔物理学奖得主。早年曾提携爱因斯坦，后来加入国家社会主义工人党，成为纳粹的积极支持者，以及所谓的"德意志物理学"(Deutsche Physik)的代表。——校者

自由落下,他当然感受不到自己的重量。"

我吓了一跳。这样一个简单的想象给我带来了巨大的冲击力,正是它推动着我去提出一个新的引力理论。我的下个想法是:"当一个人下落时,他在加速。他观察到的,无非就是在一个加速体系中观察到的东西。"由此,我决定将相对论从匀速运动体系推广到加速度体系中。我期待这一推广也将能让我解决引力问题。这是因为,一个下落中的人感受不到他自己的重量,可以被解释为是由于一个新的附加引力场抵销了地球的引力场,换句话说,因为一个加速度体系提供了一个新的引力场。

我并没能以这个观点为基础,马上把问题完全解决掉。我又花了8年多的时间找到正确的关系。但同时,我开始部分地意识到了这个解决方法的大体基础。

马赫也坚持认为所有加速度体系是等效的。但这明显与我们的几何不相符,因为如果允许加速度体系,那么欧氏几何将不能在所有体系中都适用。不用几何表达一个法则,就像不用语言表达一个想法。我们首先必须找到一种表达我们思想的语言。那么在这种情况下我们要找的是什么?

在1912年之前我都没解决这个问题。就在那一年,我突然意识到,有充分理由相信高斯的曲面论可能是揭开这一谜团的钥匙。当时我意识到了高斯曲面坐标极其重要。但还不知道黎曼(Riemann)已经提供了有关几何基础的更深刻的讨论。[9]我碰巧想起,当我还是一名学生时,在一位名为盖泽①的数学教授的课上听过高斯理论。[10]从这里我发展了自己的想法,[11]并且想到了几何必须有物理意义这一概念。

当我从布拉格回到苏黎世时,我的好朋友数学教授格罗斯曼(Grossmann)正在那里。[12]我在伯尔尼专利局时,很难得到数学文献,而他曾经愿意向我提供帮助。这次,他教了我里奇②理论,之后又是黎曼理论。所以我问他,是否能通过黎曼理论真正解决我的问题,即曲线元的不变性是否能完全决定它的系数——我一直试图找到这个系数。1913年,我们合写了一篇论文。[13]但我们并没能在那篇论文中得到正确的万有引力方程。虽然我继续研究黎曼方程,尝试了各种不同的方法,但只是发现了诸多不同理由,使我相信它根本不能得出自己想要的结果。

接下来是两年的艰苦研究。然后我终于意识到在自己先前的计算中存在着一个错误。因此我转回了不变量理论,并试着找到正确的万有引力方程。两周

---

① 盖泽(Carl Friedrich Geiser,1843—1934),瑞士数学家,曾在瑞士苏黎世联邦工学院工作,主要研究代数几何。——校者

② 里奇(Gregorio Ricci-Curbastro,1853—1925),意大利数学家,因在张量微积分领域的研究而闻名。——校者

后,正确的方程终于第一次出现在我的眼前。[14]

关于我在 1915 年后所做的研究,我只想提宇宙学问题。这个问题涉及宇宙几何和时间,一方面基于对广义相对论中的边界条件的处理,另一方面则基于马赫对惯性的观点。当然,我并没有具体地知道马赫对惯性的相对性有什么看法,但他肯定至少对我产生了一个极其重要的影响。

无论如何,在尝试找出万有引力方程的不变性边界条件后,我终于能通过把宇宙视为一个封闭空间并消除边界而解决了宇宙学问题。从这一点我得出以下结论:惯性只不过是一个由一些物体共享的性质。如果一个特定的物体旁边没有其他天体,那么它的惯性肯定会消失。我相信,这使广义相对论在认识论上能令人满意。

我认为上述描述对相对论的基本要素是如何被创造出来的做了一个简要的历史概括。

[1]这一英文译文是编辑与 Masako Ohnuk 合作,以 Ryoichi Itagaki 和 Michel Janssen 的一份草译稿为基础,为这一卷专门准备的。关于翻译问题的一个讨论,见编者按,即上文的"Einstein's Lecture at the University of Kyoto(爱因斯坦在京都大学的演讲)",pp. 624—627。

[2]关于爱因斯坦对相对论发展的更早的描述,见 Einstein 1921d(第七卷,文件 53),以及 Vol. 12,附录 D,特别是 p. 519。

[3]1905 年 6 月 30 日,即大概在演讲的 17 年半前,《物理学纪事》(Annalen der Physik)接收了 Einstein 1905r(第二卷,文件 23)。

[4]Itagaki 1999 指出了小川(Ogawa)和 Ono 的早期译本对这个句子中的翻译不同。他们的版本是:"This idea was as similar as the one in the Michelson experiment, but I had not carried out the experiment yet to obtain any definite result(这个想法与在 Michelson 实验中的相似,但我还没有进行实验以得到任何确切结果)"(Ogawa 1979, p. 79);"Although the idea of this experiment is very similar to that of Michelson, I did not put this experiment to the test(虽然这个实验的想法非常类似于 Michelson 的那个想法,我却还没验证这一实验)"(Ono 1982, p. 46);以及"This idea is similar to that of Michelson's experiment, but I did not carry out this experiment(这个想法类似于 Michelson 实验的那个想法,但我没有进行这个实验)"(Stachel 1982)。Itagaki 建议将关键的半句译为"I did not yet know this experiment well enough(我还没有足够了解这个实验)"(Itagaki 1999)。后来的翻译与 Itagaki 的一致:"This idea was of the same sort as that of Michelson's experiment, but I did not know this experiment very well then(这个想法与 Michelson 实验的类似,但我当时没有非常好地了解这个实验)"(Abiko 2000, p. 13);以及"这个基本思想与在 Michelson 实验一样,我当时还没有足够了解它"("Der Grundgedanke war der gleiche wie bei Michelsons Experiment, das mir damals noch nicht hinreichend bekannt war"; Haubold and Yasui 1986, p. 273)。Wertheimer 的记述证实了爱因斯坦当时正在思考以太漂移实验的迹象:"(……)他试图找到将可能证实或测量以太运动的方法——只是后来才知道物理学家已经做了这种实验"(Wertheimer 1945, p. 169)。关于对爱因斯坦思想的推断的讨论,见 Stachel 1982 以及 Abiko 2000。

[5]在这点上,Itagaki 建议将日语的文本翻译为一个完全不同的意思。他指出了在语法上有虚拟过去完成时的可能,将前面两个句子译为:"But when, still as a student, I had these thoughts in my mind, if I

had known the strange result of this Michelson's experiment and I had acknowledged it as a fact, I probably would have come to realize it intuitively as our mistake to think of the motion of the Earth against the ether(但当我还是一个学生时,心中就有了这些想法,如果我了解并接受这个 Michelson 实验的奇怪结果,那我可能会直觉地意识到,地球相对以太运动的想法是我们的错误)"(Itagaki 1999)。在现存的译本中,没一个符合 Itagaki 的这个翻译。

鉴于译者们对此事的重视,我们在这里给出相关段落的各种不同出版译本:

"When I had these thoughts in mind, still as a student, I got acquainted with the unaccountable result of the Michelson experiment, and then realized intuitively that it might be our incorrrect thinking to take into account of the motion of the Earth relative to the ether, if we recognized the experimental result as a fact(当我作为一个学生在心中怀有这些想法时,得知 Michelson 实验那难以解释的结果,随后直觉地意识到,如果我们承认这一实验结果是一个事实的话,那么认为地球相对以太运动可能是我们的错误想法。)"(Ogawa 1979, p. 79)。

"While I was thinking of this problem in my student years, I came to know the strange result of Michelson's experiment. Soon I came to the conclusion that our idea about the motion of the Earth with respect to the ether is incorrect, if we admit Michelson's null result(当我在学生时代思考这个问题时,得知了 Michelson 实验的奇怪结果。很快我就得出结论,如果我们承认 Michelson 的否定结果,那我们关于地球相对以太运动的想法就是不正确的)"(Ono 1982, p. 46)。

"When I was still a student, and still playing with this idea, I learned of the strange result of Michelson's experiment, and I realized that if one accepts his result as correct, it would probably be wrong to consider the Earth as moving relative to the ether(当我还是一个学生,还在考虑这一想法时,我得知了 Michelson 实验的奇怪结果,而我意识到,如果承认他的结果是正确的话,那认为地球相对以太运动便可能是错)"(Stachel 1982)。

"While I had these ideas in mind as a student, I came to know the strange result of Michelson's experiment. Then I came to realize intuitively that, if we admit this as a fact, it must be our mistake to think of the movement of the Earth against the ether(当身为学生的我在心中有了这些想法时,得知了 Michelson 实验的奇怪结果。然后我出于直觉意识到,如果我们承认这是一个事实,那么认为地球相对以太运动的想法肯定是错误的。)"(Abiko 2000, p. 13)。

"Ich trug diesen Gedanken in mir bei meinem Studium, und als ich von den interessanten Ergebnissen des *Michelson*schen Experiments erfuhr, erkannte ich intuitiv, daβ die Annahme der Erdbewegung gegen den Äther wahrscheinlich falsch wäre, wenn *Michelson* bei seinem Versuch keine Meβfehler begangen haben sollte(我在大学时代就有了这个想法,而当我知道了 Michelson 实验的有趣结果时,我就直觉地断定,如果 Michelson 在他的实验中没有测量误差的话,那么地球相对以太运动的猜想极有可能是错的)"(Haubold and Yasui 1986, p. 273)。

[6]*Lorentz 1895*。1901 年末,爱因斯坦致信 Mileva Marić;他打算研究 Lorentz 的理论:"我现在要全力以赴,研究 Lorentz 和 Drude 在运动物体电动力学上所写的东西"["Ich will mich nun dahinter machen, zu studieren, was Lorentz und Drude über die Elektrodynamik bewegter Körper geschrieben haben"; Einstein 致 Mileva Marić, 1901 年 12 月 28 日(Vol. 1, 文件 131)]。爱因斯坦在他生命的最后时刻宣称,他在 1905 年只知道 *Lorentz 1895*:"就我而言,我只知道 Lorentz 在 1895 年的重要著作,但不知道 Lorentz 后来的工作,也不知道 Poincaré 对后者的跟进研究。在这个意义上,我 1905 年的研究是独立的"["Was mich betrifft, so kannte ich nur Lorentz' bedeutendes Werk von 1895, aber nicht Lorentz' spätere Arbeit, und

auch nicht die daran anschliessende Untersuchung von Poincaré. In diesem Sinne war meine Arbeit von 1905 selbständig";Einstein 致 Carl Seelig,1955 年 2 月 19 日(39 069)];也可参见在第二卷中的讨论,编者按["Einstein on the Theory of Relativity(爱因斯坦论相对论)",p. 259]。

[7]这位朋友是 Michele Besso；见 *Einstein 1905r* 结尾的声明(第二卷,文件 23,p. 306)。

五至六周的时间跨度在爱因斯坦于很晚后的 1952 年 3 月 11 日致 Carl Seelig 的一封信[39 013.1]中得到了支持。他在那封信中写道:"在狭义相对论想法的概念到完成相关发表之间,有五到六周的时间。但是不能把这看作诞生日期,因为论点和组成部分已经预先准备了多年,只是没有做出最终决定"("Zwischen der Konzeption der Idee der speziellen Relativitätstheorie und der Beendigung der betreffenden Publikation sind fünf oder sechs Wochen vergangen. Es würde aber kaum berechtigt sein, dieses als Geburtstag zu bezeichnen, nachdem doch vorher die Argumente und Bausteine jahrelang vorbereitet worden waren, allerdings ohne die endgiltige Entscheidung vorher zu bringen")。

Wertheimer 也详细讲述了爱因斯坦"认真关注了它 7 年；但从他开始质疑人们通常所理解的时间概念的那一刻起(……),他只花了五周来写出关于相对性的论文——虽然这个时候他正在专利局全职工作"(*Wertheimer 1945*,p. 169)。

[8]*Einstein 1907j*(第二卷,文件 47)。关于这篇评论文章的邀约,以及关于爱因斯坦当时对同代的相关科学文献的了解的证据,见爱因斯坦与 Johannes Stark 在 1907 年 9 月 22 日、10 月 4 日和 11 月 1 日的书信往来(分别是第五卷,文件 58、60 和 63)。

[9]最初的 *Kaizo* 发表的版本在这里漏了一个格助词,如果没有这个词,句子可能被错译为"Riemann 讨论了一些比几何基础更深的东西"。1923 年的重刊版加上了缺失的格助词。

[10]最初的 *Kaizo* 出版物加了一个"ga",使得教师成为句子的主语,句子意思被译为"数学教师教授 Geiser 几何"。1923 年重刊版去掉了"ga",改正了这个句子。

[11]最初的 *Kaizo* 出版物读起来字面上更接近:"From this I was able to develop my ideas.(从这里,我得以发展自己的想法。)"

[12]爱因斯坦在 1912 年 7 月 25 日离开布拉格返回苏黎世,并在 1912 年 8 月 10 日登记他在苏黎世的住址变更(见第五卷,p. 631,或第十一卷,pp. 195—196)。Marcel Grossmann 是联邦工学院的教授。关于他的生平,见 Vol. 1,Biography,pp. 381—382,关于他们的合作,见第四卷,编者按,"Einstein on Gravitation and Relativity:The Collaboration with Marcel Grossmann(爱因斯坦论引力和相对性:与 Marcel Grossmann 的合作)",pp. 294—301。

[13]*Einstein and Grossmann 1913*(第四卷,文件 13)。

[14]关于爱因斯坦发现广义相对论的引力方程组的历史记述,见 *Renn 2007* 的前两卷。

# 400. 致 Hans Albert 与 Eduard Einstein

京都,1922 年 12 月 17 日

亲爱的孩子们!

现在你,亲(爱的)Albert,已经当了两个月的学生。[1]我经常很骄傲地想到这点。虽然在日本也相当疲惫,但这个旅行妙不可言。我已经做了 13 次报告。

我非常高兴，我把你，亲(爱的)Albert 留在了苏黎世，是因为我找不出那么多时间来关照你，而且对你来说，大学学业比任何旅行都要重要。无论旅行多么美好，在很多情况下需要出席官方场合。[2] 顺便说下，相较于我迄今所认识的所有其他民族，日本人更吸引我：安静、谦虚、聪明、懂艺术而又体贴，没有什么是为了表面，而是一切都为了实质。现在你们所有人也真的要得到诺贝尔奖的奖金了。[3] 想想房子的事。[4] 剩下的钱将以你们的名字投资个什么。这样你们就会富得流油，说不定哪天我可能又必须找你们借钱，这取决于事情进展如何。我回国后(3 月底或 4 月初)还必须去斯德哥尔摩领奖。随后我在日内瓦时，[5] 自然会去看望你们；我已经期待着那一天。然后我们也可以商量下个夏天干什么。我已下定决心，不再这么频繁地周游世界了；但我还能做到吗？

你们这些坏蛋根本不写信给我；现在要寄到亚洲也太晚了。如果你们要在我回德国前写信给我，例如因为房子的事，那就寄往西班牙(马德里大学)或者——如果你们想快点写的话——寄到在耶路撒冷的犹太复国主义组织那里。我还在信里给你，亲(爱的)Tete 装了一些在路上收集的邮票。

向你们和妈妈致以温暖的问候！

来自你们的
〈阿耳伯特〉爸爸

ALSX. [75 620]. 这封信写在抬头是"京都酒店"的信笺上。

[1]在苏黎世的联邦工学院。1922 年 12 月 8 日，他注册成为工程学的大一新生[见"Matrikel für Einstein, Albert, von Zürich, geb. 14. Mai 1904(阿耳伯特·爱因斯坦户口登记簿，来自苏黎世，1904 年 5 月 14 日出生)"[SzZuETH, Diplomarchiv]。

[2]Hans Albert 曾要求他父亲带他参加这次旅行(见文件 246)。

[3]根据 Einstein 和 Mileva 的离婚判决书，如果爱因斯坦获得了诺贝尔奖，扣除 40 000 马克，奖金将作为 Mileva 的财产存入一家瑞士银行。利息完全随她处置，但她只有在爱因斯坦的同意下才能取出本金(见第九卷，文件 6)。

[4]显然 Mileva 打算用本金买一所房子。最后她以 105 000 瑞士法郎购得了一所位于苏黎世许腾街(Hüttenstrasse)62 号的房子，这笔钱大概相当于 19 125 美元[见"Kaufvertrag(购买协议)"，1924 年 5 月 26 日；SzZZA/Heinrich Zangger Estate]。

[5]智力合作委员会的下一次会议定于 1923 年春举行(见文件 362)。

# 401. 致 Michele Besso 与 Anna Besso-Winteler

奈良(Naru)，[19]22 年 12 月 19 日

我亲爱的人儿们：

温柔而细腻的人们及其艺术。一点都不像小泉八云(Hearn)[1]所说的那样

神秘,温柔而自然。石原人很好。他也写诗。

    盼望我们愉快的再见!

你们的<br>阿耳伯特

AKSX. 引自 *Einstein and Besso 1972*,第 187 页。[7 344]。该明信片上的收件人及其地址是:"(瑞士)伯尔尼专利局 Michele Besso 先生"[Herrn Amt für geistiges Eigentum Bern (Svitzerland)]。

  [1]Lafcadio Hearn,又名小泉八云(Koizumi Yakumo,1850—1904),是爱尔兰裔美籍作家,以其关于日本的著作而知名。

## 402. 致 Wilhelm Solf

(宫岛,1922 年 12 月 20 日)[1]

    (……)

    我赶紧把更详细的资料寄给您,作为我的电报答复的补充。[2]Harden 的声明让我在德国的处境更加困难,这对我来说当然是不愉快的,它既不完全对,但也不完全错。[3]因为那些充分了解德国形势的人认为,我的生命确实受到某种威胁。诚然,我在 Rathenau 谋杀案发生前对局势的评估不如事后。在很大程度上,是对远东的向往让我接受了前往日本的邀请;另一个原因,则是暂时摆脱我们祖国的紧张氛围,那种氛围经常让我陷入困难的境地。在 Rathenau 谋杀案发生后,我当然相当高兴能有机会较长时间离开德国,它能让我摆脱了暂时加剧的危险,又不必做任何可能让我的德国朋友和同事不悦的事。

    (……)

TTrL(GyBSA,I. HA,Rep.76 Vc,Sekt. 1,Tit. XI,Teil Vc,Nr. 55,Bl. 158)。*Steinberg et al. 1967*,p. 269;*Grundmann 2004*,p. 233。[82 340]。

  [1]日期由 Solf 标注。这封信包括在 Solf 在 1923 年 1 月 3 日提交给外交部的报告中。
  [2]在文件 379 中提到了那份电报和这份文件。
  [3]关于 Harden 对爱因斯坦离开德国的批判,见文件 379,注释 164。

## 403.致蔡元培

(宫岛,)1922年12月22日

尊敬的校长先生:

虽然我本人极愿意并且还有我们互相郑重的约定,但我现在不能去中国了,这对于我来说是一种莫大的痛苦。[1]我到日本以后,等了五个星期,不曾得到北京方面的消息,那时我猜想你们是不打算践约了。因此,我也不好向你们询问。还有,上海斐司德博士(Dr. Pfister)——像是受先生的全权委托——曾向我提出与我们从前约定的不一致的报酬条件。[2]我也因此猜测先生不情愿履行诺言。

因为这些原因,我将把原定访华的时间安排给了日本,并且我的一切计划也将因不再访华而重新安排了。今日收到您的书信,我才知道是一个误会;[3]但我现在已经不能追改旅事计划了。

我现在请先生原谅,因为您理解我:假如我现在能到北京,我的心情该是如何之愉快啊!如今我切实希望,这种因令人遗憾的误解而发生的延误,将来能有补偿的机会。①

向您致以我崇高的敬意!

A. E.[4]

TTrL. [36 491]。

[1]爱因斯坦在5月初接受了一个邀请,在北京大学进行为期两个星期的讲座(见文件177)。

[2]爱因斯坦在8月末告知Maximilian Pfister,他可能会在中国开展一个两至三周的巡回讲座。但由于在那里的时局混乱,所以他不确定是否能按原计划进行这次旅行(见文件331)。

---

① 此处采自高叔平编:《蔡元培论科学与技术》,河北科学技术出版社,1985年版,第74—75页;有少量改动。这篇译文刊登在1923年1月15日的北京《晨报副刊》上,同时还刊登了蔡元培1月3日写的一篇后记。他写道:(此函)"颇多不可决的地方。安斯坦博士是于今年初来华,早经彼与驻德使馆约定,本没有特别加约的必要。我们和各种团体致函欢迎,是表示郑重的意思。一方面候各团体电复、发函稍迟;一方面到日本后因他的行迹无定,寄到稍迟;我们哪里会想到他还在日本等候我们的消息,才定行止呢?函中说斐司德博士像是受我的全权委托,曾提出什么留华的请求云云,这是我并没有知道的事,读了很觉诧异。但这都是已往的事,现在也不必去管他了。我们已有相对学说讲演会、研究会等组织,但愿一两年内,我国学者对于此种重要学说,竟有多少贡献,可以引起世界著名学者的注意;我们有一部分的人,能知道这种学者的光临,比什么鼎鼎大名的政治家、军事家重要得几十百倍,也肯用一个月费二千镑以上的代表去欢迎他;我想安斯坦博士也未见得不肯专诚来我们国内一次。我们不必懊丧,还是大家互相勉励罢!"——译者

[3]关于蔡的信,见文件392。一个月前,德国驻东京大使告诉驻北京大使,爱因斯坦"大概可能"("voraussichtlich")不会访问北京[见 Plessen 致德国驻京大使馆,(1922年11月)22日[GyBPA-AA/R9208/3508 Deutsche Botschaft China(德国驻华大使馆)]]。关于蔡随后对取消这次访问的失望,见 *Hu 2005*,pp. 73—74。

[4]这两个首字母是手写,不是爱因斯坦的笔迹。

## 404.致 Max 与 Hedwig Born

(宫城,)(1922年)12月23日[1]

亲爱的 Born 夫妇!

圣诞节阳光明媚。愉快、美丽的国家,举止优雅、感情细腻的人民。29日又要经过漫长水路开始回家,经爪哇、巴勒斯坦和西班牙。或许到达时已是4月以后了。

在此期间,致以最热情的问候!

你们的
爱因斯坦

AKSX. *Einstein and Born 1969*, p. 108.[8 279.17]。这封明信片寄往"Herrn u. Frau Professor Max Born Göttingen Deutschland(德国哥廷根 Max born 教授先生和教授夫人)",是 Elsa Einstein 的手迹,盖着"Aki[———]11. 12. 23"(大正十一年12月23日)的邮戳。背面画着宫城严岛神社(Itsuku-shima Shrine)的入口大门。省略了 Elsa Einstein 的问候。

[1]日期和月份是 Elsa Einstein 的笔迹。

## 405.致石原纯

门司,(1922年12月23日至29日)[1]

给我亲爱的同事石原以作纪念,我和他一起见到了这么多的美好事物,一起合作,聊天,度过了许多快乐时光。他是为数不多的那些我非常想要与之一起思考和工作的人之一;虽然出身和传统完全不同,但在我们之间还是存在着一种不可思议的和谐。

阿耳伯特·爱因斯坦
门司,1922年

ALSX. *Ishiwara 1923*, n. pag. [92 817].

[1]日期根据爱因斯坦逗留在门司的时间标注（见文件379）。

# 406.论文集日文版序言

[*Einstein 1923f*]
日期　1922年12月27日
发表　1923年5月1日
于：*Einstein* 1922—1924, Vol. 2, pp. [i-ii].

# Vorwort.

Gelegentlich meines Besuches in Japan hat der unermüdliche Leiter des Kaizoscha-Verlages eine vollständige Kollektion meiner bisherigen wissenschaftlichen Arbeiten fertiggestellt, die nun dadurch den japanischen Fachgenossen und Studenten in bequemer Form zugänglich gemacht sind. Es ist mir eine angenehme Pflicht, Herrn Yamamoto für diese Leistung meinen tiefgefühlten Dank auszusprechen und nicht minder meinem verehrten und befreundeten Fachgenossen Ishiwara, der sich der grossen Mühe der Übersetzung unterzogen hat; sein Name bürgt für eine sinngetreue Übersetzung.

Unsere Wissenschaft schreitet so rasch fort, dass Originalabhandlungen meist sehr rasch ihre aktuelle Bedeutung einbüssen und überholt erscheinen. Andererseits aber hat es stets einen eigentümlichen Reiz, das Werden der Theorien zu verfolgen an Hand der Originalabhandlungen; und nicht selten verleiht ein solches Studium einen tieferen Einblick in die Materie als eine durch die Arbeit vieler Zeitgenossen geglättete systema-

— ii —

tische Darstellung des fertigen Gegenstandes. In diesem Sinne hoffe ich, das die vorliegende Sammlung eine Bereicherung der Fachliteratur darstellt. Insbesondere möchte ich mir erlauben, den jungen Fachgenossen die Abhandlungen über spezielle und allgemeine Relativitätstheorie, die Arbeiten über Brown'sche Bewegung und die quantentheoretischen Arbeiten aus den Jahren 1905 und 1917 empfehlen, welche Überlegungen enthalten, die nach meiner Meinung auch heute noch nicht genügend berücksichtigt werden.

Dies ist die erste Ausgabe meiner sämtlichen wissenschaftlichen Arbeiten. Dass diese in japanischer Sprache erfolgt, ist mir ein neuer Beweis für die Intensität des wissenschaftlichen Lebens und Interesse Japans, das ich in diesen Wochen nicht nur als Stätte der Wissenschaft hochachten, sondern — was doch noch mehr heisst — vom menschlichen Standpunkt lieben gelernt habe.

27. XII. 1922.

Albert Einstein.

## 序言(译文)

在我访问日本期间,改造出版社那位不知疲倦的社长[1]完成了出版我迄今为止的科学论文全集的工作,[2]现在日本的同事和学生可以方便地阅读这些论文。为了这一成果,我谨向山本先生致以深深的谢忱,尤其还要对我亲爱的、深受爱戴的同事石原表示衷心的感谢,[3]他以巨大的努力承担了翻译重任,他的名字是忠实原文翻译的保证。

我们的科学进步如此之快,以至于大多数原始论文很快失去了它们当前的意义而变得过时。但另一方面,通过原始论文跟踪理论的发展过程总是有着一种独特的魅力;而这样的研究,往往比起许多同时代的人最终圆满完成的系统表述,对于问题能提供更深刻的理解。在这个意义上,我希望这一丛书能丰富专业文献。特别是,我想冒昧地向年轻的同事推荐关于狭义和广义相对论论文,布朗运动的文章以及 1905 年和 1917 年关于量子理论的文章,这些论文包含着一些思考,我认为甚至在今天也还没有得到充分的重视。

这是我全部科学论文的第一个版本。[4]它将以日语出版这一事实,在我看来,这证明了科学生活和兴趣在日本的兴盛;我在过去几周中,不但已经开始把日本视作一个令人尊敬的科学国度,而且——更重要的是——还学会了从人类立场上去爱它。

1922 年 12 月 27 日

阿耳伯特·爱因斯坦

---

发表于 *Einstein 1922—1924*, Vol. 2, pp. [i—ii]。

[1]山本实彦。

[2]*Einstein 1922—1924*。

[3]石原纯。

[4]卷 1 包括以下论文的翻译(编号 1—13):*Einstein 1905r*, *1907j*, *1905s*, *1906e*, *1907h*, *1907e*, *1907g*; *Einstein and Laub 1908a*, *1908b*, *1909*; *Einstein 1910c*, *1909a*, *1911f*(第二卷,文件 23, 24, 35, 41, 44, 45, 47, 51, 52, 54, 55;第三卷,文件 6, 22);卷 2 包括以下论文的翻译(编号 14—30):*Einstein 1911h*, *1912c*, *1912h*, *1912i*; *Einstein and Grossmann 1913*, *1914b*; *Einstein 1914e*, *1914o*, *1915f*, *1915h*, *1915i*, *1916g*, *1916p*, *1916o*, *1917b*, *1918e*(第三卷,文件 23,第四卷,文件 3, 8, 9, 13, 25;第六卷,文件 2, 9, 21, 24, 25, 32, 40, 41, 43;第七卷,文件 4);卷三包括以下论文的翻译(编号 31—61):*Einstein 1901*, *1902a*, *1902b*, *1903*, *1904*, *1905k*, *1906a*, *1911e*, *1906b*, *1907b*, *1907c*, *1908a*, *1910d*, *1911a*, *1911c*; *Einstein and De Haas 1915a*, *1915c*; *Einstein 1918i*, *1919b*, *1919c*, *1914l*, *1914m*, *1914c*, *1918l*, *1918b*, *1918d*, *1921e*, *1922q*, *1922p*, *1922f*(第二卷,文件 1, 2, 3, 4, 5, 16, 15, 32, 39, 40, 48;第三卷,文件 9, 10, 12, 14;第四卷,文件 24;第六卷,文件 4, 6, 13, 14;第七卷,文件 2, 3, 6, 15, 18, 22, 54;Vol. 13,文件 43, 231, 387);卷 4 包括以下论文的翻译(编号 76—86):*Einstein 1916e*, *1922c*, *1920j*; *Einstein and Fokker 1914*; *Einstein 1918a*, *1918c*, *1918f*, *1919a*, *1921c*, *1914g*, *1913z*(第四卷,文件 16, 17, 28;第六卷,文件 30;第七卷,文件 1, 5, 9, 17, 38, 52, 71)。

卷 3 条目编号 62—75 之所以缺失,可能是由于 1923 年 9 月 1 日的关东大地震。改造社大楼,包括它的印刷部在内,在次日下午 2 点被烧毁了。许多书籍、草稿和铅板在大火中丢失。卷 1 的前言说卷 3 将包括"分子、电子和量子理论"。事实上,地震8个月后的1924年4月25日出版的卷3并没有包括关于量子理论的论文。缺失的论文可能包括爱因斯坦在他的前言中明确提到的 *Einstein* 1905k 和 1917a。卷4出版于1923年8月31日,即大地震的前一天,先于卷3出版。

# 407.致山本美

门司,1922年(12月27日)[1]

纵观听众济济一堂,
竖起耳朵专心听讲。
聚精会神目光闪亮,
艰难命运坦然担当。
爱因斯坦站于讲台,
授课内容速度飞快。
石原记录准确麻利,
统统写入笔记本里。①

阿耳伯特·爱因斯坦<br>1922年

AKS. *Ishiwara* 1923,n.p.[92 402].

[1]日期标注的根据,是1922年12月27日的日记条目提到了这个文件(见文件379)。

---

① 这首打油诗由施岷翻译,校者对第四、第七和第八句做了些许改动。其德文原文如下:
Gedrängt das Volk, gespitzt die Ohren
Sie sitzen alle wie verloren
In Sinnen tief, verzückt der Blick
Ergeben in ein hart' Geschick.
Der Einstein an der Tafel steht
Die Predigt rasch von Stapel geht
Und Ishiwara flink und fein
Schreibt alles in sein Büchlein ein.
——校者

## 408. Wilhelm Solf 的来信

东京麴町（1922年12月27日）[1]

感谢来函。[2] 将不再安排他事。祝您二位旅途愉快。愿新年带给你们上帝的保佑，正如您到日本的访问为德国的声誉作出了贡献一样。让德国名扬四海而远离大国沙文主义。再见。

Solf

Tgm (Gy-Ar/N1053/101). *Grundmann 2004*, p. 237. [93 975] 这封电报的收件人及地址是：Tgm (Gy-Ar/N1053/101). 电报地址是"门司日本邮船株式会社'平野丸'号转乘客爱因斯坦教授"（Professor Einstein Passenger Hirano Maru care Nippon Yusen Kaisha Moji），寄信人地址："东京麴町（Kojimachiku）"。

[1] 根据整理注释标注日期："Ab 27. Dec. 4 Uhr p.m.（12月27日下午4点发出）"。
[2] 见文件402。

## 409. "再见了日本"

[*Einstein 1922s*]
日期　1922年12月28日
发表　1922年12月29日
于：*Fukuoka Nichinichi Shinbun*（《福冈日日新闻》），p. 2. c

653

「さらば日本よ

日本を去るに臨み、福岡日日新聞を通じて、日本国民にご挨拶する。

日本を去るに臨んで、この国に対する私の感謝の念を申し述ぶる機会を得ましたのを喜びます。私がお国の到るところで受けた心からの歓迎に対して、うれしく感じていることは申すまでもありませぬ。ことに私に深い印象を与えているものは、この地球という星の上に、いまもなおこんなに優美な芸術的伝統を持ち、あのような簡単さと心の美しさとを備えている一つの国民が存在しているという自覚であります。

十二月二十八日　門司にて　アインシュタイン」

发表于《福冈日日新闻》，p.2。

## 译文

临别日本之际，我通过《福冈日日新闻》向日本人民送上我的问候。临别日本之际，我很高兴能有机会向这个国家表达我的感激。我对自始至终在整个国家受到了热烈的欢迎而感到的喜悦无须多言。特别让我印象深刻的，是认识到在地球这颗行星上，仍有一个民族还保存着高雅的艺术传统和如此美丽的率真心灵。12月28日，于门司。爱因斯坦。

## 410.致桑木彧雄

（门司，1922年12月29日）[1]

致桑木教授先生，物理学家和认识论者，我有幸结识的第一位日本物理学家，[2]以作友好纪念

阿耳伯特·爱因斯坦，1922年

大自然是位冷峻的女神。

ADS（JaToWDT，Kuwaki Collection）.[79 439]。

[1]日期的根据是，作者是在告别时写了这些话给桑木（见文件379，1922年12月29日的条目）。

[2]关于他们的第一次见面，见 Einstein 致 Maurice Solovine，1909年3月18日（第五卷，文件142）。

## 411.致土井晚翠

（于"榛名丸"号上）1922年12月30日

非常尊敬的土井先生！

我怀着极大的乐趣和崇敬，读了您严肃缜密的诗歌的德文译本[1]和您极其友好的来信。您对我的成就的过高评价，并不重要[2]——只要这些话是来自于纯洁的灵魂。科学的探索确实还是不同于艺术家的探索。艺术家如果有能力去看和感知，有力量去塑造，并且有耐心和爱去追求至善至美的作品，那他肯定能得到发展。

而科学却像猜谜,甚或是买彩票一样。如果人们能发现什么真正有价值的东西,那就是一件罕见的幸运事。很多具有很高天赋的年轻人工作到耄耋之年,也没能让严酷的[科学]女神向他展示自己深深隐藏的任何秘密;她不可揣度,也不在乎人们忘我地探索真理的美德①。而她向我所吐露的那一点点东西,在那些不知情的人的眼里,肯定是极度地被放大了;这些人不了解前辈以及与我的同行们的功绩。即便如此——我还是很高兴听到您的这些充满热情的话。

您讲的那些关于您的美丽国家的东西,以及它现在所处于的怪诞的过渡状态,我觉得非常好。但我觉得您的描述或许太严厉了。通过这 20 年对西方科学的培养,日本已经达到一个很高水平,并且进行着最深的问题的研究。日本从西方吸收的并非仅仅是文明的外在因素。[3]对每个国家来说,外国文化的泛滥都是危险的,在这种泛滥中,人们很容易忽视并忘记自己高尚的价值——我的意思是指贵国那些受我如此钦佩和喜欢的艺术、社会和道德传统。日本人并没有意识到自己在这方面比欧洲人优越。如果能让他意识到这一点,使他感到,不分青红皂白地接受欧洲的生活方式,将会危及伟大的价值,那将是大有裨益的。日本可以默许欧洲和美国的文明精神;但它应该知道,自己的灵魂远比所有这些外在的闪光的小东西②更有价值。

我怀着喜悦的心情,颤抖着双手,接受了您送的华丽的日中艺术复制品。[4]它们将在这个旅途中陪伴我,并将缓解我在回归欧洲时的痛苦。日本艺术家的双手精巧无比。

我迄今为止的论文全集不久后将会以日语出版,[5]我很乐意给您寄一本,只是要加一个题词很难。但我会想办法。附上一张给您少爷的小卡片。[6]

请收下最诚挚的问候和最热烈的谢意!

您的
A. 爱因斯坦

ALS (JSeTU). *Doi*, *B. 1932*, pp. 11—14. [90 965]。信件有损坏(Torn)。信笺上写着"Nippon Yusen Kaisha S. S. 'Haruna Maru'"("日本邮船株式会社'榛名丸'号")。

[1]未刊文献摘要一览表 486。

[2]土井在他的诗中称赞了爱因斯坦的"不朽的名字"("unsterblichen Namen"),并将他的"天赋"比作"一颗新近出现的彗星"("ein neu auftauchender Komet";见 *Doi*, *B. 1932*, pp. 5—6)。

[3]土井在他的诗中说,他感到了日本的"岛国根性"("insularen Lage"),它对"(西方)外部技术的模仿"("seine äußerliche Technik nachäffend"),以及它"落后(西方)一百年"("um hundert Jahre zurückbleibend";见 *Doi*, *B. 1932*, pp. 6—7)。

---

① 爱因斯坦的意思是说,科学女神不会仅仅因为你刻苦虔诚的探索就会给你回报。——译者
② 指前面提到的"文明的外在因素"。——译者

[4] 12月3日，土井给了爱因斯坦一本北斋的木版画画集（见文件379）。
[5] *Einstein 1922—1924*。关于爱因斯坦的序言，见 *Einstein 1923f*（文件406）。
[6] 土井英一［Eiichi Tsuchii(Doi)］。见下一文件。

## 412. 致土井英一[1]

（于"榛名丸"号上，1922年12月30日）[2]

知道努力思索科学问题的人，从不会觉得空虚和孤独，也能更有力地面对命运的起伏。

向年轻的英一先生致意

阿耳伯特·爱因斯坦

ALS (JSeTU).［90 964］。信件有损坏。这封信寄往"Herrn Bansui Tsuchii 21 Moto-Aramachi Sendai (Japan)"［（日本）仙台 21 Moto-Aramachi，土井晚翠先生］"，并盖着"Shanghai 3 Jan 1923（上海，1923年1月3日）"的邮戳。
［1］英一（1909—1933）是土井晚翠的儿子。
［2］标注日期的根据，是上一文件提到这一文件。

## 413. 致山本实彦

（于"榛名丸"号上，1922年12月30日）[1]

有一些天生的领导人，他们出于内心的驱动，尽其所能改善其民众的社会状况。而您，山本先生，就是他们中的一员。这个目标，并不是哪一个政党的大纲，是您的指明灯。但您的理想不只是塑造日本，也孜孜不倦地致力于当前最大的政治目标，即建立一个用以防止战争灾难的国际组织。为此，它首先需要的是，在不同国家人们之间的相互谅解，以及对全人类真正的国际财富——在这之中，科学可能占据着首位——的重视。这就是我对您邀请我的理解。[2]

您不仅爱社会整体，对于个体也充满了好意。这是我带着喜悦和感激之情所感受到的，我将永远铭记我从您身上以及通过您了解到的美好事物。

您的

阿耳伯特·爱因斯坦

ALSX.［122 793］。

［1］在文件 379，1922 年 12 月 30 日中提到了这一文件，据此标注日期。

［2］关于山本邀请爱因斯坦的背景，见文件 40。

## 414. 致山本美

(于"榛名丸"号上，1922 年 12 月 30 日)[1]

对我来说，您，尊敬的山本夫人，将永远代表日本女性的理想典范。安静、开朗、华丽。您是家庭的灵魂，您的家庭像是一个珠宝箱，您的孩子们[2]像里面的珠宝。在您身上，我真正地看到了你们民族的灵魂，体现了以精致与美丽为主的古代文化。

您的

阿耳伯特·爱因斯坦

ALSX.［122 794］。

［1］在文件 379 的 1922 年 12 月 30 日中提到了这一文件，据此标注日期。

［2］山本美佐子与 Sayoko Yamamoto。

## 415. 致 Charlotte Weigert

(上海，1922 年 12 月 31 日至 1923 年 1 月 2 日)

亲爱的 Weigert 小姐！

感谢您亲切的来信。您神圣的书①很有意思，但是是原始的形而上学。[1]思维被客化为独立于个体的实在了！我们带来了一本华丽的日本画集。[2]您会感到惊讶并喜欢它的。

最好的致意！

您的
A. 爱因斯坦

---

① Weigert 小姐很崇拜丹麦诗人、作家和剧作家 Sophus Michaelis，对她来说，他像一个神人一样。所以他写的书，被爱因斯坦颇带嘲讽地称为"神圣的书"。——译者

AKS(DkKoRA, Privatarkivet no. 3464 [Charlotte Weigert])。[87 938]。附在 Elsa Einstein 的话（略）后面。卡片地址是 Elsa Einstein 亲手写的"Fräulein Lotte Weigert Kopenhagen Hotel Belvedere Raddhuspladsen Dänemark（丹麦哥本哈根市政厅广场 Belvedere 酒店 Lotte Weigert 小姐）"，盖着"Sha[nghai———][上（海）]"的邮戳。背面画着东京的护国寺的细节。

[1]提到的可能是 *Michaelis 1921*，Weigert 在 1922 年 7 月给了爱因斯坦一本，上面有一个题词。爱因斯坦的图书收藏中可以找到该书。几年前，Weigert 告诉爱因斯坦，她与丹麦诗人、作家和剧作家 Sophus Michaelis 的友谊对她的重大意义［见 Charlotte Weigert 致爱因斯坦，1918 年 5 月 15 日（第八卷，文件 539）］。

[2]见文件 379，1922 年 11 月 22 日以及 12 月 3 日、14 日和 25 日的条目。

## 416. Rafaele Contu 的来信[1]

罗维尼（伊斯特拉半岛）［Rovigno（Istria）］，Li. 8.［19(2)3 年 1 月］
12 月 22 日（1923 年 1 月 8 日）[2]

非常尊敬的阿耳伯特·爱因斯坦教授先生：

请您仁慈地原谅我长期的沉默：我在此期间完善了一部有关相对论的重要工作，编写了一部有关该理论的参考资料汇编，将在这个月 1 号出版。——我们的 Hoepli 将寄给您一个副本。[3]

请问您能否告诉我，是否从"Audace"出版社那收到了"Prospettive Relativistiche"（《相对论的观点》）的合同？[4]在 3 月底将出版的一期，是关于您第一篇论文和"关于……的对话"的，按照您同意的条件。[5]我希望能安排好一切，以便全集的大部分卷能在这一年内出版。

学者们和仰慕者们希望能在罗马的大学授予您一个教席。为此，许多人要求我提供［您的］论著目录和其他信息，我也都提供了。我被指示以严格保密的方式询问您，您是否乐意教授高等数学和理论物理学，并请您就这方面给我一份声明，说明我是否能在多广的范围内使用它，好吗？

无论如何，我都会尽量慎重处理此事，不过现我可以事先向您保证，我们的愿望得到充分的支持，将会得到实现，因为它符合严格的科学要求。

如果可能的话，请您即刻回复，并请您再次接受我的最高敬意。
致以崇高的敬意！

Rafaele Contu

TLS. [42 330]。这封信写在抬头是"La Scienza per Tutti Rivista quindicinale di volgarizzazione scientifica ed industriale Casa Editrice Sonzogno-Milano"的信笺上，寄往"Hochwohlgeborenen Herrn Prof. Albert

Einstein,Berlin W. 30 Haberlandstrasse 5(柏林西 30 区哈伯兰大街 5 号,非常尊敬的阿耳伯特・爱因斯坦教授先生)"。

[1]Contu(1895—1952)是一位翻译、编辑和出版商。
[2]不知何人手迹将 1922 年改成 1923 年。另一部打字机把"12 月 22 日"打印在了这一改正之上。Ilse Einstein 在她的回信中,把这封信的日期标注为 1923 年 1 月 8 日(未刊文献摘要一览表 502)。
[3]显然是 *Kopff 1923*。Ulrico Hoepli(1847—1935)是一位在米兰的出版商。
[4]关于 *Einstein 1920j* 和 *1921b* 的意大利语版本(第七卷,分别是文件 38 和 52)。
[5]*Einstein 1905r* 和 *1918k*(分别是第二卷文件 23 和第七卷文件 13)。

# 417."论广义相对论"

(于"榛名九"号上,约 1923 年 1 月 9 日)[1]

[p. 1] **论广义相对论:A. 爱因斯坦**

§1.综述

近些年来,在广义相对论领域中〈推动力最强〉的理论努力〈来源于〉与两个〈源〉思想相关:第一,人们力求将引力场和电磁场理解成一个〈在一个个体下的〉统一实体;第二,将仿射联络的概念从黎曼几何原有的纯度量基础中分离〈分裂〉,在自然法则表达方程的选择上得到新的可能性,或更确切地说,限制。

黎曼几何的基础是〈基础性的〉度量不变式

$$\mathrm{d}s^2 = g_{\mu\nu}\mathrm{d}x_\mu \mathrm{d}x_\nu, \tag{1}$$

理论的所有其他概念,都是从这里推导出的。在这些被推导出的概念中,矢量平行移动在这里首先引起了我们的兴趣。它根据

$$\delta A^\mu = -\Gamma^\mu_{\alpha\beta} A^\alpha \mathrm{d}x_\beta, \tag{2}$$

规定了仿射联络的概念,其中,依据黎曼几何,$\Gamma^\mu_{\alpha\beta}$ 由下式给出

$$\Gamma^\mu_{\alpha\beta} = \frac{1}{2} g^{\mu\sigma}\left(\frac{\partial g_{\sigma\alpha}}{\partial x_\beta} + \frac{\partial g_{\sigma\beta}}{\partial x_\alpha} - \frac{\partial g_{\alpha\beta}}{\partial x_\sigma}\right) \tag{3}$$

首先引入 $\Gamma_{\alpha\beta}$ 的人,似乎是 Christoffel。[2]但 Levi-Civita 和 Weyl 最先把平行移动法则系数作为它的几何诠释。[3]$\Gamma$ 首要的基础意义,在于只有它才确定黎曼曲率张量 $R^i_{k,lm}$ 以及在引力场理论中重要的缩并 $R_{kl}$。

平行移动法则(2)对于基础不变式(1)的依赖(3),出现在黎曼几何,以及广义相对论的原始形式中(除了独立假设的对称条件 $\Gamma^\mu_{\alpha\beta} = \Gamma^\mu_{\beta\alpha}$ 外)[4],原因是平行移动法则要求一个逆变矢量的 $g_{\mu\nu}A^\mu A^\nu$ 值在按照(2)位移时[p. 2]保持不变。[5] 从解析观点看,这就是通过微分("扩展")

$$g_{\mu\nu;\sigma} = \frac{\partial g_{\mu\nu}}{\partial x_\sigma} - g_{\alpha\nu}\Gamma^\alpha_{\alpha\nu} - g_{\alpha\nu}\Gamma^\alpha_{\nu\sigma} \qquad (4)$$

从基础张量$(g_{\mu\nu})$或$(g^{\mu\nu})$构成的张量同等消失的条件。[6]

由于Weyl和Eddington的新理论[7]修改或取消这一联络,他们实际上修改了广义相对论,我们将要简略地察看一下这个修改。我们最终的目的要构建一个新理论,虽然与Eddington的理论有关,但与原始的广义相对论的联系却比后者更自然而且简单。

§2. Weyl和Eddington的理论

H. Weyl的出发点是:光传播或"光锥"的基本法则

$$g_{\mu\nu}dx^\mu dx^\nu = 0。$$

比$ds$本身更具有基本意义。依据他的观点,(在确定的坐标系中)有自己真正意义的是,$g_{\mu\nu}$的关系式,而不是$g_{\mu\nu}$。他秉承着这一观点,规定位移法则(2)下保持不变的,不是一个(eine)矢量的值,而是让两个经过同一点的矢量的值的比例。由此除了(1)的二次型外,他还在几何理论中引入一个线性形式

$$\varphi_\mu dx_\mu。$$

将这一$\varphi_\mu$等同于电磁势,便能得到一个不变量的数学理论,其引力势和电磁势以一种相互依赖的方式出现。

我认为,Weyl这种理论的重要意义,不在于它的物理上的准确性,而是它首先展示了法则(2)对于其原始的度量基础(1)的独立性。[p. 3]但它的弱点也在于它的出发点。和Euklid几何的所有概念一样,平行移动的概念来源于对刚体的定位法则或相对位移法则的思考。平行移动不会改变一段距离的大小的说法〈论断〉的理由就在于此。向四维空间的转换并未在实质上改变这一情况。两个最初使用一样尺子和钟的(无穷小的)参考体测出的两个事件之间的$ds$总是一样的;被凑在一起的两个量尺的长度或两个钟的走动速度,如果它们曾经相同,便会保持相同。

现在人们肯定能从理论中去掉那些涉及刚体和钟的元素。人们也能假定,只有方程$ds^2 = 0$有真正的意义。人们不用借助刚体的物理诠释也能引入仿射联络法则(2)。但〈如果对(2)的诠释是〉要求这一(仿射)法则在位移时不改变两个矢量的数值比例,是相当随意的。[8]

Eddington坚持不懈地走在Weyl开辟的道路上。[9](1)并没有为(2)构成足够的基础,而对物理来说极其根本的黎曼张量只以(2)为基础,所以人们必须尝试单纯依靠(2)。Eddington并不怀疑在自然中存在着一个类型(1)的度量不变量;不过他的目标,是从(2)推导出一个具有物理度量意义的类型(1)的不变量。这很容易办到。单纯从(2)推导出的黎曼曲率张量$R^i_{\kappa,lm}$,在缩并$l$和$m$后,得到

了对称协变张量 $R_{kl}$，这个张量与线元的分量 $dx_k$，给出不变量 $R_{kl}dx_\kappa dx_l$。对那些以(2)作为基础的线元，这是最简单的不变量，所以它被看作基础度规不变量。Eddington 理论的弱点在于，它不能导出全部必要的等式，用以确定 $\Gamma^\mu_{\alpha\beta}$ 的 40 个量。而 Eddington 也没有成功地把它和广义相对论[p. 4]现有的确定结果连接起来。另外，Eddington 也看不到任何出路，为他的理论找到合适的哈密尔顿形式。[10]

因为我的新理论是从 Eddington 的方法，所以我将在这里介绍下列考虑，清楚解释 Eddington 的观点和我的观点之间的关系。我首先问自己，是否存在一个不变的体积积分，其不变性只以(2)为基础；如果存在，那么人们可以要求，这些积分的第一变分对 $\Gamma^\mu_{\alpha\beta}$ 的各个量的所有〈可能〉变化都等于零。然后人们能得到 40 个关于 $\Gamma^\mu_{\alpha\beta}$ 的 40 个量的微分方程，其中有四个相同的关系式。

对这类不变量的存在，可以解释如下：根据 Riemann 理论，在一个四维流形

$$\frac{\delta^{iklm}}{\sqrt{-g}}$$

中，有〈一个张量，如果 $g$ 是 $g_{\mu\nu}$ 的一个行列式，$\delta^{iklm}$ 是大小为零，虽然可能不是对所有四个指数〉一个反对称的 4 阶逆变张量，它的所有分量都有绝对值 $\frac{1}{\sqrt{-g}}$。

通过乘以 $\sqrt{-g}$ 产生了独立于基本张量的张量密度

$$\delta^{iklm}。$$

通过这个张量和黎曼曲率张量，可以构成非零的标量密度，例如：

$$R^i_{\ i,lm}R^\iota_{\ \iota,\lambda\mu}\delta^{lm\lambda\mu}$$
$$R^i_{\ \iota,lm}R^\iota_{\ i,\lambda\mu}\delta^{lm\lambda\mu}。$$

如果用 $\mathfrak{J}$ 表示这类标量密度的一个线性组合，哈密尔顿方程

$$\delta\left\{\int \mathfrak{J}d\tau\right\}=0$$

为 $\Gamma^\mu_{\alpha\beta}$ 的各个量得到了一个包含 40 个二阶微分方程的方程组。这个方程组与四维流形相联系，看起来很有意思。[11]

[p. 5]这在事实上也证明，提出一个 Eddington 意义上的完整的理论是可能的。这个理论仅仅基于在矢量或线元之间存在仿射联络这一假设，而且在中心对称的情形中，需要看它是否符合经验。[12]但我不觉得，人们沿着这条路，将会得到一个符合现实的理论；因为 Eddington 的积分不变量，与积分不变量

$$\int g^{i\kappa}R_{i\kappa}\sqrt{-g}d\tau$$

和

$$\int g^{i\sigma}g^{\kappa\tau}\varphi_{i\kappa}\varphi_{\sigma\tau}\sqrt{-g}\,d\tau,$$

没有任何相似性。这两个积分不变量提供了正确的[13]引力场和（电子外）电磁场的法则，虽然未能提供引力场和电磁场之间的本质关系。

为了建立与原始理论形式的联系，我想到下述理论；当然它基础的一致性不如爱丁顿理论。

§3. 新理论

假定一个连续统，在方程（1）的意义上，存在着一个（通过钟和尺的测定）有物理意义的质量不变量 $ds$。此外我们假定存在符合方程（2）的线元间的仿射联络。但从一开始不引入任何关于仿射联络和度量之间存在相关的前提条件。因此，$g_{\mu\nu}$ 和 $\Gamma^\mu_{\alpha\beta}$ 可以互相独立变化。[14]

[p. 6] 我们从一个标量密度 $\Im$ 出发，它只取决于 $g_{\mu\nu}$、$\Gamma^\mu_{\alpha\beta}$ 和后者的一次导数 $\dfrac{\partial \Gamma^\mu_{\alpha\beta}}{\partial x_\sigma}$。那么自然的普遍法则，将通过哈密尔顿条件

$$\delta\left\{\int \Im\,d\tau\right\} = 0 \tag{5}$$

决定，其中 $g_{\mu\nu}$ 和 $\Gamma^\mu_{\alpha\beta}$ 独立变化。那么将自然法则的内容明确表达为

$$\left.\begin{aligned}\Im_{\mu\nu} &= \frac{\partial \Im}{\partial g^{\mu\nu}} = 0 \\ \Im^{\alpha\beta}_\mu &= \frac{\partial \Im}{\partial \Gamma^\mu_{\alpha\beta}} - \frac{\partial}{\partial x_\sigma}\left(\frac{\partial \Im}{\partial \Gamma^\mu_{\alpha\beta,\sigma}}\right) = 0,\end{aligned}\right\} \tag{5a}$$

其中设

$$\frac{\partial \Gamma^\mu_{\alpha\beta}}{\partial x_\sigma} = \Gamma^\mu_{\alpha\beta,\sigma}\,。$$

关于哈密尔顿的 $\Im$ 函数的选择，需要注意的是：如果对指标 $i$ 和 $m$ 缩并黎曼曲率张量

$$R^i_{\kappa,lm} = \frac{\partial \Gamma^i_{\kappa l}}{\partial x_m} + \Gamma^i_{\alpha l}\Gamma^\alpha_{\kappa,m} + \frac{\partial \Gamma^i_{\kappa m}}{\partial x_l} - \Gamma^i_{\alpha m}\Gamma^\alpha_{\kappa l},$$

将得到张量

$$R_{\kappa l} = \frac{\partial \Gamma^\alpha_{\kappa l}}{\partial x_\alpha} + \Gamma^\alpha_{\kappa\beta}\Gamma^\alpha_{l\alpha} + \frac{\partial \Gamma^\alpha_{\kappa\alpha}}{\partial x_l} - \Gamma^\alpha_{\kappa l}\Gamma^\beta_{\alpha\beta}, \tag{6}$$

在广义相对论中，这和 Riemann-Christoffel 约束（3）或（4）一起给出纯引力场理论。如果放弃 $\Gamma$ 和 $g$ 间的黎曼关系，那么黎曼张量将有通常为零的二次缩并（对指标 $i,k$）：[15]

$$\varphi_{\mu\nu} = \frac{\partial \Gamma^\alpha_{\mu\alpha}}{\partial x_\nu} - \frac{\partial \Gamma^\alpha_{\nu\alpha}}{\partial x_\mu}. \tag{7}$$

[p.7]我们把这个张量理解成代表电磁场,就像 Eddington 已经做的那样。[16]我们将引入明显的假设,即要找的哈密尔顿函数只有在组合(6)和(7)中才包含 Γ 的各个量。

§4.纯引力场法则

在纯引力场的情形中,哈密尔顿函数只取决于(6)。人们通过假设最简单的线性依赖关系:

$$\mathfrak{J}_1 = g^{\kappa\lambda} R_{\kappa\lambda}\sqrt{-g}\,. \tag{8}$$

那么方程式(5a)的形式即为

$$\frac{1}{\sqrt{-g}}\mathfrak{J}_{1\mu\nu} = R_{\mu\nu} - \frac{1}{3}g_{\mu\nu}R = 0 \tag{9}$$

$$\begin{aligned}\frac{1}{\sqrt{-g}}\mathfrak{J}_{1\ \mu}^{\alpha\beta} &= \frac{1}{\sqrt{-g}}\left(\frac{\partial g^{\alpha\beta}\sqrt{-g}}{\partial x_\mu} - \frac{1}{2}\frac{\partial g^{\alpha\sigma}\sqrt{-g}}{\partial x_\sigma}\delta_\mu^\beta - \frac{1}{2}\frac{\partial g^{\beta\sigma}\sqrt{-g}}{\partial x_\sigma}\delta_\mu^\alpha\right) \\ &\quad + \frac{1}{2}g^{\alpha\sigma}\Gamma_{\mu\sigma}^\beta + \frac{1}{2}g^{\beta\sigma}\Gamma_{\mu\sigma}^\alpha - \frac{1}{2}g^{\sigma\tau}\Gamma_{\sigma\tau}^\beta\delta_\mu^\alpha - \frac{1}{2}g^{\sigma\tau}\Gamma_{\sigma\tau}^\beta\delta_\mu^\alpha - g^{\alpha\beta}\Gamma_{\mu\sigma}^\sigma = 0\end{aligned} \tag{10}$$

(10)必须具有张量特性——一位意大利数学家在另外一个场合已经发现这一点——它可以写为以下形式[17]

$$\frac{1}{\sqrt{-g}}\mathfrak{J}_{1\ \mu}^{\alpha\beta} = g^{\alpha\beta};\mu - \frac{1}{2}\delta_\mu^\alpha g^{\beta\sigma};\sigma - \frac{1}{2}\delta_\mu^\beta g^{\alpha\sigma};\sigma - g^{\alpha\beta}g_{\sigma\tau}g^{\sigma\tau};\alpha,^{[18]} \tag{11}$$

其中 $g^{\alpha\beta}_{;\mu}$ 代表以下展开

$$\frac{\partial g^{\alpha\beta}}{\partial x_\mu} + g^{\sigma\beta}\Gamma_{\mu\sigma}^\alpha + g^{\alpha\sigma}\Gamma_{\mu\sigma}^\beta\,^{[19]}$$

利用(11)能(通过形成两个缩并)轻易地证明,方程(10)与以下方程

$$g^{\alpha\beta}_{;\mu} = 0 \tag{10a}$$

等价。但方程(3)与(9)一起,[p.8]恰好是广义相对论在关系式(3)或(4)或(10a)成立的前提下,早先所得到的引力场方程组。

§5.电磁场法则

在引力场附近存在着一个电磁场的这种通常情况下,哈密尔顿函数必须还依赖于张量(7)。依照广义相对论的早先结果,有

$$\mathfrak{J} = \mathfrak{J}_1 + \mathfrak{J}_2\,^{[20]} \tag{11}$$

其中 $\mathfrak{J}_1$ 由(8)给出,并设

$$\mathfrak{J}_2 = \frac{1}{2}g^{\mu\sigma}g^{\nu\tau}\left(\frac{\partial\Gamma_{\mu\alpha}^\alpha}{\partial x_\nu} - \frac{\partial\Gamma_{\nu\alpha}^\alpha}{\partial x_\mu}\right)\left(\frac{\partial\Gamma_{\sigma\beta}^\beta}{\partial x_\tau} - \frac{\partial\Gamma_{\tau\beta}^\beta}{\partial x_\sigma}\right)\sqrt{-g}\,. \tag{12}$$

通过变分得到

$$\frac{1}{\sqrt{-g}}\mathfrak{J}_{2\mu\nu} = -\frac{1}{4}\varphi_{\sigma\alpha}\varphi_{\tau\beta}g^{\sigma\tau}g^{\alpha\beta}g_{\mu\nu} + \varphi_{\mu\alpha}\varphi_{\nu\beta}g^{\alpha\beta\,[21]} \tag{13}$$

$$\frac{1}{\sqrt{-g}}\mathfrak{I}_{2\mu}^{\alpha\beta}=\delta^{\alpha\mu}i^{\beta}+\delta^{\alpha\mu}i^{\alpha}, \tag{14}$$

为了简化形式,设

$$i^{\alpha}\sqrt{-g}=\frac{\partial(\varphi_{\sigma\tau}g^{\sigma\alpha}g^{\sigma\alpha}g^{\tau\beta}\sqrt{-g})}{\partial x_{\beta}}。 \tag{15}$$

考虑到电磁场的〈场激励〉影响,方程组(5a)的第一个系统给出引力场方程组。但(5a)的第二个系统与(11)和(14)结合,却得到了一个电流密度、度量和引力场之间的关系式。在简单转换后,[22]得到

$$g^{\alpha\beta}_{;\mu}=\frac{6}{7}(\delta^{\alpha}_{\mu}i^{\beta}+\delta^{\beta}_{\mu}i^{\alpha})-\frac{4}{7}g^{\alpha\beta}i_{\mu}。 \tag{16}$$

[p. 9]

但在带电的质量($i^{\alpha}=0$)外,黎曼几何的方程组(3)再次有效。但在带电的质量内,度量张量的普遍协变导数不会为零。这是该理论区别于独立电磁场的理论的地方。

根据在这里发展的理论,电的两个符号并不等价,这是极其有趣的。[23]其原因在于方程(7)[24]中的引力场和电磁场之间的关联。只有首先计算中心对称的静态问题之后,才能确定 $\mathfrak{I}_1$ 和 $\mathfrak{I}_2$ 这两个不变量是否足以阐述电子;[25]有趣的问题是:是否对两个电符号来说都存在这类无奇点的解。

新加坡。1923 年 1 月[26]

AD. *Mastrobisi 2002*, pp. 287—297. [2 092]。这份手稿共有 9 页。在原文每页右上角出现的页码,在这里放在页边空白的方括号中。页[1—4]分别写在另一份手稿[2 095]的页[4、3、2 和 8]的背面,这另一份手稿是一位未知者用英文写下的关于相对论的手稿;页[5—9]写在"Nippon Yusen Kaisha S. S. 'Haruna Maru.'(日本邮船株式会社'榛名丸'号)"的信笺背面。

[1]标注日期的根据,是假定这份文件就是爱因斯坦在他的日记中所提到的手稿,见文件 379 的 1923 年 1 月 9 日的条目。

[2]*Christoffel 1869*;关于一个历史讨论,见 *Reich 1994*, pp. 62—62,226—228。

[3]线性联络概念及其几何诠释的历史,见 *Reich 1992*, 1994 以及 *Stachel 2007*;也见 *Einstein 1923e*(文件 425),注释 1。

[4]非对称的线性仿射联络与挠率的几何概念有关,在爱因斯坦访问巴黎前,Cartan 在一个简报中引入了这个概念(见 *Cartan 1922b*)。1922 年 2 月 27 日,在法国科学院(Académie des Sciences)宣读了这一简报,以提交进入会议记录。6 年后,当爱因斯坦发表他的远距平行性理论时,Cartan 让爱因斯坦想起了他早先对广义联络的研究,并特别提到两人 1922 年在 Hadamard 家见面时关于这个主题的谈论。详见 *Sauer 2006*, p. 421;关于已发表的,稍微更清晰的对称联络的论证,也见 *Einstein 1923e*(文件 425),p. 34,以及在 *Weyl 1919b*, p. 101 和 *Pauli 1921*, p. 586 中的类似论证。在文件 418, pp. [47]和[49]中也有关于非对称联络的明确考虑。

[5]对比文件 418, pp. [50]—[49v]。

[6]现代文献称这一条件是度量和联络之间的兼容性条件；例如，见 *Goenner 2004*，特别是 p. 20。关于记号，也见下面的注释 19。

[7]见 *Einstein 1923e*（文件 425）和它的注释 3。

[8]爱因斯坦曾经赞成这样一个共形方法，没有接受 Weyl 的电磁场关联。由此可以把爱因斯坦自己的共形方法[见 *Einstein 1921e*（第七卷，文件 54）]看作一个这里展示的 Weyl 和 Eddington 之间的中间步骤。

[9]*Eddington 1921a* 和 *1923*，chap. 7，sec. 2。

[10]类似地，Weyl 也曾批判 Eddington 的方法：(i)没有给联络分量提供场方程组；(ii)指望一个广义理论可能会解决"未知电子力"的问题；(iii)未能成功地给惯性和引力质量的等价提供一个概念基础。见 *Weyl 1921b*。在 *Weyl 1923* 的附录 4 中，Weyl 也批评仿射方法不能为诸如光锥的共形结构提供一个解释。

[11]爱因斯坦这里的评论挑出了一个 Ehrenfest 早先提出，当时 Weyl 正在研究的主题。1917 年，Ehrenfest 提出了三维空间相比于其他维度空间的独特性问题。这种独特性的例子有：只有在三（或二）维空间中，球对称力场中的环形轨道才是稳定的；以及电场场分量数 $n$，只有在三维中才等于磁场分量数 $n(n-1)/2$（见 *Ehrenfest 1917*）。Weyl 在 *Weyl 1918a* 和 *1919c* 中对四维时空的独特性发表评论后，Ehrenfest 发表了一个他先前论文的德文版，外加一个附录，并在其中讨论了为什么度量线元由坐标的一个齐性二次型给出（*Ehrenfest 1920*）。随后，Weyl 提出，在他的广义相对理论的一个变分公式化中，针对电磁场的作用只在四维流形中才是不变量。更广义地来说，他陈述了在一个普通的度量几何中，依据某些规则在度量场中形成的量，如果是一个给定维度流形中的标量密度，那么它在另外维度的流形中就不再是一个标量密度。详见在不同版本中的越发明确的论述，*Weyl 1919b*，p. 261；*Weyl 1921a*，p. 259；*Weyl 1923*，p. 301（Weyl 只在第五版引用了 Ehrenfest 的论文）。Eddington 在 *Eddington 1921a*，p. 119 的一个注脚中提到了 Weyl 的这一结论。在 *Weyl 1922a* 和 *1922b*，以及 1922 年春在巴塞罗那和马德里的一个演讲系列中，Weyl 更深入地研究了广义的"空间问题"，其中某些具体方面，就是为毕达哥拉斯度量和物理空间的三维性独特性提供一个理由。爱因斯坦在 1922 年 6 月研究了 *Weyl 1922a*（文件 219）。

[12]见下面的注释 25。

[13]插入语暗指一种研究，把基本粒子看作成来源于被适当推广的场方程组的非线性场组态（见文件 219，注释 4）。

[14]这似乎是后来所谓的 Palatini 变分法的第一个清晰构想。

[15]从(3)得到 $\Gamma_{\mu\alpha}^{\alpha} = \frac{1}{\sqrt{-g}} \frac{\alpha\sqrt{-g}}{\alpha x^m}$，这反过来需要 $\varphi_{\mu\nu} = 0$。

[16]*Eddington 1921a*，pp. 110，113。

[17]见 *Palatini 1919b*。爱因斯坦对那篇论文的熟悉，见爱因斯坦致 Attilio Palatini，1920 年 1 月 16 日（第九卷，文件 263）；关于一个历史讨论，见 *Ferraris et al. 1982*，*Cattani 1993*。

[18]最后指数应该是一个 $\mu$。

[19]关于爱因斯坦用分号表示协变导数，见文件 418，注释 22。

[20]在原文中错误地重复使用了方程(11)的编号。

[21]在这个方程中消去了先前的因子 2。

[22]通过方程(11)和(14)，我们有

$$g^{\alpha\beta};\mu - \frac{1}{2}\delta_\mu{}^\alpha g^{\beta\sigma};\sigma - \frac{1}{2}\delta_\mu{}^\beta g^{\alpha\sigma};\sigma - g^{\alpha\beta}g_{\sigma\tau};\mu + \delta_\mu{}^{\alpha i\beta} + \delta_\mu{}^{\beta i\alpha} = 0; \tag{A}$$

用 $g_{\alpha\beta}$ 缩并(A)，得到

$$g_{\alpha\beta}g^{\alpha\beta};\mu = \frac{1}{3}g_{\mu\beta}g^{\beta\sigma};\sigma + \frac{2}{3}i_\mu \tag{B}$$

利用(B),用 $g_\beta{}^\mu$ 缩并(A),得到

$$g^{\alpha\sigma};_\sigma = \frac{26}{7}i^\alpha; \tag{C}$$

方程(A)与(B)和(C)一起组成爱因斯坦的方程(16)。

[23]见 *Einstein 1923e* 发表版(文件425,p. 38)以及文件430中的类似评论。

[24]可能应该是"方程(16)"。

[25]对相关球对称的研究的尝试,见爱因斯坦在文件418,pp. [49v]、[45]和[44]中的草稿计算。

[26]根据文件379,爱因斯坦在1月9日写了一份全版论文,并在次日抵达新加坡。

# 418. 旅行日记背面的计算[1]

(约 1923 年 1 月 9—22 日)[1]

[2]
$$\frac{\partial}{\partial x_\tau}(g_{\mu\nu}g^{\mu\nu}) = 0 \qquad g^{\mu\alpha}\left|\frac{\partial g_{\mu\nu}}{\partial x_\tau}g^{\nu\sigma} = -\frac{\partial g^{\nu\sigma}}{\partial x_\tau}g_{\mu\nu}\right.$$

$$\delta A^\nu = -\Gamma^\nu_{\alpha\beta}A^\alpha dx_\beta$$

$$\frac{\partial g^{\nu\sigma}}{\partial x_\sigma} = \qquad \frac{\partial g^{\alpha\sigma}}{\partial x_\tau}\delta^\alpha_\nu = -g^{\alpha\mu}g^{\sigma\nu}\frac{\partial g_{\mu\nu}}{\partial x_\tau}$$

$$dA^\nu = \frac{\partial A_\nu}{\partial x_\beta}dx_\beta \qquad \qquad = -g^{\alpha\mu}g^{\sigma\nu}\left\{\begin{bmatrix}\mu\tau\\\nu\end{bmatrix}+\begin{bmatrix}\nu\tau\\\mu\end{bmatrix}\right\}$$

[eq. 1]

$$A^\nu - \delta A^\nu \text{ Vektor} = \left(\frac{\partial A_\nu}{\partial x_\beta}+\Gamma^\nu_{\alpha\beta}A^\alpha\right)dx_\beta \qquad \frac{\partial g^{\alpha\sigma}}{\partial x_\tau} = -g^{\alpha\mu}\Gamma^\sigma_{\mu\tau}-g^{\sigma\nu}\Gamma^\alpha_{\nu\tau}$$

$$\left(\frac{\partial A_\nu}{\partial x_\beta}+\Gamma^\nu_{\alpha\beta}A^\alpha\right)\langle B^\beta C_\nu\rangle = \langle\text{Inv}\rangle\text{Tens.} \qquad \frac{\partial g^{\alpha\sigma}}{\partial x_\sigma} = -g^{\alpha\mu}\Gamma^\sigma_{\mu\sigma}-g^{\sigma\nu}\Gamma^\alpha_{\nu\sigma}$$

$$\Gamma^\nu_{\alpha\beta}A^\alpha B^\beta C_\nu = \text{Inv.} - \frac{\partial A^\nu}{\partial x_\beta}B^\beta C_\nu$$

$$\Gamma^\nu_{\alpha'\beta'}A^{\alpha'}B^{\beta'}C_{\nu'} = \text{Inv.} - \frac{\partial A^{\nu'}}{\partial x_{\beta'}}B^{\beta'}C_{\nu'}$$

$$\left(\frac{\partial A_\nu}{\partial x_\beta}+\Gamma^\nu_{\alpha\beta}A^\alpha\right)B^\beta C_\nu = \left(\frac{\partial A^{n'}}{\partial x_{b'}}+\Gamma^{n'}_{ab'}A^{a'}\right)B^{b'}C_{n'}$$

$$0 \qquad \frac{\partial x_\beta}{\partial x_{b'}}\cdot\frac{\partial}{\partial x_\beta}\left(\langle\frac{\partial A^n}{\partial x_\nu}\rangle\langle dx_\nu\rangle\frac{\partial x_{n'}}{\partial x_\nu}A^\nu\right)$$

$$\frac{\partial x_\beta}{\partial x_{b'}}\frac{\partial^2 x_{n'}}{\partial x_\beta \partial x_\nu}A^\nu + \frac{\partial x_\beta}{\partial x_{b'}}\frac{\partial x_{n'}}{\partial x_\nu}\frac{\partial A^\nu}{\partial x_\beta}$$

$$0$$

$$\Gamma^\nu_{\alpha\beta}A^\alpha B^\beta C_\nu = \frac{\partial x_\beta}{\partial x_{b'}}\frac{\partial^2 x_{n'}}{\partial x_\beta \partial x_\nu}A^\nu B^{b'}C_{n'} + \Gamma^{n'}_{ab'}A^{a'}B^{b'}C_{n'}$$

$$\frac{\partial x_\nu}{\partial x_{a'}}A^{a'}$$

$$\Gamma^\nu_{\alpha\beta}\frac{\partial x_\alpha}{\partial x_{a'}}\frac{\partial x_\beta}{\partial x_{b'}}\frac{\partial x_{n'}}{\partial x_\nu} = \frac{\partial x_\beta}{\partial x_{b'}}\frac{\partial x_\nu}{\partial x_{a'}}\frac{\partial^2 x_{n'}}{\partial x_\beta \partial x_\nu} + \Gamma^{n'}_{ab'} \qquad \left|\frac{\partial x_{b'}}{\partial x_\tau}\frac{\partial x_{a'}}{\partial x_\sigma}\frac{\partial x_\rho}{\partial x_{n'}}\right.$$

$$\Gamma^\rho_{\sigma\tau} = \frac{\partial^2 x_{n'}}{\partial x_\tau \partial x_\sigma}\frac{\partial x_\rho}{\partial x_{n'}} + \Gamma^{n'}_{ab'}\ldots A_{n'}\delta_{\nu\beta}\delta_{\nu\sigma}\frac{\partial x_\rho}{\partial x_{n'}}\frac{\partial}{\partial x_\beta}\left(\frac{\partial x_{n'}}{\partial x_\nu}\right)$$

$$A_\rho = \frac{\partial x_\rho}{\partial x_{a'}}A^{a'}$$

$$\Gamma^\rho_{\sigma\tau}A_\rho = \frac{\partial^2 x_{n'}}{\partial x_\tau \partial x_\sigma}A_{n'} + \Gamma^{n'}_{ab'}A_{n'}\frac{\partial x_\rho}{\partial x_{n'}}A_\rho$$

---

① 这是爱因斯坦的计算手稿。仅对部分内容进行翻译。——译者

671
[p.51v]

$$g^{\mu\tau}g^{\nu\sigma}\left|\frac{\partial\varphi_{\mu\nu}}{\partial x_\sigma} - \varphi_{\alpha\nu}\Gamma^{\alpha}_{\sigma\mu}{}^* - \varphi_{\mu\alpha}\Gamma^{\alpha}_{\sigma}{}^*\right.$$ [3]

$$\Gamma^n_{ab} = \overline{A^{n\alpha}} \frac{\partial A_{\alpha a}}{\partial x_b}$$

$$\frac{\partial\varphi_\mu{}^\sigma}{\partial x_\sigma} - \varphi_{\mu\nu}\frac{\partial g^{\nu\sigma}}{\partial x_\sigma} - \varphi_{\alpha\nu}g^{\nu\sigma}\Gamma^{\alpha}_{\sigma\mu}{}^*$$

$$\frac{\partial x_\rho}{\partial x_n{}'}\frac{\partial x_n{}'}{\partial x_\alpha} = \delta_{\rho\alpha}\left|\frac{\partial}{\partial x_\beta}\right.$$

$$+\varphi_{\mu\nu}[g^{\nu\tau}\Gamma^\sigma_{\tau\sigma} + g^{\alpha\beta}\Gamma^\nu_{\alpha\beta}] - \varphi_{\alpha\nu}g^{\nu\sigma}\Gamma^\alpha_{\sigma\mu}{}^*$$

$$\frac{\partial\varphi_\mu{}^\sigma}{\partial x_\sigma} - \varphi_\mu{}^\sigma\Gamma^\alpha_{\sigma\alpha} + \varphi_\mu{}^\tau g^{\alpha\beta}\begin{bmatrix}\alpha\beta\\ \tau\end{bmatrix} -$$

$$\frac{\partial x_\rho}{\partial x_n{}'}\cdot\frac{\partial^2 x_n{}'}{\partial x_\alpha\partial x_\beta}$$

$$\frac{\partial\varphi^{\tau\sigma}}{\partial x_\sigma} - \varphi_{\mu\nu}\left\{\frac{\partial g^{\mu\tau}}{\partial x_\sigma}g^{\nu\sigma} + \frac{\partial g^{\nu\sigma}}{\partial x_\sigma}g^{\mu\tau}\right\} - \varphi_{\alpha\nu}g^{\mu\tau}g^{\nu\sigma}\Gamma^\alpha_{\sigma\mu}{}^*$$

$$+\frac{\partial}{\partial x_\beta}\left(\frac{\partial x_\rho}{\partial x_n{}'}\right)\frac{\partial x_n{}'}{\partial x_\alpha} = 0$$

$$\left(\langle+\rangle - \frac{1}{2}\varphi_{\alpha\nu}g^{\mu\tau}g^{\nu\sigma}g^{\alpha\lambda}\left[\frac{\partial g_{\sigma\lambda}}{\partial x_\mu} + \frac{\partial g_{\mu\lambda}}{\partial x_\sigma} - \frac{\partial g_{\sigma\mu}}{\partial x_\lambda}\right]\right.$$

$$+\frac{1}{2}\varphi_{\alpha\nu}\left(\frac{\partial g^{\nu\alpha}}{\partial x_\mu}g^{\mu\tau} + \frac{\partial g^{\alpha\tau}}{\partial x_\sigma}g^{\nu\sigma} - \frac{\partial g^{\nu\tau}}{\partial x_\lambda}g^{\alpha\lambda}\right)$$

$$\underbrace{\phantom{XXXX}}_{0}$$

$$\Gamma^\rho_{\sigma\tau}{}' = \Gamma^n_{ab}\frac{\partial x_\rho{}'}{\partial x_n}\frac{\partial x_a}{\partial x_\sigma{}'}\frac{\partial x_b}{\partial x_\tau{}'} + \frac{\partial^2 x_n}{\partial x_\sigma{}'\partial x_\tau{}'}\frac{\partial x_\rho{}'}{\partial x_n}$$

$$+\varphi_\alpha{}^\sigma\frac{\partial g^{\alpha\tau}}{\partial x_\sigma}$$

$$\underbrace{\frac{\partial\varphi^{\tau\sigma}}{\partial x_\sigma} - \varphi_\nu{}^\tau\frac{\partial g^{\nu\sigma}}{\partial x_\sigma}}$$

$$\frac{\partial}{\partial x_\tau}\left(\frac{\partial x_\rho{}'}{\partial x_n}\frac{\partial x_n}{\partial x_\sigma{}'}\right) = \cdot + \underbrace{\frac{\partial^2 x_\rho{}'}{\partial x_n\partial x_\tau}\frac{\partial x_n}{\partial x_\sigma{}'}}$$

$$-\varphi^{\alpha\tau}g_{\alpha\nu}\frac{\partial g^{\nu\sigma}}{\partial x_\sigma} \qquad 0$$

$$\frac{\partial}{\partial x_\sigma{}'}\left(\frac{\partial x_\rho{}'}{\partial x_\tau}\right)$$

$$\boxed{\frac{\partial\varphi^{\tau\alpha}\sqrt{-g}}{\partial x_\alpha} + \sqrt{-g}\cdot 2\varphi^{\tau\alpha}\varphi_\alpha}^{[4]}$$
$$= \text{0阶张量密度}$$

$$g_{\alpha\nu}\left|g^{\nu\lambda}\Gamma^\sigma_{\lambda\sigma} + g^{\alpha\beta}\Gamma^\nu_{\alpha\beta}\right.$$

$$\frac{\partial\varphi^{\tau\sigma}}{\partial x_\sigma} + \varphi^{\tau\lambda}\Gamma^\sigma_{\lambda\sigma} - g^{\mu\tau}g^{\nu\sigma}g^{\alpha\beta}\varphi_{\mu\alpha}(g_{\sigma\beta}\varphi_\nu + g_{\nu\beta}\varphi_\sigma - g_{\sigma\nu}\varphi_\beta)$$ [5]

$$\varphi^{\tau\sigma}\frac{\partial\sqrt{-g}}{\partial x_\sigma}\frac{1}{\sqrt{-g}} - (g^{\mu\tau}g^{\alpha\nu}\varphi_{\mu\alpha}\varphi_\nu + g^{\mu\tau}g^{\alpha\sigma}\varphi_{\mu\alpha}\varphi_\sigma$$
$$-4g^{\mu\tau}g^{\alpha\beta}\varphi_{\mu\alpha}\varphi_\beta)$$

$$-\underbrace{(\varphi^{\tau\nu}\varphi_\nu + \varphi^{\tau\sigma}\varphi_\sigma - 4\varphi^{\tau\beta}\varphi_\beta)}_{2\varphi^{\tau\alpha}\varphi_\alpha}$$

## 418. 旅行日记背面的计算

$$R_{\mu\nu} = \Theta_{\mu\nu} + \alpha g_{\mu\nu}\Theta \qquad \Theta_{\mu\nu} = \varphi_{\mu\alpha}\varphi_{\nu\beta}g^{\alpha\beta}$$

672
[p.51]

$$V\frac{d}{dt}\left(\frac{(\varepsilon-1)}{4\pi c}[\mathfrak{e}\mathfrak{h}]\right) = \text{Kraft} \quad \Big| \quad \mathfrak{e}\mathfrak{h}\frac{mil^2}{t^2}\cdot\left\langle\frac{1}{V}\right\rangle \quad \Big| \quad \varphi_{14} = -i\mathfrak{e}_x \qquad \varphi_{31} = \mathfrak{h}_x^{[7]}$$

$$\cancel{V}\frac{\varepsilon-1}{4\pi c}|\mathfrak{e}||\mathfrak{h}] = \frac{\text{脉冲}}{V} = \rho\cancel{V}v \qquad\qquad g^{\alpha\beta} = -\delta_{\alpha\beta}$$

$$\Theta = 2(\mathfrak{e}^2-\mathfrak{h}^2)$$

$$v = \frac{\varepsilon-1}{4\pi\rho c}|\mathfrak{e}||\mathfrak{h}| \qquad \Theta_{44} = -(\varphi_{41}^2 + . + .) = \mathfrak{e}^2$$

$$\sim \frac{10^{-2}\cdot 10\cdot 10^4}{3\cdot 10^{10}} \quad \Theta_{44} + \alpha g_{44}\Theta = \mathfrak{e}^2\langle+\rangle - \alpha(2\mathfrak{e}^2) \qquad \alpha = \frac{1}{2}(\text{wg. 宇宙学问题})$$

$$\sim 3\cdot 10^{-8} \qquad R_{\mu\nu} = \Theta_{\mu\nu} + \frac{1}{2}g_{\mu\nu}\Theta$$

$$\overline{R = 3\Theta}$$

$$R_{\mu\nu} - \frac{1}{2}g_{\mu\nu}R = \Theta_{\mu\nu} - g_{\mu\nu}\Theta \quad \Big| \quad -\frac{1}{4} \qquad -\frac{3}{4}$$

无穷小

$$\langle\Gamma^\rho_{\sigma\tau}\rangle + \delta\Gamma^\rho_{\sigma\tau} = \frac{\partial\xi^\rho}{\partial x_n}\Gamma^n_{\sigma\tau} - \frac{\partial\xi^\alpha}{\partial x_\sigma}\Gamma^\rho_{\alpha\tau} - \frac{\partial\xi^\alpha}{\partial x_\tau}\Gamma^\rho_{\sigma\alpha} - \frac{\partial^2\xi^\rho}{\partial x_\sigma \partial x_\tau}$$

$$\frac{\partial^2(x_n'-\xi_n)}{\partial x_\sigma'\partial x_\tau'}\frac{\partial(x_\rho+\xi_\rho)}{\partial x_n} = -\frac{\partial^2\xi_\rho}{\partial x_\sigma \partial x_\tau}$$

$$\frac{\partial^2\varphi^{\rho'}}{\partial x_\sigma'\partial x_\tau'} = \frac{\partial}{\partial x_t}\left(\frac{\partial\left(\frac{\partial x_\rho'}{\partial x_r}\overline{\varphi^r}\right)}{\partial x_s}\frac{dx_s}{dx_\sigma'}\right)\frac{\partial x_t}{\partial x_\tau'}$$

$$= \frac{\partial^2\overline{\varphi^r}}{\partial x_s \partial x_t}\cdots$$

[8]
$$\underbrace{\begin{matrix}\varphi_{\mu\nu}\\ \mathfrak{b}_x\ \mathfrak{b}_y\ \mathfrak{b}_z\ \mathfrak{e}_x\ \mathfrak{e}_y\ \mathfrak{e}_z\\ \mathfrak{h}_x\ \mathfrak{h}_y\ \mathfrak{h}_z\ \mathfrak{d}_x\ \mathfrak{d}_y\ \mathfrak{d}_z\end{matrix}}_{\psi_{\mu\nu}} \qquad \varphi_{\mu\nu}u_\nu = \langle\mathfrak{E}_\mu\rangle\eta_\mu\Big|\mathfrak{e}_x\ \mathfrak{e}_y\ \mathfrak{e}_z\ 0$$

$$\psi_{\mu\nu}u_\sigma +.+. = \lambda_{\mu\nu\sigma}\Big|\mathfrak{h}_x\ \mathfrak{h}_y\ \mathfrak{h}_z\ 0$$

$$\frac{1}{4}\delta_{\mu\nu}\varphi_\alpha\psi_{\alpha\alpha} - \varphi_{\mu\alpha}\psi_{\nu\alpha}$$

$$44: \frac{1}{2}(\mathfrak{h}^2 - \mathfrak{d}^2) + \frac{1}{2}(\mathfrak{d}^2 - \mathfrak{e}^2)$$

$$\frac{1}{2}\mathfrak{e}^2(\varepsilon^2 - 1)$$

$$-\frac{\partial \Gamma^\sigma_{\mu\nu}}{\partial x_\tau} + \Gamma^\sigma_{\alpha\nu}\Gamma^\alpha_{\mu\tau} + \frac{\partial \Gamma^\sigma_{\mu\tau}}{\partial x_\nu} - \Gamma^\sigma_{\alpha\tau}\Gamma^\alpha_{\mu\nu} \quad \Big| \quad R^\sigma_{\mu,\nu\tau}$$

$$\delta \left| \int \varphi_{i\kappa}\varphi_{lm}\delta^{i\kappa lm}d\tau \right. = {}^0\text{Invariante} \qquad [10]$$

$$\int \varphi_{i\kappa}\delta^{i\kappa lm}\frac{\partial \delta\varphi_l}{\partial x_m}d\tau = 0 \qquad \frac{\partial \varphi_{i\kappa}\delta^{i\kappa lm}}{\partial x_m} = 0.$$

$$R_{i\kappa} = -\frac{\partial \Gamma^\alpha_{i\kappa}}{\partial x_\alpha} + \Gamma^\alpha_{i\beta}\Gamma^\beta_{\kappa\alpha} + \frac{\partial \Gamma^\alpha_{i\alpha}}{\partial x_\kappa} - \Gamma^\alpha_{i\kappa}\Gamma^\beta_{\alpha\beta}$$

$$\int g^{i\kappa}R_{i\kappa}\sqrt{-g}\,d\tau = \mathfrak{I}.$$

$\mathfrak{I}$ 直接取决于 $g^{i\kappa}$ 和 $\Gamma^\alpha_{i\kappa}$。如果把 $g^{i\kappa}$ 和 $\Gamma^\alpha_{i\kappa}$ 被定义为互相独立的量,那么 $\mathfrak{I}$ 也是不变量。

$$\delta\mathfrak{I} = \int\left(\frac{\partial\mathfrak{R}}{\partial g^{i\kappa}}\delta g^{i\kappa} + \frac{\partial\mathfrak{R}}{\partial \Gamma^\alpha_{i\kappa}}\delta\Gamma^\alpha_{i\kappa} + \frac{\partial\mathfrak{R}}{\partial \Gamma^\alpha_{i\kappa;\beta}}\left(\frac{\partial}{\partial x_\beta}\delta\Gamma^\alpha_{i\kappa}\right)\right)d\tau \qquad [11]$$

$$= \int\left[\frac{\partial\mathfrak{R}}{\partial g^{i\kappa}}\delta g^{i\kappa} + \left\{\frac{\partial\mathfrak{R}}{\partial \Gamma^\alpha_{i\kappa}} - \frac{\partial}{\partial x_\beta}\left(\frac{\partial\mathfrak{R}}{\partial \Gamma^\alpha_{i\kappa,\beta}}\right)\right\}\delta\Gamma^\alpha_{i\kappa}\right]d\tau \qquad [eq.\ 2]$$

⟨角⟩弧括号在 ⟨Ksryst⟩[12] 黎曼的情况中一同消失,因为只包含 $g$ 的一次导数和张量。

这明确地得到公式[13]

$$\delta_1\mathfrak{R} = R_{i\kappa}\sqrt{-g}\,\delta g^{i\kappa} - \frac{1}{2}R g_{i\kappa}\sqrt{-g}\,\delta g^{i\kappa}$$
$$= \sqrt{-g}\left(R_{i\kappa} - \frac{1}{2}g_{ik}R\right)\delta g^{i\kappa} \quad [eq.\ 5]$$

$$\delta_2\mathfrak{R} = g^{i\kappa}\sqrt{-g}\,\delta R_{i\kappa}$$

$$\delta R_{i\kappa} = -\delta_i{}^\sigma\delta_\kappa{}^\tau\delta_\mu{}^\alpha\delta_\beta{}^\nu\delta\Gamma^\mu_{\sigma\tau,\nu}\delta_\alpha{}^\beta$$
$$+ \delta_i{}^\sigma\delta_\kappa{}^\tau\delta_\mu{}^\alpha\delta_\beta{}^\nu\delta\Gamma^\mu_{\sigma\nu,\tau}$$

$$\overline{+\frac{\partial g^{\sigma\tau}\sqrt{-g}}{\partial x_\mu} - \frac{\partial g^{\sigma\nu}\sqrt{-g}}{\partial x_\nu}\delta_\mu{}^\tau}$$

$$-\frac{\partial g^{i\kappa}\sqrt{-g}}{\partial x_\nu}\frac{\partial R_{i\kappa}}{\partial \Gamma^\mu_{\sigma\tau,\nu}} = -\delta_i{}^\sigma\delta_\kappa{}^\tau\delta_\mu{}^\nu + \delta_i{}^\sigma\delta_\kappa{}^\nu\delta_\mu{}^\tau$$

$$+\sqrt{-g}(g^{i\sigma}\Gamma^\tau_{i\mu} + g^{\sigma\tau}\Gamma^\tau_{\kappa\mu} - g^{i\tau}\Gamma^\sigma_{i\kappa}\delta_\mu{}^\tau$$
$$-g^{\sigma\tau}\underline{\Gamma^\beta_{\mu\beta}})$$

$$\frac{\partial R_{i\kappa}}{\partial \Gamma^\mu_{\sigma\nu}} = \Gamma^\alpha_{i\beta}\delta_\kappa{}^\mu\delta_\alpha{}^\nu\delta_\sigma{}^\beta + \Gamma^\beta_{\kappa\alpha}\delta_i{}^\mu\delta_\beta{}^\nu\delta_\sigma{}^\alpha$$

[eq. 6]

$$-\Gamma^\alpha_{i\kappa}\delta_\alpha{}^\mu\delta_\beta{}^\nu\delta_\sigma{}^\beta - \Gamma^\beta_{\alpha\beta}\delta_i{}^\mu\delta_\kappa{}^\nu\delta_\sigma{}^\alpha$$

$$\frac{1}{2}g^{i\kappa}g^{\sigma\alpha}\left(\frac{\partial g_{i\alpha}}{\partial x_\kappa} + \frac{\partial g_{\kappa\alpha}}{\partial x_i} - \frac{\partial g_{i\kappa}}{\partial x_\alpha}\right)$$

$$g^{i\kappa}\sqrt{-g} = \Gamma^\nu_{i\sigma}\delta_\kappa{}^{\tau\,\sigma}{}_\mu + \Gamma^\nu_{\kappa\sigma}\delta_i{}^{\tau\,\sigma}{}_\mu - \Gamma^\mu_{i\kappa}\delta_\sigma{}^{\nu\,\sigma}{}_\mu - \Gamma^\beta_{\sigma\beta}\delta_i{}^\sigma\delta_\kappa{}^{\tau\,\nu}$$

$$-\frac{1}{2}\frac{\partial g^{\sigma\kappa}}{\partial x_\kappa} - \frac{1}{2}\frac{\partial g^{\sigma i}}{\partial x_i} - g^{\sigma\alpha}\frac{\partial \lg\sqrt{-g}}{\partial x_\alpha}$$

$$\overline{\frac{\partial g^{\sigma\tau}}{\partial x_\mu} + g^{i\sigma}\Gamma^\tau_{i\mu} + g^{\sigma\kappa}\Gamma^\tau_{\kappa\mu}} = 0 \qquad \begin{bmatrix}\alpha\mu\\\beta\end{bmatrix} + \begin{bmatrix}\beta\mu\\\alpha\end{bmatrix}$$

$$+g^{i\tau}\Gamma^\sigma_{i\mu} = 0 \qquad -\frac{\partial g_{\alpha\beta}}{\partial x_\mu} + \Gamma_{\beta,\alpha\mu} + \Gamma_{\alpha,\beta\mu} = 0$$

$$\left\{\frac{\partial g^{\sigma\tau}}{\partial x_\mu}\right\}\left\{\frac{\partial \lg\sqrt{-g}}{\partial x_\mu} + g^{\sigma\alpha}\Gamma^\tau_{\alpha\mu} + g^{\tau\alpha}\Gamma^\sigma_{\alpha\mu}\right\} + g^{\sigma\tau}\left(\frac{\partial \lg\sqrt{-g}}{\partial x_\mu} - \Gamma^\alpha_{\mu\alpha}\right)$$

$$+ \frac{1}{2}\delta^\tau_\mu\left(\frac{\partial g^{\sigma\alpha}}{\partial x_\alpha} + g^{\sigma\alpha}\frac{\partial \lg\sqrt{-g}}{\partial x_\alpha}\langle + \rangle - g^{\alpha\beta}\Gamma^\sigma_{\alpha\beta}\right) + \frac{1}{2}\delta^\sigma_\mu(\quad) = 0 \quad [14]$$

对 τ 和 μ 缩并

$$\frac{\partial g^{\sigma\alpha}}{\partial x_\alpha} + g^{\sigma\alpha}\underset{-}{\Gamma^\beta_{\alpha\beta}} + g^{\alpha\beta}\underset{0}{\Gamma^\sigma_{\alpha\beta}} + g^{\sigma\alpha}\frac{\partial \lg\sqrt{-g}}{\partial x_\alpha} - g^{\sigma\alpha}\underset{}{\Gamma^\beta_{\alpha\beta}}$$

$$+ 2\left(\underset{+}{\frac{\partial g^{\sigma\alpha}}{\partial x_\alpha}} + g^{\sigma\alpha}\frac{\partial \lg\sqrt{-y}}{\partial x_\alpha} - g^{\alpha\beta}\Gamma^\sigma_{\alpha\beta}\right)_0 + \frac{1}{2}\delta^\sigma_\beta\left(\frac{\partial g^{\beta\alpha}}{\partial x_\alpha} + g^{\beta\alpha}\frac{\partial \lg\sqrt{-g}}{\partial x_\alpha} - g^{\alpha\gamma}\Gamma^\beta_{\alpha\gamma}\right)$$

$$-\frac{3}{2}g^{\alpha\beta}\Gamma^\sigma_{\alpha\beta} + \frac{7}{2}\frac{\partial g^{\sigma\alpha}}{\partial x_\alpha} + \frac{7}{2}g^{\sigma\alpha}\frac{\partial\sqrt{-g}}{\partial x_\alpha} = 0 \qquad \underbrace{\frac{1}{2}\left(\underset{+}{\frac{\partial g^{\sigma\alpha}}{\partial x_\alpha}} + g^{\sigma\alpha}\frac{\partial \lg\sqrt{-g}}{\partial x_\alpha} - g^{\alpha\beta}\Gamma^\sigma_{\alpha\beta}\right)}_{0}$$

$$0 = g^{i\sigma}\Gamma^\tau_{i\mu} + g^{i\tau}\Gamma^\sigma_{i\mu} - \frac{1}{2}g^{i\kappa}T^\sigma_{i\kappa}\delta^\tau_\mu - \frac{1}{2}g^{i\kappa}T^\tau_{i\kappa}\delta^\sigma_\mu - g^{\sigma\tau}\Gamma^\beta_{\mu\beta} \quad \overset{[\text{eq. 6}]}{\Big|} g_{\sigma\alpha}g_{\tau\beta} \qquad [15]$$

$$-\Big| \Gamma_{\beta,\alpha\mu} + \Gamma_{\alpha,\beta\mu} - \frac{1}{2}g^{i\kappa}\Gamma_{\alpha,i\kappa}g_{\mu\beta} - \frac{1}{2}g^{i\kappa}\Gamma_{\beta,i\kappa}g_{\mu\alpha} - g_{\alpha\beta}\Gamma^\sigma_{\mu\sigma} = 0 \quad \text{I} \quad [16]$$

$$+\Big| \Gamma_{\mu,\beta\alpha} + \Gamma_{\beta,\mu\alpha} - \frac{1}{2}g^{i\kappa}\Gamma_{\beta,i\kappa}g_{\alpha\mu} - \frac{1}{2}g^{i\kappa}\Gamma_{\mu,i\kappa}g_{\alpha\beta} - g_{\beta\mu}\Gamma^\sigma_{\alpha\sigma} = 0$$

$$+\Big| \Gamma_{\alpha,\mu\beta} + \Gamma_{\mu,\alpha\beta} - \frac{1}{2}g^{i\kappa}\Gamma_{\mu,i\kappa}g_{\beta\alpha} - \frac{1}{2}g^{i\kappa}\Gamma_{\alpha,\nu\kappa}g_{\beta\mu} - g_{\mu\alpha}\Gamma^\sigma_{\beta\sigma} = 0$$

$$2\Gamma_{\mu,\alpha\beta} - \underbrace{g^{i\kappa}\Gamma_{\mu,i\kappa}g_{\alpha\beta}}_{2\varphi_\mu} - \Big(\underbrace{g_{\alpha\mu}\Gamma^\sigma_{\beta\sigma} + g_{\beta\mu}\Gamma^\sigma_{\alpha\sigma} - g_{\alpha\beta}\Gamma^\sigma_{\mu\sigma}}_{g_{\alpha\mu}\psi_\beta + g_{\beta\mu}\psi_\alpha - g_{\alpha\beta}\psi_\mu}\Big) = 0 \quad [\text{eq. 7}]$$

$$\Gamma_{\mu,\alpha\beta} = \varphi_\mu g_{\alpha\beta} + (g_{\alpha\mu}\psi_\beta + g_{\beta\mu}\psi_\alpha - g_{\alpha\beta}\psi_\mu) = g_{\alpha\mu}\psi_\beta + g_{\beta\mu}\psi_\alpha + g_{\alpha\beta}\chi_\mu$$

已根据 i 规定 φ 和 ψ 。 $\qquad \chi = \varphi - \psi \qquad (\chi = -2\psi)$

$$\cancel{g_{\alpha\beta}\psi_\mu} + g_{\beta\mu}\psi_\alpha - g_{\alpha\mu}\psi_\beta + g_{\alpha\mu}\varphi_\beta - g_{\mu\beta}\varphi_\alpha \cancel{955}$$

$$\cancel{g_{\alpha\beta}\psi_\mu} + g_{\alpha\mu}\chi_\beta - g_{\beta\mu}\psi_\alpha + g_{\beta\mu}\varphi_\alpha - g_{\mu\alpha}\varphi_\beta - 2\cancel{g_{\alpha\beta}\psi_\mu}$$

$$\delta(g_{\mu\nu}A^\mu A^\nu) = 0 \qquad 在 \ A^\mu_\mu \ {}^{[17]} 方向上的平行位移$$

$$\frac{\partial g_{\mu\nu}}{\partial x_\sigma}A^\mu A^\nu A^\sigma - g_{\mu\nu}A^\mu \Gamma^\alpha_{\ \beta}A^\alpha_\nu A^\sigma_\beta$$

$$\left(\frac{\partial g_{\mu\nu}}{\partial x_\sigma} - g_{\mu\alpha}\Gamma^\alpha_{\nu\sigma} - g_{\nu\alpha}\Gamma^\alpha_{\mu\sigma}\right)A^\mu A^\nu A^\sigma = 0$$

675
[p.49v]

$$(\Gamma_{\mu,\nu\sigma} + \Gamma_{\nu,\mu\sigma}) + (\Gamma_{\nu,\sigma\mu} + \Gamma_{\sigma,\nu\mu}) + \cdot \frac{\partial g^{\alpha\beta}}{\partial x_\sigma} + g^{\tau\beta}\Gamma^\alpha_{\tau\sigma} + g^{\tau\alpha}\Gamma^\beta_{\tau\sigma} = \alpha(\delta^\alpha_\sigma i^\beta + \delta^\beta_\sigma i^\alpha)$$

$$\underbrace{\Gamma_{\mu,\nu\sigma} + \Gamma_{\nu,\sigma\mu} + \Gamma_{\sigma,\mu\nu}}_{} \equiv 0 \Big| \quad \varphi_\mu = -\psi_\mu \quad \Big|$$ 那么在直线上的矢量保持不变[18]

$$\Gamma^\sigma_{\alpha\beta}\frac{dx_\alpha}{ds}\frac{dx_\beta}{ds}$$

$$g^{\mu\beta} \Big| \Gamma_{\mu,\alpha\beta} = \varphi_\mu g_{\alpha\beta} + (g_{\alpha\mu}\psi_\beta + g_{\beta\mu}\psi_\alpha - g_{\alpha\beta}\psi_\mu) \Big| g^{\alpha\beta}$$

$$\varphi_\alpha + \psi_\alpha + 4\psi_\alpha - \psi_\alpha = \quad \langle \psi_\mu \rangle 4\varphi_\mu + \psi_\mu + \psi_\mu - \psi_\mu$$
$$\varphi_\alpha + 4\psi_\alpha$$

**中心对称问题**[19]

$$-g_{\alpha\beta} = \delta_{\alpha\beta} + \lambda x_\alpha x_\beta \quad g = f^2\left(\frac{h^2}{1+\lambda r^2}\right) = \Bigg|$$
$$g_{14} = \cdot \quad = \cdot \theta$$
$$g_{44} = f^2$$

$$\Bigg| \begin{aligned} g^{44} &= \frac{1}{f^2} \\ g^{\alpha\beta} &= \bar{\delta}^x_{\alpha\beta} + \bar{\lambda}^x x_\alpha x_\beta = \delta_{\alpha\beta} - \frac{\lambda}{h^2}x_\alpha x_\beta \\ (\delta_{\alpha\beta} + \lambda x_\alpha x_\beta)(\delta^x_{\beta\sigma} + \bar{\lambda}^k x_\beta x_\sigma) &= \delta_{\alpha\sigma} \\ \delta^x_{\alpha\sigma} + \lambda\delta'_{\beta\sigma}x_\alpha x_\sigma + \bar{\lambda} x_\alpha x_\sigma &= \delta_{\alpha\sigma} \\ + \lambda\bar{\lambda}^{\mp}r^2 x_\alpha x_\sigma & \quad \langle \kappa \rangle \\ \bar{\lambda} &= \frac{\lambda}{h^2} \end{aligned}$$

$$2\begin{bmatrix}\alpha\beta\\\sigma\end{bmatrix} = \frac{\partial}{\partial x_{\beta^2}}(\delta_{\alpha\sigma} + \lambda x_\alpha x_\sigma)$$
$$+ \frac{\partial}{\partial x_\alpha}(\delta_{\beta\sigma} + \lambda x_\beta x_\sigma) = \frac{\lambda'}{r}x_\alpha x_\beta x_\sigma$$
$$- \frac{\partial}{\partial x_\sigma}(\delta_{\alpha\beta} + \lambda x_\alpha x_\beta)$$

$$2\begin{Bmatrix}\alpha\beta\\\sigma\end{Bmatrix} = \left(\delta_{\tau\sigma} - \frac{\lambda}{h^2}x_\tau x_\sigma\right)\frac{\lambda^1}{r}x_\alpha x_\beta x_\tau = \frac{\lambda'}{r}\left[x_\alpha x_\beta x_\sigma - \frac{\lambda r^2}{h^2}x_\alpha x_\beta x_\sigma\right] \Bigg| \begin{aligned}\Gamma^\sigma_{\alpha\beta} &= Ax_\alpha x_\beta x_\sigma \\ &+ Bx_\sigma\delta_{\alpha\beta} \\ &+ C(\delta_{\alpha\sigma}x_\beta + \delta_{\beta\sigma}x_\alpha)\end{aligned}$$

$$\Gamma^4_{4\alpha} = \mathfrak{E}x_\alpha \quad \Gamma^\alpha_{44} = Fx_\alpha \Big| \Gamma^\alpha_{4\beta}$$

**引力方程组导数** $\quad R_{i\kappa} = -\frac{\partial\Gamma^\alpha_{i\kappa}}{\partial x_\lambda} + \Gamma^\alpha_{i\beta}\Gamma^s_{\kappa\alpha} + \frac{\partial\Gamma^\alpha_{i\alpha}}{\partial x_\kappa} - \Gamma^\alpha_{i\kappa}\Gamma^\beta_{\alpha\beta} \Big/ g^{i\kappa}\sqrt{-g}$

$$\int\frac{\delta\mathfrak{R}}{\delta g^{i\kappa}}\delta g^{i\kappa} + \underbrace{\left\{\frac{\partial\mathfrak{R}}{\partial\Gamma^\alpha_{i\kappa}} - \frac{\partial}{\partial x_\beta}\left(\frac{\partial\mathfrak{R}}{\partial\Gamma^\alpha_{i\kappa,\beta}}\right)\right\}}_{}\delta\Gamma^\alpha_{i\kappa} = 0 \quad [20]$$

根据Riemann，$R_{i\kappa} - \frac{1}{2}g_{i\kappa}R = 0$ 也会同等消失。

$$\hat{R}_{i\kappa} = R_{i\kappa} + \varphi_{i\kappa} \quad (R_{i\kappa} + \varphi_{i\kappa})(R_{ml} + \varphi_{ml})(g_{il}g_{\kappa m} - \bar{g}_{im}\bar{g}_{\kappa l})$$
$$(R_{i\kappa}\varphi_{ml} + \varphi_{i\kappa}R_{ml}\varphi_{i\kappa})g_{il}g_{\kappa m}g_{im}g_{\kappa l}$$
$$\underbrace{i\kappa \quad lm \quad li \quad m\kappa}_{}$$

$$\cancel{(R_{i\kappa}+\varphi_{i\kappa})(R_{lm}+\varphi_{lm})g_{im}g_{\kappa l}}\overline{R_{lm}+\varphi_{lm}+(\varphi_{ml}-\varphi_{lm})}$$
$$\cancel{(R_{i\kappa}\varphi_{lm}+R_{lm}\varphi_{i\kappa})g_{im}g_{\kappa l}}$$

[p.49]

$$R_{i\kappa} = -\frac{\partial \Gamma^\alpha_{i\kappa}}{\partial x_\alpha}+\Gamma^\alpha_{i\beta}\Gamma^\beta_{\kappa\alpha}+\frac{\partial \Gamma^\alpha_{i\alpha}}{\partial x_\kappa}-\Gamma^\alpha_{i\kappa}\Gamma^\beta_{\alpha\beta}$$

分为对称和反对称部分

$$R_{ik}=S_{i\kappa}+A_{i\kappa}\qquad A_{i\kappa}=\frac{1}{2}\left(\frac{\partial\Gamma^\alpha_{i\alpha}}{\partial x_\kappa}-\frac{\partial\Gamma^\alpha_{\kappa\alpha}}{\partial x_i}\right)$$

人们能推测 $A_{i\kappa}$ 应该是电磁场

但也会导致困难。[21] 特别引入度量场 $g_{\mu\nu}$ 和

电磁场 $\varphi_{\mu\nu}=\dfrac{\partial\varphi_\mu}{\partial x_\nu}-\dfrac{\partial\varphi_\nu}{\partial x_\mu}$ ,

并形成不变式

$$\frac{1}{\sqrt{-g}}\mathfrak{H}=g^{i\kappa}S_{i\kappa}+\varphi^{i\kappa}A_{i\kappa}$$

哈密尔顿原理 $\delta(\int\mathfrak{H}d\tau)=0.$

对 $g^{i\kappa}$、$\varphi_\kappa$ 和 $\Gamma^\alpha_{\mu\nu}$ 分别单独变分。得到

I $\quad 0=\dfrac{1}{\sqrt{-g}}\mathfrak{H}_{i\kappa}=\left(S_{i\kappa}-\dfrac{1}{2}g_{i\kappa}S\right)+\langle 2\rangle\varphi_{i\alpha}g^{\alpha\beta}A_{\beta\kappa}+\varphi_{\kappa\alpha}g^{\alpha\beta}A_{\beta i}$
$\qquad\qquad\qquad\qquad\qquad\qquad\qquad -\dfrac{1}{2}g_{i\kappa}\varphi^{\alpha\beta}A_{\alpha\beta}$

II. $\quad 0=\dfrac{1}{\sqrt{-g}}\mathfrak{H}_i=\dfrac{2}{\sqrt{-g}}\dfrac{\partial\mathfrak{A}^{i\kappa}}{\partial x_\kappa}=0$

III. $0=\dfrac{1}{\sqrt{-g}}\mathfrak{H}^{i\kappa}_\alpha=\dfrac{1}{\sqrt{-g}}\left\{\dfrac{\partial\mathfrak{H}}{\partial\Gamma^\alpha_{i\kappa}}-\dfrac{\partial}{\partial x_\beta}\left(\dfrac{\partial\mathfrak{H}}{\partial\Gamma^\alpha_{i\kappa,\beta}}\right)\right\}$

$\qquad =\mathfrak{B}^{i\kappa}_\alpha-\underbrace{\dfrac{1}{2\sqrt{-g}}\left(\dfrac{\partial\sqrt{-g}\varphi^{i\beta}}{\partial x_\beta\cdot}\delta^\kappa_\alpha+\quad\cdot\quad\right)}_{-\frac{1}{2}(u^i\delta^\kappa_\alpha+u^\kappa\delta^i_\alpha)}$

[22]

$\mathfrak{B}^{i\kappa}_\alpha=g^{i\kappa}_{;\alpha}-\dfrac{1}{2}g^{i\beta}_{;\beta}\delta^\kappa_\alpha-\dfrac{1}{2}g^{\kappa\beta}_{;\beta}\delta^i_\alpha-\dfrac{1}{2}g^{i\kappa}g_{\sigma\tau}g^{\sigma\tau}_{;\alpha}$

677
[p.48v]

$$\sqrt{-g}\frac{1}{2}\varphi^{ik}_{i\kappa}\left(\frac{\partial \delta\Gamma^{\alpha}_{i\alpha}}{\partial x_{\kappa}} - \right) \quad \Big| \quad -\frac{1}{2}\frac{\partial \varphi^{\beta}_{i\kappa}}{\partial x_{\beta}}\delta\Gamma^{\alpha}_{i\alpha}\delta^{\kappa}_{\alpha}$$

$$-\frac{1}{2}\left(\frac{\partial \varphi^{i\beta}_{i\beta}\sqrt{-g}}{\partial x_{\beta}}\delta^{\kappa}_{\alpha} + \right.$$

$$\sqrt{-g}B^{\sigma\tau}_{\mu} = \frac{\partial g^{\sigma\tau}\sqrt{-g}}{\partial x_{\mu}} - \frac{1}{2}\delta^{\tau}_{\mu}\frac{\partial g^{\sigma\nu}\sqrt{-g}}{\partial x_{\nu}} - \frac{1}{2}\delta^{\sigma}_{\mu}\frac{\partial g^{\tau\nu}\sqrt{-g}}{\partial x_{\nu}} \ldots$$

$$\delta\int\sqrt{R^{\nu}_{i\kappa}R^{ik}\atop|R_{i\kappa}|d\tau} = 0 \quad [23] \qquad \delta|R_{i\kappa}| = R^{ik}_{i\kappa}|R_{i\kappa}|\delta R_{i\kappa}$$

$$\int \mathfrak{R}^{ik}\delta R_{i\kappa} = 0 \quad [\text{eq. 8}]^{[24]} \quad R_{i\kappa} = -\frac{\partial\Gamma^{\alpha}_{i\kappa}}{\partial x_{\alpha}} + \Gamma^{\alpha}_{i\beta}\Gamma^{\beta}_{\kappa\alpha} + \frac{\partial\Gamma^{\alpha}_{i\alpha}}{\partial x_{\kappa}} - \Gamma^{\alpha}_{i\kappa}\Gamma^{\beta}_{\alpha\beta}$$

$$\delta R_{i\kappa} = -\delta\Gamma^{\alpha}_{i\kappa,\alpha} + \delta\Gamma^{\alpha}_{i\alpha,\kappa} + \Gamma^{\alpha}_{i\beta}\delta\Gamma^{\beta}_{\kappa\alpha}$$
$$+ \Gamma^{\beta}_{\kappa\alpha}\delta\Gamma^{\alpha}_{i\beta} - \Gamma^{\alpha}_{i\kappa}\delta\Gamma^{\beta}_{\alpha\beta} - \Gamma^{\beta}_{\alpha\beta}\delta\Gamma^{\alpha}_{i\kappa} \quad [\text{eq. 9}]$$

$$\int\left(\frac{\partial \mathfrak{R}^{ik}}{\partial x_{\alpha}}\delta\Gamma^{\alpha}_{i\kappa} - \frac{\partial \mathfrak{R}^{\beta\delta^{\kappa}_{\alpha}}}{\partial x_{\kappa}}\delta\Gamma^{\alpha}_{i\alpha} + \mathfrak{R}^{ik}_{\kappa}\Gamma^{\alpha}_{i\beta}\delta\Gamma^{\beta}_{\kappa\alpha} + \mathfrak{R}^{ik}\Gamma^{\beta}_{\kappa\alpha}\delta\Gamma^{\alpha}_{i\beta}\right.$$

$$\langle+\rangle -\mathfrak{R}^{ik}\Gamma^{\alpha\sigma\tau}_{i\kappa}\delta\Gamma^{\beta_i}_{\alpha\beta} - \mathfrak{R}^{ik}\Gamma^{\beta}_{\alpha\beta}\delta\Gamma^{\alpha}_{i\kappa} \quad [25]$$

$$\frac{\partial \mathfrak{R}^{ik}}{\partial x_{\alpha}}\overset{\sigma\delta^{\kappa}_{\alpha}}{\ } - \frac{\partial \mathfrak{R}^{i\beta}}{\partial x_{\beta}}\delta^{\kappa}_{\alpha} + \mathfrak{R}^{i\beta}\Gamma^{\kappa}_{\beta\alpha} + \ . \quad -\mathfrak{R}^{\sigma\pi}\Gamma^{i}_{\sigma\tau}\delta^{\kappa}_{\alpha} - \mathfrak{R}^{ik}\Gamma^{\beta}_{\alpha\beta}$$
$$0 \qquad 0 \qquad + \qquad \langle+_0\rangle$$

$$\frac{\partial R^{ik}}{\partial x_{\alpha}} + R^{ik}\frac{1}{\sqrt{\mathfrak{D}}}\frac{\partial\sqrt{\mathfrak{D}}}{\partial x_{\alpha}} - \frac{\partial R^{i\beta}}{\partial x_{\beta}}\delta^{\kappa}_{\alpha} - R^{i\beta}\frac{1}{\sqrt{\mathfrak{D}}}\frac{\partial\sqrt{\mathfrak{D}}}{\partial x_{\beta}}\delta^{\kappa}_{\alpha} + \ \ldots \ [\text{eq. 10}]^{[26]}$$
$$0 \qquad \qquad ( \qquad \frac{\partial R^{i\beta}}{\partial x_{\beta}} + R^{\alpha\kappa}\Gamma^{i}_{\alpha\beta} + R^{i\alpha}\Gamma^{\beta}_{\alpha\beta} - R^{ik}R_{\sigma\sigma}R^{\sigma\tau}_{i} \qquad 0$$

$$\langle\partial R\rangle R^{ik}_{;\alpha} - R^{i\beta}_{;\beta}\delta^{\kappa}_{\alpha} - \frac{1}{2}R^{ik}R_{\sigma\tau}R^{\sigma\tau}_{;\alpha}$$

$$+ R^{i\sigma}\Gamma^{\beta}_{\sigma\beta}\delta^{\kappa}_{\alpha} - R^{i\beta}\frac{1}{\sqrt{\mathfrak{D}}}\frac{\partial\sqrt{\mathfrak{D}}}{\partial x_{\beta}}\delta^{\kappa}_{\alpha} + R^{ik}\frac{1}{\sqrt{\mathfrak{D}}}\frac{\partial\sqrt{\mathfrak{D}}}{\partial x_{\alpha}} - R^{ik}\Gamma^{\beta}_{\alpha\beta}$$

$$R^{ik}\left(-\frac{\partial \lg \mathfrak{D}}{\partial x_{\beta}} + 2\Gamma^{\sigma}_{\beta\sigma}\right) \qquad R^{ik}R_{\sigma\tau}\left(\frac{\partial R^{\sigma\tau}}{\partial x_{\beta}} + R^{\alpha\tau}\Gamma^{\sigma}_{\alpha\beta} + \ .\right)$$

[27]

$$\delta^\alpha_\kappa \left| R_{i\kappa} \right| R^{i\kappa}{}_{;\alpha} - \frac{1}{2}\overbrace{R^{i\sigma}{}_{;\sigma}}^{D^i}\delta^\kappa_\alpha - \frac{1}{2}\overbrace{R^{\kappa\sigma}{}_{;\sigma}}^{D^\kappa}\delta^i_\alpha - \frac{1}{2}R^{i\kappa}\overbrace{R_{\sigma\tau}R^{\sigma\tau}{}_{;\alpha}}^{\mathfrak{E}_\alpha} = 0 \quad [\text{eq. 11}]$$

[p.48]

$$\mathfrak{E}_\alpha - \frac{1}{2}R_{i\kappa}D^i\delta^\kappa_\alpha - \frac{1}{2}R_{i\kappa}D^\kappa\delta^\kappa_\alpha - 2\mathfrak{E}_\alpha = 0 \quad [\text{eq. 12}]^{[28]}$$

$$D^i - 2D^i \qquad -\frac{1}{2}D^i \qquad -\frac{1}{2}R^{i\alpha}\mathfrak{E}_\alpha = 0 \quad [\text{eq. 13}]$$

$$\begin{array}{c|c|c} \mathfrak{E}_\alpha - D_\alpha - 2\mathfrak{E}_\alpha = 0 & D + \mathfrak{E} = 0 & D = \mathfrak{E} = 0 \quad [\text{eq. 14}] \\ -\frac{3}{2}D_\alpha - \frac{1}{2}\mathfrak{E}_\alpha = 0 & 3D + \mathfrak{E} = 0 & \end{array}$$

$$R^{i\kappa}{}_{;\alpha} = 0 \quad [\text{eq. 15}]$$

$$R_{;\sigma}R_{\kappa\tau} \left| \frac{\partial R^{i\kappa}}{\partial x_\alpha} + \Gamma^i_{\alpha\beta}R^{\beta\kappa} + \Gamma^\kappa_{\alpha\beta}R^{\beta i} = 0 \right.$$

$$-\frac{\partial R_{\sigma\tau}}{\partial x_\alpha} + \Gamma_{\sigma;\alpha\beta} + \Gamma_{\tau;\alpha\sigma} = 0$$

$$\Gamma_{\alpha;\sigma\tau} = \frac{1}{2}\left(\frac{\partial R_{\sigma\alpha}}{\partial x_\tau} + . - .\right)$$

代入上面R式给出方程组。

考虑到R是非对称的, 电磁学应满足。

$$\int \mathfrak{R}^{i\kappa}\delta R_{i\kappa} = 0$$

$\mathfrak{R}^{i\kappa}$ 和 $R_{i\kappa}$ 反对称。

对 $\delta R^{i\kappa}$, 附上 $\frac{1}{2}(\delta\Gamma^\alpha_{i\alpha,\kappa} - \delta\Gamma^\alpha_{\kappa\alpha,i})$

得到值的积分 $-\frac{1}{2}\int(\mathfrak{R}^{i\kappa}{}_{,\kappa}\delta\Gamma^\alpha_{i\alpha} - R^{i\kappa}{}_{,i}\delta\Gamma^\alpha_{\kappa\alpha})d\tau$

$$-\frac{1}{2}\int(\overline{R^{i\sigma}{}_{,\sigma}\delta^\kappa_\alpha} - \overline{R^{\sigma i}{}_{,\sigma}\delta^\kappa_\alpha})\langle\delta\Gamma^x_{\tau\kappa}?\rangle d\tau$$

$$-\overline{\langle\gamma?\rangle i\sigma_1\sigma\delta^\kappa_\alpha}$$

[p.47v] 679

$\langle \mathfrak{Dp} \times \mathfrak{S} \text{?}\rangle (y_{1\alpha} G_{1\alpha}) = (s_{1\alpha} + a_{1\alpha})(S_{1\alpha} + A_{1\alpha})$

$\phantom{\langle \mathfrak{Dp} \times \mathfrak{S} \text{?}\rangle (y_{1\alpha} G_{1\alpha}) =} = \cancel{S_{1\alpha} + As_{1\alpha}} s_{1\alpha}S_{1\alpha} + a_{1\alpha}A_{1\alpha}$

|  | 11 | 12 | 13 | 14 |
|---|---|---|---|---|
|  |  | 22 | 23 | 24 |
|  |  |  | 33 | 34 |
|  |  |  |  | 44 |

从 $\cancel{S_{1\alpha}}$,且只从 $S$(von $s$ nut von dens);$A$ 只取决于 $a$,所以

$$\begin{vmatrix} s_{11} & s_{12}+a_{12} & s_{13}+a_{13} \\ s_{12}-a_{12} & s_{22} & s_{23}+a_{23} \\ s_{31}-a_{13} & s_{32}-a_{23} & s_{33} \end{vmatrix} \delta_{\alpha_1 \ldots \alpha_l} \delta_{\beta_1 \ldots \beta_l} g_{\alpha_1\beta_1} g_{\alpha_2\beta_2} \ldots = l! \cdot \mathfrak{D}.$$

$$\begin{vmatrix} \mathfrak{h}_x & -je_y & -\mathfrak{h}_z \\ -\mathfrak{h}_z & 0 & -je_z & \mathfrak{h}_y \\ je_z & 0 & je_x \end{vmatrix} -\mathfrak{h}_y \begin{vmatrix} -je_y & -\mathfrak{h}_z & 0 \\ -je_z & \mathfrak{h}_y & -\mathfrak{h}_x \\ 0 & je_x & je_y \end{vmatrix} + je_x \begin{vmatrix} -\mathfrak{h}_z & 0 & \mathfrak{h}_x \\ \mathfrak{h}_y & -\mathfrak{h}_x & 0 \\ je_x & je_y & je_z \end{vmatrix} \begin{vmatrix} 0 & \mathfrak{h}_z & -\mathfrak{h}_y & -je_x \\ -\mathfrak{h}_z & 0 & \mathfrak{h}_x & -je_y \\ \mathfrak{h}_y & -\mathfrak{h}_x & 0 & -je_z \\ je_x & je_y & je_z & 0 \end{vmatrix}$$

$-\mathfrak{h}_z(\mathfrak{h}_x e_x e_z + e_y \mathfrak{h}_y e_z + \mathfrak{h}_z e_z^2)$      $-e_x \mathfrak{h}_x e_z \mathfrak{h}_z - e_y \mathfrak{h}_y e_z \mathfrak{h}_z - e_z \mathfrak{h}_z e_z e_z \mathfrak{h}_z$

$-\mathfrak{h}_y(e_y e_y \mathfrak{h}_y + e_x e_y \mathfrak{h}_x + e_y e_z \mathfrak{h}_z)$      $-e_y \mathfrak{h}_y e_y \mathfrak{h}_y - e_y \mathfrak{h}_y e_x \mathfrak{h}_x - e_y \mathfrak{h}_y e_z \mathfrak{h}_z$

$+je_x(j\mathfrak{h}_x \mathfrak{h}_z e_z + j\mathfrak{h}_x \mathfrak{h}_y e_y + j\mathfrak{h}_x \mathfrak{h}_x e_x)$      $-e_x \mathfrak{h}_x (e\mathfrak{h})$      $(e\mathfrak{h})^2$.

$$\begin{matrix} 0 & m_{12} & m_{13} \\ m_{21} & 0 & m_{23} \\ m_{31} & m_{32} & 0 \end{matrix} \quad \begin{matrix} m_{12}m_{23}m_{31} + m_{13}m_{21}m_{32} \\ \langle m_{12}\,m_{21} \rangle \end{matrix} \quad \text{也消失了}$$

$$\frac{\partial \mathfrak{R}^{ik}}{\partial}$$

$$\begin{array}{c} \text{div rot} \\ \cancel{\text{rot div}}\, i = i \end{array}$$

$$\frac{\partial}{\partial x_\nu}\left(\frac{\partial i_\mu}{\partial x_\nu} - \frac{\partial i_\nu}{\partial x_\mu}\right) = i_\mu$$

$$i_\mu = \frac{\partial \varphi_{\mu\nu}}{\partial x_\nu} \quad \frac{\partial^2}{\partial x_\alpha^2}\frac{\partial^2 \varphi_{\mu\nu}}{\partial x_\nu} = \frac{\partial \varphi_{\mu\nu}}{\partial x_\nu}$$

$$\Box \varphi_{\mu\nu} = \varphi_{\mu\nu}$$

**假设 Γ 也是不对称的。**[29]

$$\delta A^\mu = -\Gamma^\mu_{\alpha\beta} A^\alpha dx_\beta \quad \Big| \quad dA^\mu - \delta A^\mu = \frac{\partial A^\mu}{\partial x_\sigma} dx_\sigma + \Gamma^\mu_{\alpha\beta} A^\alpha dx_\beta \quad [30]$$

$$\int \Delta A^\mu = \int -(\Gamma^\mu_{\alpha\beta})^x A^{\alpha'} d\xi_\beta' \quad [31]$$

$$-\int (\Gamma^\mu_{\alpha\beta} + \Gamma^\mu_{\alpha\beta,\sigma} \xi_\sigma)(A^\alpha + \langle A^\alpha_{21}\rangle - \Gamma^\alpha_{\sigma\tau} A^\sigma \xi^\tau_4) d\xi^\beta$$

$$= -\left[\int \Gamma^\mu_{\alpha\beta,\sigma} A^\alpha \xi^\sigma_\phi d\xi^\beta - \int_\tau \Gamma^\mu_{\alpha\tau} \Gamma^\tau_{\alpha\sigma} A^\sigma \xi^\tau d\xi^\beta \right] \quad [32]$$

$$= -[\int (\Gamma^\mu_{\alpha\beta_1\sigma} - \Gamma^\mu_{\tau\beta}\Gamma^\tau_{\alpha\sigma}) A^\alpha \langle d\int\rangle \xi^\sigma d\xi^\beta$$

$$\underbrace{\frac{1}{2}\int(\xi^\sigma d\xi^\beta - \xi^\beta d\xi_\sigma)}_{df^{\sigma\beta}} \quad [33]$$

$$= \frac{1}{2}\int \begin{pmatrix} -\Gamma^\mu_{\alpha\beta,\sigma} + \Gamma^\mu_{\tau\beta}\Gamma^\tau_{\alpha\sigma} \\ +\Gamma^\mu_{\alpha\sigma,\beta} - \Gamma^\mu_{\tau\sigma}\Gamma^\tau_{\alpha\beta} \end{pmatrix} df^{\sigma\beta} \quad [34]$$

$$\boxed{R^{\alpha\beta}_\alpha = -\Gamma^\sigma_{\alpha\beta,\sigma} + \Gamma^\tau_{\alpha\sigma}\Gamma^\sigma_{\tau\beta} + \Gamma^\sigma_{\alpha\sigma,\beta} - \Gamma^\tau_{\alpha\beta}\Gamma^\sigma_{\tau\sigma}} \quad [35]$$

$$\int \mathfrak{R}^{\alpha\beta}_{\langle\alpha\beta\rangle} \delta R_{\alpha\beta}^{\langle\alpha\beta\rangle} d\tau = \quad [36] \quad + \frac{\partial}{\partial x_\sigma}(\delta\Gamma^\sigma_{\alpha\beta}) \int d\tau [\frac{\partial \mathfrak{R}^{\alpha\beta}}{\partial x_\sigma}\delta\Gamma^\sigma_{\alpha\beta} - \frac{\partial \mathfrak{R}^{\alpha\beta}_\tau}{\partial x_\beta}\delta\Gamma^\sigma_{\alpha\sigma}$$

$$+ \mathfrak{R}^{\alpha\beta}\Gamma^\beta_{\tau\beta}\delta\Gamma^\tau_{\alpha\sigma} + \mathfrak{R}^{\alpha\beta}\Gamma^\alpha_{\alpha\sigma}\delta\Gamma^\sigma_{\tau\beta} - \mathfrak{R}^{\alpha\beta}\Gamma^\tau_{\sigma\sigma}\delta\Gamma^\sigma_{\alpha\beta} - \mathfrak{R}^{\alpha\beta}\Gamma^\tau_{\alpha\beta}\delta\Gamma^\alpha_{\nu\sigma}]$$

$$0 = \frac{\partial \mathfrak{R}^{\alpha\beta}}{\partial x_\sigma} - \frac{\partial \mathfrak{R}^{\alpha\tau}}{\partial x_\tau}\delta^\beta_\sigma + \mathfrak{R}^{\alpha\tau}\Gamma^\beta_{\tau\sigma} + \mathfrak{R}^{\tau\beta}\Gamma^\alpha_{\tau\sigma} - \mathfrak{R}^{\alpha\beta}\Gamma^\tau_{\sigma\tau} - \mathfrak{R}^{\sigma\tau}\Gamma^\alpha_{\sigma\tau}\delta^\beta_\sigma$$

$$0 = \frac{\partial R^{\alpha\beta}}{\partial x_\sigma} - \frac{\partial R^{\alpha\tau}}{\partial x_\tau}\delta^\beta_\sigma + R^{\alpha\beta}\frac{\partial\sqrt{\mathfrak{D}}}{\partial x_\sigma} - R^{\alpha\tau}\delta^\beta_\sigma\frac{\partial\sqrt{\mathfrak{D}}}{\partial x_\tau} \quad [37]$$

$$R^{\alpha\beta}_{;\sigma} = \frac{\partial R^{\alpha\beta}}{\partial x_\sigma} + R^{\tau\beta}\Gamma^\alpha_{\tau\sigma} + R^{\alpha\tau}\Gamma^\beta_{\sigma\tau}$$

$$R^{\alpha\sigma}_{;\sigma} = \frac{\partial R^{\alpha\sigma}}{\partial x_\sigma} + R^{\sigma\tau}\Gamma^\alpha_{\sigma\tau} + R^{\alpha\tau}\Gamma^\sigma_{\sigma\tau}$$

$$R_{\alpha\beta}R^{\alpha\beta}_{,\sigma} = -\frac{\partial \lg \mathfrak{D}}{\partial x_\sigma} + \Gamma^\tau_{\tau\sigma} + \Gamma^\tau_{\sigma\tau} \quad [38]$$

$$R_{\mu\nu} +$$
$$R_{\mu\nu} - \frac{1}{2}g_{\mu\nu}R - \lambda g_{\mu\nu} = 0$$
$$R - 2R - 4\lambda = 0$$
$$R = -4\lambda$$

681
[p.46v]

$$0 = R^{\alpha\beta}{}_{;\sigma} + R^{\alpha\tau}(\Gamma^{\beta}_{\sigma\tau} - \Gamma^{\beta}_{\tau\sigma})$$

$$\left.\begin{array}{c}B_{\mu}\\A^{\mu}\end{array}\right|\begin{array}{l}\delta A^{\mu} = -\Gamma^{\mu}_{\alpha\beta}A^{\alpha}dx_{\beta}\\ \delta B_{\mu} = +\Gamma'^{\alpha}_{\mu\beta}B_{\alpha}dx_{\beta}\end{array}$$

$$\bullet = (-\Gamma^{\mu}_{\alpha\beta} + \Gamma'^{\mu}_{\alpha\beta})A^{\alpha}B_{\mu}dx_{\beta}$$

$$- R^{\alpha\tau}_{;\tau}\delta^{\beta}_{\sigma} - R^{\alpha\tau}\delta^{\beta}_{\sigma}\underbrace{\left(\frac{\partial \lg\sqrt{\mathfrak{D}}}{\partial x_{\tau}} - \Gamma^{\nu}_{\nu\tau}\right)}$$

$$+ R^{\alpha\beta}\underbrace{\left(\frac{\partial \lg\sqrt{\mathfrak{D}}}{\partial x_{\sigma}} - \Gamma^{\tau}_{\sigma\tau}\right)} - \frac{1}{2}R_{\mu\nu}R^{\mu\nu}{}_{;\tau} + (\Gamma^{\nu}_{\nu\tau} - \Gamma^{\nu}_{\tau\nu})$$

$$-\frac{1}{2}R_{\mu\nu}R^{\mu\nu}{}_{;\sigma} + (\Gamma^{\nu}_{\nu\sigma} - \Gamma^{\nu}_{\sigma\nu})$$

$$0 = R^{\alpha\beta}{}_{;\sigma} \quad -R^{\alpha\tau}{}_{;\tau}\delta^{\beta}_{\sigma} \quad -\frac{1}{2}R^{\alpha\beta}R_{\mu\nu}R^{\mu\nu}{}_{;\sigma} - \frac{1}{2}R^{\alpha\tau}\delta^{\beta}_{\sigma}R_{\mu\nu}R^{\mu\nu}{}_{;\tau}$$

$$\cancel{+ R^{\alpha\tau}(\Gamma^{\beta}_{\sigma\tau} - \Gamma^{\beta}_{\tau\sigma}) + R^{\alpha\tau}S^{\beta}_{\sigma}(\Gamma^{\nu}_{\nu\tau} - \Gamma^{\nu}_{\tau\nu}) + R^{\alpha\beta}(\Gamma^{\nu}_{\nu\sigma} - \Gamma^{\nu}_{\sigma\nu})}$$

$$+ \frac{1}{2}R^{\beta\alpha}{}_{;\sigma}$$

$$0 = \frac{1}{2}R^{\alpha\beta}{}_{;\sigma} - \frac{1}{2}\underbrace{R^{\alpha\tau}{}_{;\tau}}_{\mathfrak{D}^{\alpha}}\delta^{\beta}_{\sigma} - \frac{1}{2}\underbrace{R^{\beta\tau}{}_{;\tau}}_{\mathfrak{D}^{\beta}}\delta^{\alpha}_{\sigma} - \frac{1}{2}R^{\alpha\beta}\underbrace{R_{\mu\nu}R^{\mu\nu}{}_{;\sigma}}_{\mathfrak{E}_{\sigma}} - \frac{1}{4}R^{\alpha\tau}\delta^{\beta}_{\sigma}\mathfrak{E}_{\tau} - \frac{1}{4}R^{\beta\tau}\delta^{\alpha}_{\sigma}\mathfrak{E}_{\tau} \quad [39]$$

1) 对称的 $R$

$R_{\alpha\beta}$: $\quad 0 = \mathfrak{E}_{\sigma} - \frac{1}{2}\mathfrak{D}_{\sigma} - \frac{1}{2}\mathfrak{D}_{\sigma} - 2\mathfrak{E}_{\sigma} - \frac{1}{4}\mathfrak{E}_{\sigma} - \frac{1}{4}\mathfrak{E}_{\sigma} = +\frac{3}{2}\mathfrak{E}_{\sigma} + \mathfrak{D}^{\sigma}$ [40]

$\delta^{\sigma}_{\beta}$: $\quad 0 = \mathfrak{D}^{\alpha} - 2\mathfrak{D}^{\alpha} - \frac{1}{2}\mathfrak{D}^{\alpha} - \frac{1}{2}\mathfrak{E}^{\alpha} - 2\mathfrak{E}^{\alpha} - \frac{1}{2}\mathfrak{E}^{\sigma}$ [41] $= 3\mathfrak{E}^{\sigma} + \frac{3}{2}\mathfrak{D}^2$ [42]

$$3\mathfrak{E} + 2\mathfrak{D} = 0 \qquad \mathfrak{E} = \mathfrak{D} = 0 \qquad R^{\alpha\beta}{}_{;\sigma} = 0$$
$$2\mathfrak{E} + \mathfrak{D} = 0$$

2) 废除对称性的假设

$$R^{\alpha\beta}R_{\alpha'\beta} = \delta^{\alpha}_{\alpha'}$$
hebenso mit erstem Ind.

$$R^{\alpha\beta}_{\alpha\beta} = S^{\alpha\beta} + A^{\alpha\beta} \quad R^{\beta\alpha} = S^{\alpha\beta} - A^{\alpha\beta} = R^{\alpha\beta} - 2A^{\alpha\beta} \quad R^{\alpha\beta} \cdot R_{\alpha'\beta}R_{\alpha\beta'} = R_{\alpha'\beta'}$$

$$\cancel{S^{\alpha\beta}{}_{;s} - \frac{1}{2}S^{\alpha\tau}{}_{;\tau}\delta^{\beta}_{\sigma} - \frac{1}{2}S^{\beta\tau}{}_{;\tau}\delta^{\alpha}_{\sigma}}$$

$$\left(\begin{array}{c}0 = S^{\alpha\beta}{}_{;\sigma} - \frac{1}{2}\mathfrak{D}^{\alpha}\delta^{\beta}_{\sigma} - \frac{1}{2}\mathfrak{D}^{\beta}\delta^{\alpha}_{\sigma} - \frac{1}{2}S^{\alpha\beta}\mathfrak{E}_{\sigma} - \frac{1}{4}S^{\alpha\tau}\delta^{\beta}_{\sigma}\mathfrak{E}_{\tau} - \frac{1}{4}S^{\beta\tau}\delta^{\alpha}_{\sigma}\mathfrak{E}_{\tau}\\ -\frac{1}{2}A^{\alpha\beta}\mathfrak{E}_{\sigma} - \frac{1}{4}A^{\alpha\tau}\delta^{\beta}_{\sigma}\mathfrak{E}_{\tau} - \frac{1}{4}A^{\beta\tau}\delta^{\alpha}_{\sigma}\mathfrak{E}_{\tau}\end{array}\right)$$

$$\langle S_{\alpha\beta}\rangle \quad 0 = \langle \frac{1}{2}\rangle \mathfrak{E}_s - \frac{1}{2}R_{\alpha\beta}S^{\alpha\beta}$$

$$\mathfrak{H}(g_{\mu\nu}; \varphi_{\mu\nu}) \qquad \delta\int\mathfrak{H}d\tau = 0 \quad [43]$$

$$\frac{\partial\mathfrak{H}}{\partial g_{\mu\nu}}\delta g_{\mu\nu} + \frac{\partial\mathfrak{H}}{\partial \varphi_{\mu\nu}}\delta\varphi_{\mu\nu} = g^{\mu\nu}\delta g_{\mu\nu} + f^{\mu\nu}\delta\varphi_{\mu\nu} \quad [44]$$

$$g_{\mu\nu} = -\frac{\partial \Gamma^{\alpha}_{\mu\nu}}{\partial x_{\alpha}} + \overline{\frac{\partial \Gamma^{\alpha}_{\mu\alpha}}{\partial x_{\nu}}} + \Gamma^{\alpha}_{\mu\beta}\Gamma^{\beta}_{\nu\alpha} - \Gamma^{\alpha}_{\mu\nu}\Gamma^{\beta}_{\alpha\beta} \quad [45] \qquad \left|\frac{1}{2}\left(\frac{\partial \Gamma^{\alpha}_{\mu\alpha}}{\partial x_{\nu}} + \frac{\partial \Gamma^{\alpha}_{\nu\alpha}}{\partial x}\right)\right.$$

$$\varphi_{\mu\nu} = \left(\frac{1}{2}\right)\frac{\partial \Gamma^{\alpha}_{\mu\alpha}}{\partial x_{\nu}} - \frac{\partial \Gamma^{\alpha}_{\nu\alpha}}{\partial x_{\mu}}. \quad [46] \qquad \left|\frac{1}{2}\left(\frac{\partial \Gamma^{\alpha}_{\mu\alpha}}{\partial x_{\nu}} - \frac{\partial \Gamma^{\alpha}_{\nu\alpha}}{\partial x_{\mu}}\right)\right.$$

通过变分：

$$0 = \frac{\partial g^{\mu\nu}}{\partial x_{\alpha}}\delta\Gamma^{\alpha}_{\mu\nu} - \frac{\partial g^{\mu\beta}}{\partial x_{\nu}}\delta^{\nu}_{\alpha}\delta\Gamma^{\alpha}_{\mu\beta} + g^{\mu\nu}\Gamma^{\beta}_{\nu\alpha}\delta\Gamma^{\alpha}_{\mu\beta} + g^{\mu\nu}\Gamma^{\alpha}_{\mu\beta}\delta\Gamma^{\beta}_{\nu\alpha} - g^{\mu\nu}\Gamma^{\alpha}_{\alpha\beta}\delta\Gamma^{\beta}_{\mu\nu} - g^{\sigma\tau}\Gamma^{\mu}_{\sigma\tau}\delta\Gamma^{\alpha}_{\mu\nu}\delta^{\nu}_{\alpha}$$

$$-2\frac{\partial f^{\mu\nu}}{\partial x_{\nu}}\delta\Gamma^{\alpha}_{\mu\alpha}$$

$$0 = \overline{\frac{\partial g^{\mu\nu}}{\partial x_{\alpha}}}\delta^{\nu}_{\alpha} - \overline{\frac{\partial g^{\mu\beta}}{\partial x_{\beta}}}\delta^{\nu}_{\alpha} + \overline{g^{\mu\beta}\Gamma^{\nu}_{\beta\alpha}} + \overline{g^{\nu\beta}\Gamma^{\mu}_{\alpha\beta}} - \overline{g^{\mu\nu}\Gamma^{\beta}_{\alpha\beta}} - g^{\sigma\tau}\Gamma^{\mu}_{\sigma\tau}\delta^{\nu}_{\alpha} \quad\bigg|\quad -2\overline{\frac{\partial f^{\mu\beta}}{\partial x_{\beta}}}\delta^{\nu}_{\alpha} \quad [47]$$
$$\phantom{0 = } \text{///} \ 0 \qquad - \qquad - \qquad - \qquad 0 \qquad\qquad [eq.\ 16]$$

$$g^{\mu\nu}_{;\alpha}\frac{\partial g^{\mu\nu}}{\partial x_{\alpha}} + g^{\sigma\nu}\Gamma^{\mu}_{\alpha\sigma} + g^{\mu\sigma}\Gamma^{\nu}_{\alpha\sigma} \bigg|^{[48]} -\frac{1}{\sqrt{g}}\frac{\partial\sqrt{g}}{\partial x_{\alpha}} + \left\langle\frac{1}{2}\right\rangle\frac{1}{2}\Gamma^{\sigma}_{\alpha\sigma} + \frac{1}{2}\Gamma^{\sigma}_{\alpha\sigma}\bigg| -\sqrt{g}g^{\mu\nu}$$

$$g^{\mu\nu}_{;\alpha} = \frac{\partial g^{\mu\nu}}{\partial x_{\alpha}} + g^{\sigma\nu}\Gamma^{\mu}_{\alpha\sigma} + g^{\mu\sigma}\Gamma^{\nu}_{\alpha\sigma} - g^{\mu\nu}\Gamma^{\sigma}_{\alpha\sigma}\bigg| g^{\mu\alpha}_{;\alpha} = \frac{\partial g^{\mu\alpha}}{\partial x_{\alpha}} + g^{\alpha\sigma}\Gamma^{\mu}_{\alpha\sigma} + \cancel{g^{\mu\sigma}\Gamma^{\alpha}_{\sigma\alpha}} - \cancel{g^{\mu\sigma}\Gamma^{\alpha}_{\sigma\alpha}}$$

$$g^{\mu\sigma}_{;\sigma} = \frac{\partial g^{\mu\alpha}}{\partial x_{\alpha}} + \cancel{2}g^{\alpha\beta}\Gamma^{\mu}_{\alpha\beta}$$

$$\delta^{\alpha}_{\nu}\bigg| \quad 0 = g^{\mu\nu}_{;\alpha} - \frac{1}{2}g^{\mu\beta}_{;\beta}\delta^{\nu}_{\alpha} - \frac{1}{2}g^{\nu\beta}_{;\beta}\delta^{\mu}_{\alpha} - \cancel{2}\frac{\partial f^{\mu\beta}}{\partial x_{\beta}}\delta^{\nu}_{\alpha} - \frac{\partial f^{\nu\beta}}{\partial x_{\beta}}\delta^{\mu}_{\alpha} \quad [eq.\ 17] \quad [49]$$

$$0 = \mathfrak{D}^{\mu} - 2\mathfrak{D}^{\mu} - \frac{1}{2}\mathfrak{D}^{\mu} - 5i^{\mu} \quad \bigg|\; -\frac{3}{2}\mathfrak{D}^{\mu} - 5i^{\mu} = 0 \qquad \mathfrak{d}^{\mu} = -\frac{3}{10}i^{\mu} \quad [50]$$

$$0 = g^{\mu\nu}_{;\alpha} + \frac{3}{20}i^{\mu}\delta^{\nu}_{\alpha} + \frac{3}{20}i^{\nu}\delta^{\mu}_{\alpha} - i^{\nu}\delta^{\nu}_{\alpha} - i^{\nu}\delta^{\mu}_{\alpha} \quad [eq.\ 18] \quad [51]$$

$$0 = g^{\mu\nu}_{;\alpha} - ci^{\mu}\delta^{\nu}_{\alpha} - ci^{\nu}\delta^{\mu}_{\alpha}$$

683

[p.45v]

不对称的 $g^{\mu\nu}g_{\mu\nu}$ 行列式

$$\overline{\frac{\partial g^{\mu\nu}}{\partial x_\alpha}} - \overline{\frac{\partial g^{\mu\beta}}{\partial x_\alpha}}\delta_\alpha^\nu + g^{\mu\beta}\Gamma^\nu_{\beta\alpha} + g^{\nu\beta}\Gamma^\mu_{\beta\alpha} - g^{\mu\nu}\Gamma^\beta_{\alpha\beta} - g^{\sigma\tau}\Gamma^\mu_{\sigma\tau}\delta_\alpha^\nu = 0 \qquad [52]$$

$$\boxed{\overline{g^{\mu\nu}_{;\sigma}} - \tfrac{1}{2}g^{\mu\alpha}_{;\alpha}\delta_\sigma^\nu - \tfrac{1}{2}g^{\nu\alpha}_{;\alpha}\delta_\sigma^\mu = 0} \qquad g^{\mu\nu}_{;\sigma} - \tfrac{1}{2}g^{\mu\alpha}_{;\alpha}\underset{\delta_\sigma^\nu}{-}\tfrac{1}{2} \cdot -\tfrac{1}{2}f^{\mu\nu}_{;\sigma} = 0$$

$$g^{\overline{\mu\nu}} = \tfrac{1}{2}g^{\mu\nu} + \tfrac{1}{2}g^{\nu\mu} = g^{\mu\nu} - \tfrac{1}{2}(g^{\mu\nu} - g^{\nu\mu}) = g^{\mu\nu} - \tfrac{1}{2}f^{\mu\nu}$$

$\delta_\nu^\sigma$ 散度 $\quad \mathfrak{D}^\mu - 2\mathfrak{D}^\mu - \tfrac{1}{2}\mathfrak{D}^\mu - \tfrac{1}{2}\mathfrak{J}^\mu = 0 \quad\Big|\quad 3\mathfrak{D}^\mu + \mathfrak{J}^\mu = 0 \quad\Big|\quad \boxed{\mathfrak{D}^\mu = -\tfrac{1}{3}\mathfrak{J}^\mu}$

$$\boxed{g^{\mu\nu}_{;\sigma} - \tfrac{1}{6}\mathfrak{J}^\mu\delta_\sigma^\nu - \tfrac{1}{6}\mathfrak{J}^\nu\delta_\sigma^\mu - \tfrac{1}{2}f^{\mu\nu}_{;\sigma} = 0}$$

$$\tfrac{1}{2}\begin{vmatrix} \dfrac{\partial g^{\mu\nu}}{\partial x_\alpha} + g^{\sigma\nu}\Gamma^\mu_{\alpha\sigma} + g^{\mu\sigma}\Gamma^\nu_{\alpha\sigma} - g^{\mu\nu}\Gamma^\sigma_{\alpha\sigma} \\ \dfrac{\partial g^{\nu\mu}}{\partial x_\alpha} + g^{\sigma\mu}\Gamma^\nu_{\alpha\sigma} + g^{\nu\sigma}\Gamma^\mu_{\alpha\sigma} - g^{\nu\mu}\Gamma^\sigma_{\alpha\sigma} \end{vmatrix} \langle\varepsilon?\rangle - \tfrac{1}{6}\mathfrak{J}^\mu\delta_\sigma^\nu - \tfrac{1}{6}\mathfrak{J}^\nu\delta_\sigma^\mu = 0 \qquad [53]$$

$$\frac{\partial g^{\overline{\mu\nu}}}{\partial x_\alpha} + g^{\overline{\nu\sigma}}\Gamma^\mu_{\alpha\sigma} + g^{\overline{\mu\sigma}}\Gamma^\nu_{\alpha\sigma} - g^{\overline{\mu\nu}}\Gamma^\sigma_{\alpha\sigma} - \tfrac{1}{3}\overline{\mathfrak{J}^\mu\delta_\sigma^\nu} = 0. \qquad [54]$$

$$g^{\overline{\mu\nu}}_{;\alpha} - \tfrac{1}{3}\overline{\mathfrak{J}^\mu\delta_\alpha^\nu} = 0$$

---

$$\int g^{\mu\nu}\delta g_{\mu\nu}d\tau = \int(\mathfrak{s}^{\mu\nu}\delta s_{\mu\nu} + \mathfrak{a}^{\mu\nu}\delta a_{\mu\nu})d\tau$$

$$\int\left(\frac{\partial \mathfrak{s}^{\mu\nu}}{\partial x_\alpha}\delta\Gamma^\alpha_{\mu\nu} - \frac{\partial \mathfrak{s}^{\mu\beta}}{\partial x_\beta}\delta\Gamma^\alpha_{\mu\alpha} + \mathfrak{s}^{\mu\nu}\Gamma^\beta_{\nu\alpha}\delta\Gamma^\alpha_{\mu\beta} + \mathfrak{s}^{\mu\nu}\Gamma^\alpha_{\mu\beta}\delta\Gamma^\beta_{\nu\alpha}\right.$$

$$\left. - \mathfrak{s}^{\mu\nu}\Gamma^\beta_{\alpha\beta}\delta\Gamma^\alpha_{\mu\nu} - \mathfrak{s}^{\mu\nu}\Gamma^\alpha_{\mu\nu}\delta\Gamma^\beta_{\alpha\beta}\right) + \frac{\partial \mathfrak{a}^{\mu\nu}}{\partial x_\nu}\delta\Gamma^\alpha_{\mu\alpha}\bigg| d\tau$$

$$\mathfrak{s}^{\mu\nu}_{;\alpha} - \overline{\mathfrak{s}^{\mu\beta}}_{;\beta}\delta_\alpha^\nu + \overline{\frac{\partial \mathfrak{a}^{\mu\beta}}{\partial x_\beta}}\delta_\alpha^\nu = 0$$

$$\int d\tau \mathfrak{R}^{\kappa l}\left(-\frac{\partial \delta\Gamma^\alpha_{\kappa l}}{\partial x_\alpha} + \frac{\partial \delta\Gamma^\alpha_{\kappa\alpha_l}}{\partial x_{l_\beta\delta^l_\alpha}} + \delta\Gamma^\alpha_{\kappa\tau}\Gamma^l_{\beta\alpha} + \Gamma^\kappa_{\kappa\tau}\delta\Gamma^\alpha_{l\sigma} - \delta\Gamma^\alpha_{\kappa l}\Gamma^\beta_{\alpha\beta} - \Gamma^\kappa_{\kappa l}\delta\Gamma^\alpha_{\alpha\beta}\right)\delta^l_\alpha$$

$$\int d\tau \delta\Gamma^\alpha_{\kappa l}\left(\frac{\partial \mathfrak{R}^{\kappa l}}{\partial x_\alpha} - \frac{\partial \mathfrak{R}^{\kappa\beta}}{\partial x_\beta}\delta^l_\alpha + \mathfrak{R}^{\kappa\beta}\Gamma^l_{\beta\alpha} + \mathfrak{R}^{\beta l}\Gamma^\kappa_{\beta\alpha} - \mathfrak{R}^{\kappa l}\Gamma^\beta_{\alpha\beta} - \mathfrak{R}^{\sigma\beta}\Gamma^\kappa_{\sigma\beta}\delta^l_\alpha\right)$$

# 418. 旅行日记背面的计算

684
[p.45]

$$\delta^\alpha_\kappa \Big| \quad g^{i\kappa}{}_{;\alpha} - \frac{1}{2}\delta^i_\alpha g^{\kappa\beta}{}_{;\beta} - \cdot - \frac{1}{2}\delta^i_\alpha f^{\alpha\beta}{}_{;\beta} - \frac{1}{2}\delta^\kappa_\alpha f^{i\beta}{}_{;\beta} = 0$$

$$\mathfrak{D}^i - \frac{1}{2}\mathfrak{D}^i - 2\mathfrak{D}^i - \frac{1}{2}\mathfrak{i}^i - 2\mathfrak{i}^i = 0$$

$$-3\mathfrak{D}^i - 5\mathfrak{i}^i = 0 \qquad \mathfrak{D} = -\frac{5}{3}\mathfrak{i}$$

$$\Big| \quad g^{\sigma\tau}{}_{;\alpha} - \frac{1}{3}\delta^\sigma_\alpha \mathfrak{i}^\tau - \frac{1}{3}\delta^\tau_\alpha \mathfrak{i}^\sigma = 0 \qquad [55]$$

$$s_{\sigma\tau} \Big| \quad \frac{\partial s^{\sigma\tau}}{\partial x_\alpha} + s^{\sigma\lambda}\Gamma^\tau_{\lambda\alpha} + s^{\tau\lambda}\Gamma^\sigma_{\lambda\alpha} - s^{\sigma\tau}\Gamma^\lambda_{\alpha\lambda} - \frac{1}{3}\delta^\sigma_\alpha \mathfrak{i}^\tau - \frac{1}{3}\delta^\tau_\alpha \mathfrak{i}^\sigma = 0$$
$$+ \frac{\partial \lg\sqrt{-s}}{\partial x_\alpha} s^{\sigma\tau}$$

$$-\frac{\partial \lg -s}{\partial x_\alpha} + 2\Gamma^\lambda_{\alpha\lambda} + 4\frac{\lg\sqrt{-s}}{\partial x_\alpha} - 4\Gamma^\lambda_{\alpha\lambda} - \frac{2}{3}i_\alpha = 0 \quad [56]$$

$$-\frac{\lg\sqrt{-s}}{\partial x_\alpha} - \Gamma^\lambda_{\alpha\lambda} = \frac{1}{3}i_\alpha$$

$$s_{\sigma\lambda}s_{\tau\mu} \Big| \quad s^{\sigma\tau}{}_{;\alpha} + \frac{1}{3}s^{\sigma\tau}i_\alpha - \frac{1}{3}\delta^\sigma_\alpha \mathfrak{i}^\tau - \frac{1}{3}\delta^\tau_\alpha \mathfrak{i}^\sigma = 0.$$

$$-1 \quad \Big| \quad -\frac{\partial s_{\lambda\mu}}{\partial x_\alpha} + \Gamma_{\mu,\lambda\alpha} + \Gamma_{\lambda,\mu\alpha} + \frac{1}{3}s_{\lambda\mu}i_\alpha - \frac{1}{3}s_{\lambda\alpha}i_\mu - \frac{1}{3}s_{\mu\alpha}i_\lambda = 0$$

$$+1 \quad \Big| \qquad \qquad \frac{1}{3}s_{\mu\alpha}i_\lambda \quad -\frac{1}{3}s_{\mu\lambda}i_\kappa \quad -\frac{1}{3}s_{\alpha\lambda}i_\mu$$

$$+1 \quad \Big| \quad 2\begin{bmatrix}\lambda\mu\\\alpha\end{bmatrix} + 2\Gamma_{\alpha,\lambda\mu}$$

$$\qquad \qquad \frac{1}{3}s_{\alpha\lambda}i_\mu \quad -\frac{1}{3}s_{\alpha\mu}i_\lambda \quad -\frac{1}{3}s_{\lambda\mu}i_\alpha$$

$$-s_{\lambda\mu}i_\alpha + \frac{1}{3}s_{\alpha\lambda}i_\mu + \frac{1}{3}s_{\alpha\mu}i_\lambda = 0.$$

圆括弧可以表示为:

$$\text{Verj}^\mu_\beta \Big| \quad 2\begin{Bmatrix}\lambda\mu\\\beta\end{Bmatrix} - 2\Gamma^\beta_{\lambda\mu} - s_{\lambda\mu}i^\beta + \frac{1}{3}\delta^\beta_\lambda i_\mu + \frac{1}{3}\delta^\beta_\mu i_\lambda = 0.$$

$$-2\Gamma^\beta_{\lambda\beta} - i_\lambda + \frac{1}{3}i_\lambda + \frac{4}{3}i_\lambda = 0. \qquad [57]$$

$$\sim \quad \frac{e^{-\alpha r}}{r} \quad \left(-\alpha\frac{e^{-\alpha r}}{r} - \frac{e^{-\alpha r}}{r^2}\right)\frac{x_\nu}{r} \quad -x_\nu\left(\frac{\alpha}{r^2} + \frac{1}{r^3}\right)e^{-\alpha r}$$

$$\left[-3\left(\frac{\alpha}{r^2} + \frac{1}{r^3}\right) + \frac{x_\nu^2}{r}\left(+\frac{2\alpha}{r^2} + \frac{3}{r^3}\right) + \alpha\frac{x_\nu^2}{r}\left(\frac{\alpha}{r} + \frac{1}{r}\right)\right]e^{-\alpha r} \quad \alpha^2 e^{-\alpha r}$$

$$\frac{1}{4\pi R^2} \cdot 4\pi\int_0^R \frac{e^{-\alpha r}}{r} \cdot 4\pi r^2 dr = \frac{4\pi}{R^2}\int_0^R e^{-\alpha r} r\, dr = \frac{4\pi}{R^2\alpha^2}\left[\begin{array}{l} e^{-x}x d\alpha = \frac{1}{R^2\alpha^2}(1-e^{-\alpha R})\\ -xde^{-x}\big| - xe^{-x}\big| + \int e^{-x}dx \end{array}\right.$$

$$\frac{4\pi}{\alpha^2} \quad \frac{x}{r^3}(1-e^{-\alpha R}) \qquad \frac{\partial}{\partial x_\sigma}\left(\frac{\partial\varphi_{\mu\nu}}{\partial x_\nu}\right) - \frac{\partial}{\partial x_\mu}\left(\frac{\partial\varphi_{\sigma\nu}}{\partial x_\nu}\right) \qquad |(-e^{-x})|$$

$$\frac{\partial}{\partial x_\nu}\left(\frac{\partial\varphi_{\mu\nu}}{\partial x_\sigma} + \frac{\partial\varphi_{\nu\sigma}}{\partial x_\mu}\right) - \frac{\partial}{\partial x_\nu}\left(\frac{\partial\varphi_{\sigma\mu}}{\partial x_r}\right)$$

685
[p.44v]

Vor. $\check{g}^{i\kappa}{}_{;\alpha} = 0 = \dfrac{\partial \check{g}^{i\kappa}}{\partial x_\alpha} + \Gamma^i_{\alpha\sigma}\check{g}^{\sigma\kappa} + \Gamma^\kappa_{\alpha\sigma}\check{g}^{i\sigma} - \Gamma^\sigma_{\alpha\sigma}\check{g}^{i\kappa}$  $\qquad g^{i\kappa'} = \dfrac{\partial x^{i'}}{\partial x_\sigma} \cdot g^{\sigma\tau}$

$\sqrt{g'} = \dfrac{d\tau}{d\tau'}\sqrt{g} = \left|\dfrac{\partial x^{\prime}_i}{\partial x_{\kappa'}}\right|\sqrt{y}$

$\check{g}^{i\kappa'} = \dfrac{\partial x_i}{\partial x_\sigma}\dfrac{\partial x'_\kappa}{\partial x_\tau}\check{g}^{\sigma\tau}\sqrt{\dfrac{\partial x_\alpha}{\partial x'_\beta}}$  $\qquad g^{i\kappa'} = \sqrt{\left|\dfrac{\partial x_\alpha}{\partial x_{\beta'}}\right|}\dfrac{\partial x^{i\prime}}{\partial x_\sigma}\dfrac{\partial x'_\kappa}{\partial x_\tau}g^{\sigma\tau}$

$|\check{g}^{i\kappa'}| = \left|\dfrac{\partial x_\alpha}{\partial x_\beta}\right|^2\left|\dfrac{\partial x'_i}{\partial x_\sigma}\right|\left|\dfrac{\partial x'_\kappa}{\partial x_\tau}\right||\check{g}^{\sigma\tau}|$  $\qquad |g^{i\kappa'}| = g^2 |\check{g}^{i\kappa}_{i\kappa}| |g^{i\kappa}| = g$

$\check{g}^{i\kappa} = s^{i\kappa}|s_{i\kappa}|^{1/2}\qquad \dfrac{\partial s^{i\kappa}}{\partial x_\alpha} + \Gamma^i_{\alpha\sigma}s^{\sigma\kappa} + \cdot + s^{i\kappa}\left(\dfrac{\partial\lg\sqrt{s}}{\partial x_\alpha} - \Gamma^\sigma_{\alpha\sigma}\right)$

$|\check{g}^{i\kappa}| = |s_{i\kappa}|\qquad \check{g}^{i\kappa} = s^{i\kappa}$

$s^{i\kappa} = \check{g}^{i\kappa}|\check{g}^{i\kappa}|^{-1/2}$

---

$\delta\int\left(\dfrac{\partial\mathfrak{R}}{\partial g_{\mu\nu}}\partial g_{\mu\nu} + \dfrac{\partial\mathfrak{R}}{\partial \varphi_{\mu\nu}}\partial\varphi_{\mu\nu}\right)d\tau = 0 \qquad \mathfrak{R}(s_{\mu\nu},\varphi_{\mu\nu})$

$\check{\mathfrak{f}}^{\mu\nu}\qquad \mathfrak{f}^{\mu\nu}$ [58]

$\check{\mathfrak{f}}^{\overline{\mu\nu}}{}_{;\alpha} + \dfrac{1}{3}\delta^\mu_\alpha \check{\mathfrak{f}}^{\nu\alpha}{}_{;\alpha} - \cdot - \dfrac{1}{2}\delta^\mu_\alpha i^\nu - \dfrac{1}{2}\delta^\nu_\alpha i^\mu = 0 \quad \Big|\ \dfrac{\partial \mathfrak{f}^{\mu\nu}}{\partial x_\nu} = i^\nu$

$\delta^\alpha_\nu\Big|\quad \mathfrak{D}^\mu - \dfrac{1}{2}\mathfrak{D}^\mu - 2\mathfrak{D}^\mu - \dfrac{1}{2}i^\mu - 2i^\mu = 0\ \Big|-3\mathfrak{D}^\mu - 5i^\mu = 0 \ \Big|\ \mathfrak{D}^\mu = -\dfrac{5}{3}i^\mu$

[eq. 20]  [59]  [eq. 19]

$\boxed{\check{\mathfrak{f}}^{\mu\nu}{}_{;\alpha} + \dfrac{1}{3}\delta^\mu_\alpha i^\nu + \dfrac{1}{3}\delta^\nu_\alpha i^\mu = 0}\qquad \check{\mathfrak{f}}^{\mu\nu} = \sqrt{\sigma_{\alpha\beta}}\,\sigma^{\mu\nu}\qquad i^\nu = \sqrt{\sigma_{\alpha\beta}}\,i^\nu$

[eq. 21]  [eq. 22]

$\sigma_{\mu\nu}\Big|\dfrac{\partial\sigma^{\mu\nu}}{\partial x_\alpha} + \Gamma^\mu_{\alpha\tau}\sigma^{\nu\tau} + \cdot + \langle\Gamma^\tau_{\mu\nu}\rangle\sigma^{\mu\nu}\left(-\Gamma^\tau_{\alpha\tau} + \dfrac{\partial\lg\sqrt{\sigma}}{\partial x_\alpha}\right) + \dfrac{1}{3}\delta^\mu_\alpha i^\nu + \dfrac{1}{3}\delta^\nu_\alpha i^\mu = 0$

$\qquad\qquad 2(\ ) + \dfrac{1}{3}i_\alpha + \dfrac{1}{3}i_\alpha = 0$

$\sigma_{\mu i}\sigma_{\nu\kappa}\Big|\dfrac{\partial\sigma^{\mu\nu}}{\partial x_\alpha} + \Gamma^\mu_{\alpha\tau}\sigma^{\nu\tau} + \cdot - \dfrac{1}{3}\sigma^{\mu\nu}i_\alpha + \dfrac{1}{3}\delta^\mu_\alpha i^\nu + \cdot = 0.$

$\dfrac{1}{2}\Bigg|\ -\dfrac{\partial\sigma_{i\kappa}}{\partial x_\alpha} + \Gamma_{i,\alpha\kappa} + \Gamma_{\kappa,\alpha i} - \dfrac{1}{3}\sigma_{i\kappa}i_\alpha + \dfrac{1}{3}\sigma_{i\alpha}i_\kappa + \cdot = 0$

$-\dfrac{1}{2}\Bigg|\ \left[\begin{matrix}i\kappa\\\alpha\end{matrix}\right] - \Gamma_{\alpha,i\kappa} - \sigma_{i\kappa}i_\alpha + \dfrac{1}{3}\sigma_{i\alpha}i_\kappa + \cdot = 0$

出自变分原则

$-\dfrac{1}{2}\Bigg|\ \boxed{\Gamma^\beta_{i\kappa} = \left\{\begin{matrix}i\kappa\\\beta\end{matrix}\right\} - \dfrac{1}{2}\sigma_{i\kappa}i^\beta + \dfrac{1}{6}\delta^\beta_i i_\kappa + \dfrac{1}{6}\delta^\beta_\kappa i_i}$

的结果。[方程23]

$(\kappa)g_{i\kappa} = -\dfrac{\partial\Gamma^\alpha_{i\kappa}}{\partial x_\alpha}\ \ldots\ldots\ (\kappa)\varphi_{i\kappa} = \dfrac{\partial\Gamma^\alpha_{i\alpha}}{\partial x_\kappa} - \cdot = \dfrac{\partial}{\partial x_\kappa}i_i + \dfrac{1}{3}i_i + \dfrac{4}{3}i_i - \cdot = \dfrac{2}{3}\left(\dfrac{\partial i_i}{\partial x_\kappa} - \dfrac{i_\kappa}{\partial x_i}\right)$

未知的 $g_{i\kappa}\ \varphi_{i\kappa}\ \check{\mathfrak{f}}^{i\kappa}\ \mathfrak{f}^{i\kappa}$

第二个双[张量?]由第一个决定。方程组16除外
独立检验并发现是正确的。

$\Gamma^\alpha_{\mu\nu}$ 引入 $\mathfrak{G}^\alpha_{\mu\nu}$ 替代

$$-\frac{\partial \Gamma^\alpha_{\mu\nu}}{\partial x_\alpha} + \Gamma^\alpha_{\mu\beta}\Gamma^\beta_{\nu\alpha} + \frac{\partial \Gamma^\alpha_{\mu\alpha}}{\partial x_\beta} - \Gamma^\alpha_{\mu\nu}\Gamma^\beta_{\alpha\beta}$$

首先黎曼 ~~$\delta A_\alpha = -\Gamma$~~

$$-\frac{\partial \mathfrak{G}^\alpha_{\mu\nu}}{\partial x_\alpha} + \mathfrak{G}^\alpha_{\mu\nu}\frac{\partial \lg\sqrt{-g}}{\partial x_\alpha} + \frac{\partial \mathfrak{G}^\alpha_{\mu\alpha}}{\partial x_\nu} - \mathfrak{G}^\alpha_{\mu\alpha}\frac{\partial \lg\sqrt{-g}}{\partial x_\nu}$$

---

$$\Delta(\delta^{i\kappa lm})\delta g = -g_{\mu\nu}\delta g^{\mu\nu}g = -g_{\mu\nu}(-\Gamma^\mu_{\alpha\beta}g^{\alpha\nu}dx_\beta - \Gamma^\nu_{\alpha\beta}g^{\mu\alpha}dx_\beta)g$$

$$= g(\Gamma^\alpha_{\beta\alpha}dx_\beta + \cdot)|\delta\lg\sqrt{g} = \Gamma^\alpha_{\beta\alpha}dx_\beta$$

$$-\frac{\partial(\Gamma^\alpha_{\mu\nu} - \Gamma^\beta_{\mu\beta}\delta^\alpha_\nu)}{\partial x_\alpha} + (\Gamma^\alpha_{\mu\beta} - \Gamma^\sigma_{\mu\sigma}\delta^\alpha_\beta)(\Gamma^\beta_{\nu\alpha} - \Gamma^\sigma_{\nu\sigma}\delta^\beta_\alpha)$$

$$+ \Gamma^\alpha_{\mu\beta}\Gamma^\beta_{\nu\alpha} - \Gamma^\sigma_{\mu\sigma}\Gamma^\alpha_{\nu\alpha} - \Gamma^\sigma_{\mu\sigma}\Gamma^\alpha_{\nu\alpha} + 4\Gamma^\sigma_{\mu\sigma}\Gamma^\alpha_{\nu\alpha}$$

中心对称问题。[60]

$$\Gamma^\beta_{i\kappa} = \left\{\begin{array}{c}i\kappa\\\beta\end{array}\right\} - \frac{1}{2}s_{i\kappa}i^\beta + \frac{1}{6}\delta^\beta_i i_\kappa + \frac{1}{6}\delta^\beta_\kappa i_i^3$$

$$d\sigma^2 = f^2 dt^2 - (r^2 d\vartheta^2 + r^2\sin^2\vartheta d\varphi^2 + h^2 dr^2)$$

$$dx_1^2 + dx_2^2 + dx_3^2 + \lambda^1(x_1 dx_1 + x_2 dx_2 + x_3 dx_3)^2$$

$$1 + \lambda^{\langle 2\rangle}r^2 = h^2$$

$$s_{i\kappa} = \delta_{i\kappa} + \lambda x_i x_\kappa \qquad s_{\alpha 4} = 0 \qquad s_{44} = f^2$$

---

$$-\frac{2}{3}s_{i\kappa}i^\beta + \frac{1}{6}(s_{i\kappa}i^\beta + \cdot + \cdot)$$

第一项只有 $\beta = 4$, $\quad -\frac{2}{3}s_{\alpha\beta}i^4 \quad \Big| \quad -\frac{2}{3}s_{44}i^4$

第二项消失了，现在 $i_\kappa \neq 4$

1) 一个指标 $=4 \quad \frac{1}{6}s_{\alpha\beta}i^4$ 
2) 两个指标 $\overset{\beta}{=}4 \quad \frac{1}{6}s_{44}i^\beta$ 
3) 所有三个指标 $=4 \quad \frac{1}{2}s_{44}i^4$

只有当一个指标或所有三个指标 $=4$ 时，$\mathfrak{I}$ 才不等于零。

$(\Gamma)^4_{\alpha\beta} = -\frac{1}{2}s_{\alpha\beta}s^{44}i_4 \;\Big|\; (\Gamma)^\beta_{\alpha 4} = \frac{1}{6}\delta^\beta_\alpha i_4 \;\Big|\; (\Gamma)^4_{44} = -\frac{1}{2}s_{44}s^{44}i_4 + \frac{1}{3}i_4$

$$= -\frac{1}{6}i_4 \qquad [61]$$

$$\frac{1}{2}\begin{vmatrix} -\dfrac{\partial s_{\mu\nu}}{\partial x_\alpha} + \Gamma_{\nu,\mu\alpha} + \Gamma_{\mu,\nu\alpha} \\[4pt] +\dfrac{\partial s_{\mu\alpha}}{\partial x_\nu} - \Gamma_{\alpha,\mu\nu} - \Gamma_{\mu,\alpha\nu} \\[4pt] +\dfrac{\partial s_{\nu\alpha}}{\partial x_\mu} - \Gamma_{\alpha,\mu\nu} - \Gamma_{\nu,\alpha\mu} \end{vmatrix}$$

687

[p.43v]

$$\langle\sqrt{r}\delta r^{i\kappa}\rangle \overset{\delta r^{i\kappa}}{f} r_{i\kappa} = R_{i\kappa}$$

左边 $-\dfrac{\delta r}{r} \overset{si}{=} -\delta \lg r$

$$r^{i\kappa}\sqrt{r} = \mathfrak{f}^{i\kappa} + \mathfrak{f}^{i\kappa} = \mathfrak{r}^{i\kappa}$$

$$\delta\sqrt{r} = \frac{1}{2\sqrt{r}} r^{i\kappa} r \delta r_{i\kappa}$$
$$= \frac{1}{2}\sqrt{r}\, r^{i\kappa}\delta r_{i\kappa}$$
$$= -\frac{1}{2}\sqrt{r}\, r_{i\kappa}\delta r^{i\kappa}$$

右边乘以 $\sqrt{r}\delta r^{i\kappa}$

$$s_{i\kappa} \quad s^{i\kappa} \quad \mathfrak{f}^{i\kappa} \quad \text{enif.Zus} \quad \Big| \quad \mathfrak{r}^{i\kappa} = \sqrt{r}\, r^{i\kappa} \quad |\mathfrak{r}^{i\kappa}| = r$$

$$r^{i\kappa} = \frac{\mathfrak{r}^{i\kappa}}{\sqrt{|\mathfrak{r}^{i\kappa}|}}$$

$$\delta r^{i\kappa} = \frac{\delta \mathfrak{r}^{i\kappa}}{\sqrt{|\mathfrak{r}^{i\kappa}|}} - \frac{1}{2|\mathfrak{r}^{i\kappa}|^{3/2}} \mathfrak{r}^{i\kappa} \delta \mathfrak{r}\ldots$$

---

$$r_{i\kappa}\delta\mathfrak{r}^{i\kappa} = r_{i\kappa}\left(\sqrt{r}\delta r^{i\kappa} + \frac{r^{i\kappa}}{2\sqrt{r}}\delta r\right) = -\frac{1}{\sqrt{r}}\delta r + \frac{1}{2}\cdot 4\frac{\delta r}{\sqrt{r}} = \frac{\delta r}{\sqrt{r}}$$
$$= \delta(2\sqrt{r}) = \delta(2\sqrt{|\mathfrak{r}^{i\kappa}|})$$

$$R_{i\kappa}\delta\mathfrak{r}^{i\kappa} = \delta(\overline{R_{i\kappa}\delta\mathfrak{r}^{i\kappa}})$$
$$\delta(2\sqrt{\mathfrak{r}}) = \delta(\overline{R_{i\kappa}\delta\mathfrak{r}^{i\kappa}})$$

---

$$\overline{\mathfrak{g}^{\mu\nu}{}_{;\alpha}} - \overline{\mathfrak{g}^{\mu\sigma}{}_{;\sigma}\delta^{\nu}_{\alpha}} = 0$$

$$\mathfrak{g}^{\mu\nu} = \frac{\mathfrak{g}^{\mu\nu} + \mathfrak{g}^{\nu\mu}}{2} + \frac{\mathfrak{g}^{\mu\nu} - \mathfrak{g}^{\nu\mu}}{2} = \mathfrak{f}^{\mu\nu} + \mathfrak{f}^{\mu\nu}$$

$$\mathfrak{f}^{\mu\nu}{}_{;\alpha} - \frac{1}{2}\mathfrak{f}^{\mu\sigma}{}_{;\sigma}\delta^{\nu}_{\alpha} - \frac{1}{2}\mathfrak{f}^{\nu\sigma}{}_{;\sigma}\delta^{\mu}_{\alpha} - \frac{1}{2}\mathfrak{J}^{\mu}\delta^{\nu}_{\alpha} - \frac{1}{2}\mathfrak{J}^{\nu}\delta^{\mu}_{\alpha} = 0$$

$$\underline{\mathfrak{f}^{\mu\nu}{}_{;\alpha} = \sqrt{s}\left(s^{\mu\nu}{}_{;\alpha} - \frac{1}{2}s^{\mu\nu}s_{\sigma\tau}s^{\sigma\tau}{}_{;\alpha}\right)} \quad \Big| \quad \mathfrak{f}^{\mu\sigma}{}_{;\sigma} = \sqrt{s}\left(s^{\mu\sigma}{}_{;\sigma} - \frac{1}{2}s^{\mu\rho}s_{\sigma\tau}s^{\sigma\tau}{}_{;\rho}\right)$$

$$\underline{s^{\mu\nu}{}_{;\alpha} = \frac{1}{2}s^{\mu\nu}s_{\sigma\tau}s^{\sigma\tau}{}_{;\alpha}} \quad \mathfrak{f}^{\mu\sigma}{}_{;\sigma} = -\frac{5}{3}\mathfrak{J}^{\mu} \qquad \left(1 - 2 - \frac{1}{2}\right)1$$

$$\mathfrak{f}^{\mu\nu}{}_{;\alpha} + \frac{1}{3}\mathfrak{J}^{\mu}\delta^{\nu}_{\alpha} + \ \cdot \ = 0. \qquad\qquad -\frac{5}{2}\mathfrak{J}$$

$$-s_{m\mu}s_{n\nu} \ \Big| \ s^{\mu\nu}{}_{;\alpha} - \frac{1}{3}s^{\mu\nu}\mathfrak{J}_{\alpha} + \frac{1}{3}\mathfrak{J}^{\mu}\delta^{\nu}_{\alpha} + \frac{1}{3}\mathfrak{J}^{\nu}\delta^{\mu}_{\alpha} = 0.$$

$$-\frac{1}{2} \ \Big| \ s_{mn;\alpha} + \frac{1}{3}s_{mn}\mathfrak{J}_{\alpha} - \frac{1}{3}s_{n\alpha}\mathfrak{J}_{m} - \frac{1}{3}s_{m\alpha}\mathfrak{J}_{n} = 0.$$
$$\theta \qquad\qquad\qquad\qquad \theta$$

$$+\frac{1}{2} \ \Big| \ s_{\mu\alpha;\nu} + \frac{1}{3}s_{\mu\alpha}\mathfrak{J}_{\nu} - \frac{1}{3}s_{\alpha\nu}\mathfrak{J}_{\mu} - \frac{1}{3}s_{\mu\nu}\mathfrak{J}_{\alpha}$$
$$\theta$$

$$+\frac{1}{2} \ \Big| \ s_{\nu\alpha;\mu} + \frac{1}{3}s_{\nu\alpha}\mathfrak{J}_{\mu} - \frac{1}{3}s_{\alpha\mu}\mathfrak{J}_{\nu} - \frac{1}{3}s_{\nu\mu}\mathfrak{J}_{\alpha}$$
$$\theta$$

$$\begin{bmatrix}\mu\nu\\\alpha\end{bmatrix} - \Gamma_{\alpha;\mu\nu} - \frac{1}{2}s_{\mu\nu}\mathfrak{J}_{\alpha} + \frac{1}{6}s_{\mu\alpha}\mathfrak{J}_{\nu} + \frac{1}{6}s_{\nu\alpha}\mathfrak{J}_{\mu} = 0$$

$$r_{\mu\nu} = \underline{(R_{\mu\nu})} + \frac{1}{6}\left[\left(\frac{\partial \Im_\mu}{\partial x_\nu} - \frac{\partial \Im_\nu}{\partial x_\mu}\right) + \Im_\mu \Im_\nu\right] \quad [\text{eq. 24}]^{[62]}$$

$$\delta\sqrt{r} = \frac{1}{2\sqrt{r}}\delta|\mathfrak{r}^{\sigma\tau}| = \frac{1}{2\sqrt{r}}\mathfrak{R}^{\sigma\tau}\delta\mathfrak{r}^{\sigma\tau} = \frac{1}{2}r_{\sigma\tau}\delta\mathfrak{r}^{\sigma\tau}$$

Unterdet zu $\quad \sqrt{r}\, r^{\sigma\tau}$
$\qquad\qquad\qquad r^{3/2} r_{\sigma\tau} r^{-1}$

$$\delta\int\left[-2\sqrt{r} + \underline{\mathfrak{R}} - \frac{1}{6}\left(\frac{s_{\alpha\beta}}{\sqrt{s}}\Im^\alpha\Im^\beta\right)\right]d\tau \quad [\text{eq. 25}]$$

$\overbrace{\underline{\mathfrak{f}^{\mu\nu} + \mathfrak{f}^{\mu\nu}}}\qquad \mathfrak{f}^{\alpha\beta} \qquad\qquad \Im^\alpha = \dfrac{\partial \mathfrak{f}^{\alpha\sigma}}{\partial x_\sigma}$

$s^2|s^{\mu\nu}+\mathfrak{f}^{\mu\nu}|^{[63]}\qquad \mathfrak{f}^{\alpha\beta}$

$\qquad\qquad\qquad \mathfrak{R} = \underline{(R_{\mu\nu})_s}\mathfrak{g}^{\mu\nu}$

$$\int\mathfrak{R}d\tau = \int\frac{\partial R}{\partial \mathfrak{f}^{\mu\nu}}\delta\underline{\mathfrak{f}^{\mu\nu}} + \underbrace{\frac{\partial R}{\partial \Gamma^\alpha_{\mu\nu}}\delta\Gamma^\alpha_{\mu\nu} + \frac{\partial R}{\partial \Gamma^\alpha_{\mu\nu,\sigma}}\delta\Gamma^\alpha_{\mu\nu,\sigma}}$$

$$(\qquad\qquad)\underline{\delta\Gamma^\alpha_{\mu\nu}}d\tau$$

$\mathfrak{f}^{\mu\nu} = \delta_{\mu\nu} + \lambda x_\mu x_\nu \qquad f^{14}f^{24}f^{34}$
$\mathfrak{f}^{44} = f^2 \qquad\qquad \overline{r^2} \qquad \varphi\frac{x}{r}\varphi\frac{y}{r}\varphi\frac{z}{r}$

将 $\sigma^2$ 扩展至 $\Im$ 项。

**不以 Γ 的对称性为前提条件**。[65]

$$\delta A^\mu = -\Gamma^\mu_{\alpha\beta} A^\alpha dx_\beta$$

$$\int \delta A^{\mu'} = -\int \Gamma^{\mu'}_{\alpha\beta} A^{\alpha'} d\xi^{\beta'}$$

$$= -\int \left(\Gamma^\mu_{\alpha\beta} + \frac{\partial \Gamma^\mu_{\alpha\beta}}{\partial x_\sigma}\xi^\sigma\right)(A^\alpha - \Gamma^\alpha_{\sigma\tau} A^\sigma \xi^\tau) d\xi^\beta$$

$$= \int \left(\frac{\partial \Gamma^\mu_{\alpha\beta}}{\partial x_\sigma} A^\alpha \xi^\sigma d\xi^\beta + \Gamma^\mu_{\alpha\beta}\Gamma^{\alpha}_{\sigma\tau} A^\sigma \xi^\tau d\xi^\beta\right)$$

$$= \int \left(-\frac{\partial \Gamma^\mu_{\alpha\beta}}{\partial x_\sigma} + \Gamma^\mu_{\tau\beta}\Gamma^\tau_{\alpha\sigma}\right) A^\alpha \underbrace{\xi^\sigma d\xi^\beta}_{df^{\sigma\beta}}$$

$$\boxed{-\frac{\partial \Gamma^\mu_{\alpha\beta}}{\partial x_\sigma} + \Gamma^\mu_{\tau\beta}\Gamma^\tau_{\alpha\sigma} + \frac{\partial \Gamma^\mu_{\alpha\sigma}}{\partial x_\beta} - \Gamma^\mu_{\tau\sigma}\Gamma^\tau_{\alpha\beta}}\ [66]$$

$$r_{\alpha\beta} = -\frac{\partial \Gamma^\sigma_{\alpha\beta}}{\partial x_\sigma} + \Gamma^\sigma_{\tau\beta}\Gamma^\tau_{\alpha\sigma} + \frac{\partial \Gamma^\sigma_{\alpha\sigma}}{\partial x_\beta} - \Gamma^\tau_{\alpha\beta}\Gamma^\sigma_{\tau\sigma}$$

变分

$$\frac{\partial r^{\alpha\beta}}{\partial x_\sigma}\delta\Gamma^\sigma_{\alpha\beta} + r^{\alpha\beta}\Gamma^\alpha_{\tau\sigma}\delta\Gamma^\sigma_{\tau\beta} + r^{\alpha\beta}\Gamma^\beta_{\tau\sigma}\delta\Gamma^\sigma_{\alpha\sigma}$$
$$- \frac{\partial r^{\alpha\beta}}{\partial x_\beta}\delta\Gamma^\sigma_{\alpha\sigma} - r^{\alpha\beta}\Gamma^\sigma_{\tau\sigma}\delta\Gamma^\tau_{\alpha\beta} - r^{\alpha\beta}\Gamma^\tau_{\alpha\beta}\Gamma^\sigma_{\tau\sigma} \quad\Big|\ 0$$

$$0 = \frac{\partial r^{\alpha\beta}}{\partial x_\sigma} + r^{\tau\beta}\Gamma^\alpha_{\tau\sigma} + r^{\alpha\tau}\Gamma^\beta_{\sigma\tau} - \frac{\partial r^{\alpha\tau}}{\partial x_\tau}\delta^\beta_\sigma - r^{\alpha\beta}\Gamma^\tau_{\sigma\tau} - r^{\rho\tau}\Gamma^\alpha_{\rho\tau}\delta^\beta_\sigma$$

$$0 = \frac{\partial r^{\alpha\beta}}{\partial x_\sigma} + r^{\tau\beta}\Gamma^\alpha_{\tau\sigma} + r^{\alpha\tau}\Gamma^\beta_{\sigma\tau} - r^{\alpha\beta}\Gamma^\tau_{\sigma\tau} - \delta^\beta_\sigma\left(\frac{\partial r^{\alpha\tau}}{\partial x_\tau} + r^{\rho\tau}\Gamma^\alpha_{\rho\tau}\right)$$

现在首先假定 Γ 的对称性

那么 $r^{\alpha\beta}_{;\sigma} = 0.$ also $\overline{f^{\alpha\beta}_{;\sigma} = f^{\alpha\beta}_{,\sigma} = 0.}$

---

AD (NNPM, MA 3951)。[29 130]。写在文件 379 的反面，与旅行日记的条目颠倒。除了全部用铅笔书写的[pp. 51v]和[52]，以及部分用铅笔书写的[p. 51]外，全部用墨水书写。有 19 张印线格页和 1 张未印线格页用于计算。页码标注的顺序是从尾到头的倒序。因此，计算从扉页[p. 52]开始，结束于[p. 42v]。

[1]根据文件的内容和记号来推测日期：计算的主要部分的时间，似乎是在 *Einstein 1923e* 的草稿写作（文件 417）之后或是之前不久（见 1923 年 1 月初的日记条目），提交该论文终稿（文件 425）之前。例如，见注释 10、21、43、48 和 58；但也见注释 4 和 62。

[2]在[p. 52]右上角发现了下列显然不相关的铅笔标记：出自一位未知者之手的倾斜的 $\frac{ko, dt}{t, it}$ 和 $5^\dagger$。

[3]爱因斯坦开始计算$\varphi^{\mu\nu}_{;\nu}$,他从协变场张量的协变散度开始,并提高了指数。

[4]这个结果,与爱因斯坦在他日记中的结论$\frac{\partial \varphi^{\mu\nu}\sqrt{-g}}{\partial x^\nu}=0$在Weyl的理论中将产生"无用的"结果$\varphi^{\mu\alpha}\varphi_\alpha$——相关,但并不完全一致;见10月27日的条目。爱因斯坦使用"Rang(级)"这个表达是不寻常的;他想指的可能是Weyl提到的、作为"权重(weight)"的东西,例如关于一种度规转换$g_{\mu\nu}\to\lambda g_{\mu\nu}$的齐次性(homogeneity);见Weyl 1921a,pp.115—116中的定义,正如Weyl在那里评论的,协变张量场$\varphi^{\mu\nu}$权重为0,而乘以$\sqrt{-g}$将会产生一个权重增加$n/2$(对时间-空间理论来说,$n=4$)的张量密度。

[5]在这点上,爱因斯坦专门指Weyl理论的情况;例如,见Eddington 1921a,pp. 109—110。

[6]这一页的右上角顶部的五行字是用墨水写的。

[7]为了符合惯例,$\mathfrak{h}_x$应为$\mathfrak{h}_y$。

[8]这一页底部的几行字是用墨水写的。

[9]在装订的笔记本里,[p. 2]和[p. 3]间的一页被裁去了。从这一页开始,在日记这部分中的剩余计算是用墨水书写的。

[10]在这点上,爱因斯坦引入电磁矢量势$\varphi_\mu$作为一个独立变量,这暗示着,他可能是在发现1月9日的草稿错误后写的这些条目;也见注释21。

[11]爱因斯坦在这里隐含地引入了$\mathfrak{N}\equiv\sqrt{-g}R_{ik}g^{ik}$的记号。

[12]爱因斯坦在这里一开始误用"crystal"这个词,可能显示他意识到了微分几何概念应用在固态物理学中的可能性。

[13]正如在[方程4]第一项中所指出的那样,通过相对度量分量$g^{ik}$的变分,在[方程5]中得到了作为一个引力场方程微分算子的爱因斯坦张量$R_{ik}-1/2g_{ik}R$。这一变分在这里表达为$\delta_1$。正如在[方程4]中指出的一样,通过相对的$\Gamma^\tau_{ik}$的$\mathfrak{N}$变分,得到写在[方程5]底部框中的[方程6]的6项

$$\frac{\partial g^{\sigma\tau}\sqrt{g}}{\partial x_\mu}-\frac{\partial g^{\sigma\nu}\sqrt{g}}{\partial x_\nu}\delta^\tau_\mu+\sqrt{-g}\left(g^{i\sigma}\Gamma^\tau_{i\mu}+g^{\sigma k}\Gamma^\tau_{k\mu}-g^{ik}\Gamma^\sigma_{ik}\delta^\tau_\mu-g^{\sigma\tau}\Gamma^\beta_{\mu\beta}\right).$$

这一变分表达为$\delta_2\mathfrak{N}$,其计算写在该页的右下半边。爱因斯坦在那里以涉及Kronecker $\delta$的形式,第一次写下了变分项$\frac{\partial R_{ik}}{\partial \Gamma^\mu_{\sigma\tau,\nu}}$和$\frac{\partial R_{ik}}{\partial \Gamma^\mu_{\sigma\nu}}$。随后他分别把这两个变分项乘以$-\frac{\partial g^{ik}\sqrt{-g}}{\partial x_\nu}$和$g^{ik}\sqrt{-g}$,并加上这两个表达式以得到[方程6]。

[14]这一页的前两行采用了来自前一页的[方程6]的结果,除以$\sqrt{-g}$,使之关于指数$\sigma$和$\tau$对称,并设它等于0。在第二行那两个被括起来的项中,前面的加号应该是减号,而在第二行的$g^{\alpha\beta}\Gamma^\tau_{\alpha\beta}$前面的减号(看起来像是从一个加号改过来的)应该是加号。在正确的符号下,结果方程式等于文件479的方程(10)。

[15][方程6]中的$T^{\sigma i}_\kappa$和$T^{\tau i}_{\tau \kappa}$应分别为$\Gamma^{\sigma i}_\kappa$和$\Gamma^\tau_{\tau \kappa}$。爱因斯坦随后通过乘以$g_{\sigma\alpha}g_{\tau\beta}$降低了[方程6]的指标$\sigma$和$\tau$,然后用循环排列的指标$\alpha\beta\mu\to\beta\mu\alpha\to\mu\alpha\beta$ 三次(three times)写下了结果的方程式,减掉了第一个方程并加上了第二和第三个方程以得到[方程7]。

[16]爱因斯坦在这里引入了记号$\Gamma_{\beta,\alpha\mu}\equiv g_{\tau\beta}\Gamma^\tau_{\alpha\mu}$。在Weyl 1921a, p. 113,方程(49)和(50)中也如此用逗号分隔联络符号的指数,同样的还有Eddington 1921a,p. 109,方程(4.2)中的形式。$\Gamma_{\sigma\mu,\nu}\equiv g_{\alpha\nu}\Gamma^\alpha_{\sigma\mu}$也见注释22。

[17]关于接下来的,见Eddington 1921a,pp. 108—109。

[18]关于矩阵和联络的兼容条件的一个说法,见文件417,p. 1。

[19]见pp. [44]和[45]对于球对称情况的相似计算。

[20] 见[方程20]和注释13。

[21] 可能指的是他在1月13日的日记条目(文件379)中所提到的相同困难。

[22] 在这点上,爱因斯坦隐含地引入了一个记号,用分号来分隔协变导数下标指数。使用分号表示一个协变导数的标记法,由爱因斯坦早先在 *Einstein 1922c*, p. 46, 方程(71), 以及 p. 47, 方程(78)(分别是第七卷,文件71, pp. 545与546)中引入。*Weyl 1921a* 和 *Eddington 1921b* 都没有在他们的张量记号中使用分号(见上面的注释16)。*Palatini 1919b* 用一条下标的竖线来表示协变导数;他在 *Palatini 1919a*, p. 198, 从方程(12)开始引入了这个记号。

[23] 爱因斯坦显然曾有片刻考虑过 $\delta \int \sqrt{R_{ik} R^{ik}} \, d\tau = 0$ 形式的一个变分原理(他省去了 $d\tau$),但立刻放弃了这个想法,因为他不想接着走二次场方程组的道路。他随后将作用积分改为 $\delta \int \sqrt{|R_{ik}|} \, d\tau = 0$。正如在这里所写的一样,他使用似乎是矩阵 $R_{ik}$ 的行列式 $|R_{ik}|$ 的新选择,事实上是模棱两可的,因为不清楚他在作用中采用的新的被积函数是 $\sqrt{R_{ik}}$ 还是 $\sqrt{|R_{ik}|}$。为哈密尔顿函数而选择的 $R_{ik}$ 的行列式,显示着对草稿(文件417)的偏离以及朝 *Einstein 1923e* 发表版(文件425)的方向更进一步。在这点上,爱因斯坦似乎只有在 $R_{ik}$ 的对称分量上才采用行列式。

[24] 爱因斯坦显然引入 $\mathfrak{R}^{ik} \equiv R^{ik} \sqrt{|R_{ik}|}$ 的记号,以将作用积分重写为

$$\delta \int \sqrt{R_{ik} R^{ik}} \, d\tau = \int \frac{\delta |R_{ik}|}{2\sqrt{|R_{ik}|}} \, d\tau = \frac{1}{2} \int R^{ik} \sqrt{|R_{ik}|} \, \delta R_{ik} \, d\tau = \frac{1}{2} \int \mathfrak{R}^{ik} \delta R_{ik} \, d\tau.$$

爱因斯坦又一次在他的变分积分中省去了 $d\tau$。这一页剩下的计算是对这一表达式的直接计算。一个类似计算,见下面的[p. 47]和[p. 46v]。

[25] 爱因斯坦将[方程9]插入[方程8]中,并在前两项进行部分积分,以得到一个变分积分,在这里用两行写出。这个表达式并不完整,积分缺少括号后一半和一个因子 $d\tau$,并且它应该被设成等于0。爱因斯坦引入 $\delta_\alpha^\kappa$ 的因子,重新标注指数,继续在下一行写下了被积函数 $A$ 的一个表达式 $\int A \delta \Gamma_{ik}^\alpha \, d\tau = 0$。

[26] 爱因斯坦隐含地为 $R_{ik}$ 的行列式引入了 $\mathfrak{D} \equiv |R_{ik}|$ 的记号,改写前一行的前两项(上一注释中的因子 $A$),除以 $\sqrt{\mathfrak{D}}$。完整的表达式应该是 $\frac{\partial R^{ik}}{\partial x_\alpha} + R^{ik} \frac{1}{\sqrt{\mathfrak{D}}} \frac{\partial \sqrt{\mathfrak{D}}}{\partial x_\alpha} - \frac{\partial R^{i\beta}}{\partial x_\beta} \delta_\alpha^k - R^{i\beta} \frac{1}{\sqrt{\mathfrak{D}}} \frac{\partial \sqrt{\mathfrak{D}}}{\partial x_\beta} \delta_\alpha^k + R^{i\beta} \Gamma_{\beta\alpha}^k + R^{k\beta} \Gamma_{\beta\alpha}^i - R^{\sigma\tau} \Gamma_{\sigma\tau}^i \delta_\alpha^k \Gamma_{\alpha\beta}^\beta - R^{ik} \Gamma_{\alpha\beta}^\beta$,它的最后四项在手稿中被用点号标注。

[27] 爱因斯坦在引入 $D^i \equiv R^{i\sigma}{}_{;\sigma}$ 和 $\mathfrak{E}_\alpha \equiv R^{\sigma\tau} R_{\sigma\tau;\alpha}$ 的记号后,首先用 $R_{ik}$ 缩并[方程11],得到了[方程12]。随后他用 $\delta_\alpha^\kappa$ 缩并[方程11],得到了[方程13]。方程[12]和[13],在进一步简化后,隐含着[14],这回到了[方程11],隐含着[15]。在[p. 11]进行了一个相似的计算。

[28] 方程中的第三项应为 $\frac{1}{2} R_{ik} D^k \delta_\alpha^i$。

[29] 关于非对称联络的问题,见文件417,注释4,以及 *Einstein 1923e* (文件425),注释8。也见在[p. 42v]上的类似计算。

[30] 随后的计算,通过绕着一个闭环的平行移动总结了对黎曼曲率张量的推导。这一推导与在 *Einstein 1922c*, pp. 49—50(第七卷,文件71, pp. 548—549)中的处理非常一致。这一推导是早先爱因斯坦和 Paul Dienes 间的通信主题, Paul Dienes 曾质疑 Weyl 和 Eddington 所做数学推导不够严谨。爱因斯坦在他的回复中寄了相关的两页副本给 Dienes,声称如果做得仔细,那么推导就是严谨的(见文件338)。

[31] 这一方程式的左边应为 $\Delta A^\mu$。

[32] 第二项前面应该有一个积分符号。

[33] *Einstein 1922c*, p. 49(第七卷,文件71, p. 548)这样解释这一步骤:"从被积函数中减去 $\frac{1}{2} d(\xi^\alpha \xi^\beta)$,得到了 $\frac{1}{2} \oint (\xi^\alpha d\xi^\beta - \xi^\beta d\xi^\alpha)$。这一非对称二阶张量 $f^{\alpha\beta}$,从大小和位置,描述了有闭合曲线边

界的面元的特征("Zieht man vom Integranden $\frac{1}{2}\oint(\xi^\alpha d\xi^\beta)$ab, so erhält man . $\frac{1}{2}\oint(\xi^\alpha d\xi^\beta-\xi^\beta d\xi^\alpha)$ Dieser antisymmetrische Tensor zweiten Ranges $f^{\alpha\beta}$ charakterisiert das durch die Linie gelegte Flächenelement nach Größe und Lage")。

[34]这个表达式缺失了一个因子 $A$。

[35]这个方程的左边应为 $R_{\alpha\beta}$。

[36]爱因斯坦沿着同样的线路,开始了变分积分 $\delta\int\mathfrak{R}^{\alpha\beta}\delta R_{\alpha\beta}d\tau=0$ 的另一个计算,就像他在上面的[p. 48v]所做的那样;见注释24ff。

[37]最后两项中的 $\sqrt{\mathfrak{D}}$ 的偏导数应为 $\frac{1}{\sqrt{\mathfrak{D}}}\frac{\partial\sqrt{\mathfrak{D}}}{\partial x_\sigma}$ 或 $\frac{\partial\lg\sqrt{\mathfrak{D}}}{\partial x_\sigma}$。

[38]$R_{\alpha\beta}R^{\alpha\beta}_\tau$ 应为 $R_{\alpha\beta}R^{\alpha\beta}_{;\tau}$。

[39]下面的计算与先前一个在[p. 8]中的计算相似;见注释[27]。

[40]右边应为 $-\frac{3}{2}\mathfrak{E}_\sigma-\mathfrak{D}_\sigma$。

[41]第一项应有一个因子 1/2,第五项应有一个因子 −2,而第六项应有一个因子 −1/2。这些小错误不影响最终结果 $\mathfrak{D}=\mathfrak{E}=0$。

[42]最后一项应为 $\frac{3}{2}\mathfrak{D}^\sigma$。

[43]在这里,爱因斯坦明确地开始继续沿着 Einstein 1923e 发表版(文件 425)中的假设进行。假设哈密尔顿函数取决于联络,这样它便只取决于对称的部分,即,一个对称的协变度量场 $g_{\mu\nu}$,以及一个非对称的部分,即一个非对称的协变电磁张量场 $\varphi_{\mu\nu}$;对应的逆变张量密度和 $\mathfrak{g}^{\mu\nu}$ 和 $\mathfrak{f}^{\mu\nu}$,分别由关于 $\mathfrak{g}^{\mu\nu}$ 和 $\varphi_{\mu\nu}$ 的变分定义。但场方程组是通过只关于联络的变分得到。

[44]将这一方程与 Einstein 1923(文件 425)的方程(13)进行比较。

[45]爱因斯坦隐含地引入了一个记号,用一条上横线来表示对称化,例如
$$\overline{\frac{\partial\Gamma^\alpha_{\mu\alpha}}{\partial x_\nu}}\equiv\frac{1}{2}\left(\frac{\partial\Gamma^\alpha_{\mu\alpha}}{\partial x_\nu}+\frac{\partial\Gamma^\alpha_{\nu\alpha}}{\partial x_\mu}\right)。$$

[46]因子 1/2 似乎是因为事后考虑而插入的。括号应该括着 $\frac{\partial\Gamma^\alpha_{\mu\alpha}}{\partial x_\nu}-\frac{\partial\Gamma^\alpha_{\nu\alpha}}{\partial x_\mu}$。在这里,爱因斯坦在 Einstein 1923e 的相应方程[文件 425;比较它的方程(6)和(12)]中引入了一个比例因子 λ。

[47]如果爱因斯坦在上面的 $\varphi_{\mu\nu}$ 定义中用了因子 1/2(见上一注释),那么在这一行的 $\frac{\partial\mathfrak{f}^{\alpha\beta}}{\partial x_\beta}\delta^\nu_\alpha$ 这一项前面的因子 2,应该是 1,在上一行类似项的前面中也是如此。

[48]爱因斯坦引入了对称张量密度的一个协变导数;比较 Einstein 1923e(文件 425)中的方程(16)。在 $\mathfrak{g}^{\mu\nu}_{;\alpha}$ 之后应该有一个等号。

[49]如果爱因斯坦在上面的 $\varphi_{\mu\nu}$ 定义中用了因子 1/2(见上面的注释 46),那么最后两项应含有因子 1/2;也见 Einstein 1923e(文件 425)中的方程(14)和(17)。爱因斯坦用 $\delta^\nu_\alpha$ 缩并了方程(16),并定义了量 $\mathfrak{D}^\mu\equiv\mathfrak{g}^{\mu\nu}{}_{;\alpha}$ 和 $\mathfrak{i}^\mu\equiv\frac{\partial\mathfrak{f}^{\mu\beta}}{\partial x_\beta}$(见上面的注释 27),以得到下一行的结果。

[50]最后一个方程应为 $\mathfrak{D}^\mu=-\frac{3}{10}\mathfrak{i}^\mu$。

[51]第二和第三项应为因子 20/3,而非 3/20(见先前的注释)。如果爱因斯坦在上面的 $\varphi_{\mu\nu}$ 定义中用了因子 1/2,那么最后两项应含有因子 1/2(见上面的注释 46)。

[52]爱因斯坦显然回到了前页的[方程16]。第二项应为 $\overline{\frac{\partial g^{\mu\beta}}{\partial x_\beta}\delta_\alpha^\nu}$。

[53]两项中下标的 σ 应为 α。

[54]最后一项下标的 σ 应为 α。

[55]这一行的减号应为加号,见次页的[方程20]。

[56]在涉及 $\lg\sqrt{-s}$ 的项的分母缺少了偏导符号。

[57]显然,爱因斯坦计算了 $\frac{e^{-\alpha r}}{r}$ 相对于 $x_\nu$ 的一阶和二阶导数,其中 $\sqrt{\sum x_i^2}$,但他在二阶导数中有几个数值因子错误。二阶导数应写为 $\left[-\left(\frac{\alpha}{r^2}+\frac{1}{r^3}\right)+\frac{x_\nu^2}{r}\left(\frac{2\alpha}{r^3}+\frac{3}{r^4}\right)+\alpha\frac{x_\nu^2}{r}\left(\frac{\alpha}{r^2}+\frac{1}{r^3}\right)\right]$。在 pp. [49v]和[44]中也考虑了球对称解。

[58]爱因斯坦在这里引入了记号 $\mathfrak{f}^{\mu\nu}\equiv\frac{\partial\mathfrak{R}}{\partial\mathsf{g}_{\mu\nu}}$ 和 $\mathfrak{f}^{\mu\nu}\equiv\frac{\partial\mathfrak{R}}{\partial\varphi_{\mu\nu}}$;比较 Einstein 1923e(文件 425)中的方程(13)。在爱因斯坦的手稿和 Einstein 1923e,以及这里的转写本中,代表 s 和 f 的字母 $\mathsf{f}$ 和 $\mathfrak{f}$(爱因斯坦手写的是哥特体,而在他的出版物中则是德文尖角字体)看起来非常相似。

[59]方程[19]—[23]分别相当于 Einstein 1923e(文件 425)中的方程(18)、(19)、(20)、(22)和(24)。方程[21]—[23]也相当于 Einstein 1923h 中的方程(9)、(11)和(4)(见下面的注释62)。

[60]对球对称解的其他考虑,见 pp. [5]和[14]。

[61]从这里开始,剩下的那些页用稍微更黑的墨水书写。

[62]这页的条目四似乎与 Einstein 1923h 有关。方程[24]相当于 1923 年 4 月 12 日在普鲁士科学院宣读的那篇论文的方程(13),而[方程 26]相当于方程(14)。

[63]字符 $S^2 \mid S^{\mu\nu}+\mathfrak{f}^{\mu\nu}$ 用铅笔书写。

[64]在这两页间有一个小横杠(stub),似乎是因为这书的装订,即在[p.18]和[p.19]间,似乎没有页码被裁掉。

[65]下面的计算与[p.10]的计算相似。

[66]在第一项中缺失一个偏导符号。

# 419.关于广义相对论的片段和计算

(于"榛名丸"号上,约 1923 年 1 月)[1]

[p.1] 变换。由此人们认识到,从 $\mathfrak{H}^2$ 形式上肯定是

$$\mathfrak{H}^2=\Phi_0+\Phi_2+\Phi_4,$$

其中 $\Phi_\nu$ 表示在 $\varphi_{\kappa l}$ 中的一个 $\nu$ 次的齐次函数。由此,以及根据这些部分中的每一个(jeder dieser Teile)肯定有一个张量密度的二次方的特征的情况,人们就能轻易推导出,$\mathfrak{H}^2$ 的形式是

$$\mathfrak{H}^2=|\mathfrak{S}_{\mu\nu}|\left(1+\frac{1}{2}\varphi_{\sigma\tau}\varphi_{\mu\nu}\mathfrak{S}^{\sigma\mu}\mathfrak{S}^{\tau\nu}\right)+\frac{1}{64}(\varphi_{\sigma\tau}\varphi_{\mu\nu}\delta^{\sigma\tau\mu\nu})^2。$$

人们在 $\varphi$ 中，只关注可能小于 1 的二次项，（并设定）而忽略四次项，所以人们刚好足以得到

$$\mathfrak{H} = \sqrt{|\mathfrak{S}_{\mu\nu}|} \left(1 + \frac{1}{4} \varphi_{\sigma\tau} \varphi_{\mu\nu} \mathfrak{S}^{\sigma\mu} \mathfrak{S}^{\tau\nu}\right),$$

用以(6)为依据的 $\varphi$ 对此进行变分，得到 Maxwell 项。只要 $\varphi$ 足够小，那么通过对 $\mathfrak{S}_{\mu\nu}$ 的变分得到的东西，在 $\varphi$ 中就会被二次项忽略，在第一逼近（erste Näherung）中也是如此。

[p. 2]

$$\delta^{i\kappa lm} \delta^{\lambda\rho\sigma\tau}$$

$$\langle - \rangle_{i\lambda} \langle - \rangle_{\kappa\rho} (a \varphi_{lm} \varphi_{\sigma\tau} + b \varphi_{l\sigma} \varphi_{m\tau})$$

$$R_{i\kappa} = \mathscr{S}_{i\kappa} + \underline{\varphi_{i\kappa}} \quad \left| \begin{array}{l} R_{i\kappa} R^{l\kappa} = \delta_i^l \\ R_{i\kappa} R^{lm} = \delta_\kappa^m \end{array} \right| \begin{array}{l} R^{lm} = \underline{\Sigma^{lm}} + \Phi^{lm} \\ \Sigma^{lm} \Sigma_{im} = \delta_i^l \end{array}$$

$$(\mathscr{S}_{i\kappa} + \varphi_{i\kappa})(\Sigma^{l\kappa} + \Phi^{l\kappa}) = \delta_i^l \qquad \mathscr{S}_{i\kappa} \Sigma^{l\kappa} + \varphi_{i\kappa} \Sigma^{l\kappa} + \mathscr{S}_{i\kappa} \Phi^{l\kappa} + \varphi_{i\kappa} \Phi^{l\kappa} = \delta_i^l$$

$$\left(\underset{\kappa i}{\mathscr{S}_{i\kappa}} + \underset{\kappa i}{\varphi_{i\kappa}}\right)\left(\underset{}{\Sigma^{im}} + \underset{}{\Phi^{im}}\right) = \delta_k^m \qquad \mathscr{S}_{\kappa i} \Sigma^{\kappa l} + \varphi_{\kappa i} \Sigma^{\kappa l} + \mathscr{S}_{\kappa i} \Phi^{\kappa l} + \varphi_{\kappa i} \Phi^{\kappa l} = \delta_{il}$$

$$\langle (\mathscr{S}_{i\kappa} \underline{\Sigma^{l\kappa}} + \underline{\varphi_{i\kappa}} \Phi^{l\kappa} = \delta_i^l) \rangle$$

$$\overline{\mathscr{S}_{i\kappa} \Sigma^{im} + \varphi_{i\kappa} \Phi^{im} = \delta_\kappa^m} \qquad \overline{\mathscr{S}_{\kappa i} \underline{\Sigma^{\kappa l}} + \underline{\varphi_{\kappa i}} \Phi^{\kappa l} = \delta_i^l}$$
$$\phantom{XX}_{\kappa i} \phantom{XXX} \langle \kappa i \rangle$$

$$\mathscr{S}_{i\kappa} \Sigma^{l\kappa} + \langle \mathscr{S}_{i\kappa} \rangle \varphi_{i\kappa} \Phi^{l\kappa} = \delta_i^l$$

$$\underline{\varphi_{i\kappa}} \Sigma^{l\kappa} + \mathscr{S}_{i\kappa} \Phi^{l\kappa} = 0.$$

696

AD. [2 093]。这个片段由两页没有编号的纸组成。写在"Nippon Yusen Kaisha S. S. 'Haruna Maru.'"（日本邮船株式会社）'榛名丸'号"的信笺上。不知何人用铅笔加上了"en route home from Japan（在从日本返回途中）"。

[1] 日期标注的根据：它写在"榛名丸"号的信笺上，以及推测它肯定与爱因斯坦在 1923 年 1 月 9 日所写（文件 417）并在随后修订的手稿（见文件 379）有关。

## 420. 致 Svante Arrhenius[1]

新加坡附近，1923 年 1 月 10 日

尊敬的同事先生！

我在乘坐"北野丸"号快到日本时，通过电报收到了被授予诺贝尔奖的消息。[2]除了其他理由之外，我非常高兴的一个原因是，不再会有人用下面的问题非难我了：为什么您没有获得诺贝尔奖？（我每次都这样回答：因为这个奖不是我颁发的。）

Hamburger 夫人告诉我，[3]您好心地将这些钱暂时做了投资。[4]我非常感谢您这种关照。您（和 Bohr）还写信说授奖仪式定在 6 月，我也非常感激。最迟在 4 月初，我就会从这次美妙的旅行中归来。我相当喜欢日本的土地和人民，一切都如此美好和陌生。而且漫长的海上航行非常有益于思考和工作——这是一个没有通信、拜访、会议和魔鬼的其他发明的天堂！和我的 Bohr 一起获奖[5]，这使我特别高兴。

期待着愉快的重逢，最迟在斯德哥尔摩，我谨向您致以最诚挚的敬意和问候！

您的
A. 爱因斯坦

ALS（SSVA，Svante Arrhenius Archive，Letters to Svante Arrhenius，vol. E1:6［SSVA，Svante Arrhenius 档案室，致 Svante Arrhenius 的信，vol. E1:6］）.［73 210］。这封信写在"Nippon Yusen Kaisha S. S. 'Haruna Maru.'（日本邮船株式会社'榛名丸'号）"的信笺上。

［1］收件人是根据文件 445 提到本文件而确认。

［2］根据中国媒体的报道，爱因斯坦在 11 月 13 日抵达上海后收到了一份该消息的电报（见文件 379，注释 45）。一天后，Ilse Einstein 告诉 Christopher Aurivillius，她已经通过信件，将委员会决定的相关信息转告爱因斯坦（见未刊文献摘要一览表 446）。

［3］Margarete Hamburger。

［4］诺贝尔奖的奖金。详见文件 396。

［5］Niels Bohr，他获得了 1922 年度的诺贝尔物理学奖。

## 421. 致 Niels Bohr

新加坡附近，1923 年 1 月 10 日

亲爱的，不如说，心爱的 Bohr！

在我离开日本前不久的时候，收到您真挚的来信[1][2]。我可以毫不夸张地

说,它和诺贝尔奖一样令我高兴。您担心在我之前获奖,我觉得这特别可爱——这真是典型的 Bohr 风格。在旅途中您关于原子的新研究陪伴着我,而我对您的才智越发倾心。[3] 我现在相信,我终于掌握了电和引力的关系。[4] Eddington 比 Weyl 更接近其要点。

这次旅行是美妙的。我对日本和日本人心醉神迷。我肯定您也会这样。此外,海上旅行对一个喜好苦思冥想的人来说,是一件美妙的事——像修行隐居一样。此外,再加上赤道附近的温暖宜人。温暖的水慵懒地从天空落下,万物归于平寂,让人不自觉地昏昏欲睡——这封短信就是证明。

衷心问候。期待愉快的再会,最晚在斯德哥尔摩。

您的仰慕者<br>A. 爱因斯坦

ALS (DkKoNBA). *Bohr1977*, p. 686. [89 896]。信笺上写着"Nippon Yusen Kaisha S. S. 'Haruna Maru.'(日本邮船株式会社'榛名丸'号)"。

[1] 文件 386。
[2] 爱因斯坦在 1922 年 12 月 29 日离开日本(见文件 379)。
[3] 可能是 *Bohr1922b*。
[4] 在"榛名丸"号上,他从 12 月 30 日起开始研究这个问题(见文件 379),并在 1 月完成了 *Einstein 1923e*(文件 425)的手稿。

# 422. 石原纯的来信

保田(Hota),1923 年 1 月 12 日

非常尊敬的教授先生!

您在我们国家的逗留让我特别快乐,我将永远珍视这份如此美好的回忆。您或许还在继续快乐的旅行!

我现在试着用以下方法解决问题:[1]

我假设有两个六分量矢量 $\varphi_{\mu\nu}$ 和 $\psi_{\mu\nu}$,对静止的物体来说,它们的分量应该是:

|  | (23) | (31) | (12) | (14) | (24) | (34) |
|---|---|---|---|---|---|---|
| $\varphi_{\mu\nu}$: | 0, | 0, | 0, | $-ie_x$, | $-ie_y$, | $-ie_z$ |
| $\psi_{\mu\nu}$: | $b_x$, | $b_y$, | $b_z$, | 0, | 0, | 0 |

变换这些场矢量,例如通过洛伦兹变换方程:

$$\sqrt{1-v^2}\,x_1' = x_1 - ivx_4, \qquad x_2' = x_2, \qquad x_3' = x_3,$$
$$\sqrt{1-v^2}\,x_4' = x_4 + ivx_1,$$

得到(因为公式:$\varphi_{\mu\nu}' = \dfrac{\partial x_\mu'}{\partial x_\alpha}\dfrac{\partial x_\nu'}{\partial x_\beta}\varphi_{\alpha\beta}$)

$$\varphi_{\mu\nu}': \qquad 0, \qquad \frac{-v}{\sqrt{1-v^2}}\mathfrak{e}_z, \qquad \frac{v}{\sqrt{1-v^2}}\mathfrak{e}_y, \qquad -i\mathfrak{e}_x, \qquad \frac{-i\mathfrak{e}_y}{\sqrt{1-v^2}}, \qquad \frac{-i\mathfrak{e}_z}{\sqrt{1-v^2}}$$

$$\psi_{\mu\nu}': \qquad \mathfrak{b}_x, \qquad \frac{\mathfrak{b}_y}{\sqrt{1-v^2}}, \qquad \frac{\mathfrak{b}_z}{\sqrt{1-v^2}}, \qquad 0, \qquad \frac{-iv}{\sqrt{1-v^2}}\mathfrak{b}_z, \qquad \frac{iv}{\sqrt{1-v^2}}\mathfrak{b}_y$$

在静止时,$\mathfrak{d} = \varepsilon\mathfrak{e}$,$\mathfrak{h} = \dfrac{1}{\mu}\mathfrak{b}$ 成立,而通常人们还必须把电位移或者磁场强度设为

$$\varepsilon\varphi_{\mu\nu} \text{ 或 } \frac{1}{\mu}\psi_{\mu\nu}$$

此外,我假设四元电流为:

$$\mathfrak{J}_\mu = \sigma\varphi_{\mu\nu}u_\nu + \rho u_\nu,\quad [2]$$

它的空间和时间分量被写为:

$$\mathfrak{J}_\mu : \frac{\sigma\mathfrak{e} + \rho v}{\sqrt{1-v^2}}, \qquad i\frac{\sigma(\mathfrak{e}v) + \rho}{\sqrt{1-v^2}}。$$

那么 Maxwell-Lorentz 方程可以写为:

$$\frac{\partial}{\partial x_\nu}\left(\varepsilon\varphi_{\mu\nu} + \frac{1}{\mu}\psi_{\mu\nu}\right) = \mathfrak{J}_\mu,$$

$$\frac{\partial}{\partial x_\sigma}(\varphi_{\mu\nu} + \psi_{\mu\nu}) + \frac{\partial}{\partial x_\mu}(\varphi_{\nu\sigma} + \psi_{\nu\sigma}) + \frac{\partial}{\partial x_\nu}(\varphi_{\sigma\mu} + \psi_{\sigma\mu}) = 0。$$

对于能量-动量张量,人们〈可以〉尝试提出对称形式:

$$T_{\mu\nu} = -\varepsilon\varphi_{\mu\alpha}\varphi_{\nu\alpha} + \frac{\varepsilon}{4}\delta_{\mu\nu}\varphi_{\alpha\beta}^2$$

$$-\frac{1}{\mu}\psi_{\mu\alpha}\psi_{\nu\alpha} + \frac{1}{4\mu}\delta_{\mu\nu}\psi_{\alpha\beta}^2 \qquad \left(\delta_{\mu\nu} = \begin{Bmatrix}1\\0\end{Bmatrix}\right)$$

$$-\frac{1}{\mu}(\varphi_{\mu\alpha}\psi_{\nu\alpha} + \varphi_{\nu\alpha}\psi_{\mu\alpha})$$

由于在静止时得到:

1) $\varepsilon\varphi_{\mu\alpha}\varphi_{\nu\alpha} + \dfrac{\varepsilon}{4}\delta_{\mu\nu}\varphi_{\alpha\beta}^2$

$$= \begin{vmatrix} \varepsilon e_x^2 - \frac{1}{2}\varepsilon e^2 & \varepsilon e_x e_y & \varepsilon e_x e_z & 0 \\ \varepsilon e_x e_y & \varepsilon e_y^2 - \frac{1}{2}\varepsilon e^2 & \varepsilon e_y e_z & 0 \\ \varepsilon e_x e_z & \varepsilon e_y e_z & \varepsilon e_z^2 - \frac{1}{2}\varepsilon e^2 & 0 \\ 0 & 0 & 0 & \frac{1}{2}\varepsilon e^2 \end{vmatrix},$$

2) $-\frac{1}{\mu}\psi_{\mu\alpha}\psi_{\nu\alpha} + \frac{1}{4\mu}\delta_{\mu\nu}\psi_{\alpha\beta}^2$

$$= \begin{vmatrix} -\frac{1}{\mu}(\mathfrak{b}_y^2 + \mathfrak{b}_z^2) + 1\frac{1}{2\mu}\mathfrak{b}^2 & \frac{1}{\mu}\mathfrak{b}_x\mathfrak{b}_y & \frac{1}{\mu}\mathfrak{b}_x\mathfrak{b}_z & 0 \\ \frac{1}{\mu}\mathfrak{b}_x\mathfrak{b}_y & - & - & 0 \\ - & - & - & 0 \\ 0 & 0 & 0 & \frac{1}{2\mu}\mathfrak{b}^2 \end{vmatrix},$$

3) $-\frac{1}{\mu}(\varphi_{\mu\alpha}\psi_{\nu\alpha} + \varphi_{\nu\alpha}\psi_{\mu\alpha})$

$$= \begin{vmatrix} 0 & 0 & 0 & \frac{i}{\mu}(e_y\mathfrak{b}_z - e_z\mathfrak{b}_y) \\ 0 & 0 & 0 & \frac{i}{\mu}(e_z\mathfrak{b}_x - e_x\mathfrak{b}_z) \\ 0 & 0 & 0 & \frac{i}{\mu}(e_x\mathfrak{b}_y - e_y\mathfrak{b}_x) \\ \frac{i}{\mu}(e_y\mathfrak{b}_z - e_z\mathfrak{b}_y) & - & - & 0 \end{vmatrix},$$

这个结果可以让人满意;不过我还是要指出,Minkowski 的不对称表达式,〈同样〉与场方程组的联系看起来更加自然。出于这一目的,我首先用 $\varphi_{\mu\alpha} + \psi_{\mu\alpha}$ 乘以电流 $\mathfrak{J}_\alpha$。那么,结果是:

$$(\varphi_{\mu\alpha} + \psi_{\mu\alpha})\mathfrak{J}_\alpha = (\varphi_{\mu\alpha} + \psi_{\mu\alpha})\frac{\partial}{\partial x_\nu}\left(\varepsilon\varphi_{\alpha\nu} + \frac{1}{\mu}\psi_{\alpha\nu}\right)$$

$$= -\frac{\partial}{\partial x_\nu}(\varepsilon\varphi_{\mu\alpha}\psi_{\nu\alpha}) + \varepsilon\psi_{\nu\alpha}\frac{\partial\psi_{\mu\alpha}}{\partial x_\nu} + \varphi_{\mu\alpha}\frac{\partial}{\partial x_\nu}\left(\frac{1}{\mu}\psi_{\alpha\nu}\right)$$

$$-\frac{\partial}{\partial x_\nu}\left(\frac{1}{\mu}\psi_{\mu\alpha}\psi_{\nu\alpha}\right) + \frac{1}{\mu}\psi_{\nu\alpha}\frac{\partial\psi_{\mu\alpha}}{\partial x_\nu} + \psi_{\mu\alpha}\frac{\partial}{\partial x_\nu}(\varepsilon\psi_{\alpha\nu})$$

$$= -\frac{\partial}{\partial x_\nu}\left(\varepsilon\varphi_{\mu\alpha}\varphi_{\nu\alpha} - \frac{\varepsilon}{4}\delta_{\mu\nu}\varphi_{\alpha\beta}^2\right) - \frac{1}{4}\frac{\partial}{\partial x_\mu}(\varepsilon\varphi_{\alpha\nu}^2)$$

$$-\frac{\partial}{\partial x_\nu}\left(\frac{1}{\mu}\psi_{\mu\alpha}\psi_{\nu\alpha} - \frac{1}{4}\delta_{\mu\nu}\psi_{\alpha\beta}^2\right) - \frac{1}{4}\frac{\partial}{\partial x_\mu}\left(\frac{1}{\mu}\psi_{\alpha\nu}^2\right)$$

$$-\frac{\partial}{\partial x_\nu}\left(\varepsilon\varphi_{\nu\alpha}\psi_{\mu\alpha} + \frac{1}{\mu}\varphi_{\mu\alpha}\psi_{\nu\alpha}\right) + \varepsilon\psi_{\nu\alpha}\frac{\partial}{\partial x_\nu}(\varphi_{\mu\alpha} + \psi_{\mu\alpha})$$

$$+\frac{1}{\mu}\psi_{\nu\alpha}\frac{\partial}{\partial x_\nu}(\varphi_{\mu\alpha} + \psi_{\mu\alpha}).$$

如果假设

$$T_{\mu\nu} = -\varepsilon\varphi_{\mu\alpha}\varphi_{\nu\alpha} + \frac{\varepsilon}{4}\delta_{\mu\nu}\varphi_{\alpha\beta}^2$$

$$-\frac{1}{\mu}\psi_{\mu\alpha}\psi_{\nu\alpha} + \frac{1}{4\mu}\delta_{\mu\nu}\psi_{\alpha\beta}^2$$

$$-\left(\varepsilon\varphi_{\nu\alpha}\psi_{\mu\alpha} + \frac{1}{\mu}\varphi_{\mu\alpha}\psi_{\nu\alpha}\right),$$

由此得到能量-动量方程的一个精美形式：

$$\underline{\frac{\partial T_{\mu\nu}}{\partial x_\nu} = (\varphi_{\mu\alpha} + \psi_{\mu\alpha})\mathfrak{J}_\alpha + \frac{1}{4}\frac{\partial}{\partial x_\mu}\left(\varepsilon\varphi_{\alpha\beta}^2 + \frac{1}{\mu}\psi_{\alpha\beta}^2\right)} \atop {-\varepsilon\varphi_{\nu\alpha}\frac{\partial}{\partial x_\nu}(\varphi_{\mu\alpha} + \psi_{\mu\alpha}) - \frac{1}{\mu}\psi_{\nu\alpha}\frac{\partial}{\partial x_\nu}(\varphi_{\mu\alpha} + \psi_{\mu\alpha}).}$$ （!）

由此表达式 $T_{\mu\nu}$ 表达式的第 3 项给出在静止时的各个分量：

$$\varepsilon\varphi_{\nu\alpha}\psi_{\mu\alpha} + \frac{1}{\mu}\varphi_{\mu\alpha}\psi_{\nu\alpha}$$

$$= \begin{vmatrix} 0 & 0 & 0 & i\varepsilon(e_y b_z - e_z b_y) \\ 0 & 0 & 0 & i\varepsilon(e_z b_x - e_x b_z) \\ 0 & 0 & 0 & i\varepsilon(\text{-----}) \\ \frac{i}{\mu}(e_y b_z - e_z b_y) & \frac{i}{\mu}(\text{---}) & \frac{i}{\mu}(\text{---}) & 0 \end{vmatrix}.$$

尊敬的教授先生！您的选择是什么？要么

1) $T_{\mu\nu}$ 应该是对称的，要么

2) $\dfrac{\partial T_{\mu\nu}}{\partial x_\nu}$ 应当采用一个在数学（同样可能还有物理）上如此优美的自然形式？

顺致崇高的敬意！

您卑微的

石原纯

向您仁慈的夫人致以最好的祝福！

ALS. [13 372]。

[1]爱因斯坦在日期间，和石原计算了各向同性可称量的物质(isotropic ponderable matter)的电磁能量张量，并计划为日本学士院的会议写一篇合作论文发表；见文件379，1922年12月12、19和23日的条目。

在有物质存在的电磁场的能量张量的正确的相对论形式，以及有质动力的正确表达式，是石原纯早前一篇论文的主题（Ishiwara 1910a）。爱因斯坦收到了这篇论文和石原纯其他论文的副本，并在1910年11月4日给Jakob Laub的信（第五卷，文件231）中称赞石原的工作："我最近从一个日本人那里收到了几篇涉及相对论的论文（……），其中有一篇是关于有质动力的。到目前为止，在那些关于这件事的论文中，我认为只有这篇有意义。对于 $\mu$ 和 $\varepsilon$ 为常量的物质，我觉得他的结果是对的。但他还有 $(iB)$，这使得他的结论对硬磁体（磁圆盘）很难成立。"["Neulich erhielt ich einige Relativitäts theoretische Arbeiten von einem Japaner (…), darunter eine über die ponderomotorischen Kräfte. Es ist nach meiner Meinung die einzige bisher über diese Dinge geschriebene Arbeit, die Hand und Fuss hat. Für Substanzen mit konstantem $\mu$ und $\varepsilon$ scheinen mir seine Resultate richtig zu sein. Er hat aber auch $(iB)$, sodass seine Resultate für magnetische harte Körper kaum gültig sein dürften (magnetisierte Kreisscheibe)."]Ishiwara 1910a 和 1910b 的副本，以及后来的 Ishiwara 1913 一样出现在爱因斯坦的单行本合集中。对项 $(iB)$ 的提及——其中 $i$ 是传导电流，$B$ 是磁感应强度，以及括号表示矢积——与一场关于一个可磁化介质在一个磁场中的传导电流的有质动力密度的正确表达的争议有关。Minkowski——和石原——的表达式有一个项 $(iB)$，而爱因斯坦和 Laub 则认为应该是 $(iH)$ 形式的一个项，其中 $H$ 表示磁力。关于这场论战的细节，见爱因斯坦与 Laub 在第二卷中的合著以及他们在第五卷中的通信；也见第二卷，编者按"Einstein and Laub on the Electrodynamics of Moving Media（爱因斯坦与 Laub 论运动介质电动力学）"，pp. 503—507。

在爱因斯坦的苏黎世笔记本([3 006]，部分发表为第四卷的文件10)里也出现了这个问题。在那里，爱因斯坦使用四维矢量代数，从电磁场张量的6矢量表达式出发，推了两个另外的有质动力表达式，并评论结果道："两个可能性，一个是石原纯的那个，但另一个才是正确的。"("Zwei Möglichkeiten, eine ist die von Ishiwara, die andere aber ist die zutreffende"；也见 Renn 2007；vol. 1, pp. 327, 329)。

[2]正确的第2项是 $\rho u_\mu$（见文件433）。

# 423. Sergei F. von Oldenburg 的来信[1]

（彼得格勒，1923年1月18日）[2]

非常尊敬的同事先生！

俄罗斯科学院在它12月29日的会议上选举您为学院的通讯院士，以示他们对您的极有价值的科学工作的高度敬意。

相关的证书将在制作后立刻寄给您。

顺致崇高的敬意！

常务秘书
S. von Oldenburg

704 TLS.［30 183］。打印在俄语原信的背面。［30 182］。原文写在 Oldenburg 的正式信笺上，地址是"Professoru Al'bertu Einshteinu(阿耳伯特·爱因斯坦教授)"。

[1]Oldenburg(1863—1934)，一位东方学者，是俄罗斯亚洲博物馆(Russian Asian Museum)的负责人。

[2]俄语原文的日期。

## 424. 致 Edgar、Else 和 Edgar Michel Meyer[1]

（科伦坡，1923 年 1 月 20 日）

亲爱的 Meyer 一家全体成员！

日本是伟大的。智慧而精致的人们，此外还有精致的绘画和建筑。之后，[访问]印度支那半岛，[2]目前在锡兰，有趣的经历。正准备前往巴勒斯坦，西班牙，然后回家。

真诚问候！

您的
A. 爱因斯坦

AKS(Magun Family，Bern)。［75 598］。省略了 Elsa Einstein 的问候。这封明信片寄往"Herrn Prof. Dr. Edgar Meyer Physikal. Institut d. Universität Rämistr. Zürich Switzerland(拉米大街瑞士苏黎世大学物理学院，Edgar Meyer 博士教授先生)"。邮戳是模糊的。背面是一幅街边小贩的照片。

[1]Edgar Meyer，Else Meyer(1884—1964)以及 Edgar Michel Meyer(1907—1969)。

[2]印度支那和马来西亚半岛。

## 425. "论广义相对论"

[Einstein 1923e]

完成　1923 年 1 月 22 日
提交　1923 年 2 月 15 日
发表　1923 年 3 月 12 日

于《柏林普鲁士科学院物理-数学部会议报告》(*Preußische Akademie der Wissenschaften, Berlin: Physikalisch-mathematische Klasse. Sitzungsberichte*)(1923)：32—38.

[32]　　　1923 年 2 月 15 日物理数学部会议

## 论广义相对论

A. 爱因斯坦

### §1. 综述。场方程组的建立

广义相对论的数学结构最初完全以度量，即不变量[1]

$$ds^2 = g_{\mu\nu}dx_\mu dx_\nu. \tag{1}$$

为基础。$g_{\mu\nu}$ 的各个量和它们的导数描述了度量场和引力场。与它们相比，电场分量 $\Phi_{\mu\nu}$ 在根本上是外来的构成物。把引力场和电磁场理解成一个根本实体的愿望，是最近这些年理论家的追求方向。[2]

Levi-Civita 和 Weyl 的一个数学发现，为这一努力带来了成果：[3]黎曼曲率张量是广义相对论的基础，它的导数最自然地以矢量平行移动法则（"仿射关系"）

$$\delta A^\mu = -\Gamma^\mu_{\alpha\beta} A^\alpha dx_\beta \tag{2}$$

为基础。通过假设一个矢量值在它的平行移动中保持不变，这可以还原到(1)；但这样一个还原在逻辑上并非必要。H. Weyl 首先清楚地认识到了这一点，并基于这一认识建立了一个对黎曼几何的推广，他认为这得到了电磁场的理论。[4] Weyl 将不变性仅仅赋予拥有相同起始点的线元或矢量值间的关系，而不是线元或矢量的大小。平行移动(2)的设计必须保持这一关系不变。人们可以认为这个理论的基础是半度量的。我认为，这并不能导致一个物理上有用的理论。[5]如果人们愿意放弃把不变量(1)作为理论基础，那么就算站在一个纯逻辑的立场上，把(2)作为理论的唯一基础的情况看起来肯定也更令人满意。

Eddington 正是如此行事,并意识到,反过来可以把(2)作为在物理实在毫无问题的类型(1)的一个度量不变量的基础[p.33]。既然从(2)得出存在四阶黎曼张量[6]

$$R^i_{k,lm} = -\frac{\partial \Gamma^i_{kl}}{\partial x_m} + \Gamma^i_{\tau l}\Gamma^\tau_{km} + \frac{\partial \Gamma^i_{km}}{\partial x_1} - \Gamma^i_{\tau m}\Gamma^\tau_{kl},$$

由此,通过缩并指数 $i$ 和 $m$,得出存在二阶黎曼张量

$$R_{kl} = -\frac{\partial \Gamma^\alpha_{kl}}{\partial x_\alpha} + \Gamma^\alpha_{k\beta}\Gamma^\beta_{l\alpha} + \frac{\partial \Gamma^\alpha_{k\alpha}}{\partial x_1} - \Gamma^\alpha_{kl}\Gamma^\beta_{\alpha\beta}, \qquad (3)$$

其在引力理论中的基础意义众所周知。那么

$$R_{kl}\,dx_k\,dx_l$$

是一个线元不变量,Eddington 把它当作度量不变量。[7]

对于只遵守对称度量条件

$$\Gamma^\alpha_{\mu\nu} = \Gamma^\alpha_{\nu\mu} \qquad (4)$$

的任意 $\Gamma^\alpha_{\mu\beta}$,$R_{kl}$ 不构成任何对称张量。人们根据方程

$$R_{kl} = g_{kl} + \phi_{kl} \qquad (5)$$

将张量($R_{kl}$)拆分为对称的和反对称的部分,其中

$$\phi_{kl} = \frac{1}{2}\left(\frac{\partial \Gamma^\alpha_{k\alpha}}{\partial x_1} - \frac{\partial \Gamma^\alpha_{l\alpha}}{\partial x_k}\right), \qquad (6)$$

那么显然可以假设张量($g_{kl}$)等于度量张量 $g_{kl}$,而把满足关系式

$$\frac{\partial \phi_{kl}}{\partial x_m} + \frac{\partial \phi_{lm}}{\partial x_k} + \frac{\partial \phi_{mk}}{\partial x_1} = 0 \qquad (7)$$

的张量($\varphi_{kl}$)看作电磁场张量。[8]

首先是一个支持限制性对称条件(4)的评论。通过一个逆变和协变矢量的标积在平行移动中保持不变的自然规定,从(2)中得出协变矢量的移动法则。由此得出法则[9]

$$\delta B_\mu = \Gamma^\alpha_{\mu\beta} B_\alpha dx_\beta,$$

以众所周知的方式,由此得出

$$\frac{\partial B_\mu}{\partial x_\nu} - \Gamma^\alpha_{\mu\beta} B_\alpha$$

的张量性质。根据这个张量性质和 $\dfrac{\partial B_\mu}{\partial x_\nu} - \dfrac{\partial B_\nu}{\partial x_\mu}$ 的张量性质,便能推断出 $\Gamma^\alpha_{\mu\nu} - \Gamma^\alpha_{\nu\mu}$ 的张量性质。那么由此,以及根据前面提到的,得到

$$\frac{\partial B_\mu}{\partial x_\nu} - \Gamma^\alpha_{\nu\mu} B_\alpha$$

也有张量性质。如果要维持矢量的协变扩展的单值性质,那么对称条件(4)也是

必要的。

在 Eddington 的理论中,有 40 个量的 $\Gamma^\alpha_{\nu\mu} B_\alpha$ 以 $x_\nu$ 的未知函数的形式出现,类似于原始相对论的 14 个量的 $g_{\mu\nu}$ 和 $\Phi_\mu$。现在,Eddington 没有解决的问题在这里涉及发现必要的方程组,来确定这些量值。哈密尔顿原理为此提供了最方便的方法。设 $\mathfrak{H}$ 为一个只取决于 $\Gamma$ 和它的第一导数的标量密度,那么对于每一个在积分区域边界连续为零的 $\Gamma^\alpha_{\mu\nu}$ 的变分来说,

$$\delta\left\{\int \mathfrak{H} d\tau\right\} = 0 \tag{8}$$

应该成立。由于 $\delta\Gamma^\alpha_{\mu\nu}$ 的张量性质,那么场方程同样享有张量性质,应被写为

$$0 = \mathfrak{H}^{\mu\nu}_\alpha = \frac{\partial \mathfrak{H}}{\partial \Gamma^\alpha_{\mu\nu}} - \frac{\partial}{\partial x_\sigma}\left(\frac{\partial \mathfrak{H}}{\partial \Gamma^\alpha_{\mu\nu,\sigma}}\right), \tag{9}$$

其中

$$\frac{\partial \Gamma^\alpha_{\mu\nu}}{\partial x_\sigma} = \Gamma^\alpha_{\mu\nu,\sigma} \text{。}$$

由此假设 $\mathfrak{H}$ 为 $R^i_{k,lm}$ 的一个(代数)函数。我们的主要任务在于对这个函数的选择。

存在作为 $R^i_{k,lm}$ 的二阶有理函数的张量密度,可以借助张量密度 $\delta^{iklm}$ 得到它们,后者的张量密度等于 1 或 -1——根据 $iklm$ 是 1、2、3、4 的一个偶排列还是奇排列而定。例如,一个这类的张量密度是

$$R^i_{k,lm} R^k_{i,\sigma} \delta^{lm\sigma} \text{。}$$

但我认为应当只讨论缩并张量 $R_{kl}$ 形成张量密度,更确切地说,从 $S_{kl}$ 和 $\Phi_{kl}$ 得出的张量密度,[10] 因为我们只想把物理意义赋予这些量。这样我们必须允许无理函数,从之前发展的广义相对论中,我们已经习惯于此(例如 $\sqrt{-g}$)。这里也还有不同的选择,其中我最感兴趣的是:

$$\mathfrak{H} = 2\sqrt{-|R_{kl}|} \tag{10}$$

它类似一个容积张量密度,从 $R_{kl}$ 组成,没有分为对称和反对称部分。这个哈密尔顿函数是有用的,所以这个理论以一种理想的方式,实现了引力和电在一个概念下的统一。不仅两个场由同一个 $\Gamma$ 决定,而且哈密尔顿函数也是彻底统一的,而之前它一直包括在逻辑上相互独立的被加数。[11]

下面说明这个理论的用处。

## §2.新理论与广义相对论早先结果的关系

首先是对方程(5)的评论。$g_{kl} dx_k dx_l$ 表示对一个"宇宙的"标尺的度量不变量。如果 $g_{kl} dx_k dx_l$ 表示人类维度的一个单位长度的平方,那么必须假设

$$\lambda^2 R_{kl} = g_{il} + \phi_{il}, \tag{5a}$$

其中 $\lambda$ 是一个相当大的数。[12] 因此根据(3)，有

$$\frac{1}{\lambda^2} g_{kl} = -\frac{\partial \Gamma_{kl}^{\alpha}}{\partial x_{\alpha}} + \frac{1}{2}\left(\frac{\partial \Gamma_{k\alpha}^{\alpha}}{\partial x_l} + \frac{\partial \Gamma_{l\alpha}^{\alpha}}{\partial x_k}\right) + \Gamma_{k\beta}^{\alpha}\Gamma_{l\alpha}^{\beta} - \Gamma_{kl}^{\alpha}\Gamma_{\alpha\beta}^{\beta} \tag{11}$$

$$\frac{1}{\lambda^2} \phi_{kl} = \frac{1}{2}\left(\frac{\partial \Gamma_{k\alpha}^{\alpha}}{\partial x_l} - \frac{\partial \Gamma_{l\alpha}^{\alpha}}{\partial x_k}\right). \tag{12}$$

在一个普遍假设下，即 $\mathfrak{H}$ 是 $g_{kl}$ 和 $\phi_{kl}$ 的一个暂时没确定的函数，我们现在开展(8)中所显示的变分。那么[13]

$$\delta\mathfrak{H} = \frac{\partial \mathfrak{H}}{\partial g_{kl}}\delta g_{kl} + \frac{\partial \mathfrak{H}}{\partial \phi_{kl}}\delta \phi_{kl} = \mathfrak{f}^{kl}\delta g_{kl} + \mathfrak{f}^{kl}\delta \phi_{kl}, \tag{13}$$

其中 $\mathfrak{f}^{kl}$ 表示一个对称张量密度，$\mathfrak{f}^{kl}$ 表示一个反对称张量密度。考虑到(11)、(12)和(13)，(8)采用形式

$$0 = \int d\tau \delta\Gamma_{kl}^{\alpha} \left\{ \mathfrak{f}^{kl}{}_{;\alpha} - \frac{1}{2}\delta_{\alpha}^{k}\mathfrak{f}^{l\sigma}{}_{;\sigma} - \frac{1}{2}\delta_{\alpha}^{l}\mathfrak{f}^{k\sigma}{}_{;\sigma} - \frac{1}{2}\delta_{\alpha}^{k}\frac{\partial \mathfrak{f}^{l\sigma}}{\partial x_{\sigma}} - \frac{1}{2}\delta_{\alpha}^{l}\frac{\partial \mathfrak{f}^{k\sigma}}{\partial x_{\sigma}} \right\} \tag{14}$$

因为我们将 $\phi_{kl}$ 解释为电磁场的协变张量，所以我们将 $\mathfrak{f}^{kl}$ 看作电磁场的逆变张量密度，而

$$i^l = \frac{\partial \mathfrak{f}^{l\sigma}}{\partial x_{\sigma}} \tag{15}$$

为电流密度。在(14)中，$\mathfrak{f}^{kl}{}_{;\alpha}$ 表示根据公式

$$\mathfrak{f}^{kl}{}_{;\alpha} = \frac{\partial \mathfrak{f}^{kl}}{\partial x_{\alpha}} + \mathfrak{f}^{kl}\Gamma_{\sigma\alpha}^{k} + \mathfrak{f}^{k\sigma}\Gamma_{\sigma\alpha}^{l} - \mathfrak{f}^{kl}\Gamma_{\alpha\sigma}^{\sigma} \tag{16}$$

对 $\mathfrak{f}^{kl}$ 的协变展开。从(14)，得到

$$0 = \mathfrak{f}^{kl}{}_{;\alpha} - \frac{1}{2}\delta_{\alpha}^{k}\mathfrak{f}^{l\sigma}{}_{;\sigma} - \frac{1}{2}\delta_{\alpha}^{l}\mathfrak{f}^{k\sigma}{}_{;\sigma} - \frac{1}{2}\delta_{\alpha}^{k}i^l - \frac{1}{2}\delta_{\alpha}^{l}i^k \tag{17}$$

将这一方程与通过缩并指数 $\alpha$ 和 $l$ 所得到的方程组合，得到

$$0 = 3\mathfrak{f}^{l\tau}{}_{;\tau} + 5i^l \tag{18}$$

最后，作为我们的不变式研究的普遍结果：[14]

$$0 = \mathfrak{f}^{kl}{}_{;\alpha} + \frac{1}{3}\delta_{\alpha}^{k}i^l + \frac{1}{3}\delta_{\alpha}^{l}i^k. \tag{19}$$

这些是 40 个可以用来计算 $\Gamma$ 的各个量值的等式。为了这一目的，我们引入了属于张量密度 $\mathfrak{f}_{kl}$ 的 $s_{kl}$ 或 $s^{kl}$。因此，这些张量之间的关系，与广义相对论的协变和逆变基本张量（$g_{\mu\nu}$ 和 $g^{\mu\nu}$）的关系相同。因此下列方程也应该成立：

$$\mathfrak{f}_{kl} = s^{kl}\sqrt{-|s_{ik}|} \tag{20}$$

$$s_{\alpha i}s^{\beta i} = \delta_{\alpha}^{\beta}. \tag{21}$$

此外，我们设

$$i^l = \sqrt{-|s_{ik}|}\,i^l = \sqrt{-s}\,i^l \tag{22}$$

$$i_l = s_{l\tau} i^\tau \tag{23}$$

那么我们根据来自广义相对论的著名计算，得到

$$\Gamma^\alpha_{kl} = \frac{1}{2}\delta^{\alpha\beta}\left(\frac{\partial s_{k\beta}}{\partial x_l} + \frac{\partial s_{l\beta}}{\partial x_k} - \frac{\partial s_{kl}}{\partial x_\beta}\right) - \frac{1}{2}s_{kl}i^\alpha + \frac{1}{6}\delta^\alpha_k i_l + \frac{1}{6}\delta^\alpha_l i_k. \tag{24}$$

设想这些值被代入(11)和(12)。由于借助(13)，通过哈密尔顿函数的选择，便能通过 $g$ 和 $\phi$ 表达 $\mathfrak{H}$ 和 $\mathfrak{f}$，所以在代入后，方程(11)和(12)足以确定未知函数。现在为了认识在方程(10)中的选择的哈密尔顿函数的物理合法性，我们考虑一个不存在电磁场的情况。根据(10)和(13)，

$$\mathfrak{f}^{kl} = g^{kl}\sqrt{-g}$$
$$\mathfrak{f}^{kl} = 0,$$

其中 $g^{kl}$ 和 $g$ 对应于来自广义相对论传统关系中的 $g_{kl}$。那么方程(24)采用众所周知的形式

$$\Gamma^\alpha_{kl} = \frac{1}{2}g^{\alpha\beta}\left(\frac{\partial g_{k\beta}}{\partial x_l} + \frac{\partial g_{l\beta}}{\partial x_k} - \frac{\partial g_{kl}}{\partial x_\beta}\right), \tag{24a}$$

这个方程与(11)一起，考虑到宇宙学项，正好得到广义相对论在电磁场消失时的引力场真空方程。这是一个支持我们选择的哈密尔顿函数的有力论证，也有力证明了理论的有用性。

[37]我们现在转向存在电磁场的情况。首先，根据(12)和(24)，通常有

$$\frac{1}{\lambda^2}\phi_{kl} = \frac{1}{6}\left(\frac{\partial i_k}{\partial x_l} - \frac{\partial i_l}{\partial x_k}\right). \tag{25}$$

在这里，在电流密度绝对为零的情况下，不可能有任何电磁场。但 $\frac{1}{\lambda^2}$ 的量值极小说明，有限的 $\phi_{kl}$ 只有在极小的、实际上为零的协变电流密度中才是可能的。将奇点排除在外，电流密度实际上也消失了。因此方程组

$$\frac{\partial \mathfrak{f}^{kl}}{\partial x_l} = 0 \cdots \tag{26}$$

$$\frac{\partial \phi_{kl}}{\partial x_\sigma} + \frac{\partial \phi_{l\sigma}}{\partial x_k} + \frac{\partial \phi_{\sigma k}}{\partial x_l} = 0, \tag{27}$$

在这里也相当接近于成立；考虑到(12)，后一个方程是严格成立的。在我们对哈密尔顿函数的选择下，$\phi$ 和 $\mathfrak{f}$ 的关系由如下考虑决定：量值

$$r^{kl} = \mathfrak{f}^{kl} + \mathfrak{f}^{kl}$$

是 $r_{kl}$ 的子行列式乘以来自

$$r^{kl} = g_{kl} + \phi_{kl}$$

的负行列式 $r$ 的根。如果将这些标准化子行列式称为 $r^{kl}$，那么得到

$$\delta r = r r^{kl} \delta r_{kl}$$

因此,

$$\delta \mathfrak{H} = \delta(2\sqrt{-r}) = \frac{1}{\sqrt{-r}} \delta(-r) = \sqrt{-r} r^{kl} \delta r_{kl} = \sqrt{-r} r^{kl} (\delta g_{kl} + \delta \phi_{kl})$$

从中即可得出命题。

由此,在 $r_{kl}$ 与 $\delta_{kl}$ 常量值($=1$ 或 $=0$)的差别无限小的重要例子中,对 $\mathfrak{f}^{kl}$ 的近似计算就很简单。在这一情况中,在一阶近似下——其中以通常方式选择时间坐标为虚轴——

$$\mathfrak{f}^{kl} = \phi_{kl}.$$

这一结果与(26)和(27)一起,表明了真空的 Maxwell 方程组在一阶近似下(对于足够弱的场)成立。

我们的理论是否也包括元电荷,只能通过严格计算中心对称静态场来确定。[15]无论如何,方程(25)表明,[38]只有当 $i_l$ 同时缩小到 $\frac{1}{\lambda^2}$ 的数量级时,电流密度 $i^l$ 才有可能取有限值;所以无奇点的电子是可能的。值得注意的是,根据这一理论,正负电子可能完全不仅只是符号不同。[16]

上面的探讨表明,将 Eddington 的大体想法与哈密尔顿原则结合在一起,会导致一个几乎没有随意性的理论,这个理论符合我们目前对引力和电的认识,以一种真正完美的方式统一了这两种场。

"榛名丸"号,1923 年 1 月[17]

发表于《柏林普鲁士科学院物理-数学部会议报告》(*Preußische Akademie der Wissenschaften*, Berlin: *Physikalisch-mathematische Klasse. Sitzungsberichte*)(1923):32—38。提交于 1923 年 2 月 15 日,发表于 1923 年 3 月 12 日。有一份手稿,见文件 417。

[1]关于度量张量在广义相对论原始构想中的角色和意义,见 Einstein and Grossmann 1913(第四卷,文件 13)§§2—3,,以及 *Einstein 1914o*(第六卷,文件 9),§§1—2。对联络作为一个初级数学概念在相对论基础中的角色的历史和系统讨论,见 Stachel 2007。

[2]关于对一个在引力场和电磁场间的所谓 *Wesenseinheit*(实体统一)的理解的意义,也见在 Einstein and Grommer 1923a,p. 6(文件 12)首段中的话。

[3]爱因斯坦在普林斯顿演讲的时候,在讨论协变微分以及基于平行移动概念的仿射联络来推导黎曼曲率张量时,也赞扬了 Levi-Civita 和 Weyl 对数学概念的引入[见 *Einstein 1922c*(第七卷,文件 71),p. 45]。也见在文件 417 和它的注释 3 中的相似评论。

[4]见 *Weyl 1918a*,*1918b*。Weyl 在 1918 年 3 月给爱因斯坦寄去后一篇论文的校样[见 Hermann Weyl 致爱因斯坦,1918 年 3 月 1 日(第八卷,文件 472);也见它的注释 3 对 Weyl 的统一场论的特征简述和进一步的参考书目]。

[5]关于爱因斯坦的反对,见,例如他在 1918 年 4 月 15 日写给 Weyl 的信(第八卷,文件 507)。一个经常被提及的、反对 Weyl 理论的论点是所谓的量尺诘难("Maβstab-Einwand");见,例如 *Einstein 1918g*

（第七卷，文件8）。

[6] 见 *Eddington 1921a* 和 *1923*, chap. 7, sec. 2。

[7] 见 *Eddington 1921a*, p. 111。

[8] 爱因斯坦可能在访问巴黎时与 Elie Cartan 讨论了挠率和联合非对称联络，见文件417，注释4；涉及到非对称联络假设的计算，见文件418, pp. [47]和[42v]。

[9] 见，例如 *Einstein 1922c*（第七卷，文件71），p. 47。

[10] $S_{kl}$ 应为 $g_{kl}$，正如方程(5)所暗示的那样。

[11] 关于爱因斯坦对成功统一的标准的讨论，见 *Bergia 1993* 和 *Lehmkuhl 2009*。

[12] 在文件418的 p. [46]中的另一个类似拟设缺少因子 λ。

[13] 比较文件418的[p. 44v]中的对量 $f^{\mu\nu}$ 和 $\hat{f}^{\mu\nu}$ 的引入；也见它的注释58。

[14] 这页上的大部分方程也出现在文件418的[p. 44v]中；见其注释59。

[15] 文件417的结尾是一个对球对称解的相似评论；见它的注释25。

[16] 爱因斯坦在文件430中详尽说明了这一点。他后来在 *Einstein 1923h* 中撤销了他的主张。

[17] 1923年1月22日，爱因斯坦在他的旅行日记中记下了"Arbeit über Gravitation und Elektrizität endgültig aufgeschrieben（终于写下了关于引力和电的论文）"[文件379, p. 32v]。从1922年12月29日到1923年2月1日，他一直在"榛名丸"号上。由于爱因斯坦在3月21日才回到柏林，所以这篇论文由 Max Planck 代表爱因斯坦在普鲁士科学院宣读。它的摘要，正如在 *Sitzungsberichte* 上发表的那样，写道："Es wird gezeigt, wie man durch Anwendung des Hamiltonschen Prinzips auf Grund der Eddingtonschen Auffassung zu einer vollständigen Theorie von Gravitation und Elektrizität gelangen kann, welche unserem bisherigen Wissen gerecht wird. Diese Theorie ist dadurch gegenüber den bisherigen Theorien ausgezeichnet, daβ ihre Hamiltonsche Funktion nicht aus logisch voneinander unabhängigen Summanden besteht（它将表明，人们如何通过以 Eddington 观点为基础的哈密尔顿原则，得到一个完整的引力和电理论，这个理论符合我们目前的知识。相较于以前的理论，这个理论因它的哈密尔顿函数不由互相独立的加数组成而出众）。"《柏林普鲁士科学院物理-数学部会议报告》(*Preuβische Akademie der Wissenschaften, Berlin: Physikalisch-mathematische Klasse. Sitzungsberichte*)(1923), p. 26]。对这篇论文进一步的历史讨论，见 *Vizgin 1994*, pp. 188-197; *Mastrobisi 2002*; *Goenner 2004*, sec. 4.3.2；以及 *Sauer and Majer 2005*。

# 426. 致日本无产者同盟[1]

（于"榛名丸"号上，1923年1月22日）[2]

亲爱的朋友们：

我没能早点回复你们的信[3]，因为我把信和地址都弄丢了。山本先生[4]再次向我提供地址，我愿意回答你们的问题，不过问题的细节已经记不起来。①

首先必须指出，我对日本社会和政治条件的观察如此有限，以至于自己都无法指望自己的判断。关于第一点，我观察到了两件乍看之下似乎不相容的事：既没有明显的贫困，也不是缺钱，但在家从事的计件工作，报酬多半极其低廉。就我的观察，我相信这可能是因为人们的欲望少，他们的生活方式适宜，此外他们在酒精的消耗上特别节制。即便如此，无论如何我还是相信这个国家将会变得日益工业化，而由于政治局势，将工人阶级组织起来将成为必要。如果这个组织要对整个国家有价值，那它必须不能变成一个恶意的运动，不能像我们在欧洲长期以来的那样，为了反对而反对。你们必须特别意识到，家庭手工业低薪酬背后的主要原因在于这个国家的人口过剩，所以不能仅仅用政治方法消除。另一方面，我觉得反对军国主义的斗争是一个纯粹的政治问题。我认为这给这个国家构成了一个真正的危险。这是因为，由于地理位置，日本有幸几乎不需要军事保护。华盛顿会议创造了一个机会，第一次使我们能在这件事上保有一些希望。[5]我坚信，在未来，人们的努力将会是关于国际合作和国际组织，而永远不是军事计划。我希望能从这种局面，寻找到一个能够成就自己，成就世界所有国家的结论。

特别致意！

A. 爱因斯坦

P LS. *Kaizo*, 1923年2月, pp. 195-196, 以及 *Kaneko 1987*, p. 377。德语原件难以获得。

[1] 日本无产者同盟（The Japanese Proletarian Alliance, 日本プロレタリア同盟）。

[2] 根据在 *Kaizo* 的原件标注日期。

---

① 按照日本学者金子务：《爱因斯坦的冲击》第二部：《对日本文化和思想的影响》（《アインシュタイン・ショックⅡ日本の文化と思想への衝撃》，岩波书店，2005年版，第128—129页），在爱因斯坦访日期间，"日本学生联合会"曾于1922年12月11日给爱因斯坦发电报："我们对您在第一次世界大战期间竭力反对资本主义国家以及它们带来的战争的态度，表示极大的尊重。"这封电报在第二天（1922年12月12日）的《读卖新闻》上发表。同一天，以播种社、无产阶级、下层民众等为中心的激进思想团体"日本无产者同盟"也向爱因斯坦发出类似的电报，并附加了两条提问。

"日本青年（国际主义无产者组织）对［爱因斯坦］教授在大战中所采取的彻底的反军国主义的态度表示深深的敬意。在教授离开日本土地之时，如果能知道您对以下几点持有何种见解，并由此能够将您的考虑告知日本青年的话，这将是我们无上的喜悦。

一、您对日本的××帝国主义政府有何种见解？

二、您对日本青年有何期望？"

这里的隐讳号××应当是"侵略"二字，但这在当时是不被允许出现在报纸上的。当时的报纸《读卖新闻》在12月13日也刊登了这两个提问，但一直到12月15日都没有收到爱因斯坦的回答。或许，对于政治言论受到德国大使馆严格监视的爱因斯坦来说，这是至少在日本逗留期间对提问（一）是没有办法回答的。后来才知道，回信晚是因为爱因斯坦博士丢失了这些问题。制作这份提问的主谋是"播种社"的中心人物小牧近江（1894—1978）。——译者

[3]关于同盟提出的问题,见未刊文献摘要一览表471。

[4]山本实彦。

[5]华盛顿会议(Washington Naval Conference),9个在西太平洋有利益关系的国家派代表出席了这个会议,日本也在其中。会议最后在1922年2月6日签署《华盛顿海军条约》(Washington Naval Treaty),这个条约给日本舰队的发展设置了限制,解决了其领土主张问题。

## 427. Chaim Weizmann 的来电

犹太复国主义者组织,77, Gt. Russell St.W.C.1. ,1923年2月4日

衷心欢迎来到"以色列地"(Erez Israel)[1]①,您将对它的复兴作出重大贡献。确信您将得到的愉乐印象,会让您更贴近我们的希望。您的拜访将会极大地鼓舞依舒夫[2]。希望用电报交流您近期的计划。将在24日离开美国。

Weizmann

TTrTgm (IsRWW). *Wasserstein 1977*, p. 236. [71 063]。这封电报寄往"Einstein Zionicom Jerusalem(耶路撒冷 Zionicom,爱因斯坦)"。

[1]表示以色列国的希伯来语。

[2]*Yishuv*(依舒夫),希伯来语中用以表示在巴勒斯坦的犹太社区的术语。

## 428. Federigo Enriques 的来信[1]

意大利语原文

Roma 8 Febbraio 1923

Caro Collega:

Le scrivo da Roma ove sono passato dall'anno scorso.

Ricordo che quando Lei è venuto a Bologna ebbi occasione di parlare con Lei del desiderio che molti avrebbero in Italia di averLa qui stabilmente fra noi, ció che sareobe una vera fortuna per la nostra Università italiana.[2] Ma Lei mi espose amichevolmente i motivi per cui non Le sarebbe convenuto lasciare Berlino.

---

① 以色列地,亦即迦南地,大致对应于由南地中海东部包围的区域的名字。在圣经中,又被称为应许之地,相当于今日的巴勒斯坦地区。——校者

Ora dicono che le condizioni di quella città sieno mutate e che—per ragioni di antisemitismo—Lei non vi si trovi più bene e stia per lasciare quel posto e anche la Germania. Se cosi è, rinasce la speranza di poterLa guadagnare, in qualche modo al nostro paese. Questa idea e questo desiderio è in molti e non aspetta che un'occasione e un incoraggiamento per manifestarsi e prendere forma concreta. Io mi sono limitato a parlarne col Ministro della P. Istruzione, che è il filosofo idealista prof. Gentile,[3] ed egli mi ha autorizzato—sebbene in stretta confidenza—a dir-Le che è per parte sua disposto ad accogliere molto volentieri una iniziativa in proposito.

Al Ministro ho creduto opportuno di spiegare come Lei, nella Sua situazione, abbia motivo di desiderare soprattutto una grande libertà, ed egli ha compreso perfettamente la cosa e mi ha detto che—se Lei entra nel concetto di accettare una posizione in Italia—è disposto a studiare il modo di soddisfarLa. E da parte mia ag-giungo che, per tale scopo, si potrebbe cercare intanto una occasione di farLa venire qui per qualche conferenza e aver modo di trattare a voce le modalità della cosa.

Voglia frattanto avere la bontà, appena riceverà questa mia (che non so indiriz-zare se non al Suo vecchio indirizzo di Berlino), di rispondermi un rigo, che mi af-fretterò a comunicare al Ministro. Inutile pregarLa di considerare, nel frattempo, questa mia come *riservata*, perché il Ministro mi ha espressamente pregato di evitare che la stampa possa impossessarsi anzi tempo dell'idea.

Mi é grato cogliere l'occasione per ricordarmi a Lei, richiamando gli indimenti- cabili giorni di Bologna, con devota amicizia,

Federigo Enriques

## 译文

罗马,1923 年 2 月 8 日

亲爱的同事:

我是在罗马写信给您,从去年起我就待在这里。

我记得,当您来博洛尼亚时,我曾有机会和您谈到,许多在意大利的人渴望您长期留在我们这里,而这将是我们意大利大学真正的幸运。[2]但您友善地向我解释了为什么您不合适离开柏林。

现在他们说在那座城市的情况已经变了,并且——由于反犹主义——您处境不佳,还准备离开那个位置,甚至是离开德国。如果事实如此,那么设法把您请到我们国家的希望又再次燃起。许多人有这种想法和渴望,只等着一个机会和鼓励去表达和实现。我只和[公共]教育部长、观念论哲学家 Gentile 教授[3]谈起过此事,他指示并授权我——以最机密的形式——告诉您,他个人非常高兴地欢迎这一提议。

我抓住机会向部长解释,说您当前的情况,尤其需要充分的自由。他充分地理解这一点,并告诉我——如果您考虑接受一个在意大利的职位的话——他准备设法满足您的需要。至于我,则补充道,为了这样一个目的,人们可以同时找机会请您到这里来做一些讲座,并亲自讨论这件事的正式手续。

同时,敬请您一收到信(除了您在柏林的老地址之外,我并不知道把这信寄到哪里)就给我简短回复,以便我能赶紧和部长交流。同时,无需多言,我请求您将我的信保密,因为部长特别要求避免太早让媒体知道这个想法。

我很感激有机会写信给您,想起了在博洛尼亚的难忘日子。

致以真诚的友谊!

Federigo Enriques

TLS.[9 234]。这封信写在有作者本人抬头的信笺上。

[1]Enriques(1871—1946)是博洛尼亚大学(University of Bologna)的射影和画法几何学教授。

[2]在1921年10月下半月,爱因斯坦在博洛尼亚大学演讲,那里还为他提供了一个职位[见他致Elsa Einstein 的信,1921年11月12日(Vol. 12,文件296)]。

[3]Giovanni Gentile(1875—1944)是比萨大学(University of Pisa)的哲学教授。

## 429. 致 Chaim Weizmann

(海法,1923年2月11日)[1]

亲爱的 Weizmann 先生!

我昨天和今天参观了在海法的实科中学和理工学院(Technikum)[2],对目前的教育工作有一个相当良好的印象。如果能设法开始在理工学院中的教学,那将是一件大好事,因为一切已经准备好了,而且需求极大。这里的困难虽大,但氛围是积极的,而工作也是值得赞赏的。

衷心问候,祝取得好成绩!

您的<br>爱因斯坦

ALS (IsReWW). [33 364]。

[1]标注日期的根据是信中提到游览实科中学和理工学院(见文件 379,1923 年 2 月 10 日和 11 日的条目)。

[2]实科中学(The Reali School)和以色列理工学院。

## 430. 致 Arthur S. Eddington

[19]23 年 2 月 14 日

尊敬的同事先生!

您真诚的祝贺和友好的邀请让我高兴不已。[1]我和我的夫人很愿意接受邀请,但我那有些虚弱的身体已经不再能应付这类激动了。但最美好的事情留下来了,即意识到与最好的、最受尊重的同时代人有如此真诚的关系,就像您的信所表现出来的那样。请您接受我和我夫人衷心的感谢。

最近几周我得出结论,即目前所有统一引力和电的努力有一个共同的弱点。[2]正负电子的差异表明,电密度标量的符号 ρ 在自然中有重要意义。但表达式

$$\rho = \sqrt{g_{\mu\nu} i^\mu i^\nu} \quad \left(i^\mu = \frac{\partial f^{\mu i}}{\partial x_\nu}\right)$$

却让符号不确定。为了确定它,人们必须确定一个用于时间进程的箭头(方向意义上的),而这一意义肯定是对自然法则的重要的表达。如果在时间进程意义

上,$l^i$ 是一个随时间变化的类时矢量,那么从 ρ 得到 $l^\alpha i_\alpha$ 的符号。在引力中,人们为此得到了两个时间方向的等价性;这两个半锥在这里完全等价。目前没有一个理论方向支持这一差异。

真诚问候您,并再次致以衷心的感谢!

您的<br>A. 爱因斯坦

当您收到样本时,请不要忘了其中有您关于放射性的论文。[3]

ALS (UkCF). [73 841]。

[1]可能是对爱因斯坦获得诺贝尔奖的祝贺。

[2]指的是他最新论文 *Einstein 1923e*(文件 425)。

[3]指的可能是 *Eddington 1922*,Eddington 在其中讨论了在一颗恒星内的放射吸收。这篇论文对 *Eddington 1921b*(一篇 Eddington 对这一主题的研究的概述论文,发表于 *Zeitschrift für Physik*)一文中的结果进行了一个重要的详尽阐述。

# 431. Heinrich Lüders 的来信[1]

柏林西南 7 区,菩提树下大街(Unter den Linden)38 号,1923 年 2 月 15 日

非常尊敬的先生!

在授予您诺贝尔奖之际,这里详细讨论了您的国籍问题。科学院在听取自己的法律专家的意见后,得出如下观点:

您是普鲁士科学院的全职院士。这类院士,在普鲁士的财政预算中有专款预留。您的工资是按当时在普鲁士从事学术研究的大学正教授的工资收入的最高标准发放的。由于您的职位具有国家职位的特征,您属于间接国家公务员。您也作为这类人员进行了公务员起誓,更确切地说,在 1920 年 6 月 1 日向帝国宪法起誓,[2] 在 1921 年 3 月 21 日向普鲁士宪法起誓。[3]

鉴于您作为间接的普鲁士国家公务员的身份和您进行了公务员起誓的事实,科学院由此得出结论,如果您绝对没有在让您前往柏林的聘任中明确表达要脱离普鲁士国籍,那么您便借此顺利获得德国国籍。这不影响您以前通过归化得到的瑞士国籍。

为了最终弄清这个问题,我在这里最恭敬地向您打听,当初柏林聘任您时,您是否明确表示了要脱离普鲁士国籍。如果没有,那么毋庸置疑,您除了瑞士国籍外还享有德国国籍和普鲁士国籍。

现任主席秘书向您致以极高尊敬

Lüders 全权委托

TLS. [29 179.06]. 信的地址是"Herrn Professor Dr. Einstein(爱因斯坦博士教授先生)"，写在抬头是"普鲁士科学院"的信笺上。在文件左侧页边有活页孔。

[1] Lüders(1869—1943)是普鲁士科学院哲学-历史部的秘书。

[2] 正确的日期是1920年7月1日（见第十卷，日程中的1920年6月23日）。

[3] 见 Vol. 12, 日程中的 1921 年 3 月 15 日。

## 432. Nicholas M. Butler 的来信[1]

[纽约]1923年2月26日

我亲爱的爱因斯坦教授：

我谨代表哥伦比亚大学，荣幸地正式邀请您接受本大学理论科学学院（Faculty of Pure Science）的一个教授职位任命。[2] 这个教授职位的职责和工作将恰好是您想要的。我们的目标，是让您在没有任何种类的繁重学术和公众负担的情况下，轻松便捷地开展个人的研究和思考。当您希望进行单独的或连续系列的学术讲座时，我们将会提供充分的机会。当您想要与数学和物理科学的高年级学生讨论或举办研讨班时，我们也能很快安排。但所有这些事是基于您自己的决定，因为我们坚信，在没有任何形式的责任下自由地以您自己的方式工作，能让您对科学做出最伟大的贡献。

教授职位的年薪是 10 000 美元，或约 40 000 金马克。任期可以在您方便的时候开始，不过我们建议在 1923 年 10 月 1 日，如果这个时间对您合适的话。

我们意识到，您和爱因斯坦夫人心里可能提出与这一邀请有关的问题。但对于追求学术来说，美国是，并且在一段时间内可能一直是一个比德国更安静的地方。此外，科学是国际的，您来美国，将能最有力地促进德国科学影响，在美国人心目中恢复它旧有的地位。您将全方位地激励对数学和物理科学的更高级的研究。我们认为，如果您能住在我们这里，作为具有启发性和推动性的知识力量，将会在我们的科学发展中开启一个新纪元。

您最近在访问美国时结识了许多朋友，他们都将会欢迎您和爱因斯坦夫人回到这个国家。您可以在任何喜欢的地方安家，可以是纽约这里，就像您现在在柏林的地方一样；如果您觉得附近乡村的什么安静地方更惬意的话，也可以。

我想尽快代表哥伦比亚大学向您呈送这份邀请，并恳求您为了科学和国际友谊接受它，我相信，这也是为了您如愿以偿地从事自己的个人研究。

我要让我的朋友，Gano Dunn 先生[3]，同时给您写信，在我这封信里荣幸地提到的内容之外，添上他自己的考虑。恳请您接受我崇高的敬意，并请向爱因斯坦夫人转达,并请相信我。

您忠实的

Nicholas Murray Butler

TLS. [43 471]。这封信写在印有大学的抬头的信笺上,寄往"Professor Albert Einstein c/o Kuno Kocherthaler Calle Lealtad 9 Madrid, Spain(西班牙马德里忠诚街 9 号 Kuno Kocherthaler 转阿耳伯特·爱因斯坦教授)"。一份打印的副本也寄到了爱因斯坦在柏林的地址(NNC-UA, Central Files, box 88, folder 16;[91 173])。

[1] Butler(1862—1947)是哥伦比亚大学校长。

[2] 1921 年 4 月 15 日,爱因斯坦拜访了哥伦比亚大学,在那里进行一个关于广义相对论的演讲。1921 年 5 月,Butler 给了他一个为期三周的客座教授职位邀请(第十卷,文件 138)。

[3] Dunn(1879—1953)是怀特工程公司(S. G. White Engineering Company)的一位董事会成员,爱因斯坦 1921 年在普林斯顿和华盛顿特区所出席的一些活动的司仪。

# 433. 致石原纯

(西班牙,1923 年 2 月 26 日后,或柏林,3 月 21 日后)[1]

亲爱的石原先生!

和您的亲密关系,是我在日本获得的最美好的经历。我坚信,虽然我们相隔甚远,但真诚的友谊仍会把我们的整个生活连在一起。从您 1 月 12 日的信里我注意到,[2]我从上海寄出(到改造社)的信并没有到您手上。[3]那么在这里,我把一切再说一次。

您在 1 月 12 日的信中,根据这个格式

$$\varphi_{\mu\nu} = \quad 0 \quad 0 \quad 0 \quad -ie_x \quad -ie_y \quad -ie_z$$
$$\psi_{\mu\nu} = \quad b_x \quad b_y \quad b_z \quad 0 \quad 0 \quad 0$$

对场矢量进行了拆分,我首先不能赞同这点。因为这个拆分对真空($\varepsilon = \mu = 1$)并没有意义。例如,设

$$\Im_\mu = \sigma\varphi_{\mu\nu}\mu_\nu + \rho\mu_\mu$$

是不对的,因为根据这一公式,在一个磁场中运动的导体将不会产生电流。在 $\varepsilon = \mu = 1$ 的情况中,同样无疑只有 $\varphi_{\mu\nu} + \psi_{\mu\nu}$ 起作用。与对 $\Im_\mu$ 的表达一样,表达式 $\varepsilon\varphi_{\mu\nu}\dfrac{1}{\mu}\psi_{\mu\nu}$ 肯定也不适合用在电位移和磁场中,因为它没有考虑运动的极化作用,例如绝缘体物质在磁场中的运动。

我自己得出下列表达:我引入了3个6分量矢量,场张量 $\varphi(\mathrm{bx,by,bz},-ie_x,-ie_y,-ie_z)$,以及两个极化张量 $\psi$(电)和 $\chi$(磁),在静止的情况下,它们的分量是:

$$\psi: \quad 0 \quad\quad 0 \quad\quad 0 \quad\quad -i\mathfrak{p}_x, \quad -i\mathfrak{p}_y, \quad -i\mathfrak{p}_z$$

$$\chi: \quad \mathfrak{q}_x, \quad \mathfrak{q}_y, \quad \mathfrak{q}_z, \quad 0 \quad\quad 0 \quad\quad 0$$

Maxwell 方程组写为

$$\frac{\partial}{\partial x_\nu}(\varphi_{\mu\nu}+\psi_{\mu\nu})=\mathfrak{I}_\mu$$

$$\frac{\partial}{\partial x_\sigma}(\varphi_{\mu\nu}+\chi_{\mu\nu})+\frac{\partial}{\partial x_\mu}(\varphi_{\nu\sigma}+\chi_{\nu\sigma})+\cdot=0$$

其中存在着同构方程组

$$(\varepsilon-1)\varphi_{\mu\nu}u_\nu = \psi_{\mu\nu}u_\nu$$

$$(\mu-1)(\varphi_{\mu\nu}u_\sigma+\varphi_{\nu\sigma}u_\mu+\cdot) = \chi_{\mu\nu}u_\sigma+\cdot$$

$$\mathfrak{I}_\mu = \sigma\varphi_{\mu\nu}u_\nu+\rho u_\mu$$

$$\varphi_{\mu\nu} = \frac{1}{\varepsilon-1}\psi_{\mu\nu}+\frac{1}{\mu-1}\chi_{\mu\nu}$$

$$+\cdot\chi_{\mu\nu}u_\nu = 0$$

$$\psi_{\mu\nu}u_\sigma+\psi_{\nu\sigma}u_\mu+\cdot = 0$$

由表达式

$$T_{\mu\nu} = -\varphi_{\mu\alpha}\varphi_{\nu\alpha}+\frac{1}{4}\delta_{\mu\nu}\varphi_{\alpha\beta}^2$$

$$+\frac{1}{\varepsilon-1}\left(-\psi_{\mu\alpha}\psi_{\nu\alpha}+\frac{1}{4}\delta_{\mu\nu}\psi_{\alpha\beta}^2\right)$$

$$+\frac{1}{\mu-1}\left(-\chi_{\mu\alpha}\chi_{\nu\alpha}+\frac{1}{4}\delta_{\mu\nu}\chi_{\alpha\beta}^2\right)$$

$$(\varepsilon-1)\varphi_{\mu\nu}u_\nu = \psi_{\mu\nu}u_\nu$$

$$(\mu-1)(\varphi_{\mu\nu}u_\sigma+\cdot+) = \chi_{\mu\nu}u_\sigma+\cdot+\cdot$$

给出能量张量。

我们满足了下列条件:

1)在静止的情况下,一切都是正确的;

2)对于 $\mathfrak{I}$ 的方程在 $\varepsilon=\mu=1$ 的情况下显然正确;

3)张量 $T_{\mu\nu}$ 是对称的。在物质中被锁定的能量干净地与空间能量分开。

缺点只是没有在离散运动的情况中得到好的表达式。

$$\psi_\mu = -\psi_{\mu\nu}u_\nu \quad\Big|\quad = (\psi_\mu u_\nu - \psi_\nu u_\mu)u_\nu \quad\quad \psi_\nu u_\nu = \sigma$$

$$\psi_{\mu\sigma} = \psi_\mu u_\sigma - \psi_\sigma u_\mu \quad\Big\|\quad \langle \psi_{\mu\nu}u_\nu u_\sigma - \psi_{\sigma\nu}u_\nu u_\mu \rangle$$

$$\varphi_{\mu\nu}+\psi_{\mu\nu} = \lambda_{\mu\nu}$$

$$\varphi_{\mu\nu}+\chi_{\mu\nu} = \kappa_{\mu\nu}$$

ADft.［13 373］。写在文件432页3和2的背面。

［1］日期来自文件432和爱因斯坦返回柏林的时间。

［2］文件422。

［3］见爱因斯坦在他旅行日记中的12月29日条目（文件379，p.［28v］）。

## 434. Arthur Biram 的来信

海法，1923年3月1日

非常崇敬的教授先生！

我很荣幸今天能将您访问以色列理工学院实验室的照片作为本函的附件寄给您。[1]可惜这是唯一一张成功的照片。

请允许我借此机会再次向您表示感谢，您能来访问并在这里逗留那么长时间，对于我们学院来说是巨大的殊荣。Auerbach博士对您说的话是代表我们所有人的。[2]您的访问是我们充满战斗的生活中的重大节日。

随信附上一个我们的实验室制作的镇纸，恳请您收下，同时也请您允许我们今后定期向您汇报我们工作的进展情况。我相信，在此期间Hecker工程师先生也与您交谈过了，他目前负责理工学院在欧洲的事务。[3]我想他已经向您汇报过本院成立过程中的最新进展情况。肯定您已经从他那里获悉成立新的管理委员会一事已既成事实。我想，下面事情应该进展顺利，这样，估计我们能在10月份给理工学院的成立正式剪彩。

敬请您替我向您夫人请安并致以崇高的敬意！

Biram

TLS.［43 835］。本信抬头为："Beth-sefer reali ivri, Haifa 希伯来中学（巴勒斯坦）"，收件人为："柏林舍嫩贝格区（Schöneberg）哈伯兰大街爱因斯坦教授先生"。

［1］爱因斯坦于1923年2月10日和11日访问了以色列理工学院（见文件379）。

［2］2月10日，Elias Auerbach在以色列理工学院为欢迎爱因斯坦而举行的晚宴上向爱因斯坦致欢迎词（见文件379）。

［3］自1922年夏季起，Max Mordechai Hecker(1879—1964)在欧洲代表海法犹太委员会为以色列技术学院筹集资金（见 Tidhar 1955，第2611页）。

## 435. Gano Dunn 的来信

(纽约)1923 年 3 月 1 日,星期四

亲爱的爱因斯坦教授:

您不知道,我对 Nicholas Murray Butler 代表纽约市哥伦比亚大学的邀约有着多浓深的兴趣。[1] 如果您能接受它,那真是喜出望外。

没有一个地方,能像哥伦比亚大学一样重视您在当前和将来思索的可能成果,让您处于安静的个人知识氛围之中。

[美国]国家科学院在一年前选举您成为会员,[2] 它和哥伦比亚大学,与所有在美国的首要科学机构一样,将荣幸地为您的工作和日常生活提供一个合意的环境。

您在美国的朋友比您知道的要多,不仅在科学圈内,也在格外众多的有教养的美国男女中;对于您的天分对世界的创造性角色,他们就算没有完全理解,也会去欣赏。

您的朋友,也是您夫人的朋友,她的品格深受美国人赞赏,在这里赢得每个人的人心。

除了您和您的夫人从塞得港寄出的信外,[3] 通过 Millikan 博士[从欧洲]带来的最新消息,我对您当前在柏林的职位有了许多了解。它让我愈发肯定,您和您的夫人在纽约将会很高兴。在这里,您的到来不仅是国家大事,也能普遍地在美国人的心目中展示德国的荣耀,并从根本上刺激科学的发展。

我无需多言,那些对您及您夫人有个人了解的忠诚小团体对此会多么高兴,也不用多说,我们多么希望您接受哥伦比亚大学的邀约。

相信您的远东之行现在已经结束,祝你们两人愉快,身体安康,总有新的灵感。

您忠实的,真诚的

Gano Dunn

---

725 TLS.[43 478]。这封信写在抬头是"Gano Dunn 43 Exchange Place New York(纽约交易广场 43 号,Gano Dunn)"的信笺上,寄往"Professor Albert Einstein, Haberlandstrasse 5, Berlin, Germany(德国柏林哈伯兰大街 5 号,阿耳伯特·爱因斯坦教授)"。在收信人地址的右边加有一个注解"[Copy care Kuno Kocherthaler Calle Lealtad 9 Madrid, Spain]"。

[1]文件 432。

[2]在4月底(见文件199)。

[3]在1922年的春末夏初,Robert A. Millikan 在欧洲待了几个月(见未刊文献摘要一览表234)。

## 436. 致 Wilhelm Westphal

马德里忠诚街(Calle Lealtad)9号,(19)23年3月2日

亲爱的同事先生!

今天刚收到您在2月20日的友好信件,我这就赶紧给您回信了。墨西哥政府的邀请特别令人高兴,尤其是它没有要求我必须一起远征。[1]我不是一个实干型的天文学家,所以参与考察并无价值;此外,在所有辛苦的旅行和演讲后,我渴望着一个更平静的生活。我也请您在您的回复中代我衷心感谢墨西哥政府,并说明我不参与远征的理由。如果由经验丰富的 Ludendorff 领队的话,我会相当赞同的。[2]因为他将要负主要责任,其他参与人选的选择也应该主要听他的。

至于现在的塔式望远镜,我也相信 Stumpf 先生的能力和精力并不足以应对在这一艰难领域中的独立研究,[3]就算与 Freundlich 先生合作也不行。[4]但是想到 Grotrian 先生是一个能干的领导人,[5]而 Stumpf 先生对 Grotrian 先生来说,应该是一个有用而愉快的合作者,这让我觉得安心一些。因为您没提到 Grotrian 先生,所以我害怕这事还可能会落空。作为独立的研究者,Stumpf 先生没什么用。你们做决定时不需要等我,因为在这里办完事后,我还要去苏黎世待几天,看看儿子们。如果你们想要考虑我的意见,可以参考上面我提到的这些。

向您致以最好的问候!

来自你们的
A. 爱因斯坦

ALSX.[23 419.1]。这封信写在抬头是"Kuno Kocherthaler"的信笺上。文件顶部有活页孔。

[1]在未刊文献摘要一览表524中,Westphal 告诉了爱因斯坦来自墨西哥政府的一个邀请,请他领导一个德国委员会,观察即将在9月到来的日蚀。

[2]Hans Ludendorff(1873—1941)是波茨坦(Potsdam)天体物理天文台台长。

[3]Westphal 提过爱因斯坦基金会(Einstein Foundation)考虑为 Felix Stumpf 寻找负责塔式望远镜的接替者。Stumpf(1885—?)是柏林高等工学院的一名无薪讲师。

[4]Erwin F. Freundlich。

[5]Walter Grotrian(1890—1954)是波茨坦天体物理天文台的一位 Observator(观测员)。

## 437. Mauricio David 的来信[1]

马德里，1923 年 3 月 2 日

尊敬的教授先生：

我最近去巴黎时遇到我的老朋友们，画家 Wulfort 和他的妻子。他们跟我谈起许多有关您和您夫人的事情。[2] 因为您现在就在马德里，而正巧我也在这里逗留，请允许我向您提出一个建议。因您在国际上享有盛誉并表达对您的无限敬意，我受一家美国犹太人委员会的委托，向您提供 50 000 美金（伍万美金），请您在 6 个月的时间内在北美的美利坚合众国作 100 场演讲报告。这 6 个月的时间由您自行确定。此外，我还将向您提供 50 000 美金，请您另选 6 个月出席 100 场会议。您携夫人住一流旅馆及您二位一等舱往返票的全部费用均由我方另行承担。

我们希望能让众多犹太裔青年学者有机会认识您本人，借此您将间接地为犹太教的道德在美国的传播作出重大贡献。我本人是德裔美籍犹太人，我的上述建议在带着现实色彩的同时也在追求实现伟大理想。在费城和纽约执教并担任纽约犹太教神学院①院长[3]的 Cyrus Adler 教授可以证实我对犹太教理想的追求。

如果能有幸得到您赞成本项提议的回复，我将不胜兴奋之至。

致以无限的敬意

Mauricio David
于大都会酒店

ALS．[43 511]。信笺抬头为：“马德里大都会酒店（Hotel Metropolitano，Madrid）”，收件人为：“阿耳伯特·爱因斯坦博士教授先生，马德里皇宫大酒店（Herrn Prof. Dr. Albert Einstein Hotel Palace Madrid）”。

[1] 此人可能是 Maurice David（1863—1938），一位德裔美籍古钱币学家和古玩收藏家。

[2] Max Wulfart（1876—1955）是一位俄罗斯画家。1921 年，他为爱因斯坦画了一幅肖像（见 Vol. 12，日历，第 423 页，在该肖像上他的署名为 Wulford）。

[3] Adler（1863—1940）也是美国犹太人委员会的创始人之一。

---

① 成立于 1886 年，是犹太教保守派主要的学术中心和精神中心之一。——译者

# 438. 致西班牙科学院

[*Einstein 1923d*]

日期:1923 年 3 月 4 日
发表于:1923 年

  *Discursos pronunciados en la sesión solemne que se dignó presidir S. M. el Rey el día 4 de marzo de 1923 celebrada para hacer entrega del diploma de académico corresponsal al profesor Albert Einstein.* Real Academia de Ciencias Exactas, Físicas y Naturales. Madrid: Talleres Poligráficos, 1923, pp. 19—20.

## 西班牙语原文

MAJESTAD:

  ACEPTAD, respetables colegas, la expresión de mi más profundo agradecimiento unida a la de mi satisfacción pot haberme elegido vuestro Académico corresponsal. Lazos como los que hemos establecido hoy demuestran nuevamente que las fuerzas espirituales que unen a los pueblos no pueden ser destruídas de una manera permanente por las tempestades políticas de los tiempos acmales.

  Vuestras palabras, querido Sr. Cabrera, han llegado a 1o más hondo de mi corazón, no por contener para mí el honor de un gran reconocimiento, sino porque demuestran la forma consciente y cariñosa con que habéis estudiado el trabajo de mi vida, haciéndoos eco de la frase del poeta:《queremos recibir menos alabanzas y, en cambio, que se nos lea con aplicación》. Habéis tomado en consideración también el punto débil de la teoría de los *cuantos de luz*, arduo tema de nuestra generación de físicos. Creo que únicamente podrán allanarse esas dificultades mediante una teoría que no solamente modifique fundamentalmente el principio de energía, sino que quizá, amplíe el de la causalidad. Tetrode ha apuntado precisamente hace poco tales posibilidades. Aunque los principios para la solución de este problema fundamental han adquirido hasta ahora poco cuerpo, el nuevo impulso para la recopilación de todas las fuerzas de la

Naturaleza, nacido de la teoría de la relatividad, parece, sin embargo, prometer éxitos satisfactorios. El método empleado en esto es puramente matemático especulativo y caracterizado con los nombres de Levi-Civita, Weil, Eddington. Realmente se consigue por este camino libertar totalmente al fundamento de la Física del perturbador dualismo condensado en los dos nombres, gravitación y electricidad.

Muy significativas me han parecido las palabras que habéis pronunciado, reflejo de vuestra esperanza optimista sobre el desarrollo científico de España. Los tiempos de participación activa en el progreso mundial del entendimiento están ligados a condiciones exteriores que ya se han realizado en vuestro país. Creo que la mortificada y amenazada Europa puede volver los ojos llena de esperanza hacia este pueblo, que se encamina al trabajo científico después de haber producido para la Humanidad cosas tan grandes en la esfera del Arte.

# 译文

陛下:[1]

尊敬的同事们,你们选举我成为你们科学院的通讯会员,请允许我为此表达我最深切的感激和满足。诸如我们在今天建立的这些纽带重新表明,我们这个时代的政治风暴不会永久地摧毁那些团结着人们的知识力量。

亲爱的 Cabrera 先生,[2] 您的话触动了我的内心深处,不是因为它们向我传达了这种伟大赏识的殊荣,而是因为它们说明了您多么专心而热情地研究了我一生的工作,正像诗句所言:"我们不要这么多的赞扬,而是希望人们认真阅读我们的著作。"您也触及了光量子理论的弱点,对我们这代物理学家来说,这是一个艰难的主题。我相信,要克服这些困难,需要一个不仅在基础上修正能量原理,也可能会扩展因果关系原则的理论。[3] 就在前不久,Tetrode 就正好指出了这种可能性。[4] 虽然能解决这一基本问题的原理尚未明了,但在相对论的摇篮中诞生的,统一所有自然力的新动力,给人以获得满意结果的希望。在这个探索中用到的方法,是纯数学的试探,这是 Levi-Civita、Weyl 和 Eddington 理论的特点。[5] 以这种方式,人们能从物理学基础中,完全消除令人不安的由引力和电力这两个词代表的二元论。

我觉得您说过的话非常重要——它反映了您对西班牙的科学发展的乐观希望。主动参与相互理解的全球进展的时机,取决于那些现在已经在贵国中实现的外部条件。我相信一个在危险中备受折磨的欧洲,可以充满希望地将它的眼光投向这个民族:他们在人文艺术中创造杰作之后,现在又在科学研究的道路上埋头工作。

发表于 Discursos pronunciados en la sesión solemne que se dignó presidir S. M. el Rey el día 4 de marzo de 1923 celebrada para hacer entrega del diploma de académico corresponsal al profesor Albert Einstein. Real Academia de Ciencias Exactas, Fisicas y Naturales. Madrid: Talleres Poligráficos, 1923, pp. 19 - 20. 在 El Debate, 1923 年 3 月 6 日中出现了一个有着些许变动的译本。

[1] 国王 Alfonso 八世。
[2] Blas Cabrera 在他的介绍演讲中总结了爱因斯坦的成就(Discursos, pp. 7 - 15)。
[3] Cabrera 在 p. 12 中提到了支持光的波动性和粒子性的现象以及如何统一二者的问题。
[4] 关于他对 Tetrode 1922 的欣赏,见文件 329。
[5] Tullio Levi-Civita、Hermann Weyl 和 Arthur Stanley Eddington。

# 439. Michael I. Pupin 的来信[1]

[纽约]1923 年 3 月 4 日

致我非常敬佩的同行先生:

Nicholas Murray Butler 主席曾向您发出一份邀请函,[2] 想必您现在无论如何已经收到了。请允许我在此邀请函的基础上附加如下内容:[3] 我向您保证,有幸能欢迎您来做客,我在哥伦比亚大学及其他美国大学的所有同事都将感到无比幸福,并会为您提供一切使您在这里过得愉快的机会。众所周知,无拘无束是一位深受喜爱的客人毋庸置疑的特权。因此,哥伦比亚大学衷心地请求您作为我们的客人,完全按照您自己的方式决定您的工作时间安排。我们现在感到最为高兴的事就是,您能与我们在一起,并在这里感到很愉快。

向您和您善良的夫人致以衷心的问候并呈敬上我无限的钦佩!

您忠实的
M. I. Pupin

TLS. [43 475]。写在具有哥伦比亚大学抬头的信笺上,收件人姓名地址为:"德国柏林西区哈伯兰大街5号,阿耳伯特·爱因斯坦教授先生"(Herr Professor Albert Einstein, Haberland Strasse 5, Berlin W. Germany)。

[1] Pupin(1858—1935)曾担任哥伦比亚大学电动力学教授。
[2] 文件 432。

[3] Pupin 曾向爱因斯坦发出一份邀请函,请他于 1922 年春季学期作为客座教授访问哥伦比亚大学(见 Michael I. Pupin 致爱因斯坦,1921 年 7 月 21 日[Vol.12, Doc. 138])。

## 440. Carl Brinkmann 的来信

柏林-格吕内瓦尔德区,洪堡大街 6a 号,1923 年 3 月 9 日

万分尊敬的爱因斯坦教授先生:

正如 Ilse 小姐在您回来以后一定会跟您说的那样[1],我本来打算趁欢迎您回德国的机会向您倾诉一些私密信息的,但是因为我在里加(Riga)的暑期班有任务,耽搁了行程。我暂且不便透露信息来源于何处,涉及的问题是国联智力合作委员会中的德方代表问题。我收到了这个请求后,想针对这一问题尽量认真给予回答,一方面是为了德国科学界的利益,另一方面是出于我个人对您的依赖和敬仰。因此,我现在将竭尽全力,把本想口头陈述的事情用书面形式表达准确。

正如我已经口头上向 Ilse 小姐阐述过的那样,我的信息首先涉及的是您赴东亚访问期间由谁来顶替您的位置。并且,依我看来,情况并非是因为委员会自身或者绝大多数人对此①持不满意见。[2]相反,恰恰出于同一原因②,跟我说起这事的人迫切叮嘱我在人选问题上一定要慎重行事,因为依照他们的意思,一旦用上既定人选③,则结果很可能会伤害到我们德国人的利益,并可能让我们的某些敌人兴高采烈。大家都认为,这一人选问题将取决于您已经获得和将要获得的来自国外邀请的次数,更何况您既不擅长亲自处理与日俱增的日常琐事而这些琐事也配不上占用您的时间,因此,这个问题尚待解决。

有人把我当作是外交和学术的私下联系人,他们问我下面这一做法是否可行:即让我将我自己的建议以忠诚的、不容误解的形式提交给您。万分尊敬的爱因斯坦教授先生,我们一致认为,做这事的最佳方式是向您提交一个具体提案。您收到该提案后请随意处置,要么接受,要么忽略。至于这个提案的实施方法,

---

① 指的是爱因斯坦赴东亚旅行时期"由谁顶替"这件事。——译者

② 此处原文为 Vielmehr ist gerade das der Grund…。"恰恰出于同一原因"是原文的直译。爱因斯坦赴东亚旅行时期"由谁顶替"这件事在组委会那里已经意见明确。顶替爱因斯坦工作的人选问题是大事情,而且在确定并公布之前是绝对要保密的。从下文中看出,此人毛遂自荐,所以书信措辞吞吞吐吐,大概是表明他谦虚的意思。——译者

③ 这个人选在爱因斯坦不出国访问的时候帮他处理日常工作的琐事,在他出国访问的时候替代他的工作。——译者

您必将看到相应准备工作行将就绪。我已从侧面获悉并得到 Max Wertheimer 本人的证实,您曾请他作为您的年轻助理协助您处理组委会的工作。但是,出于事后我们尚能理解、而您当时无法理解的原因,他作为这一人选遭到了拒绝。[3]

在这个前提下,我本想面对面跟您探讨的提议是,如果您乐意并且您也觉得合适的话,请您提议我本人在国联组委会担任您助理这一职务。[4]请您相信我是在其他值得信任的路都被堵上之后,才斗胆抛弃自己的顾虑,向您毛遂自荐的。即使是现在,(因我的私人生活至今为止并非一帆风顺而导致)一方面我敏感并担心别人的误解,另一方面我又乐意并喜爱这一工作,这两种感情在我心中彼此矛盾、不分胜负。正因为我内心怀着殷切的期望,才促使我斗胆给您写下了以上的文字。尽管表面上看我距您甚远,但内心中我却更加崇拜您。我自荐为第二个伟大科学家群体的代表①,擅长语言表达和外交事务。况且,我作为您的所谓"非犹太教代表"("Goj")对此事也将会不无帮助。只要您收信后表示沉默,那我将怀着如释重负的心情,不再设想自己去冒险。

向您呈上最适时的推荐并永远是您的最顺从的

Carl Brinkmann

ALS.[34 794]。在这份文件的左侧页边有活页孔。

[1]Ilse Einstein。

[2]爱因斯坦与 Pierre Comert 通信讨论他去海外时在国际智力合作委员会的代表,见文件 376。

[3]关于爱因斯坦请求 Wertheimer 在委员会代表他,见文件 362。

[4]Wertheimer 在 9 月第一次向爱因斯坦提出这个建议(见文件 360)。

## 441. 致 Hermann Anschütz-Kaempfe

马德里,(1923 年)3 月 10 日[1]

看到设计的进展[2],我是多么地高兴啊!期待着在不久后喜悦的重逢。

您的

A. 爱因斯坦

AKS(Dorothea Kubierschky,Germany)。[84 295]。这封明信片的收信人地址"Herrn Anschütz-Kämpfe Leopoldstrasse München(慕尼黑利奥波德大街,Anschütz-Kämpfe 先生)"是 Elsa Einstein 手写。省略了

---

① 此处是按照原文" als Vertreter einer zweiten grossen Wissenschaftsgruppe"直译的。——译者

她的问候。

[1] Elsa Einstein 手写的日期。

[2] 提到的显然是回转罗盘的开发（见文件 458）。

## 442. Maja Winteler-Einstein 的来信

［意大利］塞斯托 菲奥伦蒂诺-科隆娜塔（Sesto fiorentino-Colonnata，(1923)22 年 3 月 11 日[1]

我亲爱的阿耳伯特！

你很可能要在家庆祝你的生日，这样我就不会缺席庆贺者的合唱，一个微弱的声音……

愿你保持健康和满足！我祝你万事如意。你几乎得到了人们在年轻时梦想的一切，而且当之无愧！这种感觉一定不错。

我通过报纸知道你现在终于也得到诺贝尔奖了。对此我也要献上最衷心的祝贺。你再也不用为 Miza① 和男孩们在金钱方面忧虑了。[2]

在你童话般的旅行期间，你俩都没有怎么给我来信，但我却因此更经常地想着你。我甚至想你会突然大发慈悲：从西班牙过来看我们过得怎么样。在这样一次[快乐]远行后，那应该不过就是一个小小绕道。但我也能理解你们急着要回家。一切都还顺利吗？Itini[3] 给我寄了一份剪报，我在上面看到你在耶路撒冷用希伯来语做了一个演讲。[4] 你到底从哪得到这门学问的？你真是最纯粹的一个魔术师。

我们在这里的生活过得像天堂一般。我们的婚姻又像以前一样和谐了，[5] 唯一不能完全满足的，是我觉得不知怎的你好像有点生气。你没有亲眼看到，就不能认为我们蠢。这些事写信说不清楚。

我们现在还没有还你的 1 000 法郎，[6] 因为我们想你在得到诺贝尔奖的奖金后，就没有那么迫切地需要它了，而我们能把它用来付房子的钱。但在明年，即这个秋天，肯定会还给你。Paul 会把余额的账目寄给你。

你要不要带着你的男孩们，在我们这里过一次寒假或暑假？你知道，我也特别想认识年纪最小的那个孩子。我们的地方够大，你们要来，我会很高兴。

Pauli② 特别健康，他整个冬天都没咳嗽，精神也好多了。乡村生活有奇效。而我自从生病后，也没染上其他什么病了。

---

① 爱因斯坦的前妻 Mileva 的昵称。——译者

② 此处的 Pauli 是 Maja 的丈夫 Paul Winteler 的昵称，而非著名物理学家 Wolfgang Pauli。——译者

如果你或 Elsa 有时间，那就写信给我，详细告诉我旅行的事。我会是一个相当感激的听众。

问候所有人，在你生日之际，给你一个深情的吻。

你的
Maja

ALS.［144 810］。省略了 Paul Winteler 的问候。

[1]Maja 把日记标错了。根据对诺贝尔奖的提及和远东行对年份进行了改正。

[2]关于奖金对 Mileva 财务的预期影响，见文件 400。

[3]可能是 Fratre Clementino，在圣弗兰西斯科修道院(San Francesco monastery)附近的一位修道士，爱因斯坦在 1921 年 9 月出访时见过他（见 *Rogger 2005*，p. 68）。

[4]爱因斯坦在耶路撒冷斯科普斯山演讲时用希伯来语讲了几句话，他自己对这件事的描述，见文件 379,1923 年 2 月 7 日的条目（爱因斯坦把日期错记成了 2 月 6 日）。

[5]关于他们之前的婚姻问题，见爱因斯坦致 Michele Besso,1919 年 12 月 12 日（第九卷，文件 207）。

[6]Maja 在一年前得了重病，爱因斯坦在她重病期间给她和 Paul 寄了 1 000 瑞士法郎（见文件 107）。

## 443. 德国犹太复国主义协会(Betty Frankenstein)的来信[1]

柏林,1923 年 3 月 14 日

非常尊敬的教授先生：

我们从慕尼黑获悉,在国家社会主义党的会议上,多次有人一再指责,您,非常尊敬的教授先生,在巴黎期间[2],为博得法国听众的同情而否认了您的德国血统。

非常尊敬的教授先生,我们认为您最好能否认这个有倾向性的报道。而如果您能寄一份否认声明让我们去发布的话,我们将很感激。

顺致崇高的敬意

德意志犹太复国主义协会秘书处
Frankenstein

TLS.［45 335］。这封信写在抬头是"Zionistische Vereinigung für Deutschland, Sächsische Strasse 8 Berlin W. 15(柏林西 15 区撒克逊大街,德国犹太复国主义协会)"的信笺上,寄往"Herrn Professor Dr. Albert Einstein, Haberlandstr. 5 W 30(西 30 区哈伯兰大街 5 号,阿耳伯特·爱因斯坦博士教授先生)"。在文件的左边页边有活页孔。

[1]Betty Frankenstein(1882—1960)是协会办公室主任。

[2]爱因斯坦在1922年3月8日到4月10日期间出访巴黎。

## 444.《福斯日报》的来信

(柏林)1923年3月15日

非常尊敬的所长先生：

《福斯日报》(*Vossische Zeitung*)打算在复活节介绍在柏林的科学单位和研究所的总体情况，因此除了介绍您专业的其他杰出代表外，请再用简短的备忘录描述您领导的研究所的环境，最多用60打印行。与此同时，您那份计划在复活节一期录用的稿件底稿必须在3月26日星期一前送到我们手上。

根据我们的计划，在这里将回答下述计划：

普遍存在的困难窘境如何影响您的科学和您的研究所，更具体地说，不论是在研究方面还是在教育活动方面？哪些本应在战前完成的工作，现在却因此不能完成？

您会在哪一项标注困难窘境？（学生、书籍、期刊、设备和其他材料的减少？）

有哪些权宜之计和替代品？

紧急状态(Notstand)在近些年是变得严重，保持不变还是缩小了？

国外和德国科学紧急委员会如何起作用？

您有哪些现实建议来促进您的科学和研究所的长远发展的？

如果您的稿件能及时送达我们手上，那您的稿费将是10 000马克——现金。如果您能用我们附上的邮资已付的信封①给我们回信，告诉我们是否能得到您的参与，那么我们将会特别感谢您。

顺致崇高的敬意！

《福斯日报》编辑
Goetz

TLS (GyBP, I. Abt., Rep. 34, Nr. 11, Mappe Vossische Zeitung). [82 714]. 写在抬头是"*Vossische Zeitung*(《福斯日报》)"的信笺上，地址是"An den Direktor des Kaiser-Wilhelm-Inst. für Physik, Berlin-Dahlem(致柏林达勒姆威廉皇帝物理研究所所长)"。

---

① 此处原文为Freikarte，原意为"免费券"。——译者

## 445. Svante Arrhenius 的来信

斯德哥尔摩，实验场(Experimentalfältet)①，1923 年 3 月 17 日

非常尊敬的同事先生：

我在 2 月收到了您写于 1 月 10 日的亲切来信，对此非常感谢。[1]

在我的建议下，诺贝尔基金会把钱存到了一家银行里。这家银行利息是 3%，提前两周通知取款。计划在 6 月颁奖的信息是不对的。当地的德国大使 Nadolny 先生[2]已经收下了相关文件。下一次授奖在 12 月 10 日进行。如果您想要经历这样一个庆典的话，当然可以参加。[3]我想您和您夫人更希望看看瑞典，但 12 月的瑞典白天最短，不太合适。我有一个建议，可能您会同意。在这个夏天，将在哥德堡(Gothenburg)举行[4]一个盛大的斯堪的纳维亚展览，从 5 月 10 日持续到 9 月。此外，从 7 月 9 日到 14 日还有一个(斯堪的纳维亚)自然研究者大会。如果您能带给广大听众一场通俗的演讲的话，那将非常好。您可以选择主题——如果是关于您的相对论，人们肯定会非常感激。在展览上您能看到一个浓缩的瑞典。

我们可以从哥德堡出发，经过克里斯蒂安那(Christiania)[5]前往斯德哥尔摩，也许能到达拉纳(Dalekarlien)②[6]，或者更北的地方。我们可以在哥德堡设定行程。如果您就此事给我写信，我将把您(和尊夫人，如果她愿意的话)登记为自然研究者大会的与会人员。也请您务必告诉我您演讲的主题。我将会在哥德堡为您安排好一切。

衷心地期待着您方便时的回复，谨向您、您夫人和 Grete Hamburger 夫人致以最诚挚的问候！

您极其忠诚的<br>Svante Arrhenius

AKS. [30 013]。明信片寄往"Hrn Prof. Dr. Alb. Einstein Haberlandstrasse 5 Berlin W. 30 Tyskland（德国柏林西 30 区哈伯兰大街，阿耳伯特·爱因斯坦博士教授先生）"，盖着"Experimentalfältet 17 3 23 13 38"的邮戳。

[1] 文件 420。

---

① Experimentalfältet（"实验场"）位于斯德哥尔摩北部弗雷斯卡蒂(Frescati)，瑞典皇家农业和林业学院从 19 世纪初到 20 世纪 60 年代位于此，现为斯德哥尔摩大学行政管理中心所在地。——译者

② 瑞典语为 Dalarna。——译者

[2]Rudolf Nadolny(1873—1953)。
[3]诺贝尔奖的授奖仪式在每年的 12 月 10 日举行。
[4]哥德堡[现 Göteborg]正在进行建城三百周年的纪念庆典。
[5]克里斯蒂安那是奥斯陆在 1924 年前的名字。
[6]瑞典西北的一个省。

## 446. 致 Albert Karr-Krüsi

(苏黎世)(19)23 年 3 月 20 日

亲爱的 Albert！

如果我离世了,那么你为我保留的财富[1]应该转给我的夫人 Elsa 或者(更准确地说)她女儿。

你的
阿耳伯特·爱因斯坦

ALS(Mr. &Mrs. Greg Norman,Surry,England). [123 432]。

[1]可能是在文件 448 提到的瑞士奥尔股份公司(Schweizerische Auer-Aktien-Gesellschaft)的股份。

## 447. 致 Pierre Comert

苏黎世,[19]23 年 3 月 21 日

非常尊敬的 Comert 先生！

我最近坚信,国际联盟既没有力量,也没有良好的意愿去实现它的伟大使命。[1]因此作为一个严肃的和平主义者,我觉得不应与之有任何联系。我请您从委员会成员名单中删除我的名字[2]。

顺致崇高的敬意！

阿耳伯特·爱因斯坦

ALSX. *Neue Zürcher Zeitung*(《新苏黎世报》),1923 年 3 月 21 日,晨版；*Jüdische Pressezentrale Zürich*(《苏黎世犹太新闻中心》),1923 年 3 月 23 日；《柏林日报》,1923 年 3 月 23 日,晨版；*Nathan and Norden* 1975,pp. 79 - 80。[34 795]。这封信的收信人地址是"An der 'commission pour la cooperation du travail intellectuel'(致国际[联盟]智力合作委员会)"。

[1]极有可能是由于爱因斯坦对法国占领德国鲁尔区的不满（见文件379,1922年1月22日的条目）。
[2]他曾接受加入国际联盟的国际智力合作委员会的邀请；见文件208。

## 448. Paul Winteler 的来信

［意大利］塞斯托/菲奥伦蒂诺-科隆娜塔（Sesto/Fiorentino-Colonnata）,1923年3月22日
亲爱的阿耳伯特：

按照你3月9日寄来的明信片上的意思,你打算将来SAG[1]分红时（即瑞士Auer股份有限公司）直接请SAG分给股东合伙人的各位成员。从根本上讲,如果操作过程规范的话,这样做将省去我好多麻烦。至今为止,我做这事的时候要么缺乏相应委托授权、要么授权中有信息交叉现象,所以我必须写许多信件,否则根本就无法沟通此事。

［去年］12月中旬,我参加董事会[2]会议,可惜我没有能够一直待在苏黎世,开完全体员工大会并等到分红落实。因为Maja在我不在瑞士的时候,把她患病的消息寄到苏黎世,因此我满怀不安之心,只想尽快赶回家。[3]谢天谢地（Maja担心自己得的病跟你们母亲之前得的病[4]一样）,这次的病仅仅是一种过敏,症状过了一段时间就自行消失了。所以,12月底我收到公司股份分红通知的时候,人是在意大利的。

两家银行接到了收款通知。1.苏黎世的瑞士信贷银行,负责接收股东财团的（不属于我们的）分红部分。2.卢塞恩的州立银行,负责接收股东财团的分红部分,[5]因为我在该银行设立了一个对冲账户。

关于上文中1.的说明:由于我事先不知道瑞士信贷银行要缴纳3％的红利税,所以我无法及时通知银行减去这3％的数额,所以,我收到的金额中多出了3％。这就使得我在收款之后必须单独发出一个汇款指令,把相应的3％汇给Albert Karr。[6]因此,我还与Curti和瑞士信贷银行书信往来两次。[7]此外,瑞士信贷银行还声称,收款的某账户根本就不存在。在我向他们保证该账户一定存在之后,他们才承认是自己工作的疏忽,然后才按照我的汇款指令把钱汇到这个账号上。这件事直到1月中旬才办妥。全部相关书信往来存档齐全,便于你随时查看。

关于上文中2.的说明:卢塞恩的州立银行负责接收的是属于股东合伙人的那部分分红,减去3％的红利税。但是:当我还在管理SAG的钱的时候,我还在苏黎世,我曾致函给州立银行通知他们,我将给他们汇去一笔数额较大的款项,

请他们在该款到账之后把某一数额的钱用里拉给我汇到意大利(我想将属于我个人的钱汇出)。由于我回到意大利以后没有得到任何来自州立银行的消息(正值年底结算在即,任何一家银行的公函都堆积如山),为了保险起见,我请 Curti 把 1000 瑞士法郎换成里拉寄给我(我一直以为是我的钱)。而且,我相信当时我一时疏忽,忘记自己曾经在苏黎世时向州立银行下达过类似的用里拉汇款的指令。长话短说,一月初从两个方面同时汇来了里拉,导致我得到的里拉超出我的愿望和需求。这件事让我很难堪,因为正在此时,鲁尔区事件开始,伴随着"一战"战胜国的汇率下跌,包括意大利货币的汇率。[8]这时,我本来是可以损失点钱(根本就不是我的愿望而且数额过高)马上用里拉买法郎、把钱往回汇给 Karr 的,这一举措是最明智的,虽然这样做意味着我必须蒙受经济损失。因为我自己一直努力在方方面面行为端正,同时我也深知你要求在钱的管理方面必须锱铢必较。与此同时,我处理得当,为避免汇率带来的经济损失,我没有将在佛罗伦萨的里拉换成法郎汇给 Karr,而是直接用我在瑞士银行账号上结余的法郎汇给他。也就是说,在卢塞恩的州立银行给我出具对账单之后(顺便说一句,我到现在都没收到这个对账单)及在我三月份得到我的退休金[9]之后。因此,就出现了相应退休金汇给 Karr 这一事情。

那么,我从属于你的股份分红所得金额中支付出如下数额:
在收到 SAG 的钱之后立即汇出的有:
1. 汇给 Miza[10],执行你的指令,汇出 6000 法郎,通过卢塞恩州立银行。
2. 汇给 A. Karr,暂时预付 2200 法郎。
加上 3% 汇给信贷银行,过多地缴纳的红利税部分。

加上支付给我的退休金总共 3700 法郎,即 4000 法郎减去你那一部分的 300 法郎的红利税。因此,总额为 9700 法郎(即 10000 法郎减去 300 法郎)。我希望你能理解我是在遇到问题时竭尽全力解决问题的,尽管我不指望你能立即给予我理解和支持。我想从根本上说清楚的是,我并不是因为自己需要用钱,才把属于你的钱汇至意大利的,因为我没有必要这样做。

此外,我还欠你 1000 法郎,是去年春天 Maja 生病的时候向你借的。[11]因为据你所知,当时手术及住疗养院所需的全部费用远远高于这笔钱数,所以,相信你不会介意我大约要到今年年底才能开始向你还款。

顺便说一句,从经济角度讲,我们去年虽说流动资金方面不富裕,但是这一年我们过得还算是不错的。我们买上了房子,这简直就是幸运,因为我们支付的买房价款很低。[12]今年,限制房租的相关法律失效了,所有房地产价格都大幅度上涨。只要我们愿意,我们随时都可以把房子按照买价的双倍价格卖掉,而且至少能获得 10000 瑞士法郎的盈利。以前的卖方甚至联系我们,问他有没有可能再把房子买回去。除此之外，我还对房屋进行一些改造，有一半的房间是我亲手进行了粉刷、对有些地方进行了艺术装饰，[13]所以这房子现在看上去非常漂亮。一旦所有工作都结束的话（我亲自动手就能少花钱），这栋房子会给人一种非常温馨的感觉，那么它的价格还会相应提升。这是一栋乡村别墅，有有轨电车与城市相连，[14]交通便利，随时都能找到喜欢它的买家。我们喜欢它附带有5 000平方米的地，可以种粮食、葡萄、水果和蔬菜。几只羊不久就能产奶了，还有鸡给我们供应鸡蛋。并且，我们现在房屋贷款的利息很低（仅由资本利息构成且几年以后我们将还清贷款），此外我们还有这些实物收成，它们能总体将我们的生活成本降低，从而减少我们对于汇率变化的依赖。如果我们当初（听从你的建议）搬到了德国生活，[15]那么也许开始有一段时间能过上便宜的生活，但肯定现在就过不上了！对我来说最核心的问题是气候。安静的乡村生活和充裕的阳光把我养得很好。而这两者对于我来说不仅仅是舒适，更多的是生活中必不可少的东西。如果在德国生活的话，估计我的情况跟在卢塞恩类似。不知你是否知道，我除了有一些神经衰弱外，还患有相当严重的肺气肿，还有慢性肺泡炎，很容易发展成肺结核病灶。今年，不仅我的神经好了许多，而且肺泡炎也消除了。一个健康的人想象不到病人所需，并容易认为恢复健康只需要自己的潜力和积极的情绪，而生病是一种自我怜悯的表达方式，只要提供给病人好的建议就可以了。就我们来说，我相信我们的抉择是一个正确的选择，不仅从健康的角度看，而且从对你来说重要、对我们来说也并非不重要的经济角度讲也是如此。

在此，我结束这封信，向你致以问候并请求你稍稍努力给予我一点善意。

Paul

ALS. [29 390]。略去爱因斯坦在最后一页写的计算。

[1]瑞士奥尔股份有限公司（Schweizerische Auer-Aktien-Gesellschaft, SAG）。

[2]Winteler是SAG的合伙人股东的董事会（Verwaltungsrat）代表，这个合伙人最初由爱因斯坦、Jacob Koch和Winteler组成。作为合伙人代表，他的年薪是1000瑞士法郎（见第九卷，1919年1月20日日历记载）。

[3]Maja的头部在一年前感染了一个脓肿（见文件83）。

[4]Pauline Einstein在1920年2月死于腹部癌症。

[5]股东财团最初在购得1100支SAG股票（见第九卷，1919年1月20日的日历记载）。

[6]Karr负责管理爱因斯坦给他在瑞士的家庭的汇款事宜[见爱因斯坦致Emil Zürcher，1920年1月6日（第九卷，文件248）]。

[7]Eugen Curti。

[8]法国和比利时军队于1923年1月11日占领了鲁尔区。

[9]来自瑞士联邦铁路局。

[10]Mileva的昵称。

[11] 应 Winteler 的请求，爱因斯坦给他们汇去 1000 瑞士法郎（见文件 107）。
[12] 他们购买时所支付的金额为 13 000 瑞士法郎（Rogger 2005, p.70）。
[13] Winteler 是一个有天分的画家（见爱因斯坦致 Elsa Einstein，1921 年 11 月 12 日 [Vol. 12,文件 296]）。
[14] 距离佛罗伦萨为 6 千米。
[15] 爱因斯坦曾强烈请求他们搬去德国南部（见文件 210）。

## 449. 致 Svante Arrhenius

柏林，1923 年 3 月 23 日

非常尊敬的同事先生！

    为了您在资产上的热心照料，请收下我最真诚的谢意。[1]您建议在 6 月前往哥德堡（Cotenburg）[2]而不是在冬天去斯德哥尔摩，我非常赞同，也愿意做应邀演讲。对于后者，唯一的遗憾是，我关于引力和电磁的本质统一的新理论，无法以通俗讲座的形式演讲。[3]或许可以把讲座分为两个部分：一个通俗；另一个更专业。这只是作为一个建议；我自然会完全按照您的意愿进行准备。

    我的夫人刚刚结束一段长期旅行，我就不带她了。但可能会带正上大学的大儿子。[4]若能蒙您友好准许，其他我们还能做些什么，都交给老天安排吧。

    顺致友好的问候！您非常忠实的

TLS（SSVA，Svante Arrhenius Archive, Letters to Svante Arrhenius, vol. E1∶6）.[73 214]。这封信寄往"Herrn Prof. Dr. Svante Arrhenius Stockholm（斯德哥尔摩，Svante Arrhenius 博士教授先生）"。

[1] 关于 Arrhenius 对爱因斯坦获得的诺贝尔奖奖金的储蓄安排，以及他对爱因斯坦访问瑞典路线的建议，见文件 445。
[2] 哥德堡（Gothenburg）。
[3] 见文件 417, chap. 3。
[4] 在苏黎世联邦理工学院（见文件 306）。

## 450. 致 Carl Brinkmann

柏林，1923 年 3 月 23 日

亲爱的 Brinkmann 先生！

    当出现替代问题时，我第一个想到的就是您。[1]只是当时有个顾虑让我却步,那就是由于您与外交部的关系,可能会被人们看成一个政治家而不是学者,甚至是德国政府的一个喉舌。我认为绝对要避免这点,因为(就我所知)委员会的其他人与他们的政府没有职务关系。

但现在整个问题都无所谓了。我对国际联盟的软弱无能和道义上的不独立感到恼怒,因此给国际联盟写了一封最终的辞职信,还通过在媒体上发表它而加以强调。[2]这可能是不够得体,但我的直觉迫使我迈出这一步。

为您在里加的工作送上最好的祝愿[3]并致以友好的问候!

您的

TLC.［34 796］。这封信寄往"Herrn Prof. Dr. Carl Brinkmann Berlin-Grunewald(柏林-格鲁内瓦尔德,Carl Brinkmann 博士教授先生)"。在文件的左侧页边有活页孔。

［1］爱因斯坦最初请 Max Wertheimer 在他去远东期间,在国际智力合作委员会代表他,Wertheimer 则推荐了 Brinkmann(见文件 351 和文件 360)。关于 Brinkmann 对委员会中角色的立场,见文件 440。

［2］他曾在两天前告知 Pierre Comert,自己决定辞去委员会的职务(见文件 447)。

［3］Brinkmann 计划在那里提供一个假期课程(见文件 440)。

# 451. 致德意志犹太复国主义协会

柏林,1923 年 3 月 23 日

非常尊敬的先生!

我刚刚旅行回来,就赶紧回复您本月 14 日的来信。[1]我授权您以下的方式发表一份否认声明:不管是在巴黎,还是在其他任何地方,我都没有否认过我出生在乌尔姆,是德国父母的儿子,而我是通过移居瑞士才成为瑞士公民的。另外我还保证,我从未试图在任何场合取悦别人。

顺致崇高的敬意!

TLC. *Nathan and Norden 1975*,p. 80.［45 336］。这封信的收信人地址是"An das Sekretariat der Zionistischen Vereinigung für Deutschland Berlin W 15(致柏林西 15 区德国犹太复国主义协会秘书处)"。

［1］协会告诉了爱因斯坦在国家社会党的会议上,有人指控他在访问巴黎时否认他的德国血统(见文件 443)。

## 452. Michele Besso 的来信

[伯尔尼,(19)23年3月23日][1]

亲爱的阿耳伯特:

你在对抗93人[2]时,不怕一方的威胁,现在面对另一方,也一样无所畏惧。[3]虽然如此,我还是觉得上次你是有机会清楚地认识那些你不想与之沆瀣一气的人,而现在则过于草率地认为需要质疑另一些人的好意,甚至不惜公开宣告。反对国际联盟,认为它的结构太过松散,以至于无法拥有自己的任何一个意志,这一点是你的贡献;但是我听到了你回答说:"那不重要;反正我的意思已经很清楚";大概是:"这个国家受愚蠢行径的伤害太多。它不得不以某种方式自卫;其他国家一旦无法如愿就肯定会设置障碍,我一点也不想参与到这一过程中。在这个意义上,我要尽微薄之力,支持这个说法:'*victrix causa diis placuit sed victa Catoni*'。[4]"但愿照片底片没有任何失真——$10^{-4}$厘米就能决定结果![5]而且通过其他"实验结果"做验证所需的保证条件,一个都别忘了!也许当您再次接近一个时,对另一个就(再次)不那么厌恶了。而美国人通过内部斗争造成的这种缓慢的反复方式,[6]将使您对这个包括劳工组织的 Alb. Thomas 和 Robert Cecil 勋爵的机构再次充满信心。[7]

接下来的几个月可能会发生什么?

顺致衷心问候!

您的
Michele

覆水难收![*Facta infecta fieri nequeunt*][8]——现在,为了更好地理解,我想补充一点,就是你的决定也被人利用来削弱瑞士政府的地位(支持一个非自治的社会民主党,"瑞士独立联盟"和类似的可疑组织)。[9]

另一方面,我无法判断它是否完全无视犹太社团的国际地位,以及是否被个别国家中条件的改善所抵消。

但是,最重要的当然不是立刻产生的后果,而是内在的理由:而对此我已经在上面表达了自己的怀疑。

再次致礼!

你的
M.

任何人读了 Gonzague de Reynold[10] 所作的即将于 1923 年 3 月中出版的关于 1922 年 8 月的会议的报告，都会更加理解为什么那个委员会没有让你(觉得像在家一样地)感到非常亲切。忍耐！如果你之前为此向我诉苦，我可能会这么对你说。现在我要对自己说：忍耐！——这个世界看起来都是不可爱的，无论是哪一边。

(19)23 年 4 月 15 日

亲爱的阿耳伯特，我不知道你读了这几行字究竟会有什么想法：他们并不像〈我〉所说的很靠谱的样子，而是一切都有点不对劲。但我想我一直在暗暗地等着你的什么消息，或许还在下意识里等着你路过瑞士。

最近日报上有一个报告，说在你最近不在的时候，一位科学院的同事报告了你的一篇据称特别重要的论文。[11]——那个日蚀考察队是要测量某些东西，我没听到他们发现了什么结果。[12]

能听到你的报告就好了——这绝不是说你必须设法回答我这封信第一部分的主题。我对你还是有一定了解的，就像对我自己一样：我们只是尽自己所能和所知，做好它。

你的

Michele

我们，Chavan 先生刚好和我，已经及时收到你从日本寄来的美丽明信片。Chavan 也想要祝贺你获得诺贝尔奖，但不知道往哪寄。[13] 我……不知道应该说什么。对于许多人来说，对钱的担心不会烦人——对你，它带来的肯定不光是好处 (embetiren)。[14] 看到人们有多么不理性足以让人"发疯"。人们应该做也想做的事情那么多，但力有不逮。(niene hi)[15]

在你旅行经过伯尔尼的几天后，我母亲去世了。然后是两个和我合得来的米兰表兄弟。[16] 不久前，Vero 的岳父[也去世了](一个在我这个年龄段的男人——就这么走了①！)[17] 生活真是奇特！

M.

顺便说一下，我在这期间还病了两周，一种伴有高烧的感冒。已经好了很久了。但是慢性流行性懒惰 (Infaulentia) 没好。[18]

ALS (*Einstein and Besso 1972*, pp. 187—191). [7 084]。

[1]一位未知者标注的日期。

[2]在《告文明世界书》(*To the Civilized World*)中，有 93 位德国知识分子和艺术家否认德国的战争

---

① 此处原文为 gut und einfach，本意是说"死得很快，没痛苦"。——校者。

责任和德国军队在比利时的暴行。爱因斯坦通过参与起草1914年"告欧洲人宣言(Manifesto to the Europeans)"(第六卷,文件8),反对《告文明世界书》宣言。

[3] 国际联盟。

[4] "胜利的事业取悦神祇,失败的事业则取悦加图(Cato)①。"卢坎(Marcus Annaeus Lucanus)《法沙利亚》(*Pharsalia*),又称《内战》(*Bellum civile*)第一卷(约公元61年)②。这一史诗叙述了在恺撒和由伟大的庞培领导的罗马元老院之间的内战,还有公元前48年的法尔萨拉(Pharsala)战役。

[5] $6 \times 10^{-4}$ 厘米是在日蚀远征中,在感光板上测得的位移幅值(*Eddington 1919*)。

[6] 虽然Woodrow Wilson总统是创造国际联盟的背后推手,但国会内部的反对使得美国未能加入联盟(见 *Northedge 1986*, pp.85—87)。

[7] 法国社会主义政治家Albert Thomas(1878—1932)是国际劳工组织(国际联盟的一个机构)的责任人。Robert Cecil(1864—1958)是一位英国政治家,国际联盟盟约的作者之一。

[8] "已经做了的事没法撤销。"

[9] 瑞士独立人民联盟(Volksbund für die Unabhängigkeit der Schweiz)是一个反对瑞士加入国际联盟的右翼组织。

[10] Gonzague de Reynold(1880—1970),瑞士作家和历史学家,是国际联盟智力合作委员会的一名成员。委员会在1922年8月召开了第一次会议,并在9月提交了一份报告。

[11] *Einstein 1923e*(文件425)由Max Planck向普鲁士科学院提交,发表于1923年3月13日。

[12] 因为天空有云,所以荷兰-德国在圣诞岛(Christmas Island)的[联合]日食远征观测失败了(*Freundlich 1923*)。另一方面,《柏林日报》(1922年9月22日,晚报)宣称在澳大利亚的观测成功了。

[13] 关于寄给Besso的明信片见文件401。Lucien Chavan。

[14] 爱因斯坦在他的离婚判决中同意向Mileva承诺在留下40 000马克后,将诺贝尔奖的奖金的实收款项给她。关于进一步的条件,见离婚判决,1919年2月14日(第九卷,文件6)。

[15] 用来表达"无论如何都走不够远"的瑞士德语。

[16] Ermina Besso(1852—1922)。表兄弟中的一位极有可能是Giacomo Orefice(1865—1922),一位意大利作曲家。

[17] Fritz Brönnimann。

[18] "Infaulentia"是对德语词"Influenza(流感)"和"Faulheit(懒惰)"的幽默合并。

## 453. 致(Ilse Einstein)[1]

(柏林,1923年3月24日前)[2]

1) Muraour[3]应该还书。请写信给他。

2) 税务[部门]要求关于1922年底资产情况的清单。

---

① 罗马共和国时期的政治家、国务活动家、演说家,公元前195年的执政官。罗马历史上第一个重要的拉丁语散文作家。——译者

② 卢坎(39—65),罗马诗人。——译者

3)部里称我凭借1914年的入职获得了普鲁士公民身份。[4]请问一下Moszkowski,[5]这是否是强制性的,因为我在战时并未被当作一个普鲁士人。此外,这还会带来其他什么后果。我的儿子们是否也因此成了普鲁士人。

4)为了住房损害赔偿,哪些步骤是必需的(Moszk)。

ADft.[29 179.18]。
[1]Ilse是爱因斯坦当时的秘书。
[2]他在文件454中表达了对公民身份的看法,根据这个事实标注的日期。
[3]可能是Henri-Charles-Antoine Muraour(1880—?),一位法国炸药化学家和在柏林的军事国际同盟控制委员会(Military Inter-Allied Control Commission)的化学部门负责人。
[4]见文件431。
[5]Alexander Moszkowski也是一位律师。

## 454. 致 Heinrich Lüders

柏林,1923年3月24日

非常尊敬的秘书先生!

关于您在今年2月15日的宝贵来信[1],请允许我冒昧地告诉您以下事情:当1913年开始考虑我们科学院对我的任命时,我的同事Haber使我注意到,我的任命会让我成为普鲁士公民。由于我对于自己的国籍情况丝毫不能改变这一点很看重,所以我最终接受这些任命与否,取决于这个条件是否得到满足,当时它也得到了满足。[2]我相信部里的档案中能证实此事。此外,我知道我的同事Haber和Nernst知道这件事。[3]

顺致崇高的敬意!

A. 爱因斯坦

TLS(GyBAW,II-III,Bd. 40,Bl. 107)。*Kirsten and Treder 1979a*,pp. 116-117.[79 362]。这封信的收信人地址是"An die Pr. Akademie der Wissenschaften z. Hd. des Herrn Geh.-Rat Prof. Lüders Berlin N. W. 7"。

[1]见文件431。
[2]见他在1938年7月20日写给Mileva Einstein-Marić的信;[75 949]。爱因斯坦在信中告诉Mileva,当他在1914年搬到柏林时,他"只是瑞士公民"("*ausschliesslich* schweizer Bürger")。此外,他声称到了1919年,普鲁士科学院才坚持要他在瑞士国籍外再接受德国国籍。然而,他在1920年4月5日写给德国犹太教公民中心协会(the Central Association of German Citizens of the Jewish Faith)的信中,明确否认

了他的德国国籍(第九卷,文件 368)。

[3]1912 年 4 月中旬,爱因斯坦第一次到访柏林,讨论他在那里可能的任命。他见到了 Fritz Haber 和 Walther Nernst[见他的"Scratch Notebook"(第三卷,附录 A),[p. 36]]。1914 年 1 月,Haber 和 Nernst 和其他人一起,在安排任命爱因斯坦成为柏林一个机构的首脑中起了作用[见爱因斯坦致 Elsa Löwenthal,1914 年 2 月(第五卷,文件 509),注释 5]。

## 455. 致 Sergei F. von Oldenburg

柏林,(19)23 年 3 月 24 日

非常尊敬的同事先生!

我怀着兴奋和感激之情接受当选为贵科学院的通讯院士的消息。[1]带着赞赏之情,我关注着科学研究在经受了严酷考验的贵国是如何靠着热爱得以保存并取得成功的。

顺致崇高的敬意!

A. 爱因斯坦

TLS (RuMoAN, Reg. no. 1377/29)。[70 698]。这封信的收信人地址是"An die Russische Akademie der Wissenschaften z. Hd. des Herrn Prof. S. v. Oldenburg Petersburg(致俄罗斯科学院,转交给圣彼得堡的 S. v. Oldenburg Petersburg 教授先生)"。

[1]见文件 423。

## 456. Paul Ehrenfest 的来信

(莱顿)1923 年 3 月 27 日

亲爱的爱因斯坦!

首先衷心欢迎你从外面的大千世界回到了家乡。[1]——我很遗憾地听说你夫人不舒服。请转达我的诚挚问候——祝她早日恢复!

我很高兴,你还得以见到了我的妻子[2],而当你一时冲动说要来莱顿时,我从心底感动。——因为我不敢向你提这事。——但我现在自然地高兴而果断地立即抓住机会:我恳请你选择:4 月 11 日前后或 5 月 20 日前后(=降灵节星期天)。——之后我要组织很多的考试,一部分在莱顿,一部分在代尔夫特(Delft),不可能有时间和你联系。——"前后"的意思就是给你一些选择自

由：——我请你：Ⓐ尽快告诉我你的选择，明确指出日期限制；Ⓑ然后还要——请原谅放肆的要求！——说到做到。——我最希望是 *Ilse* 回复我！！！——我刚刚听说：从 5 月 13 日大概到 6 月 15 日，Lorentz 会在英国。从 5 月 5 日到 5 月 27 日，De Sitter 也会在。[3] 在 4 月 11 日左右——也就是说，例如从 4 月 7 日开始，你会遇到所有人！

真心祝愿！

你的
P. Ehrenfest

请尽快回复。

ALS．[10 069]．这封明信片寄往"Prof. A. Einstein Berlin Haberlandstr. 5（柏林哈伯兰大街 5 号 A. 爱因斯坦教授）"，盖着"Leiden 27．[III.] 23．3-4N[amiddag]"的邮戳。在文件的左侧页边有活页孔。

[1] 爱因斯坦在 1923 年 3 月 21 日结束他的海外之行回到了柏林。
[2] Tatiana Ehrenfest-Afanassjewa。
[3] 皇家天文学协会（Royal Astronomical Society）在 5 月 11 日召开了会议，Willem de Sitter 是与会者之一（*The Observatory* 46 [1923]：176）。

# 457. Richard Stern 的来信[1]

柏林西 62 区，1923 年 3 月 28 日

十分崇敬的教授先生：

恳请您善意地原谅我冒昧占用一点点您宝贵的时间。

我是"德意志音乐保护协会"[2]的执行董事，估计您从您尊贵的夫人和您女儿那里已略有所闻。本协会目前正努力地为处境困难的 Carl Stampe 先生寻找缓解他的困难的办法。除了通过协会向他提供资助外，我还成功地在其他音乐爱好者圈层里为他赢得支持。可是所有的微小的资助都不能解决问题，因为他需要一笔经费购买新衣服及租下一套公寓。可惜这是不可能做到的，因为正如万分尊敬的教授先生您可能了解到的那样，大多数的音乐家所处的窘境与他类似，令人深感悲哀。我今天致信给您的主要目的是，衷心感谢您和您尊贵的夫人迄今为止向 Stampe 慷慨解囊、鼎力相助，同时，我也请求您把他在您家避难的时间延长一些时日。Stampe 在您家顶楼他的住所感觉十分幸福，他唯一担心的是迟早要搬出去。为了替 Stampe 找到一间简陋的房间，我已经向德国红十字会、向私人救助中心、向大学生宿舍等类似机构求助过，但是得到的回复都是拒

绝。因此，他能在您家里得到一所住处我十分感激，并希望允许他待在您家里的时间再久一些。

致以无限的景仰！

> 您忠实的臣仆
> 德意志音乐保护协会
> Richard Stern 博士

TLS. [45 041]. 本函抬头为："德意志音乐保护协会（Hilfsbund für deutsche Musikpflege）"，收件人姓名地址为："阿耳伯特·爱因斯坦教授先生，柏林西 30 区哈伯兰大街 5 号"。信件左侧页边有活页孔。

[1] 可能是 Richard Stern（1863—1938），一位音乐出版商。

[2] 德意志音乐保护协会，德语原称为"Hilfsbund für deutsche Musikpflege M. V"，由匈牙利小提琴家和音乐教师 Carl Flesch（1873—1944）于 1920 年创立。

## 458. Hermann Anschütz-Kaempfe 的来信

基尔海肯多尔夫路（Heikendorferweg）23 号，1923 年 3 月 31 日

亲爱的令人尊敬的爱因斯坦教授先生！

我不知道，您是否在柏林已收到这封信。但从您自日本和西班牙发来的两条消息[1]，我觉得应该差不多到了。

我们，也就是我夫人和我，14 天前就在这里了，还要待上大概 4 周，然后一堆急事又要把我们召回劳特拉赫（Lautrach）。最好我们在这里的时候您能来，这里也有很多有趣的工作去做。在此期间，新罗盘的第一个模型，在整个冬天经历彻底的考验，表现卓越；我们正准备把稍微改良过的第二个模型球放到试验台上。

在我寄到东京大学给您的信中介绍了您的公寓；除了一些细节以外，一切都完成了，在等待你们的入住；[2] 它甚至有两个入口；一个给主人用；而另一个，就像 Kossel[3] 说的那样，是给送货人和实验物理学家用的。

我们现在在考虑一个无轴的双向马达；也就是说，用一个继电器线轴和电枢，其转子通过电感排斥而置中；我认为这肯定有效，而灵敏度肯定会变得很高。

如果您又要这么快离开的话，柏林，更确切地说，您在那里的朋友们会不会非常生气？但您还是早点来更好，这样我们就能亲自接待您了。我们要在五六月外出，而您 8 月在劳特拉赫的房子，已经为您和您的男孩子们预备好了。

我俩和公司全体成员向您和您夫人致以诚挚的问候!

您的
Anschütz-Kaempfe

ALS. *Lohmeier and Schell 2005*,pp. 178 – 179.[37 383]。

[1]从马德里寄出的明信片是文件 421。

[2]这间公寓与 Anschütz 在基尔住的房间位于同一栋建筑内,Anschütz 从那间房间里寄出了这封信(*Lohmeier and Schell 2005*,p. 62)。

[3]Walther Kossel。

# 正文字顺目录

在这个正文字顺目录中，日期后面的数字是文件号。未刊文献摘要一览表中的摘要文件用摘要编号标示，后面加上字母"C"。爱因斯坦所写的文件或者他秘书以他的名义所写的文件均用字母"E"标示。

阿劳州立中学 1897 届毕业班
 1922 年 6 月 11 日 229

宝生会（Hoso Kai Theater）的演员们
 约 1922 年 11 月 26 日 457C E

秋田忠义
 1922 年 8 月 8 日 366 C
 1922 年 9 月 15 日 354
 约 1922 年 9 月 15 日 356 E
 约 1922 年 9 月 16 日 409 C

Alexander, Jerome
 1922 年 11 月 20 日 451 C

通用运输公司
 1923 年 3 月 23 日 554 C
 1923 年 3 月 28 日 558 C E

Amsler & Ruthardt
 1922 年 4 月 25 日 171 C
 1922 年 5 月 5 日 194 C E
 1922 年 5 月 26 日 242 C
 1922 年 11 月 2 日 441 C
 1922 年 11 月 27 日 458 C E
 1922 年 11 月 28 日 460 C

Anschütz-Kaempfe, Hermann
 1922 年 1 月 9 日 1 E
 1922 年 2 月 3 日 44
 1922 年 3 月 18 日 94
 1922 年 3 月 27 日 116 E
 1922 年 4 月 2 日 127
 1922 年 4 月 23 日 168 C E
 1922 年 6 月 9 日 225
 1922 年 6 月 18 日 239 E
 1922 年 6 月 25 日 250
 1922 年 7 月 1 日 257 E
 1922 年 7 月 2 日 260
 1922 年 7 月 12 日 276 E
 1922 年 7 月 15 日 290
 1922 年 7 月 16 日 292 E
 1922 年 7 月 19 日 298
 1922 年 7 月 25 日 306 E
 1922 年 8 月 20 日 328
 1923 年 3 月 10 日 441 E
 1923 年 3 月 31 日 458

荒木丰岛（Araki, Toshima）
 1922 年 12 月 10 日 467 C

Arrhenius, Svante
 约 1922 年 9 月 17 日 359

1922年9月20日　365 E
1923年1月10日　420 E
1923年3月17日　445
1923年3月23日　449 E

西班牙工程师和建筑师校友会
1923年3月5日　534C①

巴勒斯坦工程师和建筑师协会
1923年2月4日　505 C

Attolico, Bernardo
1922年7月12日　282

Aurivillius, Christopher
1922年11月10日　384
1922年11月10日　385
1922年11月14日　446 C E

外交部
1922年3月9日　106 C
1922年4月21日　164 C
1922年4月21日　165 C
1922年5月3日　188 C E
1922年7月24日　349 C
1922年7月24日　350 C E

Baerwald, Emil
1922年11月23日　454 C E

Bannerjea, Debendra Nath
1922年6月16日　290 C
1922年6月16日之后　292 C E
1922年7月5日　315 C
1922年7月12日　277 E

Cohn, Hans T.
1920年2月12日　309

Barbusse, Henri
1922年5月8日　183
1922年7月11日　274 E

Barclay, Thomas
1922年3月3日　64
1922年3月14日　84 E
1922年3月21日　119 C
1922年3月22日　97
1922年3月25日　110 E

Beck, Carl
1922年9月22日　367 E

Becker, Richard
1922年2月27日　94 C

Benavent, Guillermo de
1922年11月27日　459 C E

《柏林日报》
1922年7月8日前　第七卷, 60a C E

Berliner, Arnold
1922年3月17日　114 C
约1922年3月17日　91 E
1922年6月13日　281 C E
1922年7月27日　356 C

Berliner, Emile
1922年1月26日　36 E

---

① 原书有误，应是532C。——译者

1922年2月25日　92 C
1922年4月2日　128
1922年5月3日　189 C E

Berthoud, Alfred L.
1922年9月14日　352 E

Besso, Michele
1922年3月12日　80
1922年3月20日　95 E
1922年8月8日　322
1922年9月24日　369
1922年9月26日　373 E
1922年10月3日　425 C E
1922年10月4日　377 E
1923年3月23日　452

Besso, Michele 和 Anna Besso-Winteler
1922年12月19日　401 E

斯潘道区政府(Bezirksamt Spandau)
1922年9月12日　400 C

Biram, Arthur
1923年3月1日　434

Block, Paul
1922年4月4日　130
1922年4月20日　153 E
1922年4月24日　166

"新祖国"同盟
1922年1月22日　38 C

Bohr, Niels
1922年11月11日　386
1923年1月10日　421 E

Bokowski, Adalbert
1922年1月5日　10 C E

Bon, Gustav le
1922年4月9日　136
1922年7月7日　269
1922年8月16日　372 C

Bonnevie, Carl
1922年6月15日　286 C

Borchardt, Bruno
1922年3月18日　116 C

Borel, Emile
1922年4月28日　169 E
1922年5月13日　189
1922年6月14日　235
1922年6月29日　254

Born, Hedwig
1922年1月7日　7

Born, Max
1922年1月6日　6 E
1922年4月30日　175
1922年5月14日或之后　190
1922年6月16日　236
1922年6月16日或之后　237 E
1922年8月6日　320

Einstein, Sigmund
1922年7月4日　265

Born, Max 和 Hedwig
1922年12月23日　404 E

Born, Max 和 James Franck
1922年1月1日　4

1922年1月18日　25 E

Borsig, A. Co
　1922年2月　63 C E

Bose, Devendra M.
　1923年1月28日　501 C E
　1923年3月7日　537 C

Bourgeois, Ferdinand Le
　1922年7月11日　327 C

Bradt, Gustav
　1923年2月8日　512 C

Brailsford, Henry N.
　1922年8月10日　323
　1922年9月4日　343
　1922年9月11日　348 E
　1922年9月15日　408 C
　1922年10月5日　426 C
　1922年10月30日　438 C

Breit, Gregory
　1922年1月31日　42

Brinkmann, Carl
　1923年3月9日　440
　1923年3月23日　450 E

Bucharoff, Simon
　1922年1月8日　13 C
　1922年1月13日　20 C E

Butler, Nicholas M.
　1923年2月26日　432

Büttner, Erich
　1922年1月28日　53 C

蔡元培
　1922年12月8日　392
　1922年12月22日　403 E

Caldonazzo, Bruto
　1922年9月25日　420 C
　1922年11月23日　456 C
　1922年12月13日　472 C E

Chavan, Lucien
　1922年4月10日　139 E

中国公使馆
　1922年5月18日　224 C

Cohen, Daniel H.
　1922年2月15日　82 C E

Cohen, Donald H.
　1922年1月29日　55 C

Cohen, Morris R.
　1922年6月23日　305 C

Colin, Paul
　1922年4月22日　159

Comert, Pierre
　1922年7月12—19日　281 E
　1922年10月1日　376 E
　1922年10月1日　423 C E
　1923年3月21日　447 E

智力合作委员会
　1922年10月7日　430 C
　1922年11月14日　448 C E
　1923年1月12日　494 C
　1923年3月22日　552 C

Contu, Rafaele
 1922年3月22日 122 C E
 1922年3月26日 126 C
 1922年4月27日 177 C E
 1922年5月11日 206 C
 1922年6月13日 283 C
 1922年6月14日 283 C E
 1922年6月19日 295 C
 1922年7月11日 324 C E
 1922年7月20日 341 C
 1922年7月28日 357 C E
 1922年8月27日 377 C
 1922年9月6日 393 C E
 1923年1月8日 416
 1923年1月29日 502 C E
 1923年2月8日 513 C

Cosentini, Franceso
 1922年1月10日 16 C E

Courant, Richard
 1922年1月15日 19

Croiset, Maurice
 1922年3月15日 88
 1922年3月18日 92 E

Crucy, François
 1922年1月12日 18 C

Curie-Sktodowska, Marie
 1922年5月30日 207 E
 1922年5月27日 205
 1922年7月4日 262 E
 1922年7月7日 268
 1922年7月11日 275 E

David, Mauricio
 1923年3月2日 437

Debye, Peter
 1922年3月31日 124
 1922年4月14日 143
 1922年4月18日 150 E
 1922年4月20日 155

Delbrück, Hans
 1922年4月28日 170 E
 1922年6月7日 221

Deller, Edwin
 1922年2月14日 81 C

Demay, C.
 1922年3月6日 101 C

Dessau, Bernardo
 1922年3月9日 72 E

国际联盟德国协会
 1922年9月 387 C

Dienes, Paul
 1922年8月28日 332
 约1922年8月31日 338 E

土井不昙(Doi, Uzumi)
 1922年5月27日 206
 1922年6月28日 308 C

德累斯顿银行
 1922年5月8日 201 C

Drummond, Eric
 1922年5月17日 192
 1922年5月30日 208 E
 1922年7月4日 263 E
 1922年7月29日 314 E

Dunn, Gano
 1923 年 3 月 1 日　435

Eddington, Arthur S.
 1923 年 2 月 14 日　430 E

Ehrat, Jakob
 1911 年 11 月 16—19 日　第五卷,326a
 C E

Ehrenfest, Paul
 1916 年 1 月 1 日　第八卷,177a
 1922 年 1 月 8 日　8
 1922 年 1 月 11 日　13 E
 1922 年 1 月 17 日　24
 1922 年 1 月 19 日　30
 1922 年 1 月 19—22 日　31 E
 1922 年 1 月 26 日　39
 1922 年 1 月 26 日　37 E
 1922 年 2 月 4 日　45
 1922 年 2 月 12 日　47 E
 1922 年 2 月 16 日　54
 1922 年 2 月 20 日　57 E
 1922 年 3 月 11 日　77
 1922 年 3 月 11—13 日　79 E
 1922 年 3 月 13 日　82
 1922 年 3 月 15 日　87 E
 1922 年 3 月 23 日　107 E
 1922 年 3 月 26 日　114
 1922 年 4 月 17 日　149
 1922 年 4 月 21 日　157 E
 1922 年 4 月 22 日　160
 1922 年 4 月 24 日　163 E
 1922 年 5 月 16 日　191
 1922 年 5 月 18 日　193 E
 1922 年 5 月 23 日　200 E
 1922 年 6 月 17 日　238
 1922 年 6 月 30 日　316
 约 1922 年 8 月 21 日　329 E
 1922 年 8 月 29 日　333
 1923 年 3 月 27 日　456

Ehrenfest, Paul, to Bohr, Niels
 1922 年 5 月 8 日　184

Ehrenfest-Afanassjewa, Tatiana
 1922 年 5 月 30 日　247 C E
 1922 年 5 月 30 日　247 C E

Ehrenhaft, Felix
 1922 年 5 月 30 日　247 C E

Einstein, Edith
 1922 年 5 月 5 日　68

Einstein, Eduard
 1922 年 2 月 12 日—3 月 4 日　50
 1922 年 6 月 18 日　242
 约 1922 年 6 月 24 日　247

Einstein, Elsa
 1915 年 8 月 31 日　第八卷,113a
 1915 年 9 月 1 日　第八卷,113b
 1915 年 9 月 4 日　第八卷,113c
 1915 年 9 月 5 日　第八卷,113d
 1915 年 9 月 7 日　第八卷,113f
 1915 年 9 月 7 日　第八卷,113g
 1915 年 9 月 12 日　第八卷,116a
 1922 年 3 月 29 日　122 E
 1922 年 3 月 31 日　123 E
 1922 年 4 月 8 日　134 E
 1922 年 4 月 29 日　174 E
 1922 年 5 月 4 日　178 E
 1922 年 5 月 10 日　186 E

Einstein, Hans Albert
 1922 年 2 月 12 日—3 月 4 日　49
 1922 年 4 月 12 日　142

1922年5月5日　179 E
1922年6月21日　243
约1922年6月24日　246

Einstein, Hans Albert 和 Eduard
1922年2月12日　48 E
1922年3月4日　67 E
1922年10月7日　381 E
1922年12月17日　400 E

Einstein, Ilse
1922年4月11日　141 E
1923年3月24日之前　453 E

Einstein, Pauline
1915年9月7日　第八卷, 113e

Einstein, Sigmund
1922年7月25日　307 E
1922年8月2日　362 C

Einstein-Marić, Mileva
1920年7月23日之前　第十卷, 80a
约1922年3月21日　100
1922年6月24日之后　248

Eisenmann, Richard
1922年7月18日　297
1922年7月27日　311 E

Eisfelder
1922年1月　1 C

Eliaschoff, Esther
1923年2月7日　509 C

阿根廷大使馆
1922年11月11日　469 C

Engelhardt, Viktor
1922年2月26日　93 C
1922年3月27日　117 E

Enriques, Federigo
1923年2月8日　428
1923年2月27日　529 C E

Epstein, Paul
1922年6月26日　251

Falcó y Trivulzio, Juan
1923年3月6日　534 C

Marques de Castel-Rodrigo
1923年3月6日　534 C

Felisch, Paul
1923年3月9日　540 C
1923年3月19日　549 C
1923年3月23日　553 C E

Ferrière, Adolphe 和 Henri Reverdin
1922年7月12日　331 C

财政部
1922年4月28日　180 C E
1922年5月12日　209 C
1922年5月12日之后　214 C E

Follin, Henri L.
1922年3月28日—4月10日　131 C

Franck, James
1923年3月29日　559 C

François, Germaine
1922年3月27日　129 C
1922年3月27日之后　130 C

法国人权联盟
 1922 年 3 月 10 日 74 E

Freundlich, Erwin
 1922 年 3 月 24 日 109
 1922 年 3 月 27 日 127 C E
 1922 年 5 月 22 日 233 C
 1922 年 5 月 26 日 203 E
 1922 年 6 月 22 日 304 C

Friedmann, Alexander
 1922 年 12 月 6 日 390

Fronmann, Shmuel 和 D. Zweig
 1923 年 2 月 16 日 522 C

Fürth, Reinhold
 1922 年 8 月 30 日 380 C E

戈捷-维拉尔出版社
 1922 年 5 月 20 日 226 C E
 1922 年 5 月 24 日 237 C

Gerlach, Helmut von
 1922 年 6 月 6 日 218 E

Gerlach, Walther
 1921 年 7 月 27 日 第十二卷, 193a C

德国驻上海总领事
 1922 年 11 月 22 日 453 C

德国知识分子工会 (Gewerkschaft Deutscher Geistesarbeiter)
 1922 年 1 月 13 日 23 C

Ginzberg, Salomon 和 Rosa
 1922 年 2 月 7 日 69 C

Glum, Friedrich
 1922 年 4 月 22 日 166 C
 1922 年 4 月 28 日 181 C E
 1922 年 5 月 8 日 202 C
 1922 年 5 月 20 日 227 C E
 1922 年 5 月 15 日 219 C
 1922 年 12 月 16 日 476 C E
 1923 年 3 月 10 日 542 C

Goldschmidt, Heinrich J.
 1922 年 4 月 17 日 148 E
 1922 年 4 月 25 日 172 C

Goldschmidt, Robert
 1922 年 3 月 3 日 100 C E
 1922 年 3 月 3 日 99 C

Goldschmidt, Rudolf
 1922 年 1 月 14 日 25 C

Gorini, Constantino
 1922 年 6 月 1 日 258 C

Gradenwitz, Otto
 1922 年 7 月 1 日 259
 1922 年 7 月 13 日 284 E

Grin, J.
 1922 年 4 月 12 日 151 C

Grossmann, Marcel
 1922 年 10 月 7 日 382 E

Grotrian, Walter
 1922 年 5 月 12 日 210 C
 1922 年 5 月 26 日 243 C
 1922 年 12 月 14 日 474 C

社会主义知识分子团体
 1922年3月30日 136 C

Guye, Charles-Eugène
 1922年4月5日 151 C
 1922年4月18日 151 E

Haas, Hendrik K. de
 1922年7月11日 326 C
 1922年7月27日 312 E

Haber, Fritz
 1922年5月31日 253 C
 1922年7月6日 318 C
 1922年9月3日 342

Hadamard, Jacques
 1922年4月16日 147
 1922年4月28日 171 E

Haldane, Richard B.
 1922年1月9日 11
 1922年3月9日 73
 1922年7月3日 261 E
 1922年7月14日 287
 1922年8月30日 334 E
 1922年8月30日之后 336
 1922年9月11日 349 E
 1922年10月23日 383
 1922年11月12日 443 C E

Hallgarten, Wolfgang
 1922年1月26日 49 C E
 1922年2月16日 55

Halpern, Lipmann
 1922年3月10日 75
 1922年5月21日 230 C

Harnack, Adolf von
 1922年1月14日 26 C
 1922年1月16日 30 C E
 1922年3月13日 108 C
 1922年3月25日 124 C
 1922年3月28日 132 C
 1922年4月19日 161 C E
 1922年4月28日 182 C
 1922年5月3日 190 C
 1922年5月22日 231 C E
 1922年6月6日 268 C
 1922年6月12日 277 C E
 1922年6月15日 287 C
 1922年6月17日 294 C
 1922年7月28日 358 C E
 1922年10月17日 433 C
 1922年10月30日 439 C
 1922年11月13日 445 C
 1922年12月7日 466 C
 1922年12月13日 473 C
 1922年12月22日 479 C

Hatfield, Henry S.
 1922年6月7日 222
 1922年7月4日 264 C

Hausmann-Frank, Margarete
 1922年5月22日 232 C

Hausmeister, Paul
 1922年1月24日 43 C
 1922年1月26日 38 E

Hedin, Sven G.
 1922年5月26日之前 239 C
 1922年5月26日 240 C E

海德堡学生
 1922年1月26日之前 47 C

Heilbron, Friedrich
    1922年5月5日    197 C
    1922年6月1日    211 E
    1922年6月1日    255 C E

Heimann, Oskar
    1922年5月20日    197 E

Hermes Bank
    1922年9月13日    404 C
    1922年9月14日    405 C E

Herrera, Emilio
    1923年3月11日    543 C E

Hilbert, David
    1922年1月18日    26 E
    1922年5月9日    185
    1922年8月15日    327

Hirschfeld, Max
    1922年3月14日    110 C
    1922年3月17日    89 E

Hoffmann, Julius
    1922年5月4日    192 C
    1922年6月1日    256 C E

Holitscher, Arthur
    1922年8月1日    361 C

Hopf, Ludwig
    1922年4月17日    159 C E

Hopf, Ludwig 和 Theodor von Kármán
    1922年4月3日    129

Hozumi, Nobushige
    1922年11月20日    452 C

洪堡电影公司
    1922年6月1日    212 E

石原纯(Ishiwara, Jun)
    1922年1月26日    40
    1922年2月9日    74 C
    1922年3月27日    118 E
    1922年6月19日    296 C
    1922年12月23—29日    405 E
    1922年12月24/25日    480 C
    1923年1月12日    422
    1923年2月26日后或3月21日后
    433 E

伦巴第研究院
    1922年6月5日    267 C
    1922年6月13日    282 C E

Jacob, Leib
    1923年1月1日    487 C E

Jaffé, George
    1922年6月10日    227
    1922年7月8日    270
    1922年7月15日    289 E
    1922年7月17日    295
    1922年7月22日    302 E
    1922年7月26日    310

Jahn-Rusconi Besso, Beatrice
    1922年3月31日    125

Jeffery, George B.
    1922年1月15日    29 C
    1922年2月8日    71 C
    1922年2月8日    70 C
    1922年10月6日    428 C

## 正文字顺目录

朱家骅
    1922 年 3 月 21 日　　101
    1922 年 3 月 25 日　　111 E

Jolowicz, Leo
    1922 年 3 月 20 日　　98
    1922 年 3 月 25 日　　112 E

犹太人联络办公室（Jüdisches Correspondenz-Büro）
    1922 年 4 月 24 日　　169 C
    1922 年 4 月 25 日　　170 C E

改造社（Kaizo）
    1922 年 4 月 16 日　　158 C E
    1922 年 4 月 16 日　　157 C

Kallmann, Hartmut 和 Paul Knipping
    1922 年 6 月 3 日　　264 C
    1922 年 6 月 20 日　　298 C E
    1922 年 9 月 15 日　　406 C E
    1922 年 10 月 2 日　　424 C

Kalmanowitsch, G. 和 Esther Eliaschoff
    1922 年 9 月 24 日　　417 C

Kareski, Georg
    1922 年 5 月 28 日　　245 C E
    1922 年 6 月 3 日　　265 C

Kármán, Theodor von
    1922 年 2 月 22 日　　61

Karr-Krüsi, Luise
    1919 年 5 月 6 日　　第九卷, 35a E

Karr-Krüsi, Albert
    1919 年 10 月 17 日　　第九卷, 140a
    1922 年 9 月 6 日　　345

    1922 年 3 月 20 日　　446 E

Karsten, Paul
    1923 年 3 月 31 日　　561 C

Kirschstein, Sally (?)
    1922 年 1 月 10 日之前　　15 C E

Knab, Albert
    1922 年 6 月 20 日　　300 C
    1922 年 6 月 22 日　　303 C E

Kocherthaler, Kuno
    1922 年 5 月 16 日　　221 C

Koehler, Wolfgang
    1922 年 4 月 26 日　　174 C

Koessler, Ludwig
    1923 年 2 月 7 日　　510 C

Kohn, Hedwig
    1922 年 5 月 20 日　　228 C
    1922 年 7 月 20 日　　342 C
    1922 年 7 月 22 日　　345 C E
    1922 年 12 月 12 日　　401 C

Kolhörster, Werner
    1922 年 6 月 1 日　　259 C
    1922 年 6 月 20 日　　299 C E

Königsberger, Johann
    1922 年 1 月 23 日　　39 C E
    1922 年 2 月 8 日　　72 C
    1922 年 6 月 3 日　　263 C E
    1922 年 7 月 29 日　　360 C
    1922 年 8 月 30 日　　381 C E
    1922 年 10 月 31 日　　440 C

Koppel, Leopold
　　1922年6月2日　214

Kornprobst, Sebastian
　　1922年4月23日　162
　　1922年4月24日　164 E

Kowalewski, Gerhard
　　1922年7月14日　288
　　1922年7月25日　308 E
　　1922年8月31日　384 C E

Kraïtchik, Maurice
　　1922年3月30日　137 C
　　1922年4月18日　160 C E
　　1922年5月2日　186 C
　　1922年5月19日　225 C E

Kreutzer, Max(?)
　　1922年6月23日　244

Krüger, Leo
　　1922年3月15日　111 C
　　1922年5月12日　208 C E

文化电影(Kultur-Film)
　　1922年6月3日　266 C

桑木彧雄(Kuwaki, Ayao)
　　1922年3月7日　103 C
　　1922年12月29日　410 E

威廉皇帝学会
　　1922年5月10日　205 C E
　　1922年5月13日　215 C E
　　1922年6月6日　269 C
　　1922年7月22日　344 C E

威廉皇帝物理研究所理事会
　　1922年5月14日　217 C E

威廉皇帝物理研究所监事会
　　1922年1月28日　52 C E
　　1922年6月12日　276 C E

Lakowitz, Conrad W.
　　1922年1月24日　44 C
　　1922年1月28日　54 C
　　1922年2月1日　65 C E

Lana-Sarrate, Casimiro
　　1922年5月4日　193 C

Langevin, Paul
　　1914年1月19日　第五卷, 505a E
　　1922年2月18日　56
　　1922年2月27日　63 E
　　1922年3月6日　69 E
　　1922年3月8日　70
　　1922年3月8—13日　71 E
　　1922年3月20日　99
　　1922年3月22日　105
　　1922年3月23日　108 E
　　1922年4月1日　126 E
　　1922年4月25日　167
　　1922年4月10日　140
　　1922年5月12日　188 E

Langwerth von Simmern, Ernst
　　1923年3月3日　530 C

Laue, Max von
　　1922年5月26日　241 C E
　　1922年5月27日　244 C E
　　1922年5月29日　246 C
　　1922年6月12日　278 C E
　　1922年7月3日　313 C

1922年7月8日　271
1922年7月12日　278 E
1922年9月18日　363

Le Bon, Gustave
1922年5月19日　195 E
1922年6月7日　223
1922年6月18日　240 E
1922年6月27日　252
1922年6月30日　255 E
1922年7月13日　285 E
1922年7月19日　299

Léon, Xavier
1922年3月18日　117 C

Levi-Civita, Tullio
约1922年9月15日　357 E

Liebermann, Max
1922年10月7日　429 C E

Loeb, Jacques
1922年8月14日　325 E
1922年9月4日　344
1922年9月22日　368 E

Loewe, Heinrich
1922年9月24日　418 C

Ludendorff, Hans
1922年2月14日　80 C E

Lüders, Heinrich
1922年1月17日　33 C
1922年2月15日　431
1922年3月24日　454 E

Ludwig, Emil
1922年3月16日　112 C

门德尔松银行
1922年3月1日　98 C E
1922年3月18日　115 C E
1922年3月20日　118 C
1922年5月13日　216 C E
1922年5月17日　223 C
1922年6月16日　289 C E
1922年6月19日　297 C
1922年8月3日　363 C
1922年8月14日　370 C
1922年8月18日　373 C
1922年8月24日　374 C
1922年8月26日　375 C
1922年9月12日　403 C
1922年12月27日　482 C
1923年2月21日　525 C
1923年2月8日　511 C E

Madsen, Thorvald
1922年9月12日　402 C
1922年9月14日　353 E

Maier-Friedländer, Gustav 和 Regina
1922年3月18日　93 E

Marx, Erich
1922年3月3日　65
1922年3月3日之后　66 E

Martienssen, Oscar
1922年3月25日　125 C
1922年3月27日　128 C E
1922年3月28日　1233 C
1922年3月29日　135 C

Marx, Erich
 1922 年 1 月 2 日 3 C
 1922 年 1 月 4 日 7 C E
 1922 年 7 月 26 日 354 C

Marx-Weinbaum, Erich
 1922 年 7 月 13 日 334 C
 1922 年 7 月 22 日 303 E

Maschke, Georg
 1922 年 4 月 9 日 137
 1922 年 4 月 15 日 145 E

松原一雄（Matsubara, Kazuo）①
 1922 年 7 月 5 日 316 C
 1922 年 7 月 7 日 319 C
 1922 年 7 月 13 日 333 C

Mayer-Kaufbeuren, Wilhelm
 1922 年 3 月 28 日 121

特拉维夫市市长
 1923 年 2 月 8 日 514 C

Ménard-Dorian, Aline
 1922 年 4 月 27 日 176 C E
 1922 年 5 月 5 日 196 C
 1922 年 7 月 8 日 322 C

梅休因出版社
 1922 年 1 月 6 日 12 C
 1922 年 1 月 14 日 495 C E
 1922 年 1 月 23 日 41 C
 1922 年 1 月 1 日 64 C
 1922 年 2 月 22 日 88 C
 1922 年 3 月 21 日 120 C
 1922 年 3 月 28 日 134 C

 1922 年 4 月 3 日 140 C
 1922 年 4 月 7 日 146 C
 1922 年 4 月 10 日 148 C E
 1922 年 4 月 12 日 152 C
 1922 年 4 月 15 日 153 C E
 1922 年 4 月 25 日 173 C
 1922 年 5 月 184 C
 1922 年 5 月 16 日 222 C
 1922 年 6 月 10 日 274 C
 1922 年 7 月 26 日 355 C
 1922 年 10 月 20 日 436 C
 1922 年 11 月 23 日 455 C E
 1922 年 12 月 30 日 463 C
 1922 年 12 月 29 日 483 C E
 1923 年 1 月 6 日 490 C
 1923 年 1 月 9 日 491 C
 1923 年 1 月 11 日 493 C
 1923 年 1 月 17 日 496 C
 1923 年 1 月 18 日 497 C
 1923 年 1 月 25 日 500 C
 1923 年 2 月 19 日 523 C

Meyer, Edgar, Else 和 Edgar Michel
 1923 年 1 月 20 日 424 E

Meyerheim, Hugo
 1922 年 4 月 27 日 179 C

Meysery, Potterat de
 1922 年 4 月 15 日 155 C

Milick, Maurice
 1923 年 2 月 14 日 520 C

Millikan, Robert A.
 1922 年 5 月 22 日 199

---

① 原书误为 Kazuro，据相关文献改正。——译者

## 正文字顺目录

1922 年 5 月 12 日　　234 C
1922 年 5 月 25 日　　202 C
1922 年 5 月 25 日　　201 E

Millikan, Robert, Paul Epstein 和 Richard C. Tolman
　　1922 年 3 月 20 日　　96 E

文化部（Minister of Culture）
　　1922 年 2 月 27 日　　95 C

三宅速（Miyake, Hayari）
　　1922 年 12 月 26 日　　481 C E
　　1923 年 3 月 21 日　　550 C E

Mouschly 先生和夫人
　　1923 年 2 月 14/15 日　　521 C E①

Müller, Luise
　　1922 年 3 月 10 日　　107 C

室伏高信（Murofuse, Koshin）
　　约 1922 年 1 月 26 日　　35 C

Murray, Gilbert
　　1922 年 7 月 10 日　　273
　　1922 年 7 月 13 日　　286 E
　　1922 年 7 月 17 日　　296
　　1922 年 7 月 25 日　　309 E

科学、艺术与大众教育部
　　1922 年 3 月 14 日　　109 C E
　　1922 年 3 月 17 日　　113 C E

长冈半太郎（Nagaoka, Hantaro）
　　1922 年 3 月 26 日　　115
　　1922 年 5 月 20 日　　198 E

1922 年 8 月 2 日　　319

长冈半太郎等人
　　1922 年 12 月 1 日　　389
　　　　　　　　　　　　764

Nansen, Fridtjof
　　1922 年 6 月 16 日　　291 C
　　1922 年 6 月 26 日　　306 C E

Nastelski
　　1923 年 2 月 8 日　　515 C

Nelson, Leonard
　　1922 年 5 月 9 日　　204 C

Nernst, Walther
　　1922 年 7 月 1 日　　258 E
　　1922 年 7 月 1 日　　311 C E
　　1922 年 7 月 4 日　　314 C

日本无产者同盟
　　1923 年 1 月 22 日　　426 E
　　1922 年 12 月 12 日　　471 C

日本邮船株式会社
　　1922 年 8 月 30 日　　383 C
　　1923 年 2 月 26 日　　528 C

日本邮船株式会社致 Elsa Einstein
　　1922 年 6 月 8 日　　271 C
　　1922 年 6 月 21 日　　302 C

新渡户稻造（Nitobe, Inazo）
　　1922 年 6 月 1 日　　260 C

---

① 原文此处无编号。——译者

1922年8月3日　364 C
1922年10月5日　427 C

诺贝尔奖物理委员会
　　1922年9月1日　388 C

诺贝尔奖基金会
　　1923年3月10日　541 C E
　　1923年3月21日　551 C
　　1923年3月29日　560 C

Nordmann, Charles
　　1922年3月28日之前　120 E

Nussbaum, Arthur
　　1922年3月26日　113 E

Oldenburg, Sergei F. von
　　1923年1月18日　423
　　1923年1月18日　498 C
　　1923年3月24日　455 E

Oliver, Francisco J. 和 Mauricio Nirenstein
　　1922年10月13日　432 C

Oppenheim, Paul
　　1922年4月9日　138
　　1922年4月15日　146 E

Orthmann, Wilhelm
　　1922年9月18日　410 C
　　1922年9月20日　413 C E

Ostwald, Wolfgang
　　1922年7月13日　335 C
　　1922年7月15日　336 C E
　　1922年7月21日　343 C
　　1922年7月22日　304 E
　　1922年7月23日　346 C

Painlevé, Paul
　　1922年1月1日　2 C
　　1922年4月30日　176
　　1922年5月1日　185 C
　　1922年5月8日　182 E
　　1922年8月30日　335 E

普鲁士科学院
　　1922年2月　62 C E
　　1922年2月2日　66 C E
　　1922年2月2日　67 C E
　　1922年2月16日　85 C E
　　1922年6月12日　279 C E
　　1922年7月12日　330 C E
　　1922年7月17日　338 C
　　1923年3月26日　555 C E
　　1923年3月28日　557 C

Pfister, Maximilian
　　1922年7月1日　312 C
　　1922年8月28日　331 E

Planck, Max
　　1922年4月5日　142 C
　　1922年5月26日　204
　　1922年7月6日　266 E
　　1922年7月8日　272
　　1922年7月12日　279 E

Polányi, Michael
　　1922年1月15日　20
　　1922年3月14日　86

Posse, Hans
　　1922年1月30日　61 C

Prausnitz, Paul
　　1923年2月1日　503 C
　　1923年2月4日　504 C E

Pringsheim, Peter
 1922年7月19日 300

乌得勒支省学会(Provinciaal Utrechtsch Genootschap)
 1922年7月23日 347 C

普鲁士科学院
 1922年3月13日 81 E
 1922年7月17日 280 E

Pupin, Michael I.
 1923年3月4日 439

Quidde, Ludwig
 1923年2月5日 507 C

Quint, Heinz
 1922年4月15日 156 C

Rolland, Madeleine
  1922年2月2日 68 C

Rathenau, Mathilde
 1922年6月24日之后 245 E
 1922年6月24日之后 249

Rebholz, Ludwig G. 和 Abram Stolkind
 1922年1月13日 22 C

雷克拉姆出版社(Reclam)
 1922年5月3日 191 C

Regener, Erich
 1922年4月20日 162 C

Reichenbach, Hans
 1922年3月27日 119 E
 1922年9月20日 366 E

Reinstein, Adolf
 1922年5月2日 187 C
 1922年5月16日 220 C E

Reinstein, Louis
 1922年1月10日 17 C E

文艺复兴出版社
 1922年8月31日 385 C
 1922年9月4日 391 C E
 1922年9月8日 399 C
 1922年9月12日 399 C E

《工程学生中心杂志》(Revista del Centro Estudiantes de Ingenieria)
 1922年5月31日 251 C E

Rienzi, Raymond de
 1922年7月6日 267
 1922年9月15日 355

Rignano, Eugenio
 1922年9月25日 421 C

Robertson, Clarence H.
 1922年7月5日 317 C

Rolland, Madeleine
 1922年2月15日 51 E

Rolland, Romain
 1922年4月6日 144 C
 1922年4月19日 152 E
 1922年4月21日 158
 1922年9月30日 375 E

Rosenbaum, Bernard
 1922年1月23日 42 C
 1922年2月12日 78 C

Rosenberg, Hans von
 1922年12月4日 465 C
 1922年12月16日 477 C E

Rosenblüth, Felix
 1922年4月30日 183 C
 1922年5月19日 196 E

鹿特丹物理学会（Rotterdamsch Natuurkundig Genootschap）
 1922年7月11日 328 C

Roy, D.
 1922年3月31日 138 C

Sauter, Josef
 1923年1月1日 488 C

Schatz, Boris
 1923年2月21日 526 C

Schlick, Moritz
 1922年4月28日 172 E
 1922年8月13日 324

Schmidt, Franz & Haensch
 1922年6月17日 293 C E
 1922年7月28日 359 C
 1922年8月30日 382 C E

Schmidt, Willy
 1922年1月17日 34 C

Schmidt-Ott, Friedrich
 1922年2月24日 91 C
 1922年2月28日 96 C
 1922年5月5日 198 C
 1922年5月11日 207 C
 1922年7月15日 337 C
 1922年7月19日 339 C
 1922年7月19日之后 340 C E
 1922年7月26日 353 C E
 1922年7月26/28日 352 C E
 1922年9月5日 392 C
 1922年9月15日 407 C E
 1922年10月10日 431 C
 1922年11月30日 462 C E
 1922年12月20日 478 C E
 1923年3月27日 556 C

瑞士银行公司
 1922年11月16日 449 C E

Sederholm, Henrik 和 Knut A. Posse
 1922年12月11日 396

Segall, Bernhard
 1922年1月17日 35 C
 1922年1月26日 48 C E
 1922年2月23日 90 C

Selety, Franz
 1922年2月22日 59 E
 1922年3月7日 104 C
 1922年9月11日 350
 1922年9月25日 371 E

Sey, Amieta H.
 1922年5月5日 143 C

Shimahi, H.
 1922年6月29日 309 C

Singer, Eduard
 1922年5月6日 200 C

斯洛沃出版社（Slowo）
 1922年5月30日 249 C
 1922年6月8日 272 C

1922年8月7日　365 C

意大利科学学会（Società Italiana delle Scienze）
　　1922年6月20日　301 C
　　1922年7月11日　325 C E

Soehring, Otto
　　1922年4月24日　165 E

Solf, Wilhelm
　　1922年12月20日　402 E
　　1922年12月27日　408

Solovine, Maurice
　　1922年1月14日　16 E
　　1922年1月18日　36 C
　　1922年2月18日　87 C
　　1922年2月23日　89 C E
　　1922年3月6日　102 C
　　1922年3月14日　85 E
　　1922年3月22日　103 E
　　1922年4月20日　154 E
　　1922年4月27日　168
　　1922年5月25日　238 C E
　　1922年6月11日　275 C
　　1922年6月14日　285 C E
　　1922年7月12日　332 C
　　1922年7月16日　293 E
　　1922年8月13日　369 C
　　1922年9月26日　422 C
　　1922年11月14日　447 C E

索尔维物理研究所（Solvay Institute of Physics）
　　1923年1月24日　499 C①

Sommerfeld, Arnold
　　1922年1月11日　14
　　约1922年1月18日　27 E
　　1922年1月28日　41 E
　　1922年9月16日　358 E

Speyer, Carl
1922年8月31日　337 E
　　1922年9月2日　390 C
　　1923年2月9日　516 C

施普林格出版社
　　1922年1月3日　4 C E
　　1922年1月3日　5 C
　　1922年1月4日　9 C
　　1922年1月14日　27 C
　　1922年1月30日　56 C E
　　1922年2月8日　73 C
　　1922年7月11日　329 C
　　1923年3月6日　535 C

Stern, Richard
　　1923年3月28日　457

Sternthal, Friedrich
　　1922年6月28日　253

Stäcker, Helene
　　1922年8月14日　326
　　1922年9月7日　346

Stodola, Aurel
　　1922年6月5日　217
　　1922年6月13日　232 E

---

① 原文编号有误。——译者

Struck, Henriette
　　1923 年 2 月 11 日　518 C E

Struck, Hermann
　　1922 年 7 月 19 日　301

东京商科大学①学生会
　　1922 年 11 月 28 日　461 C

萨拉戈萨大学学生委员会
　　1923 年 3 月 13 日　546 C

东京帝国大学学生
　　1922 年 11 月 30 日　464 C

Stumpf, Felix
　　1923 年 3 月 14 日　547 C

瑞士驻柏林大使馆
　　1922 年 4 月 21 日　163 C E
　　1922 年 9 月 18 日　361 E

Synge, Edward H.
　　1922 年 5 月 10 日　187

Takarada(宝田)基金会
　　1922 年 12 月　485 C

Terradas, Esteve
　　1923 年 2 月 23/24 日　527 C E

托伊布纳出版社(Teubner)
　　1922 年 2 月 15 日　84 C
　　1922 年 2 月 16 日　86 C E
　　1922 年 4 月 6 日　145 C
　　1922 年 4 月 15 日　154 C E
　　1923 年 3 月 6 日　536 C

Thost, Ernst J.
　　1922 年 10 月 23 日　437 C

Tomlinson, Paul G.
　　1922 年 4 月 14 日　144
　　1922 年 4 月 27 日　178 C E

Trautz, Max
　　1922 年 1 月 30 日　57 C E
　　1922 年 2 月 12 日　79 C

土井晚翠(Tsuchii (Doi), Bansui)
　　1922 年 12 月 9 日　393 E
　　1922 年 12 月 30 日　411 E
　　1922 年 12 月 30 日之前　486 C

土井英一[Tsuchii (Doi), Eiichi]
　　1922 年 12 月 30 日　412 E

Ude, José Álvarez
　　1922 年 8 月 31 日　386 C
　　1922 年 9 月 8 日　396 C E

悉尼大学、墨尔本大学、阿德莱德大学(Universities of Sydney, Melbourne, and Adelaide)
　　1922 年 5 月 12 日　212 C

孟买大学教务长(University of Bombay, Registrar)

---

① 一桥大学前身。1875 年由森有礼及福泽谕吉创设,初名商法讲习所,1920 年改为旧制东京商科大学,1949 年改为新制大学并易名"一桥",2004 年改为国立大学法人。当今的一桥大学已成为日本顶尖商业人才的摇篮。——译者

悉尼大学
　　1922 年 5 月 12 日　　211 C
　　1922 年 5 月 15 日　　218 C E

萨拉戈萨大学
　　1923 年 3 月 13 日　　545 C

未知人士
　　1923 年 2 月 5 日　　506 C E

Van Es & Van Ommoren
　　1923 年 3 月 7 日　　538 C
　　1923 年 3 月 15 日　　548 C

Veblen, Oswald
　　1922 年 1 月 3 日　　6 C
　　1922 年 2 月 20 日　　58 E
　　1922 年 4 月 6 日　　132

菲韦格出版社
　　1922 年 1 月 4 日　　8 C E
　　1922 年 1 月 5 日　　11 C
　　1922 年 1 月 12 日　　19 C
　　1922 年 1 月 14 日　　24 C E
　　1922 年 1 月 14 日　　28 C
　　1922 年 1 月 16 日　　31 C E
　　1922 年 1 月 19 日　　37 C
　　1922 年 1 月 23 日　　40 C E
　　1922 年 1 月 24 日　　45 C
　　1922 年 1 月 25 日　　46 C
　　1922 年 1 月 30 日　　58 C E
　　1922 年 2 月 10 日　　75 C
　　1922 年 2 月 15 日　　83 C E
　　1922 年 3 月 8 日　　105 C

1922 年 10 月 18 日　　434 C
1922 年 11 月 12 日　　444 C E

　　1922 年 3 月 22 日　　123 C E
　　1922 年 4 月 11 日　　150 C
　　1922 年 4 月 22 日　　167 C
　　1922 年 5 月 20 日　　229 C
　　1922 年 5 月 24 日　　236 C E
　　1922 年 5 月 30 日　　250 C
　　1922 年 5 月 30 日　　248 C E
　　1922 年 5 月 31 日　　252 C E
　　1922 年 6 月 2 日　　261 C
　　1922 年 6 月 29 日　　310 C
　　1922 年 8 月 8 日　　367 C
　　1922 年 8 月 29 日　　379 C E
　　1922 年 9 月 2 日　　389 C E
　　1922 年 11 月 20 日　　450 C E
　　1922 年 12 月 14 日　　475 C
　　1923 年 1 月 9 日　　492 C

Vieweg, Friedrich
　　1922 年 6 月 3 日　　216 E

菲韦格父子出版社 (Vieweg, Friedrich & Sohn)
　　1922 年 1 月 9 日　　10 E

Viscardini, Mario
　　1922 年 3 月 21 日　　121 C
　　1922 年 4 月 28 日　　173 E
　　1922 年 5 月 8 日　　203 C

Vorovka, Karel
　　1922 年 9 月 23 日　　416 C E
　　1922 年 5 月 23 日　　235 C

《福斯日报》(Vossische Zeitung)
　　1923 年 3 月 15 日　　444

Voûte, Joan
 1922 年 2 月 11 日　46
 1922 年 3 月 22 日　104 E

Wagner, Ernst
 1922 年 1 月 30 日　59 C E

Wankmüller, Romeo
 1922 年 8 月 15 日　371 C
 1922 年 8 月 28 日　378 C E

Warburg, Emil
 1922 年 2 月 15 日　52
 1922 年 6 月 2 日　262 C
 1922 年 7 月 7 日　320 C

魏宸组
 1922 年 4 月 8 日　135
 1922 年 5 月 3 日　177 E
 1922 年 7 月 22 日　305
 1922 年 7 月 24 日　348 C E

Weigert, Charlotte
 1922 年初　1 E
 1922 年 1 月 22 日　33
 1922 年 12 月 31 日—1923 年 1 月 2 日
  415 E

Weigert, Fritz
 1921 年 12 月 28 日　第十二卷, 343a C
 1922 年 2 月 11 日　77 C

Weiner, M.
 1922 年 7 月 8 日　323 C
 1922 年 7 月 25 日　351 C E

Weizmann, Chaim
 1922 年 1 月 13 日　21 C E
 1922 年 1 月 16 日　32 C
 1922 年 1 月 21 日　32
 1922 年 5 月 5 日　195 C E
 1922 年 5 月 12 日　213 C E
 1922 年 6 月 2 日　215
 1922 年 6 月 9 日　273 C
 1922 年 6 月 30 日　256
 1922 年 7 月 7 日　321 C
 1922 年 7 月 17 日　294 E
 1922 年 7 月 27 日　313
 1922 年 9 月 2 日之后　341 E
 1922 年 10 月 6 日　380
 1922 年 10 月 20 日　435 C E
 1922 年 11 月 3 日　442 C
 1923 年 2 月 4 日　427
 1923 年 2 月 11 日　429 E

Wereide, Thorstein G.
 1922 年 6 月 7 日　270 C
 1922 年 6 月 13 日　232 E

Wertheimer, Max
 1922 年 9 月 12 日　351 E
 1922 年 9 月 17 日　360
 1922 年 9 月 18 日　362 E
 1922 年 9 月 19 日　364
 1922 年 9 月 19 日　411 C

Westphal, Wilhelm
 1922 年 6 月 12 日　230
 1923 年 2 月 20 日　524 C
 1923 年 3 月 2 日　436 E

Weyl, Hermann
 1922 年 1 月 3 日　5

1922年5月31日 209
1922年6月6日 219 E

Wigand, Albert
1922年1月9日 14 C
1922年1月30日 60 C E

Winteler, Paul
1922年3月13日 8
1922年3月21日 102
1922年3月22日 106
1922年4月6日 133
1923年3月22日 448

Winteler, Paul 和 Maja Winteler-Einstein
1922年3月17日 90 E

Winteler-Einstein, Maja
1922年4月20日 156
1922年5月31日 210
1922年8月12日 368 C E
1922年8月25日 330
1923年3月11日 442
1922年4月23日 161 E

Wolff, Rudolf
1922年1月27日 51 C

Wolfsohn, Juliusz
1922年2月10日 76 C
1922年2月22日 60 E

山本实彦（Yamamoto, Sanehiko）
1922年1月15日 21
1922年7月12—8月8日 283
1922年12月12日 397 E
1922年12月30日 413 E

1923年2月12日 519 C

山本美（Yamamoto, Yoshi）
1922年12月27日 407 E
1922年12月30日 414 E

横滨正金银行（Yokohama Specie Bank）
1922年9月19日 412 C
1922年9月21日 415 C E

Zangger, Heinrich
1911年11月28日之后 第五卷, 315a
1915年5月28日之后 第八卷, 86a
1915年7月9日 第八卷, 95a
1915年7月12日 第八卷, 95a
1918年3月26日之后 第八卷, 493a E
1918年4月16日之后 第八卷, 510a
1922年1月23日之后 34
1922年3月11日之后 78
1922年4月10日之后 149 C
1922年6月8—18日 224
1922年6月18日 241 E
1922年7月15—25日 291
1922年8月6—28日 321
1922年9月7日之后 398 C
1922年12月11日 395 E

Zeisler, Sigmund
1922年9月6日 394 C

［日本］全国学生联合［会］(Zenkoku Gakusei Rengo)
1922年12月11日 470 C

Zieske, Benno
1922年9月25日之前 419 C

Zilsel, Edgar
 1922年5月5日 180
 1922年9月25日 372 E

德国犹太复国主义协会（Zionistische Vereinigung für Deutschland）

 1923年3月14日 443
 1923年3月23日 451 E

Zschimmer, Eberhard
 1922年1月14日 17
 1922年9月27日 374 E

# 年　表

期刊和报纸若不标注发表日期,则发表日期是其所在条目的日期。
这里使用的缩写符号参考缩写符号表。

| | |
|---|---|
| 1922 年 | 入选巴特埃姆斯(Bad Ems)的学者和艺术家疗养院(Genesungsheim für Gelehrte und Künstler)的荣誉成员,《1918—1921 年创办及运营报告》(Bericht über die Gründung und das erste Betriebsjahr 1918—1921)。 |
| 1 月 4 日 | 在爱因斯坦基金会章程上联合署名。 |
| 1 月 5 日 | 发表论文《论光发射基本过程的实验》(第 7 卷,文件 68)。 |
| 1 月 13 日 | 在一份号召德国犹太人支持巴勒斯坦援助基金(Keren Hayesod)的呼吁书上署名,其他的签名者有德国犹太复国主义者联合会、柏林犹太共同组织斯特恩(Stern)主席、圣约之子会(B'nai Brith)总部主席、Timmendorfer 等。犹太人联络办公室(*Jewish Correspondence Bureau*),伦敦;《犹太评论》(*Jüdische Rundschau*)。 |
| 1 月 19 日 | 在普鲁士科学院(PAW)的全体大会上发表演讲"一个关于波动理论有效性局限的实验"。 |
| 1 月 20 日 | 参加"新祖国"联盟(BNV)的会议。 |
| 1 月 24 日 | 爱因斯坦基金会的监事会(board of trustees)采纳了章程。 |
| 2 月 2 日 | 向普鲁士科学院物理-数学部宣读论文《关于色散介质中的光传播理论》(文件 43)。 |
| | 提议授予 Lise Meitner 普鲁士科学院的莱布尼兹银质奖章。*Kirsten and Treder 1979a*,No.43。 |
| 2 月 16 日 | 提议普鲁士科学院物理数学部授予 Franz Schmidt&Haensch 公司的所有者 Wilhelm Haensch 莱布尼兹银质奖章。 |

| | |
|---|---|
| 2月24日 | 在柏林大学的"数学物理工作组"(Mathematisch-Physikalische Arbeitsgemeinschaft)组织的一次会议上发表题为"论光本性问题的现状"的演讲。GyBHU, ASTA, Vol.129, p.161。 |
| 3月8日 | 出席帝国物理技术研究所(PTR)监事会的第一场会议(first session),并参与了二部关于声音在气体中传播速度的研究活动报告的讨论。GyBPTB, No.240.1, Vol.2, p.219。 |
| 3月9日 | 出席帝国物理技术研究所监事会的第二场会议。成为委员会委员,为帝国物理技术研究所寻求财政部的资助;参与讨论二部有关声音在气体中传播的研究活动报告,提议1922年进行有关电离气体共振以确定高反应速度的研究。并且提议在帝国物理技术研究所继续安培关于分子电流的实验。这些提议被采纳。*Kirsten and Treder 1979a*, No.85, and *1979b*, p.80, No.289。
参与有关 Alfred Schulze 升迁事宜的讨论。GyBPTB, No.240.2—241. *Kirsten and Treder 1979b*, p.81, No.290。 |
| 3月18日 | 在德国科学应急委员会(Notgemeinschaft der deutschen Wissenschaft)做关于现代科学问题的报告:原子理论和电子和量子理论。《柏林日报》,晨版;《每日评论》(*Tägliche Rundschau*),晨版。 |
| 3月20日 | Harry Kessler 在爱因斯坦家中就餐。他们讨论了美国之行以及即将到来的巴黎之行。AE 快速地讲解了广义相对论。*Kessler 1961*, pp.278—280。 |
| 3月28日—4月10日 | 去巴黎讲学。 |
| 3月31日 | 法兰西学院的大会报告。*Nordmann 1922b*, pp.131—140;《柏林日报》,4月1日,晨版。 |
| 4月 | 出席喜剧院(Opéra Comique)上演的 Alfred Bruneau 的《磨坊的攻击》(*L'Attaque du moulin*),以及科洛纳音乐会(Concert Colonne)上演的 Jacques Offenbach 的《浮士德的诅咒》(*Damnation de Faust*)。《倔强》(*L'Intransigeant*),1922年4月10日。 |

| | |
|---|---|
| | 出席 Jean Becquerel 夫妇举办的接待宴会。《倔强》（*L'Intransigeant*），1922 年 4 月 10 日。 |
| 4 月初 | 与 Walther Rathenau 和 Kurt Blumenfeld 见面，讨论巴勒斯坦和"犹太问题"。*Blumenfeld 1962*，pp.142—144。 |
| 4 月 2 日 | 相对论电影在法兰克福展览会（Frankfurt Fair）开幕式上首映。 |
| 4 月 3 日 | 法兰西学院第一场讨论会。*Nordmann 1922b*，pp. 140—152。 |
| 4 月 5 日 | 法兰西学院第二场讨论会。*Nordmann 1922b*，pp. 152—154。 |
| 4 月 6 日 | 参与法国哲学学会的讨论。 |
| 4 月 7 日 | 法兰西学院最后一场讨论会。*Nordmann 1922b*，pp. 156—159;《每日评论》，1922 年 4 月 8 日。 |
| 4 月 8 日 | 观看法国喜剧院上演的莫里哀（Molière）的《悭吝人》（*L'Avare*）以及马里沃（Pierre de Marivaux）的《爱情与偶然狂想曲》（*Jeu de l'amour et du hazard*）。《巴黎人画报》（*Le Petit Parisien*），1922 年 4 月 10 日。 |
| 4 月 9 日 | 参观位于巴黎东北部的兰斯（Reims）和圣康坦（St. Quentin）的战场。前往科隆。*Nordmann 1922a*。 |
| 4 月 14 日之后 | 出版《关于相对论的四次演讲》（第 7 卷，文件 71）。 |
| 约 4 月 16 日 | 走访苏黎士时与 Erwin Schrödinger 第一次见面（见 Edgar Meyer 致 Paul Epstein，1922 年 10 月 4 日）[CPT, Paul Epstein 文集，文件夹 5.60]。 |
| 4 月 16 日 | 德国与苏维埃俄国签署拉巴洛条约（Rapallo Treaty），同意放弃向对方提出的领土和赔款要求，使外交关系正常化，合作推进双方经济发展。 |
| 4 月 18 日—8 月 15 日 | 在柏林大学开设一门两小时的相对论课程。*Berlin Verzeichnis 1922*。<br>与 Max von Laue 和 Wilhelm Westphal 一起，为柏林大学物理系和数学系学生在第三学期开设物理研讨会（proseminar），每周四下午 2：30—4：00。*Berlin Verzeichnis 1922*。 |
| 4 月 29 日 | 抵达阿姆斯特丹。出席荷兰皇家科学院会议。前往莱顿。 |

| | | |
|---|---|---|
| | 5月13日？ | 离开莱顿前往柏林。 |
| 774 | 5月15日 | 入选国际联盟智力合作委员会成员。 |
| | 6月 | "新祖国"同盟更名为"德国人权联盟"。 |
| | 6月6日 | 1921年10月1日，教授的正常最高年薪标准被设为7万马克，1922年4月1日为7.5万马克。在计算爱因斯坦薪资时会考虑这些数字。GyBAW, II—XVII, Bd. 43, Bl. 77.[82 090]。 |
| | 6月11日 | 在德国人权联盟的支持下，一场和平主义的示威活动在德国国会大厦举行。发表讲话的人有爱因斯坦，以及"著名的法国和平主义者 MM. Boisson 和 Renaudel。这些演讲都宣扬拥护国与国之间有手足般的情谊，谴责战争"。《爱尔兰时报》，1922年6月12日。 |
| | 6月13日 | 提交论文《作为研究者的 Emil Warburg》（文件231）。 |
| | 6月14日 | 完成 Thirring 1923 的序论（文件234）。 |
| | 6月24日 | Walther Rathenau 被刺杀。 |
| | 6月27日 | 参加在德国国会大厦为 Rathenau 举办的悼念会。《犹太人自由报》（Jüdisch-liberale Zeitung），1922年7月7日。 |
| | 6月28日 | 参加 Walther Rathenau 的葬礼。《柏林日报》，晨版。 |
| | 7月 | 发表《"相对论"法国哲学学会会议讨论记录》（文件131）。 |
| | 7月4日 | 辞去国际联盟智力合作委员会委员一职。 |
| | 7月5日 | 与 Elsa Einstein 一道抵达基尔，并与 Anschütz 家族共度一段时间。 |
| | 7月12日之前 | 从基尔返回柏林。 |
| | 7月25日之前 | 开始在柏林和他位于斯潘道的小木屋之间通勤，他的儿子们在这里度暑假。 |
| | 7月25—29日之间 | 决定重新回到国际联盟智力合作委员会。 |
| | 8月 | 发表《纪念 Walther Rathenau》一文（文件317）。 |
| 775 | 8月5日 | 告知 Max Planck 他想要取消参加9月莱比锡"德国自然研究者与医生协会"（GDNÄ）百年周年纪念会议的计划，因为他担心自己会成为继 Walther Rathenau 之后第二个暗杀对象。《柏林日报》，晨报。 |

| | |
|---|---|
| 8月10日之前 | 与 Gerhart Hauptmann、Anatole France、高尔基(Maxim Gorki)和萧伯纳(George Bernard Shaw)为苏维埃社会主义革命党领导人发表联合呼吁,他们在莫斯科审判中被判处死刑。《柏林日报》,1922年8月10日,晚版。 |
| 9月7—13日 | Tatiana Ehrenfest-Afanassjewa 和她女儿 Tatiana 拜访爱因斯坦一家人。 |
| 9月11日 | 被选为威廉皇帝学会(KWG)的评议员(Senator)。 |
| 9月12日 | 和 Ilse Einstein、Margot Einstein、Tatiana Ehrenfest-Afanassjewa、Tatiana Ehrenfest 一起出席 R. Serkin 的音乐会(Tatiana Ehrenfest-Afanassjewa 致 Paul Ehrenfest,1922年9月13日)。 |
| 9月17日 | 莱比锡的"德国自然研究者与医生协会"(GDNÄ)一百年纪念会议。 |
| 9月23日 | 完成 *Einstein 1917a* 的捷克语译本的前言(第6卷,文件42)。 |
| 9月26日 | 被提名为阿根廷-德国文化研究院(Institucion Cultural Argentino-Germana)的荣誉会员。*Kirsten and Treder 1979a*,p.228,No.152,and *1979b*,p.175,No.720。 |
| 10月1日或之后 | 与 Elsa Einstein 离开柏林前往苏黎士。 |
| 10月6日之前 | 和 Elsa 拜访 Karr 在阿劳州迈恩比尔(Mayenbühl)的庄园(country house)。 |
| 10月6日 | 和 Elsa 离开苏黎士前往马赛。<br>发表《德国文明的危险》(文件347)。 |
| 10月6日—1923年3月12日 | 日本、巴勒斯坦和西班牙之行。《日本、巴勒斯坦和西班牙旅行日记》(文件379)。 |
| 10月7日 | 和 Elsa 在马赛登上"北野丸"号(Kitano Maru)轮船。 |
| 10月8日 | 离开马赛。 |
| 10月13日 | 抵达塞得港。 |
| 10月14日 | 经过苏伊士运河。 |
| 10月28日 | 抵达科伦坡。 |
| 10月31日 | 在"北野丸"号甲板上庆祝日本天皇诞辰。 |
| 11月 | "威廉皇帝学会的备忘录,以及柏林威廉皇帝物理研究所的负责人爱因斯坦。"*Kirsten and Treder 1979b*,p.75,No.263。 |

| | |
|---|---|
| 11月2日 | 抵达新加坡。 |
| 11月3日 | 离开新加坡。 |
| 11月9日 | 被授予1921年度诺贝尔物理学奖。 |
| | 抵达香港。 |
| 11月10日 | 离开香港。 |
| 11月13日之前 | 抵达上海。 |
| | 俄国共产党莫斯科委员会将爱因斯坦的相对论斥为"让反革命思想得到支持的反动理论"。相对论"消除了唯物主义",假设"智慧和良心独立于时间和空间而存在,而时间和空间又不独立于智慧和良心而存在"。《爱尔兰时报》(*Irish Times*),1922年11月13日。 |
| 11月14日 | 离开上海。 |
| 11月17日 | 抵达神户。坐火车去京都。 |
| 11月18日 | 在京都观光。坐火车去东京。 |
| 11月19日 | 在庆应义塾大学发表第一场公众演讲。 |
| 11月20日 | 帝国学士院在小石川植物园为爱因斯坦举办接待宴会。 |
| 11月21日 | 参加赤坂皇家御花园的观菊御宴。受到贞明皇后(Teimei)的接见。 |
| 11月22日 | 出席改造社的招待会。 |
| 11月23日 | Max von Laue代表爱因斯坦向普鲁士科学院全体大会宣读文章《评论E.Trefftz的论文》(文件387)和《论热流气体中的非各向同性压力》(文件339)。 |
| 约11月24日 | 入选日本帝国学士院外籍院士。为此必须更改条例。《读卖新闻》(*Yomiuri Shinbun*),1922年11月24日。 |
| 11月24日 | 在东京青年会馆(Youth Assembly Hall)发表第二场公众演讲。 |
| 11月25日 | 在东京帝国大学物理研究所举办第一场科学演讲。 |
| 11月27日 | 在东京帝国大学物理研究所举办第二场科学演讲。 |
| 11月28日 | 出席东京商科大学的招待会。 |
| | 在东京帝国大学物理研究所举办第三场科学演讲。 |
| 11月29日 | 参加茶道。 |
| | 出席东京的早稻田大学的招待会。 |
| | 在东京帝国大学物理研究所举办第四场科学演讲。 |
| | 出席东京女子高等师范学校的招待会。 |

| | |
|---|---|
| 11月30日 | 参观宫内省(Imperial Household Agency)式部职下属的乐部(the Division of Imperial Court Music)。 |
| | 在东京帝国大学物理研究所举办第五场科学演讲。 |
| | 出席东京各大学学生共同举行的招待会。 |
| 12月1日 | 在东京帝国大学物理研究所举办第六场科学演讲。 |
| 12月2日 | 访问东京高等工业学校。 |
| | 坐火车去仙台。 |
| 12月3日 | 在仙台市公会堂发表第三场公众演讲。 |
| | 在仙台的东北帝国大学一间会议厅的墙上用日式书法毛笔签名,签在 Hans Molisch 名字的下方。"Albert Einstein 3.XII 22."JseTU.[95 037]. |
| | 坐火车去松岛。 |
| 12月4日 | 坐火车去日光(Nikko)。 |
| 12月5日 | 在中禅寺湖(Lake Chuzenji)观光。 |
| 12月6日 | 在日光观光。坐火车返回东京。 |
| 12月7日 | 坐火车去名古屋。 |
| 12月8日 | 在名古屋的国技馆(Gymnasium for National Sport)发表第四场公众演讲。 |
| 12月9日 | 在名古屋观光。 |
| | 坐火车去京都。 |
| 12月10日 | 在京都市公会堂(Kyoto Civic Auditorium)发表第五场公众演讲。 |
| | 在京都观光,并参观了京都御所(Imperial Palace)。 |
| 12月11日 | 坐火车去大阪。 |
| | 在大阪中之岛中央公会堂(Osaka Central Auditorium)发表第六场公众演讲。 |
| 12月12日 | 在大阪观光。 |
| 12月13日 | 坐火车去神户。 |
| | 在神户的基督教青年会(YMCA)发表第七场公众演讲。 |
| 12月14日 | 完成文章《关于宗教问题的回答》(文件398)。 |
| | 在京都大学为他举办的学生招待会上发表临时演说"我是如何创立相对论的"。 |
| 12月15日 | 在京都观光。 |
| 12月16日 | 到琵琶湖远足。 |

| | | |
|---|---|---|
| | 12月18日 | 在奈良观光。 |
| | 12月19日 | 坐火车去广岛。 |
| | | 发表文章《对Friedmann的论文"论空间曲率"的评论》（文件340）。 |
| | 12月20日 | 抵达宫岛。 |
| | 12月21日 | 发表文章《评论E.Trefftz的论文》（文件387）。 |
| | 12月23日 | 坐火车去门司。 |
| | 12月24日 | 到福冈旅行。 |
| | | 在福冈市博多大博剧场（Hakata Daihaku Theater）发表第八场公众演讲。 |
| | 12月25日 | 出席九州帝国大学的宴会。 |
| | | 坐火车返回门司。 |
| | | 在门司基督教青年会举办的儿童圣诞聚会上演奏小提琴。 |
| | 12月26日 | 在门司周边观光。 |
| | 12月27日 | 完成他著作的日语译本的"序言"（文件406）。 |
| | | 短暂游览下关海峡。 |
| | 12月29日 | 在门司登上"榛名丸"号（Haruna Maru）轮船离开日本。 |
| | 12月31日 | 抵达上海。 |
| 779 | 1923年 | |
| | 1月 | 发表《闲谈我对日本的印象》（文件391）。 |
| | 1月1日 | 上海犹太团体在S.Gatton的家中为爱因斯坦举办招待会。在上海市工部局（Municipal Committee）讨论相对论。 |
| | 1月2日 | 离开上海。 |
| | 1月5日 | 抵达香港。 |
| | 1月6日 | 离开香港。 |
| | 1月10日 | 抵达新加坡。 |
| | 1月12日 | 离开新加坡。 |
| | 1月13日 | 抵达马六甲后离开。 |
| | 1月14日 | 抵达槟榔屿。 |
| | 1月15日 | 抵达科伦坡。 |
| | | 到尼甘布（Neyombo）远足。 |
| | 1月22日 | 完成《论广义相对论》（文件425）。 |

| | |
|---|---|
| 1月31日 | 抵达苏伊士。 |
| 2月 | 发表《答宗教问题》(文件398)。 |
| 2月1日 | 抵达塞得港。 |
| | 坐火车去坎塔拉。 |
| | 乘摆渡穿越苏伊士运河。 |
| | 坐火车前往卢德(Lod)。 |
| 2月2日 | 抵达卢德,受到犹太复国主义者组织要人的欢迎。 |
| | 换了几趟火车,到耶路撒冷去旅行。 |
| | 抵达耶路撒冷,在 Herbert Samuel 爵士家寄宿。 |
| 2月3日 | 在耶路撒冷老城的穆斯林区和犹太区参观,走访了圆顶清真寺、阿克萨清真寺以及圣殿西墙(即哭墙)等地。 |
| 2月4日 | 到耶利哥和艾伦比桥(Allenby Bridge)去远足。 |
| 2月5日 | 在西耶路撒冷参观,走访了国立图书馆。 |
| 2月6日 | 在比撒列艺术学院参观。 |
| | 在莱梅尔学校(Lämel School)受到耶路撒冷犹太团体的正式欢迎。 |
| 2月7日 | 在老城的基督教区参观。 |
| | 在耶路撒冷斯科普斯山(Mount Scopus)上希伯来大学的未来建址地作报告。 |
| | 出席在托管专员官邸为爱因斯坦举办的宴会。 |
| 2月8日 | 在特拉维夫的赫茨利亚文法中学(Herzliya Gymnasium)致辞。[67 432],[89 769]。《每日邮报》(*Doar Hayom*),1923年2月12日。 |
| | 乘汽车去特拉维夫。 |
| | 赫茨利亚文法中学为爱因斯坦举行的招待会。 |
| | 特拉维夫市政厅举办的正式欢迎会;被授予特拉维夫的荣誉市民。 |
| | 参观特拉维夫各类基础设施项目。 |
| | 出席赫茨利亚文法中学为爱因斯坦举行的公众招待会。 |
| 2月9日 | 在里雄莱锡安(Rishon LeZion)的定居点(Beit Ha'am)致辞。[67 428],[89 770]。《每日邮报》(*Doar Hayom*),1923年2月12日。 |
| | 出席[以色列]总工会半年大会。 |

|  |  |
|---|---|
|  | 参观"以色列的希望"(Mikve Israel)创办的农业学校。 |
|  | 参观里雄莱锡安。 |
|  | 坐火车去海法。 |
| 2月10日 | 参加以色列理工学院(Technion)为他举办的招待会。 |
|  | 实科中学(Reali School)为他举办庆祝宴会。 |
| 2月11日 | 参观实科中学。 |
|  | 参观海法附近的工业项目。 |
|  | 乘汽车经拿撒勒前往加利利海(Sea of Galilee)。 |
|  | 参观拿哈拉莫沙夫(Nahalal moshav)。 |
|  | 抵达米格达。 |
| 2月12日 | 乘汽车去加利利海。 |
|  | 参观德加尼亚的集体农场基布兹(kibbutz)。 |
|  | 抵达拿撒勒。 |
| 2月13日 | 乘汽车去耶路撒冷。 |
|  | 在莱梅尔学校(Lämel School)作关于相对论的演讲。 |
| 2月14日 | 离开耶路撒冷坐火车前往卢德。在去坎塔拉的途中换了几趟火车。 |
|  | 抵达塞得港。 |
| 2月16日 | 乘"霍尔木兹"(Ormuz)号轮船离开。 |
| 2月21日或22日 | 在土伦(Toulon)登陆。 |
| 2月22日 | 坐火车从马赛到达巴塞罗那。 |
| 2月24日 | 在省政府大楼发表了他在巴塞罗那的第一场演讲。 |
| 2月25日 | 在巴塞罗那城外的修道院以及弗朗科利河畔埃斯普卢加(L'Espluga de Francoli)小镇参观。 |
| 2月26日 | 在(加泰罗尼亚)塔拉萨城(City of Terrassa)参观。 |
|  | 在省政府大楼发表了他在巴塞罗那的第二场演讲。 |
| 2月27日 | 参观两所新式学校。 |
|  | 巴塞罗那市政厅举办的欢迎会。对巴塞罗那直辖市发表演说。《加泰罗尼亚之声》(La Veu de Catalunya),1923年2月28日,晨版。 |
|  | 在巴塞罗那皇家科学院与艺术学院发表演讲。 |
|  | 出席为爱因斯坦举办的欢送宴会。 |
| 2月28日 | 参观巴塞罗那工业学校。 |

| | |
|---|---|
| 3月1日 | 坐火车离开巴塞罗那。 |
| | 抵达马德里。 |
| 3月2日 | 在马德里驱车游览。 |
| | 参观物理研究实验室。 |
| 3月3日 | 第一次游览普拉多(Prado)。 |
| | 出席马德里市政厅的正式欢迎会。 |
| | 在中央大学(Universidad Central)发表第一场公众演讲。 |
| | 参加皇宫酒店(Palace Hotel)的宴会。 |
| 3月4日 | 在皇家精确科学、物理科学和自然科学院的特别会议上发表演讲,会议由阿方索十三世国王(King Alfonso XIII)主持。 |
| 3月5日 | 参加数学学会的特别会议。 |
| | 在中央大学发表第二场公众演讲。 |
| 3月6日 | 到托莱多远足。 |
| | 被提名为巴塞罗那皇家科学院和艺术学院的通讯院士。(Glick 1988,pp.121—122)。 |
| 3月7日 | 在皇宫觐见阿方索十三世国王和来自奥地利的太后 Moria Christina。 |
| | 在中央大学发表第三场公众演讲。 |
| | 参加在德国大使家为他举办的招待会。 |
| 3月8日 | 接受中央大学授予的荣誉博士学位。 |
| | 在马德里图书馆(Madrid Athenaeum)发表第四场公众演讲。 |
| 3月9日 | 参观埃尔埃斯科里亚尔(El Escorial)和古堡(Mendoza Castle)。 |
| | 参加在中央大学学生公寓(Residencia de Estudiantes)为他举办的公众致敬会(public tribute)。 |
| 3月10日 | 第二次游览普拉多。 |
| 3月11日 | 第三次游览普拉多。 |
| 3月12日 | 坐火车前往萨拉戈萨(Saragossa)。 |
| | 在萨拉戈萨大学的医学和科学系发表第一场演讲。 |
| 3月13日 | 在萨拉戈萨参观。 |
| | 在"商业中心"(Centro Mercantile)为爱因斯坦举办正式午宴。 |

|  | 在萨拉戈萨大学的医学院和理学院发表第二场演讲。 |
|  | 参加在德国大使家为他举办的宴会。 |
| 3月14日 | 离开萨拉戈萨，前往巴塞罗那。 |
| 3月15日 | 从巴塞罗那到苏黎世。 |
| 3月21日 | 从苏黎世到柏林。 |

# 未刊文献摘要一览表

这里列出了如下三类文件的摘要：(1)爱因斯坦在此期间所写或所收到的信件（或者是由他的秘书 Ilse Einstein 代写或接收的信件），但按照编辑方法中已经说明的原因未选入本卷正文部分。作为正文出现的文件，其不同版本未收入在本表中，与入选文件的定稿没有显著差别的草稿也未收入本表。(2)威廉皇帝物理研究所(KWIP)理事会、监事会和威廉皇帝学会(KWG)管理部门收到的信件。(3)爱因斯坦的格言以及签名的献词，书籍和文章的作者们给爱因斯坦的签名的献词。

这里使用的缩写符号参考缩写符号表。

第五卷，文件 326a。致 Jakob Ehrat ［1911 年 12 月 16—19 日］
　　他们会结伴从温特图尔(Winterthur)前往布拉格。AKS(SzZuETH, Hs：1509：4).［92 967］。

第七卷，文件 60a。致《柏林日报》 ［1921 年 7 月 8 日之前］
　　要求报纸发表一则声明，表示《新鹿特丹新闻报》(Nieuwe Rotterdamsche Courant)的记者采访是该名记者仅凭记忆写出的一篇他对美国印象的谈话。随意删减文字和加重点完全曲解了他的原意。ADft 出自未知者的手。发表在《柏林日报》，1921 年 7 月 8 日，晨版，此版有大量改动和缩减。［43 243］。

第十二卷，文件 193a。Walther Gerlach 的来信 ［1921 年 7 月 27 日］
　　要求 KWIP 给予有关单原子金属蒸汽谱带的研究以资助。他找来了 8000 马克购买帕邢(Paschen)型光谱仪，但他还缺少购买照相板和其他材料的资金。ALS(GyBP, I.Abt., Rep.34, Nr.3, Gerlach 卷宗).［78 043］。

第十二卷，文件 343a。Fritz Weigert 的来信 ［1921 年 12 月 28 日］
　　回复爱因斯坦 1920 年 12 月 13 日的信件（已丢失），他感谢爱因斯坦就如何继续银乳胶光吸收和光化学过程的实验给出的建议。寄来手稿请教。TLS.［45 216］.

1.Eisfelder 的来信 ［1922 年 1 月］
　　柏林市议会通知将组建一个租房委员会，以及煤炭取暖价格预计上涨。TLS.

[43 608].

2. Paul Painlevé 的来信 〔1922年1月1日〕

作为法国哲学学会(Société française de philosophie)的主席,告知它的特别会议将有英国、美国、意大利和比利时的学会参加。学会对爱因斯坦不能出席表示遗憾,同时表达景仰和敬意。Tgm.[19 006].

3. Erich Marx 的来信 〔1922年1月2日〕

虽然出版计划曾因战争而中断,但《放射学手册》(*Handbuch der Radiologie*)第五卷总算要出版了。除了那时所写的关于狭义相对论的手稿(第四卷,文件1)之外,要求爱因斯坦再准备一份关于广义相对论的纲要。TLS.[41 982].

4. 致施普林格出版社 〔1922年1月3日〕

在承诺允许施普林格出版普林斯顿大学的讲义之后,意识到他已经将版权授予了菲韦格出版社,并已要求书籍价格的20%作为版税。附上菲韦格的确认函。承诺未来会为这一错误做出补偿。TLC (GyMDM,爱因斯坦卷宗,E 24).[71 436].

5. 施普林格的来信 〔1922年1月3日〕

Rafaele Contu 打算在一本意大利科学杂志上发表 *Einstein 1920j* 和 *1921c*。咨询有关此请求的更多信息。TLS.[41 1069].

6. Oswald Veblen 的来信 〔1922年1月3日〕

推荐他的一名数学物理专业的学生 Tracy Y. Thomas,此人希望在下个学年去柏林跟随爱因斯坦学习。愉快地回忆起爱因斯坦访问普林斯顿的日子。他的书房里挂着爱因斯坦的照片以及 Turner 所作的爱因斯坦的蚀刻画"装点了我们的起居室"。TLS.[23 145].

7. 致 Erich Marx 〔1922年1月4日〕

回复未刊文献摘要 3,提议 Hermann Weyl、Wolfgang Pauli、Hans Thirring、Max von Laue 以及 August Kopff 都是写广义相对论纲要的合适人选。TLC.[41 983].

8. IE 致菲韦格出版社 〔1922年1月4日〕

准备寄出 *Einstein 1922c* 的手稿。要求销售价格的20%作为版税,并提醒出版社只拥有德语译本的版权。TLC.[42 119].

9. 施普林格的来信 〔1922年1月4日〕

战后由于人手短缺以及杂乱事陡然增多,记账一事被耽搁了。询问爱因斯坦是否能先接受一笔 2000 马克的中间费用(an interim sum),作为两本小书(?)的分红。结算明细单(exact statement)不久将寄到。TLS.[41 107].

10. 致 Adalbert Bokowski 〔1922年1月5日〕

寄出 Einstein 1914o。信中说场方程并非广义协变的,这一点不正确。AKS (Reiss and Auvermann 拍卖目录 No.49,1993 年 4 月 15—17 日,lot 2469). [79 691].

11. 菲韦格出版社的来信　[1922 年 1 月 5 日]

他们大致同意爱因斯坦在未刊文献摘要 8 的条款,但由于纸张成本上涨,制作成本变高,预计印刷数量将变少。他们提出版税为 10%。TLS.[42 121].

12. 梅休因出版社的来信　[1922 年 1 月 6 日]

寄来有关英文版 Einstein 1917a,1920j 和 1921c 的合约的签名复本。询问是否有可能将 Einstein 1922c 译成英文的相关事宜。TLSC.[67 980].

13. Simon Bucharoff 的来信　[1922 年 1 月 8 日]

附上了 Julius Merkel 1 月 6 日的信函,介绍他是一名美国作曲家,想与德国的音乐界接触,还想见爱因斯坦一面[43 398]。希望方便的时候能够在爱因斯坦面前展现自己这一兴趣爱好。ALS.[43 397].

14. Albert Wigand 的来信　[1922 年 1 月 9 日]

请求 KWIP 给予 1000 马克的资助,用于航空中的物理学实验,这是 Wilhelm Wien、Walther Nernst 和 Gustav Mie 推荐的。附上了前期工作的样本。TLS (GyBP,I.Abt.,Rep.34,Nr.11,Wigand 卷宗).[77 673].

15. 致 [Salli?] Kirschstein　[1922 年 1 月 10 日之前]

将给予 Adolf Reinstein 助学金每月 100 马克,为期一年,使他有机会去巴勒斯坦的以色列理工学院(Technion)读书。请求额外的资助,并告知对方他还会联系 Reinstein 的那位美国的有钱叔叔,请求资助。ALS（NNLBI）. [44 731].

16. 致 Francesco Cosentini　[1922 年 1 月 10 日]

拒绝了 1921 年 1 月 7 日的邀请(第十二卷,日程表),是因为他必须把自己的活动限制在物理学领域。确信相对论的思想和方法不能够被应用于社会科学中。TLC.[43 495].

17. 致 Louis Reinstein　[1922 年 1 月 10 日]

在大约一年的时间内,一直在资助他的侄子 Adolf Reinstein,一个一心求学但家境贫寒的人。请求这位叔叔能够寄些钱来帮衬他。TLC.[44 729].

18. François Crucy 的来信　[1922 年 1 月 12 日]

寄来剪报,上有 Anatole France 在斯德哥尔摩诺贝尔奖获得者欢迎会上的简短讲话,献词写着"致阿耳伯特·爱因斯坦教授,支持与仰慕您的 Anatole France",同时送上了最好的祝福,以及他们早年在 Adlon 酒店见面时的美好回忆。ALS.[34 084].

19. 菲韦格出版社的来信 ［1922年1月12日］
   收到了一份 *Einstein 1922c* 的手稿。望清楚说明爱因斯坦对页面空白处注释的明确要求。任何改动都要求重新编排文字，同时也浪费纸张。建议换成脚注。请求准许将本书收录入"菲韦格丛书"（Sammlung Vieweg）。TLSC.[67 890].

20. IE 致 Simon Bucharoff ［1922年1月13日］
   回复未刊文献摘要13，因为爱因斯坦的科学工作日程安排紧张而无法满足其心愿，表示歉意。TLC.[43 399].

21. 致 Chaim Weizmann ［1922年1月13日］
   转寄了 Otto Warburg 夫人的信函，就 Emile Berliner 捐赠物的处置问题寻求意见。TLS.[33 349].

22. Ludwig G. Rebholz 和 Abram Stolkind 的来信 ［1922年1月13日］
   Rebholz 将哈伯兰（Haberland）街道5号的房子卖给 Stolkind，并委托 Eisfelder 管理。TLS.[43 609].

23. 德国知识分子工会（Gewerkschaft Deutscher Geistesarbeiter E.V.）的来信 ［1922年1月13日］
   请求准许把爱因斯坦的名字添加到他们当选的荣誉成员的印刷版名单中。TLS.[43 750].

24. IE 致菲韦格出版社 ［1922年1月14日］
   爱因斯坦认为 *Einstein 1922c* 并不足以被"菲韦格丛书"收录，因为该丛书系列不包含科学内容。想知道20％的补偿金（compensation）是基于售价还是基于印刷成本。要求删去第四节的第一段话。附上 *Einstein 1915b* 作为空白处注释格式的参考样例。TLC.[67 891].

25. Rudolf Goldschmidt 的来信 ［1922年1月14日］
   就他的专利征求专家意见。ALS.[35 496].

26. Adolf von Harnack 的来信 ［1922年1月14日］
   邀请威廉皇帝学会的董事参加1922年1月21日在国立图书馆召开的会议，商讨即将到来的选举事宜，要从董事会成员中选出两名参议员。TDftS（GyBP, I. Abt., Rep.1A, Nr.857, Bl.199）.[77 738].

27. 施普林格出版社的来信 ［1922年1月14日］
   让快递员把 *Einstein 1916e* 的手稿送还给爱因斯坦。AL（GyHS, Einstein 卷宗, E 24）.[71 442].

28. 菲韦格出版社的来信 ［1922年1月14日］
   就与桑木彧雄书信商讨 *Einstein 1917a*（*Einstein 1921l*）日文译本一事征求

意见。TLS.[42 125].

29. George B.Jeffery 的来信　［1922 年 1 月 15 日］

请求爱因斯坦写推荐信授予他伦敦国王学院教授一职。已经完成 *Einstein 1917a*，*1920j* 和 *1921c* 的翻译工作，即将出版。日期错误打印成 1919 年 1 月 15 日。TLS.[13 429].

30. 致 Adolf von Harnack　［1922 年 1 月 16 日］

不能够参加威廉皇帝学会的董事会议。周末必须去哥廷根待上几天。TLS (GyBP,I.Abt.,Rep.1A,Nr.857,Bl.200).[77 739].

31. IE 致菲韦格出版社　［1922 年 1 月 16 日］

回复第 28 条未刊文献摘要，爱因斯坦希望保留 9% 的补偿金；为避免造成损失，书的售价可以相应提高。TLC.[42 126].

32. Chaim Weizmann 秘书的来信　［1922 年 1 月 16 日］

确认收到了第 21 条未刊文献摘要。Weizmann 现在在国外。TLS (IsRWW).[70 987].

33. Heinrich Lüders 的来信　［1922 年 1 月 17 日］

在 1921 年 10 月 1 日，爱因斯坦作为大学教授的基本薪资涨至 54 700 马克，还包括额外的 8000 马克的补贴、12 540 马克的补偿金，以及两笔儿童津贴 3600 马克和 2880 马克。TLS.[43 014].

34. Willi Schmidt 的来信　［1922 年 1 月 17 日］

寄来满满 6 页纸的 9 大问题，关于"时间自身"。ALS.[44 983].

35. Bernhard Segall 的来信　［1922 年 1 月 17 日］

就波恩大学录取一事请求帮助。ALS.[44 880].

36. Maurice Solovine 的来信　［1922 年 1 月 18 日］

很高兴得知爱因斯坦准备寄来 *Einstein 1922c*，让他译成法文。建议爱因斯坦收取书籍售价的 15% 作为版税，告知他将收取 1000 法郎。请求爱因斯坦为他的新系列丛书"科学与文明"撰写一本书。ALS.[21 160].

37. 菲韦格出版社的来信　［1922 年 1 月 19 日］

回复第 24 条未刊文献摘要，重申爱因斯坦建议的那种空白处注释格式将增加制作成本费。解释零售价格的构成。TLSC.[67 892].

38. BNV 的来信　［1922 年 1 月 22 日］

请求爱因斯坦在法国人权联盟(French League for Human Rights)以及 BNV 的呼吁书上署名，该呼吁书号召法国和德国的民主团体之间达成和平、安全以及和解。TD.[82 577].《前进报》(*Vorwärts*)，1922 年 1 月 21 日，晨版。

39. 致 Johann Königsberger　［1922 年 1 月 23 日］

要求提供 KWIP 资助购买的仪器的信息(1921 年 11 月 2 日,第 12 卷,日程表),以及关于计划好的研究的信息,特别强调物理学方面。TLC (GyBP, I. Abt., Rep.34, Nr.7, Königsberger 卷宗)。[77 792]。

40. IE 致菲韦格出版社　[1922 年 1 月 23 日]

回复第 37 条未刊文献摘要,要求继续按照合约上的条款完成。附上它修正后的草稿。TLC.[67 893]。

41. 梅休因的来信　[1922 年 1 月 23 日]

寄来 *Dingle 1922* 的复本。询问 *Einstein 1922c* 手稿的进度。TLS. [42 198]。

42. [Bernard] Rosenbaum 的来信　[1922 年 1 月 23 日]

已经告知位于但泽的自然研究者协会(*Naturforschende Gesellschaft*)主席 Conrad Lakowitz,爱因斯坦愿意接受他们 3 月会议的邀请。他很热情好客。ALS.[43 503]。

43. Paul Hausmeister 的来信　[1922 年 1 月 24 日]

观察到在密闭容器中电解水时,产生的氧气和氢气的膨胀体积无法达到他们所用水体积的 1869 倍,即他们的压力为大气压的 1869 倍。电解所需的电能并不会随着产生气体的压力升高到 350 个大气压而改变。为这一现象做出解释。附上 Friedrich Paschen 的正面意见,并就这一过程是否值得申请专利征询爱因斯坦的意见。ALS.[43 865]。

44. Conrad W. Lakowitz 的来信　[1922 年 1 月 24 日]

[Bernard] Rosenbaum 告知他,爱因斯坦同意在但泽的自然研究者协会(Naturforschende Gesellschaft)发表演讲(第 42 条未刊文献摘要)。建议在 1922 年 3 月 27、28 或者 31 号。ALS.[43 504]。

45. 菲韦格出版社的来信　[1922 年 1 月 24 日]

收到了出版商 Nicola Zanichelli 寄来的 *Einstein 1917a* 第二版意大利语译本的收入。将爱因斯坦的所得 7 706.7 马克转到账户。询问意大利的零售价是否仍定为 8.5 里拉。TLSC.[67 894]。

46. 菲韦格出版社的来信　[1922 年 1 月 25 日]

附上了 *Einstein 1922c* 的出版合约。要求签名并寄回。次日会寄出第一份修订稿。TLSC.[67 895]。

47. 海德堡学生的来信　[1922 年 1 月 26 日之前]

由学生民主组织成员 Fritz Nonne、Wolfgang Hallgarten、Erich Hunger 和

Otto Nürck 署名倡议的独立高校团体(The Freie Hochschulgruppe)①,细数了联合学生组织、大资产家、反动派领袖以及青年人的军事化给德国带来的种种威胁。他们请求爱因斯坦及他志同道合的朋友帮助他们实现这一愿望。一个学生的生活费是 700 马克,比战前高 10 倍。列出在食物、住宿以及书籍等方面的具体资金需求。TL.[43 873],[43 874].

48. 致 Bernhard Segall　［1922 年 1 月 26 日］

Segall 条件如此优秀而未被一所德国大学录取,深信他是受到了不公正的对待(第 35 条未刊文献摘要)。建议他重新申请,并提供进一步的帮助。TLS.[44 882].

49. IE 致 Wolfgang Hallgarten　［1922 年 1 月 26 日］

询问最应得到帮助的海德堡的学生的名字。爱因斯坦愿意为他们提供资助。TLC.[43 876].

50. 与菲韦格出版社的合约　［1922 年 1 月 26 日］

关于 Einstein 1922c,规定 20% 的销售盈利给爱因斯坦。1922 年 2 月 4 日得到菲韦格出版社批准。TDS.[67 897].

51. Rudolf Wolff 的来信　［1922 年 1 月 27 日］

询问爱因斯坦是否收到他于 1921 年 12 月 12 日寄出的信(第十二卷,日程表),信里有照片,并询问他能否指望得到爱因斯坦进一步的帮助。ALS.[45 279].

52. 致 KWIP 监事会(Board of Trustees)　［1922 年 1 月 28 日］

在 1 月 26 日的会议上,KWIP 董事会提出资助 Walter Steubing 10 000 马克,用于购买高压直流换向器;资助 Ernst Wagner 2 500 马克,用于制造库利吉 X 射线管(Coolidge X-ray tube);资助 Max Trautz 3 000 马克,用于测量气体比热;资助 Albert Wigand 2000 马克,用于他在航空领域研究的营运开支;资助爱因斯坦 579.85 马克,用于购买一个汞束冷凝泵。请求监事会批准。TLS (GyBP, I. Abt., Rep. 1A, Nr. 1658).[77 349].

53. Erich Büttner 的来信　［1922 年 1 月 28 日］

请求为 100 份爱因斯坦石版肖像画(lithograph portrait)的副本签名。已经找到人做铜版蚀刻画。附上一份合约,要求寄回。送上 IE 的一张肖像照作为回报。计划重新制作爱因斯坦的肖像画,因为他在这么些年里发生了改变。ALS.[43 424].

54. Conrad W. Lakowitz 的来信　［1922 年 1 月 28 日］

---

① 文件 55 是 Republikanische Freistundentenschaft（共和国独立学生协会）。——译者

请求回复第44条未刊文献摘要。提供旅行费用以及1万马克的酬金。ALS. [43 505]。

55. Donald H. Cohen 的来信 ［1922年1月29日］
爱因斯坦入选犹太专业人士学会"马加比"（Maccabeans）的名誉会员。很遗憾爱因斯坦上次访问伦敦期间没有接受晚宴邀请，该晚宴由他们的主席Walter Rothschild 爵士主办。ALS.［44 361］。
该俱乐部成立于1891年，是一个由顶尖的盎格鲁-犹太知识分子、艺术家和专业人士组成的学会。（见 *Cohen 1982*，p.26，and *Hein 1987*，pp.2 and 10）。

56. IE 致施普林格出版社 ［1922年1月30日］
回复第5条未刊文献摘要，转发 Rafaele Contu 的信函。TLC.［41 1070］。

57. 致 Max Trautz ［1922年1月30日］
KWIP 董事会向监事会提议给予他3000马克的资助，用于测量比热。TLC (GyBP, I. Abt., Rep. 34, Nr. 11, Trautz 卷宗)。［77 648］。

58. 致菲韦格出版社 ［1922年1月30日］
附上了签名的合约副本以及关于 *Einstein 1917a* 西班牙译本的咨询。请求第二版意大利译本的收入7705.70马克用支票汇出。几天内会寄出 *Einstein 1922c* 的校样和四张图片。TLC.［67 896］。

59. 致 Ernst Wagner ［1922年1月30日］
KWIP 董事会向监事会提议给予他2500马克的资助，用于购买库利吉X射线管。TLC (GyBP, I. Abt., Rep. 34, Nr. 11, Wagner 卷宗)。［77 663］。

60. 致 Albert Wigand ［1922年1月30日］
KWIP 董事会向监事会提议给予他2000马克的资助，用于他在航空领域的研究所需的营运开支。TLSC (GyBP, I. Abt., Rep. 34, Nr. 11, Wigand 卷宗)。［77 675］。

61. Hans Posse 的来信 ［1922年1月30日］
威尼斯城邀请德国艺术家参加第十三届国际博览会，有 Liebermann、Slevogt、Corinth、Kokoschka 和 Nolde 等人。请求爱因斯坦加入德国展馆的荣誉委员会，这有助于德国进行战后和解。TLS.［43 572］。

62. 致普鲁士科学院 ［1922年2月］
和其他人一起提议 Jacobus Kapteyn、Pieter Zeeman 和 Heike Kamerlingh Onnes 为普鲁士科学院的通讯院士。*Kirsten and Treder 1979b*，p.40，Nos. 102，104，and 106。

63. 致 A. Borsig Co ［1922年2月］
与 Walther Nernst 一起，就他们提出的新的冷却加热过程的测试、专利、生产和销售等事项与 Borsig 订立一份合约（见本卷收录的第 12 卷文件 16a）。若与 Borsig 共享这一发明，他们要求获得 25 万马克以及一定比例的设备销售利润。已经考虑到相关法律问题的处理。TDC.[18 447].

64. 梅休因的来信　［1922 年 2 月 1 日］

请求把爱因斯坦关于光传播的轰动新说译成英文书出版。*Einstein 1920j* 与 *1921c* 已由 George Jeffery 和 W.Perrett 译成英文。TLSC.[67 981].

65. 致 Conrad W.Lakowitz　［1922 年 2 月 1 日］

表示自己愿意就相对论或任何其他话题发表演讲。感谢［Bernard］Rosenbaum 的热情好客，但不确定他是否会接受。如果第 54 条未刊文献摘要提供的金额会给自然研究学会带来负担的话，将同意接受 7000 马克。ALS（PBm, Special Collections, Seymour Adelman Collection, Box 9）.[89 867].

66. 致普鲁士科学院　［1922 年 2 月 2 日］

在提议 Hans Ludendorff 为院士（ordinary member）的通告书上联合署名。Dft 出自 Max von Laue 之手（GyBAW, II—III, Bd.39, Bl.133).*Kirsten and Treder 1979b*, No.103.[79 341].

67. 致普鲁士科学院　［1922 年 2 月 2 日］

在提议 Wilhelm Schlenk 为院士（ordinary member）的通告书上联合署名。Dft 出自 Walther Nernst 之手（GyBAW, II—III, Bd.39, Bl.134).*Kirsten and Treder 1979b*, No.101.[79 343].

68. Madeleine Rolland 的来信　［1922 年 2 月 2 日］

国际妇女争取和平自由联盟的法国支部计划在许多国家举办一年一度的暑期研讨会。邀请爱因斯坦在即将在意大利举办的研讨会上发表演讲。TLS. *Nathan and Norden 1960*, p.46.[44 788].

69. Solomon 和 Rosa Ginzberg 的来信　［1922 年 2 月 7 日］

从耶路撒冷寄来问候。AKS.[43 751].

70. George B.Jeffery 的来信　［1922 年 2 月 8 日］

感谢爱因斯坦的亲切来信，告知他推荐信必须直接寄给伦敦大学的教务长（Academic Registrar）。ALS.[13 438].

71. George B.Jeffery 的来信　［1922 年 2 月 8 日］

继第 70 条未刊文献摘要后又寄来一封后续信（a follow-up letter），附上了 Arthur Eddington 的推荐信，以便让爱因斯坦形成他自己的意见。TLS.[13 430].

72. Johann Königsberger 的来信　［1922 年 2 月 8 日］

请求 KWIP 继续资助他在极隧射线上的实验工作,这一工作可能为简单原子的结构提供新的洞见。请求资助 2500 马克购买电压转换器,1500 马克购买玻璃制品。TLS (GyBP, I. Abt., Rep.34, Nr.7, Königsberger 卷宗).[77 793].

73. 施普林格出版社的来信　[1922 年 2 月 8 日]

寄回第 56 条未刊文献摘要中 Rafaele Contu 的来信。对 Contu 请求的决定是爱因斯坦做出的,但是施普林格出版社会就法律问题寻求意见。TLS.[42 310].

74. 石原纯(Jun Ishiwara)的来信　[1922 年 2 月 9 日]

附上横滨正金银行(Yokohama Specie Bank)金额为 1000 英镑的支票,爱因斯坦能够在该银行的伦敦支行提取现金。一旦收到合约,则将邀请公之于众。请求准许把爱因斯坦的所有出版物翻译成日文。ALS.[36 414],[36 413].

75. 菲韦格出版社的来信　[1922 年 2 月 10 日]

寄来一张总额为 7 706.70 马克的支票,这是爱因斯坦 *Einstein 1917a* 意大利译文的收入。TLS.[42 128].

76. Juliusz Wolfsohn 的来信　[1922 年 2 月 10 日]

就他有关犹太民歌的作品征求意见。告知关于他的音乐会巡演和记者招待会的信息。提出将他的下一个作品——一首犹太狂想曲——献给爱因斯坦。ALS.[45 280].

77. Fritz Weigert 的来信　[1922 年 2 月 11 日]

请求将他寄给爱因斯坦的手稿(第 12 卷,343a)寄回,因为他计划修改,并当面讨论。TLS.[45 217].

78. [Bernard] Rosenbaum 的来信　[1922 年 2 月 12 日]

重复他的提议（未刊文献摘要 42),即爱因斯坦参加但泽的自然研究者协会期间住在他家。IE 加上了"采纳"(Annehmen)的字样。TLS.[43 506].

79. Max Trautz 的来信　[1922 年 2 月 12 日]

感谢 KWIP 董事会资助 3000 马克用于研究气体比热。ALS (GyBP, I. Abt., Rep.34, Nr.11, Trautz 卷宗).[77 649].

80. 致 Hans Ludendorff　[1922 年 2 月 14 日]

已阅读 3 份文件。按照天体物理天文台监事会章程第 2 条,决议需要由至少 3 名成员签名。寄回有关日食远征的署名信函。TLC.[11 255].

81. Edwin Deller 的来信　[1922 年 2 月 14 日]

确认收到爱因斯坦 1922 年 2 月 10 日的那封来信,信中推荐 George Jeffery 担任伦敦大学的数学教授。TLS.[13 439].

82. 致 Donald H.Cohen ［1922 年 2 月 15 日］
对入选玛咯比俱乐部名誉会员表示感谢。TLC.［44 362］.

83. IE 致菲韦格出版社 ［1922 年 2 月 15 日］
确认收到第 75 条未刊文献摘要。寄去将 *Einstein 1917a* 译为拉脱维亚语和捷克语的请求。提议支付捷克语翻译者爱因斯坦收入以及出版社收益的四分之一。TLC.［42 130］.

84. 托伊布纳出版社的来信 ［1922 年 2 月 15 日］
收到了爱因斯坦 1921 年 12 月 29 日的来信（第十二卷，日程表），拒绝把他在 *Lorentz et al.1922* 中的论文的翻译权授予托伊布纳。其他作者已经许可，请求 AE 再斟酌斟酌，同时也考虑一下其他作者的利益。向三位作者提供一半的版税。TLS.［41 1094］.

85. 致普鲁士科学院 ［1922 年 2 月 16 日］
与 Gustav Müller、Johann Hellmann、Walther Nernst 和 Heinrich Rubens 一起，推荐 Hans Ludendorff 为普鲁士科学院物理数学部的院士（ordinary member），指出他在恒星光谱方面的贡献，特别是在分光双星的径向速度和路径方面的贡献。ADS (GyBAW, II－III, Bd.39, Bl.138—139).［79 347］.

86. 致托伊布纳出版社 ［1922 年 2 月 16 日］
重申他拒绝授予本人任何作品的翻译权。他自己会与国外出版商商量版本问题。Dft 出自 IE 之手。［41 1095］.

87. Maurice Solovine 的来信 ［1922 年 2 月 18 日］
戈捷-维拉尔出版社（Gauthier-Villars）已经寄给 Paul Ehrenfest 法文版 *Einstein 1920j* 和 *1921c* 的销售数量的概览以及版税说明。若要戈捷-维拉尔出版社实际支付版税，爱因斯坦必须确认收到通告函。询问他何时会收到 *Einstein 1922c* 的手稿，这样他可以开始翻译。AKS.［21 162］.

88. 梅休因的来信 ［1922 年 2 月 22 日］
询问爱因斯坦是否愿意对 *Einstein 1917a* 新的英译版做出更正。书仍然大卖。TLSC.［67 982］.

89. 致 Maurice Solovine ［1922 年 2 月 23 日］
已寄出 *Einstein 1922c* 的手稿。请求 Solovine 等这些讲义在美国出版后再做出版译本的打算，他已经授权。条件是售价的 16% 用于支付版税，Solovine 将获得其中的四分之一，爱因斯坦得到剩余部分。关于科学内容，Solovin 应向 Paul Langevin 咨询，他可能会推荐他的一名学生。他只有到 4 月份才能够确认收到第 87 条未刊文献摘要中提到的戈捷-维拉尔出版社的通告函，除非 Paul Ehrenfest 以他的名义处理此事。TLC.［21 164］.

90. **Bernhard Segall 的来信** ［1922年2月23日］

对第48条未刊文献摘要表示感谢，但是声明他没有收到MWV的回复。请求爱因斯坦另写一封信，因为他不想再错过一个学期。ALS.［44 884］.

91. **Friedrich Schmidt-Ott 的来信** ［1922年2月24日］

KWIP监事会批准了给予Walter Steubing、Ernst Wagner、Max Trautz、Albert Wigand和爱因斯坦的资助，正如第52条未刊文献摘要中所述。TDftS (GyBP, I. Abt., Rep. 1A, Nr. 1658).［77 350］.

92. **Emile Berliner 的来信** ［1922年2月25日］

捐赠给耶路撒冷大学的10 000美元将在4月1日那天或者之后到位，将根据爱因斯坦的要求寄给他。同意这笔钱用于物理和物理化学研究。ALS.［36 848］.

93. **Viktor Engelhardt 的来信** ［1922年2月26日］

请求为《Meyer的百科全书》(*Meyers Konversationslexikon*)新版本提供传记信息。寄出 *Engelhardt 1921*，并征求爱因斯坦的意见。TLS.［43 648］.

94. **Richard Becker 的来信** ［1922年2月27日］

寄来 *Becker 1922* 的副本。为哈密尔顿方程的广义坐标系的正则变换提供证明。ALS.［43 400］.

95. **文化部的来信** ［1922年2月27日］

请求爱因斯坦加入波茨坦的天体物理天文台新设立的监事会，任期到1925年3月31日。TLS.［11 256］.

96. **Friedrich Schmidt-Ott 的来信** ［1922年2月28日］

致信德国科学应急委员会成员，对减少科学研究津贴以及地方政府无力支持大学中低级别的科学研究的情况表示关切。要求提供需要研究津贴的人的姓名。TLC (GyBP, I. Abt., Rep. 34, Nr. 9, 应急委员会卷宗).［77 563］.

97. **……** ［1922年3月］

"只有投身于个人之外的目标时生活才有价值"(Das Leben gewinnt erst dadurch Wert, dass es ausserpersönlichen Zielen geweiht wird)。阿耳伯特·爱因斯坦。1922年3月。"ADSX.［36 568］.

98. **致 M & Co** ［1922年3月1日］

要求他们将579.85马克(在第91条未刊文献摘要中批准的)汇给Siemens & Halske以付清1921年12月28日欠下的款项。TLC (GyBP, I. Abt., Rep. 34, Nr. 8, Mendelssohn 卷宗).［77 902］.

99. **Robert Goldschmidt 的来信** ［1922年3月3日］

邀请爱因斯坦在布鲁塞尔举行演讲，向他保证能够"大获"成功。ALS.

[43 775].

100. 致 Robert Goldschmidt 〔1922年3月3日以后〕
拒绝去布鲁塞尔演讲的邀请。原则上他不会在观众众多的地方演讲,尽量避免造成任何轰动。为没有出席去年的索尔维会议表示遗憾。Dft 出自 IE 之手。[43 776].

101. C.Demay 的来信 〔1922年3月6日〕
"您英俊、伟大,您是所有国家劳工的榜样。有能力的天才,对人类做出巨大贡献。一个法国工人致以崇高的敬意(Vous êtes beau, vous êtes grand, et vous êtes des pays du travail et de la moral. Puissant geénie, au service bienfaisant de l'humanité. Recevez toute l'admiration d'un ouvrier francçais.) C.Demay。巴黎,6.3.22." ALS.[36 403].

102. Maurice Solovine 的来信 〔1922年3月6日〕
已经收到 Einstein 1922c(见第89条未刊文献摘要),在 Paul Langevin 的帮助下他已开始法文的翻译工作。戈捷-维拉尔出版社提出15%作为翻译费,最近寄给 Paul Ehrenfest 关于销售 Einstein 1920j 和 1921c 法文版(见第87条未刊文献摘要)的版税声明。附上合约,要求签名(第139条未刊文献摘要)。对爱因斯坦取消巴黎之行表示遗憾。ALS.[21 165].

103. 桑木彧雄(Ayao Kuwaki)的来信 〔1922年3月7日〕
回复爱因斯坦1921年12月1日的来信(第12卷,日程表),说明自己将回避翻译爱因斯坦的论文,因为另一位翻译者已经申请翻译许可。TLS.[44 244].

104. Franz Selety 的来信 〔1922年3月7日〕
感谢文件59中允许他在书中使用材料。爱因斯坦对此书内容赞同的评价将有助于寻找到一个出版商。ALS.[20 478].

105. 菲韦格出版社的来信 〔1922年3月8日〕
预计 Einstein 1922c 将印刷3000册,除非爱因斯坦认为有更多需求。TKS.[67 898].

106. 外交部(Auswärtiges Amt)的来信 〔1922年3月9日〕
转寄来德国驻巴达维亚总领事馆的报告。TLS.[43 135].

107. Luise Müller 的来信 〔1922年3月10日〕
向爱因斯坦表示感谢,因为他给她十几岁的儿子留下了深刻的印象,并且引起了他对科学的兴趣。ALS.[44 503].

108. Adolf von Harnack 的来信 〔1922年3月13日〕
请求威廉皇帝学会的董事们从董事会中提议两人作为议员的候选者。其中一人是柏林户籍,另一个不是。Fritz Haber 已经被内政部任命。TLS(GyBP,I.Abt.,Rep.34,Nr.6,威廉皇帝学会卷宗).[78 114].

109. 致 MWV ［1922 年 3 月 14 日］
附上了一位年轻人的信(大概是第 90 条未刊文献摘要),并请求做出一个肯定的答复。TLC.[44 229].

110. Max Hirschfeld 的来信 ［1922 年 3 月 14 日］
对于爱因斯坦可能已经起草了一篇发表在《周一世界》(*Welt am Montag*)的文章表示惊讶,文章声称 Hirschfeld 的儿子从 *Einstein 1920j* 的销售中谋利,这本书是爱因斯坦捐给 Hirschfeld 的。TLS.[43 905].

111. Leo Krüger 的来信 ［1922 年 3 月 15 日］
他只有里加一所犹太高中的毕业文凭,就他是否能够被一所德国大学录取征求意见。AKS,[44 223].

112. Emil Ludwig 的来信 ［1922 年 3 月 16 日］
提醒他去年就寄了 *Ludwig 1920* 的第一卷(1921 年 6 月 8 日,第 12 卷,日程表)。人现在柏林,寄来剩下的两卷。ALS.[34 150].

113. 致 MWV(Richter) ［1922 年 3 月 17 日］
提议最近亡故的 Hugo Buchholz 的遗孀应尽快拿到她的抚恤金。TLC.[43 401].

114. Arnold Berliner 的来信 ［1922 年 3 月 17 日］
请求为《精确自然科学成果》(*Ergebnisse der exakten Naturwissenschaften*)写一篇关于相对论的文章,这套书是《自然科学》(*Die Naturwissenschaften*)的指南系列丛书(companion series)。如果爱因斯坦没有时间,他将向 Hans Thirring 或 August Kopff 求助。TLS.[7 012].

115. 致 M&Co ［1922 年 3 月 18 日］
附上 KWIP 从 1921 年 10 月 15 日到 1922 年 3 月 1 日的开支报告(GyBP,I.Abt.,Rep.34,Nr.13).[77 715].请求将 2000 马克作为应急基金。TLC(GyBP,I.Abt.,Rep.34,Nr.8).[77 904].

116. Bruno Borchardt 的来信 ［1922 年 3 月 18 日］
关于他的那本普及读物,询问是否使用"空间"而非"以太"当作场的载体;H.A.Lorentz 是否改变了 1914 年的主意,现在已经接受了相对论;狭义和广义相对论对于水星的异常近日点进动是否给出不同的值;现在是否有关于引力红移的新观测;牛顿关于光本性的想法。TLS.[43 325].

117. Xavier Léon 的来信 ［1922 年 3 月 18 日］
在爱因斯坦预计访问巴黎期间,法国哲学学会邀请爱因斯坦参加它 4 月 6

日的会议。ALS.[15 351].

118. M&Co 的来信 [1922年3月20日]

2000马克已经寄给 KWIP 了。TLS (GyBP, I. Abt., Rep. 34, Nr. 8, Mendelssohn 卷宗).[77 905].

119. Thomas Barclay 的来信 [1922年3月21日]

重新寄了一封信,原来那封信寄到一个错误的地址了。TLS.[43 179].

120. 梅休因的来信 [1922年3月21日]

有人推荐出版 *Laue 1921* 的英译本。征求爱因斯坦关于本书的意见。TLS.[42 200].

121. Mario Viscardini 的来信 [1922年3月21日]

附上了他的论文,对迈克尔逊-莫雷实验做出新的解释。ALS.[25 300].

122. IE 致 Rafaele Contu [1922年3月22日]

爱因斯坦同意授权出版 *Einstein 1920j* 和 *1921c* 意大利文译本,条件是他校对翻译,并且接受售价的 20%。TLC.[42 313].

123. IE 致菲韦格出版社 [1922年3月22日]

转寄了一份出版 *Einstein 1917a* 爱沙尼亚文译本的请求。TLC.[42 131].

124. Adolf von Harnack 的来信 [1922年3月25日]

附上 KWIP 1921—1922 和 1922—1923 财政年度的预算以及威廉皇帝学会的资助名单。TLS (GyBP, I. Abt., Rep. 34, Nr. 13).[77 716—77 719].

125. Oscar Martienssen 的来信 [1922年3月25日]

要求爱因斯坦撤回 1918 年的私人专家意见(第七卷,文件 11),因为 Hermann Anschütz-Kaempfe 打算在对航海设备公司(Gesellschaft für nautische Instrumente)新的一起诉讼中使用。从那时起,他就意识到,这个意见是基于错误的考虑,其基本结论是,该公司的专利申请取决于 Anschütz 的 241637 号专利,但没有给出解释。TLC (GyKiRA, Gruppe I, 1186 卷宗).[85 064].

126. Rafaele Contu 的来信 [1922年3月26日]

感谢第 122 条未刊文献摘要。爱因斯坦会得到零售价的 20%。请求同意在《大众科学》(*La Sienza per Tutti*)上发表两篇演讲报告。再次出版并不会给他们的单行本的销售带来损失。ALS.[42 314].

127. 致 Erwin Freundlich [1922年3月27日]

同意文件 109 中的提议。他今天准备离开,不能亲自邀请 Max Planck。TLS (GyBAW, II—XIIIuu—2313/3, Bl. 46).*Kirsten and Treder 1979a*, p. 189, No. 109.[88 086].

128. 致 Oscar Martienssen  ［1922 年 3 月 27 日］
只要会议不延期，他就能够参加，因为今天要离开柏林，外出 10 天左右。不记得案情，请求提供案件文档。TLC.［44 385］.

129. Germaine François 的来信  ［1922 年 3 月 27 日］
请求爱因斯坦帮助她的母亲获得更高的收入，帮助她的姐姐获得医疗护理。ALS.［43 708］.

130. Germaine François 的来信  ［1922 年 3 月 27 日之后］
为肖像画和献词致以谢意。ALS.［43 714］.

131. Henri L. Follin 的来信  ［1922 年 3 月 28 日与 1922 年 4 月 10 日之间］
爱因斯坦和 Rabindranath Tagore 被列入超国家共和国（République supranationale）的总中心名录簿，附上两个文件，很可能是 *Follin 1921* 和 *1921—1922*，用以解释他们的意图。TLS.［44 734.1］.

132. Adolf von Harnack 的来信  ［1922 年 3 月 28 日］
威廉皇帝学会的评议会从 1921 年 1 月 10 日起将爱因斯坦作为 KWIP 所长的年薪从 10 000 马克提到 20 000 马克，秘书的薪资从 3000 马克提到 8000 马克。预算从 1921 年 1 月 10 日起从 87 000 马克增加到 137 000 马克，1922 年 4 月 1 日又增加到 261 000 马克。TLS (GyBP, I. Abt., Rep. 34, Nr. 1—4).［78 002］.

133. Oscar Martienssen 的来信  ［1922 年 3 月 28 日］
寄来 1918 年的诉讼资料以帮助爱因斯坦理解他在第 125 条未刊文献摘要中的要求，并加上进一步反对爱因斯坦的专家意见的论证。TLS.［84 219］.

134. 梅休因的来信  ［1922 年 3 月 28 日］
从 *Einstein 1920j* 和 *1921c* 以及 *Lorentz et al. 1922* 的美国译本中，爱因斯坦将分别收到 10% 和 12.5% 的版税。询问爱因斯坦是否同意这些条款。TLS.［42 199］.

135. Oscar Martienssen 的来信  ［1922 年 3 月 29 日］
不能影响诉讼日期。祝愿爱因斯坦巴黎之行成功。ALS.［84 217］.

136. 社会主义知识分子团体的来信  ［1922 年 3 月 30 日］
邀请爱因斯坦在从巴黎返回柏林途中在列日市（Liége）停留，参加为他召开的团体会议。TLS.［44 305］.

137. Maurice Kraïtchik 的来信  ［1922 年 3 月 30 日］
以法国高等科学研究所（Institut des Hautes Etudes）其中一位所长的身份，邀请爱因斯坦来布鲁塞尔作报告。TLS.［44 204］.

138. ［D. Roy］的来信  ［1922 年 3 月 31 日］

对于爱因斯坦没有回复他 2 月寄来的明信片感到失望,明信片中请求与他进行一次半小时的会面。请求在爱因斯坦前往巴黎之前会面。"1922 年 4 月 25 日回复"的字样出自 IE 之手。AL.第二页丢失。[44 825].

139. 与戈捷-维拉尔出版社的合约 〔1922 年 4 月 3 日〕

对于 *Einstein 1922c* 法文译本,已售出的书支付 15% 的版税;免费送爱因斯坦 20 册书,送 Solovine 20 册书,编辑 20 册书,100 册供展示和宣传。TDS.[67 856.2].

140. 梅休因的来信 〔1922 年 4 月 3 日〕

提议出版爱因斯坦在巴黎的演讲报告。TLS.[42 202].

141. Charles-Eugène Guye 的来信 〔1922 年 4 月 5 日〕

爱因斯坦在日内瓦大学做报告的承诺很容易兑现,因为爱因斯坦现在就在巴黎。由于他的兄弟 Philippe 去世,他不能参加爱因斯坦在巴黎的报告会。ALS.[11 399].

142. Max Planck 的来信 〔1922 年 4 月 5 日〕

提议使用威廉皇帝学会的盈余 300 000 马克,通过 KWIP 给波茨坦天体物理研究所的 Walter Grotrian 的实验室购买新设备。得知爱因斯坦巴黎之行的消息,对此表示乐观。ALS.[19 296].

143. H. Amieta Sey 的来信 〔1922 年 4 月 5 日〕

请求授权在《工程学生中心杂志》(*Revista del Centro Estudiantes de Ingeniería*)(布宜诺斯艾利斯)发表 *Einstein 1916e* 西班牙文译稿。TLS.[44 740].

144. 罗曼·罗兰的来信 〔1922 年 4 月 6 日〕

欢迎爱因斯坦来巴黎。TrL 出自未知人物之手 (CaSdU, ETH HS 304:828).[71 579].

145. 托伊布纳的来信 〔1922 年 4 月 6 日〕

Josef Winternitz 提交了 *Winternitz 1923* 的手稿。征求爱因斯坦的意见。Philipp Frank 认为它胜过 Moritz Schlick 的书,因为它细节更丰富。TLS.[23 472].

146. 梅休因的来信 〔1922 年 4 月 7 日〕

*Lorentz et al. 1922* 的英译本现已发布广告。他们发现英国国内正在出售一个不完整的英译本,译者是加尔各答的 Debendra M. Bose。应该告知 Bose,爱因斯坦仅许可出版印地语译本,且只能在印度销售。TLS.[42 201].

147. 有法国科学家签名的菜单(插图 3). 〔1922 年 4 月 7 日〕

797

Louis Lapicque, Paul Langevin, M. Brillouin, Charles Fabry, Charles Guillaume, Aimé Cotton, Jules Drach, Henri Mouton, Giovanni Malfitano, René Audubert, Charles Mauguin, Charles A. Marie, Marie Curie-Skodowska, Georges Darzens, Maurice Solovine, Ernest DeDonder, Léon Brunschvicg, Edouard Guillaume, Xavier Léon, Emile Borel, Henri Fehr, Paul Painlevé, Jean Perrin, Maurice Croiset, Jacques Hadamard, Jean Becquerel, Charles Nordmann, Henri L. Vanderlinden, Ernest M. Lémeray, L. Joseph Olmer, Edmond Bauer 以及四个无法辨认的签名。PDS.[36 402]。

148. IE 致梅休因 ［1922 年 4 月 10 日］

回复第 134 条未刊文献摘要和第 146 条未刊文献摘要,告知爱因斯坦还没有从巴黎返回,他在那里作了一场即兴演讲;剩下的都是讨论。她确信爱因斯坦会推荐 Laue 的书。对于他们愿意为 Lou Albert-Lasard 夫人的事情出力表示感谢。画作将发表在一本德国艺术杂志上。TLC.[42 203]。

149. Heinrich Zangger 的来信 ［1922 年 4 月 10 日之后］

对爱因斯坦的名人身份以及量子［？］的问题做出评论。对下面系列事件表达看法:法美两国关系;俄国与 Bergson 的时间概念与爱因斯坦的时间概念之间的关系;爱因斯坦的巴黎之行;他即将访问奥保（Oppau）;法国报纸关于爱因斯坦行程的报道。TTrL.(SzZuZB, Nachlass H. Zangger, box 63).[92 972]。

150. 菲韦格的来信 ［1922 年 4 月 11 日］

督促寄回 3 月 5 日寄去的 *Einstein 1922c* 的校样,询问是否印 3000 册。TLS.[42 132]。"1922 年 4 月 20 日回复"的字样出自 IE 之手。

151. J. Grin 的来信 ［1922 年 4 月 12 日］

请求亲笔签名。ALS.[43 798]。

152. 梅休因的来信 ［1922 年 4 月 12 日］

普林斯顿大学出版社收到了 *Einstein 1922c* 的德语手稿,他们询问梅休因是否已经开始了英文翻译。Muller 印象中与爱因斯坦在莱顿会面之时爱因斯坦已经将翻译一事委托给了普林斯顿。请求就此事做出澄清。[42 204]。"1922 年 4 月 25 日回复"的字样出自 IE 之手。

153. IE 致梅休因 ［1922 年 4 月 15 日］

补充第 148 条未刊文献摘要,说爱因斯坦同意 *Einstein 1920j* 和 *1921c* 收取 10％的版税,以及 *Lorentz et al. 1922* 收取 12.5％的版税。询问 Debendra M. Bose 在加尔各答的地址,以解决 *Lorentz et al. 1922* 在印度发行英译本的事。爱因斯坦热情推荐 *Laue 1921*。TLC.[67 983]。

154. 致托伊布纳 ［1922 年 4 月 15 日］
回复第 145 条未刊文献摘要，与 Philipp Frank 一起推荐出版 *Winternitz 1923*。TLC. [23 473].

155. Potterat de Meysery 的来信 ［1922 年 4 月 15 日］
献上诚挚的敬意。Tgm. [36 404].

156. Heinz Quint 的来信 ［1922 年 4 月 15 日］
附上 *Quint 1922*，并总结其要点，即相对论的速度相加公式能够从逻辑上推导出来，而无需诉诸洛伦兹变换。TLS. [74 373].

157. 改造社的来信 ［1922 年 4 月 16 日］
询问合约以及 1000 英镑是否已经寄到。Tgm. [36 425].

158. 致改造社 ［1922 年 4 月 16 日］
钱已经收到，签名的合约将被寄回。第 157 条未刊文献摘要底部的 Dft 出自 IE 之手。[36 425.1].

159. 致 Ludwig Hopf ［1922 年 4 月 17 日］
不能接受去亚琛的邀请（文件 129），因为他必须从巴黎返回时途经基尔，他在这里为一起诉讼提供专家意见。AKS. [13 298].

160. 致 Maurice Kraïtchik ［1922 年 4 月 18 日］
感谢布鲁塞尔的演讲邀请（第 137 条未刊文献摘要）。尽管它能促进国际和解，但他没法尽到义务。推荐 Paul Langevin 或者 Théophile de Donder。他自己的法语还没有流利到能够公开演讲的程度。TL. [44 206].

161. 致 Adolf von Harnack ［1922 年 4 月 19 日］
从第 142 条未刊文献摘要中了解到 KWIP 可能收到威廉皇帝学会的 300 000 马克，申请这笔钱，因为它可能会用在非常有前景的项目中。TLC (GyBP, I. Abt., Rep. 34, Nr. 13). [77 720].

162. Erich Regener 的来信 ［1922 年 4 月 20 日］
推荐 Werner Braunbek，称他是斯图加特大学最有天赋的物理系学生，待人友善。提及了这儿的物理学教授 Peter P. Ewald，还提到 Hans Reichenbach 和 Hans Bartels。ALS. [20 015].

163. IE 致瑞士驻柏林大使馆 ［1922 年 4 月 21 日］
外交部建议爱因斯坦申请一个永久的旅游签证。TLC. [29 179.10].

164. 外交部的来信（Otto Soehring） ［1922 年 4 月 21 日］
转寄外交部与德国驻巴塞罗那总领事馆的往来通信。询问是否有在西班牙做演讲的打算。请求确认有关爱因斯坦应邀去日本的新闻。TLS. [43 137].

165. 外交部的来信(Alberti) ［1922 年 4 月 21 日］
将德国大使馆的报告转寄给外交部[43 143]，其中提到一封信，是在爱因斯坦离开巴黎后寄到大使馆的。TLS.[43 142].

166. Friedrich Glum 的来信 ［1922 年 4 月 22 日］
Adolf von Harnack 不在，在把请求提交给威廉皇帝学会理事会以及两个主管部门之前，要求详细说明 300 000 马克的可能用途（第 161 条未刊文献摘要）。TLS (GyBP, I.Abt., Rep.34, Nr.13).[77 721].

167. 菲韦格的来信 ［1922 年 4 月 22 日］
为 Einstein 1917a 波兰语译本追加的 500 马克已经转账。2/3 的份额 333 333 马克将以支票方式汇去。TLS.[42 133].

168. 致 Hermann Anschütz-Kaempfe ［1922 年 4 月 23 日］
感谢寄来修复完好的烟斗。AKS (D.Kubierschky).[84 300].

169. 犹太人联络办公室(Jüdisches Correspondenz-Büro)的来信 ［1922 年 4 月 24 日］
要求为其通讯简报支付月使用费。TLS.[44 077].

170. IE 致犹太人联络办公室 ［1922 年 4 月 25 日］
拒绝订阅它的通讯简报。爱因斯坦没有时间阅读它的每日新闻。TLC.[44 078].

171. Amsler & Ruthardt 的来信 ［1922 年 4 月 25 日］
Julius Turner 制作了爱因斯坦肖像画，并由 Amsler & Ruthardt 出版。询问爱因斯坦是否愿意为此肖像画亲笔签名，他为此开出的条件是什么。TLS.[43 044].

172. Heinrich J.Goldschmidt 的来信 ［1922 年 4 月 25 日］
很高兴爱因斯坦在访问巴黎期间没有受到法国沙文主义者的攻击。为无法给 Paul Hertz 提供任何翻译作品感到遗憾（文件 148）。感谢爱因斯坦向他引荐钢琴家 Joseph Schwarz 父子以及小提琴家 Boris Schwarz。ALS.[43 772].

173. 梅休因的来信 ［1922 年 4 月 25 日］
再次询问 Einstein 1922c 手稿的翻译。普林斯顿大学出版社在等待爱因斯坦的回应。TLS.[42 207].

174. Wolfgang Koehler 的来信 ［1922 年 4 月 26 日］
请求爱因斯坦出面，与哥廷根大学和基尔大学的物理学家或数学家一起帮助 Max Wertheimer 获取一个学术职位。ALS.[23 377].

175. ［1922 年 4 月 26 日］

入选美国国家科学院外籍院士。证书。[65 017].

176. 致 Aline Ménard-Dorian ［1922 年 4 月 27 日］
愉快地回忆起在巴黎拜访她时她的热情好客，请求她为 François 家庭(见第 129 条未刊文献摘要)出面，让姐姐能够被一家疗养院收留，母亲能有一个更好的工作机会。TLC.[43 709].

177. IE 致 Raphaele Contu ［1922 年 4 月 27 日］
回答第 126 条未刊文献摘要，爱因斯坦不反对在同一杂志发表 *Einstein 1920j* 和 *1921c*，前提是它不会影响单行本的销售。TLC.[42 315].

178. IE 致 Paul G. Tomlinson ［1922 年 4 月 27 日］
爱因斯坦不反对文件 144 中建议的给 *Einstein 1921c* 增加内容，但是要求书的正文部分保持不变。附上一份概要，作为附录。TLC.[42 174].

179. Hugo Meyerheim 的来信 ［1922 年 4 月 27 日］
作为一名会计，发现相对论中有些内容对会计理论很有用，附上一篇文章作出说明。TLS.[44 452].

180. 致财政部(Weyhe) ［1922 年 4 月 28 日］
请求立即将抚恤金发放给亡故的 Hugo Buchholz 的遗孀。TLC.[43 403].

181. 致 Friedrich Glum ［1922 年 4 月 28 日］
300 000 马克将用于为波茨坦天体物理天文台的 Walter Grotrian 的研究购置设备。TLC (GyBP, I. Abt., Rep. 34, Nr. 3, Grotrian 卷宗).[78 057].

182. Adolf von Harnack 的来信 ［1922 年 4 月 28 日］
将不会以优惠价格为科学或研究机构提供未蒸馏的乙醇。将按照上一年的乙醇使用情况，以报销方式向他们提供后续补贴。请求提供有关使用情况的信息。TLCSX (GyBP, I. Abt., Rep. 34, Nr. 6).[78 115].

183. Felix Rosenblüth 的来信 ［1922 年 4 月 30 日］
Hausmann 为耶路撒冷的希伯来大学设立了庞大的捐助资金。在他不久前过世后，他的妻子 Margarete Hausmann 为了履行丈夫的遗嘱，坚持要将这笔钱完全用于建立一所癌症研究院。
请求爱因斯坦写信给她，对捐赠一事美言几句，但不要反对这一捐助的具体用途。TLS.[36 853].

184. 梅休因的来信 ［1922 年 5 月］
从 1921 年 6 月 6 日到 12 月 31 日的 98 英镑(s2, d5,)的版税结算单已经寄给 Paul Ehrenfest。TD.[42 227].

185. Paul Painlevé 的来信 ［1922 年 5 月 1 日］
一天前的信中(文件 176)忘记请求寄给他两个亲笔签名。ALS.[44 642].

186. Maurice Kraïtchik 的来信　［1922 年 5 月 2 日］

在收到爱因斯坦的两封信（第 160 条未刊文献摘要，有一封已经遗失）后，正在筹备一个委员会以邀请爱因斯坦来布鲁塞尔作关于相对论的演讲，Théophile de Donder 是委员会的一员。爱因斯坦不擅长法语并无妨碍，因为演讲的听众是专业人士。Paul Langevin 希望在这里与爱因斯坦会面。ALS.［44 208］.

187. Adolf Reinstein 的来信　［1922 年 5 月 2 日］

感谢 4 月份寄来的 400 马克，同时提及爱因斯坦又增加了一倍捐款。他请求 1 110 马克以支付上涨的学费。ALS.［44 732］.

188. IE 致外交部（Alberti）　［1922 年 5 月 3 日］

感谢德国驻巴黎大使馆的报告副本，其中提到了转寄的一封信。爱因斯坦想知道这封信是在此次寄来的包裹里的那封信，还是另有一封信，仍未送达？TLC.［43 144］.

189. IE 致 Emile Berliner　［1922 年 5 月 3 日］

爱因斯坦现在荷兰，感谢寄来的总额 10 000 美元的支票，在与 Chaim Weizmann 就其用途做进一步讨论之前，他会保管好。TLC.［36 852］.

190. Adolf von Harnack 的来信　［1922 年 5 月 3 日］

请求在使用乙醇的情况说明上再增加使用乙酸和乙醚的情况（在第 182 条未刊文献摘要）. TLS (GyBP, I. Abt., Rep. 34, Nr. 6, Kaiser-Wilhelm-Gesellschaft 卷宗).［78 116］.

191. 雷克拉姆出版社（Reclam）的来信　［1922 年 5 月 3 日］

询问是否可以将爱因斯坦的赞誉（文件 117）用于推广 *Engelhardt 1921*。TLSX.［43 651］.

192. Julius Hoffmann 的来信　［1922 年 5 月 4 日］

打算出版 *Nordmann 1921a* 的德文版，请求为之撰写序言或者提供一份简短自传。TLS.［43 936］.

193. Casimiro Lana-Sarrate 的来信　［1922 年 5 月 4 日］

希望爱因斯坦收到他和 Arnold Sommerfeld 几天前寄出的明信片。Lina Kocherthaler 帮忙寄出眼前这封信。询问是否有一本适合一般大众阅读的相对论的德语书，因为他有兴趣筹备西班牙语译本，他希望能够在爱因斯坦访问西班牙之前完成。TLS.［44 245］.

194. IE 致 Amsler & Ruthardt　［1922 年 5 月 5 日］

爱因斯坦愿意在 Julius Turner 制作的蚀刻画上签名。如果销售价格发生变化，额外费用应该寄给 Bertha Turner。TLC.［43 045］.

195. IE 致 Chaim Weizmann ［1922 年 5 月 5 日］
Emile Berliner 寄来的一张 10 000 美元的支票现由爱因斯坦保管。是否将其用于在希伯来大学建立一所物理化学研究所，期待指示。爱因斯坦在巴黎与 Rothschild 男爵会面，但没有时间与其他犹太复国主义者会面。ALS (IsRWW).［67 650］.

196. Aline Ménard-Dorian 的来信 ［1922 年 5 月 5 日］
承诺帮助爱因斯坦的朋友（见第 176 条未刊文献摘要）。她可能会在 6 月 10—11 日从布拉格返程的途中在柏林逗留，届时将参加国际联盟会议。ALS.［43 711］.

197. Friedrich Heilbron 的来信 ［1922 年 5 月 5 日］
附上德国驻巴达维亚总领事馆给外交部的信，信中对爱因斯坦的荷属东印度之行寄予厚望。请求爱因斯坦再三斟酌他在文件 165 中做出的不去那儿的决定。TLS.［43 145］.Dft (GyBPAAA,Bd.R 64677).［82 287］.

198. Friedrich Schmidt-Ott 的来信 ［1922 年 5 月 5 日］
Adolf von Harnack 将会给 KWIP 寄来 300 000 马克，为 Grotrian 购置天体物理学研究所需设备。TLS (GyBP, I. Abt., Rep. 36, Nr. 3, Grotrian 卷宗).［78 059］.

199. ……［1922 年 5 月 5 日］
提名为乌普萨拉皇家科学学会的会员。［65 018］.

200. Eduard Singer 的来信 ［1922 年 5 月 6 日］
没有收到爱因斯坦的汇款，请求重新汇出，现急需这笔钱。ALS.［44 903］.

201. 德累斯顿银行(Dresdner Bank)的来信 ［1922 年 5 月 8 日］
回复爱因斯坦的询问，提供中国流通的钱币中贵金属的信息：中国沿海地区使用墨西哥银元、港元以及中国本土的银两。TLS.［36 485］.

202. Friedrich Glum 的来信 ［1922 年 5 月 8 日］
《德国汇报》(*Deutsche Allgemeine Zeitung*)征求有关威廉皇帝学会及其研究机构、研究课题以及个人的文章。KWIP 董事鼓励借此机会向公众说明他们的工作，以赢得更高资助金的支持。DftS (GyBP, I. Abt, Rep.1A, Nr. 613).［77 190］.

203. Mario Viscardini 的来信 ［1922 年 5 月 8 日］
感谢文件 173。为他假设光在以太中受摩擦作用进行辩护。ALS.［25 303］.

204. Leonard Nelson 的来信 ［1922 年 5 月 9 日］
鉴于爱因斯坦是国际青年联盟友好协会(Freundesrat des Internationalen Jugendbundes)的一员，请求将 Hermann Roos 推荐给 Haldane 勋爵。介绍

Roos 是一名德裔英国商人，他曾在哥廷根跟随 Nelson 学习。TLS.[13 069].

205. IE 致威廉皇帝学会 ［1922 年 5 月 10 日］

回复第 182 条未刊文献摘要和第 190 条未刊文献摘要，告知 KWIP 不用乙醇、乙酸或乙醚。TLC (GyBP, I. Abt., Rep. 34, Nr. 6, 威廉皇帝学会卷宗). [78 117].

206. Rafaele Contu 致 IE ［1922 年 5 月 11 日］

托伊布纳不同意将 *Lorentz et al. 1922* 翻译为意大利语。请求爱因斯坦对 *Kopff 1920* 做出评论，以及为杂志《大众科学》写一篇关于 Augusto Righi 的作品的评论，前者已被他译成意大利语发表了。ALS.[42 317].

207. Friedrich Schmidt-Ott 的来信 ［1922 年 5 月 11 日］

M&Co 寄来 KWIP 在 1921 年 4 月 1 日至 12 月 31 日期间以及 1922 年 1 月 1 日至 3 月 31 日期间的账户活动摘要。TLS, AD (GyBP, I. Abt., Rep. 34, Nr. 8, Mendelssohn 卷宗).[77 906], [77 907].

208. IE 致 Leo Krüger ［1922 年 5 月 12 日］

爱因斯坦对第 111 条未刊文献摘要中列出的研究计划印象深刻，愿意给 Krüger 心仪的一所德国大学写推荐信。TLC.[44 224].

209. 财政部的来信 (Weyhe) ［1922 年 5 月 12 日］

寄来文化部的批准函，同意第 181 条未刊文献摘要中的提议，给 Buchholz 的遗孀发放抚恤金。TLS.[43 405].

210. Walter Grotrian 的来信 ［1922 年 5 月 12 日］

请求 KWIP 拨款 300 000 马克为原子物理学研究建立一个实验室，会特别关注天体物理学研究。TLS (GyBP, I. Abt., Rep. 34, Nr. 3, Grotrian 卷宗). [78 060].

211. 悉尼大学的来信（Cullen） ［1922 年 5 月 12 日］

邀请爱因斯坦 9 月份参观爪哇岛期间顺便来悉尼大学、墨尔本大学、阿德莱德大学，提供 100 英镑的报酬并且承担旅费。Tgm.[44 934].

212. 悉尼大学、墨尔本大学、阿德莱德大学的来信 ［1922 年 5 月 12 日］

邀请爱因斯坦来澳大利亚，参观完爪哇岛后在每所大学待上一周。在承担旅费之余还提供 100 英镑的报酬。TLS.[44 933].

213. IE 致 Chaim Weizmann ［1922 年 5 月 12 日］

转寄纽约城的荣誉市民证书的副本。TLS (IsRWW).[70 989].

214. 致财政部（Weyhe） ［1922 年 5 月 12 日之后］

感谢第 209 条未刊文献摘要支持他给 Buchholz 的遗孀发放抚恤金的请求。

Dft 出自 IE 之手。[43 406].

215. 致威廉皇帝学会 [1922 年 5 月 13 日]

寄给 KWIP 1922 年 3 月(506 马克)和 4 月(1620.95 马克)的日常费用账目(account of running expenses)。5 月 1 日的资产是 23.30 马克。TDC (GyBP, I. Abt., Rep. 34, Nr. 13). [77 722].

216. 致 M&Co [1922 年 5 月 13 日]

寄去 KWIP 1922 年 3 月 1 日至 4 月 30 日期间的日常费用账目。请求汇款 2000 马克。TLC (GyBP, I. Abt., Rep. 34, Nr. 8, Mendelssohn 卷宗). [77 909].

217. 致 KWIP 董事会 [1922 年 5 月 14 日]

邀请参加 5 月 18 日的会议,就如下资助请求进行表决:Otto Stern 20 000 马克;Eduard Schweigler, Rudolf Seeliger 约 1500 马克;Johann Königsberger 约 4000 马克;以及 Walter Steubing 12 200 马克。TLC(GyBP, I. Abt., Rep. 34, Nr. 12). [77 681].

218. 致悉尼大学 [1922 年 5 月 15 日]

不能接受邀请,因为他行程十分紧。Dft 出自 IE 之手。[44 935].

219. Friedrich Glum 的来信 [1922 年 5 月 15 日]

附上一份来自内政部的文件,请求提供意见(见第 227 条未刊文献摘要). TLS. [40 146].

220. 致 Adolf Reinstein [1922 年 5 月 16 日]

不能继续资助,并建议他寻找其他收入来源。TLC. [44 733].

221. Kuno Kocherthaler 的来信 [1922 年 5 月 16 日]

感谢来信以及从莱顿和巴黎寄来的香肠和奶酪。期待在 1923 年 2 月与爱因斯坦一家会面。ALS. [44 153].

222. 梅休因的来信 [1922 年 5 月 16 日]

请问爱因斯坦是否会写一本关于他参与圣诞岛的日食考察的书,他们愿意出版此书。TLS. [42 206].

223. M&Co 的来信 [1922 年 5 月 17 日]

确认收到第 216 条未刊文献摘要,寄了 2000 马克。TLS (GyBP, I. Abt., Rep. 34, Nr. 8, Mendelssohn 卷宗). [77 910].

224. 中国公使馆的来信(Chinese Legation) (Cheng [Yin?]) [1922 年 5 月 18 日]

收到文件 177。信函已经转寄给北平的主管机构,一旦有了决定,他们会尽快通知爱因斯坦。TLS. [36 486].

225. 致 Maurice Kraïtchik [1922 年 5 月 19 日]

最近游历多处，现在需要待在柏林做些科学工作，遗憾不能发表相对论的演讲。TLC.[44 210].

226. IE 致戈捷-维拉尔出版社　［1922年5月20日］
要求在出版新版本之前，先对 Einstein 1917a 的法文译本进行修订，可能由 Maurice Solovine 来做。TLS (FrPGV, 爱因斯坦档案).[73 589].

227. 致 Friedrich Glum　［1922年5月20日］
［回复第 219 条未刊文献摘要？］A.Meyer 的小册子缺乏科学价值。没必要深入探究细节，只需要确认收到即可。TLC.[40 147].

228. Hedwig Kohn 的来信　［1922年5月20日］
她用于研究气体的光电效应的光谱仪有现货了，但由于推迟了两年，其价格已经涨到了 60 000 马克。向 KWIP 提出请求，在 1920 年和 1921 年资助她 17 000 马克的基础上，再继续资助她的研究。如果 KWIP 拒绝这项资助，请求准许她向德国科学应急委员会求助。ALS (GyBP, I.Abt., Rep.34, Nr.7).[77 808].

229. 菲韦格的来信　［1922年5月20日］
爱因斯坦将收到出版 Einstein 1922c 所得的 21 600 马克的版税，付印 3000 本，每本售价 36 马克。TLS.[42 134].

230. Lipmann Halpern 的来信　［1922年5月21日］
已被哥尼斯堡大学招收，并感谢爱因斯坦的帮助。强调在东欧建立一所犹太大学的重要性。不同意爱因斯坦提出的建址位置：比起爱因斯坦建议的科诺，他更喜欢像梅默尔或但泽这样的自由州。ALS.[43 850].

231. 致 Adolf von Harnack　［1922年5月22日］
附上 KWIP 在 1921/22 财政年度的预算报告和进展。TLS (GyBP, I.Abt., Rep.1A, 1665, Bl.56—58).[77 965]—[77 967].

232. Margarete Hausmann-Frank 的来信　［1922年5月22日］
感谢爱因斯坦对她丈夫的过世发来吊唁（文件 196 中所述）。她将努力接管好这笔遗产，使之用于资助正义的事业，正如她已经为希伯来大学捐出的两笔捐款一样。希望年轻人在反抗压迫犹太精神的斗争中能够受益，变得坚强，但不要傲慢，并感谢爱因斯坦为所有国家的犹太青年学者树立了一个神圣的榜样。ALS.[36 855].

233. Erwin Freundlich 的来信　［1922年5月22日］
询问爱因斯坦是否同意 Otto Jeidels 和 James Franck 被邀请加入爱因斯坦基金会的监事会（文件 109）。Max Planck 已经拒绝了，他认为重要的是监事会里要有一名实验物理学家。ALS.[11 260],[11 263].

234. Robert A. Millikan 的来信　［1922 年 5 月 22 日］
   附上文件 199。希望收到爱因斯坦同意成为美国国家科学院院士的信函，请寄往他在布鲁塞尔的地址，他在那里会待上一个月左右。ALS（CPT, Millikan Collection）.［17 288］。

235. Karel Vorovka 的来信　［1922 年 5 月 23 日］
   请求为 *Einstein 1917a* 的捷克语译本写一篇简短的序言。ALS.［23 190］。

236. IE 致菲韦格　［1922 年 5 月 24 日］
   请求推迟发行 *Einstein 1922c* 的德译本，直到它的英译本在美国正式发行。TLC.［42 135］。

237. 戈捷-维拉尔出版社的来信　［1922 年 5 月 24 日］
   Maurice Solovine 将校正 *Einstein 1917a* 的法文译本，并会告知爱因斯坦需要修订的地方。TLS.［67 854］。

238. IE 致 Maurice Solovine　［1922 年 5 月 25 日］
   *Einstein 1905r* 和 *1916f* 的翻译由爱因斯坦全权决定，他不反对出版法文译本。爱因斯坦提出收取 15％的版税。TLC.［21 172］。

239. Sven G. Hedin 的来信　［1922 年 5 月 26 日之前］
   爱因斯坦被选为瑞典科学院院士。附上证书。ALS.［30 150］。

240. 致 Sven G. Hedin　［1922 年 5 月 26 日］
   对入选瑞典科学院院士表示感谢。TLC.［30 151］。

241. 致 Max von Laue［以及 KWIP 董事会的成员］　［1922 年 5 月 26 日］
   转寄 Hedwig Kohn 关于额外资助的请求（未刊文献摘要 228），咨询他们的意见。对一个公司是否被允许因为延迟发货就抬高仪器价格心存怀疑。TLC（GyBP, I. Abt., Rep. 34, Nr. 7, Kohn 卷宗）.［77 809］。

242. Amsler & Ruthardt 的来信　［1922 年 5 月 26 日］
   同意未刊文献摘要 194 中的请求，将余款寄给 Bertha Turner。TLS.［43 046］。

243. Walter Grotrian 的来信　［1922 年 5 月 26 日］
   提供他的银行账户信息。希望他请求用于波茨坦天体物理学天文台的物理实验室的资助已经寄到。TKS（GyBP, I. Abt., Rep. 34, Nr. 3, Grotrian 卷宗）.［78 062］。

244. 致 Max von Laue　［1922 年 5 月 27 日］
   寄去 KWIP 监事会 3 月 18 日的会议纪要，以及 1921—1922 财政年度授予资助的列表。TLC（GyBP, I. Abt., Rep. 34, Nr. 8, Laue 卷宗）.［77 839］。

245. 致 Georg Kareski　［1922 年 5 月 28 日］

向柏林一所犹太医院推荐妇科医生 Alfred Loeser。TLC.[44 353].

246. Max von Laue 的来信 ［1922 年 5 月 29 日］
回复未刊文献摘要 241,建议请求应急委员会的 Gehlhoff 与 Schmidt 和 Haensch 协商价格。TLS (GyBP, I. Abt., Rep. 34, Nr. 7, H. Kohn 卷宗).[77 810].

247. 致 Tatiana Ehrenfest-Afanassjewa ［1922 年 5 月 30 日］
督促她让［Venyamin F.?］Kagan 把他的手稿寄来。爱因斯坦会尝试发表。Galinka 肯定已经出发去旅行了。EE 很期待日本之行。AKS.[10 268].

248. IE 致菲韦格 ［1922 年 5 月 30 日］
感谢寄来 21 600 马克的支票。请求再寄来一本 *Sommerfeld 1921*,因为爱因斯坦已经将较早前收到的册子都送人了。TLC.[42 136].

249. 斯洛沃 (Boris Elkin) 的来信 ［1922 年 5 月 30 日］
从 Gregorius Itelson 那儿得知,爱因斯坦同意收取 *Einstein 1922c* 俄语译本 20% 的版税。接受这些条件,会寄来一份合约。TLS.[41 1039].

250. 菲韦格的来信 ［1922 年 5 月 30 日］
惊讶于 *Einstein 1922c* 的美国版本还没有发行(见文件 196),这导致他们不能继续推广德语版本。他们会因已经接收的订单而亏损。美国和德国的版本不存在相互竞争。想知道美国出版商是哪家,爱因斯坦是以什么方式承诺美国版本的优先权。TLS.[42 137].

251. IE 致《工程学生中心杂志》*Revista del Centro Estudiantes de Ingenieria* ［1922 年 5 月 31 日］
爱因斯坦允许出版 *Einstein 1916f* 的西班牙语译本,但如果书商发行单行本的话,则要求 20% 的版税。TLC.[44 741].

252. IE 致菲韦格 ［1922 年 5 月 31 日］
*Einstein 1922c* 的德语版不能在美国版本发行之前销售,因为爱因斯坦与美国出版商的合约里是这么规定的(见未刊文献摘要 250)。建议他们与普林斯顿大学出版社联系,了解书何时发行。TLC.[42 138].

253. Fritz Haber 的来信 ［1922 年 5 月 31 日］
回复未刊文献摘要 241,已经通过 Ladenburg 咨询了 Hedwig Kohn 的仪器在最初阶段商定的是固定价格还是可调价格。第二种情况必须支付 60 000 马克(未刊文献摘要 228);第一种情况应咨询律师。TLS (GyBP, I. Abt., Rep. 34, Nr. 7, Kohn 卷宗).[77 811].

254. 与斯洛沃的出版合约 ［1922 年 6 月 1 日］
保证 *Einstein 1922c* 俄语译本的版税为 20%。TDS.[41 1041].

255. 致 Friedrich Heilbron ［1922年6月1日］
   回复未刊文献摘要197，告知在 Max Planck 的再三敦促下他接受了"德国自然研究者与医生协会"（GDNÄ）会议的邀请。回避的话只会加深他与一部分顶尖德国物理学家之间的紧张关系。TLC.［43 147］.

256. IE 致 Julius Hoffmann ［1922年6月1日］
   爱因斯坦拒绝给 Nordmann 1921a 的德文版写导言，觉得自己被置于一种尴尬的境地。爱因斯坦还要求不要在书里放个人照片，因为"在科学世界里太过于彰显自己显然违背了一种高雅的口味"（"das allzustarke Hervortreten des persönlichen Moments in der Wissenschaft dem guten Geschmack zuwider läuft."）TLC.［43 937］.

257. Tatiana Ehrenfest-Afanassjewa 的来信 ［1922年6月1日］
   会写信给［Venyamin］Kagan。Samuel O. Schatunowsky 会寄来他的论文。Galinka 和［Arnaud］Denjoy 一起去了巴黎。AKS.［10 269］.

258. Constantino Gorini 的来信 ［1922年6月1日］
   感谢1921年10月24日的信，对爱因斯坦母亲的过世表示慰问。爱因斯坦不久前被选为伦巴第皇家科学与文学研究院（Reale Istituto Lombardo di scienze e lettere）数学和自然科学部下的数学组的外籍通讯院士。ALS.［43 791］.

259. Werner Kolhörster 的来信 ［1922年6月1日］
   请求批准进一步资助关于较大面积水面贯穿辐射变化的持续研究。ALS（GyBP, I. Abt., Rep. 34, Nr. 7, Kolhörster 卷宗）.［77 822］.

260. 新渡户稻造的来信 ［1922年6月1日］
   代表秘书长 Eric Drummond 对他愿意服务于智力合作委员会表示感谢。TLS（SzGeBNU, R1029/13C/ 20823X/14297）.［82 880］.

261. 菲韦格的来信 ［1922年6月2日］
   提议 Einstein 1917a 第14版的印量为5000册，对此爱因斯坦是否有异议。附上来自君士坦丁堡的 Antoine Ph. Chalas 的一封信，征求意见。TLS.［42 139］.

262. Emil Warburg 的来信 ［1922年6月2日］
   回复未刊文献摘要241，认为不太可能用更少的金额购买到设备。尽管该研究课题或许吸引人，但不值得花费70 000马克，这笔钱相当于 KWIP 的全部预算。建议向应急委员会求助。ALS（GyBP, I. Abt., Rep. 34, Nr. 7, Kohn 卷宗）.［77 812］.

263. 致 Johann Königsberger ［1922年6月3日］

KWIP 准许资助他 4000 马克,用于购买一个整流器,正等待监事会的批准。TLC (GyBP,I.Abt.,Rep.34,Nr.7,Königsberger 卷宗).[77 794].

264. Hartmut Kallmann 和 Paul Knipping 的来信 ［1922 年 6 月 3 日］
请求 KWIP 给予资助,用于购买一个 Hoffmann 静电计以继续进行 James Franck 的实验,即测量在慢电子的轰击下产生的离子的质量,Fritz Haber 支持这一请求。TLS (GyBP., I. Abt., Rep. 34, Nr. 6, Kallmann 卷宗).[77 774].

265. Georg Kareski 的来信 ［1922 年 6 月 3 日］
收到爱因斯坦的推荐(未刊文献摘要 245),并且与 Alfred Loeser 见了面。需要两至三个月才能做出决定。TLS.[44 354].

266. 文化电影(Kultur-Film)的来信 ［1922 年 6 月 3 日］
按照 AE 的要求,他们将把制片厂的电影名字"爱因斯坦影片"("Einstein-Film")换成"相对论影片"("Relativitäts-Film"),该制片厂制作了电影"爱因斯坦相对论的基础"。TLS.[43 950].

267. 伦巴第研究院(Instituto Lombardo)院长的来信 ［1922 年 6 月 5 日］
通知爱因斯坦已经被选为伦巴第皇家科学与文学研究院数学和自然科学部下的数学组的外籍通讯院士。TLS.[30 153].

268. Adolf von Harnack 的来信 ［1922 年 6 月 5 日］
威廉皇帝学会研究所的助理人员必须被分为以下两类:维持研究必需的,或者通过个人或研究机构间的合作对进一步发展做出贡献的。前者将列为预算内雇员,后者属于预算外,由所长自行决定酬劳。外国人不能被聘为预算内助理。TLS (GyBP,I.Abt.,Rep.1A,Nr.57 & 613).[77 193],[77 054].

269. 威廉皇帝学会(Keller)的来信 ［1922 年 6 月 6 日］
已经发放给 Hedwig Kohn 7000 马克的资助,1920 年 5 月 18 日授予的。(第 10 卷,日程表).TLS (GyBP,I. Abt., Rep. 34, Nr. 7, Kohn 卷宗).[77 815].

270. Thorstein G.Wereide 的来信 ［1922 年 6 月 7 日］
询问自己是否可以写一本关于爱因斯坦及其思想的书,将由挪威出版商发行挪威-丹麦语版本和瑞典语版本;爱因斯坦是否认为 Moszkowski 的书有引用的价值,以及爱因斯坦是否愿意帮他写些简短评语,并且与他做一次简短交谈。ALS.[45 239].

271. 日本邮船株式会社致 EE ［1922 年 6 月 8 日］
提供两间"北野丸"号轮船的客舱,大约 10 月 7 日从马赛开往日本。票价是 120 英镑,但会打听能否降价。TLC.[36 456].

272. 斯洛沃（Boris Elkin）的来信 ［1922 年 6 月 8 日］
 确认收到签名的出版合约（未刊文献摘要 254），已寄去盖上印章的副本。TLS.［41 1040］.

273. Chaim Weizmann 的来信 ［1922 年 6 月 9 日］
 请求爱因斯坦为一本名为《新巴勒斯坦》(*The New Palestine*)的书写其中一章或简介，这本书还有其他的撰稿者，准备在新巴勒斯坦周边地区发行。很可能会有由英国首相撰写的导言。TLS.［33 357］.

274. 梅休因（Muller）的来信 ［1922 年 6 月 10 日］
 帮翻译者 George Jeffery 请求一份最新版的 *Lorentz et al. 1922* 的副本，里面收录了 Hermann Weyl 的一篇简短论文。TLC.［67 984］.

275. Maurice Solovine 的来信 ［1922 年 6 月 11 日］
 感谢将翻译 *Einstein 1905r* and *1916f* 一事委托于他，并告知已经批准支付爱因斯坦 15% 的版税（文件）。很高兴爱因斯坦要求出版 *Einstein 1917a* 新的法文译本，乐意承担这一工作。建议在文字上做些小修改，并在结尾加上 *Einstein 1911h*，以新增订本命名。希望这样能够安抚 Jeanne Rouvière。还请求爱因斯坦为他最近翻译的 *Thirring 1923* 写导言。只需在信中回答他的一些问题即可。寄去有关中国海洋学和宗教的书。ALS.［21 173］.

276. 致 KWIP 监事会 ［1922 年 6 月 12 日］
 提交由董事会提议的下列拨款，请求批准：拨给 Otto Stern 20 000 马克、Rudolf Seeliger 1500 马克、Johann Königsberger 4000 马克、Walter Steubing 2500 马克。TLS (GyBP, I. Abt., Rep.1A, Nr.1658).［77 354］.

277. 致 Adolf von Harnack ［1922 年 6 月 12 日］
 关于未刊文献摘要 198，请求汇 300 000 马克给 Walter Grotrian，用于在波茨坦天体物理天文台建立一个物理实验室。TLC (GyBP, I. Abt., Rep.34, Nr.3, Grotrian 卷宗).［78 063］.

278. 致 Max von Laue ［1922 年 6 月 12 日］
 邀请参加 6 月 15 日的 KWIP 董事会会议。将商议 Hedwig Kohn 和 Werner Kohlhörster 的资助申请，前者希望购置一个石英光谱仪，后者用于他的穿透辐射研究。TLC (GyBP, I. Abt., Rep.34, Nr.8, Laue 卷宗).［77 840］.

279. 致普鲁士科学院 ［1922 年 6 月 12 日］
 要评议的文档太肤浅了，不值得一个专家去回复。ALS (GyBAW, II, VIAbs.3, Bd.9, Bl.8). *Kirsten and Treder 1979a*, No.63.

280. 与斯洛沃的出版合约 ［1922 年 6 月 13 日］

保证为 *Einstein 1920j* 和 *1921c* 的俄语译本支付 20% 版税,两者一起出版。爱因斯坦将获得售价的 20%。TDS.[41 1042].

281. 致 Arnold Berliner  [1922 年 6 月 13 日]
附上给《自然科学》(*Die Naturwissenschaften*)的关于 Emil Warburg 的手稿(*Einstein 1922l* [文件 231]),如需任何修改但说无妨。TLC.[7 016].

282. 致伦巴第研究院院长  [1922 年 6 月 13 日]
感谢被选为研究院的外籍通讯院士。TLS.[30 154].

283. Rafaele Contu 致 IE  [1922 年 6 月 13 日]
*Einstein 1920j* 和 *1921c* 的意大利文译本已经准备就绪,将寄给 IE。又,由于爱因斯坦的日本之行会推迟出版,他是否能够不经爱因斯坦审核就出版。TLS.[42 319].

284. IE 致 Rafaele Contu  [1922 年 6 月 14 日]
回复未刊文献摘要 206,爱因斯坦并不反对 *Lorentz et al. 1922* 的意大利文译本,但是,Contu 只能发表爱因斯坦的文章,而不能同时发表三个作者的所有文章。爱因斯坦没有时间写关于 Augusto Righi 的东西。TLC.[42 318].

285. IE 致 Maurice Solovine  [1922 年 6 月 14 日]
寄了几行爱因斯坦写的内容,可以作为 *Thirring 1923*(文件)的导言。根据爱因斯坦与 Jeanne Rouvière 的早期约定,她可能必须收取 *Einstein 1917a* 新译版的版税。建议戈捷-维拉尔出版社与她确认合约。*Einstein 1911h* 无法像未刊文献摘要 275 中所说被纳入新版本,因为这篇论文给出的最初思考没有考虑到空间曲率,仅得出了光偏转正确值的一半。TLC.[21 175].

286. Carl Bonnevie 的来信  [1922 年 6 月 15 日]
附上挪威妇女杂志 *Urd* 对他姐姐 Kristine Bonnevie 的一篇采访。她的观点是,新的智力合作委员会应该扩大各国间的科学信息交流。TLS.[43 321].

287. Adolf von Harnack 的来信  [1922 年 6 月 15 日]
附上给 M&Co 信件的副本,信中提到汇给 Walter Grotrian 300 000 马克。TLS (GyBP, I. Abt., Rep. 34, Nr. 8, Mendelssohn 卷宗).[77 911],[77 912].

288. KWIP 董事会备忘录  [1922 年 6 月 15 日]
批准拨款给 Hedwig Kohn 购置石英光谱仪,以及拨 10 000 马克给 Werner Kohlhörster 研究穿透辐射。Hartmut Kallmann 和 Paul Knipping 则被要求提供有关 Hoffmann 静电计价格的更多信息。TDC (GyBP, I. Abt., Rep. 34, Nr. 10, Steubing 卷宗).[77 683].

289. 致 M&Co  [1922 年 6 月 16 日]

寄去 KWIP 5 月份的日常费用账目,要求将 2000 马克汇入账户。TLC (GyBP,I.Abt.,Rep.34,Nr.8,Mendelssohn 卷宗).[77 913].

290. Debendra Nath Bannerjea 的来信 [1922 年 6 月 16 日]
询问爱因斯坦是否愿意就德国的教育方法问题与他做一次访谈,在智力合作委员会的下一次会议召开之前。ALS.[34 897].

291. Fridtjof Nansen 的来信 [1922 年 6 月 16 日]
他正在为俄国饥饿地区儿童救济南森委员会(Nansen-Komitee für die Kinderhilfe in den Hungerdistrikten Russlands.)编制一本选集。询问爱因斯坦是否愿意在编辑委员会任职。TLS.[44 511].

292. IE 致 Debendra Nath Bannerjea [1922 年 6 月 16 日之后]
询问到达柏林的日期,以讨论智力合作委员会要完成什么样的工作。ADft [34 898].

293. 致 Franz Schmidt & Haensch [1922 年 6 月 17 日]
要求交付石英光谱仪,KWIP 在 1920 年早期就给 Hedwig Kohn 提供资助用于购置该设备。想知道最终价格是否可以降低,因为该设备占用了研究所年度预算的很大一部分,况且延迟交付是因为他们那边出了问题。TLC (GyBP,I.Abt.,Rep.34,Nr.7,Kohn 卷宗).[77 816].

294. Adolf von Harnack 的来信 [1922 年 6 月 17 日]
要求威廉皇帝学会的董事为研究所过去一年的活动编制两页纸的说明。这些材料将被印出,并附在年度会议的邀请函中。TLS (GyBP,I.Abt.,Rep. 1A,Nr.613).[77 194].

295. Rafaele Contu 致 IE [1922 年 6 月 19 日]
请求允许修改 Lorentz et al.1922。建议将此书分成许多本小册子,从 Einstein 1920j 和 1921c 开始,并包含 Paul Langevin、Max Planck、Henri Poincaré、Bernhard Riemann 等人的作品,以及爱因斯坦的其他出版物。请求爱因斯坦将版税降低到 15%,因为这些书会吸引更多的读者。他很快会完成 Einstein 1920j 和 1921c 的翻译,并寄给爱因斯坦。TLS.[42 320].

296. 石原纯的来信 [1922 年 6 月 19 日]
很高兴爱因斯坦接受了日本之行的行程安排(文件 118)。爱因斯坦可以对报告的时长以及离开的日期做出调整。日本出版商改造社将与他签订关于爱因斯坦著作的日语译本的合约。ALS.[36 417].

297. M&Co 的来信 [1922 年 6 月 19 日]
给 KWIP 转账 2000 马克的通知。TLS (GyBP,I.Abt.,Rep.34,Nr.8,Mendelssohn 卷宗).[77 914].

298. 致 Hartmut Kallmann 和 Paul Knipping  ［1922 年 6 月 20 日］
KWIP 董事会将拨款用以制造 Hoffmann 静电计。要求他们寄来有关价格的详细信息。TLC (GyBP, I. Abt., Rep. 34, Nr. 6, Kallmann 卷宗).［77 777］.

299. 致 Werner Kolhörster  ［1922 年 6 月 20 日］
KWIP 提议最多拨款 10 000 马克用于资助他关于穿透辐射的实验。TLC (GyBMPG, I. Abt., Rep. 34, Nr. 7, Kolhörster 卷宗).［77 824］.

300. Albert Knab 的来信  ［1922 年 6 月 20 日］
邀请他加入名誉委员会，并签署一份关于在美国开办德国绘画艺术家联盟 (Bund Zeichnender Künstler Deutschlands) 作品展的声明，旨在唤起在美国居住的德国人的爱国精神。ALS.［43 414］.

301. 意大利科学学会的来信  ［1922 年 6 月 20 日］
寄去颁发给爱因斯坦的玛得希 (Matteucci) 金质奖章，表彰他在物理学上的发现。该奖章是 1920 年颁发的，但是由于国际邮递业务有困难，邮件被推迟了。TLS.［30 157］.

302. 日本邮船株式会社致 EE  ［1922 年 6 月 21 日］
没有收到未刊文献摘要 271 的回复。请求对附上的副本做出回复。TLS.［36 455］.

303. 致 Albert Knab  ［1922 年 6 月 22 日］
爱因斯坦不会在以宣传民族主义为目的的声明上签字（未刊文献摘要 300）。德国研究的权威来自于它自身，而不是借助某些特殊的手段。Dft 出自 IE 之手。［43 415］.

304. Erwin F. Freundlich 的来信  ［1922 年 6 月 22 日］
爱因斯坦基金会 (Einstein-Spende) 的成员有：爱因斯坦（主席）；Erwin F. Freundlich（管理人）以及 Hans Ludendorff、Hugo A. Krüss、Gustav Müller、James Franck、Carl Bosch、Rudolf Schneider、Otto Jeidels 和 Ludwig Ruge. TLC (GyBAW, 天体物理学天文台 147, Bl. 63).［88 089］.

305. Morris R. Cohen 的来信  ［1922 年 6 月 23 日］
美国哲学协会已经拨款用于购买哲学书籍和期刊，并免费向欧洲图书馆和需要他们的学者发放。他询问柏林相关哲学家的名字。还希望爱因斯坦撰写完成关于量子和辐射的讲稿，这是他在纽约城市学院做此演讲时作出的承诺。ALS.［32 449］.

306. 致 Fridtjof Nansen  ［1922 年 6 月 26 日］
同意未刊文献摘要 261 中的请求。Dft 在［44 511］的底部。

307. 与戈捷-维拉尔出版社的合约  ［1922 年 6 月 27 日］

由 Maurice Solovine 翻译的 *Einstein 1905r* 和 *1916f* 法文本的版税定为 15%。TDS.[67 856.4].

308. 土井不昜的来信 ［1922 年 6 月 28 日］
寄来文件 206 中承诺的论文。它讨论了关于双星的观测以及 Sommerfeld 基于相对论做出的修正。ALS.[36 440].

309. [H.] Shimahi 的来信 ［1922 年 6 月 29 日］
转寄日本邮船株式会社写给日本驻柏林大使馆的信函的副本，信中提到了可供爱因斯坦用的客舱。TLS.[36 457]，TTrL [36 458].

310. 菲韦格的来信 ［1922 年 6 月 29 日］
转寄日本出版社岩波（Iwanami）为 *Einstein 1917a* 日语译本支付的 162 135 马克的三分之二。TLS.[42 141].

311. 致 Walther Nernst ［以及 KWIP 董事会成员］ ［1922 年 7 月 1 日］
就 E.Leybolds Nachfolger 提供给 Hartmut Kallmann 和 Paul Knipping 的 Hoffmann 静电计的价格是否过高[77 725]征求意见。TLC (GyBP, I. Abt., Rep.34, Nr.13).[77 726].

312. Maximilian Pfister 的来信 ［1922 年 7 月 1 日］
询问爱因斯坦是否准备在上海以及中国其他城市发表演讲。邀请爱因斯坦在访问上海期间住在他家。一个美国人 H.Robertson 已经准备好为这场演讲的行程安排提供帮助。附上文件 327。ALS.[36 492].

313. Max von Laue 的来信 ［1922 年 7 月 3 日］
回复未刊文献摘要 311，指出 40 000 马克纸币的价值低于 600 金马克。在战前，这样一套为顾客定制的设备不会比这便宜。如果研究所可以筹得这笔钱，建议以此价格购买该设备，并向应急委员会和亥姆霍兹协会（Helmholtz Gesellschaft）询问是否可以联合购买。TLS (GyBP, I. Abt., Rep.34, Nr.13).[77 727].

314. Walther Nernst 的来信 ［1922 年 7 月 4 日］
对耗巨额资金采购 Kallmann 和 Knipping 所需的设备持保留态度。ALS 在未刊文献摘要 311 的底部。(GyBP, I.Abt., Rep.34, Nr.13).[77 726.1].

315. Debendra Nath Bannerjea 的来信 ［1922 年 7 月 5 日］
希望在 7 月 22 日或 23 日上门拜访。ALS.[34 900].

316. 松原一雄(Kazuo Matsubara)的来信 ［1922 年 7 月 5 日］
电报告知他们与日本邮船株式会社讨论的结果，在得到回复后会尽快寄来。"北野丸"号邮轮暂时计划在 9 月 30 日抵达伦敦，并预计将在一周后到达马赛。TLS.[13 383].

317. Clarence H. Robertson 的来信　［1922 年 7 月 5 日］
希望爱因斯坦答应在中国进行为期几周的演讲之行,或者至少在上海举办一场或多场演讲。TLS. [36 497].

318. Fritz Haber 的来信　［1922 年 7 月 6 日］
回复未刊文献摘要 311,指出实际价格相当于 100 美元,并且鉴于德国目前形势,德国货币在未来几周内还会贬值。TLS (GyBP, I. Abt., Rep. 34, Nr. 13). [77 728].

319. 松原一雄的来信　［1922 年 7 月 7 日］
转寄日本邮船株式会社发来的电报,[36 462],确认 EE 接受邮轮住宿条件的信函,以及爱因斯坦在日本驻柏林大使馆留下的文件。TLS. [36 461].

320. Emil Warburg 的来信　［1922 年 7 月 7 日］
回复未刊文献摘要 311,他无法就 Hoffmann 静电计一事做出最终决定。ALS (GyBP, I. Abt., Rep. 34, Nr. 13). [77 729].

321. Chaim Weizmann 的来信　［1922 年 7 月 7 日］
提醒未刊文献摘要 273 中的请求。TLS (IsRWW). [70 992].

322. Aline Ménard-Dorian 的来信　［1922 年 7 月 8 日］
报告她为帮助 François 一家所做的努力,比如为生病的姐姐安排医院(见未刊文献摘要 176)。对德国发生的政治事件感兴趣,希望他们自由和博爱的共同目标最终能实现。ALS. [43 713].

323. M. Weiner 的来信　［1922 年 7 月 8 日］
1904 年 19 岁时,他曾给 Walther Rathenau 上过希伯来语课。建议爱因斯坦与 Rathenau 家人联系,请求他们捐赠 5 000 英镑在巴勒斯坦购置 100 公顷土地,在其上建立一所"工人"学院,以纪念 Rathenau,学院可在"犹太人文艺复兴"(Jewish renaissance)的著名代表人物短期访问时招待他们。ALS. [45 232].

324. IE 致 Rafaele Contu　［1922 年 7 月 11 日］
建议就 *Lorentz et al. 1922* 中 Hermann Minkowski 文章的翻译版权一事联系他的遗孀。对于自己在论文集中的论文,爱因斯坦要求 18% 的版税,因为这本书是给专业人士看的。至于 *Einstein 1920j* 和 *1921c*,他坚持他之前要求的 20%。TLC. [42 321].

325. 致意大利科学学会　［1922 年 7 月 11 日］
授予他的金质奖章(未刊文献摘要 301)代表了知识分子间的国际合作被重新确立,同时也代表了他的科学成就得到认可。TLC. [30 158].

326. Hendrik K. de Haas 的来信　［1922 年 7 月 11 日］

请求爱因斯坦 9 月份在鹿特丹举行的巴达维亚学会两年一次的大会上作唯一演讲,会议通常在周日召开。除了旅行费用和住宿费用外,还将提供 300 荷兰盾的酬金。会议的确切日期将在与爱因斯坦、鹿特丹市长以及学会主席协商后确定。TLS.[43 197].

327. Ferdinand Le Bourgeois 的来信  [1922 年 7 月 11 日]

对爱因斯坦作为德国代表加入最近成立的智力合作委员会表达喜悦之情。将于 1922 年 8 月 1 日在日内瓦举行第一次会议。寄去他关于这一主题的著作的副本(可能是 *Le Bourgeois 1919*)。ALS.[43 335].

328. 鹿特丹物理学会的来信  [1922 年 7 月 11 日]

请求举办一场公众演讲,可能在周一,即爱因斯坦在巴达维亚学会的演讲结束之后。提供 100 荷兰盾.TLS.[43 198].

329. 施普林格的来信  [1922 年 7 月 11 日]

1920 年售出 6 454 册 *Einstein 1920j*,盈利 3339.15 马克。爱因斯坦已经收到 3000 马克,并有权获得剩下的 314.35 马克.TLS.[41 1072].

330. 致普鲁士科学院  [1922 年 7 月 12 日]

由于他要出国旅行,要求从 10 月 7 日暂停发放他的薪金,截止日期未定。TLS (GyBAW, II—III, Bd. 39, Bl. 124).[79 337].

331. Adolphe Ferrière 和 Henri Reverdin 的来信  [1922 年 7 月 12 日]

请求爱因斯坦作为智力合作委员会的成员在委员会 8 月会议召开前几日到达,参加于 7 月 28 日到 8 月 1 日在日内瓦召开的第三届国际道德教育会议。会议旨在建立和发展教育者的道德合作。TLS.[34 896].

332. Maurice Solovine 的来信  [1922 年 7 月 12 日]

准备 7 月 22 日前往美国。附上有关两个法语翻译著作的合约,并且请求爱因斯坦寄回签字的副本。他正在就 *Einstein 1917a* 的新译本与戈捷-维拉尔出版社协商,并需要爱因斯坦做出修订。另外,爱因斯坦与芝加哥的 Carl Beck 有过联系,Beck 慷慨提出在 Solovine 来访之时给予帮助。寄去 *Painlevé 1922*,询问爱因斯坦对它的意见。ALS.[21 178].

333. 松原一雄的来信  [1922 年 7 月 13 日]

"北野丸"号邮轮将于 1922 年 10 月 8 日离开马赛前往塞得港。TLS.[36 464].

334. Erich Marx-Weinbaum 的来信  [1922 年 7 月 13 日]

附上他发表在《以色列周刊》上关于 Walther Rathenau 的文章。如果爱因斯坦愿意写篇个人对于 Rathenau 的简短回忆,将感激不尽。他和 Edith Einstein 住在同一栋楼。ALS.[44 390].

335. Wolfgang Ostwald 的来信 ［1922 年 7 月 13 日］

询问爱因斯坦是否愿意为胶体化学学会（Kolloidchemische Gesellschaft）的首届会议签署论文征集函,并发表一个关于"分子运动学理论和胶体溶液"的演讲。TLS.［18 496］.

336. 致 Wolfgang Ostwald ［1922 年 7 月 15 日］

拒绝 7 月 13 日收到的参加胶体化学学会及发表演讲的邀请,因为他离该主题太遥远。请求更多 Einstein 1922t 的副本。TLC.［18 497］.

337. Friedrich Schmidt-Ott 的来信 ［1922 年 7 月 15 日］

KWIP 的监事会批准了 Otto Stern 的 20 000 马克,Rudolf Seeliger 的 1500 马克,Johann Königsberger 的 4000 马克,Walter Steubing 的 2500 马克。TDftS（GyBP,I.Abt.,Rep.1A,Nr.1658）.［77 355］.

338. 普鲁士科学院（E.Sthamer）的来信 ［1922 年 7 月 17 日］

确认收到未刊文献摘要 330。询问爱因斯坦是否可以在 11 月 23 日普鲁士科学院的全体大会上发表演讲。TLS.［43 021］。爱因斯坦口头答复说,他在 1923 年春天之前都不能返回。ADS（GyBAW,II—II,Bd 39,Bl.125）.［79 340］.

339. Friedrich Schmidt-Ott 的来信 ［1922 年 7 月 19 日］

请求爱因斯坦推荐从事意义深远且研究值得称道的科学家,他们的工作将得到德国科学应急委员会的资助。TLS（GyBP,I.Abt.,Rep.34,Nr.9,Notgemeinschaft 卷宗）.［77 565］.

340. 致 Friedrich Schmidt-Ott ［1922 年 7 月 19 日以后］

推荐以下值得称道的科学家（"排名不分先后"）获得资助：Walther Kossel,Max Volmer,James Franck,Walther Gerlach,Otto Stern。AL（GyBP,I.Abt.,Rep.34,Nr.9,Notemeinschaft 卷宗）.［92 404］.

341. Rafaele Contu 致 IE ［1922 年 7 月 20 日］

附上 Einstein 1920j 的意大利文译本六本。接受未刊文献摘要 324 中规定的条件。对于今后文章的翻译,请求意大利的专有权和售出的每本书的 15％。想翻译 Einstein 1918k。TLS.［42 322］。附上与 Audace 出版社 1922 年 7 月 1 日订立的关于出版 Einstein 1921c 意大利文译本的合同草案。爱因斯坦将收到售出的每本书的 4.50 里拉。TD.［42 323］.

342. Hedwig Kohn 的来信 ［1922 年 7 月 20 日］

Schmidt & Haensch 要求尽快决定是否购买 60 000 马克的光谱仪,并补充说,只有在采购协议确定后,部分零件才能完成。任何延误都会导致价格的增长。ALS（GyBP,I.Abt.,Rep.34,Nr.7,Kohn 卷宗）.［77 817］.

343. Wolfgang Ostwald 的来信 ［1922 年 7 月 21 日］
    对爱因斯坦拒绝以创始成员的身份加入新的胶体学会及参加其首届会议表示遗憾。鉴于其他物理学家如 Felix Ehrenhaft 已经同意，请求他重新考虑。将寄出 *Einstein 1922t* 的额外副本。TLS.［18 498］.

344. IE 致威廉皇帝学会（Keller） ［1922 年 7 月 22 日］
    附上从 1921 年 12 月 31 日到 1922 年 3 月 31 日的银行结算单。TLC (GyBP, I. Abt., Rep.34, Nr.13, Mendelssohn 卷宗).［77 731］.

345. IE 致 Hedwig Kohn ［1922 年 7 月 22 日］
    董事会发放购买石英光谱仪的剩余款项 43 000 马克。Schmidt & Haensch 被请求自愿降低价格。至今没有收到答复，这是为什么董事会直到最近才拨发这笔款项的原因。TLC (GyBP, I. Abt., Rep.34, Nr.7, Kohn 卷宗).［77 818］.

346. Wolfgang Ostwald 的来信 ［1922 年 7 月 23 日］
    对爱因斯坦决定不在胶体学会成立的呼吁书上署名表示遗憾。TLS.［18 500］.

347. 乌得勒支省学会的来信 ［1922 年 7 月 23 日］
    附上学会外籍成员的证书。ALS.［30 156］.

348. 致魏宸组 ［1922 年 7 月 24 日］
    确认收到文件 305。新年前后大概会到北京。TLC.［36 488］.

349. 外交部（Otto Soehring）的来信 ［1922 年 7 月 24 日］
    感谢文件 165。驻东京的德国大使 Wilhelm Solf 将在柏林度假。建议爱因斯坦联系他。TLS.［43 149］.

350. 致外交部（Otto Soehring） ［1922 年 7 月 24 日］
    有客观原因必须要占用 Solf 时间的时候，他才会利用这个机会。Dft 出自 IE 之手，在未刊文献摘要 349 的背面.［43 150］.

351. 致 M. Weiner ［1922 年 7 月 25 日］
    不幸的是无法执行 Weiner 在未刊文献摘要 323 中的提案。他对 Rathenau 的家族不够了解，而且还怀疑，鉴于德国目前货币贬值，Rathenau 家族是否能够拿出前述捐款。TLC.［45 233］.

352. 致 Friedrich Schmidt-Ott ［1922 年 7 月 26/28 日］
    KWIP 董事会提议给 Clemens Schaefer 发放最后一笔 7500 马克的款项，用于购买 Panzer 电流计。TLS (GyBP, I. Abt., Rep.1A, Nr.1658).［77 356］.

353. 致 Friedrich Schmidt-Ott ［1922 年 7 月 26 日］
    KWIP 董事会提议发放给 Hedwig Kohn 43 000 马克购置石英光谱仪；

10 000 马克给 Werner Kohlhörster 用于穿透辐射研究。TLS（GyBP, I. Abt., Rep.1A, Nr.1658).[77 357].

354. Erich Marx 的来信 ［1922 年 7 月 26 日］
回复文件 303,注意到爱因斯坦误以为是犹太报纸。此则关于他的新闻来自世界报纸,其他小新闻来自《新苏黎世报》。ALS.[44 392].

355. 梅休因的来信 ［1922 年 7 月 26 日］
认为 Einstein 1922c 的翻译很棒,他们希望能够卖得好。TLSX.[67 989].

356. Arnold Berliner 致 IE ［1922 年 7 月 27 日］
寄去 Einstein 1922l 的手稿（文件 231）中 Emil Warburg 著作的文献目录的校样,请求补充信息。TLS.[7 017].

357. IE 致 Rafaele Contu ［1922 年 7 月 28 日］
确认收到未刊文献摘要 341。爱因斯坦同意出版合同中的内容以及出版 Einstein 1918k 的意大利文译本,前提是支付给他 15％ 的补偿。他不同意未刊文献摘要 295 中对 Lorentz et al. 1922 进行拆分的建议。TLC.[42 324].

358. 致 Adolf von Harnack ［1922 年 7 月 28 日］
根据董事会的决定,KWIP 将通过购置设备加强物理学研究,以进一步推进个别科学家的重大研究项目。1921—1922 财政年度发放的资助有 Clemens Schaefer 的硅酸盐的红外线本征频率研究,以及 Walther Gerlach 的单原子金属蒸汽谱带的研究。TL 的一部分。(GyBP, I. Abt., Rep.34, Nr.13).[77 732].附函 TLS (GyBP, I. Abt., Rep.1A, Nr.613).[77 195].

359. Franz Schmidt & Haensch 的来信 ［1922 年 7 月 28 日］
回复未刊文献摘要 293,解释由于工资的上涨以及材料成本的增加导致了石英光谱仪的价格上升。总价为 65 000 马克,利润微薄。尽管利润更少,同意定价为 55 000 马克（如果要大型照相机,则 60 000 马克）,但是他们要求对此优惠保密。他们愿意接受两次分期付款,并想知道即时交货时是否包含大型照相机,如果此时不要,价格还会上涨。TLS (GyBP, I. Abt., Rep.34, Nr.7, Kohn 卷宗).[77 819].

360. Johann Königsberger 致威廉皇帝学会,转给爱因斯坦 ［1922 年 7 月 29 日］
KWIP 批准的 4000 马克加上他的研究所资助的 3000 马克还不足以购买所需的仪器。询问他是否可以将这笔款项用于日常费用。他会用其他资金购买设备。TLS (GyBP, I. Abt., Rep.34, Nr.7, Königsberger 卷宗).[77 795].

361. Arthur Holitscher 的来信 ［1922 年 8 月 1 日］

推荐一位数学家 Andreas Sas，他正在争取进入柏林大学。曾在巴勒斯坦待过，最近去过伏尔加河地区。ALS.[34 651].

362.Sigmund Einstein 的来信　[1922 年 8 月 2 日]
感谢爱因斯坦的诗（文件 307），以诗回赠。[31 026].

363.M&Co 的来信　[1922 年 8 月 3 日]
收到 Siegfried Stern 寄来的 1000 马克，是给爱因斯坦基金的捐款。TLS.[45 203].

364.新渡户稻造（Inazo Nitobe）的来信　[1922 年 8 月 3 日]
确认收到爱因斯坦 1922 年 7 月 9 日的信。对爱因斯坦不能参加智力合作委员会正在召开的会议感到遗憾。期待他将来能够出席。TLC（SzGeBNU,R1029/13C/20823X/14297).[82 875].

365.斯洛沃（Boris Elkin）的来信　[1922 年 8 月 7 日]
*Einstein 1920j* 和 *1921c* 由斯洛沃出版，俄语版书的标题是《论空间的物理性质》。Gregorius Itelson 寄来了 *Einstein 1922c* 的翻译，并想亲自说说其中一些章节的问题。该书将由菲韦格印刷。询问爱因斯坦是否同意将俄语版的题目更改为《相对论的数学基础》，因为原来的标题在俄语中听起来很奇怪。TLS.[41 1043].

366.秋田忠义（Chugi [Tadayoshi] Akita）的来信　[1922 年 8 月 8 日]
对爱因斯坦的手稿和照片表示感谢。希望 EE 身体好些，能够加入爱因斯坦的日本之行。TLS.[36 427].

367.菲韦格的来信　[1922 年 8 月 8 日]
*Einstein 1917a* 第十四版已经出版 5000 册，按照每本售价 50 马克的 20%，所得版税为 50 000 马克，爱因斯坦已经可以使用这笔钱了。TLS.[42 142].

368.致 Maja Winteler-Einstein　[1922 年 8 月 12 日]
很开心收到她的信。信的残篇出自 Pierre Speziali 之手。ATrL（SzGeB，Speziali List,Nr.7).[81 474].

369.Maurice Solovine 的来信　[1922 年 8 月 13 日]
介绍了他穿越大西洋的经历、纽约的建筑以及旧金山怡人的天气，他正在拜访他的母亲。请求寄来 *Einstein 1917a* 的修订稿，因为他打算开始译成法文。建议将介绍爱因斯坦童年时期的头几句话换成介绍欧几里得几何，以增加导言的篇幅。ALS.[21 181].

370.M&Co 的来信　[1922 年 8 月 14 日]
Siemens & Halske AG 捐献 25 000 马克给爱因斯坦基金会。TLS.[36 495].

817

371. Romeo Wankmüller 的来信 ［1922 年 8 月 15 日］

请求为他生意伙伴的儿子 Nikolaus Baller 写推荐信，此人想在柏林工业大学学习。TLS.［45 200］.

372. 致 Gustave Le Bon ［1922 年 8 月 16 日］

信封（FrPBN,Fonds Le Bon）.［84 186］.

373. M&Co 的来信 ［1922 年 8 月 18 日］

通用电气公司（Allgemeine Elektricitäts-Gesellschaft）捐献 25 000 马克给爱因斯坦基金会。TLS.［32 642］.

374. M&Co 的来信 ［1922 年 8 月 24 日］

苯胺制造股份公司（Actien Gesellschaft für Anilin Fabrikation）捐献 8000 马克给爱因斯坦基金会。TLS.［44 644］.

375. M&Co 的来信 ［1922 年 8 月 26 日］

Leopold Cassella & Co 捐款 10 000 马克给爱因斯坦基金会。TLS.［42 144］.

376. ［原文为 461］. ［1922 年 8 月 26 日］

被授予布宜诺斯艾利斯大学荣誉博士学位。［65 019］.

377. Rafaele Contu 致 IE ［1922 年 8 月 27 日］

由于出版商正在度假，因此无法寄去两份合约副本。计划出版 *Einstein 1905r* 和 *1918k*。请求 IE 核查爱因斯坦著作的参考书目，并想知道爱因斯坦是否明确反对按照未刊文献摘要 295 的提议将 *Lorentz et al. 1922* 拆成不同部分，或把印刷好的文集拆分开来。TLS.［42 326］.

378. 致 Romeo Wankmüller ［1922 年 8 月 28 日］

他经常被请求推荐申请德国大学的年轻外国人。他通常只对那些具有非凡才能的人进行审核和推荐，因此不能满足 Wankmüller 的要求（未刊文献摘要 371）。TLC.［45 202］.

379. IE 致菲韦格 ［1922 年 8 月 29 日］

回复未刊文献摘要 367，要求 *Einstein 1917a* 第十四版的版税用支票寄来。夏［元溧］（Hsia）声称已经将此书翻译成中文，询问他是否获得菲韦格授予的翻译权，如果没有，则要求菲韦格按惯例行事。TLC.［42 143］.

380. 致 Reinhold Fürth ［1922 年 8 月 30 日］

要求向 Philipp Frank 咨询，用 KWIP 的资助购买的仪器被错误地移交给布拉格大学一家研究所，该如何撤销，因为董事会不能放弃其对仪器的所有权。TLC.［40 148］.

381. 致 Johann Königsberger ［1922 年 8 月 30 日］

KWIP 的资助可被用来购买仪器,但仪器仍属于研究所的资产,仪器可供长期使用,也可租赁给其他研究者。TLC (GyBP, I. Abt., Rep. 34, Nr. 7, Königsberger 卷宗).[77 796].

382. 致 Franz Schmidt & Haensch ［1922 年 8 月 30 日］
感谢未刊文献摘要 359 以及提供的折扣。Hedwig Kohn 已经订购了该设备,因为 KWIP 同意以 60 000 马克的价格成交。一旦设备交付,这笔钱就会汇出。TLC (GyBP, I. Abt., Rep.34, Nr.7, Kohn 卷宗).[77 820].

383. 日本邮船株式会社的来信 ［1922 年 8 月 30 日］
请求支付 240 英镑作为爱因斯坦和 EE 乘坐"北野丸"号邮轮去日本的旅费。TLS.[36 465].

384. 致 Gerhard Kowalewski ［1922 年 8 月 31 日］
回复文件 308,并不建议提拔 Harry Dember 为教授,因为他的论文并没有表现出创造性。TLC.[14 340].

385. 文艺复兴出版社 Davis Erdtracht 的来信 ［1922 年 8 月 31 日］
询问 *Einstein 1922c* 是否已经被译成波兰语。请求迅速回复,说明合约条款,以便该著作能在 1922 年 9 月的非洲日食考察之前出版。TLS.[41 1018].

386. José Álvarez Ude 的来信 ［1922 年 8 月 31 日］
请求授予翻译权,出版 *Einstein 1917a* 的西班牙语版本。询问是否能够将 *Einstein 1922c* 和 *1921c* 收入在书中。因为他没有这两者的副本,询问如何能够获得它们。TLS.[44 921].

387. 国际联盟德国协会 Göttzmann 的来信 ［1922 年 9 月］
即将在 10 月初举办的第 11 届德国和平主义者大会的邀请函通告。TDS (GyB, Nachl.Delbrück,"国际联盟德国协会,"卷宗 Blatt 8,9).[78 133].

388. 诺贝尔物理学委员会的来信 ［1922 年 9 月 1 日］
征求 1923 年诺贝尔奖的提名。PLS.[30 045],[30 046].

389. IE 致菲韦格 ［1922 年 9 月 2 日］
确认收到支票,附上夏[元瑮]的一封来信,称已经出版了 *Einstein 1917a* 中文译本。要求在合约确立之前禁止夏[元瑮]发行他的译本。TLC.[42 146].

390. Carl Speyer 的来信 ［1922 年 9 月 2 日］
感谢爱因斯坦的来信(文件 337),详细说明了他为地质学、气象学以及相关领域的教授职位订立的计划,这一计划的背景是建立一个与"地质调查所"相似的研究机构,包括地震学研究。ALS.[44 925].

391. IE 致文艺复兴出版社（Davis Erdtracht） ［1922 年 9 月 4 日］

回复未刊文献摘要 385，爱因斯坦同意出版 Einstein 1922c 的波兰语译本。版税要求售价的 20%。翻译要求科学准确。TLC.[41 1019]。

392. Friedrich Schmidt-Ott 的来信　[1922 年 9 月 5 日]
KWIP 的监事会批准给 Hedwig Kohn 43 000 马克的资助，Werner Kohlhörster 7500 马克的资助和 Clemens Schaefer 7500 马克的资助。TDftS (GyBP, I.Abt., Rep.1A, Nr.1658).[77 359]。

393. IE 致 Rafaele Contu　[1922 年 9 月 6 日]
感谢未刊文献摘要 377。寄来 Einstein 1918k 以及爱因斯坦著作的不完全名单。爱因斯坦要求不要将 Lorentz et al. 1922 拆分成更小的部分。TLC.[42 328]。

394. Sigmund Zeisler 的来信　[1922 年 9 月 6 日]
Samuel Untermyer 银行账户中持有的 4300 马克及其利息（第 12 卷，文件 272）已投资于有息债券。ALS.[45 301]。

395. [原文为 398]. Heinrich Zangger 的来信　[1922 年 9 月 7 日以后]
爱因斯坦来苏黎世后，若他能与爱因斯坦会面，则通知爱因斯坦。ADftS. SzZuZB, H. Zangger Nachlass.[92 975]。

396. IE 致 José Álvarez Ude　[1922 年 9 月 8 日]
爱因斯坦同意将 Einstein 1922c 和 1921c 译成西班牙语，由菲韦格出版社经手。要求零售价的 20%。TLC.[44 922]。

397. 文艺复兴出版社(Davis Erdtracht)的来信　[1922 年 9 月 8 日]
回复未刊文献摘要 391，附上未刊文献摘要 398、Einstein 1920j 和 1921c 波兰语译本的副本以及由文艺复兴出版社出版的 Beer 的一本关于相对论的书。保证 Einstein 1922c 会由一位专业人士翻译，并要求按承诺寄来一本修订后的副本。询问爱因斯坦是否愿意在计划的非洲日食远征期间在维也纳发表演讲。TLS.[41 1021]。

398. 与文艺复兴出版社的合约　[1922 年 9 月 8 日]
爱因斯坦收取 Einstein 1922c 波兰译本零售价的 20%，若其整本或部分内容再版，则收取 10%。TLS.[41 1022]。

399. IE 致文艺复兴出版社(Davis Erdtracht)　[1922 年 9 月 12 日]
寄回合约。爱因斯坦不会在维也纳发表公众演讲。TLC.[41 1023]。

400. 斯潘道区政府的来信　[1922 年 9 月 12 日]
爱因斯坦在斯潘道租用的房产无人管理，一片狼藉。认为爱因斯坦没有兴趣继续租用。除非 9 月 25 日收到通知，且将该房产收拾妥当，否则将租给其他人。TLS.[44 915]。

401. Hedwig Kohn 的来信 ［1922 年 9 月 12 日］
感谢 KWIP 资助 43 000 马克。请求提供与 Schmidt & Haensch 协商将石英光谱仪降到 60 000 马克的相关信息。ALS (GyBP, I. Abt., Rep. 34, Nr. 7, Kohn 卷宗). [77 821].

402. Thorvald Madsen 的来信 ［1922 年 9 月 12 日］
打算 1922 年 9 月 22 日与爱因斯坦在柏林会面。TLS. [34 903].

403. M&Co 的来信 ［1922 年 9 月 12 日］
化学工厂格里斯海姆电子（Chemische Fabrik Griesheim Elektron）捐献 6000 马克给爱因斯坦基金会。TLS. [1 018].

404. Hermes Bank 的来信 ［1922 年 9 月 13 日］
［Otto］Zarek 申请了一个职位，把爱因斯坦作为推荐人。他们要求提供关于他的人格、行为、信誉以及勤勉等方面的意见。TLS. [45 297].

405. Hermes Bank 的来信 ［1922 年 9 月 14 日］
对［Otto］Zarek 有一个很好的印象；他的学识渊博。推荐他们阅读他的博士论文，从中了解他的能力。TLC. [45 298].

406. 致 Hartmut Kallmann 和 Paul Knipping ［1922 年 9 月 15 日］
KWIP 董事会提议发放一笔 20 000 马克的资助，以购买 Hoffmann 静电计。TLC (GyBP, I. Abt., Rep. 34, Nr. 6, Kohn 卷宗). [77 778].

407. 致 Friedrich Schmidt-Ott ［1922 年 9 月 15 日］
KWIP 董事会提议资助 Hartmut Kallmann 和 Paul Knipping 20 000 马克，以购买 Hoffmann 静电计用于研究电子碰撞。TLS (GyBP, I. Abt., Rep. 1A, Nr. 1659, Bl. 1a). [77 480].

408. Henry N. Brailsford 的来信 ［1922 年 9 月 15 日］
打算在《新领袖》(*The New Leader*)上发表文件 343 和 *Einstein 1922m*（文件 347）。会把这封信透露给英国报纸，并发往美国和法国。希望这封信能够达到他们预想的效果。TLS. [43 345].

409. 秋田忠义的来信 ［1922 年 9 月 16 日］
由于日本大使有紧急的出行任务，计划于 9 月 17 日举行的午宴必须推迟。请求爱因斯坦告知一个方便会面的日期。转寄大使发给爱因斯坦和 EA 的家宴邀请函。ALS. [36 428].

410. Wilhelm Orthmann 的来信 ［1922 年 9 月 18 日］
爱因斯坦已经中断了他的夏季课程，也没有宣布冬季学期的课程安排。数学系和物理系的学生怀念这些课程。ALS. [78 504].

411. Max Wertheimer 的来信 ［1922 年 9 月 19 日］

还未决定是否接受爱因斯坦在文件 351 中的提议。ALS.[34 793].

412. 横滨正金银行有限公司的来信　[1922 年 9 月 19 日]

已经从东京汇来 300 日元给爱因斯坦。询问爱因斯坦希望以何种形式得到这笔钱。TLS.[36 466].

413. 致 Wilhelm Orthmann　[1922 年 9 月 20 日]

因为人身安全的原因被劝告避免在公众场合出现，因此中断夏季课程。他冬季学期有事离开，但会在之后补上。TLS (GyBHU, ASTA, Nr.129, Bl. 188).[78 503].

414. 致未知者　[1922 年 9 月 20 日]

"1922 年 9 月 20 日柏林愉快之夜留念。阿耳伯特·爱因斯坦。"照片上用德语写的献词。(Nancy L.McGlashan 目录，1987 年 11 月，no.59).[73 412].

415. IE 致横滨正金银行有限公司　[1922 年 9 月 21 日]

回复未刊文献摘要 412，要求 300 日元以支票方式汇到伦敦。TLC.[36 467].

416. IE 致 Karel Vorovka　[1922 年 9 月 23 日]

*Einstein 1917a* 捷克语译本简介的附函（第 6 卷，文件 42，注释 4）.TLC.[23 192.1].

417. G.Kalmanowitsch 和 Esther Eliaschoff 的来信　[1922 年 9 月 24 日]

感谢爱因斯坦对考纳斯(Kowno)的犹太大学课程感兴趣。附上预算以协助 Magnus 与犹太人联合分配委员会以及人民救济委员会的谈判。TLS.[44 045].

418. Heinrich Loewe 的来信　[1922 年 9 月 24 日]

邀请加入新成立的耶路撒冷图书馆之友协会。Wolffsohn 基金会捐赠了建设图书馆所需资金的一半。请求爱因斯坦在一封筹集另一半款项的呼吁信上签名。"已签字"字样出自 IE 之手。TLS.[36 918].

419. Benno Zieske 的来信　[1922 年 9 月 25 日之前]

感谢[给他带来]的荣幸及善意。姓名不详者手里的 ALS 的残篇。[1 017].

420. Bruto Caldonazzo 的来信　[1922 年 9 月 25 日]

提议做一个关于相对论的基本概念和问题的概述，将以单独一卷的形式发表在《科学》(*Scientia*)上。征求一篇文章。TLS.[44 872].

421. Eugenio Rignano 的来信　[1922 年 9 月 25 日]

提及爱因斯坦早期在《科学》上发表了一篇论文(*Einstein 1914i*)。爱因斯坦重返投稿者之列，必将重振与德国的合作。附在未刊文献摘要 420 后的 ALS.[44 872.1].

422. Maurice Solovine 的来信 ［1922 年 9 月 26 日］
请求将 *Einstein 1917a* 中的文字修改后寄到他在巴黎的住址。Carl Beck 并没有遵守诺言帮助他。现在处于一个艰难境地。AKS.[21 183].

423. IE 致 Pierre Comert ［1922 年 10 月 1 日］
Willem H.J.van Eysinga 注意到，在智力合作委员会成员的名单上，莱顿大学的教授职位没有列入爱因斯坦的头衔，要求添加到名单中。定期收到委员会的报告，许多支持国际主义事业的朋友都对这些报告感兴趣，其中也有教育部长。TTrL (SzGeBNU, S408/No.5).[84 670].

424. Hartmut Kallmann 和 Paul Knipping 的来信 ［1922 年 10 月 2 日］
确认收到未刊文献摘要 406。TLS (GyBP, I. Abt., Rep.34, Nr.6, Kallmann 卷宗).[77 779].

425. 致 Michele Besso ［1922 年 10 月 3 日］
将于 10 月 5 日抵达伯尔尼，从上午 10 点到下午 2 点待在那里。AKS.[7 342].

426. Henry N.Brailsford 的来信 ［1922 年 10 月 5 日］
寄来 *Einstein 1922m*（文件 347）的副本。已经将声明寄给所有重要的英国报纸以及一些法国和美国报纸。希望爱因斯坦的话能够达到预期的效果。TLS.[43 346].

427. 新渡户稻造的来信 ［1922 年 10 月 5 日］
转寄来提交给国际联盟理事会的报告，是有关智力合作委员会活动的报告，以及 1922 年 10 月 4 日理事会采纳的决议。TLC (SzGeBNU, S408/No 5).[84 667].

428. George B.Jeffery 的来信 ［1922 年 10 月 6 日］
相信爱因斯坦在《新领袖》上发表的信（*Einstein 1922m*［文件 347］）将有助于增进英国读者对德国形势的了解。ALS.[13 440].

429. 致 Max Liebermann ［1922 年 10 月 7 日］
来自马赛的问候，在中转站过夜。PK（未知拍卖会目录 280 号拍品).[120 108].

430. 智力合作委员会秘书的来信 ［1922 年 10 月 7 日］
要求提交文献作者名以及其他专家名以供文献目录的小组委员会使用。TLC (SzGeBNU, S408/No.5).[84 668].

431. Friedrich Schmidt-Ott 的来信 ［1922 年 10 月 10 日］
已通知 Hartmut Kallmann 和 Paul Knipping 授予资助。TDftSX (GyBP, I. Abt., Rep.1A, Nr.1659, Bl.4).[77 482].

432. Francisco J. Oliver 和 Mauricio Nirenstein 的来信　[1922年10月13日]
　　布宜诺斯艾利斯大学授予爱因斯坦荣誉博士学位。TLS.[30 165].

433. Adolf von Harnack 的来信　[1922年10月17日]
　　根据新的章程,威廉皇帝学会的董事是威廉皇帝学会的成员,但不需要缴纳会费。ALS (GyBP, I.Abt., Rep.1A, Nr.44).[77 057].

434. 孟买大学教务长的来信　[1922年10月18日]
　　代表孟买大学集团,询问爱因斯坦在去日本途中是否可以在孟买发表演讲。Tgm.[43 305].

435. IE 致 Chaim Weizmann　[1922年10月20日]
　　爱因斯坦已经离开柏林,抽不出空给《新巴勒斯坦》写文章。建议2月在巴勒斯坦与爱因斯坦会面。TLC.[33 363].

436. 梅休因的来信　[1922年10月20日]
　　建议发表 *Einstein 1922t* 的英译本。因为预期公众的兴致不高,提供一笔20英镑的总款项。TLSC.[67 990],[67 991].

437. Ernst J. Thost 的来信　[1922年10月23日]
　　询问爱因斯坦是否认为在中学讲授相对论是可取的,至少从其基础概念上来看的话。这个问题已经在莱比锡的"德国自然研究者与医生协会"(GDNÄ)最后一次会议上进行了讨论。附上他的书《乌拉尼亚》(*Urania*)的副本。ALS.[45 108].

438. Henry N. Brailsford 的来信　[1922年10月30日]
　　寄来 *Einstein 1922m*（文件347）发表在《新领袖》以及《新巴勒斯坦》上的版税。TLS.[29 016],[43 348].

439. Adolf von Harnack 的来信　[1922年10月30日]
　　爱因斯坦担任 KWIP 所长一职的工资上涨3倍,从1922年7月1日起计。TLS (GyBP, I.Abt., Rep.34, Nr.2,爱因斯坦卷宗).[78 006].

440. Johann Königsberger 的来信　[1922年10月31日]
　　他在 KWIP 所获资助的部分开销的账单。TLS (GyBP, I.Abt., Rep.34, Nr.7, J.Königsberger 卷宗).[77 797].

441. Amsler & Ruthardt 致 IE　[1922年11月2日]
　　回复未刊文献摘要194,询问爱因斯坦是否愿意在 Turner 的蚀刻画的新印版上签字。每份提供100马克,将转寄给 Bertha Turner。TLS.[43 047].

442. Chaim Weizmann 的来信　[1922年11月3日]
　　[回复未刊文献摘要195]请求将 Emile Berliner 的10 000美元转寄给伦敦的犹太殖民地信托基金会(Jewish Colonial Trust),用于技术研究所。

TTrTgm (IsRWW).[70 999].

**443. IE 致 Richard B. Haldane** ［1922 年 11 月 12 日］
确认收到文件 383。会将它连同 Basil Blackett 的信一起转寄给爱因斯坦，他人现在东京。TLC.[32 650].

**444. IE 致孟买大学教务长** ［1922 年 11 月 12 日］
已将未刊文献摘要 434 转寄给东京的爱因斯坦。爱因斯坦可能会在从日本返回的途中去孟买做演讲。告知爱因斯坦的通信地址。TLC.[43 307].

**445. Adolf von Harnack 的来信** ［1922 年 11 月 13 日］
由于通货膨胀，从 4 月 1 日到现在，预算已经提高了 200%，达到 433 500 马克。TLC (GyBP, I. Abt., Rep.1A, Nr.1659).[77 485].

**446. IE 致 Christopher Aurivillius** ［1922 年 11 月 14 日］
已将文件 384 和 385 中的信息转交给在日本的爱因斯坦。TLC.[30 006].

**447. IE 致 Maurice Solovine** ［1922 年 11 月 14 日］
爱因斯坦在前往日本之前对 *Einstein 1917a* 的法语译本做了一些修改。爱因斯坦和 EE 很快就抵达东京。TLS (TxU-Hu).[80 890].

**448. IE 致智力合作委员会秘书** ［1922 年 11 月 14 日］
回复未刊文献摘要 430，很遗憾通知对方，爱因斯坦已经动身去日本了。TLS (SzGeBNU, S408/No 5).[84 673].

**449. 致瑞士银行公司** ［1922 年 11 月 16 日］
应 Mileva Einstein-Marić 的请求，要求将以她为受益者存的价值 40 000 马克的债券寄到苏黎世国家银行。TLC.[144 369].

**450. IE 致菲韦格** ［1922 年 11 月 20 日］
感谢对爱因斯坦获诺贝尔奖的祝贺。请求将 *Einstein 1917a* 西班牙语译本的版税汇至爱因斯坦的银行账户。寄去 *Einstein 1922c* 的修订本，并要求将副本寄给马德里的西班牙数学学会(Sociedad Matemática Española)，维也纳的 Franz Selety 和 Davis Erdtracht。再寄去一份 *Einstein 1921c* 的副本，要转寄给数学学会(Sociedad Matemática)。TLC.[42 148].

**451. Jerome Alexander 的来信** ［1922 年 11 月 20 日］
请求爱因斯坦与他共同撰写一本关于胶体和胶体化学的书。建议爱因斯坦讨论胶体的黏稠度。TLS.[43 022].

**452. 穗积陈重(Nobushige Hozumi)的来信** ［1922 年 11 月 20 日］
代表日本帝国学士院致欢迎辞："欢迎爱因斯坦教授的讲话。"PDS.[36 443],[65 020.1].

**453. 德国驻上海总领事(Fritz Thiel)的来信** ［1922 年 11 月 22 日］

转交吴淞镇德中工程学校(German-Chinese Engineering School in Woosung①)的校长 B.Berrens 先生关于在第二次访问上海期间发表相对论演讲的请求。由于学校遭遇财务困难,请问爱因斯坦是否愿意在没有酬金的情况下发表演讲。如此做就是为德国科学在中国的发展帮了个大忙。TTrL (GyBPAAA,Bd.R 64677).[82 323].

454.致 Emil Baerwald　[1922年11月23日]
"Ernst"、EE 和爱因斯坦从日本发来问候。AKS (NNLBI,7243/2a).[70 642].

455.IE 致梅休因　[1922年11月23日]
回复未刊文献摘要 436,作为爱因斯坦在商业事务上的代理人,她确定爱因斯坦不会拒绝出版 *Einstein 1922t* 的英译本,要求零售价的 15%。TLC.[67 963].

456.Bruto Caldonazzo 的来信　[1922年11月23日]
请求回复未刊文献摘要 420。TKS.[44 875].

457.致宝生会(Hoso Kai Theater)的演员们　[1922年11月25日之后]
感谢演员们的表演:"宝生会(Hosyokai)的表演让我对日本最著名的一种艺术传统的精妙留下深刻的印象,我会将这份记忆永远珍藏在心中。向艺术家们致以衷心感谢。爱因斯坦。1922。"TDS (JaToWDT,桑木彧雄藏品:A1202).[90 959].

458.IE 致 Amsler & Ruthardt　[1922年11月27日]
回复未刊文献摘要 441,提议零售价的 10%,以抵消通货膨胀。TLC.[43 048].

459.Guillermo de Benavent 的来信　[1922年11月27日]
代表西班牙加泰罗尼亚医生协会,请求[爱因斯坦]在巴塞罗那大学做一两个演讲。TLS.[43 174].

460.Amsler & Ruthardt 致 IE　[1922年11月28日]
回复未刊文献摘要 458,他们将撤回报价,并将于 4 月初爱因斯坦返回后再提出新的报价。TLS.[43 050].

461.东京商科大学学生会的来信　[1922年11月28日]
东京商科大学学生会向爱因斯坦致以问候。ADS.[65 020.31].

462.IE 致 Friedrich Schmidt-Ott　[1922年11月30日]
Peter Pringsheim 需要两个石英吸收管进行实验,并请求批准将 6530 马克汇给两家公司 Hanff&Buest 和 W.Heraeus。TTrL (GyMerSA,Rep.76Vc,

---
① 同济大学的前身,当时名称为"同济医工专门学校"。——译者

Sekt.2,Tit.23,Litt.A,Nr.116,Bl.95).[81 939].

463. 梅休因致 IE ［1922年11月30日］

回复未刊文献摘要 455，解释说，他们仅提供一笔总款项，因为 *Einstein 1922t* 是一本小册子，必须以低价出版。只能提供 10%，不会多于此。TLSC.[67 992].

464. 东京帝国大学学生的来信 ［1922年11月(?)30日］

欢迎致辞。TL.[65 997].

465. Hans von Rosenberg 的来信 ［1922年12月4日］

外交部邀请爱因斯坦加入一个文化咨询委员会，该委员会旨在拓展国外的德国文化和政治生活，并恢复德国的声誉。附上可能加入的成员名单[43 154]，其中包括 Adolf von Harnack、Walther Nernst 和 Friedrich Schmidt-Ott 以及一份法令草案[43 153]。TLS.[43 152].

466. Adolf von Harnack 的来信 ［1922年12月7日］

要求董事们安排新来的工作人员以及资深的专职员工向他和行政委员会的负责人做自我介绍。TLCSX (GyBP,I.Abt.,Rep.34,Nr.6).[78 119].

467. 荒木丰岛的来信 ［1922年12月10日］

来自京都大学学生的问候。ALS.[122 787].

468. ［1922年12月10日］

被瑞典科学院授予诺贝尔物理学奖。[65 020.3].

469. 阿根廷大使馆(Luis Molina)的来信 ［1922年12月11日］

通知布宜诺斯艾利斯大学授予他数学和物理学荣誉博士学位。文凭在他那里，待爱因斯坦从东京返回时将亲自投送。TLS.[30 160].

470. ［日本］全国学生联合［会］(Zenkoku Gakusei Rengo)①的来信 ［1922年12月11日］

"我们向您在世界大战期间对资本主义国家和他们引发的战争全面抵制的态度致以崇高的敬意。"Tgm.《读卖新闻》，1922年12月14日。英文翻译来自 *Kaneko 1987*, p.368.

471. 日本无产者同盟的来信 ［1922年12月12日］

与未刊文献摘要 470 相似的电报，有附加的问题："1.您对日本的帝国主义政府——的看法是什么？2.您对日本青年寄予什么希望？"被删改的词可能是

---

① 原文此处加注英文 National Federation of Students' Self-Government Associations,Japan。直译为日本全国学生自治联合会。可同样的内容，在索引处又加注英文为 National Federation of Students。所以，我们按日文统一为"全国学生联合［会］"。——译者

"侵略的"。Tgm.《读卖新闻》,1922 年 12 月 13 日,晨版;《改造》,1923 年 2 月,pp.195—196。英文翻译来自 *Kaneko 1987*,p.368.

472. IE 致 Bruto Caldonazzo ［1922 年 12 月 13 日］
回复未刊文献摘要 456,告知对方,爱因斯坦由于准备去日本旅行,所以不能回复未刊文献摘要 420。ADft.［44 873］.

473. Adolf von Harnack 的来信 ［1922 年 12 月 13 日］
威廉皇帝学会大会选举爱因斯坦为评议员。TLS (GyBP, I. Abt., Rep. 34, Nr. 2, Mappe Einstein).［78 008］.Dft (GyBP, I. Abt., Rep. 1A, Nr. 57).［77 059］.

474. Walter Grotrian 的来信 ［1922 年 12 月 14 日］
感谢 KWIP 为波茨坦天体物理实验室的物理实验室资助 300 000 马克。鉴于在订购设备和交付期间价格又上涨了,一些账单数目仍然很惊人。又申请一笔 80 000 马克的费用。TLS (GyBP, I. Abt., Rep. 34, Nr. 1—4).［78 064］.

475. 菲韦格致 IE ［1922 年 12 月 14 日］
回复未刊文献摘要 450,确认已对 *Einstein 1922c* 做了修正,并寄出最终校样的副本。还将修正后的第一版的副本寄到维也纳和马德里。TKS.［42 150］.

476. IE 致 Friedrich Glum ［1922 年 12 月 16 日］
KWIP 从未换取过美国的出版物,也不打算这么做。TLC (GyBP, I. Abt., Rep. 34, Nr. 6, 威廉皇帝学会卷宗).［78 120］.

477. IE 致 Hans von Rosenberg ［1922 年 12 月 16 日］
回复未刊文献摘要 465,告知对方,因为爱因斯坦人在日本,只有等他返回后才能提出他对项目的意见。TLC.［43 156］.

478. IE 致 Friedrich Schmidt-Ott ［1922 年 12 月 20 日］
KWIP 董事会已经批准拨款 100 000 马克给 Walter Grotrian,用于购买仪器。TLS (GyBP, I. Abt., Rep. 1A, Nr. 1659, Bl. 17).［77 487］.

479. Adolf von Harnack 的来信 ［1922 年 12 月 22 日］
216 750 马克已经汇给 KWIP,作为今年第四个季度的预算。TLS (GyBP, I. Abt., Rep. 34, Nr. 8, Mendelssohn 卷宗).［77 915］.

480. 石原纯给爱因斯坦的诗 ［1922 年 12 月 24 日/25 日］
ADS.［36 426.2］.

481. 致三宅速(Hayari Miyake) ［1922 年 12 月 26 日］
感谢三宅在他逗留福冈期间给予的款待和医疗护理。ALS（三宅博

[Hiroshi Miyake]教授①，日本）.[90 096].

482. M&Co 的来信 ［1922年12月27日］

从爱因斯坦基金会中取出 113 837 马克汇给 Siemens-Schuckert 工厂，Siemens & Halske AG 和 Erwin Freundlich。TLS.[34 797].

483. IE 致梅休因 ［1922年12月29日］

支付给 *Einstein 1922t* 的英译本 10％的版税太少了。爱因斯坦从 *Einstein 1920j* 和 *1921c* 英译本中得到了 15％。TLC.[67 993].

484. ［1922年12月29日］

被选为俄国科学院的通讯院士。[65 020.2].

485. M.Takarada(宝田)基金会的来信 ［1922年(?)12月底］

寄来明信片，附上艺术家 S.Komiya 的艺术作品。AKS.[79 170].

486. 土井晚翠的来信 ［1922年12月30日之前］

致爱因斯坦的诗："致伟大的爱因斯坦。"Georg Würfel 的德文翻译。TLS (*Doi, B.1932*, pp.3—10).[36 446].

487. 致 Leib Jacob ［1923年1月1日］

"献给朋友先生，送给这位经常旅行的犹太同志及同事，以纪念 1 月 1 日的上海聚会(Herrn Freund, dem vielgereisten jüdischen Genossen und Fachkollegen zum Andenken an das Zusammensein im Schanghai ans 1. Januar)。阿耳伯特·爱因斯坦。1923。" ADSP (*Trus and Cohen 1948*, p.155).[67 329].

488. Josef Sauter 的来信 ［1923年1月1日］

对他们从前在伯尔尼专利局的同事 Guillaume 的固执感到遗憾，他无视无数的解释说明，仍然对爱因斯坦的相对论抱有错误观点。Guillaume 现在也在驳斥 Maxwell 和 Lorentz 的理论。ALS.[20 454].

489. 报关单 ［1923年1月5日］

这四件行李中有日本的大学和科学社团等机构在爱因斯坦和 EE 访问期间赠送他们的礼物。ADS.[28 015].

490. 梅休因致 IE ［1923年1月6日］

寄去关于 *Einstein 1922t* 的英文翻译权的合约，要求签字。TLSC.[67 968].

491. 梅休因致 IE ［1923年1月9日］

要求提供 Reinhold Fürth 对 *Einstein 1922t* 的评论的相关信息。TLSX.[67

---

① 三宅博(1901—1993)，三宅速长子。日本外科医生，九州大学名誉教授，治疗胆结石的权威。——译者

960].

492. 菲韦格的来信 ［1923年1月9日］
 *Einstein 1917a* 的捷克语翻译权已经授予 Borovy 出版社。版税将是零售价的 12%。Borovy 寄来 800 捷克克朗作为预付款。TLS.[42 151].

493. 梅休因致 IE ［1923年1月11日］
 提及未刊文献摘要 153，要求提供有关加尔各答的 Debendra M.Bose 翻译的英译本 *Lorentz et al.1922* 的进展情况。TLSC.[67 961].

494. 智力合作委员会秘书的来信 ［1923年1月12日］
 Henri Bergson 向国际联盟大会提议在卡普里建立一所艺术和科学制作及促进中心。TLC (SzGeBNU, S408/No 5).[84 674].

495. IE 致梅休因 ［1923年1月14日］
 回复未刊文献摘要 491 和 493，*Einstein 1906b* 中并无 Reinhold Fürth 的评论。询问梅休因所说的是哪个版本。没有迹象表明爱因斯坦给 Debendra M.Bose 写过信。TLC.[67 962].

496. 梅休因致 IE ［1923年1月17日］
 寄去他们在未刊文献摘要 493 中提到的 *Einstein 1922t* 英文译本的合约。将寄去 *Lorentz et al.1922* 印度译本的出版社的名字，以帮助 IE 找到 Debendra M.Bose。这一译本已经在英国出现，会对梅休因的版本造成不良影响。TLSC.[67 955].

497. 梅休因致 IE ［1923年1月18日］
 *Lorentz et al.1922* 印度译本的出版社是加尔各答大学出版社。TLSC.[67 956].

827
498. Sergei F.von Oldenburg 的来信 ［1923年1月18日］
 俄国科学院已经在 1922 年 12 月 29 日的会议上选举爱因斯坦为通讯院士。TLS.俄语[30 182]；德语[30 183].

499. 国际索尔维物理研究所的来信 ［1923年1月24日］
 寄去 1921 年国际索尔维物理研究所关于"原子和电子"的报告。TLC (BBU, 索尔维研究所).[83 410].

500. 梅休因致 IE ［1923年1月25日］
 询问他们是否可以改变 *Lorentz et al.1922* 英译本中的文章顺序，以爱因斯坦的文章作为开篇。TLSC.[67 957].

501. IE 致 Debendra M.Bose ［1923年1月28日］
 要求他停止出售 *Lorentz et al.1922* 的加尔各答版本。TLC.[67 958].

502. IE 致 Rafaele Contu ［1923年1月29日］

回复文件 416（她标注了日期"本月 8 日"[8 v.Mts.]），表示她收到一份没有签字的合约草案（未刊文献摘要 341）。请求寄来一份签名的草案，或一张开给爱因斯坦的支票。无法对罗马大学的邀请作出回复。TLC.[42 331].

**503.Paul Prausnitz 的来信**　［1923 年 2 月 1 日］
美国报纸报道了一项据称是爱因斯坦参与的化学发明。询问是否属实，以及他能否获得更多细节。ALS[44 683]。据附上的《纽约时报》1922 年 12 月 1 日版的剪报所述，该专利是一种廉价的氢气制备方法，爱因斯坦已经提出了专利申请。见未刊文献摘要 43 和文件 38。

**504.IE 致 Paul Prausnitz**　［1923 年 2 月 4 日］
对美国报纸报道的有关爱因斯坦与一位慕尼黑化学家合作的消息毫不知情。待爱因斯坦 4 月份返回后会询问他。TLC.[44 685].

**505.巴勒斯坦工程师和建筑师协会的来信**　［1923 年 2 月 4 日］
被授予巴勒斯坦工程师和建筑师协会的荣誉会员。证书。[65 021].

**506.致未知人士**　［1923 年 2 月 5 日］
对亲切的来信表示感谢。像个孩子一样开心地去海法。这个地方很漂亮。PTrL (Stargardt 目录 634，拍卖会 26，1985 年 11 月 27 日，马尔堡，拍品 395).[73 336.1].

**507.Ludwig Quidde 的来信**　［1923 年 2 月 5 日］
请求爱因斯坦利用他与海外富有人士的关系为德国和平协会筹集捐款。TLS.[44 700].

**508."金典"证书**　［1923 年 2 月 6 日］
爱因斯坦和 EE 的名字被刻在了犹太国家基金会的"金典"上。PDS.[65 022].

**509.Esther Eliaschoff 的来信**　［1923 年 2 月 7 日］
汇报由伦敦的战争受害者委员会、犹太人联合分配委员会和乌克兰犹太人联合会向科诺犹太大学(Kowno Jüdische Hochschule)提供的财政捐款。一个化学实验室、一个物理实验室和一个小型图书馆正在筹建中。学生人数为 150。感谢爱因斯坦的支持。ALS.[44 048].

**510.Ludwig Koessler 的来信**　［1923 年 2 月 7 日］
爱因斯坦被选为维也纳乌拉尼亚天文台（Wiener Urania）的通讯成员。TLS.[30 169].

**511.IE 致 M&Co**　［1923 年 2 月 8 日］
寄去 1922 年 6 月 1 日至 9 月 1 日期间的日常费用账单。由于威廉皇帝学会将应急储备从 2000 马克提高到 4000 马克，因此要求汇来 2000 马克。TLC (GyBP,I.Abt.,Rep.34,Nr.8,Mendelssohn 卷宗).[77 920].

512. Gustav Bradt 的来信　［1923年2月8日］
    告知科诺犹太大学的化学和物理实验室以及一个图书馆将在两个月内开放。ALS.［35 028］.

513. Rafaele Contu 致 IE　［1923年2月8日］
    回复未刊文献摘要502,将通知罗马大学,爱因斯坦会晚些时候回复信函。关于 Einstein 1920j 意大利语译本的合约即将寄送,修改后版费是每半年支付一次,而不是每季度支付。TLS.［42 333］.

514. 特拉维夫市市长(Meir Dizengoff)的来信　［1923年2月8日］
    在爱因斯坦访问之际,市议会向他颁发了荣誉市民称号(the freedom of the city),这是该城自建立以来颁发的第一个奖项。TLS.希伯来语［30171］；德语［30 170］.

515. Nastelski 的来信　［1923年2月8日］
    寄去许可文件,同意清偿 David Dominicus&Co.的抵押贷款,并要求寄回已签名并经过公证的注销文件,还要加上爱因斯坦的姐姐和父亲的姓名。5000马克的抵押已退还给爱因斯坦。TLS.［43 563］.

516. Carl Speyer 的来信　［1923年2月9日］
    询问下列事宜:巴勒斯坦的地质学；一所高中的教学职位的可能性；德国犹太人能否被那里的英国监管接受；以及爱因斯坦是否可以施以援手。ALS.［44 927］.

517. Hillel Jaffe 的演讲　［1923年2月10日］
    巴勒斯坦的犹太社区为爱因斯坦的科学成就感到骄傲。称爱因斯坦对犹太复国主义运动必要性的认可,"是我们民族和人类理想终将胜利的一个标志"。希望未来爱因斯坦会在以色列理工学院教书。ADS.［43 833］.

518. 致 Henriette Struck　［海法,1923年2月11日］
    从 Hermann Struck 的家乡发来问候。AKS.［65 800］.

519. 山本实彦的来信　［1923年2月12日］
    回忆他在门司与爱因斯坦的告别。感谢爱因斯坦从上海寄来的明信片。由于爱因斯坦的演讲和人格魅力,日本不再有相对论的反对者,大学正在开展相对论的研究。愿意为之效劳,有任何意愿,可通过秋田忠义传达。TLS.［36 431］.

520. Maurice Milick 的来信　［1923年2月14日］
    正值爱因斯坦访问巴勒斯坦之际,以开罗科学研究所和他自己的名义表示祝贺。ALS.［30 179］.

521. 致 Mouschly 先生和夫人　［塞得港,1923年2月14日/15日］

在他们的精心照料下，EE 感觉良好。AKS 残篇（Mrs. Nahmann, Paris and S. Quasha, N. Y.）.[44 498].

522. Shmuel Fronmann 和 D. Zweig 的来信　［1923 年 2 月 16 日］

AE 获得耶路撒冷的"金典"证书。就他提出的有关此物重要性的问题，他们解释说，犹太国家基金会的"金典"是一个大事年表，犹太家庭通过最低捐款 20 英镑就可以在这个纪事表中记录他们生活中的重要事件。爱因斯坦的来访也已经载入此书。TLS.［30 172］.

523. 梅休因致 IE　［1923 年 2 月 19 日］

联系到 Reinhold Fürth 了。并不会改变 *Lorentz et al. 1922* 英译本的文章顺序。TLSC.［67 959］.

524. Wilhelm Westphal 的来信　［1923 年 2 月 20 日］

墨西哥政府邀请爱因斯坦加入 1923 年的日食观测，并提供一支德国考察队在那儿的全部费用。Hans Ludendorff 已经做好加入的准备，同行的还有 August Kopff、Franz-Josef Hopmann 和其余三人。未来建造塔式望远镜的资金已经有着落了，但他们需要一个年轻的物理学家来顶替 Felix Stumpf。TLC（GyBSA, I. HA, Rep. 76 Vc, Sekt. 1, Tit. 11, Teil 5c, Nr. 7, Bd. 3, Bl. 81）.［88 152］.

525. M&Co 的来信　［1923 年 2 月 21 日］

回复未刊文献摘要 511，会将 2000 马克汇给 KWIP。TLS（GyBP, I. Abt., Rep. 34, Nr. 8, Mendelssohn 卷宗）.［77 921］.

526. Boris Schatz 的来信　［1923 年 2 月 21 日］

提醒爱因斯坦曾承诺过，要把 Malik 为他绘制的肖像捐给耶路撒冷比撒列（Bezalel）工艺美术学院的博物馆。ALS.［43 261］.

527. 致 Esteve Terradas　［1923 年 2 月 23 日/24 日］

为他抵达前没有事先通知表示歉意。请求提供他预计入住的酒店名称。ADSP（in *Roca Rossell 2005*, p.164）.［86 077］.

528. 日本邮船株式会社的来信　［1923 年 2 月 26 日］

马赛的海关官员不允许这五件行李入境，他们已经将之转寄到阿姆斯特丹，再从那里寄到柏林。TLS.［36 470］.

529. IE 致 Federigo Enriques　［1923 年 2 月 27 日］

确认已收到文件 428。会一直等到 3 月初爱因斯坦从西班牙返回后再转寄。TLC.［9 238］.

530. Ernst Langwerth von Simmern 的来信　［1923 年 3 月 3 日］

邀请爱因斯坦和 EE 出席德国驻马德里的大使馆举办的欢迎会。同时他个人也希望能与爱因斯坦私底下共进午餐。TLC（GyBAr(B)/Bd.501，德国驻马德里大使馆，Vorgang Einstein）.[92 489].

531. 西班牙科学院的证书　[1923年3月4日]

被选为科学院的通讯院士。[65 023].

532. 西班牙工程师和建筑师校友会的来信（Asociación de Alumnos）　[1923年3月5日]

荣誉会员证书。ADS.[30 176].

533. El Conde de Cerragería 的来信　[1923年3月6日]

名片，附上植物学家 A.J.Cavanilles 的书。ALS.[120 375].

534. Juan Falcó y Trivulzio，Marques de Castel-Rodrigo 的来信　[1923年3月6日]

通知1923年3月7日午间时分准许觐见 Maria Christina 太后。PDS.[30 175].

535. 施普林格的来信　[1923年3月6日]

因为在寄给他们的信中提到爱因斯坦拥有 Einstein 1920j 的翻译专有决定权，请求亲自解决俄语译本的问题。TLS.[41 1073].

536. 托伊布纳的来信　[1923年3月6日]

请求寄来 Lorentz et al. 1922 第五版中爱因斯坦文章的修订稿。TPCS.[41 1098].

537. Debendra M.Bose 的来信　[1923年3月7日]

回复未刊文献摘要 501，表示加尔各答大学副校长和集团已决定不在印度以外出售 Lorentz et al. 1922 的印度版，目前在英国销售的副本将被召回。为误解而道歉。TLS.[42 208].

538. Van Es & Van Ommeren 的来信　[1923年3月7日]

他们现在保管着"榛名丸"（Haruna Maru）邮轮上的五件行李，来信询问安置它们的进一步指示。TPCS.[36 471].

539. 荣誉博士学位证书　[1923年3月8日]

被授予马德里大学的荣誉博士学位。[65 023.1].

540. Paul Felisch 的来信　[1923年3月9日]

请求爱因斯坦在一份请愿书上签字，该请愿书倡议为离校孤儿志愿教育咨询委员会以及德国教育咨询委员会设立政府基金。TLS.[43 669].

541. IE 致诺贝尔基金（Henrik Sederholm 和 Knut Posse）　[1923年3月10日]

回复文件 396，保证爱因斯坦会接受领取诺贝尔奖证书和奖牌的条件。如果海关处出现问题，那么先将之存放在斯德哥尔摩，等爱因斯坦来斯德哥尔摩时亲自领取。TLC.[30 011].

542.Friedrich Glum 的来信　[1923 年 3 月 10 日]

寄去 KWIP 的预算。因为通货膨胀,他上调了爱因斯坦提供的数据。TTrL 和 TLC(GyBP,I.Abt.,Rep.1A,Nr.1665,Bl.62 and 63).[77 969],[77 970].

543.致 Emilio Herrera　[1923 年 3 月 11 日]

感谢他礼貌的邀请,但由于之前的安排,他无法答应,为此道歉。ALS.[59 971].

544.萨拉戈萨理化和精确自然科学学院证书　[1923 年 3 月 12 日]

被选为通讯院士。[65 024].

545.萨拉戈萨大学的来信　[1923 年 3 月 13 日]

爱因斯坦在萨拉戈萨大学举办演讲期间的荣誉证书。TDS.[30 177].

546.萨拉戈萨大学学生委员会的来信　[1923 年 3 月 13 日]

感谢爱因斯坦的演讲,并愿意为他们的德国朋友募集捐款,以帮助他们度过艰难困境。ALS.[30 178].

547.Felix Stumpf 的来信　[1923 年 3 月 14 日]

Erwin Freundlich 要求他离开天体物理天文台,因为他"缺乏动议",并未要求提交一份他在 Freundlich 参加日食考察活动期间所做工作的报告。向董事会提交了一份报告,但是由于 Freundlich 的介入,该报告没有在会议上讨论。被建议寻找另一份工作,因为 Freundlich 比他更受青睐。申请在专利局的职位。请求介入或提供建议。ALS.[11 267].

548.Van Es & Van Ommeren 的来信　[1923 年 3 月 15 日]

根据爱因斯坦 3 月 12 日的明信片中的指示,已将五件行李转寄到阿姆斯特丹的 Gondrand&Mangili mbH。TLS[36 474] and TPSP[36 472].

549.Paul Felisch 致 IE　[1923 年 3 月 19 日]

重新寄送未刊文件摘要 540,并要求待爱因斯坦从西班牙返回后给他。署名名单使他确信,名字位列其中是值得的。TLS.[43 668].

550.致三宅速(Hayari Miyake)　[1923 年 3 月 21 日]

从苏黎世返回柏林的路上发去问候,表示他离开日本后身体一直健康。AKS(比企寿美子[Sumiko Hiki]①,日本).[95 097].

551.诺贝尔基金会(C.G.Santesson)的来信　[1923 年 3 月 21 日]

为正式出版物《诺贝尔奖》(Les prix Nobel)请求照片、亲笔签名和简短的履

---

① 三宅速的外孙女,2014 年捐了一批爱因斯坦的手稿给庆应义塾大学。——译者

历。ALS.[30 017].

552. 智力合作委员会的来信　［1923年3月22日］
   确认收到文件447，Pierre Comert从日内瓦返回后会回复。TLC(SzGeBNU, S408/No 5).[84 677].

553. 致Paul Felisch　［1923年3月23日］
   回复未刊文献摘要549，同意在有关教育咨询委员会的请求上签字。TLC.[43 671].

554. 通用运输公司（前身是Gondrand & Mangili mbH）的来信　［1923年3月23日］
   四个箱子以及一件行李的运输费是24.90荷兰盾和76 352马克。TKS.[36 473].

555. 致普鲁士科学院（H. Lüders）　［1923年3月26日］
   请求在休假后恢复发放工资。TLS (GyBAW, II—III, Bd. 40, Bl. 56).[79 351].

556. Friedrich Schmidt-Ott的来信　［1923年3月27日］
   代表德国东欧研究协会邀请他加入委员会，该委员会是Wilhelm Westphal在圣彼得堡和莫斯科游学后提议设立的，旨在帮助恢复和培养德国和俄国在科学上的联系。TLS.[44 850].

557. 普鲁士科学院（Roethe）的来信　［1923年3月28日］
   从1923年4月1日开始，爱因斯坦每月的工资是854 310马克。TLS.[43 015].

558. 致通用运输公司　［1923年3月28日］
   回复未刊文献摘要554，承诺将支付24.90荷兰盾给运输公司Van Es & Van Ormeren。TLC.[36 475].

559. James Franck的来信　［1923年3月29日］
   为Felix Stumpf安排塔式望远镜的任务对他来说太难了。建议帮助他寻找一个新的职位，例如在帝国物理研究所或是专利局。TLS.[11 268].

560. 诺贝尔基金会（Henrik Sederholm和Knut Posse）的来信　［1923年3月29日］
   回复未刊文献摘要541，询问是寄送诺贝尔奖奖章和证书，还是暂时保留。ALS.[30 019].

561. Paul Karsten的来信　［1923年3月31日］
   鉴于爱因斯坦游历丰富，向他征求一篇关于国际智力合作前景的文章，发表在《柏林高校新闻》（*Berliner Hochschul-Nachrichten*）上。TLS.[43 239].

# 附录 A

## 爱因斯坦访谈

以下访谈全文由 François Crucy 发表于 1922 年 4 月 10 日《巴黎人画报》(*Le Petit Parisien*)第 1—2 页。

**离开前,爱因斯坦教授和我们谈了他的巴黎印象**

周六晚,法兰西剧院,上映《悭吝人》(*l'Avare*)和《爱情与偶然狂想曲》(*le Jeu de l'Amour et du Hasard*)。

几小时后就要踏上返程的爱因斯坦教授,愉快地接受了我们的邀请,在出发前来观看莫里哀(Molière)和马里沃(Marivaux)的戏剧①。

他坐在包间的第一排,一手靠着椅背,一手托着下巴,专注地欣赏剧情。他那努力听懂的样子,真像一位认真听课的学生!

时不时地,听着马里沃的对白,当张冠李戴的剧情制造出喜剧效果高潮,当全场观众——这是周六晚上的观众,没有任何附庸风雅——爆发出一阵欢快的笑声,这位著名物理学家也不由得笑得前俯后仰,露出那种可能属于他的天才表现之一的笑容,带着突然被激发的愉悦融入全场的欢快之中。

\*

演出结束后,我们步行前往塞纳河左岸。

雨已经停了。

我第一次见到爱因斯坦教授是在柏林,他穿着一件宽大的、既保暖又遮雨的灰色大衣,穿过阿德隆(l'Adlon)酒店的前厅,去见 Anatole France。今晚他穿着同一件大衣,从口袋里掏出一把小烟斗,漫不经心地填上烟丝。

他的朋友们,Langevin, Pé[r]rin, Borel 诸位教授走在前面。大物理学家和

---

① Pierre Carlet de Marivaux(1688—1763),法国剧作家,主要创作喜剧,共写了 30 多部剧本。比较著名的有《意想不到的爱情》(1722)、《爱情与偶然狂想曲》(1730)、《假机密》(1737)、《考验》(1740)等。——译者

我跟在后面。

他首先和我谈起了这场令他陶醉的演出。

——"不知您注意到没有",我问道,"今天晚上,全场观众都那么欢快,开怀大笑,毫无拘谨?"

——"是的!"他说:"但比起《悭吝人》,我更喜欢观众看第二出戏时的欢笑。我无法一边听着莫里哀的台词一边开怀大笑。在他几部最伟大的作品中,总有一些令人悲伤的东西。"

——"您不认为这种看见并让别人也同时看见人类命运的悲剧性与喜剧性的能力,恰恰构成了他的独特才华吗?"

——"是的!是的!……但这样的话,就更令人感到悲伤了!"

——"您有没有被 Dorante 的男仆逗乐?"

——"乐坏我了!法国 18 世纪的喜剧中有一种既轻脱又确定的东西。在任何其他喜剧作品中都找不到如此耀眼的欢乐!"

——"要知道,这场演出让我此次巴黎之行完美结束。我刚到的时候,就很高兴能来这里;但此时此刻,在即将离开的时候,我感到更加高兴。"

——"您记不记得,"我说:"去年 12 月在柏林,您在考虑是否进行这次旅行的时候,还挺担心的?"

——"是的。但是,您知道的,当时尤其令我担心的,是用法语在你们的教授和学生面前发言有困难。"

——"那您也看到了,在这一点上,您的担心完全没有必要。"

——"哈!哈!"他笑道:"那是因为我身边总有我的朋友 Langevin,在我想不起该怎么说的时候给我提示!

确实,所有这些现在看起来都不难。我很高兴能够在巴黎,在大学里,在法兰西学院阐述我的观点。这对我来说很重要!

相对论并没有人们所说的那么神秘,那么难以理解!所有学过数学和物理学的人都很容易理解。

然而,在数学家和物理学家中,确实还有不少质疑;但我想,这主要是因为人们只考虑相对论的表达所采用的符号,而没有足够重视其所代表的事物!因此,我有必要见见对相对论提出批评的法国科学家们,我认为我们公开或者私下展开的讨论,让我澄清很多问题。

我想告诉您我尤其为遇到 Painlevé 先生感到高兴!在来之前,我已经知道这是一位很严肃的对手;但从我们的第一次谈话开始,我就感觉到我从未遇到过,将来很可能也不会遇到一位这样的对手,他对问题的各个要素了解得如此透彻,完美地跟进每一步论证,甚至提前预见下一步如何展开,能够几乎立刻捕捉到所有细节！从我们第一次交谈开始，我就对自己说：'这位，这就是我的人！'"

*

爱因斯坦教授、他的朋友们和我，我们一起走进左岸的一家小餐馆，虽然已经很晚了，里面还是坐满了客人。

尽管被安排在角落旁的餐桌，大科学家还是很快被人认出来了。一位年轻的漫画家很愉快地送给他一幅刚刚完成的速写。

我的提问仍在继续，爱因斯坦先生身上特有的自然朴素不做作，让接近他的人很快就忘记了这是位享誉全球的名人，其他有同样声名的人往往显得难以接近。

——"我想说的是，"他接着对我说，"我十分高兴在这里感受到这样一种对事物的客观的兴趣，并在我遇到的所有人身上感受到真诚的好感。"

——"您记不记得去年12月 Anatole France 对此表达的悲观看法？"

——"记得，我很想和他本人谈谈此行给我留下的深刻印象。

关于我和他在谈话中涉及的国际关系问题，我想告诉他我多么高兴在巴黎听到了这么多不同观点，感受到人们希望解决欧洲问题的良好意愿，人们看待事物的方法丝毫不狭隘，并且真切渴望为了知识工作重新建立起必要的联系。人们并不否认仍然存在大量困难；但希望能够克服并解决这些困难。

最后，在我收到的种种个人的好意之外，我很高兴不时能看到，在法兰西学院、物理学会、哲学学会的演讲中，像相对论这样纯科学范畴的问题，不仅让专家学者们感兴趣，而且引起了更广泛的、来自更远领域的人们的兴趣。我感受到了通往某种理想主义的深层次的趋势，越来越多的有识之士倾向于摆脱纯粹眼下的、物质的利益，转而关注一些重大问题。

鉴于上述种种，我对此行旅程非常满意。"

*

我们又来到户外，圣日耳曼德普雷（Saint-Germain-des-Prés）广场上只有我们这一群人。

老教堂响起凌晨2点的钟声。

Langevin 教授对我说："我们5小时后出发。我的朋友想去曾经的前线战场上转转。"

——"我得去整理我的行李箱了！"大物理学家说。

——"我希望明天您去参观那些被战乱毁坏地区时遇到好天气，但就算遇到世界上最好的天气，这样的瞻仰之行也不能不让人心情沉重。"

——"是的，"大物理学家说，"但我还是想去看看。我们怎么能谈论我们不了解的事情呢？我很想和那边的人们谈谈这些以及其他那些事。"

François Crucy

# 附录 B

## 爱因斯坦谈他的理论

以下是关于爱因斯坦巴黎演讲的报道摘录,由 Charles Nordmann 撰写,发表于《两个世界杂志》(*Revue des Deux Mondes*)1922 年第 9 期,5—6 月,pp.129—166。除了报道爱因斯坦 3 月 31 日、4 月 3 日、5 日、7 日在法兰西学院以及 4 月 6 日在索邦大学的演讲和讨论外,Nordmann 这篇面向普通读者的文章还包括他自己关于狭义和广义相对论的详细解释。

### 爱因斯坦阐述并讨论他的理论

爱因斯坦近期在法兰西学院发表的演讲以及随后的讨论可谓盛况空前。这位著名的物理学家表现出了无限的耐心。人们看到他非常希望不忽略任何误解,不回避任何质疑,相反他鼓励批评意见,以便当面更好地抓住它们,然后推翻它们。[……]

在巴黎,[……]爱因斯坦并不满足于用权威的口吻(*ex cathedra*)进行教学式的演讲。他毫不犹豫地投入到论辩中,在后来变得广为人知的几场讨论中,公开回答了几位科学界最杰出代表提出的所有质疑或问题。

第一场演讲于 3 月 31 日周五 17 点在法兰西学院 8 号阶梯会议厅举行。作为这座庄严建筑中最大的会议厅,这一天却显得小得可怜。演讲开始之前很长时间,有幸前来聆听这场独一无二演讲的幸运人群已将会议厅挤得水泄不通,就连狭窄的过道都挤满了人,作为爱因斯坦即将发言的场所,这个会议厅显得过于简陋了。所有在场的人都得接受,至少在这里,空间肯定是不够的。听众中有大学生、教授、学者,所有法国科学界和思想界的精英,所有给这个国家带来荣誉的知名人士都到场了。现场的拥挤程度让人以为身处不久前举行的 Caro 或 Bergson 的某场讲课,这些名声大噪的讲课曾吸引大批崇拜他们的民众蜂拥前往。但走近一看,与当时的情形又有所不同。此次来听演讲的听众经受了更严峻的拥挤考验,其中几乎没有出名的女演员或上流社会的名媛。这一次,Langevin 先生严肃的诚实作风明显起了作用,入场券的发放越是对科学界、学术界人士,甚至对青年大学生慷慨大方,后者的到场也是理所当然的,就越是无情拒绝那些附庸风雅、爱凑热闹或仅仅抱着猎奇心态的人。因此，说到底，我不是很肯定在这个高级知识分子云集的场所，能找出几位真正优雅的女士。这个会场好比一个匣面破烂的珠宝匣，闪耀着最高纯度的思想钻石的光芒，手法再高明的盗贼也偷不走任何一件能给小报增加八卦新闻的首饰。

这也非常符合爱因斯坦的品位。

讲台位于会议厅较低一侧，上面放了一张小讲桌，周围摆着几把椅子，爱因斯坦突然出现在讲台上，身边是法兰西学院院长 Maurice Croiset 先生和 Langevin 先生，后面还跟着其他几位学院的教授。全场同时起立，用热烈的欢呼声欢迎大科学家。爱因斯坦显得有些激动和不安。Maurice Croiset 先生用几句优雅而贴切的简短致辞，表达了对他的欢迎以及法兰西学院为接待他而深感自豪。Croiset 先生在致辞中未提及，但这个国家的所有理想主义者都对他表示感激的，是他个人在爱因斯坦受邀来访法国法兰西学院的过程中所表现出来的担当，这座令人敬仰的殿堂再一次无愧于其崇高而自由的传统。

爱因斯坦一直站着，用他悦耳柔和、起初显得不太坚定的声音表达了谢意。他谨慎地指出自己在这里的出现表明科学不再受政治的威胁，这是一个令人高兴的迹象。说完他坐下，同样站着的充满敬意的听众也跟着坐下来。不带任何过渡，爱因斯坦跳过演讲的一般套路，马上和我们谈起了相对论。

他的发言语速很慢。听众能感受到他的话跟不上他条理分明、迅速涌出的思路。他的嗓音柔和，音色低沉而响亮有力。Henri Poincaré 也有一副十分柔和的嗓音，但比爱因斯坦的更为低沉。爱因斯坦准确把握了我们语言的微妙之处，发言中略带一点轻微的口音。他会说 "les ékations（法语中为 les équations）、"la rélativité"（法语中为 la relativité）、"la kinématique"（法语中为 la cinématique）。他说话的时候，两边眉毛向眼眶倾斜，相交于额头中间，形成一个长音符，双眼仿佛看向远方，与听众炙热的目光相隔遥远，而他本人正是这些目光的交汇点。这双眼睛注视着一个平静从容的领域，在那里，大科学家的思想综合概括了物质与能量的奇迹。这种理想化的注视与梦中的凝视丝毫无关；它探索的是生动的现实，是能够被感知的事物本身；因为对于爱因斯坦来说——他不断强调这一点，也是这一点将他与他的一些评论者区分开来——抽象的数学根本不是带着翅膀、可能会漫无目的、迷失方向的东西；数学不过是，并且必须是真实存在事物的谦卑的女仆。演讲中，他时不时地将身子倾向坐在他左边稍靠后的 Langevin 先生，以便获得必要的语言提示，按照他自己的说法，就是他"卡在嗓子眼里挤不出来"的法语词。

有时候，他嘴里还会冒出一个英语词，我听到他喃喃着"assumption"，Langevin 先生轻声提示他说"hypothèse."尽管这些小小的停顿会不时地放慢他的语速，但也不失为一种有益的调节,因为这给听众留出时间更好地理解他的论证思路,那些环环相扣、异常密集的论证,着实让这场演讲成了一次你能想象出的最丰富的概念理解大考验。好像是为了缓解一下演讲内容的过于严肃,每次遇到表达上的困难,爱因斯坦总是微笑着等待 Langevin 先生为他送上想要的词,这个魅力无限的微笑在艺术家 Choumoff①的笔下得到了很好的再现;我觉得这微笑就像一个彬彬有礼的歉意,请求大家不要为这些小小的纯粹语文上的犹疑而感到不快。

爱因斯坦完全脱稿演讲,目光投向高处。他的习惯动作是慢慢地抬起双手,拇指食指相合,仿佛手上有一条无形的、牵引着论证的柔软丝线,一会儿拉紧一会儿放松。

爱因斯坦一开始就声明,他在这第一场演讲中将整体性地介绍相对论的原则,或者更确切地说介绍该理论形成过程中所运用的方法。他紧接着补充道,之后几场演讲将全部用来展开讨论。

事实上,在这首场演讲中爱因斯坦已经在发言内容里提到了关于相对论的争议,并十分详细地讨论了人们向他提出的一些批评意见以及此新理论引起的一些误解。

在演讲的纯讲授部分,爱因斯坦只是回顾了他的理论的关键性基础内容。[⋯⋯]其余都是批评以及方法论部分,这也是此次演讲的特色所在。我将在此尽可能简单地解释其中深刻的含义和令人信服的结论。[⋯⋯]

然而,其物理内容,即整个相对论的基础,是存在着一个能够用量尺和时钟测量出来的恒定量,这个量被称作事件的"间隔",它既不是时间距离,也不是空间距离,而是——我的读者们还记得——一种空间和时间的聚合。

正是基于坚信这个物理前提条件真实存在,爱因斯坦的整个论题才得以成立。倘若该前提条件不存在——这取决于物理学家的实验和设备——整个理论就只是一个数学公式的游戏,终将消散。但爱因斯坦在这一点上显得相当从容,而且必须承认他的从容背后有坚实的支撑。这些支撑不仅在于所有对经典力学的证明同样可以证明爱因斯坦的力学,而且还包括那些由这个新理论引导得出的令人惊叹的物理实验证明(引力作用引起的光线偏折,对水星轨道近日点进动的解释)。

爱因斯坦在谈到这些的时候,他对我们语言的不纯熟,在遣词造句上的犹疑反而启发他造出了几个饶有趣味的新词。但是,当涉及经典力学的时候,经典力学与他的力学之间的差别就好比静止不动的虫蛹与飞舞的蝴蝶之间的区别,爱因斯坦称之为"古代"(antique)力学,我想在这个不太准确的形容词里,未尝不带着一点有意为之的讽刺意味。[⋯⋯]

---

① Pierre Choumoff(1872—1936),法国摄影家。——译者

这就是爱因斯坦3月31日那天给我们留下的主要印象。这场演讲深刻精辟，毫无华丽辞藻，唯一的雄辩来自事实与理性。爱因斯坦以几点关于宇宙学的看法结束了此次演讲——我之后还会谈及相关内容——在热烈掌声中起身离场。

\* \* \*

第一次讨论于4月3日在法兰西学院的物理阶梯会议厅举行，这里比爱因斯坦周五进行演讲的"大"会议厅空间更狭窄。出席者几乎清一色为科学家、哲学家、研究人员。坐在第一排的包括Roux博士，他面色苍白，像个苦行僧，头戴传统无边圆帽，还有Bergson先生、居里夫人以及多位科学院成员。

这场讨论专门围绕狭义相对论引发的问题展开。爱因斯坦坐在Langevin旁边，身后有一张小桌，旁边是巨大的黑板，在接下来的讨论中这块黑板上将写满争辩双方充满热情的论证。

首先讨论的是Michelson的实验，如果说根据狭义相对论，Michelson的实验可以直接推导出速度引起物体的可视收缩，那么该实验只能间接证明时间的可视放缓。将来也许某天，通过观察阳极射线或木星卫星的食可以证明这一点；[……]

第一场讨论会的结尾部分以及接下来一场（4月5日举行）的开始部分几乎都被Painlevé先生发起的热烈讨论所占据，他在好几个小时中完全抛开了政治，这让他的朋友们很高兴。这场讨论最终澄清了狭义相对论最微妙的难点之一。

这场气氛热烈又始终在完美的客观性中保持彬彬有礼的讨论，构成了非常奇特而有趣的场景。事实上，Painlevé先生不停地在各种公开场合表达过对爱因斯坦的赞赏。几周前，科学院力学部空出一个通讯院士的位置，有几个声音提到了爱因斯坦，而爱因斯坦既不是候选人也没有推荐人。Painlevé先生很乐意地承认其中就有他的声音。当时，一位科学院院士，也是一位卓越的学者，说出了如下有趣的话："怎么？您想要任命这位摧毁了力学的爱因斯坦担任力学部的院士？"[……]

因此可以说Painlevé先生从未停止将爱因斯坦尊为人类思想史上最令人惊叹的天才之一。而据我所知爱因斯坦也曾对这位著名法国几何学家的研究表示过由衷的赞赏。在这样的情况下，两位科学家的对话氛围，无疑十分有利于真诚的才智之间相互交锋与激发，并由此迸发出更多的智慧之光。

没有什么比看着爱因斯坦和Painlevé先生并排站在黑板前更有趣了：前者总是很冷静，耐心的温和背后是绝对的笃定，后者热烈而活跃，充满激情地发表观点，展开论证；前者稳立不动，后者从不站在固定位置，不停地在黑板前的狭窄讲台上走来走去；前者面色苍白，态度中带着某种东西，论证过程中表现出不可动摇的坚定，就像经历了几个世纪的风化作用依然挺立的石块，后者因激动而面色通红,辩论中伴着丰富的手势,突然间情绪激昂,突然间又停顿下来,我们常常在那些向摇摇欲坠的旧事物发起猛攻、推翻旧秩序的人身上看到这样的表现。

两人手上都各自拿着一截粉笔,在巨大的黑板上写满针锋相对的方程式,表面上看确实会让人觉得爱因斯坦是"保守派",Painlevé 先生是"革命派"。然而不可思议的是,事实正好相反:前者彻底推倒了传统的物理大厦,人类之前一直怀着错误的确定性在其中昏睡,而后者则挺身而出为受到攻击的堡垒,为牛顿的科学筑起城墙。

争论围绕着狭义相对论的一个关键要点展开。正如大家将看到的那样,争论的结果是两位对话者达成了完全的一致,这个要点是爱因斯坦理论大厦的第一部分、第一层楼,有些人对它有误解,这次争论彻底消除了这个误解。[……]

在这些结果中,让 Painlevé 先生感到吃惊的是别的东西,是某种乍看起来让他觉得有悖逻辑的东西:在狭义相对论中,人们在考察两位处于相互运动的观察者时,总会特别注意强调,双方各自从对方处观察到的表象是相互的。例如,如果观察者 A 看到观察者 B 带的米尺和时钟由于其速度分别变短和变慢,同样地,观察者 B 将在相同程度上看到观察者 A 所带的米尺和时钟变短和变慢。会产生这样的结果,是因为 A 相对于 B 的速度和 B 相对于 A 的速度必须是一致的,这一相互性符合相对论的经典原理。

Painlevé 先生问道,根据给出的例子,车站站长看到特快列车时钟的时间比他的时间慢,而列车车长与站长意见一致,看到车站时钟的时间比他的时间快,这里难道不存在一个本质性的矛盾吗?根据相对论包含的相互性,难道不应该正相反,列车车长看到的车站时钟的时间比他的时间慢吗?而如果真是这样,我们又会陷入一种荒谬的、不可能的局面中,如果两个人在同一时刻、同一地点看到两个时钟 $H_1$ 和 $H_2$,一个人看到 $H_1$ 比 $H_2$ 走得快,另一个人则看到 $H_2$ 比 $H_1$ 走得快,这完全违背常识。①

---

① 两个做相对运动的惯性系中的观测者,都认为对方的钟慢。但注意,惯性系 A 中任意一个确定的钟,与惯性系 B 中任何一个确定的钟,都只能相遇一次。若要它们第二次相遇,则至少其中一个要做加速运动,不能始终保持惯性状态。

要想在始终保持惯性运动的状态下比较,则只能让一个系(例如 A 系)中的一个确定的钟,依次与另一个系(B 系)中已经校准同步的一系列钟,来作比较。在 B 系中的观测者看来,自己的一系列钟是静钟,A 系中那个钟是动钟。相对论的计算表明,这个动钟会比一系列静钟慢。反之,A 系中的观测者认为,自己的一系列已经校准同步的钟是静钟,B 系中任意一个确定的钟对他来说都是动钟,都会变慢。双方的观点都正确,单独的钟(动钟)会比一系列钟慢(静钟)。

动尺收缩现象源自"同时"的相对性。两个做相对运动的惯性系中的观测者,都认为自己的尺是静尺,静置于对方惯性系中的尺是动尺。要量动尺的长度,必须"同时"量它的两端。但是 A 系中的"同时"操作,在 B 观测者看来并没有按 B 系的时间"同时"进行,而是先测了一端再测另一端。反之亦然,这就导致双方都得到动尺(对方的尺)变短的结论。——赵峥注如何摆脱这一困境,解决这些可能会被有些人视作严重障碍的困难和矛盾呢?

841　　爱因斯坦的回答完全消除了这个误解,——因为,正如我们将看到的,这仅仅是个误解,——而且按照他自己的话来说,把"矛盾凸现出来了"。下面我通过回顾最基本要素,绕开技术性术语,对大物理学家的解释进行概述,相关论证,——尽管不甚明显,——其实已经暗含在相对论中。[……]

爱因斯坦的回答如下:在狭义相对论中,只有按伽利略的含义所指的匀速运动系统,从时间空间测量的角度看,才具有相互性,但这一点并不适用于加速运动系统。Langevin 先生早在 1911 年(当时爱因斯坦尚未建立起广义相对论)就曾在一篇值得关注的关于时间与空间演变的论文中明确指出过这一点。

Painlevé 先生引发了关于这个特别主题的一场有趣且富有启发性的讨论,标志着法兰西学院多场讨论的最高潮,这场讨论的意义在于通过引人注目的方式强调了这样一个事实,即"狭义相对论"实际上让绝对符合伽利略-牛顿意义上的一些特殊运动和参考系在力学中继续有效。有些人已经开始忘掉这一点,但爱因斯坦是绝对不会忘的。

4 月 5 日周三晚上的讨论一开始,Langevin 先生首先请求想要发言的人将发言时间控制在 20 分钟内。"是我的手表的 20 分钟。"他补充道,引起一片笑声。不知道这仅仅是对每个参照系的"各自时间"的暗示,还是出于要用一个也许任意但单一的单位来作出规定的实际需要。[……]

接下来发言的是 Edouard Guillaume 先生。Edouard Guillaume 先生是位瑞士物理学家。几天前,大部分报纸都刊登了一篇各通讯社发出的新闻,宣称这位物理学家发现了爱因斯坦理论中的严重计算错误,他愿意在法兰西学院公开证明(*coram populo*)这些错误。这些错误自然会引起爱因斯坦理论的完全坍塌,导致这条科学法则的彻底破产。实际上,凡是了解情况、清楚爱因斯坦理论的分析发展过程的人,都知道资深物理学家、Henri Poincaré 的继任者 Hadamard 先生在仔细研究之后已经宣布爱因斯坦的理论大厦从数学上来说是完美而严谨的,不存在任何逻辑瑕疵和任何形式上的错误;他们看到媒体上又在大肆宣扬某人要迅速地对可怜的爱因斯坦发起攻击,不免感到有些吃惊。

Guillaume 先生首先发表了一通令人惊讶的"女士们、先生们"式的开场白。接着,他在黑板上写下他的公式,几幅淡粉色和蓝色的精巧图表已经事先钉在了黑板上。没过多久,情形就很明显了,爱因斯坦不会在这一天,也不会被这只手打败。当发言者结束证明,凡是听明白的人,其实全体在场的人都听明白了,只

842　要两秒钟就看穿了这场高调宣扬的发言实际上没什么分量。Borel 先生代表全体一致意见(事情如此简单,任何一个学过基础数学的学生都能做出判断)宣布

"整个论证是站不住脚的,因为不可能首先写下相对论的方程式,然后再引入与该体系无关甚至相反的公设"。按照一致性原则,显然要用单一的语言进行证明。通过预先引入被一个科学体系排除在外的因素用来反驳该体系,这样做很容易,但什么也证明不了。Langevin 先生接下来结合一个相关要点,言简意赅地做了总结,其原话如下:"总之,产生这个误会的原因是 Guillaume 先生没弄明白什么是光波。"——至于爱因斯坦,面带微笑,保持着仁慈的克制,没有发表意见,理由是完全不明白对方说了什么。这场闹剧就这么结束了,让人说不出是滑稽还是难过。

随后讨论又回到严肃的内容上。Langevin 先生首先展示了他如何仅仅从广义相对论和能量守恒原理出发,建立起新动力学的公式。[……]

爱因斯坦随后在发言中向 Langevin 先生推导出上述结果的出色工作表达了敬意。他本人也独立得出了同样的结果,但方法更为复杂,运用了一些尚未十分确定的概念,其中涉及著名的量子理论,这可以说是当今物理学界的七巧板游戏。爱因斯坦用他熟悉的既带幽默感又带着不可知论的习惯表达总结道:"就这样,尚不存在的量子理论深刻地改变了力学。"

至此,关于狭义相对论的讨论告一段落。

接下来要对广义相对论展开探讨了。法兰西学院天体力学教授 Hadamard 先生首先开火,他提出的问题与爱因斯坦用来表达新万有引力定律的公式相关。这个公式采用 Schwartzschild 提供的简单形式,能够满足天文学的所有实际需要,公式中的一个项引起了 Hadamard 先生的特别关注。这个项之所以引起关注是因为如果该项的分母为零,也就是说该项变得无穷大,这个公式就不再有任何意义,或者至少可以质疑这种情况下它的物理意义是什么。①

从数学上来说,这个项不可能变得无限大;从物理学角度,在实际层面,这在自然界中可能出现吗?对太阳来说,是不可能的,但对于一个质量无限大于太阳的天体是有可能的。

爱因斯坦并不掩饰这个深刻的问题让他有点为难。他说:"如果这个项确实

---

① 我把爱因斯坦关于万有引力的公式列在这里,以便想了解更多细节的读者参考:

$$\mathrm{d}s^2 = \mathrm{d}t^2\left(t - \frac{a}{r}\right) - r^2(\mathrm{d}v^2 + \sin v\varphi^2) - \frac{\mathrm{d}r^2}{1 - \dfrac{a}{r}}$$

其中,ds 代表因万有引力而移动的一个点在宇宙中的最短测地线。$r$ 表示该移动点相对于质量引力中心的矢径。$a$ 是一个与这个质量成比例的长度,以太阳为例,这个长度大概是 3 千米。可以看到,当 $a$ 变得与 $r$ 相等时,公式的最后一个项就会无限大,Hadamard 先生的问题就是在这样的情况下会发生什么。

注:ds 为两点在四维时空中的距离即间隔。

会在宇宙中某个地方变成零,那么对于相对论将是一个不可想象的灾难;很难事先说出这种情况下物理上会发生什么,因为那时候这个公式已经不再适用了。"这个被爱因斯坦开玩笑地称作"Hadamard 灾难"的灾难有可能发生吗,倘若发生了,物理上会出现怎样的结果呢?

讨论进行到这里,我要求发言,以提请大家注意,如果说我们知道一些体积比太阳大得多的恒星(例如参宿四的直径是太阳的 300 倍),相反,对于那些我们能够测定其质量的恒星,它们质量的数量级绝对不会比太阳质量的数量级大很多。

另一方面,根据英国天文学家 Eddington 的研究,当一个天体的质量由于引力带来外部物质变得越来越大的同时,该质量的内部温度会迅速增加,产生的辐射会向外驱除(根据 Maxwell - Bartoli 压力)所有新物质,从而平衡引力的吸引作用。结果就是在自然界,恒星质量的增大有一个不可超越的最大值;这个最大值不可能极大地超过太阳的质量。因此,事物的物理本身会阻止出现"Hadamard 灾难"所需要的条件(即存在比太阳无限大的天体)。

爱因斯坦在给我的回答中说道,对于这些引发诸多假设的计算所得出的结果,他并不完全放心。他更希望通过别的方法来避免"Hadamard 灾难可能给相对论带来的不幸"。实际上,在接下来的讨论会上(4 月 7 日),他带来了一个关于这个棘手问题的计算结果。该计算显示:如果一个天体的体积无限增大,而密度却没有增加(水体星球有可能出现这种情况),那么早在 Hadamard 灾难所需条件出现之前,该天体质量中心的压力就会变得无限大。在这种情况下,根据广义相对论,时钟往前走的速度将为零,任何事情都不可能发生,一片死寂,结果就是任何可能引发 Hadamard 灾难的新变化都变得不可能了。爱因斯坦指出这可能就是"物质能量转化为空间能量"的情况,也就是说质量转化成了辐射。他最后总结道:"这就是我所能说的全部,因为我不想提出假设。"这几乎就是牛顿说过的经典句子。Hadamard 先生对这样的回复表示很满意,相信这个让人如此担心的灾难不可能发生。①

以上就是关于在法兰西学院提出的最特别的问题之一的讨论。人们都会认可这是一场值得回味、启发深远的讨论。这场讨论代表了一种充满追求纯粹真理的热情、排除所有偶然情况的理想氛围,这些赫赫有名的争论就是在这样的氛围中展开的。

在 4 月 7 日的最后一场讨论会上,由 Hadamard 灾难说起,Painlevé 先生向爱因斯坦提了几个问题,涉及万有引力公式和其他几个类似公式,利用这些公式,人们可以尝试表达力学和天体光学上发现的一些新现象(水星近日点的进

---

① 以上几段的讨论,属于对黑洞和奇点形式的可能性的早期探讨。——赵峥注

动，引力引起的光线偏折）。

接下来的讨论极其精彩，异常活跃，以至于有时候所有人都一起发言。就在Hadamard先生和Painlevé先生就相关公式的含义展开激烈交锋的时候，人们突然看到Brillouin先生，意识到不可能在这两位对手唇枪舌剑的间隙里插上话，索性冲上黑板，手里拿着粉笔，大喊道："既然你们都在说，那我就写。要想求积分，最简单的办法还是写下来。"于是，他不用张口就吸引了一批疲于追随激烈争辩的听众的注意。这真是一场漂亮的战役，一场令人鼓舞的赛事。而那两位对手则展开了多少有点咄咄逼人的绅士风度之战，我们听到Painlevé先生冲着Hadamard先生喊道："我实在看不出这样的讨论有什么好处，不过请你继续吧。"没过一会儿，他抱歉地说："请您原谅，我没弄明白……"这些或书面或口头、电闪火光般的论证互相激烈碰撞着，会议厅里喧闹嘈杂，黑板上写满了宛如垂颈的白天鹅般优雅的积分符号，与此同时，爱因斯坦安坐在风暴中心，沉默不语。

突然，他举起手来，像位请求老师许可的小学生，轻声问道："能不能允许我也说一个小问题呢？"大家都笑了，爱因斯坦在突然恢复的安静中开始发言，仅用了几分钟，一切便都澄清了。下面我来概述一下他给出的详细解释的要点，这些解释清楚明了地回答了争辩中的主要问题。

首先要知道爱因斯坦的引力公式中那些量代表什么，尤其是矢径，即连接太阳与各行星的线。［……］

简而言之，新的引力公式中引入的数值都是具体的数值。［……］在这种情况下，天文学上的数据完全是通过具体而客观的方式确定的。只有量尺与时钟，不再有观察者，任何主观性都被排除了。

按照爱因斯坦的说法，这在某种程度上是确定天文学上被测量的量的一种绝对方法，因为不再需要将这些量与某个给定的观察者联系起来。①

爱因斯坦的引力公式中引入的就是这些不带任何模糊性、具体、客观、可测量的量。通过这种数学变形，这些被称为局部转化的变量更换，人们当然可以找到其他或多或少不一样的引力公式，但这些转换对于上文所定义的可观察到的、客观的事物来说，不会造成任何改变。

因此，根据爱因斯坦的观点，实际上只有唯一的一个公式来建立被测量的量之间的单一关系，这个公式被Painlevé先生风趣地称作"经典公式，已经成为经典的爱因斯坦引力公式。"［……］

他总结道："我们任何时候都可以给出限定条件，但必须是在物理学层面上。"

---

① 指坐标量不同于与具体观测相联系的固有量。

这一轮令人难忘的讨论会就这样结束了。正如 Langevin 先生在宣布讨论会结束时所说的，尽管没能涉及所有相关问题，至少所有在会场提出的问题都得到了令人满意的答复。

经过这次交锋，爱因斯坦的理论变得不可撼动，爱因斯坦本人威望大增。Painlevé 先生用一个非常恰当的形象向我描述道，爱因斯坦的研究成果好比一个结构严谨、坚不可摧的花岗岩立方体，透不过一丝缝隙。

4月6日周四那天，由法国哲学学会在索邦大学举办的讨论会也并不比法兰西学院的物理-数学论战逊色。[……]

在学会主席 Xavier Léon 先生的热情致辞之后，Langevin 先生发表了一段深刻而精彩的发言，题目可以叫作"为什么哲学家应该对相对论感兴趣"。他在发言中从方法论和认识论的角度，极其清晰地阐明了爱因斯坦的研究的力量与魅力所在。

在接下来的讨论中，几位数学家发了言，讨论反映出相对论从逻辑角度看是严谨的，完全排除了任何内部矛盾。这一点已经在法兰西学院的讨论会上有所体现。

数学家之后，轮到物理学家，他们提出了不少问题，爱因斯坦在回答中谈到了关于宇宙学、几何学，尤其是化圆为方问题的一些十分有意思的观点。

最后轮到哲学家们向爱因斯坦提问。当提到 Kant 的时候，爱因斯坦表示他在诸多方面与这位柯尼斯堡（Koenigsberg）哲学家的观点截然不同，对后者而言，绝对时间与绝对空间是先验存在的概念。而相对论所持观点正相反，并且给出了证明。

不过，从其他角度来说爱因斯坦还是很欣赏 Kant 的。在提到他关于康德主义的看法只是个人见解的时候，他不是说："每个人都有属于他的 Kant。"（有人会说，这个同音异义文字游戏可以追溯到……柏拉图），而是说："每个人都有其特有的 Kant。"当我们想到"特定时"是相对论基础概念之一，不禁感到这个说法饶有趣味。爱因斯坦还指出，人们能够想象到的最为对立的两种理解事物的方法，一种是康德的先验论，另一种是 Poincaré 的约定论。他说："必须根据经验在这两种思考的态度之间做出选择；这就是我所能说的。"我们猜想他不会认为经验倾向于 Kant 的先验论。

最后，在 Leroy 先生发言之后，Bergson 先生接受邀请发表演讲，以他惯有的引人入胜、形象化的语言回顾了他关于时间概念的观点，我们都知道他在这个概念上进行了非常深入的探索。柏格森时间，我大胆地将其称作一种"我们灵魂特定时"，这种关于我们自身的流逝的感知，从某种角度来说也是对我们周边事物的流逝的感知。我们的周边参与到了我们自身的流逝中。但这个周边止于何处呢？在远离我们的地方，我们可以想象存在其他意识，类似于散布在宇宙中的中转站，在这些中转站之外还存在一种作为它们的完整体的普遍意识，所有现象的整体都因其而流动。因此，Bergson 关于持续的概念最大限度是建立在一种普遍时间的基础之上。Bergson 先生觉得可以认为这种看法与相对论对时间的理解并不存在对立。如果说我们无法证明二者的相一致，那么大概也不能证明它们的不一致。Bergson 先生认为在纯粹定性的直觉时间与定量的相对论时间之间，存在着某些无法测量的东西。在结论中，他对于相对论能否完全摆脱直觉表示怀疑，尤其在涉及同时性概念的时候，他认为我们的各种感官知觉是以不同的方式参与其中的。

在回答中，爱因斯坦表示，关于上述问题，他并不完全认同 Bergson 先生的看法。他认为哲学家的时间不能不同于物理学家的时间：这是同一个时间。在定义时间的时候当然必须从直觉时间开始，直觉时间是我们对各种意识状态先后发生顺序的感知，是被呈现在我们面前的。两个互相听见的个体已经构成了通往客观时间的第一阶段；因为……至少。爱因斯坦深信……存在着与内心事件截然不同的客观事件。当涉及两个事件的同时性概念时，爱因斯坦回顾指出，由于光的传播速度极快，这种同时性在很长时间里对于两个相邻个体几乎是同一回事。然而当我们对这个概念进行更细致的分析，并考虑到光的传播尽管速度非常快却并非瞬时性的，我们就会得出相对论的结论：同时性是一个随着观察者不同而不同的可变概念。按照爱因斯坦的看法，我们的意识里没有任何东西能够为我们指明不同事件"现状"的同时性：这些事件是逻辑存在，而非心理存在，是被直接呈现的。如果哲学家们能够构想出一个抽象的时间，一种对他们的意识状态的推论，那么对物理学家来说也有一种抽象时间：经典科学的绝对时间。总而言之，爱因斯坦认为"哲学家们并没有一个专属于他们的时间"。

这并不意味着相对论与柏格森时间的理念不相容。爱因斯坦认为，任何一个理性的，也就是说结构严密的哲学体系，总是也需要与物理和自然科学相符合。就像数学家所说的，这是一些独立的变量。

简而言之，一种科学理论不是一种哲学，但哲学必须考虑到它。如果说相对论是准确的，那么任何一种结构严密的哲学都应该与其相符合，但相对论本身并不构成一种哲学。

在回答 Meyerson 先生提出的关于 Mach 观点的问题时，爱因斯坦谈到了他对于科学的理解。必须完全并且始终要将科学概念建立在可观测数据上，在这一点上他与 Mach 的观点是一致的，但他拒绝接受科学仅仅是这些数据之间未经加工的关系。对他而言，一门科学是一个系统，也就是按照逻辑方式演绎而来的综合，而不像 Mach 所认为的那样仅仅是一份罗列事实的目录。［……］

# 附录 C

## 关于光发射的演讲

此演讲由爱因斯坦于 1922 年 4 月 29 日在阿姆斯特丹大学物理实验室面向荷兰物理学会所作,发表在《荷兰物理期刊》(*Physica. Nederlandsch Tijdschrift Voon Natuurkunde*),第二卷(1922 年),第五期(5 月),pp.158—159。

### 论光的发射

爱因斯坦教授首先简要回顾了振荡电子导致光发射的经典观点。一个振荡电子受到辐射阻尼,致使光发射的过程实际上在 $10^{-8}$ 秒内就结束。因此,即使路径存在很大差异,也可使波产生干涉,经典理论就是以这种方式令人满意地解释了这些现象。

但是,量子理论假定,只有当原子中的一个电子从能量为 $E_2$ 的能级跃迁到能量为 $E_1$ 的另一个稳定轨道时,辐射才产生,其中发射光的频率由如下公式决定

$$E_2 - E_1 = h$$

其中 $h$ 是普朗克常数。

那么,量子理论关于发射的持续时间有何看法?演讲者区分了 $Z$ 态的持续时间和跃迁 $U$ 的持续时间。态的持续时间是指电子在玻尔轨道中以较高能量保持运动所需的时间,而跃迁的持续时间是指从一个稳定的轨道跃迁到另一个具有较低能量的稳定轨道所需的时间。

W. Wien 使极隧射线在真空管中沿着轨迹运动的光发射衰减的实验,显示出 $Z+U$ 的数量级与经典理论预测的一致。但是,无法由这些实验判断 $Z/U$ 的比值有多大。由于各种不同的原因,例如由 Franck 和 Hertz 的实验所表明的那样,$U$ 很可能比 $Z$ 小很多倍。再者,我们特别希望找到关于 $U$ 的持续时间的绝对大小。

演讲者描述了一个实验,乍看起来能够把问题说清楚。使一束极隧射线以 $1/300$ 的光速穿过一个位于透镜焦面上的狭缝。如果发射时间并不特别短,那

么在透镜后可得到等相位的扇形平面束。假如使波也穿过色散介质,可以预测光线在其中并不沿着一条直线行进,并且随着光线在色散介质中行进的距离增大,与直线路径的偏移也会变大。这最终会导致由第二块透镜生成的狭缝图像发生位移。但是如果仔细研究这个现象背后的理论,就会明白所谓的位移是不会发生的。实际上,在实验中观察不到位移。

然而,演讲者认为他能够大致说出一个可给出有关光发射持续时间的确切信息的实验。再次使一束极隧射线在透镜的焦面上移动。透镜后放置两块相隔一定距离的半镀银玻璃板。在光源静止的情况下,将观察到在第二块透镜的焦平面出现干涉环。另一种情况是,如果有一个运动的光源,正如在极隧射线粒子的实验中那样,干涉图像一定会消失,但是通过将两块玻璃板中的一块轻微旋转之后能够使这一图像再现,原本十分精准地相互平行的两块板现在彼此相交成一小角。

此提议实验立即引发了一次非常热烈的讨论,参与讨论的有 Ehrenfest、Zernike、Burgers、Van der Waals 以及 Vening Meinesz 等诸位先生。有些人的意见是:即便这一拟定的实验能够出现预期的结果,也可用经典的观点来解释。

# 附录 D

## 在新加坡招待会上的演讲

这篇演讲由爱因斯坦于 1922 年 11 月 2 日在 Manasseh Meyer 的居所贝尔维(Belle Vue)所作,11 月 3 日公开发表在《海峡时报》(*The Straits Times*)上。

Manasseh Meyer 先生,您以及在座的所有人在您的宅邸对我与我夫人的盛情款待让我十分高兴。您在给我的致辞里所使用的令人印象深刻的词汇也深深触动了我。请允许我代表我的夫人与我本人对您给予我们的热情招待表示感谢。在远东这个地方,看到我们的同胞之间的关系如此和谐美好让我既惊又喜。就您个人对我的评价,令我更加欣喜的是您在言辞中对知识上的抱负加以称赞,而这一点正是我们的民族最为优秀的传统之一。(听众连声叫"好"。)

您对我的理论所采用的溢美之词着实不应加之于我,而应加之于 19 世纪的全部科学家,我所取得的这一理论成就是几个世纪以来科学进步的结果。我乐于认为科学是所有国家的财产,并且无论如何不应被国际冲突所危及,因为科学总是会对眼界开阔的人有治愈的作用。如果科学凭借它的普遍支配性而取得了卓越的地位,那么可能就有人会问"为什么我们需要一所犹太大学?"科学具有国际性,但是它的成功却是以国家所拥有的研究机构为基础的。因此,如果我们期望促进文化的发展,我们就必须用我们自己的力量与方式来联合并组织这些研究机构。基于如今的政治发展状况,以及尤其鉴于我们民族的子孙中的很大一部分被其他国家的大学拒绝入学就读这一事实,我们便更加需要去做这件事情。(可耻!可耻!)到目前为止,我们以个人之力尽可能地为了文化的发展做出了贡献,现在,如果我们以一个民族之力,通过我们自己的研究机构为发展文化事业添砖加瓦,这对我们而言只不过是一件理所当然的事情。(欢呼声。)为了这个目标,让我们与那些正付出全部精力来实现这一伟大理想的杰出人士一起努力奋斗。就诸位所给予我的高度尊敬,我再次对在座的所有人致以衷心的感谢。

# 附录 E

## 在庆应义塾大学的演讲

此演讲由爱因斯坦于 1922 年 11 月 19 日在东京的庆应义塾大学的礼堂所作,并以"爱因斯坦博士的通俗演讲"为题发表在 1922 年 11 月 22 日与 23 日的《大阪每日新闻》(*Osaka Mainichi*)的英文日报上。

### "相对性与自然律"

"宇宙是有限的。"爱因斯坦博士用谦逊的语气,说出了这几个简单却有着非常深刻内涵的词汇,以此结束了他在星期日下午举办的首个日本通俗演讲。在这次演讲开始的几小时之前,庆应义塾大学的礼堂挤满了听众,这些听众有来自各行各业的人,其中学生与科学家占了很大一部分。爱因斯坦博士为这场演讲设定的主题,是关于他的相对论与自然律的一致性。考虑到他的听众的水平——这些听众中有人没有接受过高等数学与物理学方面的训练(真正的科学演讲将于这个周末在东京帝国大学举办),爱因斯坦在主题允许的条件下尽可能地使自己所讲的内容简单易懂,但是有时——主要是在他的演讲的第二部分——还是会产生让人深感困难的疑问之处,许多热情的学生艰苦承受着头脑运转的极限。对于爱因斯坦博士自己来说,这场从下午一点半持续到七点半、中间只有一次休息的演讲看上去并无困难。他完全脱稿发言,讲话的时候看不出有吃力的地方,表达清晰又准确,他那极具魅力的个性一直让听众仿佛中了魔咒般着迷。每隔大约一刻钟,爱因斯坦博士就把他所坐的椅子让给他的翻译石原纯博士,这位"日本的爱因斯坦"将这场演讲从德文翻译为日文,赢得了人们的高度赞美。

### 演 讲

"我十分乐意把我的想法介绍到日本",爱因斯坦博士以这句话作为演讲的开场白。演讲由两部分构成,分别为狭义相对论与广义相对论。"整个理论来自于一个基本原理:运动是相对的。但是运动又是什么呢?一辆汽车处于运动的状态！这就意味着，在一个特定时间段之内，它接触到了地球表面上的不同点。运动意味着一个物体与另一个物体的相对性。

"相对论是一个原理的理论。要想理解相对论，就必须要掌握相对论赖以为基础的那些原理。但是，在讲清楚这些之前，我有必要指出相对论拥有两套原理，它们各自拥有属于自己的独特定律：即狭义相对论与广义相对论。"

### 什么是运动？

"一段时间以来，人们普遍认为在描述一个物体的运动时，我们必须参照另一个物体。描述一辆汽车的运动是以地面为参照物，描述一个行星的运动是以可见恒星的总体为参照物。在物理学中，专门作为运动的参照物的物体被称作坐标系。伽利略与牛顿的力学定律只有采用坐标系才能用公式表示。"

"如果要使力学定律有效，那么坐标系的运动状态不能随意选取（一定不能在旋转和加速度的情况下）。力学中采用的坐标系被称作惯性系。就力学而言，一个惯性系的运动状态本质上不会只限制于一种情况。下述命题中的条件就足够了：一个坐标系，若它与一个运动着的惯性系具有相同的运动方向与相同的运动速率，那么这个坐标系本身就是一个惯性系①。因此，狭义相对论就是将以下命题运用于任何的自然过程：

### 基本定律

"'所有适用于坐标系 $K$ 的自然定律一定也会适用于其他任何一个坐标系 $L$，只要坐标系 $K$ 与 $L$ 均处于匀速运动状态'。

狭义相对论所依据的第二个原理是真空中的光速不变性。真空中的光具有确定与恒定的速度，不受光源速度的影响。麦克斯韦-洛伦兹电动力学理论里面就包含了这一点。

上述两个原理获得了有力的实验证实，但是看起来逻辑上并不兼容。狭义相对论通过对运动学做了一些改变，也就是说，对关于空间与时间的物理定律的学说做了一些改变而取得了逻辑上的融洽。显然，关于两个事件的同时性的陈述只有与一个坐标系关联起来才有意义，物体的质量和时钟的移动速率必须取决于它们相对于坐标系的运动状态。

但是，包括伽利略和牛顿的运动定律在内的旧物理学，与上文所指出的相对论运动学之间存在着冲突。后者衍生出了特定的一般化的数学条件，如果那两

---

① 这句话的物理涵义有明显问题。似乎应该是，一个坐标系，如果他相对于一个运动惯性系的运动方向和速率相同。——译者

个基础原理能够彼此兼容的话,那么自然定律也一定会与这些数学条件一致的。物理学必须要进行修改。最显著的改变之处就是一个关于(非常快速的)运动质点的新运动定律,并且这个定律不久后就在带电粒子的情况中得到验证。狭义相对论的最重要的结果涉及了一个物质系统的惯性质量。显然,这样一个系统的惯性一定会取决于它具有多少能量,因而我们就得到这样一个概念:惯性质量只不过是潜在的能量而已。质量守恒学说失去了它的独立性,而被纳入能量守恒学说。"

## 物理定律与相对性

"狭义相对论,简单说来就是麦克斯韦与洛伦兹电动力学的体系的拓展,它取得了超越它自身的结果。是否物理定律相对于坐标系的独立性只是针对相互做匀速运动的坐标系呢?大自然又与我们所提出的坐标系,以及坐标系的运动状态有着什么关系呢?虽然我们也许需要采用我们任意选取的坐标系来描述自然,但是就它们的运动状态而言,我们的选择根本不应该被限定起来(广义相对论)。人们发现采用广义相对论会与一个著名的实验发生冲突,根据这个实验,一个物体的重量与其惯性看起来是取决于相同的常量(惯性质量与引力质量相一致)。请考虑这样一个坐标系,它相对于牛顿力学意义上的惯性系做着稳定的旋转运动。"

〔文章在1922年11月23日发行的《大阪每日新闻》(*The Osaka Mainichi*)中接着刊载〕

"而在牛顿力学意义上,这个相对于惯性系的离心力一定会被归因于惯性。但是就像引力一样,这些离心力是与物体的质量成比例的。那么,是不是可以将坐标系视为静止的,离心力视为引力呢?这种解释看起来是没有疑问的,但是经典力学禁止这样的解释。"

## 几何学与物理学

然后,演讲者通过在黑板上画出了一系列的草图来证明一个推广的相对论是如何必须包含引力定律的。但是一切看起来,实际上也的确是与欧几里得几何相矛盾的。换句话说,描述物质在空间中的排列方式的定律并不严格与刚体的欧几里得几何学所规定的空间定律相一致。这就是我的这句话"欧几里得是错误的"所表达的含义。"直线""平面"等基本概念相应地失去了它们在物理学里的确切含义。

在推广的相对论中,空间与时间、运动学的学说不再是一般物理学的绝对基础了。物体的几何状态和时钟的速率首先取决于它们所处的引力场,而引力场则是由与之相关的物质体系所产生的。

## 引　力

所以，新的引力理论就其基本原理而言，与牛顿的引力理论有着很大分歧。但是，在实际的应用中，这两者是如此吻合，以至于很难找到一个能够观察到实际差异的案例。迄今为止，只有如下的发现：

1.围绕太阳运行的行星的椭圆形轨道的变形（在水星的情况中得到证实）；

2.在引力场中光线的偏折（由1919年和1922年的日食远征考察所证实）；

3.对于大质量星体射向我们这里的光而言，其光谱线会发生向红端的移动（尚未证实）。

在演讲的结尾，演讲者提到了长久困扰着人们的一个问题：宇宙是有限的还是无限的？星体的数量是有限的。这个结论是爱因斯坦博士经过一系列观察与计算后得出的。我们所处的宇宙是有限的，这是说，我们的世界，这个"每个物体都有着三个维度，长度，高度，深度，再加上时间这一维度"的世界是有限的，但是也可能存在具有其他维度的其他世界。在爱因斯坦博士于24日进行的下一场演讲中将会提到关于我们所处的世界的有限性。

# 附录 F

## 在上海犹太人招待会上的演讲

这篇演讲为爱因斯坦于 1923 年 1 月 1 日在上海探索社（The Quest Club）为他举办的招待会上所作，并于同年 1 月 3 日发表在《大陆报》（*The China Press*）上。

有人请求我就耶路撒冷的大学讲几句话。从个人经历来看，我认为建立这样的一个机构是很必要的。当我在瑞士学习的时候，我甚至都不知道自己是一个犹太人。当时我觉得知道自己是一个人就够了。后来前往柏林的时候，我意识到了许多人就像我一样，感到有着心灵上的需求。他们需要借助某种事物将他们的犹太民族意识清晰地表达出来，被人们听到。而当这种需求不能被满足时，有些人试图人为地压抑它，然而这并没有给他们带来宽慰。

然后犹太复国主义出现了，将一种新的和谐带入了许多人的灵魂之中。现在，这所犹太人大学将为犹太人的灵魂提供支点，并将促使犹太学者去寻找他们自己的方向。与其说这里是一所为学生们准备的学校，不如说它作为犹太学术研究的聚集地，以及犹太思想的权威中心，将有助于定义与阐明我们民族在全世界的前景。随着这所大学的影响传播开来，它也会振奋与启发众多散落各处的以色列人社群。

# 附录 G

## 在巴勒斯坦的记录稿

以下这篇记录整理稿据称是由爱因斯坦在 1923 年 2 月访问巴勒斯坦期间所说的话，由 Hermann Struck 以速记形式记录下来。该手稿是从 Struck 的遗产中发现的，Friedrich Herneck 确认该速记为 Struck 所写（参见《柏林每日镜报》[*Berliner Tagesspiegel*]，Nr.9078, n.d.[90 763]）。该手稿的抄本在 J.A.Stargardt 的拍卖目录 603，Lot 627 [81 037]中公开。

内心缺少自信，其他人见识比我多，能力也比我强。Nernst、Planck，哪怕 Laue[也]懂的比我多。广义相对论要是按 Planck 的路数，还得要 200 年才能被发现。如果没有我，狭义相对论还要 10 年才被发现……

Goethe 对我而言太过郑重，即使在《威廉·迈斯特》(Wilhelm Meister) 中一切都带有枢密顾问的味道 (geheimrätlich)。海涅 (Heine) 激情四射，但我确实很喜欢他。我最喜欢的是 Gottfried Keller 的散文诗……

风景、轮廓：云海 (Wolkenstimmungen) 让人惊叹……这片土地太美丽了，令人着迷。没有别处的空气像这里的空气一般干净。耶利哥，死海。

如果这里没有犹太人，只有阿拉伯人，那么这个国家就不需要任何出口，因为阿拉伯人没有什么需求，只以自己种植的作物为生。犹太人不能与阿拉伯人竞争，而且地方性商品在世界市场也没有竞争力。所以从农业方面不会有什么成果。尽管如此，我认为这个国家将是属于我们的……

我客观地看待这片土地，但灵魂深处却是一个犹太人的意识。如果人们已经在各民族之间做出了区分，那么我真的最想做一名犹太人……

我是一个有宗教情怀的人。我上学那会儿在去学校的路上就创作了几首赞美上帝的小曲子。

当我看到宇宙中存在的美妙秩序时，我对自己说，人不可能是精神的最高等级。例如，在我看任意一个理论的时候，我总是对自己说："不，他（上帝）不是这样创造宇宙的"……

# 附录 H

## 在马德里大学的演讲

爱因斯坦在演讲中使用法语。下文中的西班牙语摘要是由 Tomás Rodríguez Bachiller 所写，在演讲结束后相继发表在 1923 年 3 月 4 日、6 日和 8 日的日报《辩论》(*El Debate*)上。此外，这些演讲文字，连同一张照片和爱因斯坦的签名，原本计划发表在《西班牙-美国数学杂志》(*Revista Matemática Hispano-Americana*)的一期特刊上，以纪念爱因斯坦对西班牙的访问。但未曾出版。

演讲文字转录自清晰度较低的原件副本。

英文译文基于 *Glick 1988*，p.332。

[860—874 页为西班牙文的演讲内容，本译本略去不录——译者]

[1923 年 3 月 2 日]

### 译文
### 狭义相对论

爱因斯坦教授一进入礼堂，人们便以一阵热烈的掌声表示对他的欢迎，这些人挤满了礼堂，他们都渴望着能从狭义相对论的发现者口中听到他对这个理论的讲解，这个理论对物理科学的基础带来了深刻的变革。在经久不息的掌声中，我们看见了许多名人进入礼堂并入座，他们是政界、贵族、科学界的代表人士。除我们遗憾地没有提到的人外，有 Sres Maura、Salvatella、Gimeno、Grove 伯爵、Gascón y Marín、马德里大学理学院院长 Octavio Toledo，以及 Señores Cabrera、Plans 和 P. Enrique de Rafael，他们因为发表了关于相对论的著作而获得名望。我们可以看见 Carrasco 教授、Palacios 教授、爱因斯坦著作的翻译者 Lorente de Nó，以及 T. Rodríguez Bachiller 博士在一张就近放置的桌子处，为理学院做笔录，以便演讲稿的出版。

在一阵肃穆的安静氛围中，我们听到了急切的听众胸膛中那充满渴望的心跳声。数学物理学教授 Señor Carrasco 以简洁且富有表现力的一段致辞介绍了爱因斯坦教授，之后爱因斯坦便开始了他的演讲。爱因斯坦教授以一副放松的神态、自信的语调和缓慢的咬字速度，来使并不习惯于听法语的听众更易理解他所讲的内容。他面对着听众，以一个天才所拥有的高贵特质看着他们，仿佛他要将启发他自己的那些想法铭刻入在座的听众的脑中。他说道：

"首先，我必须为两件事而向你们致歉：其一，是我不能用你们的优美语言来向你们演讲；其次，是我用来向你们发表演讲的语言，也不能讲得很流利。"

他对所要举办的三个演讲进行了概述，打算将第一个演讲的内容设为狭义相对论，第二个演讲为广义相对论，而第三个则谈谈最近出现的问题。他提到了前两个演讲只需掌握基本数学知识就可以理解，然而第三个演讲会较为难懂，因为他将必须使用更加复杂的数学算法，即绝对微分。

"现在我将谈谈狭义相对论的一般方法。相对论是一个以两项实验事实为基础的演绎性理论，在这个意义上来说，它与热力学是相似的，后者也是以两项实验事实为基础的，并且整个大厦的建立过程并没有用到任何额外的经验数据。"

他指出相对论既是源自于对运动物体的光学的研究，也是源自于麦克斯韦-洛伦兹方程组在这种现象上的应用。爱因斯坦认为这个方程组应该被视为我们知识中的物理学内容最可能的表达方式，并且它也表明真空中的光一定拥有恒定的速度，与物体的运动或光的颜色无关。这样一个简单又完全普遍性的定律看起来似乎不应引起任何困难，然而，它确实带来了困难，以至于人们不得不求助运动的相对性，即构成整个相对论的一般概念，来解决这些难题。

"人们缺乏一定的理解"，他说道："他们认为一切事物都是具有相对性的，而没有注意到物理学处理的事物在某种程度上是具有绝对性的，因为它处理真实存在的事物。认为这一理论与哲学的相对主义有任何联系，这个想法是错误的。"

他回顾说，运动的相对性在古代便已经被认识到，因为在日常生活中去设想非相对运动是不可能的，至少就地球而言。在物理学中，人们只能谈论相对运动。这并不是相对论的目标。经典力学的基础是伽利略的惯性原理，根据这个原理，一个不受外力影响的物体一定做匀速直线运动。如果人们以这种方式描述[这一原理]，那么他们只会把运动看成是绝对的，并且任何运动都会是直线运动，因为不存在参考点。

这条原理应该按照如下内容来完善：存在一个参考物，物体相对于它做匀速运动；我们将参考物所定义的体系称之为惯性系，如果没有这个惯性系，那么对运动的描述将是没有意义的。考虑到这个一般性原理以及经典力学的内容，我们就得到一个一般定律，我们称之为限制性相对性定律。现在设想这个定律适

用于一个惯性系 $k$；如果我们再假设一个相对于惯性系 $k$ 做匀速运动的体系 $k'$，它不做旋转运动，那么很容易看出伽利略原理对 $k'$ 也是有效的。这就意味着存在着无数个相互之间做匀速直线运动的惯性系。

这就是适用于力学的限制性相对性原理；它声称不存在特殊的运动状态，因为［惯性］系都是等价的，并且保留所有的运动定律的有效性。

实质上，"人们确实不能从运动的概念出发先验地推断出存在一个特殊的体系；但是，从物理学的角度来看，就一个特殊的体系而言，它的定律会变得更简单，这在先验上是可能的"。我们已经知道了对力学来说，这并没有发生。

所以，限制性相对性的原理在经典力学中是有效的；我们之所以称它为狭义的，是因为这种等效性只涉及彼此相对做匀速平移运动的体系。

现在，在拥有了相对性原理、同时又保留真空中光速不变原理的情况下，光学中出现了矛盾之处，让这两个原理看起来互不相容：运用经典运动学的定理时，光的传播速度似乎必须取决于其传播方向。

考虑到地球表面的实验室满足一个惯性系的条件（这是由于地球的运动），人们做了许多实验来证实这种依赖关系。最为著名的当属 Michelson 的实验，这个实验就像其他一切实验一样，得出了否定的结果。

大自然似乎表示狭义相对性原理是有效的，因此我们发现自己处于一个为难的境地，因为经验与逻辑相矛盾；所以我们就有必要去看一下，得出［光的］传播速度取决于传播方向这一结论的推理链是否存在任何弱点。

我们有必要去分析一下空间与时间的概念。

"就这一点，我想说的是，总体上来讲，人类的心智并不可能去揭示时间与空间概念的起源，并且它会经常趋向于相信这些概念［时间与空间］是提取自经验，而且，由于这些概念十分重要，因此它们似乎具有更高的等级。关于时间，下面这句话似乎是我们感知到的事实：我们把发生的每件事情都称为一个事件。那么，物理时间就是这些事件发生的某种顺序，它能够被我们立即感知。这是康德（Kant）的想法，可以说所有的事件存在这样的关系，每两个事件之间，要么一早一晚发生，要么同时发生。似乎由此可知，时间真实地存在于自然中，不受任何限制。为什么我们会相信这一点呢？我们用感觉来确定我们所看见的事件，感觉给出了可明确指定给事件的一种时间顺序。人们必须区分感觉与事件。我们可以充分地认为一个人会立即相信我们的头脑本身所给出的时间顺序，但是，也容易看出这并不是确定的。对于物理学家而言，有必要找到一种方法判断一个陈述是对是错。"

"两颗恒星的闪烁是同时进行的吗？我们不知道如何去演示这一现象，因为一个运动的观察者视它们为同时进行的事实没有任何意义。"在经过些许思考之后，他给出了以下的定义："两个事件，例如两道闪电，必定被看作是同时发生的，当等距于两个事件发生地的参考系中的一个观察者在同一时间看到这两道闪电时。"

之后他说到，当另一个惯性系相对于第一个惯性系做匀速运动时，那么同时性并不存在，也就是说，同时性并不是绝对的，因此，如果未指定所参考的惯性系的话，那么同时性就没有意义。这一问题，连同距离的相对性，使我们认识到这一困难并不严重，而矛盾也只是表面上的，这些都可以通过赋予每个参考系自身的时间来解决。

于是，我们对一个事件赋予四个数字，相对于惯性系 $k$ 对它进行定义，所用的数字是三个坐标 $x, y, z$，与时间 $t$；对于另一个惯性系 $k'$ 中的同一事件，我们赋予它另外四个数字，$x', y', z'$，与时间 $t'$，为了完成我们对这个现象的研究，我们现在只需要建立一个将这些变量 $x, y, z, t$ 与 $x', y', z', t'$ 联系起来的关系式。

容易证明，如果我们要求真空中光速恒定定律在参考系 $k$ 与 $k'$ 中都是有效的，那么变换将是单一形式的，并与所谓的洛伦兹变换一致。

从对这种变换的研究中，我们可以立即推导出若干个物理结果，尤其是与那些相对于惯性系 $k'$ 以及从 $k$ 观察处于静止状态的固体和时钟的行为有关的结果：我们会发现固体在运动方向上会发生收缩，而收缩现象会随着速度的增加而加剧，并且时钟会变慢。

这种变换，连同相对性原理，提供了一种可以获得自然律的方法。在这里我必须提及一个它与热力学之间的有趣类比：在热力学中人们寻找自然律的形式要以这样的方法，即"永动机"是不可能的。我们在相对性中找到了相似的东西：自然律必须满足这样的条件，即它们的表达式不会随着惯性系 $k$ 变化为另一个惯性系 $k'$ 而发生改变。

如果自然律对于 $k$ 与 $k'$ 而言是不一样的，这就违背了相对性原理，人们就能建立一个由洛伦兹变换所决定的特殊惯性系或运动状态。如果我们在惯性系 $k$ 中使用四个坐标 $x, y, z, t$，运用洛伦兹变换并且通过消去的分析过程，我们就会获得在惯性系 $k'$ 中带有 $x', y', z', t'$ 变量的自然律的数学表达式。如果代表 $k$ 与 $k'$ 的两个表达式不一致，则意味着相对性原理没有得到满足，自然律的表达式也不可接受。相反，如果惯性系 $k$ 与 $k'$ 中的两个表达式是一致的，那么自然律用公式就很好地表达出来了。

Minkowski 给出了一个无需变换来寻找定律表达式的极其优雅的方法；他所采用的方法与在经典物理学中的矢量方法很相似。在经典物理学中，人们试图寻找不随坐标系位置改变的方程组。这个条件只会影响空间，而不会影响时间。

很容易解释为什么人们在相对论物理学中谈论四维空间,而不是在经典物理学中谈论这一问题。在经典物理学中,即使诸多现象都被四个变量所定义,那么这四个变量也具有非常不同的本质,这是因为其中有三个与空间有关,第四个与时间有关,最后的时间变量是所有坐标系所共有的。在相对论物理学中,当这四个变量都取决于坐标系时,它们就拥有相同的含义。狭义相对论的重要物理学结果:Maxwell-Lorentz的电动力学保留了它的方程的形式,因为它们满足上述条件。另一方面,牛顿(Newton)的动力学没有被保留,而且必须要根据真空中不存在速度超过光速的物体这一点进行修改。随着物体的运动速度不断增加,物体获得增速的阻力也在持续增强,而当这个物体达到光速时,那么这种阻力就会变得无穷大。或者,换句话说,光在真空中的传播速度是一个不可企及的上限值。这个结果在电子理论中已由实验证实,人们已发现了具有很高速度的物体。

最为重要的结果是与能量守恒原理有关的,人们发现这个原理对所有系统都是有效的。一个物体的惯性随着能量向它传递而增大,因而就推导出一个物体的惯性质量就是能量,这样就将两条经典的原理——质量守恒原理与能量守恒原理融合成一条能量守恒原理。

这条原理对广义相对论而言十分重要。

到这里,爱因斯坦教授用以下这句话总结了他优美而又引人入胜的演讲:"我们今天所说的内容不过是两个原理的直接结果:即狭义相对性原理与真空中光速恒定原理。"

正如我们之前所说的,在第一场演讲里,爱因斯坦只限于基础的领域,人们可以阅读爱因斯坦的普及本著作来完整理解他在这里所表达的想法,他的著作已经几乎被翻译成欧洲所有的语言。

接下来的几次演讲,正如演讲者在开始时所说,会更加地难以理解。《辩论》报将把尽可能完整的摘录呈现出来,使之保持在让绝大多数读者都能接受的水平。

## 第二场演讲

礼堂内挤满了听众,爱因斯坦教授就在这样的氛围中准时开始了他的第二场演讲,这场演讲是第一场演讲自然而然的延续,并且会有着很多有趣的想法,正如读者所估计的那样。

"今天我开始讲广义相对论。我们已经知道了狭义相对论最主要的思想就是限制性相对性原理,也就是说,所有彼此相对做匀速运动的坐标系都是等效的,即所有的惯性系。也可以这样来表述:并不存在特殊的运动状态。但是有必要注意,虽不存在特殊的状态,但是却存在包含所有惯性系的无限态。那么很自然地就会有这样的疑问:是否有可能自然并不知道这样的特殊的运动状态？所有的坐标系,无论其运动状态如何,是否可以被同样地运用于表示自然律？初看起来这似乎是不可能的,因为力学第一定律并不是对所有坐标系都有效的。假设 $k$ 为一个坐标系,惯性定律在其中成立。也就是说,在 $k$ 中一个没有受到外部作用影响的质点会做匀速直线运动,但是如果我们选择一个做旋转运动的体系 $k'$,那么那个物质点将不会再做直线运动而是沿曲线运动。那么我们可以说惯性定律偏爱某一特定的坐标系而不接受其他坐标系。我们会看到,这一论点是没有价值的,因为关于惯性系的一般定义有一个缺点。它声称在没有外力存在的情况下,质点会做匀速直线运动,但是外力不存在却是要靠质点做直线运动来识别的。这里存在一个恶性的循环。

另一方面,有一个关于广义相对性原理有效性的论据,在我看来,这个论据非常有力,让我相信有必要建立这样一个原理:每个人都知道,引力质量与惯性质量之间的等价性。

力学中有两种质量的定义:一种是对惯性的量度,也就是,对质点应对速度改变的抗力的量度;另一种是对重量的量度,也就是,对引力场中作用于物体上的力的量度。经典力学中这两种互相独立的量度方式相一致,这点几乎是一个奇迹。有些测量的精确度达到了千万分之一,证明了这两个量的等价性。很容易看出,如果人们接受了广义相对性的假设,即所有运动状态对于自然律表达式而言都是等效的,那么这两种质量的等效性似乎就是一件自然而然的事情。引力质量与惯性质量的等效定律可以这样描述:引力场中的加速度不取决于一个物体的物理或化学状态,而是只取决于其惯性质量与引力质量的比值。

现在我们能容易地看到这个法则也可以这样表述:一个作用力既可以被视为惯性的,又可以被视为引力的。为了明白这一点,我们可以想象一个没有引力场的空间区域,也就是,一个惯性系 $k$。让我们设想一个相对于 $k$ 做加速运动的坐标系 $k'$;再考虑一个自由质点,相对于 $k$ 做匀速运动。但是,现在谁能说 $k'$ 的运动就是加速的呢？同样地,我们可以说 $k$ 相对于 $k'$ 做加速运动,因此那个质点相对于 $k'$ 也做加速运动。

如果所有的物体都以相同的方式相对于一个坐标系做加速运动,那么我们可以说,对于这个坐标系,存在一个引力场,并且我们也不妨说这些物体处于静止状态,而这个坐标系正在加速。从这一点来看,两种质量的等价是一件完全自然而然的事。举一个例子。让我们设想有两个坐标系 $k$ 与 $k'$,在 $k$ 中一条线上悬挂了一个重物,而这条线的另一端被固定在了 $k'$ 中。这条线会处于拉伸的状态。为什么？有两种方式来看待这个问题。第一，让我们设想 $k'$ 是加速的。坐标系 $k'$ 的加速度通过线传递给那个重物，那么张力就等于其惯性力。第二，让我们设想 $k'$ 处于静止。那么就有必要去假设引力作用于那个重物，并且线的张力就等于引力。因此可以得出同一个作用可以被解释为惯性的或引力的，并且通过相对性的广义假设，两种质量的等价是绝对必要的。我们自然会接受这个定律对任何其他的加速运动都是有效的。

为什么这一点很有趣？因为我们可以仅凭借选择一个任意的运动状态制造出一个引力场，以此方式，我们拥有一个纯理论的方法来发现引力场的特征。

让我们设想一个空间在某一特定坐标系看来并不存在引力场。但是，在另一个以某种方式运动的坐标系看来，这个空间存在一个引力场，它可以通过计算来确定。现在，有必要看看这个引力场所获得的定律与第一个坐标系中获得的定律是否相一致，这一点并不像看上去那么简单，因为我们必须注意到以这种步骤获得的引力场并不是最普遍的，也就是说，并不是所有的引力场都能够通过改变坐标来得到，换言之，我们不能总是通过改变参考系来使引力消失。所以，为了找到一般引力场的定律，一般化似乎是必要的，我们相信这是有可能做到的。最简单的引力定律就是牛顿引力定律，对于物质外部的空间而言，牛顿引力定律是与拉普拉斯-泊松方程（拉普拉斯算子化为零）所表达的数学条件相一致的。但是存在一个巨大的困难：狭义相对论在某种程度上已经改变了物理时间的性质，但是它保留了其几何性质。同样，它也保留了时间理论最主要的特征，也就是，通过分布在空间各处的相同的时钟来测量时间，并且用一个准则来校准那些时钟就足够了。

在广义相对论中，这一点是不起作用的。人们能够轻易地看到，如果广义相对性的假设是正确的，那么欧几里得几何或者用相同的时钟来测量时间的方式都无法保留。让我们选取一个坐标系 $k$，它不存在引力场，也就是，设 $k$ 为一个惯性系。让我们现在选取一个做旋转运动的圆盘，它构成一个新坐标系 $k'$。很容易看到，相对于圆盘，欧几里得几何并不能恰当地描述固体的定位。我们看到狭义相对论要求运动的物体在他们运动的方向上收缩。让我们想象圆盘上有几名操作员，他们试图算出圆盘周长与直径的比值。为此，他们拿着相同的尺测量周长以及直径。他们分别读尺上的读数，获得了两个数值，根据欧几里得（Euclid），这两个数相除得商为 $\pi$；但是他们会发现这个商更大，因为他们完全不了解（由旋转所产生的）引力场对尺子的影响。圆盘所受的离心力可以被看成是引力场，人们对于它施加在尺子上的作用力既不了解，也不认为需要了解。我们知道，当圆盘处于静止状态时，测量是在惯性系 $k$ 中进行的，我们得到了欧几里得几何的结果，因为限制性相对论定律对于无引力场的坐标系是有效的，前一个测

量是在坐标系 $k$ 的同一个时间 $t$ 进行。当人们让圆盘旋转起来,放在其圆周上的尺子发生收缩,因此,它们的值就会变大,而放在直径上的尺子没有变化。于是,实验者会发现,就圆盘而言,欧几里得几何定律不起作用。

同样的事情发生在时钟上。如果我们有两个相同的时钟,一个位于圆盘的中心,另一个在圆盘的任意一点上,那么后者比前者走得慢。这意味着引力场对时钟有作用,因此,时间不能借助相同的时钟来定义。

于是,如果欧几里得几何并不成立,那么就不能使用笛卡儿坐标系,这样我们就遇到一个困难,在圆盘上以及在引力场中不能赋予空间与时间坐标系以任何直接意义。乍看之下,如果我们不先验地赋予坐标系与时间以意义,因为这看上去是一个无解的问题,那么物理学就无法对自然进行描述。但是 Gauss 已经从数学上解决了一个非常相似的问题,那就是,一个处于欧几里得空间的曲面的几何学问题。什么是一个曲面的几何学?让我们从平面开始说。平面的几何学是欧几里得平面几何,我们根据它将平坦固体在平面上定位。让我们首先把直线定义为两点之间一条这样的线,当尺子放在它上面,从一头到达另一头,所需尺子的数量是最少的。要解决这个问题,无需离开平面,所有有意义的东西都在平面内。让我们现在试着在曲面上做同样的事,并且假定我们不会用到平面①以外的点,因为曲面应该足以给出它的位置定律。一般来说,它不是通过这种方式来完成的。举个例子,如果我们寻找曲率,我们会使用平面以外的点,不过,Gauss 想出了办法,不需要借助这些外部点。

欧几里得几何通常无法在曲面上将点位确定下来;例如,取一个半球体和一个可分成多个小份的小正方形,这些小小的正方形拼成了一个方格架,它能够更好地匹配一个平面,但却无法匹配这个半球体。

鉴于此,Gauss 用以下方式表述了这个问题:必须给出一种办法来标记曲面上的点。他使用了两种完全任意的曲线系统来解决这一点,通过以下方法对每一个曲线系进行编号:曲面上的每个点都有分别来自两个系统的各一条曲线经过,因此两个数就对应一个点。这些点被称为它的曲线坐标,它不具备任何物理意义,因为赋予物理意义需要知道曲线是什么。然而,这些数能够表述所有的性质。尽管高斯坐标不具备物理含义,但是,在消除它们之后,它们能够反映出真实事物之间的抽象关系。

如果我们知道曲面任何区域中相互无限接近的点之间的距离,那么就能得出曲面的整个几何性质。接下来我们将会看到这个条件如何转化成为公式。

取一个无限小的曲面的一部分,人们可以将它看成一块平面,适用欧几里得

---

① 从意义上来说,这里似乎应该也是曲面。可能笔误或口误。——译者

几何,特别是毕达哥拉斯定理。在局域坐标中,相邻两个点的距离是
$$ds^2 = dX^2 = dX_1^2$$

如果我们取高斯坐标 $x_1$ 和 $x_2$,每个点的局域坐标就是高斯坐标的函数,距离为如下一般形式
$$ds^2 = \int g_{ik} dx_i dx_k \qquad (i,k=1,2)$$

其中 $g$ 是 $x$ 的函数,并且取决于曲面的形状以及所选择的坐标曲线网的形状。$g$ 是曲面的表征,不能被视为事先给出的函数。

完全类似的事情会出现在广义相对论的问题中。首先,我们会看到,人们不能先验地赋予坐标系任何物理含义。第二,对于我们宇宙的一小部分而言,欧几里得坐标系是有效的,例如地球上一个自由下落的观察者。自由的物体没有加速度,因此也不受引力作用。对于我们宇宙一个无限小的区域而言,人们可以找到一个使狭义相对论成立的坐标系。在狭义相对论中,有如下关系
$$ds^2 = dx^2 + dy^2 + dz^2 = c^2 dt^2$$

这代表了在时间和空间上都无限接近对方的两个事件,它不依赖于惯性坐标系。这个表述和洛伦兹变换是等价的。$ds^2$ 其实是洛伦兹群变换下的一个不变量,可以用尺子和时钟测量,因为这几个 $dx$ 是可被直接观察到的微分。

我们已经看到,在我们的四维空间中可以取无引力的小区域,对于这些区域,不变性对于局域坐标系一直存在。如果我们取只满足连续性条件的高斯坐标系(4 个任意数),就能够用和 Gauss 描述曲面的相同方式描述宇宙。坐标本身并不意味着什么,他们只给出 $ds^2$ 我们之前提及的形式。变量 $g$——现在有 10 个——直接代表可测的量,并且给出了度规关系,又或者定义了引力场。实际上,让我们考虑一个没有固体的惯性系;那么 $g$ 会取常数值 $1,1,1,-1$;这是迄今为止唯一已知的特例;如果存在引力场,$g$ 就不再是常数了。如果我们改变坐标系,例如,通过取旋转坐标系,$g$ 就成为可变系数,我们可以说 $g$ 的可变性带来了引力场。结果表明,不仅是引力场,还有度规都由 $g$ 给出,它是坐标的函数。这些函数是任意的,因为 $x$ 也是任意的。如果你们已经很好地理解了我刚才的这番话,它是理论的核心内容,进一步的困难只是形式上的。

摆在面前的第一个问题就是找到一个纯引力定律,即在一个只有引力存在的场中。我们会遵循类似于狭义相对论的方法,因为我们寻找的定律,在任意改变参考系的情况下,只要变换是连续的,形式都不会改变。这个条件十分严苛,只有少数定律能够满足。

为了得到这一定律,人们可以对必须出现的导数的阶加以限制。在经典力学中以及在拉普拉斯方程中,导数最高是二阶,而且方程是线性的。对广义相对

论我们采取同样条件,这样就确定了方程,并找出引力定律。

接着,我们需要一个运动定律,它类似于伽利略运动定律,我们在条件中发现了它:一个自由质点描述了一条测地线,它是伽利略定律的直接转译(从经典物理语言到相对论物理语言)。

常有人说,相对论是一次革命。这不对。在某种程度上,它更像是一次翻译:语言变了,但是基本思想不变。它不是简单的翻译,它还加入了自然定律的协变性条件。

如果一个场中存在物质,那么拉普拉斯-泊松方程的第二项不为零,会出现质量密度。在广义相对论中,对应的方程也有一个第二[三]阶,也是密度——不是标量而是一个张量,有 10 个分量。方程表示如下

$$R_{ik} - \frac{1}{2}g_{ik}R = ft_{ik}$$

为得此方程,运用了能量守恒原理。

获得此方程的方法是形式上的。我们使用了一个假设,即它们中出现的导数的最大阶是二阶。因此,这个方法未提及物理含义——哪怕是先验的,也不一定就暗示了类似于牛顿定律的任何东西,因为我们现在拥有 10 个量,而非一个势(potential)。于是,人们必须确认其一级近似是否就是牛顿理论,而且实际上,精度高到找不到任何偏离它的现象。

这个例子显示出思辨方法对于科学的必要性。这些方程极其复杂(任何处理过这方面具体问题的人都清楚),以至于它们无法通过归纳法得到,因为需要一个普遍原理作为演绎法的必要基础。自然地,我们所有的普遍原理或多或少都是直接从经验中获得的。

## 结 论

这个理论有三个理论性结果,它们导向可测的量:

第一个:行星的椭圆形轨道并非绝对固定的,它们在自身的平面内沿行星绕行方向旋转。行星的这一运动是观察不到的,但水星例外,因为它每过一百年都会累积大约 $40''$ 的转动量。Leverrier[已经]发现了这个现象,但是经典力学无法解释它。

第二个:引力场中的光线的偏折。对于太阳的引力场,相对应的偏折量是 $1''7$,正如在 1919 年证实的。

第三个:我们已经看到两个时钟的相对速率取决于它们在[引力场]中的位置。太阳中的[化学元素]所发射的光线应该与地球上同一元素发射的光线有差异,这一差异必定可以通过光谱的偏移而观察到。由于这个差异太小,这个现象

很难观察。大多数物理学家相信它存在，也从理论上预测了其量级。尽管如此，关于它的值还存在疑问。

最重要的部分还有待说明。几何学，即定位物体的法则，并不是先验的，而是取决于引力场的定律，它取决于物体本身。这意味着几何学取决于物体的位置以及所有其他的物理现象，因此，它不能被看成物理学的基础。

在我的下一次演讲中，我会谈论关于纯思辨性质的问题，为此，我必须使用数学。

正如我们的读者会观察到的，《辩论》报已经刊载了关于头两次演讲最准确的报道，该报也会尝试在主题的范围之内对第三次演讲进行报道。

## 爱因斯坦的第三场演讲

和前两场演讲一样，这场演讲吸引了许多民众参加。爱因斯坦在他们面前作了他的第三次演讲，主要谈论理论的最新成果。

他开场说："我们已经看到从哲学观点来看，狭义相对论是有缺陷的。现在我们希望讨论广义相对论中的缺陷，并且尝试避免这些弱点。"

很显然，所有理论都不尽如人意，以任何标准来衡量，它们都不完整。

至于广义相对论，有必要首先思考马赫（Mach）的观点，它在相对论中已经取得了相当重要的地位。马赫并不满意自己对经典力学的分析。站在描述性的立场来看，运动只能是相对的，人们不能够赋予绝对运动概念以准确的意义。和牛顿一样，马赫也很清楚在普通力学中，所有事物的基础都是相对于空间的加速度，即相对于某个绝对事物的加速度。为了避免这种情况，他设想惯性所阻碍的，并不是绝对加速度，而是相对加速度。假设现在有两个质量，我们令其中一个质量加速，它的惯性或者说阻力所抵抗的，是相对于另一个质量的相对加速度。总的来说，他认为惯性是质量对其相对于宇宙中所有其他质量的加速度的阻抗。他为此寻找一个分析表达式，但是无法找到，因为这里出现了超距作用，而19世纪后半期的物理学已经消除了这种概念，因为它和物理现象的性质矛盾。那时，他认为惯性只能是相对的。

在广义相对论中，空间的物理属性取决于物质，因为给出物体定位规则的几何[空间]受到引力场的影响，而引力场反过来又取决于物质。因此，空间不具有绝对属性。如果这个相对论或者互为原因的情况是真实存在的，那么，空间、度规、惯性以及引力的属性都取决于物体。也就是说，空间不存在；存在的只有物质。

我们已经找出引力场方程，并以其为基础进行计算。例如，通过假设欧几里得几何在太阳和行星所处的空间中成立，来研究了行星系统的问题；否则，它们就不存在。以这种方式获得的方程使得这些假设可以扩展至整个宇宙,并且我们承认可把狭义相对论用于远距离天体的无限远处。

现在,马赫所谓的"令人不快之处"也存在于相对论中,这是该理论本质上所不容许的。首先,空间应该具有受物质影响的属性,但这引入了一个不能接受的二元论。其次,当用更高的精确度来计算引力定律时,人们应该能找出运动质量对于其他物体的影响,发现事物是符合马赫想法的。例如,如果我们让宇宙中的所有质量加速,只有一个质量除外,那么这个质量其实也是加速的。如果我们只加速一部分,那么会出现一种感应力,它在同一方向上施加作用。

此外,如果所有的质量都在旋转,那么整个系统应该旋转起来以避免出现相对加速度,因此有必要相信,如果我们寻找一个以伽利略(Galileo)方式运动的局域坐标系,那么这个坐标系也应该有一个微小的转动。比如一个陀螺仪应当受到其他物体质量的影响。所有这些马赫观点的结论都被引力方程证实,只是这些效应太弱而无法被观察到。

因此,关于整个世界在无限远处几乎是欧几里得空间的假设是不自然的,更符合逻辑的是,承认所有空间的定律是物质的结果。还有一个更直接的原因让我们不能相信空间在无限远处是欧几里得的。为了形成一个关于宇宙结构的想法,我们想象物质无处不在且平均密度不为零,这是我们无法从经验中获知的,因为很难相信我们的恒星系统在空间中构成一个孤岛。第一个假设与牛顿理论和相对论都相矛盾。如果我们承认恒星无处不在且整个空间并非空无一物,结果会发现引力定律存在缺陷,同时,很容易看到相对论的假设允许我们稍微修改方程的形式,在其二阶项中再添加一项,它并不会改变方程的性质,然后,我们看到一个非零物质密度的世界,它在空间上是封闭的,并且满足马赫的假设,因为如果附加项不为零,就不会出现一个静态的真空。空间的大小也取决于这一项,在已知平均密度的情况下可以计算出这个量。因为我们不清楚它具体多大,只能说它应该大概就是我们附近空间的密度(we can only say that it should be approximately that of our neighborhood.)。

最主要的一点是空间的属性由物质给出,而且二者具有完全的相互性,因为空间给出了定位法则,而物质给出了空间的属性。这比承认空间定律是先验的(例如,在物体存在以前就有关于物体运动的定律)要更加自然;后者会带来某个既绝对又没有原因的东西:也就是说,那样的话因果关系是不完整的。

相对论还是一点是不完整的。在引力方程中,第一项(参见第二场演讲的概要)代表引力势,并且可通过纯理论步骤准确地获得,而第二项包含由经验获得的密度。从 Coulomb 到 Maxwell,电磁场是通过归纳方法建立起来的。就我们所知,能够肯定的是,这个场的数学本质是一个反对称张量 $f_{ik}$,如果用协变记号，它在狭义相对论中的形式和在麦克斯韦方程中是一样的。这些方程以变分的形式出现，从数学角度来看很漂亮。变量是 $g_{ik}$ 和 $f_{ik}$；然而，这里有些东西不能令我满意。Maxwell 的电动力学已经存在一个问题。我们知道质子和电子是什么。这两个基本物质必须是场方程的解，"但它们不是"。没有办法来抗衡构成电子的粒子之间的斥力。Poincaré 引入了一个压力，但这并不是自然的；它只是一种计算方法。如果我们排除电子，只处理场，那就只剩下引力场和电磁场，即从逻辑观点看两个完全相互独立的事物。因此，我们面对的是一个二元体系，这个体系反复以变分形式再现

$$var\left(\int H dv\right)=0$$

如果这个积分是不变式，则所获方程满足广义相对论原理。函数 $H$ 对于引力现象而言是已知的，并且，根据 Maxwell，电磁现象的 $H$ 可以算出来，但是由此得到两个逻辑上完全独立的事物，它们共同定义了空间。最好有一个理论，其函数能够推导出一切事物，且具备单一结构，而非由两个独立事物共同构成。这是一个数学问题：建构一个函数，它不是由逻辑上互相独立的成员所组成，并且对 $H$ 的适用的，也同样适用于 $g_{ik}$ 和 $f_{ik}$，它们表达了空间的属性。

这个问题其实很难，因为我们企图满足统一性，却没有任何物理事实作为基础，因此这个问题被简化为关于数学简洁性的问题。如果它得到解决，那么我们应该开始寻找可供观察的结果。

让我们来看看，指导这些尝试的是什么样的数学思想。广义相对论以空间度规为基础，即以线元素 $ds^2$ 的不变性为基础。我们已经看到，引力定律是通过寻求从 $g$ 推导出的张量得到的。已经出现一些简化这一理论的尝试，Riemann 已经对其数学部分做了简化，他计算了可由 $g$ 推导出的张量。Levi-Civita 和 Weyl 试图显著地简化可产生一个二阶张量的方法，同时，他们提出了一个非常实用的概念：在任何一种流形中的平行概念。在欧几里得几何中，如果我们有两个点和从一点到另一点的一个矢量，人们可以画出另一个平行矢量；也就是，可以进行矢量的平行位移。在非欧连续统上，如在一个球体上，这点是无法做到的，但是，如果我们取连续统中的一小部分，可以认为它是符合欧氏几何学的，并且在其上进行矢量的平行移动，按需要多次重复这一操作，沿着曲线移动（在某种意义上是平行的）这一矢量。如果取另一条有着相同端点的曲线，得到一个不同的矢量，并且推出平行位移的一个普遍公式：

$$dA^m = -\Gamma^m_{tk}A' dx_k$$

第一项代表了由于 $dx_k$ 原点坐标的变化而导致的矢量分量的变化。在这些公式中有 40 个 $\Gamma$，它们定义了平行位移定律，也就是空间的仿射结构。如有

一个给定度规的空间，我们会发现 Γ 是由 g 所决定的。规定矢量模数不变的条件就足够了，这是一件自然而然的事情，因为它涉及一个重复的欧几里得过程；也就是，我们必须把下式

$$A^2 = g_{ik}A^i A^k$$

写成是不变的，它给出了 Γ 必须满足的条件，并且人们发现它们正是三指标克里斯托费尔符号。很容易看出 Riemann 的基本张量可以通过平行位移获得。

在闭环路中，一个矢量以不同的值回归[起点]，从值之间的差异可以对克里斯托费尔符号进行计算。我们可以说 Levi-Civita 和 Weyl 已经找到一个极其重要的中间量的含义，并且 Weyl 已经将 Riemann 几何做了一般化处理，因为[现在]我们可以想象无度规的几何，但它有一个确定的平行位移定律，即一个比度规定律更普遍的仿射定律。

为了尽可能少地修改这个理论，他[爱因斯坦]有如下想法：$ds^2$ 可以用刚体和时钟这两个并非具体实物的东西（that are not immediate things/que son cosas no inmediatas）来测量 $ds^2$。他坚信人们离不开基本事实。一个基本事实就是：光的传播由 $ds = 0$ 给出；这个方程中出现的是 g 的比值；因此，人们最后会发现，g 自身并不具备任何物理含义，它们的比值才有物理含义，于是，只剩下一个没有物理含义的因子。人们找到一个新的几何学，因为如果采用两个比值固定的矢量，那么对于其中任意一个矢量来说，就不存在绝对值了。对位移也是一样，只有角度值保持绝对；通过这种方式，一致性被相似性取代。他试图找到 Γ，他发现通过计算能得到它们，它们更普遍，并且取决于四个函数 f。这很有意思，因为电磁场也是由四个函数定义的。

在 Weyl 的几何学中，g 和 f 赋予该理论一个完整的意义，因而由 10 个 g 和四个 f 决定引力场和电磁场，似乎也较为自然。[然而]，人们必须记住，该方案并不自然，因为 $ds^2$ 在某种程度上是客观的；自然告诉我们 $ds^2$ 有一个明确的值，因为我们有自然时钟，存在于具有谱线明确的光谱系的振动原子中。在 Weyl 的分析中，f 的存在只是计算的结果。再者，为了找到纯引力定律以及电磁定律，有必要定义一个函数 H，它由两个绝对独立的部分组成。于是，我们得到了一个二元论；为了避免这一点，他提出了上述方案。但是 $ds^2$ 有物理含义，并且，作为结果，这个方案也不令人满意。

他寻找另一条巧妙的途径，包括从[Γ]入手，并从平行位移中找到度规，即从空间的仿射结构中找到度规。人们必须以此为基础建构所有概念。

在 Riemann 张量中，R 可以用诸个 Γ 表达，因为 Γ 比 g 更广泛，所以它们给出了一个更普遍的结果，得到如下公式

$$\lambda g_{ik} = R_{ik}$$

也就是，获得了一个定义度规的张量，并且找到了一些包含宇宙学项的方程。

根据 Eddington，这一点也没有用，因为人们不得不找到 40 个条件，来确定它们[Γ]，而他不知道怎么做。如果只有一个引力场，这个问题并不难。一般来说，Γ 并不对称，是由一个对称的部分和一个非对称的部分构成，这与度规场和电磁场的属性十分吻合。

剩下的事就是找到获得 Γ 的必要条件。我最近发现了一个自然的方法。利用一个变分法，规定如下积分

$$\int \sqrt{|R_{ik}|}\, \mathrm{d}v$$

是不变的。这个积分与普通几何学的积分相似，是可能存在的最简单的不变量；为了使它的变化量为零，有必要独立改变 Γ。

我将说明所得结果：

如果没有电磁场，也就是说，如果不存在 $f_{ik}$，人们得到和旧理论中一样的引力方程，并带有宇宙学项。

在第一级近似中，如果电磁场很弱，而人们得到麦克斯韦方程，这"几乎是一个奇迹"。

无论如何，这个处理步骤有些主观，因为我们已经使 Γ 具有基本的物理含义，并且，我们采取了一个最简单的张量表达式来通过变分推出引力定律和电磁定律。尽管如此，我们仍避免了 Weyl 的弱点。

直到现在，我对引力场和电磁场做出的计算已经给出了已知的结果。至于电子的结构，计算太过复杂，我到目前为止还没能获得任何确定的东西。

在雷鸣般的掌声中，爱因斯坦教授结束了他的第三场演讲，并且，他在这所大学举办的系列演讲也随之结束。

# 附录 I

## 在马德里大学接受名誉博士学位时的演讲

这是爱因斯坦于1923年3月8日以德文所作的一篇演讲,并于次日在马德里的《阿贝赛报》(ABC)上发表。

[890页为发表时的西班牙文演讲内容,本译本略去不录——译者]

## 译文
### 爱因斯坦的演讲

在停留于马德里的这段时间里,我接受的荣誉,以及给予我热忱支持的种种举动是如此不胜枚举,以至于我几乎找不到确切的言辞来表达我的感谢之情。我只想说,因为贵校授予我的这个名誉博士学位,我感到我与这座大学之间有了一种密切联系,我将如同那些在这里接受科学启蒙的人一样,心系这所大学的繁荣发展。

你们对我的科学研究工作——在你们看来它很成功——琢磨得如此深入、仔细,以至于我无需再就这一方面补充任何其他的东西。也许借此机会,我们更适宜去思考那些推动科学研究与驱使我们取得肯定性结果的内在助力,以及我们要怎样去理解它们。在我看来,这些问题的答案将会随着研究者的禀性的不同而有着很大的差异。所有人都拥有一个共同的理想,即通过一套概念体系,从思想上全面掌握所有经验上已知的多样性,而且这套概念体系在使用过程中会尽可能一致。但是,一些人的偏好倾向于彻底认识科学的多样性,然而对于其他人来说,他们倾向于科学的统一。我是后一种倾向的最为极端的代表之一。如果一个孤立的事实与基本的思想体系没有发生关联,那么它就不能引起我的兴趣。例如:当我一旦确信一种特定情况下流体力学方程精确无误,我便不在意流体力学的问题,除非它们能在这个方程体系的作用范围内有所拓宽。每个领域对我而言都是这样的。这种兴趣的偏好产生自对宇宙结构原理的统一性与简洁性的深刻的、近乎宗教性的信仰,它决定了我所有的科学工作成果。

这种信仰给予我力量，使我献出全部的精力去研究那些历经多年无数次失败的尝试、看上去几乎不可能被解决的问题。像我这样的人靠自己的力量去创立一门实验科学并不比纯粹的经验主义者来得要好。问题的解决方案就是不同导向的思维间的和谐协作。

我郑重地希望贵校能够同时培养出这两种多产的研究者，他们将增加与深化人类的知识。

# 引 用 文 献

在以前的《爱因斯坦全集》各卷中出现过文献简略标题在本卷和后续各卷中还会保留；但是，对于那些在后续卷涵盖的时间内才出版的文章的简略标题，本卷就不采用。

*Aargau Programm 1896/97* Programm der Aargauischen Kantonsschule für das Schuljahr 1896/97. August Tuchschmid, ed. Aarau: Sauerländer, 1897.

*Abel 1984* Abel, Günther. *Nietzsche: Die Dynamik der Willen zur Macht und die ewige Wiederkehr.* Berlin: de Gruyter, 1998.

*Abiko 2000* Abiko, Seiya. "Einstein's Kyoto Address: 'How I Created the Theory of Relativity.'" *Historical Studies in the Physical Sciences* 31 (2000): 1—35.

*Abraham 1902* Abraham, Max. "Dynamik des Elektrons." *Königliche Gesellschaft der Wissenschaften zu Göttingen. Mathematisch physikalische Klasse. Nachrichten*, 1902, pp. 20—41.

*Adler 1920* Adler, Friedrich. *Ortszeit, Systemzeit, Zonenzeit und das ausgezeichnete Bezugssystem der Elektrodynamik. Eine Untersuchung über die Lorentzsche und die Einsteinsche Kinematik.* Vienna: Wiener Volksbuchhandlung, 1920.

*Aichi 1923* Aichi, Keichi. "Kogishitsu ni okeru Einstein [Einstein in the Lecture Room]." *Kaizo*, February 1923, pp. 299—301.

*Alpert 1982* Alpert, Carl. *Technion: The Story of Israel's Institute of Technology.* New York and Haifa: American Technion Society and Technion-Israel Institute of Technology, 1982.

*Argyle 2002* Argyle, Gisela. *Germany as Model and Monster: Allusions in English Fiction, 1830s—1930s.* Montreal: McGill-Queen's University Press, 2002.

*Arrhenius 1907* Arrhenius, Svante. *Das Wesen des Weltalls.* Leipzig: Akademische Verlagsgesellschaft, 1907.

*Ash 1989* Ash, Mitchell G. "Max Wertheimer's University Career in Germany." *Psychological Research* 51 (1989): 52—57.

*Bach and Weyl 1922* Bach, Rudolf, and Hermann Weyl. "Neue Lösungen der Einsteinschen Gravitationsgleichungen. B. Explizite Aufstellung statischer axialsymmetrischer Felder. Mit einem Zusatz über das statische Zweikörperproblem." *Mathematische Zeitschrift* 13 (1922): 134—145.

*Bardeen, Cooper, and Schrieffer 1957* Bardeen, John, Leon N. Cooper, and John R.

Schrieffer."Theory of Superconductivity." *Physical Review* 108 (1957): 1175—1204.

*Bartholomew 1989* Bartholomew, James R. *The Formation of Science in Japan*. New Haven: Yale University Press, 1989.

*Becker 1922* Becker, Richard. "Über den Starkeffekt bei Alkalien." *Zeitschrift für Physik* 9 (1922):332—348.

*Becquerel 1922* Becquerel, Jean. *Le principe de relativité et la théorie de la gravitation. Leçons professées en 1921 et 1922 à l'Ecole Polytechnique et au Muséum d'histoire naturelle*. Paris: Gauthier-Villars, 1922.

*Bergia 1993* Bergia, Silvio. "Attempts at Unified Field Theories (1919—1955). Alleged Failure and Intrinsic Validation/Refutation Criteria." In *Earman et al. 1993*, pp. 274—307.

*Bergman 1974* Bergman, Hugo S. "Personal Remembrance of Albert Einstein." In *Logical and Epistemological Studies in Contemporary Physics*, pp. 388—394. Robert S. Cohen, and Marx W. Wartofsky, eds. Dordrecht: Reidel, 1974.

*Bergson 1922* Bergson, Henri. *Durée et simultanéité, à propos de la théorie d'Einstein*. Paris: Alcan, 1922.

*Bergson 1972* ——. *Mélanges: L'idée de lieu chez Aristote, Durée et simultanéité, correspondance, pièces diverses, documents*. André Robinet, ed. Paris: Presses Universitaires de France, 1972.

*Berlin Verzeichnis 1922* Friedrich-Wilhelms-Universität zu Berlin. *Verzeichnis der Vorlesungen. Sommer-Semester 1922*. Berlin: Norddeutsche Buchdruckerei und Verlagsanstalt, 1922.

*Berthelot 1901* Berthelot, Marcellin. *Science et éducation: Discourses et notions académiques*. Paris: Société française d'imprimerie et de librairie, 1901.

*Bianchi 1922* Bianchi, Luigi. *Lezioni di Geometria Differenziale*. Vol. 1. Pisa: Enrico Spoerri, 1922.

*Biezunski 1987* Biezunski, Michel. "Einstein's Reception in Paris in 1922." In *Glick 1987*, pp. 169—188.

*Biezunski 1991* ——. *Einstein à Paris: Le temps n'est plus*. Saint-Denis: Presses Universitaires de Vincennes, 1991.

*Bleuler 1921* Bleuler, Eugen. *Naturgeschichte der Seele und ihres Bewusst-werdens. Eine Elementarpsychologie*. Berlin: Springer, 1921.

*Blondel 1922* Blondel, Georges. *Ligue Française. Les mécomptes de la paix et le péril allemand*. Paris: Duguet, 1922.

*Blumenfeld 1962* Blumenfeld, Kurt. *Erlebte Judenfrage. Ein Vierteljahrhundert deutscher Zionismus*. Stuttgart: Deutsche Verlags-Anstalt, 1962.

*Blumenthal 1913* Blumenthal, Otto, ed. *Das Relativitätsprinzip. Eine Sammlung von Abhandlungen*. Leipzig: Teubner, 1912.

*Bohr 1913* Bohr, Niels. "On the Constitution of Atoms and Molecules, I—III." *Philosophical Magazine* 26 (1913): 1—24, 476—502, 857—875.

*Bohr 1922a* ——. *Atomernes Bygning og Stoffernes fysiske og kemiske Egenskaber*. Copenhagen: Jul. Gjellerups Forlag, 1922. Reprinted in *Bohr 1977*, pp. 181—256.

*Bohr 1922b* ——. "Der Bau der Atome und die physikalischen und chemischen Eigenschaften der Elemente." *Zeitschrift für Physik* 9 (1922):1—67.

*Bohr 1922c* ——. *Drei Aufsötze über Spektren und Atombau*. Braunschweig: Vieweg, 1922.

*Bohr 1923* ——. "Über die Anwendung der Quantentheorie auf den Atombau. I. Die Grundpostulate der Quantentheorie." *Zeitschrift für Physik* 13 (1923): 117—165.

*Bohr 1972* ——. *Collected Works. Vol. 1, Early Work (1905—1911)*. J. Rud Nielsen, ed. Amsterdam: North-Holland, 1972.

*Bohr 1976* ——. *Collected Works. Vol. 3, The Correspondence Principle (1918—1923)*. J. Rud Nielsen, ed. Amsterdam: North-Holland, 1976.

*Bohr 1977* ——. *Collected Works. Vol. 4, The Periodic System (1920—1923)*. J. Rud Nielsen, ed. Amsterdam: North-Holland, 1977.

*Bolton 1922* Bolton, Lyndon. *Tsuzoku sotaisei-genri kowa [An Introduction to the Theory of Relativity]*. Sakichi Ryo, trans. Osaka: Reimei-Kaku, 1922.

*Bonner 2002* Bonner, Thomas N. *Iconoclast: Abraham Flexner and a Life in Learning*. Baltimore: Johns Hopkins University Press, 2002.

*Borel 1922a* Borel, Emile. *L'Espace et le temps*. Paris: Alcan, 1922.

*Borel 1922b* ——. "La science dans une société socialiste." *Scientia* 31 (1922): 223—228.

*Borel 1922c* ——. "Définition arithmétique d'une distribution de masses s'étendant a l'infini et quasi-périodique, avec une densité moyenne nulle." *Académie des sciences (Paris). Comptes rendus* 174 (1922): 977—979. Reprinted in *OEuvres de Emile Borel*. Vol. 2, pp. 811—812. Paris: CNRS, 1972.

*Born 1914* Born, Max. "Der Energie-Impuls-Satz in der Elektrodynamik von Gustav Mie." *Königliche Gesellschaft der Wissenschaften zu Göttingen. Mathematische-physikalische Klasse. Nachrichten* 1914, pp. 23—37.

*Born 1920* ——. *Die Relativitätstheorie Einsteins und ihre physikalischen Grundlagen gemeinverständlich dargestellt von Max Born*. Berlin: J. Springer, 1920.

*Born 1921* ——. "Zur Thermodynamik der Kristallgitter." *Zeitschrift für Physik* 7 (1921): 124—140.

*Born 1922* ——. "Modell der Wasserstoffmolekel." *Die Naturwissenschaften* 10 (1922): 677—678.

*Born 1923a* ——. "Atomtheorie des festen Zustandes (Dynamik der Kristallgitter)." In *Encyklopädie der mathematischen Wissenschaften mit Einschluss ihrer Anwendungen*. Vol. 5, *Physik*, Part 3, pp. 527—781. Arnold Sommerfeld, ed. Leipzig: Teubner, 1909—1926. Issued 24 October 1923, completed 7 September 1922.

*Born 1923b* ——. *The Constitution of Matter: Modern Atomic and Electron Theories*. E. W. Blair and T. S. Wheeler, trans. London: Methuen, [1923].

*Born 1936* ——.*Atomic Physics*. New York: Stechert, 1936.

*Born and Bródy 1921* Born, Max, and Emmerich (Imre) Bródy. "Über die Schwingungen eines mechanischen Systems mit endlicher Amplitude und ihre Quantelung." *Zeitschrift für Physik* 6 (1921): 140—152.

*Born and Pauli 1922* Born, Max, and Wolfgang Pauli. "Über die Quantelung gestörter mechanischer Systeme." *Zeitschrift für Physik* 10 (1922): 137—158.

*Bourgeois 1921* Bourgeois, Léon. "Société des Nations. L'Organisation du Travail Intellectuel. Rapport présenté par M. Léon Bourgeois, représentant de la France, adopté par le Conseil, le 2 septembre 1921." Geneva, 5 September 1921.

*Bovet 1922* Bovet, Ernest. "Une simple question à Monsieur Langevin." *Wissen und Leben* 15 (1922): 645—650.

*Brace 1902* Brace, De Witt Bristol. "The Group-velocity and the Wave-velocity of Light." *Science* 16 (1902): 81—94.

*Breit 1922* Breit, Gregory. "Propagation of a Fan-Shaped Group of Waves in a Dispersing Medium." *Philosophical Magazine* 44(1922): 1149—1152.

*Bródy 1922* Bródy, Emmerich (Imre). "Zur Theorie der spezifischen Wärmen in der Nähe eines Umwandlungspunktes." *Physikalische Zeitschrift* 23 (1922): 197—199.

*Brush 1976* Brush, Stephen G. *The Kind of Motion That We Call Heat*. Amsterdam: North-Holland, 1976.

*Brush and Everitt 1969* Brush, Stephen G., and C. W. Francis Everitt. "Maxwell, Osborne Reynolds and the Radiometer." *Historica Studies in the Physical Sciences* 1 (1969): 105—125.

*Buchwald 1985* Buchwald, Jed Z. *From Maxwell to Microphysics: Aspects of Electromagnetic Theory in the Last Quarter of the Nineteenth Century*. Chicago: University of Chicago Press, 1985.

*Burger 1918* Burger, Herman C. *Oplossen en groeien van kristallen*. Utrecht, 1918.

*Bush 1922* Bush, Wendell T. "The Paris Philosophical Congress." *Journal of Philosophy* 19(1921): 241—243.

*Butenhoff 1999* Butenhoff, Linda. *Social Movements and Political Reform in Hong Kong*. Westport, Conn.: Praeger Publishers, 1999.

*Campbell 1922* Campbell, William W. "The Total Solar Eclipse of September 21, 1922." *Publications of the Astronomical Society of the Pacific* 34 (1922): 121—125.

*Cartan 1922b* Cartan, Elie. "Sur une généralisation de la notion de courbure de Riemann et les espaces à torsion." *Académie des sciences* (Paris). *Comptes rendus* 174 (1922): 593—595.

*Cassidy 1992* Cassidy, David C. *Uncertainty: The Life and Science of Werner Heisenberg*. New York: Freeman, 1992.

*Cassirer 1921* Cassirer, Ernst. *Zur Einsteinschen Relativitätstheorie*. Berlin: Cassirer, 1921.

*Cattani 1993* Cattani, Carlo. "Levi-Civita's

Influence on Palatini's Contribution to General Relativity." In *Earman et al*. 1993, pp. 206—224.

*Chapman 1994* Chapman, Mark D. "The 'Sad Story' of Ernst Troeltsch's Proposed British Lecture of 1923." *Zeitschrift für neuere Theologiegeschichte/Journal for the History of Modern Theology* 1 (1994):97—122.

*Chatriot 2006* Chatriot, Alain. "La lutte contre le 'chômage intellectuel': l'action de la Confédération des Travailleurs Intellectuels(CTI) face à la crise des années trente." *Le Mouvement Social*, January-March 2006, pp. 77—91.

*Chodat 1922* Chodat, R. "Ph.-A. Guye 1862—1922." *Actes de la Société Helvétique des Sciences Naturelles* (1922), II annexe, pp. 28—33.

*Christoffel 1869* Christoffel, Elwin Bruno. "Ueber die Transformation der homogenen Differentialausdrücke zweiten Grades." *Journal für die reine und angewandte Mathematik* 70 (1869):46—70.

*Coffa 1979* Coffa, J. Alberto. "Elective Affinities: Weyl and Reichenbach." In *Hans Reichenbach: Logical Empiricist*, pp. 267—304. Wesly C. Salmon, ed. Dordrecht: Reidel, 1979.

*Cohen 1982* Cohen, Stuart A. *English Zionists and British Jews: The Communal Politics of Anglo-Jewry, 1895—1920*. Princeton: Princeton University Press, 1982.

*Colin 1923* Colin, Paul. *Allemagne* (1918—1921). Paris: Rieder, 1923.

*Cooke 1960* Cooke, Richard G. "Paul Dienes." *Journal of the London Mathematical Society* 35 (1960):251—256.

*Crelinsten 2006* Crelinsten, Jeffrey. *Einstein's Jury*. Princeton: Princeton University Press, 2006.

*Dahl 1992* Dahl, Per Fridtjof. *Superconductivity: Its Historical Roots and Development from Mercury to the Ceramic Oxides*. New York: American Institute of Physics, 1992.

*Darrigol 2000* Darrigol, Olivier. *Electrodynamics from Ampère to Einstein*. Oxford: Oxford University Press, 2000.

*Deák 1968* Deák, István. *Weimar Germany's Left-Wing Intellectuals: A Political History of the Weltbühne and Its Circle*. Berkeley and Los Angeles: University of California Press, 1968.

*Debye 1919* Debye, Peter. "Das molekulare elektrische Feld in Gasen." *Physikalische Zeitschrift* 20 (1919):160—161.

*Debye 1920* ——. "Die van der Waalsschen Kohäsionskräfte." *Physikalische Zeitschrift* 21 (1920):178—187.

*Debye 1925* ——. "Theorie der elektrischen und magnetischen Molekulareigenschaften." In *Handbuch der Radiologie*. Vol. 6, *Die Theorien der Radiologie*, pp. 597—786. Erich Marx, ed. Leipzig: Akademische Verlagsgesellschaft, 1925.

*Degener 1935 Wer ist's? Unsere Zeitgenossen*. 10th ed. Berlin: Degener, 1935.

*Delbrück 1922* Delbrück, Hans. "Der Eisner-Prozeß und das Österreichische Ultimatum." *Die Deutsche Nation* 4 (1922):440—445.

*Delft and Kes 2010* Delft, Dirk van, and

Peter Kes. "The Discovery of Superconductivity." *Physics Today* 63, no. 9 (2010): 38—43.

*Dienes 1922a* Dienes, Paul. "Sur la connexion du champ tensoriel." *Académie des sciences* (Paris). *Comptes rendus* 174 (1922): 1167—1170.

*Dienes 1922b* ——. "Sur le déplacement des tenseurs." *Académie des sciences* (Paris). *Comptes rendus* 175 (1922): 209—211.

*Dingle 1922* Dingle, Herbert. *Relativity for All*. London: Methuen, [1922].

*Discursos 1923* *Discursos pronunciados en la sesión solenne que se dignó presidir S.M. el Rey el dia 4 de marzo de 1923, celebrada para hacer entrega del diploma de académico corresponsal al profesor Alberto Einstein.* Madrid: Talleres Poligráficos, 1923.

*Doi 1921* Doi, Uzuki. "On the Fundamental Equations of the Electron Theory." *Physical-mathematical Society of Japan. Proceedings* 3 (1921): 150—165.

*Doi 1922a* ——. "Scattering and Dispersion of Light." *Philosophical Magazine* 43 (1922): 829—834.

*Doi 1922b* ——. "Velocity of Propagation of Electromagnetic Waves. Formidable Nonsense of Einstein's Theory of Relativity." *Physical-mathematical Society of Japan. Proceedings* 4 (1922): 71—85.

*Doi 1922c* ——. *Einstein sotaiseiriron no hitei* [*Rebuttal of Einstein's Theory of Relativity*]. Tokyo: Sobunkan, 1922.

*Doi, B. 1932* Doi, Bansui, ed. *Ajia ni sakebu* [*Crying in Asia*]. Tokyo: Hakubun-Sha, 1932.

*Dongen 2002* Dongen, Jeroen van. "Einstein and the Kaluza-Klein Particle." *Studies in History and Philosophy of Modern Physics* 33 (2002): 185—210.

*Dongen 2007* ——. "Reactionaries and Einstein's Fame: 'German Scientists for the Preservation of Pure Science,' Relativity, and the Bad Nauheim Meeting." *Physics in Perspective* 9 (2007): 212—230.

*Dongen 2009* ——. "On the Role of the Michelson-Morley Experiment: Einstein in Chicago." *Archive for History of Exact Sciences* 63 (2009): 655—663.

*Dongen 2010* ——. *Einstein's Unification*. Cambridge: Cambridge University Press, 2010.

*Dror 1991* Dror, Yuval. "The Hebrew Technion in Haifa, Israel (1902—1950): Academic and National Dilemmas." *History of Higher Education Annual* 11 (1991): 45—60.

*Dror 1998* ——. "The Early Years of the Hebrew Technion in Haifa during the British Mandate (1924—1948), and of the University of Haifa (1963—1981) in the State of Israel: A Community Dilemmas Approach to Higher Education." *History of Universities* 14 (1998): 265—292.

*Drude 1900* Drude, Paul. "Zur Elektronentheorie der Metalle. I. Teil." *Annalen der Physik* 1 (1900): 566—613.

*Earman and Eisenstaedt 1999* Earman, John, and Jean Eisenstaedt. "Einstein and Singularities." *Studies in History and Philosophy of Modern Physics* 30B (1999): 185—235.

*Earman and Janssen 1993* Earman, John, and Michel Janssen. "Einstein's Explanation of the Motion of Mercury's Perihelion." In *Earman et al.* 1993, pp. 129—72.

*Earman et al. 1993* Earman, John; Michel Janssen; and John D. Norton, eds. *The Attraction of Gravitation: New Studies in the History of General Relativity*. Boston: Birkhäuser, 1993.

*Eckert 2009* Eckert, Michael. "Sommerfeld School." In *Compendium of Quantum Physics: Concepts, Experiments, History and Philosophy*, pp. 716—718. Daniel Greenberger, Klaus Hentschel, and Friedel Weinert, eds. Berlin: Springer, 2009.

*Eckstein-Diener 1921* Sir Galahad (pseud. of Bertha Eckstein-Diener). *Die Kegelschnitte Gottes*. Munich: Langen, 1921.

*Eddington 1919* Eddington, Arthur S. "The Total Eclipse of 1919 May 29 and the Influence of Gravitation on Light." *The Observatory* 42(1919):119—122.

*Eddington 1920* ——. *Space Time and Gravitation: An Outline of the General Relativity Theory*. Cambridge: Cambridge University Press, 1920.

*Eddington 1921a* ——. "A Generalization of Weyl's Theory of the Electrom-agnetic and Gravitational Fields." *Royal Society of London. Proceedings* A99 (1921): 104—122.

*Eddington 1921b* ——. "Das Strahlungsgleichgewicht der Sterne." *Zeitschrift Für Physik* 7 (1921):351.

*Eddington 1922* ——. "On the Absorption of Radiation inside a Star." *Royal Astronomical Society. Monthly Notices* 83 (1922):32—46.

*Eddington 1923* ——. *The Mathematical Theory of Relativity*. Cambridge: Cambridge University Press, 1923.

*Ehrenfest 1911* Ehrenfest, Paul. "Welche Züge der Lichtquantenhypothese spielen in der Theorie der Wärmestrahlung eine wesentliche Rolle?" *Annalen der Physik* 36 (1911): 91—118. Reprinted in *Ehrenfest* 1959, pp. 185—212.

*Ehrenfest 1916* ——. "On Adiabatic Changes of a System in Connection with the Quantum Theory." *Koninklijke Akademie van Wetenschappen te Amsterdam. Section of Sciences. Proceedings* 19 (1916): 576—597. Reprinted in *Ehrenfest* 1959, pp. 378—399.

*Ehrenfest 1917* ——. "In What Ways Does It Become Manifest in the Fundamental Laws of Physics that Space Has Three Dimensions?" *Koninklijke Akademie van Wetenschappen te Amsterdam. Section of Sciences. Proceedings* 20 (1917): 200—209. Reprinted in *Ehrenfest* 1959, pp. 400—409.

*Ehrenfest 1920* ——. "Welche Rolle spielt die Dreidimensionalität des Raumes in den Grundgesetzen der Physik?" *Annalen der Physik* 61 (1920):440—446.

*Ehrenfest 1922* ——. "The Difference between Series Spectra and Isotopes." *Nature* 109 (1922):745—746. Reprinted in *Ehrenfest* 1959, p. 451.

*Ehrenfest 1923* ——. "Le principe de correspondance." In *Rapports* 1923, pp. 248—

254. Reprinted in *Ehrenfest 1959*, pp. 436—442, and in *Bohr 1976*, pp. 381—387.

*Ehrenfest 1959* ——. *Collected Scientific Papers*. Martin J. Klein, ed. Amsterdam: North-Holland, 1959.

*Ehrenfest and Ehrenfest 1911* Ehrenfest, Paul, and Tatiana Ehrenfest. "Begriffliche Grundlagen der statistischen Auffassung in der Mechanik." In *Encyklopädie der mathematischen Wissenschaften, mit Einschluss ihrer Anwendungen*. Vol. 4 *Mechanik*, part 4, pp. 1—90 (separately paginated). Felix Klein and Conrad Müller, eds. Leipzig: Teubner, 1907—1914. Issued 12 December 1911. Reprinted in *Ehrenfest 1959*, pp. 213—302.

*Einstein 1901* Einstein, Albert. "Folgerungen aus den Capillaritätserscheinungen." *Annalen der Physik* 4 (1901):513—523.

*Einstein 1902a* ——. "Ueber die thermodynamische Theorie der Potentialdifferenz zwischen Metallen und vollständig dissociirten Lösungen ihrer Salze und über eine elektrische Methode zur Erforschung der Molecularkräfte." *Annalen der Physik* 8 (1902):798—814.

*Einstein 1902b* ——. "Kinetische Theorie des Wärmegleichgewichtes und des zweiten Hauptsatzes der Thermodynamik." *Annalen der Physik* 9 (1902):417—433.

*Einstein 1903* ——. "Eine Theorie der Grundlagen der Thermodynamik." *Annalen der Physik* 11 (1903):170—187.

*Einstein 1905i* ——. "Über einen die Erzeugung und Verwandlung des Lichtes betreffenden heuristischen Gesichtspunkt." *Annalen der Physik* 17 (1905):132—148.

*Einstein 1905k* ——. "Über die von der molekularkinetischen Theorie der Wärme geforderte Bewegung von in ruhenden Flüssigkeiten suspendierten Teilchen." *Annalen der Physik* 17 (1905):549—560.

*Einstein 1905r* ——. "Zur Elektrodynamik bewegter Körper." *Annalen der Physik* 17(1905):891—921.

*Einstein 1905s* ——. "Ist die Trägheit eines Körpers von seinem Energieinhalt abhängig?" *Annalen der Physik* 18 (1905):639—641.

*Einstein 1906b* ——. "Zur Theorie der Brownschen Bewegung." *Annalen der Physik* 19 (1906):371—381.

*Einstein 1906e* ——. "Das Prinzip von der Erhaltung der Schwerpunktsbewegung und die Trägheit der Energie." *Annalen der Physik* 20 (1906):627—633.

*Einstein 1907a* ——. "Die Plancksche Theorie der Strahlung und die Theorie der spezifischen Wärme." *Annalen der Physik* 22(1907):180—190.

*Einstein 1907e* ——. "Über die Möglichkeit einer neuen Prüfung des Relativitätsprinzips." *Annalen der Physik* 23 (1907):197—198.

*Einstein 1907g* ——. "Bemerkungen zu der Notiz von Hrn. Paul Ehrenfest: 'Die Translation deformierbarer Elektronen und der Flächensatz.'" *Annalen der Physik* 23 (1907):206—208.

*Einstein 1907h* ——. "Über die vom Relativitätsprinzip geforderte Trägheit der Energie." *Annalen der Physik* 23 (1907):371—384.

Einstein 1907j ——. " Über das Relativitätsprinzip und die aus demselben gezogenen Folgerungen." *Jahrbuch der Radioaktivität und Elektronik* 4 (1907): 411—462.

Einstein 1909a ——."Bemerkung zu der Arbeit von D.Mirimanoff 'Über die Grundgleichungen....'" *Annalen der Physik* 28 (1909):885—888.

Einstein 1910c ——. " Sur les forces Pondéromotrices qui agissent sur des conducteurs ferromagnétiques disposés dans un champ magnétique et parcourus par un courant." *Archives des sciences physiques et naturelles* 30 (1910):323—324.

Einstein 1910d ——. " Theorie der Opaleszenz von homogenen Flüssigkeiten und Flüssigkeitsgemischen in der Nähe des kritischen Zustandes." *Annalen der Physik* 33 (1910):1275—1298.

Einstein 1911c ——."Bemerkungen zu den P.Hertzschen Arbeit 'Über die mechanischen Grundlagen der Thermodynamik.'" *Annalen der Physik* 34 (1911): 175—176.

Einstein 1911e ——. " Berichtigung zu meiner Arbeit:'Eine neue Bestimmung der Moleküldimensionen.'" *Annalen der Physik* 34 (1911):591—592.

Einstein 1911f ——."Zum Ehrenfestschen Paradoxon. Bemerkung zu V. Varičaks Aufsatz." *Physikalische Zeitschrift* 12 (1911):509—510.

Einstein 1911h ——."Über den Einfluß der Schwerkraft auf die Ausbreitung des Lichtes."*Annalen der Physik* 35 (1911): 898—908.

Einstein 1912c ——."Lichtgeschwindigkeit und Statik des Gravitationsfeldes." *Annalen der Physik* 38 (1912): 355—369.

Einstein 1912h ——."Relativität und Gravitation. Erwiderung auf eine Bemerkung von M. Abraham." *Annalen der Physik* 38(1912):1059—1064.

Einstein 1912i ——."Bemerkung zu Abrahams vorangehender Auseinandersetzung 'Nochmals Relativität und Gravitation.'" *Annalen der Physik* 39 (1912):704.

Einstein 1913c ——. " Zum gegenwärtigen Stande des Gravitationsproblems." *Physikalische Zeitschrift* 14 ( 1913 ): 1249—1262.

Einstein 1914a ——. "Zum gegenwärtigen Stande des Problems der spezifischen Wärme." In *Die Theorie der Strahlung und der Quanten. Verhandlungen auf einer vom E.Solvay einberufenen Zusammenkunft ( 30. Oktober bis 3. November 1911 ).Mit einem Anhange über die Entwicklung der Quantentheorie vom Herbst 1911 bis Sommer 1913*, pp. 330—352. Arnold Eucken, ed. Halle a. S.: Knapp, 1914 ( *Abhandlungen der Deutschen Bunsen Gesellschaft für angewandte physikalische Chemie* 3, no.7).

Einstein 1914c ——."Nachträgliche Antwort auf eine Frage von Herrn Reißner." *Physikalische Zeitschrift* 15 ( 1914 ): 108—110.

Einstein 1914e ——."Prinzipielles zur Verallgemeinerten Relativitätstheorie und

Gravitationstheorie." *Physikalische Zeitschrift* 15(1914):176—180.

Einstein 1914g ——."Physikalische Grundlagen einer Gravitationstheorie." *Naturforschende Gesellschaft in Zürich.Vierteljahrsschrift* 58 (1914):284—290.

Einstein 1914i ——. "Zum Relativitäts-Problem." *Scientia* 15 (1914):337—348.

Einstein 1914l ——. "Bemerkungen zu P. Harzers Abhandlung: 'Über die Mitführung des Lichtes in Glas und die Aberration.'"*Astronomische Nachrichten* 199 (1914):cols.7—10.

Einstein 1914m ——. "Antwort auf eine Replik Paul Harzers." *Astronomische Nachrichten* 199 (1914):cols.47—48.

Einstein 1914n ——."Beiträge zur Quantentheorie." *Deutsche Physikalische Gesellschaft. Verhandlungen* 16 (1914):820—828.

Einstein 1914o ——."Die formale Grundlage der allgemeinen Relativitötstheorie." *Königlich Preußische Akademie der Wissenschaften* (Berlin). *Sitzungsberichte*,1914,pp.1030—1085.

Einstein 1915b ——. "Die Relativitätstheorie."In *Die Kultur der Gegenwart. Ihre Entwicklung und ihre Ziele*. Paul Hinneberg,ed.Part 3,sec.3,vol.1,*Physik* pp. 703—713. Emil Warburg, ed. Leipzig: Teubner,1915.

Einstein 1915f ——. "Zur allgemeinen Relativitätstheorie." *Königlich Preußische Akademie der Wissenschaft* (Berlin).*Sitzungsberichte*,1915,pp.778—786.

Einstein 1915g ——. "Zur allgemeinen Relativitätstheorie.(Nachtrag)." *Königlich Preußische Akademie der Wissenschaft* (Berlin).*Sitzungsberichte*,1915,pp. 799—781.

Einstein 1915h ——."Erklärung der Perihelbewegung des Merkur aus der allgemeinen Relativitätstheorie." *Königlich Preußische Akademie der Wissenschaften* (Berlin). *Sitzungsberichte*, 1915, pp. 831—839.

Einstein 1915i ——. "Die Feldgleichungen der Gravitation." *Königlich Preußische Akademie der Wissenschaft* (Berlin).*Sitzungsberichte*,1915,pp.844—847.

Einstein 1916e ——. "Die Grundlage der allgemeinen Relativitätstheorie." *Annalen der Physik* 49 (1916):769—822.

Einstein 1916f ——. *Die Grundlage der allgemeinen Relativitätstheorie*. Leipzig: Barth,1916.

Einstein 1916g ——."Näherungsweise Integration der Feldgleichungen der Gravitation." *Königlich Preußische Akademie der Wissenschaften* (Berlin). *Sitzungsberichte* 1916,pp.688—696.

Einstein 1916m ——. "Elementare Theorie der Wasserwellen und des Fluges." *Die Naturwissenschaften* 4 (1916):509—510.

Einstein 1916n ——. "Zur Quantentheorie der Strahlung." *Physikalische Gesellschaft Zürich. Mitteilungen* 18 (1916):47—62.

Einstein 1916o ——."Hamiltonsches Prinzip und allgemeine Relativitätstheo-rie." *Königlich Preußische Akademie der Wissenschaft* (Berlin). *Sitzungsberichte*, 1916,pp.1111—1116.

Einstein 1916p ——. "Über Friedrich

Kottlers Abhandlung 'Über Einsteins Äquivalenzhypothese und die Gravitation.'" *Annalen der Physik* 51 (1916): 639—642.

Einstein 1917a ——. *Über die spezielle und die allgemeine Relativitätstheorie (Gemein-verschändlich)*. Braunschweig: Vieweg, 1917.

Einstein 1917b ——. "Kosmologische Betrachtungen zur allgemeinen Relativitätstheorie." *Königlich Preußische Akademie der Wissenschaften* (Berlin). *Sitzungsberichte*, 1917, pp. 142—152.

Einstein 1918a ——. "Über Gravitationswellen." *Königlich Preußische Akademie der Wissenschaften* (Berlin). *Sitzungsberichte*, 1918, pp. 154—167.

Einstein 1918b ——. "Notiz zu E. Schrödingers Arbeit 'Die Energiekomponenten des Gravitationsfeldes.'" *Physikalische Zeitschrift* 19 (1918): 115—116.

Einstein 1918c ——. "Kritisches zu einer von Hrn. De Sitter gegebenen Lösung der Gravitationsgleichungen." *Königlich Preußische Akademie der Wissenschaft* (Berlin). *Sitzungsberichte*, 1918, pp. 270—272.

Einstein 1918d ——. "Bemerkung zu Herrn Schrödingers Notiz ' Über ein Lösungssystem der allgemein kovarianten Gravitationsgleichungen.'" *Physikalische Zeitschrift* 19(1918): 165—166.

Einstein 1918e ——. "Prinzipielles zur allgemeinen Relativitätstheorie." *Annalen der Physik* 55 (1918): 241—244.

Einstein 1918f ——. "Der Energiesatz in der allgemeinen Relativitätstheorie." *Königlich Preußische Akademie der Wissenschaft* (Berlin). *Sitzungsberichte*, 1918, pp. 448—459.

Einstein 1918g ——. "Nachtrag." *Königlich Preußische Akademie der Wissenschaft* (Berlin). *Sitzungsberichte*, 1918, p. 478.

Einstein 1918i ——. "Lassen sich Brechungsexponenten der Körper für Röntgenstrahlen experimentell ermitteln?" *Deutsche Physikalische Gesellschaft. Verhandlungen* 20 (1918): 86—87.

Einstein 1918k ——. "Dialog über Einwände gegen die Relativitätstheorie." *Die Naturwissenschaften* 6 (1918): 697—702.

Einstein 1918l ——. "Bemerkung zu E. Gehrckes Notiz ' Über den Äther.'" *Deutsche Physikalische Gesellschaft. Verhandlungen* 20 (1918): 261.

Einstein 1919a ——. "Spielen die Gravitationsfelder im Aufbau der materiellen Elementarteilchen eine wesentliche Rolle?" *Preußische Akademie der Wissenschaften* (Berlin). *Sitzungsberichte* (1919): 349—356.

Einstein 1919b ——. "Bemerkung über periodische Schwankungen der Mondlänge, welche bisher nach der Newtonschen Mechanik nicht erklärbar schienen." *Preußische Akademie der Wissenschaften* (Berlin). *Sitzungsberichte* (1919): 433—436.

Einstein 1919c ——. "Bemerkung zur vorstehenden Notiz." *Preußische Akademie der Wissenschaften* (Berlin). *Sitzungsberichte* (1919): 711.

Einstein 1919g ——. "Induktion und Deduktion in Physik." *Berliner Tageblatt*, 25 December 1919, Morning Edition.

Einstein 1920c ——. "Schallausbreitung in teilweise dissoziierten Gasen." *Preußische Akademie der Wissenschaften* (Berlin). *Sitzungsberichte* (1920): 380—385.

Einstein 1920j ——. *Äther und Relativitätstheorie. Rede gehalten am 5. Mai 1920 an der Reichsuniversität zu Leiden.* Berlin: Springer, 1920.

Einstein 1921b ——. "Geometrie und Erfahrung." *Preußische Akademie der Wissenschaften* (Berlin). *Sitzungs-berichte* (1921): 123—130.

Einstein 1921c ——. *Geometrie und Erfahrung. Erweiterte Fassung des Festvortrages gehalten an der Preußischen Akademie der Wissenschaften zu Berlin am 27. Januar 1921.* Berlin: Springer, 1921.

Einstein 1921d ——. "A Brief Outline of the Development of the Theory of Relativity." *Nature* 106 (1921): 782—784.

Einstein 1921e ——. "Über eine naheliegende Ergänzung des Fundamentes der allgemeinen Relativitätstheorie." *Preußische Akademie der Wissenschaft* (Berlin). *Sitzungsberichte* (1921): 261—264.

Einstein 1921f ——. "Eine einfache Anwendung des Newtonschen Gravitationsgesetzes auf die kugelförmige Sternhaufen." In *Festschrift der Kaiser-Wilhelm-Gesellschaft zur Förderung der Wissenschaften zu ihrem zehnjährigen Jubiläum dargebracht von ihren Instituten*, pp. 50—52. Berlin: Springer, 1921.

Einstein 1921k ——. "Die Not der deutschen Wissenschaft. Eine Gefähr für die Nation." *Neue Freie Presse*, 21 December 1921, Morning Edition.

Einstein 1921l ——. *Sôtaiseigenri kôwa* [*Einstein 1917a*]. Ayao Kuwaki and Yoshiro Ikeda, trans. Tokyo: Iwanami Shoten, 1921.

Einstein 1922—1924 ——. *Einstein Zenshu* [*The Collected Works of Einstein*]. Jun Ishiwara et al., trans. Tokyo: Kaizo-Sha, 1922—1924.

Einstein 1922a ——. "Über ein den Elementarprozeß der Lichtemission betreffendes Experiment." *Preußische Akademie der Wissenschaften* (Berlin). *Sitzungsberichte* (1921): 882—883.

Einstein 1922b ——. [Impact of Science on the Development of Pacifism.] In *Die Friedensbewegung. Ein Handbuch der Weltfriedensströmungen der Gegenwart*, pp. 78—79. Kurt Lenz and Walter Fabian, eds. Berlin: Schwetschke, 1922.

Einstein 1922c ——. *Vier Vorlesungen über Relativitätstheorie gehalten im Mai 1921 an der Universität Princeton.* Braunschweig: Vieweg, 1922.

Einstein 1922d ——. "Vorwort." In *Russell 1922*, p. 5.

Einstein 1922e ——. [Review of:] Wolfgang Pauli, jun., *Relativitätstheorie*. Leipzig, Teubner, 1921. *Die Naturwissenschaften* 10(1922): 184—185.

Einstein 1922f ——. "Zur Theorie der Lichtfortpflanzung in dispergierenden Medien." *Preußische Akademie der Wissenschaften* (Berlin). *Physikalisch-mathematische Klasse. Sitzungsberichte* (1922): 18—22.

*Einstein 1922g* ——. [On the "Einstein-Film".] *Berliner Tageblatt* 2 June 1922, Evening Edition, p.2.

*Einstein 1922h* ——. [Address to the French-German Peace Meeting.] In *Die Brücke über den Abgrund. Für die Verständigung zwischen Deutschland und Frankreich. Bericht über den Besuch der Französischen Liga für Menschenrechte" in Berlin und im Ruhrgebiet*, pp. 13—14. Otto Lehmann-Russbüldt, ed. Berlin: Bund Neues Vaterland, 1922.

*Einstein 1922i* ——. "In memoriam Walther Rathenau." *Neue Rundschau* 33 (1922): 815—816.

*Einstein 1922j* ——. [Response to Ernest Bovet's Question to Paul Langevin.] *Wissen und Leben* 15 (1 September 1922): 902.

*Einstein 1922k* ——. "Theoretische Bemerkungen zur Supraleitung der Metalle." In *Het Natuurkundig Laboratorium der Rijksuniversiteit te Leiden in de jaren 1904—1922. Gedenkboek aangeboden aan H. Kamerlingh Onnes, directeur van het Laboratorium bij gelegenheid van zijn veertigjarig professoraat op 11 November 1922*, pp. 429—435. Leyden: IJdo, 1922.

*Einstein 1922l* ——. "Emil Warburg als Forscher." *Die Naturwissenschaften* 10 (1922): 823—828.

*Einstein 1922m* ——. "The Peril to German Civilisation." *New Leader* 1 (1922): 11.

*Einstein 1922n* ——. " Une opinion d'Einstein: Sur la recherche des responsabilités de la guerre." *Cahiers des droits de l'homme* 22 (1922): 547.

*Einstein 1922o* ——. "Über die gegenwärtige Krise der theoretischen Physik." *Kaizo* 4, no.12 (December 1922): 1—8.

*Einstein 1922p* ——. "Bemerkung zu der Arbeit von A. Friedmann 'Über die Krümmung des Raumes.'" *Zeitschrift für Physik* 10 (1922): 326.

*Einstein 1922q* ——. "Bemerkung zu der Franz Seletyschen Arbeit 'Beiträge zum kosmologischen System.'" *Annalen der Physik* 69 (1922): 436—438.

*Einstein 1922r* ——. "Bemerkung zu der Abhandlung von E. Trefftz: 'Das statische Gravitationsfeld zweier Massenpunkte in der Einsteinschen Theorie.'" *Preußische Akademie der Wissenschaften* (Berlin). *Physikalisch-mathematische Klasse. Sitzungsberichte* (1922): 448—449.

*Einstein 1922s* ——. [Farewell to Japan.] *Fukuoka Nichinichi Shinbun*, 29 December 1922, p.2.

*Einstein 1922t* ——. *Untersuchungen über die Theorie der Brownschen Bewegung*. Reinhold Fürth, ed. Leipzig: Akademische Verlagsgesellschaft, 1922.

*Einstein 1923a* ——. [Introductory Remarks.] In *Thirring* 1923, p.[vii].

*Einstein 1923b* ——. "Plauderei über meine Endrücke in Japan." *Kaizo* 5 (1923): 338—343.

*Einstein 1923c* ——. "Antwort über Religionsfrage." *Kaizo* 5（1922）：194—195,197.

Einstein 1923d ——.［To the Spanish Academy of Sciences.］*Discursos*, 1923, pp. 19—20.

Einstein 1923e ——. "Zur allgemeinen Relativitätstheorie." *Preußische Akademie der Wissenschaften*（Berlin）. *Physikalischmathematische Klasse. Sitzungsberichte*（1923）：32—38.

Einstein 1923f ——."Vorwort." In *Einstein 1922—1924*, vol.2, pp.［i—ii］.

Einstein 1923g ——. "Notiz zu der Bemerkung zu der Arbeit von A.Friedmann: über die Krümmung des Raumes." *Zeitschrift für Physik* 16（1923）：228.

Einstein 1923h ——."Bemerkung zu meiner Arbeit 'Zur allgemeinen Relativitätstheorie.'" *Preußische Akademie der Wissenschaften*（Berlin）. *Physikalisch-mathematische Klasse. Sitzungsberichte*（1923）：32—38.

Einstein 1934 ——.*Mein Weltbild*. Amsterdam: Querido, 1934.

Einstein 2003 ——. "Verehrte An-und Abwesende! Originaltonaufnahmen 1921—1951." Vienna: Phonogrammarchiv der Österreichischen Akademie der Wissenschaften（2 compact discs, Supposé）, 2003.

Einstein and Bergmann 1938 Einstein, Albert, and Peter Bergmann."Generalization of Kaluza's Theory of Electricity." *Annals of Mathematics* 39（1938）：683—701.

Einstein and Besso 1972 Einstein, Albert, and Michele Besso. *Correspondance*, 1903—1955.Pierre Speziali, trans.and ed. Paris: Hermann, 1972.

Einstein and Born 1969 Einstein, Albert, and Max Born. *Albert Einstein/Hedwig and Max Born. Briefwechsel 1916—1953*. Max Born, ed. Munich: Nymphenburger, 1969.

Einstein and De Haas 1915a Einstein, Albert, and Wander De Haas. "Experimenteller Nachweis der Ampèreschen Molekularströme." *Deutsche Physikalische Gesellschaft. Verhandlungen* 17（1915）：152—170.

Einstein and De Haas 1915c ——."Experimental Proof of the Existence of Ampère's Molecular Currents." *Koninklijke Akademie van Wetenschappen te Amsterdam.Section of Sciences.Proceedings* 18（1915—1916）：696—711.

Einstein and Ehrenfest 1922 Einstein, Albert, and Paul Ehrenfest."Quantentheoretische Bemerkungen zum Experiment von Stern und Gerlach." *Zeitschrift für Physik* 11(1922)：31—34.

Einstein and Fokker 1914 Einstein, Albert, and Adriaan D. Fokker. "Die Nordströmsche Gravitationstheorie vom Standpunkt des absoluten Differentialkalküls." *Annalen der Physik* 44（1914）：321—328.

Einstein and Grommer 1923a Einstein, Albert, and Jakob Grommer. "Beweis der Nichtexistenz eines überall regulären zentrisch symmetrischen Feldes nach der Feldtheorie von Th. Kaluza." *Scripta Universitatis atque Bibliothecae Hierosolymitanarum: Mathematica et*

Physica 1 (1923): VII, 1—5.

*Einstein and Grommer 1923b* ——. "Re'aya she-lefi Torat-ha-Sade shel Mar F. Kaluza Sade Merkazi-Simetri ve-Regulari be-chol Makom hu min ha-Nimna' ot [*Einstein and Grommer 1923a*]." In *Kitvei ha-Universita ve-Beth-ha-Sfarim bi-Yerushalayim. Mathematica u' Fisica.* A (5684): VII, 1—4.

*Einstein and Grossmann 1913* Einstein, Albert, and Marcel Grossmann. *Entwurf einer verallgemeinerten Relativitätstheorie und einer Theorie der Gravitation.* Leipzig: Teubner, 1913.

*Einstein and Grossmann 1914b* ——. "Kovarianzeigenschaften der Feldgleichun-gen der auf die verallgemeinerte Relativitä-tstheorie gegründeten Gravitationstheorie." *Zeitschrift für Mathe-matik und Physik* 63(1914): 215—225.

*Einstein and Laub 1908a* Einstein, Albert, and Jakob Laub. "Über die elektromagnetischen Grundgleichungen für bewegte Körper." *Annalen der Physik* 26 (1908): 532—540.

*Einstein and Laub 1908b* ——. "Über die im elektromagnetischen Felde auf ruhende Körper ausgeübten ponderomotorischen Kräfte." *Annalen der Physik* 26 (1908): 541—550.

*Einstein and Laub 1909* ——. "Bemerkungen zu unserer Arbeit: 'Über die elektromagnetischen Grundgleichungen für bewegte Körper.'" *Annalen der Physik* 28 (1909): 445—447.

*Einstein and Sommerfeld 1968* Einstein, Albert, and Arnold Sommerfeld. *Briefwechsel. Sechzig Briefe aus dem goldenen Zeitalter der modernen Physik.* Armin Hermann, ed. Basel: Schwabe, 1968.

*Einstein et al. 1920* Einstein, Albert, et al. [Discussions of Lectures in Bad Nauheim.] *Physikalische Zeitschrift* 21 (1920): 650—651, 662, 666—668.

*Einstein et al. 1922* ——. "The Theory of Relativity." [Discussion Remarks at a Meeting of the Société française de Philosophie.] *Société française de Philosophie. Bulletin* 22 (1922): 91—113.

*Einstein et al. 1941* Einstein, Albert; V. Bargmann; and Peter Bergmann. "Five-Dimensional Representation of Gravi-tation and Electricity." In *Theodore von Kármán Anniversary Volume*, pp. 221—225. Pasadena: California Institute of Technology, 1941.

*Einstein, E. 1922* Einstein, Edith. "Zur Theorie des Radiometers." *Annalen der Physik* 69(1922): 241—254.

*Eisenlohr 1911* Eisenlohr, Fritz. "Spektrochemie von Nebenvalenzen." *Deutsche Chemische Gesellschaft. Berichte* 44 (1911): 3188—3208.

*Eisinger 2011* Eisinger, Josef. *Einstein on the Road.* Amherst, N. Y.: Prometheus Books, 2011.

*Elzinga 2006* Elzinga, Aant. *Einstein's Nobel Prize. A Glimpse behind Closed Doors: The Archival Evidence.* Sagamore Beach, Mass.: Science History Publications/USA, 2006.

*Engelhardt 1921* Engelhardt, Viktor. *Weltbild und Weltanschauung vom Al-*

*tertum bis zur Gegenwart. Eine kulturphilosophische Skizze*. Leipzig: Reclam, 1921.

*Epstein 1916* Epstein, Paul S. "Zur Theorie des Starkeffektes." *Annalen der Physik* 50(1916): 489—520.

*ETH 1922* Eidgenössische Technische Hochschule. *Programm und Stundenplan für das Wintersemester 1922/23*. Zurich: Eidgenössische Technische Hochschule, 1922.

*Ezawa 2005* Ezawa, Hiroshi. "Impacts of Einstein's Visit on Physics in Japan." *AAPPS Bulletin* 15, no. 2 (2005): 3—16.

*Fasanaro 2008* Fasanaro, Laura. "Franco-German Relations and the Coal Problem in the Aftermath of the First and Second World Wars." In *A History of Franco-German Relations in Europe. From "Hereditary Enemies to Partners*, pp. 89—100. New York: Palgrave Macmillan, 2008.

*Feldman 1997* Feldman, Gerald D. *The Great Disorder: Politics, Economics, and Society in the German Inflation, 1914—1924*. New York: Oxford University Press, 1997.

*Ferraris et al. 1982* Ferraris, M.; M. Francaviglia; and C. Reina. "Variational Formulation of General Relativity from 1915 to 1925 'Palatini's Method' Discovered by Einstein in 1925." *General Relativity and Gravitation* 14(1982): 243—254.

*Fischer 2003* Fischer, Conan. *The Ruhr Crisis, 1923—1924*. Oxford: Oxford University Press, 2003.

*Fischer 2011* Fischer, Conan. *Europe between Democracy and Dictatorship, 1900—1945*. Chichester, England: Wiley-Blackwell, 2011.

*Fisher 1988* Fisher, David J. *Romain Rolland and the Politics of Intellectual Engagement*. Berkeley: University of California Press, 1988.

*Fizeau 1849* Fizeau, Armand Hyppolite. "Note sur une expérience relative à la vitesse de propagation de la lumière." *Académie des sciences* (Paris). *Comptes rendus* 29 (1849): 90—92.

*Follin 1921* Follin, Henri L. *Principes sociaux de l'ordre natural*. Paris: Liber, 1921.

*Follin 1921—1922* ——. *Conditions d'un mouvement individualiste et supranational*. Paris: Liber, [1921—1922].

*Franck 1921* Franck, James. "Verbreitung von Spektrallinien." In *Festschrift der Kaiser-Wilhelm Gesellschaft zur Förderung der Wissenschaften zu ihrem zehnjährigen Jubiläum dargebracht von ihren Instituten*, pp. 77—81. Berlin: Springer, 1921.

*Frenkel 2002* Frenkel, Viktor. "Einstein and Friedmann." In *Einstein Studies in Russia*, pp. 149—180. Yuri Balashov and Vladimir Vizgin, eds. Boston: Birkhäuser, 2002.

*Freundlich 1923* Freundlich, Erwin. "Holländisch-Deutsche Sonnenfinsternis Expedition nach Christmas Island." *Astronomische Nachrichten* 218 (1923): cols. 13—16.

*Friedman 2001* Friedman, Robert M. *The*

*Politics of Excellence: Behind the Nobel Prize in Science*. New York: Holt, 2001.

*Friedmann 1922* Friedmann, Alexander. "Über die Krümmung des Raumes." *Zeitschrift für Physik* 10 (1922): 377—386.

*Friedrich and Herschbach 1998* Friedrich, Bretislav, and Dudley Herschbach. "Space Quantization: Otto Stern's Lucky Star." *Daedalus* 127, no. 1, Science in Culture (Winter 1998): 165—191.

*Friedrich and Herschbach 2003* ——. "Stern and Gerlach: How a Bad Cigar Helped Reorient Atomic Physics." *Physics Today* 56(2003): 53—59.

*Füchtbauer and Schell 1913* Füchtbauer, Christian, and Carl Schell. "Methoden der quantitativen Untersuchung von Absorptions-linien, speziell der Natriumlinien." *Physikalische Zeitschrift* 14 (1913): 1164—1168.

*Gans 1921* Gans, Richard. "Permeabilität des Nickels für kurze Hertzsche Wellen und die Messungen von Arkadiew." *Annalen der Physik* 64 (1921): 250—252.

*Gao 1985* Gao, Pingshu, ed. *Cai Yuanpei lun kexue yu jishu* [*Cai Yuanpei on Science and Technology*]. Shijiazhuang, Hebei: Hebei Science and Technology Press, 1985.

*Gedächtnis 1922 Zum Gedächtnis an Walther Rathenau*. Berlin: Allgemeine Elektricitäts-Gesellschaft, 1922.

*Gerlach and Stern 1921* Gerlach, Walther, and Otto Stern. "Der experimentelle Nachweis des magnetischen Moments des Silberatoms." *Zeitschrift für Physik* 8 (1921): 110—111.

*Gerlach and Stern 1922a* ——. "Der experimentelle Nachweis der Richtungsquantelung im Magnetfeld." *Zeitschrift für Physik* 9(1922): 349—352.

*Gerlach and Stern 1922b* ——. "Das magnetische Moment des Silberatoms." *Zeitschrift für Physik* 9 (1922): 353—355.

*Gerlach and Stern 1924* ——. "Über die Richtungsquantelung im Magnetfeld." *Annalen der Physik* 74 (1924): 673—699.

*Geyer 1980* Geyer, K. H. "Geometrie der Raum-Zeit der Massbestimmung von Kottler, Weyl und Trefftz. *Astronomische Nachrichten* 301 (1980): 135—149.

*Geyer 1998* Geyer, Martin H. *Verkehrte Welt: Revolution, Inflation und Moderne: München 1914—1924*. Göttingen: Vandenhoek & Ruprecht, 1998.

*Gibbs 1886* Gibbs, J. Willard. "On the Velocity of Light as Determined by Foucault's Revolving Mirror." Nature 33 (1886): 582. Reprinted in *The Scientific Papers of J. Willard Gibbs*. Vol. 2, *Dynamics, Vector Analysis and Multiple Algebra, Electromagnetic Theory of Light etc.*, pp. 253—254. London, New York, and Bombay: Longmans, Green and Co., 1906.

*Giulini and Meyenn 2000* Giulini, Domenico, and Karl von Meyenn. "Einführung in die Neuausgabe." In *Pauli 2000*, pp. vii—xiii.

*Glick 1987* Glick, Thomas, ed. *The Comparative Reception of Relativity*. Dordrecht:

Reidel, 1987.

*Glick 1988* ——. *Einstein in Spain: Relativity and the Recovery of Science*. Princeton: Princeton University Press, 1988.

*Goenner 2001* Goenner, Hubert. "Weyl's Contribution to Cosmology." In *Hermann Weyl's Raum-Zeit-Materie and a General Introduction to His Scientific Work*, pp.105—137. Erhard Scholz, ed. Basel: Birkhäuser, 2001.

*Goenner 2004* ——."On the History of Unified Field Theories." *Living Reviews in Relativity* 7, no. 2 (2004). http://www.livingreviews.org/lrr—2004—2.

*Goenner et al. 1999* Goenner, Hubert; Jürgen Renn; Jim Ritter; and Tilman Sauer, eds. *The Expanding Worlds of General Relativity*. Boston: Birkhäuser, 1999.

*Goldstein and Ritter 2003* Goldstein, Catherine, and Jim Ritter."The Varieties of Unity: Sounding Unified Field Theories 1920—1930." In *Revisiting the Foundations of Relativistic Physics: Festschrift to John Stachel*, pp.93—149. Abhay Ashtekar et al., eds. Dordrecht: Kluwer, 2003.

*Goodstein 1991* Goodstein, Judith R. *Millikan's School: A History of the California Institute of Technology*. New York: Norton, 1991.

*Graff 2004* Graff, Karl W."Albert Einstein als Erfinder in den Jahren 1907—1933." Thesis. Historisches Institut der Universität Stuttgart, 2004.

*Grau 1992* Grau, Conrad. "Die Stiftung der Leibniz-Medaille der Preußischen Akademie der Wissenschaften zu Berlin und ihre Verleihung im Jahre 1907." *Zeitschrift für Geschichtswissenschaft* 40 (1992): 269—280.

*Graves 1882—1889* Graves, Robert P. Life of Sir William Rowan Hamilton [⋯] Including Selections from His Poems, Correspondence, and Miscellaneous Writings. Dublin: Hodges, Figgis, 1882—1889.

*Grundmann 2004* Grundmann, Siegfried. *Einsteins Akte. Wissenschaft und Politik — Einsteins Berliner Zeit*. Berlin: Springer, 2004.

*Gruner 1922* Gruner, P. "Représentation graphique de l'univers espace-temps a quatre dimensions." *Société Suisse de Physique*, 1922, pp.234—237.

*Guillaume 1922* Guillaume, Edouard. "Un résultat des discussions de la théorie d'Einstein au Collège de France." *Société Suisse de Physique*, 1922, pp.238—242.

*Guillaume and Willigens 1921* Guillaume, Edouard and Charles Willigens."Über die Grundlagen der Relativitätstheorie." *Physikalische Zeitschrift* 22 (1921): 109—114.

*Gumbel 1922* Gumbel, Emil J. *Vier Jahre politischer Mord*. Berlin-Fichtenau: Verlag für Neuen Gesellschaft, 1922.

*Guye 1922* Guye, Charles-Eugène. *L'évolution physico-chimique: La relativité d'Einstein dans la classification des sciences; etc*. Paris: Chiron, 1922.

*Guye and Lavanchy 1915* Guye, Charles-Eugène, and Charles Lavanchy. "Vérification expérimental de la formule de

Lorentz-Einstein par les rayons cathodiques de grande vitesse."*Académie des sciences* ( Paris ). *Comptes rendus* 161 (1915):52—55.

*Haber 1919a* Haber, Fritz. "Beitrag zur Kenntnis der Metalle." *Preußische Akademie der Wissenschaften* (Berlin). *Sitzungsberichte* (1919):506—518.

*Haber 1919b* ——. "Zweiter Beitrag zur Kenntnis der Metalle." *Preußische Akademie der Wissenschaften* (Berlin). *Sitzungsberichte* (1919):990—1007.

*Hadamard 1922* Hadamard, Jacques."Comment déterminer l'agresseurä" *Cahiers des Droits de l'Homme* 22 (10 April 1922):184.

*Haldane 1922* Haldane, Richard B. *The Philosophy of Humanism: and of Other Subjects*. London: Murray, 1922.

*Hamilton 1931* Hamilton, William Rowan. *The Mathematical Papers of Sir William Rowan Hamilton*. Arthur W. Conway and J. L. Synge, eds. Cambridge: Cambridge University Press, 1931.

*Haubold and Yasui 1986* Haubold, Hans-Joachim, and Eiichi Yasui. "Jun Ishiwaras Text über Albert Einsteins Gastvortrag an der Universität zu Kyoto am 14. Dezember 1922." *Archive for History of Exact Sciences* 36 (1986):271—279.

*Havas 1993* Havas, Peter. "The General-Relativistic Two-Body Problem and the Einstein-Silberstein Controversy." In *Earman et al. 1993*, pp. 88—125.

*Hawking and Ellis 1973* Hawking, Stephen W., and George F. R. Ellis. *The Large Scale Structure of Space-Time*. Cambridge: Cambridge University Press.

*Hein 1987* Hein, Virginia H. *The British Followers of Theodor Herzl: English Zionist Leaders, 1896—1904*. New York and London: Garland Publishing, 1987.

*Hentschel 1990* Hentschel, Klaus. *Interpretationen und Fehlinterpretationen der speziellen und der allgemeinen Relativitätstheorie durch Zeitgenossen Albert Einsteins*. Basel: Birkhäuser, 1990.

*Hermann et al. 1979* Hermann, Armin; Karl von Meyenn; and Viktor F. Weisskopf, eds. *Wolfgang Pauli. Wissenschaftlicher Briefwechsel mit Bohr, Einstein, Heisenberg u. a.* Vol. 1, 1919—1929. New York: Springer, 1979.

*Herneck 1966* Herneck, Friedrich. "Die Beziehungen zwischen Einstein und Mach, dokumentarisch dargestellt." *Wissenschaftliche Zeitschrift der Friedrich-Schiller-Universität Jena. Mathematisch-naturwissenschaftliche Reihe* 5 (1966): 1—14.

*Hertz 1889* Hertz, Heinrich. "Die Kr? fte elektrischer Schwingungen behandelt nach der Maxwell'schen Theorie." *Annalen der Physik und Chemie* 36 (1889):1—22. Reprinted in *Hertz 1892*, pp. 147—170.

*Hertz 1892* ——. *Untersuchungen über die Ausbreitung der elektrischen Kraft*. Leipzig: Barth, 1892.

*Hiki 2009* Hiki, Sumiko. *Einstein karano bohimei* [*The Epitaph from Einstein*]. Tokyo: Demado-Sha, 2009.

*Hilbert 1915* Hilbert, David. " Die Grundlagen der Physik. (Erste Mitteilung)." *Königliche Gesellschaft der Wissenschaften zu Göttingen. Mathematisch-physikalische Klasse. Nachrichten*, 1915, pp.395—407.

*Hirosige 1976* Hirosige, Tetu. "The Ether Problem, the Mechanistic Worldview, and the Origins of the Theory of Relativity." *Historical Studies in the Physical Sciences* 7 (1976):3—82.

*Hoefer 1995* Hoefer, Carl. "Einstein's Formulations of Mach's Principle." In *Mach's Principle: From Newton's Bucket to Quantum Gravity*, pp. 67—90. Julian B. Barbour and Herbert Pfister, eds. Boston: Birkhäuser, 1995.

*Holton 1969* Holton, Gerald. "Einstein, Michelson, and the 'Crucial' Experiment." *Isis* 60 (1969):132—197.

*Holtsmark 1919* Holtsmark, J. "Über die Verbreitung von Spektrallinien." *Annalen der Physik* 58 (1919): 577—630.

*Hu 2005* Hu, Danian. *China and Albert Einstein: The Reception of the Physicist and His Theory in China, 1917—1976*. Cambridge, Mass.: Harvard University Press, 2005.

*Ikebe 1922* Ikebe, Tsuneto—. *Tokushu ippan sōtaisei genri* [*The Principle of Special and General Relativity*]. Tokyo: Iwanami Shoten, 1922.

*Illy 2012* Illy, József. *The Practical Einstein: Experiments, Patents, Inventions*. Baltimore: Johns Hopkins University Press, 2012.

*Inagaki 1923a* Inagaki, Morikatsu. "Einstein hakase ni otomo site [Having Accompanied Dr. Einstein]." *Josei Kaizo* 2, no.2 (1923):176—187.

*Inagaki 1923b* ——. "Einstein hakase no nihon-ongaku-kan [Dr. Einstein's View of Japanese Music]." *Josei Kaizo* 2, no. 1 (1923):113—115.

*Ioffe 1923* Ioffe, Abram F. "Elektrizitätsdurchgang durch Kristallen." *Annalen der Physik* 72 (1923):461—500.

*Ioffe, A. E. 1975* Ioffe, Aleksandr E. *Mezhdunarodnye sviazi sovetskoi nauki, tekhniki i kul'tury, 1917—1932* [*International Ties of Soviet Science, Technology and Culture, 1917—1932*]. Moscow: Nauka, 1975.

*Ishiwara 1910a* Ishiwara, Jun. "Zur Theorie der elektromagnetischen Vorgänge in bewegten Körpern." *Tokyo Mathematico-Physical Society. Proceedings* 5 (1910): 310—327.

*Ishiwara 1910b* ——. "Über das thermodynamische Verhalten einer Strahlung in einem bewegten diathermen Medium." *Tokyo Mathematico-Physical Society. Proceedings* 5(1910):214—221.

*Ishiwara 1913* ——. "Über das Prinzip der kleinsten Wirkung in der Elektrodynamik bewegter ponderabler Körper." *Annalen der Physik* 42 (1913):986—1000.

*Ishiwara 1921a* ——. *Einstein and the Theory of Relativity*. Tokyo: Kaizo-Sha, 1921.

*Ishiwara 1921b* ——. *The Principle of Relativity*. Tokyo: Iwanami-Shoten, 1921.

*Ishiwara 1921c* ——. *Story about the Ether and the Principle of Relativity*. Tokyo:

Iwanami-Shoten, 1921.

*Ishiwara 1923* ——. *Einstein kyoju koenroku* [*Records of Professor Einstein's Lectures*]. Tokyo: Kaizo-Sha, 1923.

*Ishiwara, H. 1971* ——. Ishiwara, Hitoshi, ed. *Einstein kouen-roku* [*Records of Einstein's Lectures*]. Tokyo: Tokyo Tosho Corporation, 1971.

*Itagaki 1999* Itagaki, Ryoichi. "Einstein's 'Kyoto Lecture': The Michelson-Morley Experiment." *Science* 283 (1999): 1455.

*Itakura et al. 1972* Itakura, Kiyonobu; Tosaku Kimura; and Er Yagi. *Nagaoka Hantaro den* [*Biography of Hantaro Nagaoka*]. Tokyo: Asahi Shinbun-Sha, 1972.

*Jaffé 1922a* Jaffé, George. "Grundriß einer Theorie des anisotropen Strahlungsfeldes." *Annalen der Physik* 68 (1922): 583—632.

*Jaffé 1922b* ——. "Zur Theorie des anisotropen Strahlungsfeldes." *Physikalische Zeitschrift* 23 (1922): 500—503.

*Jaffé 1922c* ——. "'Ruhmasse' und 'Masse der Bewegung' im statischen Gravitationsfelde." *Physikalische Zeits-chrift* 23 (1922): 337—340.

*Jammer 1999* Jammer, Max. *Einstein and Religion: Physics and Theology*. Princeton: Princeton University Press, 1999.

*Jansen 1989* Jansen, Marius B. "Einstein in Japan." In *Princeton University Library Chronicle* 50, no. 2 (1989): 145—154.

*Joas and Waysand 2011* Joas, Christian, and Georges Waysand. "Von Leitungsketten zur Paarhypothese." *Physik Journal* 10 (2011): 23—28.

*Jung 2005* Jung, Tobias. "Franz Selety (1893—1933?). Seine kosmologischen Arbeiten und der Briefwechsel mit Einstein." *Acta Historica Astronomiae* 27 (2005): 125—141.

*Jungnickel and McCormmach 1986* Jungnickel, Christa, and Russell McCormmach. *Intellectual Mastery of Nature. Theoretical Physics from Ohm to Einstein*, Vol. 2. *The Now Mighty Theoretical Physics* 1870—1925. Chicago: University of Chicago Press, 1986.

*Kagawa 1920* Kagawa, Toyohiko. *Seishin undo to shakai undo* [*Spiritual and Social Movement*]. Tokyo: Keishi-Sha Shoten, 1920.

*Kaiser 1987* Kaiser, Walter. "Early Theories of the Electron Gas." *Historical Studies in the Physical and Biological Sciences* 17 (1987): 271—297.

*Kallmann and Reiche 1921* Kallmann, Hartmut, and Fritz Reiche. "Durchgang bewegter Moleküle durch inhomogene Kraftfelder." *Zeitschrift für Physik* 6 (1921): 352—375.

*Kaluza 1921* Kaluza, Theodor. "Zum Unitätsproblem der Physik." *Preußische Akademie der Wissenschaften* (Berlin). *Sitzungsberichte* (1921): 966—972.

*Kamenetsky 2002* Kamenetsky, Nathan. *Making of a Godol*. 2 vols. Jerusalem: Hamasurah, 2002.

*Kamerlingh Onnes 1911* Kamerlingh Onnes, Heike. "Further Experiments with Liquid Helium. B. On the Change in the

Resistance of Pure Metals at Very Low Temperatures, etc. III. The Resistance of Platinum at Helium Temperatures." *Koninklijke Akademie van Wetenschappen te Amsterdam. Section of Sciences. Proceedings* 13（1910—1911）：1107—1113. *Communications from the Physical Laboratory of the University of Leiden*, no.119（1911）.

Kamerlingh Onnes 1913 ——."Further Experiments with Liquid Helium. H. On the Electrical Resistance etc.（Continued）. VIII. The Sudden Disappearance of the Ordinary Resistance of Tin, and the Super-Conductive State of Lead." *Koninklijke Akademie van Wetenschappen te Amsterdam. Section of Sciences. Proceedings* 16（1913—1914）：673—688.

Kamerlingh Onnes 1914a ——."Further Experiments with Liquid Helium. I. The Hall-effect, and the Magnetic Change in Resistance at Low Temperatures. IX. The Appearance of Galvanic Resistance in Supraconductors, Which Are Brought into a Magnetic Field, at a Threshold Value of the Field. *Koninklijke Akademie van Wetenschappen te Amsterdam. Section of Sciences. Proceedings* 16（1913—1914）：987—992. *Communications from the Physical Laboratory of the University of Leiden*. Supp.no.139f（1914）.

Kamerlingh Onnes 1914b ——." Further Experiments with Liquid Helium. J. The Imitation of an Ampère Molecular Current or of a Permanent Magnet by Means of a Supra-Conductor." *Koninklijke Akademie van Wetenschappen te Amsterdam. Section of Sciences. Proceedings* 17（1914—1915）：12—20, 278—283. *Communications from the Physical Laboratory of the University of Leiden*. Supp. nos.104b, 104c（1914）.

Kamerlingh Onnes 1914c ——."Report on Researches Made in the Leiden Cryogenic Laboratory between the Second and Third International Congress of Refrigeration." *Communications from the Physical Laboratory of the University of Leiden. Supp. no. 34b*（1914）. *Reprinted from Notes on the Work of the Section for Physics, Chemistry and Thermometry of the First International Commission of the Association Internationale du Froid, Presented at Third International Congress of Refrigeration, Washington—Chicago, Sept.15 to Oct.1913.*

Kamerlingh Onnes 1921 ——."I. Le paramagnétisme aux basses températures considéré au point de vue de la constitution des aimants élémentaires et de l'action qu'ils subissent de la part de leurs porteurs. II. Les superconducteurs et le modèle de l'atome Rutherford-Bohr."
（Rapport présenté au troisième Conseil de Physique Solvay, tenu à Bruxelles, Avril 1921.） Communications from the Physical Laboratory of the University of Leiden. Supp. no. 44a（1922）.

Kamerlingh Onnes 1924 ——."Rapport sur de nouvelles expériences avec les supra-conducteurs." *Communications from the Physical Laboratory of the University of Leiden*. Supp. no. 50a（1924）.

Kamerlingh Onnes and Clay 1907a Kamerlingh Onnes, Heike, and Jacob Clay. "On the Measurement of Very Low Temperatures. XV. Calibration of Some Platinum-Resistance Thermometers." *Koninklijke Akademie van Wetenscha-ppen te Amsterdam. Section of Sciences. Proceedings* 10 (1907—1908): 200—203. *Communications from the Physical Laboratory of the University of Leiden.* Supp. no. 99b (1907).

*Kamerlingh Onnes and Clay 1907b* ——. "On the Change of the Resistance of the Metals at Very Low Temperatures and the Influence Exerted on It by Small Amounts of Admixtures. I." *Koninklijke Akademie van Wetenschappen te Amsterdam. Section of Sciences. Proceedings* 10 (1907—1908): 207—215. *Communications from the Physical Laboratory of the University of Leiden.* Supp. no. 99c (1907).

*Kamerlingh Onnes and Holst 1914* Kamerlingh Onnes, Heike, and Gilles Holst. "On the Electrical Resistance of Pure Metals etc. IX. The Resistance of Mercury, Tin, Cadmium, Constantin, and Manganin Down to Temperatures, Obtainable with Liquid Hydrogen and with Liquid Helium at Its Boiling Point." *Koninklijke Akademie van Wetenschappen te Amsterdam. Section of Sciences. Proceedings* 17 (1914—1915): 508—513. *Communications from the Physical Laboratory of the University of Leiden.* Supp. no. 142a (1914).

*Kamerlingh Onnes and Keesom 1912* Kamerlingh Onnes, Heike, and Willem H. Keesom. "Die Zustandsgleichung." In *Encyclopädie der mathematischen Wissenschaften, mit Einschluß ihrer Anwendungen.* Vol. 5, *Physik*, part 1, pp. 615—945. Arnold Sommerfeld, ed. Leipzig: Teubner, 1903—1921.

*Kaneko 1981* Kaneko, Tsutomu. *Einstein Shock to Taisho Era.* 2 vols. Tokyo: Kawade Shobo Shinsha, 1981.

*Kaneko 1984* ——."Einstein's View of Japanese Culture." *Historia Scientiarum* 27 (1984): 51—76.

*Kaneko 1987* ——. "Einstein's Impact on Japanese Intellectuals: The Socio-Cultural Aspects of the 'Homological Phenomena.'" In *Glick* 1987, pp. 351—379.

*Kaneko 2005* ——. "Einstein's Impact on Japanese Culture." *AAPPS Bulletin* 15, 6(2005): 12—17.

*Kark and Oren — Nordheim 2001* Kark, Ruth, and Michal Oren-Nordheim. *Jerusalem and Environs. Quarters, Neighborhoods, Villages.* Jerusalem and Detroit: Magnes Press and Wayne State University Press. 2001.

*Keesom 1912* Keesom, Willem H. "On the Deduction from Boltzmann's Entropy Principle of the Second Virial-Coeffi-cient for Material Particles (in the Limit Rigid Spheres of Central Symmetry) Which Exert Central Forces upon Each Other and for Rigid Spheres of Central Symmetry Containing an Electric Doublet at Their Centre." *Koninklijke Akademie van Wetenschappen te Amsterdam. Section of Sciences. Proceedings* 15 (1912—1913): 256—272.

*Keesom 1915* ——."The Second Virial Coefficient for Rigid Spherical Molecules, Whose Mutual Attraction Is Equivalent to that of a Quadruplet Placed at Their Centre." *Koninklijke Akademie van Wetenschappen te Amsterdam. Section of Sciences. Proceedings* 18 (1915—1916): 636—646.

*Keesom 1922* ——."The Cohesion Forces in the Theory of Van der Waals." *Koninklijke Akademie van Wetenschappen te Amsterdam. Section of Sciences. Proceedings* 23 (1922): 943—948.

*Kerszberg 1989* Kerszberg, Pierre. *The Invented Universe: The Einstein-De Sitter Controversy (1916—1917) and the Rise of Relativistic Cosmology.* Oxford: Clarendon Press, 1989.

*Kessler 1961* Kessler, Harry Count. *Tagebücher 1918—1937.* Wolfgang Pfeiffer-Belli, ed. Frankfurt am Main: Insel, 1961.

*Kirsten and Treder 1979a* Kirsten, Christa, and Hans-Jürgen Treder, eds. *Albert Einstein in Berlin 1913—1933. Part 1. Darstellung und Dokumente.* Berlin: Akademie-Verlag, 1979.

*Kirsten and Treder 1979b* ——. *Albert Einstein in Berlin 1913—1933.* Part 2. *Spezialinventar.* Berlin: Akademie-Verlag, 1979.

*Kisch 1938* Kisch, Frederick H. *Palestine Diary.* London: Gollancz, 1938.

*Klein 1921* Klein, Felix. "Bericht über den Stand der Herausgabe von Gauß' Werken." *Mathematische Annalen* 85 (1922): 326—328.

*Klein 1923* ——. *Gesammelte mathematische Abhandlungen.* Vol. 3, Anhang. Berlin: Springer, 1923.

*Klein 1927* ——. *Vorlesungen über die Entwicklung der Mathematik im 19. Jahrhundert.* Part 1. Berlin: Springer, 1927.

*Klein and Rosseland 1921* Klein, Oskar, and Svein Rosseland. "Über Zusammenstöße zwischen Atomen und freien Elektronen." *Zeitschrift für Physik* 4 (1921): 46—51.

*Klein, M. 1970a* Klein, Martin J. *Paul Ehrenfest.* Vol. 1, *The Making of a Theoretical Physicist.* Amsterdam: North-Holland, 1970.

*Klein, M. 1970b* ——. "The First Phase of the Bohr-Einstein Dialogue." *Historical Studies in the Physical Sciences* 2 (1970): 1—39.

*Klemm 1998* Klemm, Margot. *Einstein in Paris: Die Aufnahme von Einstein und seiner Theorie in Frankreich.* Tübingen: Medien Verlag Köhler, 1998.

*Knudsen 1910* Knudsen, Martin H. C. "Absolutes Manometer." *Annalen der Physik* 32 (1910): 809—842.

*Kocka 1999* Kocka, Jürgen, ed. *Die Königlich Preußische Akademie der Wissenschaften zu Berlin im Kaiserreich.* Berlin: Akademie Verlag, 1999.

*Kopff 1920* Kopff, August. *Die Einsteinsche Relativitätstheorie.* Leipzig: Greszner, 1920.

*Kopff 1923* ——. *I fondamenti della relatività einsteiniana.* Rafaele Contu, ed. Milano: Hoepli, 1923.

*Kormos Barkan 1999* Kormos Barkan,

Diana. *Walther Nernst and the Transition to Modern Physical Science.* Cambridge: Cambridge University Press, 1999.

*Kottler 1922* Kottler, Friedrich. Gravitation und Relativitätstheorie. In *Encyklopädie der mathematischen Wissenschaften mit Einschluss ihrer Anwendungen.* Vol. 6, *Astronomie*, Part 2, pp. 159—237. Karl Schwarzschild, S. Oppenheim, and W. v. Dyck, eds. Leipzig: Teubner, 1922—1934. Issued 18 September 1922.

*Kotzebue 1792* Kotzebue, August von. Vom Adel. Leipzig: Paul Gotthelf Kummer, 1792.

*Kowalewski 1904* Kowalewski, Arnold. *Studien zur Psychologie des Pessimismus.* Wiesbaden: Bergmann, 1904.

*Kowalewski 1908* ——. *Arthur Schopenhauer und seine Weltanschauung.* Halle: Marhold, 1904.

*Kowalewski 1922* ——. *Die Buntordnung. Mathematische, philosophische und technische Betrachtungen über eine neue kombinatorische Idee.* Leipzig: Engelmann, 1922.

*Kox and Eisenstaedt 2005* Kox, A. J., and Jean
Eisenstaedt, eds. *The Universe of General Relativity.* Boston: Birkhäuser, 2005.

*Kragh 1999* Kragh, Helge. *Quantum Generations: A History of Physics in the Twentieth Century.* Princeton: Princeton University Press, 1999.

*Kretschmann 1917* Kretschmann, Erich. "Über die prinzipielle Bestimmbarkeit der berechtigten Bezugssysteme beliebiger Relativitätstheorien (Ⅰ)." *Annalen der Physik* 53 (1917): 575—614.

*Kretschmer 1921* Kretschmer, Ernst. *Körperbau und Charakter. Untersuchungen zum Konstitutions-Problem und zur Lehre von den Temperamenten.* Berlin: Springer, 1921.

*Kühnert 2009* Kühnert, Jürgen. *Die Geschichte der Buchpreisbindung in Deutschland: Von ihren Anfängen bis ins Jahr 1945.* Wiesbaden: Harrassowitz, 2009.

*Kuwaki 1920* Kuwaki, Ayao. "Ban-yu in-ryoku ni kansuru shinhakken no hanashi [Story of the New Discovery About the Universal Attraction]." *Toyo Gakugei Zasshi* 37, no. 463 (1920): 162 (10)—177 (25).

*Kuwaki 1934* ——. *Einstein-den [The Biography of Einstein].* Tokyo: Kaizo-Sha, 1934.

*Ladas 1929* Ladas, Stephen B. "The Efforts for International Protection of Scientific Property." *American Journal of International Law* 23 (1929): 552—569.

*Langevin 1911a* Langevin, Paul. "L'évolution de l'espace et du temps." *Scientia* 10 (1911): 31—54.

*Langevin 1911b* ——. "Le temps, l'espace et la causalité dans la physique moderne." *Bulletin de la Société française de Philosophie* 12 (1911—1912): 1—46.

*Langevin 1922* ——. *Le principe de relativité.* E. Chiron, ed. Paris: Bibliothèque de synthèse scientifique, 1922. In *OEuvres scientifiques de Paul Langevin*, pp. 436—466.
Paris: CNRS, 1950.

*Langevin, L. 1972* Langevin, Luce. "Paul Langevin et Albert Einstein d'après une correspondance et des documents inédits." *La Pensée* 161 (February 1972): 1—40.

*Laplace 1921* Laplace, Pierre-Simon. *Essai philosophique sur les probabilités*. Paris: Gauthier-Villars, 1921.

*Laue 1921* Laue, Max von. *Die Relativitä-tstheorie*. Braunschweig: Vieweg, 1921.

*Laue 1923* ——. "Die Lösungen der Feldgleichungen der Schwere von Schwarzschild, Einstein und Trefftz." *Preußische Akademie der Wissenschaften* (Berlin). *Physikalischmathematische Klasse. Sitzungsberichte* (1923): 27—31.

*Lavsky 2000* Lavsky, Hagit. "Beyn Hanachat Even ha-Pina li-F'ticha: Yesud ha-Universita ha-Ivrit, 1918—1925 [From Foundation Stone to Opening: The Establishment of the Hebrew University, 1918—1925]." In *Toldot ha-Universita ha-Ivrit bi-Yerushalayim. Shorashim ve-Hatchalot [The History of the Hebrew University of Jerusalem: Origins and Beginnings]*, pp. 120—159. Shaul Katz, and Michael Heyd, eds. Jerusalem: Hebrew University Magnes Press, 2000.

*Le Bon 1905* Le Bon, Gustave. *L'évolution de la matière*. Paris: Flammarion, 1905.

*Le Bon 1907* ——. *The Evolution of Matter*. London: Scott, New York: Scribner, 1907.

*Le Bon 1914* ——. "Le principe de relativité et l'énergie intra-atomique." *Académie des sciences (Paris). Comptes rendus* 159 (1914): 26—27.

*Le Bon 1922* ——. "Le principe de relativité et l'énergie intra-atomique." *La Nature* 24 (1922): 300—301.

*Le Bourgeois 1919* Le Bourgeois, Ferdinand. *Sprachverwirrung und Versöhnung der Geister. Zur Wiederaufnahme der internationalen Beziehungen*. Freiburg i. Br.: Bielefeld, 1919.

*Lehmann-Russbüldt 1922* Lehmann-Russbüldt, Otto, ed. *Die Brücke über den Abgrund. Für die Verständigung zwischen Deutschland und Frankreich. Bericht über den Besuch der Französischen Liga für Menschenrechte" in Berlin und im Ruhrgebiet*. Berlin: Bund Neues Vaterland, 1922.

*Lehmkuhl 2009* Lehmkuhl, Dennis. "Spacetime Matters. On Super-Substantivalism, General Relativity, and Unified Field Theories." Ph. D. diss., Oriel College, University of Oxford, 2009.

*Lemmerich 2007* Lemmerich, Jost. *Aufrecht im Sturm der Zeit. Der Physiker James Franck, 1882—1964*. Diepholz: GNT-Verlag, 2007.

*Leventhal 1974* Leventhal, F. M. "H. N. Brailsford and *The New Leader*." *Journal of Contemporary History* 9 (1974): 91—113.

*Lewis 2002* Lewis, Bernard. *The Emergence of Modern Turkey*. New York: Oxford University Press, 2002.

*Likin 2004* Likin, Max A. "Defending Civil Society and the State: The Ligue des droits de l'homme in French and European Politics, 1898—1948." Ph. D. diss., Rutgers, The State University of New Jersey, 2004.

*Loeb 1922* Loeb, Jacques. *Proteins and the Theory of Colloidal Behavior.* New York: McGraw-Hill, 1922.

*Loeb, L. 1934* Loeb, Leonard B. *The Kinetic Theory of Gases.* 2d ed. New York: McGraw-Hill, 1934.

*Lohmeier and Schell 2005* Lohmeier, Dieter, and Bernhardt Schell, eds. *Einstein, Anschütz und der Kieler Kreiselkompaß. Der Briefwechsel zwischen Albert Einstein und Hermann Anschütz-Kaempfe und andere Dokumente. Einstein, Anschütz and the Kiel Gyro Compass: The Correspondence between Albert Einstein and Hermann Anschütz-Kaempfe as Well as Other Documents.* 2d ed. Kiel: Raytheon Marine GmbH, 2005.

*Long 2006* Long, Brian. *Nikon: A Celebration.* Ramsbury, Marlborough: Crowood Press, 2006.

*Lorentz 1895* Lorentz, Hendrik A. *Versuch einer Theorie der electrischen und optischen Erscheinungen in bewegten Körpern.* Leyden: Brill, 1895.

*Lorentz 1906* ———. "The Absorption and Emission of Gaseous Bodies." *Koninklijke Akademie van Wetenschappen te Amsterdam. Section of Sciences. Proceedings* 8 (1905—1906): 591—611.

*Lorentz 1910* ———. "Das Relativitätsprinzip und seine Anwendung auf besondere physikalische Erscheinungen." In: "Alte und neue Fragen der Physik." *Physikalische Zeitschrift* 11 (1910): 1234—1257.

*Lorentz 1916* ———. *Les théories statistiques en thermodynamique. Conférences faites au Collège de France en novembre 1912.* L. Dunoyer, ed. Leipzig: Teubner, 1916.

*Lorentz et al. 1915* Lorentz, Hendrik A.; Albert Einstein, and Hermann Minkowski. *Das Relativitätsprinzip. Eine Sammlung von Abhandlungen mit Anmerkungen von A. Sommerfeld und Vorwort von O. Blumenthal.* 2d impr. reprint. Leipzig: Teubner, 1915.

*Lorentz et al. 1920* ———. *Das Relativitätsprinzip. Eine Sammlung von Abhandlungen mit Anmerkungen von A. Sommerfeld und Vorwort von O. Blumenthal.* 3d exp. ed. Leipzig: Teubner, 1920.

*Lorentz et al. 1922* Lorentz, Hendrik A.; Albert Einstein; Hermann Minkowski; and Hermann Weyl. *Das Relativitätsprinzip. Eine Sammlung von Abhandlungen mit einem Beitrag von H. Weyl und Anmerkungen von A. Sommerfeld. Vorwort von O. Blumenthal.* 4th exp. ed. Leipzig: Teubner, 1922.

*Ludwig 1920* Ludwig, Emil. *Goethe. Geschichte eines Menschen.* 3 vols. Stuttgart: Cotta, 1920.

*Mach 1883* Mach, Ernst. *Mechanik in ihrer Entwickelung historisch-kritisch dargestellt.* Leipzig: Brockhaus, 1883.

*Madelung 1922* Madelung, Erwin. "[Review of:] Wolfgang Pauli, Relativitäts-theorie. Leipzig: Teubner, 1921." *Physikalische Zeitschrift* 23 (1922): 192.

*Mandelberg and Witten 1962* Mandelberg, Hirsch I., and Louis Witten. "Experimental Verification of the Relativistic Doppler Effect." *Journal of the Optical Society* of America 52 (1962): 529—536.

*Mastrobisi 2002* Mastrobisi, Giorgio Jules. "Il Manoscrito di Singapore (1923) di Albert Einstein. Per una teoria del *Campo Unificato* tra possibilità fisica e necessità matematica." *Nuncius* 17 (2002): 269—305.

*Matricon and Waysand 2003* Matricon, Jean, and Georges Waysand. *The Cold Wars: A History of Superconductivity.* New Brunswick, N. J. : Rutgers University Press, 2003.

*Maurer and Rupp 1974* Maurer, Friedrich von, and Heinz Rupp. *Deutsche Wortgeschichte.* Vol. 2. Berlin: De Gruyter, 1974.

*Maxwell 1879* Maxwell, James Clerk. "On Stresses in Rarefied Gases Arising from Inequalities in Temperature." *Royal Society of London. Philosophical Transactions* 170(1879): 231—256.

*Mazur et al. 2010* Mazur, V. A.; V. V. Blazhes; A. V. Podchinenov, et al. "Pinkevich, Albert Petrovich (1934—1937)." *Ural' skii Gosudarstvennyi Universitet v biografiiakh.* 3d ed. Ekaterinburg: Izdatel' stvo Ural' skogo Universiteta, 2010. http://biography.usu.ru/? base=mag&.id=a_0502.

*McCormmach 1970* McCormmach, Russell. "H. A. Lorentz and the Electromagnetic View of Nature." *Isis* 61 (1971): 459—497.

*Mehra and Rechenberg 1982* Mehra, Jagdish, and Helmut Rechenberg. *The Historical Development of Quantum Theory.* Vol. 1, *The Quantum Theory of Planck, Einstein, Bohr and Sommerfeld: Its Foundation and the Rise of Its Difficulties, 1900—1925.* New York: Springer, 1982.

*Michaelis 1921* Michaelis, Sophus. *Giovanna: Eine Geschichte aus der Stadt mit den schönen Türmen.* Frankfurt am Main: Rütten &. Loening, 1921.

*Michelstaedter 1922* Michelstaedter, Carlo. *La persuasione e la rettorica. Con appendici critiche.* Florence: Vallecchi, 1922.

*Michelstaedter 2004* ——. *Persuasion and Rhetoric.* Russell S. Valentino, Cinzia S. Blum, and David J. Depew, trans. New Haven: Yale University Press, 2004.

*Mie 1912a* Mie, Gustav. "Grundlagen einer Theorie der Materie. Erste Mitteilung." *Annalen der Physik* 37 (1912): 511—534.

*Mie 1912b* ——. "Grundlagen einer Theorie der Materie (Zweite Mitteilung)." *Annalen der Physik* 39 (1912): 1—40.

*Mie 1913* ——. "Grundlagen einer Theorie der Materie (Dritte Mitteilung, Schluß)." *Annalen der Physik* 40(1913): 1—66.

*Mie 1920* ——. "Die Einführung eines vernunftgemäßen Koordinatensystems in die Einsteinsche Gravitationstheorie und das Gravitationsfeld einer schweren Kugel." *Annalen der Physik* 62 (1920): 46—74.

*Miller 1975* Miller, Arthur I. "Albert Einstein and Max Wertheimer: A Gestalt Psycholo - gist's View of the Genesis of Special Relativity Theory." *History of Science* 13 (1975): 75—103.

*Miller 1987* ——. "Einstein and Michelson—Morley." *Physics Today* 40 (1987):9—13.

Miller, D. 1922 Miller, Dayton C. "Etherdrift Experiments at Mount Wilson Solar Observatory." *Physical Review* 19 (1922):407—408.

Moch 1921 Moch, Gaston. *La relativité des phénomènes*. Paris: Flammarion, 1921.

Moszkowski 1921 Moszkowski, Alexander. *Einstein: Einblicke in seine Gedankenwelt. Gemeinverständliche Betrachtungen über die Relativitätstheorie und ein neues Weltsystem. Entwickelt aus Gesprächen mit Einstein*. Hamburg: Hoffmann und Campe, 1921.

Murayama 1997 Murayama, Iwao. *Ishiwara Jun to Hara Asao: Koi no tenmatsu* [*Jun Ishiwara and Asao Hara: The Circumstances of Their Love*]. Kisenuma: Kohu-Sha, 1997.

Nagashima 1923 Nagashima, Juetsu. "Einstein hakase shotai-ki [Report on Inviting Dr. Einstein]." *Hitotsubashi* 80 (1923): 136—137.

Nakamoto 1998 Nakamoto, Seigyo. *Kanmon Fukuoka no Einstein* [*Einstein in Kanmon and Fukuoka*]. Shimonoseki: Shin-Nihon-Kyoiku-Tosho, 1998.

Nathan and Norden 1960 Nathan, Otto, and Heinz Norden. *Einstein on Peace*. New York: Schocken, 1960.

Nathan and Norden 1975 ———. *Albert Einstein: über den Frieden. Weltordnung oder Weltuntergang?* Bern: Lang, 1975.

Navarro and Pérez 2006 Navarro, Luis, and Enric Pérez. "Paul Ehrenfest: The Genesis of the Adiabatic Hypothesis, 1911—1914." *Archive for History of Exact Sciences* 58 (2006):209—267.

Ne'eman 2001 Ne'eman, Yuval. "Al Savta Yocheved, al Einstein ve-al abba [About Grandma Yocheved, Einstein and Father]." *Igeret Ha'Akademia LeMada'im* 21 (November 2001):31—32.

Nernst 1921 Nernst, Walther. *Theoretische Chemie vom Standpunkte der Avogadroschen Regel und der Thermodynamik*. 8th—10th ed. Stuttgart: Enke, 1921.

Nernst 1922 ———. *Ueber das Auftreten neuer Sterne. Rede zur Gedächtnisfeier des Stifters der Berliner Universität König Friedrich Wilhelms III, 3 August 1922*. Berlin: Norddeutsche Buchdruckerei und Verlagsanstalt, 1922.

Nernst 1926 ———. *Theoretische Chemie vom Standpunkte der Avogadroschen Regel und der Thermodynamik*. 11th—15th ed. Stuttgart: Enke, 1926.

Neumann and Neumann 2003 Neumann, Helga, and Manfred Neumann. *Maximilian Harden (1861—1927). Ein unerschrockener deutsch-jüdischer Kritiker und Publizist*. Würzburg: Königshausen & Neumann, 2003.

Nicolai 1919 Nicolai, Georg F. *Die Biologie des Krieges*. Vol. 1, *Kritische Entwicklungsgeschichte des Krieges*. Zurich: Füssli, 1919.

Nicolai 1922 ———. *Sensou Shinka no Seibutsugaku-teki Hihan, Jou-Kan.* [*Nicolai 1919*]. Senji Yamamoto, trans. Kyoto and Tokyo: Naigai-Shuppan, 1922.

Nietzsche 1886—1891 Nietzsche, Friedrich. *Also sprach Zarathustra. Ein Buch für Alle und Keinen.* Leipzig: Naumann, 1886—1891.

Nisio 1979 Nisio, Sigeko. "The Transmission of Einstein's Work to Japan." *Japanese Studies in the History of Science* 18 (1979):1—8.

Nordmann 1921a Nordmann, Charles. *Einstein et l'universe. Une lueur dans le mystère des choses.* Paris: Hachette, [1921].

Nordmann 1921b ——. Sotaisei-genri no hanashi (Darenimo Wakaru) [Nordmann 1921a]. Saburo Nori, trans. Tokyo: Nihon-Hyoron-Sha, 1921.

Nordmann 1922a ——. "Avec Einstein dans les régions dévastées." *L'Illustration* 80 (1922):328—331.

Nordmann 1922b ——. "Einstein expose et discute sa théorie." *Revue des deux mondes* 1(1922) May:129—166.

Northedge 1986 Northedge, Frederic S. *The League of Nations: Its Life and Times, 1920—1946.* New York: Holmes and Meier, 1986.

Norton 1992 ——. "The Physical Content of General Covariance." In *Studies in the History of General Relativity*, pp.281—315. Jean Eisenstaedt and A. J. Kox, eds. Boston: Birkhäuser, 1992.

Norton 1993 ——. "General Covariance and the Foundation of General Relativity: Eight Decades of Dispute." *Reports on Progress in Physics* 56 (1993):791—858.

Norton 1999 ——. "The Cosmological Woes of Newtonian Gravitation Theory." In *Goenner et al. 1999*, pp.271—323.

Nozdrachev and Petritskii 1995 Nozdrachev, A. D., and V. A. Petritskii. "Pervyi v Rossii Dom Uchenykh [The First House of Scholars in Russia]." *Vestnik Rossiiskoi Akademii Nauk* (1995):922—930.

Ogawa 1979 Ogawa, Tsuyoshi. "Japanese Evidence for Einstein's Knowledge of the Michelson-Morley Experiment." *Japanese Studies in the History of Science* 18 (1979):73—81.

Ogilvie 2004 Ogilvie, Marilyn Bailey. *Marie Curie: A Biography.* Westport, Conn.: Greenwood Press, 2004.

Okamoto 1923 ——. "Gaku-sei wo e ni shite [Portraying a Master Scholar]." *Kaizo*, February 1923, pp.140—147.

Okamoto 1981 ——. "Albert Einstein in Japan: 1922." *American Journal of Physics* 49(1981):930—940.

Okaya 1916 Okaya, Tatsuji. "Sotaigenritsu no heiinaru kaisetsu [An Easy Explanation of the Principle of Relativity]." *Toyo Gakugei Zasshi* 33, no.421 (1916):23—32; 33, no.422(1916):38—46.

Ono 1982 Ono, Yoshimasa A., trans. "How I Created the Theory of Relativity." *Physics Today* 35, no.8 (1982):45—47.

Ornstein and Zernike 1915 Ornstein, Leonard S., and Frits Zernike. "De toevallige dichtheidsafwijkingen en de opalescentie hij het kritisch punt van een enkelvoudige stof." *Koninklijke Akademie van Wetenschappen te Amsterdam. Wis-en Natuurkundige Afdeeling. Verslagen van de Gewone Vergaderingen* 23 (1914—1915):

582—595. Reprinted in translation as "Accidental Deviations of Density and Opalescence at the Critical Point of a Single Substance." *Koninklijke Akademie van Wetenschappen te Amsterdam. Section of Sciences. Proceedings* 17 (1914—1915): 793—806.

*Padovani 2011* Padovani, Falvia. "Relativizing the Relativized a Priori: Reichenbach's Axioms of Coordination Divided." *Synthese* 181(2011): 41—62.

*Painlevé 1921* Painlevé, Paul. "La mécanique classique et la théorie de la relativité." *Académie des sciences* (Paris). *Comptes rendus* 173(1921): 677—680.

*Painlevé 1922* ——. *Les axiomes de la mécanique: Examen critique. Note sur la propagation de la lumière.* Paris: Gauthier-Villars, 1922.

*Pais 1982* Pais, Abraham. *'Subtle Is the Lord....' The Science and the Life of Albert Einstein.* Oxford: Oxford University Press, 1982.

*Palatini 1919a* Palatini, Attilio. "Sui fondamenti del calcolo differenziale assoluto." *Circolo Matematico di Palermo. Rendiconti* 43(1919): 192—202.

*Palatini 1919b* ——. "Deduzione invariantiva delle equazioni gravitazionali dal principio di Hamilton." *Circolo Matematico di Palermo. Rendiconti* 43 (1919): 203—212.

*Panofsky 1955* Panofsky, Erwin. "Facies illa Rogeri maximis pictori." In *Late Classical and Medieval Studies in Honor of Albert Mathias Friend, Jr.*, pp. 392—400. Kurt Weitzman, ed. Princeton: Princeton University Press, 1955.

*Paty 1987* Paty, Michel. "The Scientific Reception of Relativity in France." In *Glick 1987*, pp. 113—167.

*Pauli 1921* Pauli, Wolfgang. "Relativitätstheorie." In *Encyklopädie der mathematischen Wissenschaften, mit Einschluß ihrer Anwendungen.* Vol. 5, *Physik*, part 2, pp. 539—775. Arnold Sommerfeld, ed. Leipzig: Teubner, 1904—1922. Issued 15 September 1921.

*Pauli 1958* ——. *Theory of Relativity.* G. Field, trans. London: Pergamon, 1958.

*Pérez 2009* Pérez, Enric. "Ehrenfest's Adiabatic Hypothesis and the Old Quantum Theory, 1916—1918." *Archive for History of Exact Sciences* 63 (2009): 81—127.

*Perrin 1908* Perrin, Jean. "L'agitation moléculaire et le mouvement brownien." *Académie des sciences* (Paris). *Comptes rendus* 147(1908): 475—476.

*Planck 1900* Planck, Max. "Zur Theorie des Gesetzes der Energieverteilung im Normalspectrum." *Deutsche Physikalische Gesellschaft. Verhandlungen* 2 (1900): 237—245.

*Plöckinger 2008* Plöckinger, Othmar. "Adolf Hitler als Hörer an der Universität München im Jahr 1919. Zum Verhältnis zwischen Reichswehr und Universität." In *Die Universität München im Dritten Reich. Aufsätze*, part 2, pp. 13—47. Elisabeth Kraus, ed. Munich: Utz, 2008.

*Poincaré 1898* Poincaré, Henri. "On the Foundations of Geometry." *The Monist* 9 (1898): 1—43.

*Poincaré 1901* ——. *Electricité et optique.*

*La lumière et les théories électro — dynamiques.Leçons professées à la Sorbonne en 1888, 1890 et 1900*. Paris: Carré et Naud,1901.

Poincaré 1902 ——. *La science et l'hypothèse*.Paris:Flammarion,1902.

Poincaré 1905 ——.*La valeur de la science*. Paris:Flammarion,1905.

Poincaré 1921 ——. *Des fondements de la géométrie*.Paris:Chiron,1904.

Popovič 2003 Popovič,Milan, ed.*In Albert's Shadow:The Life and Letters of Mileva Marić;,Einstein's First Wife*. Baltimore: Johns Hopkins University Press, 2003.

Prange 1921 Prange, Georg. "W. R. Hamiltons Bedeutung für die geometrische Optik." *Jahresbericht der Deutschen Mathematiker-Vereinigung* 30（1921）:69—82.

Proceedings 1922 *Teikoku Gakushiin Kiji* [*Proceedings of the Imperial Academy*] 492(September 1922).

Quint 1992. Quint, Heinz. *Die Relativitätstheorie.Ein Blick in die Welt Einsteins*. Leipzig:Anzengruber,1922.

Racine 1993 Racine, Nicole. "La revue Europe (1923—1939).Du pacifisme rollandien à l'antifascisme compagnon de route." *Materiaux pour l'histoire de notre temps* 30（1993）:21—26.

Raman 1922 Raman, Chandrasekhara V. "Einstein's Aberration Experiment." *Nature* 109(1922):477—478.

Rapports 1923 *Atomes et électrons. Rapports et discussions du Conseil de Physique tenu à Bruxelles du 1er au 6 avril 1921,sous les auspices de l'Institut International de Physique Solvay*. Paris: Gauthier-Villars,1923.

Rathenau 1985 Rathenau,Walther,and H.G. Pogge von Strandmann. *Walther Rathenau, Industrialist, Banker, Intellectual, and Politician: Notes and Diaries, 1907—1922*. Oxford: Clarendon Press, 1985.

Rathenau 2006 ——. *Walther Rathenau— Gesamtausgabe*. Hans Dieter Hellige, Alexander Jaser, Clemens Picht, and Ernst Schulin,eds.*Schriften des Bundesarchivs* 63,vols.1—2.Düsseldorf:Droste,2006.

Rayleigh 1881 Lord Rayleigh (John William Strutt)."The Velocity of Light." *Nature* 25(1881):52.

Rechberg 1919 Rechberg, Arnold.*Reichsniedergang.Ein Beitrag zu dessen Ursachen aus meinen persönlichen Erinnerungen*. Munich:Musarion,1919.

Rechberg 1922 ——. *Was kostet der Friedensvertrag die Entente?* Munich: Verlag für Kulturpolitik,1922.

Recouly 1921 Recouly, Raymond. "Un entretien avec Einstein." *Le Figaro*,13 October 1921.

Regev 2006 Regev, Yoav.*Migdal:Moshava leChof haKineret* [*Migdal:Moshava by the Shores of the Sea of Galilee*].Netanya:Hotza'at Achiassaf,2006.

Reich 1992 Reich, Karin. "Levi-Civitasche Parallelverschiebung, affiner Zusammenhang, übertragungsprinzip: 1916/17— 1922/23." *Archive for History of Exact Sciences* 44(1992):77—105.

Reich 1994 ——. *Die Entwicklung des*

*Tensorkalküls. Vom absoluten Differentialkalkül zur Relativitätstheorie*. Basel: Birkhäuser, 1994.

*Reichenbach 1920* Reichenbach, Hans. *Relativitätstheorie und Erkenntnis a priori*. Berlin: Springer, 1920.

*Reichenbach 1921* ——. "Bericht über eine Axiomatik der Einsteinschen Raum-Zeit-Lehre." *Physikalische Zeitschrift* 22 (1921): 683—687.

*Reichenbach 1922* ——. "Der gegenwärtige Stand der Relativitätsdiskussion. Eine kritische Untersuchung." *Logos* 10 (1921—1922): 316—378.

*Reichenbach 1924* ——. *Axiomatik der relativistischen Raum-Zeit-Lehre*. Braunschweig: Vieweg, 1924.

*Reinharz 1993* Reinharz, Jehuda. *Chaim Weizmann: The Making of a Statesman*. New York and Oxford: Oxford University Press, 1993.

*Renn 2007* Jürgen, Renn, ed. *The Genesis of General Relativity*. 4 vols. Dordrecht: Springer, 2007.

*Renoliet 1999* Renoliet, Jean-Jacques. *L'UNESCO oubliée. La Société des Nations et la coopération intellectuelle* (1919—1946). Paris: Publications de la Sorbonne, 1999.

*Ringer 1969* Ringer, Fritz K. *The German Inflation of 1923*. New York: Oxford University Press, 1969.

*Ripke — Kühn 1920* Ripke-Kühn, Lenore. *Kant contra Einstein*. Erfurt: Keyser, 1920. Supp. 7 of *Beiträge zur Philosophie des deutschen Idealismus*.

*Ritz 1908a* Ritz, Walter. "Recherches critiques sur d'électrodynamique générale." *Annales de chimie et de physique* 13 (1908): 145—275.

*Ritz 1908b* ——. "Über die Grundlagen der Elektrodynamik und die Theorie der schwarzen Strahlung. *Physikalische Zeitschrift* 9(1908): 903—907.

*Roca Rossell 2005* Roca Rossell, Antoni. "Einstein en Barcelona." *Quark: Ciencia, medicina, comunicación y cultura*, 2005, pp. 26—35.

*Rogger 2005* Rogger, Franziska. *Einsteins Schwester Maja Einstein—ihr Leben und ihr Bruder Albert*. Zurich: Neue Zürcher Zeitung, 2005.

*Rolland 1922—1933* Rolland, Romain. *L'âme enchantée*. Paris: Ollendorff, 1922—1933.

*Rolland 1952* ——. *Journal des années de guerre, 1914—1919; notes et documents pour servir à l'histoire morale de l'Europe de ce temps*. Paris: Michel, 1952.

*Rosenbaum 1910* Rosenbaum, Th. "Zur Theorie des Kreisels." *Schiffbau* 12 (1910): 115—123.

*Rosenkranz 2011* Rosenkranz, Ze'ev, *Einstein before Israel: Zionist Icon or Iconoclast?* Princeton: Princeton University Press, 2011.

*Rowe 1986* Rowe, David E. "'Jewish Mathematics' at Göttingen in the Era of Felix Klein." *Isis* 77 (1986): 422—449.

*Rowe 2006* ——. "Einstein's Allies and Enemies: Debating Relativity in Germany, 1916—1920." In *Interactions: Mathematics, Physics and Philosophy, 1860—*

1930, pp. 231—279. Vincent F. Hendricks et al., eds. Dordrecht: Springer, 2006.

*Rowe and Schulmann 2007* Rowe, David E., and Robert Schulmann, eds. *Einstein on Politics*. Princeton: Princeton University Press, 2007.

*Russell 1922* Russell, Bertrand. *Politische Ideale*. Emil J. Gumbel, trans. Berlin: Deutsche Verlagsgesellschaft für Politik und Geschichte, 1922.

*Russell 1968* ——. *The Autobiography of Bertrand Russell, 1914—1944*. Boston: Little, Brown, 1968.

*Russell 1988* ——. *The Collected Papers of Bertrand Russell*. Kenneth Blackwell, ed. Vol. 13, *Prophecy and Dissent, 1914—1916*.
London: Allen and Unwin, 1988.

*Russell 1995* ——. *The Collected Papers of Bertrand Russell*. Kenneth Blackwell, ed. Vol. 14, *Pacifism and Revolution, 1916—1918*. London: Routledge, 1995.

*Rutherford 1906* Rutherford, Ernest. *Radioactive Transformations*. New York: Scribner's Sons, 1906.

*Ryckman 2005* Ryckman, Thomas. *The Reign of Relativity: Philosophy in Physics, 1915—1925*. Oxford: Oxford University Press, 2005.

*Rynasiewicz 1999* Rynasiewicz, Robert. "Kretschmann's Analysis of Covariance and Relativity Principle." In *Goenner et al. 1999*, pp. 431—462.

*Rynasiewicz 2005* ——. "Weyl vs. Reichenbach on Lichtgeometrie." In *Kox and Eisenstaedt 2005*, pp. 137—156.

*Sabrow 1994a* Sabrow, Martin. "Märtyrer der Republik. Zu den Hintergründen des Mordanschlags am 24. Juni 1922." In *Walther Rathenau: 1867—1922; die Extreme berühren sich; eine Ausstellung des Deutschen Historischen Instituts in Zusammenarbeit mit dem Leo Baeck Institute*. Ursel Berger and Hans Wilderotter, eds. New York and Berlin: Argon, 1994.

*Sabrow 1994b* ——. *Der Rathenaumord. Rekonstruktion einer Verschwörung gegen die Republik von Weimar*. Munich: R. Oldenbourg Verlag, 1994.

*Sabrow 1999* ——. *Die verdrängte Verschwörung: Der Rathenau-Mord und die deutsche Gegenrevolution*. Frankfurt am Main: Fischer Taschenbuch, 1999.

*Sagnac 1913a* Sagnac, Georges. "L'éther lumineux démostré par l'effet du vent relatif d'éther dans un interférographe en rotation uniforme." *Académie des sciences* (Paris). *Comptes rendus* 157 (1913): 708—710.

*Sagnac 1913b* ——. "La preuve de la réalité de l'éther lumineux par l'expérimet de l'interférographe tournant." *Académie des sciences* (Paris). *Comptes rendus* 157 (1913): 1410—1413.

*Sallent del Colombo and Roca Rossell 2005* Sallent del Colombo, Emma and Antoni Roca Rossell. "La cena 'relativista' de Barcelona (1923)." *Quark: Ciencia, medicina, comunicación y cultura* (2005): 72—84.

*Samuel 1945* Samuel, Herbert Louis Viscount. *Memoirs*. London: Cresset Press, 1945.

*Sánchez Ron 2006* Sánchez Ron, José M. "From the Private to the Public: The Road from Zurich (1897) to Madrid (2006)." In *International Congress of Mathematicians, Madrid 2006, Proceedings*, Vol.1, pp.777—793.

*Sánchez Ron and Romero de Pablos 2005* Sánchez Ron, José M., and Ana Romero de Pablos. *Einstein en España*. Madrid: Publicaciones de la Residencia de Estudiantes, 2005.

*Sauer 2000* Sauer, Tilman. "Hilberts Ruf nach Bern." *Gesnerus* 57 (2000): 182—205.

*Sauer 2006* ——. "Field Equations in Teleparallel Space-time: Einstein's Fernparallelismus Approach toward Unified Field Theory." *Historia Mathematica* 33 (2006): 399—439.

*Sauer 2007* ——. "Einstein and the Early Theory of Superconductivity, 1919—1922." *Archive for History of Exact Sciences* 61(2007): 159—211.

*Sauer 2008* ——. "Remarks on the Origin of Path Integration: Einstein and Feynman." In *Path Integrals—New Trends and Perspectives. Proceedings of the 9th International Conference*, pp. 3—13. Wolfhard Janke and Axel Pelster, eds. New Jersey: World Scientific, 2009.

*Sauer and Majer 2005* Sauer, Tilman, and Ulrich Majer. "Hilbert's 'World Equations' and His Vision of a Unified Science." In *Kox and Eisenstaedt 2005*, pp. 259—276.

*Sauer and Majer 2009* ——, eds. *David Hilbert's Lectures on the Foundations of Mathematics and Physics, 1891—1933*. Vol.5, *David Hilbert's Lectures on the Foundations of Physics, 1915—1927*. Dordrecht: Springer, 2009.

*Scheck 2004* Scheck, Raffael. *Mothers of the Nation: Right-Wing Women in Weimar Germany*. Oxford and New York: Berg, 2004.

*Schlick 1922* Schlick, Moritz. *Raum und Zeit in der gegenwärtigen Physik. Zur Einführung in das Verständnis der Relativitts-und Gravitationstheorie*. 4th rev. enl. ed. Berlin: Springer, 1922.

*Schmidt-Böcking and Reich 2011* Schmidt-Böcking, Horst, and Karin Reich. *Otto Stern. Physiker, Querdenker, Nobelpreisträger*. Frankfurt/Main: Societäts-Verlag, 2011.

*Scholz 2001* Scholz, Erhard. "Weyls Infinitesimalgeometrie, 1917—1925." In *Hermann Weyl's Raum-Zeit-Materie and a General Introduction to His Scientific Work*, pp. 48—104. Erhard Scholz, ed. Basel: Birkhäuser, 2001.

*Schreiber 1923* Schreiber, Georg. *Die Not der deutschen Wissenschaft und der geistigen Arbeiter*. Leipzig: Quelle und Meyer, 1923.

*Schück and Sohlman 1929* Schück, Henrik, and Ragnar Sohlman. *The Life of Alfred Nobel*. London: Heinemann, 1929.

*Schwarzschild 1916* Schwarzschild, Karl. "Zur Quantenhypothese." *Königlich Preußische Akademie der Wissenschaften* (Berlin). *Sitzungsberichte* (1916): 548—568.

*Seagrave and Seagrave 1999* Seagrave,

Sterling, and Peggy Seagrave. The Yamato Dynasty: *The Secret History of Japan's Imperial Family*. New York: Broadway Books, 1999.

*Seelig 1954* Seelig, Carl. *Albert Einstein. Eine dokumentarische Biographie*. Zurich: Europa Verlag, 1954.

*Seelig 1960* ——. *Albert Einstein. Leben und Werk eines Genies unserer Zeit*. Zurich: Europa Verlag, 1960.

*Selety 1922* Selety, Franz. "Beiträge zum kosmologischen Problem." *Annalen der Physik* 68 (1922): 281—334.

*Selety 1923* ——. "Erwiderung auf die Bemerkungen Einsteins über meine Arbeit 'Beiträge zum kosmologischen Problem.'" *Annalen der Physik* 72 (1923): 58—66.

*Selety 1924* ——. "Unendlichkeit des Raumes und allgemeine Relativitätstheorie." *Annalen der Physik* 73 (1924): 291—325.

*Shachori 1990* Shachori, Ilan. *Halom shehafach le-Krach—Tel Aviv, Leida ve-Zmicha* [*A Dream That Turned into a City—Tel Aviv. Birth and Growth*]. Tel Aviv: Avivim, 1990.

*Shankland 1963* Shankland, Robert S. "Conversations with Einstein." *American Journal of Physics* 31 (1963): 47—57.

*Sitter 1913* Sitter, Willem de. "Über die Genauigkeit, innerhalb welcher die Unabhängigkeit der Lichtgeschwindigkeit von der Bewegung der Quelle behauptet werden kann." *Physikalische Zeitschrift* 14 (1913): 1267.

*Smith 1982* Smith, Robert W. *The Expanding Universe: Astronomy's "Great Debate," 1900—1931*. Cambridge: Cambridge University Press, 1982.

*Smoluchowski 1908* Smoluchowski, Marian von. "Molekular-kinetische Theorie der Opaleszenz von Gasen im kritischen Zustande, sowie einiger verwandter Erscheinungen." *Annalen der Physik* 25 (1908): 205—226.

*Société 1922* Société des Nations: Commission de Coopération Intellectuelle. *Société des Nations: Commission de Coopération Intellectuelle: Procès-verbaux de la première session, Genève $1^{er}$—5 août 1922*. Geneva: Société des Nations, 1922.

*Solovine 1956* Solovine, Maurice, ed. and trans. *Albert Einstein: Lettres à Maurice Solovine*. Paris: Gauthier-Villars, 1956.

*Sommerfeld 1916a* Sommerfeld, Arnold. "Zur Quantentheorie der Spektrallinien." *Annalen der Physik* 51 (1916): 1—94.

*Sommerfeld 1916b* ——. "Zur Quantentheorie der Spektrallinien. (Fortsetzung)." *Annalen der Physik* 51 (1916): 125—167.

*Sommerfeld 1921* ——. *Atombau und Spektrallinien*. 2d ed. Braunschweig: Vieweg, 1921.

*Sommerfeld 1922* ——. *Atombau und Spektrallinien*. 3d rev. ed. Braunschweig: Vieweg, 1922.

*Sommerfeld 1924* ——. *Atombau und Spektrallinien*. 4th rev. ed. Braunschweig: Vieweg, 1924.

*Sommerfeld 2004* ——. *Wissenschaftlicher Briefwechsel*. Vol. 2, *1919—1951*. Michael Eckert and Karl Märker, eds. Berlin: Diepholz; Munich: Deutsches Museum/

Verlag für Geschichte der Naturwissenschaften und der Technik, 2004.

*Sommerfeld and Heisenberg 1922* Sommerfeld, Arnold, and Werner Heisenberg. "Die Intensität der Mehrfachlinien und ihrer Zeemankomponenten." *Zeitschrift für Physik* 11 (1922): 131—154.

*Stachel 1982* Stachel, John. "Einstein and Michelson: The Context of Discovery and the Context of Justification." *Astronomische Nachrichten* 303 (1982): 47—53. Reprinted in *Stachel 2002*, pp.177—190.

*Stachel 1987* ——. "Einstein and Ether Drift Experiments." *Physics Today* 40, no. 5 (1987): 45—47.

*Stachel 1993* ——. "The Other Einstein: Einstein contra Field Theory." *Science in Context* 6 (1993): 275—290.

*Stachel 2002* ——. *Einstein from "B" to "Z."* Boston: Birkhäuser, 2002.

*Stachel 2007* ——. "The Story of Newstein or: Is Gravity Just Another Pretty Force?" In *The Genesis of General Relativity*, vol. 4, pp. 1041—1078. Jürgen Renn, ed. Dordrecht: Springer, 2007.

*Stadler 1991* ——. Stadler, Friedrich. "Aspects of the Social Background and Position of the Vienna Circle at the University of Vienna." In *Rediscovering the Forgotten Vienna Circle: Austrian Studies on Otto Neurath and the Vienna Circle*, pp. 51—80. Thomas E. Uebel, ed. Dordrecht: Kluwer, 1991.

*Stark 1905* Stark, Johannes. "Der Doppler-Effekt bei den Kanalstrahlen und die Spektra der positiven Atomionen." *Physikalische Zeitschrift* 6 (1905): 892—897.

*Stark 1906* ——. "Über die Lichtemission der Kanalstrahlen in Wasserstoff." *Annalen der Physik* 21 (1906): 401—456.

*Stein 1997* Stein, Erwin. "An Appreciation of Erich Trefftz." *Computer Assisted Mechanics and Engineering Sciences* 4 (1997): 301—304.

*Steinberg et al. 1967* Steinberg, Heiner; Anneliese Griese; and Siegfried Grundmann. *Relativitätstheorie und Weltanschauung. Zur politischen und wissenschaftspolitischen Wirkung Albert Einsteins.* Berlin: Deutscher Verlag der Wissenschaften, 1967.

*Stern 1921* Stern, Otto. "Ein Weg zur experimentellen Prüfung der Richtungsquantelung im Magnetfeld." *Zeitschrift für Physik* 7 (1921): 249—253.

*Sugimoto 2001a* Sugimoto, Kenji. *Einstein no Tokyo-Daigaku Kogiroku* [*Record of Einstein's Lectures at the University of Tokyo*]. Tokyo: Ootake-Shuppan, 2001.

*Sugimoto 2001b* ——. *Einstein Nihon de soutairon wo kataru* [*Einstein Talks about Relativity in Japan*]. Tokyo: Kodan-Sha, 2001.

*Synge, E. 1922* Synge, Edward H. "A Definition of Simultaneity and the Aether." *Philosophical Magazine* 43, no. 255 (1922): 528—531.

*Synge, J. 1921* Synge, John L. "A System of Space-Time Coordinates." *Nature* 108 (1921): 275.

*Takahashi 1921—1927* Takahashi, Yoshio. *Taisho meiki kan* [*The Catalogue of Excellent Articles (for Tea Ceremonies) in the Taisho Era*]. Tokyo: Taisho Meiki

Hensan-Sho, 1921—1927.

*Takahashi 1933* ——. "Einstein hakase no raian [Dr. Einstein's Visit to My Hut]." In *Hoki no Ato*, pp. 450—454. Tokyo: Syuho-En, 1933.

*Tanabe 1912* Tanabe, Hajime. "Sotaisei no mondai [Problems of Relativity]." *Tetsugaku-Zasshi* 302 (1912): 51—77.

*Tetrode 1922* Tetrode, Hugo. "Über den Wirkungszusammenhang der Welt. Eine Erweiterung der klassischen Dynamik." *Zeitschrift für Physik* 10 (1922): 317—328.

*Thirring 1921* Thirring, Hans. *Die Idee der Relativitätstheorie*. Berlin: Springer, 1921.

*Thirring 1922a* ——. *Tsuzoku kaisetsu Einstein yoyaku* [*Thirring 1921*]. Sakichi Ryo, trans. Tokyo: Kujuuku-Shobo, 1922.

*Thirring 1922b* ——. "Die Relativitätstheorie." *Ergebnisse der exakten Naturwissenschaften* 1 (1922): 26—59.

*Thirring 1923* ——. *L'idée de la théorie de la relativité*. Maurice Solovine, trans. Paris: Gauthier-Villars, 1923.

*Thomson 1881* Thomson, Joseph J. "On the Electric and Magnetic Effects Produced by the Motion of Electrified Bodies." *Philosophical Magazine* 11 (1881): 229—249.

*Thomson 1922* ——. *Electricité et matière*. Maurice Solovine, trans. Paris: Gauthier-Villars, 1922.

*Tidhar 1955* Tidhar, David. *Entsiklopediyah le-halutse ha-yishuv u-vonav* [*Encyclopedia of the Yishuv's Pioneers and Builders*]. Vol. 6. Tel Aviv: Sifriyat Rishonim, 1955.

*Timmermans et al. 1922* Timmermans, Jean; H. van der Horst; and Heike Kamerlingh Onnes. "Points de congélation de liquides organiques purs comme repères thermométriques aux basses températures." *Communications from the Physical Laboratory of the University of Leiden*, no. 157 (1922). Originally published in *Archives néerlandaises des sciences exactes et naturelles* (3A) 6 (1922): 180—189.

*Tollmien 1991* Tollmien, Cordula. "Die Habilitation von Emmy Noether an der Universität Göttingen." *NTM Schriftenreihe für die Geschichte der Naturwissenschaften, Technik und Medizin* 28 (1991): 13—32.

*Trageser 2011* Trageser, Wolfgang. *Der Stern-Gerlach-Effekt. Genese, Entwicklung und Rekonstruktion eines Grundexperimentes der Quantentheorie 1916 bis 1926*. Doctoral dissertation, Johann Wolfgang Goethe-Universität Frankfurt, 2011.

*Trefftz 1922* Trefftz, Erich. "Das statische Gravitationsfeld zweier Massenpunkte in der Einsteinschen Theorie." *Mathematische Annalen* 86 (1922): 317—326.

*Trus and Cohen 1948* Trus, Alter, and Julius Cohen. *Braynsk sefer ha-zikhroyn: A bashreybung fun unzer heym* [*Brainsk Book of Memories*]. New York: Shoulson, 1948.

*Tsuchii 1920* Tsuchii, Bansui. *Su le orme dell'Ippogrifo* [*Temba no michi ni*]. H. Shimoi and E. Jenco, trans. Naples: Saukurâ, 1920.

*Turner 1998* Turner, Arthur. *The Cost of War: British Policy on French War Debts, 1918—1932.* Brighton: Sussex Academic Press, 1998.

*Turrión Berges 2005* Turrión Berges, Javier. "Einstein en España." *Monografías de la Real Academia de Ciencias de Zaragoza* 27(2005): 35—68.

*Tyson 1991* Tyson, Peter K. "Ernst Toller's *Die Maschinenstürmer*: An Expressionist Historical Drama." *Orbis Litterarum* 46 (1991): 294—304.

*Velikovsky 1978* Velikovsky, Immanuel. "Genesis of the First Jerusalem 'Scripta.'" *Jewish Quarterly* 26, no. 1 (1978): 15—19.

*Velsen 2005* Velsen, J. L. van. "Notes on the page proof and publication of 'Schallausbreitung in teilweise dissoziierten Gasen' by A. Einstein." ArXiv 1205.6501

*Villat 1921* Villat, Henry, ed. *Comptes rendus du Congrès International des Mathématiciens, Strasbourg, 1920.* Toulouse: Imprimerie et Librairie Privat, 1921. Quoted in Angelo Guerraggio and Pietro Nastasi, *Italian Mathematics between the Two World Wars*, pp. 57—58. Basel: Birkhäuser, 2005.

*Vizgin 1994* Vizgin, Vladimir P. *Unified Field Theories in the First Third of the 20th Century.* Basel: Birkhäuser, 1994.

*Waals Jr. 1909* Waals, Jr., Johannes D. van der. "On the Law of Molecular Attraction for Electrical Double Points." *Koninklijke Akademie van Wetenschappen te Amsterdam. Section of Sciences. Proceedings* 11 (1908—1909): 132—138.

*Walter 1990* Walter, Franz. *Sozialistische Akademiker-und Intellektuellenorganisationen in der Weimarer Republik.* Bonn: Dietz Nachf., 1990.

*Waseda 2010* Waseda University. *Waseda Daigaku nyugaku annnai [Waseda University Guide Book].* Tokyo: Waseda University, 2010.

*Wasserstein 1977* Wasserstein, Bernard, ed. *The Letters and Papers of Chaim Weizmann.* Vol. 11, Series A: *January 1922—July 1923.*
New Brunswick, N.J.: Transaction Books, Rutgers University, 1977.

*Wazeck 2009* Wazeck, Milena. *Einsteins Gegner. Die öffentliche Kontroverse um die Relativitätstheorie in den 1920er Jahren.* Frankfurt am Main: Campus, 2009.

*Wazeck 2010* ——. "The 1922 Einstein Film: Cinematic Innovation and Public Controversy." *Physics in Perspective* 12 (2010): 163—179.

*Weinert 1995* Weinert, Friedel. "Wrong Theory—Right Experiment: The Significance of the Stern-Gerlach Experiments." *Studies in the History and Philosophy of Modern Physics* 26 (1995): 75—86.

*Weissmann 2010* Weissmann, Gerald. "X-ray Politics: Lenard vs. Roentgen and Einstein." *FASEB Journal* 25 (2010): 1631—1634.

*Wells 1920* Wells, Herbert G. *Russia in the Shadows.* London: Hodder and Stoughton, 1920.

*Wertheimer 1945* Wertheimer, Max. *Productive Thinking.* Solomon E. Asch, and

Wolfgang Köhler, eds. New York: Harper, 1945.

Wertheimer, Mi. 1965 Wertheimer, Michael. "Relativity and Gestalt: A Note on Albert Einstein and Max Wertheimer." *Journal for the History of the Behavioral Sciences* 13(1965):86—87.

Weyl 1917 Weyl, Hermann. "Zur Gravitationstheorie." *Annalen der Physik* 54 (1917): 117—145. Reprinted in *Weyl 1968*, Vol.1, pp.670—698.

Weyl 1918a ——. "Gravitation und Elektrizität." *Königlich Preußische Akademie der Wissenschaften* (Berlin). *Sitzungsberichte*(1918):465—478,478—480. Reprinted in *Weyl 1968*, vol. 2, pp. 29—42.

Weyl 1981b ——. *Raum—Zeit—Materie. Vorlesungen über allgemeine Relativitätstheorie*.Berlin:Springer,1918.

Weyl 1918c ——."Reine Infinitesimalgeometrie." *Mathematische Zeitschrift* 2 (1918): 384—411. Reprinted in *Weyl 1968*,vol.2,pp.1—28.

Weyl 1919a ——. "Über die statischen kugelsymmetrischen Lösungen von Einsteins 'kosmologischen' Gravitationsgleichungen." *Physikalische Zeitschrift* 20 (1919):31—34.Reprinted in *Weyl 1968*, Vol.2,pp.51—54.

Weyl 1919b ——.*Raum,Zeit,Materie.Vorlesungen über allgemeine Relativitätstheorie*.3d rev.ed.Berlin:Springer,1919.

Weyl 1919c ——. "Eine neue Erweiterung der Relativitätstheorie." *Annalen der Physik* 59 (1919):101—133.Reprinted in *Weyl 1968*,vol.2,pp.55—87.

Weyl 1920—1921 ——. "Die Einsteinsche Relativitätstheorie." *Schweizerland* (1920); *Schweizerische Bauzeitung* (1921). Reprinted in *Weyl 1968*, Vol. 2, pp.128—130.

Weyl 1921a ——.*Raum,Zeit,Materie.Vorlesungen über allgemeine Relativitätstheorie*.4th rev.ed.Berlin:Springer,1921.

Weyl 1921b ——."Über die physikalischen Grundlagen der erweiterten Relativitätstheorie." *Physikalische Zeitschrift* 22 (1921): 473—480. Reprinted in *Weyl 1968*,vol.2,pp.229—236.

Weyl 1922a ——. "Die Einzigartigkeit der Pythagoreischen Maßbestimmung." *Mathematische Zeitschrift* 12 (1922): 114—146.Reprinted in *Weyl 1968*,vol.2, pp.263—295.

Weyl 1922b ——. "Das Raumproblem." *Jahresbericht der Deutschen Mathematikervereinigung* 31 (1922): 205—221. Reprinted in *Weyl 1968*, vol. 2, pp. 212—228.

Weyl 1923 ——.*Raum,Zeit,Materie.Vorlesungen über allgemeine Relativitätstheorie*.5th rev.ed.Berlin:Springer,1923.

Weyl 1968 ——.*Gesammelte Abhandlungen*. K. Chandrasekharan, ed. Berlin: Springer, 1968.

Weyl 2009 ——.*Mind and Nature:Selected Writings on Philosophy, Mathematics, and Physics*. Peter Pesic, ed. Princeton: Princeton University Press,2009.

Whitehead 1922 Whitehead, Alfred North. *The Principle of Relativity with Applications to Physical Science*. Cambridge: Cambridge University Press,1922.

*Whittaker 1951* Whittaker, Edmund T. A. *A History of the Theories of Aether and Electricity*. Vol.1, *The Classical Theories*. London: Nelson, 1951.

*Whittaker 1953* ———. *A History of the Theories of Aether and Electricity*. Vol. 2, *The Modern Theories*, *1900—1926*. London: Nelson, 1951—1953.

*Wieland 2009* Wieland, Lothar. "*Wieder wie 1914.*" *Heinrich Ströbel* (1869—1944). *Biografie eines vergessenen Sozialdemokraten*. Bremen: Donat, 2009.

*Wien 1900* Wien, Wilhelm. " Über die Möglichkeit einer elektromagnetischen Begründung der Mechanik." In *Recueil des travaux offerts par les auteurs à H. A. Lorentz, professeur de physique à l' Université de Leiden, à l' occasion du 25me anniversaire de son doc-torat le 11 décembre 1900*, pp.96—107. Johannes Bosscha, ed. The Hague: Nijhoff, 1900. *Archives néerlandaises des sciences exactes et naturelles* 5 (1900). Reprinted in *Annalen der Physik* 5 (1901): 501—513.

*Wien 1919* ———. " Über Messungen der Leuchtdauer der Atome und der Dämpfung der Spektrallinien. I." *Annalen der Physik* 60(1919): 597—637.

*Wien 1921* ———. " Über Messungen der Leuchtdauer der Atome und der Dämpfung der Spektrallinien. II." *Annalen der Physik* 66(1921): 229—236.

*Winkler 1993* Winkler, Heinrich A. *Weimar 1918—1933: Die Geschichte der ersten deutschen Demokratie*. Munich: Beck, 1993.

*Winter 1911* Winter, Maximilien. *La méthode dans la philosophie des mathématiques*. Paris: Alcan, 1911.

*Winternitz 1923* Winternitz, Josef. *Relativitätstheorie und Erkenntnislehre. Eine Untersuchung über die erkenntnistheoretischen Grundlagen der Einsteinschen Theorie und die Bedeutung ihrer Ergebnisse für die allgemeinen Probleme des Naturerkennens*. Leipzig: Teubner, 1923.

*Witt 1975* Witt, Peter-Christian. "Zum Problem des Verhältnisses von politischer Führung und bürokratischer Herrschaft in den Anfangsjahren der Weimarer Republik (1918/19—1924)." *Vierteljahrshefte für Zeitgeschichte* 23 (1975): 1—61.

*Wolff 1992* Wolff, Stefan L. " Emil Warburg—mehr als ein halbes Jahrhundert Physik." *Physikalische Blätter* 48 (1992): 275—279.

*Wood 1912* Wood, Robert W. "Selektive Reflexion, Zerstreuung und Absorption durch resonierende Gasmoleküle." *Physikalische Zeitschrift* 13 (1912): 353—368.

*Woodruff 1968* Woodruff, Arthur E. "The Radiometer and How It Does Not Work." *Physics Teacher* 6 (1968): 358—363.

*Wright 1966* Wright, Helen. *Explorer of the Universe: A Biography of George Ellery Hale*. New York: Dutton, 1966.

*Wuensch 2007* Wuensch, Daniela. *Der Erfinder der 5. Dimension: Theodor Kaluza. Leben und Werk*. Göttingen: Termessos, 2007.

*Yamamoto, Sa. 1934* Yamamoto, Sanehiko.

"Kaizo no Jugo-nen [Fifteen Years of Kaizo]." *Kaizo* 16 (April 1934): 134—143.

*Yamamoto, Se. 1923* Yamamoto, Senji. "Hikyo-naru jisho chishiki kaikyu Einstein—Kyoju no toi ni taisuru watashi no kotae [Cowardly Self-Styled Intellectuals—My Answer to the Question by Prof. Einstein]."*Kaizo* 5, no. 4 (April 1923): 41—49.

*Yamamoto, Se. 1931* ——.*Yamamoto Senji zenshu I, Sensou no seibutsugaku, jou-kan [Collection of Senji Yamamoto I, Biology of War]*. Vol. 1. Teru Takakura and Yasuda Tokutaro, eds. Tokyo: Rogosu-Shoin, 1931.

*Yavelov 1980* Yavelov, Boris E."Einshtein i problema sverkhprovodimosti [Einstein and the Problem of Superconductivity]." *Einshteinovskii sbornik, 1977*. Moscow: Nauka, 1980, pp. 158—186.

*Yedlin 1999* Yedlin, Tova. *Maxim Gorky: A Political Biography*. Westport, Conn.: Praeger, 1999.

*Yokozeki 1956* Yokozeki, Aizo. "Omoideno sakka-tachi: Einstein: Nihon ni nokosita episodo[Episodes from Einstein's Visit in Japan]." Reprinted in *Omoideno sakka-tachi[Writers in My Memory]*. Tokyo: Hosei University Press, 1956.

*Zangger 1915a* Zangger, Heinrich."Über die gesetzliche Bekämpfung der Gefähr-dung, zugleich eine Orientierung über die Leistungsfähigkeit der medizinischen Begutachtung in Gefährdungsfra-gen." *Schweizerische Zeitschrift für Strafrecht* 28 (1915): 260—282.

*Zangger 1915b* ——. "Zur Frage der Bekämpfungswege der Gefährdung von Gesundheit und Leben durch psychologische Mittel." *Schweizerische Zeitschrift für Strafrecht* 28 (1915): 381—413.

*Zangger 1922* ——. "L'évolution des méthodes de spectroscopie, de spectrophotographie et leurs applications en médecine légale." *Annales de médecine légale, de criminologie et de police scientifique* 2 (1922): 145—152.

*Ziegler 1923* Ziegler, Wilhelm, ed., in collaboration with the Arbeitsausschuss deutscher Verbände. *Deutschland und die Schuldfrage*. Berlin: Verlag für Politik und Wirtschaft, 1923.

*Zilsel 1921* Zilsel, Edgar. "Versuch einer neuen Grundlegung der statistischen Mechanik."*Monatshefte für Mathematik* 31 (1921): 118—155.

*Zschimmer 1920* Zschimmer, Eberhard. *Philosophische Briefe an einen Arbeiter*. Part 1. 2d ed. Jena: Jenaer Volksbuchhandlung, 1920.

*Zwicky 1921* Zwicky, Fritz."Der zweite Virialkoeffizient von Edelgasen." *Physikalische Zeitschrift* 22 (1921): 449—457.

# 名词索引

名词索引斜体页码表示编辑的评论。后面跟着小写字母"n"的页码表示爱因斯坦文件的尾注页码;后面跟着小写字母"a"的页码表示未刊文献摘要一览表中的页码。索引都集中放置在适当的中英文标题之下。某些没有标准英文翻译的机构、组织和概念就列在它们的外文名称之下(与相应的英文翻译相互交叉索引)。缩写符号的含义,参见缩写符号表。引文索引在名词索引和人名索引之后。名词索引按汉语拼音字母顺序排列,人名及引文索引按拉丁字母顺序排列。

## A

阿达玛灾难(Hadamard catastrophe) *xlviii*

阿尔高州立学校(Aarau Cantonal School) 1895级,25周年,欢迎 AE,350

阿姆斯特丹(Amsterdam)AE 论~,289

埃斯科里亚尔(Escorial) 563

爱因斯坦电影(Einstein-Film) 325,326—327;文化电影关于~,807a

爱因斯坦基金会(Einstein-Spende)
　捐献:苯胺制造工厂公司,817a;通用电气公司,817a;Casella 公司,817a;格里斯海姆电子化学工厂,819a;Siemens & Halske,816a;Stern,Siegfried,816a
　董事会:~扩大,205—206,317,795a;~成员,317n,810n;提议 Pringsheim 加入~,317

爱因斯坦相对论的基础(*Die Grundlagen der Einsteinschen Relativitätstheorie*)关于~的电影,325n,326—327,807a

安培分子电流和超导性(Ampère's molecular currents and superconductivity) 174

安许茨公司(Anschütz & Co.),与航海仪器公司的法律纠纷,212,223,254,260,271,343—344,377,386,412,414,795a,796a;AE 的评论,383

奥林匹亚学院(Olympia Academy)80n

## B

BNV 22:受人权联盟的邀请,166;要求为和平倡议签字,787a

巴达维亚(Batavia)133n,201n

巴勒斯坦(Palestine)作为世界犹太人的精神家园,AE 论~,45

巴勒斯坦的犹太医生协会(Jewish Medical Association in Palestine)给 AE 的证书,561,582n

巴勒斯坦工程师和建筑师协会(Association of Engineers and Architects in Palestine)授予 AE 荣誉会员,579n,827a

巴勒斯坦托管地(Palestine mandate) 383;Balfour 论~,111n;正式批准,492n;Weizmann 论~,111,328—329

巴勒斯坦援助基金(Keren Hayesod [Palestine Foundation Fund])45,585n

巴勒斯坦援助基金(Palestine Foundation Fund),参见巴勒斯坦援助基金(Keren

Hayesod)

巴塞罗那(Barcelona)562；AE 是～"伟大的客人",584n

巴塞罗那皇家科学院与艺术学院(Royal Academy of Sciences and Arts of Barcelona) AE 是～的通讯院士,584n

巴腾堡的 Victoria Eugenie(Victoria Eugenie of Battenberg)586n

宝生会(Hosyokai Theater)关于～的表演,823a

柏林大学(University of Berlin)AE 中断演讲,820a

柏林的耶路撒冷图书馆之友协会(Gesellschaft der Freunde der Jerusalem-Bibliothek in Berlin) 196n；AE 受邀参加,820a

《柏林日报》(Berliner Tageblatt)关于 AE 在法兰西学院的演讲,225

宝田基金会(Takarada Foundation)寄去 Komiya 所绘的 AE 的肖像,825a

北京大学(University of Beijing)演讲邀请,199,207—208,255,293,430,478,803a,814a

贝尔格莱德(Belgrade) 376

贝塔区(Pettah district)564n

苯胺制造工厂公司(Actien Gesellschaft für Anilin Fabrikation)对爱因斯坦基金会的捐献,817a

比热(Specific heat) 金刚石和氢气的～,444

比撒列工艺美术学院(Bezalel Arts and Crafts School),赠予～AE 的肖像画,829a

比亚韦斯托克(Bialystok) 167

毕达哥拉斯原理(Pythagoras theorem)Einstein, Eduard 论～,375

变分方法(Variational method)在广义相对论中～,改进的～,554

变换(Transformations)线性～,427

槟榔屿(Penang) 556

泊松方程(Poisson equation) 524,880

博尔西希公司(Borsig Co.)关于制冷机的合约,136n,789a

不可逆转性(Irreversibility)Zilsel 论～,296

布朗运动(Brownian motion)4,12；从 Boltzmann 方程中推导出来,8

布雷斯劳大学(University of Breslau)Weyl 被～任命,30n

布宜诺斯艾利斯大学(University of Buenos Aires)授予 AE 荣誉博士学位,817a,821a,824a

# C

C. T. I. 参见法国知识工作者联合会 (Confédération des travailleurs intellectuels de France)

Cassella 公司(Cassella & Co.) 为爱因斯坦基金会的捐献,817a

财政部(Finanzministerium)799a,802a

参战者和平联盟(Friedensbund der Kriegsteilnehmer) 472n

测地方程(Geodesic equation):～作为经典运动方程的类比,883;～和惯性质量的概念,428

长度(Length)自然单位,435

长度收缩(Length contraction)877

场论(Field theory):一个纯理论的目的,66；作为物理学的基础,533;对牛顿力学的挑战,455;革命性的,455

超导性(Superconductivity)$xl$—$xlii$,168—175；AE 关于～的模型,关于～的实验,109,143,177,179,188；未检测到电阻,143；Borelius 论～,307,310；Breit 论～,307,310,315；～和循环模型,75

超光速(Superluminous velocities)878

出版商(Publishers):Audace,814a,815a；巴

特,284;Borovy,826a;加尔各答大学出版社,826a;戈捷-维拉尔,132,187,791a,793a,796a,803a,804a,810a;改造社,797a;梅休因,132,447,785a,787a,789a,791a,794a,795a,796a,797a,799a,800a,803a,807a,815a,822a,823a,824a,825a,826a,827a,829a;Nicola Zanichelli,787a;雷克拉姆,800a;文艺复兴,818a,819a;斯洛沃,784a,786a,789a,790a,805a,806a,807a,812a,816a,830a;托伊布纳,284,791a,796a,797a,830a;菲韦格,60—61,329,784a,786a,787a,788a,789a,790a,793a,794a,797a,798a,803a,804a,805a,806a,811a,816a,817a,823a,825a,826a

传导链(Conduction chains)超导中的～,174—175

传导性(Conductivity)金属的～,169

磁(Magnetism)磁矩在～中的排列,441;在快速振荡的弱场中,147;地球的～,关于～的实验,194,342,369;Du Bois 在莱顿所做的研究,184;Gans 关于～的著作,433;Warburg 关于磁滞现象的著作,355

# D

DPG 耶拿会议,77

达勒卡里恩(Dalekarlien)737

大柏林地区业余大学(Volkshochschule Groß-Berlin)AE 在～举办演讲,50

大阪(Osaka),550

大阪大学(University of Osaka)AE 在～举办演讲,550

大质量的空心球(Massive hollow sphere)～的引力场,435

但泽的自然研究学会(Naturforschende Gesellschaft in Danzig)邀请 AE 举办演讲,787a,788a,789a,791a

蛋白质分子(Protein molecule)充当酸或碱,AE 论～,471,518—519;Loeb 论～,495

德川家康(Tokugawa, Ieyasu [1543—1616])573n

德川义亲(Tokugawa, Yoshichika [1886—1976]) 547

德一法和平会议(German-French peace meeting) 338;AE 致辞,346—348

德国(Germany):～的反犹主义,388,416,450—451;～知识分子的组织,285—286;～的政治紧张局势,AE 论～,471,519;Loeb 论～,495;～的心理学和认识论,288;～对犹太人的威胁,390—391

德国大使馆(German Embassy):马德里～,829a;巴黎～;转寄一封信,798a,800a;未获邀参加 AE 的演讲,281

德国东欧研究学会(Deutsche Gesellschaft zum Studium Osteuropas),邀请 AE 加入,831a

德国和平奖(Deutsches Friedenskartell) 332n,349n

德国和平协会(Deutsche Friedensgesellschaft) 332n;Quidde 论～,827a

德国绘画艺术家同盟(Bund Zeichnender Künstler Deutschlands in the U.S.)AE 拒绝在～的声明上签字,810a

德国科学应急委员会(Notgemeinschaft der deutschen Wissenschaft)792a,803a;征求需要资助的科学家名单,813a;提议从～获得资助的科学家,814a;Brody 从～得到的津贴,290,305

德国人(German people)～的经济困顿,500;关于～的文章,向 AE 征集,468,472,493—494,497—498,502—504

德国人的"爱国主义"(German "patriotism") Zangger 论～,414

德国物理学会(Deutsche Physikalische Gesellschaft)参见 DPG

德国犹太复国主义联盟(Zionistische Vereinigung für Deutschland),关于AE在巴黎声称否认他的德国出身,735,743

德国战争赔款(German reparations debt)518n

德国知识分子工会(Gewerkschaft Deutscher Geistesarbeiter E. V.)选AE为荣誉会员,786a

德国知识分子联合会(Union of German intellectuals)Borel论～,366

德国自然研究者与医师学会(GDNÄ):一百周年纪念会议,201,471;AE取消～的报告,392,434,437;AE计划在～做报告,213,281;Laue代替AE,397,403,516n;关于在学校里讲授相对论,822a;～的瑙海姆会议,324

德加尼亚(Degania)561

德累斯顿银行(Dresdner Bank)关于中国流通的钱币中的贵金属成分,801a

德意志民族保卫和抵抗联盟(Deutschvölkischer Schutz- und Trutz-bund)374n

德意志音乐保护协会(Hilfsbund für deutsche Musikpflege)749

德-中工程学校(German-Chinese Engineering School)823a

等价原理(Equivalence principle)456,856;构思～的想法,638;作为一个启发的方法,880;～的奇迹,879;实验检测的精度达到千万分之一,879

地磁(Terrestrial magnetism)参见磁(Magnetism)

地磁实验(Geomagnetic experiment)lxxii

点对应论证(Point coincidence argument)～的最早形式,29n

电(Electricity)正电vs.负电,718

电磁(Electromagnetism)与Eddington表达式中的非对称部分相关,678

电磁场(Electromagnetic field):可称重介质中的能量张量,551;在计算中表示为Ricci张量的非对称部分,676

电磁场张量(Electromagnetic field tensor)可称重介质存在的表达式,721

电磁能量张量(Electromagnetic energy tensor)各向同性有重物质的～,698—702,721—723

电磁自然观(Electromagnetic worldview)455

电动力学(Electrodynamics)～的能量张量,554

电极效应(Pole effect)在威尔逊山上的测量,109

电解产生的高压气体(High-pressure gases by electrolysis)117,787a

电流密度(Current density)699,709,711;统一场理论中的～,667;Weyl理论中的～,536

电声钢琴(Electrophonic piano)419—421,436—437

电子(Electron):内聚力,456;～的电磁惯性,455;椭圆轨道,291;～外的引力场和电磁场,664;电场中～质量的增加,507;振荡的,产生球形电磁波,98;辐射阻尼,851;Poincaré强调～,886;作为无奇点的场结构,332,711;作为球对称场的解,72;量子化的轨道的稳定性,424;难题的结构,889;能级间的转换,423

电阻(Resistance)依赖温度,170—173

东京(Tokyo)544—548

东京大学(University of Tokyo):AE在～举办演讲,546,547,548,568n,570n,601;赠送AE礼物,551;资助AE在日本的讲学,115

东京帝国大学(Tokyo Imperial University)学生欢迎AE,824a

东京工业大学(Tokyo Institute of Technology)570n

东京女子高等师范学校(Tokyo Women's Higher Normal School)570n

动量(Momentum)计算中的～,672

度规场(Metric field) 882;广义相对论的基础,706;作为物理原因的可取性,524;在Eddington理论中的～,706

度规张量(Metric tensor):～的协变微分法,661;在统一理论中的协变导数不消失,667

对应原理(Correspondence principle)203

多电子(Electrons):对比热的贡献,170;自由和原子,179;金属的平均自由程,171;理论证实超光速不可能,878

多普勒效应(Doppler effect)98—99,100,424;二次方～,关于～实验的计划,109;横向～,180

多原子分子(Polyatomic molecules)～的量子化,Born 论～,464

E

ETH, Hans Albert Einstein 被～录取, 374—375,642

俄国饥饿地区儿童救济南森委员会(Nansen-Komitee für Kinderhilfe in den Hungerdistrikten Russlands)809a,810a

俄国科学家(Russian scientists)德国人帮助～,350—351

俄国科学院(Russian Academy of Sciences) AE 是通讯院士,703,747,825a,827a

二元论(Dualism):经典和量子概念的～,76;引力场和电磁场的～,64;物理理论中的～,730;光的波动理论和量子理论的～,97

F

发动机(Motor)Eisenmann 发明中的～,437

发射(Emission)光的～,423

法国高等科学研究院(Institut des Hautes Etudes)邀请 AE 举办演讲,796a,798a,800a,803a

法国人权与公民权利保卫联盟(Ligue française pour la defense des droits de l'homme et du citoyen)182,332n,349n;邀请"新祖国"同盟,166

法国物理化学学会(Société française de chimie physique)邀请 AE 参加晚宴,201

法国物理学会(Société françaisede physique):AE,受邀举办演讲,186;AE,在～举办演讲(1913),204

法国哲学学会(Société française de philosophie)182;AE,受邀举办演讲,156,197,204,794a;AE 提议讨论,204;在～讨论相对论,228—250;～的特别会议,784a

法国知识工作者联合会(Confédération des travailleurs intellectuels de France)304

法兰克福(Frankfurt)Elsa Einstein 计划参观,21

法兰西剧院(Théâtre-Français)833

法兰西学院(Collège de France)155—156,161—162,182,400;AE 在～的演讲,188,192,196—197,200,204,217,281;投票决定邀请 AE,146n

凡尔赛条约(Versailles Treaty)76,205n

反犹主义(Antisemitism):AE 论～,388,400,416,450—451;Anschütz 论～,131;～在基尔大学,Schlick 论～,469—470

放射性(Radioactivity)～的波动,4

飞机的人造地平线(Artificial horizon for plane)AE 论～,474

非欧几何(Non-Euclidean geometry)参见几何,非欧(Geometry,non-Euclidean)

斐索实验(Fizeau's experiment):～测量光速,379;在 AE 通往狭义相对论的路上所

起的作用,636;
《费加罗报》(*Le Figaro*)对AE的采访,AE论~,120;Anschütz论~,131
分子间的力(Intermolecular forces) 261—262,272—273;AE论~,268;Debye and Nernst论,218—219
辐射计效应(Radiometer effect)*lxxiii*;Edith Einstein关于~理论的著作,159—161,485,488n
福冈(Fukuoka) AE在~举办演讲,552
《福斯日报》(*Vossische Zeitung*)请求一份描述AE研究所条件的报告,735—736
富士山(Fujiyama) 544

## G

《改造》(*Kaizo*)119;山本论~,406
改造社(Kaizo-Sha company) 86,115,118,119,407,810a
概率(Probability):AE论~,6—7;运动理论中~的定义,6;Mises关于~的理论,297;原则上可观测到,6;Zilsel论~的概念,296
刚体(Rigid bodies)作为欧氏几何的组成部分,662
纲要理论(Entwurf theory)~中的空洞论证,29n
高斯曲面理论(Gaussian theory of surfaces) 1912年AE认识到~对广义相对论的意义,638
《告欧洲人宣言》(Manifesto to the Europeans) 745n
哥德堡(Gothenburg) 737,742
哥伦比亚大学(Columbia University)给AE提供教授职位,720,724,731
哥廷根(Göttingen) Bohr在~做沃尔夫斯凯演讲,367n
格里斯海姆电子化学工厂(Chemische Fabrik Griesheim Elektron)对爱因斯坦基金会捐献,819a
格律乃僧定律(Grüneisen law) 291
给AE的第欧根尼木桶(Diogenestub for AE) 421,431,475
工程师和建筑师校友会(Alumni Association of Engineers and Architects),参见西班牙工程师和建筑师校友会(Asociación de Alumnos de Ingenieros y Arquitectos de España)
《工程学生中心杂志》(*Revista del Centro Estudiantes de Ingenieria*)发表Einstein 1916f的西班牙译文,805a
公理体系(Axiomatics)逻辑完备性和理论的经验适应性,335;Poincaré论~,336n;Reichenbach在有关相对论的分析中的~,518;~和相对论,232
宫岛(Miyajima) 552
共和国独立学生协会(Republikanische Freistudentenschaft) 144
贡德兰和曼吉利公司(Gondrand & Mangili mbH) 831a
瓜达富伊角(Cape Guardafui) 564n
关于光本性的实验(Experiment on nature of light):AE论~,120;Born论~,56;Ehrenfest论~,106—108,109,116,117—118;Franck论~,56;Geiger和Bothe的~,56n;Geiger和Bothe论~,97—104,129;Geiger论~,56n,77;Laue论~,109;
惯性(Inertia):纯粹作为物体的性质,639;电子的~,电磁的,455;~的相对性,428;广义相对论中测试质量的~,427
惯性场(Field of inertia) 524;将作为~物理原因的可取性,524
惯性系统(Inertial system) ~的定义,876
光(Light):~速恒定,855;作为麦克斯韦理论的结论,875;土井反对~,318,811a;与经典加法原理相悖,637;~的微粒论,100;~的衍射,Fraunhofer 和 Fresnel 论~,126;~的发射,423,848—852;移动源引起的,203;电子理论证实超光速不可能,878;Weyl 理论中的光锥结构,661;发射和吸收的机制,457;~的本性;AE 论~,300—301;有关~的实验,*xxxvi*—*xxxviii*,56,56—57,75,90,91,92,97—104,106—108,109,117—118,120,131,134,158,188;~中的计算错误,116,305;否定结果,59,76—77;Pringsheim 论~,423—425;第二方案,134;Sommerfeld 论~,76—77;色散介质中的~的传播,125—129;红移,关于~的会议,132;图形表示~的理论,180;~的速度;坐标系中~,427;Fizeau 测量,379;Sagnac,379;Ritz 论~,288—289;波动论遭驳斥,60;波动论,Hamilton 论~,265

光的传播(Light propagation) 群速度 vs. 相速度,128

光的发射(Light emission) ~的理论,851

光电效应(Photoelectric effect) 97,459,803a;因发现~定律而获得诺贝尔奖,592

光化学(Photochemistry) Warburg 关于~的著作,355

光化学效应(Photochemical effects) ~和光的波动论,97

光量子(Light quantum) 459,730

《光明》(Clarté) 299;Colin 与~决裂,276;Rolland 论~,270

光谱(Spectra):量子理论解释~,140;红外线谱段,464;Röntgen,~的理论,140;谱线的移动,548

光线弯曲(Light deflection):~和空洞论证,27;1911 年只有正确值的一半,809a

归纳方法(Inductive method) 不适用于寻找引力场方程,883

国际妇女争取和平自由联盟(Ligue internationale des Femmes pour la Paix et la Liberté)法国支部,邀请 AE 举办演讲,137

国际妇女争取和平自由联盟法国支部(Section Française de la Ligue internationale des Femmes pour la Paix et la Liberté)邀请 AE 举办演讲,790a

国际和平主义者大会(International Pacifist Congress),Stöcker 论~,472

国际联盟德国协会(Deutsche Liga für Völkerbund)邀请 AE 参加第十一届德国和平主义大会,818a

国际青年联盟友好协会(Freundesrat des Internationalen Jugendbundes)AE 作为成员,801a

国际社会学学会(托里诺)(International Institute of Sociology [Torino]),邀请 AE 举办演讲,AE 拒绝,785a

国际索尔维物理研究所(International Solvay Institute of Physics)1921 年的报告,827a

国际主义(Internationalism) Sommerfeld 论~,76

国家社会主义党(National Socialist Party)关于 AE 否认他的德国出身,735

国王学院(King's College)786a

## H

哈布斯堡(Habsburg)Eduard Einstein 参观~,371

哈密尔顿函数(Hamiltonian function)64—70

哈密尔顿原理(Hamiltonian principle):在计算中,676;Eddington 理论,708

海尔布隆(Heilbronn) EE 计划参观~,21,24

海法(Haifa) 560

航海仪器公司(Gesellschaft für nautische Instrumente)与 Anschütz 公司的法律纠纷, 212, 223, 254, 260, 271, 343—344, 377, 383, 386, 795a, 796a

荷兰-德国日食远征(Dutch-German eclipse expedition) 325n

荷兰皇家科学院(Royal Dutch Academy) AE 参加～的会议, 289

荷兰物理学会(Nederlandsche Natuurkundige Vereeniging) AE 在～举办演讲, 289

荷属印度天文协会(Nederlandsch-Indische Sterrenkundige Vereeniging) 325n；邀请 AE 举办演讲, 133

赫辛根(Hechingen) EE 计划参观～, 21

黑体辐射(Black-body radiation) 458；～和 Boltzmann 原理, 11

恒星(Stars) Michelson 论～的直径, 379

横滨正金银行(Yokohama Specie Bank)～和 AE 的旅费, 790a, 820a

红海(Red Sea) 535

红移(Redshift) Zangger 论 Weyl 理论中的～, 341；太阳引力的～；计划的关于～的会议, 109, 132, 134, 142, 210

洪堡电影公司(Humboldt-Film-Gesellschaft) 325

华盛顿海军会议(Washington Naval Conference) 714

化学反应(Chemical reactions)～的速度, 188

皇后奥古斯塔·维多利亚(Empress Auguste Victoria) 402n

回转罗盘(Gyrocompass) lxxii；AE 论～, 158, 368—369, 383—384, 431, 733n；Anschütz 论～, 342, 377, 386, 473—474；在～中灌入水, 59

霍尔效应(Hall effect) 170

## J

基尔(Kiel)～的政治氛围, 401, 412

基尔大学(University of Kiel)～的反犹主义, 469—470

几何(Geometry)：平行移动的概念, 660；广义相对论依赖物理现象, 884；作为科学的基础, 454；线性～,～的发展, 267；需要表示自然定律, 638；施加在工具上的力的非欧～以及欧几里得～, 235—236；狭义相对论中保留的～, 880；毕达哥拉斯定理, 882；黎曼～, 660；统一场理论中黎曼～作为极限情况, 667；黎曼～, Weyl 的一般化, 706；宇宙的～, 639；欧几里得～；～的失败, 旋转圆盘的证明, 881；～概念基础, 662；与相对论矛盾, 856；与假设不相容, 所有加速系统等价, 638；质量密度不消失, 885；～和牛顿力学, 456；在广义相对论中不再有效, 880；～的起源, 456；假定在太阳系内成立, 885；

加速度(Acceleration) 绝对～vs.相对～, 884

加州理工学院(California Institute of Technology)；Lorentz 在～, 132, 142, 177, 184, 267；给 Brody 在～的职位, 187, 195, 304, 378

假设(Hypotheses) 物理以少的、独立的～为基础, 454

胶体化学(Colloid chemistry) 430；～在美国, 495

胶体化学学会(Kolloidchemische Gesellschaft) AE 被邀请发表演讲, 813a, 814a

结晶体(Crystals)～的传导, 315

金属的电子理论(Electron theory of metals) 169；Drude 的～, 169；失败, 170—173；Lorentz 的～, 169；Riecke 的～, 169

京都(Kyoto) 550—551, 554

京都大学(University of Kyoto) AE 在～举

办演讲,550,551

京都大学学生(Students of University of Kyoto)欢迎 AE,824a

晶格理论(Lattice theory)Born 论～,290—291

井上哲次郎(Inoue,Tetsujiro)567n,570n

菊花节(Chrysanthemum festival)545

绝热假设(Adiabatic hypothesis)511

均分定理(Equipartition theorem)390

## K

KTW 解(KTW (Kottler-Trefftz-Weyl) solution)597n

KWG 802a;为 KWIP 提供资助,798a;～的评议员,793a,786a

KWIP:账户活动,802a,809a;行政信函,792a,803a,814a,828a,829a;预算,794a,795a,804a,825a,830a;～的增加,795a,822a;关于经批准购买的仪器的使用条件,806a,817a;董事会,讨论如下人的请求:Otto Stern, Eduard Schweigler, Rudolf Seeliger, Johann Königsberger 和 Walter Steubing,802a;Hedwig Kohn 和 Werner Kohlhörster,808a;关于美国出版物的交换,825a;

资助请求:AE,788a;Born,305;Gerlach,783a,815a;Grotrian,796a,799a,801a,802a,805a,808a,809a,825a;Kallmann,403,806a,809a,810a,811a,812a,819a,821a;Haber 论～,811a;Nernst 论,811a;Knipping,403,806a,809a,810a,811a,812a,819a,821a;Haber 论～,811a;Nernst 论～,811a;Kohlhörster,806a,808a,809a,810a,815a,818a;Kohn,803a,804a,805a,806a,807a,808a,809a,814a,815a,818a;Königsberger,790a,802a,808a,813a,816a,822a;Pringsheim,824a;

Schaefer,815a,818a;Schweigler,802a;Seeliger,802a,808a,813a;Stern,802a,808a,813a;Steubing,788a,792a,802a,808a,813a;Trautz,789a,791a;Wagner,788a,789a;Wigand,785a,788a,789a;

KWG 提供的资助,798a

Kohn,关于交付石英光谱仪,809a

Königsberger,关于 KWIP 批准的资助,787a

会议纪要和 1921—1922 年的批准列表,805a

Nernst,征询有关 Kallmann 和 Knipping 请求购买的仪器价格的意见,811a

无实验用的酒精、乙酸或乙醚,801a

请求 Schmidt & Haensch 降低光谱仪的价格,809a,814a,815a,817a

Warburg,有关 Kallmann 和 Knipping 请求购买的仪器价格的意见,812a

卡拉尼亚寺(Kelaniya Raja Maha Vihara Temple)564n

卡鲁扎的五维场理论(Five-dimensional field theory of Kaluza)332;AE 论～,63—72

卡门的问题(Kármán's problem)AE 关于～的演讲,547

卡普政变(Kapp putsch)52

开罗科学研究院(Institut scientifique du Cairo)828a

坎塔拉(Al Qantarah),557,561

坎塔拉(Candara)参见坎塔拉(Al Qantarah)

康德学派(Kant-Gesellschaft)AE 对于～的看法,288

科伦坡(Colombo)556

科诺大学(University of Kowno)Brody 在～的职位,290

科诺犹太大学(Kowno Jewish university)AE 关于帮助～,519;有关～的报告,820a,827a,828a

科学(Science)~中的合作,891;~中不可少的思辨方法,883

科学史(History of science) AE 论~,647

克里斯托费尔符号(Christoffel symbols) 887

克里特岛(Crete)534

空洞论证(Hole argument)29n

空间(Space):闭合的~,885;作为宇宙学问题的解,639;需要被分析的~概念,876;不包含在1911年光线弯曲论证中的~曲率,809a;~的物理性质,885;球形~,由甲虫说明~,538;在 Friedmann 宇宙中的静态~曲率,602

空时同时存在(Spatio-temporal coincidences)Ehrenfest 论~,27—28

空中勘探水和矿石(Aerial prospecting for water and ore)49

库里耶尔(Courrières)~爆炸,16

## L

莱梅尔学校(Lämel School),耶路撒冷,AE 在~举办演讲,561,582n

拉特诺捐献金设立巴勒斯坦工人学院(Rathenau endowment for academy of workers in Palestine) Weiner 的建议,812a;AE 论~,815a

莱布尼茨奖章(Leibniz Medal) Haensch,被提议获~,137—138

莱顿大学(University of Leyden)821a;AE 从~获得的酬劳,132

莱纳德文集(Lenard-Festschrift)~约稿邀请,59,75

劳特拉赫(Lautrach)60n,412,415n,750;~的翻新,475

离校孤儿志愿教育咨询委员会(Freiwilliger Erziehungsbeirat für schulentlassene Waisen),设立基金的请愿书,请求 AE 签名,830a,831a

离子质量(Ion mass)~的测量,806a

黎曼曲率张量(Riemann curvature tensor) 660;~的推导,484n,692n;从平行移动得到,887;Eddington 理论中的~,662;用连接的方式,707

黎曼曲面(Riemann's surfaces)303

里奇张量(Ricci tensor) $lxxv$—$lxxvi$,73n,660

力(Force):远距作用,455,476;计算中的~,672;离心~,与引力等价,856;内聚~,电磁的,456;分子间的~,Debye 和 Nernst 论,219;气体的压力,485

力学(Mechanics):作为所有物理学的基础,454;与电动力学不相容,457;统计的~,与实验相矛盾,461

粒子(Particles)基本的~,66;被表示为场的解,68

联合委员会(犹太人联合分配委员会)(Joint [Jewish Joint Distribution Committee]) 820a,827a

联络(Connection)仿射~,不对称的~,713n;作为广义相对论的基础,706;~的概念,660;对称条件,661,707

量子(Quanta) ~的秘密,AE 论~,371;Zangger 论~,341

量子理论(Quantum theory)$xlii$,457;按照 Bohr 的方式吸收,361;绝热假设,301n,511;AE 论 Sommerfeld 对于光谱的分析,92;反常不能改变均分定理,390;复合系统的~,174;对应原理,203;关于解释光发射现象的判决实验,423;气体中的~效应,和单原子的发射过程,86;~和低温下的电阻率,172;光的发射过程,99,851;五维的~,Ehrenfest-Afanassjewa 论~,134;氢的~,AE 和 Grommer 论~,146;光的~,98;经典力学的有限有效性 limiting validity,461;～和分子理论,464;～的起源,457;光电效应,459;多原子分子的～,464;～中的量子轨道,424;非谐振子的量子化,291;准周期系统,460;仅限于力学,476;选择定则,92;～和统计学,99;Stern-Gerlach 实验,441;Tetrode 论～,476;能态之间的迁移,在磁场中,442;Warburg 关于光化学的著作,356

零点能(Zero-point energy)109,147

流形(Manifold)五维的～,64

隆巴尔多研究院(Istituto Lombardo)选举 AE 为外国通讯院士,806a,807a

卢德(巴勒斯坦)(Lod [Palestine]) AE 论～,561

卢瑟福-玻尔理论(Rutherford-Bohr theory) 173. 亦可参见 Bohr,Niels

卢西塔尼亚事件(Lusitania affair) Sommerfeld 论～,76

鹿特丹的巴达维亚实验哲学学会(Bataafsch Genootschap der Proefondervindelijke Wijsbegeerte te Rotterdam) AE 拒绝去～做演讲的邀请,437

鹿特丹物理学会(Rotterdamsch Natuurkundig Genootschap)邀请 AE,437,812a

罗马大学(University of Rome)为 AE 提供教授席位,659,827a,828a

洛克菲勒基金会(Rockefeller Foundation) 471

洛伦兹变换(Lorentz transformations)456, 877

洛伦兹力(Lorentz force)173

洛伦兹收缩(Lorentz contraction);作为遥远质量的效应,436;在球形空间中,181

## M

Mercur 飞机制造公司(Mercur Flugzeugbau GmbH)256—257,263

马德里(Madrid)AE 论～,562

马德里大学(University of Madrid);AE 在～举办演讲,562,585n,587n,860—889, 890—891;授予 AE 荣誉博士学位, 563,830a

马德里文化协会(Ateneo de Madrid)*lxx*

马格达拉(Magdala [Mejdal])561

马赫原理(Mach principle)*xlv*,524,527

马六甲(Malacca)555

马赛(Marseille)532,562;AE 论～,589

玛菲施华寇工厂(Maffei-Schwarzkopf-Werke) 279

玛喀比(Maccabeans)AE 是荣誉会员,788a

麦克斯韦方程(Maxwell equations) 875, 886;Kaluza 论～,68;关于有重介质,722

《迈耶的百科全书》(*Meyers Konversationslexikon*)AE 给～的传记,792a

美国国家科学院(National Academy of Sciences,U. S.)选举 AE 为外籍院士,314, 799a,804a

美国犹太物理学家委员会(American Jewish Physicians Committee)访问～,329n

美国哲学协会(American Philosophical Association)资助欧洲图书馆购买哲学书籍和期刊,810a

门德尔松公司(Mendelssohn & Co.)792a, 816a,817a;KWIP 的行政信函,794a, 802a,803a,809a,810a,814a,829a;爱因斯坦基金会,关于对～的捐献,816a,817a, 819a,825a

门司(Moggi)参见门司(Moji)

门司(Moji) 552,553

孟买大学(University of Bombay)邀请 AE 举办演讲,822a

米格达(巴勒斯坦)(Migdal[Palestine])560

米克非以色列(Mikve Israel) 560

名古屋(Nagoya) 549—550

墨西哥政府(Mexican government)邀请 AE 参加日食考察,725,829a

墨西拿(Messina)534

木星卫星(Jupiter satellites)Besso 论～,180—181

慕尼黑大学(University of Munich)Hans Albert Einstein 被～录取,374—375,474—475

慕尼黑学生的谨慎态度(Student deliberations in Munich)关于 AE 的访问,76,93,131

## N

拿撒勒(Nazareth)560,561

那不勒斯(Naples)562

纳布卢斯(Nablus)561

纳哈拉尔(Nahalal)560

钠(Sodium)蒸汽,～的光谱线,424

奈良(Nara)552

挠率(Torsion)713n

内格尔造船厂(Naglo shipyard)313n

能量(Energy):辐射与物质间的交换,AE 论～,361;Stodola 论～,330—331;广义相对论中的～,427;～张量的含义,507;～守恒原理,狭义相对论最重要的结果,878

能量-动量方程(Energy-momentum equations)702

能量张量(Energy tensor):电动力学的～,554;电磁～,对于有重介质,551,722;电磁场的～,与石原纯的论文,551,552;对于非静态宇宙,Friedmann 的解释,602;～的对称性,699,722;Friedmann 的解散度消失,602

能量-质量等价(Energy-mass equivalence)456

尼甘布(Negombo)556

诺贝尔基金会(Nobel Foundation)征询用于出版的个人信息,831a

诺贝尔奖(Nobel Prize)$lix$:授予 AE,516,824a;Arrhenius 暗示即将～,512;Aurivillius 通知～,591,592;～的财务细节,616—617,830a;Laue 暗示即将～,516;奖章和证书,832a;收益给 Mileva Einstein-Marić,746n

诺贝尔物理委员会(Nobel Committee for Physics):提议 AE 获诺贝尔奖,513n;请求为诺贝尔奖推荐候选人,818a;

## O

欧洲(Europe):国际杂志,Rolland 论创办～,275;～的政治条件,AE 论,471

## P

PAW 808a:AE 通知接受了法国的邀请,182;AE 要求暂停发放薪水,813a;询问 AE 关于 1922 年 11 月 23 日的演讲;AE 拒绝～,813a;Kamerlingh Onnes 被提议作为通讯院士,789a;Kapteyn proposed 被提议作为通讯院士,789a;Ludendorff 被提议作为院士,790a,791a;关于提升 AE 的薪水,831a;Schlenk 被提议作为院士,790a;Zeeman 被提议作为通讯院士,789a

赔款委员会(Reparations Commission)～的德国代表团,225

平移(Parallel transport)706,887;计算中的～,674;～的概念,660,662;无直接的物理意义,533

普拉多(Prado)$lxx$,563,781,782

普朗克常数(Planck's constant)460

普朗克辐射公式(Planck's radiation formula)97,99,458;Warburg 的经验测量,356

普鲁士文化部(Prussian Ministry of Culture)793a,794a

谱线（Spectral lines）：～加宽,423,551;组合,Sommerfeld 论～,77;～的定律和量子理论,97;太阳中心和边缘的红移,109—110;

## Q

奇点（Singularities）332;

启发法（Heuristics）等价原理的～,880

气体（Gases）：～的非各向同性压力,485—488;解离的～,其中声音的传播,34—36;理想～方程,8;～的压力,485

《悭吝人》（*Molière*）,833

青年会馆（Youth Assembly Hall）东京,AE 在～举办演讲,546

氢（Hydrogen）：～分子的量子理论,464;比热,444;和光谱线,424

庆应义塾大学（Keio University）AE 在～的演讲,544,567n,854—857

探索社（Question Club）① 上海,AE 在～发表的演讲,858

球对称解（Spherically-symmetric solution）667,675,711

全国学生自治联合会（National Federation of Students' Self-Government Associations）日本,对 AE 的和平主义者身份表示欢迎,824a

全国学生自治联合会（Zenkoku Gakusei Rengo [National Federation of Students]）为 AE 的和平主义致敬,824a

## R

热动力学（Thermodynamics）：类似于狭义相对论,877;与狭义相对论比较,875;状态方程,4;热传导,4,5;～和不可逆转过程,5;～和量子理论,457;～第二定律;如果

AE 对于极隧射线实验是正确的则违反～,129;Zilsel 论～,296

热辐射（Heat radiation）11—12;和量子理论,457

热流（Heat flow）气体中的～,485

人民救济委员会（Peoples' Relief Committee）820a

日本大使馆（Japanese Embassy）关于 AE 的旅行,811a,813a

日本帝国学士院（Imperial Academy of Japan）欢迎 AE,823a

日本皇后（Empress of Japan）545

日本人的性格（Japanese character）AE 论～,532

日本无产阶级同盟（Nippon Puroretaria Domei）询问对于日本政府和青年人的未来的看法,824a

日本邮船株式会社（Nippon Yusen Kaisha）：关于 AE 在马赛的行李,829a;询问 AE 的旅行费用,818a;为 AE 的日本之旅提供船舱,807a,810a,811a

日光（Nikko）549

日内瓦大学（University of Geneva）邀请 AE 举办演讲,269,796a

日食（Eclipse）邀请参加 1923 年的～远征,829

乳光（Opalescence）11

瑞士奥尔股份公司（Schweizerische Auer-Aktiengesellschaft）478n

瑞士大使馆（Swiss Embassy）柏林,514

瑞士独立人民联盟（Bund für Unabhängigkeit der Schweiz）744

瑞士科学院（Swedish Academy of Sciences）选举 AE 为院士,804a

《瑞士以色列周报》（*Israelitisches Wochen-*

---

① 应该是 858 页的 The Quest Club（探索社）的又一译法。——译者

blatt für die Schweiz) 430n, 813a

瑞士银行公司 (Schweizerischer Bankverein) 823a

## S

Sannig 公司 (Sannig & Co.) 与通用电气公司的法律纠纷, 88

萨拉戈萨 (Zaragoza) 科学院选举 AE 为通讯院士, 563

萨拉戈萨大学 (University of Zaragoza): AE 在~举办演讲, 587n; 科学学院, 授予 AE 荣誉证书, 588n, 830a

萨拉戈萨大学学生委员会 (Student Committee of the University of Zaragoza) 为德国学生募集捐款, 830a

萨拉戈萨科学院 (Academy of Sciences of Zaragoza) 参见萨拉戈萨 (Zaragoza)

塞得港 (Port Said) 534, 557, 561

塞曼效应 (Zeeman effect) 反常~, Heisenberg 论~, 77

商科大学学生会 (Students Association at University of Commerce) 东京, 欢迎 AE, 824a

熵 (Entropy): 和涨落, 10; 由 Boltzmann 方程得到的, 7

上海 (Shanghai) 542, 554; YMHA, AE 在~举办演讲, 575n

社会主义知识分子团体 (Groupement intellectuel socialiste) 邀请 AE 参加会议, 796a

神户 (Kobe) 544, 551

神户大学 (University of Kobe) AE 在~举办演讲, 551

声音 (Sound): ~在气体中的传播, 34—36, 188; Warburg 论声音的力学, 354

斯潘道 (Spandau) AE 与儿子们度假, 158, 372, 402n, 431

斯潘道地区管理局 (Spandau district authority) 关于房产的租赁, 819a

时间 (Time): ~的概念, AE 和 Bergson 论~, 239—244; 需要被分析的~概念, 876; 宇宙~, 435; ~的定义和信号速度, 637; ~延迟, 877; ~的方向, 718; 物理~, 作为事件次序, 877; 真实存在于自然界中, 877; 对~的重新定义作为通往狭义相对论道路上的突破, 637; ~的逆转, 5; 广义相对论中的不变量, 718; ~和空间坐标系, ~之间的差异, 244; Schmidt 论~, 786a

实科中学 (Reali School) 巴勒斯坦, 717

实验 (Experiment): 判决性~, 423; 早期检测以太拖拽的想法, 636; 对 Breit 和 van der Pol 提议的~, 122

实在 (Reality) 物理的~, 包含空-时并存, Ehrenfest 论~, 27—28

事件 (Events): ~的概念, 877; ~的次序关系, 877

《世界舞台》(Weltbühne) 关于慕尼黑对 AE 访问的谨慎态度, 76, 93, 131

数学 (Mathematics): 相对论高等问题的绝对微分算法, 875; 矩阵及其运算, 耶路撒冷数学家呈现给 AE 的, 559; 量子理论所需要的~, 461; 希伯来语中的术语, 40

双星光谱 (Spectroscopic binaries) 土井论~, 318, 811a

水星 (Mercury) ~和光谱线, 424

水星近日点 (Mercury perihelion): 异常进动, 857; 作为经典检验, 884; Ehrenfest 关于 AE 对~的解释, 28; ~和粒子解, 74n

斯德哥尔摩 (Stockholm) 737, 742

斯鲁普技术学院 (Throop College of Technology) 187n

斯塔克效应 (Stark effect) *xxxix*, 423; Epstein 关于~的理论, 460

斯特恩-盖拉赫实验 (Stern-Gerlach experiment)$xxxiv,xxxix-xl$,268,440—444；AE论～,305,315,309—310；Breit论～,306；Ehrenfest论～,306—307；Haber论～,310

斯通波利(Stromboli)533,562

斯托克斯定律(Stokes law)9,15

四元数理论(Quaternion theory)：Hamilton关于～的工作,Ehrenfest不知道,265；作为大统一理论,Synge论～,303

苏黎世国家银行(Züricher National Bank)823a

苏伊士(Suez)535,557

速度分布(Velocity distribution)有热流的气体的～,486

速度相加(Addition of velocities)Quint论～,797a

索尔维会议(Solvay Congress)793a

索尔维物理研究所(Solvay Institute of Physics)138

## T

塔式望远镜(Tower telescope)～的工作人员,725,829a

唐氏综合征(Down syndrome)$lxxi$,448,475,480

特拉维夫(Tel-Aviv)559；AE是～的荣誉市民,559,828a

提比利亚(Tiberias)～湖,561

天体物理天文台(Astrophysical Observatory)波茨坦,AE任～监事会成员,792a

天体物理学(Astrophysics)双星,811a

通用电气公司(Allgemeine Elektricitätsgesellschaft)：捐款给爱因斯坦基金817a；与Sannig & Co.的法律纠纷88

通用运输公司(Allgemeine Transportgesellschaft)关于AE的行李,583n,831a

同济大学(University of Tongji)邀请AE举办演讲,565n

同时性(Simultaneity)：～的定义和Strasser,465；～的相对性,877

统计力学(Statistical mechanics)461；均分定理,390；遍历假说,297n；～的基础,AE论～,527—528；Zilsel论～,296—297

统一(Unification)：所有自然力的～,730；～的标准,709,886；作为科学的理想,709,891；波动论和量子论的～,98

统一场理论(Unified field theory)$xlv-xlvi,lxxiv-lxxvii$；追求的～,660,706；Weyl理论中的四阶微分方程,64；阐述Weyl-Eddington理论的想法,554；变分方法,888；Weyl的～,533,536,563n

图根堡(Toggenburg)350

土耳其(Turkey)与希腊的边界问题,330n

土伦(Toulon)562

托莱多(Toledo)$lxx$,562

陀螺经纬仪(Gyro-theodolite)Anschütz论～,377,386—387,413

陀螺仪(Gyroscope)受其他物体的影响,885

## W

外尔理论(Weyl's theory)64,563n；AE论～,42n,332,388,483,533；AE论～中的电磁真空方程,536；Dienes论～不可行,479；Langevin论～,232—233；Pauli论～,153；Zangger论～,341

外交部(Auswärtiges Amt)：邀请AE加入文化顾问委员会,824a；关于德国驻巴达维亚领事的报告,793a

外交部(Ministry of Foreign Affairs)关于计划在西班牙和日本举办的演讲之旅,798a

威廉皇帝二世(Emperor Wilhelm II)402n

威尼斯的国际博览会(International Exhibition in Venice)AE作为德国展馆的

荣誉委员会成员,789a
微分方程(Differential equations)不能正确描述自然定律,461,533
维德曼-夫兰兹定律(Wiedemann-Franz law)169—170,172
维度(Dimensions):相对论中的四个～,878a;其他维度的可能世界,857
维苏威火山(Vesuvius)562
维也纳乌拉尼亚天文台(Wiener Urania)选举 AE 为通讯成员,828a
温度(Temperature):表面与内部～有差异,不可能达到平衡,390;～的涨落,12
文化部(Minister of Culture)邀请 AE 加入天体物理天文台的监事会,792a
文化咨询委员会(Cultural advisory committee)AE 受邀加入,824a
沃尔夫斯凯(Wolfskehl lectures)在哥廷根,367n
乌得勒支省协会(Provinciaal Utrechtsch Genootschap)授予 AE 外籍会员身份,814a
乌尔姆(Ulm)192
乌克兰犹太人联合会(Ukrainian Jewish Federation)827a
乌普萨拉皇家科学学会(Royal Society of Science in Uppsala)AE 是正式会员,801a
无声放电(Silent discharge)802a
武斯特罗(Wustrow)373n
物理(Physics):～的目标,454;作为整理经验的工具,335
物理力的几何化(Geometrization of physical forces)479

## X

X 射线(X-rays):～的发现,407;Gradenwitz 提议称之为"Röntgen-Lenard"射线,385—386;AE 论～,407;Wagner 的精确测量,433

西班牙工程师和建筑师校友会(Asociación de Alumnos de Ingenieros y Arquitectos de España)选举 AE 为荣誉会员,587n,829a
西班牙国王阿方索十三世(Alfonso XIII, 1886—1941)$lxx$,585n,728,729
西班牙加泰罗尼亚医生协会(Association of Catalan Doctors in Spain)邀请 AE 做演讲,824a
西班牙科学院(Spanish Academy of Sciences)选举 AE 为通讯院士,727—730,829a
西班牙数学学会(Spanish Mathematical Society)选举 AE 为荣誉会员,562
西门子 & 哈尔斯克(Siemens & Halske)792a,816a,825a
西门子-舒克特工厂(Siemens-Schuckert-Werke)825a
吸引力(Attraction)分子间～,Debye 和 Nernst 论～,261—262,272—273
希伯来大学(Hebrew University):AE 在～的演讲,559,578n;AE 论～,33,853,858;AE 请求美国犹太人资助～,45—46;Berliner, Emile,对～的捐款,115—116,224,329n,785a,792a,800a,801a,822a;Hausman-Frank 对～的捐款,312,799a,804a;Jolowicz 捐献书籍给～,196,208;～的期刊,510;～的图书馆,45;新世纪俱乐部,～的捐款,382—383,416;物理-化学研究所,115
希腊(Greece)与土耳其的边界问题,330n
悉尼大学(University of Sydney)悉尼大学、墨尔本大学、阿德莱德大学的演讲邀请,802a,803a
锡兰(Ceylon)537,556,704
下关(Shimonoseki)552,553
仙台(Sendai)548;市公会堂,AE 在～举办

演讲,548

仙台大学(Sendai University)为 AE 提供临时的教授席位,571n

现御茶水女子大学(Ochanomizu Women's University)570n

线元(Line element) Eddington 的理论中的~,662

相对论(Relativity)xliii—xlv;与自然定律一致,854;~的公理,232;~的发现,624;~的动力,Langevin 论~,413;在日本详细阐述~所带来的效应,601;与桑木讨论认识论问题,553;向 Zangger 解释~,341;五维时空,878;

广义理论:新的~,555,660—667,705—712;计算,670—689,695—696

广义相对论:476,554;~中的仿射张量,152;基于度规,706;~中的边界条件,639;~的证实,32;守恒定理,426;爱因斯坦通往~的道路,627,637;~的详细阐述,879;动量与能量的表达式,427;引力场方程,28n,883;空洞论证,26—28;未完全达到物质张量的现象特性,886;无穷小变换,152;Jaffe 论~中的质量,345;Kretschmann 论广义协变性,214;作为统一理论的极限情况,710;~中的物质张量,490;Weyl 和 Eddington 所做的修改,661;~和牛顿引力,856a;~的起源,456;点对应论证,27—28;质量的相对性,Jaffe 论~,395;Schwarzschild 解和质量的相对性,395;~的缺陷,884;三个经典检验,883;真空场方程,595;变分形式,662,886;~中的变分方法,554;概念结构的图像表示,365n;AE 访问后日本的~,828;关于~的演讲,31;日本有关~的文献,210;~的逻辑一致性,233,234;对于"一切都是相对的"的误解,876;并非是一个革命,而是一个转换,883;不包含在授予诺贝尔奖的理由中,592;质量的~,434;~的原理,第一次思考~,636;~的原理,日本公众的理解,463;

狭义相对论:AE 在五周内完成,637;AE 通往~的道路,636;与热动力学相似,875,877;~中的不对称性,235;基于两个实验结果的一个演绎理论,875;质能等价,856;Le Bon 论~,370;只是 Maxwell-Lorentz 电动力学的一个扩展,856;~的起源,875;~的原理,876;Michelson 实验所起的作用,626;~中的应力-能量张量,507;孪生佯谬,Besso 论~,520;相对论效应的直观表示,180;在学校中讲授,822a;作为原理理论,855

香港(Hongkong)AE 论~,540

协变(Covariance)作为启发式原则,883

协约国(Entente)~的挑衅,AE 论,416;~贪婪的政策,Sommerfeld 论,76

心理物理平行论(Psychophysical parallelism)Fechner 论~,335;Spinoza 论~,335

心理学(Psychology)与认识论比较,288

《新巴勒斯坦》(*The New Palestine*)Weizmann 为~约稿,416,438,589,807a,812a;AE 拒绝,822a

新加坡(Singapore)555

《新领袖》(*The New Leader*)向 AE 征求文章,468,472,493—494,497—498,502—504

《新鹿特丹新闻报》(*Nieuwe Rotterdamsche Courant*)AE 论~的采访,783a

新世纪俱乐部(New Century Club)~给希伯来大学的捐款,Weizmann 论~,382—383,416

新祖国同盟(Bund "Neues Vaterland.")参见 BNV

行李(Luggage)826a,829a,830a

旋转（Rotation）Schlick 论～,469
旋转圆盘论证（Rotating disk argument）880
学生组织（Student organization）海德尔堡，请求政治和经济帮助,788a
学术出版公司（Akademische Verlagsgesellschaft）196n
学者之家（House of Scholars）圣彼得堡,351

## Y

雅法（Jaffa）560
耶利哥（Jericho）558
耶路撒冷（Jerusalem）561
耶拿（Jena）DPG 的会议,77
液体中粒子的分布（Distribution of particles in a liquid）8
一桥大学（Hitotsubashi University）569n
以色列家园（Eretz Israel）AE 是～居民,580n
以色列理工学院（Technion）AE 论～的教育,164—165,717；Biram 论～,723
以太（Ether）636；～和光，Viscardini 论,801a
以太拖拽（Ether drag）Michelson 关于～,379
意大利（Italy）～的政治形势,477
意大利科学学会（Società Italiana delle Scienze）授予 AE 玛得希金质奖章,810a,812a
因果关系（Causality）：关于第一次世界大战的争论中的～,270；广义相对论的～，Hilbert 论～,232；量子理论中有必要修改～,730；作为科学的先决条件,3—4；概率～,4—5；严格～和概率～,12
银原子（Silver atoms）～和 Stern-Gerlach 实验,441
引力（Gravitation）：不包含在授予 AE 诺贝尔奖的理由中,592；仅来自地球上的力学，关于～的思想实验,523；与狭义相对论不相容的普适定律,638
引力场（Gravitational field）：～的方程，相关条件，更高阶的导数,883；在计算中表示为 Ricci 张量的对称部分,676；两质点的～,594—596
引力的光线弯曲（Gravitational light deflection）857；作为经典检验,884
引力和电（Gravitation and electricity）完成手稿,555,557
引力红移（Gravitational red shift）857,884
英国对巴勒斯坦的授权（British Mandate for Palestine）312
荧光（Fluorescence）量子理论中的～,361
永无战争游行（"Nie wieder Krieg" demonstrations）Stöcker 论～,472
犹太复国主义者组织（Zionist Organisation）45
犹太国家基金会的"金典"（Golden Book of the Jewish National Fund）AE 和 EE 的名字刻在,827a,829a
犹太人联络办公室（Jüdisches Correspondenz-Büro）请求订阅通讯简报,798a
于右任（Yu, Youren [1878? —1964]）566n
宇宙电影股份公司（Universum-Film-Aktiengesellschaft）43n
宇宙学（Cosmology）：宇宙尺度,709；场方程的宇宙学项,710；关于～的早期研究,639；有限宇宙,854,857；Friedmann 的～；对负曲率的研究,603；非静态世界,490；场方程的解,602；引入宇宙学常数,885；Jaffe 论～,396；银河和螺旋状星云,523；牛顿理论,523；有限恒星数量,857；其他维度的可能世界,857；Seeliger 论～,523；Selety 的；"分子级"世界,523；空间的有限世界,505；空间拓扑,427；球状空间，甲虫的故事,538

宇宙学问题(Cosmological problem)427；AE计算中的～,672；AE关于～的演讲,548；静态两质点解,595

元素周期律(Periodic system of elements) Bohr 关于～的理论,140

原子(Atoms)Rutherford-Bohr 理论,460

原子的方矢量子化(Direction quantization of atoms)315

远距作用(Action-at-a-distance)力,476

远藤吉见(Endo, Yoshimi)AE 论文集日文版的翻译者,508n

远藤美寿(Endo, Yoshitoshi)571n

运动(Motion)～的概念,854

运动物体的光学(Optics of moving bodies)～和相对论的起源,636,875

运动学几何(Kinematic geometry)Dienes 论～,479

运动学理论(Kinetic theory)：扩散,4；电子的～,169；气体的～,Boltzmann 论～,5—7；高密度气体的～,Warburg 论～,355；热传导,4；Warburg 和 Kundt 证实的预测,354；～和比热,4；Warburg 论黏滞性和热传导,354

## Z

早稻田大学(Waseda University)为 AE 准备的招待会,548

增加光谱展宽的压力(Pressure broadening of spectral lines)423

战争受害者委员会(War Victims Committee)伦敦,827a

战争罪责(War guilt),德国的,76

张量(Tensor)：～级的概念,690n；广义相对论中光传播的～,Cartan 论～,234—235；～和平行移动,Dienes 论～,479；六矢量,698,722

涨落(Fluctuations)：热辐射的～,12；～的平均值,10；温度的～,12

哲学(Philosophy)：AE 对于～的思考,30；AE 与 H. Samuel 关于～的对话,559；在法国学会上关于相对论的讨论,227—250；证伪主义,AE 对于～的看法,169；关于物理原理的自由选择,335；康德哲学,214；一个理论的逻辑特性,233,234；量子的～,77；Reichenbach 的公理体系,214；关于相对论作为表示空-时事件的逻辑体系,335；相对论与相对主义没有关系,876；纯思辨不能带来真理,371

正氦(Orthohelium)Born 论～,291

智力合作委员会(Committee on Intellectual Cooperation)liv—lvi,366,373n,809a；AE 受邀加入,308,321—322；Le Bourgeois 论～,812a；～的动机,370；AE 论～的报告,821a；AE 辞去～的职位,389,738,742—743；Attolico 论～,405—406；Comert 论～,831a；Curie 论～,394,400；Murray 论～,398—399；辞职的原因,388,402,404,405,408,418—419,433—434；AE 关于接任者,506,515,530,820a；Wertheimer 拒绝接任,513—514,516—517；第二次会议,～的日程,506；Besso 论～,744；Bonnevie 论～,809a；Brinkmann 提出在～帮助 AE,731—732；艺术与科学生产和促进中心,提议～,826a；Curie 接受成为～的成员,318；Epstein 论～,378；～的成立,307；～的第一次会议,438—439；Kraus 作为～的潜在成员,508；～中的拉丁和德意志代表,399；～的成员,308；Millikan,推荐～,378；新渡户稻造,关于 AE 缺席会议,816a；组织关于文献目录的子委员会,并征求候选者名单,821a,823a；～的报告,821a；请求推荐成员名单,508；Zangger 论～,341

制冷机(Cooler)47—48,136,158

质量(Mass)：惯性的概念，434；～守恒原理并入能量守恒原理，856；电磁的～，507；引力～和惯性～的等价，456；～的相对性；AE论～，411，426—428；Jaffe论～，345，395—396，417—418，434—436；狭义相对论中的～，507；广义相对论中的测试质量，427；Trefftz的宇宙学解中的～，595

质能等价(Mass-energy equivalence)：Le Bon论～，256，380，394—395；发现～的优先权；AE论～，312，369—370；Le Bon论～，340，422

《周一世界》(Welt am Montag) 关于Hirschfeld与AE的手稿事件，190n

专利(Patents)：DRP174 111，343；DRP211 634，343；DRP241 637，344，795a；DRP401448，49n；US1，350，214，437n

状态方程(Equation of state)：Debye和Nernst之间的争论，219；晶体的～，290；经验的～，268

自然(Nature)，作为一位女神，655

自然定律(Laws of nature)：与相对论一致，854；相对论中加入的协变性条件，883；～的协变形式，525；未用几何来表示，638；可能不能表示为微分方程，533

综合保险公司(Assicurazione Generali)，209

组织理事(Organisation Consul) 374n，391n，392n，393n；AE在～的名单上，393n；Max Warburg在～的名单上，393n

坐标(Coordinates)：曲线～，由Gauss引入，882；循环～，460；广义～，～的正则变换，792a；～在广义相对论中失去直接意义，881

# 人名索引

## A

Aardenne, Gijsbert van(1888—1983)58, 75

Abraham, Max(1875—1922)455；作为亚琛工业大学教授席位的候选人, 149

Adams, Edwin(1878—1956)147, 263n；收到 *Einstein 1922c* 的手稿, 253

Adler, Cyrus(1863—1940)726

Adler, Friedrich(1879—1960)267, 268n

Aguilar, Florestán 586n

爱知敬一（Aichi, Keiichi［1880—1923］）321n, 548, 570n, 571n, 601n

秋田忠义（Akita, Chugi）407, 828a；关于 AE 写给论文集日文译本的前言 508, 510, 816a；关于计划在日本大使馆招待 AE 和 EE 的午宴 820a

Alcobe, Eduardo 583n

Alexander, Jerome 请求与 AE 合作写本有关胶体的书, 823a

Allbright, William 578n

Álvarez-Ude, Jose 关于 *Einstein 1917a*、*Einstein 1921c*、*Einstein 1922c* 的日语译本, 818a, 819a

Amsler & Ruthardt 为 AE 的肖像画亲手签名, 798a, 800a, 805a, 822a, 823a, 824a

Anschütz-Kaempfe, Hermann（1872—1931), xxxv, lii, 59, 93, 131, 136n, 159n, 212, 261, 368, 372n, 401, 733；AE 打算为～工作, 401n；关于暗杀 Rathenau, 377；关于劳特拉赫的城堡, 475；与 AE 合作, lxxii；关于为 AE 在汉堡准备的小屋, 421, 431；关于地磁实验, 342；关于陀螺仪, 193, 342, 377, 386, 473—474, 750；关于陀螺经纬仪, 377, 386—387, 413；关于《费加罗报》对 AE 的采访, 131；邀请 AE 去基尔, 193, 342, 377, 750；去慕尼黑, 131；请 AE 加入与航海仪器公司的法律纠纷, 795a；邀请 AE 的儿子去劳特拉赫, 295；去基尔, 421；AE；拒绝～, 431；关于为 AE 购买的新帆船, 387；为 Einstein, Hans Albert 提供住宿, 474—475；论 AE 的爱国行为, 76；寄去修好的烟斗, 798a

Anschütz-Stöve, Reta（1897—1961）422n, 432n；患阑尾炎, 193, 212, 223, 342n

Appell, Paul(1871—1956)论居里夫人 Langevin 的桃色事件, 15

荒木俊马（Araki, Torasaburo［1866—1942］）573n

荒木丰岛（Araki, Toshima［1897—1978］）601n, 824a

Arco, Anton Count von 77n

Arcos, René(1880—1959), 275

Ariav, Haim 577n

有岛五郎（Arishima, Takeo）570n

Arkadev, Vladimir K.(1884—1953)147

Arrhenius, Svante(1859—1927) lix, lxx, 245, 252n, 516n, 517, 555, 697；论可能即将授予 AE 诺贝尔奖, 512；提供给 AE 颁发诺贝尔奖的机会, 736—737, 742；论 AE

巴黎之行的成功, 512

Aster, Ernst von(1880—1948)470

Asúa, Miguel, 586n

Attolico, Bernardo(1880—1942)439n; 对 AE 辞去智力合作委员会职务表示遗憾, 405—406

Audubert, René 796a

Auerbach, Elias(1882—1971)560, 723

Aulard, François(1849—1928), AE 论～, 286; Delbrück 论～, 338; 论 Delbrück, 286

Aurivillius, Christopher(1843—1928) lix, 697n, 822a; 论 AE 的诺贝尔奖, 591, 592

## B

Bach, J. S. 261; AE 演奏～, 547

Bachiller, Rodriguez 860, 875

Baerwald, Emil 823a

Balfour, Lord Arthur(1848—1930)482; 关于巴勒斯坦的授权, 111n

Baller, Nikolaus 请求为～写推荐信, 817a; AE 拒绝～, 817a

Bannerjea, Debendra(1895—?) 308, 402, 419; 请求 AE 接受关于德国教育的访问, 809a, 811a; 打算在柏林邀请 AE, AE 拒绝, 402

Barbusse, Henri(1873—1935) xlvii; 激烈抨击罗兰主义者(Rollandists), 276; Rolland 论～, 270; 为《光明》报征求 AE 关于巴黎之行的报道, 299—300, 399—400

Barclay, Thomas(1853—1941) 281, 286, 304, 794a; 邀请 AE 在法国哲学学会做演讲, 156; 在法国物理学会～, 186; 邀请 AE 参加午宴, 195, 197, 218; AE 拒绝, 204, 207

Baren, Johan van(1875—1933)邀请 AE 加入爪哇岛的日食远征考察队, 306, 309, 310n

Bartels, Hans 798a

Bärwald 545, 546, 549

Basch, Victor(1863—1944)338

Bastianelli, Giuseppe(1862—1959)185n

Bastianelli, Raffaele(1863—1961)185n

Bauer, Ignacio 585n

Bauer, Edmond 796a

Bazalgette, Leon(1873—1928)275

Beck, Carl(1864—1952) 284, 415, 518, 813a, 821a

Becker, August(1879—1953)59n

Becker, Carl 506

Becker, Richard 论哈密尔顿方程, 792a

Becquerel, Jean(1878—1953) 520, 796a; 论 Mie 的理论, 236

Beethoven, Ludwig van 261, 393; AE 演奏～的《Kreuzer 鸣奏曲》, 548

Ben Hillel Hacohen, Mordechai 582n

Benavent, Guillermo de 824a

Ben-Gurion, David lxviii; AE 与～见面, 579n

Bentwich, Norman 577n

Bergmann, Hugo(1883—1975) 558, 559, 579n; 征集 AE 的声明, 33n

Bergson, Henri(1859—1941) liv, 308, 366, 506, 513, 797a, 826a, 836, 839, 846; Bergson 1922, AE 论～, 505, 533; Haldane 论～, 482; 论时间, 239—244, 249—250

Berliner, Arnold(1862—1942)808a; Einstein 1922k, 关于～的手稿, 360n; Einstein 1922l, 寄给 Warburg 以求完善～的文献目录, 815a; 请求做相对论的报告, 794a; AE 拒绝, 191

Berliner, Emile(1851—1929) lxvii; 给希伯来大学的捐赠, 111, 115—116, 224, 329n, 785a, 792a, 800a, 801a, 22a

Berliner, Siegfried(1884—1961) 545, 554, 601n

《柏林高校新闻》(*Berliner Hochschul-Nachrichten*),征求 AE 关于国际知识分子合作的文章,832a;Berrens,B. 823a

Bertens,Rosa(1860—1934)281

Berthelot,Daniel 273

Berthelot,Marcellin(1827—1907)380

Berthoud,Alfred(1874—1939)AE 论电子在电场的质量增加,507

Besso,Ermina(1852—1922)746n

Besso,Marco(1922—1995)181n,467n,521

Besso,Michele(1873—1955)*lvii*,209,209n,465,466,520,528,532,589,640n,643,743,821a;AE 关于拜访～的日期,530;关于 AE 辞去智力合作委员会职务,744;成为祖父,178,179;关于日本之旅对 AE 的益处,466;关于不同利益的人所属的圈子,467;关于智力合作委员会,744;关于球空间中无限杆的收缩,181;关于 *Einstein 1923e*,745;受～邀请,180;AE 论～,194;关于木星的卫星,180—181;寄给 *Michelstadter 1922* 给 AE,466—467;论孪生佯谬,520;论相对论效应的直观表示,180

Besso,Vero(1898—1971)179,467,530;论横向多普勒效应,180;论孪生佯谬,520

Besso,Vittorio(？—1937)466;请求 AE 为 Nussbaum 的案子辩护,209

Besso-Brönnemann,Lydia 521n

Besso-Winteler,Anna(1872—1944)467,643

Bianchi,Luigi 关于微分几何的演讲,603

Bina,Baruch 581n

Biram,Arthur(1878—1967)560,580n,581n;论以色列理工学院,723

Birkhoff 定理(Birkhoff's theorem)597n

Blackett,Basil(1882—1935)591,822a

Blaschke,Wilhelm(1885—1962)58

Bleuler,Eugen(1857—1939)Zangger 论～的书,114

Block,Paul *xlvii*;关于 AE 在法兰西学院的演讲,281;关于 AE 在巴黎取得的成功,282;《柏林日报》上有关 AE 巴黎演讲的文章,225;邀请 AE 给生活在巴黎的德国人做通俗演讲,225;AE 拒绝,270—271,281;关于法兰西学院的教授,281

Blondel,Georges(1856—1948)281

Blumenfeld,Kurt *lxv*

Bohr,Niels(1885—1962)*xxxviii*,*xlii*,*lx*,*lxxiii*,75,112,143,300,306,368,424,476n,511n,555,592n,697;AE 对～的结果很感兴趣,300;AE 论～,50;祝贺 AE 获诺贝尔奖,593;Ehrenfest 写给～谈论光在色散介质中的传播,108n;～在哥廷根,367,447;AE 在旅途中带着～的论文,698;扰动方法,291;AE 赞扬～,202;关于能量和动量守恒原理与以太对比,Ehrenfest 论～,90;AE 推荐～作为 PAW 的通讯院士,139n,140;论复杂场中的量子化,444;Rutherford-Bohr 理论,173,460;单原子氢理论,268;关于能量级之间的迁移时间,99

Bokowski,Adalbert AE 把 *Einstein 1914o* 连同批评意见寄给～,784a

Bolivar,Ignacio 585n

Bollag,Arnold(1877—1953)350

Boltzmann,Ludwig 211;关于运动学理论,5

Boltzmann 方程(Boltzmann equation)7;～的应用,7—12;从～中推导出布朗运动,8

Boltzmann 原理(Boltzmann principle)AE 论～,3—12;液态状粒子的分布,8

Bonnevie,Carl 关于智力合作委员会,809a

Bonnevie,Kristine(1872—1948)308,809a

Borchardt,Bruno 为他的普及读物寻求帮助,794a

Bordas,Antonio Fernández(1870—

1950)586n

Borel, Emile(1871—1956) *xlviii*, 796a, 833, 842; 关于打击极右势力, 381; 关于法国知识分子工作者联合会, 304; 论 Curie-Langevin 桃色事件, 15; 与 AE 共进晚餐 197, 204, 393; 关于国家知识分子组织的国际行动, 304, 366; 论 Rathenau 遭暗杀, 381; 论相对论, 285; 欢迎 AE 加入智力合作委员会, 366

Borelius, Gudmund(1889—1985)论超导性, 307, 310

Born, Gritti 465n

Born, Irene 465n

Born, Max(1882—1970) *xxxvi*, *xxxviii*, *xxxix*, xlii, xliv, 91, 187, 367, 464, 645; 论 Brody, 290; 关于椭圆的电子轨道, 291; Guillaume, 关于~的论文, 366—367; 邀请 AE 去哥廷根, 56, 57; 关于晶格理论, 290—291; 关于 Miller 重复 Michelson-Morley 实验, 464; 与 AE 合奏四重奏的钢琴家, 85; 论非谐波振荡的量子化, 291; 论多原子分子的量子化, 464; 请求 KWIP 为购买 X 射线设备提供资助, ~被批准, 305

Born-Ehrenberg, Hedwig(1882—1972), 91, 292n, 645; 邀请 AE 来访, 58

Bosch, Carl(1874—1940)爱因斯坦基金会董事会成员, 206, 317n, 810n

Bose, Devendra 796a, 797a, 826a; 关于 *Lorentz et al.* 1922 的印度版本, 827a, 830a

Bothe, Walther(1891—1957) *xxxvi*; 光本性的实验, 56n, 97—104, 129; 关于二次多普勒效应, 计划做~的实验, 109

Bourgeois, Leon(1851—1925)307, 308

Boutroux, Emile(1880—1922)228

Bovet, Ernest(1870—1941)334

Bowman, Humphrey 578n

Bradt, Gustav 关于科诺犹太大学的报告, 828a

Brahms, Johannes Hans Albert Einstein 演奏~, 261

Brailsford, Henry(1873—1958)472, 500; 论 *Einstein 1922m*, 468, 497—498, 819a, 821a, 822a; 向 AE 征求文章, 468, 472, 493—494, 497—498, 502—504

Brandhuber, Camillus 39n

Braunbek, Werner 798a

Breit, Gregory(1899—1981)443; 论 AE 提议的实验, 122; 论 Stern-Gerlach 实验, 306, 309—310; 论超导性, 307, 310, 315

Brill, Avraham 580n

Brillouin, Léon(1889—1969)844; 打算访问莱顿, 274, 277

Brillouin, Marcel 796a

Brinkmann, Carl(1885—1954) *lv*, *lvi*, 514, 515, 516; 为 AE 在智力合作委员会中提供帮助, 731—733, 742—743

Brodhun, Eugen H.(1860—1938)138

Brody, Emmerich(1891—1944)291; Born 论~的能力, 290; 给~的职位, 290, 304—305; 在加州理工学院, 187, 195, 304, 378; 在科诺大学, 290; 应急委员会的薪俸, 305

Brönnimann, Anna 467n

Brönnimann, Fritz 467n, 746n

Brönnimann, Lydia 467n

Bruhn, Carl(1832—1881)267

Brunschvicg, Léon(1869—1944)796a; 论康德和 AE, 236—238

Bucharoff, Simon 785a; AE 拒绝与德国音乐界接触的请求, 785a

Buchholz, Hugo 794a

Büeck, Otto 325n

Buen, Odón de 587n

Buisson, Ferdinand 349n

Bulwer-Lytton, Edward 384n

Burger, Herman C. (1893—1965) 184

Burgers, Johannes 511n, 849, 852

Busch, Adolf (1891—1952) 368

Busch, Wilhelm (1832—1908) 91

Butler, Nicholas (1862—1947) $xxxv$; 提供哥伦比亚大学的教授职位给 AE, 720, 731

Büttner, Erich 关于 AE 的肖像画, 788a

Buzaglo, Shlomo 581n

## C

Cabrera, Blas (1878—1945) $lxix$, 562, 585n, 586n, 728, 729, 860, 875

Cadafalch, Josep 583n

蔡元培(Cai, Yuanpei [1868—1940]) $lxiv$, 256n, 431n; 邀请 AE 来北京, 613

Cajal, Santiago Ramon y (1852—1934) 562

Calamita, Gonzalo 588n

Caldonazzo, Bruto 征求关于相对论概念和问题的调查, 820a, 823a, 825a

Calleja, Julián 585n, 586n

Calleja y Borja-Tarrius, Carlos 583n

Campalans, Rafael (1887—1933) 562, 583n, 584n

Cantoni, Arrigo 520

Carracido, José R. (1856—1928) 585n, 586n

Carrasco, Pedro 585n, 860, 875

Carrière, Henri 577n

Cartan, Elie (1869—1951) 713n; 关于光传播张量的物理意义, 234—235

Carulla, Valentin 583n

Casanova, Paul 146n

Cassirer, Ernst (1874—1951) 61, 81, 214

Castel-Rodrigo, Juan Falcó y Trivulzio, Marques de 829

Castro, Aloysio de (1881—1959) 308

Cauchy, Augustin-Louis (1789—1857) 267

Cavanilles, A. J. 829a

Cazurla, María Luisa 586n

Cecil, Robert (1864—1958) 744

Cerrageria, Conde de 829a

Chakhotin, Sergei (1883—1973) 112—113

Chalas, Antoine 330; 关于 *Einstein 1917a* 的希腊文译本, 806a

Chaluz 560

Chatley, Herbert (1885—1955) 575n

Chavan, Lucien (1868—1942) $lvii$, 259, 467, 532, 589, 745

Chikaraishi, Yuichiro 571n

Choumoff, Pierre (Shumov, Petr) 838

克里斯蒂安那(Christiania) 58, 737; Ehrenfest 访问～, 58

Christoffel, Elwin Bruno (1829—1900) 引入关联系数, 660

Chulanovsky, Vladimir M. (1889—1969) 184

Clausius, Rudolf (1822—1888) 4

Clementino, Fratre, OFM 734n

Cohen, Donald 788a, 791a

Cohen, Morris R.: 关于给欧洲图书馆的哲学书籍和期刊, 810a; 请求 AE 在纽约城市学院关于量子和辐射的演讲稿, 810a

Colin, Paul (1890—1943): 光明会, 关于与～决裂, 276; 关于 1919 年与 AE 见面, 276; 关于 Barbusse 和罗兰主义者之间的辩论, 276

Comas Solà, Josep 584n

Comert, Pierre (1880—1964) $lv$, 405, 426, 507, 530, 738, 821a

Comte, Auguste 230, 246, 247

Contu, Rafaele (1895—1952) 659, 812a, 827a; *Einstein 1905r*, 意大利语译本, 659, 817a; *Einstein 1918k*, 意大利语译本, 659, 814a, 815a, 817a; *Einstein 1920j*, 意大利语译本, 659, 784a, 789a,; 790a, 794a,

795a，799a，808a，809a，814a，828a；*Einstein 1921b*，意大利语译本，659；*Einstein 1921c*，意大利语译本，784a，789a，790a，794a，795a，799a，808a，809a；*Lorentz et al. 1922*，意大利语译本，建议分拆成小册子以及增列作者，809a，815a，817a，818a；托伊布纳拒绝给予许可权，802a；请求书评，802a，808a

Cosentini, Francesco 785a

Cossío, Manuel B. 586n

Cossmann, Nikolaus 339n

Cotton, Aimé 796a

Coulomb, Charles 872，886

Courant, Richard(1888—1972)464；邀请 AE 为 Hilbert 演奏音乐，85

Croiset, Maurice（1846—1935）162，225，796a，837；邀请 AE 演讲，AE 接受～，192；关于 AE 在巴黎演讲的行程，189

Crommelin, Claude August 176n

Crucy, François 255n，785a，833，835

Curie-Sklodowska, Marie 居里夫人（1867—1934）*lii*，*liv*，155，308，366，506，515，796a，839；关于 AE 从智力合作委员会辞职，394，400；～与 Langevin 的绯闻，15；希望 AE 同意成为智力合作委员会的成员，318；AE 同意，321

Curti, Oscar 328

Curti-Forrer, Eugen(1865—1951)202，739

Cusin, Vidal B. 209n

Cust, L.G.A. *lxv*，576n，577n

Czerniawski, Aharon（1887—1966）559，560，580n

Czernowitz, Shmuel 577n

# D

Darmstaedter, Ludwig 259n

Darzens, Georges 796a

David, D. M. 575n

David, Maurice（1863—1938）邀请 AE 在美国演讲，726

De Sitter 的解(De Sitter's solution)597n

Debye, Peter(1884—1966)15，94n，157，260，366；～的课程，178；与 Nernst 的争论，261—262，268，272—273，341；关于分子间吸引力，261—262，268，272—273

Deeds, Wyndham(1883—1956)559

Delbrück, Hans（1848—1929）286；关于 Aulard 和 Gerlach，338

Deller, Edwin 关于 AE 为 Jeffery 写的推荐信，791a

Demay, C. 一位法国工作者的问候，793a

Dember, Harry(1882—1943)410，433，818a

Deng, L. 254，260

Denjoy, Arnaud 806a

Dessau, Bernardo(1863—1949)询问关于海法的以色列理工学院的教育信息，164—165

Destrée, Jules(1863—1936)308

Dewey, John *lvii*

Dhorme, Edouard-Paul 577n，582n

Diels, Hermann(1848—1922)385

Dienes, Paul(1882—1952)692n；论 Weyl 理论的不可能性，479；论可供几何诠释的无限个张量，479；论运动几何，479；寄给 AE 两篇文章，479，483

Diez 参见 Deeds, Wyndham

Dizengoff, Meir *lxvii*，576n，578n，579n，828a

土井不昂(Doi, Uzumi[1895—1945])*lvii*，463n，548，570n，601n；关于双星光谱证伪光速恒定的观察，318，811a；反对相对论，318—320；论 Sommerfeld 关于光谱线精细结构的理论，318

Domet, Asis(1890—1943)*lxviii*，581n

Domet-Köbke, Adelheid 581n

Donder, Théophile de 796a,798a,800a
Donnan, Frederick(1870—1956)277,294n
Drach, Jules 796a
Drexler, Franz 96
Droste, Johannes(1886—1963)267
Drosue, M. P. 251n
Drude, Paul;～的电子金属理论,169;金属电阻率方程,170
Drummond, Eric(1876—1951)$liv$,389,438;邀请 AE 加入智力合作委员会,307,308;AE 接受,321—322
Drygalski, Erich von(1865—1949)77n
Du Bois, Henri(1863—1918)184
Duhamel, Georges(1884—1966)关于与 AE 一起晚餐,275
Dunn, Gano(1879—1953)721;邀请 AE 来哥伦比亚大学,724

## E

Eddington, Arthur(1882—1944)$xxxiv$, $xxxvi$, $xlviii$, $lxxiv$, $lxxv$, 592n, 718, 729,730,790a,843;～最近的理论,661;～的理论;AE 论～,332,388,554,698,706,874a,888;美妙但不真实,370;Haldane 论～,62;Langevin 论～,232—233;Zangger 论～,114;恒星结构理论,251n
Eggeling, Helmuth(1880—1925)AE 论～的发明,43
Ehrat, Jakob 783a
Ehrenfest, Anna(Galinka)(1910—1979)294n,805a,806a
Ehrenfest, Arthur(1862—?)448n
Ehrenfest, Ellen 448n
Ehrenfest, Emil(1865—?)448n
Ehrenfest, Hugo(1870—1942)448n
Ehrenfest, Otto(1872—?)448n
Ehrenfest, Paul(1880—1933)$xxxiv$, $xxxv$, $xxxvii$, $xxxix$, $xli$, $lvii$, $lxxi$, 123n, 132, 146, 177, 179, 209, 279, 289, 293, 300, 314,379,791a,792a,793a,800a,849,852 AE;关于～的财务状况,177;对～印象深刻,368;邀请去莱顿,AE 拒绝,26;需要他的友谊,448;关于没人对～是重要的,448;询问～儿子们的照片,448;请求莱顿访问计划,748;请求在春天拜访,142—143,183—184;关于从梅休因得到～的版税,447;关于拜访～,277

在柏林,368;Bohr,对～印象深刻,368;在克里斯蒂安娜,58;关于 Hamilton 的文集,265—267;关于绝热假说,511n—512n;关于光本质的实验,90,106—108,109, 116, 117—118, 125;关于 Hugo Ehrenfest 的拜访,447,475;论 Ioffe,306;Langevin,给～送问候,303;关于 $Einstein$ $and$ $Ehrenfest$ $1922$ 的手稿,447,475;关于在维也纳与兄弟们见面,447,479—480;Ornstein,论～的攻击性,184;关于计划召开有关红移的会议,142,210;受法国物理学家的称赞,274,277;Sommerfeld 论～,512n;关于儿子的唐氏综合征 448,475,480;论 Stern-Gerlach 实验,306—307
Ehrenfest, Paul, Jr.(1915—1939)294n
Ehrenfest, Tatiana(1905—1984)58,75,294,294n,480;被莱顿大学录取,480
Ehrenfest, Wassily(1918—1933)294n;～的唐氏综合征,448,475,480;在耶拿的疗养院接受治疗,480
Ehrenfest-Afanassjewa, Tatiana(1876—1964)28,294,448n,748n,805a;带 Wassily 去耶拿,480;论五维的量子理论,134;Kagan,论～的手稿,806a
Ehrenfest-Schwab, Sophie 448n
Ehrenhaft, Felix(1879—1952)814a;要求出

版物的副本,78;询问关于 Kottler 的意见,78—79

爱因斯坦,阿耳伯特(1879—1955)

职业(CAREER)

 天体物理学天文台,关于董事会章程,791a

 哥伦比亚大学,提供教授席位,720,731

 爱因斯坦基金会,～董事会主席,795a,810a

 ETH,被委任为～教授,15

 意大利的大学提供职位,715—717,829a

 KWG,成员,822a

 KWIP,请 Laue 接任所长一职,403,404

 仙台大学提供短期教授职位,571n

 罗马大学提供教授职位,659,827a,828a

教授课程(COURSES TAUGHT)

 柏林大学,188;打断,392

能力评估(EVALUATION OF ABILITIES OF)

 Brody,195,304

 Engelhardt,212—213,800a

 Dember,433

 Gans,433

 Grommer,40

 Hertz,311

 Loeser,805a;Kareski on,807a

 Wagner,433

 Wertheimer,287—288

专家意见(EXPERT OPINION)

 Eisenmann,关于～的发明,436—437

 Goldschmidt,关于～的专利,83

 关于陀螺仪,223

 Hausmeister,关于～的发明,117,827a

 关于 Anschütz 公司和航海仪器公司之间的法律纠纷,212,254,260,271,343—344,795a

 关于 Anschütz 公司和 Kreiselbau 之间的法律纠纷,95—96

 关于 Sannig 公司和通用电器公司之间的法律纠纷,88

 Löwy,关于～的发明,49

 论抽象电影,43

家庭(FAMILY)

 Einstein,Eduard(儿子):关于～的性格,476;关于～的健康,29

 Einstein,Elsa(妻子),关于～生病,476

 Einstein,Hans Albert(儿子):关于～的性格,476;祝贺～的18岁生日,295;无需在高中毕业考试取得出色成绩,295;论学习跳舞的有用性,158,260

 Einstein,Pauline(母亲),在海尔布隆拜访,20

 Einstein-Marić,Mileva(前妻),关于与～保持良好关系,29—30

 期待与儿子们乘船出游,135

 给儿子们的诺贝尔奖金,642

 与儿子们演奏音乐,158,295

 关于与儿子们度假,158,295,370,402,404,431,471,476

 拜访母亲和儿子们,23n

财务(FINANCES)

 给 Einstein-Marić 的赡养费,32

 受益者为 Einstein-Marić 的债券,823a

 在苏黎世州立银行存款,135

 Ehrenfest 论～,177

 酬金:Anschütz-Kaempfe 的～,59;在北京大学演讲的～,255,293,431;巴黎演讲的～,145,189,259,283;莱顿大学的

～,132
Kocherthaler,作为存储处,109,132
KWIP,涨薪,795a,822a
钱留在美国,818
汇款,109,294;Ehrenfest 论～,90
Anschütz-Kaempfe 给瑞士家庭的每月费用,194,342
诺贝尔奖金,616—617,830a
PAW:请求恢复薪水,831a;请求从 1922 年 10 月 1 日起暂停发放薪水,404,813a;关于～发放的薪水,519;涨薪,831a
询问中国流通货币中的贵金属成分,801a
版税:～ 和荷兰的薪金,134;*Einstein 1917a*,787a,790a,798a,811a,816a,817a;*Einstein 1920j*,797a,795a,812a;*Einstein 1921c*,795a,797a;*Einstein 1922c*,787a,796a,803a,805a;*Einstein 1922m*,468,822a;戈捷-维拉尔的～,132;梅休因的～,132,447,800a;*Lorentz et al*. 1922,797a,795a;计划出版论文集日文版,213;两本小书,784a
SAG 的分红,来自～收入,477;留给 EE 和女儿们,737
作为教授的薪水,786a
赡养瑞士家庭,31
Winteler-Einstein,Maja,资助病中的～,202,209

受邀(INVITATIONS FROM)
　　Anschütz,去基尔,193,342,377,750;去慕尼黑,131
　　外交部,加入文化咨询委员会,824a
　　Barclay,午宴,197,204,207,218
　　Borel,晚宴,197,204
　　美国的德国绘画艺术家同盟,拒绝在声明上签字,810a
　　哥伦比亚大学,教授职位,724
　　国际联盟委员会,加入智力合作委员会,308,321—322
　　Courant,为 Hilbert 演奏音乐,85,91
　　国际联盟德国协会,去德国和平主义者大会,818a
　　日食远征,荷兰-德国,拒绝参加,281,310,801a,806a;推荐代替人选,309
　　Ehrenfest,26
　　Ferrière 和 Reverdin,去第三届国际道德教育会议,813a
　　法国科学家,Planck 论～,164
　　柏林的耶路撒冷图书馆之友协会,加入,820a
　　Goldschmidt,演讲,793a
　　社会主义知识分子团体,796a
　　Hopf,去亚琛,224,798a
　　Kármán,去亚琛,224
　　Karr-Krüsi,去迈恩比尔,496
　　Langwerth von Simmern,午宴,829a
　　人权联盟,拒绝,166
　　人权与公民权利保卫联盟,182
　　Loeb,美国的长期访问,495,519
　　墨西哥政府,参加日食远征,725,829a
　　Nansen,加入俄国饥饿地区儿童救济南森委员会的编辑委员会,809a,810a
　　Ostwald,加入胶体化学学会,拒绝,813a
　　法国物理化学学会,共进晚餐,201
　　法国哲学学会,182
　　Voûte,参加日食远征,133,201
　　Westphal,加入委员会帮助俄国科学家,351
　　Winteler-Einstein,Maja,去佛罗伦萨,477,734

讲座邀请(INVITATIONS TO LECTURE AT/IN)
　　西班牙加泰罗尼亚医生协会,824a

巴达维亚学会(Bataafsch Genootschap)，812a，437

巴达维亚和万隆，133，201n

布鲁塞尔，792a

中国，613

法兰西学院，16，145，155—156，161—162，182，188，191，196—197，200，204，217，254

"德国自然研究者与医师学会"(GDNÄ) 1922年一百周年纪念会，201，213，281，324，392，434，437，469，471，473

德中工程学校，823a

法国高等科学研究所(Institut des Hautes Etudes)，796a，798a，800a，803a

国际社会学研究所(托里诺)，拒绝，785a

日本，86；建议对～合同进行修改，213

化学胶体协会，813a，814a；拒绝，430，813a

但泽的自然研究学会，787a，788a，789a，791a

荷属印度天文协会，133

鹿特丹物理学会，437a，812a

国际妇女争取和平自由联盟的法国支部，790a；拒绝，137

上海，473，811a；去～的条件，478

法国哲学学会，156，197，204，794a

法国物理学会，拒绝，186

瑞典，737，742

大学：阿德莱德大学，802a，803a；巴塞罗那，281n；北京，199，207—208，255，293，430，478，803a，814a；孟买，822a；日内瓦，269，796a；哥廷根，56，91；墨尔本，802a，803a；慕尼黑，拒绝，76，93；悉尼，802a，803a；同济，565n；苏黎世，322，332；美国，726；维也纳，819a

犹太事务(JEWISH MATTERS)

在里雄莱锡安致辞，580n

向特拉维夫劳工总会致辞，579n

论德国的反犹主义，388，400，416，450—451

论阿拉伯和犹太农业，859

为《新巴勒斯坦》一书所写的文章，416；没有时间写作，822a

Ben-Gurion，与～会面，579n

犹太学术青年的神圣榜样，804a

关于Emile Berliner的捐赠，115—116，785a

被Hillel Jaffe称赞，828a；渴望～在巴勒斯坦定居，577n

担心基尔的反犹情绪，401；Anschütz论～，412

希伯来大学，853，858；关于教授职位的候选人，165；Haussmann为～的捐款，312；答应在～用希伯来语演讲，579n；被请求为～挑选书籍，196，208；为～向美国犹太人征求资助，33，45—46

东欧犹太青年的偶像，167

关于他没有学习希伯来语的能力，577n

论一个犹太人尽力避免曝光，405

关于他的犹太人身份，859

关于耶路撒冷：关于不在～定居的原因，578n；对于全世界犹太人而言是一个精神家园，45

犹太联络办公室，拒绝订阅通讯简报，798a

科诺犹太大学，关于对～的帮助，520，820a

Levi-Civita，为希伯来大学期刊向～征求手稿，510

Loeser，向～推荐柏林的犹太医院职位，805a，807a

论犹太种族的纯正，541

关于用Rathenau捐献金设立巴勒斯坦工

人学院，815a
关于实科中学和以色列理工学院，717
论犹太人身份的新生，148
论有宗教信仰的犹太人，558
"以色列家园居民"，580n
上海，在求知社招待会上的演讲，858
新加坡，在招待会上的演讲，853
Speyer，关于～获得希伯来大学职位的希望，483，492，818a
以色列理工学院，关于～的教育，164—165
特拉维夫，～的荣誉市民，559，828a
威胁到他生命，反对犹太报纸的报道，429，815a

演讲（LECTURES AT/IN）
远东、巴勒斯坦、西班牙的演讲之行，$lvi$—$lxx$；先期准备，87，213，496，790a，820a；科伦坡，536；合同，213，797a；日记，532—563；欧洲-日本，532—544；福冈，552；希伯来大学，559，578n；香港，540；～的报酬，86，208；细贝剧院，欣赏～的表演，823a；对日本的印象，549，605—611；邀请，86，115，191；石原纯，论～，118—119；日本，544—554；日本-巴勒斯坦，554—557；日本科学家，313；庆应义塾大学，544，567n，854—857；神户，544，551；京都，544，550—551；624—628；论相对论的创造，551；Lämel 学校，耶路撒冷，561，582n；行李问题，583n，830a，831a；马德里，562—563，585n，587n，860—889；荣誉博士学位演讲，890；马赛，532，589；墨西拿，534；宫岛，552；门司，552；～的资金和合同，213，797a；名古屋，549—550；奈良，552；日光，549；大阪，550；巴勒斯坦，557—561；巴勒斯坦-西班牙，561—562；旅费，496；塞得港，534，535；～的原因，643；仙台，548；上海，542，575n；下关，552；新加坡，538；西班牙，562—563；给日本青年的演讲，569n；苏伊士，535；特拉维夫文法中学，579n；Terradas，询问巴塞罗那的旅馆，829a；东京，544—548，551，568n，570n，601；山本论～，406；萨拉戈萨，587n
荷兰物理学会，289
巴黎之行，$xlvi$—$l$；到达和住宿，186，200，217，218；法兰西学院，217；《柏林日报》论～，225，270；在法兰西喜剧院，255n；与同行共进晚餐，254；法国报纸论～，509；德国报纸论～，271；论～的重要性，332；对～的印象，833—835；Langevin，关于讨论的邀请，222；演讲，Nordmann 论～，836—847；梅休因，关于发表讲稿，796a；外交部对于～的看法，216n；个人接受，393；Poincaré 同意邀请，190n；～的行程，196—197；关于～的报告，399—400；Barbusse 请求，299—300；Rolland 欢迎 AE，796a；法国物理学会，204；～的成功，254；Arrhenius 论，512；Block 论，282；Hadamard 论，264；Langevin 论，259，282；Sigmund Einstein 论，391；Solovine 论，284；参观战场，254
柏林大学，学生请求，820a
苏黎士大学，31
大柏林地区业余大学，50

个人事务（PERSONAL）
1896 年的意外，350
关于适应日本生活方式，574n
论阿姆斯特丹，289
Anschütz，计划在～的工厂工作，401
申请外交护照，514—515；瑞士大使馆永久旅行签证，798a
论阿拉伯，～的低产出率，859

抵达伯尔尼,821a
论艺术和科学,655
觐见西班牙国王,562
论旅行的益处,698
柏林,关于~的安静生活,31;打算离开,400—401;论留在~的原因,414;
Besso, Michele,528,530;关于~的发明,194
Besso, Vittorio,请求为 Nussbaum 的案子辩护,209
Borel,与~进餐,393
关于 Bohr,50,697
Born,打算拜访~,57;对~的问候,645
Buchholz 的遗孀,介入为~申请养老金,794a,799a,802a
Büttner,关于~的肖像,788a
论中国人,性格,540,541,542;音乐,548
论社交是一种惩罚,562
论在基尔的工作条件,414—415
汉堡的小屋,475
论相对论的发现,859
关于童年的发电机礼物,280
论气候对人类性格的影响,537
Ehrenfest,需要友谊,476;答应四月拜访,146
Einstein, Edith,祝贺考试,429
Einstein, Ilse,对~的指导,746
"爱因斯坦电影",反对在~的标题中用他的名字,325,326—327,807a
超越个体的目标,~的价值,792a
Francois 家庭,请求帮助,799a,801a,812a
Freundlich,与~的争吵,257—258
论歌德(Goethe),859
Goldschmidt,请求~帮助 Hertz,265;拒绝,799a
Guye,关于~哥哥的死,269
Haldane,称赞 *Haldane 1922*,387

关于 Heine,859
帮助有需要的学生,788a;Hallgarten 论~,144a
论躲藏或移民,432
Hilbert,祝贺~,58,92,301;拒绝拜访,91
论他的科学研究方法,890,891
关于他的上帝,859
关于他的人际关系,476
关于他微薄的知识,英语,387;法语,162,798a;专门的文献,369
关于他笃信的宗教,859
关于他在 1921 年的旅行,156n
论在美国自信的重要性,80
对十几岁男孩的印象,793a
打算辞去 PAW 和 KWIP 的职务,400
关于石原纯,643,645
关于日本和西方文化,655—656
论日本人性格,532,549,550,575n,616,642,643,658,704
关于日本音乐,538,545,546;关于~的文章,547
耶路撒冷,关于邀请移居去~,561
Kagan,关于~的手稿,805a
Karr-Krüsi,写给~的送别诗,531
关于 Keller,859
Kocherthaler,寄去食物包裹,803a
论 *Kretschmer 1921*,532—533,534
关于 Kornprobst,280
桑木彧雄,送给~的纪念文,655
论缺乏自信,859
哈伯兰街道的房东变更,5,785a
Langevin,303;感到与~亲近,332
《费加罗报》,关于~的采访,76,93,120
关于 Lenard 的纪念文集,75
Lorentz,关于~的相貌,539;拜访~,302
Maier, Gustav 和 Maier-Friedländer, Regina,关于~的金婚纪念日,192—193

Malik,～的肖像给以撒列学院,829a

给慈善事业的手稿,捐献,190n,263—264

奥地利的 Maria Christina,觐见～,829a

关于 Meyer, Manasseh,538—539

Meyer 家庭,向～致以问候,704

Michaelis,关于～的书,658

三宅,向～致以问候,831a;感谢～的款待和医疗护理,825a

关于 *Moszkowski 1921*,362

音乐:Bach,演奏～,547;不能够根据曲谱弹钢琴,148;Fischer, Edwin,和～演奏音乐,85;Gluck,演奏～,547;Hauser,演奏～的曲子,547;演奏《Kreutzer 鸣奏曲》,548;拉小提琴,548;在门司,553,554;在萨拉戈萨,588n

关于新的帆船,158,294,295,302,313,373,415,421,431

《新鹿特丹新闻报》,关于～上的采访,783a

对他而言没人重要,Ehrenfest 论～,448

Ornstein,关于～的攻击力 188

负担过重,因为邀请,137

Painlevé,254,299,274

巴勒斯坦,论～的美丽,827a

关于巴勒斯坦的风景,859

关于光本性的"永动机型装置"实验,301

关于个人的独立,370

科学中的个性,反对对～的强调,806a

物理学同仁,感到与～的紧张关系,324

Poincaré,230

肖像,Büttner 画的～,788a;Komiya 的～,825a;Malik 的～,829a;Schmutzer 的～,78;Turner 的～,798a,824a

关于隐私和公开,362

关于因报纸报道而聚集起来反对他的乌合之众,392

Rathenau,374,384

Reinstein,对～的资助,785a,800a,803a

关于宗教,619—622

Rolland,对～说再见,529

Rothschild,254,271,284

Segall,对～大学录取的帮助,793a

Singer,对～的资助,801a

Soehring,280—281

Solovine,187,278

西班牙科学院,关于～的招待会,562

关于在 Anschütz 的工厂中担任职位,401n

对他的生命的威胁,*lii—liii*

去布拉格旅行,783a

土井晚翠,写给～的诗,613

土井英一,给～的纪念文字,657

Turner,～画的肖像,798a;销售盈余给 Bertha Turner,800a,805a,822a,823a

Esmarch 别墅,关于购买～的困难,401;Anschütz 论,412

Weigert,给 Niels Bohr 写推荐信,拒绝,112

山本,617,650,657,658

Zangger:确保理解,30;对～女儿的死表示慰问,29;与～同住,23

Zeeman,拜访～,289

哲学(PHILOSOPHY)

Bergson,论～的时间概念,244

论因果关系是科学的首要前提,3—4

论一个理论的标准,234

论物理原则的自由选择,335

关于康德,238—239,529;～和相对论,579n

关于康德学派,288

Kowalewski,关于～的书,433

关于～的演讲,579n

关于 Mach,248—249

关于物理学家的时间和哲学家的时间,244
关于 Poincaré,239
论德国的心理学和认识论,288
关于相对论作为表现空-时事件的逻辑体系,335
Reichenbach,关于～的书,214
法国哲学学会,建议讨论,204

政治(POLITICS)
反对民族主义者的宣传,810a
指控在巴黎否认他的德国出身,743
Barbusse,给～汇报有关巴黎之行,399—400
BNV,请求在和平呼吁书上签名,787a
Brailsford,征求反映德国人民经济困顿的文章,468,472,493—494,497—498,502—504
智力合作委员会:Brinkmann,作为可能的成员,742—743;第一次会议,无法参加,438—439;受邀,接受,321,806a;加入的动机,370;关于～的报告,821a;从～辞职,389,738;Attolico 论,405—406;Besso 论,744;Comert 论,831a;Murray 论,398—399;原因,388,400,402,404,408,418—419,433—434;Struck on,405,426;Wertheimer,被请求作为替代人,506,513—514,515,516—517,820a;关于替代人选,530
Einstein 1922m,有助于国际理解,理解德国形势,Jeffery 论～,821a
第 11 届德国和平主义者大会,受邀参加～,818a
关于法国政治态度,399—400
关于法国-德国和解,192,269,269—270,270—271;Rolland 论～,275
德国-法国和平会议,331,346—348

关于德国支付赔款,480—481,481—482,504—505;Haldane 论～,482
关于德国人,～的性格,332
关于柏林的国际物理大会,317
关于国际和解,204,286—287
关于科学的国际性,54—55,361;Stodola 论～,331
关于日本缺乏民主选举体系,574n
国际联盟,论～的无能以及缺乏善意,738;和对～的道德依赖,742;Besso 论,744
关于日本家庭手工作业的低廉报酬,714
关于日本工人阶级的阶级斗争方法,714
关于德国人民的苦难,500,502—504
全国学生自治联合会,因和平主义被～称赞,824a
《新领袖》,向 AE 征求文章,468,493—494,502—504;Stöcker 论～,497—498
日本无产阶级同盟,被～询问对于日本政府的看法,824a
唯一一位全世界的报纸都关注的德国人,468,472
组织理事,他的名字在～的名单上,393n
关于德国的知识分子的组织,285—286
～的爱国行为,76
关于计划中的 BNV 以及人权与公民权利保卫联盟会议,166
关于欧洲的政治环境,471
关于基尔的政治气氛,401
拒绝法国邀请的政治原因,155
关于德国的政治紧张态势,471,519
关于阻止政治对科学的影响,313
关于协约国的挑衅,416
关于他的普鲁士公民身份,746;拒绝,747
Rathenau:关于～被暗杀,384,388;关于～的个性,374;建议在柏林大学为～举办悼念仪式,384—385

关于去日本旅行的原因,643

关于战争的责任,598—599

关于恢复法国-德国的科学关系,182—183,287;国际科学关系,44,316

罗兰主义者(Rollandists),支持 Colin 关于~的看法,276

Russell,关于~的政治观点,52

论德国同行的团结,182

西班牙科学院(Spanish Academy of Sciences)~提供庇护,585n

关于在日本反对军国主义的斗争,714

关于对他生命的威胁,392,392n,400,416,429,432,471,519;为~责怪报纸,403;Laue 论~,397;Planck 论~,398;Sternthal 论~,381

关于 Toller,384

被作为和平主义者欢迎,824a

出版物(PUBLICATIONS)

*Einstein 1905r*,法语译本,284,804a,810a;Solovine 关于~,813a;意大利语译本,659

*Einstein 1914o*,批评,784a

*Einstein 1916e*,法语译本,Solovine 关于~,284;西班牙语译本,796a

*Einstein 1916f*,法语译本,804a,807a,810a,813a;西班牙语译本,805a

*Einstein 1917a*,第 14 版,816a,817a;校正,329—330;菲韦格关于,806a;中文译本,817a,818;捷克语译本,791a,826a;~的前言,804a,820a;英译本,786a;爱沙尼亚语译本,请求~,794a;法语译本,803a,823a;打算增加 *Einstein 1917h*,807a,813a;AE 反对,808a;希腊语译本,330;意大利语译本,~的版税,790a;日语译本,786a;拉脱维亚语译本,请求~,791a;波兰语译本,版税,798a;~的版税,811a;西班牙语译本,789a,818a,819a;~中的排印错误,Zschimmer 论~,81,329

*Einstein 1918k*,意大利语译本,659,818a,827a

*Einstein 1920c*,清样,34—37

*Einstein 1920j*,英译本,786a,797a;意大利语译本,659,784a,789a,790a,794a,795a,799a,808a,812a,827a,828a;波兰语译本,819a;未经他同意就出版,190;俄语译本,808a,816a,830a

*Einstein 1921b*,意大利语译本,659,827a

*Einstein 1921c*,英译本,786a,797a;意大利语译本,784a,789a,790a,794a,795a,799a,808a,812a;波兰语译本,819a;俄语译本,808a,816a;西班牙语译本,818a,819a

*Einstein 1921l*,日语译本,786a

*Einstein 1922c*;合同草案,787a;英译本,262—263;~很好,815a;法语译本,79;合同,187,285,791a,796a;Solovine 论~,284,793a;德语译本,关于推迟出版,804;不能由斯普林格出版,784a;计划的印数,793a;波兰语版本,818a,819a;关于~的校样,271;关于~的出版,786a;版税,61,803a,805a;俄语译本,805a,806a,807a,816a;寄手稿给 Veblen,147;寄手稿给菲韦格,60—61;784a;西班牙语译本,818a,819a;美国发行的译本,799a,805a

*Einstein 1922l*,关于~的文章,191;提交手稿,808a

*Einstein 1922m*,Brailsford 论~,819a

*Einstein 1922t*,~的印本,813a;合同,826a;英译本,823a

*Einstein 1923e*,213;完成手稿,555;论文集日语译本,前言,508,510,646—648;~的翻译,508

*Lorentz et al. 1922*,第 5 版,830a;印度版

本,797a,826a,827a;Bose 关于~,830a;意大利语译本,797a,808,812

关于狭义相对论的手稿,157,196;认为过时,158;Grommer 会更新,208

给 Akita 的手稿,816a

*Nicolai 1922*,日语译本的前言,615

关于 Rathenau,449—451

关于宗教,619—622

*Thirring 1923*,法语译本的导言,808a

官方认可(RECOGNITIONS)

萨拉戈萨科学院,通讯院士,830a

西班牙工程师和建筑师校友会,荣誉会员,587n,829a

巴勒斯坦工程师和建筑师协会,荣誉证书,560,579n,827a

天体物理天文台,波茨坦,AE 监事会成员,792a

巴塞罗那,"伟大的客人" 584n

智力合作委员会,成员,308

以色列家园,"居民" 580n

国际青年联盟友好协会,成员,801a

德国展馆,第 13 届国际博览会,威尼斯,荣誉委员会成员,789a

德国知识分子工会,荣誉会员,786a

犹太国家基金会金书,名字被刻在上面,827a,829a

隆巴尔多研究院,外籍成员,806a,807a

巴勒斯坦犹太医生协会,证书,561,582n

KWG,评议员,825a

玛喀比,荣誉会员,788a,791a

玛得希金质奖章,810a,812a

国家科学院,美国,外籍院士,314,316,799a,804a

诺贝尔奖,516,566n,591,592,697,824a,Arrhenius 论~,512;Bohr 祝贺,593;奖金存放,736;财务细节,616—617,830a;提名,592n;关于奖牌和证书,832a;不参加仪式的原因,517;为了苏黎世的家庭,642

乌得勒支省协会,外籍成员,814a

超国家共和国,列入~名录,795a

巴塞罗那皇家科学院与艺术学院,物理学部,通讯院士,584n

乌普萨拉皇家科学学会,会员,801a

俄国科学院,通讯院士,703,747,825a,827a

西班牙科学院,通讯院士,727—730,829a

西班牙数学学会,荣誉会员,562

瑞典科学院,院士,804a

特拉维夫,荣誉市民,559,828a

布宜诺斯艾利斯大学,荣誉博士学位,817a,821a,824a

马德里大学,荣誉博士学位,563,830a

萨拉戈萨大学,科学学院,荣誉演讲证书,588n,830a

维也纳天文台(Wiener Urania),通讯成员,828a

推荐(RECOMMENDATIONS FOR)

Franck,从应急委员会获得资助,814a

Füchtbauer,教授席位,433

Gerlach,从应急委员会获得资助,814a

Jeffery,教授席位,790a

Kossel,从应急委员会获得资助,814a

Stern,从应急委员会获得资助,814a

Vollmer,从应急委员会获得资助,814a

请求(REQUESTS BY)

Akita,写序,508,510

Alexander,合作写一本关于胶体的书,823a

Bannerjea,有关德国教育的采访,809a,811a;同意,809a

Barbusse, 关于巴黎之行的汇报, 299—300; 实现, 399—400

Berliner, 有关相对论的报告, 拒绝, 191

《柏林高校新闻》, 国际知识分子合作的文章, 832a

Borchardt, 为他的普及读物提供帮助, 794a

Born, 对 Guillaume 论文的意见, 366—367

Brailsford, 文章, 472, 497—498, 502—504

Caldonazzo, 有关相对论的调查, 820a, 823a, 825a

Comert, 智力合作委员会成员, 507

Contu, 书评, 802a; 拒绝, 808a

德国东欧研究学会, 加入, 831a

EE, 为 Weigert 写推荐信, 50

Eisenmann, 关于发明, 436—437

Engelhardt, 有关传记信息, 792a

离校孤儿志愿教育咨询委员会, 在设立基金的请愿书上签名, 830a, 831a

Glum, 对 A. Meyer 论文的意见, 803a

Goldschmidt, 关于专利, 786a

Grin, 亲笔签名, 797a

Hatfield, 对有关晶体结构论文的意见, 339; 给出负面评价, 389—390

Hermes Bank, 对 Zarek 的看法, 819a

Hoffmann, 前言以及自传, 800a; 拒绝, 806a

石原纯, 同意出版 AE 论文集日文版, 213, 790a

Jeffery, 教授职位的推荐信, 790a

Koehler, 给 Wertheimer 职位, 799a

Kowalewski, 对 Dember 与 Gans 的看法, 410, 433, 818a

Krüger, 去大学的推荐信, 794a, 802a

Loeb, 美国资助德国科学家, 471

Madsen, 任命, 819a

Marx, 广义相对论概述, 拒绝, 157

梅休因, 关于圣诞岛日食考察的书, 803a

Nelson, 为 Roos 写推荐信, 301a, 801a; Hilbert 关于~, 301a

诺贝尔物理学委员会, 推荐诺贝尔奖候选人, 818a

Painlevé, 为慈善活动的亲笔签名, 292, 299, 800a

PAW: Bohr, 提议作为通讯院士, 140; Haensch, 推荐授予莱布尼茨奖, 137—138; Quidde, 为德国和平协会筹集捐款, 827a

请求 KWIP 出资购买冷凝泵, 788a; 同意, 792a

Segall, 为大学录取提供帮助, 786a

Selety, 对 *Selety 1922* 的意见, 505

Sklarek, 为 Hertz 写推荐信, 265

Solovine, 为 *Thirring 1923* 写导言, 808a

Speyer, 巴勒斯坦的教学职位, 828a

Stumpf, 寻找职位, 830a

托伊布纳, 对于出版 *Winternitz 1923* 的意见, 796a, 797a

Vorovka, 为 *Einstein 1917a* 捷克语译本作序, 804a

Wankmüller, 为 Nikolaus Baller 写推荐信, 817a

Wereide, 允许写传记, 807a; 拒绝, 362

Wolfsohn, 允许向他献一首犹太狂想曲, 790a

科学(SCIENCE)
反对科学过分的专业化, 430
气体中的非各向同性压力, 485—488
Anschütz-Kaempfe, 与~的合作, lxxii
Barclay, 向~提议在巴黎讨论, 186, 195
论作为科学中的一位革命者, 584n
关于 *Bergson 1922*, 505, 533

Bohr,对～的结果很感兴趣,300;称赞 *Bohr 1922*,202

Boltzmann 方程,关于～的应用,7—12

Boltzmann 原理,3—12

Borel,关于～的相对论文章,285

Breit 关于 Stern-Gerlach 实验的假设,309—310

布朗运动,8

发现的概率,407

Hamilton 论文集,274,279,294,302

晶体的传导,与 Ioffe 的讨论,315

初级发射与吸收的守恒定律,300

理论物理学的危机,453—461

空间的曲率,489—490

Dienes,关于～的理论,483

时间坐标与空间坐标的差别,248

原子量子化的方向,315

土井的理论,批评,548

引力与电的二元性,730

Eddington,关于～的理论,332,370,388,554

Ehrenfest,关于～的绝热假设,511

*Einstein 1911h*,～中的错误,808a

*Einstein 1923e*,完成手稿,555

电动力学,～的能量张量,554

各向同性有重物质的电磁能量张量,721—723

Weyl 几何学中的电磁真空方程,536

运动源的初级发射,203

电磁场的能量张量,551,552

欧几里得几何,没有物理意义,235—236

关于光本性的实验,57,76—77,97—104,109,120,158,188,300—301;Born 论～,56;～中的计算错误,116,305;Ehrenfest 论～,117—118,125;Franck 论～,56;Laue 论～,91,92,125—129;～的否定结果,59,75,131,134;Pringsheim 论～,423—425;～的第二个提议,134;Weyl 论～,56—57

提议的实验,向 Breit 和 Pol～,122;关于二次多普勒效应,109;关于气体中声速的反应速度,188;关于地磁,194,369;向 Zeeman～,294

惯性场,524

统计力学基础,527—528

自由落体电梯,638

*Friedmann 1922*,关于～,489—490

*Gans 1921*,147

广义相对论,660—667,705—712;～中的电磁场,666—667;纯引力场定律,665—666;新的,664—667,698;计算,670—689,695—696;新理论,555;关于～的验证,32;Weyl 和 Eddington 的理论,661—664

地磁实验,*lxxii*,59

引力和电,完成手稿,557

Grommer,与～的关于氢量子理论的著作,146

Guillaume,关于～的论文,367

*Guye and Lavanchy 1915*,称赞～,269

辐射吸收的热,361

发明,制冷机,47—48,136,789a

分子间的力,与 Debye 讨论,261—262,268,272—273

Kaluza,关于～的理论,63—72,332

Kármán 的问题,讲授～,547

*Laue 1921*,推荐～,797a

光发射,848—852

在色散介质中光的传播,125—129,134

光量子,730

Le Bon:关于获取～论文的困难,408;关于 *Le Bon 1914*,312;关于～的质-能等价,382

*Loeb 1922*,关于～,471,495

Mach 原理,524,527

Marx,拒绝关于广义相对论概要的请求,784a

质量,~的相对性,411

电场中电子的质量增加,507

质-能等价,369—370

Maxwell-Lorentz 电动力学,637

自然定律协变形式的意义以及它们在参考系中的描述,525

Michelson-Morley 实验,636

Mie,关于~的理论,332

Millikan,祝贺科学结果,316

需要实验,42

需要一个新的基础原理,332

Nernst,与 ~ 合作制造制冷机,47—48,158

乳光性,11

*Painlevé 1922*,关于~,416

*Pauli 1921a*,152—153

几何的物理意义,638

因果性原则,730

能量原则,730

科学中的优先权,407

概率,6—7

蛋白质分子,471,518—519

辐射计效应,*lxxiii*

相对性,在法国哲学学会中的讨论,228—250

Ritz,关于~的假设,288—289

荷兰皇家科学院,参加~的会议,289

Schwarzschild 解,412n

量子的秘密,371

Selety:同意~的手稿,148,793a;允许出版他们的通信,148,793a;关于~的分子等级世界,522—525,527

奇点,332

两个质点的静态场,594—596

热辐射定律的热辐射统计性质,11—12

Stern-Gerlach 实验,305,315,440—444

在维也纳记录的声音,42

提交手稿,关于~的意见,808a

超导性,168—175;和 ~ 中的传导链,174—175

*Tetrode 1922*,476

相对论,~的发现,624,629—639

*Thirring 1923*,~ 的导言,363,365n,808a

Thomas,同意作为访问学者,147,253

时间方向和电的符号,718

塔式望远镜,关于~的职员,725

*Trefftz 1922*,594—596

统一场论,*lxxiv—lxxvii*

Viscardini,关于~的论文,288—289

Warburg,Emil,关于 ~ 的成就,353—359,815a

光的波动理论,拒绝,60

Weyl,关于~的理论,332,370,388,533

*Weyl 1918b*,称赞~,29

Weyl-Eddington 理论,554

R 在零点的散度,553

绝对零度附件的零点能量,109,147

*Zilsel 1921*,527—528

Einstein,Edith(1888—1960)496,813a;AE 祝贺考试,429;请求 AE 帮助博士论文,159—161

Einstein,Eduard(1910—1965)38,134,371,448;要 Karl May 的书,371;开始上学,31n;~的生日,22n;~的性格,476;感染流感,135;治愈,136;身体健康,29;~的幽默,18;~的病,18,19,19;关于新的地址,371;弹奏钢琴,136;在 Rheinfelden,260,295;给 Maja Einstein 送去问候,477;~的敏感,30;关于 AE 共度暑假,371;关

于毕达哥拉斯定理,375;Zangger 关于~,17—18

Einstein, Elsa(1876—1936)20,22,39n,76,112,163,191,217,254,260,289,293,302,720,737;为她写给 AE 的信感到担忧,20;抱怨 AE 的信少,21,22,24,25;去德国南部的旅行日程,21;Langevin,向~表示感谢,222n;思念 AE,21,23,24;Mathieu de Noailles,向~表示感谢,222n;计划拜访法兰克福,21;赫辛根,21;海尔布隆,21,24;从疾病中康复,AE 关于~,476;做 AE 的秘书,22;在辛根,25;去康斯坦茨旅行,25;拜访 Mendel 一家,20

Einstein, Hans Albert(1904—1973)*lxiii*,*lxx*,38,134,260,415,448,742;AE 对~的描述,476;AE 对他 18 岁生日的祝贺,295;关于制冷机,136;期待 AE 来看望,18;被 ETH 录取,374—375;在慕尼黑大学,374—375,474—475,477;关于陀螺仪,136;学习习惯,197—198;学习跳舞,135;关于搬到另一个公寓,135,159;关于计划与 AE 共度暑假,372;演奏室内音乐,261;低音提琴,135;塔替尼奏鸣曲,135;为毕业考试做准备,371,375;分数,590n;ETH 的学生,642;在 Anschütz 公司的暑期工,375;关于与 AE 去日本旅行,375;Mileva 支持,376;Zangger 论~,17—18,19

Einstein, Ida(1865—ca.1922)280

Einstein, Ilse(1897—1934)*lvii*,24,260,285,360n,480,506,731,732,786a,820a,821a,822a,823a,824a,825a,826a,827a,828a,829a,829,830a;将 Aurivillius 的信转寄给 AE,822a;;Haldane,822a

Einstein, Margot(1899—1986)*lvii*,24,260

Einstein, Pauline(1858—1920)23,24n,26,253,279n,280n,400n,741n;AE 探望~,20

Einstein, Robert(1884—1945)280

Einstein, Sigmund(1877—1941?)432;写给 AE 的诗,816a;关于"爱因斯坦们"的诗,390—391;论 AE 的巴黎之行的成功,391;关于德国犹太人所遭遇的威胁,390—391

Einstein-Koch, Fanny(1852—1926)23

Einstein-Marić, Mileva(1875—1948)640n,733,740;AE 论与~的良好关系,29—30;关于在贝尔格莱德的演讲有助于挨饿的俄国人,376;要钱,38;关于受益者为她的债券,823a;Einstein, Hans Albert,担心~的毕业考试,197—198;支持去日本旅行的愿望,376;父亲过世,198;计划拜访她的家人,198;提议 AE 与儿子们共度春季假期,198;关于儿子们与 AE 在德国度假,38;关于对 AE 生命的威胁,376

Eisenmann, Richard 电音钢琴,AE 关于~的意见,419—421,436—437

Eisner, Kurt 77n,339n,494n

Eitan, Yehuda 580n

El Conde de Grove 860,875

El Escorial *lxx*

El Greco(1541—1614)562,563

Elazari-Vulkani, Yitzhak 579n,580n

Eliaschoff, Esther 关于科诺犹太大学的财务,827a

Engelhardt, Viktor(1891—?),AE 论 *Engelhardt 1921*,800a;请求传记信息,792a

Enrique de Rafael 860,875

Enriques, Federigo(1871—1946)156n,229,251n;给 AE 提供意大利的职位,715—717,829a

Epstein, Paul(1883—1966)94n,187,195,304,460;Brody,加州理工学院中的职位,378;Millikan,提议~,作为智力合作委员会的成员,378

Erdtracht, Davis 818a, 819a

Erzberger, Matthias 494n, 504n; 暗杀～, 392n

Escriche i Mieg, Tomàs 584n

Esmarch, Henriette 公主, 402n

Ewald, Peter 798a

Eysinga, Willem 821a

# F

Fabry, Charles 796a

Falcó y Trivulzio, Juan 829

Fanta, Otto 325n

Faraday, Michael 454—456, 462n

Fechenbach, Felix 339n

Fechner, Gustav Theodor 335

Fehr, Henri 796a

Felisch, Paul 830a, 831a

Ferguson-Davie, Charles J.(1872—1963) 564n

Ferrandez Milagro, Basilio 587n

Ferrière, Adolphe 813a

Finaly, Horace(1871—1945) 283

Finlay Freundlich, Erwin(1885—1964) 133, 264, 264n, 306, 339, 725, 825a, 830a; 爱因斯坦基金会, 205—206, 317, 795a, 804a, 810a, 825a; 转寄 Reichenbach 1922 的校样, 206; 与～的争吵, 257—258

Fisch 在阿尔高的同学, 350

Fischer, Edwin(1886—1960) 与 AE 演奏音乐, 85

Fischer, Emil(1852—1919) 54

Fischer, Sidy 推荐自己做秘书, 21

Flesch, Carl(1873—1944) 749n

Flexner, Abraham(1866—1959) 471

Fokker, Adriaan(1887—1972), 26, 184, 277, 304; 论 AE 的广义相对论, 27

Follin, Henri 795a

Fra Angelico 563

France, Anatole 833, 835; 给 AE 的献词, 785a

Franck, James(1882—1964) xxxvii, 179, 291, 317, 423, 424, 464, 804a, 806a, 849, 851; 邀请 AE 去哥廷根, 56; 关于与 Stumpf 之间的问题, 831a; 提议从应急委员会获得资助, 814a

François, Germaine 关于 AE 的肖像和献词, 795a; 请求帮助, 795a

Frank, Karl L.(1900—1974) 144

Frank, Philipp 796a, 797a, 817

Frankel, Abraham 555

Frankenstein, Betty(1882—1960) 735

Franz Schmidt & Haensch 809a

Fraunhofer, Joseph 光衍射理论, 126

Freeman-Milford, Algernon B. Lord Redesdale, 566n

Fresnel, Augustin J. ～的光衍射理论, 126

Freudenthal, Gustav 587n

Freundlich, Erwin 参见 Finlay Freundlich

Friedmann, Alexander(1888—1925) xliv; 关于空间曲率, AE 论～, 489—490; 关于 Einstein 1922p, 601—604; ～场方程的解, 597n

Friesland, Tsadok van 577n

Fronmann, Shmuel 829a

Füchtbauer, Christian(1877—1959) 86n; AE 提议教授席位, 433

藤沢利喜太郎(Fujisawa, Rikitaro[1861—1933]) 546

藤田敏彦(Fujita, Toshihiko[1877—1965]) 571n

福田德三(Fukuda, Tokuzo) 567n

Fürth, Reinhold 817, 826a, 829a

# G

Galilei, Galileo 454, 868, 876; 摆锤的等时

性, 3

Gans, Richard(1880—1954) 410, 433; AE 关于~的论文, 147

Gascón y Marín 860, 875

Gasset, Ortega 587n

Gassol, Ventura 583n

Gatton, S. 554

Gauss, Carl Friedrich(1777—1855) 265, 456, 867, 881; Klein 编辑~的文集, 62

Gehrcke, Ernst 325n

Gehring Hermann Einstein 的雇员, 279

Geiger, Hans(1882—1945) *xxxvi*; 关于光本性的实验, 56n, 77, 97—104, 129; 二次多普勒效应, 关于~的实验计划, 109

Geiser, Carl Friedrich AE 记得~的课, 638

Genoa Conference 283n

Gentile, Giovanni(1875—1944) 715, 716

Gerlach, Hellmut von(1866—1935) 264, 331, 349n; Delbrück 论~, 338

Gerlach, Walther(1889—1979) 441, 445n; 提议从应急委员会获得资助, 814a; 请求 KWIP 资助光谱研究, 783a, 815a

Gibbs, Josiah Willards 5; Ehrenfest 论~1886年的论文, 106—108

Gimeno, Amalio 585n, 860, 875

Ginsburg, C. R. 564n

Ginzberg, Rosa 790a

Ginzberg, Solomon(1889—1968) *lxv*, 558, 560, 576n, 577n, 578n, 581n, 790a

Glikin, Moshe 581n

Gluck, Christoph Willibald AE 演奏, 547

Glum, Friedrich 798a, 799a, 825a; 关于 KWIP 的预算, 830a; 关于告知公众有关 KWG 的活动, 801a; 询问关于 A. Meyer 论文的意见, 803a; AE 论~, 803a

Gluskin, Ze'ev 580n

Gobin 555

Goethe, Johann Wofgang von AE 论~, 859

Goldschmidt, Heinrich(1857—1937) 58, 265, 311n, 799a

Goldschmidt, Robert 邀请 AE 去巴塞罗那, 792a, 793a

Goldschmidt, Rudolf ~的专利, 83, 786a

Goldschmidt, Victor(1888—1947) 58, 265n

Goldschmidt-Koehne, Amelie(1864—1929) 265n

Goldstein(?) 557

Gómez de la Serna, Ramón 586n

Gonzenbach, Wilhelm von(1880—1955) 261; Hans Albert Einstein 与~演奏音乐, 135

Gordon-Munro, Neil(1863—1942) 547

Gorini, Constantino 806a

Gorky, Maxim(1868—1936) 350

Gottheil, Richard 146n

Gouy, Leon G.(1854—1926) 248

Goya, Francesco(1746—1828) 563

Gradenwitz, Otto(1860—1935) 提议 "Röntgen-Lenard 射线", 385—386; AE 论~, 407

Greenfield, Caroline 575n

Gregorio-Rocasolano, Antonio de 587n, 588n

Grin, J. 请求亲笔签名, 797a

Grommer, Jakob(1879—1933) *xxxiv*, *xlii*, *xlvi*, 64, 196n; AE 论~的能力, 40; 关于零点能量研究的合作者, 109, 147; 提议更新 AE 关于狭义相对论的手稿, 208

Grossmann, Marcel(1878—1936) 432n, 590; AE 在 1912—1913 年与~的合作, 639

Grossmann, Marcel Hans(1904—1986) ~的成绩, 590n

Grotrian, Walter(1890—1954) 725; 请求 KWIP 资助天体物理学研究, 796a, 799a, 801a, 802a, 805a, 808a, 809a, 825a

Guillaume, Charles 796a

Guillaume, Edouard（1881—1959）*xlviii*, *xlix*, 180, 366—367, 796a, 841, 842

Gullstrand, Alvar *xlix*

Günzburg, David(1857—1910)382

Guye, Charles-Eugène（1866—1942）414；邀请 AE 去日内瓦大学发表演讲, 796a；AE 拒绝, 269

Guye, Philippe（1862—1922）～去世, 269n, 796a

## H

Ha'am, Ahad 578n

Haas, Hendrik de(1873—1953)邀请 AE 在巴达维亚学会发表演讲, 437, 812a

Haas, Wander de(1878—1960)185n, 277；关于～的教授职位的问题, 184

Haas-Lorentz, Geertruida de（1885—1973）185n

Haber, Fritz（1886—1934）75, 585n, 747, 805a, 807a；关于变老, 492；关于 Hedwig Kohn 请求 KWIP 资助, 805a；关于 Kallmann 和 Knipping 请求 KWIP 资助, 811a；论 Stern-Gerlach 实验, 310

Hadamard, Jacques（1865—1963）*xlviii*, *xlix*, 111, 146n, 234, 251n, 287, 796a, 841, 842, 843, 844；关于 AE 在巴黎拜访～, 264；关于理论的标准, 233；关于侵略者定义的手稿, 264

Haemmerli, Theodor(1883—1944)465

Hagenbeck, Carl(1844—1913)556

Haldane, Elizabeth 参见 Sanderson Haldane, Elisabeth

Haldane, Graeme 388n, 409n

Haldane, Richard(1856—1928)*li*, 301a, 480, 543, 801a, 822a；论 *Bergson 1922*, 482；关于 Cassirer, Reichenbach, 61；论德国战争赔款, 591；新年问候, 61—62；关于 Rechberg 的建议, 482；AE 论～, 504—505；寄 *Haldane 1922* 给 AE, 387；关于 Weyl, 61, 165, 409

Hale, George E.(1868—1938)378

Halecki, Oskar(1891—1973)516n

Hallgarten, Wolfgang（1901—1975）144a, 788a

Hallwachs, Wilhelm(1859—1922)410

Halpern, Lipmann(1902—1968)请求 AE 介入以被柯斯尼堡大学录取, 166—167, 804a

Halpern, Shlomo(1882—1941)167n

Hamburger, Margarete(1869—1941)697；关于 AE 离开德国, 512

Hamilton, William 303；AE 论～的论文集, 274, 294, 302；Ehrenfest 论～, 265—267, 279；～的哲学, 302

Hanotaux, Gabriel(1853—1944)308

Hara, Asao 119n

Harden, Maximilian(1861—1927)*lxiv*；关于 AE 离开德国去日本的理由, 552, 643；被极端右翼分子攻击, 392n

Harnack, Adolf von（1851—1930）*lv*, 400, 795a, 798a, 804a, 809a, 824a；关于研究用的乙酸和乙醚, 799a, 800a；AE 被选为 KWG 评议员, 825a；AE 作为 KWIP 所长的薪资的增长, 822a；关于 KWG 研究所的助手, 807a；邀请参加会议, 786a

KWG, 董事被授予 KWG 会员身份, 822a；评议员, 要求推荐～, 793a；研究所的职员, 新的～, 824a

KWIP, 预算, 1922 年第四季度～汇款, 825a；增加, 822a；要求活动报告, 809a, 815a

Hashida, Kunihiko(1882—1945)616；～的生理化学研究, 178

Hassell, Ilse von(1885—1982)583n

Hassell, Ulrich von（1881—1944）*lxix*,

583n,584n

Hatfield, Henry(1880—1966)389;请求 AE 关于晶体结构论文的意见,339

Hauptmann, Gerhart(1862—1946) AE 请求在 Kármán 的呼吁书上签字,149

Hauser, Maximilian(1822—1887) AE 演奏～的曲子,547

Hausmann, Wilhelm(1856—1921)312n;～给希伯来大学的捐款,312,799a

Hausmann-Frank, Margarete(1863—1929);给希伯来大学的捐款,312,804a;感谢吊唁,804a

Hausmeister, Paul(1865—1947),关于密封容器中的电解,827a;关于电解产生的高压气体,117,787a,827a

Haycraft, Thomas 578n

Hearn, Lafcadio(1850—1904)566n,643

Hebroni, Pessach(1888—1963)577n

Hecker, Max(1879—1964)723

Hedin, Sven 804a

Hegel, Georg Wilhelm Friedrich(1770—1831)247

Heilbron, Friedrich(1872—1954)关于 AE 参加荷兰-德国日食考察活动,324,801a,806a

Heimann, Oskar(1867—1930)415n;将帆船卖给 AE,313

Heine, Heinrich 590;AE 论～,859

Heisenberg, Werner(1901—1976)94n;解释谱线组合和反常的塞曼效应,77

Heller, Robert(1876—1930)19

Hellmann, Johann 791a

Helmholtz, Hermann von(1821—1894)211,229,354—356,529

Heraclitus 245

Hermes Bank 请求关于 Zarek 的意见,819a

Hernando, Teófilo 586n

Herrera, Emilio 586n,830a

Hertz, Gustav(1887—1975)277

Hertz, Heinrich(1857—1894)42,229,455

Hertz, Paul(1881—1940)290,799a,849,851;AE 论～,265,311

Herzfeld, Karl F.(1892—1972)131

Herzog, Reginald(1878—1935)194

土方宁(Hijikata, Yasushi)567n

Hilbert, David(1862—1943)$xlvi$,291a,473;相对论的公理基础,232—233;祝愿 AE 日本之旅顺利,473;Brody,欣赏～的天赋,290;关于取消 AE 在"德国自然研究者与医师学会"(GDNÄ)会议上的演讲,473;Roos,推荐～,301;～60 岁生日,56,57,58,91;AE 祝贺,92;Hilbert 感谢,301;为～演奏钢琴四重奏,85

日置益(Hioki, Eki[1861—1926])211n

歌川广重(Hiroshige, Utagawa)571n

Hirsch, Woolf 566n,575n

Hirschfeld, Max(1860—1944)发表 Einstein 1920j,190;论 AE 的手稿,793a

Hochberger, Auguste(1867—1936)23

Höchstetter, H. 260

Hoepli, Ulrico(1847—1935)659

Hoffmann, Julius 请求为 Nordmann 1921a 作序以及亲笔签名,800a;AE 拒绝,806a

葛饰北斋(Hokusai, Katsushika[1760—1849])548,656n

Holitscher, Arthur;推荐 Sas,816a;关于访问巴勒斯坦和俄国,816a

Holst, Helge(1871—1944)277

本田太郎(Honda, Kotaro[1870—1954])548,549

Hopf, Ludwig(1884—1939)15;邀请 AE 去亚琛,224,798a

Hopmann, Franz-Joseph 829a

Höst, Niels(1869—1953)570n

穗积陈重（Hozumi, Nobushige [1856—1926]）211n, 407n, 567n, 568n; 在日本帝国学士院欢迎 AE, 823a

夏元瑮（Hsia）北京大学, 818; *Einstein 1917a* 中译本的出版者, 817a

Hückel, Erich(1896—1980) 464

## I

池田芳郎（Ikeda, Yoshiro）601n

池上四郎（Ikegami, Shiro [1857—1929]）572n

稻垣守克（Inagaki, Morikatsu [1893—?]）*lix*, 542, 543, 545, 546, 548, 549, 550, 552, 553, 554, 569n, 617

Inagaki, Tony *lix*, 542, 549, 553, 554, 565n, 571n, 618n

Ioffe, Abram(1880—1960) 309, 355; 在柏林, 368; 与 AE 讨论, 315; Ehrenfest 论～, 306; 与 Ehrenfest 一家, 447

Ishihara 参见石原纯（Ishiwara, Jun）546

石井菊次郎（Ishii, Kikujiro [1866—1945]）534, 563n

石井菊次郎女士（Ishii, Kikujiro Mrs.）538

石川千代子（Ishikawa, Chiyoko）574n

石原纯（Ishiwara, Jun [1881—1947]）*xliii, lvii, lxiii*, 210, 213, 544, 546, 549, 550, 552, 554, 570n, 572n, 573n, 601n, 643, 645, 647; 关于 AE 去日本的邀请, 118—119, 810a; AE 论文集日文版的编辑, 508n; 关于各向同性有重物质的电磁能量张量, 698—702, 721—723; "日本的爱因斯坦", 854; 写给 AE 的诗, 825a; 请求允许出版 AE 论文集日文版, 213, 790a; 寄给 AE 旅费的支票, 213, 790a; AE 论文集日文版的翻译, 508

Itagaki, Ryoichi 639n

Itelson, Gregorius（1852—1929）410, 805a, 816a

## J

J. Einstein & Cie, Kornprobst 对～的回忆, 278—279

Jacobi, Carl Gustav Jacob（1804—1851）在 Jacobi-Hamilton 方法中的作用, 266

Jaffe, George（1880—1965）*xliv*, 345, 411, 417, 426—428; 关于质量的相对性, 345, 395—396, 417—418, 434—436

Jaffe, Hillel（1864—1936）560, 581n; 称赞 AE, 828a

Jahn-Rusconi Besso, Beatrice（1890—1965）220—221

Jahn-Rusconi, Arturo 222n

Jardí, Ramon 584n

Jeffery, George 789a, 821a; 关于 AE 的推荐信, 790a; Deller 论 AE 给～的推荐信, 791a; 关于 *Einstein 1917a*, *1920j* 和 *1921c* 的英文译本, 786a; 征求教授职位的推荐, 786a, 790a

Jeidels, Otto（1882—1947）205, 206, 317, 804a

Jiménez Rueda, Cecilio 585n

Jimenez, Inocencio 587n

Joffe, Abram 参见 Ioffe, Abram

Jolowicz, Leo（1868—1941）, 向希伯来大学捐献书本, 196, 208; 关于更新 AE 有关狭义相对论的手稿, 196, 208

Jong, R. de 554

Josephson-Franck, Ingrid（1882—1942）91n

Julius, Willem H.（1860—1925）109, 184, 329

## K

Kagan, Venyamin（?）805a

贺川丰彦（Kagawa, Toyohiko [1898—1960]）*lvii, lxiii*, 566n, 573n

Kallmann, Hartmut 请求 KWIP 资助购买静电计, 403, 806a, 809a, 810a, 811a, 812a, 819a, 821a

Kalmanowitsch, G. 科诺犹太大学, ~财务报告, 820a

Kaluza, Theodor(1885—1954) $xxxiv$, $xlvi$; ~的五维理论, 521n; AE 论~, 63—72; ~的统一场理论, AE 论~, 332

Kamada, Eikichi(1857—1934) $lxi$, 119n

Kamerlingh Onnes, Harm(1893—1985) 294

Kamerlingh Onnes, Heike(1853—1926) $xl$, $xli$, 139n, 171—175, 184; PAW 的通讯院士, 789a; Emil Warburg 不同意, 138; 第二维里系数的经验关系, 272; 有关超导性的实验, 109, 188; 未检测到电阻, 143, 177, 179; 测量杂质引起的电阻率, 172

鹿又武三郎(Kanomata, Kanesaburo) 571n

Kant, Immanuel 845, 862, 877; AE 论~, 236—239, 529; ~和相对论, 579n; Zschimmer 论, 81

Kapp, Wolfgang(1858—1922) 52

Kapteyn, Jacobus 被提议作为 PAW 的通讯院士, 789a

Karchevsky, Hanina 579n

Kareski, Georg 805a, 807a

Kármán, Theodor von(1881—1963), Abraham, 询问关于~的意见, 149; 请求 AE 在呼吁书上签字, 149; 邀请 AE 去亚琛, 224

Karrer, Victor 350

Karr-Krüsi, Albert(1869—1927) $lxxi$, 32n, 32, 496, 531, 737, 739, 740

Karr-Krüsi, Luise(1875—1959) 31, 496, 531

Karsten, Paul 为《柏林高校新闻》征求有关国际智力合作委员会的文章, 832a

Katz, Helene 112

Katzenstein, Moritz(1872—1932) 158, 294n, 295

Kaufmann, Richard(1887—1953) 576n

Kaufmann, Richard von(1850—1908) 447

Keesom, Willem Hendrik 262, 272

Keith-Roach, Edward 578n

Keller, Gottfried AE 论~, 859

Kepler, Johannes 265

Kessler, Harry Count 54, 349n

Kimura, Masamichi(1883—1962) 551

Kirschstein, Salli(?) 785a

Kisch, Frederick $lxv$, 576n, 582n

北里柴三郎(Kitasato, Shibasaburo) 567n, 573n

Klausner, Joseph 582n

Klein, Felix(1849—1925) 154n, 265, 267, 597n; 编辑 Gauss 的作品集, 62; 关于 Hamilton 的演讲, 267n

Kleiner, Alfred 18n

Knab, Albert 810a

Knipping, Paul 请求 KWIP 资助静电计, 403, 806a, 809a, 810a, 811a, 812a, 819a, 821a

Koch, Jacob(1850—1912) 23, 253, 279, 477, 741n

Koch, Mathilde(1868—1927) 218

Koch, Robert(1843—1910) $lxi$; 纪念~的神社, 550

Kocherthaler, Julius(? —1927) 585n, 586n

Kocherthaler, Kuno 109, 132, 134, 135, 177, 259n, 283, 294, 295, 372n, 562, 586n, 803a

Kocherthaler-Edenfeld, Lina 562, 585n, 586n, 800a

Koebe, Paul(1882—1945) 81

Koessler, Ludwig 828a

Köhler, Wolfgang(1887—1967) 287, 469; 关于 Max Wertheimer 的学术职位, 799a

Kohlhörster, Werner 请求 KWIP 资助有关穿透辐射的研究, 806a, 808a, 809a, 810a,

815a, 818a

Kohn, Hedwig 817a；请求 KWIP 资助购买石英光谱仪, 803a, 804a, 807a, 808a, 809a, 814a, 818a, 819a；Haber 论～, 805a；Laue 论～, 805a；Warburg～, 806a

Kohn, Leo 383n

小泉信三(Koizumi, Shinzo) 570n

Kolb, Rolf/Rudolf 371

Komiya, S. ～所画的 AE 的肖像, 825a

König, Walter(1859—1936) 410

Königsberger, Johann 请求 KWIP 资助有关极隧射线的实验, 787a, 790a, 802a, 806a, 808a, 813a, 816a, 817a, 822a

Königsberger, Leo(1837—1921) 473

Kook, Abraham 578n

Kopff, August(1882—1960) 191, 794a, 829a

Koppel, Leopold 关于 Argo 股份集团公司, 328

Kornblum, Hanns 325n

Kornprobst, Annita 279

Kornprobst, Sebastian 对于 J. Einstein & Cie 的回忆, 278—279；AE 论～, 280

Kornprobst, Sebastian Jr. 279

Kossel, Walther(1888—1956) 386, 750；建议从应急委员会处获得资助, 814a

Kottler, Friedrich(1886—1965) $xlv$, 597n；副教授职位的候选人, 78—79

Kowalewski, Arnold(1873—1945)；AE 论～的书, 433；Kowalewski, Gerhard 论～, 410；关于 Lie, 410

Kowalewski, Gerhard (1876—1950) 409, 433；征询 AE 关于 Dember 的意见, 410；关于 Gans, 410

Kraïtchik, Maurice 邀请 AE 举办演讲, 796a, 798a, 800a, 803a

Kramers, Hendrik A.(1894—1972) 109

Kraus, Friedrich 作为智力合作委员会的可能成员, 508

Kraus, Oskar(1872—1942) 410

Krause, Eliyahu 580n

Kretschmann, Erich 214

Kretschmer, Ernst 532

Kreutzer, Max 修理 AE 的帆船, 373

Krogh, S. August S.(1879—1949) 112

Krüger, Leo 请求向一所大学推荐, 794a, 802a

Krüss, Hugo 作为爱因斯坦基金会的监事会成员, 317n, 810n

Kuchal 参见 Cajal, Santiago Ramon y

九条节子(Kujo, Sadako) 日本皇后, $lxi$, 568n

Kummer, Ernst 267

Kundt, August 354；测量气体中的声速, 355

Kusakabe, Shirota 570n

桑木彧雄(Kuwaki, Ayao[1878—1945]) $lx$, 210, 544, 553, 554, 570n, 601n, 655, 786a；不翻译 AE 在 Lorentz et al. 1920 中的论文, 793a

桑木严翼(Kuwaki, Gen-yoku) 567n

桑木务(Kuwaki, Tsutomu [1913—2000]) 575n

## L

La Llave, Joaquín de 586n

Ladizhansky, Yitzhak 582n

Lafora, Gonzalo 586n

Lakowitz, Conrad 787a, 788a

Lämmel, Rudolf 325n

Lampa, Anton(1868—1938) 79

Lana-Sarrate, Casimiro(1892—?) 562；请求将关于相对论的普及读物翻译成西班牙语, 800a

Landé, Alfred 94n

Langevin, André(1901—1977) 283n

Langevin, Hélène(1909—?) 283n

Langevin, Jean(1899—1990)283n

Langevin, Madeleine(1903—?)283n

Langevin, Paul（1872—1946）*xlvi*，*xlviii*，16，179n，182，189，192，204，217，218，228，229，251n，255n，269，282，334，335，367，388，389，401，408，792a，793a，796a，798a，800a，809a，833，835，836，837，839，841，842，845；AE，关于去巴黎的邀请，163，164，186，259，282；AE 给～送去问候，303；与 Marie Curie 的绯闻，Zangger 论～，15；关于狭义相对论中的一个不对称性，235；关于相对论的公理，232，233；论 Comte 与 AE 有关物理理论的概念，230；Ehrenfest 给～送去问候，303；邀请 AE 参加法国化学物理学会的晚宴，201；邀请 AE 在法兰西学院举办演讲，16，145，155—156，161—162，162，182，196—197；苏黎士大学演讲，322，336n，413—414；关于 AE 访问的报纸评论，201；关于相对论，230—231；关于 Eddington 的理论，232—233；关于 Weyl 的理论，232—233

Langevin-Desfosses, Emma（1874—?）254，283n

Langwerth von Simmern, Ernst 586n；邀请爱因斯坦一家参加马德里的招待会和午宴，829a

Lapicque, Louis 796a

Laplace, Pierre Simon de Zangger 论～，114

Laplace 方程(Laplace equation) 883

Larmor, Joseph 229，232

Larmor 旋转(Larmor rotation) 441

Lassaleta i Perrin, Bernat 583n，584n

Laub, Jakob 703n

Laue, Max von（1879—1960）*xxxvii*，*lii*，*lix*，91，157，290，305，469，592n，597n，784a，804a，805a，808a；论 AE 有关光本性的实验，91，104n，109，125—129；论 AE 的诺贝尔奖，516；Bohr，推荐为 PAW 的通讯院士，141n；极隧射线实验，93；"德国自然研究者与医师学会"（GDNÄ），～一百周年纪念大会，替代 AE 在～做演讲，392，397，403；KWIP 资助 Kallmann 和 Knipping，811a；资助 Kohn，805a；替代出任 KWIP 所长，403，404；关于对 AE 生命的威胁，397；疯狂的政治氛围，397

Lavoisier, Antoine 380

Lawson, Robert 624

Le Bon, Gustave(1841—1931)256，312，369，408，817a；关于德国人忽略外国人的成就，340，422；AE 论～，370；质能等价，关于发现～的优先权，256，312，340，380，382，394—395，422

Le Bourgeois, Ferdinand 关于 AE 加入智力合作委员会，812a

Le Roy, Edouard(1870—1954)846；关于 AE 和 Bergson 的时间概念，239

Lederer, Emil(1882—1939)144

Lehmann-Russbüldt, Otto 338

Lémeray, Ernest 796a

Lenard, Philipp(1862—1947)391，407；～的 60 岁诞辰纪念，59；AE 论～，75；Gradenwitz 论，385

Lenin, Vladimir I. *lvii*

Lenz, Wilhelm(1888—1957)94n，291

Leon, Xavier(1868—1935)8；邀请 AE 参加法国哲学学会，197，228，794a；关于法国相对论的前驱，228—230；关于人类智慧的普世性，230

Leverrier, Urbain 869，884

Levi-Civita, Tullio(1873—1941)*xxxiv*，706，729，730，872，887；AE 为希伯来大学期刊向～约稿，510；Christoffel 符号的几何解释，660

Levy, Paul(1886—1971)关于力的非欧几何和欧几里得几何的等价性, 235

Licht, Hugo 96n, 415

Lie, Sophus (1842—1899) 267; Gerhard Kowalewski 论~, 410

Liebermann, Max 821a

Liebknecht, Karl 494n

Lloyd George, David(1863—1945)76, 156n

Lodge, Oliver 575n; AE 论~, 575n

Loeb, Jacques(1859—1924), 关于 AE 的书, 称赞~, 471, 495; 邀请 AE 去美国, 495, 519; 关于美国胶体化学的读者有限, 495; 关于德国的政治紧张局势, 495; AE 论~, 519; 关于蛋白质分子, 495; 关于美国帮助德国科学家, 495; AE 论~, 471, 519

Loebe, Paul 349n

Loeser, Alfred 805a, 807a

Loewe, Heinrich 820a

Lorente de Nó 860, 875

Lorentz, Hendrik Antoon (1853—1928) xxxvi, 26, 32n, 145, 157, 173, 210n, 229, 294, 379, 464, 511n, 539, 592n, 748; AE 拜访~, 302; AE 在通往相对论的道路上读了~的著作, 636; 在加州理工学院, 132, 142, 177, 184, 267; ~的电子论, 169, 637

Lorenz, Hans(1865—1940)343

Loth, Joseph 146n

Löwe, Heinrich(1869—1951)196, 208

Löwy, Heinrich(1884—?)关于空中勘探水和矿石, 49

Lubman-Haviv, Avraham(1864—1951)580n

Ludendorff, Hans (1873—1941) 725, 791a, 829a; 爱因斯坦基金会监事会成员, 317n, 810n; 被提议作为 PAW 的院士, 790a, 791a

Lüders, Heinrich(1869—1943), 关于 AE 的德国和普鲁士公民身份, 719; AE 拒绝两者, 747; 关于 AE 的教授职位的薪金, 786a

Ludwig, Emil 794a

Luke, Harry 578n

Lurie, Joseph 582n

Luxemburg, Rosa 494n

## M

Mach, Ernst (1838—1916) 248, 637, 638, 847, 870, 871, 884; ~和 AE, 246—249; 论惯性, 639

Madsen, Thorvald(1870—1957)向 AE 征询人选, 819a; AE 推荐, 507

Magnes, Judah L. 577n, 582n

Magnus(?), Dr. 820a

Maier, Gustav (1844—1923) AE 祝贺~, 192—193

Maier-Friedländer, Regina AE 祝贺~, 192—193

Maimonides 167

Malebranche, Nicolas(1638—1715)247

Malfitano, Giovanni (1872—1941) 163, 283, 796a; AE 在~的公寓, 218

Malik ~所绘的 AE 的肖像, 829a

Mano, Bunji(1861—1946)574n

Mantecón, Miguel 587n

Marañon, Gregorio 586n, 587n

Marchalar y Monrea, Luis de 586n

Maria Christina of Austria (1858—1929) 586n; 准许 AE 的觐见, 829a

Marić, Marija(1847—1935)198

Marić, Mileva 参见 Einstein-Marić, Mileva

Marić, Milos(1846—1922)198

Marić, Zorka(1883—1938)在避难, 198

Marie, Charles 796a

Marivaux《爱情与偶然狂想曲》, 833

Martienssen, Oscar(1874—1954)223, 415n, 795a; 关于航海仪器公司与 Anschütz 公司

之间的法律纠纷,212,795a,796a

Marx, Erich 请求,广义相对论的概要,784a; AE 拒绝,157,784a;更新狭义相对论的手稿,157;AE 拒绝,158

Marx-Weinbaum, Erich,关于 AE 生命遭受威胁的文章,AE 论~,429;Marx 的回应,815a;向 AE 征求关于 Rathenau 的文章,813a;AE 拒绝,429

Maschke, Georg 关于 AE 与 Mercur 飞机制造公司关系的破裂,256—257;AE 论~,263

Massys(Matsys), Quentin(ca. 1465—1530) 447

Mathieu de Noailles, Anna, Comtesse 222n

松原一雄(Matsubara, Kazuro) 87,811a,813a

Mauguin, Charles 796a

Maura, Antonio 585n,860,875

Maurin, Joaquín 584n

Maxwell, James Clerk(1831—1879)42,267,454—455,459,462n,872,874,886,888;关于气体中的非各向同性的压力,485;关于运动论的著作,5

May, Karl 371

Mayer, Manasseh 参见 Meyer, Manasseh

Mayer-Kaufbeuren, Wilhelm(1874—1923) 226n,282n;在巴黎接待~,216

Maynés, Enric 583n

Meatzu, María de 586n

Meillet, Antoine 146n

Meinhardt, Wilhelm(1872—1955)202

Meir Masie, Aharon 582n

Meirowitz, Menashe(1860—1949)580n

抹大拉(Mejdal[Magdala]) 561

Meldau, Heinrich(1866—1937)343

Ménard-Dorian, Aline(1870—1941) 799a,812a;关于帮助 François 家庭,801a;邀请 AE,195

Mendel, Bruno(1897—1959)20

Mendel, Hertha(1899—1977)20

Merkel, Julius 寻找与德国音乐界的联系,785a

Meyer, Edgar Michel(1907—1969)465,704

Meyer, Else(1884—1964)704

Meyer, Manasseh(1846—1930) *lix*,538—539,555,853

Meyerheim, Hugo 关于会计和相对论,799a

Meyerson, Émile(1859—1933)847;关于 AE 和 Mach,246—248;关于时间和空间坐标系的差别,244—246

Meysery, Potterat de 797a

Meyuchas, Joseph 576n

Michaelis, Leonor(1875—1949)550

Michaelis, Sophus 658n

Michelson, Albert 229,862;测量恒星的直径,Epstein 论~,379

Michelson-Morley 实验(Michelson-Morley experiment) *xliii*,379,636,839,862,876;Poincaré 论~,229—230

在发现相对论中所起的作用,626;Viscardini 论~,794a

Michonis 演讲(Michonis conferences)16,145,155—156,161—162,182,192

Mie, Gustav(1869—1957) *xlvi*,332,341,785a;Cartan 论~,234;Becquerel 论~,236

Mienius, M. 807a

Milick, Maurice 828a

Mill, John Stuart(1806—1873)247

Miller, Dayton C. *xliv*

Millikan, Robert(1868—1953)187,195,304,316,378,724;AE,关于被选为美国国家科学院的外籍院士,314,804a;被提议加入智力合作委员会,378

Mills, Eric 580n

Minkowski, Hermann 703n, 863, 878; 能量动能张量的不对称表达式, 701

Miral, Domingo 587n

Mises, Richard von ～的概率论, 297n

Möbius, August 267

Moch, Gaston(1859—1935)340, 395, 422

三宅速(Miyake, Hayari[1866—1945])532, 553, 563n, 831a; ～的热情好客和医疗护理, 825a

Mohorovicic, Stjepan(1890—1980)367

Molina, Luis 824a

Molisch, Hans(1856—1937)548, 571n

Montor, Alfred(1878—1950)538, 539, 555

Montor, Anna(1886—1945)538

Montor, Max(1872—1934)564n

Morente, Manuel García 586n

Moscovici, Dr. 222

Mossinson, Ben-Zion（1878—1942）lxv, lxvii, 558, 559, 578n, 579n

Moszkowski, Alexander（1851—1934）362, 746, 807a

Mouschly, Mordechai(1874? —1950?)561

Mouschly 家庭(Mouschly family)对 EE 的照顾, 828a

Mouschly-Turkel, Celia(1875? —1960)561

Mouton, Henri 796a

Mozart, Wolfgang Amadeus Hans Albert Einstein 演奏～, 261

Müller, Gustav(1851—1925)206, 791a

Müller, Luise 关于 AE 对十几岁儿子的好印象, 793a

Munro, Neil G.(1863—1942)569n

Murani, Oreste 807a

Muraour, Henri-Charles-Antoine（1880—?）746

Murobuse, Koshin 参见 Murofuse, Koshin

室伏高信(Murofuse, Koshin[1892—1970]) lvii, 214; 邀请 AE 赴日本讲学, 115, 118

Murray, Gilbert(1866—1957)lv, 308, 408, 439n; 关于 AE 辞去智力合作委员会的职位, 398—399, 418—419, 433—434; 关于智力合作委员会中的拉丁和德意志成员, 399

Musäus, Karl 384n

# N

Nadolny, Rudolf(1873—1953)736

长井长义（Nagai, Nagayoshi[1845—1929]）546, 553

长井村太(Nagai, Sonta)574n, 575n

长冈半太郎（Nagaoka, Hantaro[1865—1950]）lvii, lxiii, 313, 463, 544, 546, 547, 551, 567n, 569n, 570n, 601; 关于日本帝国学士院为 AE 举办的正式招待会, 407n; 关于日本风景秀丽, 463; 关于日本对相对论的兴趣, 463; 关于日本相对论的文献, 210; 赞美德国的物理研究, 211; 关于日本和德国科学家之间的关系, 210—211

Nansen, Fridtjof 请求 AE 加入俄国饥饿地区儿童救济南森委员会的编辑委员会, 809a, 810a

Nelson, Leonard(1882—1927)为 Roos 请求 AE 的推荐, 301a, 801a; Hilbert 论～, 301a

Nernst, Walther（1864—1941）lii, 47, 317, 384, 747, 785a, 790a, 791a, 811a, 824a; 与 Debye 的争论, 218, 261—262, 268, 272—273, 341; 关于分子间的吸引力, 261—262, 272—273; 关于与 AE 合作发明制冷机, 789a; 关于 KWIP 资助 Kallmann 和 Knipping, 811a

Netter, Charles 580n

Newton, Isaac 454—456, 458, 459; ～的光发射理论, 99; ～引力论作为广义相对论的

一个极限情况,883;最简单的引力定律,880

Nicolai, Georg Friedrich(1874—1964)43n, 121n, 325n

Nietzsche, Friedrich 245

Nirenstein, Mauricio 821a

西田几多郎(Nishida, Kitaro)*lvii*, 573n

新渡户稻造(Nitobe, Inazo[1862—1933])398;智力合作委员会;关于 AE 的加入,806a;遗憾 AE 缺席～的会议,816a;关于～的报告,821a

Noether, Emmy AE 和 Klein 论～的大学任教资格, 92n

Nonne, Fritz 788a

Nordmann, Charles(1881—1940) *xlvii*, *xlviii*, 217, 251n, 255n, 796a;关于 AE 的巴黎演讲,836—847

Norton, Ruth 578n

Nürck, Otto 788a

Nussbaum, Arthur(1877—1964)209

## O

Obermaier, Hugo 586n

d'Ocagne, Philbert Maurice(1862—1938)283

小川正孝(Ogawa, Masataka[1865—1930])119n, 571n

小川矵(Ogawa, Tsuyoshi)639n

冈本一平(Okamoto, Ippei[1886—1948])*lxi*, 548, 549, 552

冈本加乃子(Okamoto, Kanoko[1889—1939])571n

冈野敬次郎(Okano, Keijiro)*lxi*, 567n

冈谷富美(Okaya, Fumi[1898—1945])569n

冈谷辰治(Okaya, Tatsuji)569n

大仓喜八郎(Okura, Kihachiro[1837—1928])569n

Oldenburg, Sergei von(1863—1934)703, 747, 827a

Oliver, Francisco 821a

Olmer, Joseph 796a

Ono, Yoshimasa 639n

Oppenheim, Paul(1852—1929)534;关于 AE 的手稿和 Freundlich, 257—258; AE 论～, 263

Oppenheimer, Otto(1844—1922)23

Oppenheim-Errera, Gabriella 258n, 264n

Orefice, Giacomo(1865—1922)746n

Orfali, Gaudens 577n

Orlik, Emil 577n

Ornstein, Leonard(1880—1941)165;～的攻击性, AE 论～, 188; Ehrenfest 论～, 184

Ortega y Gasset, José 563, 586n

Orthmann, Wilhelm 关于请求 AE 举办演讲的学生, 820a

Oseen, Carl W. 593n

Ossietzky, Carl von 472n

Ostwald, Wolfgang(1883—1943)495;胶体化学学会,邀请 AE 加入, 430, 813a, 814a

## P

Pacheco, Eduardo Hernández 585n

Painlevé, Paul(1863—1933) *xlviii*, *l*, *li*, 186, 195, 229, 251n, 254, 292, 323, 331, 481, 796a, 834, 839—841, 844—845; AE, 关于与～的友谊, 284;开心与～认识, 292;邀请他去巴黎, 156;遗憾～不能参加法国哲学学会的特别会议, 784a;向～为慈善事业征求两个亲笔签名, 292, 800a; AE 寄去, 299;论狭义相对论中的一个非对称性, 235;～的书, AE 论～, 416

Palacios Martinez, Julio 860, 875

Palatini, Attilio ～的变分法, *lxxv*, 668n, 673

Paschen, Friedrich(1865—1947), 77, 117,

787a

Pauli, Wolfgang（1900—1958），94n, 291, 784a；AE 论 *Pauli 1921a*, 152—153；与 Born 的合作, 291；Weyl, 批评～的理论, 153

Pavlov, Ivan P.(1849—1936)113

Pedersen, Holger 146n

Perrett, W. 789a

Perrin, Jean（1870—1942）8, 155, 248, 796a, 833

Pestaña, Angel 584n

Petzoldt, Joseph 214

Pevzner, Shmuel(1878—1930)560, 581n

Pevzner-Ginzberg, Lea(1879—1940)580n

Pfister, Maximilian(1874—?)542, 543, 644；邀请 AE 来上海举办演讲, 473, 478, 811a

Pfister-Königsberger, Anna（1876—?）473n, 542

Phythian-Adams, W. J. 578n

Pictet, Raoul(1846—1929)222

Pieron, Henri(1881—1964)论心理的时间和爱因斯坦的时间, 249—250

Pinkevich, Albert 352n

Pittaluga, Gustavo 586n

Planck, Max（1858—1947）*l*, *lv*, *lxxvi*, 201n, 206, 211, 248, 285, 324, 392, 400, 403, 434n, 458, 469, 555, 592n, 593, 713n, 746n, 795a, 804a, 809a；AE, 论对～生命的威胁, 398；关于 AE 取消在"德国自然研究者与医师学会"(GDNÄ)的演讲, 469；关于 AE 计划邀请国际同行参加在柏林召开的物理学家会议, 317；关于 AE 的巴黎之行, 164；关于准予资助 Grotrian, 796a；Laue, 请求～在"德国自然研究者与医师学会"；(GDNÄ)百年纪念会上做报告, 397, 398；提议 Bohr 作为 PAW 的通讯院士, 141n

Plans, Josep 585n, 586n, 860, 875

Plücker, Julius(1801—1868)267

Pohl, Robert 464

Poincaré, Henri(1854—1912)229, 239, 256, 335, 529, 640n, 809a, 837, 841, 845；与 AE 比较, 230；电子应力, 886；～的哲学, AE 论～, 239；电子论中的压力, 66

Poincaré, Raymond（1860—1934）156n, 339n, 480；同意 AE 的巴黎之邀, 190n

Pol, Balthasar van der(1889—1953)122

Polak, Michael 581n

Polanyi, Michael（1891—1976），请求为 Brody 推荐, 187；AE 论～, 195；关于光谱分布, 85—86

Pordas, Antonio 563

Posse, Hans 邀请 AE 加入威尼斯第 13 届国际博览会德国展馆的荣誉委员会, 789a

Posse, Knut(1866—1932)616, 830a, 832a

Prange, G. 267

Prausnitz, Paul 827a

Pringsheim, Peter（1881—1963）*xxxiv*, *xxxix*, 301n, 317；关于光本性的实验, 423—425；请求 KWIP 资助购买石英吸收管, 824a

Pulido, Angel 585n

Pupin, Michael(1858—1935)邀请 AE 去哥伦比亚大学, 731

毕达哥拉斯(Pythagoras) Weyl 关于～度规的特性, 114

## Q

Quidde, Ludwig 请求 AE 为德国和平协会筹集捐款, 827a

Quint, Heinz 关于相对论的速度相加, 797a

## R

Raban, Ze'ev 577n

Raghib al-Nashashibi 578n

Ramón y Cajal, Santiago 586n

Rathenau, Mathilde（1845—1926）, 论 AE 和 Walther Rathenau, 376; AE 慰问, 374

Rathenau, Walther（1867—1922）*xxxv*, *xlvii*, *lii*, *liv*, 61, 161, 182, 376, 391n, 394, 494n; AE 论～, 449—451; ～遭暗杀, *li*—*lii*, 392n, 402n, 415n, 416; AE 论～, 374, 384, 388; Anschütz 论～, 377; Borel 论～, 381; ～的追悼仪式, AE 提议, 384—385

Ratnowsky, Simon（1884—1947）论 Edith Einstein 的毕业论文, 159

Rayleigh, John William Strutt 勋爵, 106

Réau, Ulysse-Raphaël 575n

Rebholz, Ludwig 785a

Recasens, Sebastiá 586n

Rechberg, Arnold（1879—1947）*li*, 591; 关于德国和法国工业组成共同体, 480—482, 504—505

Recouly, Raymond（1876—1950）77n, 121n

Regener, Erich 推荐 Braunbek, 798a

Reichenbach, Hans（1891—1953）61, 288, 470, 798a; 批评 *Weyl 1921a*, 165; 寄给 AE 有关 *Reichenbach 1922* 的校样, 206; AE 回复, 214

Reinstein, Adolf AE 对～的经济援助, 785a, 800a, 803a

Reinstein, Louis 785a

Renner, Willy（1855—1922）149

Reverdin, Henri 邀请 AE 参加第三届国际道德教育大会, 813a

Rey Pastor, Julio *lxix*

Reynold, Gonzague de（1880—1970）308, 744

Rhodes, Cecil 591

Ricci-Curbastro, Gregorio（1853—1925）639

Richmond, Ernest T. 577n

Richter, Hans（1888—1976）AE 论～的发明, 43

Ridler, Hilda 578n

Riecke, Eduard 157; ～的金属电子理论, 169

Riemann, Bernhard 456, 533, 639, 675, 686, 809a, 887; AE 在 1912 年不知道他的基础几何著作, 638

Rienzi, Raymond de（1890—1970）*xlviii*; AE, 颂扬与～的巴黎会面, 393; 关于法国报纸对～的评论, 509; 在巴黎接待～, 509n; 论对～生命的威胁, 509

Righi, Augusto 802a, 808a

Rignano, Eugenio 821a

Rischon Le Zion 560

Ritz, Walter; 关于光速的假设, 288—289; 光的理论, 180

Robertson, Clarence（1871—1960）478, 811a; 邀请 AE 去上海举办演讲, 811a

Rolland, Madeleine（1872—1960）790a; 邀请 AE 去国际妇女争取和平自由联盟举办演讲, AE 拒绝～, 137

Rolland, Romain（1866—1944）*xlvii*, *l*, 137, 269, 276, 465; AE 对～说再见, 529; 关于 AE 在调解法国-德国关系中的成功, 275; 希望见到 AE, 17; 关于新的国际杂志《欧洲》, 275; 关于《光明》和 Barbusse 的公开信, AE 同意～, 270; 在维勒讷沃, 413; 欢迎 AE 去巴黎, 796a; 关于在瑞士写作一部小说, 275

Romains, Jules（1885—1972）275

Röntgen, Wilhelm Conrad 386

Roos, Hermann AE 被请求推荐～, 301, 801a; Hilbert 推荐, 301

Rosenbaum, Bernard 789a, 791a; 在但泽对 AE 提供款待, 787a

Rosenbaum, Th. 95

Rosenberg, Hans von 824a; IE 论～, 825a

Rosenblüth, Felix(1887—1978) 关于 Hausmann 对希伯来大学的捐献, 799a; AE 论~, 312

Rosenheim, Arthur(1865—1942) 144

Rosenthal(?) 278

Rostand, Edmond 271n

Rothschild, Adelheid von(1853—1935) 254

Rothschild, Caroline A. de(1884—1965) 254

Rothschild, Edmond James, Baron de(1845—1934) lxvii, 801a; AE 与~见面, 254; 写信给~, 271, 284

Rothschild, Walter 788a

Rouvière, Jeanne *Einstein 1917a* 法文译本的翻译者, 808a

Roux-Costadeau, Henri(1875—1946) 393, 839

Roy, D. 请求与 AE 见面, 796a

Royo-Villanova, Ricardo 587n

Rubens, Heinrich 162n, 791a; 提议 Bohr 作为 PAW 的通讯院士, 141n

Rüfenacht, Hermann(1867—1934) 515n

Ruffini, Francesco(1863—1934) 308

Ruge, Ludwig 206; 爱因斯坦基金会监事会成员, 317n, 810n

Ruiz-Giménez, Joaquín lxix, 585n

Ruppin, Arthur(1876—1943) lxv, 558

Ruppin, Hannah 576n

Rusch, Franz(1880—1938) 可能成为 AE 的中文口译员, 478

Russell, Bertrand(1872—1970) l, lvii; AE 论~的政治观点, 52

Rutherford, Ernest 460, 593

**S**

Sacristán, José M. 586n

Sagnac, Georges ~对光速的测量, 379

樱井锭二(Sakurai, Joji[1858—1939]) 211n

Salamanca y Hurtado de Zaldívar, Petronilla de(1869—1951) 585n

Salaverría, José Maria 586n

Salvatella, Joaquín 585n, 586n, 860, 875

Samuel, David(1922—?) 576n

Samuel, Edwin(1898—1978) 576n

Samuel, Herbert(1870—1963) lxv, 558, 559, 576n

Samuel-Franklin, Beatrice 夫人, 582n

Samuel-Grasovsky, Hadassa(1897—1986) lxvi, 576n, 582n

Sanderson Haldane, Elisabeth(1862—1937) 62n, 388, 481

Sanger, Margaret lvii

Santesson, C. G. 831a

Sanzio, Raffaello 563

Sas, Andreas 816a

佐多爱彦(Sata, Aihiko[1871—1950]) 550

Sauer, Emil 588n

Sauerbruch, Ernst(1875—1951) 563n

泽田牛麿(Sawada, Ushimaro) 574n

Schaefer, Clemens 请求 KWIP 资助关于单原子金属蒸汽谱带的研究, 815a, 818a

Schatunowski, Samuel 806a

Schatz, Bezalel 582n

Schatz, Boris 577n; 关于给比撒列工艺美术学院的 AE 的肖像, 829a

Scheel, Karl 475

Scheidemann, Philipp 对~未遂的暗杀, 392n

Schenk, Heinrich(1872—1938) 589

Schlenk, Wilhelm 被提议作为 PAW 的院士, 790a

Schlick, Moritz(1882—1936) 287, 296, 410, 796a; 论基尔大学的反犹主义, 469—470; 关于旋转, 469; 寄送 *Schlick 1922* 给 AE, 469

Schmidt, Willi 786a

Schmidt & Haensch 814a,815a,817a,819a

Schmidt-Ott, Friedrich 792a,801a,802a,813a,814a,815a,818a,819a,821a,824a,825a,831a；关于对研究的资助,792a；请求推荐科学家从德国应急委员会获得帮助,813a

Schmutzer, Ferdinand(1870—1928)～做的 AE 的蚀刻版画,78

Schneider, Martin(1862—1933)581n

Schneider, Rudolf(1876—1933)206；爱因斯坦基金会监事会的成员,317n,810n

Schoen, Wilhelm von(1886—1960)338

Scholz, Heinrich(1884—1956)470

Schottky, Walter H.(1886—1976)260

Schrödinger, Erwin(1887—1961)关于 Edith Einstein 的博士论文,159—160

Schuler, Maximilian(1882—1972)59

Schultz, M. H. 546,568n

Schulze 夫人(Schulze, Mrs.)547

Schur, Issai(1875—1941)290

Schwarz, Boris 799a

Schwarz, Joseph 799a

Schwarzschild, Karl 460,842；～的解；Becquerel 论～,236；作为 Trefftz 解的极限情况,596；奇点,*xlix*,251n,395,596

Schweigler, Eduard 请求 KWIP 资助宇宙辐射研究,802a

Sederholm, Henrik(1859—1943)616,830a,832a

Seelig, Carl 640n

Seeliger, Hugo von 523

Seeliger, Rudolf KWIP 资助有关无声放电的研究,802a,808a,813a

Segall, Bernhard 请求为大学录取提供帮助,786a；AE 帮助～,788a,792a,793a

Seillière, Ernest 关于神秘主义的演讲,294

Seippel, Paul(1858—1926)17

Selety, Franz(1893—1933?)*xlv*,793a；AE 征询对于 Selety 1922 的意见,505；关于宇宙学的手稿,148；～的分子等级世界,AE 论～,522—525,527

Sertillanges, Antonin-Gilbert 577n

Seym H. Amieta 论 Einstein 1916e 的西班牙语译本,796a

涩泽元治(Shibusawa, Motuji [1876—1975])568n

塩泽昌贞(Shiozawa, Masasada)570n

Simmern, Juliane von(1910—?)586n

Simmern, Langwerth von(1865—1942)587n

Simmern-Rottenburg, Margarete von 586n

Sinclair, W. F. 580n

Singer, Eduard 论 AE 的经济援助,801a

Sitter, Willem de(1872—1934)289,418n,597n,748

Sklarek, Francis 265

Smoluchowski, Marian von(1872—1917)11

Soehring, Otto(1877—?)798a,814a；AE 告知～1922 年秋季的旅行日程,280—281

Solf, Friedrich *lxiv*

Solf, Wilhelm(1862—1936)552,566n,572n,643,814a；和 AE 道别,651

Solomon, Flora 577n

Solomon, Harold 577n

Solovine, Maurice(1875—1958)164,186,218,200,222,255n,271,323,415,791a,796a,803a,804,804a,808a,810a,813a,821a,823a；AE 论～,278；关于 AE 论文的法文翻译,284,787a,793a,807a,816a,821a；论 AE 巴黎之行的成功,284；向 AE 征集书本,80n,787a；AE 为 Thirring 1923 作序,365n,808a

Solovine, Minnie(1856—1944)416n

Sommerfeld, Arnold(1868—1951)*xxxvii*,60,131,132n,154n,194,402n,460,592n,

800a;AE 关于他的光谱著作,92;关于 AE 接受《费加罗报》的采访,76;关于 AE 的爱国行为,76;Ehrenfest,关于绝热假设的争论,511,512n,301n;解释光谱线组合,77;论国际主义,76;论卢西塔尼亚事件,76;论光本性,76—77;论协约国贪婪的政治,76

Sommerfeld,Johanna(1874—1955)94n

Sorani,Aldo 77n

Speyer,Carl(1877—1927)492n;关于在希伯来大学授课,483,492,818a,828a

Spiegel,David 581n

Spinoza,Baruch 620;关于心理物理平行论,335

St. John,Charles(1857—1935)143n,210n,329;访问欧洲,209,274,277

Stampe,Carl 住在爱因斯坦家中,749

Stark,Johannes 98,637

Steinichen 547

Stern,Otto(1888—1969)441,445n;资助,从 KWIP,为了银原子的磁性研究,802a,813a;从应急委员会,814a

Stern,Richard 749

Stern, Siegfried 捐献给爱因斯坦基金会,816a

Sternthal,Friedrich(1889—1964)告知 AE 生命遭受威胁,381

Steubing,Walter 请求 KWIP 资助关于谱带的研究,792a,788a,802a,808a,813a

Stöcker,Helene(1869—1943)关于国际和平主义者大会,472,497

Stodola, Aurel(1859—1942),论 *Einstein 1916n*,330,361;论辐射和物质之间的能量交换,330—331

Stolkind,Abram 785a

Storrs,Ronald 576n,578n

Stöve,Hermann Wilhelm(1860—1931)422n

Stöve-Wiebols, Margaretha(1862—1941)422n

Strasser,Bruno(1879—1959)465

Straubel,Constantin(1880—1937)80

Ströbel,Heinrich(1869—1944)54

Struck,Henriette AE 给~送去问候,828a

Struck,Hermann(1876—1944)*lxviii*,560,828a,859;关于 AE 辞退智力合作委员会的职务,405,426

Struck,Mally(1889—1964)560,580n

Stumpf,Felix(1885—?)725;~的能力问题,829a,830a,831a

孙中山(Sun Yat-sen)478n

Synge, Edward(1890—1957)267,267n,294n;Hamilton,关于~的文集,265,279,论~的哲学,302;论数学和自然定律,302—303;论四元数理论作为大统一理论,303

Synge,John Lighton(1897—1995)267

T

Tagore,Rabindranath 795a

Taine,Hippolyte(1828—1893)247

Takahashi,Yoshi(1861—1937)569n

竹内时男(Takeuchi, Tokio[1894—1944])548

竹内德藏(Takeuchi, Tokudo)569n

Tallada,Ferran 584n

田丸卓郎(Tamaru, Takuro[1872—1932])548,570n,601n

Tartini,Giuseppe 261

寺田寅彦(Terada,Torahiko)570n,601n

Terradas, Esteve(1883—1950)*lxix*,562,583n,584n,829a

Tetrode,Hugo(1895—1931)729,730;AE 论~的论文,476

Thiel,Fritz(1863—1931)*lix*,565n,823a

Thirring, Hans(1888—1976) 191, 363, 365, 784a, 794a, 808a; 提议 Kottler 为副教授, 78—79

Thoma, Richard A. (1847—1923) 144

Thomas, Albert(1878—1932) 744

Thomas, Tracy Y. 784a; AE 同意作为访问科学家, 147, 253

Thomson, Joseph J. (1856—1940) 229, 455

Thon, Jacob 576n

Thost, Ernst 论在学校里讲授相对论, 822a

Ticho, Abraham(1883—1960) 582n

Tirpitz, Alfred von(1849—1930) 583n

Toledo, Octavio 860, 875

Toller, Ernst(1893—1939) 384

Tolman, Richard(1881—1948) 187, 195, 378

Tomlinson, Paul G. (1888—1977) 论 Einstein 1922c 的手稿, 262—263, 799a

加藤由三郎(Tomosaburo, Kato) $lxi$, 568n

Torres y Quevedo, Leonardo de(1852—1936) 308, 585n

Torroja, Eduard 585n

Trautmann, Oskar(1877—1950) $lx$, 551, 566n

Trautz, Max 请求 KWIP 资助气体比热的测量, 788a, 789a, 791a, 792a

Trefftz, Erich(1888—1937) $xlv$; AE 论两质点的静态场, 594—596

Troeltsch, Ernst(1865—1923) 506, 530

Trüper, Johannes 448n; ~的疗养院, 480

土井晚翠(Tsuchii, Bansui[1871—1952]) $lxiii$, 548, 554, 613, 655, 657n; 写给 AE 的诗, 826a

土井英一(Tsuchii, Eiichi[1909—1933]) 656n, 657

Tucisava 参见 藤沢利喜太郎(Fujisawa, Rikitaro)

Tulkowski, Shmuel(1886—1965) 560

Turner, Bertha 800a, 805a, 822a

Turner, Julius 由~所绘的 AE 的肖像, 798a

## U

Ugarte, Nicolás de 585n

Untermyer, Minnie(1863—1941) 79, 284

Untermyer, Samuel 818

Ussishkin, Menachem(1863—1941) $lxv$, $lxvi$, 558, 559, 577n, 578n, 582n

## V

Van der Waals, Johannes D 参见 Waals, Johannes D. van der

Van Es & Van Ommeren 关于 AE 的行李, 830a

Vanderlinden, Henri 796a

Veblen, Oswald(1880—1960) 263n; 将 Einstein 1922c 的手稿转寄给 Adams, 253; 推荐 Thomas, 147, 253, 784a

Vecino, Jeronimo 587n, 588n

Vegard, Lars(1880—1963) 91

Velazquez, Diego(1599—1660) 563

Velikovsky, Emanuel 510n

Vendrell, Simon Vila 583n

Vening Meinesz, Felix 849, 852

Vera, Francisco 585n

Vidal, Georges-Fernand(1862—1929) 111

Vidal i Guardiola, Miquel 584n

Vildrac, Charles(1882—1971) 275

Vindonissa Eduard Einstein 拜访~, 371

Viscardini, Mario, 关于光和以太之间的摩擦, 801a; 关于 Michelson-Morley 实验的论文, 288—289, 794a

Visser, Johannes de(1857—1932) 185n

Vogel, Wilhelm 562, 586n

Vollmer, Max 被提议从应急委员会获得资助, 814a

Vorovka, Karel 820a; 请求为 *Einstein 1917a* 的捷克语译本作序, 804a

Voûte, Joan(1879—1963)555; 邀请 AE 参加日食考察, 133; AE 拒绝～, 201; 邀请 AE 去巴达维亚和万隆举办演讲, 133; AE 拒绝～, 201n

# W

Waals, Johannes D. van der 273

Waals, Jr., Johannes D. van der 262, 849, 852

Wagner, Ernst(1876—1928), AE 提议～获教授席位, 433; 请求 KWIP 资助购买 X 射线管, 792a, 788a, 789a

王一亭(Wang, Yiting[1867—1938])566n

Wankmüller, Romeo 256—257; 为 Baller 推荐, 817a

Warburg, Emil(1846—1931) *l*, 129, 410, 812a; AE 论～, 353—359, 459; 关于 Hedwig Kohn 对于 KWIP 资助的请求, 806a; 反对选诸如 Kamerlingh-Onnes 的外国人为 PAW 的通讯院士, 138; 请求 AE 推荐 Haensch 获得莱布尼茨奖章, 137—138

Warburg, Max M. 在组织理事的名单上, 393n

Warburg, Otto～夫人, 785a

Warburg-Cohen, Anna(1864—1937)115

Wassermann, Oscar(1869—1934)205, 206

Weber, Heinrich F.(1843—1912)546

魏宸组(Wei, Chenzu) *lxiv*, 200n, 613n, 814a, 来自北京大学的邀请, 255, 293, 430, 814a

Weigert, Charlotte(1883—1971)50, 112, 658; 论 Chakhotin, 112—113

Weigert, Fritz 790a; 论光吸收和光化学过程, 783a

Weiner, M. 关于 Rathenau 家庭为巴勒斯坦工人学院捐款, 812a, 815a

Weinstein, Max(1852—1918)21

Weiss, Pierre(1865—1940)15

Weizmann, Chaim(1874—1952) *lviii*, *lxv*, *lxvii*, 45, 115, 156n, 312, 492, 538, 539, 785a, 786a, 800a, 801a; 关于 Berliner 对希伯来大学的捐款, 111, 329, 822a; 颁给～的纽约市荣誉市民称号, 802a; 关于新世纪俱乐部的捐款, 382—383, 416; 关于巴勒斯坦的授权, 111, 328—329; 为《新巴勒斯坦》这本书向 AE 约稿, 438, 589, 807a, 812a; AE 犹豫, 416; 拒绝, 822a; 欢迎 AE 来到巴勒斯坦, 715

Weizmann, Vera(1881—1966)111n, 329n, 492n

Weizmann-Tchmerinsky, Rachel-Lea(1852?—1932)560

Wereide, Thorstein *liii*; 想要给 AE 写传记, 362, 807a

Wertheimer, Max(1880—1943) *lv*, 469, 470, 530, 640n, 732, 799a; AE 请求他代表自己参加智力合作委员会, 506, 515, 516—517, 820a; Wertheimer 拒绝, 513—514; AE 对于～的看法, 287—288

Westphal, Wilhelm(1882—1978)392n, 725, 831a; 关于 AE 受墨西哥政府之邀参加日食考察, 829a; 关于对俄国科学家的帮助, 350—351; 爱因斯坦基金会监事会成员, 317n, 810n; 在苏俄, 352n; 关于塔式望远镜的工作人员, 829a

Weyden, Rogier van der(ca. 1399—1464)447

Weyl, Hermann(1885—1955) *xxxiv*, *xxxvi*, *xxxvii*, *xlv*, *xlvi*, *lxxiv*, *lxxv*, 61, 180, 245, 341, 410, 413, 465, 596, 597n, 698, 706, 729, 730, 784a, 807a, 872, 887; AE 论 *Weyl 1918b*, 29; 被布雷斯劳大学任命, 30n; 关于光本性的实验, 56—57;

Haldane 和 Reichenbach 论 *Weyl 1921a*, 165; Haldane 论 *Weyl 1923*, 409; 对 Christoffel 符号的解释, 660; 邀请 AE 举办演讲, 322; AE 拒绝, 332; 关于 Langevin, 389; ～最近的理论, 661; 理论美妙但不真实, 370; Zangger 论～, 114

Whitehead, Alfred(1861—1955) Haldane 论～的理论, 62

Wien, Wilhelm(1864—1928) 785a, 849, 851; 关于极隧射线辐射的衰变率, 108n; 关于极隧射线的光发射, 99

Wieniawski, Henryk(1835—1880) 547

Wigand, Albert 请求 KWIP 资助航空学研究, 785a, 788a, 789a, 792a

Wilbushevitz, Nachum 581n

Wilson, Woodrow 746n

Winteler, Fritz 467

Winteler, Paul(1882—1952) 159, 191, 220, 221, 328, 477, 734; 关于移居到意大利的好处, 740—741; 关于 AEG 股份的资金, 738—740; 得了胸膜炎, 253, 274; AE 论～, 278; 关于偿还 AE 的经济资助, 740; Winteler-Einstein, Maja, 关于～的疾病, 185—186, 200; 请求更多钱用于治疗～, 202, 253

Winteler-Einstein, Maja(1881—1951) 23, 159, 191, 477, 738, 740, 816a; AE, 给～的生日祝福, 733; 祝贺～获得诺贝尔奖, 733; 邀请～去佛罗伦萨, 477, 734; 感谢经济资助, 273—274; AE 给～寄钱, 202, 209; 关于 Elsa Einstein 的健康状况, 477; 关于 Hans Albert Einstein 被慕尼黑大学录取, 477; 关于她的和谐婚姻, 734; 关于她在佛罗伦萨的生活, 477; 生病, 185—186, 200, 202, 253, 273—274, 323; AE 论～, 278; Jahn-Rusconi Besso 关于～的健康状态, 220—221; 关于新的住所, 323; 关于意大利的政治形势, 477

Winteler-Michelstadter, Paula(1885—1972) 466

Winter, Maximilien 229

Wirth, Joseph(1879—1956) *li*, 473n

Wohl, Alfred 273

Wolff, Hans AE 论～在法律纠纷中提供的专家意见, 95—96

Wolff, Rudolf 请求 AE 提供经济资助, 788a

Wolff, Theodor(1868—1943) 281

Wolfsohn, Julius(1880—1944) 允许将他的犹太狂想曲献给 AE, 148, 790a

Wood, Robert W. 425

Wrinch, Dorothy(1884—1976) 229, 251n

Wulfart, Max(1876—1955) 726

Würfel, Georg 826a

# X

Xavier Léon 796a

# Y

小泉八云(Yakumo, Koizumi) 参见 Hearn, Lafcadio

山田光男(Yamada, Mitsuo) 571n; 作为 AE 论文集日文版的翻译者, 508n

山田义男(Yamada, Yoshio) 作为 AE 论文集日文版的翻译者, 508n

Yamamoto, Hantaro *lxiii*

山本美佐子(Yamamoto, Misako) 568n, 658n

山本实彦(Yamamoto, Sanehiko [1885—1952]) *lvi*, *lx*, *lxi*, 118, 119, 179n, 210, 214, 544, 545, 547, 548, 549, 551, 552, 553, 554, 572n, 606, 617, 647, 657, 714

AE 的讲学之行: 达成一致, 86, 406; 提前为～准备的定金, 87; 关于～的准备, 406—407; 关于日本恢复对相对论的研究, 828a

Yamamoto, Sayoko(无汉字名) 568n,658n

山本宣治(Yamamoto, Senji) *lxiii*,615n

山本美(Yamamoto, Yoshi) *lxiii*, 568n, 650,658

矢崎美盛(Yazaki, Yoshimori) 568n

Yellin, David 559,576n,577n,582n

应惠德(Ying, Huide) 566n

应时(Ying, Shi) 566n

横关爱造(Yokozeki, Aizo) *lvii*

嘉仁天皇(Yoshihito, Emperor of Japan [1879—1926]) 564n

## Z

Zahn, Hermann(1877—1952) 223

Zangger, Gertrude(1907—1918) ～的去世,29

Zangger, Gina(1911—2005) 29

Zangger, Heinrich(1874—1954) *liv*,*lvii*,15, 17,18,19,22,194,370,413,465,529, 616,797a;关于 AE 获 ETH 任命,15;关于 AE 的顾虑,30;AE 与～同住,23; Bleuler,论～的书,114;论 AE 的儿子们的性格,17—18;关于与 AE 会面的日期, 818a;关于女儿的死,29;Debye,关于他的课程,178;论 *Eckstein-Diener 1921*,178; Eddington,关于～的理论,114;Eduard Einstein,论～的疾病,18,19,19;～的敏感,30;Hans Albert Einstein,关于～的行为,19;论德国人的"爱国主义",414; Hashida,关于～的研究,178;关于 Laplace,114;论量子论和相对论,341;关于量子的秘密,341;关于德国人的不得体,465;Weyl,关于他的理论,114,341

Zarek,(Otto) 对于～的意见,819a

Zeeman, Pieter(1865—1943) *xxxiv*, *xxxviii*,157,301n;AE 拜访～,289;AE 向～建议的实验,294;被提议作为 PAW 的通讯院士,789a

Zeisler, Sigmund 关于 AE 留在美国的钱,818

Zernike, Frits 849,852

张君谋(Zhang, Junmou) 566n,575n

张淑(Zhang, Shu) 566n

朱家骅(Zhu Jia-hua[1893—1963])邀请 AE 去北京大学,199;AE 拒绝,207—208

Zieske, Benno 820a

Zilsel, Edgar(1891—1944)关于统计力学基础的论文,寄给 AE,296—297;AE 论～, 527—528

Zschimmer, Eberhard(1873—1940) 330n;～的玻璃实验,81;关于 Kant 和 AE 的手稿,80—81,529;关于 *Einstein 1917a* 中的打字错误,81

土井(Zuchii) See 参见土井晚翠(Tsuchii, Bansui)

Zúñiga, Tonbio 585n

Zürcher, Emil(1877—1937) 18,19

Zürcher, Richard(1911—1982) 18

Zweig, D. 829a

Zwicky, Fritz(1898—1974) 262,272

# 引文索引

*Aargau Programm 1896/1897* 350n
*Abel 1984* 252n
*Abiko 2000* 626,627,628n,636n,640n
*Abraham 1902* 462n
*Adler 1920* 268n
*Aichi 1923* 570n
*Alpert 1982* 165n
*Argyle 2002* 384n
*Arrhenius 1907* 252n
*Ash 1989* 288n
*Bach and Weyl 1922b* 597n
*Bardeen, Cooper, and Schriefer 1957* lxxvi-in
*Bartholomew 1989* 211n
*Becker 1922* 305n,792a
*Becquerel 1922* 521n
*Bergia 1993* 713n
*Bergman 1974* 576n
*Bergson 1922* 252n,483n,505n,563n
*Bergson 1972* 252n
*Berlin Verzeichnis 1922* 773c
*Berthelot 1901* 380n
*Biezunski 1987* lxxviin
*Biezunski 1991* lxxviin, 146n, 202n, 217n,218n
*Bleuler 1921* 114n
*Blondel 1922* 282n
*Blumenfeld 1962* 773c
*Blumenthal 1913* 285n
*Bohr 1913* 141n,462n

*Bohr 1922a* 203n
*Bohr 1922b* 203n,301n,698n
*Bohr 1922c* 203n
*Bohr 1923* 446n
*Bohr 1972* 176n
*Bohr 1977* 593n,698n
*Bolton 1922* 211n
*Bonner 2002* 471n
*Borel 1922a* 286n
*Borel 1922b* 286n
*Borel 1922c* 286n
*Born 1914* 333n
*Born 1920* 182n
*Born 1921* 292n
*Born 1922* 465n
*Born 1923a* 292n,465n
*Born 1923b* 465n
*Born 1936* lxxviin
*Born and Bródy 1921* 292n
*Born and Pauli 1922* 292n
*Bourgeois 1921* lxxviin,309n
*Bovet 1922* 322n,336n,337n
*Brace 1902* 108n
*Breit 1922* 130n
*Bródy 1922* 292n
*Brush 1976* 13n,488n
*Brush and Everitt 1969* 488n
*Buchwald 1985* 176n
*Burger 1918* 185n
*Bush 1922* 251n

Butenhoff 1999 565n
Campbell 1922 lxxviin,133n
Cartan 1922b 667n
Cassidy 1992 78n
Cassirer 1921 62n,82n
Cattani 1993 668n
Chapman 1994 507n
Chatriot 2006 304n
Chodat 1922 269n
Christoffel 1869 667n
Coffa 1979 166n
Cohen 1982 789a
Colin 1923 276n
Commission 1922 514n
Cooke 1960 479n
Crelinsten 2006 xliv
Dahl 1992 176n
Darigol 2000 176n
Deák 1968 77n,472n
Debye 1919 425n
Debye 1920 219n,273n
Debye 1925 273n
Degener 1935 144n
Delbrück 1922 339n
Delft and Kes 2010 176n
Dienes 1922a 479n
Dienes 1922b 479n
Dingle 1922 787a
Discursos 1923 585n
Doi 1921 321n
Doi 1922a 321n
Doi 1922b 321n
Doi 1922c 321n,463n,570n
Doi,B.1932 656n,826a
Dongen 2002 74n
Dongen 2007 121n
Dongen 2009 628n

Dongen 2010 74n
Dror 1991 580n
Dror 1998 165n
Drude 1900 176n
Earman and Eisenstaedt 1999 74n
Earman and Janssen 1993 74n
Eckert 2009 94n
Eckstein-Diener 1921 178n
Eddington 1919 745n
Eddington 1921a 62n, 114n, 333n, 575n,690n
Eddington 1921b 388n, 667n, 668n, 691n,713n
Eddington 1921c 691n,719n
Eddington 1922 719n
Eddington 1923 713n
Ehrenfest 1911 512n
Ehrenfest 1916 512n
Ehrenfest 1917 668n
Ehrenfest 1920 668n
Ehrenfest 1922 301n
Ehrenfest 1923 203n
Ehrenfest and Ehrenfest 1911 297n
Einstein 1901 649n
Einstein 1902a 649n
Einstein 1902b 649n
Einstein 1903 649n
Einstein 1905i 13n,462n
Einstein 1905k 13n,252n,649n
Einstein 1905r 178n,251n,285n,626,639n, 640n,649n,659n,804a,807a,810a,817a
Einstein 1905s 649n
Einstein 1906b 252n,826a
Einstein 1906e 649n
Einstein 1907a 462n
Einstein 1907e 649n
Einstein 1907g 649n

*Einstein 1907h* 649n
*Einstein 1907j* 641n, 649n
*Einstein 1909a* 649n
*Einstein 1910c* 649n
*Einstein 1910d* 13n
*Einstein 1911c* 13n, 311n
*Einstein 1911f* 649n
*Einstein 1911h* 79n, 649n, 808a
*Einstein 1912c* 649n
*Einstein 1912h* 649n
*Einstein 1912i* 649n
*Einstein 1914a* 14n
*Einstein 1914e* 649n
*Einstein 1914i* 821a
*Einstein 1914l* 649n
*Einstein 1914m* 649n
*Einstein 1914n* 512n
*Einstein 1914o* 28n, 29n, 429n, 462n, 649n, 713n, 784a
*Einstein 1915b* 786a
*Einstein 1915f* 28n, 649n
*Einstein 1915g* 28n
*Einstein 1915h* 28n, 29n, 74n, 649n
*Einstein 1915i* 28n, 649n
*Einstein 1916e* 79n, 258n, 285n, 416n, 649n, 786a, 796a
*Einstein 1916f* 804a, 805a, 807a, 810a
*Einstein 1916g* 649n
*Einstein 1916m* 331n
*Einstein 1916n* 104n, 361n, 446n
*Einstein 1916o* 79n, 428n, 649n
*Einstein 1916p* 649n
*Einstein 1917a* 82n, 214n, 330n, 411n, 524n, 649n, 775c, 785a, 786a, 787a, 789a, 790a, 791a, 794a, 798a, 803a, 804a, 806a, 808a, 811a, 813a, 816a, 817a, 818a, 820a, 821a, 823a, 826a

*Einstein 1917b* $xliv$, 79n, 396n, 397n, 418n, 429n, 526n, 597n, 649n
*Einstein 1918a* 649n
*Einstein 1918b* 649n
*Einstein 1918c* 526n, 649n
*Einstein 1918d* 649n
*Einstein 1918e* 215n, 429n, 649n
*Einstein 1918f* 428n
*Einstein 1918g* 73n, 713n
*Einstein 1918i* 649n
*Einstein 1918k* 659n, 814a, 815a, 817a, 818a
*Einstein 1918l* 649n
*Einstein 1919a* $xlv$, 73n, 79n, 597n, 649n
*Einstein 1919b* 649n
*Einstein 1919c* 649n
*Einstein 1919g* 176n
*Einstein 1920c* 37n, 189n
*Einstein 1920j* 90n, 190n, 411n, 462n, 659n, 784a, 785a, 786a, 789a, 791a, 793a, 794a, 795a, 797a, 799a, 808a, 809a, 812a, 814a, 816a, 819a, 825a, 828a, 830a
*Einstein 1921b* 659n
*Einstein 1921c* 91n, 215n, 411n, 462n, 784a, 785a, 786a, 789a, 791a, 793a, 794a, 795a, 797a, 799a, 808a, 809a, 812a, 814a, 816a, 818a, 819a, 823a, 825a
*Einstein 1921d* 639n
*Einstein 1921e* 649n, 667n
*Einstein 1921f* 426n
*Einstein 1921k* 292n
*Einstein 1921l* 211n, 214n, 786a
*Einstein 1922—1924* 508n, 510n, 646n, 649n, 656n
*Einstein 1922a* $xxxvi$, 57n, 60n, 90n, 104n, 105n, 130n
*Einstein 1922b* 300n
*Einstein 1922c* 61n, 80n, 147n, 253n, 263n,

271n, 285n, 416n, 429n, 484n, 526n, 527n, 649n, 691n, 692n, 713n, 784a, 785a, 786a, 787a, 788a, 789a, 791a, 793a, 796a, 797a, 799a, 803a, 804a, 805a, 806a, 815a, 816a, 818a, 819a, 823a, 825a

Einstein 1922d 51—52

Einstein 1922e *xliii*, 151—153

Einstein 1922f *xxxviii*, 105n, 110n, 116n, 118n, 121n, 124—129, 132n, 134n

Einstein 1922g 326—327

Einstein 1922h 332n, 346—348

Einstein 1922i 449—451, 462n

Einstein 1922j 143n, 334—335

Einstein 1922k *xli*, 75n, 110n, 168—175, 808a

Einstein 1922l 191n, 353—359, 462n, 815a, 819a, 822a

Einstein 1922m 504n, 499—500, 821a

Einstein 1922n 598—599

Einstein 1922o *xlii*, 453—461

Einstein 1922p *xlv*, 489—490, 526n, 527n, 597n, 604n

Einstein 1922q *xlv*, 286n, 429n, 491n, 522—525, 527n

Einstein 1922r 594—596

Einstein 1922s 652—653, 813a, 814a, 822a, 823a, 824a, 825a, 826a

Einstein 1922t 813n, 814a, 822a, 823a, 824a, 825a, 826a

Einstein 1923a 285n, 363—364

Einstein 1923b 569n, 572n, 605—611

Einstein 1923c *lxxi*, 619—622

Einstein 1923d 585n, 727—729

Einstein 1923e *xxxvi*, *xlvi*, 667n, 669n, 689n, 691n, 692n, 693n, 694n, 698n, 705—712, 719n, 746n

Einstein 1923f *lxxii*, 574n, 646—648, 656n

Einstein 1923g *xlv*, 491n

Einstein 1923h 694n, 713n

Einstein 1934 55n, 623n

Einstein 2003 42n

Einstein and Bergmann 1938 73n

Einstein and Besso 1972 181n, 194n, 467n, 521n, 528n, 530n, 643n, 745n

Einstein and Born 1969 57n, 58n, 91n, 291n, 305n, 464n, 645n

Einstein and De Haas 1915a 649n

Einstein and De Haas 1915c 649n

Einstein and Ehrenfest 1922 *xl*, 307n, 316n, 440—444, 476n, 511n

Einstein and Fokker 1914 649n

Einstein and Grommer 1923a *xlv*, 63—72, 713n

Einstein and Grommer 1923b 73n, 63—72

Einstein and Grossmann 1913 641n, 649n, 713n

Einstein and Grossmann 1914b 649n

Einstein and Laub 1908a 649n

Einstein and Laub 1908b 649n

Einstein and Laub 1909 649n

Einstein and Sommerfeld 1968 77n, 94n, 120n, 511n

Einstein et al.1920 42n, 73n

Einstein et al.1922 *xliii*, 227—250, 529n

Einstein et al.1941 73n

Einstein, E.1922 *lxxiii*, 161n, 488n

Eisenlohr 1911 16n

Eisinger 2011 *lxxviiin*

Elzinga 2006 513n

Engelhardt 1921 213n, 792a, 800a

Epstein 1916 462n

ETH 1922 432n

Ezawa 2005 *lxxviiin*, 567n, 568n, 572n, 573n, 574n

*Fasanaro 2008* 282n
*Feldman 1997* 78n,226n,504n
*Ferraris et al.1982* 668n
*Fischer 2003* 576n
*Fischer 2011* 518n
*Fisher 1988* 276n
*Fizeau 1849* 379n
*Follin 1921* 795a
*Follin 1921—1922* 795a
*Franck 1921* 425n,426n
*Frenkel 2002* 491n,604n
*Freundlich 1923* lxxviin,133n,746n
*Friedman 2001* lxxviiin,592n,593n
*Friedmann 1922* xliv,491n
*Friedrich and Herschbach 1998* 445n
*Friedrich and Herschbach 2003* 445n
*Füchtbauer and Schell 1913* 86n
*Gans 1921* 147n
*Gao 1985* 256n,431n
*Gedächnis 1922* 374n
*Gerlach and Stern 1921* 268n,445n
*Gerlach and Stern 1922a* 268n,305n,445n
*Gerlach and Stern 1922b* 305n,445n
*Gerlach and Stern 1924* 445n
*Geyer 1980* 597n
*Geyer 1998* 339n
*Gibbs 1886* 108n
*Giulini and Meyenn 2000* 154n
*Glick 1987* 156n
*Glick 1988* lxxviiin, 583n, 584n, 585n, 586n,587n,588n,781n,860n
*Goenner 2001* 597n
*Goenner 2004* 73n,74n,667n,713n
*Goldstein and Ritter 2003* 74n
*Goodstein 1991* 187n
*Gouy, Léon G.* 252n
*Graff 2004* 48n

*Grau 1992* 139n
*Graves 1882—1889* 303n
*Grundmann 2004* lxxviin, lxxviiin, 566n, 643n,651n
*Gruner 1922* 182n
*Guillaume 1922* 182n
*Guillaume and Willigens 1921* 181n
*Gumbel 1922* 494n
*Guye 1922* 414n
*Guye and Lavanchy 1915* 269n
*Haber 1919a* 75n,176n
*Haber 1919b* 75n,176n
*Hadamard 1922* 264n
*Haldane 1922* 388n
*Hamilton 1931* 303n
*Haubold and Yasui 1986* 626,640n
*Havas 1993* 597n
*Hawking and Ellis 1973* 428n
*Hein 1987* 789a
*Hentschel 1990* 215n
*Hermann et al.1979* 154n,367n
*Herneck 1966* 42n
*Hertz 1889* 462n
*Hertz 1892* 462n
*Hiki 2009* 563n,574n
*Hilbert 1915* 333n
*Hirosige 1976* 627
*Hoefer 1995* 418n
*Holton 1969* 627
*Holton 1988* 627
*Holtsmark 1919* 425n
*Hu 2005* lxxviiin,256n,431n,644n
*Ikebe 1922* 463n
*Illy 2012* lxxii
*Inagaki 1923a* 568n,569n
*Inagaki 1923b* 569n
*Ioffe 1923* 316n,448n

*Ioffe*, *A.E.1975* 352n
*Ishiwara 1910a* 703n
*Ishiwara 1910b* 703n
*Ishiwara 1913* 703n
*Ishiwara 1921a* 211n
*Ishiwara 1921b* 211n
*Ishiwara 1921c* 211n
*Ishiwara 1923* lxxviiin,565n,566n,568n, 569n,570n,572n,574n,636n,645n
*Ishiwara*,*H.1971* 636n
*Itagaki 1999* 627,639n,640n
*Itakura et al.1972* 211n
*Jaffé 1922a* 345n,397n
*Jaffé 1922b* 345n
*Jaffé 1922c* 418n,428n,429n
*Jammer 1999* 623n
*Jansen 1989* lxxviiin,569n,571n
*Joas and Waysand 2011* 176n
*Jung 2005* 148n,526n
*Jungnickel and McCormach 1986* 13n,462n
*Kagawa 1920* lvii
*Kaiser 1987* 176n
*Kallmann and Reiche 1921* 445n
*Kaluza 1921* 73n
*Kamenetsky 2002* 41n
*Kamerlingh Onnes 1911* 176n
*Kamerlingh Onnes 1913* 176n
*Kamerlingh Onnes 1914a* 176n
*Kamerlingh Onnes 1914b* 176n
*Kamerlingh Onnes 1914c* 176n
*Kamerlingh Onnes 1921* 139n
*Kamerlingh Onnes 1924* 176n,188n
*Kamerlingh Onnes and Clay 1907a* 176n
*Kamerlingh Onnes and Clay 1907b* 176n
*Kamerlingh Onnes and Holst 1914* 176n
*Kamerlingh Onnes and Keesom 1912* 273n
*Kaneko 1981* lxxviiin, 564n, 565n, 567n, 568n,570n
*Kaneko 1984* lxxviiin,565n,569n
*Kaneko 1987* lxxviiin, 567n, 573n, 714n, 824a,825a
*Kaneko 2005* lxxviiin,568n
*Kark and Oren-Nordheim 2001* 576n
*Keesom 1912* 262n
*Keesom 1915* 262n
*Keesom 1922* 262n,273n
*Kerszberg 1989* 526n
*Kessler 1961* 772c
*Kirsten and Treder 1979a* 141n, 183n, 747n,771c,772c,775c,776c,795a,808a
*Kirsten and Treder 1979b* 139n,772c,775c, 789a,790a
*Kisch 1938* lxxviiin,577n,578n,582n
*Klein 1921* 62n
*Klein 1923* 62n
*Klein 1927* 267n
*Klein and Rosseland 1921* 426n
*Klein*,*M.1970a* 267n
*Klein*,*M.1970b* 130n
*Klemm 1998* lxxviin,255n,271n
*Knudsen 1910* 161n
*Kocka 1999* 55n
*Kopff 1920* 802a
*Kopff 1923* 659n
*Kormos Barkan 1999* 385n
*Kottler 1922* 597n
*Kotzebue 1792* 564n
*Kowalewski 1904* 411n
*Kowalewski 1908* 411n
*Kowalewski 1922* 411n
*Kragh 1999* lxxviin,176n,462n
*Kretschmann 1917* 215n
*Kretschmer 1921* lviii,563n
*Kühnert 2009* 504n

引文索引

*Kuwaki 1920* 211n
*Kuwaki 1934* 569n
*Ladas 1929* 304n
*Langevin 1911a* 251n
*Langevin 1911b* 251n
*Langevin 1922* 283n
*Langevin, L. 1972* 146n, 163n, 197n, 202n, 283n
*Laplace 1921* 114n
*Laue 1921* 507n, 794a, 797a
*Laue 1923* 597n
*Lavsky 2000* 116n, 165n
*Le Bon 1905* 341n, 380n, 408n
*Le Bon 1907* 341n
*Le Bon 1914* 256n, 312n
*Le Bon 1922* 312n, 423n
*Le Bourgeois 1919* 812a
*Lehmann-Russbüldt 1922* 349n
*Lehmkuhl 2009* 713n
*Lemmerich 2007* 292n
*Leventhal 1974* 469n
*Lewis 2002* 330n
*Likin 2004* 600n
*Loeb 1922* 471n
*Loeb, L. 1934* 488n
*Lohmeier and Schell 2005* 60n, 96n, 131n, 132n, 194n, 212n, 223n, 342n, 369n, 377n, 384n, 387n, 402n, 413n, 415n, 422n, 432n, 475n, 750n
*Long 2006* 568n
*Lorentz 1895* 640n
*Lorentz 1906* 425n
*Lorentz 1910* 79n
*Lorentz 1916* 146n
*Lorentz et al. 1915* 79n
*Lorentz et al. 1920* 79n, 90n
*Lorentz et al. 1922* 57n, 114n, 166n, 791a, 795a, 796a, 797a, 802a, 807a, 808a, 809a, 812a, 815a, 817a, 818a, 826a, 827a, 829a, 830a
*Ludwig 1920* 794a
*Mach 1883* 252n
*Madelung 1922* 154n
*Mandelberg and Witten 1962* 110n
*Mastrobisi 2002* 667n, 713n
*Matricon and Waysand 2003* 176n
*Maurer and Rupp 1974* 384n
*Maxwell 1879* 488n
*Mazur et al. 2010* 352n
*McCormmach 1970* 462n
*Mehra and Rechenberg 1982* 445n, 446n
*Mehra and Rechenberg 1982?* 462n
*Michaelis 1921* 658n
*Michelstaedter 1922* 467n
*Michelstaedter 2004* 467n
*Mie 1912a* 333n
*Mie 1912b* 333n
*Mie 1913* 333n
*Mie 1920* 252n
*Miller 1975* 288n
*Miller 1987* 628n
*Miller, D. 1922* 464n
*Moch 1921* 341n, 395n, 423n
*Moszkowski 1921* liii, 121n, 362n
*Murayama 1997* 119n
*Nagashima 1923* 569n
*Nakamoto 1998* 573n, 574n
*Nathan and Norden 1960* 399n, 790a
*Nathan and Norden 1975* 55n, 137n, 183n, 255n, 270n, 349n, 385n, 392n, 400n, 405n, 416n, 563n, 738n, 743n
*Navarro and Perez 2006* 512n
*Ne'eman 2001* 582n
*Nernst 1921* 219n, 262n, 273n

*Nernst 1922* 385n
*Nernst 1926* 273n
*Neumann and Neumann 2003* lxxviiin, 574n
*Nicolai 1919* 615n
*Nicolai 1922* 615n
*Nietzsche 1886—1891* 252n
*Nisio 1979* lxxviiin
*Nordmann 1921a* 800a, 806a
*Nordmann 1921b* 211n
*Nordmann 1922a* xlviii, lxxviin, 255n, 773n
*Nordmann 1922b* lxxviin, 205n, 218n, 251n, 255n, 367n, 772c, 773c
*Northedge 1986* 746n
*Norton 1992* 215n
*Norton 1993* 215n
*Norton 1999* lxxviin, 286n, 526n
*Nozdrachev and Petritskii 1995*, 351n
*Ogawa 1979* 626, 627, 640n
*Ogilvie 2004* 16n
*Okamoto 1923* 571n
*Okamoto 1981* lxxviiin, 571n, 572n
*Okaya 1916* 211n
*Ono 1982* 626, 627, 640n
*Ornstein and Zernike 1915* 14n
*Padovani 2011* 215n
*Painlevé 1921a* xlix
*Painlevé 1922* 416n, 813a
*Pais 1982* 79n, 203n, 516n
*Palatini 1919a* 691n
*Palatini 1919b* lxxv, 668n, 691n
*Panofsky 1955* 448n
*Paty 1987* lxxviin
*Pauli 1921* 154n, 333n, 436n, 667n
*Pauli 1958* 154n
*Perez 2009* 512n

*Perrin 1908* 13n
*Planck 1900* 462n
*Plöckinger 2008* 77n
*Poincaré 1898* 336n
*Poincaré 1901* 251n
*Poincaré 1902* 336n
*Poincaré 1905* 336n
*Poincaré 1921* 336n
*Popovic; 2003* 39n, 296n
*Prange 1921* 268n
*Proceedings 1922* 407n
*Quint 1922* 797a
*Racine 1993* 275n
*Raman 1922* 130n
*Rapports 1923* 203n
*Rathenau 1985* 62n
*Rathenau 2006* 162n
*Rayleigh 1881* 108n
*Rechberg 1919* 481n
*Rechberg 1922* 481n
*Recouly 1921* 77n, 121n, 122n, 131n
*Regev 2006* 581n
*Reich 1992* 667n
*Reich 1994* 667n
*Reichenbach 1920* 62n, 166n
*Reichenbach 1921* 215n
*Reichenbach 1922* 166n, 206n, 214n, 215n
*Reichenbach 1924* 215n, 518n
*Reinharz 1993* 111n, 492n
*Renn 2007* 628n, 641n, 703n
*Renoliet 1999* lxxviin
*Ringer 1969* 494n, 504n
*Ripke-Kühn 1920* 82n
*Ritz 1908a* 289n
*Ritz 1908b* 289n
*Roca Rossell 2005* lxxviiin, 583n, 584n, 829a
*Rogger 2005* 274n, 324n, 734n, 741n

*Rolland 1922—1933* 275n
*Rolland 1952* 452n
*Rosenbaum 1910* 96n
*Rosenkranz 2011* lxxviiin
*Rowe 1986* 92n
*Rowe 2006* 121n
*Rowe and Schulmann 2007* lxxviin
*Russell 1922* 53n
*Russell 1968* 53n
*Russell 1988* 53n
*Russell 1995* 53n
*Rutherford 1906* 462n
*Ryckman 2005* 166n, 215n
*Rynasiewicz 1999* 215n
*Rynasiewicz 2005* 215n
*Sabrow 1994a* lxxviin
*Sabrow 1994b* lxxviin
*Sabrow 1999* lxxviin, 392n
*Sagnac 1913a* 379n
*Sagnac 1913b* 379n
*Sallent del Colombo and Roca Rossell 2005* 583n, 584n
*Samuel 1945* 576n
*Sánchez Ron 2006* 55n
*Sánchez Ron and Romero de Pablos 2005* lxxviiin, 586n, 587n, 588n
*Sauer 2000* 473n
*Sauer 2006* 667n
*Sauer 2007* lxxviin, 75n, 143n, 176n, 188n
*Sauer 2008* 476n
*Sauer and Majer 2005* 713n
*Sauer and Majer 2009* 203n
*Scheck 2004* 82n
*Schlick 1922* 470n
*Schmidt-Böcking and Reich 2011* 445n
*Scholz 2001* 333n
*Schreiber 1923* 286n

*Schück and Sohlman 1929* 593n
*Schwarzschild 1916* 74n, 462n
*Seagrave and Seagrave 1999* 568n
*Seelig 1954* 332n
*Seelig 1960* 392n, 394n
*Selety 1922* 505n, 526n, 527n
*Selety 1923* 526n
*Selety 1924* 526n
*Shachori 1990* 579n
*Shankland 1963* 627
*Sitter 1913* 289n
*Smith 1982* 526n
*Smoluchowski 1908* 13n
*Société 1922* 379n
*Solovine 1956* 80n, 187n, 201n, 271n
*Sommerfeld 1916a* 462n
*Sommerfeld 1916b* 462n
*Sommerfeld 1921* 445n, 511n, 805a
*Sommerfeld 1922* 78n, 278n, 301n, 511n
*Sommerfeld 1924* 512n
*Sommerfeld 2004* 77n, 94n, 120n, 511n, 512n
*Sommerfeld and Heisenberg 1922* 78n
*Stachel 1982* 626, 640n
*Stachel 1987* 626
*Stachel 1993* 462n
*Stachel 2007* 667n, 713n
*Stadler 1991* 297n
*Stark 1905* 104n
*Stark 1906* 425n
*Stein 1997* 597n
*Steinberg et al. 1967* 643n
*Stern 1921* 445n
*Sugimoto 2001a* lxxviiin, 568n, 569n, 570n
*Sugimoto 2001b* lxxviiin, 568n, 569n, 571n, 573n
*Synge, E. 1922* 268n

*Synge, J. 1921* 268n
*Takahashi 1921—1927* 569n
*Takahashi 1933* 569n
*Tanabe 1912* 211n
*Tetrode 1922* 476n, 730n
*Thirring 1921* 365n
*Thirring 1922a* 211n
*Thirring 1922b* 191n
*Thirring 1923* 285n, 363n, 365n, 774c, 808a
*Thomson 1881* 462n
*Thomson 1922* 285n
*Tidhar 1955* 724n
*Timmermans et al. 1922* 139n
*Tollmien 1991* 92n
*Trageser 2011* 445n
*Trefftz 1922* 597n
*Trus and Cohen 1948* 826a
*Tsuchii 1920* 571n
*Turner 1998* 498n
*Turrión Berges 2005* lxxviiin, 584n
*Tyson 1991* 384n
*Velikovsky 1978* 73n, 511n
*Velsen 2005* 37n
*Villat 1921* 55n
*Vizgin 1994* 73n, 713n
*Waals Jr. 1909* 262n
*Walter 1990* 286n
*Waseda 2010* 570n
*Wasserstein 1977* 111n, 255n, 329n, 383n, 589n, 715n
*Wazeck 2009* 367n
*Wazeck 2010* 325n
*Weinert 1995* 445n
*Weissmann 2010* 386n
*Wells 1920* 351n
*Wertheimer 1945* 288n, 640n, 641n
*Wertheimer, Mi. 1965* 288n

*Weyl 1917* 436n
*Weyl 1918a* 57n, 73n, 114n, 166n, 563n, 575n, 668n, 713n
*Weyl 1918b* 30n, 341n, 713n
*Weyl 1918c* 73n
*Weyl 1919a* 597n
*Weyl 1919b* 62n, 73n, 333n, 341n, 667n, 668n
*Weyl 1919c* 333n, 668n
*Weyl 1920—1921* 181n
*Weyl 1921a* 668n, 690n, 691n
*Weyl 1921b* 668n
*Weyl 1922a* 333n, 668n
*Weyl 1922b* 668n
*Weyl 1923* 341n, 409n, 668n
*Weyl 2009* 336n
*Whitehead 1922* 62n
*Whittaker 1951* 176n
*Whittaker 1953* 176n
*Wieland 2009* 55n
*Wien 1900* 462n
*Wien 1919* 104n
*Wien 1921* 104n
*Winkler 1993* 374n
*Winter 1911* 251n
*Winternitz 1923* 796a, 797a
*Witt 1975* 226n
*Wolff 1992* 360n
*Wood 1912* 426n
*Woodruff 1968* 488n
*Wright 1966* 379n
*Wuensch 2007* 73n
*Yamamoto, Sa 1934* 567n
*Yamamoto, Se 1923* 615n
*Yamamoto, Se 1931* 615n
*Yavelov 1980* 176n
*Yedlin 1999* 351n
*Yokozeki 1956* lvii

*Zangger 1915a*  18n
*Zangger 1915b*  18n
*Zangger 1922*  414n
*Ziegler 1923*  339n

*Zilsel 1921*  297n, 528n
*Zschimmer 1920*  82n
*Zwicky 1921*  262n, 273n

# 译 后 记

历经四年时光，总算完成了任务。多少有点解脱，但没有丝毫满足感。翻译和校对的难度远超预期，如果没有众多朋友及时相助，我是无法挺到今天的。在此向所有帮助过我们的人表示由衷感谢！

理论上讲，《爱因斯坦全集》的翻译从一开始就应该依据文献版（documentary edition），而不是不完整的英文译本。以本卷为例，就有59篇德文文献、20篇法文文献没有出现在英译本中。考虑到这种情形，凡在英译本中出现的，就由英文和中文都很好的译者承担，而没有译成英文的其他语种的文献，找懂相应语言的译者承担；最后我依据文献版对所有译稿进行校对。

初稿翻译分工如下：

何钧：从文件第三卷10a一直到文件377（中间除了施岷和陈蜜翻译的文件外），共338个文件。

施岷（负责翻译没有英译文的德文文献）：第五卷文件315a、505a；第八卷文件86a、95a、95b、177a、510a；第九卷文件35a、140a；第十卷文献80a；第七卷文献52a、56b，文件33、34、42、46、83、89、91、93、102、106、121、133、156、180、184、203、210、217、222、224、227、228、229、244、253、280、283、288、291、301、321、326、336、345、348、364、378、389、398、401、407、408、415、430、431、434、437、439、440、444、448和457，共64个文件。这些文件后面的注释由孙贺初译。

陈蜜（负责翻译没有英译文的法文文献）：文件64、120、131、136、159、176、189、223、235、252、254、267、269、273、282、299、332、355，附录A和附录B，共20个文件。

朱慧涓：编辑方法、致谢、缩写符号表、未刊文献摘要一览表、附录C、G，附录H的第二讲和第三讲以及索引；

雷煜：导言，附录D、E、F、I，以及附录H的第一讲。

黄佳、方在庆：文件379至458（除施岷翻译的文件外），共64个文件。

在翻译和校对过程中，我们得到了诸多朋友的无私帮助。尤其是以色列耶路撒冷希伯莱大学爱因斯坦档案馆学术主管 Hanoch Gutfreund 教授、档案馆员 Chaya Becker 女士、Orith Burla 女士，美国加州理工学院《爱因斯坦全集》主编 Diana Kormos Buchwald 女士和波士顿大学的 Robert Schulmann 博士，这些朋友或帮忙查找原始档案，或提供相关背景材料，或给出自己的译文解释。

北京师范大学物理系赵峥教授审读了附录中相关内容，本所同事刘金岩博士审读了有关广义相对论的内容。文件 379 是爱因斯坦访问日本、巴勒斯坦和西班牙的日记。这本日记原本是他为自己的继女们写的，不是为后来发表用的。自从这本日记的英译本于 2018 年单独出版后，由于里面涉及对中国人的一些不好的评价，在国内曾引起了广泛的关注，说他瞧不起中国人，具有"排外情绪"，甚至是一个种族主义者。必须承认，爱因斯坦的一些话确实不中听，但不能由此认定他为种族主义者。他的天性中有诙谐的一面，说话尖刻，充满了嘲讽，在日记中几乎嘲笑过所有他接触到的人，包括他的犹太同胞在内，说他们是"只有过去却没有现在的人"。尽管爱因斯坦肯定不是种族主义者，但像任何人一样，他也不可避免地带有一定的文化偏见。这些偏见的形成有历史的成因。我们有理由相信，如果爱因斯坦现在来中国访问，肯定会给出不同的评价。为慎重起见，在翻译过程中曾参考了英译本、日译本，并请精通日文的冯乐女士以及在日本工作的文恒博士、日本友人吉田明惠小姐进行审读。

除了物理内容，更难的是德语的理解问题。在这方面，我一如既往地得到了奥地利友人殷歌丽（Ingrid Fischer-Schreiber）女士的无私帮助。北京大学黄燎宇教授、清华大学王丽平教授和对外经济贸易大学姜丽教授等德语专家也解答了我的一些问题。

特别值得一提的是合作者何钧。他曾多次通读译稿，提出了不少修改意见。作为第一读者，内子徐颖不仅认真通读了译稿，还提出了相应的修改意见，让译文增色不少。

最后还要衷心感谢本书责任编辑。我们的交稿时间一再延迟，甚至连排好的校样都被改得面目全非，对此他们给予极大的包容与理解。湖南科学技术出版社多年来一直致力于爱因斯坦研究专著的出版,令人钦佩。

必须指出的是,尽管尽了最大努力(像"序"和"日记"就反复修改过多次),但由于自身学识所限,译文肯定还有这样或那样的问题。为此,我应该负全责,而与帮助我的人无关。

恳请读者诸君不吝指正。

方在庆
2020年9月6日于北京